Xpert.press

Springer-Verlag Berlin Heidelberg GmbH

Jürgen Gulbins, geb. 1946, studierte Informatik an der TU Karlsruhe. Nach einer Zeit als wissenschaftlicher Mitarbeiter der Universität arbeitete er bei der PCS als Produktmanager für UNIX und Abteilungsleiter in der Softwareentwicklung von Betriebssystemen. Hier leitete er auch die Entwicklung des PCS-Archivsystems.
Nach dem Aufbau der IXOS-Geschäftsstelle in Walldorf war er von 1994 bis 1998 als DMS-Berater tätig und anschließend bis Anfang 2000 im Bereich Produktdefinition und Architektur der IXOS. Nach zwei Jahren im Bereich IT-Security beim Internet-Startup memIQ (Anbieter eines B2C-Internet-Archivs), ist er seit Anfang 2002 selbstständig und freier Berater für DMS- und Security-Themen.

Markus Seyfried, geb. 1959, studierte Mathematik mit Informatik an der Universität Ulm. Von 1985 bis 1988 arbeitete er bei Siemens als Consultant im Bereich UNIX-Systementwicklung. Von 1988 bis 2000 baute er die IXOS Software AG mit auf. IXOS entwickelte sich in dieser Zeit zu einem führenden Anbieter von Lösungen für Business-Dokumente, speziell im Bereich von SAP R/3.
Zuletzt war er bei IXOS als Vorstand für die Bereiche Produktentwicklung, Qualitätsmanagement und IT zuständig.
Seit 2001 ist er im Vorstand der Brainloop AG, die eine Lösung für die sichere unternehmensübergreifende Kollaboration für Geschäftsdokumente liefert.

Hans Strack-Zimmermann, geb. 1942, studierte Physik an der TU München.
Von 1969 bis 1979 arbeitete er für Siemens, das Europäische Kernforschungszentrum in Genf und das Hahn-Meitner-Institut in Berlin als Pionier und Entwicklungsleiter für Rechnernetze. Anschließend leitete er acht Jahre die Entwicklung der SINIX-Rechnerfamilie von Siemens. Er ist einer der Gründer der IXOS Software AG, die er von 1988 bis 2000 als CTO und Mitglied des Vorstands leitete. Neben seinen Beteiligungen an der IXOS (Dokumenten-Archivierung) und der Gauss-Interprise AG (Unified Content Management) beschäftigt er sich mit dem Aufbau der Brainloop AG (sichere Dokumenten-Kollaboration).

Jürgen Gulbins · Markus Seyfried
Hans Strack-Zimmermann

Dokumenten-Management

Vom Imaging zum Business-Dokument

Dritte überarbeitete und erweiterte Auflage

Mit 149 Abbildungen
und 33 Tabellen

Springer

Jürgen Gulbins
Kapellenstraße 15, D-75210 Keltern-4
eMail: *JG@gulbins.de*

Markus Seyfried
Brainloop AG, Rosenheimer Straße 143d, D-81671 München
eMail: *Markus.Seyfried@brainloop.com*

Hans Strack-Zimmermann
Brainloop AG, Rosenheimer Straße 143d, D-81671 München
eMail: *hsz@brainloop.com*

Die Deutsche Bibliotk – CIP-Einheitsaufnahme

Gulbins, Jürgen: Dokumenten-Management : Vom Imaging zum Business-Dokument

Jürgen Gulbins; Markus Seyfried; Hans Strack-Zimmermann.

3., überarb. und erw. Aufl. – Berlin; Heidelberg; New York; Barcelona; Honkong; London; Mailand; Paris; Tokio: Springer, 2002

(Xpert.press)

ISBN 978-3-642-62831-3 ISBN 978-3-642-56186-3 (eBook)
DOI 10.1007/978-3-642-56186-3

Springer-Verlag Berlin Heidelberg New York
ein Unternehmen der BertelsmannSpringer Science+Business Media GmbH
http://www.springer.de

Ursprunglich erschienen bei Springer-Verlag Berlin Heidelberg New York 2002
Softcover reprint of the hardcover 1st edition 2002

Umschlaggestaltung: KünkelLopka, Heidelberg
Satzerstellung durch die Autoren mit FrameMaker

Inhaltsverzeichnis

Vorwort

»Wir können die Schwerkraft überwinden, aber der Papierkram erdrückt.«
Wernher v. Braun

Wirtschaft und Verwaltung werden zunehmend komplexer. Sie befinden sich dabei in einem starken Konkurrenzkampf sowohl auf nationalen wie auch internationalen Märkten. Dies führt unter anderem zu immer größeren Informationsmengen, die bewältigt werden müssen, um schnelle und fundierte Entscheidungen zu fällen, zu begründen und zu dokumentieren. Zugleich gilt es, das im Unternehmen vorhandene Know-how möglichst effektiv zu nutzen. Eine solche Datenverarbeitung ist ein wesentlicher Wettbewerbsfaktor und unterstützt eine hohe Kundenorientierung.

Schneller Informationszugriff und hohe Auskunftsbereitschaft werden zur strategischen Komponente eines Unternehmens. *Information* wird hier zum Wettbewerbsfaktor und vielfach auch zum Produkt. Aber auch bei der Bewältigung von Umweltproblemen, bei der Verbesserung der Produktqualität, bei der Steigerung der Arbeitseffizienz spielt die schnelle und effiziente Verarbeitung großer Informationsmengen eine wesentliche Rolle. Hierzu gehören der kurzfristige Zugriff auf bereits vorhandene Informationen, sowie deren Verknüpfung und Handhabung bei der Erfassung, Speicherung, Recherche und bei der Verteilung. Die Anforderung lautet, diese Informationen schneller, umfassender und effizienter zu verarbeiten.

Ein großer Teil der traditionellen Datenverarbeitung kann mit schnelleren und billigeren Rechnern diesem steigenden Anforderungsprofil folgen. Die Speicherung, Langzeitarchivierung und Verwaltung von Daten sowie der gezielte Zugriff auf große Daten- bzw. Dokumentmengen hinken diesem Trend jedoch hinterher. Die raschen IT-Fortschritte mit immer schnelleren Rechnern und großräumigen Datennetzen verschärfen sogar das Problem, da Daten zunehmend schneller produziert werden und der Anspruch steigt, die *vernetzte Information* nutzen zu können.

Eine wesentliche Lösungskomponente sind hier Dokumenten-Management-Systeme. Solche Systeme sind inzwischen ausgereift und haben eine langjährige Entwicklung hinter sich. Sie stellen für viele Unternehmen jedoch Neuland dar, insbesondere was die teilweise komplexe Integration betrifft. Planung und Einführung setzen Grundkenntnisse über ihre Abläufe voraus, um auch die dafür notwendige organisatorische Umsetzung effizient zu vollziehen.

Trotz oder gerade wegen ihres Rationalisierungspotentials gilt es, die *Anwender* bzw. *Benutzer* mit ihren Bedürfnissen zu berücksichtigen. Sie sind später bei aller Technik das Zentrum des Systems. Auch dies setzt voraus, dass man kritische Punkte der Systeme kennt und bei der Beschaffung die Ergonomie des Gesamtsystems und einzelner Komponenten plant.

Die Intention des Buches

Zweck dieses Buches ist eine Einführung in die Themen *Management von Dokumenten* und *Dokumenten-Management-Systeme*. Das Buch will Grundbegriffe und Technologien solcher Verfahren und Systeme erläutern, mit ihren Problemstellungen vertraut machen, Anhaltspunkte für eine Bedarfsanalyse liefern und schließlich konkrete Beispiele von Systemen im praktischen Einsatz zeigen. Am Ende des Buches werden Sie die Arbeitsweise solcher Systeme verstehen und eine eigene Bedarfsanalyse erstellen können. Sie sollten dann die kritischen Punkte der Systeme kennen.

Wir haben das Buch an vielen Stellen bewusst redundant gehalten. So werden häufig behandelte Themen in einer Übersicht zusammengefasst oder Tabellen nochmals wiederholt. Wir glauben, dass diese Art dem Leser dient und einen schnellen Überblick gestattet.

Zur dritten Auflage

Dokumenten-Management-Systeme und das Verständnis dafür haben sich in den letzten Jahren weiterentwickelt. So ist ein Trend von den reinen *Image-Enabling-Systemen* zu umfassenden *Dokumenten-Management-Systemen* zu erkennen: Der Weg führt von der Betrachtung des einzelnen Dokuments und von Insellösungen hin zur Integration möglichst vieler Informationsquellen in einer *Wissensbasis* – der so genannten *Knowledgeware.* In ihnen sind Archive und Erfassungssysteme lediglich Komponenten – wenn auch wichtige. Die Vorgangssteuerung und verstärkt auch CI-Dokumente spielen nun eine wesentliche Rolle. Neue benachbarte Themen wie Storage-, Content- und Knowledge-Management sind hinzugekommen; Sicherheit spielt eine zunehmende Rolle. Dem möchte die dritte Auflage des Buches Rechnung tragen.

Eine gute Ergänzung, die noch stärker auf die organisatorischen Aspekte eingeht, ist in [Berndt] und in [Kampff-2] zu finden (s. Seite 697).

Darüber hinaus fließen die Erfahrungen von zahlreichen realisierten Projekten mit in die Neuauflage ein. Stand in der ersten Auflage noch die Technik im Vordergrund, so haben wir in der zweiten Auflage verstärkt auch organisatorische und konzeptionelle Komponenten mitaufgenommen und in der dritten Auflage um Knowledge-Management und Aspekte der Return-of-Investment-Betrachtungen erweitert.

Firmen- und Produktnamen sowie technische Daten

In diesem Buch werden Firmen- und Produktnamen genannt und technische Daten aufgeführt. Weder alle im DMS-Markt agierenden Firmen noch alle Produkte können erwähnt werden. Auch unterliegen die technischen Daten durch die rasche Weiterentwicklung ständigen Änderungen. Die Auswahl der Produkte und Firmen unterliegt damit einer gewissen Subjektivität. Sie soll nicht besagen, dass die genannten Firmen bzw. deren Produkte besser sind als hier nicht aufgeführte. Wir waren bei der Auswahl jeweils bemüht, einen repräsentativen Überblick zu geben.

Bei der Angabe von technischen Daten haben wir große Sorgfalt walten lassen. Dies schließt jedoch Fehler nicht aus. Die Angaben können auch nur eine Momentaufnahme sein, da sich insbesondere im Bereich der hier behandelten Thematik die Technik sowohl im Hardware- als auch im Softwarebereich rasant weiterentwickelt. Wir können Ihnen nur den Rat geben, sich im Einzelfall die genauen aktuell gültigen Daten bzw. Datenblätter zu besorgen.

Konventionen in diesem Buch

[*Name*] Klammern kennzeichnen eine Literaturangabe. Sie finden diese im Literatur- und Quellenverzeichnis (im Anhang B ab Seite 695).

[[*URL*]] Doppelte eckige Klammern verweisen verweist auf eine URL bzw. WWW-Adresse, wo Sie weitere Informationen finden und direkt über Internet abrufen können. Sie finden diese ebenso als Teil des Quellenverzeichnisses im Anhang B ab Seite 695.

 ist ein Hinweis auf ergänzende Literatur.

Die Seitenangaben bei Literaturhinweisen beziehen sich auf dieses Buch, nicht auf die referenzierte Quelle. Seitenangaben innerhalb der Quelle sind allein in der Literaturangabe im Anhang zu finden.

Die zahlreichen, im Zusammenhang mit dem Thema benutzten Abkürzungen und die wichtigsten Begriffe finden Sie im Glossar erläutert (ab Seite 711).

Zum ARCHIVIX

Der Wurm, der jeweils am Anfang eines Kapitels erscheint, ist ein Markenzeichen des Autors J. Gulbins. In seinem UNIX-Buch tritt er als WUNIX auf, im DTP-Buch über FrameMaker als FRAMIX, im Buch über Typographie als TYPIX und in diesem Buch über Archive als ARCHIVIX. Er soll Sie thematisch auf den Inhalt des Kapitels einstimmen und den teilweise trockenen Themen die Trockenheit und Verstaubtheit von Archiven nehmen.

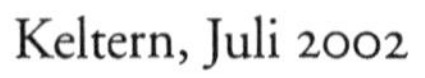

Keltern, Juli 2002
Jürgen Gulbins, Markus Seyfried, Hans Strack-Zimmermann

Kapitel 1

Einleitung

In Wirtschaftsunternehmen und Verwaltungen fallen immer schneller immer größere Datenmengen an. Informationen müssen aus juristischen Gründen, für spätere Auswertungen, für eine Wiederverwendung oder für spezielle Nachweise über längere Zeiträume aufbewahrt werden. Auch bei CRM (*Customer Relation Management*) ist die Dokumentation bisheriger Kundenkontakte eine wesentliche Basis. Dies führt zu immer größeren Datenvolumina, die es zu handhaben gilt. Dabei muss auf Informationen schnell, effizient und systematisch zugegriffen werden können. Informationen aus unterschiedlichen Quellen müssen als Entscheidungsgrundlage gezielt abrufbar sein. Dies ist eine wesentliche Voraussetzung für *zugreifbares Wissen*.

Dokumente werden zur Wissensbasis von Unternehmen. Ihre Recherche und Verknüpfung schafft zugreifbares ›Wissen‹.

1.1 Informationen in unterschiedlichen Formen

Wesentliche Aufgabe eines Dokumenten-Management-Systems ist die Vermeidung von Medienbrüchen (Papier- und elektronische Dokumente) oder zumindest die gemeinsame Verwaltung von Dokumenten unterschiedlicher Medien. Hinzu kommt die systematische, einheitliche Erschließung der Dokumente über eine einheitliche Attributierung oder über Volltext-Datenbanken.

Nur ein Teil der Information in einem Unternehmen liegt in digitaler Form vor – Stand des Jahres 2001 ist etwa 35% bis 45%. Der Anteil ist in den letzen Jahren rasant gewachsen. Trotzdem liegt der größere Teil zunächst noch auf Papier vor oder ist – falls elektronisch vorhanden – nicht elektronisch erschlossen. Solche Papierberge lassen sich jedoch nur unsystematisch und langsam durchsuchen, insbesondere dann, wenn es sich um eine Vielzahl von Einzelinformationen (Dokumente) handelt. Die Papierablage bzw. ihre Ordnung kann auch ohne weitere Rechnerunterstützung nur nach *einem* Kriterium erfolgen, obwohl in einem Dokument zumeist Informationen vorhanden sind, die man nach ganz unterschiedlichen Kriterien oder Stichwörtern ordnen möchte. Zudem entsteht durch die unterschiedliche Form (Papier- und elektronische Dokumente) ein *Medienbruch* mit wesentlichen Nachteilen.

Für eine effiziente Bearbeitung sollten auf Papier vorhandene Daten ebenfalls in eine rechnergestützte Verarbeitung integriert werden, da sie häufig mit anderen bereits vorhandenen elektronischen Dokumenten in Beziehungen stehen. So mag die Rechnung eines Lieferanten auf Papier vorliegen, die Kontierung und Überweisung ist jedoch auf der IT-gestützten Buchhaltung im Rechner gespeichert.

Ebenso sind zahlreiche elektronische Dokumente kaum nutzbar, solange sie weit verteilt liegen (etwa auf den Arbeitsplatzsystemen einzelner Mitarbeiter), unsystematisch abgelegt sind oder in einer Vielfalt von Formaten und nicht systematisch erschlossen sind.

DM = ›Dokumenten-Management‹

Erst moderne elektronische Archiv- und DM-Systeme sind in der Lage, diese Situation effizient zu bewältigen.

Die Aufgabe der Dokumenten-Management-Systeme ist es,

- Informationen zu erfassen, soweit sie nicht bereits im Rechner vorliegen,
- Informationen in ein zur Archivierung geeignetes Format umzusetzen,
- Kenndaten bzw. so genannte *Attribute* zur Information zu erfassen, die das spätere Wiederauffinden erlauben,
- Daten auf geeigneten Speichermedien sicher abzulegen,
- das möglichst einfache Auffinden einer gewünschten Information aus den gespeicherten Daten zu unterstützen,
- abgerufene Information aus dem Datenspeicher zu holen und dem Anwender oder einem Programm zur Verfügung zu stellen.

1.2 Datenklassen nach Lebensdauer

Aus der Sicht ihrer Lebensdauer kann man Daten, seien sie von Rechnern erzeugt oder auf andere Weise erstellt, in mehrere Klassen unterteilen:

- Daten, die nur kurzfristig benötigt werden
- Daten mit mittlerer Lebensdauer
- Daten mit längerer Lebens- bzw. Nutzungsdauer

Kurzzeitdaten

Kurzzeitdaten enthalten Informationen, die nur eine kurze Zeitspanne benötigt werden und danach vernichtet werden können. Ihre typische Lebensdauer soll für unsere Beschreibung zwischen Sekunden und wenigen Tagen liegen.

Die Übernahme von Kurzzeitdaten in ein Dokumenten-Management-System ist oft unwirtschaftlich.

Daten, die in diese Klasse gehören, sind Zwischenergebnisse, Kontrollinformationen, temporäre Dateien von Programmläufen und solche Daten, die sich aus anderen, länger lebenden Daten mit geringem Aufwand erneut berechnen lassen.

Diese Daten werden im Rechner entweder nur im Hauptspeicher erzeugt und gehalten oder auf Magnetplatten zwischengespeichert. Ihre Handhabung bereitet aus Speichersicht selten Probleme. Liegen sie auf Papier vor, werden sie häufig zur Informationsverteilung kopiert und nach dem Lesen vernichtet. Ihre Lebensdauer beträgt dann einige Tage bis Wochen.

Daten mit mittlerer Lebensdauer

Dies sind Informationen mit einer Lebensdauer von wenigen Tagen bis zu wenigen Wochen, was in der heutigen IT auf einen Großteil der erzeugten Daten zutrifft.

Daten mittlerer Lebensdauer wird man nicht in ein optisches Archiv, sondern auf Magnetplatten ablegen; ihre Verwaltung in einem DMS ist oft sinnvoll.

Im Rechner werden sie zunächst auf Magnetplatten gespeichert und danach auf Bändern gesichert, sofern die vorhandene Magnetplattenkapazität einer IT-Anlage nicht ausreicht. Auch bei ausreichender Plattenkapazität erfolgt zumeist eine Datensicherung (Datenduplizierung) auf externe Datenträger wie Bänder. Ist ihre Wiederbeschaffung per Rechner einfach erreichbar, kann eine Sicherung entfallen.

Zu diesen Daten gehören z. B. Umläufe, Wochen- und Monatsberichte, viele eMails und zahlreiche Informationen, die im Firmen-internen Internet (Intranet) publiziert werden.

Häufig werden diese Daten auf Papier oder seltener auf Film ausgegeben, um sie damit Personen zugänglich zu machen, die keinen Rechner haben.

Teilweise ist das Ausdrucken dieser Daten und die Aufbewahrung des Ausdrucks bereits eine ausreichende Speicherung bzw. Sicherung – sofern sie nicht überhaupt nur als Papier existiert haben. Haben sie eine Lebensdauer von mehreren Wochen, bereitet die systematische Vernichtung bereits Probleme. Ihr Volumen verursacht erhebliche Kosten durch die notwendige Speicherkapazität und die Aufwände für die Sicherung.

Langlebige Daten

Dies sind Daten, die mehr als 2 Monate aufbewahrt werden müssen oder die in so großen Mengen anfallen, dass die konventionellen Speicherverfahren nicht ausreichen. Geschäftsvorgänge in großen Unternehmen, Korrespondenz, Vertrags- und Versicherungsunterlagen, Messdaten, Qualitätsdaten, Personaldaten und Konstruktionsdaten, sowie zunehmend Daten über Kundenbeziehungen und eMails sind typische Beispiele für diese Datenklasse. Auch Akten über noch nicht abgeschlossene Vorgänge und Verträge oder Akten, die aus rechtlichen oder betriebsinternen Gründen längere Zeit aufbewahrt werden müssen, gehören hierzu. Diese langlebigen Daten bzw. Informationen lassen sich wiederum in zwei Gruppen unterteilen:

A) Daten, die aus juristischen Gründen lange Zeit aufbewahrt werden müssen, bei denen jedoch die Wahrscheinlichkeit des erneuten Zugriffs recht gering ist:
Hierzu gehören z.B. Buchungs- und Geschäftsbelege, die zum Zwecke einer späteren Buch- oder Finanzprüfung bis zu 10 Jahre aufbewahrt werden müssen, Rentenbelege oder Ergebnisse medizinischer Untersuchungen bei größeren Firmen, die teilweise über den Tod des Betroffenen hinaus aufzubewahren sind.
Diese Daten lassen sich aufgrund ihrer geringen Zugriffswahrscheinlichkeit wirtschaftlich in einfach organisierten Papier- oder Mikrofilmarchiven speichern. Der im Einzelfall länger dauernde und aufwändigere Suchaufwand ist dann der geringeren Zugriffswahrscheinlichkeit wegen akzeptabel.

B) Daten, die längere Zeit aufbewahrt werden sollen und bei denen eine gewisse Wahrscheinlichkeit besteht, dass erneut darauf zugegriffen wird.
Dazu gehören Buchungsvorgänge, Konstruktionsdaten, Patent-

unterlagen, noch *lebende Akten,** Belege, die noch ausgewertet oder überprüft werden sollen oder reklamiert werden könnten. Auch aufwändige Berechnungen, die zu einem späteren Zeitpunkt ausgewertet werden sollen, umfangreiche Betriebsanleitungen, Manuale, Reparaturanleitungen, Stücklisten, wichtige eMails, CRM-Daten und ähnliche Informationen lassen sich hier einordnen.

** Unter ›lebenden Akten‹ sollen hier Akten verstanden werden, die noch nicht abgeschlossen sind oder bei denen die Wahrscheinlichkeit besteht, dass sie verändert werden.*

Die beiden Klassen von *mittel- und langlebigen Daten* sollen uns in diesem Buch beschäftigen, da sie mit der traditionellen Datenverarbeitung bisher kaum zufriedenstellend verarbeitet werden konnten. Erst moderne optische Archive und Dokumenten-Management-Systeme bieten hierzu einen akzeptablen Ansatz.

Zu diesen Daten sollen nicht nur im Rechner erstellte Daten gehören, sondern auch Daten, die speziell erfasst und im Rechner gespeichert werden. Dazu gehören über Scanner erfasste Papiere sowie Audio- und Video-Clips.

Zunehmend kommt eine weitere Klasse hinzu, die sich aus ergänzenden Informationen ergibt, aus Verknüpfungen von Dokumenten und Daten (z.B. aus einer Datenbank) und aus Zusammenfassungen solcher Dokumente. Die so geschaffene Wissensbasis wird auch als *Knowledge-Management-System* oder *Knowledgeware* bezeichnet. Eine Variante sind die Dokumente in Intranet- und Internet-Portalen, welche für eine effiziente Handhabung *Content-Management-Systeme* erfordern.

In den vergangenen Jahren hat auch eine Verschiebung des Bedarfs und damit der Prioritäten im DMS-Umfeld stattgefunden. So hat der Bedarf zur Erschließung der Dokumente mit mittlerer Lebens- bzw. Bedeutungsdauer zugenommen. Die Verschiebung der Kommunikation zwischen Unternehmen und innerhalb der Unternehmen vom Papier (und Fax-Nachrichten) hin zu eMails und anderen Formen elektronische Dokumenten haben neue Chancen und neuen Bedarf geschaffen. Die Chance besteht darin, diese Informationen schneller, systematischer und damit auch länger zu nutzen; es besteht Bedarf nach einer kosteneffizienten Speicherung und vor allem nach einer einfachen, automatisierten Erschließung per automatischer Klassifikation, Attributierung und teilweise einer Volltextindizierung. Auch die offene Kommunikation zwischen den Unternehmen und ihren Kunden in der Form von *Extranets* und CRM-Informationen schaffen neue Anforderungen.

1.3 Namensvielfalt der Begriffe

Systeme, die wir hier als *Archivsysteme*, *Archivierungssysteme* oder als *Dokumenten-Management-Systeme* bezeichnen, sind mit einer Vielzahl weiterer Namen belegt:

Archivsystem Ein *Archivsystem* ist ein System, das die Ablage und die Suche bzw. Wiederbeschaffung von Informationen organisiert.
Erfolgt die Organisation mit Hilfe eines Rechners, so sprechen wir von einer *rechnergestützten Archivierung*. Die Information kann sich dabei durchaus noch außerhalb des Rechners befinden – etwa auf Papier in einem Aktenarchiv oder auf Mikrofilm. Modernere Mikrofilmarchive bedienen sich zur Verwaltung und Suche einzelner Bilder solcher Techniken.

Charakteristisch für ›Archive‹ ist die lange Aufbewahrungsdauer und zumeist die große Anzahl der zu speichernden Dokumente.

Unter einem *elektronischen Archiv* soll hier ein Archivsystem verstanden werden, bei dem Informationen bzw. *Dokumente* vollständig oder zumindest überwiegend in elektronischer, dem Rechner zugänglicher Form, abgespeichert sind. In der Regel gehören als wesentliche Komponenten eines Archivsystems neben dem *Ablagesystem* zur gesicherten Speicherung der archivierten Daten auch *Erfassungssysteme*, welche in externer Form vorliegende Daten (etwa Papier oder Mikrofilm) einscannen und in einer elektronischen Form ablegen.

Optisches Archiv Ein *elektronisches Archivsystem*, das optische Datenträger (WORM-Platten, CD-R, DVD-R, wiederbeschreibbare optische Platten) zur Speicherung der zu archivierenden Daten einsetzt.

IMS *Image-Management-System*, ein Begriff, der zumeist dann für ein DM-System verwendet wird, wenn überwiegend eingescannte Dokumente (*Images*) damit verwaltet werden.

EDMS *Enterprise Document Management System*, ein DMS, welches die unternehmensweiten Dokumente verwaltet.

EDMS *Engineering Document Management System*
Damit sind in der Regel Systeme gemeint, in denen technische Zeichnungen verwaltet werden, d.h. eingescannte Altbestände und aus CAD-Systemen stammende Konstruktionsdaten. In moderneren Lösungen gehören hier-

bei zu den technischen Dokumenten ebenso Stücklisten und Beschreibungen sowie eine Versions- und Statusverwaltung dieser Dokumente.

EIS *Elektronisches Image-System*
Hierbei steht die Erfassung und Speicherung von Dokument-Images, d.h. von eingescannten Dokumenten, und deren Verarbeitung stärker im Vordergrund. Zu dieser Klasse gehören auch *Image-Management-Systeme* (**IMS**).

DMS *Dokumenten-Management-System*
Dieser Begriff wird oft verwendet, wenn die Verwaltung und Vorgangsbearbeitung der Dokumente im Vordergrund stehen und der volle Lebenszyklus von Dokumenten wesentlich ist – also auch die frühen Phasen von Dokumenten. Hier spielen Versionierung, differenzierte Zugriffsrechte und Volltextrecherchen eine wichtige Rolle. Es werden dann unter Umständen auch Dokumente mit kurzer Lebensdauer in die DMS-Kontrolle aufgenommen.
Ist das System in ein anderes Backoffice-System wie etwa Versicherungsanwendungen oder ERPS (*Enterprise Resource Planning System*) integriert, so spricht man auch von einem **IDMS** (*Integrated Document Management System*)

Knowledge-Management Hier steht die Erschließung des im Unternehmen vorhandenen *Wissens* im Vordergrund – zumeist basiert auf der Verknüpfung von logisch zusammenhängenden Dokumenten und Fakten in Datenbanken. Man kann diese Systeme als Weiterentwicklung der DM-Systeme betrachten. In einer fortgeschrittenen Ausprägung setzen diese Systeme Verknüpfungs- und Business-Regeln ein, um *Wissen* bzw. Schlussfolgerungen aus dem Inhalt einzelner Dokumente und Fakten zu generieren.

Content-Management-System (CMS) Ein DM-System zur Handhabung von Inhalten (Content) – in aller Regel bezogen auf Internet- oder Intranet-Inhalte. Hier werden neben den Zugriffsrechten auf einzelne Bereiche und Dateien auch die Versionierung, die Editierrechte sowie das Publizieren (statische oder dynamische Generieren der Web-Seiten) sowie das zeitgesteuerte Zurückziehen von Inhalten verwaltet.

Storage-Management Hierunter versteht man die übergreifende Handhabung (Aufteilung, Zuordnung, Virtualisierung, Spiegelung, Sicherung) der größeren im Unternehmen vorhandenen Datenspeicher (File-Server, Archive, Jukeboxen, HSM-Systeme, Bandspeicher).

Zusammenfassend wird teilweise auch von ›*Document Related Technologies*‹ (DRT) gesprochen.

Integration und Überlappung mit anderen Systemen

Archiv- und DMS-Systeme sind vielfach mit anderen Systemen verzahnt. Überlappungen ergeben sich hier mit den Bürosystemen, den Backoffice-Komponenten wie ERP- und CRM-Systemen, eMail-Systemen, Intranet- und Internet-Servern, Content-Management-Systemen, sowie den von diesen benutzen Basiskomponenten wie Datenbank-, File- und Sicherungs-Servern, Volltext-Datenbanken, Workflow- und Storage-Management-Systemen.

Um die Sprachverwirrung zu erhöhen, wird von vielen Anbietern ein ›E‹ für *Enterprise* oder ein ›B‹ für *Business* vor den jeweiligen Begriff gesetzt.

Abbildung 1-1 versucht, die Überschneidungen der Begriffe und Themenfelder zu veranschaulichen. Hierbei besteht der Trend zur Verschmelzung der Funktionen. Als neue Komponente kommt seit 1998 das Intra-, Extra- und Internet hinzu.

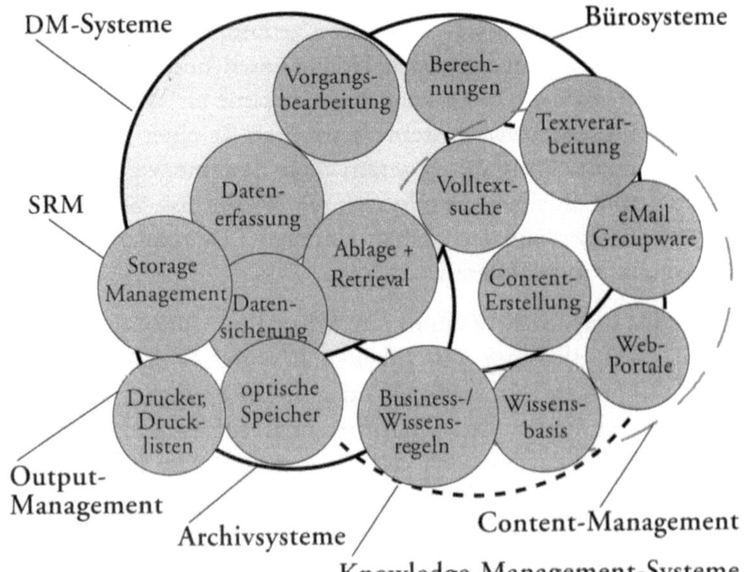

Abb. 1-1 Überlappung der Systemarten, Funktionen und Begriffe

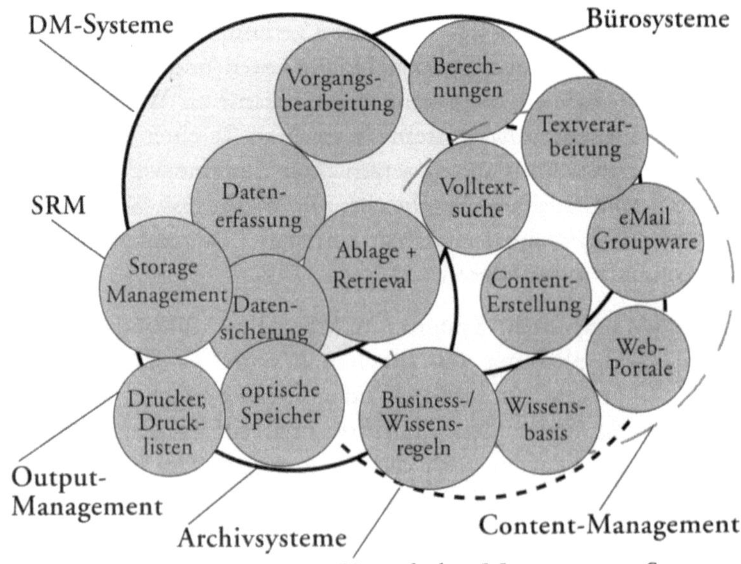

1.4 Aufgaben von DM-Systemen

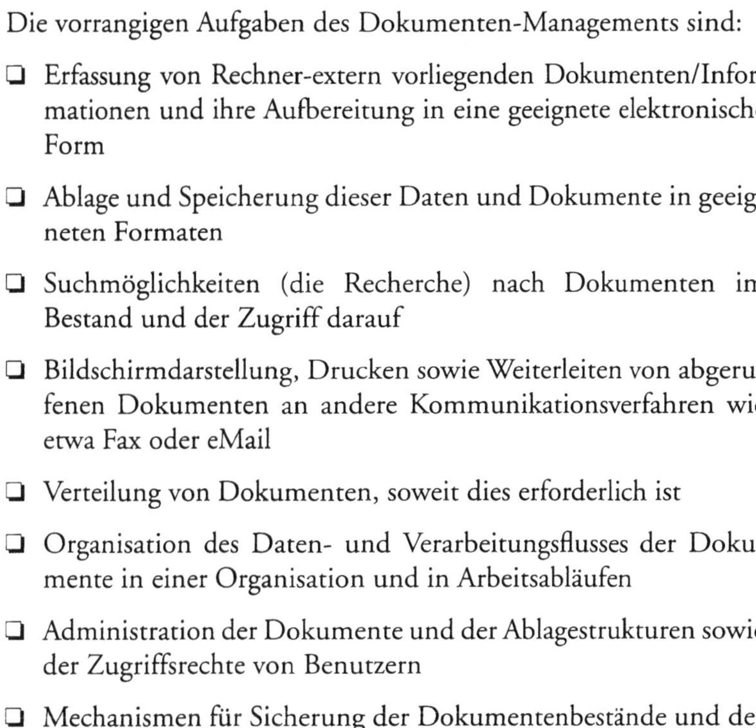

Die vorrangigen Aufgaben des Dokumenten-Managements sind:

- Erfassung von Rechner-extern vorliegenden Dokumenten/Informationen und ihre Aufbereitung in eine geeignete elektronische Form
- Ablage und Speicherung dieser Daten und Dokumente in geeigneten Formaten
- Suchmöglichkeiten (die Recherche) nach Dokumenten im Bestand und der Zugriff darauf
- Bildschirmdarstellung, Drucken sowie Weiterleiten von abgerufenen Dokumenten an andere Kommunikationsverfahren wie etwa Fax oder eMail
- Verteilung von Dokumenten, soweit dies erforderlich ist
- Organisation des Daten- und Verarbeitungsflusses der Dokumente in einer Organisation und in Arbeitsabläufen
- Administration der Dokumente und der Ablagestrukturen sowie der Zugriffsrechte von Benutzern
- Mechanismen für Sicherung der Dokumentenbestände und der zugehörigen Datenbanken und anderer Profile

Darüber hinaus sollte ein DMS Schnittstellen zu anderen IT-Anwendungen besitzen oder in diese möglichst weitgehend integriert sein. Die Schnittstellen (APIs) sollten nicht nur den Abruf und die Anzeige von Dokumenten aus dem DM-System erlauben, sondern ebenso das Bereitstellen von Dokumenten in einen schnellen Speicherbereich (*Prefetch*).

Die Forderung nach Integration in die Hauptanwendungen des Nutzers realisieren viele Systeme bisher nur teilweise, setzen sie doch einen deutlichen Eingriff in vorhandene, Anwendungen voraus. Auch die sich ändernden Schnittstellen der unterschiedlichen Anwendungen stellen ein Problem dar. Bei der Planung von neuen Anwendungen sollte dies jedoch in jedem Fall vorgesehen werden; beim Einkauf neuer Standardanwendungen sollte eine solche Integration eines der Bewertungskriterien sein.

DM-Systeme sind zunehmend nicht nur Einzellösungen, sondern zugleich auch Infrastruktur und Lösungskomponenten von Geschäftsanwendungen und der Enterprise-IT.

1.5 Vorteile von DM-Systemen

Archivsysteme bieten potentiell eine ganze Reihe von Vorteilen, sowohl gegenüber konventionellen Ordner- bzw. Papierarchiven als auch gegenüber Mikrofilmarchiven. Die wichtigsten davon sind:

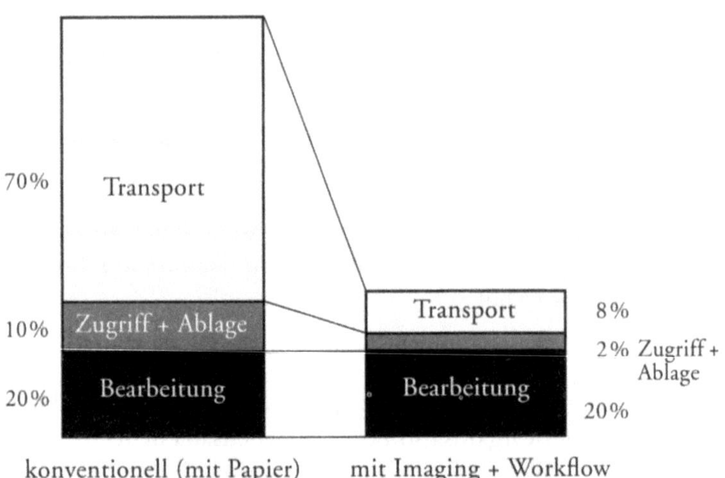

Abb. 1-2 Einsparungen bei Transport und Zugriffszeit bei Papierdokumenten (links) und elektronischen Dokumenten (rechts) auf der Basis verschiedener Quellen und Projekterfahrungen der Autoren

Die hier angegebenen typischen Einsparungswerte stammen aus einer Untersuchung von Anderson Consulting aus dem Jahr 1992 über etwa 100 DMS-Projekte. Sie treten jedoch fast nie zusammen auf!

50–90% **kürzere Zugriffs- und Ablagezeiten,**
da Transportzeiten und Verweilzeiten weitgehend entfallen.

80–90% **kürzere Transportzeiten,**
da Dokumente und Informationen elektronisch transportiert werden.

70–95% **kürzere Suchzeiten,**
da per Rechner schneller und differenzierter gesucht werden kann.

10–25% **Verbesserung der Produktivität,**
welche durch eine kontinuierliche, nicht durch Suche und Aktenanforderungen unterbrochene Bearbeitung erreicht wird.

10–35% **Personaleinsparungen**
durch verbesserte Produktivität und eine schnellere Bearbeitung.

10–55% **Reduzierung der Bürosystemkosten**
durch Einsparungen an Ordnern, Schränken usw.

20–55% **Reduzierung der notwendigen Formulare und Dokumente**
die als Papier für interne Zwecke erzeugt werden müssen.

30–50% **Reduzierung des Platzbedarfs**
für die Lagerung von Akten (Archivraumeinsparung) durch hohe Speicherdichte magnetischer und optischer Speichermedien.

Es sei hier ausdrücklich darauf hingewiesen, dass diese Einsparungen leider nie summiert auftreten!

Zusätzliche, monetär nur schwer zu beziffernde Vorteile sind:

- **Dezentraler Zugriff,**
  da die Informationen in digitaler Form schnell und verlustfrei über Netze transportiert werden können.
- **Gleichzeitiger Zugriff durch mehrere Personen,**
  d.h. höhere Verfügbarkeit von Dokumenten.
- **Höhere Konsistenz durch zentrale Datenhaltung,**
  da nur eine Referenzkopie im Rechner vorliegen muss.
- **Einfaches Sichern und Kopieren,**
  da dies rechnergestützt und automatisiert erfolgt, die Dokumente dazu nicht entnommen werden müssen und beim Kopieren nicht verfälscht oder beschädigt werden.
- **Möglichkeit der integrierten Verarbeitung**
  durch das Vermeiden von Medienbrüchen.
- **Bessere *Erschließung* vorhandener Informationen**
  durch systematische Erfassung, Speicherung und oft mehrfachen Informationszugang (etwa durch Navigieren, Datenbanksuche und Volltextsuche auch mit *unscharfen* Suchkriterien).

Dokumenten-Management-Systeme mit ihren insbesondere um die Vorgangssteuerung erweiterten Funktionen liefern potentiell folgende weitere Vorteile:

- **Schnellere Verteilung von Dokumenten**
  durch den Workflow.
- **Zeitgewinn durch bereits zusammengestellte Dokumente und Informationen für eine Verarbeitung,**
  indem die Informationen als Vorarbeit zu einem Arbeitsschritt automatisiert zusammengestellt und bereits *angezogen* (für einen schnellen Zugriff vorbereitet) werden können. So erfolgt effizientes Arbeiten, das nicht durch lange Anforderungen und Suchen unterbrochen wird.

- **Reduzierung der Arbeitsschritte (30–75%)**
  z.B. durch Automatisierung.
- **Höhere Auskunftsbereitschaft,**
  was bei Kunden- und Service-orientierten Unternehmen wie etwa Versicherungen, Paketdiensten usw. als Dienstleistungsqualität bewertet werden muss.
- **Automatisierbare Kontrolle von Bearbeitungszeiten,**
  um z.B. zu verhindern, dass Vorgänge versehentlich auf bestimmten Arbeitsplätzen unbearbeitet verweilen.*

** z.B. durch Urlaub oder Krankheit eines Bearbeiters*

Inwieweit diese Aspekte für einen bestimmten Einsatz wirklich zutreffen, und ob sie die Kosten eines Dokumenten-Management-Systems rechtfertigen, ist im Einzelfall zu prüfen. Dieses Buch möchte Sie dazu in die Lage versetzen.

1.6 DM-Terminologie

Da viele Begriffe umgangssprachlich nicht ganz einheitlich definiert sind, sollen hier zunächst häufig benutzte Termini genauer erklärt werden. Weitere Definitionen und Erläuterungen finden Sie in den nachfolgenden Kapiteln sowie im Glossar.

Kodierte und nicht-kodierte Informationen

CI = Coded Information = kodierte Information: Dies sind rechnererstellte Briefe, Texte, Zahlentabellen oder CAD-Zeichnungen.

Informationen bzw. Dokumente können im Rechner in kodierter oder unkodierter Form vorliegen.

Im Normalfall handelt es sich bei den im Rechner selbst erzeugten oder über Tastatur, Maus oder Tableau eingegebenen Informationen um so genannte *kodierte Informationen* oder kurz CI genannt (CI = *Coded Information*). Bei Eingabe des Zeichens ›A‹ beispielsweise speichert der Rechner dieses Zeichen mit einem bestimmten Code ab: Buchstaben und Sonderzeichen oft in ASCII-, in EBCDIC-Code, in Unicode oder einem dem Textsystem eigenen CI-Format. Merkt er sich bei einer Textdatei zusätzlich die Code-Art (oder nimmt er sie implizit an), so kann er diese Datei nach dem Zeichen ›A‹ durchsuchen oder nach allen Worten, die mit ›A‹ beginnen. Der Rechner kann also eine kodierte Information ohne Hilfe des Anwenders interpretieren. Typische Beispiele für CI-Daten sind mit Textsystemen erstellte Dokumente, aus einer Tabellenkalkulation erstellte Berechnungsdateien, CAD-Dokumente, die Druckausgabe aus Report-Läufen oder Drucklisten.

Nicht-kodierte Informationen oder kurz NCI (für *Non Coded Information*) sind Informationen, die der Rechner nicht ohne weiteres selbst interpretieren kann. Scannt man beispielsweise eine Textseite ein, so liegt ein *Rasterbild*, bestehend aus einer Folge von Pixeldaten, vor. Der Rechner erkennt kein ›A‹, sondern eine Punktmenge ohne weitere Bedeutung. Präsentiert man einem Menschen hingegen die Textseite als Pixelmuster auf einem Bildschirm, ist dieser zumeist in der Lage, die Information zu erkennen und zu deuten. Ähnlich schwer täte sich ein Rechner, aus einer ihm in digitaler Form ohne weitere Umwandlungsprozesse übergebenen Tonsequenz das hohe C zu erkennen. Auch hierbei liegt eine Form von *Non Coded Information* vor. Rasterbilder, Audio- und Video-Informationen sowie Animationen, die im Rechner digital abgelegt sind, bezeichnet man gemeinhin pauschal als *nicht-kodierte Information*.

NCI = ›*Non Coded Information*‹, *d. h. nicht kodierte Information: Rasterbilder, Audio- oder Videoinformationen.*

Rasterbild, Raster-Image, Bildpunkt und Pixel

Ein *Rasterbild* ist nicht unbedingt ein wirkliches Bild im Sinne einer Grafik oder einer Fotografie, sondern die aus einzelnen Bildpunkten zusammengesetzte Abbildung. Die Darstellung kann dabei durchaus nur Text wiedergeben.

Image = *Rasterbild* = *Faksimile-Dokument*

Für solche Speicher- und Darstellungsformen werden oft die Termini *Raster-Image* oder *Faksimile-Daten* verwendet. Der englische Begriff *Image* kann dabei mit *Abbild* übersetzt werden; ein *Raster-Image* ist damit ein mittels Rasterpunkten gespeichertes oder dargestelltes *Abbild* einer Vorlage.

Der einzelne *Bildpunkt* wird im IT-Bereich häufig als *Pixel* bezeichnet. Pixel steht für *Picture Element* und verdeutlicht damit, dass sich der Bild- oder Seiteneindruck aus einzelnen kleinen Punkten zusammensetzt. Ein einzelner Bildpunkt kann eine unterschiedliche Informationsmenge zeigen. Ist er entweder nur schwarz oder nur weiß, spricht man von einem *Schwarzweißbild* oder einem *bitonalen Bild*; bei Grafiken wird auch der Ausdruck *Strichgrafik* benutzt. Kommen zwischen Schwarz und Weiß auch Grautöne vor, so spricht man von *Halbtonbildern* bzw. *Halbtondarstellungen*. Typische Beispiele dafür sind Fotografien.

Ist die Auflösung eines Rasterbildes ausreichend hoch, so nimmt das Auge nicht mehr die einzelnen Pixel wahr, sondern empfindet das Bild als Fläche, stufenfreie Grafik oder glatte Schrift. Die Auflösung wird im DMS-Umfeld zumeist in *Punkten pro Zoll* bzw. *dots per inch* oder knapp in **dpi** angegeben. Die deutsche Bezeichnung dafür ist Punkte pro Zentimeter bzw. ›**P/cm**‹.

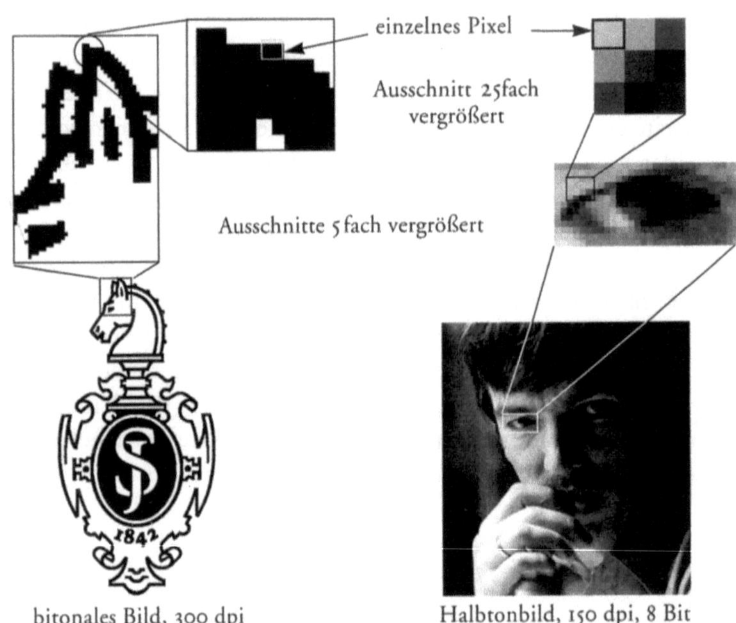

Abb. 1-3 Bitonales Rasterimage und Halbtonbild: Beim Vergrößern wird die Rasterung und schließlich der einzelne Rasterpunkt sichtbar.

Ab welcher Auflösung ein Image vom Betrachter als rasterfrei empfunden wird, ist abhängig von der Informationsart,* vom Betrachtungsabstand, von der Art der Wiedergabe (Papier oder Bildschirm) sowie von weiteren Umständen, wie etwa den Lichtverhältnissen. Eine brauchbare Lesbarkeit oder Erkennbarkeit ergibt sich für bitonale Bilder bei 200 bis 300 dpi, für Schwarzweiß-Halbtonbilder ab etwa 150 dpi und für Farbbilder (durch die höhere Gesamtinformation) ab etwa 100 dpi. Für spezielle Zwecke verwendet man höhere Auflösungen. Im hochwertigen Buchdruck werden z.B. etwa 600 bis 1200 dpi für bitonale Strichgrafiken, 2400 dpi zur Rasterung von Schrift, 300 dpi für Schwarzweiß-Halbtonbilder und etwa 200 dpi für Farbbilder benutzt.

** z.B. bitonale Abbilder, S/W-Halbtonbilder oder Farbbilder*

Da der Speicherbedarf quadratisch mit zunehmender Auflösung steigt, gilt es, für die Langzeitspeicherung zu prüfen, welche Auflösung bei Raster-Images eine ausreichende Darstellungsqualität ergibt. Wesentlich bei dieser Betrachtung ist auch der spätere Verwendungszweck. So kommt man z.B. bei Dokumenten, die lediglich der Nachweispflicht genügen müssen, mit niedrigeren Auflösungen aus als bei solchen, die später wieder in weiteren Publikationen – etwa einem Produktkatalog – eingesetzt werden sollen.

Daten und Dokumente

Auch die Begriffe *Daten* und *Dokumente* werden in diesem Buch vielfach synonym eingesetzt. Unter einem *Dokument* wird dabei eine aus einer oder mehreren Seiten bestehende Information verstanden,* die vom Anwender auf dem Bildschirm betrachtet und auf Hardcopy-Geräte ausgegeben werden kann. Ob es sich dabei um einfachen oder strukturierten Text, um eine einzelne Seite oder um mehrere logisch zusammenhängende Seiten (Informationseinheiten) in Form von Bildern oder Pixelinformation handelt, ist dabei weitgehend gleichgültig.

Ein Dokument muss nicht zwingend eine Seiten-Strukturierung besitzen, sondern kann auch fortlaufender Text ohne Seitengrenzen (z. B. ein HTML-Dokument) sein.

Hypertextdokumente enthalten Verweise auf andere Textstellen oder Informationsquellen im gleichen oder in anderer Dokumenten. Durch einen Klick auf den Verweis (*link*) gelangen Sie in das referenzierte Dokument an die richtige Stelle. HTML-Dokumente sind eine der bekanntesten Formen. Daneben gibt es jedoch zahlreiche weitere Formate und Anwendungen, welche *Hypertext-Links* unterstützen.

Der Ausdruck *Datenbestand* wird in diesem Buch für eine Gruppe logisch zusammenhängender Daten bzw. Dokumente verwendet. So wären beispielsweise alle CAD-Konstruktionen einer Abteilung oder eines Bereichs der *Datenbestand dieser Abteilung* (an Konstruktionen).

Attribute, Indexwerte, Metadaten

Den Dokumenten sind in einem DMS *Attribute* zugeordnet. Für eine eingescannte Versicherungspolice könnten dies z. B. folgende Attribute sein:

Attribute = Indizes helfen, die Dokumente (zumeist über eine relationale Datenbank) wiederzufinden bzw. gezielt nach ihnen zu suchen.

Dokumententyp = Lebensversicherungspolice
Versicherungsnummer = L124277
Kundennummer = SW 998874
Kundenname = Josef Mayer
Eingangsdatum = 24. Juli 2002
Format = TIFF-G4

Die Attribute müssen beim Einbringen des Dokuments in das DMS angelegt bzw. erfasst und in der Datenbank des DMS abgelegt werden. Diese Attribute – auch *Indexwerte des Dokuments* oder *Metadaten* genannt – benötigt man, um später nach dem Dokument suchen (*recherchieren*) zu können. Solche Metadaten können ebenso die Zugriffsrechte auf das Dokument definieren und dem DM-System helfen, das Dokument im richtigen Format anzuzeigen und zu bearbeiten.

Art und Anzahl der notwendigen Attribute sind abhängig von der Art des Dokuments, vom Verwendungszweck sowie der Art der Suche und des Zugriffs. So wird ein Versicherungsvertrag andere und weniger Suchattribute besitzen als eine technische Zeichnung. Man gruppiert deshalb Dokumente in einem DMS zumeist in *Dokumentenklassen* mit gleichen Attributen.

Versionierung – Versioning

Zunehmend werden CI-Dokumente nicht nur über eine Attributsuche recheriert, sondern per *Volltextsuche*. Dazu muss das Dokument zuvor indexiert werden. NCI-Dokumente sind zusätzlich per OCR in ein CI-Format zu konvertieren. Dies geschieht in aller Regel automatisch. Die Volltextsuche – und die bei der Indexierung entstehende große Volltextdatenbank – macht nur bei klassischen Textdokumenten Sinn, also Berichten, Artikeln und Internet-Dokumenten. Auch wenn es in Einzelfällen nützlich sein mag, wird man z. B. Rechnungen so nicht aufbereiten; der Zugriff darauf ist in aller Regel zu selten und der Indexspeicher zu teuer. Moderne Volltextsuchen gewichten die Treffen nach Benutzerpräferenzen und geben die Trefferliste entsprechend sortiert aus. Hier entsteht ein fließender Übergang zu Knowledge-Management-Systemen.

Mappe

Unter einer *Mappe* (englisch: *folder*) wird im DMS-Umfeld ein Container verstanden, der Dokumente und eventuell weitere Informationen enthält. Die Dokumente können unterschiedlicher Art sein (z. B. Image-Dokumente, erfasste Formulare und Kopien ausgehender Poststücke) und aus unterschiedlichen Quellen stammen. Sie stehen jedoch in einem logischen Zusammenhang und bilden den Informationshintergrund der zur Ausführung eines Bearbeitungsschrittes notwendig ist. In der Mappe befinden sich keine Dateien, sondern nur Verweise auf die (eventuell bereits archivierten) Dokumente. Dies gestattet, ein Dokument mehreren Mappen zuzuordnen. Eine Mappe hat oft einen temporären Status und wird nach Beendigung der Bearbeitung wieder aufgelöst.

Eine Mappe muss keineswegs statisch sein. DM-Systeme unterstützen zunehmend auch so genannte *dynamische Mappen* (*Folder*), bei denen sich der Mappeninhalt aus einer DMS-Datenbankabfrage zu dem Zeitpunkt ergibt, in dem die Mappe geöffnet wird.

Rendition – Dokumentenausprägung

Häufig möchte man ein Dokument in mehreren Formaten speichern – etwa als MS-Word-Dokument für eine weitere Bearbeitung oder als PDF-Dokument als Langzeit-Wiedergabeformat. Man spricht dann von mehreren *Renditions* oder *Ausprägungen* des Dokuments. Das DM-System muss in diesem Fall zum Anzeige- oder Verarbeitungszeitpunkt kontextabhängig oder per Menü-Abfrage an den Anwender entscheiden, welche Rendition für die betreffende Operation herangezogen werden soll.

Versionierung – Versioning

Insbesondere bei noch *lebenden*, d.h. sich verändernden Dokumenten, sollte das DM-System eine Versionierung der Dokumente unterstützen. Damit wird es möglich, auch ältere Versionen eines Dokuments abzurufen, was z.B. bei technischen Dokumenten und CAD-Zeichnungen unabdingbar ist.

Wo in einer DM-Lösung die Versionierung realisiert werden soll – ob in den DM-Basis-Komponenten, in einer Middleware-Schicht oder weit oben in einer anwendungsnahen Schicht – ist eine Frage des Anbieters und des zugrunde liegenden Dokumentenmodells. Jeder dieser Ansätze hat seine spezifischen Vor- und Nachteile.

In einigen Fällen besteht nicht nur der Bedarf nach einer linearen Versionierung, sondern nach komplexen Versionsbäumen – die Sourcecode-Verwaltungssysteme in der Softwareentwicklung sind Beispiele hierzu.

Check-Out und Check-In

Sollen mehrere Autoren gemeinsam an einem Dokument arbeiten, so sollte es nicht passieren, dass sich ein Autor das Dokument holt (z.B. kopiert), es bearbeitet und danach zurückstellt, während ein zweiter Autor dies leicht zeitversetzt auch tut und die Änderungen der späteren Einstellung alle Änderungen der zuerst eingestellten Kopie überschreiben. Mit der *Check-Out*-Funktion blockiert der Abrufende das Dokument (vorübergehend) für weitere Bearbeitungen – lesende Zugriffe oder Kopien sind noch möglich. Der zweite Bearbeiter erhält beim Zugriff eine entsprechende Nachricht. Mit dem anschließenden *Check-In* stellt der erste Autor das geänderte Dokument als neue Version ein und hebt zugleich damit die Editiersperre auf.

1.7 Die Vision des EDMS

Ein *Enterprise Document Management System* (kurz EDMS) ist ein DM-System, welches alle wesentlichen Dokumente eines (zumeist großen) Unternehmens handhabt. Hierzu gehören z. B. die betriebswirtschaftlichen Dokumente aus der Finanz-, Anlagen- und Lagerbuchhaltung ebenso wie jene des Personalwesens. Abzudecken sind ebenso die Produktionsdokumente,* die Dokumente aus der Konstruktion, dem Support und der Wartung, die Dokumente des Marketings und Vertriebs, das Report- und Druckmanagement sowie die Dokumente aus eMail und Groupware und eventuell die des Intra- oder Internet-Auftritts. Ein weiterer Bereich sind die so genannten *Legal Documents* des Unternehmens, die zur Gründung, zur Ausweitung, zum Börsengang und für zahlreiche weitere unternehmensorientierte Transaktionen notwendig sind. Ein weiteres Feld ist die große Anzahl unterschiedlicher Reports in den Unternehmen, seien es Umsatzzahlen, Produktionsdaten, Statistiken oder andere per Hand oder automatisch erstellte Listen, die regelmäßig herausgegeben werden.

** die Dokumente des so genannten ›Product Document Managements‹ – kurz PDM*

Diese Dokumente haben teilweise sehr unterschiedliche Lebenszyklen, Verarbeitungsschritte, Metadaten, Zugriffsrechte und Formate. Sie werden zumeist von verschiedenen Personenkreisen recherchiert. Entsprechend differenziert ist ihre Erfassung, Verteilung und Handhabung. Sie lassen sich heute praktisch nicht in einer einzigen DMS-Lösung unterbringen, sondern verlangen nach mehreren Ansätzen, die oft nicht mehr von einem Anbieter geleistet werden können.

Statt EDMS wird inzwischen auch vielfach der Begriff ECMS ›Enterprise Content Management System‹ verwendet.

Das *Enterprise* DMS ist also zunächst eine Vision, die kurzfristig nicht realisierbar ist. **Aber diese Vision ist ausgesprochen nützlich!** Denn sie liefert die Ausrichtung für eine DMS-Planung und definiert die längerfristigen Ziele. Aus ihr sollten sich die kurz- und mittelfristigen Schritte ableiten lassen. Eine solche Vision kann dazu dienen, einzelne DM-Lösungen auszuwählen und Schritte zu einer Konsolidierung von Dokumentenverarbeitung und Dokumentenformaten anzugehen. Sie sollte bei einem anstehenden *Business Re-Engineering* Berücksichtigung finden. Eine oft anstehende Vereinheitlichung von eMail- und Groupware-Systemen sollte sich an dieser EDMS-Vision orientieren. Die EDMS-Vision – auf realistische Ziele und Schritte beschränkt – kann helfen, die DMS-Planung durch fortschreitende Entwicklungen und Techniken zu navigieren. Auch kleinere Schritte können erhebliche Kosten- und Wettbewerbsvorteile mit sich bringen!

Kapitel 2

DMS-Architekturen

Dieses Kapitel skizziert die prinzipielle Architektur von Archiv- und Dokumenten-Management-Systemen, so wie sie in fast allen angebotenen Systemen zu finden ist. Die Abhandlung bewegt sich dabei auf einer weitgehend systemneutralen Ebene und beschränkt sich auf wesentliche Bausteine und Prinzipien.

Die Ansprüche an die Architektur von Dokumenten-Management-Systemen wird von der Aufgabenstellung sowie von ihrer Einbindung in die vorhandene IT-Landschaft beeinflusst. Sie variiert deshalb je nach Aufgabenschwerpunkt, unternehmensspezifischen Vorgaben und der konkreten Installation. Einige Grundkomponenten kommen jedoch in praktisch allen Archiv- und DM-Systemen vor. Aus dieser Sicht heraus sollen deshalb

- die generelle Architektur

sowie die darin enthaltenen typischen Einzelkomponenten wie

- Erfassungssysteme und Erfassungsszenarien,
- Attributierarbeitsplätze und mögliche Optimierungsverfahren,
- das Ablagesystem, der Ablage-Server,
- Workflow-Server,
- weitere Spezial-Server,
- Nutzungs- bzw. Recherchearbeitsplätze und
- Hardcopy-Ausgabe bzw. der Druckserver

mit den wichtigsten dort laufenden System- bzw. Softwarekomponenten diskutiert und zunächst in einer Übersicht dargestellt werden.

Nicht alle der aufgeführten Systeme und Komponenten müssen integriert werden. So kommen bisher die meisten Lösungen ohne eine komplexe Workflow-Komponente aus. Auch die COLD-Komponente ist in vielen Systemen nicht vorhanden. Oft kommend jedoch Anschlüsse zu benachbarten Systemen wie Content-Management, Knowledge-Management oder profaner dem System- und Storage-Management hinzu.

Man sollte sich hier bei der Konzeption eigener Systeme weniger vom *Trend* als von konkreten Aufgaben und Problemen leiten lassen.

Insbesondere die in Abschnitt 2.13 diskutierte Integration des Dokumenten-Managements in die eigenen geschäftsrelevanten Anwendungen ist vielfach nicht nur eine Frage der optimalen DM-Schnittstellen, sondern inwieweit bereits existierende Anwendungen einbezogen werden können. Bei der Neukonzeption von Geschäftsanwendungen sollten solche DMS- ud Dokumenten-Schnittstellen immer vorgesehen werden. Mit zunehmender Modularisierung von Systemen und der Verfügbarkeit standardisierter Schnittstellen wird dies einfacher – viele laufende Anwendungen sind jedoch oft noch *Legacy-Anwendungen* mit geringen Anpassungsmöglichkeiten.

2.1 Übergreifender DMS-Ansatz

Definiert man den Begriff *Dokumenten-Management* übergreifend, so ergibt sich etwa eine Sicht, wie sie Abbildung 2-1 widergibt. Dokumenten-Management deckt dann alle wesentliche Aspekte des Lebenszyklusses eines Dokuments ab: Von der Entstehung oder Erfassung, über die Verteilung und Recherche bis hin zur Speicherung und Integration in unterschiedliche Anwendungen und schließlich die Ausgabe-, Versand- und Publikationswege über ein Interner-Portal sowie die Löschung des Dokuments.

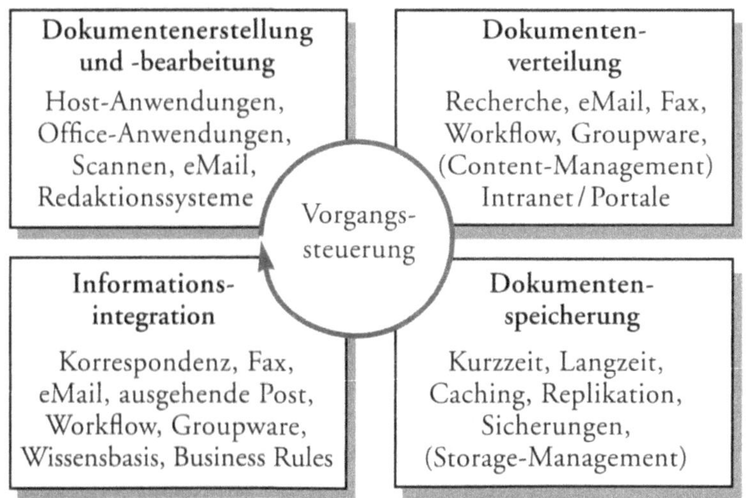

Abb. 2-1 Dokumenten-Management als integrierendes und komponenten-übergreifendes System, welches den gesamten Lebenszyklus von Dokumenten abdeckt

Eine entsprechende Realisierung ergibt ein ausgesprochen mächtiges DMS – das bisher in der Realität noch selten anzutreffen ist, da dazu Schnittstellen vorhanden sein müssen, die heute nicht existieren oder nicht ausreichend kompatibel sind. Dazu gehören insbesondere Schnittstellen zu den Dokumenten-erzeugenden und Dokumenten-nutzenden Applikationen. Besonders dort, wo ältere oder eingekaufte Applikationen eingesetzt werden, an denen man keine größeren Änderungen zur Schaffung von neuen Dokumentenschnittstellen vornehmen kann, ist der oben skizzierte DM-Ansatz kurzfristig kaum zu realisieren. Für den Ansatz muss bereits bei der Applikationsentwicklung ein solches DM-Konzept berücksichtigt werden, wie es z. B. die SAP mit einer Reihe seiner R/3-Modulen und in MySAP im Zusammenspiel mit Archiven getan hat.* Erst mit der Verfügbarkeit standardisierter DM-Schnittstellen und entsprechender APIs sowie deren Marktakzeptanz wird ein solcher DM-Ansatz stärker anzutreffen sein.

Bei großen, komplexen Systemen ist zu überlegen, ob nicht mehrere, getrennte Systeme mit einer losen Kopplung die bessere Lösung sind.

* *Siehe hierzu Kapitel 11.3.1.*

2.2 DMS-Architektur

Ein *System* besteht aus mehreren Komponenten und Abläufen, bei denen Informationen (oder Materialien) zwischen den Komponenten ausgetauscht werden. Dabei ergeben sich oft unterschiedliche Blickwinkel.

Genauso ist es mit einem *Dokumenten-Management-System*. Die Benutzersicht dazu zeigt das Strukturbild in Abbildung 2-2.

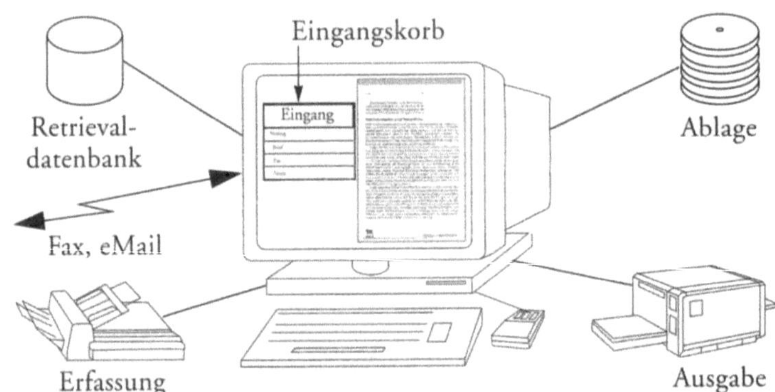

Abb. 2-2 Benutzersicht eines Dokumenten-Management-Systems

Für den Benutzer ist hier eine Erfassungsmöglichkeit für externe Daten vorhanden. In einem Dokumentenverwaltungssystem ist dies in den meisten Fällen ein Scanner für die Erfassung (*Einscannen*) von Papiervorlagen. Weitere Eingangsquellen sind COLD, Fax und eMail.

Eingescannte Seiten müssen auf ausreichende Qualität überprüft und zu einem Dokument zusammengefasst werden. Danach erfolgt zumeist die Attributierung der Dokumente – häufig an speziellen dafür vorgesehenen Attributierarbeitsplätzen.

Schließlich werden die Dokumente in elektronischer Form abgelegt. Die Ablage erfolgt in *Archivsystemen* wegen der großen Datenmenge und aus rechtlichen Gründen oft auf optischen WORM-Medien. Diese bieten zusätzlich hohe Datensicherheit und besitzen somit einen wesentlichen Vorteil gegenüber Magnetplatten. Beim Einsatz von WORM-, CD-R- oder DVD-R-Datenträgern bieten sie zudem Schutz gegen Veränderung der Daten – eine in manchen Bereichen wesentliche Forderung.

Die einmal gespeicherten Daten möchte man danach nutzen, d.h. abrufen, anzeigen, versenden, verarbeiten und möglichst selten ausdrucken. Für die Benutzersicht ist also ein Suchwerkzeug in Form eines *Recherchesystems* vorhanden. Dieses stützt sich heute in der Regel auf eine relationale Datenbank. Bei Dokumenten, die als

Textdateien statt als Rasterbilder vorliegen, bietet sich zusätzlich eine Textindizierung und die Recherche über eine *Volltext-Datenbank* an.

Per Recherche gefundene, in den Eingangskorb eingestellte oder anderweitig ermittelte Dokumente können dann über einen Anzeige-Modul auf dem Bildschirm dargestellt werden. Dieser Anzeigemodul – im DM-Umfeld häufig als *Viewer* bezeichnet – muss in der Lage sein, das bei der Speicherung verwendete Dokumentenformat anzuzeigen – oder das System muss die Daten dynamisch in ein anzeigbares Format konvertieren. Aus dem Viewer heraus wird in der Regel auch die Ausgabe auf einen Drucker unterstützt. Daneben bieten DM-Systeme auch das Versenden von Dokumenten per Fax oder eMail.

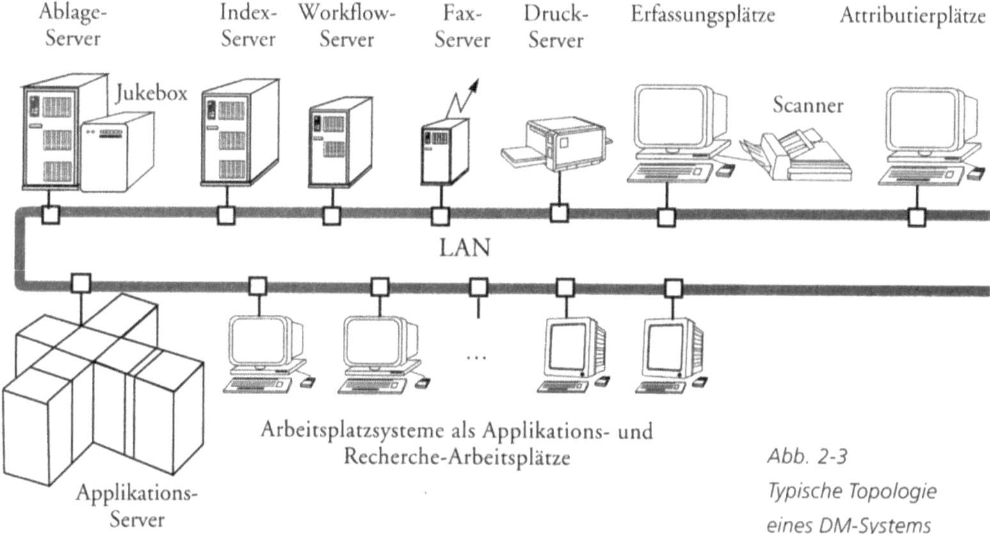

Abb. 2-3 Typische Topologie eines DM-Systems

Wo und wie die einzelnen Peripheriekomponenten angeschlossen sind und auf welchen Rechnersystemen die Software- und Serverfunktionen ablaufen, kann für den Anwender unsichtbar sein – zumindest solange wir uns in seiner vereinfachten, transparenten Sicht bewegen. Für die Performanz des Systems kann diese Frage natürlich relevant sein.

Bei Systemen mit der für DM-Systeme typischen verteilten Struktur wird heute das *Client-Server-Konzept* eingesetzt. Ein *Server* bedient dabei mehrere *Clients*. In einem Gesamtsystem können mehrere Server vorhanden sein – wie in Abbildung 2-3 dargestellt. Es dürfen durchaus mehrere Server-Funktionen auf einem einzigen Rechner zusammengefasst sein. Client und Server können hierbei entweder auf dem gleichen oder auf verschiedenen Rechnern eines Netzes liegen.

Systematisiert man die zuvor beschriebenen Abläufe im Dokumenten-Management und betrachtet das System unter dem Aspekt der IT-orientierten Anforderungen, so fallen typischerweise folgende unterschiedliche Aufgaben an:

A) Erfassen der zu archivierenden Daten bzw. Dokumente
B) Indizieren der zu archivierenden Dokumente
C) Speichern, Sichern und Verwalten der Dokumente
D) Suche und Abruf der Daten aus dem Archivbestand
E) Darstellung der Daten auf dem Bildschirm und Weiterverarbeitung
F) Ausgabe auf Papier oder andere Datenträger
G) Kontrolle des Dokumentenflusses und teilweise automatische Initiierung von Bearbeitungsschritten
H) Integration in die konventionellen IT bzw. andere Anwendungen und administrative Systeme

Diese Aufgaben stellen teilweise so diversifizierte Anforderungen an das IT-System, dass sie auf unterschiedlichen Rechnern untergebracht werden müssen. Dieser Trend wird durch verteilte Systeme in Form von Arbeitsplatzrechnern im Büro und im Zuge von *Downsizing* weiter forciert – im Speicherbereich (SRM) hingegen besteht die Tendenz zu Konsolidierung und (Re-)Zentralisierung.

SRM = ›Storage Resource Management‹

Damit ergibt sich eine logische Aufteilung der oben genannten Aufgaben auf ein Gesamtsystem von vernetzten Rechnern, wie sie Abbildung 2-3 präsentiert. Diese Abbildung zeigt das System aus einer topologischen Sicht der Einzelsysteme.

Die meisten Komponenten lassen sich in einem Gesamtsystem duplizieren, entweder um eine höhere Ausfallsicherheit zu erzielen oder um die Leistungsfähigkeit oder die Zugangsmöglichkeiten zu steigern. Auch eine Kombination dieser Aspekte ist möglich.

Obwohl die aufgeführten Funktionen auch auf einem oder wenigen Rechnern zusammengefasst werden können, geht die nachfolgende Beschreibung von einer Funktionstrennung der genannten Aufgaben auf unterschiedliche Rechner aus. Die Aufgaben D), E) und G), d.h. die Recherche, die Anzeige sowie die Bearbeitung von Vorgängen, laufen dabei zumeist auf dem jeweiligen Arbeitsplatzrechner des Benutzers ab – und greifen dabei auf Serversysteme anderer Rechner zu. Bei den außerhalb des Archivsystems liegenden IT-Verarbeitungen fungiert bei Nutzung eines Mainframe-Rechners oder eines eigenen Applikations-Servers die lokale Arbeitsstation nur als Dialogstation für den Anwendungsserver.

Die Erfassung, Aufbereitung und Indizierung von Dokumenten (Aufgabe A + B) werden bei mäßigen Datenmengen auf den gleichen Systemen durchgeführt. Bei großen anfallenden Datenmengen ist es sinnvoll, die Aufgabe auf verschiedene Personen und auch auf spezielle Erfassungssysteme zu verteilen.

Abweichend von der Darstellung in Abbildung 2-3 lässt sich die Erfassung großer Dokumentenmengen oder aufwändig zu erfassender Daten (z. B. A0-Zeichnungen oder große, hochauflösende Vorlagen) auch von einem externen Dienstleistungsunternehmen durchführen.

Diese *Offline-Erfassung* bietet folgende Vorteile: Sie ist bei spezialisierten externen Dienstleistern oft kostengünstiger und der Nutzungsbetrieb des Gesamtsystems wird nicht durch den Erfassungsbetrieb belastet. Zusätzlich reduzieren sich die notwendigen Investitionen für einen Teil der Erfassungssysteme, und es muss weniger Personal aufgebaut werden. Die extern erfassten Daten werden dann über entsprechende Datenträger* in separaten Update-Läufen in das DM-System eingespielt – häufig nachts. Der Einsatz der externen Scan-Dienstleister ist insbesondere bei großen Dokumentenmengen sowie bei der Erfassung größerer Altbestände überlegenswert.

** auf optischen Platten, Streamern, DAT-, DLT- oder LTO-Bändern*

In vielen DM-Systemen wird auch der Workflow-Server fehlen, da entweder gar keine spezielle Vorgangssteuerung stattfindet oder die Vorgangssteuerung Teil des Applikations-Servers oder der Anwendung selbst ist.

Neben dem aufgezeigten Fax-Server findet man in DM-Systemen zunehmend auch eMail-Server bzw. Gateways zu einem eMail-System sowie Schnittstellen zu einem CM-System. Zusätzlich können, wie im Abschnitt 2.10 dargestellt, noch weitere spezielle Server wie z. B. ein COLD-Server oder ein OCR-Server vorhanden sein. Auch Systeme zur Volltext-Recherche sind bei größeren Datenmengen zumeist auf eigenen Systemen untergebracht.

In Systemen mit Web-basierten Frontends – und dahin geht eindeutig der Trend – kommen zusätzlich die Web-Server und in der Regel entsprechende Firewall-Systeme hinzu.

Das Zusammenlegen der DM-Systeme auf den gleichen Rechnern mit den Applikations-Servern hat sich als unpraktisch erwiesen,** da so bei Wartungsarbeiten am DMS auch die eventuell unternehmenskritischen Anwendungen unterbrochen werden und bei Updates des Anwendungssystems (z.B. SAP R/3) das DMS nicht mehr benutzt werden kann.

*** Es sei denn, die Systeme laufen auf virtuellen Servern (z. B. von IBM angeboten), die wie getrennte Rechner behandelt werden können.*

2.3 Dokumentenerfassung

Die Erfassung durch Einscannen erweist sich häufig als aufwändigste und kostenintensivste Funktion eines DM-Systems.

Prinzipiell können Dokumente auf folgende Arten erfasst bzw. in das DMS eingebracht werden:

- manuelle Erfassung
- Einscannen (oder ähnliche Erfassungsverfahren)
  - ohne Nachbearbeitung
  - mit Nachbearbeitung (z. B. OCR-Umwandlung)

  oder Erfassung über
  - Kamera
  - Digitalisierer
  - spezielle Messgeräte (wird nicht weiter betrachtet)
- COLD-Verfahren
- Abspeicherung direkt aus einer Applikation heraus
  - explizit über ein Benutzerkommando an die Anwendung
  - implizit durch die Applikation selbst

Abschnitt 2.11 geht weiter auf COLD ein.

Beim DMS-Einsatz werden die aufgeführten Verfahren häufig kombiniert. So wird man Dokumente aus externen Quellen in der Regel mit einem der ersten beiden Verfahren erfassen, während man die im eigenen Unternehmen per Rechner erstellten Dokumente mit einem der beiden unteren Verfahren übernimmt. Für eingehende Dokumente ist Scannen das (noch) häufigste Erfassungsverfahren. Viele der nachfolgenden Diskussionen beschäftigen sich deshalb mit diesem Vorgang.*

** Elektronische Eingänge wie eMail, EDI und Internet-basierte Nachrichtenströme lösen dies allmählich ab.*

Die Erfassungsverfahren und die dabei notwendigen Formatumwandlungen sind von der Art und dem Format des Dokuments abhängig sowie von seinem weiteren Verwendungszweck. Sollen erfasste Dokumente z. B. weiter bearbeitet werden, so ist in der Regel ein anderes Format zu wählen, als wenn lediglich eine Reproduktion des Dokuments oder die Distribution zu Informationszwecken (ohne eine spätere Veränderung) erforderlich ist. Auch die geforderte Wiedergabequalität und bildliche Treue zur Vorlage hat wesentlichen Einfluss auf das Erfassungsverfahren. Soll auf die Information auch per Internet zugegriffen werden, so sind zudem auch das dazu geeignete Format und eine entsprechende Aufbereitung zu berücksichtigen.

Die notwendige Formatkonvertierung kann einmalig bei der Ablage im DMS erfolgen – dieses Verfahren ist bei häufig zu erwartenden Zugriffen und langer Archivierungszeit zu bevorzugen – oder bei jedem Zugriff (*On-the-Fly*).

Manuelle Erfassung

Die einfachste, jedoch kostenintensivste Art der Erfassung ist die der manuellen Übertragung externer Daten in den Rechner. Dies wird heute noch in vielen Bereichen von Datentypistinnen erledigt. Diese Art der Erfassung spielte bisher dort eine Rolle, wo die erfassten Daten weitere maschinelle Bearbeitungsschritte durchlaufen – z. B. Banküberweisungen, Arztabrechnungen, Daten von Lieferscheinen oder von Kleinbelegen.

Zunehmend setzen sich hier – besonders bei großen Mengen – maschinelle Erfassungsverfahren durch. Die maschinelle Schrifterkennung insbesondere von Handschrift ist für große Anlagen immer noch teuer und nicht fehlerfrei. Bei Banken und ähnlichen Institutionen ist die maschinelle Erfassung von mit OCR-Schrift ausgefüllten Schecks bereits etabliert. Diese Systeme sind jedoch teuer und lohnen sich erst ab großen Scheckzahlen.

Die manuelle Erfassung geschieht zumeist an preiswerten, einfachen PC-Systemen oder an alphanumerischen Bildschirmen an einem zentralen System. Sie erfolgt fast immer über vorbereitete Erfassungsmasken. An die Arbeitsplätze selbst werden, von ergonomischen Aspekten abgesehen, technisch keine hohen Anforderungen gestellt.

Die manuelle Erfassung wird teilweise in Heimarbeit unternehmensextern erledigt.

Erfassung über Kamera

Werden Bilder oder Szenen für die spätere Erfassung neu aufgenommen, und sind die Anforderungen an die Bildqualität nicht zu hoch, so lassen sich hierzu portable digitale Einzelbildkameras einsetzen (*Still-Kameras*). Die gespeicherte Bildinformation kann direkt auf den Rechner überspielt werden (hier ist von *Standbildern* die Rede). Dies hat den Vorteil, dass die Entwicklung des Films, die Erstellung einer Positiv- oder Negativvorlage und die Erfassung über Scanner entfallen können. Auch fest montierte Kameras werden heute zur Erfassung eingesetzt. Sie haben gegenüber Scannern den Vorteil, dass sie Vorlagen unterschiedlicher Größe aufnehmen und auch dreidimensionale Objekte erfassen können.

Die Qualität digitaler Einzelbildkameras hat für viele Ansprüche die von Analogkameras erreicht (Stand 2002).

Dort, wo Abläufe und komplexe Szenen zu erfassen sind, werden zunehmend Videokameras eingesetzt. Die Videodaten werden über so genannte *Frame-Grabber-Karten* oder bei digitalen Kameras direkt über spezielle Videoeingänge oder per TCP/IP (über Netz) in den Rechner übertragen und dort komprimiert gespeichert.

Arbeitsplatzsysteme sind inzwischen so leistungsfähig, dass sie die Dekomprimierung per Software erledigen können.

Man bewahrt im Versicherungsbereich bereits heute Videoclips von größeren Schadensfällen (Ortsaufnahmen) insbesondere für Industrieversicherungen auf und möchte auch diese Daten ohne Medienbruch *online* zur Verfügung haben. Solche Videoclips können natürlich ebenso als *Dokument* in einem DMS verwaltet werden; die dabei anfallenden Dateien sind jedoch umfangreich und die Betrachtungsarbeitsplätze müssen mit Abspielsoftware und Hardware für die schnelle Dekomprimierung ausgerüstet sein.

Erfassen über Digitalisierer

Kartographische Daten (Landkarten, Stadtpläne, Katasterunterlagen) werden heute in den meisten Fällen noch manuell digitalisiert. Dazu legt man den Plan auf ein großformatiges Digitalisierungstableau und gibt die Punkte und Kurvenverläufe mittels einer Lupe mit mehreren Knöpfen ein. Dies ist ein zeitaufwändiges Verfahren, jedoch seit längerer Zeit etabliert und bewährt.

Erfassung aus Anwendungen heraus

Entsteht das Dokument im CI-Format in einer Anwendung, so bietet es sich an, dass die Anwendung selbst das Dokument im Archiv ablegt und die ihm bekannten Attribute in die DMS-Datenbank einstellt. Hierzu muss die Anwendung speziell erweitert werden und die DM-Schnittstellen kennen. Die SAP hat dies z.B. für ein breites Spektrum ihrer R/3-Anwendungen realisiert.* Alternativ könnte sich die Anwendung standardisierter Funktionen bzw. Schnittstellen bedienen – etwa wie sie mit ODMA und DMA skizziert werden.

* Siehe hierzu Abschnitt 2.13.3.

Zu ODMA und ODA siehe Abschnitt 2.13.4.

Bisher erlauben nur wenige Anwendungen die direkte Ablage in einem DM-System. Ihre Zahl wächst mit der Verfügbarkeit standardisierter Schnittstellen. Strategisch ist dies anzustreben und bei der Neukonzeption von Anwendungen vorzusehen.

Automatisierte Erfassung und Attributierung

Bei bereits im CI-Format vorliegenden Dokumenten bietet sich eine automatische Erfassung (Übernahme in das DMS) an – typisch sind maschinell erstellte Reports, Ergebnisse von Internet-Recherchen oder Korrespondenz, die heute vollständig auf Rechnern zum Versand erstellt oder per eMail ausgetauscht wird. Hier können auch bereits wesentliche Attribute automatisiert übernommen und zusätzliche per Volltext-Indexierung ermittelt werden.

2.4 Erfassung über Scanner

Wird lediglich ein digitales Abbild einer Vorlage benötigt, ist die Datenerfassung über Scanner die einfachste und effizienteste Methode, zumal ein breites Angebot an Scannern für unterschiedliche Qualitätsanforderungen und Dokumentenformate zur Verfügung steht. Die möglichen Formatgrößen reichen hier von Dia-Größen (Dia-Scanner, Mikrofilm-Scanner) bis zu Übergrößen jenseits von A0. Die Datenabdeckung reicht von reinen Schwarzweiß-Strichzeichnungen* über Halbtonbilder (Bilder mit Grauwerten) bis hin zu hochauflösenden Farbbildern. Die Erfassungsqualität (Auflösung, Farbtiefe, Reproduktionsgenauigkeit) geht dabei ebenso in den Preis der Systeme ein wie die gewünschte Erfassungsgeschwindigkeit und die Standzeit (MTBF) der Systeme.**

** z. B. zur Erfassung von technischen Zeichnungen*

*** Für weitere Details siehe Kapitel 6.1.*

2.4.1 Arbeitsablauf beim Scannen

Gute Scanner können wie Fotokopierer mit speziellen Einheiten den Kontrast dynamisch an die Vorlage anpassen. Diese Einheiten sind teilweise optional, sollten aber bei größeren Erfassungsmengen in jedem Fall eingesetzt werden. Wird per Graustufen- oder Farb-Scanning erfasst, kann die Adaption auch per Software auf dem Erfassungssystem erfolgen.

Wie bei Fotokopierern können damit jedoch nicht alle Vorlagesituationen abgefangen werden.

Dokumentenprüfung – Qualitätskontrolle

⇨ Eingescannte Dokumente müssen auf Vollständigkeit und Qualität geprüft werden!

Beim Scannen ist in jedem Fall eine visuelle Qualitätskontrolle der eingescannten Dokumente erforderlich. Dort wird neben dem ausreichenden Kontrast auch Schrägeinzug und Vollständigkeit der erfassten Dokumente geprüft.

Leichte Schrägeinzüge können von guten Erfassungssystemen automatisch korrigiert werden (*Deskewing* per Software). Zusätzlich bieten die meisten Erfassungssysteme die Möglichkeit, kleine Verschmutzungen automatisch zu erfernen: Einzelne Punkte in einer andersfarbigen Umgebung werden gelöscht (*Despeckling*). Über eine Kontrollfunktion ist dabei die zu bereinigende Punktgröße einstellbar.

Eine erste Qualitätskontrolle sollte bereits beim Scannen über einen Kontrollbildschirm erfolgen, was bei der Erfassung kleiner Dokumentenmengen bereits die endgültige Kontrolle sein kann.

Bei größeren Dokumentenmengen wird man mit schnellen Scannern arbeiten und die eigentliche Qualitätskontrolle nachschalten.

Bei der nachgeschalteten Qualitätskontrolle ist es üblich, die bereits gescannten Papierdokumente am Kontrollarbeitsplatz einzeln auf Kontrast, Vollständigkeit und die korrekte Reihenfolge zu überprüfen. Hierbei werden die Papiervorlagen jeweils mit dem Bildschirmabbild verglichen.

Fehlerhafte Dokumente werden aussortiert, im Erfassungssystem verworfen und erneut gescannt – häufig mit veränderter Kontrasteinstellung. Zum Teil erweist es sich als effizienter, den gesamten Papierstapel statt einzelner Dokumente oder Seiten neu zu erfassen.

In der Regel ist eine Attributierung, zumindest für einige der zu erfassenden Dokumentenattribute, Teil des Erfassungsvorgangs. Diese Attributierung kann sowohl zusammen mit der Qualitätskontrolle erfolgen als auch als eigenständiger Arbeitsschritt angelegt sein. In einigen Fällen ist sie auch Teil der Anwendung, in der ein eingehendes Dokument bearbeitet wird.

Damit ergeben sich für die Erfassung – abhängig von der zu scannenden Dokumentenmenge – schematisch folgende typische Abläufe von Abb. 2-4.

Teil des Erfassungsprozesses ist dabei auch die im Abschnitt 2.4.3 beschriebene *Dokumententrennung*.

Kann die Attributierung automatisch erfolgen – etwa über eine OCR-Erkennung, über eine Barcode-Erkennung* oder später bei der Bearbeitung – so kann sich die Attributierung auf eine einfache Klassifizierung reduzieren oder ganz entfallen.

* *Siehe hierzu Abschnitt 2.4.5.*

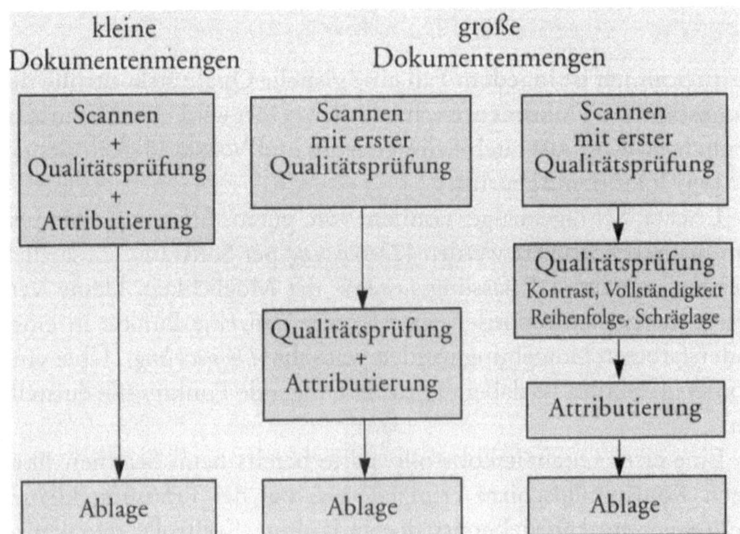

Abb. 2-4 Arbeitsschritte bei der Erfassung über Scanner

In diesem Fall sind die Dokumente jedoch vorzusortieren. Das erste Attribut erhält das Dokument damit automatisch durch das Vorsortieren und eine entsprechende Einstellung im Erfassungssystem.

Auf die Attributierung von Dokumenten geht Abschnitt 2.5 nochmals ausführlicher ein.

2.4.2 Scanner-Software

Die Qualität und Flexibilität der Erfassungs- bzw. Scannerssoftware spielt bei der Erfassung größerer Dokumentenmengen eine wesentliche Rolle. Effizienz und Komfort an dieser Stelle schlagen sich direkt in der Produktivität und damit in den Kosten nieder. Die Güte der Scannerssoftware spiegelt sich hier nicht nur in der Erfassungsgeschwindigkeit, sondern ebenso in den Einstellmöglichkeiten für das Scannen wider. Unterstützt werden:

- unterschiedliche Formate (Papiergrößen)
- unterschiedliche Auflösungen
- unterschiedliche Kontraste
- eine automatische Kontrastanpassung*
- ein- und zweiseitiges (Duplex-) Scannen
- das Einstellen von Bildoperationen wie
  - das automatische Geraderücken von Seiten und
  - das Bereinigen von kleinen Verschmutzungen
- das automatische Drehen von einem Seitenstapel, der aus technischen Gründen quer in den Einzug eingelegt wurde
- eine automatische Erkennung der Seitengröße
- Einzelblatt und Stapeleinzug
- die Ablage in unterschiedlichen Dateiformaten

** Dies ist bei vielen Scannern eine optionale Zusatzeinheit.*

Die Scannersoftware sollte darüber hinaus nachträglich einige Operationen auf die eingescannten Seiten unterstützen. Hierzu gehören typischerweise:

- das Verwerfen schlecht erfasster Seiten
- das Umsortieren einzelner Seiten
- das Drehen einzelner Seiten um 90°, 180° und 270°
- nachträgliches Geraderücken leicht schräg eingezogener Seiten

Sind Halbton- oder Farbbilder zu scannen, so müssen auch diese Einstellmöglichkeiten gegeben sein. Dabei ist dann zusätzlich erforderlich, Helligkeits- und Kontrastanpassungen sowie bei Farbbildern auch Farbkorrekturen vornehmen zu können. Günstig ist

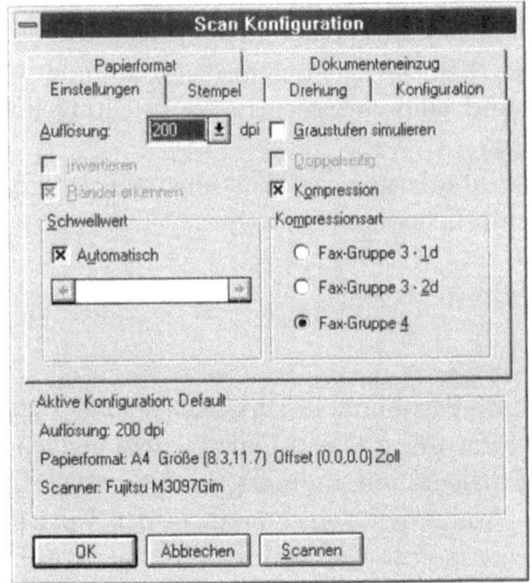

Abb. 2-5
Kontrollpanel einer Scannersoftware – hier von IXOS-eCONcert (ältere Version)

auch, wenn für spezielle Dokumentenklassen mit ähnlichen Profilen entsprechende Korrekturkurven hinterlegt werden können.

Die meisten dieser Funktionen sollten über Funktionstasten bedienbar sein – dies ist ein Teil der Arbeitseffizienz.

Eine weitere zentrale Funktion ist das Gruppieren einzelner Seiten zu *logischen Dokumenten* – hierauf geht Abschnitt 2.4.3 ein.

Der Lösungsanbieter sollte ein ausreichend großes Repertoire an Scannern unterstützen, da ein einzelner nicht für alle Erfassungssituationen (Seitenmengen, Seitengrößen, Papierqualitäten) geeignet ist.

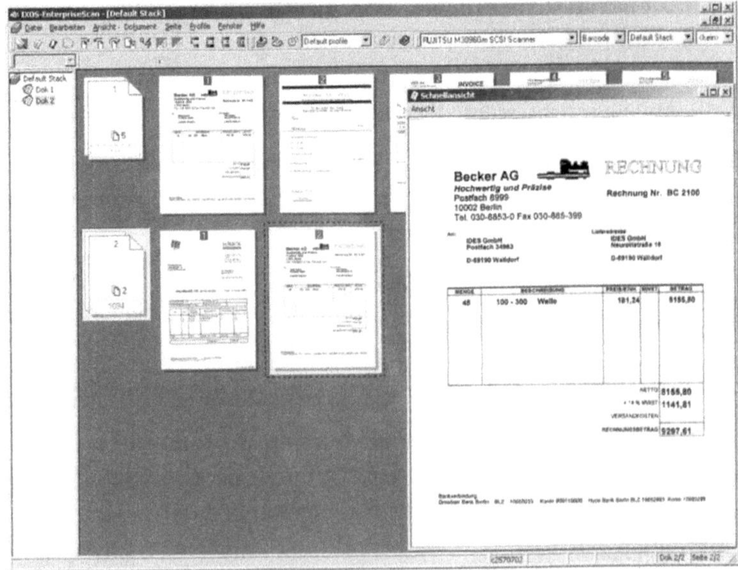

Abb. 2-6
Erfassungsfenster mit Übersicht zu den eingescannten Dokumenten (IXOS-eCONcert)

Bei großen Dokumentenmengen erweist sich ein schneller High-End-Scanner als wirtschaftlicher als mehrere langsamere Scanner. Dabei ist es oft sinnvoll, diesem schnellen Scanner mehrere nachgeschaltete Qualitätssicherungsplätze und Attributierplätze zuzuordnen.

Wichtig bei der Scanneranbindung sind Art und Umfang der Möglichkeiten, welche die Erfassungssoftware bietet. Eine Standardanbindung des Scanners über die TWAIN-Schnittstelle* ist für größere Dokumentenmengen nicht ausreichend, da sie nur einen Teil der Scannerfähigkeiten unterstützt!

** TWAIN ist eine im PC-Bereich etablierte Standardschnittstelle für Desktop-Scanner.*

Da Scanner wie Fotokopierer und Jukeboxen einen hohen Anteil mechanischer Komponenten besitzen, sollte man auf jeden Fall einen Wartungsvertrag mit kurzer Reaktionszeit abschließen und möglichst mehrere Scanner vorsehen, falls ein Scanner ausfällt.

2.4.3 Dokumententrennung

Beim Scannen sind die zunächst sequentiell eingescannten Seiten zu logischen Dokumenten zu gruppieren. Hierfür sind mehrere Verfahren praktikabel. Sie sollten alle von einem Erfassungssystem unterstützt werden, da ein einzelnes Verfahren nicht alle Erfassungssituationen gleich gut abdeckt:

- **Trennung über voreingestellte Seitenzahlen**
  Bei Dokumenten mit konstanter Seitenzahl – typisch ist dies z.B. bei Anträgen, Formularen, Bescheinigungen und Ähnlichem – sollte sich die Erfassungssoftware so einstellen lassen, dass sie nach einer voreingestellten Seitenzahl automatisch ein neues Dokument beginnt. Ein-, zwei- und vierseitige Dokumente sind hier die häufigsten Fälle.
- **Trennung über spezielle Trennseiten**
  Hier erkennt die Erfassung über eine spezielle Trennseite das Ende eines Dokuments. Als Trennseiten werden meist schwarze Seiten eingesetzt oder Leerseiten, welche mit einem speziellen, großen und sicher zu erkennenden Barcode versehen sind.
  Diese Seiten müssen zuvor einsortiert und später eventuell wieder aussortiert werden. Die Trennseiten selbst werden nicht den Dokumenten zugeschlagen.
- **Trennung über Barcode**
  Hierbei erhält jeweils die erste Seite eines Dokuments einen Barcode. Die Erfassungssoftware erkennt daran, dass ein neues Dokument beginnt. Dieses Verfahren wird meist beim Erfas-

* Siehe hierzu Abschnitt 2.4.4.3.

Zur Barcodeerkennung siehe auch Abschnitt 2.4.5.

sungsszenario *Spätes Archivieren* (d.h. nach der Bearbeitung) eingesetzt.*
Eine Gefahr hierbei besteht darin, dass der Barcode nicht als solcher erkannt wird und die Seiten des neuen Dokuments damit automatisch dem vorhergehenden Dokument zugeschlagen werden. Findet keine explizite Prüfung von registrierten, aber nicht zugeordneten Barcodes statt, ist das übersprungene Dokument praktisch unauffindbar.

- **Explizites Trennen von Dokumenten**
  Hierbei gibt die scannende Person die Dokumentengrenze (z.B. bei der Qualitätssicherung) explizit vor. Dies sollte möglichst effizient durchführbar sein – d.h. durch eine Funktionstaste oder eine Schaltfläche, wenn bei der Anzeige die erste Seite eines neuen Dokuments erscheint.

Prinzipiell sollte es möglich sein, auch nachträglich einzelne Seiten eines Dokuments zu korrigieren, um die Seitenfolge in einem Dokument umzustellen oder zusätzliche Seiten hinzuzufügen, zu löschen oder einem anderen Dokument zuzuschlagen. Diese Funktion sollte einerseits das Erfassungssystem unterstützen; sie sollte jedoch auch als DMS-Basisfunkion zur Verfügung stehen, damit später noch Korrekturen möglich sind.

Aus Gründen der Revisionssicherheit kann es sinnvoll oder sogar notwendig sein, solche Operationen nur innerhalb eines begrenzten Zeitraums nach der Dokumentenerfassung zuzulassen. (Beim *Frühen Archivieren* werden solche Fehler häufig bei der ersten Bearbeitung des Dokuments erkannt.)

Danach sollten sie nur von einem definierten Personenkreis ausgeführt werden dürfen. Will man eine weitere Sicherheitsstufe einbauen, so werden solche nachträglichen Änderungen zusätzlich protokolliert und eventuell mit einer Annotation beim Dokument vermerkt.

Löschen von Leerseiten

Leerseiten, beim Scannen im Duplexmodus (Scannen von Vorder- und Rückseite) oder versehentlich erfasst, möchte man gerne löschen. Dies kann entweder manuell bei der Qualitätskontrolle erfolgen oder automatisiert per Software. Bei der Softwarevariante versucht die Erfassungssoftware den Schwärzegrad der Seite zu berechnen und bewertet die Seite unterhalb eines bestimmten Schwarzwertes als *leere Seite,* um sie automatisch aus dem Eingabestapel zu löschen. Dies birgt die Gefahr, dass auch Seiten mit geringem Inhalt (etwa nur einem Wort) gelöscht werden. Da eine leere Seite bei einer Fax-G4-Komprimierung kaum Speicherplatz kostet, lohnt sich das Löschen leerer Seite kaum. Ein Vorteil besteht darin, dass ein Betrachter später nicht unnütz auf die leere Seite blättert.

2.4.4 Archivierungsszenarien

Die Erfassung von Dokumenten ist heute noch eine Erfassung von Papier, d.h. Einscannen, Klassifizieren und Attributieren. Bei der Konzeption einer DM-Lösung ist dabei die zeitliche Einordnung in den Arbeitsablauf wesentlich. Für eingehende Papierdokumente sind hier drei typische Erfassungsszenarien denkbar:

- Scannen im Posteingang (Frühes Archivieren)
- Scannen zum Zeitpunkt der Bearbeitung
- Scannen nach der Bearbeitung (Spätes Archivieren)

Der darin gewählte Scannzeitpunkt beeinflusst den eigentlichen Erfassungs- und Bearbeitungsprozess. Jedes dieser Verfahren hat seine Fall-spezifischen Vor- und Nachteile. Die Verfahren sollen deshalb nachfolgend etwas ausführlicher betrachtet werden.

2.4.4.1 Erfassung im Posteingang – ›Frühes Archivieren‹

Beim frühen Scannen und Archivieren wird eingehende Post und anderes Schriftgut so früh wie möglich gescannt – auf jeden Fall vor der eigentlichen Bearbeitung des Dokuments. Das Scannen erfolgt zumeist bereits im Posteingang. Das Dokument wird dann dem Sachbearbeiter auf elektronischem Weg zugeleitet.

Der Vorteil des Verfahrens liegt in der Möglichkeit der elektronischen Weiterleitung:

- kurze Transportzeiten
- geringe Transportkosten
- Zuleitung auch an entfernte Orte
- geringe Transportverluste
- Möglichkeit automatischer Adressatenermittlung
- Möglichkeit einer Bearbeitungsverfolgung und -überwachung

Vor der elektronischen Weiterleitung muss das Schriftstück zunächst wie ein Papierdokument klassifiziert werden. Zusätzlich ist der Adressat entweder manuell (durch *Anlesen des Dokuments*) oder automatisiert über definierte Algorithmen oder durch ein Workflow-System zu ermitteln.

Ob das Dokument bereits bei der Erfassung vollständig attributiert wird, oder ob zunächst nur eine Teilattributierung stattfindet, welche später ergänzt wird, ist von der Art des Dokuments, der Anzahl der zu erfassenden Attribute sowie der Qualifikation des Erfassers abhängig.

Bei einer Variante des ›Frühen Archivierens‹ werden die Dokumente bereits im Posteingang eingescannt und erhalten eine temporäre Identifikation über einen Barcode oder eine Belegnummer. Sie werden danach jedoch nicht in elektronischer Form weitergeleitet, sondern als Papier. Die Bearbeitung des Dokuments erfolgt vom Papier herunter.* Wie bei dem später dargestellten Szenario ›*Spätes Archivieren*‹ erscheint bei der Bearbeitung eine Maske, in die der Barcode oder die Identifikationsnummer eingegeben wird und damit das Dokument dem Vorgang (z. B. einer Buchung) zugeordnet werden kann. Im Prinzip handelt es sich hier also um ein vorgelagertes Scannen des Szenarios ›Spätes Archivieren‹, bei dem das elektronische Dokument jedoch früher zur Verfügung steht. Als Nachteil könnte sich erweisen, dass im Posteingang eventuell Dokumente eingescannt werden, die sich bei der Sachbearbeitung nicht als *archivierungswürdig* erweisen. Auch bleiben im eingescannten Dokument später auf dem Papier getätigte Vermerke unberücksichtigt.

** in der Buchhaltung z. B. die Verbuchung einer Rechnung*

Vor- und Nachteile des Szenarios ›Frühes Archivieren‹

Wesentlicher Vorteil des ›Frühen Archivierens‹ ist die Möglichkeit, die Dokumente zentral und damit zeiteffizient und kostengünstig zu scannen und elektronisch zu verteilen. Darüber hinaus ist es der konsequente Weg in eine elektronisch gesteuerte *Vorgangsbearbeitung*, da das elektronische Dokument vom Rechner gesteuert wird und kontrolliert mehrere Bearbeitungsschritte durchlaufen kann.

Als Nachteil erweist sich, dass die Empfänger bzw. Sachbearbeiter große, hochauflösende Bildschirme sowie entsprechend ausgerüstete Arbeitsplatzsysteme benötigen und eine Art von *elektronischem Eingangskorb* oder *Arbeitsliste* einsetzen müssen. Dies bedingt einen höheren Investitionsbedarf – z. B. bedingt durch größere Bildschirme am Arbeitsplatz – und generell einen höheren Grad an Umstellungen am tradierten Arbeitsablauf. Die aufgeführte Arbeitsplatzausstattung wird allmählich jedoch zum Standard, so dass dieses Argument entfällt und nur die Umstellung des Arbeitsablaufs bleibt.

2.4.4.2 Erfassung bei der Bearbeitung

Hierbei gelangen eingehende Dokumente als Papier zur Bearbeitung und werden dort entweder direkt vor oder gleich nach der Bearbeitung eingescannt, attributiert und abgelegt.

Argumente zum Scannen zum Bearbeitungszeitpunkt

Dieses Verfahren ist in der Regel nicht für eine Massenbearbeitung geeignet, wird aber z. B. häufig für die Erfassung und sofortige Attributierung von technischen Zeichnungen oder ähnlichen Dokumenten eingesetzt. Es macht dort Sinn, wo Erfassung, Nachbearbeitung oder Attributierung aufwändig sind und spezielle Sachkenntnis voraussetzen oder keine eigentliche Sachbearbeitung stattfindet. Das Verfahren ist auch vorteilhaft, um fehlgeleitete Belege oder nachträglich entstehende Dokumente in das Dokumentensystem zu bringen (in Ergänzung zum ›*Frühen Archivieren*‹).

Der Nachteil besteht darin, dass jeder Bearbeitungsplatz einen Scanner benötigt und dieser durch die nachfolgenden Arbeiten häufig nicht optimal ausgenutzt werden kann. Es muss zumindest ein ausreichend großer Bildschirm vorhanden sein. Bei der Verarbeitung großer Dokumentenmengen stört der ständige Wechsel zwischen Dokumentenerfassung und Dokumentenverarbeitung* den Arbeitsfluss. Aus diesem Grund wird das Verfahren nur dort eingesetzt, wo nach dem Scannen und vor dem Ablegen weitere Bearbeitungsschritte erforderlich sind oder jeweils nur eine kleine Anzahl von Seiten und Dokumenten zu erfassen sind (z. B. im Personalwesen für die Erfassung von Bewerbungsunterlagen). Der wesentlichste Nachteil besteht jedoch im Einsatz von teuren Personalressourcen (z. B. Sachbearbeiter) für einfache Tätigkeiten – die des Scannens und Attributierens.

** scannen, prüfen, Vorlageneinzug des Scanners füllen, buchen oder attributieren*

2.4.4.3 ›Spätes Archivieren‹

Bei diesem Szenario erfolgt das Scannen nach der Bearbeitung eines Dokuments. Die eingehenden Dokumente gelangen hier auf konventionellem Weg zur Sachbearbeitung, werden dort bearbeitet und erst anschließend erfasst. Am Beispiel einer eingehenden Rechnung wäre dies, nachdem die Rechnung konventionell vom Papier herunter gebucht wurde. Das Papier wandert nach der Bearbeitung zu einer meist zentralen Erfassungsstelle und wird dort eingescannt und abgelegt. Zusätzlich muss es einem Vorgang, einer Buchung oder einem bereits erstellten Dokumenteneintrag zugeordnet werden. Für diese Zuordnung muss eine eindeutige Identifizierung des Dokuments zwischen seiner Registrierung und seinem Einscannen erfolgen. Dies ist mit folgenden Verfahren möglich:

- unter Verwendung eines Barcodes zur Dokumenten-Identifikation oder
- unter Verwendung einer Belegnummer

Spätes Archivieren mit Barcode

Bei der Bearbeitung wird das Dokument registriert, so dass später eine Zuordnung möglich wird.

Hierbei erhält das Dokument einen Barcode. Dies geschieht entweder im Posteingang oder durch den Sachbearbeiter vor dem Registrieren. Das *Registrieren* des Dokuments erzeugt einen Dokumenteneintrag im DMS. Dies kann z.B. durch eine Finanzanwendung beim Buchen eines Belegs geschehen oder über das explizite Anlegen eines DM-Dokumenteneintrags in der DM-Anwendung. Zugleich wird eine Liste (der Barcodes und der Dokumentenreferenzen) der zuzuordnenden Dokumente aufgebaut.

Der Registriervorgang muss nun das Erfassen des Barcodes anstoßen – z.B. über eine kleine Erfassungsmaske. Die Erfassung des Barcodes erfolgt entweder über einen Barcodestift, eine Lesepistole* oder rein manuell – in diesem Fall muss der Barcode-Aufkleber auch einen lesbaren Text besitzen.

** Barcodelesepistolen sind in der Anschaffung etwa doppelt so teuer wie Barcodelesestifte.*

Die Erfassung über eine Barcode-Lesepistole erweist sich als unproblematisch und schneller – insbesondere, wenn die Pistole in einer Halterung fest montiert ist und die Erfassung durch das Darunterhalten des Papiers mit Barcode ausgelöst wird.

Technisch lässt sich der Barcode-Lesestift oder die -pistole zwischen Tastatur und Rechner einfügen, so dass sich für den Rechner die Eingabe wie eine Tastatureingabe präsentiert. Auf diese Weise ist die Eingabe ohne eine Programmänderung sowohl über die Tastatur als auch über das Lesegerät möglich. Auch Anschlüsse per USB-Schnittstelle können wie eine parallele Tastatur geschaltet werden und arbeiten so sehr transparent,

Nach der Bearbeitung wandert das Papier zu der meist zentralen Erfassung. Die Erfassungssoftware wird so konfiguriert, dass sie die Barcodes automatisch erkennt. Der Barcode, jeweils auf der ersten Seite eines Dokuments, kann hier zugleich als Dokumententrennverfahren dienen.** Anschließend werden die gescannten Dokumente archiviert und in einem Batch-Lauf über die zuvor erwähnte Zuordnungstabelle den Dokumenteneinträgen zugeordnet.

*** Siehe hierzu Abschnitt 2.4.3.*

Die Tabelle ist in bestimmten Zeitintervallen darauf zu überprüfen, ob alle registrierten Dokumente zwischenzeitlich eingescannt und zugeordnet sind. Nicht zuzuordnende Dokumente müssen als Fehler aufgeführt werden. Bei ihnen ist dann zu prüfen, ob ihr Barcode falsch erkannt oder eine Registrierung vergessen wurde.

Der Barcode selbst hat seine Funktion nach der Zuordnung verloren; die Barcodenummer kann also nach einer Sicherheitsperiode erneut verwendet werden. Als praktisch hat sich hier eine Wiederverwendung nach einem Jahr erwiesen.

Zum Thema ›Barcode‹ siehe auch Abschnitt 2.4.5 und Kapitel 7.7.3.

Das Erfassungsszenario ›*Spätes Erfassen*‹ wird z.B. im SAP R/3-System unterstützt und in Kapitel 11.3.1.8 beschrieben.

Spätes Archivieren über Referenznummern

Im zuvor beschriebenen Szenario dient der Barcode lediglich der Identifizierung eines Dokuments in der Zeit zwischen seiner Registrierung und dem Scannen und Ablegen. Statt eines Barcodes lässt sich auch eine Dokumenten- oder Belegnummer verwenden. Diese kann von der Anwendung – wie vielfach bei Buchhaltungssystemen üblich – oder von der DM-Registrierung vergeben, angezeigt und manuell auf das registrierte Dokument übertragen werden. Wie zuvor der Barcode dient sie beim Scannen der späteren Zuordnung.

Das eingehende Dokument wandert hier also in Papierform vom Posteingang zur Bearbeitung. Bei der Bearbeitung (oder direkt anschließend) wird das Dokument registriert und die erzeugte Belegnummer auf dem Papier vermerkt.

Auch hier muss eine Tabelle der noch nicht eingescannten Dokumente aufgebaut werden, um später eine automatische Zuordnung und Vollständigkeitskontrolle zu ermöglichen.

Das Papier gelangt dann zum Scannen. Hier wird – zumeist im Zuge der Qualitätskontrolle – die Belegnummer vom gescannten Dokument gelesen und in eine Erfassungsmaske eingegeben. Über die Zuordnungstabelle kann das Dokument nun automatisiert dem bereits registrierten DM-Eintrag zugeordnet werden.

Vor- und Nachteile des Szenarios ›Spätes Archivieren‹

Der Vorteil des ›späten Archivierens‹ besteht darin, dass der Arbeits- und Papierfluss weitgehend wie bisher üblich ablaufen kann. Organisatorische Umstellungen mit ihren zeitlichen und psychologischen Problemen sind hierbei geringer als in den beiden anderen Erfassungsszenarien.

Ein anderer Vorteil liegt darin, dass Papiere (z. B. eine Rechnung) vor ihrer Erfassung noch geprüft und abgezeichnet werden können. Diese Abzeichnungen (Stempel, Unterschriften, Korrekturen) werden beim Scannen mit erfasst. Für diese Funktion benötigt das Szenario ›Frühes Archivieren‹ die Möglichkeit elektronischer Stempel (Abzeichnungen, Unterschriften und Annotationen).

Die Arbeitsplätze der Sachbearbeiter erfordern keine spezielle Ausstattung (z. B. keine großen, hochauflösenden Bildschirme). Solche Arbeitsplätze sind jedoch später zum Abruf der Dokumente erforderlich – können aber auf spezielle, dafür ausgelegte Kontrollarbeitsplätze beschränkt werden.

Das Verfahren nutzt nicht das volle Potential von elektronischen Dokumenten, das z. B. in der elektronischen Verteilung und im schnelleren Dokumentenfluss besteht. Die Wahrscheinlichkeit für ein Verlorengehen oder eine Beschädigung der Papiere auf dem Transport zwischen Posteingang und Bearbeiter oder von diesem zur nachgeschalteten Erfassung ist hier deutlich höher als im Szenario ›Frühes Archivieren‹. Der Zugriff t auf das elektronische Abbild eines Dokuments ist später möglich, als in den beiden zuvor diskutierten Szenarien.

Die Methode des ›Späten Archivierens‹ wird häufig als Einstieg in ein elektronisches Dokumenten-Management eingesetzt, um dann später, wenn Anwendungen neu erstellt werden oder auf eine modernere Client-Server-Architektur umgestellt wird, durch stärker integrierte Lösungen mit Workflow-Komponenten und dem Verfahren ›Scannen und Archivieren im Posteingang‹ abgelöst zu werden.

Eine Entscheidung für eine DMS-Lösung – insbesondere kombiniert mit der Einführung eines Workflow-Systems – ist fast immer auch eine Entscheidung zu organisatorischen Änderungen, deren Potential man dann auch nutzen sollte. Die Entscheidung für ein spätes Archivieren hat dies nicht zur Folge!

2.4.5 Barcode- und OCR-Erkennung

Barcodes gestatten die Identifikation eines Dokuments über bestimmte Zeiträume hinweg. Typisch ist dies bei dem zuvor dargestellten Szenario ›Spätes Archivieren‹ für die Zeit zwischen der Registrierung des Dokuments und dem Einscannen und Ablegen.

Weitere Informationen zu Barcodes sind im Kapitel 7.7.3 zu finden.

Der Einsatz von Barcodes erweist sich als praktisch für selbst erstellte, mit Barcode versehene Dokumente, die verschickt werden und dann ausgefüllt vom Vertragspartner zurückkommen. Dies sind oft aus einem Vorgang heraus per Post verschickte Formulare, Anträge, Bescheinigungen oder ähnliche Papiere. Über den Barcode ist beim Scannen dieser Dokumente dann z. B. der Formulartyp und damit die Art der anschließenden Bearbeitung automatisch erkennbar. Wird eine Vorgangssteuerung eingesetzt, so lässt sich in den Barcodes des ausgehenden Dokuments eine Vorgangsnummer kodieren, so dass sich das Dokument mit dem Scannen ohne weitere Klassifizierung und Attributierung wieder in die Vorgangskette einschleusen lässt. Der personal- und damit kostenintensive Vorgang der Attributierung lässt sich damit einsparen oder zumindest deutlich reduzieren.

Barcodes weisen gegenüber der OCR-Erkennung eine deutlich höhere Erkennungsrate auf.

OCR-Erkennung

Die OCR-Erkennung, d. h. die Umwandlung einer Image-Vorlage in einen Text, hat zwei Einsatzbereiche:

OCR ist die Abkürzung für ›Optical Character Recognition‹.

- automatische Erkennung einzelner Dokumentenattribute
- Umwandlung des gesamten Image-Dokuments in ein CI-Dokument

Erkennung von Dokumentenattributen

Lassen sich über ein OCR-Verfahren zumindest einige der Attribute eines eingehenden Dokuments erfassen, so reduziert dies die Erfassungskosten und beschleunigt den Erfassungsvorgang.

Die heute erzielbare Erkennungsrate ist ausreichend gut, wenn wenige, festgelegte Merkmale zu erkennen und an festen Positionen in der Vorlage zu finden sind. Dies ist typischerweise bei gleichartigen Formularen und anderen Dokumenten mit weitgehend festem Aufbau der Fall – z.B. Rechnungen. Bei der Formularerfassung über OCR-Techniken versucht man deshalb, nur den Formulartyp sowie einzelne Felder zu erkennen – nicht jedoch den gesamten Inhalt. Die Erkennungsrate erhöht sich, wenn der Wertebereich

In vielen Fällen müssen Formulare für eine OCR-Erkennung neu gestaltet werden.

oder der zu erfassende Zeichensatz eingeschränkt werden kann (z. B. auf Ziffern oder Großbuchstaben) und eine zusätzliche Prüfung möglich ist. Das Verfahren lässt sich dann recht genau auf die Erkennung abstimmen. Hier sind Erkennungsraten von bis zu 99 % erzielbar. Eine Trainingphase ist jedoch immer vorzusehen.

Nicht erkannte Elemente müssen von der Software ausgewiesen und danach manuell erfasst werden. In solchen Fällen lassen sich auch kurze, handschriftliche Texte mit einer wirtschaftlichen Rate erfassen.

Volltexterkennung

Eine weitergehende Behandlung der OCR-Erkennung findet im Kapitel 7.7.1 statt.

Sollen eingescannte textorientierte Dokumente nachträglich mit einem Textsystem weiterbearbeitet oder in eine Volltext-Datenbank eingebracht werden, so ist im Gegensatz zur zuvor skizzierten Attributerkennung eine vollständige oder zumindest weitgehende Texterkennung durchzuführen. Um hierbei ausreichend hohe Erkennungsraten zu erzielen, sind deutlich höhere Anforderungen an die Vorlagen zu stellen. Es sollte sich dann um saubere, kontrastreich gedruckte Vorlagen mit ausreichender Schriftgröße handeln. Raster und unterschiedliche Farben stören.

Zum Thema OCR-Server siehe Abschnitt 2.10.3.

Hat man früher für umfangreichere OCR-Erkennungen spezielle OCR-Hardware eingesetzt, geht mit der Verfügbarkeit leistungsfähiger PCs der Trend zu einer reinen Softwareerkennung. Die Erkennungsleistung profitieren von ständigen Fortschritten der OCR-Software. Software und PC lassen sich einfach austauschen, wenn schnellere Erkennungen und damit schnellere Rechner benötigt werden. Hier verwendet man dann dedizierte Rechner – so genannte *OCR-Server*.

Da selbst bei guten Vorlagen die OCR-Erkennung nicht vollkommen fehlerfrei erfolgt, sind in der Regel spezielle Korrekturarbeitsplätze mit entsprechender Software notwendig. Dort werden die umgewandelten Dokumente angezeigt, und die Software führt den Bearbeiter zu den Problemfällen im Dokument. Sie zeigt dabei sowohl fraglichen Stellen im Dokument als auch den dazugehörigen Image-Ausschnitt. Man kann dann den Erkennungsvorschlag akzeptieren oder den Text explizit eingeben. Hierbei kann das OCR-System über eine Lernphase eine bessere Trefferrate erzielen.

Sind nur kleinere Dokumentenmengen zu verarbeiten, so können dafür durchaus die Low-Cost-OCR-Pakete eingesetzt werden, welche heute praktisch jedem Desktop-Scanner als Dreingabe beiliegen.

2.4.6 Anforderungen an die Erfassungsarbeitsplätze

Die Art der Erfassung und damit die Gestaltung der Arbeitsplätze ist von der Art der externen Vorlagen abhängig, wird jedoch ebenso durch das Erfassungsverfahren, die geforderte Qualität, die zu erfassende Informationsmenge sowie durch eventuell notwendige Nachbearbeitungen bestimmt.

Erfassungsarbeitsplätze – und dies gilt ebenso für die im Abschnitt 2.5 diskutierten Attributierarbeitsplätze – erfordern, wenn es sich nicht gerade um eine manuelle Erfassung handelt, hochauflösende grafische Bildschirme – in den Größen 19" bis 21" mit einer Mindestauflösung von 1 248 × 1 024 Bildpunkten sowie ausreichend hohen Bildwiederholarten (ab 80 Hertz) – oder entsprechende TFT-Bildschirme (18" bis 21").

Das Thema ›Bildschirme für die Image-Verarbeitung‹ wird in Kapitel 6.2.1 behandelt.

Zusätzlich muss das System in geeigneter Weise den Anschluss der Erfassungsperipherie unterstützen. Dies war in der Vergangenheit häufig ein Problem. Mit der Etablierung der SCSI-Schnittstellen zum Anschluss von Scannern und Kameras und der Verfügbarkeit spezieller Boards (und deren Betriebssystemunterstützung) zur Erfassung von Video-Aufzeichnungen reduziert sich dieses Problem deutlich. Die breite Einführung der USB-2 (und alternativ Firewire) bringen hier weitere Verbesserungen, was die Verkabelung sowie die Kosten betrifft.

Der USB- und Firewire-Bus lösen den SCSI-Bus als Scanner- und Videoanschluss ab.

Wird eine Bildnachbearbeitung, eine OCR-Wandlung oder eine Vektorisierung direkt am Erfassungsarbeitsplatz durchgeführt, müssen diese Systeme die dafür notwendige Rechenleistung und Hauptspeicherausbauten zur Verfügung stellen. Zur Komprimierung von sehr großen Farbrasterbildern ist zusätzlich ein Hardwarebaustein sinnvoll, der diese Aufgabe etwa 10- bis 50-mal schneller als ein Softwaremodul durchführt.

Zusätzlich wird am Erfassungsarbeitsplatz ausreichend lokaler Plattenspeicher benötigt, um erfasste, aber noch nicht archivierte Dokumente zu puffern. Die heute an PCs üblichen 40 bis 60 GB-Platten sind hier in fast allen Fällen ausreichend.

Insbesondere die Farbbildbearbeitung erfordert sehr hohe Rechenleistung und einen großen Speicherausbau (256 bis 512 MB).

Die Anforderungen an die Erfassungsarbeitsplätze hinsichtlich Betriebssystem und Konfiguration lassen sich damit wie folgt zusammenfassen:

- ❑ hochwertige, ausreichend große, hochauflösende Bildschirme
- ❑ Scanner-Anschluss (oder Anschluss anderer Erfassungsgeräte)
- ❑ ausreichende Leistung für Nachbearbeitung
- ❑ ausreichend Pufferspeicher (Magnetplattenkapazität)
- ❑ robustes Multitasking-Betriebssystem (z. B. NT 4.0 oder neuer)

2.5 Attributierarbeitsplätze

Nach dem Scannen sind die Dokumente zu attributieren, d.h. mit Suchmerkmalen zu versehen. Erst diese Attribute erlauben später ein Suchen nach dem Dokument. Rechnungs-, Zeichnungs- oder Aktennummern sind typische Attribute. In einigen Fällen, insbesondere wenn die Daten bereits in kodierter Form vorliegen, kann dies mit speziellen Filtern partiell oder vollständig automatisch erfolgen. In den meisten Fällen, bei denen Daten aus externen Vorlagen erfasst werden und danach in unkodierter Form vorliegen (beispielsweise als Pixelimage), sind diese Attribute manuell in entsprechende Erfassungsmasken einzugegeben.

Die Attribute werden in der DM-Datenbank abgespeichert – zusammen mit einem Verweis auf das Dokument. Das Dokument selbst liegt also in der Regel nicht in der DM-DB, sondern im Ablage- bzw. Archivsystem. Es ergibt sich damit folgendes Schema:

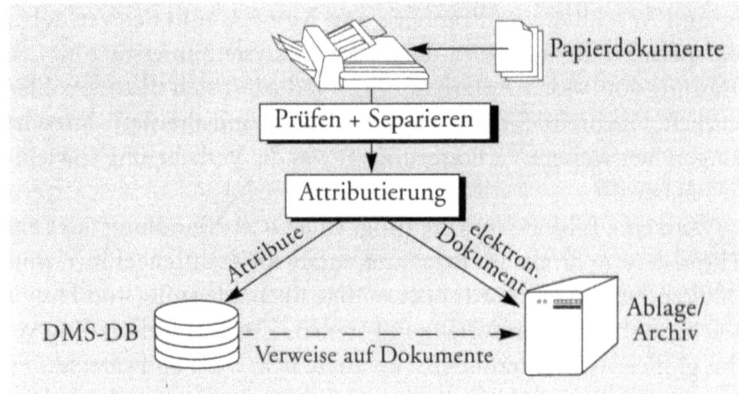

Abb. 2-7
Teil der Erfassung ist das Scannen, Attributieren und Abspeichern. Die Attribute werden in der DM-DB gespeichert, das Dokument selbst davon getrennt in der Ablage.

Zusätzlich ist dieser Vorgang oft auch mit einer nochmaligen Kontrolle der erfassten Daten auf Vollständigkeit und ausreichende Qualität verbunden. Die eigentliche Qualitätskontrolle sollte aber bereits beim Scannen geschehen.

Da jede manuelle Attributierung kostenintensiv ist, sollte man bei großen Dokumentenmengen möglichst Automatismen implementieren. Ein solcher Automatismus könnte bei vielen Dokumenten gleicher Form z.B. die automatische Erkennung des Dokumenten- bzw. Formulartyps über Barcodes sein oder die OCR-Erkennung einer Formularnummer oder ähnlicher Merkmale sein. Sind bestimmte zu erfassende Attribute immer an einer festen Position auf der Seite zu finden, so lässt sich hier auch eine selektive OCR-Erkennung der gewünschten Attribute einsetzen. Bei größeren Dokumentenmengen lohnt sich die Investition in ein Formularsystem, welches nicht nur den Formulartyp erkennt, sondern abhängig vom erkannten Formular auch vorgegebene Felder und Markierungen. Solche Systeme liefern selbst bei handschriftlichen Einträgen teilweise erstaunlich gute Ergebnisse.*

* *Siehe hierzu Kapitel 7.7.2.*

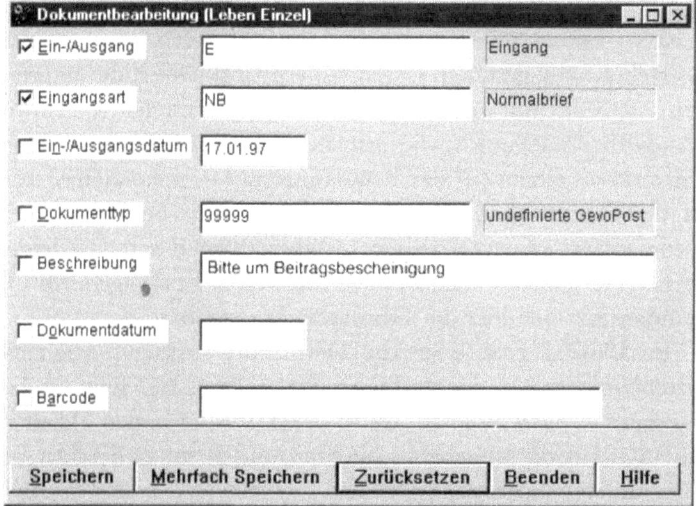

Abb. 2-8 Beispiel einer Attributiermaske (hier eine Maske aus Arcis für die Erfassung von Eingangsdokumenten in einer Versicherung)

Die Erfassung, Attributierung und Kontrolle erfolgt in vielen Fällen an getrennten Arbeitsplätzen. Für getrennte Arbeitsplätze spricht die mögliche Arbeitsteilung und der damit erzielbare höhere Durchsatz. Auch stellt die Attributierung eine andere Aufgabe als die Erfassung dar, so dass bei der Durchführung beider Aufgaben ein ständiger gedanklicher Wechsel zwischen Erfassung und inhaltlichen Aspekten der Attributierung notwendig ist. Während sich für die Erfassung großer Datenmengen zumeist angelernte Arbeitskräfte einsetzen lassen, setzt die Attributierung ein Anlesen der Dokumente und ein Verständnis der Dokumenteninhalte voraus.

Die Anforderungen und die Ausstattung der Attributierarbeitsplätze gleicht in vielen Aspekten denen der Erfassungsarbeitsplätze. Bei der Bearbeitung von NCI-Dokumenten sind auch hier große, hochauflösende Bildschirme einzusetzen. Da sich bei der Kontrolle und Attributierung zuweilen herausstellt, dass Dokumente oder Seiten nicht korrekt erfasst wurden, werden diese Attributierarbeitsplätze zum Teil auch mit Scannern ausgestattet, um eine Nacherfassung zu erlauben. An deren Erfassungsleistung können geringere Anforderungen gestellt werden.

⇨ Werden NCI-Dokumente im Format A4 oder größer attributiert, so sollten hochauflösende 19"–21"-Bildschirme oder 18"/19" TFT eingesetzt werden. Hier ist das Beste gerade gut genug!

Da die Attributierung eine hohe Konzentration erfordert, sollten diese Arbeitsplätze ergonomisch und arbeitstechnisch sorgfältig geplant und ausgestattet werden. Das Personal sollte regelmäßig Pausen einlegen und sich gegebenenfalls zwischen Attributieren und Einscannen abwechseln.

Attributiersoftware

Die hier beschriebenen Festlegungen und Einstellungen sind natürlich nicht Aufgabe des Attributierers, sondern des DMS-Verwalters oder des Projektteams.

Die Attributerfassung erfolgt mit voreingestellten Erfassungsmasken. Diese sollten sich über die entsprechenden Werkzeuge weitgehend frei gestalten lassen. Zuvor sind jedoch die zu erfassenden Attribute mit Art, Wertevorrat und eventuellen Prüfungen, Standardvorbelegung sowie internem (in der Datenbank abgelegten) und externem (in der Erfassungsmaske verwendeten) Namen zu definieren. Auch sollte es möglich sein, bereits zuvor oder automatisiert erfasste Attribute zu übernehmen und anzuzeigen.

Das Navigieren in den Masken muss effizient erfolgen. Als Quasi-Standard hat sich hier die Tabulatortaste etabliert.

Im Idealfall generieren die Definitionswerkzeuge zugleich die Datenbanktabellen zur Aufnahme der Attribute. Dies ist jedoch nur dann einfach möglich, wenn die Attribute in den Tabellen des DM-Systems direkt gehalten werden und nicht in der Datenbank einer anderen Anwendung.

Als nicht unbedingt notwendig, für kleinere Änderungen jedoch praktisch, haben sich grafisch orientierte Werkzeuge zur Maskendefinition erwiesen, wie sie inzwischen auch von fast allen Datenbankherstellern angeboten werden. Der Trend geht jedoch dazu, dass solche Werkzeuge integriert in eine Archiv- oder DM-Lösung vom DM-Anbieter zur Verfügung gestellt werden und dann automatisch die Verknüpfung zum erfassten Dokument herstellen.

Klassifikationssoftware

Bei eingehenden CI-Dokumenten* erspart eine automatische Klassifikation den manuellen Sortieraufwand – sei es für eine nachfolgende manuelle oder automatische Attributierung oder für eine Rubrikbildung für Dokumente, die später über eine Volltextrecherche gesucht werden.

Es gibt inzwischen einige Softwarepakete, die dies nach einer Trainingsphase für viele Einsatzszenarien ausreichend zuverlässig erledigen.** Eine hundertprozentige Trefferrate darf hier jedoch nicht erwartet werden. Ist aber ein gewisser Anteil von Fehlklassifikationen tolerierbar (etwa im Bereich von 2–4%), kann dies eine wesentliche Kostenersparnis erzielen.

** oder zuvor per OCR entsprechend gewandelten NCI-Dokumenten*

*** z.B. SERbrainware von SER oder Produkte der Firma Automomy*

2.6 Nutzungs- und Recherchearbeitsplätze

Unabhängig davon, ob es sich um ein zentrales oder über mehrere Rechner verteiltes Archivsystem handelt, erfolgt die eigentliche Nutzung des Archivs an den Nutzungsarbeitsplätzen. Dies ist auch der Typ von Arbeitsplatz, der in einem DM-System am häufigsten vorkommt. In einer Büroumgebung wird dieser Arbeitsplatz auch als *Sachbearbeiterarbeitsplatz*, bei reinen Archiven wie etwa einem Patentarchiv, auch als *Recherchearbeitsplatz* bezeichnet. Aufbau und Ausstattung solcher Arbeitsplätze werden weitgehend von der Art des Archivs und der Art weiterer IT-Nutzung bestimmt.

Handelt es sich beim Archiv um ein Zeichnungsarchiv, fällt der typische Nutzungsarbeitsplatz in vielen Fällen mit dem CAD-Arbeitsplatz zusammen. Handelt es sich um das Archiv eines Bürosystems, werden auf dem Nutzungsarbeitsplatz auch die üblichen Bürotätigkeiten und die elektronische Kommunikation stattfinden. Bei einem Versicherungsarbeitsplatz laufen zusätzlich die typischen Versicherungsanwendungen – bzw. deren alphanumerische oder grafische Client-Ausgaben. Nur in wenigen Fällen (z. B. bei einem Presse- oder Patentarchiv) werden diese Arbeitsplätze lediglich zur Recherche im Archiv genutzt.

Enthält das Archiv spezielle NCI-Dokumente*, so werden höhere Anforderungen an den Bildschirm des Arbeitsplatzes gestellt – insbesondere an seine Auflösung. Unter Umständen ist auch zum Dekomprimieren und zum Abspielen solcher Dokumente eine entsprechende Hardwarekomponente im System notwendig – z. B. wenn es sich um großformatige Farbbilder oder Audio- und Video-Dokumente handelt.

** z. B. als Rasterbilder vorliegende Informationen (wie Röntgenbilder)*

Bei kleinen (oft PC-basierten) Archivsystemen kann der Nutzungsarbeitsplatz mit dem Erfassungsarbeitsplatz in einem System vereint sein. In diesem Fall werden der Anschluss eines entsprechenden Erfassungsgeräts (z. B. eines Scanners) und der Anschluss eines Druckers notwendig.

Da Nutzungsarbeitsplätze diejenigen Systeme sind, die in einem DM-System am zahlreichsten vorkommen, gestatten es hier die meisten DM-Konzepte, recht einfache PC-Systeme einzusetzen. Man sollte sich jedoch darüber im Klaren sein, dass dies keine Low-Cost-Systeme sind. Diese Systeme benötigen beim Arbeiten mit NCI-Dokumenten große, hochauflösende Bildschirme, ausreichend schnelle Bildschirmkarten, ausreichend Speicher (ca. 126 MB oder mehr), Netzanschlüsse, zumeist eine lokale Platte und eine ausreichende CPU-Leistung. Waren diese Anforderungen früher eher speziell, werden sie heute selbst von Standard-PCs erfüllt – eventu-

Die Angabe einiger Anbieter für eine sinnvolle Minimalkonfiguration von 32 oder 64 MB muss heute als unseriös betrachtet werden!

ell mit Ausnahme des Bildschirms. 17"-Bildschirme mit einer Auflösung von 1024 × 768 Bildpunkten sind hier das akzeptable Minimum, besser noch 19"- oder 21"-Bildschirme mit Auflösungen von 1248 × 1024 Bildpunkten oder mehr bei 16 Bit Farbtiefe (bzw. 32768 Farben). Alternativ können TFT-Bildschirme ab 17" mit einer Auflösung ab 1248 × 1024 Bildpunkten eingesetzt werden. Sie haben zusätzlich den Vorteil höheren Kontrasts und weniger Abwärme.

Der Versuch, in einer Mainframe-Umgebung weiterhin 3270-(oder ähnliche alphanumerische) Terminals für ein vielgenutztes DM-System einzusetzen, kann nur eine Übergangslösung sein. Selbst unter CI-Dokumenten werden vermehrt komplex formatierte Dokumente vorkommen, für deren Darstellung ein Grafikbildschirm notwendig ist.

Neu zu beschaffende DM-Arbeitsplätze sollten heute deshalb, wie in Tabelle 2-1 gezeigt, konfiguriert sein, was bis auf den Bildschirm weitgehend den aktuell angebotenen Büro-PCs entspricht. Windows-95-Systeme sollten nicht mehr eingesetzt werden. Sie werden von vielen DMS-Anbietern gar nicht mehr oder nur mit Einschränkungen unterstützt. Dies gilt oft selbst dann, wenn ein Web-Client für den DMS-Zugriff verwendet wird.

Tabelle 2-1
Sinnvolle Ausstattung eines DM-Arbeitsplatzes

Rechner:	Pentium oder äquivalentes System
Hauptspeicher:	≥ 128 MB (sollte bis 512 MB ausbaubar sein)
Bildschirm:	1248 × 1024 bei 19" und 16-Bit Farbtiefe oder TFT ≥ 17"
Lokale Platte:	≥ 20,0 GB
Netzanschluss:	100 MBit
Betriebssystem:	Multitasking-System (Win-32, UNIX/LINUX, ...)

Der Versuchung, die oft in großer Stückzahl notwendigen Sachbearbeiterplätze möglichst billig zu gestalten, ist mit besonderer Vorsicht zu begegnen. Bei längeren Arbeitszeiten ist jedoch zu bedenken, dass die Lohnkosten über einen längeren Zeitraum betrachtet deutlich höher als die Gerätekosten sind. Eine bessere Arbeitsplatzausstattung macht sich in vielen Fällen schnell durch eine höhere Arbeitseffizienz (kürzere Wartezeiten, weniger Ermüdungen, weniger Ausfälle durch Krankheiten) bezahlt!

2.6.1 Dokumentenanzeige – Viewer

Die Anzeige von Dokumenten erfolgt über so genannte *Viewer.* Ihre Gestaltung und Bedienung bestimmt in starkem Maße die Arbeitseffizienz und die Benutzerakzeptanz beim Arbeiten mit Dokumenten. Boten bisher fast alle Archiv- und DM-Anbieter eigene Image-Viewer an, so werden sie inzwischen zu Standardkomponenten eines Rechner- bzw. Betriebssystems. Microsoft zeigt diese Entwicklung mit der kostenfreien Distribution des Image-Viewers der Firma Kodak auf. In welchem Umfang solche Standard-Viewer mit den Viewern der Image-Lösung konkurrieren können, ist im Einzelfall zu prüfen. Praktisch alle Image-Viewer sind in der Lage, Image-Dokumente im TIFF-G4-Format anzuzeigen.

Die spezifischen Viewer der DMS-Anbieter beherrschen nicht nur Annotationen, sondern wissen, wie sie auf das Ablagesystem zugreifen müssen, und kennen auch die Struktur spezifischer Dokumenten- und Ablageformate.

2.6.1.1 Einbettung von Viewern

Wird ein breites Spektrum von Dokumentenformaten eingesetzt, so ist auch die Fähigkeit des Viewers, diese Formate anzuzeigen, ein wesentlicher Aspekt. Zwar erlauben fast alle DM-Systeme, auch fremde Viewer zur Anzeige spezieller Formate einzubinden; jedoch ist es von Vorteil, wenn ein einzelner Viewer möglichst das gesamte eingesetzte Formatspektrum anzeigen kann, da so eine höhere Oberflächen- und Bedienungskonsistenz erreicht wird. Als Vorteil erweisen sich hier Lösungen, bei denen OLE-/ActiveX-fähige Viewer eine *Inline-Darstellung* von Dokumenten im Fenster der Recherche-Anwendung oder in einem einheitlichen Viewer-Fenster realisieren können.

Die Viewer-Problematik bei unterschiedlichen Formaten wird auch in Kapitel 7.16 diskutiert.

Eine Funktion des Viewers kann neben der Dokumentenanzeige auch der Dokumentenzugriff sein. In diesem Fall wird dem Viewer nicht die Dokumentendatei zur Anzeige übergeben, sondern die Dokumenten-Identifikation und eventuell die Bezeichnung des Ablagesystems. Der Viewer realisiert dann die Zugriffsfunktion auf das Archiv selbst. Dies hat Vorteile: So kann der Viewer bei einem mehrseitigen Dokument z.B. bereits die erste Seite anzeigen, während er im Hintergrund weitere Dokumentenseiten überträgt. Eine solche erweiterte Viewer-Zugriffsfunktion kann insbesondere bei umfangreicheren Dokumenten (mehrseitige großformatige Zeichnungen oder umfangreiche Drucklisten) erhebliche Leistungsverbesserungen erzielen und die Wartezeiten für den Anwender spürbar reduzieren.

In einer alternativen Lösung übernimmt die DM-Anwendung* den Abruf und die Übertragung des Dokuments zum Arbeitsplatz

** oder bei Anwendungsintegration die Applikation oder ein Zwischenmodul*

und aktiviert danach den Viewer nur für die Anzeige des Dokuments. Ist der Viewer weitgehend über APIs steuerbar, so lassen sich auch damit transparente Lösungen schaffen. Der kontrollierende Modul sollte dabei jedoch erfahren, wenn das Anzeigefenster des Viewers geschlossen oder im Viewer auf ein neues Dokument geblättert wird. Hierbei ist zu berücksichtigen, wer das Löschen der zur Anzeige übertragenen Dokumente erledigt und wann dies geschieht.

Der Nachteil so aktivierter fremder Viewer besteht darin, dass diese Viewer, wenn sie aus unterschiedlichen Quellen stammen, in aller Regel auch unterschiedliche Bedienoberflächen und unterschiedliche Tastenbelegungen haben.

2.6.1.2 Typische Viewer-Funktionen

Die Funktionen, die ein Viewer sinnvollerweise anbieten sollte, sind in bestimmtem Umfang von der Art des angezeigten Dokuments abhängig. So ist bei der Anzeige von CI-Textdokumenten eine textuelle Suchfunktion und das Kopieren eines Textstücks in die Zwischenablage des Systems wünschenswert. Dies wird z. B. vom Adobe-Acrobat-Reader angeboten. Bei Image-Dokumenten ist ein Suchen nicht möglich. Zudem sollte ein (Image-) Viewer folgende Funktionen anbieten:

- Verändern der Fenstergröße und Fensterposition
- Skalieren (Darstellung in unterschiedlichen Maßstäben)
- Einpassen der Anzeige in die aktuelle Fenstergröße
- Ausgabe einer Übersichtsdarstellung
- Verschieben des angezeigten Ausschnitts
- Drehen einzelner Seiten um 90°, 180° und 270°
- Invertieren der Darstellung
- Scale-to-Gray-Darstellung (siehe nächsten Abschnitt 2.6.1.3)
- Blättern in einem Dokument – bei großen Dokumenten das Blättern zu einer angegebenen Seitennummer
- Blättern zwischen Dokumenten – sofern mehrere Dokumente in einer Art Dokumentenstapel anzuzeigen sind
- Drucken, Fax- und eMail-Versand eines Dokuments
- Annotation an das Dokument*

* Siehe hierzu Abschnitt 2.6.2.

Im Einzelfall sind zahlreiche weitere Funktionen denkbar und vorteilhaft – etwa die Möglichkeit, ein angezeigtes Dokument als Datei abspeichern zu können sowie das Caching von Dokumenten. Auch das Kopieren des ganzen Bildes oder eines Ausschnitts in die Zwischenablage des Systems, um es von dort in andere Dokumente – etwa einen Brief – einfügen zu können, gehört zumeist zu diesen Standardfunktionen. Diese Funktionen sollten jedoch von der kontrollierenden Applikation anwendungsbezogen aktiviert und ausgeblendet werden können.

Eine weitere nützliche Funktion ist die Möglichkeit, die Seiten eines Dokuments als so genannte *Thumbnails* in einer Übersicht darzustellen. In einer solchen Übersicht lässt sich die gewünschte Seite eines Dokuments oft schneller finden und durch einen Klick auf die Seitenikone anzeigen, als dies durch ein sequentielles Blättern möglich ist.

Abb. 2-9 Darstellung eines Dokuments mit einer Dokumentenübersicht, (Kodak-Image-Viewer)

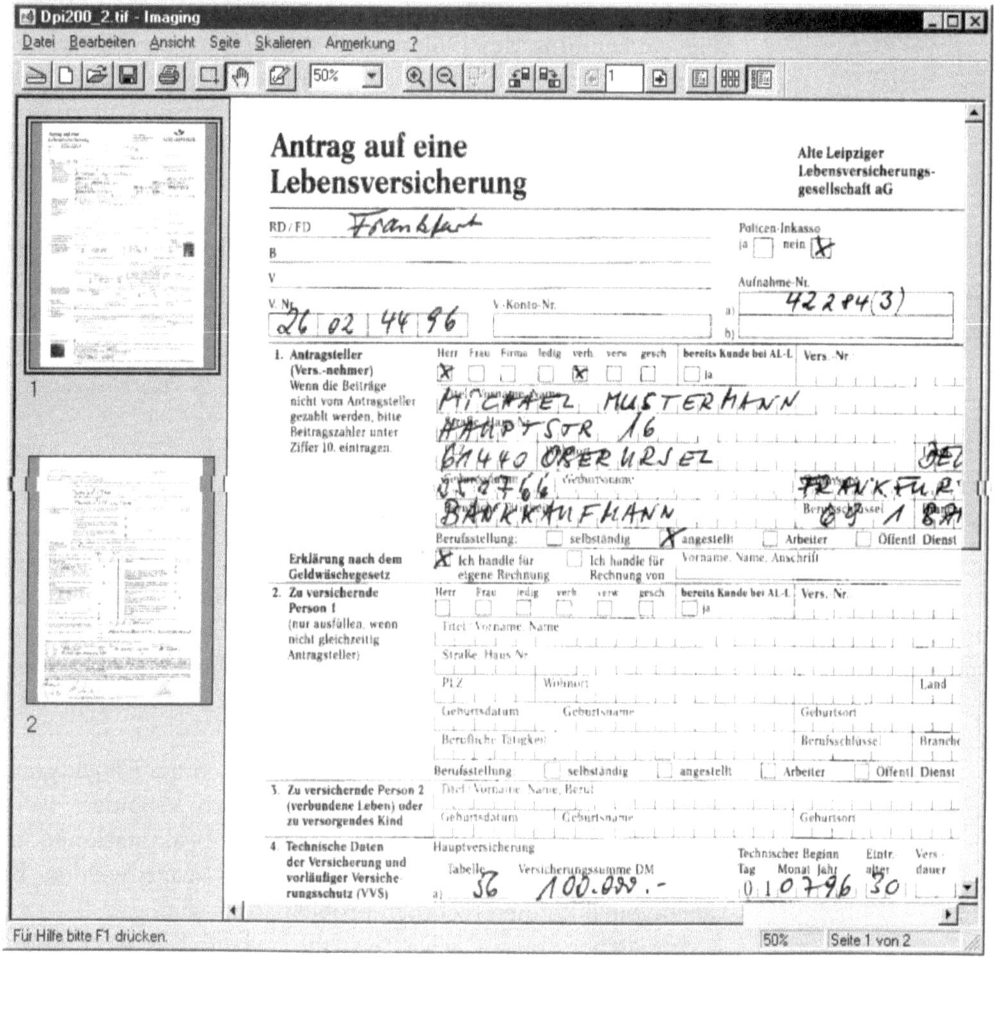

2.6.1.3 Scale-to-Gray-Darstellung

Zur Bildschirmanzeige von Dokumenten ist fast immer eine Skalierung des Rasterbildes notwendig.* Hierfür wird aus mehreren Bildpunkten der Vorlage ein neuer Bildpunkt zur Darstellung berechnet. Dabei werden entweder Bildpunkte für die Ausgabe eliminiert und die Darstellung auf dem Bildschirm erfolgt wieder in Schwarzweiß, oder mehrere Schwarzweiß-Punkte ergeben einen neuen Bildpunkt mit Grauwert. Beim zweiten Verfahren erfolgt die Darstellung dann nicht nur bitonal sondern in Grauwerten, soweit dazu der Bildschirm in der Lage ist. Dieses Umrechnen in Grauwerte wird als *Scale-to-Gray* oder als *Antialiasing* bezeichnet. Diese Darstellung erhöht bei niedrigeren Darstellungsauflösungen die Lesbarkeit bzw. Wiedererkennung des Dokuments wesentlich – insbesondere bei Seiten mit kleineren Schriften und Linien. Image-Viewer sollten deshalb ein Scale-to-Gray unterstützen. Zur Unterstützung von Scale-to-Gray sollte der Bildschirm minimal 8 Bit Farbtiefe haben.

* Siehe hierzu die Diskussion in Kapitel 6.2.1.

Die Antialiasing-Technik setzt sich zunehmend auch zur Bildschirmdarstellung von Schriften innerhalb von CI-Dokumenten durch. Auch dort verbessert sie die Textlesbarkeit auf dem Bildschirm.

2.6.2 Annotationen – Kommentare am Dokument

Unter einer *Annotation* versteht man bei DM-Systemen Notizen bzw. Anmerkungen textueller und grafischer Art zu einem Dokument. Mit ihnen lassen sich Vermerke für weitere Bearbeitungsschritte oder elektronische Unterschriften** anheften. Diese Annotation wird im Standardfall bei Image-Dokumenten nicht in das Image übertragen, sondern ist lediglich dem Dokument oder einzelnen Seiten zugeordnet und kann ein- und ausgeblendet werden. Häufig gestatten die Annotationsmodule die Verwendung von Farben zur Markierung von Bereichen.

** Dies sollte nicht mit den in Kapitel 7.13 beschriebenen digitalen Signaturen verwechselt werden!

Da es sich bei den grafischen Annotationen um Objektgrafiken handelt, können diese zumeist später noch verändert werden. Zusätzlich gibt es die Funktion, die grafischen Annotationen in das Image fest zu übertragen, so dass sie Teil des Images werden. Beide Operationen können rechtlich problematisch sein.

Inzwischen bieten viele Systeme neben Text und Grafiken zusätzlich auch Audio- und Video-Annotationen.

Leider fehlt es bisher an einem Standardformat und einem standardisierten Erstellungsverfahren für Annotationen. Die Firmen

Abb. 2-10 Beispiel einer (verkleinerten) Darstellung ohne (oben) und mit (unten) Scale-to-Gray-Funktion

EINGEGANGEN
1 3. Nov. 1992

Studenteninitiative J.I.M.
JUNIOR INVESTMENT MANAGEMENT
European Business School
Schloß Reichartshausen
W-6227 Oestrich-Winkel
Tel.: (0 61 23) 50 24
Fax.: (0 67 23) 69-133

Buchhaltung
SAP AG
Neurottstr. 16
PF 1461

6909 Walldorf

Schloß Reichartshausen, den 10.11.1992

Sehr geehrte Damen und Herren,

wir danken Ihnen für Ihr Interesse und Ihre Unterstützung am Bankenforum 1992 an der European Business School. Die Veranstaltung war ein voller Erfolg. Dieses spiegelt sich z.B. in den positiven Kommentaren der Teilnehmer und Referenten wieder. Die Teilnehmerzahl belief sich auf ca. 200 Personen.

Wir bitten Sie, den Betrag von DM 500,- für eine Anzeige im Format 1/2-DIN-A4 umgehend auf das unten genannte Konto zu überweisen.

Junior Investment Management
Konto Nr. 140 124 850

Bildschirmdarstellung ohne Scale-to-Gray

EINGEGANGEN
1 3. Nov. 1992

Studenteninitiative J.I.M.
JUNIOR INVESTMENT MANAGEMENT
European Business School
Schloß Reichartshausen
W-6227 Oestrich-Winkel
Tel.: (0 61 23) 50 24
Fax.: (0 67 23) 69-133

Buchhaltung
SAP AG
Neurottstr. 16
PF 1461

6909 Walldorf

Schloß Reichartshausen, den 10.11.1992

Sehr geehrte Damen und Herren,

wir danken Ihnen für Ihr Interesse und Ihre Unterstützung am Bankenforum 1992 an der European Business School. Die Veranstaltung war ein voller Erfolg. Dieses spiegelt sich z.B. in den positiven Kommentaren der Teilnehmer und Referenten wieder. Die Teilnehmerzahl belief sich auf ca. 200 Personen.

Wir bitten Sie, den Betrag von DM 500,- für eine Anzeige im Format 1/2-DIN-A4 umgehend auf das unten genannte Konto zu überweisen.

Junior Investment Management
Konto Nr. 140 124 850

Bildschirmdarstellung mit Scale-to-Gray

Adobe und FileNet versuchen, ein solches Format zu erarbeiten und zu standardisieren. Die Durchsetzung dieses Formats kann jedoch noch nicht bewertet werden.

Sowohl beim Einsatz von WORMs als auch von CDs ist es zumeist sinnvoll, Annotationen separat abzulegen.

Ob diese Annotationen bei WORM-gespeicherten Dokumenten zusammen mit dem Dokument auf die WORM geschrieben werden, ist eine Frage ihrer Nutzung. Wird die Annotation als elektronische Unterschrift oder als Mitzeichnung eingesetzt, ist eine Speicherung auf der WORM vorzuziehen. Wird die Annotation hingegen nur als temporärer Bearbeitungshinweis genutzt, kann sie auch separat entweder in der DM-Datenbank oder auf einem eigenen Magnetplattenbereich gespeichert und eventuell später gelöscht werden.

Nicht alle DM-Systeme unterstützen die Speicherung der Annotation zusammen mit dem Dokument auf der WORM – zumal dafür vorbeugend Speicherplatz für solche Erweiterungen reserviert werden muss oder die unglückliche Situation entstehen kann, dass

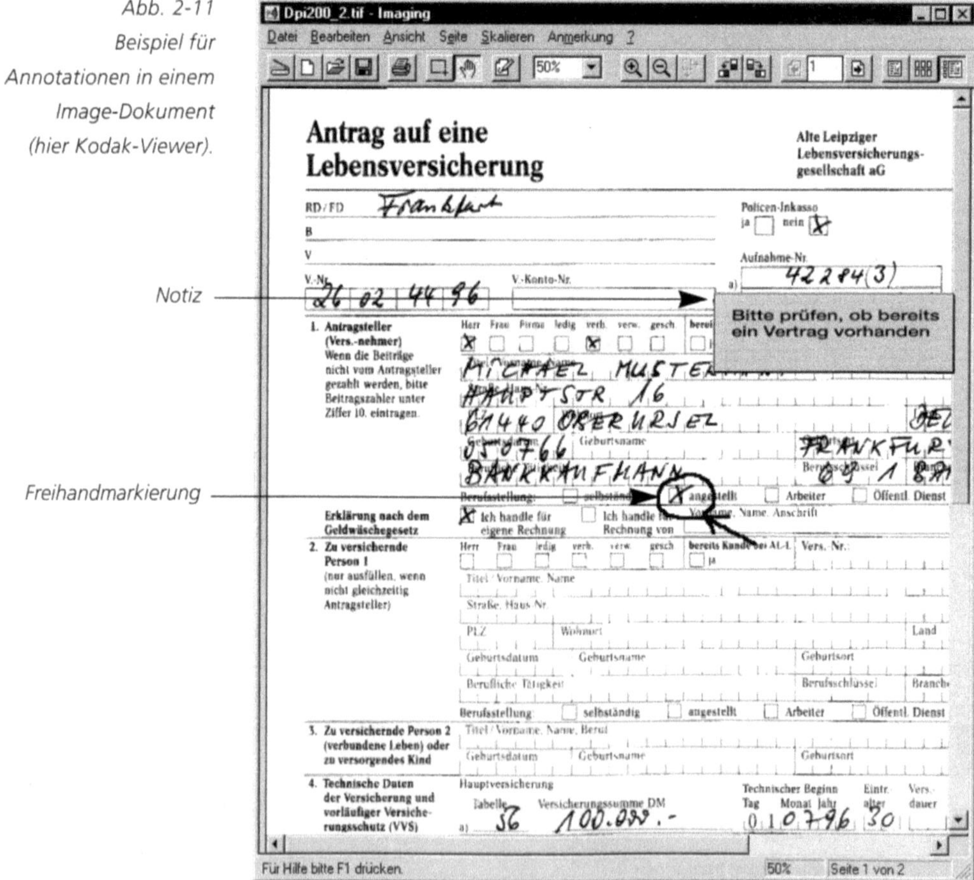

Abb. 2-11 Beispiel für Annotationen in einem Image-Dokument (hier Kodak-Viewer).

Dokument und Annotation auf unterschiedlichen Platten gespeichert werden und der Dokumentenzugriff dann mehr Zeit kostet. Es spricht deshalb vieles dafür, Annotationen getrennt zu speichern, zumal ihre Archivierungsdauer oft kürzer als die des annotierten Dokuments sein kann.

Sind Dokumente mit elektronischen Signaturen versehen und wird die Annotation zusammen mit dem Dokument gespeichert, so macht eine Annotation die Signatur des Dokuments ungültig, da hier die Dokumentendatei verändert wird. Eine Lösung hierfür zeigt Adobe Acrobat,* bei dem Annotationen in einem separaten Segment des Dokuments abgelegt werden und Dokument-Signaturen für mehrere Änderungsstände haben kann, so dass sich genau prüfen lässt, wann und von wem die verschiedenen Dokumentenstände jeweils signiert wurden.

** Die hier angesprochene Funktion steht nur in der Acrobat-Vollversion zur Verfügung.*

2.6.3 Elektronischer Stempel

Eine Variante der Annotation ist ein *elektronischer Stempel.* Dies ist ein festgelegtes Rasterbild, etwa eine eingescannte Unterschrift oder ein Stempelrasterimage, welches einem Dokument wie ein Stempel aufgedrückt werden kann und in das Image des Dokuments übertragen wird (*Einbrennen*). Dies lässt sich nutzen, um Abzeichnungs- und Unterschriftsverfahren auf elektronischen Dokumenten zu realisieren und diese Zusätze (wie auf dem Papier) permanent im Dokument zu verankern. Ist das Dokument bereits auf einem WORM-Datenträger gespeichert, wird dazu das alte Dokument verworfen und ein neues angelegt und gespeichert. Alternativ speichert man den Stempel separat als *Overlay* zum Dokument.

Die modernere Art elektronischer Stempel stellt jedoch die in Kapitel 7.13 beschriebene elektronische Signatur dar. Der Stempel als optisches Anzeichen einer vorhandenen Abzeichnung per Signatur kann dann ein visuelles Hilfsmittel in der Form einer automatischen Annotation sein. Die elektronische Signatur erscheint hier als technisch sicherer, jedoch durch die dafür notwendige PKI-Infrastruktur auch deutlich aufwändiger.

2.7 Das Retrievalsystem

Eine zentrale Aufgabe bei der Handhabung großer Datenmengen ist das Wiederauffinden einzelner Dokumente. Man stelle sich 800 000 Zeichnungen vor, aus denen eine herausgesucht werden soll, oder 10 Millionen Akten, aus denen eine zu recherchieren ist. Dies setzt sowohl eine strukturierte Ablage voraus als auch ein System zum so genannten *Retrieval*, d.h. zur gezielten Suche nach Daten/Dokumenten. Da der Dateiname eines Dokuments nicht eindeutig zu sein hat und darüber hinaus schnell vergessen wird, benötigt man andere Suchkriterien.

Einen Teil dieser Suchkriterien kann der Rechner bzw. das DM-System selbstständig kreieren. Hierzu gehören beispielsweise der Ersteller oder Erfasser, das Erstelldatum und das Programm, mit dem das Dokument erstellt oder erfasst wurde. Diese Daten bzw. Suchkriterien reichen jedoch nicht aus. Es müssen deshalb weitere Suchmerkmale, auch *Attribute*, *Metadaten* oder *Indexwerte* genannt, aufgenommen werden. Im einfachsten Fall sind dies Stichworte zum Dokument. Bei Textdokumenten lässt sich unter Umständen ein Index erstellen – eine vereinfachte, reduzierte Form des Suchindex eines Volltext-Retrievalsystems.

Oft sind jedoch inhaltsbezogene Merkmale notwendig. Bei technischen Zeichnungen können dies Zeichnungsnummern, Baugruppennummern, eine Baugruppenklasse, Materialdaten und Ähnliches sein; bei Buchungsdaten wird man eher Kunden-, Auftrags-, Beleg- oder Buchungsnummern als Suchmerkmale verwenden.

Damit ergibt sich die Notwendigkeit, die Dokumente in Klassen zu unterteilen und für diese unterschiedlichen Klassen Attributsätze und entsprechend auch Recherche-Masken zu erstellen. Bei der allgemeinen Suche über mehrere Klassen hinweg sollte es zusätzlich möglich sein, bestimmte Klassen in die Suche mit einzubeziehen oder von der Suche auszuschließen.

Wurde das Dokument bereits auf dem Rechner erstellt, liegt oft ein Teil dieser Information im Rechner vor und lässt sich direkt in die Merkmalsleiste des Dokuments übernehmen. Sie kann dann noch durch weitere Attribute (etwa Stichwörter) ergänzt werden. Wird ein externes Papierdokument erfasst, sind all diese Daten zusätzlich aufzunehmen.

Das Retrievalsystem hat damit mindestens zwei Schnittstellen:

A) Die Erfassung bzw. Übernahme dieser Suchmerkmale zu einem Dokument. Ist die Erfassung beendet, muss es das Dokument (mit Hilfe des Ablagesystems) ablegen bzw. archivieren.

B) Die Rechercheschnittstelle, die es dem Anwender gestattet, seine Suchkriterien einzugeben und die Suche anzustoßen.

Aus Sicht des Anwenders sind oft drei parallele Zugangsverfahren zu den Dokumenten wünschenswert:

- **Das Navigieren in einer Ablagestruktur**
  Dieses Verfahren – analog zum Navigieren in der Baum-Dateistruktur des PCs per Datei-Browser – ist nur dort sinnvoll, wo entweder kleine Baumstrukturen vorhanden sind oder wo eine klare Strukturierung existiert (etwa in Zeichnungsnummern, Bibliothekssystemen u. ä).
- **Die Suche über Attribute in einer Recherchemaske**
  Auch hier muss vor der Ablage eine feste und klare Festlegung der Attribute vorhanden sein. Dieses Verfahren ist bei großen Dokumentenzahlen sowohl effizient hinsichtlich der Datenbankgröße als auch hinsichtlich der Sucheffizienz.

Zuweilen ist auch eine Suche über Nachbarschaftsbeziehungen von Dokumenten nützlich.

- **Die Suche per Volltext-Recherche**
  Hier kann nicht nach Stichworten und bekannten Satzfragmenten gesucht werden. Wünschenwert ist hier auch die Möglichkeit einer kombinierten Volltext- und Attributsuche.

2.7.1 Recherchemasken

Ähnlich wie für die Erfassung von eingescannten Dokumenten Erfassungsmasken zu erstellen sind, benötigt man Recherchemasken – oft mit ähnlichem Aussehen und auf den gleichen Datenbankdefinitionen aufbauend. Sind solche Masken für eine Vielzahl unterschiedlicher Dokumententypen mit unterschiedlichen Suchmerkmalen zu erstellen, erweisen sich spezielle grafische Werkzeuge zu deren Definition als nützlich.

Da bei der Suche in vielen Fällen mehrere Treffer* gefunden werden, muss das Retrievalsystem dem Benutzer eine Auswahlmöglichkeit geben. Die Treffer werden in den meisten Systemen in einer Rollbalkenliste angezeigt (siehe z. B. Abb. 2-12). Dort kann der Anwender dann das gewünschte Dokument auswählen und zur Anzeige oder Bearbeitung aufrufen.

** d. h. auf die Suchanforderung passende Dokumente*

Lässt bereits eine Ikone** des Dokuments (ein Formular oder eine in der Ikone erkennbare Überschrift) ausreichend Rückschluss auf den Dokumenteninhalt zu, so wie es bei technischen Zeichnungen und Bildern oft der Fall ist, so kann ein Ikonen-Katalog bei der Suche hilfreich sein. Dort trägt das Retrievalsystem die gefundenen

*** d. h. ein verkleinertes Abbild des Dokumenteninhalts bzw. dessen erster Seite*

Dokumente ein, wo der Benutzer sie auswählen kann. Sind ein oder mehrere Dokumente ausgewählt, sollte das Retrievalsystem die Dokumente zur Darstellung, zum Drucken oder zur Bearbeitung an ein passendes Programm weiterleiten – oder diese Funktionen selbst realisieren. Das setzt voraus, dass die dazu benötigten Informationen (z.B. das Format) zusammen mit dem Dokument (bzw. in der DM-Datenbank) abgelegt wurden. Symbole in der Trefferliste für unterschiedliche Dokumententypen helfen dem Anwender bei der Orientierung. Ob die Auswahl zur Art der Dokumentenbearbeitung (Anzeigen, Drucken, Löschen, Editieren) im Retrievalsystem oder erst in der aktivierten Applikation erfolgt, ist mehr eine Frage des Designs als eine grundlegende Entscheidung. Es erweist sich als effizient, wenn die gewünschte Operation nicht nur über eine Menüfunktion, sondern auch durch Funktionstasten aktiviert werden kann.

Das Retrievalsystem kann entweder (aus Sicht des Benutzers) eine eigene Applikation sein – beispielsweise im Rahmen eines Zeitungsarchivs – oder integraler Bestandteil einer IT-Lösung, wie es bei Büroautomatisierungssystemen mit integriertem Ablagesystem der Fall ist.

Retrievalsysteme stützen sich auf Datenbanken – vorzugsweise auf eine Standarddatenbank des jeweiligen Systems. Dies sind typi-

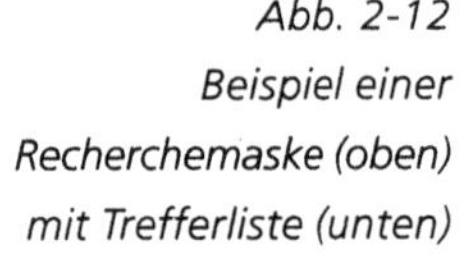
Abb. 2-12
Beispiel einer Recherchemaske (oben) mit Trefferliste (unten)

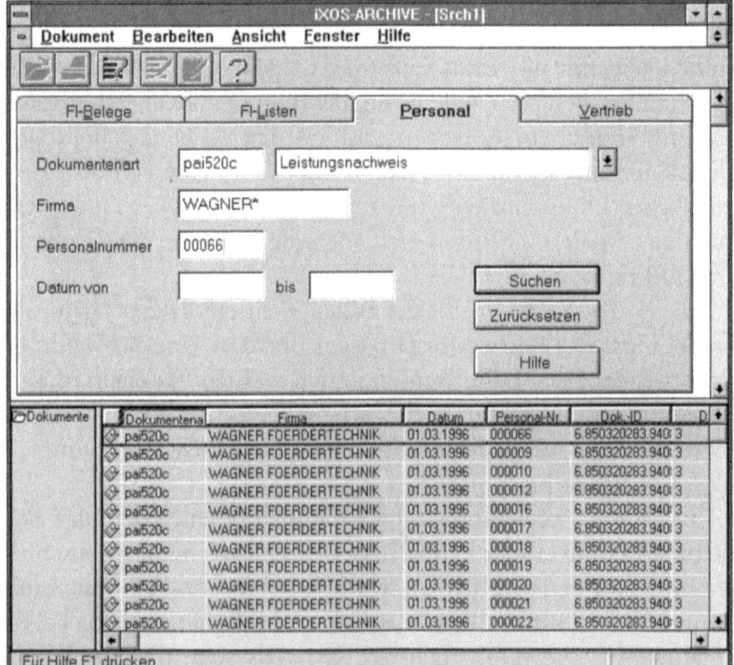

scherweise relationale Datenbanken.* Bei verteilten Systemen, wenn beispielsweise das eigentliche Retrievalsystem auf dem Ablagerechner oder einem eigenen Datenbankrechner liegt, muss eine Netzschnittstelle zum Retrievalsystem bzw. zur Datenbank bestehen.

** Beispiele sind ORACLE, IDB/2 oder SQL-Server.*

Die Aufgaben des Retrievalsystems lassen sich damit wie folgt zusammenfassen:

- ❑ Strukturierung der Ablage (Sicht auf die Ablage)
- ❑ Strukturierung der Attribute und der Datenbank
- ❑ Zugang zu Suchfunktionen
- ❑ Anzeige der Treffer nach einer Suche
- ❑ Auswahlfunktionen aus den Treffern

2.7.2 Volltextsuche

Wird für Dokumente eine Volltextsuche benötigt, so sind dazu spezielle Volltext-Retrieval-Systeme einzusetzen. Voraussetzung ist, dass die Daten bzw. Texte in CI-Form vorliegen. Eingescannte Dokumente sind also zuvor per OCR-Erkennung in ein CI-Format zu konvertieren.

Diese Texte werden einer Indizierung unterworfen, welche den Indexstamm für die Volltextsuche aufbaut – und gegebenenfalls in die bereits vorhandene Indexdatenbank einsortiert. Erst nach diesem Vorbereitungsschritt kann eine Suche erfolgen.

Die Indizierkomponenten der Volltext-Recherchesysteme unterstützen nur ein eingeschränktes Repertoire an Dokumentformaten – auch wenn dieses Spektrum wächst. Wurden in den Anfängen nur reine Texte unterstützt (etwa EBCDIC, ASCII, ISO 8896), so beherrschen die neueren Systeme vielfach auch die verbreiteten Textformate wie z. B. MS-Word, Excel, PowerPoint, RTF, HTML, PDF und XML.

Das Repertoire lässt sich durch Filter erweitern; es ist dabei jedoch darauf zu achten, dass es durch die Konvertierung zu Seiten- und Positionsverschiebungen kommen kann. Auch werden nicht immer alle Zeichensätze unterstützt – z. B. Japanisch.

Die Such- und Weiterverarbeitungsmöglichkeiten eines Volltext-Recherchesystems sind natürlich mächtiger als die reiner Image-Systeme. Die Suche nach Bildern bzw. Bildinhalten ist in den meisten auf dem freien Markt verfügbaren Systemen nicht oder nur eingeschränkt realisiert, während im militärischen Bereich solche Möglichkeiten bereits existieren. Hier erfolgt die Suche mit einer Mustererkennung und Ähnlichkeitsabbildungen.

Moderne Volltextsysteme gestatten nicht nur die Suche nach einzelnen Stichworten, sondern ebenso nach Begriffskombinationen, wobei die Suchbegriffe über UND, ODER, NICHT und weitere logische Operationen verknüpft werden können. Selbst Beziehungen wie ›*in der Nähe des anderen Begriffs*‹ oder ›*im gleichen Absatz*‹ oder ›*mit einer maximalen Distanz von x Wörtern*‹ sind vielfach möglich – erfordern vom Anwender aber das Erlernen der Abfragesyntax. Die Suchbegriffe können sogar bei einigen Systemen mit Prioritäten versehen werden – etwa ›Schiff‹ und ›Recht‹, wobei ›Schiff‹ die höhere Priorität haben soll, so dass mit einiger Wahrscheinlichkeit keine Dokumente gefunden werden, die nur das Thema *Recht* behandeln, ohne Bezug auf *Schiffe* zu nehmen.

Sowohl die Nutzung von Synonymwörterbüchern als auch die phonetische Interpretation* des Suchbegriffs gehören inzwischen zum Stand der Technik moderner Volltext-Recherchesysteme. Zum Suchbegriff ›*Auto*‹ wird damit auch nach ›*PKW*‹, ›*Wagen*‹ usw. gesucht und beim Suchbegriff ›*Meier*‹ würde auch ›*Mayer*‹ und ›*Mayr*‹ gefunden werden.

* *Dies sind Wörter, die anders geschrieben aber ähnlich ausgesprochen werden.*

Die Sucherergebnisse können vielfach noch nach dem Grad der Übereinstimmung mit der Suchanfrage sortiert werden – die Internet-Suchmaschinen zeigen dies anschaulich.

Zur Nutzung des vollen Spektrums solcher Systeme ist ein gewisser Lernaufwand des Benutzers notwendig. Erst dann ist er in der Lage, die vollen Suchmöglichkeiten auszunutzen.

Ein Problem der Volltextsysteme besteht darin, dass der Indexstamm etwa 20% bis 70% des Textvolumens annimmt – bei umfangreichen Datenbeständen also enorm groß wird und nun seinerseits eventuell auf die langsameren optischen Datenträger und Jukeboxen gelegt werden muss. Dies wiederum verlangsamt die Datenbanksuche beträchtlich – es sei denn, man installiert entsprechend große Magnetplattenspeicher. Volltext-Retrievalsysteme mit einem Datenbestand von mehreren Giga- oder sogar Terabyte haben damit erhebliche Probleme.

Mit der breiten Einführung von WWW-Systemen und Suchmaschinen im Internet haben Volltextrecherchesysteme einen Boom erlebt. Dies hat nicht nur zu verbesserten Systemen und der Unterstützung eines breiteren Formatspektrums geführt, sondern auch zu einem deutlichen Preisverfall.

Auch bei Volltext-Datenbanken sind die Zugriffsrechte des Indeziersystems sowie später der Anwender auf die Dokumente kritisch zu durchdenken, um Sicherheitslücken zu vermeiden.

2.8 Archiv-/Ablagesystem

Die Begriffe *Archivsystem* und *Ablagesystem* werden innerhalb von Dokumenten-Management-Systemen unterschiedlich eingesetzt. Man kann unter einem *Ablagesystem* allein die physikalische Ablage der Dokumente auf geeigneten Datenträgern oder auf bestimmten File-Servern verstehen – die Anordnung und Organisation der Daten auf diesen Trägern liegt dann in der Verantwortung anderer Module. Wir möchten in diesem Fall von einem (eventuell optischen) *Dateisystem* sprechen. Fasst man den Begriff *Ablagesystem* etwas weiter, so beinhaltet er einen großen virtuellen *Ablagespeicher*, der sich um die Plattenaufteilung, das notwendige Datei-Handling, die Ansteuerung von Jukeboxen und Ähnliches kümmert. Dies soll hier als *Ablage-Server* bezeichnet werden.

Ein *Ablagesystem* selbst soll entsprechend unserer Definition noch weiter reichen. Seine Aufgabe ist nicht nur die reine Ablage auf einem beliebigen Speicher, sondern auch die gesamte Organisation der Ablage. Hierzu zählen die Ordnung, mit der Daten strukturiert abgelegt werden sollen, die dazu eventuell notwendige Pufferung bei bzw. vor der eigentlichen Speicherung, das Caching für einen effizienten Zugriff und die Möglichkeiten zur Reorganisation des Archivs sowie dessen Sicherung und Verwaltung.

Ein solches Ablagesystem muss damit neben dem Archiv-Server auch das Retrievalsystem umfassen oder zumindest eng mit diesem zusammenarbeiten. In einem Büroautomatisierungssystem etwa wird der gesamte Zugriff auf Dokumente – seien sie auf Magnetplatten oder im Archiv gespeichert – über das Ablagesystem erfolgen. Es wird dort häufig nur als *Ablage* bezeichnet. In offeneren Archivsystemen wird es unter Umständen mehrere applikationsspezifische Benutzerschnittstellen (Retrievalschnittstellen) geben, die alle auf ein gemeinsames Ablagesystem zugreifen.

Mit größer werdenden Archiven und höheren Benutzerzahlen wird es auch notwendig, mehrere Ablage-Server (Jukeboxen und zugehörige Server-Systeme) in einer DM-Lösung zu betreiben. Die Lösung sollte dann in der Lage sein, die Ablage und später den Abruf archivierter Dokumente selbstständig und für den Anwender transparent abzuwickeln.

Eng verzahnt mit dem Ablagesystem sind inzwischen *Storage-Management-Systeme*. Sie organisieren über einzelne Anwendungen und Applikationsbereiche hinweg die Handhabung und Verwaltung der verschiedenen Speichersysteme, bisher zumeist fokussiert auf Platten- und Bandspeicher.

Zum Thema ›Storage-Management-System‹ siehe Kapitel 5.11.

2.8.1 Der Archiv-Server (Ablage-Server)

Aufgabe eines Archiv-Servers ist die Handhabung der zu archivierenden Daten. Unter der *Handhabung* soll hier verstanden werden:

- die Ablage der zu archivierenden Daten
- die Organisation der Daten auf den optischen Platten oder auf anderen Datenträgern. Beim Einsatz von *Nearline-Speichern* wie optischen Platten oder Bändern gehört hierzu auch die Organisation der Caches.
- die Ansteuerung der Jukebox(en)
- der für den Client transparente Zugriff auf die Daten
- die Handhabung der Datensicherung
- das Verbergen der physikalischen und organisatorischen Spezifika vor dem Client
- die Realisierung eines ›*großen virtuellen Speichers*‹

Ein solcher Archiv-Server wird auch als *Ablage-Server* bezeichnet. Der Ablage-Server muss die Eigenarten der verwendeten Geräte soweit als möglich vor der Applikation verbergen. Von einem *Archiv* (oder einer *Ablage*) wird hier deshalb gesprochen, weil mit der Ablage auf optischen Platten eine Lagerfähigkeit (Datenpersistenz) erzielt wird, die deutlich über jene von Magnetplatten und Bändern hinausgeht.

In einigen Systemen stellt der Ablage-Server auch die Verwaltung der Daten und Suchfunktionen zur Verfügung. Aus Standardisierungsgründen werden diese Aufgaben aber immer mehr abgetrennt, so dass der Ablage-Server ein *großes virtuelles Dateisystem** realisiert.

* korrekter: ›ein großes Dateisystem unter Verwendung von Magnetplatten, optischen Platten und eventuell Jukeboxen‹

Wie der Ablage-Server dies bewerkstelligt, ob er sich dazu spezieller Puffer oder einer Datenbank bedient, sind Interna des Ablage-Servers, von denen die zugreifenden Applikationen isoliert werden sollen.

Die Begriffe *Ablagesystem* und *Archivsystem* werden in der Großrechnerwelt teilweise auch für robotergesteuerte Bandarchive benutzt. Diese sollen hier jedoch nicht betrachtet werden, da sie dem Anwender bzw. der Applikation keinen Direktzugriff ermöglichen, sondern ein vorangehendes Einspielen der Datei oder sogar der einzelnen Bänder erfordern. Solche Systeme können jedoch Teil eines Ablage-Servers sein, insbesondere wenn dieser als HSM-System arbeitet (siehe Kapitel 5.8).

2.8.2 Caching

Als Ablage-Cache soll hier ein schneller Magnetplattenbereich verstanden werden, auf dem Dokumente (oder Teile davon) zwischengespeichert werden, bevor sie auf langsamere Medien wie optische Platten oder Bänder geschrieben werden. Hierbei handelt es sich um einen Schreib-Cache (*Write-Cache*). Häufig werden Dokumente auch beim Abruf (d.h. beim Lesen) von langsameren Medien in einem solchen Cache-Bereich gepuffert – einem Lese-Cache (*Read-Cache*). Optische und Band-basierte Ablagesysteme besitzen zumeist aus drei Gründen Caches:

- Beim Beschreiben optischer Platten wird häufig die zu schreibende Datei im Cache aufgesammelt, um dann als Ganzes auf die optische Platte geschrieben zu werden. Auf diese Weise können einerseits die Blöcke einer Datei hintereinander auf die optische Platte geschrieben werden – was das spätere Lesen beschleunigt – und andererseits werden so weniger Fortsetzungsverweise im WORM- oder CD-/DVD-Dateisystem benötigt. Einige Dateisysteme für einmalbeschreibbare Datenträger verlangen einen rein sequentiellen Dateiaufbau.*

* *z. B. beim Beschreiben von CDs nach dem ISO-9660-Standard*

- Das Zwischenpuffern von Lese- und Schreibdaten erlaubt ein optimiertes Lesen und Schreiben und kann die Anzahl der notwendigen Medienwechsel in einer Jukebox reduzieren. Statt z. B. entsprechend dem Lesezugriff nacheinander einzelne Blöcke einer Datei zu lesen, liest man oft die gesamte Datei in den Cache (sofern die Datei nicht zu groß ist) und versorgt die Leseanforderungen aus dem schnelleren und ohne Plattenwechsel zugreifbaren Cache-Bereich.
- Nach der Neuanlage eines Dokuments wird mit hoher Wahrscheinlichkeit erneut auf das Dokument zugegriffen. Der Zugriff auf den schnelleren Cache-Bereich ist deutlich performanter als auf die verhältnismäßig langsamen optischen Platten oder auf Band. Die Übertragung eines zweiseitigen NCI-Dokuments im Format A4 beträgt aus dem Cache-Bereich (innerhalb eines LANs) etwa 0,2 Sekunden, von der optischen Platte etwa 3 Sekunden, sofern für den Zugriff kein Plattenwechsel erforderlich ist, und etwa 9 bis 10 Sekunden, sofern ein Plattenwechsel notwendig wird. Greifen mehrere Benutzer gleichzeitig auf Jukebox oder Band zu, können sich durch Warteschlangen weit höhere Zugriffszeiten ergeben. Zusätzlich ist mit weniger Platten- oder Bandwechseln die Lebensdauer der Laufwerke und

Jukeboxen höher – bei Bändern und Bandkassetten auch die Lebensdauer der Medien.

Die sinnvolle Größe des Cache-Bereichs ist z. B. von folgenden Faktoren abhängig:

- Art der Zugriffe (sehr sporadisch oder wiederholt auf einmal benutzte Dokumente)
- Anzahl der Zugriffe
- Anzahl der gleichzeitig zugreifenden Personen und Programme
- akzeptable Wartezeiten bei einem Zugriff
- Art und Größe der Dokumente

Da diese Faktoren für unterschiedliche Dokumentenklassen unterschiedlich ausfallen, gestatten es einige DM-Systeme, das Caching-Verhalten des Systems nach Dokumentenklassen zu steuern. Ein ausgehendes Dokument (mit einer entsprechenden Klassifizierung) kann – da die Zugriffswahrscheinlichkeit darauf recht gering ist – z. B. gar nicht gecacht werden, während ein neu eingescanntes Dokument längere Zeit im Cache verbleibt.

Bei Dokumenten, auf die nach der Erfassung kurzfristig und mit hoher Wahrscheinlichkeit zugegriffen wird – typisch ist dies bei dem Erfassungsszenario ›Frühes Archivieren‹ –, ist eine Cache-Kapazität von ›2 × *Neuzugang pro Woche*‹ eine brauchbare untere Grenze für den Schreib-Cache. Einige Firmen legen die Cache-Größe so aus, dass der Zugang eines ganzen Jahres darin Platz findet. Mit fallenden Magnetplattenpreisen erscheint es sinnvoll, große Cache-Bereiche anzulegen und damit kürzere Zugriffszeiten zu gewinnen. In mittleren und größeren Installationen sind Cache-Größen von etwa 100 bis 500 GB durchaus sinnvoll und mit dem Verfall der Plattenpreise auch wirtschaftlich.

Ein Cache garantiert nicht, dass ein Dokument im Cache liegt – es erhöht nur die Wahrscheinlichkeit. Sind neue Dokumente zu cachen und ist das Cache-Limit überschritten, so müssen Dokumente aus dem Cache verdrängt werden. Sind sie bereits auf langsameren Datenspeichern gespeichert (dupliziert), werden sie nur aus dem Cache gelöscht. Ansonsten müssen sie zuvor auf diese Speicher kopiert werden. Eine vielfache Forderung, die sich aus Sicherheitsgründen ergibt, ist ein *Write-Through-Cache*. Bei ihm wird ein eingehendes Dokument gepuffert gespeichert, zugleich aber auf eine optische Platte (oder ein Magnetband) geschrieben, so dass im Falle eines Plattenproblems sofort eine Sicherungskopie vorhanden ist.

Der Zeitpunkt der Sicherung und die Frage, ob Caches nicht erst im Fall eines Speichernotstandes, sondern bereits vorbeugend bei Überschreitung einer oberen Grenzmarke bereinigt werden, ist Teil der implementierten Cache-Strategie des Anbieters. Hier sind unterschiedliche Strategien mit divergierenden Leistungsdaten anzutreffen.

Cache-Server

In verteilten DM-Systemen, in denen zumindest ein Teil der Benutzer über langsamere WAN-Verbindungen auf ein Ablagesystem zugreifen,* macht es Sinn, spezielle Cache-Server einzusetzen. Hierbei handelt es sich um Systeme, welche Dokumente für einen schnelleren Zugriff auf Magnetplatte puffern *(cachen)*.

** Zum Thema ›Verteilte DM-Systeme‹ siehe Abschnitt 2.17.*

Im Prinzip handelt es sich hierbei um einen Ablage-Server ohne eigene optische Platten oder Band, der zur dauerhaften Ablage den Speicher eines zentralen Servers benutzt und die Dokumente beim Zugriff (sowohl für das Lesen als auch beim Schreiben auf lokalen Magnetplatten) puffert. Dieses Puffern muss für Anwender und Anwendung transparent erfolgen. Insbesondere muss für eine Datenkonsistenz gesorgt werden – d. h. wenn sich das Dokument in der zentralen Ablage ändert oder gelöscht wird, muss sich dies auch im gecachten Dokument niederschlagen. Werden Änderungen im gecachten Dokument vollzogen, so ist dies mit der zentrale Ablage zu synchronisieren. In verteilten Installationen mit mehreren Außenstellen wird man die Cache-Server in den Außenstellen installieren.

Solche Cache-Server können die Netzlast für den Zugriff auf Dokumente deutlich reduzieren und bei verteilten Systemen wesentlich beschleunigen, setzen jedoch eine ausgefeilte Cache-Strategie voraus. Sie haben eine Thematik, die den Proxy-Servern in Internet-Installationen ähnlich ist.

Leider unterstützen in der skizzierten Transparenz bisher nur sehr wenige Archivsysteme solche verteilten Cache-Server. Der Bedarf dafür steigt mit zunehmend größer werdenden verteilten DM-Installationen. Schnelle und bezahlbare VPNs dämpfen diesen Trend.

Ein weiterer Aspekt von Caches und Cache-Servern ist der Sicherheitsaspekt, liegen doch die Dokumente – oft mit vertraulichem Charakter – in den meisten Implementierungen unverschlüsselt auf dem Cache- (oder Proxy-)Server. Hier muss dann sichergestellt werden, dass dieser sowohl gegen unberechtigten physikalischen als auch elektronischen Zugang geschützt ist oder die Daten verschlüsselt im Cache liegen.

2.8.3 Logische Archive – Pools und Cluster

Häufig möchte man ein großes Ablagesystem in mehrere logisch getrennte Bereiche unterteilen. So sollen etwa Dokumente mit längerer Lebenszeit auf anderen Platten abgelegt werden als solche mit kürzerer Aufbewahrungsfrist; man möchte z. B. Geschäftsbelege getrennt von technischen Dokumenten ablegen oder die Daten unterschiedlicher Mandanten auf getrennten Datenträgern speichern. Bei ASP-Lösungen werden getrennte Pools für die verschiedenen Kunden benötigt.

ASP = ›Application Service Provider‹

Zu diesem Zweck bieten alle moderneren DM-Systeme die Möglichkeit, das Ablagesystem in mehrere *logische Archive* zu unterteilen. Diese werden oft auch als *Ablage-Pools* oder *Ablage-Cluster* bezeichnet. In der Administration werden solche Pools angelegt und danach werden ihnen konkrete Speichermedien bzw. Speicherbereiche zugeteilt. So lässt sich festlegen, welche optischen Datenträger einem Pool angehören. Die meisten Systeme gestatten, einen konkreten Datenträger mehreren Pools zugleich zuzuordnen.*

** Damit lassen sich die Daten unterschiedlicher Pools auf einem Datenträger ablegen.*

Über das Poolverfahren ist es auch möglich, unterschiedliche Datenträger in einem Ablagesystem parallel einzusetzen – etwa Magnetplatten für Dokumente mit kurzer Lebensdauer, wiederbeschreibbare optische Platten für Dokumente, für die keine Aufbewahrungspflicht besteht, und WORMs (oder CD-R/DVD-R) für Dokumente mit einer längeren Nachweispflicht.

Die Festlegung, welche Dokumente in welchen Pool abgelegt werden, erfolgt zumeist über *Dokumentenklassen*. Die Dokumentenklasse ist dabei ein Attribut, welches dem Dokument bei der Ablage bzw. beim Anlegen mitgegeben wird. Alternativ (bzw. zusätzlich) erlauben die Programmierschnittstellen (APIs) der meisten DM-Systeme, den gewünschten Pool bei der Ablage explizit vorzugeben.

Über Pools und (oder) über die Dokumentenklassen lässt sich zumeist auch das Caching von Dokumenten steuern.** So kann man z. B. festlegen, dass bestimmte Pools (z. B. solche auf Magnetplatten) nicht gecacht werden und bei einem anderen Pool – oder nur bei bestimmten Dokumentenklassen, die in dem Pool abgelegt werden, – ein Caching für eine vorgegebene Zeit erfolgen soll.

*** Die Caching-Strategie kann in der Regel zusätzlich über weitere Parameter beeinflusst werden – etwa das Alter der Dokumente.*

Zu beachten ist, dass mit der Anzahl angelegter Pools auch der Aufwand für deren Administration und Sicherung steigt! Die Migration auf andere Systeme und das Auslagern von kleineren, separierten Archiveinheiten gestaltet sich jedoch einfacher.

2.9 Vorgangssteuerung – Workflow-Komponenten

Sollen Dokumente und Arbeitsaufträge Personen zugeleitet werden, so setzt man dafür bei unkomplizierten Fällen tabellengesteuerte *Auftragslisten* oder ein *elektronisches Mail-System* ein. In komplexeren Fällen kommen Workflow-Systeme zum Einsatz. Bei ihnen lässt sich festlegen, wie der Dokumenten- und Arbeitsfluss für bestimmte (Geschäfts-) Vorgänge sein soll, welche Personen bzw. Funktionsträger bestimmte Arbeitsschritte ausführen dürfen und wie – gesteuert durch das Workflow-Programm – die nächsten Arbeitsschritte aussehen sollen. Solche Arbeitsschritte können dabei entweder programmgesteuerte Verarbeitungen sein oder manuell durchzuführende Arbeiten.

Auftragsliste – Postkorb

Dem Bearbeiter präsentiert sich ein Workflow-System in der Regel über eine *elektronische Arbeitsliste* oder einen *Postkorb*. Darin findet er die zu bearbeitenden Dokumente vor – in der Regel als Texteintrag in der Liste. Die Liste lässt sich nach unterschiedlichen Kriterien sortieren, etwa nach Eingangsdatum, Priorität, Dokumenten- oder Auftragsart.

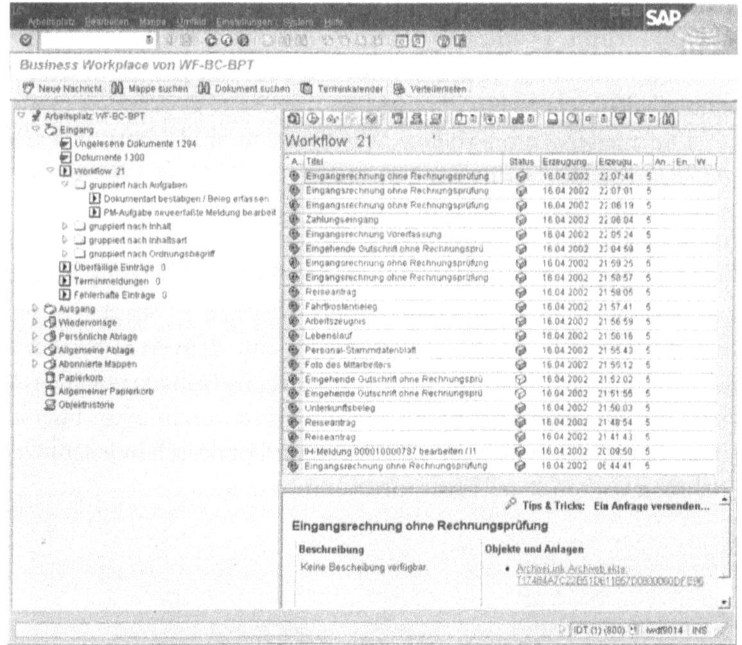

Abb. 2-13 Beispiel eines Posteingangskorbs mit Workflow-Aufträgen: hier am Beispiel des SAP-R/3-Postkorbs

Selektiert man darin einen Eintrag, so wird das dazugehörige Dokument angezeigt – es können auch mehrere unterschiedliche Dokumente sein. Nun lässt sich die für die Bearbeitung notwendige Anwendung aktivieren. Die Aktivierung der Bearbeitungsaktion kann auch direkt mit der Aktivierung des Postkorbeintrags erfolgen, sofern festgelegt ist, welche Aktion für den Eintrag zutrifft.

In der Regel bearbeitet man nacheinander Aufträge gleicher Art, so dass zumeist die entsprechende Anwendung bereits aktiviert und mit einer Bearbeitungsmaske auf dem Bildschirm steht.

Existieren zu dem Dokument bereits einige Attribute – automatisiert aus der Erfassung, aus einer Vorattributierung oder in anderen vorhergehenden Arbeitsschritten ermittelt – so sollten diese Attribute automatisch in die Bearbeitungsmaske übernommen werden können. Wurde das Dokument zuvor ausreichend klassifiziert, so sollte das WF-System bei der Auswahl des Dokuments zur Bearbeitung auch automatisch die notwendige Verarbeitungsanwendung aktivieren.

Abhängig vom Ergebnis der Bearbeitung – vom Exit-Status der Anwendung und von einzelnen Ergebnisparametern – kann das WF-System das Dokument* an den nächsten Sachbearbeiter weiterleiten oder einem automatischen Verarbeitungsschritt zuführen. Nach einem erfolgreichen Bearbeitungsschritt wird der bearbeitete Eintrag vom WF-System aus der Auftragsliste gelöscht.

** eventuell ergänzt um weitere Dokumente und Informationen*

Zugleich vermerkt das WF-System in seinem Vorgangsprotokoll, wer den Schritt ausgeführt hat, zu welchem Zeitpunkt und mit welchem Ergebnis. Damit lässt sich z. B. ermitteln, wo sich in der Verarbeitungskette ein Vorgang befindet. Dazu sind jedoch in der Regel spezielle Kontrollrechte notwendig.

Kapitel 3 geht ausführlicher auf Workflow-Systeme und deren Funktionen ein.

Die meisten moderneren WF-Systeme sind heute *datenbankbasiert*, d. h. das Script zur Steuerung des Ablaufs, die für die verschiedenen Verarbeitungsschritte zugelassenen Bearbeiter (bzw. Rollen) sowie die Aufbauorganisation des Personalpools sind in einer zentralen Datenbank gespeichert. Die Alternative dazu sind *eMail-basierte* (bzw. Message-basierte) Systeme, bei denen neben den Dokumenten auch das WF-Script mit dem Mail-System zwischen den Bearbeitern transportiert wird. Sie bringen vor allem Vorteile für Workflows über Unternehmensgrenzen hinweg. Hier kann dann das Internet als kostengünstiges und praktisch in jedem Unternehmen vorhandenes Transportmedium dienen.

2.9.1 Workflow-Server

Besitzt ein DMS ein Workflow-System, so setzt man heute dazu vielfach eigene Workflow-Server-Rechner ein. Zwar kann bei kleineren Installationen und größer ausgebauten Ablage-Server-Rechnern die Workflow-Komponente auch auf dem Ablage-Server ablaufen; bei einer größeren Anzahl von Workflow-Nutzern sind die Anforderungen an den WF-Server jedoch so hoch, dass dieser besser auf einem eigenen Rechner untergebracht wird.

Unterdimensionierte Workflow-Server können bei größerer Nutzerzahl schnell zu einem Engpass werden!

Dabei ist zu berücksichtigen, dass insbesondere bei datenbankorientierten WF-Lösungen die Anforderungen an die CPU- und E/A-Leistung des Systems sehr hoch sind. Die Aussagen der WF-Anbieter über den Leistungsbedarf ihrer Systeme sind bisher sehr zurückhaltend. Weiterreichende Erfahrungen über Systeme mit großer Nutzeranzahl und hohem WF-Nutzungsgrad fehlen noch vielfach. Vorliegende Ergebnisse weisen jedoch eindeutig auf einen sehr hohen Leistungsbedarf hin, so dass hier bei mehr als 100 aktiven Nutzern bereits Mehrprozessorsysteme eingesetzt werden sollten.

Wie bei den Ablage- und Index-Servern nutzen die meisten moderneren WF-Systeme in starkem Umfang Datenbanken, so dass die WF-Server bei größeren Benutzerzahlen entsprechend großzügig mit Haupt- und Plattenspeicher auszurüsten sind. Wie bei den anderen Servern mit Datenbanken muss für ein adäquates Sicherungsverfahren gesorgt werden.

Laufen die zentralen Anwendungen auf einem Host-/Mainframe-System, so liegt es nahe, auch ein Mainframe-basiertes Workflow-System einzusetzen. Das Angebot an WF-Software reduziert sich damit jedoch wesentlich – die meisten WF-Systeme werden heute für UNIX und für Windows entwickelt. Reine Mainframe-WF-Lösungen bieten dabei kaum Möglichkeiten zur Steuerung von Abläufen außerhalb des Hosts – etwa auf den PC-Clients. Hier gilt es in der Regel, Stellvertreterprozesse auf dem Host zu realisieren, welche mit den PC-Clients kommunizieren. Ein ähnliches Problem ergibt sich bei der umgekehrten Situation, in der ein UNIX- oder Windows-basiertes WF-System Prozesse auf dem Host steuern muss – die Anbieter der jeweiligen Systeme scheinen die *andere Welt* nicht zu kennen und bieten kaum Bausteine für deren Integration.

Kapitel 3 geht detaillierter auf das Thema der Workflow-Systeme ein.

2.10 Spezielle Server

In größeren Installationen oder zu speziellen Zwecken wird man häufig neben den bereits aufgeführten Server-Systemen weitere spezielle DMS-Server finden. Hierzu zählen:

- Druckserver
- COLD-Server
- OCR-Server
- Fax-Server

Dazu können weitere Server kommen:

- Server für das Volltext-Recherchesystem
- Web-Server – eine zunehmend wichtige Komponente eines umfassenden DM-Systems
- Server für spezielle Konvertierungen – etwa von PC-Office-Dokumenten in applikationsneutrale Formate für die Langzeitspeicherung
- Directory-Server
- Server für die sichere Benutzer-Authentifikation
- File-Server, auf denen sowohl die Dokumentenablage als auch der Caching-Bereich liegen kann
- Sicherungs-Server – heute überwiegend mit Bandrobotern

Ob mehrere dieser Server-Module gemeinsam auf einem einzelnen Rechner ablaufen, oder ob die Server-Software- und Hardware-Komponenten jeweils eigene Server-Rechner erhalten, ist eher eine Frage des eingesetzten Betriebssystems, der Hardwarevoraussetzungen oder der Auslastung als eine konzeptionelle Frage. Einerseits erfordern getrennte Server-Rechner größere Investitionen, höhere Betriebskosten und einen intensiven administrativen Aufwand. Auf der anderen Seite lassen sich durch eine Auftrennung die Systeme optimaler gestalten, eine höhere Ausfallsicherheit erreichen und Fehler besser eingrenzen.

Kommunizieren Server ausschließlich mit anderen dedizierten Servern, so ist es vorteilhafter, diese aus Performance- und Sicherheitsaspekten in ein eigenes, abgetrenntes Netzsegment zu legen.

Die Verteilung der zahlreichen unterschiedlichen Clients, Viewer und Bibliotheken in großen *verteilten Systemen* erfordert eine eigene Konzeption – in der Regel unter Einsatz von Distributions-Servern.

Es kann bei großen Installationen also ein komplexes Geflecht von Servern entstehen. Für ihren Betrieb sind ausreichend personelle Ressourcen einzuplanen und auszubilden.

2.10.1 Druck-Server (Print-Server)

Die effiziente, d.h. schnelle Ausgabe umfangreicherer Dokumente, insbesondere wenn es sich um NCI- bzw. Image-Dokumente handelt, stellt besondere Anforderungen an das Drucksystem. Ist ein üblicher Büro-Laserdrucker in der Lage, einfache Textdokumente mit etwa 10 bis 30 Seiten pro Minute auszugeben,* so reduziert sich seine Druckleistung bei A4-Image-Seiten auf 1–2 Seiten pro Minute und noch weniger, wenn es sich um Halbton- oder gar Farbbilder handelt. Der Grund liegt im größeren Datenumfang der Images und dem Umstand, dass die Daten zusätzlich noch dekomprimiert und teilweise skaliert werden müssen.

** Ihre Nominalleistung erreichen die Drucker nur im Kopiermodus.*

Die Leistungsfähigkeit insbesondere moderner Netzdrucker steigt zwar schnell, trotzdem ist in größeren DMS-Installationen oder dort, wo Image-Dokumente oft und rasch ausgedruckt werden sollen, der Einsatz spezieller Print-Server sinnvoll.

Diese bestehen in der Regel aus einem PC-System mit lokaler Plattenkapazität zur Aufnahme der Spool-Aufträge und einem schnellen Laserdrucker – sinnvollerweise mit erweitertem Papierfach. Ihre höheren Druckleistungen erzielen diese Systeme durch spezielle Interface-Karten, mit denen die Drucker angebunden sind. Die Dekomprimierung der Druckdaten, das Skalieren und eventuell notwendige Rotieren der Image-Seite sowie der Rasterbildaufbau erfolgt dort auf diesen Karten (mit speziellen Prozessoren) oder aber über die lokale CPU im Hauptspeicher des Systems. Das Rasterbild wird über eine Videoschnittstelle – und damit sehr viel schneller als über eine Parallel- oder Netzschnittstelle – auf die Trommel des Druckers übertragen. So lassen sich echte 6–12 Image-Seiten pro Minute erzielen.

Mit dem Leistungszuwachs der Drucker und der Verfügbarkeit von preiswerten Netzdruckern reduziert sich deutlich die Notwendigkeit spezieller DMS-Print-Server. Die statt dessen eingesetzten Netzdrucker sollten dabei mit ausreichend Speicher und schnellen Netzanbindungen (z.B. 100 MBit) ausgerüstet sein. Der Speicherbedarf des Druckers ist abhängig von der Auflösung. Bei 600 dpi S/W sollte er minimal 8 MB und 64 MB bei Halbton und Farbe betragen. Mehr Speicher erhöht die Druckgeschwindigkeit.

Das DM-System sollte dafür sorgen, dass Images komprimiert zum Drucker übertragen werden. Der Drucker benötigt dann einen eigenen Prozessor und ausreichend lokalen Speicher, um lokal zu dekomprimieren. Die Übertragung von Halbton- oder Farb-Images ohne eine Komprimierung kann ein Netz schnell lahmlegen.

2.10.2 COLD-Server

Das COLD-Prinzip wird im Abschnitt 2.11 ausführlicher diskutiert.

Die Aufgaben des COLD-Servers sind

- die vom Applikationsrechner kommenden COLD-Datenströme entgegenzunehmen – eventuell auch deren Transport zu initiieren,
- den Datenstrom in einzelne Dokumente zu zerlegen,
- die zur Ablage bzw. zur Recherche notwendigen Indexwerte zu extrahieren,
- die einzelnen Dokumente in eine für die Ablage geeignete Form zu bringen,
- die Dokumente an das DMS bzw. das Ablagesystem zu übergeben und
- COLD-Programme und Masken zu verwalten.

Ist das COLD-Volumen nicht sehr hoch und können COLD-Läufe in einer Niederlastzeit (nachts) erfolgen, so lässt sich bei kleineren Installationen der COLD-Software-Server auf dem Rechner des Ablage-Servers betreiben. Ist die COLD-Verarbeitung sehr aufwändig, so wird man dafür ein eigenes PC-System (typisch unter Windows 2000 oder XP) mit ausreichender Speicherkapazität einsetzen, so dass möglichst das gesamte COLD-Eingangsvolumen eines Laufs sowie ein gewisser Pufferspeicher für die abzulegenden Dokumente Platz finden.

Ist das COLD-Volumen klein und eine Umwandlung der COLD-Daten in NCI (typischerweise TIFF) akzeptabel, so sollte die Rasterisierung (CI-nach-Image-Umwandlung) auch auf dem COLD-System ablaufen. Dies kann z. B. für die Langzeitarchivierung von ausgehenden Schreiben sinnvoll sein, die über einen Massenlauf (Batch) erstellt werden. Hier ist auch eine Konvertierung in das PDF-Format denkbar.

Die COLD-Verarbeitung ist eine typische Batch-Verarbeitung. Das verwendete Betriebssystem sollte dies unterstützen. Für eine Verarbeitung nachts spricht, dass das Einbringen größerer Dokumentenmengen in ein Ablagesystem sowohl dessen Leistung für weitere Dokumentenabrufe als auch dessen Datenbankleistung inakzeptabel reduzieren kann.

Entsprechend sind größere COLD-Läufe im Betriebskonzept eines DM-Systems zusammen mit den Datenbanksicherungen und anderen Nachtläufen einzuplanen und abzustimmen.

2.10.3 OCR-Server

OCR ist die Umwandlung von Texten von Image-Vorlagen in CI-Texte. Wurden in der Vergangenheit für größere OCR-Umwandlungen spezielle Hardwarekomponenten eingesetzt, so ist dies heute kaum noch sinnvoll. Die CPU-Leistung konventioneller PCs und UNIX-Systeme wächst so schnell, dass die in nur geringen Stückzahlen hergestellten Speziallösungen kaum mithalten können. Aus diesem Grund setzt man heute überwiegend reine Softwarelösungen für die OCR-Wandlung ein – überwiegend basierend auf 32-Bit-Microsoft-Windows-Systemen.

Zum Thema OCR siehe auch Kapitel 7.7.1.

Sollen bei den erfassten Belegen nur einzelne, kleinere Bereiche umgewandelt werden – etwa die Lieferscheinnummer oder spezielle bereits bei den ausgehenden Briefen aufgebrachte Formular- und Identifikationsnummern an fest vorgegebenen Positionen, so kann diese Aufgabe analog zu einer Barcode-Erkennung direkt auf der Erfassungsstation erfolgen. Bei größeren Stückzahlen und für komplexere Erkennungsvorgänge setzt man heute separate Rechner ein, auf welche die zu verarbeitenden Images geschickt werden. Da eine vollständige, fehlerfreie Erkennung heute kaum erzielbar ist, entstehen bei der Erkennung Fehlerprotokolle, welche auszuwerten sind. Bei kritischen Dokumenten ist oft auch eine manuelle Korrektur notwendig.*

In diesem Fall sind eigene Korrekturarbeitsplätze vorzusehen. Technisch entsprechen sie weitgehend denen der Qualitätskontrolle nach dem Scannen oder den Attributierarbeitsplätzen.*

** Sie benötigen jedoch Softwarekomponenten für das interaktive Korrigieren.*

2.10.4 Fax-Server und eMail-Server

Fax-Eingang

Das Einscannen von Dokumenten ist ein personalintensiver und damit teurer Vorgang. Dort, wo Dokumente bereits in elektronischer Form vorliegen, greift man diese deshalb mit Fax- oder eMail-Servern direkt ab. Der Fax-Server wandelt den eingehenden Fax-Datenstrom in ein Raster-Image um und legt es zunächst in seinem Plattenpuffer ab. Mit einer einfachen Formatwandlung – soweit überhaupt erforderlich – liegt das Dokument dann in geeigneter Form vor.

Am Markt werden eine ganze Reihe von Fax-Eingangssystemen in unterschiedlichen Leistungsbereichen angeboten. In der einfachen Form handelt es sich um einen PC mit einer einfachen Fax-Karte. In den leistungsfähigeren Versionen unterstützt der Server mehrere Eingangsleitungen. Über spezielle Nummernerweiterungen lassen sich die eingehenden Faxe sogar automatisch bestimmten Fachbereichen oder Sachbearbeitern zuordnen. Trotzdem wird ein erheblicher Rest von allgemeinen Fax-Nachrichten verbleiben, deren Zuordnung und Klassifizierung manuell erfolgen muss. Leitet man diese Fax-Dokumente einem Bearbeiter im Posteingang elektronisch zu, so kann dieser die Dokumente wie eingescannte Dokumente behandeln, d.h. klassifizieren, attributieren und in den weiteren Verarbeitungsablauf einschleusen.

Fax-Ausgang

Analog zur Ausgabe über Druck lässt sich in fast allen DM-Systemen – zumeist optional und mit zusätzlichen Lizenzkosten verbunden – ein angezeigtes Dokument für einen Fax-Versand aufbereiten und zusammen mit einer Zieladresse zu einem Fax-Server schicken. Diese Komponenten bieten zumeist auch in einfacher Form das Anlegen eines Telefonbuchs, aus dem heraus beim Versenden der Adressat ausgewählt werden kann – neben einer manuellen Eingabe. Möchte man hier eigene Fax-Adressen integrieren,* so ist dies zumeist nur über eine Projektkomponente möglich. Alternativ könnte die Fax-Adresse über Kopieren- und Einfügen-Operationen mit der Maus übernommen werden.

** etwa aus den eigenen Kunden- oder Lieferantenstammdaten heraus*

Bei der Planung von Fax-Systemen ist zu berücksichtigen, dass Fax-Nachrichten zunehmend durch eMails abgelöst werden, wobei diese den Vorteil haben, dass die Daten bereits im CI-Format empfangen werden. Außerdem lassen sich einige Attribute (z.B. Absender, Betreff usw.) automatisiert und ein weiterer Teil eventuell per automatischer Klassifizierung ermitteln.

eMail-Server

Mit der zunehmenden Vernetzung der Unternehmen und der wachsender Anzahl von Internet-Anschlüssen steigt das Nachrichtenaufkommen über eMail rasch.

In DM-Systemen wird es deshalb zunehmend interessant, auch eMail-Zugänge sowohl für eingehende als auch für ausgehende Nachrichten bzw. Dokumente zu schaffen. Der Versand von Dokumenten über eMail ist schneller, effizienter und preiswerter als ein Verschicken über Post oder per Fax. Eingehende Nachrichten liegen dabei wie beim Fax sogleich in elektronischer Form vor – jedoch in einem für die Speicherung und Weiterverarbeitung besser geeigneten CI-Format. Adressat, Art des Dokuments und weitere Angaben lassen sich häufig direkt und automatisiert aus der Adresse, dem Bezugsteil oder dem Inhalt ermitteln.

Konzeptionsarbeit ist hier hinsichtlich der Formatwandlung für ein- und ausgehende eMail-Dokumente erforderlich, da die angebotenen eMail-Systeme unterschiedliche Möglichkeiten bieten. Als eMail-Standard hat sich inzwischen das MIME-basierte Internet-eMail-Format durchgesetzt. Bei ihm können z. B. einer Nachricht weitere Dokumente in unterschiedlichem Format als Dateianhänge (*Attachments*) mitgegeben werden. Auf diese Weise lassen sich z. B. elektronische Formulare versenden und empfangen – unter Angabe des jeweiligen Bearbeitungsprogramms. Dies kann ein beträchtliches Rationalisierungspotential darstellen, selbst dann, wenn nur ein gewisser Prozentsatz von Kunden oder Geschäftspartnern diesen Kommunikationsweg nutzt.

Für den eMail-Text scheinen sich HTML und RTF als Format durchzusetzen, zur Chiffrierung SMIME.

Darüber hinaus ist zu prüfen, ob nicht auch die eMail-Nachrichten zu archivieren sind. Amerikanische Gesetze sehen dies für Behörden in den USA obligatorisch vor.*

** z. B. die Erfüllung der Anforderungen aus dem DoD 5015.2-STD (Electronic Records Management)*

2.10.5 Authentifikations-Server

In den meisten DM-Systemen sind die Benutzer bisher noch mit ihren Namen, Passwörtern und Rechten separat einzurichten und zu administrieren. Sie müssen sich in der Regel auch nach dem Arbeitsplatz-Login nochmals explizit beim DMS anmelden. Beides ist bei größeren Benutzerzahlen aufwändig und verursacht Kosten. Man wird deshalb zukünftig spezielle Authentisierungssysteme einsetzen. Diese werden auch als *Single-Sign-On-Systeme* bezeichnet. In ihnen wird an einer zentralen Stelle die Registrierung und Administration der Benutzer und ihrer Rechte in den unterschiedlichen Anwendungen und Dokumentenklassen erfolgen. Zugangs- und Rechteprüfungen werden von diesen Systemen als Server-Funktion angeboten.** Erst durch die Realisierung als Server kann ein solcher Dienst system- und applikationsübergreifend eingesetzt werden. Es ist abzusehen, dass die DM-Systeme in der Lage sein werden, ihre Zugangs- und Rechteprüfungen darauf aufzusetzen. Voraussichtlich werden Schnittstellen zu Windows-2000- und -XP-Implementierungen bzw. zu MS Active-Directory als erstes in DM-Systemen integriert. Diese Systeme können – wie die meisten UNIX-Systeme – zur Authentifikation das Kerberos-System verwenden und sich dabei auf LDAP- oder X.500-Server als Datenbasis für ihre Dienste abstützen. Mittelfristig dürften auch die SmartCard oder andere Hardware-Token zur Identifizierung und Authentifizierung dienen. Dies setzt jedoch eine PKI-Infrastruktur voraus. Für globale Authentifizierungen über Firmengrenzen hinweg zeigen die Ansätze von Microsoft-Passport und die der Liberty-Alliance den Weg auf.

LDAP- und X.500-Server werden in Zukunft eine wichtige Rolle als zentrale Informationsbasis spielen.

*** Auf Mainframes sind solche Systeme schon länger etabliert – etwa in Form von RACF.*

2.11 COLD – Computer Output to Laser Disc

COLD steht für *Computer Output to Laser Disc*, d. h. die Ausgabe im Rechner erstellter Dokumente auf ein optisches Speichermedium. In den meisten Fällen handelt es sich dabei um Informationen, die ausgedruckt und zusätzlich archiviert werden sollen, z. B. um den gesetzlichen Aufbewahrungsfristen zu genügen. Dies sind in der Regel automatisiert erstellte Briefe, Rechnungen, Bescheide oder typische Drucklisten aus der Finanz-, Anlagen oder Personalbuchhaltung. Diese Daten fallen heute noch überwiegend auf den Mainframe- oder anderen ERP-Systemen an und zwar in großen Mengen und zumeist gebündelt in einem Druck-Job oder Report-Lauf. Ein COLD-System muss dann folgende Funktionen zur Verfügung stellen:

- Transfer der Daten vom Applikations-Server (z. B. einem Host-System) auf das COLD-System (z. B. das Archivsystem oder einen speziellen COLD-Server)
- Zerlegen des Datenstroms in die einzelnen logischen Einheiten (z. B. des Print-Jobs in einzelne Briefe)
- automatisches Extrahieren der Indexinformation aus den Dokumenten
- Ablegen der Indizes in der Recherche-DB und der Daten im Archiv mit entsprechender Verknüpfung

Der Aufbau der Dokumente ist vom Dokumententyp abhängig. Das COLD-System sollte entsprechend flexible und mächtige Möglichkeiten bieten, mit denen die Indexwerte (automatisiert) extrahiert werden können.

Hat man die Möglichkeit, in die Anwendungen einzugreifen, welche die COLD-Daten erzeugen, so bietet es sich an, die Indexwerte in Kommentarfelder (solche, welche im Standarddruck nicht erscheinen) des Datenstroms zu legen und eindeutig zu markieren. Noch günstiger ist es, wenn die Indexwerte bereits bei der Erstellung durch die erzeugende Anwendung in das DMS bzw. dessen Datenbank eingestellt werden und der Druck-Datenstrom in den logischen Einzeldokumenten lediglich eine Dokumentennummer erhält, über die nach dem COLD-Lauf eine Verknüpfung zum zu archivierenden Dokument hergestellt wird.

Hat man komplexe Formatierungen, so bietet es sich an, die COLD-Daten in der erzeugenden Anwendung nicht als einfachen Text oder mit der einfachen Line-Printer-Formatierung zu erzeugen, sondern als PDF (eventuell über den Umweg PostScript). Hier können die Metadaten eingebettet und später mit entsprechenden Filtern wieder extrahiert werden. Auf den IBM-Mainframes ist AFP noch weit verbreitet. Auch hier sollte der Versuch gemacht werden, auf PDF umzusteigen, da dieses kompakter und vielseitiger sowie auf den Clients durch den Acrobat-Reader besser unterstützt wird als AFP.

Zu den Formaten AFP und PDF siehe Kapitel 7.5.4 und

Inhalt oder Bild archivieren?

In vielen Fällen genügt es bei COLD-Verfahren, nur den Inhalt eines Dokuments zu speichern – z.B. bei einem Brief den Text ohne Briefformular und Unterschrift oder bei einer ausgehenden Rechnung nur den textuellen Inhalt ohne das eingesetzte Rechnungsformular. Dies spart oft erheblichen Speicherplatz.

In einigen Fällen möchte oder muss man eine bildliche Gleichheit zwischen dem gedrucktem Dokument und dem archivierten Dokument wiederherstellen können. In diesen Fällen sind auch alle anderen Komponenten des Dokuments zu speichern und müssen dazu häufig getrennt erfasst werden. Bei einem Angebot ist z.B. der Angebotsbriefbogen, die Unterschrift und eventuelle Briefrückseiten mit Vertragsbedingungen zu archivieren.

Kapitel 8.1 erläutert, bei welchen Dokumenten aus rechtlichen Gründen Inhalt oder Abbild zu speichern sind.

Diese Teile bleiben fast immer lange Zeit unverändert und sind zudem speicherplatzintensiv (z.B. wenn sie eingescannt sind). Man kann sie deshalb separat abspeichern und im Dokument darauf so verweisen, dass bei einer Anzeige oder erneuten Ausgabe Formular und Inhalt wieder korrekt so zusammengesetzt werden können, dass die bildliche Gleichheit wiederhergestellt wird. Das Formular speichert man natürlich nicht pro Dokument, sondern nur einmal

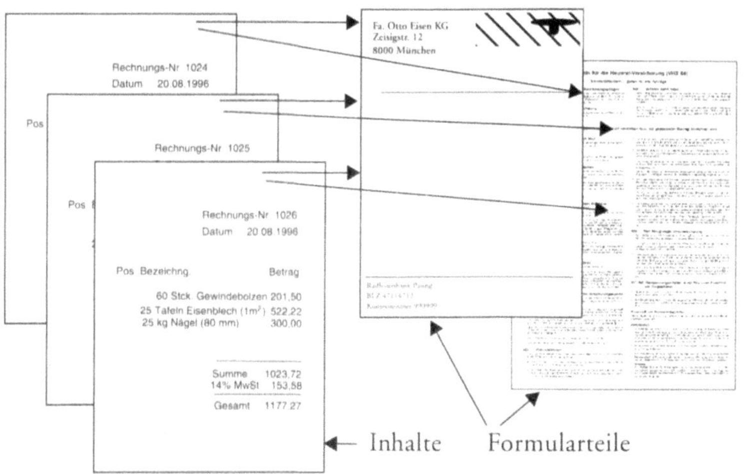

Abb. 2-14 Getrennte Speicherung von Formular und Inhalt bei COLD: Zur Ausgabe können beide Teile durch eine Überlagerung wieder gemischt werden.

ab. Hierzu ist dann aber eine Verwaltung dieser Formulare notwendig, die sicherstellt, dass bei Änderungen der Information auch die geänderten Ressourcen gespeichert werden und in den danach erstellten Dokumenten auf die geänderten Dokumente verwiesen wird. Bei einem Zusammensetzen von Formular und Inhalt zur Reproduktion des ursprünglichen Bildes ist auch wichtig, dass die gleiche Schrift wie im Ausdruck zur Verfügung steht. Unter Umständen ist deshalb auch die Schrift als Ressource zu speichern.

Auch bei PDF- und AFP-Dokumenten ist die getrennte Speicherung des Hintergrunds bzw. Formulars möglich; diese Möglichkeit wird bisher bei PDF jedoch wenig eingesetzt.

Zur GDPdU siehe Kapitel 8.1.4 und 8.1.6.

Bei bestimmten (steuerrelevanten) COLD-Daten aus Buchhaltungssystemen sind in Deutschland seit Anfang 2002 die Anforderungen aus der GDPdU zu beachten.

Komprimieren und Bündeln

Die COLD-Daten, als CI-Daten abgelegt, lassen sich weiter komprimieren, was der häufig großen Anzahl wegen sinnvoll sein kann. Da das einzelne Dokument aber recht klein ist (bei Briefen ca. 2 bis 4 KB) und die Speicherung jedes einzelnen Dokuments in einer separaten Datei ineffizient wäre, fasst man mehrere kleine Dokumente (100 bis 1 000) zu einem Sammeldokument zusammen und verweist in der Recherche-DB per zusätzlichem Index oder Offset auf das Einzeldokument.

Die Anzeige von COLD-Daten

Wird für die Reproduktion eine bildliche Wiedergabetreue gefordert, so ist die Anzeige aus Performance-Gründen oft in zwei Modi möglich:

- **Inhaltsmodus**
  Dort wir nur der Inhalt, nicht jedoch das Formular angezeigt. Eine solche Anzeige kann teilweise auch auf alphanumerischen Terminals erfolgen.

- **WYSIWIG-Modus**
  Hier werden Formular und weitere Ressourcen zusammen mit dem Inhalt angezeigt. Dies setzt jedoch hochauflösende grafische Bildschirme voraus.
  Ideal ist, wenn bei der Anzeige das Formular in einer anderen Farbe unterlegt werden kann, da somit der Inhalt (in Schwarz) deutlich hervortritt.

2.12 Baukastenkonzept bei DM-Systemen

Sieht man einmal von kleinen PC-basierten DM-Lösungen ab, so sind DM-Systeme heute vielfach noch keine *Turn-Key-Systeme*, sondern müssen für den jeweiligen Einsatz konfiguriert und parametrisiert werden.

Die Anpassung der einzelnen Komponenten beansprucht einen Teil des Gesamtprojektes großer DM-Lösungen. Hierzu gehört die spezifische Konfiguration des DM-Systems und die Entwicklung neuer Anschlüsse – beispielsweise zur Unterstützung neuer Formate –, der Anschluss an vorhandene Anwendungen oder die Aufnahme von COLD-Daten. Ähnliches gilt, wenn ein bereits vorhandener Datenbestand integriert werden muss, bei dem zusätzliche Formatkonvertierungen notwendig sind, oder wenn für die DMS-Lösung eine bereits vorhandene Datenbank mit ihrem Datenbestand verwendet werden soll.

Die Entwicklung von DM-Systemen bewegt sich aus Kosten- und Wartungsgründen zwar weg von Individuallösungen; der oben beschriebene Zustand gilt jedoch immer noch und kann sich Anbieter- und Einsatzfall-spezifisch unterscheiden.

Um eine möglichst große Flexibilität bei der Anpassung an die vorhandene IT-Struktur bzw. die vorgesehenen Arbeitsabläufe zu erreichen, sind moderne DMS modular aus einzelnen miteinander kooperierenden Komponenten aufgebaut. Hier lassen sich mit akzeptablem Aufwand auch fremde Komponenten integrieren. Dieses Design wird durch das Konzept verteilter Systeme und die Client-Server-Architektur unterstützt. Hier sind mittelfristig mehr offene XML-basierte Schnittstellen zu erwarten.

Ein konkretes DMS besteht deshalb aus einer ganzen Reihe von Bausteinen, wobei nicht alle Komponenten der DMS-Architektur eines Anbieters auch in jeder Installation vorhanden sein müssen. Andererseits kann das DMS selbst wieder Baustein eines IT-Gesamtsystems sein. Betrachtet man beispielsweise ein großes Bürosystem, so kann ein optisches Ablagesystem Teil der Ablagekomponente des Bürosystems sein. Sonst typische DMS-Komponenten wie Scannerarbeitsplätze werden darin jedoch nicht benötigt, wenn auf die Erfassung von Papiervorlagen verzichtet wird. Andererseits können Einzelkomponenten eines DMS in IT-Systemen eingesetzt werden, die eigentlich keine DMS-Komponente besitzen. Ein Beispiel hierfür wäre ein Scanner-Arbeitsplatz in einem System für technische Dokumentation, bei dem jedoch des geringen Datenvolumens wegen kein spezielles Ablagesystem notwendig ist. Das Bausteinkonzept entspricht moderner Softwarearchitektur.

Abbildung 2-15 zeigt die Bausteine einer DM-Lösung für eine Büroautomatisierung. Hier ist die Vorgangsbearbeitung die für den Benutzer zentrale Komponente, von der aus er die weiteren Funktionen aktiviert – sie ist das *führende System.** Das Archiv ist hierfür lediglich eine *erweiterte Ablage* und das DMS die *Recherche-Funktion* in der Ablage.

** Die Frage des ›führenden Systems‹ wird im Abschnitt 2.13.6 diskutiert.*

Abb. 2-15 DM-Lösung in einer Büroumgebung

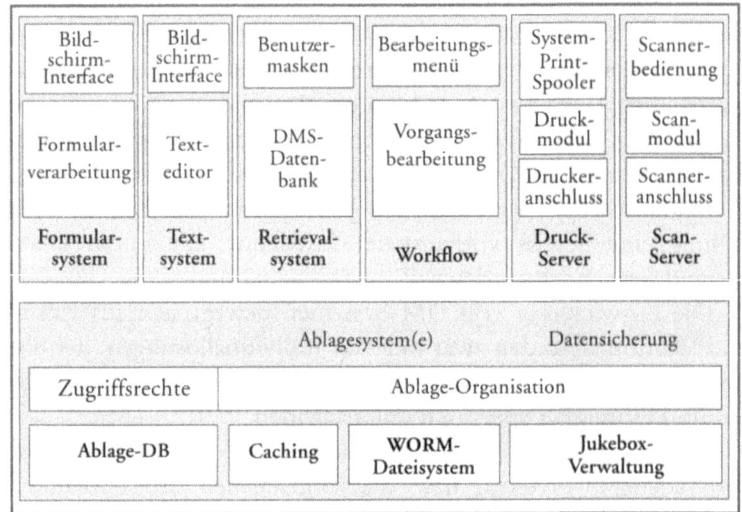

Abbildung 2-16 zeigt die typische Bausteinstruktur einer DM-Lösung zur Verwaltung von technischen Zeichnungen. Über das Retrievalsystem und einen Plotter-Raster-Konverter kann hier beispielsweise eine Schnittstelle zu einem CAD-System vorhanden sein. Dies erlaubt, eingescannte und per CAD erstellte Zeichnungen gemeinsam unter einer Oberfläche und in einer Datenbank zu verwalten. Das Benutzer-Interface zur Datenbank ist das Retrievalsystem. Solche integrierten EDMS-Lösungen sind inzwischen oft optionaler Bestandteil von CAD-Systemen. Auch SAP R/3 bietet eine solche Integration – mit dem Fokus auf CAM.

Da DM-Lösungen häufig Teil eines IT-Gesamtsystems sind und oft Komponenten auf das Ablagesystem zugreifen sollen, die nicht Teil des eigentlichen DMS sind, müssen die Schnittstellen zum Ablagesystem und zur DM-Datenbank genau definiert und dokumentiert sein und sollten stabil bleiben. Soweit als möglich sollte dabei auf standardisierte Schnittstellen zurückgegriffen werden.

Wenn Sie die Beschaffung eines DM-Systems planen, sollten Sie darauf achten, dass Ihnen die vollständigen Schnittstellenbeschreibungen zur Verfügung gestellt werden! Abschnitt 2.13 befasst sich

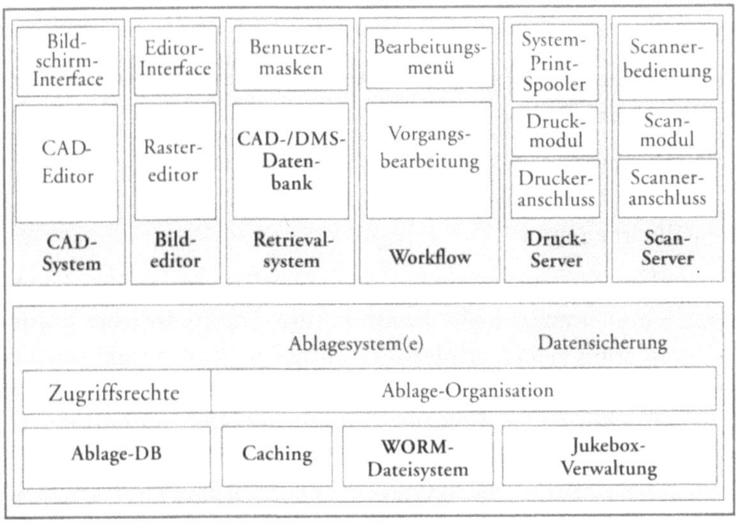

Bild-schirm-Interface | Editor-Interface | Benutzer-masken | Bearbeitungs-menü | System-Print-Spooler | Scanner-bedienung
CAD-Editor | Raster-editor | CAD-/DMS-Daten-bank | Vorgangs-bearbeitung | Druck-modul, Drucker-anschluss | Scan-modul, Scanner-anschluss
CAD-System | **Bild-editor** | **Retrieval-system** | **Workflow** | **Druck-Server** | **Scan-Server**

Ablagesystem(e) — Datensicherung
Zugriffsrechte | Ablage-Organisation
Ablage-DB | Caching | WORM-Dateisystem | Jukebox-Verwaltung

Abb. 2-16 Integrierte CAD-DM-Lösung

mit einer programmtechnischen Integration von Anwendungen und DM- oder Imagesystemen.

Mit der – wenn auch langsam voranschreitenden – Standardisierung von DMS-Komponenten und -Schnittstellen wird es in absehbarer Zeit möglich sein, auch Komponenten unterschiedlicher Anbieter zu einer Gesamtlösung zu integrieren. Bereits heute ist es vertretbar, Image-Komponenten mit Workflow-Komponenten unterschiedlicher Anbieter zu verbinden. Einige DMS-Anbieter verzichten deshalb z.B. bewusst auf eigene Workflow-Lösungen und setzen statt dessen auf frei am Markt verfügbare WF-Systeme. Bei Modulen wie OCR- und Formularerkennung oder bei *elektronischen Formularen* ist dies bei fast allen Anbietern der Fall. Image-Viewer werden zu Standardkomponenten der Betriebssysteme – der mit den Microsoft-Systemen mitgelieferte Image-Viewer (lizenziert von der Firma Kodak) ist ein gutes Beispiel dafür.

Bei Datenbanken unterstützen viele DMS-Anbieter die üblichen plattformunabhängigen DB-Systeme wie Oracle oder DB2; unter den Windows-Plattformen wird der SQL-Server von Microsoft von praktisch allen Anbietern unterstützt. Eine Standarddatenbank hat gegenüber den vereinzelt noch anzutreffenden proprietären Datenbanklösungen in aller Regel den Vorteil, dass sie ausgereifter sind und und durch die starke Verbreitung schneller und umfangreicher weiterentwickelt werden als die proprietären Systeme.

2.13 Anwendungsintegration

Bei der Integration eines DM-Systems in andere Anwendungen ergeben sich drei Stufen:

- keine Integration – Stand-alone-Lösungen
- lose bis enge Kopplung
- volle Integration

Wenn nachfolgend von Host-Systemen gesprochen wird, so kann dies ebenso für andere Applikationssysteme gelten (z. B. UNIX oder NT).

Eine höhere Integration ergibt eine höhere Transparenz für den Anwender und zumeist mehr Komfort und Arbeitseffizienz. Je enger die Integration jedoch erfolgen soll, umso mehr Aufwand ist zu betreiben – zumindest für bereits existierende Anwendungen. Bei neu zu erstellenden Anwendungen sollte eine hohe Integration selbstverständlich Teil der Konzeption sein.

2.13.1 Stand-alone-Lösungen

Die einfachste Art von DM-Lösungen sind die Stand-alone-Systeme. Hier besitzt das DMS keine Verbindung zu anderen Anwendungen, sondern wird separat genutzt und stellt oft für einen Teilbereich der Aufgaben die Anwendung selbst dar. Solche Lösungen waren in den Anfängen der optischen Archive Standard. Verknüpfungen zu anderen Anwendungskomponenten existieren zumeist nur über eine COLD-Schnittstelle. Die einmal erfassten Daten werden im Archiv vollständig selbstständig verwaltet und recherchiert. Üblicherweise werden solche Lösungen heute zur Verwaltung von eingescannten Zeichnungen, für Pressearchive und teilweise für Belegarchive verwendet, wenn die erzeugende Applikation eine reine Batch-Anwendung, sehr alt oder in sich abgeschlossen ist, so dass eine weiterreichende Integration nicht in Frage kommt.

Stand-alone-Archive lassen sich heute fast vollständig aus Turn-Key-Komponenten und einfachen Parametrisierungen erstellen.

Bestehen keine speziellen Erfassungsprobleme, so lassen sich solche Lösungen mit fast allen Anbietern von DM-Lösungen unproblematisch, kurzfristig und weitgehend in einer Turn-Key-Lösung realisieren. Hier sind lediglich die Erfassungsmasken für die Attributierung sowie die Recherche-Masken zu definieren. Viele Archivsysteme bieten dies über einfache Gestaltungswerkzeuge und Parametrisierungen an. Eventuell ist zusätzlich die COLD-Zerlegung zu realisieren.

Der Vorteil dieser Lösungen besteht in kurzen Projektzeiten, niedrigeren Kosten, einem geringen Realisierungsrisiko sowie in der reduzierten Komplexität. Sie eignen sich oft für den Einstieg in DM-Systeme in einem Pilotfeld. In Fällen, in denen Dokumente primär erfasst oder erzeugt werden, und dann nur nach ihnen recherchiert wird, sind dies sogar vollwertige bzw. sinnvolle endgültige Lösungen.

Als Nachteil ist anzuführen, dass der Anwender eine weitere Applikation erlernen muss. Daten- und Dokumentenänderungen der Anwendungen schlagen sich außerdem nicht automatisch im DMS nieder.

2.13.2 Lose gekoppelte Systeme

Hierbei stehen die Anwenderapplikation und das DMS weitgehend separat nebeneinander. Die Kommunikation zwischen den beiden Systemen erfolgt auf drei alternative Arten:

- manuelle Übertragung von Suchmerkmalen oder Dokumenten-Identifikationen (so genannte *Doc-IDs*)
- Kopplungen über eine Terminalemulation, bei der z.B. über DDE (moderner über DCOM bzw. ActiveX) bestimmte Parameter aus dem Terminalfenster ausgelesen und an das DMS übergeben werden
- spezielle Kommunikationsprozesse bzw. Kommunikationskanäle

Manuelle Kopplung

Der Benutzer überträgt hier entweder manuell durch Abtippen oder per ›*Copy* & *Paste*‹ Daten aus der Anwendung in die DM-Recherchemaske – zumeist genau ein Suchmerkmal oder die Dokumenten-ID, welche zuvor über ein Batch- oder ein spezielles Erfassungsverfahren in den Datenbereich der Anwendung übertragen wurde. Obwohl dieses Verfahren primitiv anmutet, lassen sich damit bereits recht nützliche Anwendungslösungen erzielen. Der für solche Lösungen notwendige Eingriff in die Anwendung ist gering. Bei einer Übergabe per *Copy* & *Paste* müssen jedoch beide beteiligten Systeme (Anwendung und DMS) eine solche Funktion unterstützen und zumindest den so übertragenen Inhalt (zumeist Text) identisch interpretieren. Auf der empfangenden Seite sollte in jedem Fall eine Gültigkeitsprüfung der Eingabe stattfinden, so dass Inhalte in der Zwischenablage, die versehentlich aus anderen Anwendungen stammen, keine fatalen Folgen haben.

Das Schema der manuellen Kopplung wird nochmals in Abb. 2-17 (auf Seite 88) verdeutlicht.

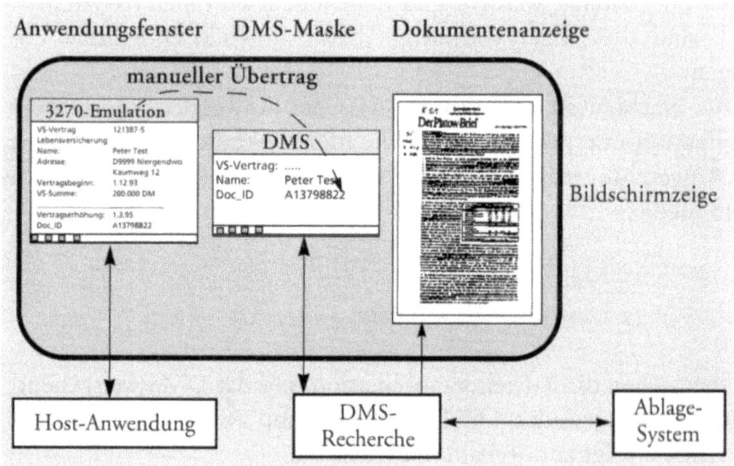

Abb. 2-17
Schema einer losen Kopplung der Applikation mit dem DMS über eine manuelle Übertragung von Daten

Kopplung über eine Terminal-Emulation und DDE

Die Standardanwendung benutzt hier ein Terminalfenster. Läuft sie auf einem Mainframe, so ist dies typischerweise ein 3270- oder 9750-Fenster. Dieses wird auf dem Client-System in einer Terminal-Emulation emuliert. Die DM-Anwendung oder ein Kopplungsprozess kennt die Ausgabemasken und *lauscht* über die Emulation auf die Ausgabe in festgelegten Feldern des 3270-Fensters. Dort werden offen oder verdeckt Dokumenten-Identifikationen oder ähnliche Parameter oder Anweisungen mit solchen Parametern ausgegeben. Das DMS interpretiert diese Parameter und zeigt daraufhin die dort angeforderten Dokumente an. In einem solchen Feld können auch Rückgabewerte an die Anwendung zurückgeliefert werden.

Das Verfahren setzt eine Terminal-Emulation voraus, die ein solches *Horchen* unterstützt und die gewünschten Daten über DDE oder OLE (oder die entsprechenden moderneren Verfahren) an das DMS weiterreicht.

Der Vorteil besteht darin, dass eine solche Kopplung mit geringen Anwendungsänderungen realisiert werden kann – im Wesentlichen ist an einer bestimmten Maskenposition ein Wert zu übergeben. Auch kann hier die Host-Anwendung ohne die DMS-Anbindung unverändert auf reinen Mainframe-Terminals weiterlaufen – ein Umstand, der es erlaubt, die Übergangsphase von einer alphanumerischen Host-Terminalwelt auf eine moderne Client-Server-IT mit grafischen Arbeitsplatzsystemen zu überbrücken.

Als Nachteil erweist sich die starke Abhängigkeit vom Aufbau der Bildschirmmaske. Bei Änderungen ist auch das *Abhorchverfahren*

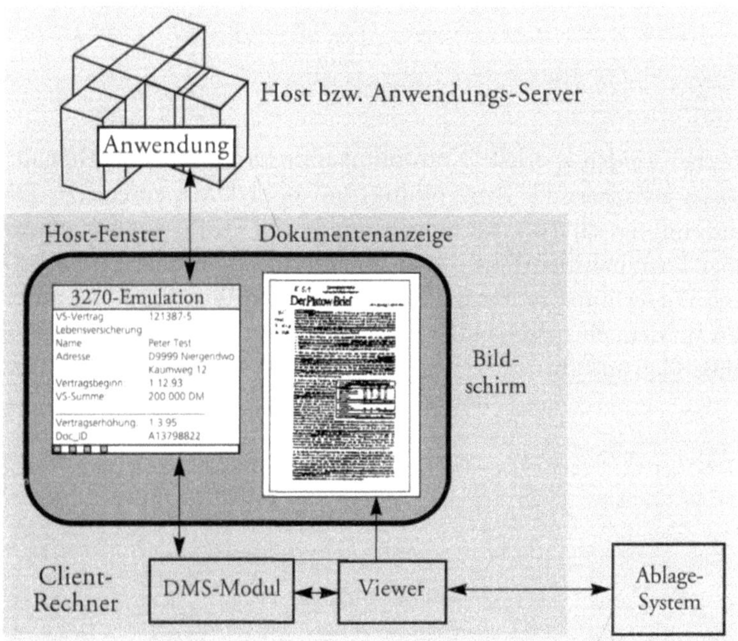

Abb. 2-18
Schema einer Kopplung der Applikation mit dem DMS über eine Terminalemulation und DDE

der DM-Kopplung zu adaptieren. Außerdem ist hier die Art der Kommunikation eingeschränkt. Die Host-Applikation – oder analog eine Anwendung mit einem Dialog mit alphanumerischer Ein-/Ausgabe – erfährt z.B. nicht, dass die DM-Anwendung beendet ist oder das DM-Anzeigefenster geschlossen wird.

Soll sich die Anwendung z.B. auf ein Dokument beziehen, so muss ihr zuvor die *Dokumenten-Identifikation* (Doc-ID) mitgeteilt werden. Dies geschieht in der Regel über Batch-Läufe, bei der die Doc-IDs der Dokumente zusammen mit weiteren Zuordnungsmerkmalen auf den Anwendungs-Server übertragen und dort über einen weiteren Batch-Prozess in die Datenbasis der Applikation aufgenommen werden.

Alternativ lässt sich bei der Dokumentenerfassung über das gleiche Prinzip die Doc-ID an die Anwendung übergeben. Hierbei muss bei der Erfassung neben der DM-Erfassungssoftware ein Terminal-Fenster mit einer Erfassungsmaske der Anwendung aktiv sein. Statt der Vergabe der Doc-Id durch das DMS kann diese auch von der Anwendung vergeben werden. Das DMS muss dann über eine Tabelle die Anwendungs-Doc-ID in seine eigenen, internen Ablage-Doc-IDs umsetzen.

Die hier beschriebenen Verfahren werden fast nur noch bei Legacy-Mainframe-Anwendungen eingesetzt und dürfen als Auslaufmodell betrachtet werden.

Datenaustausch über Kommunikationsprozesse

Hierbei werden spezielle Kommunikationsprozesse zum Datenaustausch zwischen der Anwendung und dem DMS eingesetzt. Die Anwendung schickt eine Anweisung an das DMS zusammen mit einer Terminal-Identifikation an einen DMS-Kommunikationsprozess. Dieser interpretiert die Anweisung und übermittelt sie an einen auf dem entsprechenden Arbeitsplatz laufenden Prozess, der sie schließlich ausführt.

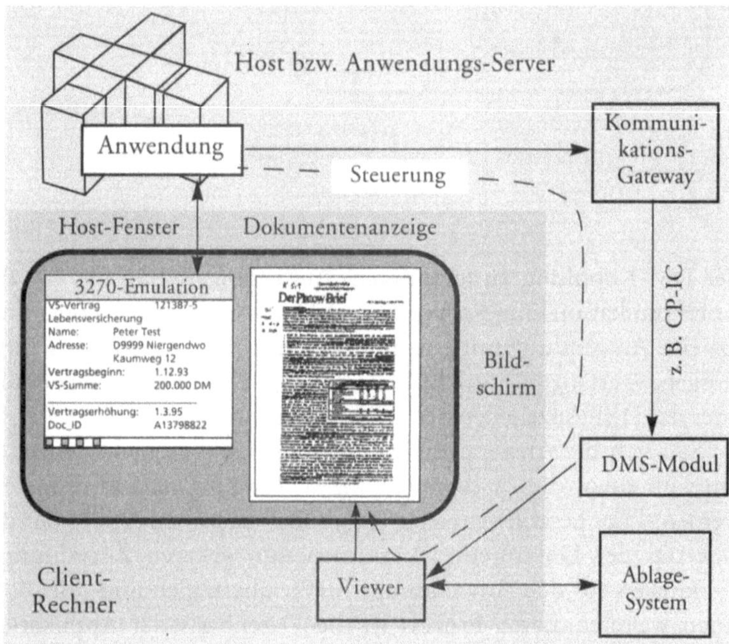

Abb. 2-19
DMS-Anwendungskommunikation über einen speziellen Kommunikationsprozess

Auch dieses Verfahren setzt Änderungen bzw. Erweiterungen der führenden Anwendung voraus, gestattet jedoch auch das Arbeiten auf rein alphanumerischen Dialogstationen. Dabei kann die Anzeige zwar nicht lokal erfolgen, ein Ausdrucken oder Versenden per Fax ist aber ebenso möglich wie das Einstellen der anzuzeigenden Dokumente in den Postkorb eines speziellen Betrachtungsarbeitsplatzes. Wird als Arbeitsplatzsystem hingegen ein grafischer Arbeitsplatz eingesetzt, so kann die Ausgabe lokal erfolgen. Auf diese Weise ist auch ein gemischter Betrieb mit alphanumerischen Dialogstationen und grafischen Arbeitsplatzsystemen möglich.

Das Konzept wurde früher häufig für die Kommunikation zwischen einer Host-Applikation und einer UNIX- oder Windows-DM-Lösung eingesetzt, da nur ein oder wenige Kommunikationskanäle zwischen dem Host und den externen Systemen erforderlich sind. Die Host-Systeme hatten bei den verfügbaren Kommunikationsverfahren Probleme mit einer größeren Anzahl solcher Kanäle.

Als potentieller Flaschenhals erweisen sich hier die beteiligten Kommunikationsprozesse. Trotzdem wurde dieses Verfahren in der ersten Generation von Image-Enabling-Anwendungen häufig eingesetzt und wird auch heute in neuen Implementierungen noch oft benutzt, wenn die führende Anwendung auf dem Mainframe läuft und nicht stark geändert werden soll oder kann.

Inzwischen stehen auf den Host-Systemen mit TCP/IP oder über MQ-Series* flexiblere Lösungsmöglichkeiten zur Verfügung, so dass man in neueren Implementierungen zumeist auf diese Einzelkanallösungen verzichtet.

** MQ-Series ist ein von IBM entwickeltes Verfahren zur asynchronen Programm-Programm-Kommunikation.*

Als Kommunikationssprache zwischen den Anwendungen wird sich – wie bei den nachfolgend beschriebenen voll integrierten Systemen auch – zunehmend XML etablieren. Mit SOAP unterstützt Microsoft dieses Konzept und macht es zur Basis seiner .NET-Strategie.

2.13.3 Voll integrierte DM-Systeme

Diese Systeme erfordern den höchsten und längsten Aufwand in der Erstellung der DM-Lösung – oder sind, wie SAP R/3, bereits Teil der Anwendung. Sie bringen jedoch potentiell auch den größten Nutzen. Dabei ist zu prüfen, ob der erzielbare Nutzen mittel- oder langfristig die damit verbundenen Realisierungsaufwände rechtfertigt oder nicht eine weniger integrierte aber schneller zu realisierende Lösung der wirtschaftlich bessere Weg ist.

Hochintegrierte Systeme setzen zumeist recht weitgehende Eingriffe in die integrierten oder integrierenden Anwendungen voraus. Dies ist oft nur möglich, wenn die Anwendungen im eigenen Haus erstellt werden. Die Neukonzeption von Anwendungen bietet dafür natürlich ideale Voraussetzungen. Insbesondere bei dokumentenbezogenen IT-Verarbeitungen, wie sie in Versicherungen, Banken (z.B. im Kreditwesen), im Konstruktionsbereich, im Personalwesen oder im betriebswirtschaftlichen Umfeld (z.B. Rechnungswesen, Bestellwesen, Material-, Sach- und Anlagenverwaltung) vorzufinden sind, sollten neue Systeme mit einem solchen DM-Ansatz konzipiert werden.

Dieser Ansatz setzt Programmschnittstellen (so genannte *APIs*) des DMS voraus, über welche die Anwendung DMS-Funktionen ansprechen kann.

API = ›Application Programming Interface‹

SAP-ArchiveLink als Integrationsbeispiel

Die bis Anfang 1998 realisierte DMS-Integration in R/3 wird ausführlicher in Kapitel 11.3.1 beschrieben.

Eine weitgehende Integration von Archiv- und Dokumenten-Management-Komponenten hat z. B. die Firma SAP in R/3 mit der *ArchiveLink*-Komponente betrieben. Bisher steht die ArchiveLink-Kopplung noch nicht für alle R/3-Anwendungskomponenten zur Verfügung, sondern ist auf wichtige R/3-Module beschränkt. SAP führt im Zuge der R/3- und MySAP-Weiterentwicklung diese Integration jedoch ständig fort.

Für eine hohe DMS-Integration sind die Datenstrukturen (bzw. Datenbanktabellen) der integrierenden Anwendungen um weitere Relationen (z. B. Verweise auf die Dokumente) zu erweitern. Zusätzlich muss das DMS für die Anwendung geeignete Schnittstellen für Ablage, Abruf und weitere Dokumentoperationen zur Verfügung stellen.

Bei der Größe der dafür notwendigen Aufwände möchte man sich ungern an eine spezielle Archivsystemlösung binden. In größeren Unternehmen besteht sogar oft der Bedarf, bereits vorhandene Archive einzubinden und das System so zu planen, dass ohne allzu große Aufwände weitere Archive integriert werden können – eventuell sogar von unterschiedlichen Anbietern und mit unterschiedlichen Schwerpunkten.

Da lange Zeit keine standardisierten Schnittstellen zu DM- und Archivsystemen existierten* und man sich bei der SAP aus strategischen Gründen nicht auf einen einzelnen Archivanbieter und dessen Schnittstellen festlegen wollte, hat die SAP zusammen mit der Firma IXOS in dem zuvor angesprochenen Projekt eine eigene Schnittstelle mit entsprechender Middleware geschaffen. Sie trägt die Bezeichnung *ArchiveLink,* wurde ab 1993 realisiert und den Kunden 1994 mit R/3 Release 2.1 erstmals zur Verfügung gestellt.

* Selbst mit der Verfügbarkeit der DMA und ODMA-Definitionen (siehe hierzu Seite 96) hat sich bisher wenig geändert.

ArchiveLink bietet im Wesentlichen zwei Schnittstellen:

- API-Schnittstelle für die Anwendungsprogrammierer
- Archiv-Funktionsschnittstelle (Ablageschnittstelle)

Beide Schnittstellen werden über eine Art Middleware miteinander verbunden. Diese Komponente übernimmt für eine Reihe von Dokumentenformaten auch die Funktion der Anzeige und des Ausdruckens – beinhaltet also einen Viewer.

Die API-Schnittstelle wird von den Anwendungsprogrammierern genutzt, um Archivfunktionen anzusprechen. Hierzu gehören z. B. Operationen wie *Dokument ablegen*, *Dokument abrufen*, *Dokument anzeigen,* was zumeist sowohl synchron als auch asynchron erfolgen kann. Der Programmierer muss sich dabei nicht darum kümmern, welches konkrete Archivsystem diese Funktionen ausführt und wie dessen spezifische Schnittstellen aussehen – dies verbirgt die ArchiveLink-Schnittstelle.

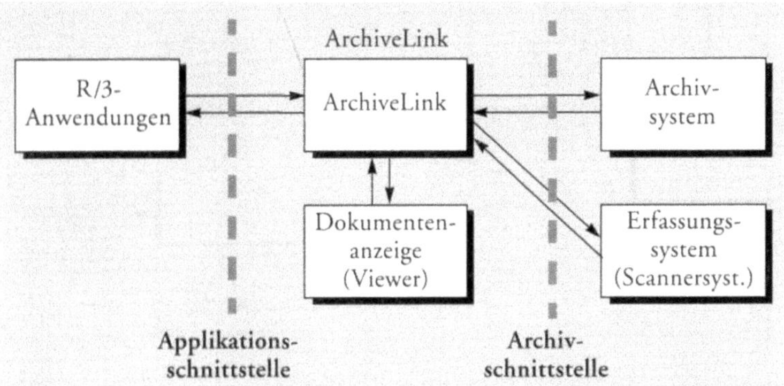

Die Archiv-Funktionsschnittstelle definiert Funktionen, die Archivanbieter über DDL-Bibliotheken auf dem Archiv-Client und über Server-Prozesse auf dem Erfassungs- und Ablagesystem realisieren müssen, um ihr System an R/3 anbinden zu können. Der Vorteil liegt für sie darin, dass sie für einen solchen Anschluss keine speziellen Kenntnisse über die Interna von R/3 (also den SAP-Anwendungen) besitzen müssen und durch ArchiveLink auch von Änderungen in R/3 abgeschirmt sind. Nur hierdurch war es möglich, dass in den folgenden 3 Jahren mehr als 20 Anbieter einen Anschluss ihrer Archivlösungen an R/3 realisieren konnten. ArchiveLink und seine Weiterentwicklungen haben sich damit im SAP-Umfeld zu einem Standard entwickelt.

Die mit ArchiveLink erzielte Funktionalität wird ausführlicher im Kapitel 11.3.1 beschrieben.

Bei einer vollen Integration zwischen Anwendungen, Ablagesystem und DMS ergibt sich etwa das Architekturbild von Abbildung 2-21.* Hier sprechen die Anwendungen die Ablagefunktionen über die Archiv-/DMS-APIs an.

* siehe Seite 94

Die Applikationsdatenbanken besitzen Referenzen auf die DM-Datenbank, in welcher weitere Merkmale zu den Dokumenten abgelegt sind – etwa Art und Format des Dokuments, sein Erfassungs- und geplantes Löschdatum sowie Zugriffsrechte. Die DM-Datenbank enthält in den meisten Realisierungen nicht das Dokument selbst, sondern einen Verweis darauf (in Form der Doc-ID) in der Ablagedatenbank des Ablagesystems. In der Ablage-DB erst der Fundort (Jukebox, Platte, Verzeichnis und Objektname) des Dokuments gespeichert.

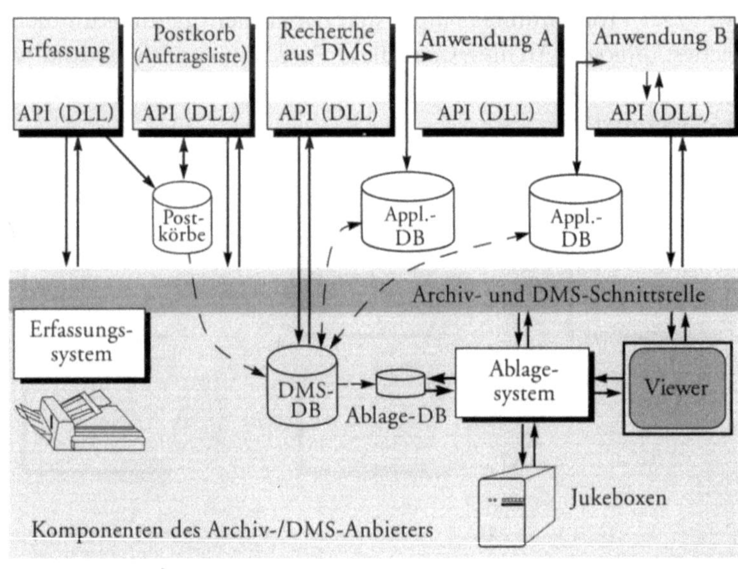

Abb. 2-21 Typisches Integrationsschema bei hoher Integration von Anwendung und DMS, hier ohne Workflow und COLD

Diese zunächst aufwändig erscheinende doppelte Indirektion der Dokumentenverweise erzeugt eine sehr hohe Flexibilität. Sie gestattet z. B. das einfache Verschieben von Dokumenten von einem (eventuell logischen) Ablagebereich in einen anderen.* Ferner erlaubt sie die Zugehörigkeit eines Dokuments zu mehreren Applikationsobjekten und von mehreren Dokumenten zu einem Applikationsobjekt – über die Zwischentabelle in der DM-Datenbank. Eine solche Zwischentabelle gestattet auch ein weitgehend problemloses Umhängen einzelner Dokumente an andere Anwendungsobjekte.

** ohne dass dabei die Einträge in der Anwendungsdatenbank geändert werden müssen*

Bei einer vollen Anwendungsintegration sind natürlich nicht nur *eingehende Dokumente* integriert – heute noch zumeist eingescannte Dokumente –, sondern ebenso *ausgehende Dokumente.* Diese können entweder aus der Applikation selbst stammen oder aus anderen Applikationen, welche Dokumente erzeugen, die logisch zum Dokumentenbestand der Applikation gehören. Dies sind zumeist Briefe, Bestätigungen, Bescheinigungen, Zahlungsanweisungen, Rechnungen oder (Druck-) Listen. Sie werden überwiegend maschinell erstellt und bisher noch ausgedruckt und auf dem Postweg versandt. Aus rechtlichen oder ganz praktischen Gründen, z. B. als Teil des CRMs, sind Kopien der ausgehenden Belege für eine bestimmte Zeit aufzubewahren.

Die Applikationen müssen dabei den Zusammenhang (oder den Zusammenhalt) der logisch miteinander verknüpften Dokumente schaffen – zumeist in der gemeinsamen Datenbank oder über die

Datenbank des DM-Systems. So möchte man z.B. zu einer eingegangenen (und eingescannten) Bestellung die entsprechend erzeugte Auftragsbestätigung, den Lieferschein und die gestellte Rechnung finden können.

Man scannt diese *ausgehenden Belege/Dokumente* natürlich nicht nach dem Ausdrucken ein, sondern erfasst sie vorzugsweise sogleich in elektronischer Form – in einem passenden Format. Dieses wird in der Regel ein CI-Format sein, da dieses eine wesentlich kompaktere Speicherung gestattet.* SAP hat z.B. hierfür PDF gewählt, sowie ein weiteres proprietäres Format, welches besser als PDF für Nachbearbeitungen als Teil eines Output-Managements geeignet ist.

** Auf das Thema der hierfür geeigneten Formate geht Kapitel 7.5 ein.*

Da die Erstellung häufig in einem Massenlauf (Batch-Lauf) geschieht, erfolgt die Übergabe an das DMS zumeist in einem COLD-Verfahren.** Daneben sind jedoch auch Verfahren (bzw. Anschlüsse) zu schaffen, bei denen einzelne ausgehende Dokumente – typischweise aus einer PC-Textverarbeitung heraus – im Archiv abgelegt und im DMS registriert werden können. Abhängig von der Arbeitsweise gilt dies ebenso für ergänzende Dokumente, man denke hier z.B. an Kalkulationen in einem Spreadsheet-Programm. Es sind dann zumeist bestehende fremde Anwendungen zu integrieren.

*** Siehe hierzu Abschnitt 2.11.*

Ein häufig übersehener Punkt der Integration ist die Archivierung der Datenbankbestände mit dem Aspekt des Langzeitzugriffs. Bei großen Dokumentenmengen wachsen sowohl die Anwendungsdatenbanken als auch die Datenbank des DMS so stark an, dass ein Auslagerungskonzept erstellt werden muss (siehe hierzu Abschnitt 2.14).

Waren in der Vergangenheit klassische Programm-APIs und RPC die Wahl für eine hohe Integration, so werden es zunehmend Nachrichten mit festgelegten Protokollen. SOAP ist ein Beispiel dafür. Die Nachricht ist hier in einem XML-Format aufgebaut, als Transportprotoll wird HTTP verwendet. Damit lassen sich Anwendungen über Internet und damit über Unternehmensgrenzen hinweg koppeln. SSL als Teil von HTTPS führt dabei zugleich die Verschlüsselung weitgehend transparent durch (und signalisiert dies in den meisten Browsern durch ein kleines Schloss in der Fußleiste). Bei Verwendung von Zertifikaten auf beiden Seiten ist zugleich eine sichere Authentifikation der beider Kommunikationspartner möglich. Jedoch wird man auch diese Schnittstellen wiederum in APIs bzw. Methoden kapseln.

2.13.4 Schnittstellen der DMA und ODMA

Die *Document Management Alliance* – kurz DMA – ist eine offene Vereinigung von DMS-Anbietern. Sie wurde unter der Obhut der AIIM (*Association for Information and Image Management*)* gegründet und vereint die zuvor getrennt arbeitende *Shamrock-Gruppe* sowie die DEN (*Document Enabling Networking*).

* Die Adresse der AIIM sowie Funktion und Ziele finden Sie auf Seite 712.

Die *Document Management Alliance* definiert Schnittstellen für die Interoperabilität von Dokumenten-Management-Systemen. Der DMA gehörten Ende 1998 etwa 150 Firmen an, darunter Adobe, EDS, FileNet, IBM, IXOS, Microsoft, Novell, Oracle, SunSoft, Kodak und Xerox/XSoft.

Eine erste Version des API-Konzepts liegt seit Anfang 1996 als *White Paper* vor.** Seit Frühjahr 1998 gibt es die etwa 540 Seiten umfassende DMA Version 1.0.

** Siehe hierzu [[DMA-1]] und [[ODMA]] auf Seite 709.

Als Grundlage der APIs dient ein in dem *White Paper* der AIIM vorgestelltes DMS-Modell. Neben den umfangreichen Zugriffsfunktionen auf Dokumente gehören zum API-Satz auch Schnittstellen zum Ansprechen von Recherche-Funktionen in der DM-Datenbank.

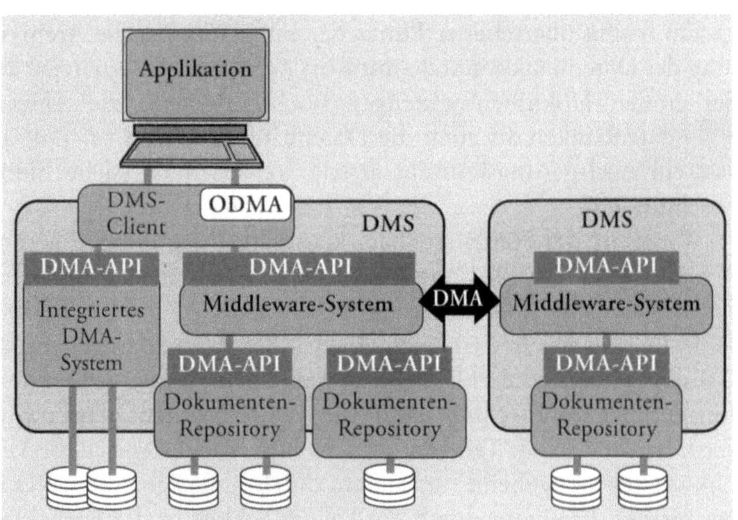

Abb. 2-22 Das Integrationsschema der Document Management Alliance für DM-Systeme

Der Erfolg von DMA ist skeptisch zu sehen. Nur wenige Firmen aus dem DM-Anbieterspektrum haben sich offiziell zu den APIs bekannt und sie implementiert. Offensichtlich ist die Realisierung zu aufwändig und würde zu tief in die vorhandenen Dokumentenmodelle und Implementierungen eingreifen. Die nachfolgend beschriebene ODMA-API hingegen wurde von zahlreichen Firmen realisiert.

Open Document Management API

Neben der DMA existiert eine zweite DM-Standard-Gruppe unter der Obhut der AIIM: Die *ODMA-Gruppe* (*Open Document Management API*). Der Anfang 1994 gegründeten ODMA-Gruppe gehören DMS-Anbieter und Applikationshersteller an. Sie bestand (Anfang 1999) aus etwa 50 Firmen, darunter Adobe, Corel, Documentum, FileNet, IXOS, Microsoft, Oracle und Xerox.

Kapitel 2.13.4 zu DMA und ODMA stammt von dem IXOS-Mitarbeiter Chr. Hastedt-Marckwardt, einem Mitglied der ODMA-Gruppe.

Der ODMA-Fokus liegt bei der Integration von Applikations- und DM-Systemen. Besonderes Augenmerk erhalten Anwendungen wie *Office-Suites* bestehend aus Textverarbeitungssystemen, Tabellenkalkulationen und weiteren Komponenten. Unterstützt eine Anwendung die ODMA-APIs, so kann man ohne Eingriff des Nutzers in die Anwendung die Applikation auf vorhandene Archiv- und DM-Funktionen zugreifen und dort Dokumente ablegen und abrufen. In entsprechend erweiterten Anwendungen wird sich dies z. B. in zusätzlichen Menüpunkten für die Ablage von Dateien bzw. Dokumenten widerspiegeln.

Ein weiteres Einsatzgebiet der ODMA-Schnittstellen ist das *Image-Enabling*, d. h. die projektspezifische Integration von DMS-Funktionen in bestehende Anwendungen. Die Vorteile für Anwender und Integratoren bestehen in der Wahlfreiheit der DMS-Anbieter, der einfachen Programmierung für wohldefinierte APIs und einer hohen Investitionssicherheit.

Da dieser Satz von APIs bzw. Schnittstellen wesentlich kleiner und einfacher als jener der DMA-APIs ist, sind diese Funktionen wesentlich schneller sowohl in Büroanwendungen als auch in DMS zu finden. So unterstützen eine ganze Reihe von Dokumenten-Management-Systemen die ODMA-Schnittstellen, darunter von Herstellern wie Adobe, Autodesk, PC DOCS, FileNet, IXOS, Kodak, Lotus, Novell und Xerox/XSoft. Auch auf der Applikationsseite gibt es eine wachsende Anzahl von Anbietern mit ODMA-kompatiblen Produkten, darunter Adobe, Corel, Lotus und Microsoft (ab MS-Office 97).

Die ODMA-Schnittstellen

Version 1.0a der ODMA-Schnittstellen liegt bereits seit Ende 1995 vor. Sie legt die grundlegende Architektur sowie das Format der Dokumenten-IDs fest und definiert die dateiorientierten Schnittstellen. Version 1.5 erweitert Version 1.0a um direkte Recherchefunktionen in der DMS-Datenbank. Version 2.0 liegt seit Anfang 1998 vor; entsprechende Implementierungen sind seit Ende 1998 auf dem

Markt. Die Durchsetzung von ODMA am Markt erfolgt sehr viel rascher als bei DMA.

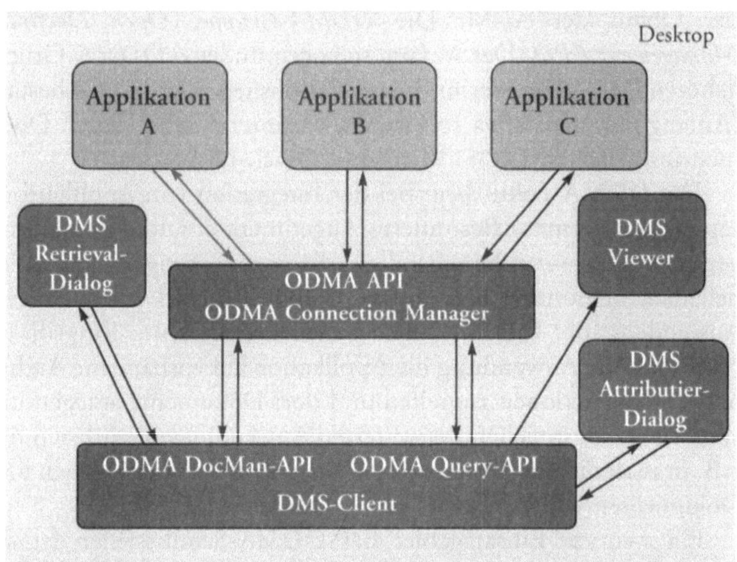

Abb. 2-23 Das ODMA-Schema zur Integration von Anwendungen und DM-Systemen

Der ODMA *Connection Manager* bildet das Herzstück der ODMA-Architektur. Bei ihm registrieren sich die ODMA-kompatiblen Applikationen und DM-Systeme. Er übernimmt das Routing der Anfragen zu und von den ODMA-Services. Der ODMA Connection Manager ist für die Plattformen Windows 3.x (16 Bit), Windows 95 und Windows NT (32 Bit) als dynamische und statische Bibliothek (DLL/LIB) frei verfügbar.

Applikationen greifen über den ODMA Connection Manager auf die DM-Services zu. So werden analog zu den klassischen Dateioperationen Funktionen wie *NewDoc*, *OpenDoc*, *CloseDoc*, *SaveDoc* und *SaveAs* unterstützt. Über *SelectDoc* stößt die Applikation den Retrieval-Dialog des DMS an. Der Benutzer kann darin das gewünschte Dokument suchen und für die weiteren Schritte selektieren. Mittels *GetDocInfo* und *SetDocInfo* können Dokumentattribute gelesen und gesetzt werden.

Die ODMA-Funktion *Activate* ist sehr mächtig. Über sie lassen sich verschiedene meist interaktive Funktionen des DMS anstoßen. Hierzu gehören der Attributierdialog des DMS für die Anzeige und Modifikation der Dokumentattribute, das Löschen von Dokumenten im DMS, das Anzeigen eines Dokuments im Viewer des DMS und das Starten einer Applikation mit direkter Übergabe des Dokuments.

Für die direkt in Applikationen integrierte Recherche bietet der ODMA Connection Manager die so genannten *Query-Extensions* (*QueryExecute*, *QueryGetResults* und *QueryClose* auf der Applikationsseite und das *ODMA Query API* auf der Server-Seite). Damit lassen sich Suchanfragen innerhalb einer Applikation definieren, über den Connection Manager zum DMS absetzen und die Ergebnisse empfangen. Diese Erweiterungen zur Dokumentenrecherche sind ab der Version 1.5 verfügbar.

Der ODMA Connection Manager sieht konsequenterweise Funktionen vor, die Auskunft über die vorhandenen DM-Systeme liefern. So können z. B. Applikationen die beim Connection Manager angemeldeten DM-Systeme erfragen oder sich die vom jeweiligen DM-System unterstützte ODMA-Version geben lassen. Applikationen und DM-Systeme müssen also nicht das komplette Spektrum der ODMA-Spezifikation implementiert haben. Beispielsweise reicht die Unterstützung der Version 1.0A (Version 1.5 ohne Recherchefunktionen) für viele Applikationen aus.

Mit diesem Satz an Funktionen ist die ODMA-Spezifikation eine umfassende und gleichzeitig sehr überschaubare Applikations-DMS-Anbindung, die sich rasch durchsetzen wird. Die Weiterentwicklung zur Version 2.0 beinhaltet zum größten Teil Klarstellungen und einzelne empirisch gewonnene Verbesserungen. Erweiterungen erfolgen weiterhin abwärtskompatibel und konzentrieren sich auf Gebiete wie die Dokumentattribute und *Check-Out* und *Check-In* von Dokumenten.

Durch die *Check-Out*-Funktion wird ein Dokument zur Bearbeitung aus dem DM-System abgerufen und ist damit zugleich für eine weitere Bearbeitung gesperrt. Es kann nun nur noch lesend darauf zugegriffen werden, bis das (eventuell geänderte) Dokument wieder per *Check-In* in das DM-System zurückgestellt wird. Solche Funktionen werden z. B. zur Verwaltung technischer Zeichnungen und CAD-Konstruktionen benötigt, sowie dort, wo von mehreren Autoren parallel umfangreiche Dokumentationen erstellt, gepflegt und häufiger aktualisiert werden müssen.

Internet- bzw. WWW-Anbindung

Eine Arbeitsgruppe des ODMA-Konsortiums beschäftigt sich unabhängig von der Kernspezifikation mit der WWW-Anbindung ODMA-kompatibler DM-Systeme. Der jetzige Entwurf sieht eine Kopplung des ODMA Connection Managers mit einem WWW-Server über Standardschnittstellen vor.

Der Vorteil bei der Nutzung des WWW-Browsers zum Zugriff auf ein DMS besteht darin, dass kein spezieller DMS-Client auf dem Arbeitsplatz benötigt wird, sondern der WWW-Browser mit seiner intuitiven Oberfläche eingesetzt werden kann.* Dies schafft eine sehr große Plattformunabhängigkeit, da WWW-Browser für praktisch alle Plattformen mit grafischer Oberfläche verfügbar sind. Da inzwischen der Web-Browser zum Standardbestandteil eines Rechnersystems gehört, und, wie im Fall von MS-Windows 98 und neueren Systemen (ebenso bei LINUX), sogar in die Dateiverwaltungsoberfläche integriert ist, ergibt sich damit ein Kostenvorteil (es entfallen Viewer-Installationskosten) und ein reduzierter Lernaufwand für die Anwender. Ein weiterer Vorteil liegt in der Möglichkeit, damit einfach *remote* d.h. über ein WAN (***Wide-Area-Network***, z.B. Internet) auf das DMS zugreifen zu können, eine Notwendigkeit, die zunehmend bei großen Unternehmen mit verteilten Niederlassungen entsteht.**

** Siehe zum Thema ›Viewer-Problematik‹ auch Kapitel 7.16.*

*** Siehe hierzu auch Abschnitt 2.17.*

Auch hier ist eine rasche Akzeptanz nach erfolgter Freigabe der endgültigen ODMA-Internet-Version zu erwarten.

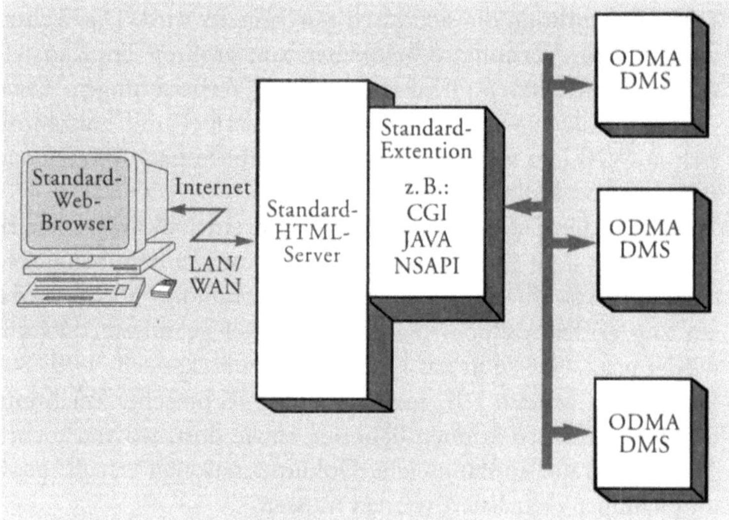

Abb. 2-24 Die ODMA-WWW-Integration aus der ODMA-Internet-Spec Rev. 1.4 (Draft)

2.13.5 WebDAV als Ablageschnittstelle

WebDav steht für *Web Distributed Authoring and Versioning*. Es handelt sich dabei um eine Erweiterung des Web-HTTP-Protokolls, welche es gestattet, Daten nicht nur von einem Web-Server zu lesen, sondern dort auch abzulegen (ohne spezielle Zusatzprogramme wie etwa FTP).

Damit wird von Web-Servern, die dieses erweiterte Protokoll unterstützen, ein Internet-Dateisystem zur Verfügung gestellt. Neben dem reinen Lesen und Schreiben stellt WebDAV *Check-In-* und *Check-Out-Funktionen* zur Verfügung, so dass mehrere Autoren an einem Dokument arbeiten können, ohne dass sich die Änderungen gegenseitig überschreiben. Nach einem Checkout ist den anderen Teilnehmern nur lesender Zugriff auf das Dokument möglich, bis dieses per Check-In wieder freigegeben wird.

Aus DM-Systemen her bekannte *Metadaten* (Attribute) zu den Dokumenten/Dateien lassen sich zusätzlich in dem Dateisystem ablegen (in Form von Attributname/Attributwert-Paaren in XML-basierter Form) und abfragen. Diese Metadaten werden dabei nicht in der Datei gespeichert, sondern im Dateisystem, welches damit sein Datei-Repository erweitert. Sie können mit speziellen WebDAV-Aufrufen auch abgerufen werden. Dies setzt entsprechende erweiterte Client-Anwendungen voraus.

Durch die Verabschiedung von WebDAV durch die IETF (*Internet Engineering Task Force*) als RFC 2518 erhält WebDAV den Charakter eines Internet-Standards. Entsprechend unterstützen inzwischen eine ganze Reihe von Anbietern mit ihren neueren Web-Servern WebDAV, darunter Microsoft, Oracle und auch der weit verbreitete Apache-Server. Eine auf dem Web-Server liegende WebDAV-Ablage lässt sich z.B. im Microsoft-Datei-Browser (dem Explorer) ab Windows 2000 wie ein Netzwerklaufwerk montieren und steht somit praktisch allen Anwendungen transparent als Dateisystem zur Verfügung – selbst dann, wenn es auf einem Server am anderen Ende der Welt liegt.

WebDAV ist eine Erweiterung des ein HTTP Protokolls und wird Teil der nächsten Protokoll-Version sein. Für einen einfachen Zugriff auf WebDAV-Objekte auf einem WebDAV-Speicher stellt Microsoft für die Windows-Plattform klassische APIs für den Zugriff zur Verfügung. Gleiches wird von anderen Firmen und Organisationen für andere Plattformen gemacht. Die WebDAV-Funktionen stehen so auch Programmierern zur Verfügung, ohne dass sie mühsam die einzelnen Protokollfunktionen implementieren müssen. So bietet Microsoft z.B. APIs, um WebDAV-Verzeichnisse in die Microsoft-Volltextindexierung und -suche mit einzubeziehen oder Batch-Updates durchzuführen.

Eine weitere sehr aktive Quelle bei der Weiterentwicklung sowie bei der Open-Source-Implementierung von WebDAV-Komponenten ist WebDAV.org.* Hier stehen z. B. unterschiedliche Sprachanbindungen für WebDAV zur Verfügung – darunter auch für die Skriptsprache Perl.

** Siehe hierzu [[WebDAV]] (s. S. 710).*

Durch die Verwendung des HTTP-Protokolls sind WebDAV-Zugriffe bei den meisten Firewall-Einstellungen problemlos über Firewalls und Proxy-Server hinweg möglich.

Die Entwicklung von WebDAV ist jedoch noch nicht abgeschlossen, sondern geht intensiv weiter (Stand: Mitte 2002). So arbeitet man an (Protokoll-)Schnittstellen für Server-basierte Abfragen (*Queries*), Versionierung und damit der Möglichkeit, die Geschichte (History) eines Dokuments zu speichern und auch auf frühere Versionen zuzugreifen. Ein weiterer Arbeitspunkt ist ein selektives Schreiben, bei dem bei Änderungen nicht die ganze Datei, sondern nur die geänderten Teile zurückgeschrieben werden.

Der Stand der aktuellen WebDAV-Diskussion und Entwickler ist bei www.webdav.org zu finden.

Während bei kleineren und mittleren WebDAV-Dokumentenbeständen auf einem Server der erweiterte Web-Server das Repository halten kann, bereitet dies bei großen Beständen Probleme. Das Konzept erlaubt jedoch, dass der Web-Server sowohl die eigentliche Dateiablage als auch das Repository an andere Systeme deligiert. So lassen sich hier transparent klassische DM-Systeme und Archive hinter den Web-Server legen und über diesen als Middleware-Server die Funktionen über Internet zur Verfügung stellen, so dass vielen Office-Anwendungen das DMS-Ablagesystem transparent nutzen können. Sofern diese die erweiterten WebDAV-Funktionen unterstützen, kann so transparent auf die erweiterten DMS-Funktionen zugegriffen werden.

Damit hat WebDAV das Potential, ODMA abzulösen, was Microsoft in seinen Office/XP-Anwendungen bereits getan hat. Wie bei anderen Standards und Schnittstellen ist im Einzelfall aber immer zu prüfen, welchen Funktionsstand die einzelnen Produkte (Clients/Anwendungen, Web-Server und eventuell nachgelagerte DM-Systeme) zur Verfügung stellen.

2.13.6 Die Frage des ›führenden Systems‹

Bei der Kopplung eines DMS mit anderen Anwendungen sollte man früh die Frage klären, welches das *führende System* sein soll, d.h. ›*Welche Applikation ist die primäre Anwendung, welche die andere Anwendung steuert?*‹. Ist es das DMS, welches die andere Anwendung startet und steuert, oder ist die Anwendung das führende System, welches das DMS aktiviert und ihm Aufträge erteilt?

Entgegen der Empfehlung der meisten DM-Anbieter ergeben sich – aus der Sicht des Anwenders – zumeist bessere Lösungen, wenn die Geschäftsanwendung das führende System ist. Schließlich ist sie (zumeist) bereits eingeführt, erfüllt die eigentlichen Aufgaben in einem Unternehmen oder einem Bereich und besitzt und handhabt die eigentlichen Anwendungsdaten. Diese sollen in der Regel durch die Dokumente (bzw. Verweise darauf) ergänzt werden.

Macht man das DMS oder das Archiv zur *führenden Anwendung*, so sind fast immer Anwendungsdaten und oft auch die Zugriffsrechte doppelt zu halten – einerseits in der Anwendung und anderseits im DMS zur Recherche. Zusätzlich begibt man sich in eine starke Abhängigkeit von der DMS-Lösung. Soll das Archiv abgelöst werden, so müssen alle Daten extrahiert und in ein neues DMS überführt werden. Hält man hingegen die Anwendungsdaten mit einem Verweis (der Dokumenten-Identifikation) zusammen mit einer Archiv- bzw. DMS-Identifikation in der Anwendungsdatenbasis,* so lässt sich problemlos eine weitere DM-Lösung hinzufügen. Das gesamte DMS lässt sich austauschen, ohne dass dazu große Änderungen in der Anwendung notwendig sind. Dies gilt insbesondere, wenn standardisierte Schnittstellen wie ODMA oder WebDAV genutzt werden.

* *in der Regel der Anwendungsdatenbank*

Der Vorteil eines führenden DMS liegt darin, dass auch dann recherchiert werden kann, wenn der Anwendung-Server – bei großen Unternehmen oft ein Mainframe – nicht verfügbar ist, während im umgekehrten Fall (Anwendungssystem führt) für eine dokumentenorientierte Arbeit beide Systeme zugleich verfügbar sein müssen.

Eng verbunden mit der Entscheidung über das *führende System* ist die Frage, wo die DM-Recherchedaten gehalten werden. Die meisten DM-Systeme gehen heute davon aus, dass sie eine eigene DM-Datenbank besitzen, in der die dokumentenbezogenen Daten liegen – weitgehend isoliert von weiteren Anwendungsdaten. Genau auf dieses Konzept sind die zahlreichen DMS-Turn-Key-Lösungen ausgelegt. Zwar sehen diese Lösungen vor, dass der Kunde seine wesentlichen Dokumentmerkmale selbst definieren und Erfassungs- und Recherche-Masken dafür gestalten kann, jedoch sind diese Konzepte kaum auf komplexe Querbeziehungen ausgelegt.

Betrachtet man z.B. einen Versicherungsvertrag, so ist es in einem hochintegrierten System nicht damit getan, die Vertragsnummer und die Art des Dokuments anzugeben: Der Vertrag gehört aus Sicht der Versicherungs-Datenmodellierung ebenso zu einem Kunden, einem Vermittler, einer Region, einem Geschäftsvorgang und kann darüber hinaus Querbezüge zu anderen Verträge des gleichen Kunden aufweisen – etwa bei einem größeren Schadensfall.

An diesem Beispiel wird klar, dass ein vom Anbieter vorkonzipiertes DM-System dies kaum leisten kann. Die optimale Lösung liegt darin, die Versicherungsanwendung zum führenden System zu machen und ein Archiv als Ablage für Dokumente zu nutzen.

Für komplexe Dokumentenrecherchen wird man mit der Einführung eines DM-Systems fast immer zusätzliche Recherchefunktionen realisieren müssen, welche auf die Daten des Unternehmensmodells zugreifen – soweit es einen solchen applikationsübergreifenden Datenbestand gibt.

Wie viel DM-Funktionen werden benötigt?

Diese Frage führt natürlich zugleich zur Diskussion, wie viel der Funktionalität und welche Schnittstellen einer DM-Lösung man in einer Anwendung verwenden möchte. Da sich bisher standardisierte Schnittstellen zu Archiven und DM-Systemen nur schwach durchgesetzt haben, müssen immer noch proprietäre Schnittstellen zur Anbindung eingesetzt werden. Diese lassen sich zwar in abstrahierende und isolierende Softwareschichten legen; je mehr spezifische DMS-Schnittstellenfunktionen aber verwendet werden, umso stärker wird die Abhängigkeit und umso aufwändiger eine Ablösung oder ein Umstieg. Hier ist es oft praktischer und wirtschaftlicher, eine Lösung zu schaffen, die nur 90 % aller Anforderungen erfüllt, dafür aber in einer kürzeren Zeit und mittels eines überschaubaren Projekts realisierbar ist.

2.14 Archivierungsphasen

Betrachtet man die Zugriffshäufigkeit auf archivierte Dokumente über die Zeitachse, so ergibt sich eine typische Verteilung wie in Abbildung 2-25 dargestellt. Zunächst wird mit sehr hoher Wahrscheinlichkeit ein- oder sogar mehrmals auf das Dokument zugegriffen. Beim Szenario des ›Frühen Archivierens‹ ist die Wahrscheinlichkeit in der ersten Phase praktisch 1.

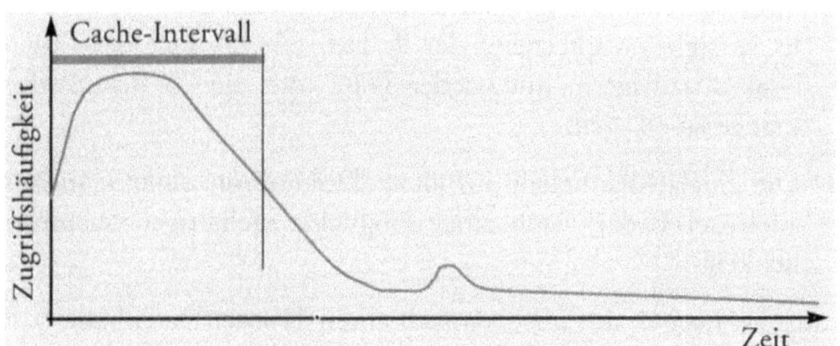

Abb. 2-25
Typische Verteilung der Zugriffshäufigkeit auf archivierte Dokumente. Das sinnvolle Cache-Intervall beträgt zumeist 2 bis 8 Wochen.

Die konkrete Häufigkeitsverteilung hängt von der Art des Dokuments und seiner Nutzung ab. Abb. 2-25 zeigt den typischen Verlauf für einen Beleg aus dem Buchhaltungsbereich oder für die Kopie eines Kontoauszugs. Eine leichte Steigerung ergibt sich nach der Anfangsphase etwa am Ende eines Jahres, wenn für eine Steuerklärung oder eine Bilanz Rückfragen notwendig sind. Bei einer Versicherungsakte steigt die Zugriffshäufigkeit immer dann, wenn Vertragsänderungen stattfinden sowie im Leistungsfall am Ende des Vertrags.

Um die Zugriffszeiten in der Periode der größten Zugriffswahrscheinlichkeit zu optimieren, puffert man die Dokumente in dieser Zeit in einem Cache-Bereich. Die Zugriffszeiten reduzieren sich hierdurch für ein zweiseitiges A4-NCI-Dokument typischerweise von etwa 12 Sekunden (mit einem Plattenwechsel für den Zugriff) auf unter 1 Sekunden (im LAN). Diese Periode beträgt in der Regel 2 bis 6 Wochen.

Zur Berechnung der notwendigen Cache-Größe ist die Ermittlung der täglich anfallenden Dokumentenmenge sowie des typischen Zugriffsverhaltens durchzuführen. Dies ist unter Umständen getrennt für die unterschiedlichen Dokumentenarten eines Unternehmens notwendig. Die Verweildauer der Dokumente im Cache ist bei vielen DM-Systemen entweder nach Dokumentenklassen vorgebbar oder abhängig von dem Archiv-Cluster, in welchem das Dokument abgelegt wird.

2.14.1 Auslagerung von DMS-Recherchetabellen

Betrachtet man die Speicherung größerer Dokumentenmengen über einen längeren Zeitraum hinweg, so ergeben sich zwei Faktoren, welche in die Konzeption einer DM-Lösung einfließen sollten:

- Die Datenbanken – seien es die des DMS oder die der Anwendung – mit Verweisen auf die archivierten Dokumente wachsen enorm an. Dies führt zu hohen Betriebskosten* und zu unhandlichen und langsamen Datenbanken.
  Es entsteht entsprechend der Bedarf, (ältere) Teile der Datenbank auszulagern, um wieder Platz und eine bessere Performance zu erzielen.**
- Die Zugriffshäufigkeit auf ältere Dokumente sinkt – zumeist auch der Bedarf nach einer möglichst vielfältigen Suchmöglichkeit.

** durch den benötigten Plattenplatz und lange Sicherungszeiten*

*** Dazu ist in der Regel zusätzlich eine DB-Reorganisation erforderlich.*

Zunächst liegt es also nahe, einfach einen Teil der Datenbank (z. B. über einen Export) auszulagern und im Archiv zu speichern, um ihn bei Bedarf wieder einzulagern. Leider entwickelt sich aber die Datenbank fort und hat in einigen Jahren voraussichtlich einen anderen Aufbau als zum Zeitpunkt der Auslagerung, so dass ein einfaches Zurückladen nicht möglich sein wird.

Hier gilt es deshalb, ein Konzept zu erstellen, bei dem der auszulagernde Teil der Datenbank *dokumentisiert* wird – d. h. dass man die Datenbankeinträge in ein Hypertext-Dokument mit wohl definierter Struktur umwandelt.

Da mit abnehmender Zugriffshäufigkeit zumeist auch das Spektrum an notwendigen Zugriffs- und Sucherverfahren abnimmt und komplexe Abhängigkeiten zur Speicherung verringert und linearisiert werden können, lässt sich in der Regel das zu archivierende Speichervolumen reduzieren.

Als Beispiel soll uns ein Versicherungsvertrag dienen. Dieser besteht IT-technisch aus einer Kollektion einzelner Daten wie etwa

- den Kenndaten des Versicherungsnehmers
  (Name, Geburtsdatum, Adresse, Bankverbindung, Zahlungsmodalitäten),
- den Vertragsdaten (Art, Höhe, Konditionen), eventuell in mehreren Versionen, wenn der Vertrag während der Laufzeit aufgestockt oder geändert wurde,
- den Vertragsdokumenten, wie etwa Antrag, Policen, eingehende Briefe des Versicherungsnehmers mit Anfragen, Ände-

rungswünschen usw., sowie den ausgehenden Briefen wie Bescheiden, Beitragsbestätigungen und Ähnlichem.

- Ergänzende, immer noch auf Papier vorhandene Dokumente, die aus rechtlichen oder technischen Gründen immer noch im Original benötigt werden. Im System liegt lediglich eine Referenz auf den Ablageort oder Ablageordner.

Diese Daten sind in mehreren einzelnen Datenbanken bzw. Datenbeständen verstreut – oft sogar auf unterschiedlichen Systemen – und in der Regel über eine übergreifende Datenbank miteinander verknüpft. Ist der Vertrag beendet, so müssen diese Daten und Dokumente weiterhin für eine gewisse Zeit (in Deutschland meist 6 Jahre) aufbewahrt werden. Die Zugriffswahrscheinlichkeit sinkt jedoch und die Art des Zugriffs kann vereinfacht werden.

Hier würde man aus den einzelnen Datenbeständen Textdokumente sowie ein neues Vertragsdokument erzeugen, welches in sinnvoller Reihenfolge (in dem Beispiel in zeitlicher Abfolge) Kurzinformationen zu den einzelnen Dokumenten (z. B. Datum und Art des Dokuments) und Verweise (die Doc-IDs) auf diese neu erzeugten Dokumente enthält. Zusätzlich sind darin Verweise auf die eventuell bereits vorhandenen archivierten Dokumente zu dem Vertrag nötig. Elegant ist es, wenn das so erstellte *Auslagerungsdokument* als ein *Hypertext-Dokument* aufgebaut ist. Damit wird es möglich, durch Klicken auf einen Verweis sogleich das referenzierte Dokument anzuzeigen.

In dem *Auslagerungsdokument* selbst kann in der Regel nur noch sequentiell gesucht werden. Da es sich um ein CI-Dokument handelt, ist jedoch auch eine Text- oder eventuell sogar eine eingeschränkte Indexsuche denkbar.

Das Auslagerungsdokument muss noch in einer übergeordneten Verwaltung vermerkt werden – in unserem Beispiel etwa in der *Liste aller ausgelagerten Verträge*, in der dann z. B. nur noch mit der Vertrags- und der Kundennummer gesucht werden kann.

Schließlich sind – um den gewünschten Effekt der Datenbankreduktion zu erreichen – die so ausgelagerten Datenbankeinträge konsistent zu löschen. Dies sollte sich auch auf die in der DMS eventuell vorhandenen Recherchemerkmale beziehen. Die Einträge in der Ablagedatenbank, welche zur Umsetzung von Doc-IDs in Fundorte dienen, können damit nicht reduziert werden. Diese Tabellen sind jedoch zumeist unkritisch.

Die so entstehende neue Struktur skizziert Abbildung 2-26. Aus dem dargestellten Vorgehen wird klar, dass ein DM-System kaum eine vom DMS-Anbieter vorgefertigte Auslagerung anbieten kann, sondern in fast allen Fällen eine Projektkomponente erforderlich ist, welche bei der Konzeption die Beteiligung des Auftraggebers erfordert.

Die Firma SAP hat für einige ihrer R/3-Anwendungen solche Auslagerungsmöglichkeiten geschaffen.*

* Siehe hierzu Kapitel 11.3.1.6.

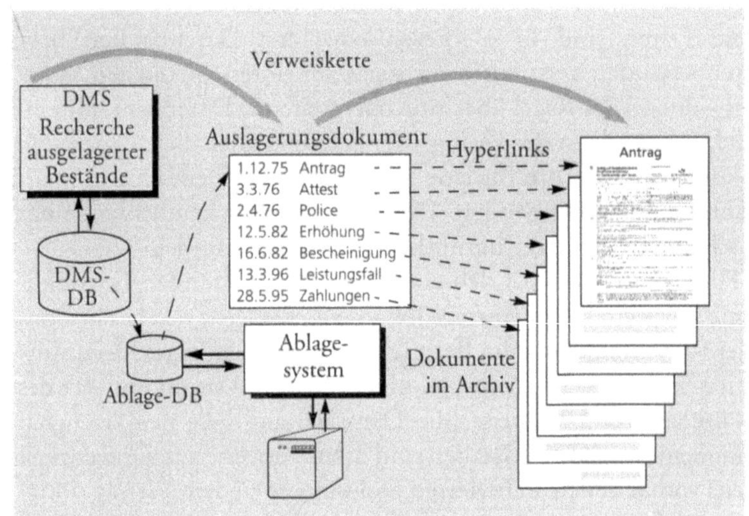

Abb. 2-26 Schema von ausgelagerten Datenbeständen

2.14.2 Auslagerung der Dokumente aus der Jukebox

Die dritte Stufe ist die Auslagerung der Dokumente aus der Jukebox. Hier werden die Datenträger mit älteren Dokumenten aus der Jukebox herausgenommen und in Schränken oder Tresoren gelagert. Dazu ist eine Exportfunktion notwendig, welche dem DMS die Auslagerung der Dokumente mitteilt. Die Dokumenteneinträge selbst bleiben noch in der DMS-Datenbank, so dass weiterhin nach ihnen recherchiert werden kann. Die Recherchefunktion erhält beim Dokumentenzugriff nun die Information, dass das Dokument *offline* ist und auf welchem Datenträger es sich befindet. Wird dieser wieder importiert, ist die Anzeige des Dokuments möglich.

Die Zugriffsfunktion auf Dokumente sollte zunächst den Status eines Dokuments abfragen (*online* oder *offline*), bevor sie auf ein Dokument zugreift und eine Fehlermeldung erhält. Ist das Dokument offline, muss sie statt eines Fehlers eine entsprechend sinnvolle Meldung ausgeben. Viele DM-Anwendungen sind bisher leider nicht auf diese Situation vorbereitet.

Bei dieser Art von Auslagerung wird freier Platz in der Jukebox geschaffen – die Datenbank wird damit jedoch nicht entlastet.

2.14.3 Löschen von Dokumenten

Auch die Lebenszeit der meisten archivierten Dokumente geht einmal zu Ende – häufig definiert durch die gesetzliche Aufbewahrungsfrist. Aus den zuvor beschriebenen Gründen sollten die Dokumente nun *gelöscht* werden. Damit können sowohl die Datenträger der archivierten Dokumente freigegeben als auch die Einträge in der DM- und der Ablagedatenbank gelöscht werden.

Eine Freigabe der Datenträger – bei Nearline-Speicher wie WORMs, CD, DVD oder Bändern zunächst die Auslagerung aus der Jukebox und später die Vernichtung – ist natürlich nur dann möglich, wenn alle Dokumente eines Datenträgers als *gelöscht* gelten oder der Datenträger umkopiert wird, wobei man die gelöschten Dokumente nicht mehr übernimmt. Ein geeigneter Zeitpunkt dafür tritt z. B. ein, wenn die Datenträger aus Kompatibilitäts- oder Kostengründen auf neuere Medien umkopiert werden – was etwa alle 5 bis 6 Jahre der Fall sein dürfte.*

Um die Datenbankreduzierung zu realisieren, muss die DM-Lösung jedoch Mechanismen zum Löschen von Dokumenten vorsehen – ein Problem, welches bisher noch weitgehend verdrängt wird. Es gilt hier, rechtzeitig Löschinformationen (etwa in Form einer Aufbewahrungsfrist) in der DM-Datenbank zu halten, so dass der Löschprozess automatisiert ablaufen kann. Nur dies macht ein Löschen realistisch. Dabei ist darauf zu achten, dass teilweise komplexe Abhängigkeiten zwischen Dokumenten bestehen können, welche beim Löschen zu berücksichtigen sind.

So wurde z. B. 1998 für steuerrelevante Belege die Abgabenfrist von zuvor 6 auf nun 10 Jahre verlängert. Auch kann in Einzelfällen ein steuerrelevanter Beleg durch eine Prüfung oder einen Widerspruch länger als die Standardfrist benötigt werden. Ähnliches gilt für die Unterlagen eines Versicherungsvertrags, bei dessen Ende der Vertragsablauf nicht regulär erfolgt.

Trotzdem sollte bei der DMS-Einführung das Löschproblem bereits vollständig durchdacht sein und schriftlich klare Anweisungen über das Vorgehen gemacht werden, ist man doch in dieser Phase am intensivsten mit der Thematik befasst und hat oft die größte Kompetenz mit dem Projektteam versammelt.

** Man tut dies in der Regel, um auf neue (schnellere und größere) optische Laufwerke eventuell in neue Jukeboxen wechseln zu können oder weil die alten Laufwerke nicht mehr gewartet werden können.*

2.15 Netz-Anforderungen

DM-Systeme bestehen aus miteinander vernetzten Systemen – verschiedenen Servern und Clients. Über das Netz erfolgen dabei hauptsächlich die Datenbankanfragen, das Rücksenden der Ergebnisse und der Transport der Dokumente. Geschieht die eigentliche DB-Suche hauptsächlich im Ablagesystem oder in einem eigenen Datenbanksystem bzw. Datenbankrechner, so ist der Datentransfer durch solche Anfragen recht gering. Der größte Teil des Datenvolumens ergibt sich dann durch den Transport von Dokumenten über das Netz und zwar

- von den Erfassungssystemen zum Ablagesystem,
- vom Ablagesystem zur Arbeitsstation des Nutzers,
- vom Arbeitsplatz des Anwenders eventuell weiter zum Drucker oder zum Fax-Server.
- Wird ein Web-Client eingesetzt, so übeträgt das Ablagesystem die Dokumente zum Middleware-Server und dieser die konvertierten Dokumente über den Web-Server zum Client.
- Zugriffe von Volltext-Index-Server auf den Dokumentenbestand

Handelt es sich um Rasterdaten (NCI-Daten), so kann das Datenvolumen insbesondere bei großen Formaten, bei Halbton- oder bei Farbbildern, sehr groß werden und die heute üblichen Netze auf Basis von Token-Ring oder 10 MBit Ethernet stark belasten. So hat bereits eine DIN-A4-Seite als Schwarzweißbild bei 1 Bit Tiefe (d.h. ohne Grauwerte) die Größe von etwa 40 KB.* Handelt es sich bei der A4-Seite um ein Schwarzweißhalbtonbild (etwa eine Fotografie), so sind dies bereits etwa 0,35 MB und bei einem Farbbild kommen 1–4 MB je A4-Seite zusammen. Die Übertragung eines solchen Farbbildes blockiert ein 10-MBit-LAN für 8–12 Sekunden und selbst ein 100-MBit-LAN für 1–2 Sekunden. Aus diesem Grund werden solche Daten nur komprimiert übertragen.

** komprimiert und bei den heute üblichen 200 dpi für eingehende Post*

Um die Datenmenge für die Speicherung und den Transport zu reduzieren, werden Rasterdaten ebenso wie Audio-Daten und Video-Clips komprimiert abgelegt und übertragen. Dies erlaubt eine Datenreduzierung um den Faktor 2 bis 50. Jedoch führt der Transfer großer Dokumente zwischen zwei Systemen selbst in komprimierter Form noch leicht zu einem Engpass. Bei großen Dokumenten und häufigen Transfers sind also die Netze kritische Punkte in einer DM-Lösung. Entscheidend ist auch, dass die Netzkapazität nicht bereits durch den Transfer zwischen zwei Systemen voll ausgelastet wird, denn auch andere Systeme sollten parallel dazu miteinander kommunizieren können.

Tabelle 2-2 Volumina komprimierter NCI-Daten

Datenvolumina komprimiert			
Art	Auflösung	Pixeltiefe	Speicherbedarf
A4-Seite	200 dpi	S/W	ca. 40 KB
"	300 dpi	S/W	ca. 60 KB
"	200 dpi	256 GS	ca. 0,8 MB
"	200 dpi	Farbe	ca. 2,6 MB
A0-Seite	400 dpi	S/W	ca. 1,4 MB
Röntgenbild	400 dpi	12 Bit GS	ca. 6,4 MB
Audiodaten	44,4 KHz	16 Bit, Stereo	ca. 30 KB/s*
Videodaten	Fernsehqualität	Farbe, MPEG-2	ca. 500 KB/s

* Stereo-CD-Qualität MPEG-2 komprimiert

Bei sehr schnellen Netzen (z. B. FDDI oder ATM) können die Bussysteme oder Magnetplatten der Systeme zum limitierenden Faktor werden!

Die realistische Durchsatzleistung der bisher üblichen lokalen Netze (10-MBit-Ethernet- oder 16-MBit-Token-Ring-Netze) beträgt etwa 400 bis 700 KB/s für PC- und kleinere UNIX-Systeme und bis zu 800 KB/s für schnelle UNIX- und Mainframe-Systeme. Der Durchsatz bei den 100-MBit-Netzen ist theoretisch bis zu zehnmal höher, liegt jedoch in der Praxis eher bei 3 bis 6 MB/s, da die meisten Systeme die Daten nicht schneller anliefern oder abnehmen können. Bei Neuinstallationen sollten prinzipiell nur 100-MBit-Netze installiert werden. In den Server-Segmenten ist sogar eine Gigabit-Vernetzung zu überdenken.

Die Netzlast lässt sich durch eine geschickte Netzsegmentierung deutlich reduzieren. So empfiehlt es sich z.B., die Erfassungs- und Attributiersysteme zusammen mit dem Ablagesystem in ein eigenes Netzsegment zu legen – der Ablage-Server besitzt dann eventuell mehrere Netzkarten für die unterschiedlichen Segmente. Die Segmentierung der Netze hat auch den Vorteil, dass bei Störungen in einem Segment nicht zugleich das gesamte Netz blockiert ist.

Bei großen Installationen (ab etwa 50 Rechnern) ist eine Segmentierung unabdingbar. Hier sollte man auch überlegen, Backbones mit schnellerer Technologie einzusetzen – etwa FDDI oder Gigabit-Ethernet.

Ein Problem bei größeren Netzen stellt heute eindeutig die Netzadministration dar, sowie das Lokalisieren der Fehlerquelle beim Auftreten von Störungen! Hierzu wird man zuweilen auf externe Spezialisten zurückgreifen müssen. Man ist gut beraten, sich über einen Wartungsvertrag, der diesen Punkt auch für heterogene Systeme abdeckt, einer solchen Unterstützung zu versichern!

2.16 Datenbankanforderungen

DM-Systeme besitzen in der Regel zumindest zwei Datenbanken:

- **Recherchedatenbank**
  Hier sind die für die Dokumentensuche benötigten Merkmale gespeichert. Da für unterschiedliche Dokumententypen oft unterschiedliche Merkmalsleisten vorhanden sind, können in einem DMS mehrere solcher Datenbanktabellen vorhanden sein. Auf die Recherchedatenbank wird zur Suche zugegriffen. Sie muss nicht immer Teil des DMS sein, sondern kann auch eine Anwendungsdatenbank sein, in welcher anwendungsspezifisch recherchiert wird. In diesem Fall ist es häufig interessant, zusätzlich eine anwendungsübergreifende Recherche zu ermöglichen.

- **Ablagedatenbank**
  Hier ist verzeichnet, in welcher Jukebox, auf welchem Band, auf welcher Platte, an welcher Position oder in welcher Datei ein Dokument gespeichert ist. Die Ablagedatenbank realisiert die Umsetzung der Dokumenten-Identifikation in einen Zugriffsweg. In der Regel sind zusätzlich das Format sowie das Ablagedatum gespeichert.
  Bei Dokumenten, die aus mehreren Komponenten bestehen, ist hier auch aufgeführt, um welche Komponenten es sich handelt. So benutzen viele Ablagesysteme z. B. heute noch mehrere einzelne TIFF-Dateien, um die Seiten eines mehrseitigen Image-Dokuments zu speichern.*

In größeren DM-Installationen entstehen sehr schnell (zumeist über die Aufbewahrungsfrist der Dokumente hinweg) sehr große Dokumentenmengen mit entsprechend hohen Anforderungen an die Datenbanken. Bei Dokumentenzahlen in zwei- oder dreistelliger Millionenhöhe wird die Recherchedatenbank zu einem potentiellen Engpass. In diesem Fall setzt man eigene Datenbank-Server ein, welche als *Index-Server*** bezeichnet werden. Solche Systeme sind mit viel Hauptspeicher, schnellen Plattenanschlüssen und schnellen Prozessoren auszustatten – eventuell in Multi-Prozessortechnik.

Bei kleineren Systemen hingegen liegt diese Funktion zusammen mit der Ablagedatenbank auf dem Archiv-Server.

Ein Handicap der meisten heute eingesetzten Datenbanken ist ihre mangelnde Fähigkeit, sich selbst dynamisch zu rekonfigurieren. So muss vielfach entweder die Datenbank gleich zu Beginn sehr groß konfiguriert werden – sehr viel größer als es der vorläufige

** TIFF definiert jedoch auch ein Format, bei dem mehrere einzelne Seiten in einer TIFF-Datei liegen – das so genannte ›Multi-Page-TIFF‹.*

*** Bei IBM trägt er die Bezeichnung ›Library-Server‹.*

Bedarf erfordert – oder beim Überschreiten einer gewissen Anzahl von Datensätzen komplett gesichert, rekonfiguriert und danach erneut von der Sicherung eingespielt werden. Dies kann bei großen Datenbeständen dann nur noch über ein Wochenende erfolgen. Es sollte in jedem Fall ausreichend Zeit vorhanden sein, um beim Auftreten von Problemen auf den alten Datenbankstand zurückzugehen.

Liegt die Datenbank auf einem Mainframe oder einem anderen Server-System, so müssen geeignete Programmschnittstellen zur Verfügung stehen, so dass für den Anwender transparent* von den Abruf- und Erfassungsarbeitsplätzen auf die Datenbank des DB-Servers zugegriffen werden kann. Als Standard hierfür etabliert sich zunehmend ODBC bzw. JDBC für Java-basierte Anwendungen.

* *D. h. für den Benutzer sollte nicht sichtbar sein, dass Funktionen von einem anderen Rechner abgerufen werden müssen.*

Wie bereits dargestellt, werden die eigentlichen Dokumente in den meisten DM-Systemen nicht in der Datenbank gespeichert, da dies die Datenbank unnötig aufbläht und die DB-Sicherung deutlich verlangsamt. Viele Datenbanken können auch nur Objekte (Felder) bis zu einer bestimmten Größe speichern (oft bis maximal 64 KB). Darüber hinaus ist heute kaum eine Datenbank in der Lage, mit externen, d. h. auf Bändern oder optischen Platten liegenden Daten zu arbeiten. Die Anforderungen sind sehr unterschiedlich: Die Datenbank benötigt eine schnelle Transaktion und kleine Datenmengen im einzelnen Feld, die Dokumentenablage erfordert große Objektdaten und benötigt nur moderate Transaktionszeiten. Aus diesem Grund wird in der Datenbank zusammen mit den Attributen eines Dokuments nur ein Verweis auf das Dokument abgespeichert, nicht jedoch das Dokument selbst.

Dieses Verfahren erlaubt dann auch, die Datenbankfunktion und die eigentliche Ablage auf unterschiedlichen Systemen zu realisieren. Selbst bei Datenbanken, die große binäre Datenfelder (so genannte *BLOBs* = ***B**inary **L**arge **Ob**jects*) zulassen, ist eine getrennte Speicherung des Dokuments zumeist besser.

Wird das Archivsystem rund um die Uhr benötigt, so muss die Datenbank die Sicherung während des laufenden Betriebs gestatten. Da bei Problemen jedoch das Rückladen eines großen DB-Bestandes mehrere Stunden dauern kann, wird man in kritischen Anwendungen die Datenbank auf RAID-Platten** legen, um eine höhere Ausfallsicherheit zu erzielen. Hier sind zusätzlich große und schnelle Sicherungsmedien vorzusehen.

** *Siehe hierzu Kapitel 5.3 auf Seite 185.*

2.17 Verteilte DM-Systeme

In größeren Unternehmen mit mehreren regionalen Niederlassungen entsteht schnell der Bedarf nach verteilten DM-Systemen. Die Notwendigkeit ergibt sich aus zwei Faktoren:

- Dokumente – etwa eingehende einzuscannende Post und elektronisch neu erstellte Dokumente – fallen dezentral oder gemischt an. Insbesondere das Scannen muss dann häufig aus sehr praktischen Gründen dezentral (jeweils lokal) erfolgen – z. B. weil eine schnelle Verfügbarkeit in elektronischer Form erforderlich ist oder die Dokumente aus juristischen oder organisatorischen Gründen noch in Papierform lokal aufbewahrt werden sollen.
- Die Niederlassungen besitzen *eigene Daten*, auf die zwar überwiegend nur sie zugreifen, bei denen der (zumeist gelegentliche) Zugriff jedoch auch aus anderen Niederlassungen heraus möglich sein soll.

In diesen Situationen gilt es, ein Konzept für *verteilte Ablagesysteme* zu erstellen. Die Verteilung der Recherchedatenbanken und Dokumente bzw. der Zugriff auf die Dokumente kann konzeptionell auf fünf verschiedene Arten erfolgen:

- Sowohl die Recherche-DB als auch die Daten liegen zentralisiert.
- Die Recherche-DB ist zentral, die Daten liegen zentral; die Erfassung erfolgt dezentral.
- Die Recherche-DB ist zentral, die Daten liegen verteilt; die Erfassung erfolgt verteilt oder zentral.
- Die Recherche erfolgt über eine zentrale DB, während die Daten repliziert auf mehreren Systemen vorhanden sind.
- Sowohl die Daten als auch die Recherche-DB sind repliziert vorhanden.

Alle diese Arten stellen eine gewisse Komplikation des DM-Systems dar und sollten sehr sorgfältig und von einem Fachmann geplant werden.

Mit zunehmender Bandbreite von Netzen und dem Verfall der Bandbreitenkosten ist zusätzlich zu überlegen, ob die Mehrkosten für ein entsprechend ausgelegtes schnelles VPN über Internet nicht durch die Vorteile einer zentralen Installation ausgeglichen werden.

Der zentrale Ansatz

Hierbei ist eine zentrale Recherchedatenbank vorhanden. Darüber hinaus werden auch die Dokumente (Daten) zentral gehalten. Die Erfassung erfolgt ebenso zentral.

Vorteil des Konzepts sind eine einfache und damit zumeist kostengünstigere Installation und ein vereinfachter Betrieb des Archiv-/DM-Systems. Spezielle Installationen (wie etwa Erfassungssysteme und Ablage-Server) vor Ort entfallen und können zentral installiert und organisiert werden. Dezentral sind lediglich die Arbeitsplatzsysteme vorhanden. Insbesondere der Betrieb, die Wartung und das DM-Know-how lassen sich auf diese Weise zentralisieren und damit oft kostengünstiger als bei dezentralen Formen halten.

Alle Teilnehmer müssen Zugriff auf die zentrale Recherchedatenbank besitzen und sollten lokal Ausgabegeräte (Sichtgeräte und Drucker) haben. Die Zugriffe erfolgen über das Netz. Die dabei auftretenden Zeiten sind in Tabelle 2-3 zu finden. Voraussetzung ist bei diesem Konzept ein sehr stabiles und ausreichend schnelles WAN (*Wide Area Network*).

Per Scanner zu erfassende Dokumente müssen hier per konventioneller Post oder Kurierdienst in das Scan-Center oder zum Scan-Dienstleister gebracht werden. Dies bedingt in der Regel zumindest eine Verzögerung von einem Tag. Dieses Verfahren ist deshalb zumeist nur dort einsetzbar, wo die Dokumente erst nach der Sach-

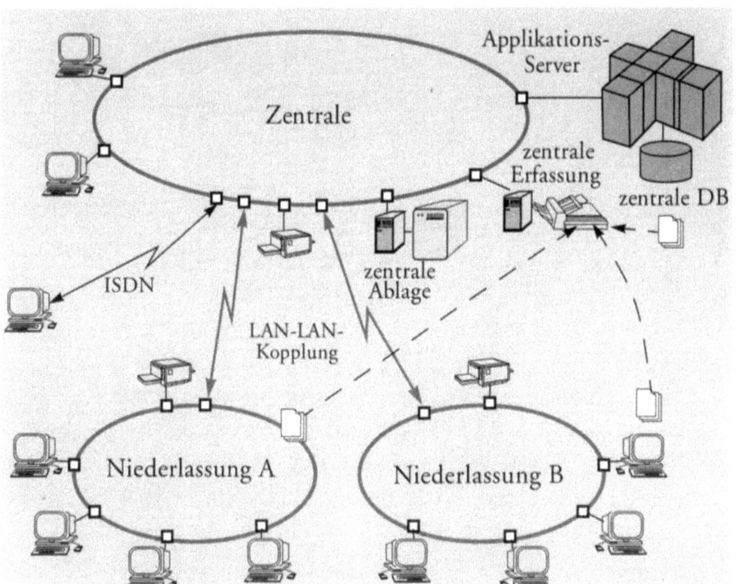

Abb. 2-27
Schema des zentralen Ansatzes:
Alle Dokumente gehen zur Erfassung in die Zentrale, werden dort erfasst und abgelegt. Auch die Recherche-DB liegt zentral.

bearbeitung eingescannt werden.* Unproblematischer ist dieses Verfahren, wenn es sich überwiegend um elektronisch erzeugte Dokumente handelt – etwa technische Zeichnungen, ausgehende Briefe oder Ähnliches, die auf dem Rechner erstellt wurden.

* Siehe hierzu auch Abschnitt 2.4.4.3.

Zentrale Recherche-DB und Daten, dezentrale Erfassung

Dieses Konzept entspricht weitgehend dem total zentralen Ansatz, gestattet jedoch eine dezentrale Erfassung der Dokumente. In der Regel werden die erfassten Dokumente in ruhigen Betriebsphasen – etwa in der Mittagszeit oder nachts – zur zentralen Ablage geschickt.

Die technischen Anforderungen entsprechen weitgehend denen des zentralen Ansatzes, wobei als zusätzliche Netzlast der Transfer der Daten vom lokalen System zur zentralen Ablage hinzukommt. Da die Scannersysteme in der Regel aus PC-Systemen bestehen, ist der IT-Betrieb vor Ort unproblematisch.

Bei diesem Konzept wird man in vorteilhafter Weise dafür sorgen, dass die erfassten Daten in einem lokalen Cache-Server gepuffert werden, so dass der Zugriff kurz nach der Erfassung nicht über das Netz erfolgt, sondern die Dokumente aus dem lokalen Cache-Speicher genommen werden können. Für solche Systeme stellt also neben einem ausreichend schnellen Netz ein lokaler Cache-Server und dessen Unterstützung durch das DM-System eine wesentliche

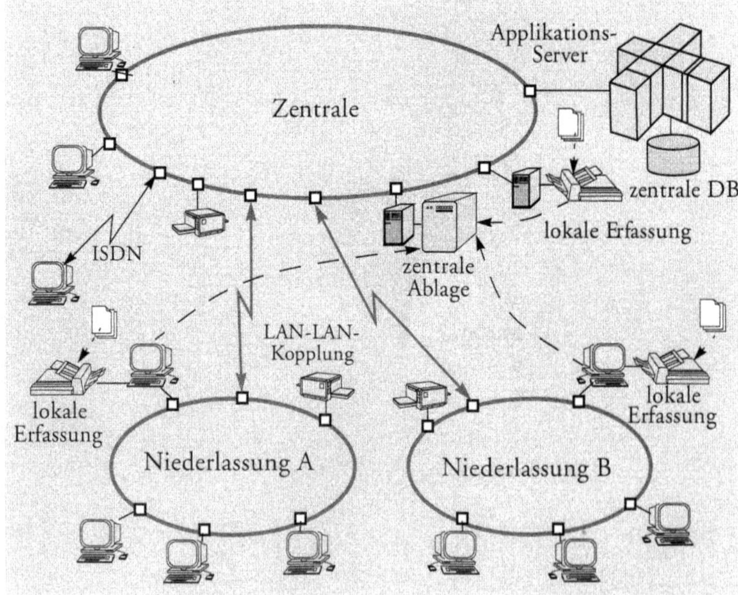

Abb. 2-28
Schema des zentralen Ansatzes mit dezentraler Erfassung. Die Dokumente werden lokal erfasst und zentral abgelegt. Auch die Recherche-DB liegt zentral.

Funktion dar. Diese ist in vielen heutigen Archivsystemen leider noch nicht ideal realisiert.

Tabelle 2-3 Verzögerungen und Übertragungszeiten bei Zugriffen über unterschiedlich schnelle Netze (erster Wert und zweiter Wert 3. Spalte). Die Zeiten gehen von einer weitgehend exklusiven Nutzung des Netzes durch das DMS und einer maximalen Netzauslastung von ca. 50% aus. Dabei wird angenommen, dass alle Dokumente komprimiert übertragen werden und auf der optischen Platte sofort und ohne Wechsel verfügbar sind. Zugriffe aus einem Cache erfolgen schneller, haben aber die gleiche Netzverzögerung.

Netz	Dokumententyp	Verzögerung durch Netz/ Gesamtzugriff über Netz
LAN	**(100 MBit/s)**	
	A4-Seite, 200 dpi	0,01 s / 0,3 s
	A4-Seite, 300 dpi	0,02 s / 0,4 s
	A4-Seite, CI, 4 KB	<0,01 s / 0,3 s
	A0-Zeich., 400 dpi	0,3 s / 8,0 s
	A4, SW-Foto, 200 dpi	0,2 s / 5,4 s
	A4, 24-Bit-Farbe, 200 dpi	0,7 s / 18 s
	Audio-Clip, 30 s	0,3 s / 6,0 s
	Video-Clip, 30 s	3,4 s / 90 s
LAN	**(10 MBit/s)**	
	A4-Seite, 200 dpi	0,1 s / 0,4 s
	A4-Seite, 300 dpi	0,2 s / 0,6 s
	A4-Seite, CI, 4 KB	0,01 s / 0,1 s
	A0-Zeich., 400 dpi	3 s / 11 s
	A4, SW-Foto, 200 dpi	2 s / 8,0 s
	A4, 24-Bit-Farbe, 200 dpi	7 s / 25 s
	Audio-Clip, 30 s	2 s / 8,3 s
	Video-Clip, 30 s	34 s / 124 s
WAN	**(1 MBit/s)**	
	A4-Seite, 200 dpi	1 s / 1,3 s
	A4-Seite, 300 dpi	2 s / 1,9 s
	A4-Seite, CI, 4 KB	0,1 s / 0,2 s
	A0-Zeich., 400 dpi	30 s / 38 s
	A4, SW-Foto, 200 dpi	20 s / 26 s
	A4, 24-Bit-Farbe, 200 dpi	67 s / 85 s
	Audio-Clip, 30 s	23 s / 29 s
	Video-Clip, 30 s	5,6 min / 7,2 min
ISDN	**(64 KBit/s)**	
	A4-Seite, 200 dpi	10 s / 11 s
	A4-Seite, 300 dpi	15 s / 16 s
	A4-Seite, CI, 4 KB	1,0 s / 1,1 s
	A0-Zeich., 400 dpi	5 min / 5,1 min
	A4, SW-Foto, 200 dpi	3,4 min / 3,5 min
	A4-Seite, Farbfoto	11 min / 11,4 min
	Audio-Clip, 30 s	3,8 min / 3,9 min
	Video-Clip, 30 s	56 min / 58 min

Zentrale Recherche-DB, dezentrale Daten und Erfassung

Hierbei wird vom Vorhandensein mehrerer Archive und Erfassungssysteme ausgegangen. Die Daten werden dort erfasst und gespeichert, wo sie entstehen bzw. anfallen. Der Vorteil dieses Konzepts besteht darin, dass mit einiger Wahrscheinlichkeit dort, wo die Daten entstehen, am häufigsten darauf zugegriffen wird – also eine gewisse Lokalität vorhanden ist. Alle erfassten Dokumente werden in der zentralen Recherche-DB registriert, so dass alle Nutzer gleichzeitig suchen können, was (wie bei den beiden zuvor vorgestellten zentralen Lösungen) einen Zugang aller Anwender zur zentralen Datenbank voraussetzt.

Das DM-System muss jedoch in der Lage sein, mit verteilten Archiven zu arbeiten. Die Archive – zusammen mit den verknüpfenden Netzen – müssen wie in den beiden zuvor beschriebenen Ansätzen eine ausreichende Verfügbarkeit aufweisen.

Hierbei sind auch weiterreichende Überlegungen zur Netztopologie anzustellen:* Bei einem sternförmigen Netz erhöhen sich die Netzübertragungszeiten zusätzlich bei Querzugriffen, die Netzbandbreite kann jedoch geringer als in den vorherigen Ansätzen sein, wenn man voraussetzt, dass Remote-Zugriffe und Querzugriffe selten sind.

* z.B. der Einsatz eines Sternnetzes oder eines vermaschten Netzes

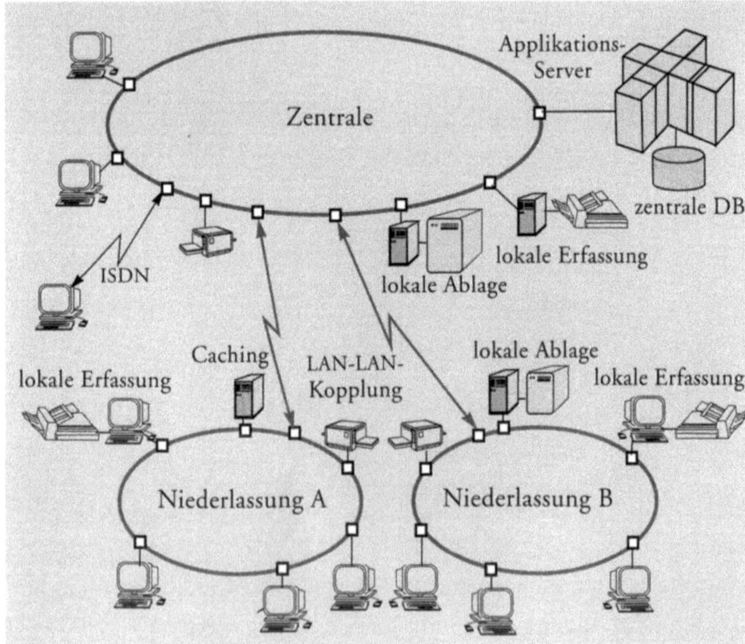

Abb. 2-29 Schema des dezentralen Ansatzes mit zentraler Recherche-DB. Die Dokumente werden lokal erfasst und abgelegt. Lediglich die Recherche-DB liegt zentral.

Statt wirklich verteilter Archive ist auch denkbar, nur lokale Ablage-Server einzusetzen, die lokal einen großen Cache-Bereich besitzen, jedoch die Dokumente (eventuell nachts) im zentralen Ablage-Server ablegen. Damit können die teuren Jukeboxen und deren Wartung zentral gehalten werden.

Zentrale Recherche-DB und replizierte Daten

Hier ist eine zentrale Recherche-DB vorhanden, während die Daten repliziert (d.h. für jeden Standort dupliziert) abgelegt werden. Die Erfassung kann zentral oder dezentral erfolgen. Die Verteilung neuer Daten erfolgt durch die Zentrale.

Die Daten lassen sich bei diesem Konzept vollständig oder nur nach Bedarf duplizieren und den verschiedenen Standorten zur Verfügung stellen. Jeder Standort hat dabei sein eigenes Archiv oder Ablagesystem.

Zur Recherche wird auch hier auf die zentrale Recherchedatenbank zugegriffen – der Dokumentenzugriff erfolgt jedoch auf die lokale Kopie.

Der Vorteil besteht in einem schnellen und damit teilweise auch kostengünstigeren Zugriff auf die lokale Ablage. Das Netz wird lediglich für die Recherche eingesetzt – eventuell auch für die Ver-

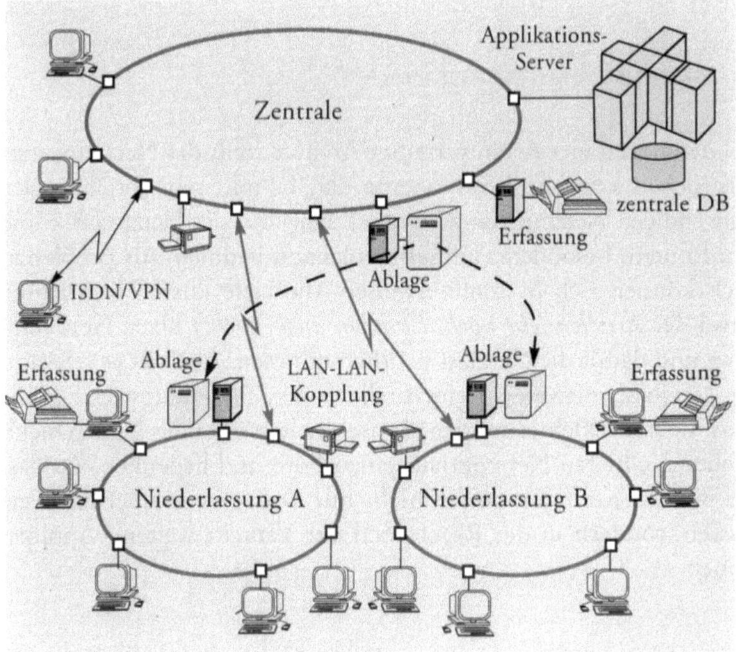

Abb. 2-30 Schema des dezentralen Ansatzes mit replizierten Daten: Die Dokumente werden lokal erfasst und lokal abgelegt. Zugleich wird eine Kopie an die Zentrale geschickt, welche sie an alle anderen Standorte verteilt. Die Recherche-DB liegt zentral.

– — ➔ Verteilung der elektronischen Dokumente

teilung der duplizierten Dokumente. Zeitverzögerungen ergeben sich eventuell durch die Verteilung. Auch benötigt jeder Standort die teure Archivausstattung und muss den Betrieb des Archivs sicherstellen.

Voll replizierte Daten und Datenbanken

Die Daten werden hier zusammen mit den Recherchedaten repliziert, d.h. vervielfältigt und verteilt. Die Verteilung kann über Netz erfolgen oder auf speziellen preiswerten Datenträgern wie etwa CDs oder DVDs.

Dieses Konzept weist ähnliche Vor- und Nachteile wie das zuvor beschriebene Modell auf, besitzt aber den zusätzlichen Vorteil, dass recherchiert werden kann, ohne über Netz auf die Zentrale zugreifen zu müssen. Es bietet also bei Netzen mit niedrigerer Verfügbarkeit oder Bandbreite eine erhöhte Datenverfügbarkeit. Hingegen muss die Recherche-DB mehrfach gehalten, gepflegt und auf Konsistenz überprüft werden. Erfolgt die Distribution der Daten über die kostengünstigen CDs, so ergeben sich gewisse Verzögerungen in der Verfügbarkeit der Dokumente durch den Vervielfältigungsprozess und die Postwege. Dieses Verfahren ist deshalb hauptsächlich für Dokumente wie Handbücher, Prospekte, Datenblätter oder Konstruktionszeichnungen sinnvoll.

Das Netz als kritischer Faktor

⇨ Mit der Verfügbarkeit sehr schneller und zuverlässiger WAN-Netze (etwa beim Einsatz schneller VPN über Internet) reduzieren sich die aufgezeigten Probleme, und die zentrale Lösung mit ihren Vorteilen wird immer attraktiver.

Bei den ersten vier Arten verteilter Archive stellt das Netz eine ausgesprochen kritische Komponente dar. Es gilt, sehr sorgfältig den notwendigen Netzdurchsatz zu berechnen und der Netztechnik und den Routern besondere Aufmerksamkeit zu widmen. Als problematisch können sich Systeme erweisen, die viele kurze Nachrichten (etwa der Art: *Ich lebe noch, lebst Du auch noch?*) übers Netz schicken und damit die Netzlast deutlich erhöhen. Auch ist es relevant, die Netzbasissoftware so einzustellen, dass sie vorzugsweise große statt mehrerer kleiner Informationseinheiten über das Netz schickt. Ziehen Sie hierzu Netzspezialisten zu Rate und bedenken Sie, dass bei solchen Konfigurationen nicht nur Dokumente über das Netz fließen, sondern in der Regel noch der Verkehr weiterer Applikationen.

2.18 Intra- und Internet als DMS-Basis

Internet-Technologie hat sich seit etwa 1997 als wichtiges Verfahren zur Distribution von Informationen etabliert und nimmt in seiner Bedeutung weiter zu. Attraktiv an der Technik ist ihre universelle Verfügbarkeit auf praktisch allen Plattformen, der niedrige Preis der Einzelkomponenten – der Web-Browser für den Arbeitsplatz ist praktisch kostenlos erhältlich – eine weitgehende Standardisierung über unterschiedliche Systeme hinweg,* sowie die schnelle technische Weiterentwicklung.

Als erster Schritt hat sich Internet-basierte eMail in den Unternehmen etabliert und verdrängt hier zunehmend die proprietären Protokolle früherer Lösungen. Mit dem Zugang eines schnell anwachsenden Personenkreises zu eMail wird diese neben dem Telefon und Fax zu einer wichtigen neuen Kommunikationsvariante, die es in ein DM-Konzept einzubetten gilt. Der Vorteil liegt darin, dass die Informationen bereits digital (elektronisch) vorliegen und nicht erst aufwändig erfasst werden müssen. Auch der Versand von Nachrichten über eMail ist in der Regel schneller und kostengünstiger als auf anderen, konventionellen Wegen. Ein Problem der eMail liegt in den vielfältigen möglichen Formaten, insbesondere was die *Attachments* betrifft. Ein weiteres Problem ist die fehlende Vertraulichkeit, sofern man keine zusätzliche Verschlüsselung einsetzt.

Neue DM-Lösungen sollten die Übernahme von Dokumenten aus eMails sowie die Archivierung von eMails berücksichtigen.

Der technisch größere Schritt als eMail ist die WWW-Technologie. Die grafische, intuitiv einfach durch Mausklick zu bedienende Oberfläche und die sehr breite Unterstützung auf allen Plattformen hat dieser Technik zu einer rasanten Ausbreitung und einem schnellen Erfolg verholfen. Die Web-Technologie hat sich innerhalb von wenigen Jahren zum führenden Verfahren bei der Verteilung von Informationen sowohl innerhalb von Unternehmen (als *Intranets* bezeichnet) als auch über Unternehmensgrenzen hinweg gemacht. Web-Browser (WWW-Clients) sind heute Bestandteil aller Desktop-Systeme und ersparen damit dort, wo der Web-Client als Frontend für den Informationszugang eingesetzt werden kann, den Distributionsaufwand spezieller Viewer auf die einzelnen Desktop-Systeme. Bei einer großen Anzahl von Arbeitsplatzsystemen ist dies ein enormer Vorteil. Zusätzlich gestattet die heute eingesetzte Web-Technologie den automatischen Update der Client-Komponenten. Insbesondere die mit Java eingeführte Technologie von Applets und Nachladefunktionen ist hier hilfreich. Mit ihr las-

** Dies gilt allerdings nur dann, wenn man nicht alle neuen Features nutzen will und nicht alle Möglichkeiten eines Produktes ausreizt!*

Ein Beispiel eines großen eMail-Archivs im praktischen Einsatz ist in Kapitel 11.5.1 beschrieben.

Applets sind kleine Java-Code-Segmente oder kleine Java-Programme sen sich fehlende oder aktualisierte Komponenten für Anwender transparent nachladen. Dieses Verfahren birgt jedoch auch deutlich Gefahren, lassen sich so auch Trojaner und andere Schädlinge platzieren. In Sicherheits-sensitiven Umgebungen sind deshalb oft die Ausführung von Java-Applets und vor allem von ActiveX-Komponenten (mit weit höherem Sicherheitsrisiko) im Browser deaktiviert.

Das eingeschränkte Format-Repertoire, welches die Standard-WWW-Browser unterstützen, lässt sich über Plug-Ins erweitern – allerdings muss deren Distribution organisiert werden. Entsprechende Nachladefunktionen stehen hierzu inzwischen zur Verfügung – bisher allerdings lösungsspezifisch für die verwendeten Browser und Plattformen.*

* *Unter den gängigen Browser weist der Microsoft Explorer Vorteile gegenüber den Netscape-Lösung auf.*

WWW-basierte DMS-Lösungen basieren auf einer *3-Tier-Architektur* mit folgenden drei Schichten:

1. WWW-Browser als Interface zum Anwender, der auf dem Arbeitsplatz des Anwenders läuft.
2. WWW-Server, der das HTTP-Protokoll zum WWW-Browser benutzt, die Browser-Anforderungen interpretiert und angeforderte Dokumente zurückliefert – im Standardfall im HTML-Format. Bei DMS-Lösungen besitzt er zusätzlich eine Schnittstelle zum DM-Ablagesystem.
3. Ablage-/Archiv-Server, der die Dokumente auf Anforderung des WWW-Servers zurückliefert und solche auch entgegennehmen kann.

Zwischen WWW-Browser und WWW-Server sind in der Regel noch Firewalls und/oder Proxy-Server angeordnet, welche erhöhte Sicherheit bieten und teilweise auch den Datenverkehr chiffrieren und dechiffrieren.

Abb. 2-31 ›3-Tier-Architektur‹ von WWW-DMS-Lösungen

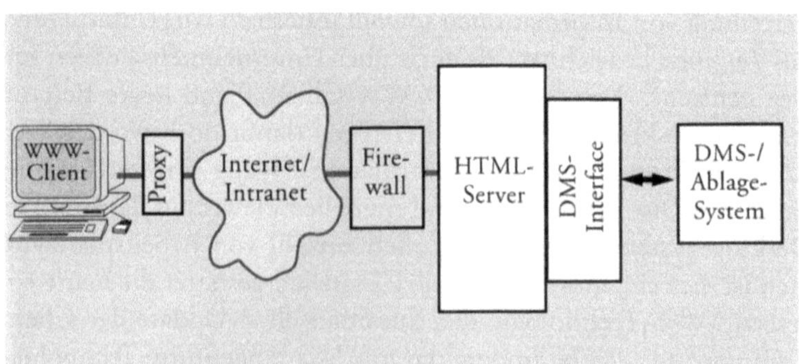

2.19 Hybridsysteme

Hybridsysteme sind Archive, welche Daten sowohl digital auf optischen Platten oder Magnetplatten speichern, als auch analog in Form von Mikrofilm. Dies mag historische Gründe haben, weswegen man bereits vorhandene Mikrofilme in ein elektronisches Archiv integrieren möchte oder aber Sicherheitsgründe, derentwegen die Daten sowohl elektronisch als auch auf Mikrofilm zu speichern sind. Teilweise wird in Hybridsystemen die Information auch nur auf Mikrofilm gehalten – und zwar auf Rollfilm. Die Indexinformation wird hierbei zusammen mit der Filmnummer und der Bildposition in der Recherchedatenbank gehalten.

Mikrofilm und Hybridsysteme werden aufgrund sinkender Speicherkosten und des Vorteils rein elektronischer Zugriffe zunehmend durch rein elektronische Archive abgelöst.

Mit entsprechenden Mikrofilmrobotern kann rechnergesteuert die gewünschte Filmrolle eingelegt und das Bild auf dem Film angefahren werden. Das Bild lässt sich über einen Mikrofilm-Scanner abfassen und in rein elektronischer Form über Netz zum Sichtgerät (Arbeitsplatz-PC) des Anwenders übertragen. Die Reproduktion der Dokumente ist entweder über eine Rückvergrößerung aus dem Film heraus oder durch Ausgabe des gescannten Rasterbildes möglich. Ein häufiger Zugriff auf die Filmspulen birgt jedoch die Gefahr des Verschleißes bzw. Beschädigung der Filmrolle. Man setzt solche Systeme deshalb primär dort ein, wo sehr selten auf die Dokumente zugegriffen wird.

Mit der Verfügbarkeit großer, preiswerter und schneller optischer Speichermedien und billiger Magnetplatten nimmt die Bedeutung solcher Hybridsysteme und Filmroboter ab. Die Anzahl der Anbieter wird zunehmend kleiner.

Der Zugriff auf die Daten ist bei Mikrofilmrobotern natürlich wesentlich langsamer als bei optischen Platten in Jukeboxen. Sie werden deshalb in den folgenden Kapiteln nicht weiter behandelt.

Ihr Einsatz kann jedoch dort wirtschaftlich sein, wo sehr selten auf die Daten zugegriffen wird und die Zugriffszeit keine wesentliche Rolle spielt. Man könnte dann sogar auf einen Filmroboter verzichten und die benötigte Filmrolle manuell in das Filmgerät einlegen, um danach per elektronischer Steuerung die gewünschte Bildposition anzufahren.

Der Vorteil solcher Archive liegt darin, dass die Daten bzw. Filme, soweit sie nicht durch Verschleiß an Qualität verlieren, seltener und Format-technisch unproblematischer umkopiert werden müssen, als dies bei den sich ständig weiterentwickelnden optischen Datenträgern notwendig ist.

2.20 DMS-Administration und Betrieb

Die wichtigsten Administrations- und Wartungsaufgaben bei einem DMS behandelt Kapitel 9.6.2.

Die Fähigkeiten und Aufgaben von DM-Systemen steigen – ebenso die Anzahl der Komponenten, Server und Benutzer. DM-Systeme werden Bestandteil unternehmensrelevanter Funktionen (*business critical*). Damit steigen auch der Aufwand und die Anforderungen an die Administration der DM-Systeme und deren Komponenten sowie die Notwendigkeit der regelmäßigen Kontrolle – etwa kritischer Füllgrade (z. B. von Datenbanken und Datenträgern) und der Protokolle. Ein vollwertiges Betriebskonzept wird notwendig – angepasst und eingebunden an das System-Management des Unternehmens.

Insbesondere die notwendige Datensicherung der DM- und Archiv-Datenbanken sowie der Archivmedien sollte weitgehend automatisiert ablaufen. Die dabei erstellten Sicherungsprotokolle sind vom Systemadministrator regelmäßig zu überprüfen – obligatorisch, wenn man böse Überraschungen vermeiden möchte!

Wurden früher die meisten Administrationskommandos über Kommandoeingaben im UNIX-Stil vorgenommen, stehen dafür heute grafische Oberflächen zur Verfügung. Sie machen die Bedienung nicht nur intuitiver, sondern auch wesentlich übersichtlicher. Insbesondere für die Verwaltung von Benutzern und deren Rechten sowie von Datenträgern für die Archive und in den Jukeboxen ist dies ein wesentlicher Vorteil. Dies gilt verstärkt dann, wenn mehrere Server, Jukeboxen und Ablage-Server zu verwalten sind, was bei größeren DM-Lösungen immer der Fall ist.

Abb. 2-32 Beispiel für eine grafische Administrationsoberfläche (hier aus IXOS-eCONcert)

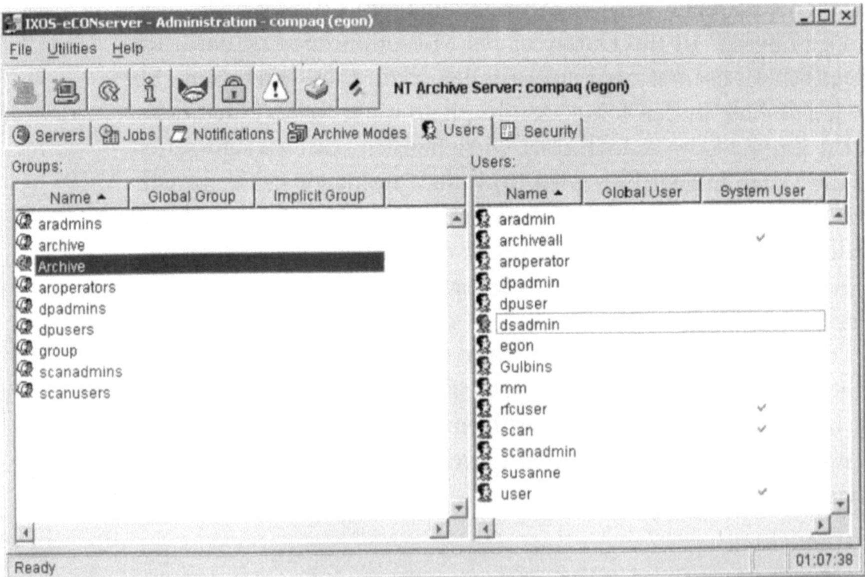

Auch die grafische Darstellung der Zustände der bei einer größeren DM-Lösung recht zahlreichen Prozesse und Geräte stellt eine nützliche Hilfe bei der Administration und Kontrolle von DM-Systemen dar. Bisher bieten leider nur wenige Anbieter Werkzeuge an, welche alle notwendigen DM-Prozesse überwachen und dem Administrator kritische Zustände oder Ausfälle signalisieren.

Bei allen Vorteilen grafischer Oberflächen sollten trotzdem auch Skript-Schnittstellen vorhanden sein, die z. B. eigenen Perl-Skripts gestatten, sich wiederholende Vorgänge vereinfacht oder automatisiert ablaufen zu lassen. Zudem erlauben diese Schnittstellen oft eine feinere Kontrolle, als es grafische Oberflächen zulassen.

Im Idealfall – jedoch in der Praxis noch selten – sind Werkzeuge anzutreffen, welche die Auslastung der DM-Server und anderer kritischer Komponenten über Statistiken und Grafiken darstellen. Wenn eine Möglichkeit zur grafischen Darstellung fehlt, sollte das DMS zumindest Messpunkte und Protokolle zur Verfügung stellen, mit denen die Zugriffshäufigkeit, die mittleren Zugriffszeiten und ähnliche Werte ermittelt werden können. Solche Informationen gestatten es, Engpässe rechtzeitig zu erkennen und sie vereinfachen die Planung für weitere Ausbaumaßnahmen.

Kapitel 9.6.2 geht nochmals auf die Administration von DM- und Archivsystemen ein.

Abb. 2-33
Das Administrationsfenster zeigt die aktuellen Datenträger und deren Füllgrad in der Jukebox des Systems (hier: IXOS-eCONcert).

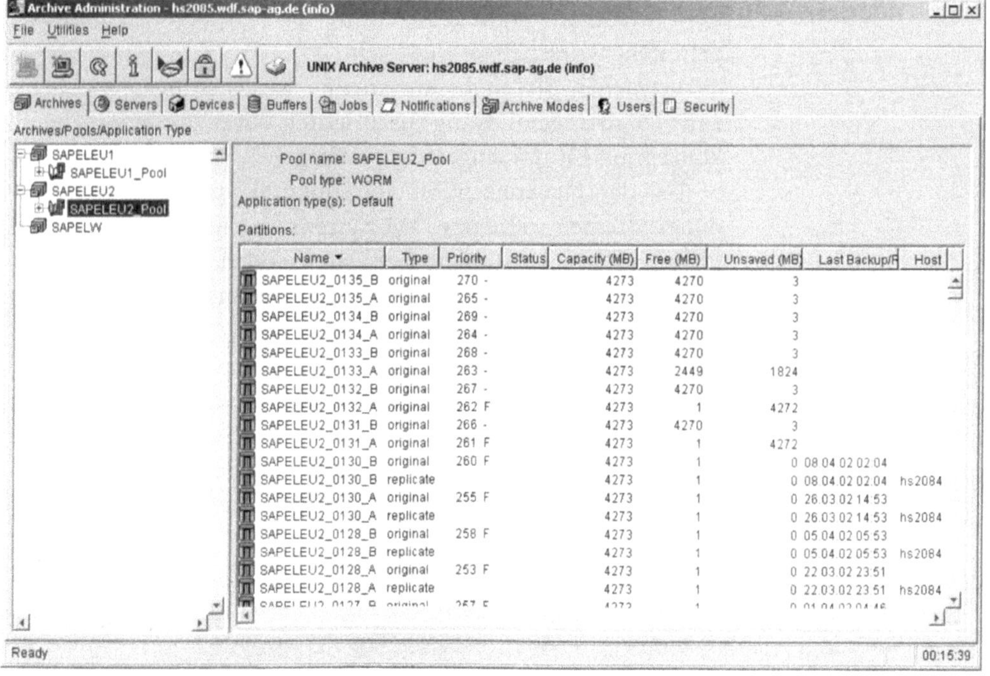

2.21 Kommentar zu DMS-Architekturen

Die Architektur einer DM-Lösung wird wesentlich durch folgende Faktoren bestimmt:

- Einsatz- bzw. Aufgabenbereich
- gewünschte bzw. realisierbare Integration mit anderen Anwendungen
- Systemumgebung und Einbindung bereits vorhandener IT-Systeme
- die gewählten Lösungsanbieter
- Anzahl, Art und Umfang der zu handhabenden Dokumente

Für eine akzeptable Lösung müssen durchaus nicht alle in diesem Kapitel beschriebenen Komponenten und Techniken eingesetzt werden. Oft ist eine einfache, schnell realisierbare Lösung die beste bzw. wirtschaftlichste.

Fast immer macht es Sinn, zunächst mit einem Pilotfeld zu beginnen, um die Mitarbeiter mit der Technologie und den Abläufen vertraut zu machen. Dort wird auch in Erfahrung gebracht, welche organisatorischen Änderungen für eine große Lösung notwendig sind. Lösungen, bei denen eingehende Briefpost im Posteingang gescannt wird, um dann per Vorgangssteuerung weiterzulaufen, erfordern meistens organisatorische Änderungen und deutliche Modifikationen im Arbeitsablauf und in der Arbeitsorganisation. Dies wiederum sollte Anlass für ein *Prozess-Re-Engineering* der betroffenen Geschäftsprozesse sein.

Versuchen Sie auch, kurzfristige Realisierungen möglichst an einer langfristigen Lösung auszurichten – was zumindest eine Basiskonzeption für das längerfristige Vorgehen voraussetzt.

Bei der Neukonzeption von dokumentenorientierten Anwendungssystemen sollte das DM-System wesentlicher Bestandteil der Planung und insbesondere der Datenmodellierung sein.

Spätestens dann ist es Zeit, sich Gedanken über ein applikationsübergreifendes DM-System zu machen und eine längerfristige Vereinheitlichung der Dokumentenformate vorzusehen. Dies ist oft ein Vorhaben, welches sich über Jahre erstreckt.

Für die Erarbeitung eines solchen Konzepts empfiehlt sich die Beteiligung eines Beraters mit entsprechender Erfahrung.

2.22 DMS-Trends

Von Image-Enabling zur Infrastrukturkomponente

Systeme zur Lösung der Dokumentenprobleme wandeln sich zunehmend von den früher üblichen *Image-Enabling*-Ansätzen zu integrierten DM-Systemen – Dokumenten-Management wird Teil der Anwendungen. Parallel dazu werden Archive zur Infrastrukturkomponente, die von mehreren Anwendungen genutzt werden.

Vom NCI zu CI

Obwohl Papierdokumente (per Scanner erfasst und dann als NCI-Dokument vorhanden) in DMS-Lösungen immer noch einen schmerzhaft (weil teuer) großen Anteil ausmachen, ist hier ein starker Trend von elektronischen (CI) Dokumenten zu sehen. Deren Formate werden komplexer. Immer öfter wird man auch Dokumente antreffen, welche über *Hyperlinks* direkt im Dokument Verweise auf andere verwandte Dokumente enthalten. Das Internet mit eMail und anderen Techniken treibt dies neben der Rationalisierung durch große ERP- und CRM-Systeme voran.

WORM, elektronische Signaturen und PKI

HSM-Systeme liegen im Trend. Dort, wo Dokumente mit Aufbewahrungsfristen und Nachweispflichten zu archivieren sind, ist sorgfältig zu prüfen, ob ein Band-basiertes HSM-System die juristischen Anforderungen der Datenspeicherung erfüllt, wie sie sich aus dem Steuer- und Wirtschaftsrecht ergeben.* Hier gilt es, nicht allzu schnell eventuell problematischen Modetrends zu folgen. Für die Langzeitarchivierung von Daten gelten andere Regeln als für eine kurz- oder mittelfristige Speicherung.

* Siehe hierzu Kapitel 8.1.

Um – wo es sinnvoll ist – den Beweiswert von elektronischen Dokumenten zu erhöhen, wird man digitale Signaturen in größerem Umfang einsetzen. Die dafür notwendige PKI-Infrastruktur und das notwendige Know-how wird in den kommenden Jahren in allen großen Unternehmen aufgebaut. Fallende Preise, einfacher zu installierende Komponenten und gesetzliche Vorgaben werden diesen Trend unterstützen und dann werden diese Lösungen auch bei mittleren Unternehmen anzutreffen sein. Dieser Trend wird mittelfristig auch durch die eGovernment-Projekte verschiedener Staaten unterstützt.

Windows- und Web-Clients – UNIX nur als Server

Basierten frühe DM-Lösungen oft auf UNIX-Servern und -Clients, so wird UNIX inzwischen im Client-Bereich fast vollständig durch Windows-Clients ersetzt. Die Unterstützung des vollen Funktionsumfangs der Clients unter UNIX lässt dabei bei fast allen Anbietern rasch nach – ein Umstand, der bei der Planung in UNIX-orientierten Unternehmen zu berücksichtigen ist. Als Lösung für Plattformen, für die originäre DMS-Clients nicht zur Verfügung stehen, und in Situationen, bei denen sich die Distribution der Client-Komponenten als schwierig erweist, oder falls NC-Systeme als Client-Systeme vorgesehen sind, bieten sich Web-Clients an. Sie reduzieren die Aufwände für die Distribution und Administration von Client-Komponenten. Bei ASP-basierten Lösungen sind Web-Clients der Standard.

NC = ›Network Computers‹

Neben UNIX-Servern stehen ebenbürtige Win-32-Server-Lösungen zur Verfügung (NT, Windows 2000, XP und die entsprechenden Nachfolger). Ihr Vorteil liegt in den geringeren Hard- und Softwarekosten und in der Homogenität von Server- und Client-Betriebssystemen, sofern auf den Clients ebenso Windows eingesetzt wird. Mittelfristig werden auch die 64-Bit-Betriebssysteme von Microsoft für die Server unterstützt – ein Vorteil für ihren Einsatz ergibt sich bisher nicht oder nur für die Datenbank.

Praktisch alle namhaften DMS-Anbieter liefern inzwischen Lösungen, in denen Web-Browser als Frontend für den DMS-Zugang und WWW-Server als Middleware für den Zugriff auf die Ablagesysteme oder Archive dienen. Über spezielle Plugins wird dabei die Möglichkeit geschaffen, auch spezielle Formate (z.B. TIFF-Rasterbilder) anzuzeigen, die nicht direkt vom Web-Browser unterstützt werden. Hierzu zählen auch Audio- und Video-Formate.

CRM = ›Customer Relationship Management‹

Mit der zunehmenden Bedeutung von CRM-Systemen* werden DM-Systeme nicht nur Zugriffe innerhalb eines Unternehmens zulassen, sondern auch für Kunden bzw. Partnerunternehmen. Hier sind ausschließlich Web-Frontends praktikabel.

Eine zentrale Rolle bei DM-Lösungen spielen Netze. Ihre technische Entwicklung, die erzielbare Verfügbarkeit und Kostenentwicklung von WAN-Netzen hat wesentlichen Einfluss auf die DM-Systemgestaltung, insbesondere bei verteilten Systemen. Aufmerksamkeit verdient die Überwachung und Administration des Netzes sowie die Verteilung von Software im Netz. Das Problem ist dabei zwar nicht DMS-spezifisch, sondern gilt generell für verteilte Systeme (Client-Server-Systeme), es wird jedoch mit der Einführung von DM-Systemen vielfach aktueller.

Der Speicherbedarf wächst und wächst

Wie Fax durch eMail ergänzt oder abgelöst wird, so werden zunehmend eingescannte Image-Dokumente durch CI-Formate abgelöst. Das Dokumentenvolumen wird dadurch weiter wachsen. Der Grund liegt in komplexeren Dokumenten, dem zunehmenden Einsatz von Halbton- und Farbbildern, von Audio- und Videokomponenten und nicht zuletzt durch einen *leichtsinnigen* Umgang mit Speicherplatz. So ist das inzwischen von vielen gepriesene XML zwar nützlich für eine Anwendungs-zu-Anwendungskommunikation, jedoch ausgesprochen ineffizient zur Speicherung großer Textdokumente und großer Dokumentenmengen. Auch die Ablage der Metadaten in XML-Dateien oder XML-Datenbanken ist bei großen Dokumentenmengen ausgesprochen unökonomisch und ineffizient bei Recherche und Zugriff und hinsichtlich des Platzes.

Daneben gibt es die Tendenz „*Lieber zu viel speichern als zu wenig; man weiß ja nicht, wozu man es einmal gebrauchen kann.*" Dabei verschiebt man häufig die Entscheidung, was aufbewahrungswürdig und wie lange die angemessene Aufbewahrungsperiode ist, auf einen späteren Zeitpunkt. Dann liegt aber oft noch weniger Information für eine qualifizierte Entscheidung vor. Qualifizierte, übersichtlich zu handhabende Werkzeuge zur zeitgerechten Vernichtung/Löschung von Dokumenten sind in fast allen DMS-Systemen schwach ausgebildet oder fehlen ganz.* Das Resultat sind Steigerungsraten von jährlich teilweise 100%, was das benötigte Speichervolumen betrifft – dies sehr zur Freude der DMS- und Speicheranbieter.

* *Ansätze dazu sind in guten Content-Management-Systemen vorhanden.*

Wie in den nachfolgenden Kapiteln ausgeführt, werden Speicher rasch größer, schneller und billiger. Dies gilt für Magnetspeicher stärker als für optische Speichermedien. Der Trend geht hier deshalb zu großen Magnetplatten-Caches und teilweise zu HSM-Systemen mit großen Plattenspeichern.*

* *Siehe hierzu Kapitel 5.8.*

Re-Zentralisierung

Mit steigender Leistungsfähigkeit der Server bietet sich die Chance einer Re-Zentralisierung und Konsolidierung der Systeme – sofern der Leistungsbedarf durch steigende Dokumentenzahlen und Datenbank-Komplexität nicht linear mit steigt. Im Speicherbereich erfolgt aktuell unter dem Schlagwort *Storage-Management* und unter Einsatz von SAN- und NAS-Technologie durchaus eine Konsolidierung des Speichers im Unternehmen – weg von einer Vielzahl einzelner File-Server oder großen lokalen Speichern an den einzelnen Servern. Solche *Storage Networks* bieten eine bessere Speicheraus-

Zu SAN, NAS und Storage-Management siehe Kapitel 5.10 und 5.11.

nutzung, einfachere Verwaltung und Administration und eine hohe Flexibilität.

Problemkind ›Sicherheit‹

Mit der inzwischen vollständigen Vernetzung aller Arbeitsplätze im Unternehmen und der Verfügbarkeit eines Großteils des wirtschaftlichen und technischen Know-hows eines Unternehmens in diesem Netz – sei es per ERP-System, per DMS, Content-Management oder Intranet, steigt die Gefahr sowohl externer als auch interner Angriffe bzw. unzulässiger Zugriffe auf diese Information. DM-Systeme sind hier nur eine der beteiligten Komponenten. Verschärft wird diese Situation durch die Anbindung von verteilten Niederlassungen durch Netze, sowie die teilweise Einbindung von Partnern und Endkunden via Internet bzw. Extranet. Firewalls – selbst bei rein internen (großen) Netzen sind hier unabdingbare Sicherheitskomponenten – aber auf Dauer nicht ausreichend. Zu komplex und oft zu unübersichtlich sind die Vernetzungen, zu vielfältig die Kommunikationskanäle. In großen Unternehmen müssen von intern geführte Angriffe mit der gleichen Wahrscheinlichkeit erwartet werden wie Angriffe von außen.

Hier sind sorgfältige Administrationskonzepte gefragt – vorzugsweise sowohl zentral als auch mit Möglichkeiten der (eingeschränkten) Rechtevergabe dezentral. PKI- und LDAP- oder X.500-basierte Lösungen sind hier ein Ansatz. Single-Point-Login-Systeme sind ein wesentlicher Bestandteil. Die Forderung an den DMS-Anbieter lautet hier dann Integrationsmöglichkeiten an das gewählte Single-Point-Login-System zu bieten. Unabhängig davon sollte die Kommunikation zwischen Clients und Servern (sowie zwischen den Servern) chiffriert sein. Bei Web-basierten Clients ist dies heute der Standard, bei nativen Clients leider noch nicht.

Zu einer Verunsicherung in diesem Themenumfeld führen die nationalen und internationalen Interessen der Sicherheits-*Bedarfsträger* (wie Polizei, Staatsschutz und Geheimdienste). Sie bauen bisher erhebliche Hürden auf, die eine einfache, einheitliche und international einsetzbare Chiffrierung von Daten verhindern und führen zu einer deutlichen Verunsicherung hinsichtlich Art und Umfang des Zugriffs der Bedarfsträger auf den Verkehr in öffentlichen und privaten Netzen und der geforderten Abhörmöglichkeiten.

Dieses Thema ist sicher nicht DMS-spezifisch, sondern betrifft die gesamte IT im Zusammenspiel mit den Inter- und Intranet.

2.23 Das Internet ändert (fast) alles

Wie in anderen IT-Bereichen auch, hat das Internet mit seinen neuen Kommunikationsverfahren- und den durch sie stimulierten Kommunikationsbedürfnissen das DMS-Umfeld gravierend umgekrempelt. Ein weiterer wesentlicher Faktor sind die mit dem Internet entstandenen oder durch das Internet forcierten neuen Technologien.

So haben TCP/IP (und UDP) und die darauf aufbauenden Protokolle durch Socket-Schnittstellen, HTTP und SMTP (für eMail) sowohl für lokale Netze als auch für Wide-Area-Networks praktisch alle anderen Protokolle verdrängt, seien es die in Deutschland favorisierten aber nie erfolgreichen ISO-Protokolle, IBMs SNA, Novells IPX/SPX, Apples AppleTalk oder Microsofts Netbios. Das Ergebnis ist eine dramatische Vereinfachung der Installationen, der Administration und des Supportaufwands. Dies alles führte zu steigenden Einsatzzahlen und fallenden Kosten von Soft- und Hardware sowie für den personellen Aufwand zum Erlernen und zum Verwalten der Systeme. Auch die DMS-Anbieter konnten von dieser Standardisierung profitieren.

SMTP = ›Simple Mail Transport Protocol‹

Die Veränderung des Kommunikationsverhaltens – weg von Papierwerbung, Briefen, Telefon und Fax hin zu eMail – haben, zusammen mit dem Trend der Automatisierung und elektronischen Verarbeitung, den PC zur Standardkomponente gemacht, sowohl bei Büroarbeitsplätzen als auch für Privathaushalt. Einher ging die Ablösung alphanumerischer Oberflächen durch grafische Oberflächen. Hierfür gaben auch die Web-Browser wesentliche Impulse. Die Konsequenz für DM-Systeme besteht darin, dass *geeignete* Arbeitsplatzsysteme* nun praktisch überall bereits vorhanden sind und nicht als Teil des DMS-Projektes beschafft werden müssen. Dies senkt die Kosten und den Umstellungsaufwand.

** Das Thema ›geeigneter Bildschirm‹ bleibt noch bestehen.*

Zugleich entstand der Bedarf nach weiteren DM-Lösungen – z. B. nach eMail-Archivierung.

Mit der Verfügbarkeit eines Web-Browsers und der zunehmenden Funktionen dieser Clients, bot es sich an, den Web-Browser als Frontend in Client-Server-Architekturen zu verwenden – darunter auch als DMS-Client.

Der Wunsch, auch individuelle, komplexere Operationen im Web-Browser ausführen zu können, ließ die alte Idee von interpretiertem, portablem Programmkode in der Form von Java neu auferstehen. Mit Java-Applets kann man aufgabenbezogene, kleine Programmstücke auf den Desktop des Benutzers übertragen und dort ausführen – unabhängig von der Art des Client-Betriebssystems. Neben kleinen Applets lassen sich damit dynamisch und ohne vorherige Installation auch ganze komplexe Programme (z. B. einen DMS-Client) über Netz übertragen und temporär oder permanent installieren. Lediglich ein Java-Interpreter muss dort vorhanden sein. Dieses Konzept hat sich jedoch nur eingeschränkt durchgesetzt – zumindest was größere Java-Komponenten betrifft. Dafür gib es mehrere Gründe. Einerseits waren zunächst die Netzbandbreiten zu limitiert, um umfangreichen Code zu übertragen.* Die lange Ladezeiten werden von den Benutzern nicht akzeptiert. Zusätzlich erweisen sich die Java-Interpreter (die *Java-Engines*) im Detail als zu unterschiedlich (und am Anfang als zu fehlerhaft) für größere Anwendungen. Insbesondere die Schnittstellen zum Betriebssystem (z. B. für den Zugriff auf eine lokale Datei oder zum Drucken) bereiten erhebliche Kompatibilitätsprobleme. Auch war zumindest am Anfang der Geschwindigkeitsunterschied zwischen einer Interpretation und der Ausführung von Maschinencode deutlich. Dies ist zwar inzwischen durch *Just-in-Time-Compiler* und andere Verbesserungen der Java-Interpreter deutlich verringert. Trotzdem muss man feststellen, dass das Konzept für Client-Systeme nur eingeschränkt eingesetzt und weitgehend auf Informationszugriffe mit wenig Interaktion beschränkt wird. Dazu jedoch lässt sich ebensogut und portabler reiner HTML-Code im Web-Browser benutzen.

** Ein in Java realisierter DMS-Viewer hat Volumen von etwa 0,5–1,0 MB.*

Auf dem Server und in Middleware-Komponenten hat sich Java und die darauf aufsetzenden Technologien bewährt und erzielt eine immer noch zunehmende Verbreitung.

Mit der Nutzung öffentlicher, standardisierter Netze wurden diese billiger, mit steigender Nachfrage auch schneller. Netzkapazitäten und -bandbreiten wachsen weiter. Dies gestattet inzwischen unter anderem zentralisierte DMS-Lösungen. Diese vereinfachen gegenüber verteilten Lösungen die Administration und gestatten durch niedrigere Kosten höhere Redundanz und damit höhere Sicherheit gegen Ausfälle – solange die Netzverfügbarkeit gegeben ist.

Zu CM- und WCM-Systemen siehe Kapitel 4.

Durch die Menge der zu übertragenden Informationen und den verstärkten Einsatz von Rastergrafiken, Audio- und Videodaten, entstanden neue Impulse für Komprimierungsverfahren. PNG, JPEG-2000, MP3, und MPEG-4 sind einige der Ergebnisse.

Zu Formaten und Komprimierungsverfahren siehe Kapitel 7.

Mit HTML wurde sehr schnell und durchdringend ein neues Compound-Dokumenten-Format eingeführt – zunächst allerdings mit einer hohen Entwicklungsdynamik, unvollständigen und unterschiedlichen Implementierungen in den verschiedenen Browsern und daraus resultierend viel Arbeit für die Inhalts- und Oberflächengestalter. Dem folgte als nächstes wesentliches Format XML, dessen Entwicklung und Einsatz erst beginnt und dessen Potential erst in den kommenden Jahren ausgeschöpft werden kann. Mit den limitierten Formatierungsmöglichkeiten von HTML und XML wuchs eine Nachfrage, die Adobe mit PDF abzudecken versucht.

Mit den Anforderungen von eCommerce und eBusiness veränderten sich auch die Anforderungen an DM-Systeme, die oft Teil dieser Lösungen sind. Hier kommen faktisch ausschließlich Web-Browser als Viewer in Frage und ausschließlich Standard-Internet-Protokolle für die Kommunikation über Firewall- und Proxy-Server hinweg. Zugleich steigt durch zunehmende Informationsmengen der Bedarf nach DMS- und Storage-Management-Funktionen.

Zum Thema ›Storage Management‹ siehe Kapitel 5.11.

Das Problem der *offenen Ports* bei Firewalls, sowie die einfachen Möglichkeiten einer sicheren Verschlüsselung der übertragenen Daten, hat dazu geführt, dass DMS-Anbieter vielfach auch dort ihre Protokolle auf HTTP und SSL (*Secure Socket Layers*) umgestellt haben, wo statt Web-Clients native Windows-Clients eingesetzt werden. Ebenso wird für die Kommunikation zwischen Servern zunehmend XML als Format benutzen.

Der mit dem Internet einhergehende (wenn bisher auch nur rudimentäre) Einsatz von PKI-Komponenten und dem Bedarf für Verschlüsselung und Signaturen in eCommerce-Lösungen, schlägt sich sowohl in Gesetzen (z. B. Signaturgesetz und Umsatzsteuergesetz)* als auch in Anforderungen an DM-Systeme nieder.

PKI = ›Public Key Infrastructure‹

** Siehe hierzu Kapitel 8.*

Mit den Intra- und Internet-Portalen entstand der Bedarf nach Web-Content-Management (WCM), in denen zahlreiche DMS-Komponenten vorhanden sind. Waren Volltext-Recherchesysteme zuvor selten und teuer, so erwartet man deren Möglichkeiten heute in fast allen Lösungen. Dies resultiert in fallenden Kosten und mehr Funktionalität. Ebenso sind (zumindest einfache) Workflow-Komponenten in WCM-Systemen selbstverständlich.

Zu CM- und WCM-Systemen siehe Kapitel 4.1.

Erst die Verfügbarkeit von Desktop-Systemen an jedem Büroarbeitsplatz hat die Voraussetzungen für einen breiteren Einsatz von Knowledge-Management-Systemen (KMS) geschaffen – weiter forciert durch die Globalisierung der Unternehmen und dem damit verbundenen Kommunikationsbedarf. Wesentliche KM-Techniken, wie etwa die automatische Klassifikation von Dokumenten, fließt nun in DM-Systeme ein.

Zu KM-Systemen siehe Kapitel 4.2.

Mit der hohen Anzahl der Nutzer und der Notwendigkeit differenzierter Zugriffsrechte steigt der administrative Aufwand für den Systembetreiber enorm. Mit der Vielzahl der Systeme, die ein normaler Benutzer – oft implizit und möglichst transparent – im Internet und Firmennetz besucht und bei denen aus verschiedenen

Gründen (Sicherheit, Protokollierung, Nutzer-Profilerstellung) eine ausreichend sichere Benutzeridentifizierung und -authorisierung notwendig sind, wird das individuelle Log-On für den Benutzer immer lästiger und schließlich unakzeptabel. Hier gibt es bisher mehrere Ansätze,* jedoch noch keine akzeptierte Standardisierung. PKI wird voraussichtlich eine wesentliche Komponente sein. Die Lösung wird voraussichtlich vom Internet-Bedarf getrieben und muss dann auch von DM-, CM- und KM-Systemen aufgegriffen werden!

** Für Firmenübergreifende Lösungen z. B. Passport von Microsoft oder Liberty von der ›Liberty-Alliance‹.*

In puncto Sicherheit hat das Internet und die damit einhergehende weitgehend lokale und globale Vernetzung sowohl Fluch als auch Segen gebracht. Der Segen liegt in der (erzwungenen) Sensibilisierung für das Thema und in einer ganzen Reihe von neuen oder nun breit verfügbaren Techniken – als Beispiele seien hier SSL, S-MIME (für die eMail-Verschlüsselung), Server-Zertifikate, Firewalls und IDS (*Intrusion Detection Systems*) sowie kostenlose Komponenten wie etwa PGP genannt. Der Fluch liegt – wie bereits im Abschnitt 2.22 dargelegt – in den sich rasant verbreitenden Viren und den im Internet frei verfügbaren Angriffswerkzeugen. Die Anzahl der Viren und der Angriffe steigt ebenso wie die Gefahr durch die einzelnen Angriffe, da deren Finesse zunimmt. Die Kosten für Gegenmaßnahmen sind erheblich – an Lizenzen als auch an maschinellen und menschlichen Ressourcen.

Ein Sicherheitskonzept darf aber nicht allein auf das DM-System ausgelegt sein, sondern muss integraler Bestandteil der IT-Strategie sein und darin auch die Sicherheitsanforderungen der DMS-Lösungen abdecken.

Mit der etwa 1996 einsetzenden Kommerzialisierung des Internets verläuft die Entwicklung ein bisschen langsamer – schließlich gilt es, neue Ideen und Techniken zunächst einmal in den Produkten umzusetzen und damit möglich auch noch die Entwicklungskosten wieder einzuspielen. Eine große Verbreitung erzeugt auch eine gewisse Trägheit für Änderungen.

Abgeschlossen ist die Entwicklung noch lange nicht. So werden auch die kommenden Jahre neue Kommunikationsverfahren und neue Techniken bringen und so weiter die IT-Landschaft verändern, als deren Teil DM-Systeme zu betrachten sind.

Vorgangssteuerung, Workflow-Systeme

Workflow-Management-Systeme werden zunehmend zum integralen Bestandteil von DM-Systemen und kommen in Content- und Knowledge-Management-Systemen sowie in automatisierten Geschäftsprozessen zur Anwendung. Sie steuern den Arbeitsfluss und den Transport von Aufgaben und die dazu notwendigen Informationen – zumeist in Form von Dokumenten – durch ein Unternehmen oder einen Arbeitsbereich. Obwohl vielfach anders dargestellt, werden Workflow-Systemen bisher relativ selten in großem Umfang oder in großen Installationen eingesetzt. Dieses Kapitel versucht, die Prinzipien von Workflow-Management-Systemen darzustellen, die Grundbegriffe dieser Systeme zu erläutern und einige Auswahlkriterien aufzuzeigen. Das Thema selbst ist so umfangreich, dass hierzu nur eine erste Einführung und eine Übersicht gegeben werden kann.

3.1 Vorgangssteuerungssysteme

Eine gute Einführung zum Thema ›Workflow-Managment‹ geben [Fischer-A] und [Gadatsch].

Ein *Vorgangssteuerungssystem* – als Synonym wird hier auch *Workflow-Management-System* verwendet – gestattet es, einzelne Arbeits- bzw. Geschäftsabläufe zu modellieren und danach rechnergesteuert ablaufen zu lassen. Die Modellierung erfolgt heute in fast allen WF-Systemen grafisch mit einem WF-Editor (Vorgangseditor). Dabei wird ein WF-Skript aufgebaut, was bei einigen Systemen danach mit einem Texteditor angezeigt und teilweise sogar direkt verändert werden kann. Andere WF-Systeme kompilieren die grafische Definition mit den Zusatzangaben in eine interne Form oder legen sie als Graphen und Relationen in einer Datenbank ab.

Diese Vorgangsbeschreibung wird später, bei der Durchführung eines Vorgangs, abgearbeitet und die darin aufgeführten Arbeitsschritte werden nacheinander aktiviert, überwacht und protokolliert.

3.1.1 Begriffe der Vorgangssteuerung

Vorgangssteuerung

Unter der *Vorgangssteuerung* bzw. dem *Vorgangssteuerungssystem* wird ein Software-System verstanden, welches

> *systemtechnisch einen Arbeitsablauf abbildet, d.h. nach einmal definierten Regeln steuert und überwacht.*

Es leitet dazu Aufgaben (und zumeist auch Dokumente in elektronischer Form) durch mehrere Vorgangsschritte. Diese werden dabei zumeist von unterschiedlichen Personen ausgeführt.

Geeignet für den wirtschaftlichen Einsatz von Vorgangssteuerungssystemen sind solche Arbeitsabläufe,

- die nach fest definierten Regeln ablaufen,
- die aus mehreren Arbeitsschritten bestehen,
- bei denen die Schritte von unterschiedlichen Personen/Prozessen ausgeführt werden,
- die vordefinierte Ziele besitzen,
- die wiederholt und in großer Anzahl anfallen
- und deren Rationalisierung wirtschaftliche Vorteile ergibt.

Die Gesamtheit eines Vorgangssteuerungssystems wird häufig auch als *Workflow-Management-System (WFMS)* oder kürzer *Workflow-System* (*WFS*) bezeichnet.

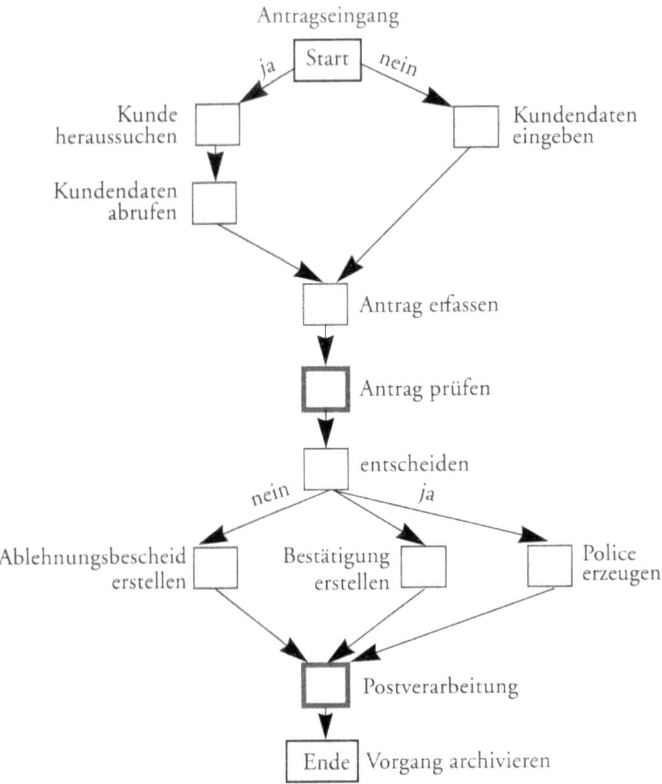

Abb. 3-1
Beispiel eines einfachen Vorgangs

Vorgang

Als *Vorgang* wird ein fest definierter Arbeitsablauf verstanden, bestehend aus mehreren Arbeitsschritten. Die ›*Standard-Bearbeitung eines Lebensversicherungsantrags*‹ wäre z. B. ein solcher Vorgang. Der Vorgang besteht in der Regel aus mehreren (Arbeits-) *Schritten*, die häufig von unterschiedlichen Bearbeitern durchgeführt werden. Der *Vorgang* (als eine Art Einzelschrittprogramm) definiert dabei

- die Reihenfolge der einzelnen Schritte,
- von wem die Schritte auszuführen sind (automatisiert oder durch eine Person bzw. einen Rollenträger),
- (eventuell) wie lange ein Schritt maximal dauern darf und was bei einer Zeitüberschreitung erfolgen soll,
- bei Verwendung von Petri-Netzen die Vor- und Nachbedingungen eines Arbeitsschritts,
- verwendete Steuervariablen, Applikationen, …

Die konkrete Bearbeitung eines Antrags mit diesem Vorgang wird dann als *Fall* bezeichnet.

Schritt (Vorgangsschritt)

Als *Schritt* wird eine einzelne Verarbeitungseinheit innerhalb eines Vorgangs verstanden. Bei der Bearbeitung eines Versicherungsvertrags könnte die Risikoprüfung ein Schritt des Vorgangs ›Standardbearbeitung eines Lebensversicherungsantrags‹ sein (sofern sie von einem einzigen Sachbearbeiter ausgeführt werden kann).

Vorgangsbausteine

Mehrere Vorgangsschritte lassen sich häufig zu *Teilvorgängen* oder *Vorgangsbausteinen* zusammenfassen. Dies ist sinnvoll, wenn solche Teilvorgänge mehrfach in unterschiedlichen Vorgängen vorkommen. Sie lassen sich dann in deren Modellierung und Umsetzung als Bausteine verwenden und erzielen eine Wiederverwendbarkeit (z. B. der Baustein *Postverarbeitung* in Abb. 3-1).

Andererseits kann eine Vorgangskette auch als ein Abstraktionselement in der Darstellung eingesetzt werden. Die Kette wird dazu als ein Symbol dargestellt, hinter dem sich (auf der nächsten Darstellungsebene) wieder ein (Teil-) Workflow verbirgt. Dies führt zu einer größeren Übersichtlichkeit der Workflow-Darstellungen.

Fall

Als (Geschäftsvor-) *Fall* wird die Instanzierung eines Vorgangs bezeichnet, d. h. der konkrete Ablauf eines Vorgangs – z. B. ›die Bearbeitung des Versicherungsantrags von Herrn *Neu*‹.

Das WF-System sollte in der Lage sein, dem Verwalter den Status eines Falls anzuzeigen und ein Protokoll über den Ablauf eines jeden einzelnen Falls zu erstellen.

Rollen

In vielen Fällen muss der WF auf Definitionen zurückgreifen, welche Angaben zur Aufbauorganisation eines Unternehmens oder Bereichs beinhalten. Die Vorgangssteuerung sollte dann auf der abstrakten Ebene nicht einen einzelnen Bearbeiter (z. B. Herrn Müller) sehen, sondern dessen *Rolle* (z. B. die des ›Sachbearbeiters für Versicherungsanträge im Bereich *Leben*‹). Dies gestattet einerseits, Aufgaben an eine ganze Gruppe von Bearbeitern mit der gleichen Rolle zu schicken und andererseits Substitutionen vorzunehmen – z. B. im Urlaubs- oder Krankheitsfall oder beim Ausscheiden oder einer Aufgabenverschiebung –, ohne dass dazu der Vorgang geändert werden muss. Es ist lediglich die Zuordnung eines Mitarbeiters zu den definierten Rollen zu ändern. Rollen erlauben, die Aufbau-Organisation eines Unternehmens zu modellieren. Zusätzlich sollten Profile zuzuordnen sein. Dort, wo das WF-System keine speziellen Mitarbeiterprofile (z. B. mit Genehmigungsgrenzen als Attribut) unterstützt, kann eine Differenzierung durch die Definition weiterer Rollen erfolgen.* Dieses Verfahren ist jedoch aufwändiger und weniger änderungsfreundlich.

* *z. B. eine Rolle ›Genehmigung Verträge bis 100.000 Euro‹ und ›Genehmigung Verträge über 100.000 Euro‹*

Berechtigungen

Den Rollen (-trägern) oder einzelnen Anwendern müssen in der Regel unterschiedliche *Berechtigungen* zugeteilt werden. Dies sind Berechtigungen für administrative Aufgaben wie etwa ›*Verändern eines Workflows*‹, ›*Freigabe eines Workflows*‹, ›*Auswertung von Statistiken*‹, ›*Ändern der Definition der Aufbauorganisation*‹ und Ähnliches. Hinzu kommt die Berechtigung zur ›*Ausführung der Workflows*‹ (oft mit der Unterscheidung ›*Initiieren des WFs*‹ und ›*Ausführen des WFs*‹). Die Ausführung wird dann in die Ausführung der einzelnen Arbeitsschritte untergliedert, für die zumeist die Arbeitsschrittberechtigungen an Rollen geknüpft werden können.

Wünschenswert ist zusätzlich die Vergabe von Wertgrenzen an einzelne WF-Variablen, womit z. B. festgelegt werden kann, dass ein Sachbearbeiter nur Verträge bis zu einer bestimmten Höhe abschließen darf. Es ist jedoch möglich, dies im WF auch etwas aufwändiger explizit zu programmieren (z. B. über unterschiedliche Rollen).

Bei Installationen mit größerer Teilnehmerzahl ist ein Rollen- und Berechtigungskonzept unabdingbar. Bei sehr großen Installationen ist es dann von Vorteile, wenn die Teilnehmer und ihre Rollen auch dezentral vergeben werden können – über die Rolle des Workflow-Administrators, dessen Rechte/Rollen selbst nochmals abgestuft sein können.

Postkorb – Arbeitsvorratsliste (*Worklist Handler*)

Der typische Einstiegspunkt eines Sachbearbeiters für WF-Arbeitsabläufe ist der WF-Postkorb – bei einigen WF-Systemen auch als *Arbeitsvorratsliste* definiert. Dort sieht er, welche Arbeiten anstehen, und aus ihm wählt er die nächste zu bearbeitende Aufgabe. Der Postkorb sollte es erlauben, die unerledigten Aufträge nach unterschiedlichen Kriterien zu ordnen – etwa nach Priorität, Auftragsart oder Terminen. Möglicherweise erhält der Sachbearbeiter mehrere Postkörbe, die er regelmäßig nach Arbeitspositionen zu durchsuchen hat, oder er kann von einem Postkorb ausgehend die anderen sichtbar machen. Aufbau und Art des Postkorbs sind stark anwendungsspezifisch, so dass das WF-System eine weitgehende Gestaltung des Postkorbs erlauben sollte. Teilweise sollte dies auch dem Anwender möglich sein – etwa die bevorzugte Spalten- und Sortierreihenfolge.

Als ein Postkorb, der auf vielen Desktops bereits vorhanden ist, erweist sich Outlook (oder der entsprechende Lotus-Client). In vielen Unternehmen fungiert er bereits als zentrale Informationszentrale auf dem Desktop, in dem neben eMail auch Termine, Kontakte und private Aufgabenlisten verwaltet werden. Viele Anbieter gehen deshalb dazu über, ihre WF-Komponenten hier zu integrieren oder aber ihre Kostkörbe auf die Schnittstellen des dahinterliegenden Exchange-Servers bzw. der Exchange-Engine auszurichten, so dass – bei weitgehend ähnlicher Funktionalität wie der Outlook-Client – ihr Client als Desktop-Informationszentrum mit integriertem Workflow benutzt werden kann. Eine weitere Variante besteht darin, die WF-Engine des Exchange-Servers zu nutzen.

Mappe

Unter einer *Mappe* soll hier eine Art von Container verstanden werden, der eine Menge von Dokumenten enthält, die zum Bearbeiten eines Falls relevant sind. Dabei ist es vorteilhaft, wenn die Dokumente bereits zu Beginn eines Arbeitsschritts *angezogen* sind, d.h. zum Arbeitsplatz des Sachbearbeiters für einen schnellen Zugriff transportiert oder in den Cache des DMS geholt wurden.

3.1.2 Workflow Management Coalition

Ein großer Teil dieser Definitionen sowie der nachfolgend besprochenen Modelle sind den Definitionen der *Workflow Management Coalition* – kurz *WfMC* – entnommen. Dies ist eine offene Vereinigung zahlreicher Anbieter von Workflow- und DM-Systemen.*

Ziel der WfMC ist die Erarbeitung von Standards für WF-Systeme sowie von Schnittstellen dieser Systeme untereinander und zu benachbarten IT-Komponenten. Sowohl das Komponentenmodell in Abb. 3-3 als auch das Schnittstellenmodell von Abb. 3-4 wurden von der WfMC aufgebaut. Ebenso beruht die Definition eines Teils der zuvor aufgeführten Begriffe auf dem englischsprachigen Glossar der WfMC.**

* *Siehe hierzu Anhang B auf Seite 710.*

** *Siehe hierzu auch [[WfMC]] (s. S. 710).*

3.2 Phasen der Vorgangssteuerung

Im Lebenszyklus einer Vorgangssteuerung (eines Workflows) gibt es drei unterschiedliche Phasen:

- Die **Analyse und Definition** des Workflows (Modellierungsphase)
- Die **Umsetzungsphase**
  Dort werden die im Workflow benötigten Masken, Hilfsfunktionen und Applikationsanbindungen geschaffen.
- Die **Ausführung** und Steuerung des Workflows (Laufzeitphase)

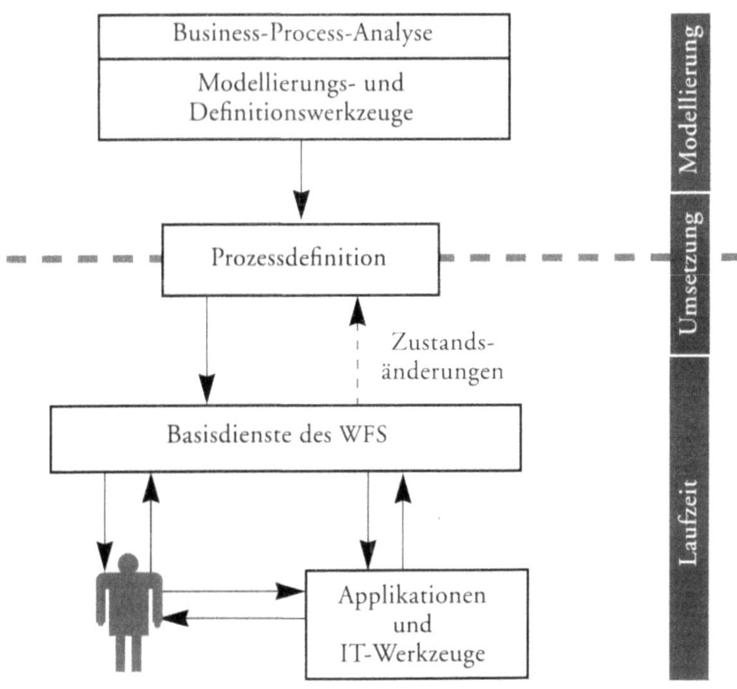

Abb. 3-2
Die drei Phasen einer Vorgangssteuerung:
1. *Modellierung*
2. *Umsetzung*
3. *Ablauf*

3.2.1 Analyse und Modellierung

In der Analysephase wird zunächst der existierende Ablauf erfasst und auf Schwachstellen analysiert. Danach erfolgt die Konzeption des zukünftigen Ablaufs. Man spricht hier auch von einem *Business Process Re-Engineering* (BPR) einer Überarbeitung des Geschäftsablaufs oder – wenn es sich um einen neuen Ablauf handelt – von *Business Process Engineering* (BPE).

Die neuen Abläufe sollten sowohl organisatorische Verbesserungen berücksichtigen als auch die neuen Möglichkeiten und Restriktionen eines elektronisch geführten Ablaufs. Einige WF-Systeme oder spezielle BPR-Systeme erlauben, mit den definierten Vorgängen Simulationen auszuführen, um Blockadesituationen (*Deadlocks*), potentielle Arbeitsengpässe und die Lastverteilung auf einzelne Arbeitsschritte zu ermitteln.

3.2.2 Umsetzungsphase

Der Modellierung eines Workflows schließt sich die Umsetzungsphase an. Sie ist zu Anfang recht aufwändig, da hierbei neben der eigentlichen Workflow-Definition Erfassungs- und Abfragemasken, Hilfsprogramme, Applikationsintegrationen und ähnliche Funktionen zu realisieren sind.

Bei der Umsetzung mehrerer Vorgänge entstehen bei geschickter Planung Bausteine, die wiederholt in verschiedenen Vorgängen verwendet werden können.

Eine notwendige Maßnahme in der Umsetzungsphase ist die begleitende, fast immer notwendige Änderung der Organisation in den Bereichen, in welchen der Workflow eingesetzt werden soll, Die neuen Abläufe sind mit den betroffenen Mitarbeitern zu besprechen und abzustimmen. Die Mitarbeiter müssen geschult werden und eventuell neue Berechtigungen erhalten. Es ist genau festzulegen, was automatisiert und was manuell erfolgt und welche Eingriffsmöglichkeiten bestehen. Oft sind zusätzlich neue, schriftliche Arbeitsanweisungen erforderlich.

3.2.3 Die Nutzungsphase (Laufphase)

Die wirtschaftlich interessante Phase ist natürlich die Laufzeitphase. Das WF-System stützt sich hierbei auf die hinterlegten Definitionen zur Abarbeitung eines Falls und aktiviert zu dessen Bearbeitung in der definierten Reihenfolge Applikationen, Dokumententransport, Postkörbe /Auftragslisten usw.

Das System registriert dabei jeden einzelnen Schritt eines WF-Falls – in Form von Status- und Variablenänderungen. Bei datenbankbasierten Systemen wird dies zentral in der WF-DB gespeichert. Bei Message-basierten Systemen wird diese Information zunächst in einem WF-Container registriert. Dieser hält dann ebenso das WF-Skript.

Zusätzlich wird – insbesondere bei DB-orientierten Systemen – ein Protokoll erstellt, in dem der Ablauf der einzelnen WF-Schritte mit Bearbeiter, Start- und Endezeit sowie die Statusänderungen festgehalten werden.

Die in dieser Phase notwendige Verwaltung umfasst die Kontrolle nicht abgeschlossener Fälle, Auswertungen über Lastverteilung und Durchlaufzeiten, sowie die Archivierung oder das Löschen von Fallhistorien.

Theoretisch ist durch Auswertung der WF-Protokolle auch die Arbeit einzelner Mitarbeiter kontrollierbar. Dies wird jedoch praktisch nie durchgeführt und oft in Betriebsvereinbarungen explizit ausgeschlossen.

3.3 Struktur eines Workflow-Systems

Ein WF-Gesamtsystem ist häufig ein komplexes Gebilde von Applikationen, Bausteinen und Integrationen. Abb. 3-3 zeigt das Schema eines typischen WF-Systems.

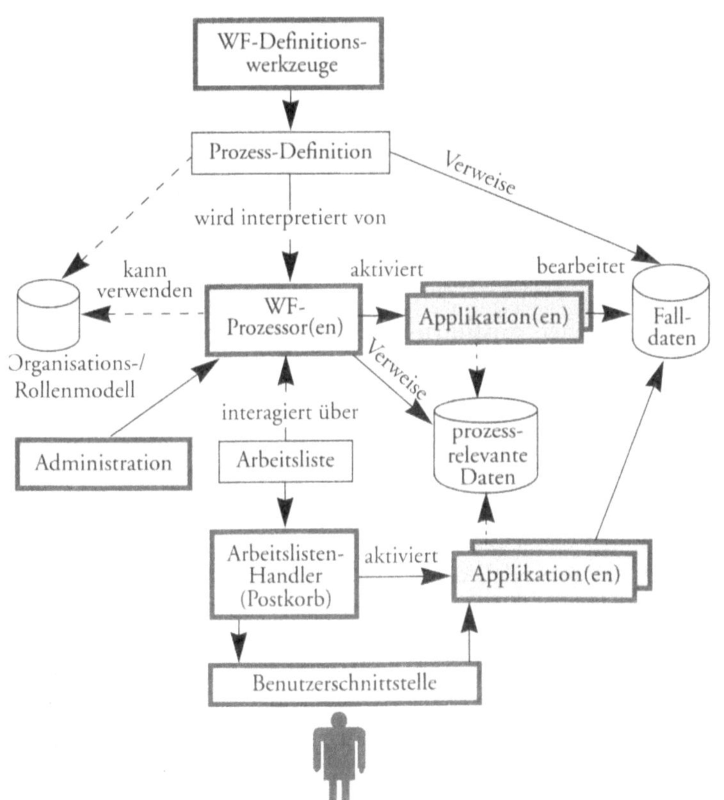

Abb. 3-3
Die wesentlichen Komponenten eines Workflow-Systems nach dem WfMC-Modell

WF-Definitionswerkzeug

Der WF-Modellierer gestattet – in den moderneren Versionen über einen grafischen Editor – die Definition eines Vorgangs mit seinen Einzelschritten, Verzweigungen und Bedingungen.

Wünschenswert ist es, dass das Modellierungswerkzeug auch Simulationen eines Vorgangs erlaubt. Hiermit können nicht nur kritische Schrittfolgen aufgedeckt werden, sondern auch die typischen Durchlaufzeiten, Kosten sowie Arbeitsverteilungen festgestellt werden. Solche Simulationen setzen voraus, dass bei Verzweigungen im WF den einzelnen Ästen Wahrscheinlichkeiten zugeordnet werden. Für eine Kostenberechnung eines Workflows müssen den Arbeitsplätzen bzw. Rollen zusätzlich Zeitkosten zugeordnet werden.

Das Ergebnis des Modellierens ist die Definition des Workflows. Diese wird – abhängig von der Art des WF-Systems – entweder als Skript oder in Form von Relationen in einer WF-Datenbank abgelegt. Das WF-System sollte zur WF-Definition eine Versions- und Freigabeverwaltung zur Verfügung stellen, in der z.B. festgelegt werden kann, ab wann ein WF eingesetzt werden darf und was mit bereits laufenden Fällen eines Workflows geschehen soll.

Wünschenswert, aber leider nicht immer vorhanden, sind bidirektionale Schnittstellen zu einem Werkzeuge zur Modellierung und Simulation von Geschäftsprozessen (BPR = ***Business Process Reengineering***),* so dass Änderungen in einen Werkzeug ohne Verluste in das andere Werkzeug übertragen werden kann.

** Siehe gestrichelten Kasten in Abb. 3-4 oben rechts.*

WF-Prozessor

Bei der eigentlichen Ausführung eines Vorgangs wird der WF-Prozessor – auch *WF-Engine* oder *WF-Interpreter* genannt – aktiviert. Hierzu wird in der Regel eine Kopie der WF-Definition angelegt, so dass bei Bedarf bei einem Versionswechsel die laufenden WF-Fälle mit der „alten Definition“ fertig gestellt werden können.

Der WF-Prozessor führt die Programmschritte der WF-Definition aus. Dazu greift er neben der WF-Definition auch auf das Organisationsmodell des Bereichs oder Unternehmens zurück, in welchem Rollen, Berechtigungen und schließlich auch die Zuordnung von Personen zu Rollen festgehalten sind. Über sie ermittelt er den möglichen Bearbeiter für einen Vorgangsschritt. Einige WF-Systeme bieten keine solche Möglichkeit. In ihnen wird der Bearbeiter über direkte Personenverweise oder Arbeitsgruppenverweise festgelegt.

3.4 Standardisierte Schnittstellen zu WF-Systemen

WF-Systeme sind in der Regel nicht *eine* große Applikation, sondern bestehen aus einer größeren Anzahl miteinander kooperierender Werkzeuge und Applikationen. Dabei möchte man unter Umständen diese Werkzeuge von unterschiedlichen Lieferanten beziehen und sich so die für den eigenen Bedarf am besten passenden Komponenten zusammenstellen (*Best-of-Breed*-Ansatz). Dies ist bisher jedoch nur eingeschränkt möglich.

Zusätzlich entsteht der Bedarf, WFs zwischen verschiedenen Systemen auszutauschen – z. B. über Internet zwischen Unternehmen.

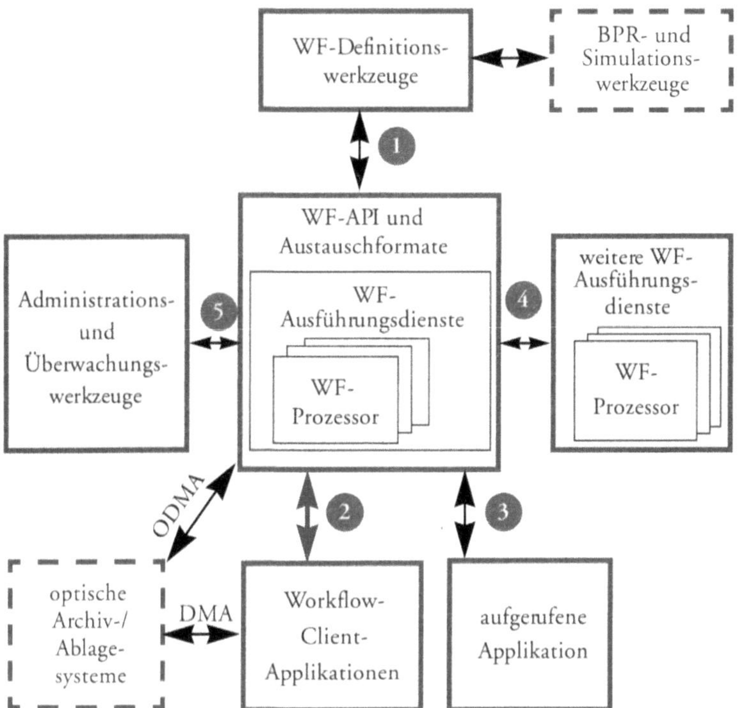

Abb. 3-4
Die Schnittstellen nach dem WfMC-Modell (siehe [[WfMC-R]])

Die gestrichelten Blöcke sind nicht Teil des offiziellen WfMC-Modells. Für die Schnittstellen zum DMS kommen die DMA- und ODMA-APIs in Frage (siehe hierzu Kapitel 2.13.4).

Die *Workflow Management Coalition* (WfMC), ein Gremium aus mehreren WF-Anbietern, versuchte deshalb, ein allgemeines Workflow-Modell zu schaffen und Schnittstellen zwischen den Modulen eines WF-Systems zu definieren. Abbildung 3-4 zeigt die darin festgelegten Schnittstellen, wobei die gestrichelt markierten Schnittstellen zu einem Archiv und zu BPE- und Simulationswerkzeugen nicht Teil der Festlegungen der WF-Coalition sind.

Sind solche Schnittstellen einmal definiert und realisiert, so ist es möglich, nicht nur WF-Definitionen zwischen unterschiedlichen Systemen auszutauschen, sondern auch die für die eigenen Anforderungen jeweils am besten passenden Werkzeuge zusammenzustellen.

Die inzwischen alle verabschiedeten Schnittstellen sind im Einzelnen:

- Interface 1: Process Definition Tools
- Interface 2: Workflow Client Applications (WAPI)
- Interface 3: Invoked Application
- Interface 4: Other Workflow Enactment Services
- Interface 5: Administration and Monitoring Tools

Inwieweit ein Workflow-Produkt die obigen Schnittstellen vollständig implementiert, ist im Einzelnen zu prüfen; nur wenige erfüllen sie vollständig.

Sprachanbindungen

Für die einzelnen Schnittstellen-APIs sind für eine sinnvolle Standardisierung Anbindungen an verschiedene Programmiersprachen erforderlich. Die WfMC hat bereits ein ganzes Spektrum solcher Sprachanbindungen für die oben aufgeführten Schnittstellen definiert. Hierzu gehören neben C und C++ z. B. auch Java.* Zum Interface 4 gibt es eine Anbindung für MIME (vielfach in eMail eingesetzt). Daneben gestattet Wf-XML einen auf XML-basierenden Austausch von Workflow-Objekten zwischen WF-Systemen. Da dies oft über Internet erfolgt, nutzt Wf-XML den Secure-Socket-Layer (SSL) zur Verschlüsselung der Nachrichten.

** Siehe hierzu [[WfMC]] auf S. 710, dritter Eintrag.*

Eine etwas ältere, aber in der Microsoft-Welt vielfach eingesetzte Schnittstelle ist das Microsoft MAPI-API (*Messaging Application Programming Interface*). Es stellt das Microsoft-Workflow-Framework zum WfMC-Interface 4 dar. Der Zugriff auf die WF-Objekte (und Dokumente) erfolgt hier über die OLE/COM-Schnittstelle (bzw. über ActiveX).

3.5 Es muss nicht immer Workflow sein

Wo Aufgaben und Dokumente durch ein Unternehmen fließen, sind nicht immer aufwändige und teure Workflow-Systeme notwendig. Oft wird dies applikationsintern über einfache Auftragsabarbeitungsschlangen und über interne Datenbankeinträge realisiert, wie z. B. überwiegend in SAP R/3 (obwohl R/3 einen ›Business Workflow‹ besitzt, wird der normale Arbeitsfluss dort weitgehend über interne Warteschlangen realisiert. Auch ein einfaches Weiterleiten über eMail erfüllt diese Aufgabe oft gleich funktional. Was hierbei natürlich fehlt, ist die systematische Kontrolle sowie eine einfache Umsetzung von Rollenkonzepten.

3.6 Eine Workflow-Bilanz

Obwohl es inzwischen eine ganze Reihe guter WF-Systeme und Werkzeuge gibt und mehrere Realisierungen erfolgreich durchgeführt wurden, ist die Gesamtbilanz der WF-Systeme bisher eher verhalten und weniger euphorisch als es die WF-Propagandisten vor einigen Jahren noch zu verkaufen versuchen. Hierfür gibt es drei wesentliche Gründe:

1. Der sinnvolle Einsatz von WF-Lösungen setzt fast immer ein Business-Process-Re-Engineering zumindest in dem betroffenen Teilbereich voraus. Dies greift oft tief in gewachsene Strukturen ein – ein Schritt, den viele Unternehmen nur ungern und nach langer Prüfung tun. Diese Neugestaltung von Abläufen betrifft oft auch vorhandene (Legacy-) Anwendungen, die zusätzlich modularisiert werden müssen, um für eine WF geeignete Schnittstellen zu bieten.

2. Viele Abläufe benötigen ein gewisses Maß an Flexibilität oder Ad-hoc-Entscheidungen. Dies steht jedoch einer einfachen, strikten WF-Implementierung entgegen.

3. Obwohl das WfMC-Modell nun schon einige Jahre existiert, wurden die fünf Schnittstellen erst langsam von den Anbietern realisiert und zumeist nicht vollständig. Zu tief greifen die Definitionen offensichtlich in die bereits vorhandenen und aus Kompatibilitätsgründen weiterhin zu unterstützenden Implementierungen ein. Die schnell fortschreitende IT-Entwicklung macht darüber hinaus ständige Anpassungen an neue Technologien (z. B. Java, XML, ...) notwendig.

Man hat sich weitgehend von der Idee verabschiedet, ganze Bereiche oder gar Unternehmen per vollständig automatisiertem Workflow zu steuern. Insbesondere die sehr lang laufenden Prozesse (solche über Jahre) erscheinen durch die ständigen Änderungen ungeeignet. Typisch werden statt dessen mehrere kurze Workflow-Strecken eingesetzt und stärker als in den umfassenden Experimente die Eingriffs- und Entscheidungsmöglichkeiten der Mitarbeiter vorgesehen. Mehrere, oft lose gekoppelte Workflows – teilweise per Internet über Unternehmensgrenzen hinweg – sind hier oft erfolgreicher und bieten schnellere, unproblematischere Änderungsmöglichkeiten.

Neue Impulse haben Workflow-Komponenten durch den steigenden Bedarf in Content- und Knowledge-Management-Systemen sowie in eBusiness-Prozessen bekommen, bei letzteren sogar über Unternehmensgrenzen hinweg. Hier dürfte insbesondere Wf-XML zum Einsatz kommen.

Kapitel 4

Content- und Knowledge-Management

Content-Management beschäftigt sich damit, Inhalte effizient zu erstellen, zu publizieren und zu verwalten – zumeist im Intra- oder Internet. Dabei fallen eine ganze Reihe technischer und organisatorischer Aufgaben an.

Knowledge-Management versucht eine Stufe weiter zu gehen und das im Unternehmen vorhandene Wissen den Mitarbeitern zugänglich zu machen – teilweise auch Kunden.

Beide Themenbereiche weisen eine starke Überlappung mit Dokumenten-Management-Systemen auf, da auch hier Dokumente und ihr Bearbeitungsfluss zu organisieren sind und typische DMS-Komponenten wie strukturierte Ablage, Indexierung und Volltext-Recherche eingesetzt werden. Beide Themenbereiche sind relativ neu, füllen jedoch bereits eigene Bücher. Dieses Kapitel versucht deshalb nur einen Einstieg zu geben.

4.1 Content-Management

Mit der Zunahme des Anteils an elektronischen Dokumenten und Daten im Unternehmen entstand der Bedarf, den Teil der Dokumente, der nicht in klassischen elektronischen Archiven oder in den zumeist Aufgaben- und Abteilungs-orientierten DM-Systemen gespeichert wird, DMS-ähnlich einfach und relativ breit Mitarbeitern zugänglich zu machen.

Mit dem Einzug von Internet-Technik für die interne und externe Kommunikation in Form von Intra-, Extra- und Internet, kommen weitere Aufgaben hinzu: die Erstellung, Pflege und Kontrolle der Web-Inhalte und ganzer Portale, sowie die Möglichkeit der Personalisierung. Lassen sich einige HTML-Seiten noch mit einfachen Web-Editoren erstellen und ins Web stellen, so haben diese Werkzeuge bei etwa 50–100 Seiten ihre Grenzen. Dann wird die Erstellung schnell ineffizient, die Übersicht geht verloren und die Kontrolle und Verwaltung wird zur Sisyphusarbeit. Zugleich steigt der Bedarf nach dynamisch (*On-the-Fly*) erzeugten Web-Seiten, die Inhalte aktuell aus Datenbanken, Back-Office-Systemen und anderen Informationsquellen holen und in die Web-Seiten einbauen. Differenzierte Sichten und Zugriffsrechte sowie Statistiken über die Nutzung sind weitere Anforderungen.

Hier setzen *Content-Management-Systeme* ein (kurz: CM bzw. CMS). Diese sind zumeist fokussiert auf Web-Inhalte. Es wird deshalb auch der Begriff ***Web-Content-Management*** bzw. kurz WCM verwendet. Wenn ein solches System für mehrere Portale eines Unternehmens eingesetzt wird oder wenn es auch klassische Archive (im Sinne von *Records-Management* mit entsprechenden Dokumenten-Aufbewahrungsregeln) umfassen soll, wird es auch als ***Enterprise Content Management*** bezeichnet – kurz ECM.

Unter ›Content‹ wird unstrukturierte oder nur leicht strukturierte Information verstanden – typischerweise Dokumente oder Dokumentfragmente.

Der Begriff *Content* (Inhalt) ist dabei weit gefasst und reicht von bereits vorhandenen, gekapselten statischen Dokumenten über Informationszusammenstellungen aus unterschiedlichen Quellen, über Audio- und Videoinhalte bis hin zu Daten, welche erst über eine entsprechende Abfrage aus Datenbanken zusammengestellt werden oder aus einer Back-Office- oder ERP-Komponente kommen.

Die Überschneidung zwischen DM- und CM-Systemen ist groß, geht es doch um die Handhabung eines Dokumenten-Lebenszyklus', die Handhabung zahlreicher Dokumente sowie Dokumentenflüsse bei der Erstellung und Publikation. In den meisten CM-Systemen sind deshalb auch einfache Workflows – z. B. für den Freigabeprozess von Dokumenten anzutreffen.

Content-Management ist eine noch junge Disziplin. Systeme, welche die Bezeichnung *Content-Management* verdienen, sind etwa seit 1998 auf dem Markt. Mit dem Internet-Boom schossen auch die CM- und WCM-Firmen aus dem Boden, nur wenige davon aus dem DMS-Markt kommend. Praktisch alle Firmen mussten massiv Technologien zukaufen oder fremde Komponenten einbinden, um ein halbwegs vollständiges Angebot aus einer Hand machen zu können. Boten viele anfänglich sogar eigene Web-Server und Middleware-/Application-Server als Teil ihres CM-Systems an, so setzen heute die meisten Anbieter auf die Standard-Server und die Middleware-Systeme wie WebLogic (BEA), Websphere (IBM) oder IIS (Microsoft). Als Web-Server hat (Anfang 2002) der kostenfreie Apache-Server die größte Verbreitung, gefolgt von den MS-Internet-Information-Servern (MS-IIS) und den Netscape-Servern.

Eine praktische Einführung in das Thema CM gibt [Boiko] (s. S. 697) in seiner Content-Management-Bibel. Eine eher strategische deutschsprachige Einführung ist in [Zschau] (s. S. 699) zu finden.

Mit dem Dot.COM-Sterben gab es 2001/02 im CM-Markt eine erhebliche Umstrukturierung, die noch nicht abgeschlossen ist.

4.1.1 Anforderungen ermitteln

Wie bei DM-Systemen ist das potentielle Spektrum an Anforderungen und Möglichkeiten groß, die Anzahl der Einzelkomponenten und Komplettlösungen bereits unübersichtlich und Anbieter – sowohl für Produkte als auch für Dienstleistung – sind in Angebot und Zusammensetzung noch in starkem Fluss.

Geht man über die einfachen Lösungen hinaus, so sind wie bei Archiv- und DMS-Lösungen erhebliche Investitionen sowohl in Lizenzen als auch in Anpassungs- und Projektarbeit erforderlich. Es ist also sinnvoll, zunächst die eigenen Anforderungen zu definieren und davon das CMS und die darin benötigten Komponenten abzuleiten. Da zumeist eine Menge unternehmensspezifischer Formate und Systeme als Informationsquelle einzubinden sind, kommt ein CMS fast nie ohne individuelle Kopplungsmodule und Integrationen aus.

Das System sollte wachsen können, denn die Erfahrung zeigt, dass schnell weitere, zumeist interne Portale hinzukommen, seien es Wissens-Portale oder ein Portal für die Pflege von bestimmten Personaldaten durch die Angestellten selbst – so genannte *Employee-Self-Service*-Portale.

In der Regel wird man versuchen, eine *Suite* zu benutzen, welche aus einer Hand kommt und in aufeinander abgestimmten Komponenten den Bedarf möglichst vollständig abdeckt. Nur wenn ein einzelner Aspekt die weiteren Anforderungen dominiert, lohnt es sich, einen *Best-of-Breed*-Ansatz zu verfolgen und ein System auszuwählen, das die betreffende Anforderung optimal abdeckt.

Zu den potentiellen Anforderungen gehören:

- ❑ Welche redaktionellen Werkzeuge zur Content-Erstellung werden benötigt?
- ❑ Welche Formate (und andere Quellen) müssen übernommen (importiert) werden?
- ❑ Welche Ausgabeformate sollen erzeugt werden?
(z.B. HTML, CD-Formate für die Druckausgabe, PDF, WFL – zur Ausgabe auf PDAs und Handys –)
- ❑ Welche Prozesse (Workflows) müssen für die Content-Erstellung und -Freigabe, das Staging, die Indexierung und eine eventuelle spätere Archivierung unterstützt werden?
- ❑ Wo und wie sollen die Inhalte gespeichert werden?
- ❑ In welche IT- und Web-Infrastruktur (Web-Server, Firewalls, Cache- und Proxy-Server, Loadbalancer, ...) muss das CMS eingebunden werden?
- ❑ Welche Zugangs- und Zugriffskontrollen sind notwendig?
- ❑ Welche Transaktionen und Transaktionssysteme sollen unterstützt werden (z. B. Anbindung an ERP-Systeme, an elektronische Bezahlung, ...)?
- ❑ Soll das System Personalisierung (für den Portal-Besucher) unterstützen?
- ❑ Welche Nutzer-Daten (Nutzer-Profiling) sind notwendig?
- ❑ Welche Recherche-Möglichkeiten (z.B. Volltextsuche) sollen angeboten werden und welche Quellen (z. B. statische Dokumente, welche Formate, Datenbanken, Archive, ...) sollen darin eingebunden werden?
- ❑ Ist die Einbindung von Knowledge-Management-Komponenten vorgesehen?
- ❑ Wie viele Seiten (etwa) und wie viele gleichzeitige Benutzer und wie viele Benutzer in der Summe sind zu bedienen?
- ❑ Müssen mehrere Portale betrieben werden?
- ❑ Gibt es Bedarf für eine Content-Delivery-Anbindung?

4.1.2 Portale

Internet-Portale werden zunehmend zu einem Integrationswerkzeug der IT. Sie schaffen für interne und externe Mitarbeiter und für Kunden den Zugang zu Informationen in Form von *Content* (Dokumente als unstrukturierte oder schwach strukturierte Informationen) und Daten (zumeist in Datenbanken). Daneben sind sie zunehmend der Zugang zu Anwendungen, die sich oft auf zahlreichen, heterogenen Systemen befinden. Sie werden in wachsendem Umfang zum *Desktop des Anwenders* – konkurrierend hierbei mit dem Desktop des PCs – als *Single-Point-of-Integrated Access*.

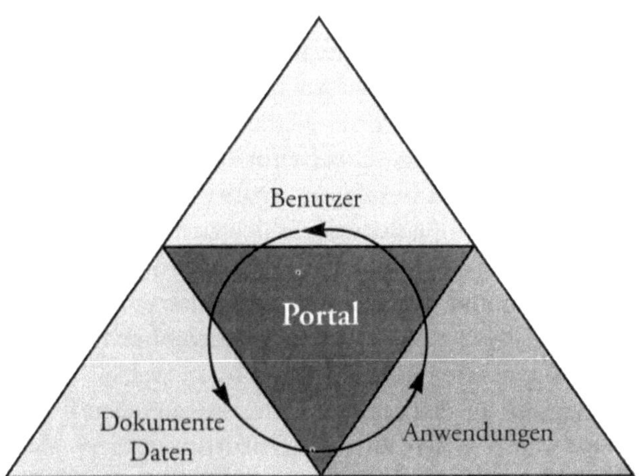

Abb. 4-1
Das Internet-Portal als Desktop des Nutzers

Die Konsistenz der Informationszusammenstellung und die Vielfalt der Funktionen und Informationen an einer Stelle machen zusammen die Attraktivität von Portalen aus.

Die Leistung des Portals besteht sowohl in der Zusammenstellung und Zusammenfassung der Informationen, welche für den Nutzer von Interesse sind, als auch in der Integration unterschiedlicher Informationsquellen und dem einfachen, einheitlichen, Web-basierten Zugang zu den dahinter liegenden Anwendungen und Systemen. Durch eingebettete Groupware-Komponenten wie eMail, Chats, Newsgroups und im fortgeschrittenen Modus auch Videokonferenzen und *Shared-Application*-Techniken wird es auch zum Treffpunkt der Benutzer (und Anbieter) untereinander. Wir wollen uns in diesem Kapitel jedoch auf die Aspekte des *Content-Zugangs* beschränken.

Da man als Benutzer oft unterschiedliche Arbeits- und Interessensphasen hat macht es Sinn, analog zu mehreren Desktops auch mehrere Portale zu nutzen, wobei diese jeweils die nützlichen Komponenten für eine spezielle Arbeitssituation zusammenfassen – z. B. ein Wissens-Portal.

4.1.3 Portal-Management

Ein wesentliches Prinzip von Web-CM-Systemen ist die Trennung von Inhalt (*Content*) und Gestaltung. Zur Gestaltung gehört einerseits die Gestaltung der einzelnen im Portal präsentierten Informationen – hinsichtlich des Rahmens, des Navigationskonzepts und der CI (*Corporate Identity*) – und andererseits die Gestaltung des Portals und der wesentlichen Portal-Seiten. Die Gestaltung der einzelnen Inhalte erfolgt zumeist über Templates, eine Art Stilvorlage, in welche der Inhalt einfließt und die für ein einheitliches Erscheinungsbild sorgen. Ein weiterer Vorteil dieser Trennung ist die Wiederverwendbarkeit von Inhalten und Inhaltsfragmenten für eine andere Nutzung, sei es als Druckmedium, CD-Inhalte oder die Aufbereitung für andere Ausgabegeräte und -formate wie etwa per WAP auf Handys oder PDAs oder für Internet-Geräte im Auto.

WAP = ›Wireless Application Protocol‹

Zu den Funktionen des Portal-Managements gehören Benutzer- und Zugriffsverwaltung. Die Benutzerverwaltung entspricht weitgehend der von DM-Systemen, wobei hier oft – z. B. bei ECM-Systemen – sehr große Benutzerzahlen zu handhaben sind. Dabei treten die bereits an anderer Stelle diskutierten Probleme auf – die redundante Haltung und Pflege von Benutzerdaten. Eine Hilfe sind deshalb Import-Filter die es erlauben, Benutzerdaten aus anderen Systemen zu übernehmen oder Konnektoren, welche für die Benutzeridentifikation auf Standardverzeichnisse zugreifen – etwa das ActiveDirectory von Microsoft. Mittelfristig dürften sich hier LDAP- bzw. Directory-basierte Lösungen durchsetzen.

Teile der Zugriffsverwaltung entsprechen der von DM-Systemen. Das CMS sollte dabei Funktionen bieten, die es erlauben, die Zugriffsrechte für eine ganze Gruppe von Dokumenten bzw. Inhalten zu ändern – zu sperren, freizugeben – jeweils temporär als auch permanent. Daneben sind wie bei DM-Systemen differenzierte Zugriffsrechte und bei einzelnen Dokumenten und Dokumentengruppen auch ACLs (*Access-Control-Lists*) von Nutzen.

Das Portal-Management sollte die Erstellung von Nutzungsstatistiken unterstützen. Die Basisdaten hierfür lassen sich zumeist im Web-Server erfassen – dazu muss dort die Protokollierung entsprechend aktiviert werden. Hier gibt es auch eine Reihe von Werkzeugen für eine einfache Auswertung – in Tabellenform und auch graphisch. Teilweise möchte man mehr – etwa die Analyse woher die Benutzer kommen, wie lange sie in einzelnen Bereichen verweilen, wie sie navigieren und in welche Folgebereiche sie gehen. Hierfür gibt es sehr mächtige Auswertungswerkzeuge, die jedoch zumeist als separates Paket zu beschaffen sind.

4.1.4 Autorensysteme

Bei größeren Portalen kann der Inhalt nicht von einer Person oder einer kleinen, sich intern abstimmenden Gruppen von Autoren erstellt werden, sondern er kommt aus zahlreichen Quellen und vielen unterschiedlichen Autoren – auch solchen, welche keine spezielle Erfahrung mit Autorensystemen haben. Das Autorensystem muss deshalb gleich mehrere Funktionen bieten:

- Eine einfache, intuitive Oberfläche – vorzugsweise in einem Web-Browser, da so keine spezielle Client-Software installiert werden muss
- Geeignete Text- und einfache Layout-Funktionen, wobei Inhalt und Layout weitgehend getrennt sein sollen, so dass das Layout per Vorlage (Stylesheet) vorgegegeben werden kann
- Funktionen zur Strukturierung und Auszeichnung der Inhalte im Sinne von XML*
- Integration in die DMS-Grundfunktionen des CMS:
  - organisierte, sichere Ablage
  - differenzierte Zugriffsrechte und Zugriffsschutz
  - Check-Out und Check-In zur Synchronisation der Autoren-Zugriffe
  - Versionierung und Versionsverwaltung
- Einfache Workflows für die Erfassung, Reviews, Genehmigung, Web-Freigabe, Archivierung und den Rückruf (das *Staging*)
- Import von Standard-Office-Formaten wie MS-Word, Spreadsheets und Präsentationsformaten (z. B. MS PowerPoint)**
- Ausgabe erstellter Inhalte in verschiedenen Formaten wie XML, HTML oder PDF sowie Ablage in der CM-Datenbank
- Möglichkeit der *Verlinkung* mit anderen internen und externen Quellen
- Integration mit dem Asset-Management (siehe Abschnitt 4.1.7)

Da wesentliche Inhalte oft nicht von den Autoren direkt erstellt werden, sondern aus anderen Quellen wie etwa Back-Office, ERP- oder CRM-Systemen oder aus Datenbanken kommen, sind zumeist verschiedene Filter und Konverter für die (statische) Übernahme solcher Daten erforderlich. Auch sie sollen entsprechend den CI- und Stilvorlage aufbereitet werden.

** Die geschieht jedoch zumeist mit eigenständigen Anwendungen (Fat-Clients) wie z. B. Adobe FrameMaker+ oder der ›Epic Editor‹ von Arbortext.*

*** Hierzu gehört z. B. auch die Einbindung und die eventuell notwendige Konvertierung der Graphikformate wie JPEG, TIFF, PNG, …*

Das Ergebnis der Autorentätigkeit wird in aller Regel in einer CM-Datenbank abgelegt. Sie gewährleistet nicht nur Konsistenz und verhindert unzulässige Mehrfachbearbeitungen sondern unterstützt auch die Mehrfachverwendung einzelner Komponenten und vereinfacht die Organisation.

Die Gestaltung der Portal-Seiten erfolgt getrennt vom direkten Autorensystem. Hier werden das Basis-Layout, das Navigationskonzept und die Personalisierungsmöglichkeiten festgelegt. Um eine hohe Modularisierung und damit Flexibilität in der Seitengestaltung zu erreichen, werden die Portalseiten nicht nur in einzelne (ganze) Seiten und Frames untergliedert, sondern in noch kleinere Einheiten, die so genannten *Portlets*. Sie sind bei stark gegliederten Seiten der eigentliche Container für Informationen. So kann ein Portlet aktuelle Pressemitteilungen oder aktuelle Veranstaltungen im Firmenportal enthalten oder aktuelle Aktienkurse im Finanz-Portal. Solche Portlets lassen sich dann flexibel anordnen und sind auch eine wesentliche Komponente bei der Personalisierung.

4.1.5 Datenimport- und -export, UCM

Die Integrationsfunktion der Portale und CM-Systeme impliziert in aller Regel den Import von Informationseinheiten aus einer Vielzahl von Datenquellen. Der Content muss dabei in eine Form gebracht werden, welche für die weitere Speicherung und Verarbeitung geeignet ist. Der Import kann über spezielle Importfilter erfolgen und muss häufig durch Konnektoren ergänzt werden, welche die Information aus Datenbanken oder aus Back-Office-Systemen abgreifen. Solche Konnektoren sind projektspezifisch zu erstellen.

Dabei gilt es, die Formatvielfalt zu reduzieren, zugleich aber bei der Umwandlung unerwünschte Verluste an Information und Darstellungsqualität zu vermeiden. Auch Speicheraspekte spielen hier ein Rolle.

Umgekehrt müssen die Inhalte für die Ausgabe an den Web-Browser oder für eine anderweitige Nutzung wiederum in ein für den Zweck oder das Kommunikationsgerät geeignete Form gebracht werden. Für Standardkomponenten wie Texte, Graphiken sowie Multimedia-Daten ist es deshalb günstig, wenn dies ohne großen Aufwand oder ganz ohne Konvertierung erfolgen kann. Auch hier gilt der Aspekt des möglichst geringen Qualitätsverlustes. Web-Inhalte, zu deren Nutzung ungewöhnliche Plug-Ins benötigt werden, sind beim Nutzer wenig beliebt, selbst dann, wenn die Plug-Ins zugleich angeboten und automatisch installiert werden können. Dabei ist zu berücksichtigen, dass das Installieren durch den Benutzer in Firmennetzen oft gar nicht möglich ist.

Der Begriff *UCM* steht für *Universal Content Management.* Darunter versteht man die Fähigkeit eines CM-Systems – analog zum *Unified Messaging System* –, (fast) beliebige Inhalte anzunehmen, zu speichern und angepasst auszugeben. So kann z.B. ein Text auch bei Abruf über ein Handy in Sprache umgewandelt und *vorgelesen* werden und Sprache über eine Spracherkennung erfasst und gespeichert und danach sowohl als Text als auch wieder als Sprache ausgegeben werden. Auch Übersetzungen sind hier bei Bedarf denkbar – *On-Demand.*

Bei den ausgehenden Kommunikationsströmen eines Portals mit externem Zugang ist zu berücksichtigen, dass die Daten nicht nur durch den eigenen Firewall durchgelassen werden müssen, sondern auch durch den des Benutzers. Diesen aber kann man kaum beeinflussen, was dafür spricht, sich auf Standard-Protokolle und Ports wie HTTP/HTTPS, FTP und SNMP (eMail) zu beschränken.

4.1.6 Statische versus dynamische Seiten

Bei Web-Seiten können die Seiten, soweit sie nicht massiv auf Daten aus einem Back-Office-System oder einer Datenbank angewiesen sind, im Voraus erstellt und als quasi statische Seiten abgelegt werden. Alternativ werden sie erst beim Abruf aus den Templates und den einzelnen Inhaltskomponenten zusammengesetzt und damit *On-the-Fly* generiert. Die meisten CM-Lösungen unterstützen beides.

Statische Seiten haben den Vorteil, dass sie schneller präsentiert werden können und eine wesentlich geringere Last auf den Servern erzeugen. So kommt man mit kleineren Systemen aus oder kann entsprechend mehr Benutzer gleichzeitig bedienen. Sie schränken jedoch zugleich die Flexibilität ein – insbesondere was die Personalisierung betrifft. Man wird sie deshalb zumeist für Informationen mit umfangreichem, statischem Inhalt einsetzen, die oft das gesamte Browser-Fenster oder zumindest einen gesamten Frame ausfüllen sollen.

Dynamische Seiten sind auch dann notwendig, wenn bei der Ausgabe eine Anpassung an das Ausgabegerät oder an den Browser gefordert ist.

Dynamische Seiten erlauben dagegen eine höhere Flexibilität und höhere Aktualität, da hier Teile aus sich ständig ändernden Daten (Quellen) gezogen werden können – z.B. Aktienkurse, Lagerbestände oder aktuelle Preise. Der Preis sind die höhere Rechnerleistung und eine höhere Komplexität.

4.1.7 Asset-Management

Unter einem *Asset* versteht man einen Vermögenswert im Unternehmen. Der Begriff *Asset-Management* ist deshalb mehrfach belegt.* Selbst bei CM-Systemen gibt es dazu zwei überlappende Bedeutungen:

* So stellen auch IT-Ressourcen, Patente, Grundstücke oder Wertpapiere Assets dar, zu denen es entsprechende Asset-Management-Systeme gibt.

1. Die Verwaltung der einzelnen Komponenten, aus denen sich ein Content oder eine Web-Seite zusammensetzt: Sie werden aus praktischen Gründen getrennt vom eigentlichen Inhalt gespeichert und verwaltet. Dies ist deshalb sinnvoll, da viele dieser Bausteine mehrfach verwendet werden und so nur einmal gespeichert und bei Bedarf ausgetauscht werden müssen. Man denke hier z. B. an Firmen-Logos, Bilder, Graphiken, Tabellen oder Textstücke, die in mehreren Teilen verwendet werden.
   Im Zusammenhang mit CM-Systemen ist dies die gebräuchlichste Bedeutung.
   Das Asset-Management erlaubt hier neben konsistenten Verweisen auf die Objekte und der Prüfung der Zugriffsrechte auch den Nachweis der Verwendung dieser Assets in Content-Segmenten und Portalen.

2. Unter einem *Asset* wird hier ein gesamtes Dokument betrachtet, das einen besonderen Wert darstellt und bei dem der Zugriff sowie die Nutzungsart und Nutzungshäufigkeit zu kontrollieren ist. Dies sind zumeist kostenpflichtige Dokumente, bei denen die Zugriffe und die Nutzung genau protokolliert oder verrechnet werden sollen. Musikstücke, Videofilme oder kostenpflichtige Lerninhalte sind hierfür Beispiele. Insbesondere für eine kontrollierte Nutzung sind spezielle Formate und zumeist entsprechende Wiedergabeprogramme notwendig, welche auch auf der Client-Seite die Nutzung kontrollieren.* Eine relativ einfache Variante besteht darin, das Dokument zu verschlüsseln und erst nach Bezahlung dem Benutzer den Schlüssel zu schicken. Ist eine weitergehende Nutzungskontrolle notwendig, so ist sowohl eine Chiffrierung der Inhalte erforderlich als auch eine (aus Sicht des Anbieters) vertrauenswürdige Wiedergabekomponente, welche die Nutzung auf das vom Nutzer erworbene Recht einschränkt und kontrolliert. Es geht hier also auch um ***Digital Rights Management*** (DRM). Ein Beispiel hierfür sind ***elektronische Bücher*** im OpenEBook-Format (siehe hierzu auch [[eBook]] (s. S. 708) und [[OPIMA]] (s. S. 709).

* So erlaubt PDF z. B. das Ausdrucken eines Dokuments sowie Copy&Paste zu unterdrücken. Es gibt jedoch bekannte Verfahren, diesen Schutz zu durchbrechen.

4.1.8 XML als strategisches Format?

Wurde in den Jahren 1990–1998 SGML für elektronische Inhalte als das optimale Format angesehen, so nimmt inzwischen XML zunehmend diese Rolle ein.* Aus XML lässt sich per Transformation – z. B. per XSL (*eXtensible Stylesheet Language*) und XSLT (*XSL Transformations*) der Inhalt in ein für das Zielmedium geeignetes Format umsetzen, sei es HTML für Web-Browser, PDF für eine Druckausgabe oder WML/WAP für PDAs oder Handys. Hier sind zahlreiche weitere Formate denkbar.**

* *Eine Konvertierung zwischen diesen Formaten ist zumeist möglich.*

** *Solche Mehrfachnutzung von Inhalten wird auch ›Cross-Media-Publishing‹ bezeichnet.*

Man berücksichtige bei aller XML-Euphorie aber, dass die entsprechenden Stylesheets und Transformationen explizit erstellt und getestet werden müssen. Oft ist es auch nicht mit einfachen Transformationen getan, sondern es sind spezifische Filter notwendig, so dass der Inhalt nicht nur in ein anderes Format umgewandelt, sondern zusätzlich gefiltert wird – z. B. um den Inhalt so zu reduzieren, dass nur noch die Kerninformationen auf das Handy übertragen werden. Auch wenn ein Autorenwerkzeug die Erstellung von XML-Dokumenten mit entsprechender Auszeichnung unterstützt ist zu prüfen, welche Auszeichnungen aktuell notwendig sind und ob bereits heute der Aufwand für eine spätere anderweitige Nutzung mit einer aufwändigeren (differenzierteren) Auszeichnung zu rechtfertigen ist. Auch sind nicht alle Autoren in einer entsprechenden Auszeichnung geschult oder zu diesem Aufwand bereit.

Man berücksichtige auch, dass der größte Teil des vorhandenen (älteren) Contents in einem Format vorliegt, das sich nicht vollständig automatisch fehlerfrei in XML umwandeln lässt oder bei dem das Ergebnis keine Vorteile mehr gegenüber einem unstrukturierten Format hat. Bei großen Dokumentenmengen ist die Nachbearbeitung einer XML-Konvertierung dann oft unwirtschaftlich.

XML (auch in Kombination mit XSL) ist bisher als Ausgabeformat ungeeignet. Zu unterschiedlich ist die Interpretation in den Standard-Browsern – so diese überhaupt dazu in der Lage sind. Die Ausgabe eines XML-Dokuments sollte deshalb bei Web-Browsern besser in reines HTML konvertiert werden – man spricht hier auch von *Transcoding*. Diese Konvertierung kann, wie im Abschnitt 4.1.6 angesprochen, im Voraus erfolgen. Das Ergebnis wird dann als statische HTML-Seiten abgelegt. Alternativ ist eine Konvertierung erst beim Abruf *On-the-Fly* durch den Server möglich.

Trotzdem ist XML bereits heute als strategische Vorgabe anzusehen und man sollte in den einzelnen Dokumentenkategorien entscheiden, wie weit der Aufwand getrieben wird. Mit der Zunahme der XML-Unterstützung in den Anwendungen – vom DTP-Werkzeug bis hin zu CRM- und ERP-Systemen – geht der Trend sehr klar zu Content im XML-Format. Die Konvertierungs- und Auszeichnungsaufwände werden geringer.

4.1.9 Personalisierung

Ein fortgeschrittenes Portal-System gestattet eine Anpassung des präsentierten Inhalts an den Besucher. In einem vertriebsorientierten Portal werden dem Kunden dabei z. B. beim *Betreten* automatisch Produkte aus seinem Interessensbereich präsentiert, in einem informationsorientierten Portal z. B. Nachrichten zu seinem Interessensgebiet.

Die Personalisierung erfolgt über drei Schritte:

- Daten über den Benutzer oder explizite Angaben des Benutzers werden erfasst.
- Das Profil des Benutzers wird mit Inhalten und Funktionen verknüpft.
- Dem Benutzer werden angepasste Informationen und Funktionen bereitgestellt.

Eine Voraussetzung für die Personalisierung ist die eindeutige Identifizierung und Authentifizierung des Besuchers. Die Besucheridentifikation kann entweder über ein explizites Log-On erfolgen – mit vorhergehender einmaligen Registrierung –, über die IP-Adresse des Besuchers oder über ein bei einem früheren Besuch auf seinem Rechner platziertes Cookie. Jedes dieser Verfahren hat Vor- und Nachteile. So werden Cookies nach einer gewissen Zeit gelöscht und stehen auf anderen Rechnern (zunächst) nicht zur Verfügung. Aus Datenschutzgründen sind sie in Verruf geraten. Darüber hinaus kann ein ID-Cookie auch von anderen Benutzern des gleichen Rechners missbraucht werden. IP-Adressen lassen sich relativ einfach fälschen – sind also für den Zugang zu vertraulichen Daten nicht geeignet. Zusätzlich vergeben die meisten ISPs und viele Firmennetze die IP-Adresse dynamisch, so dass keine verlässliche Zuordnung zum Benutzer möglich ist. Ein für den Benutzer bequemes und sicheres Identifikationsverfahren sind digitale IDs mit Zertifikaten. Doch diese sind bisher leider zu wenig verbreitet, so dass in aller Regel neben den Cookies nur das explizite Log-On bleibt.

ISP = ›Internet Service Provider‹

Während bei internen Netzen der Benutzer über seine Benutzer-Identifikation im Netz identifiziert werden kann, ist bei externen Nutzern zumeist ein explizites Log-On erforderlich. Dies ist für den Benutzer aber lästig und schreckt im Internet teilweise Besucher ab, zumal sie sich dafür den Login-Namen und das Passwort merken müssen.

Ein wenn auch nicht unumstrittener Weg ist der Einsatz von Web-Single-Sign-On-Systemen wie etwa das Microsoft Passport-System oder das Liberty-Konzept der Liberty-Alliance.

Die Benutzerverwaltung sollte Mechanismen vorsehen, nach denen Accounts und die damit verbundenen Benutzerprofile nach einer vorgegebenen Zeit der Inaktivität automatisch gelöscht werden.

4.1.10 CM-Workflows

Workflows sind heute eine praktisch unverzichtbare Komponente einer CM-Lösung. Ausgangspunkt ist dabei zumeist der typische Dokumenten-Lebenszyklus (siehe Abb. 4-2), bei dem Content-Komponenten (zumeist per Verweise darauf) und die Kontrollentscheidungen dazu zwischen den Autoren, dem Lektorat und der Person für die endgültige Freigabe fließen.

Daneben sind auch die eigentliche Publikation einer Information im Portal sowie die später erfolgende Archivierung und oder Löschung oft durch Workflows realisiert. Daneben fallen Aufgaben wie die periodische oder Ereignis-initiierte Aktualisierung von Content an.

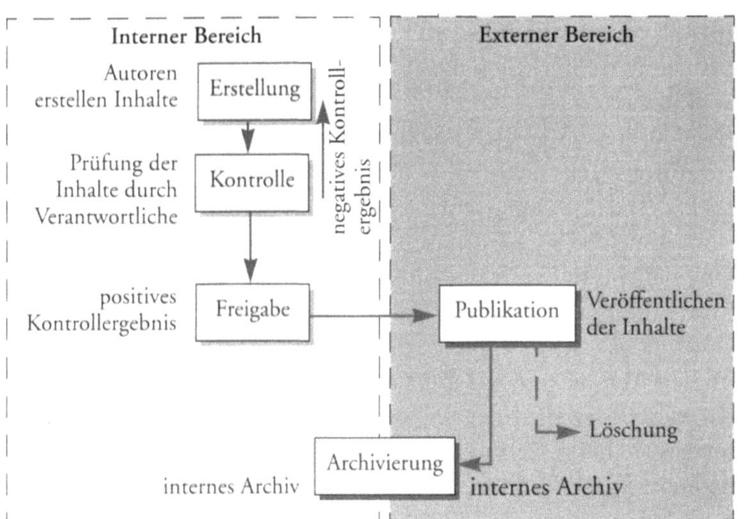

Abb. 4-2 Typischer Content-Life-Cycle in einem CMS (angelehnt an [Zschau]).

In manchen Fällen ist der genaue Zeitpunkt der Publikation relevant – man denke hier z. B. an die Quartals-ergebnisse einer AG.

4.1.11 Konsistente Verweise

Für den Benutzer eines Systems frustrierend – aber in vielen Portalen immer wieder anzutreffen – sind *tote* oder falsche Verweise. Das CMS sollte die Konsistenz der Verweise sicherstellen (zumindest für die internen Verweise) oder doch regelmäßig überprüfen können. Die Konsistenz bezieht sich dabei nicht nur auf die klassischen HTML-Hyperlinks sondern ebenso auf Dokument-Komponenten wie referenzierte Bilder sowie Audio- und Videodaten. Die Asset-Management-Komponente sollte entsprechende Warnungen ausgeben, wenn noch verwendete (referenzierte) Komponenten gelöscht werden.

4.1.12 Volltext-Recherchen

Die Möglichkeit der Volltextsuche wird bei DM-Systemen zum Standard. Auf Web-Portalen wird das Fehlen dieser Möglichkeit inzwischen als Manko empfunden. Dabei wird man zumeist den indexierten Content-Umfang auf das eigene Portal bzw. die im Intranet vorhandenen Dokumente beschränken. Das System sollte dabei so ausgelegt sein, dass es nur Dokumente in der Trefferliste anzeigt, welche der Benutzer auch einsehen kann. Die Recherche sollte vollständig Web-basiert erfolgen können. Die Trefferliste sollte dabei sortiert sein nach dem Grad der Übereinstimmung zwischen Suchanfrage und gefundenem Dokument.

Ist der Änderungsgrad der indexierten Dokumente moderat, so kann die Volltextdatenbank sehr aktuell gehalten werden, indem alle neu eingestellten und geänderten Dokumente direkt indexiert werden. Ist der Änderungsgrad hoch, wird man die Indexierung nur in bestimmten Intervallen und in Zeiten niedriger Last durchführen bzw. aktualisieren.

Die Volltext-Recherche sollte sowohl einfache Stichwort-basierte Anfragen als auch speziellere Anfragen mit UND-, ODER-, NICHT-Verknüpfungen zulassen und die Trefferliste nach Übereinstimmunsgrad sortiert präsentieren. Auch die Angabe des Dokumentendatums in der Trefferliste erlaubt eine schnelle Überprüfung der Aktualität eines gefundenen Dokuments. Dies lässt sich durch Techniken aus Knowledge-Management-Systemen ergänzen, wie sie in den Abschnitten 4.2.2.2 und 4.2.2.4 beschrieben sind.

Ist der überwiegende Teil des Contents in der CMS-Datenbank gespeichert, so muss die Volltext-Komponente auch diese Teile mit erfassen können.

4.1.13 Content-Delivery-Services

Betreibt man sehr große Portale, auf die weltweit verteilt von zahlreichen Benutzern parallel zugegriffen wird, so kann es schnell zu Zugriffsengpässen kommen. Darüber hinaus werden die beteiligten Netze durch den sich wiederholenden Transport weitgehend identischer Informationen unnötig belastet. So genannte *Content-Delivery-Services* versprechen hier Abhilfe, indem sie (insbesondere statische) Teile der Information in verteilten, speziellen Proxy-Servern *cachen*, um so die Zugriffslast zu verteilen und den Datentransfer zu reduzieren. Zugleich reduzieren sie für den Benutzer die Zugriffszeiten. Auf dieses Gebiet haben sich einige große Provider spezialisiert und man vergibt diese Dienstleistung deshalb zumeist im Outsourcing.

4.1.14 Sicherheitsaspekte

Für eine detailliertere Diskussion der Sicherheitsmaßnahmen siehe Kapitel 9.5.

Nicht alle Daten und Informationen eines Portals sollen allen Benutzern zugänglich sein. Entsprechend sind Sicherheitsmaßnahmen zu treffen. Diese ergeben sich einerseits aus den Möglichkeiten des CM-Systems für die Zugriffs- und Nutzungsbeschränkung zu Informationen, müssen aber ergänzend durch weitere Vorkehrungen wie Firewalls und Intrusion-Detection-Systeme (IDS) ergänzt werden. Insbesondere der Zugang zu Anwendungen, welche Zugriff auf vertrauliche Daten gewähren und diese oft in kritischer Weise verändern können (z. B. Zugang auf ERP-Systeme wie SAP R/3 über ein Portal), muss ausreichend geschützt werden. Sehr vertrauliche Informationen (z. B. Kreditkartendaten) müssen entweder verschlüsselt abgelegt werden oder gehören gar nicht auf den von außen zugänglichen Server.

4.1.15 Rechtliche Aspekte bei CM-Systemen

Beim Aufbau und Betrieb eines von außen zugänglichen Internet-Portals sind eine Reihe rechtlicher Aspekte zu beachten, besonders dann, wenn Waren oder Dienstleistungen darüber vermarktet werden. Da die Diskussion aller Aspekte aber hier den Rahmen sprengen würde, seien nur einige Punkte aufgelistet:

Urheberrechte/Copyright: Insbesondere bei Nutzung fremder Grafiken, Audio- und Videosequenzen, Texten, Pressemeldungen, Nachrichten und Zusammenstellungen (z. B. in Form von Tabel-

In einigen Fällen ist für die Berechnung der Urheberabgabe die Anzahl der Zugriffe zu erfassen.

len) sind die jeweiligen Urheberrechte zu beachten. Der Erwerb der Rechte kann sowohl aufwändig als auch teuer sein, er ist jedoch in aller Regel billiger als nachträgliche Rechtsstreitigkeiten und Ausgleichszahlungen. Zu beachten ist, dass diese Rechte im Gegensatz zu einer rein privaten Nutzung auch bei firmeninterner Nutzung zu beachten sind – z. B. bei einem Firmen-Intranet.

Verletzung fremder Rechte durch Links: Verweist man in einem Portal auf den Inhalt anderer Portale oder Home-Pages, so ist darauf zu achten, dass man auf keine unzulässigen (z.B. rassistische oder zur Gewalt aufrufende) Inhalte verweist und dass man zusätzlich nicht die Rechte Dritter verletzt, indem der Eindruck entsteht, dass die Information von einem selbst stammt. Letzteres geschieht schnell dann, wenn so genannte *Deep-Links* verwendet werden – d. h. Verweise nicht auf die Startseite, sondern mitten in eine fremde Internet-Präsenz und dies nicht klar als fremde Seite gekennzeichnet ist.

Vorgaben des Fernabsatzgesetzes: Neben den Vorgaben hinsichtlich des Vertriebs über Internet und den dabei gültigen Rücknahmebedingungen und der AGBs fordert das Fernabsatzgesetz eine klare Deklaration des Portal-Inhabers mit Name, Adresse, Ansprechpartner (Verantwortlicher) und Gesellschaftsform. Diese Angaben gehören jedoch auch bei nicht-vertriebsorientierten Portalen zur *Etikette*. Sie lassen sich zumeist in einem Impressum unterbringen – mit einem Verweis auf das Impressum auf der Haupt-Seite.

Datenschutz-Aspekte: Die Erfassung des Benutzerverhaltens erlaubt zum einen das eigene Angebot zu optimieren und zum anderen mehr über den Benutzer und seine Präferenzen zu erfahren. Die Erfassung erfolgt etwa durch Protokollierung und Auswertung der Besuchsfrequenz, der Abfolge der Seiten und Inhalte, welche ein Benutzer besucht und Ähnliches. Geschieht dies mit anonymisierten Daten, ist es unproblematisch. Lassen sich die Daten jedoch einer konkreten Person zuordnen, so ist dies nach dem (deutschen) Bundesdatenschutzgesetz (BDSG) nicht mehr zulässig – es sei denn, man hat dazu das explizite Einverständnis des Benutzers eingeholt. Dies gilt selbst für firmeninterne Nutzer. Auch wenn dieses Sammeln und Auswerten ohne die entsprechende Zustimmung heute gängige Praxis ist, muss sie unter dem BDSG-Aspekt als ausgesprochen kritisch angesehen werden, zumal nach dem novellierten BDSG (von 2001) Verstöße höher bestraft werden. Dabei wird unter Juristen heftig diskutiert, ob nicht allein die Erfassung der IP-Adresse eines Besuchers als *eindeutig einer Person zuordenbares Datum* zu verstehen ist.

4.2 Knowledge-Management

Bereits in produktionsorientierten Unternehmen war das Wissen um die richtigen Techniken und Verfahren sowie um die Märkte ein wesentliches Asset eines Unternehmens. Die Bedeutung hat deutlich zugenommen mit der Verschiebung zu Unternehmen, deren Kernkompetenz Wissen ist – seien es technisches Wissen, Patente, Wissen über den Markt, Partner oder Kunden, Wissen über Entwicklungen oder Projekt- oder Beratungswissen bzw. -erfahrung.

Das *Wissen eines Unternehmens* ist weit gestreut und verankert sowohl in zahlreichen internen Quellen wie Akten, Berichten, Strategiepapieren, Patentschriften, Zusammenfassungen, Tabellen und Datenbanken. Das größere Potential liegt vielfach aber in den Köpfen der Mitarbeiter. Auch wenn die einzelnen Wissenskomponenten durchaus in sich strukturiert sein mögen, fehlt in den meisten Unternehmen eine Struktur über diese Einzelkomponenten hinweg, welche das Gesamtwissen erschließt und für die Mitarbeiter zugänglich macht. Dieses Erschließen ist das Ziel des *Wissensmanagements* – häufiger als *Knowledge-Management* (KM) bezeichnet – und der *Knowledge-Management-Systeme* (KMS).

Eine etablierte Definition des Begriffs *Knowledge-Management* gibt es heute so wenig wie von *Content-* oder *Dokumenten-Management.* Zu unterschiedlich sind die (Unternehmens-) Anforderungen, die Zusammensetzung der am Markt vorhandenen Produkte und die Ausprägungen von *Wissen.*

Abbildung 4-3 zeigt eine Informationshierarchie, ausgehend vom Zeichen bis hin zum *impliziten* Wissen.

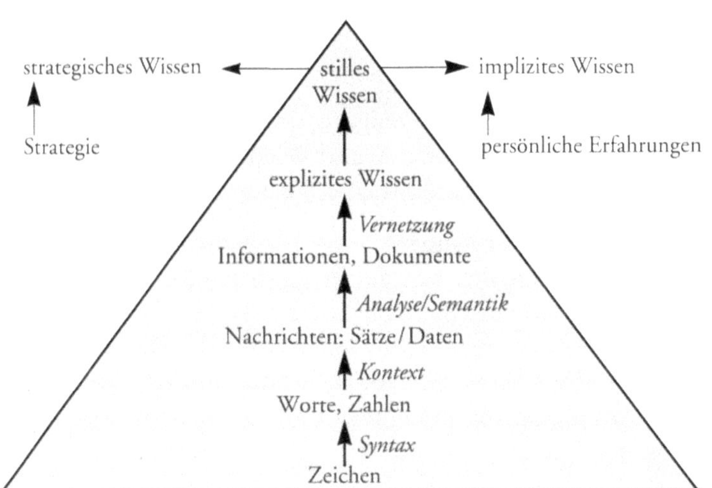

Abb. 4-3
Wissen, aufgebaut auf Informationen, Erfahrungen und Fähigkeiten (Skills)

Während sich *Faktenwissen* einfach in Datenbanken, Tabellen und Dokumenten festhalten und zugänglich machen lässt (dies wird auch *explizites Wissen* genannt), ist dies beim *impliziten Wissen*, welches das explizite Wissen mit persönlichen Erfahrungen und Fähigkeiten verknüpft (*vernetzt*) und daraus intelligente Schlussfolgerungen zieht – insbesondere in bestimmten Zusammenhängen und Problemstellungen – deutlich schwieriger. Dies beginnt bereits bei der Verbalisierung (Beschreibung) des impliziten Wissens für die Erfassung und geht weiter über ein intelligentes, Kontext-orientiertes Recherchieren, da ein Teil des Wissens (bzw. der Intelligenzleistung) im Aufbau von problemlösenden Analogien besteht.

Das *implizite Wissen* wird oft auch als *stilles Wissen** bezeichnet. Eine Variante des impliziten Wissens ist das *strategische Wissen*, welches *explizites Wissen* mit einer Strategie verknüpft und daraus Teilstrategien und Handlungskonsequenzen ableitet. Auch dies erfolgt unter Einbeziehung persönlicher Erfahrungen, persönlicher Phantasie und von strategischem Denken – drei Fakten also, die von Person zu Person sehr unterschiedlich ausgeprägt sind.

* *Der englische Begriff für ›stilles Wissen‹ ist ›tacit knowledge‹.*

Die meisten technischen KM-Komponenten befassen sich deshalb bisher mit dem expliziten Wissen, da die verfügbaren Technologien dieses wesentlich einfacher und effizienter erfassen und speichern können – und systematischer.

Implizites und strategisches Wissen hingegen lässt sich besser durch Sozialisation (z. B. informelle Gespräche) austauschen. KM-Projekte können natürlich auch dafür unterstützende Infrastrukturen schaffen, z. B. durch Skill-Profile, welche es erlauben, benötigtes Wissen schneller zu finden, Kaffee-Ecken, Groupware-Komponenten und Videokonferenztechnik, welche die informelle Kommunikation auch über größere Distanzen hinweg gestatten.

In KM-Projekten findet man deshalb zwei unterschiedliche Ansätze:

- **Produkt-orientierter Ansatz**
  Im Fokus steht hier die Erzeugung und Erfassung von (explizitem) Wissen und die Nutzung und Wiederverwendung des Wissens im organisatorischen Speicher (als *Corporate Memory*).

- **Prozess-orientierter Ansatz**
  Hierbei fokussiert sich KM auf den sozialen Kommunikationsprozess zum Austausch von Wissen zwischen *Knowledge-Workern*. Der Ansatz setzt neben organisatorischen Strategien und Anreizen zu Wissensweitergabe auf Kommunikationswerkzeuge wie Groupware-Komponenten und unterstützt damit den Transfer von implizitem und strategischem Wissen.

In vielen KM-Produkten und -Projekten sind Komponenten beider Ansätze zu finden.

J. Schlichter definiert den Begriff *Knowledge-Management* umfassend wie folgt:*

* Die Definition stammt aus [Schlichter] (s. S. 699).

> *Knowledge-Management ist die Disziplin des systematischen Erfassens, Nutzens und Bewahrens von Expertise und Informationen, um die Effizienz, Kompetenz, Innovation und Reaktionsfähigkeit der Organisation zu verbessern. Es umfasst alle Methoden, Werkzeuge und kritische Aspekte einer Organisation, die zu seiner Erfassung, Kompetenzbewahrung und -erweiterung notwendig sind, um auf Änderungen des Marktes, die nicht notwendigerweise kontinuierlich und zentralisiert auftreten, effektiv und effizient reagieren zu können. Es handhabt insbesondere die Information zu Geschäftsprozessen sowie die kreativen und innovativen Fähigkeiten der Mitarbeiter.*

War bisher primär vom im Unternehmen vorhandenen Wissen die Rede, so nutzen KM-Systeme und -Projekte natürlich auch externe Wissens-Ressourcen.

Ein wesentlicher Teil des Wissens steckt in den Köpfen der Mitarbeiter sowie in deren privaten oder für andere zunächst nicht zugänglichen Quellen. Dieses Wissen muss dabei nicht unbedingt mit der aktuellen Aufgabe des Mitarbeiters zu tun haben, sondern kann ebenso aus früheren Tätigkeiten oder privaten Interessen stammen. Da zusätzlich die Einstellung ›*Wissen ist Macht*‹ – sicherlich nicht ganz ohne Hintergrund – tief in vielen Köpfen verankert ist, ergeben sich für die Einführung von KM-Systemen in einem Unternehmen mehrere wesentliche Aufgaben:

- Der Aufbau einer Kultur, in welcher der Einzelne bereit und motiviert ist, sein Wissen anderen und damit dem Unternehmen zur Verfügung zu stellen.
- Einen möglichst großen, für das Unternehmen relevanten Teil dieses Wissens zu erfassen und in eine Form zu bringen, welche transferierbar und für viele zugreifbar ist.
- Eine organisatorische Infrastruktur für das KMS zu schaffen.
- Die technische Infrastruktur für das KMS zu schaffen.

Die Reihenfolge ist hier bewusst gewählt und wesentlich. Die Technik ohne die Kultur und ohne die Organisation ist vergeudetes Geld. Jedes KM-Projekt sollte dabei ein klares wirtschaftliches Ziel haben, das nach der Einführungsphase auch mess- bzw. überprüfbar ist. Schließlich verursachen KM-Projekte erhebliche Kosten, die weniger in der IT-Infrastruktur, sondern viel stärker von der teuren Ressource *Mensch* verursacht werden.

Eine verständliche und direkte Einführung in ›Wissensmanagement‹ gibt P. Schütt in [Schütt] (s. S. 699).

** [Herbst] (s. S. 698)*

Eine verständliche, direkte Einführung in *Wissensmanagement* gibt P. Schütt in [Schütt]. Bemerkenswert ist dabei, dass er, wie auch D. Herbst in [Herbst],* weitgehend ohne eine Diskussion technischer Komponenten auskommt. Dies signalisiert deutlich, dass KM primär eine organisatorische und sozialisierende Aufgabe ist, dass es sich dabei um die Schaffung einer Arbeitsumgebung und Firmenkultur handelt und um unterstützende Anreize, um das eigene Wissen mit anderen zu teilen. Technik wirkt dabei sicher unterstützend, darf aber nicht im Vordergrund stehen.

Ebenso deutlich geht aus [Schütt] und zahlreichen weiteren Erfahrungsberichten zu KM-Projekten hervor, dass der Sponsor oder Mentor des Projektes unabdingbar aus dem oberen Management kommen muss oder das Projekt – zumindest bei größeren Projekten – zum Misserfolg verdammt ist. Die zuvor angesprochenen Arbeitsfaktoren bzw. deren Änderung lassen daran keinen Zweifel.

4.2.1 Wissen finden und aufdecken

Eine der ersten Stufen eines KM-Projektes ist eine systematische Erfassung (Auflistung) des Wissenspotentials und der Wissensquellen im Unternehmen. Man spricht hier auch vom *Knowledge-Discovery*. Dazu ist zunächst eine möglichst breite Basis einzubinden, da kaum jemand (in größeren Unternehmen) die zahlreichen oft wenig strukturierten Quellen kennt. In der nächsten Stufe gilt es, den Wert und die Aktualität der Informationen zu beurteilen und festzulegen, für wen die Information nützlich und wie sensibel und schutzbedürftig sie ist. Daraus ergeben sich *Wissensverzeichnisse*.* Bereits diese haben einen erheblichen Nutzen, selbst wenn sie nur auf Papier oder in sehr einfacher elektronischer Form vorliegen. Nun ist zu überlegen, wie der Zugang zu diesen Quellen verbessert werden kann – unter Beachtung der Schutzanforderungen. Dabei sind zwei Arten von Zugang zu betrachten:

** Siehe hierzu auch Abschnitt 4.2.3.*

A) der Zugang für eine Nutzung und Recherche und
B) der Zugang für eine Ergänzung, Aktualisierung und Pflege.

Hierfür sollten einheitliche gültige Kriterien erarbeitet werden.

Neben den internen Wissensquellen gilt es ebenso externe Quellen zu finden, welche für das Unternehmen von Interesse sind. Bei ausreichendem Wert müssen auch sie als Wissensquelle erfasst und erschlossen werden. Die einfache Art der Erschließung ist ihre Dokumentation mit Angaben über den Zugang. Häufig wird man aber Zugriffe darauf abonnieren oder andere Nutzungsverträge abschließen müssen. Beispiele hierfür sind Wirtschafts- und Patentdatenbanken, Studien zu bestimmten Themenbereichen (zu IT-Themen z. B. Gartner, Meta Group oder Forrester Research) sowie Informationen von Organisationen, die nur Mitgliedern zugänglich sind – inzwischen fast vollständig über Internet. Hier sind Kosten und Nutzen wie bei internen Quellen abzuwägen und in bestimmten Intervallen erneut zu prüfen.

Ergänzend zur Erfassung der Wissensquellen ist es in einem KM-Projekt nützlich, die Wissensdefizite zu ermitteln und zu prüfen, inwieweit die vorhandenen Quellen diese Lücken abdecken können oder was zur Deckung zu tun ist.

4.2.2 KM-Technologien

Knowledge-Management besteht nicht aus einer einzelnen Technik, sondern aus einer Kollektion sich teilweise überlappender Technologien sowie aus organisatorischen und sozialen Techniken. Nachfolgend werden wir uns hier aber auf die technischen Komponenten und Verfahren beschränken. Für die sozialen und kommunikativen Verfahren sei auf [Schütt] und [Herbst] verwiesen.

4.2.2.1 Basis-Ingredienzien von KM-Systemen

Einige technische Komponenten von KM-Systemen sind bereits seit längerer Zeit bekannt und etabliert. Hierzu gehören als minimale Basis vernetze Arbeitsplatzsysteme. Auf ihnen laufen z. B. Groupware-Tools wie eMail, Diskussionsforen (z. B. in Form von News-Groups), Chat-Rooms (zur einfachen kollaborativen Diskussion von Themen), ein offenes Intranet mit Volltextindexierung und -suche und FAQ-Listen.* Data-Mining-Werkzeuge gehören ebenfalls dazu. Hier ist es oft sinnvoll, in einem Portal vereinfachte Oberflächen dazu zu schaffen, die dann nicht unbedingt die volle Funktionalität des Systems anbieten müssen. Auch DM-Systeme zur Ablage und Recherche von Informationen in Berichten, Patenten und White-Papers sowie zur Erfassung von auf Papier vorhandenen Informationen sind eine wesentliche technische Komponente und fast unverzichtbar – inklusive der Möglichkeit der Volltext-Recherche. Zahlreiche weitere Informationen liegen in Datenbanken und Back-Office-Systemen (wie CRM und ERP). In einem KM-

** FAQ = ›Frequently Asked Questions‹, d. h häufig gestellte Fragen mit entsprechenden Antworten.*

Projekt müssen deshalb diese über Konnektoren so erschlossen werden, dass sie einfach und breit zugänglich sind – in aller Regel inzwischen über einen Web-Browser. Der Transfer von implizitem Wissen kann bei örtlich verteilten Gruppen durch Videokonferenzen, Newsgroups, Chat-Rooms, Schwarzen Brettern und Whiteboards unterstützt werden.

Für die Aktualisierung können Workflows die Information aus externen und internen, nicht direkt zugreifbaren Quellen periodisch oder Ereignis-gesteuert über Konnektoren holen.

Eine der wesentlichen externen Quellen sind neben dem Internet Wirtschaftsdatenbanken und Patentdatenbanken. Eine Barriere für deren Nutzung sind die unterschiedlichen Oberflächen und Bedienungen. Hier können vereinfachende Web-basierte Front-End-Systeme helfen.

4.2.2.2 Textanalysen und Abstract-Builder

Die erste Stufe einer Textanalyse ist die Ermittlung der Sprache. Die dabei erzielte Trefferrate liegt bei praktisch 100 %. Dies erlaubt einerseits in der Volltextsuche die Suche auf Informationen in einer bestimmten Sprache zu begrenzen. Zugleich ist es auch die Basis für weitergehende Analysen. Etwa die Reduktion der Wörter auf Wortstämme und die Bildung von Ontologien für eine spätere automatische Klassifikation und Profilbildung. Solche Profile erlauben nicht nur die automatische Extraktion von Metadaten wie Stichwörter, Themenbereiche usw., sondern gestatten auch die Ermittlung von Themenschwerpunkten (z. B. über die Häufigkeit bestimmter Begriffe), Informationstiefe und anderer Merkmale, welche später die Zuordnung von passenden Dokumenten zu einem Benutzerprofil zulassen.

** Hierunter wird in diesem Zusammenhang die Ermittlung von Grundbegriffen und Basiskonzepten verstanden.*

Bei einer etwas ungenaueren Volltextsuche ergeben sich oft recht große Trefferlisten. Für einen schnellen Erfolg ist es deshalb vorteilhaft, wenn nicht die ganzen in Frage kommenden Dokumente angezogen und überflogen werden müssen, sondern wenn man zunächst nur Zusammenfassungen – *Abstracts* – erhalten würde. Eine weitere Hilfe besteht darin, direkt in der Trefferliste einen auf zwei bis drei Zeilen reduzierten Abstract mit anzuzeigen – wie bei einigen Internet-Suchmaschinen bereits üblich.

Abstract-Builder übernehmen diese Aufgabe. Sie können dabei unterschiedliche Abstraktionsstufen bedienen. Als Nebeneffekt bzw. oft als Vorstufe dieser automatischen Textanalyse wird ein Informationsprofil des Dokuments erstellt, die wesentlichen Begriffe über eine Häufigkeits- und Kontextanalyse ermittelt und dem

Dokument in Form des Profiles und von expliziten Metadaten (z. B. in Form einer Stichwortliste) beigefügt. Natürlich sind die automatisierten Verfahren nie 100% fehlerfrei, die Ergebnisse sind jedoch erstaunlich und Fortschritte sichtbar und anhaltend.

Die Textanalyse erfolgt, wie zuvor erwähnt, zumeist sprachabhängig. Abstracts können jedoch mit akzeptabler Qualität auch automatisch übersetzt werden. Die Übersetzung kann entweder auf Anforderung oder bereits bei der Klassifikation und dem Aufbau des Informationsprofils des Dokuments erfolgen. Dabei sollte ein Verweis auf das Original eingebaut werden und das Original erhalten bleiben.

4.2.2.3 Automatische Klassifikation

Die in einem Unternehmen vorhandenen und täglich neu hinzukommenden Informationen sind so groß, dass sie häufig händisch nicht mehr sortiert und zugeordnet werden können. Verstärkt wird dies, wenn man externe Quellen wie das Internet mit einbezieht. Hier setzen automatische Klassifikationsverfahren ein. Sie zerlegen (parsen) eine neu eintreffende Information, erstellen daraus ein Dokumenten-/Informationsprofil und vergleichen dies mit vordefinierten Profilen, um daraus das Dokument einer oder mehreren Klassen zuzuordnen. Diese Verfahren können keine hundertprozentig sichere Zuordnung treffen, erreichen aber bei entsprechendem Training erstaunlich hohe Trefferraten, die bei etwa 85–97 % liegen und gerade bei großen Informationsmengen effektiv und wirtschaftlich sind. Die Genauigkeit der Klassifikation ist abhängig von der Länge der Information, der darin verwendeten Sprache und Terminologie sowie dem Umfang des Trainings (bzw. auch den nachträglich durchgeführten Korrekturen von falsch klassifizierten Dokumenten). Zum Training kann man z. B. bereits anderweitig klassifizierte Dokumente benutzen.

Die Verfahren arbeiten mit unterschiedlichen Pattern-Matching-Verfahren sowie mit Techniken der Fuzzy-Logik. Erstaunlich dabei ist, dass einige Systeme sogar bei Dokumenten in unterschiedlichen Sprachen passende Ähnlichkeiten finden und damit eine Klassifikation vornehmen können, ohne die Dokumente übersetzen zu müssen. Dabei setzt die Klassifikation auf den zuvor beschriebenen Textanalysen und die dabei ermittelten Inhaltsprofile auf. Sprachspezifische Thesauren unterstützen im Normalfall die Klassifikation.

4.2.2.4 Erweiterte Volltext-Recherche

Mit dem Einsatz von fortgeschrittenen Pattern-Matching-Techniken, Verfahren, welche auf Arbeiten des englischen Mathematikers T. Bayes zurückgehen und einigen der zuvor in den Abschnitten 4.2.2.2 und 4.2.2.3 beschriebenen Methoden, lassen sich erstaunliche Klassifikationen, Profilbildungen und Profilvergleiche sowie erweiterte Recherchen in unstrukturierter Information durchführen. Die Entwicklung ist hier noch bei weitem nicht abgeschlossen. Fortschritte ergeben sich nicht nur durch neue Algorithmen und Verfahren, sondern ebenso durch die Kombination von Verfahren. Eine der Voraussetzungen hierfür sind immer leistungsfähigere Rechner und Performance-Optimierungen bekannter Verfahren.

Ein lesenswertes White-Paper mit der Beschreibung solcher Konzepte und einer Diskussion verschiedener Verfahren ist – wenn auch etwas firmenpolitisch gefärbt – bei Autonomy zu finden: [[Auton-W]] (s. S. 697).

Dabei bauen fortgeschrittene Systeme nicht nur Dokumentenprofile, sondern teilweise auch Benutzerprofile auf. In ihnen wird festgehalten, welche Dokumente der Benutzer in der Vergangenheit suchte und welche er dabei genauer anschaute (abrief). Bei einer neuen Suche werden diese beiden Profile miteinander verglichen. Der Grad der Übereinstimmung wird zum *Ranking* der Dokumente in der Trefferliste herangezogen. So erscheinen die Dokumente in der Trefferliste weiter oben, welche den Benutzerpräferenzen gut entsprechen. Ausgehend davon lassen sich dann weitere Dokumente auflisten, die andere Benutzer mit ähnlichem Profil bei ähnlicher Suche als nützlich bewertet bzw. angeschaut hatten.

Mit dieser Methode lassen sich dann auch weitgehend automatisiert Benutzergemeinschaften *(Communities)* mit gleichen oder ähnlichen Interessen aufbauen – eine klassische KM-Technik. Neu eingehende Information kann dann automatisch (nach einer automatischen Klassifikation) oder von einem Benutzer explizit an die Gruppenmitglieder verteilt werden. Dies funktioniert natürlich nur dann effektiv, wenn das System ausreichend intensiv genutzt wird. Der Nutzen steigt hier mit dem Gebrauch.

Systeme mit den hier skizzierten Möglichkeiten benötigen (bei größeren Informationsmengen) erhebliche Rechenleistung sowohl für die Profilbildung der Dokumente als auch bei der Recherche. Zusätzlich fallen relativ hohe Lizenzkosten für den Server und pro Arbeitsplatz an. Hier gilt es also, den potentiell hohen Nutzen gegen die Kosten abzuwägen.

Die aktuellen Textanalyse-, Abstract-Builder, automatische Klassifikationssysteme und Volltext-Recherche-Systeme lassen sich nicht nur als einzelne oder kombinierte Anwendungen nutzen, sondern haben auch APIs, so dass sie als IT-Infrastruktur auch von anderen Anwendungen aus einsetzbar sind.*

** z. B. zum automatischen Sortieren von eMails.*

4.2.2.5 Push-Techniken

Unter dem *Pull*-Prinzip versteht man, dass ein Nutzer selbst aktiv wird und nach Informationen recherchiert (z. B. in einer KM-Datenbank); beim *Push*-Prinzip informiert ihn das System selbstständig über sein Intressensgebiet. Bei KM-Systemen werden in der Regel beide Konzepte angeboten und vom Benutzer zumeist kombiniert eingesetzt.

Für den Informations-Push muss der Benutzer zuvor seine Interessensbereiche definieren. In der einfachsten Version geschieht dies über klassische Abonnements zu speziellen Themen, dem Abonnieren einer News-Group oder indem er einen (Update-) Agenten auf spezielle Internet-Seiten oder auf spezielle Ordner oder ein einzelnes Dokument ansetzt.* Erfolgen dort Änderungen, wird er über ein Groupware-Tool (zumeist per eMail) darüber informiert und kann sich nun per Pull die Web-Seite, den Ordner oder das modifizierte Dokument ansehen. Diese Technik lässt sich inzwischen mit preiswerten oder kostenlosen Standardkomponenten realisieren. Sie sind aber zumeist nur in der Lage, eine Art von Quelle (Web-Seiten, Ordner oder Dateien) zu überwachen; universellere Lösungen sind als Teil von KM-Systemen zu finden.

** Beispiele dafür sind in Systemen zu finden, die im Kapitel 11.6.1 und 11.7.1 beschrieben werden.*

In der fortgeschrittenen Version definiert der Benutzer sein Interessensgebiet. Ein Agent vergleicht dann sein Interessensprofil mit eingehenden Nachrichten (Informationen) und durchforstet die eingepflegten Informationsquellen nach neuen Informationen. Das Ergebnis wird ihm über eine Nachricht zugestellt. Die Nachricht (z. B. die eMail) kann entweder einen Verweis auf die Information enthalten oder die Information selbst sein.

Ist das System weiter fortgeschritten, so hat der Benutzer die Möglichkeit, sein Interessensprofil zu verfeinern, indem er dem System mitteilt, welche der gefundenen Informationen sein Interesse besser und weniger getroffen haben. Dazu muss das System in der Lage sein, die gefundenen Informationen zu profilieren und das Dokumentenprofil mit dem Interessensprofil zu vergleichen. Durch mehrere Iterationen lässt sich so das Benutzerprofil verfeinern. Das System kann so auch auf sich ändernde Interessensprofile reagieren.

4.2.3 Wissensverzeichnisse

Die Informations- und Wissensquellen in einem größeren Unternehmen sind so vielfältig, dass geeignete Verzeichnisse wesentlich bei der Suche helfen können, zumal es kaum ein KM-Gesamtsystem gibt, welches alle Quellen in einem System und unter einem Interface erschließt, es sei denn, man sieht ein Wissens-Portal (in Form eines entsprechend gestalteten Intranet-Portals) als *ein System* an.

Da die nachfolgend aufgeführten Varianten von Wissensverzeichnissen durchaus parallel und ergänzend vorhanden sein können, macht es Sinn, sie in einem Wissens-Portal zusammenzufassen und damit den Zugang zu erleichtern.

4.2.3.1 Skill-Verzeichnisse

Unter *Skill* versteht man die Fähigkeiten und Fertigkeiten und im übertragenen Sinn Erfahrung und Know-how. Es liegt also nahe, eine Aufstellung – eine Art *Know-how-Telefonbuch* – zu erstellen, in dem das für ein Unternehmen oder einen Bereich nützliche Know-how der Mitarbeiter erfasst ist. In elektronischer Form lässt sich das Verzeichnis nach unterschiedlichen Kriterien sortieren und durchsuchen. Die Kunst liegt in der Erfassung und der ständigen Pflege.

Für die Erfassung gilt es, zunächst eine einheitliche Terminologie und einen halbwegs klaren Maßstab für die Beschreibung und Klassifikation des Skill-Grades zu finden. Das Problem dabei liegt darin, dass bei der Erfassung und Pflege die Mitarbeiter ihre Fertigkeiten und ihr Know-how zu bestimmten Themen selbst abschätzen müssen.

Wie andere Verzeichnisse muss auch die Skill-Datenbank ständig gepflegt werden – vorzugsweise über eine entsprechende Schnittstelle von den Mitarbeitern selbst. Beim Ausscheiden muss der Administrator (oder ein entsprechender Workflow) die Einträge zum Mitarbeiter löschen.

4.2.3.2 Best-Practice-Datenbanken

Unter *Best-Practice*-Datenbanken versteht man Informationssammlungen, die für bestimmte Aufgaben und Situationen erprobte und anerkannte Praktiken und Verfahren beschreiben. Diese beruhen zumeist sowohl auf Industrie-gängigen Praktiken als auch auf im Unternehmen selbst gemachten Erfahrungen. Hierzu gehören auch typischerweise Erfahrungsberichte *(lessons learned)* und im Vertrieb die *Won-and-Lost-Analysen* von Aufträgen. Da sich die Praktiken, getrieben durch mehrere Faktoren wie neue Technik, neue Gesetze und neue Verfahren ständig ändern, müssen diese Beschreibungen kontinuierlich aktualisiert werden.

Neben der eigentlichen Erfassung und Zusammenstellung ist die Erschließung durch ein System mit entsprechenden Recherche-Möglichkeiten die wesentliche Forderung. Wünschenswert ist dabei, dass die Nutzer selbst gemachte Erfahrungen und selbst gefundene Zusatzinformationen einfach und doch strukturiert einbringen können. Dies kann entweder direkt selbst oder über einen kontrollierenden Editor erfolgen. Hyperlinks auf benachbarte Themen und Berichte und der (automatische) Aufbau von Knowledge-Maps bieten weitere Verbesserungen.

4.2.3.3 Wissenslandkarten – Knowledge-Maps

Wissen und Information sind in aller Regel nicht linear oder hierarchisch gegliedert, sondern bilden oft ein komplexes Geflecht. Eine graphische Darstellung liefert hier einen schnelleren Überblick und erlaubt über Hyperlinks ein intuitives Navigieren in dem Informationsgeflecht. Man behält dabei einen guten Überblick über benachbarte Themen und Dokumente.

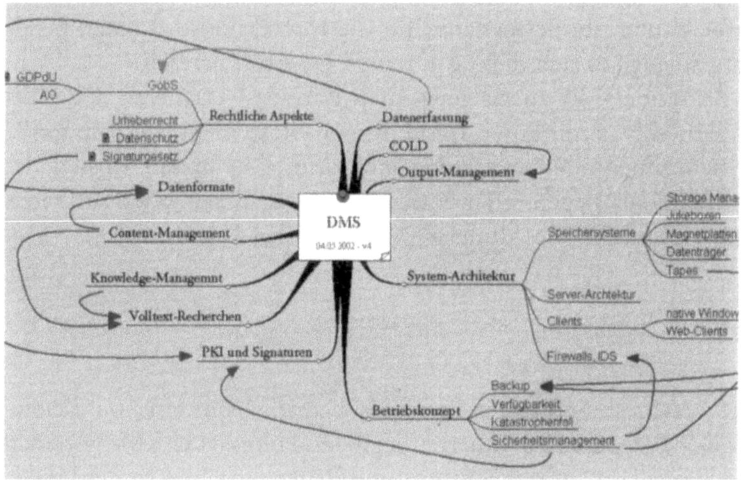

Abb. 4-4
Einfache Knowledge-Map zum Thema DMS, hier manuell als Mind-Map erstellt. Ein Klick auf einen Begriff führt per Hyperlink zu weiteren Informationen.

Solche Wissenskarten können entweder manuell erstellt und gepflegt werden (als Beispiel siehe die Mind-Map aus Abb. 4-4) oder – effizienter und zumeist aktueller – automatisch, indem ein System die Informationen (Dokumente) durchforstet, Querbezüge erkennt und darauf ein Netz aufbaut. Bei großen Netzen sollte der gerade aktive bzw. selektierte Begriff automatisch in den Bildmittelpunkt wandern – und entsprechend hervorgehoben sein –, so dass mit einem Fokuswechsel automatisch die neuen benachbarten Bereiche im Blickfeld erscheinen. Bei hohen Nachbarschaftsdichten ist dabei die Darstellung teilweise sehr schwierig (ein Positionierungs- und Beschriftungsproblem), wenn ausreichende Übersichtlichkeit und Lesbarkeit gewährleistet werden soll.

Eine sehr mächtige Variante von Knowledge-Maps sind ›Topic-Maps‹. Siehe hierzu www.topicmaps.org und www.topicmaps.com.

4.2.4 eLearning – elektronisch unterstützes Lernen

Statt ›eLearning‹ ist auch der Begriff ›Computer based Training‹ (CBT) und ›Web based Training‹ (WBT) üblich.

Das Aneignen von Wissen ist *Lernen*. Liegt das Wissen elektronisch vor, so haben wir es mit *eLearning* zu tun, wobei man hier jedoch zumeist eine zusätzliche Unterstützung durch speziell thematisch und didaktisch aufbereiteten Wissensstoff versteht. Dieses Themenfeld ist mindestens 20 Jahre alt, auch wenn es damals als *Computer-Aided-Instruction* (CAI) bezeichnet wurde. Die Nutzung war bis auf wenige Spezialgebiete bisher sehr gering. Ein Grund lag in der eingeschränkten Verfügbarkeit geeigneter Systeme (insbesondere in den Schulen) und deren Einschränkungen hinsichtlich Lesbarkeit auf dem Bildschirm, Multimedia-Unterstützung und ähnlichem. Ein zweiter Grund waren die hohen Kosten, welche für die Erstellung von didaktisch und medientechnisch gut aufbereitetem Lernmaterial entstehen, werden doch für die Aufbereitung nicht nur Fachleute für den Inhalt, die Didaktik und die medientechnische Aufbereitung, sondern ebenso für die Interaktionstechniken benötigt – solange es sich nicht um reinen Lesestoff handelt.

Zumindest die zuerst genannten Barrieren existieren heute bei modernen PCs mit guten Bildschirmen nicht mehr, weshalb große Firmen zunehmend eLearning einsetzen. Der hohen Kosten des Lernmaterials wegen (oder einer eigenen entsprechenden Aufbereitung), lohnt sich dies zumeist erst bei großen Nutzerzahlen.

4.2.5 Anwendungsbereiche für KM

* Siehe Seite 167.

Wie bereits J. Schlichter in seiner Begriffsdefinition von Knowledge-Management definiert,* liegt der Fokus von KM-Systemen und -Projekten auf der Effizienz und Reaktionsfähigkeit des Unternehmens. Diese ist – zumindest was den Vertrieb angeht – am Kunden orientiert. Deshalb wird KM-Technik vielfach dafür eingesetzt, Kundenbedürfnisse zu erfassen und im Unternehmen zu kommunizieren. Hierzu werden Kundenaussagen (Wünsche), Kundendaten und Erfahrungen mit Kundenprojekten zusammengebracht.

Ein weiterer Bereich ist die Nutzung eigener Projekterfahrungen und anderweitig erfassten *Best-Practice*-Wissens für die Bearbeitung von Ausschreibungen und in neuen Projekten – insbesondere um neuen oder örtlich entfernten Mitarbeitern diese Erfahrungen und Techniken zur Verfügung zu stellen.

Patente und ihre wirtschaftliche Nutzung ist ein klassisches Einsatzbereich von KM-Systemen; sei es dass man die eigenen Patente anderen Firmen gegen Lizenzen zur Verfügung stellt, dass man sie als Abwehrwaffe gegenüber Konkurrenten nutzt oder dass man über fremd lizenzierte Patente eigene Probleme löst. Dies wird bisher jedoch zumeist nur bei größeren Firmen praktiziert.

In örtlich verteilten großen Unternehmen können Wissensnetze helfen – unterstützt durch technische KM-Systeme und durch die Groupware-Techniken –, mehrfach benötigtes Wissen über die örtlichen Grenzen schnell und breit zu verteilen. Videokonferenztechnik – besonders geeignet, um stilles Wissen zu kommunzieren – setzt aber für ein angenehmes Arbeiten (ruckelfrei und ohne große Aussetzer) erhebliche Bandbreiten voraus. Spezielle Videokonferenzräume, die reserviert werden müssen, limitieren diese Kommunikation in starkem Maße. Kleinere Systeme am Arbeitsplatz oder an mehreren speziell eingerichteten Plätzen sind hier vorzuziehen. Steigende Leistungs- und Multimediafähigkeit der Rechner und Netze lassen in den kommenden Jahren weitere Verbesserungen erwarten.

eLearning wurde bereits im Abschnitt 4.2.4 erwähnt, wobei hier mit jeder Nutzung der KM-Systeme, auch ohne dediziertes Lektions-orientiertes Material, ein Wissenstransfer und damit ein Lernen stattfindet.

Aus den aufgelisteten Verfahren und Konzepten wird deutlich, dass der Übergang von DM-, Groupware-, ECM-, WCM- und KM-Systemen fließend ist und dass hier beim Aufbau der IT-Infrastruktur sehr wohl Synergieeffekte zu erwarten sind – solange auf offene Systeme und Interoperabilität geachtet wird.

Wie bei der Einführung von Strategien und Technik allgemein, ist das Kommunizieren der Möglichkeiten, das Werben für, das Unterrichten über und das Schulen der potentiellen Nutzer in den Verfahren eine wesentliche Komponente in den Projekten.

Da Wissen veraltet – die Algorithmen dazu kennen wir bisher wenig – bedürfen KM-Systeme der ständigen Pflege und Aktualisierung. Diese muss sowohl neues Wissen einbringen als auch altes Wissen korrigieren, kommentieren und unter Umständen neu bewerten oder löschen. Nur wenn diese Leistung erbracht wird, sind KM-Systeme attraktiv und werden angenommen.

4.2.6 Sicherheitsaspekte bei KM-Systemen

Das Wissen im Unternehmen stellt eine wesentliche Ressource dar. Unkontrollierter Zugang oder schlimmer, unkontrollierter Abfluss – im Sinne von unberechtigtem Zugang, unberechtigter Weitergabe oder gar Löschen oder Verfälschen – stellt eine immanente Gefahr dar. Für *normal-vertrauliche* Informationen bieten DM-, CM-, KM- oder Data-Mining- und BI-Systeme sowie die anderen beschriebenen Technikkomponenten zumeist ausreichenden Schutz, soweit ergänzend die Sicherheitsgrundprinzipien beachtet werden. Gegen die unberechtigte Weitergabe durch korrupte Mitarbeiter helfen diese zumeist nicht, insbesondere dort, wo praktisch spurenlos elektronische Kopien gemacht werden können.

BI = ›Business Intelligence‹, eine Variante von ›Data Mining‹

In eingeschränktem Umfang können Content-Filter* das Abfließen von vertraulichen Informationen per HTTP, eMail oder FTP entdecken und einschränken. Wird die Information jedoch verschlüsselt oder auf Datenträgern *exportiert*, helfen auch sie nicht. Moderne und entsprechend aufgesetzte DM-Systeme können zwar alle Zugriffe auf sensible Informationen protokollieren, wird der Abfluss jedoch nicht (zumeist zufällig) bemerkt, wird auch keiner die Protokolle entsprechend auswerten. Der beste Schutz bleibt hier immer noch eine sorgfältige Zugangskontrolle. Bei sehr sensibler Information kann man zusätzlich Read-Only-Techniken einsetzen, welche ein Ausdrucken oder Kopieren nicht zulassen. Zumeist lassen sich jedoch mit etwas krimineller Energie solche Sperren überwinden, wie die anhaltenden Diskussionen um Raubkopien und dem Überwinden von DRM-Techniken zeigen. Zu einem Sicherheitsmanagement im Unternehmen gehört deshalb auch Aufklärung über Gefahren sowie darüber, was zulässig und was verboten ist, und über die Konsequenzen.

** Diese durchforsten ausgehende Informationen nach bestimmten Begriffen und Daten und sperren entsprechende Daten und melden den Vorfall dem Administrator.*

DRM = ›Digital Rights Management‹, siehe auch Abschnitt 4.1.7.

Bei Skill-Datenbanken oder Skill-Verzeichnissen handelt es sich um personenbezogene Daten, so dass nach deutschem Recht hier das BDSG greift. Die Person muss mit der Publikation also einverstanden sein, und mit den Daten muss sensitiv umgegangen werden.

In manchen Fällen werden die Bedenken um die Sicherheit jedoch übertrieben (in diesem Aspekt) und dies verhindert oft den freien Zugang zu wichtigen Informationen und behindert damit den Wissenstransfer und die effektive Nutzung vorhandener Informationen. Auch hier gilt es, eine *gesunde* Balance zu finden.

Kapitel 5

Speichermedien

Speicher sind zentrale, wichtige Komponenten in Datenverarbeitungssystemen. Die Anforderungen an ihre Kapazität, Zugriffsgeschwindigkeit und Verfügbarkeit steigen mit den wachsenden IT-Anforderungen. In DM-Systemen sind sie eine wesentliche Kenngröße – zumindest was die Externspeicher betrifft. Dieses Kapitel befasst sich mit Speicherhierarchien, zeigt die wichtigsten Speichermedien und nennt Kenndaten sowie Vor- und Nachteile.

Betrachtet man die Entwicklung der verschiedenen Speichermedien, so konnten ihre verfügbaren Kapazitäten weitgehend mit der Weiterentwicklung von Rechnern mithalten. Mit den schnelleren Rechnerzentraleinheiten standen auch entsprechend schnellere und größere Speicher zur Verfügung. Dabei stieg die Kapazität der Speichermedien um mehrere Größenordnungen, die Zugriffsgeschwindigkeiten aber nur um den Faktor 2–5. Dies gilt für fast alle Speicher der Speicherhierarchie.

5.1 Die Speicherhierarchie

Zugriffszeiten und Kosten pro Speichereinheit schaffen eine Hierarchie, die von extrem schnellen CPU-internen Registern, über CPU-Caches, über den Hauptspeicher, schnelle Magnetplatten zu den langsameren optischen Platten und schließlich zu den Bandspeichern reicht. Hauptspeicher und direkt zugreifbare Plattensysteme werden als *Online-Speicher* bezeichnet. Der Begriff des *Nearline-Speichers* wird für Speichermedien verwendet, auf die nicht direkt zugegriffen werden kann, die jedoch rechnergesteuert *online* gesetzt werden können. Zu ihnen zählen optische Platten in Jukeboxen oder Bänder in direkt zugreifbaren Bandarchiven. Das untere Ende der Speicherhierarchie stellen die so genannten *Offline-Speicher* dar, in Form von Magnetbändern, Magnetkassetten oder extern gelagerten optischen Platten. Die größte heute verfügbare Speicherkapazität (pro Einzellaufwerk bzw. Datenträger) bieten optische Bänder. Sie erlauben ca. 1 TB pro Band zu sichern, werden bisher aber nur in Spezialanwendungen eingesetzt – etwa im Bereich der Erdölexploration oder zum Speichern großer Telemetriedaten.

Je schneller Daten benötigt werden, umso höher in der Speicherhierarchie werden sie gehalten, umso kleiner ist der Speicher und umso größer die Kosten pro Megabyte. Das Speicherspektrum deckt dabei eine enorme Spanne ab, die von wenigen Speicherworten bei CPU-Registern (etwa 32 bis 256 Register je CPU) bis hin zu Terabyte-Kapazitäten im Nearline- und Offline-Speicher reicht, und das sich von etwa 0,1 bis 2 Euro pro Byte (für schnelle Register) bis hin zu etwa 1 Euro pro GB bei optischen Platten oder Bandkassetten erstreckt.*

Die charakteristischen Zugriffszeiten, Speichergrößen und Speicherkosten pro Kilobyte zeigt Abbildung 5-1 und Tabelle 5-1 auf Seite 182. Die dort genannten Werte gelten für PC- und typische Workstation-Systeme. Die Preise dieser Komponenten bei Großrechnern sind oft deutlich höher.**

* *Hierbei wurde ein Datenträgerpreis von 12,5 Euro für eine 2-GB-Kassette angenommen.*

** *bei einer zumeist höheren Leistung*

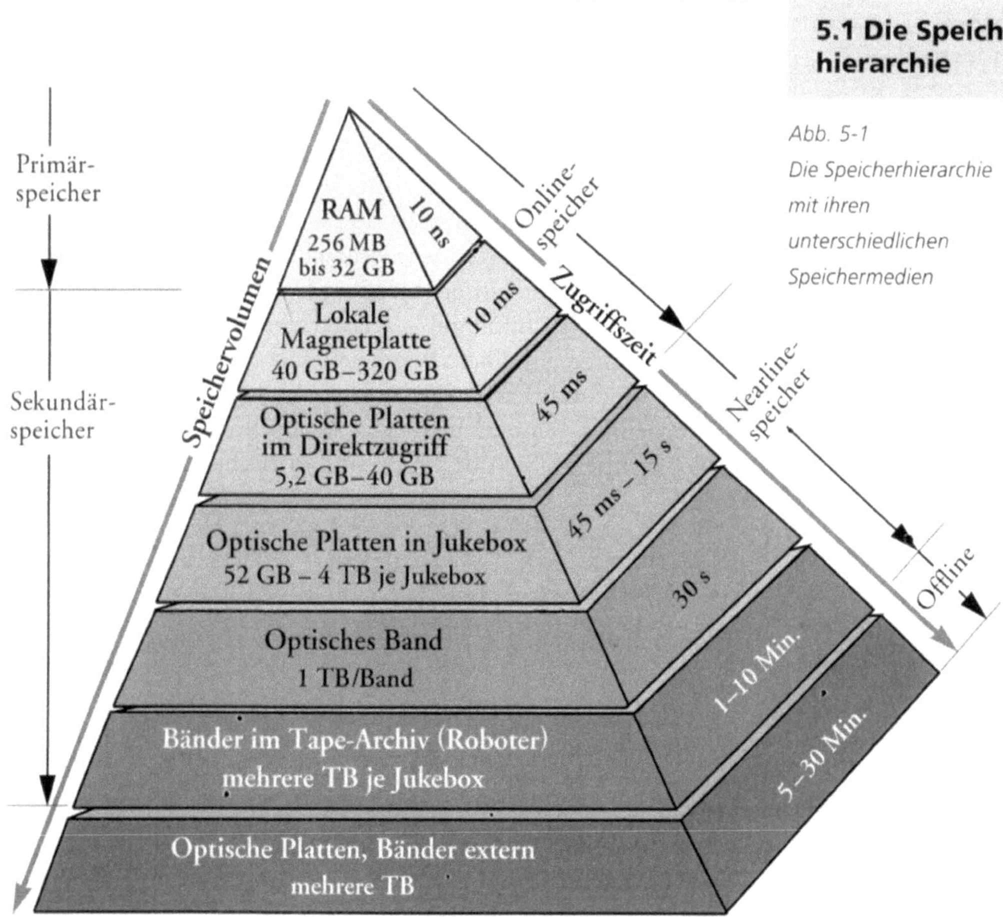

Abb. 5-1
Die Speicherhierarchie mit ihren unterschiedlichen Speichermedien

Speicherungsdauer der Daten

Technisch lassen sich Speicher auch in *flüchtige* und *nichtflüchtige* Speicher unterteilen. Bei flüchtigen Speichern – hierzu zählen die heute üblichen Hauptspeicher – bleibt die Information nur solange erhalten, wie Spannung angelegt ist. Bei Spannungsabfall geht die Information verloren.

Magnetplatten, Bänder und optische Platten zählen zu den nichtflüchtigen Speichern. Die Permanenz der gespeicherten Information ist jedoch auch hier begrenzt. So müssen z.B. Magnetbänder und Streamerkassetten etwa halbjährlich umgespult und jährlich kopiert werden. Durch das Umspulen verschiebt sich die Position benachbarter Lagen geringfügig und vermeidet bzw. reduziert damit ein statisches Kopieren (Magnetisierung der benachbarten Lage).* Etwas höhere Werte gelten für extern gelagerte Magnetplatten.

* Die tatsächliche Haltbarkeit ist deutlich höher. Die genannten Werte sind Angaben der Gerätehersteller.

Optische Platten und optische Bänder bewahren ihre Informationen deutlich länger und sind meist gegenüber Umwelteinflüssen (Temperatur, Luftfeuchtigkeit, Magnetfelder) unempfindlicher. So garantieren die Hersteller für 5¼"-optische WORM-Platten eine Datenlesbarkeit von etwa 20 bis 30 Jahren, bei 12"-WORM-Platten von etwa 50 Jahren. Wiederbeschreibbare optische Datenträger – in der so genannten MOD- (***Magneto-Optical Discs***) oder Phase-Change-Technologie – weisen eine Datenhaltbarkeit von 10 bis 20 Jahren auf. Diese Werte gelten jedoch nur bei sachgerechter Lagerung und Betrieb. So sinkt die Haltbarkeit jeweils deutlich mit steigender Temperatur – und zwar schnell. Lager- oder auch Betriebstemperaturen über 35 °C sind kritisch, über 45 °C sehr kritisch!

Tabelle 5-1 Charakteristische Daten verschiedener Speicher: Die letzte Spalte gibt bei Wechselmedien den Datenträgerpreis an (Stand: Anfang 2002). Die angegebenen Kapazitäten gelten jeweils unkomprimiert.

Die Entwicklung der Preise optischer Datenträger ist auf Seite 233 zu finden.

Speicher-medium	mittlere Zugriffszeit	charakteristische Kapazität	Preis pro GB
Cache	4–6 ns	0,5–4 MB	250–500 Euro
Hauptspeicher	10–50 ns	32 MB–4 GB	300–600 Euro
Magnetplatten	10–15 ms	40–300 GB/Lw.	3–6 Euro
Magnetwechselpl.	15–25 ms	1–2 GB/Platte	20,0 Euro
Optisch. 3½"	25–45 ms	0,22–0,65 GB	13,0 Euro
Optisch. 5¼"	25–65 ms	2,6–9,1 GB	10,0 Euro
Optisch. 12"/14"	90–250 ms	7,2–30 GB	11,0 Euro
CD, CR-R	90–200 ms	650 MB	1,0 Euro
DVD-R (G)*	90–200 ms	3,9–9,4 GB	0,9 Euro
Magnetband	500 s	80–160 MB/Band	78,0 Euro
Streamerkassette	20–90 s	0,5–10 GB/Band	3,1 Euro
DAT-Kassette	10–30 s	12–48 GB/Band	1,8 Euro
Exabyte-Kassette	60 s	8–16 GB/Band	2,1 Euro
IBM-3490-Kass.	60 s	0,4–75 GB/Band	4,5 Euro
AIT-3-Kassette	20 s	100–200 GB/Band	0,7 Euro
DLT-Kassette	60 s	40–70 GB/Band	2,0 Euro
D2-Kassette	40 s	75–165 GB/Band	0,4 Euro
LTO-Kassette*	40 s	100–200 GB/Band	1,2 Euro
optisches Band	30 s	1,0 TB/Band	0,2 Euro

** Hier werden die Preise noch weiter fallen.*

5.2 Hauptspeicher

Die Größe des Hauptspeichers wird weitgehend vom Rechnertyp einerseits, dem Betriebssystem und den Applikationen andererseits bestimmt. Während Low-End-PCs teilweise nur 128 MB Hauptspeicher aufweisen, verlangen aktuelle Betriebssysteme wie Windows XP, Windows 2K oder UNIX/LINUX minimal 256 MB für ein sinnvolles Arbeiten auf einem Arbeitsplatzsystem (grafische Oberfläche).* Einzelne Applikationen wie CAD-Systeme oder die Darstellung oder gar Bearbeitung großer Rasterbilder bzw. NCI-Dokumente können den Speicherbedarf auf 512 MB hochtreiben. Dies gilt insbesondere für die Bearbeitung hochauflösender Farbbilder und größerer Audio- und Video-Daten. Auch Datenbanksysteme erfordern in der Regel einen großen Hauptspeicher – von 512 MB aufwärts. Große Server- oder Datenbank-Systeme benötigen teilweise Hauptspeicher im Gigabyte-Bereich.

** Stand 2002; der Bedarf verdoppelt sich etwa alle 2–3 Jahre.*

Die Hauptspeicheranforderungen steigen mit jeder Betriebssystemversion und jeder Version neuerer Applikationen. Deshalb sollte man bei der Beschaffung von DM-Systemen auf einen ausreichenden Grundausbau und Erweiterungsmöglichkeiten des Hauptspeichers achten. Ein nachträglicher Ausbau ist fast immer teurer als eine großzügige Erstausstattung (zumindest bei Arbeitsplatzsystemen).

Neu erworbene Arbeitsplatzsysteme sollten mindestens auf 512 MB erweiterbar sein!

5.3 Magnetplattenspeicher

Magnetplatten sind heute die meistverwendeten Sekundärspeicher. Dem Betriebssystem dienen sie als Paging-Speicher. Zumindest dieser Speicher sollte bei Arbeitsplatzsystemen lokal vorhanden und ausreichend groß sein (Faustformel: 2–3 Mal die Hauptspeichergröße). Viele Programme benutzen Magnetplatten auch als temporäre Zwischenspeicher bei der Bearbeitung großer Datenmengen. In einem System wird man die schnellsten Platten für das Paging, für temporäre Dateien und für Datenbanken einsetzen. Die Programme selbst lassen sich ohne deutliche Performance-Verluste auch von langsameren Einheiten laden. Die Erfahrung zeigt, dass es in den meisten Fällen vorteilhaft ist, auch das komplette Betriebssystem und zumindest die meistbenutzten Programme ebenso lokal zu halten und nicht erst über das Netz zu laden.

Nach dem Hauptspeicher sind Magnetplatten das schnellste Speichermedium in der Speicherhierarchie. Ihre charakteristischen Zugriffszeiten liegen heute zwischen 9 und 15 ms. Die Kapazität solcher Magnetplatten liegt zwischen 40 GB und 200 GB pro Laufwerk für PC-, Workstations- und kleine Server und zwischen 36 GB und 160 GB bei Servern und Mainframe-Systemen (Stand 2002). Da mehrere Plattensysteme an einen Rechner angeschlossen werden können, sind Systeme mit 100 GB und mehr keine Seltenheit, und bei Servern sind 500 GB bis zu mehreren Terabytes an Magnetplattenkapazität anzutreffen.

Leistungsdaten einer Platte

Die Geschwindigkeit einer Platte ergibt sich aus mehreren Faktoren: Wesentlich sind hierbei Positionierzeit, Übertragungszeit (bestimmt durch Umdrehungszahl und Schreibdichte) und Leistungsfähigkeit des Platten-Interfaces und des eingesetzten Bussystems. Mit der Einführung des PCI-Busses stellt der Bus zumindest für Arbeitsplatzsysteme keine Beschränkung mehr dar. Auch die Plattenschnittstelle eilt in ihrer Entwicklung der von den Platten erbrachten Transferleistungen deutlich voraus. Im IDE-Bereich – das heute typische Interface für PCs und Workstations – sind inzwischen IDE-100 (ATA-100) und IDE-133 (ATA-133) im Jahr 2002 der Standard. Die theoretisch maximale Übertragungsleistung liegt bei 100 MB/s bzw. 133 MB/s und damit bei mehr als dem Faktor 2 der maximal zwei anschließbaren Platten pro IDE-BUS-Kanal. Auch im SCSI-Segment – praktisch nur noch bei Servern und Mainframe anzutreffen – besteht mit dem SCSI-160 auch eine deutliche Leistungsreserve, selbst wenn man hier vier oder mehr Platten an einem Bus anschließen möchte.

Schließlich muss die Information noch zur Applikation transportiert werden. Hierbei können der Overhead durch das Betriebssystem und ein mehrfaches Umkopieren im Hauptspeicher erhebliche Zusatzzeiten mit sich bringen. Typische Transferleistungen* liegen zwischen 15 und 30 MB/s für PC-Systeme, Workstations und Systeme der mittleren Datentechnik und bis zu 80 MB bei High-End-Systemen. Diese Systeme besitzen oft mehrere schnelle Busse bzw. Kanäle, die auch mehrere parallele Übertragungen zulassen. Die Busse machen dort einen wesentlichen Teil der hohen Preise aus.

** zwischen Applikation und Magnetplatte*

Für schnellere Platten hat sich SCSI-160 gefolgt von SCSI-320 etabliert. Die theoretisch möglichen Gesamttransferraten liegen hier bei 80 MB/s, 160 MB/s und 320 MB/s. Diese Schnittstellen machen nur dort Sinn, wo mehrere Geräte am gleichen Bus-Strang angeschlossen sind. Auch Magnetplatten mit direktem Fibre-Channel-Anschluss sind verfügbar und finden im High-End-Server-Bereich ihren Einsatz.

Der Trend geht zu kleineren Formfaktoren. So wurde in der Vergangenheit 8" durch 5¼"und danach 3½"abgelöst; ab 2003 wird 2½" den Standard darstellen – zumindest für PC-Systeme. Der kleinere Formfaktor erlaubt nicht nur leisere Laufwerke, sondern auch geringeren Stromverbrauch und damit geringere Wärmeabgabe.

Baugröße	mittlere Positionierzeit	Übertragungs-leistung	Kapazität
5¼"	8–12 ms	20–40 MB/s	40–80 GB
3½"	8–10 ms	20–40 MB/s	40–320 GB
2½"	10–15 ms	10–20 MB/s	20–80 GB

Tabelle 5-2 Charakteristische Daten verschiedener Magnetplattentypen

RAID-Systeme

RAID steht für ›*Redundant Array of Inexpensive (Independent) Disks*‹. Es handelt sich dabei um ein Verfahren, bei dem mehrere Platten zu einer logischen Platteneinheit zusammengeschaltet werden, um eine höhere Transferleistung und/oder eine höhere Sicherheit zu erreichen. Die gesteigerte Übertragungsleistung wird durch weitgehend paralleles Schreiben und Lesen der Information auf verschiedene Platten erreicht, die höhere Sicherheit durch redundantes Abspeichern der Information auf mehrere Platten. Hier wird auch beim Ausfall einer einzelnen Platte noch weitergearbeitet, da das System die Information aus der redundanten Speicherung von einer noch korrekt arbeitenden Platte liest oder wiedergewinnt.

Einen kompakten Überblick zu RAID und den EDAP-Kriterien gibt [Köhler] (s. S. 703).

Die Art der Nutzung wird durch den RAID-Level angegeben, der von 0 bis 5 reicht.* Die nachfolgende Aufstellung beschreibt die jeweilige Funktion. Realisiert wird RAID in der Regel über spezielle Platten-Controller und Treibersoftware. Dabei kann die RAID-Implementierung entweder im Rechner und seiner Treibersoftware realisiert werden, oder rechnerunabhängig im Platten-Interface.

* *Zusätzlich gibt es noch die RAID-Level 6, 7 und S, welche aber auf proprietären Implementierungen beruhen.*

RAID 0 ist auf eine hohe Übertragungsleistung ausgelegt. Die Datensicherheit ist etwas geringer als bei normalen Platteneinheiten. Die Performance-Steigerung wird erreicht, indem die Information in kleine Einheiten (*Stripes*) zerlegt wird, die praktisch parallel auf die Platten des Disk-Arrays geschrieben werden. Man bezeichnet dies auch als *Disk-Stripping*. Hierzu sind mindestens zwei Platten erforderlich. In der Regel entspricht die Einheit der Blockgröße der verwendeten Platten (0,5 KB oder 1 KB), kann jedoch auch kleiner sein. Nachteilig ist, dass bei einem Defekt auf einer Platte die Information (bzw. Datei) verloren geht.

Die am häufigsten eingesetzten RAID-Level sind 0 (Leistungssteigerung) und 5 (hohe Sicherheit) sowie eine Kombination von 0 und 5.

RAID 1 erhöht die Datensicherheit, indem die Information auf mehrere Platten dupliziert abgelegt wird (Spiegelverfahren, *Disk Mirroring*). Hierzu sind mindestens zwei Platten erforderlich. Die Performance ist geringer als bei normalen Platteneinheiten. Ein üblicher Redundanzfaktor ist hier 2 oder 3.

RAID 2 arbeitet wie RAID-Level 0, benutzt jedoch zusätzliche ECC-Laufwerke (*Error Correction Code*, hier *Hamming Code*). Beim Ausfall einer Platte können die Daten aus dieser Information rekonstruiert werden. Hierzu sind minimal drei Platten erforderlich. Dieser Typ kommt praktisch nicht zum Einsatz.

RAID 3 arbeitet wie RAID-Level 0, benutzt jedoch ein zusätzliches Paritätslaufwerk. Die Übertragungseinheit (*Stripe*) ist hier kleiner als die physikalische Blockgröße. Beim Ausfall einer Platte kann die Information mit Hilfe der Paritätsinformation wiedergewonnen werden.

RAID 4 arbeitet wie RAID-Level 3, wobei die Informationseinheit (*Stripe*) mindestens der physikalischen Blockgröße entspricht, so dass kleine Leseanfragen von einer einzigen Platte bedient werden können.

RAID 5 arbeitet wie RAID-Level 4, wobei die Paritätsinformation nicht auf ein separates Laufwerk geht, sondern zyklisch und blockweise auf eines der Standardlaufwerke des Arrays. Dies gestattet auch die Schreibleistung zu verbessern. Hier arbeitet man zumeist mit mindestens fünf Laufwerken.

RAD = ›RAID Advisory Board‹

Ein Konsortium von RAID-Anbietern (RAD) hat inzwischen eine neue Definition vorgelegt. Sie umfasst drei Funktionalitätsebenen mit jeweils zwei weiteren Stufen (insgesamt wiederum sechs Level). Dieser Entwurf mit den EDAP-Kriterien (***Extended Data Availability And Protection***) ist zur Normierung vorgelegt worden, um die bisherigen RAID-Level abzulösen; die neue RAID-Bezeichnung ist jedoch kaum verbreitet. Details hierzu sind unter [[RAB]] zu finden.

Zu [[RAB]] siehe Seite 709.

Die Entwicklung von Magnetplatten

Die Entwicklung der Magnetplatten ist in den letzten Jahren enorm fortgeschritten. Ein Ende der Entwicklung ist kurzfristig noch nicht abzusehen.

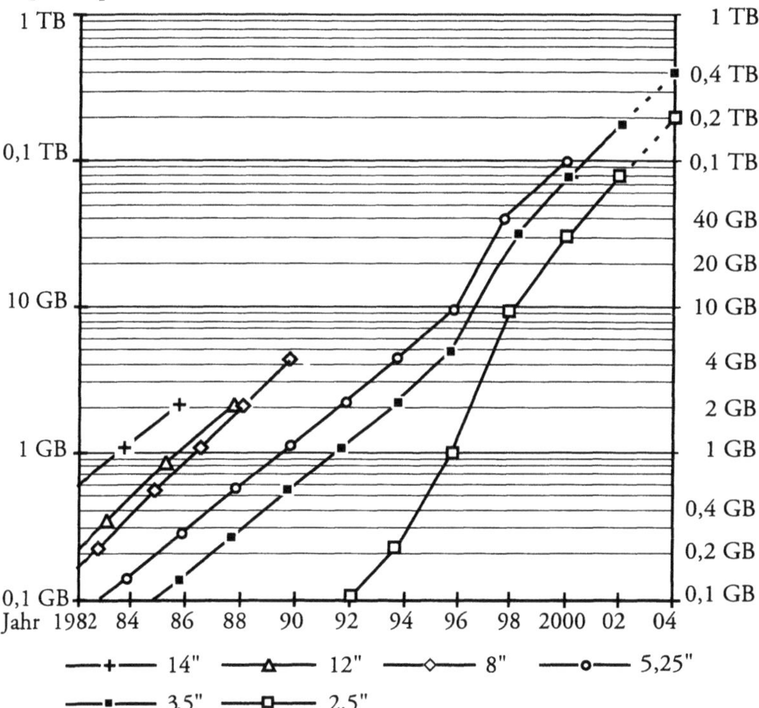

Abb. 5-2
Die Entwicklung der Kapazitäten der unterschiedlichen Magnetplattengrößen. Die Y-Achse des Diagramms ist logarithmisch!

Die Entwicklung hat einerseits schnellere Platten hervorgebracht, in sehr viel stärkerem Maße jedoch größere Speicherkapazitäten und kompaktere Systeme. Sind in Mainframes noch vereinzelt 5¼"-Laufwerke anzutreffen, so dominieren bei PC- und Workstation-Systemen die 3½"-Platten; in tragbaren PC-Systemen werden 2½"-Plattensysteme eingesetzt.

Wie man in Abbildung 5-2 erkennt, wurden die Kapazitäten etwa alle zwei Jahre verdoppelt und etwa alle vier bis sechs Jahre fand eine Ablösung durch die nächst kleinere Generation (bei etwa gleicher Kapazität) statt.

Kompaktere Plattensysteme erlauben nicht nur kompaktere Rechnersysteme – z. B. in so genannten *Blades* – sondern produzieren auch deutlich weniger Wärme und Lärm und verbrauchen weniger Strom. Nach einer Einführungsphase erlauben sie auch eine Kostensenkung je Laufwerk.

Wechselplatten

Magnetwechselplatten – in der Zeit der 14"-Platten noch verbreitet sind heute praktisch verschwunden. Im PC-Bereich werden zwar 5¼"- und 3½"-Platten mit einer Kapazität zwischen 1 GB und 2 GB zum Datenaustausch zwischen Systemen und zur Datensicherung noch eingesetzt; sie werden jedoch durch kompaktere optische CD bzw. DVD abgelöst, zumal letztere auch mehr Daten aufnehmen können.

5.4 Bandspeicher

Bandspeicher sind typische Sicherungsmedien. Daneben dienen sie zum Datenaustausch zwischen Rechnern – auch unterschiedlicher Hersteller. Eine wirkliche Portabilität ist dabei eigentlich nur für die älteren ½-Zoll-Bänder mit Speicherdichten von 1600 bpi und 6250 bpi gegeben. Diese Bänder erlauben, insbesondere wenn die entsprechenden ANSI-Bandformate verwendet werden, auch den Austausch zwischen Mainframes unterschiedlicher Anbieter. Im Bereich der PC-, Workstation- und MDT-Systeme wurden die ½"-Bänder inzwischen fast vollständig durch ¼"-Streamerlaufwerke nach dem QIC-Standard sowie durch DAT abgelöst. Der Standard entwickelte sich dabei so schnell weiter, dass es zu keiner echten Verbreitung eines einzelnen Standards gekommen ist.

bpi = Byte per Inch

Neben den Streamern haben sich für die Datensicherung zwei aus dem Consumer-Bereich stammende Sicherungsmedien verbreitet. Dies ist zum einen das DAT-Band* in einer für die Datenspeicherung leicht veränderten Version und das Video-8-Band, welches primär von der Firma Exabyte angeboten wird und deshalb auch als *Exabyte-Band* bekannt ist. Es verwendet ein Aufzeichnungsverfahren, welches an das von Video-8-Geräten angelehnt ist.

** DAT steht für ›**D**igital **A**udio **T**ape‹.*

In der IBM-Welt hat die 3480- und 3490-Bandkassette größere Verbreitung gefunden. Für Server – insbesondere für File-Server und große Datenbanksysteme – gelten DLT-Bänder (***D**igital **L**inear **T**ape*) mit Speicherkapazitäten bis zu 35 GB (70 GB für Super-DLT) und das D2-Band mit bis zu 165 GB je Band als Standard. Mit einer Komprimierung, welche bei allen neueren Laufwerkstypen per Hardware im Laufwerk realisiert wird, können hier – bei einem Komprimierungsfaktor von 2 zu 1 – etwa 70 GB (Super-DLT: 140 GB) bzw. 330 GB gespeichert werden.

** Es gibt auch Laufwerke, die im Ruhezustand das Band mittig gespult halten und damit die Zugriffszeit statistisch halbieren.*

Die nächste Generation stellen die LTO-Systeme (***L**inear-**T**ape-**O**pen*) dar. Sie beginnen bei ca. 100 GB pro Band und werden über die Generationen hinweg bei einer Kapazitätsverdopplung ca. alle 2 Jahre bis in den Terabyte-Bereich hineinreichen.

Deutliche Unterschiede weisen die Bandmedien bei der Anzahl der zuverlässigen Nutzungen bzw. Durchläufe auf (siehe rechte Spalte in Tabelle 5-3). Dies kann die Betriebskosten und die Datensicherheit durchaus beeinflussen und sollte beim Einsatz beachtet werden.

Bänder werden sequentiell beschrieben und gelesen; sie erlauben keinen Direktzugriff. Auch bedingen die Umspulzeiten erhebliche Zeitverzögerungen (es gibt auch Laufwerke, die im Ruhezustand das Band mittig gespult halten und damit die Zugriffszeit statistisch halbieren). Die Anwendung von Bändern bleibt weitgehend auf die Datensicherung beschränkt. Robotergesteuerte Bandarchive erlauben Kapazitäten von mehreren Terabyte.

Tabelle 5-3 Verschiedene Bandspeicher: Der höhere Wert gilt mit Komprimierung im Faktor 2:1. Die Ladezeit gilt z. B. für einen Grau-Roboter.

Bandmedium	Formfaktor/ Bandtyp	Kapazität je Datenträger	mittlere Lade- + Zugriffszeit	nominale Transferrate	mögliche Durchläufe
½", 6250 bpi	½"-Magnetband	0,16 GB	400 + 100 s	0,4 MB/s	ca. 40
IBM 3480	3480-Kassette	0,4 GB	15+75 s	2 MB/s	
IBM 3590	3480-Kassette	10–20 GB	17+75 s	4 MB/s	
MLR3-Streamer	1/4"-QIC-Kas.	25–50 GB	20 + 40 s	2 MB/s	ca. 150
DDS-3 DAT	4-mm-DDS-3	12–24 GB	20 + 30 s	1 MB/s	ca. 40
DDS-4 DAT*	4-mm-DDS-4	24–48 GB	20 + 30 s	2 MB/s	ca. 40
Exabyte-Band	8-mm-DV	7–14 GB	20 + 40 s	2 MB/s	ca. 25
Mammoth	8-mm-DV	20–40 GB	20 + 53 s	4 MB/s	
Mammoth-2	8-mm-DV	60–120 GB	20 + 30 s	12 MB/s	
AIT-2	8-mm-DV	50–100 GB	20 + 45 s	6 MB/s	ca. 500
AIT-3	8-mm-DV	100–200 GB	20 + 30 s	12 MB/s	ca. 1 000
AIT-S (ab 2003)	8-mm-DV	400–800 GB	20 + 30 s	24 MB/s	ca. 1 000
DLT-4	1/2"-Kassette	40–80 GB	17 + 53 s	5 MB/s	ca. 1 000
S-DLT	1/2"-Kassette	70–140 GB	17 + 35 s	8 MB/s	ca. 1 000
SD3	3480-Kassette	75–150 GB	17 + 53 s	11 MB/s	
D2	4-mm-Kassette	165–330 GB	30 + 52 s	15 MB/s	
LTO Ultrium	LTO-Kassette	100–200 GB		15 MB/s	1 Million

5.5 Optische Speichermedien

Archivierungssysteme verwenden zur Langzeitablage fast ausschließlich optische Speichermedien. Dies liegt an ihrer hohen Speicherkapazität, stärker aber noch an der Datensicherheit, die sie bieten (auch rechtliche Aspekte können hierfür ein Grund sein). Zusätzlich haben diese Medien gegenüber den heute üblichen Magnetplatten den Vorteil, dass sie, wie die früher üblichen Wechselplatten, austauschbar sind. Damit kann durch Einsatz von Plattenrobotern auf alle Kapazitäten im Roboter zugegriffen werden. Im Gegensatz zu Bändern kann dies (nach dem Einlegen der Platte in das Laufwerk) im Direktzugriff erfolgen; d.h. die gewünschte Information kann selektiv und auch teilweise gelesen werden, ohne dass dazu die gesamte Information (Datei, Dokument) auf eine lokale Platte eingespielt werden muss.*

** Ein selektives Lesen ist auch bei Bändern möglich, jedoch wesentlich langsamer.*

Bei den optischen Speichern kann man sowohl unterschiedliche Techniken als auch verschiedene Plattenformate und Aufzeichnungsverfahren unterscheiden. Zunächst lassen sich die heute üblichen optischen Speicher in vier Klassen unterteilen:

A) einmal beschreibbare Platten (WORM-Platten)

B) wiederbeschreibbare Medien (MO- und Phase-Change-Systeme)

C) Compact-Discs (wie Daten-CDs), wobei es hier Systeme gibt, die zur Gruppe A gezählt werden können

D) DVD-Systeme: Auch hier sind einmal- sowie mehrfach beschreibbare Techniken anzutreffen.

E) optische Bänder (für Spezialanwendungen)

Bei allen bisher üblichen optischen Speichermedien werden Laser zum Schreiben und Lesen der Daten verwendet. Das Grundprinzip der Informationsspeicherung auf optischen Medien besteht darin, dass beim Schreiben ein starker Laserstrahl physikalische Änderungen in der Datenträgeroberfläche produziert. Diese Änderungen rufen beim Lesen entweder unterschiedliche Reflexionsgrade für 0- und 1-Bits hervor oder bewirken eine Veränderung der Polarisation des reflektierten Lichts. Beim Lesen wird ein deutlich schwächerer Laserstrahl verwendet, der die Oberfläche nur abtastet, nicht jedoch verändert.

Da die Schreib-/Leseeinheit dabei nicht, wie bei Magnetplatten üblich, dicht über der Platte schweben muss, sind diese Systeme deutlich weniger staub- und stoßempfindlich als Magnetplatten; die

Gefahr eines *Head-Crashs* entfällt. Die Schreib-/Leseköpfe können bisher jedoch nicht so leicht und kompakt wie bei Magnetplatten gebaut werden. Bei einigen Verfahren müssen sogar zwei unterschiedliche Laser verwendet werden. Dadurch sind größere Massen zu bewegen, was zu langsameren Positionierzeiten führt. Bei optischen Systemen nach der CLV-Technik kann die Information auch nicht, wie bei Magnetplatten üblich, über Sektor- und Spuradressen direkt, sondern muss mit einem beschleunigten sequentiellen Suchverfahren angefahren werden, da die Spuren spiralförmig auf der Platte angeordnet sind. CLV steht für ›*Constant Linear Velocity*‹. Hiermit wird gewährleistet, dass die Bitdichte der Information über die gesamte Platte konstant ist und nicht wie bei Magnetplatten, die inneren Spuren eine höhere Bitdichte als die äußeren Spuren aufweisen (deren Technik wird als CAV für ›*Constant Angular Velocity*‹ bezeichnet). CDs und DVDs verwenden beispielsweise das CLV-Verfahren.

Dies sind die primären Gründe, weswegen selbst beim Lesen die heute verfügbaren optischen Platten deutlich langsamer als moderne Magnetplatten sind. Neuere Entwicklungen weisen hier spürbare Verbesserungen auf, kommen jedoch noch nicht an die Leistung von Magnetplatten heran. Wegen der noch geringeren Umdrehungsgeschwindigkeit liegen auch die Übertragungsraten bei optischen Platten deutlich unter denen der magnetischen Laufwerke.

Ein weiteres Handikap hinsichtlich der Zugriffszeiten besteht darin, dass die optischen WORM-Platten (zum Teil auch die MO-Medien) beim Schreiben gleich mehrere Umdrehungen für einen Schreibvorgang benötigen. Zunächst wird bei WORMs geprüft, ob der Datenbereich nicht bereits beschrieben ist. Erst danach kann das Schreiben erfolgen. Da WORMs keine Bad-Block-Liste besitzen, muss die Information zur Kontrolle erneut gelesen werden, damit im Fehlerfall die Information nochmals (an anderer Stelle) geschrieben werden kann. Einige Systeme erlauben hier eine sofortige Prüfung, ohne dass eine weitere Plattenrotation notwendig ist.

Da sowohl bei WORM als auch bei der CD- und DVD-Technik die Laufwerke inzwischen ein ganzes Spektrum an Formaten (und Kapazitäten) unterstützen, versucht das Laufwerk bei neu eingelegten Datenträgern zunächst deren Format zu ermittelt. Dies kann erheblich Zeit in Anspruch nehmen (bis zu etwa 10 Sekunden). Dies gilt insbesondere für DVD-Laufwerke, die eine Vielzahl von Formaten beherrschen. Diese Erkennung verlängert in einer Jukebox beim Medienwechsel erheblich die Start-Up-Zeit. Moderne Jukebox-Systeme merken sich deshalb die Formate einmal eingelegter Datenträger und geben beim nächsten Einlegen dem Laufwerk die Information mit, so dass die Erkennungsphase übersprungen werden kann. Dies setzt jedoch voraus, dass die Medien nicht *von Hand* ausgetauscht werden, ohne dass man danach den Mechanismus zurücksetzt.

Kapazitäten optischer Platten

Unterschiedliche Kapazitätsangaben ergeben sich teilweise dadurch, dass manche Firmen das ›GB‹ mit 1024^3 Byte (= 2^{30}) berechnen und andere mit 1000^3 Byte, d. h. sie erhalten etwa 7,4 % höhere Werte.

Optische Platten erlauben sehr hohe Speicherdichten, auch wenn dies zunächst bei einem Vergleich mit den heutigen Magnetplatten nicht so aussieht. Man muss berücksichtigen, dass die Magnetplatten ihre hohen Kapazitäten aus mehreren in einem Laufwerk vorhandenen Platten bzw. Oberflächen schöpfen, während bei den optischen Platten nur eine Platte bzw. zwei Oberflächen vorhanden sind. Darüber hinaus erlauben die meisten optischen Platten einen Plattenwechsel, so dass durch den Austausch des Datenträgers weitere Daten zugänglich gemacht werden können.

Die Online-Kapazität der meisten 14"-, 12"- und 5¼"-Systeme ergibt sich aus der jeweils halben Kapazität auf jeder Plattenseite. Da die meisten Laufwerke jedoch nur Schreib-/Leseköpfe für eine Seite besitzen, muss die Platte manuell oder vom Roboter einer Jukebox umgedreht werden, um auf die volle Kapazität zuzugreifen.

Einige 12"- und bisher alle 3½"-MO-Systeme sowie die bisher eingesetzten CDs bzw. Platten besitzen nur eine Datenseite. Hier kann das Wenden entfallen. Im 12"-Bereich sind Laufwerke auf den Markt, welche jeweils zwei Schreib-/Leseköpfe besitzen, so dass auch hier das Drehen entfallen kann.

Optische Platten werden vorformatiert ausgeliefert. Dabei werden sie sowohl mit 512-Byte- als auch mit 1 024-Byte-Blöcken (teilweise auch 2 048 Byte) angeboten. Die größeren Blöcke ergeben etwas höhere Plattenkapazitäten und eine etwas bessere Schreib-/Leseleistung.

Auch für die früher nur über Prägeverfahren hergestellten Compact-Discs gibt es Laufwerke, die ein einmaliges Schreiben erlauben. Die von ihnen geschriebenen Datenträger können mit viel billigeren Daten-CD-Laufwerken (die nur lesen können) gelesen werden. Einen Technologiesprung hat die DVD (***Digital Versatile Disc***) gebracht, mit Kapazitäten zwischen 4,7 GB über 9,4 GB (doppelseitig beschrieben) und 17 GB (für Video-CDs). Sie können gegenüber dem bisher üblichen CD-ISO-9660-Datenformat sowohl auf zwei Seiten Daten speichern als auch auf jeweils zwei Ebenen pro Seite, so dass schließlich eine Kapazität bis zu 17 GB erreicht wird (zwei Ebenen bisher nur bei geprägten Medien).

Bei den wiederbeschreibbaren optischen Platten muss darüber hinaus vor dem Wiederbeschreiben eines Sektors dieser zuvor gelöscht werden. Dies gilt für magneto-optische Systeme, die nicht nach dem *Limdow-Verfahren* arbeiten.

Typ	Mittlere Zugriffszeit*	Daten-übertragung**	Kapazität
WORM-Systeme			
14" (nicht mehr am Markt)	65–180 ms	0,2–0,8 MB/s	7,2–25,0 GB
12"	55–120 ms	0,8–2,4 MB/s	7,2–30,0 GB
5¼"	35–55 ms	0,8–2,8 MB/s	5,2–9,1 GB
Magneto-optische Systeme (wiederbeschreibbar)			
5¼"	35–65 ms	0,8–2,8 MB/s	2,6–9,1 GB
3½"	25–55 ms	1,2–4,6 MB/s	0,65–2,3 GB
Phase-Change-Systeme (wiederbeschreibbar)			
5¼"	35–95 ms	0,3–1,0 MB/s	0,63–9,1 GB
CD-Systeme			
CD (ISO 9660)	90–200 ms	1,6–4,8 MB/s	650–700 MB
DVD	90–120 ms	2,5–10,2 MB/s	4,7–17,0 GB

Tabelle 5-4 Technische Daten optischer Platten (Stand 2002)

** = Seek-Time*
*** Die Schreibleistung ist in der Regel geringer!*

Bei CDs wird 150 KB/s als 1xGeschwindigkeit betrachtet, bei DVDs 1,35 MB/s

5.5.1 WORM-Systeme

Unter einem WORM-System versteht man eine Platte, bei der die Sektoren einmal beschrieben und danach beliebig oft gelesen werden können. WORM steht für ›*Write Once Read Many Times*‹. Dieses Verfahren stellt komplexere Anforderungen an den Aufbau von Dateisystemen auf diesen Datenträgern, bietet jedoch den Vorteil großer Datensicherheit, da die Daten beispielsweise nicht versehentlich überschrieben werden können. Darüber hinaus handelt es sich um eine Speichermethode, die gegen Manipulationen weitgehend sicher ist. WORMs sind deshalb dort geeignet, wo eine gesetzliche Aufbewahrungspflicht besteht, also beispielsweise in der Finanz-, Anlagen und Personalbuchhaltung.

Bei den WORM-Systemen können Techniken (z.B. eine Art Einbrennen der Information in die Oberfläche) eingesetzt werden, die eine sehr sichere Speicherung der Information gewährleisten. Eine absolute Sicherheit besteht nicht, da eine Platte gelesen, die Information manipuliert und danach wieder auf eine neue Platte geschrieben werden könnte. Wird dabei der Zeitstempel der Daten auf der neuen Platte auf die Zeit der alten Platte gesetzt, ist eine kaum nachvollziehbare Manipulation erfolgt.

WORM-Platten sind bereits seit langem im 14"-Format,* verbreiteter noch im 12"-Format und seit etwa 1988 auch im 5¼"-Format, auf dem Markt. Die 14"-Technik wird inzwischen nicht mehr angeboten. Die dabei verwendeten Techniken sind vielfältig, so dass ein Austausch zwischen den Platten bzw. Laufwerken unterschiedlicher Hersteller bei den großen Formaten kaum und auch bei den 5¼"-Platten, für die es (nur für die Kassette und die Kapazität) einen ISO-Standard gibt (ISO/IEC 9171-1/2), nur bedingt möglich ist.

Die Zugriffszeiten sind insbesondere bei 12"-Systemen der großen Distanzen wegen mit etwa 85 bis 120 ms erheblich. Die kompaktere 5¼"-Technik bietet mit ca. 25 bis 65 ms mittlerer Zugriffszeit bessere Werte. Neuere Schreib-/Leseköpfe und veränderte Servo-Technik werden die Zugriffszeiten reduzieren; die Leistungsdaten von modernen Magnetplatten erreichen sie jedoch in absehbarer Zeit nicht.

WORM-Dateisysteme

** so genannte ›File Access Tables‹ oder kurz FATs*

*** Bei WORMs ist es auch nicht möglich, einen Block als ungültig oder überholt zu markieren.*

Da bei WORMs für den Platteninhalt keine Dateiverwaltungsblöcke* wie bei veränderbaren Magnetplatten eingesetzt werden können (es sei denn, man beschreibt die ganze WORM – wie bei CDs üblich – in einem Vorgang), benötigen WORM-Platten spezielle Techniken zur Handhabung ihrer Dateistruktur.** Hierzu werden von den auf dem Markt befindlichen Archivsystemen verschiedene, nicht genormte Verfahren benutzt (oder Normen konnten sich mit Ausnahme der CD- und DVD-Systeme nicht durchsetzen). Ein Verfahren arbeitet so, dass ausgehend von einer Seite (z.B. vom Plattenanfang) Informationsblöcke zur Dateistruktur geschrieben werden und von der anderen Seite die eigentlichen Daten.

Möchten mehrere Applikationen schreibend auf eine WORM-Platte zugreifen, so muss das WORM-Dateisystem die Daten solange auf einem veränderbaren Datenträger puffern, bis die Datei geschlossen wird. Erst danach wird die Datei als Ganzes auf die Platte geschrieben. Ein alternatives Verfahren geht davon aus, dass die Daten sofort geschrieben werden und bei jeder Erweiterung ein neuer Dateiverwaltungsblock angelegt wird. Dies ist natürlich mit einem größeren Verbrauch an Blöcken auf der Platte verbunden. Werden dabei mehr als die reservierten Kontrollblöcke benötigt, lässt sich der verbleibende Plattenplatz nicht mehr nutzen.

Einige Anbieter behandeln WORM-Systeme wie CD-Rs, d.h. sie speichern die Daten einer WORM-Seite auf Magnetplatte zwischen und schreiben sie erst auf die WORM, wenn das Image dieses virtuellen Datenträgers voll ist. Dies führt beim Schreiben zunächst zu schnellen Speichergeschwindigkeiten und erlaubt danach ein effizientes Schreiben in einem Block, was die Gesamt-Performance erheblich verbessern kann, da sich das Dateisystem vor dem Herausschreiben nochmals optimieren lässt (so dass z.B. alle Blöcke einer Datei in aufeinander folgenden Blöcken liegen). Der Nachteil besteht darin, dass für die Zeit der Zwischenspeicherung eine Sicherheitslücke entsteht, falls die Pufferplatte ausfällt oder korrumpiert wird.

Abb. 5-3 Zwei mögliche Verfahren für ein WORM-Dateisystem. *Es sind weitere Verfahren anzutreffen.*

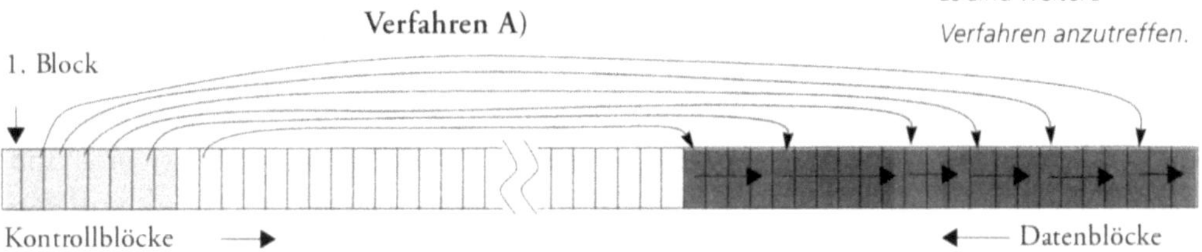

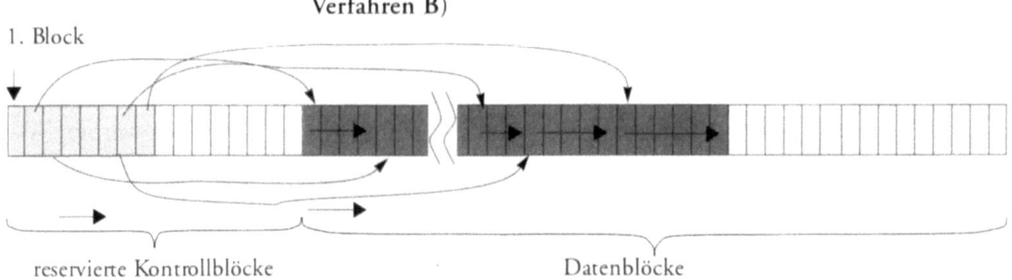

Da Änderungen auf einer WORM-Platte nicht mehr möglich sind, muss eine geänderte Datei erneut auf die Platte geschrieben werden. Theoretisch wäre es dabei möglich, nur die geänderten Informationsblöcke neu zu schreiben; die meisten Systeme kopieren jedoch die gesamte Datei. In beiden Fällen lassen sich die verschiedenen Versionen der Datei zurückgewinnen; das WORM-System bietet damit eine Art Versionskontrolle bzw. Dateihistorie.

Für CDs ist ISO-9660 der Standard als Dateiformat. Mit der Einführung der DVD wird es durch das UDF bzw. ISO-13346 abgelöst.

Obwohl es seit etwa 1993 Standardisierungsvorschläge für ein einheitliches Format (*optisches Dateisystem*) für WORM-Systeme gibt (seit 1996 ist der ISO-13346-Standard – als UDF bekannt – verabschiedet), hatte dieses am WORM-DMS-Markt bis 2002 nur geringe Bedeutung erlangt. Für CDs hat sich das ISO-9660-Dateisystemformat (und seine verschiedenen Erweiterungen) etabliert.

Mit der Einführung der *Digital Versatile Disc* (DVD) beginnt sich das dafür konzipierte UDF-Format (*Universal Disk Format* bzw. ISO-13346) als Standard durchzusetzen – bisher allerdings nur für DVD-Formate.

5.5.2 Wiederbeschreibbare optische Platten

Die Konzentration auf den Consumer-Markt führte in den vergangenen Jahren zu einer Stagnation der Weiterentwicklung im 5,25" und 12"-WORM-Bereich.

** Diese Aussagen gelten insbesondere für die Lagerung.*

Die meisten Firmen haben in den letzten Jahren ihre Entwicklungen im Bereich optischer Platten auf die wiederbeschreibbaren Datenträger und DVDs konzentriert, da der potentielle Markt für solche Systeme (für den Consumer-Markt) offensichtlich größer als der für WORMs ist.* Diese wiederbeschreibbaren optischen Systeme versuchen, die Vorteile der optischen Platten mit denen der Magnetplatten zu kombinieren. Sie bieten eine gegenüber den Magnetplatten deutlich höhere und längere Datensicherheit und sind robuster gegenüber Magnetfeldern, Temperaturextremen und Stoß.* Bei diesen Systemen erreicht man auch kürzere Zugriffszeiten – was weniger auf die geänderten Lese-/Schreibverfahren als vielmehr auf höhere Umdrehungszahlen und leichtere Lese-/ Schreibköpfe und damit verbunden kürzere Positionierzeiten zurückzuführen ist.

Wiederbeschreibbare Medien bieten bei Daten mit kürzerer Lebensdauer Kostenvorteile, da der Datenträger erneut verwendet werden kann. Für wiederbeschreibbare optische Platten werden bisher vorwiegend zwei unterschiedliche Aufzeichnungstechniken eingesetzt:

**** Die Polarisation des vom Datenträger reflektierten Lese-Laserstrahls ändert sich mit der magnetischen Ausrichtung des Informationspunktes.*

A) **Magneto-optisches Verfahren**
Hier wird beim Schreibvorgang die magnetische Ausrichtung des Informationspunktes verändert. Dies bewirkt ein verändertes Reflexionsverhalten des Lichts beim Lesen.** Die magnetische Ausrichtung des Informationsträgers lässt sich übrigens unter Normaltemperaturen nicht ändern, sondern kann nur durch die hohen Temperaturen des Schreib- oder Löschlasers modifiziert werden. Nachteilig ist, dass ein vor dem Schreiben notwendiger Löschvorgang eine zusätzliche Rotation der Platte bedingt.

B) **Phase-Change-Verfahren**
Hierbei wird der Informationspunkt durch den Schreiblaser erhitzt. Abhängig von der verwendeten Schreibstärke geht der Punkt beim Abkühlen in einen kristallinen oder einen amorphen Zustand über, mit jeweils unterschiedlichen Reflexions-

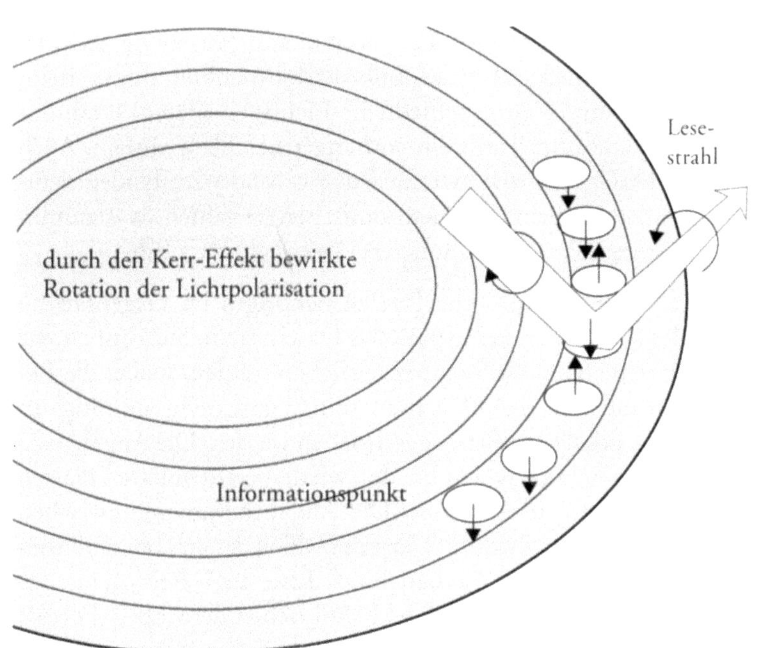

Abb. 5-4
Funktionsprinzip der magneto-optischen Platten

Die magnetische Ausrichtung bestimmt den Bit-Wert.

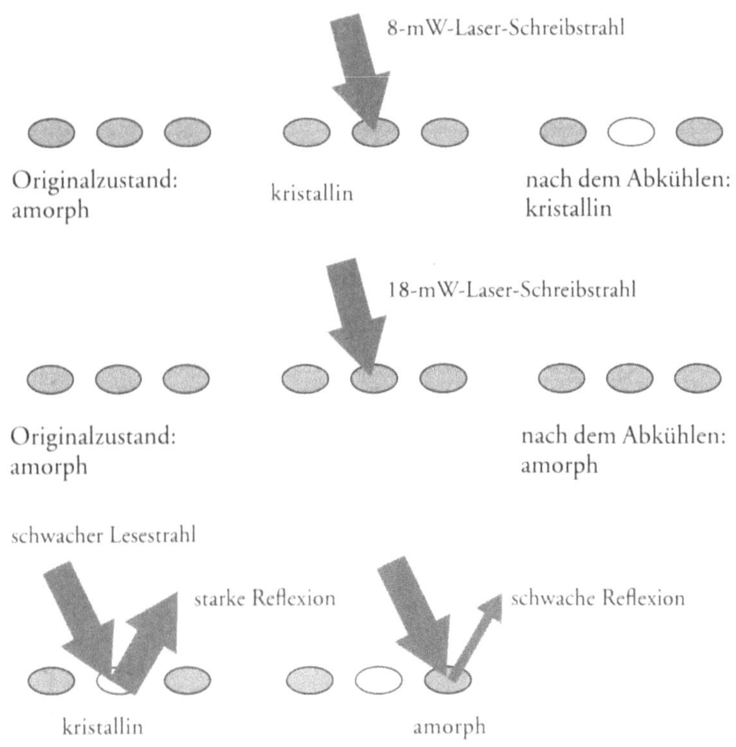

Abb. 5-5
Funktionsprinzip optischer Platten nach dem Phase-Change-Verfahren

graden für den lesenden Laserstrahl. Von Vorteil ist, dass der vorgesehene Zustand eines Informationspunktes direkt beim Schreiben (durch unterschiedliche Lichtintensitäten) bestimmt werden kann und damit ein vorheriger Löschlauf entfällt. Auch ist die Differenzierung zwischen den 0- und 1-Zuständen deutlich stärker als beim magneto-optischen Verfahren, was zumindest theoretisch zu einer höheren Datensicherheit führt.

Wiederbeschreibbare optische Platten benötigen im Gegensatz zu den WORM-Systemen kein spezielles Dateisystem. Sie können wie Magnetplatten an einem Rechner betrieben werden, wobei die Betriebssystemsoftware darauf achten sollte, dass nicht unnötig oft Dateiblock-Updates zur Platte geschrieben werden. Die Angaben zu den möglichen Schreibzyklen bei den wiederbeschreibbaren Platten sind abhängig von der Technik. Die Angaben variieren zwischen 10 000 und 1 Million Zyklen. Weist der Block danach beim Schreiben Fehler auf, muss er in die Bad-Block-Liste des Dateisystems eingetragen werden. Im Archivumfeld sind neben dem UFD-Format ISO-13346) auch das CD-Format (ISO-9660) sowie proprietäre Formate anzutreffen.

Wiederbeschreibbare Datenträger können manuell durch Verschieben einer kleinen Marke am Gehäuse gegen ein Beschreiben geschützt werden. Dieser Mechanismus entspricht dem Schreibschutz bei Floppies oder Streamer-Kassetten.

Multifunktionale Systeme

Multifunktionale optische Laufwerke sind Systeme, die sowohl WORM-Platten als auch wiederbeschreibbare Datenträger handhaben können. Hierfür gibt es zwei Ansätze:

A) Man verwendet eine wiederbeschreibbare Platte – sowohl als wiederbeschreibbares als auch als WORM-Medium. Bei den WORMs erhält der Datenträger jedoch bereits bei der Fabrikation eine Markierung, die der Laufwerklogik anzeigt, dass es sich um eine WORM-Platte handelt. Dies verhindert wiederholtes Schreiben auf einen bereits beschriebenen Block. Man spricht hier auch von Soft-WORMs. Dieses Verfahren wird beispielsweise für magneto-optische multifunktionale Laufwerke eingesetzt.*

B) Das Laufwerk unterstützt unterschiedliche Medien und Aufzeichnungsverfahren im gleichen Laufwerk. Hier kann beim Schreiben beispielsweise ein (lokal) destruktives Verfahren

* *und von verschiedenen Firmen wie Sony und HP zusammen mit einem bestimmten Aufzeichnungs- und Servo-Verfahren als Norm favorisiert.*

verwendet werden, das keine Umkehrung (kein Löschen) der Information mehr gestattet und damit eine potentiell größere Sicherheit bietet. Dieses Verfahren wird beispielsweise für multifunktionale Laufwerke der Firma Panasonic eingesetzt, die nach dem Phase-Change-Verfahren arbeiten.

Multifunktionale Laufwerke sind der Standard für optische Laufwerke geworden – zumindest was den 5¼"-Markt betrifft. Sie lassen dem Anwender die Wahl zwischen den Vorteilen wiederbeschreibbarer optischer Platten und der Sicherheit, die WORM-Datenträger bieten.

5.5.3 CD-Systeme

Die *Compact-Disc* – besser unter dem Kürzel CD bekannt – wurde ursprünglich von Philips und Sony für den Consumer-Markt entwickelt, wo sie sich als Standard etabliert hat. Die Daten liegen (auch bei Musik) digital auf spiralförmig verlaufenden Spuren, die mit konstanter Geschwindigkeit abgetastet werden (d.h. wird außen auf der Platte gelesen, dreht sich die Disc langsamer, wird innen gelesen, muss sie sich schneller drehen, um eine konstante Spurgeschwindigkeit zu erreichen).

Eine Weiterentwicklung ist die CD-ROM, eine CD für digitale Daten. Das Aufzeichnungsverfahren und Dateisystemformat dafür wurde zunächst im High-Sierra-Standard festgelegt und etwas später in leicht modifizierter Form im ISO-9660-Standard.

Die 12 Zentimeter große CD trägt nur einseitig Daten und fasst etwa 650 MB brutto – optional bis zu 700 MB.* Während mit ISO-9660 das Aufzeichnungsverfahren und Dateisystemformat definiert ist, wird darin nichts über den Aufbau oder die Struktur der Daten bzw. Dateien ausgesagt. Diese werden als binäre Datenströme betrachtet. Zum Lesen einer CD gehört deswegen zusätzliche Retrieval-Software, die CD- bzw. systemspezifisch sein kann.

** Es wird nicht empfohlen, diese ›überlangen‹ Medien für die Langzeitarchivierung zu verwenden.*

Inzwischen haben sich geprägte CD-ROMs als kompaktes, in großen Stückzahlen sehr preiswertes Distributionsmedium einen großen Marktanteil erobert. Ihre Herstellungskosten liegen zwischen 2 Euro pro CD bei einer Auflage von 50 Stück und einem Preis von 0,4 Euro bei einer Auflage von 2000 Stück. Daten-CDs werden heute für die Distribution von Software, Handbüchern, Ersatzteilkatalogen, Lexika, großen Verzeichnissen,** selten zu aktualisierenden Datenbanken sowie bei rechnergestützten Informations- und Unterhaltungssystemen eingesetzt. Bei kleinen Stückzahlen wird

*** z. B. das Gefahrengutverzeichnis*

man die Produktion preiswerter über CD-WORMs (CD-R) anlegen, d.h. mit einmal beschreibbaren CDs. Bei ihnen liegt der Datenträgerpreis bei ca. 0,5 Euro je CD (Stand 2002).

Während die ursprüngliche CD-Definition keine Audio-Komprimierung vorsah, erlaubt dies die CD-XA-Beschreibung. Sie unterstützt auch das synchronisierte Abspielen von Video- und Audio-Information – setzt jedoch erhöhte Intelligenz des Controllers voraus.

Der ISO-9660-Standard geht von CDs aus, bei denen die gesamte Information auf der CD auf einmal aufbereitet und dann geschrieben bzw. geprägt wird – nachträglich Änderungen sind nicht vorgesehen.

Die Kodak-Foto-CD basiert auf einer erweiterten Definition des CD-WORM-Formats. Die Erweiterung gestattet, dass die Information nicht wie beim Prägen von CD-Serien auf einmal auf die CD geschrieben wird, sondern in mehreren Schreibläufen möglich ist. Dies erlaubt die volle Ausnutzung der CD-Speicherkapazität, wenn diese beim ersten Beschreiben nicht gefüllt wurde. Man bezeichnet diese erweiterte Möglichkeit als ***Multisession-Format*** (oder kurz *CD-MS*). Die Foto-CD erlaubt die Speicherung von etwa 100 Farbbildern der Standardqualität mit hoher Auflösung

Tabelle 5-5
Die verschiedenen CD-Typen und ihre Funktionen

Bezeichnung	Funktionalität
CD-M	Musik- bzw. Audio-CD
CD-V	CD-Video (+ Audio)
CD-ROM	Daten-CD, ISO-9660-Format
CD-PROM	Daten-CD-WORM
CD-WORM	= CD-R = 1mal-beschreibbar
CD-I	CD-Interactive, Daten + Audio
CD-XA	erweiterte CD-Definition, komprimierte Audio-Info, mit synchronisierter Ausgabe
CD-MS	Multi-Session-CD (mehrere getrennte Volumes)
Foto-CD	CD-PROM (XA + MS) von Kodak zur Aufnahme von ca. 100 komprimierten Farbbildern (Farbdias)
CD-RW	mehrfach wiederbeschreibbare CD (100–1 000 Zyklen)
DVD	*Digital Versatile Disc* in zahlreichen Formaten. Siehe hierzu Tabelle 5-6 auf Seite 203.

und in komprimierter Form. Dabei wird die CD nicht geprägt, sondern mit einem CD-R-Laufwerk beschrieben.*

Der Nachteil der CD liegt in ihren langen Zugriffszeiten, die bei etwa 120 bis 200 ms, bei neueren Systemen bei 90 ms liegen. Die langsamen Zugriffs- und Leseleistungen beruhen auf dem normierten Aufzeichnungsverfahren, den langsamen Umdrehungsgeschwindigkeiten und der Trägheit der verhältnismäßig großen Leseoptik. Auch die Übertragungsleistungen sind mit etwa 3 bis 4,0 MB/s niedrig. Typische Daten-CD-Laufwerke arbeiten mit der 20- bis 40fachen Lesegeschwindigkeit der Audio-CD. Werden jedoch Audio-Daten gelesen, benutzen sie die Standard-CD-Geschwindigkeit (160 KByte/s).

Die Bilder werden dabei in vier unterschiedlichen Auflösungen abgelegt. Ein neueres Foto-CD-Format erlaubt Bilder in Reproqualität abzulegen – auf Grund des höheren Speicherbedarfs jedoch weniger pro CD.

CD-WORM bzw. CD-R

Unter einer CD-WORM oder CD-R** versteht man einmal beschreibbare CDs. Die Aufzeichnungsgeräte werden auch als *CD-Writer* bezeichnet. Sie erlauben, ähnlich wie die zuvor besprochenen WORM-Geräte, spezielle CD-Datenträger zu beschreiben. Vorteilhaft hierbei ist sowohl der niedrige Preis des Datenträgers (0,5 bis 1 Euro) als auch der geringe Preis der Laufwerke zum späteren Lesen der so erstellten Datenträger. Auch die inzwischen verfügbaren CD-Jukeboxen sind wesentlich billiger als entsprechende Jukeboxen für 12"- oder 5¼"-WORM-Platten (etwa halb so teuer wie 5¼"-WORM-Jukeboxen) und zumeist auch schneller.

*** CD-R steht als Abkürzung für CD-Recordable.*

Die Lese- und Schreibgeschwindigkeit wird bei CD-Laufwerken oft mit dem Vielfachen der Basisrate angegeben. Diese beträgt bei der CD 50 KByte/s.

Hinderlich beim Einsatz der CDs ist noch der Umstand, dass eine CD aus technischen Gründen komplett in einem Vorgang beschrieben werden muss – oder bei Multi-Session-Formaten zumindest in einer nur kleinen Anzahl von Schreibvorgängen (bis maximal 16). Auch darf ein einzelner Schreibvorgang nicht unterbrochen werden, da sonst die CD unbrauchbar ist. Seit dem Jahr 2000 existiert die *Burn-Proof-Technik*. Sie erlaubt ein Wiederaufsetzen bei einem durch Pufferleerung unterbrochenem Schreiben und reduziert damit die Wahrscheinlichkeit korrupter CDs beim Schreiben.

Man muss die zu archivierenden Daten hier also auf einer Magnetplatte zwischenspeichern und danach das Schreiben entweder in unkritischen Zeiten oder auf speziell dafür reservierten Laufwerken oder Schreibsystemen vornehmen.

Dort, wo dies möglich und die langsamere mittlere Zugriffszeit der CD akzeptabel ist, kann die CD-WORM als preiswerte Alternative zu konventionellen WORM-Systemen eingesetzt werden.

CD-RW – wiederbeschreibbare CDs

Durch Veränderungen in der Laser-Justage zeigen sich bei CD-RWs teilweise bereits nach 50–100 Schreibzyklen Datenfehler. Ihre Sicherheit ist damit kritisch.

Seit 1997 gibt es die wiederbeschreibbare CD-RW. Sie gestattet bis zu 1 000 Schreibzyklen. Die möglichen Schreibgeschwindigkeiten liegen (Stand: 2002) bei der 12 bis 14fachen CD-Basisrate (d.h. 12 × 160 KB/s = ca. 1,72 MB/s).

Als Dateisystem-Format hat sich hier UDF etabliert. Dieses Format ist jedoch durch seine interne Struktur ausgesprochen ineffizient und langsam. Diese Medien werden deshalb fast ausschließlich als Sicherungsmedium eingesetzt. Es ist zusätzlich kritisch festzuhalten, dass die meisten UDF-Implementierungen eine mangelnde Stabilität bei Mehrfachänderungen oder mehreren parallelen Schreibzugriffen aufweisen. Einige Archivanbieter betreiben diese Medien deshalb im CD-R-Modus und erlauben eine Neuformatierung – wenn das Medium widerverwendet werden soll.

DVD – Digital Versatile Disc

DVD wird sowohl als ›Digital Video Disc‹ als auch als ›Digital Versatile Disc‹ interpretiert. Die zweite, modernere Bezeichnung zeigt an, dass nicht nur Video-Information, sondern auch beliebige andere Daten in digitaler Form darauf gespeichert werden können.

Weiterentwicklungen der CD-Technik sind seit 1997/98 unter der Bezeichnung CD-DVD (***D**igital **V**ersatile **D**isc*) auf dem Markt. Sie weisen eine Kapazität von 4,7 bis 17 GB auf. Nachdem längere Zeit zwei inkompatible Lösungen diskutiert wurden, hat man sich 1996 auf einen einzigen Standard geeinigt: die geprägte DVD-Version. DVD bieten eine Kapazität von 4,7 GB im Video-Format pro Seite. Die Spezifikation sieht sowohl in zwei Ebenen beschriebene (oder geprägte) CDs vor (mit dann 8,5 GB) als auch solche mit Daten auf zwei Seiten (mit insgesamt 9,4 GB oder 17 GB). Die Kapazität für die WORM-Variante (DVD-R) war wegen etwas anderer Formate geringer und lag zunächst bei 3,8 GB bei einer Ebene und pro Seite. Inzwischen hat man aber auch hier 4,7 GB (pro Seite) erreicht.

Die höhere Kapazität gegenüber der CD hat man durch eine höhere Spurdichte sowie eine höhere Datendichte pro Spur durch die Verwendung von Lasern mit kürzerer Wellenlänge erreicht. Hinzu kommen verbesserte Verfahren zur Fehlerkorrektur.

DVDs werden inzwischen auch verstärkt als Distributionsmedium für Software, Lexika und Kataloge eingesetzt.

Inzwischen löst das DVD-Laufwerk das CD-Laufwerk vollständig ab – sowohl in den PC-Systemen, als auch in den Jukeboxen. Dies ist möglich, da die DVD-Laufwerke rückwärtskompatibel praktisch alle CD-Formate (inkl. CD-R und CD-RW) lesen können. Die DVD-Schreiblaufwerke können zumeist auch CD-R und CD-RW schreiben.

Als Dateisystem hat sich für Daten-DVD das UDF-Format etabliert. Einige Archivanbieter benutzen daneben eine erweiterte Version des CD-Formats (ISO-9660).

DVD-Formatvielfalt

Was zunächst durch die frühe Standardisierungsarbeit wie ein vielversprechendes, bald verfügbares Format aussah, hat sich zu einem Format-Chaos entwickelt. Hier standen sich die Hersteller lange Zeit selbst im Wege. Im Hintergrund stehen die entsprechenden Patente und strategischen Allianzen. Das Resultat ist eine Verunsicherung der potentiellen Anwender (und der vorgelagerten Anbieter von Jukeboxen). Auch im Jahr 2002 ist das Bild noch nicht klar, welches der wiederbeschreibbaren Formate sich mittelfristig durchsetzen wird. Selbst dort, wo der Formatname Eindeutigkeit nahelegt, ist es kompliziert. So gibt es DVD-R – die DVD-WORM bzw. 1-mal beschreibbare DVD – in drei nicht kompatiblen Varianten:

A) die ›DVD-R *for Authoring*‹,
als Vorstufe für das Mastering von DVDs und

B) ›DVD-R *for General Use*‹,
als Daten- bzw. Consumer-DVD: Diese sollte auch im Archiv-Umfeld eingesetzt werden.

C) ›DVD+R‹; sie ist seit 2002 auf den Markt.

Bezeichnung	Schreibzyk.	Kapazität /Seite	Anmerkung
DVD	–	4,7–17,0 GB	Video- und Audio-CD, auch reine Daten-CDs im UFD-Format
DVD-R (A)	1	4,7 GB	(*for Authoring*)
DVD-R (G)	1	4,7 GB	(*for General Use*)
DVD+R	1	4,7 GB	seit 2002
DVD-RW	1 000	4,7 GB	seit 2000
DVD+RW	1 000	4,7 GB	seit 2001
DVD+RAM	100 000	3,9/4,7 GB	(recht langsam)

Tabelle 5-6 Die unterschiedlichen DVD-Formate

Die Lese- und Schreibgeschwindigkeit wird oft mit dem Vielfachen der Basisrate angegeben. Diese beträgt bei der DVD 1,35 MB/s.

Eine weitere Komplikation stellen die Regional-Codes bei der Video-DVD dar. So hat die Video-DVD einen Länder-Code, der festlegt, in welchem Land (bzw. von welchem DVD-Laufwerk) sie gelesen werden darf. Damit möchte die Film- und Musikindustrie die Möglichkeit schaffen, Filme und Musiktitel zeitversetzt in verschiedenen Regionen (USA, Europa, Asien usw.) auf den Markt zubringen.

Bei den anderen Formaten (-R, +R, -RW, +RW, RAM) ist dies ohne Bedeutung.

Die meisten modernen DVD-Leselaufwerke können mehrere dieser Formate lesen, wobei alle neben den CD-Formaten das DVD-ROM- (gepresst) sowie das DVD-R-Format beherrschen und nur wenige DVD-RAM. DVD-RAM scheint an Bedeutung zu verlieren.

Die bisher angebotenen Schreiber (Stand: Anfang 2002) beherrschen entweder DVD-RW oder aber DVD+RW, teilweise kombiniert mit DVD-R oder DVD+R.

Jukeboxen werden für jede der oben aufgeführten Formate angeboten. Abhängig von den darin eingesetzten Laufwerken können dabei mehrere Formate parallel unterstützt werden – was nicht immer sinnvoll ist. Die vorübergehende Weiterverwendung bereits existierender CDs und CD-Rs in neuen DVD-Jukeboxen macht hingegen durchaus Sinn.

Die meisten der heute verfügbaren CD-/DVD-Jukeboxen können nur einseitige DVDs bedienen. Durch den Wegfall der Mechanik zum Wenden der CDs sind diese spürbar billiger, bieten unter Umständen jedoch auch nur die halbe Kapazität.

In Archiven sollten ausschließlich DVD-R (G) und keine DVD-R (A) eingesetzt werden!

Beim Einsatz von DVD-R in Archiven ist zu berücksichtigen, dass große Plattenpuffer zum Zwischenspeichern der DVD-Images benötigt werden (ca. 4,7 GB pro Image). Zugleich vergrößert sich aber die Sicherheitslücke, die sich aus dem zeitraum zwischen Datenablage und dem endgültigen Abspeichern ergibt. Fallen die Daten in großer Menge und schnell an, so ist dies zumeist tolerierbar und wirtschaftlich. Bei kleinen Datenmenge ist die CD oder eine WORM die bessere Lösung.

Die Preise der DVD-Datenträger sind noch hoch. Mit der Verbreitung der DVD im Consumerbereich – insbesondere durch den Einsatz im Videorecorder – werden die Preise jedoch schnell sinken, insbesondere dann, wenn sich die Formatvielfalt verringert.

Die nächste Generation der CDs/DVDs

Die Entwicklungszyklen optischer Datenträger werden länger und hinken des kleineren Marktes wegen deutlich denen von Magnetplatten hinterher.

Die nächste Generation der CD-/DVD-Technik steht bereits vor der Tür. So sind Systeme mit einer Kapazität von 30 bis 40 GB angekündigt – allerdings erst für 2005. Sie verwenden Laser nochmals kürzere Wellenlängen (so genannte *blaue Laser* oder *Blue Ray*) und ein Aufzeichnungsverfahren in mehreren Schichten. Hier sind mittelfristig auch Kapazitäten von 80 GB und mehr möglich, sofern die mehrschichtige Aufzeichnung besser beherrscht wird. Man wird diese Lasertechnik auch für MO- und MO-WORM-Medien einsetzen. Erste Produkte sind hier bereits 2003 zu erwarten.

5.6 Jukeboxen – Plattenroboter

Reicht die Kapazität einzelner oder weniger Laufwerke nicht für den Datenbestand aus, auf den möglichst direkt zugegriffen werden soll, so werden so genannte *Jukeboxen* eingesetzt. Dies sind optische Wechselplattenlaufwerke und Ablagefächer, die zusammen mit weiterer Elektronik in einem Schrankgehäuse eingebaut sind.

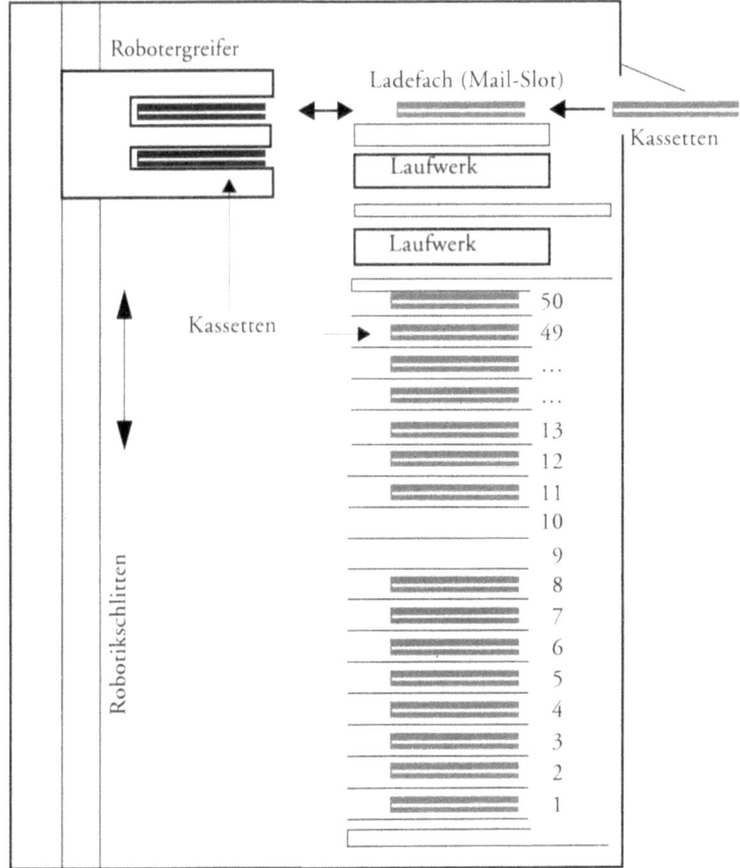

Abb. 5-6
Schemabild einer Jukebox mit Ladefach, Robotik, Laufwerken und Kassettenmagazin

Ein Robotermechanismus erlaubt, einzelne Platten aus dem Ablagefach zu nehmen und in das Laufwerk einzulegen bzw. aus dem Laufwerk zu nehmen und in einem freien Fach abzulegen. Über spezielle Ablagefächer (so genannte *Mail-Slots*), die von außen zugänglich sind, können Platten der Jukebox entnommen oder eingeführt werden.

Jukeboxen werden auch als *Plattenarchiv* oder *Wechselplattenmagazin* bezeichnet. Da auf die Daten fast direkt zugegriffen werden kann, werden diese Archive *Nearline-Speicher* genannt. Die Gesamtkapazität einer solchen Jukebox ist abhängig von der Zahl der Ablagefächer und der Speicherkapazität des einzelnen Datenträgers.

Jukeboxen können mehrere Laufwerke besitzen – meist zwischen 2 und 16,* wobei 2–4 in der Regel eine sinnvolle Größe ist. Auch das Angebot an Ablagefächern und damit Speicherkapazitäten ist recht breit. Es beginnt am unteren Ende bei kleinen Jukeboxen mit 20 Ablagefächern für 5¼"-Platten. Bei der Speicherkapazität von etwa 9,1 GB pro Datenträger ergibt sich hiermit ein direkt zugreifbares Speichervolumen von 180 GB. Am oberen Ende stehen große Schränke mit 12"-Einheiten, die bis zu 150 Ablagefächer enthalten können und bei Plattenkapazitäten von bis zu 30 GB ein Speichervolumen von ca. 4,5 TB zur Verfügung stellen. Einige große Schranksysteme erlauben sogar bis zu 500 oder 1 000 Ablagefächer, den Einsatz mehrerer parallel arbeitender Plattenroboter und bis zu 16 Laufwerke.

* Es gibt auch große Jukeboxen mit mehreren Robotereinheiten auf dem Markt.

Für die 3½"-MO-Laufwerke gibt es bisher kaum Jukeboxen am Markt; sie spielen nur im SOHO-Markt eine Rolle.

Plattenwechsler für jeweils 5, 10 und 100 CD-Discs sind auf dem Markt. Auch größere Versionen mit bis zu 500 oder 1 000 CDs bzw. DVDs Kapazität sind verfügbar. Bei der Planung von Archivsystemen sollte man sich jedoch überlegen, ob man nicht mehrere kleinere Jukeboxen (100 bis 200 CD-Fächern pro Jukebox) vorzieht, da sie preiswert sind sowie eine höhere Parallelität und Ausfallsicherheit bieten.

Archivsysteme können mehrere solcher Jukeboxen betreiben – auch an mehreren Rechnern. Beim japanischen Patentamt beispielsweise wurden bereits 1990 etwa 34 Jukeboxen betrieben – diese hatten jedoch noch nicht die oben genannten Speichergrößen. Einige (zumeist größere) Einheiten sind auch ausbaubar, so dass bei einem erweiterten Speicherbedarf die Jukebox vergrößert werden kann, ohne dass eine zweite notwendig wird.

Die Anzahl der Laufwerke pro Jukebox verbessert bei mehreren gleichzeitig vorliegenden Zugriffsanforderungen die Zugriffs- bzw. Wartezeiten und reduziert die Notwendigkeit eines häufigen Plattenwechsels. Sie erhöht aber natürlich nicht die Speicherkapazität der Jukebox, sondern verringert diese zumeist, da durch mehrere Laufwerke der Raum für Ablagefächer weggenommen wird.

Mehrere Laufwerke pro Jukebox verlängern jedoch auch die Lebensdauer der einzelnen Laufwerke und der Jukebox selbst, da die Anzahl der notwendigen Plattenwechsel sinkt. Ein typisches optisches Wechsellaufwerk hat eine MTBF-Zeit* von etwa 20 000 Stunden oder ca. 25000 bis 100 000 Plattenwechsel, Speziallauf-

* MTBF = ›Mean time between Failure‹, d. h. die mittlere Zeit zwischen Ausfällen.

Tabelle 5-7
Konkrete Beispielkonfigurationen von Jukeboxen

Fächer × Plattenkapazität	Gesamtkapazität	Laufwerktechnik
40 × 2,3 GB	92 GB	3½"-MO
10 × 9,1 GB	91 GB	5¼"-MO
144 × 9,1 GB	1,2 TB	5¼"-WORM/MO
518 × 9,1 GB	4,6 TB	5¼"-WORM/MO
150 × 0,65 GB	97 GB	CD
150 × 4,7 GB	705 GB	DVD-R (einseitig)
150 × 9,4 GB	1,4 TB	DVD-R (zweiseitig)
6 × 12 GB	72 GB	12"-WORM (zweiseitig)
6 × 30 GB	180 GB	12"-WORM (zweiseitig)
12 × 30 GB	360 GB	12"-WORM (zweiseitig)
150 × 30 GB	4,4 TB	12" WORM (zweiseitig)

werke auch 1 Million, bevor eine Reparatur oder ein Austausch erforderlich ist.

Da 12"-optische Platten, 5¼"-WORMs und -MOs sowie einige DVD-Formate auf beiden Seiten beschrieben bzw. gelesen werden können, die Laufwerke jedoch, von wenigen Ausnahmen abgesehen, nur einen Lese-/Schreibkopf haben, erlauben die Roboter der Jukeboxen auch das Umdrehen der Platten.

Die Steuerung der Jukeboxen ist so intelligent, dass sie bereits belegte Laufwerke oder bereits belegte Ablagefächer erkennt und Kollisionen vermeidet. Die Zeit, die der Wechsel einer Platte in Anspruch nimmt, variiert von Jukebox zu Jukebox und ist auch von der Mechanik der Laufwerke abhängig.

Ein kompletter Wechsel erfordert (siehe Abb. 5-6)

A) das Herunterfahren des Laufwerks (*Spin-Down-Time*: ca. 1,5 bis 3,5 Sekunden),
B) die Entnahme der Platte,
C) den Transport der Platte zur freien Ablage,
D) den Transport der neuen Platte in das Laufwerk,
E) das Hochfahren des Laufwerks mit der neuen Platte (*Spin-Up-Time*: ca. 2,0 bis 3,5 Sekunden),
F) Erkennung des Medientyps bei CD und DVDs (2–8 Sekunden)

Der gesamte Ablauf nimmt zwischen 4 und 18 Sekunden in Anspruch. Bei den größeren 14" - und 12"-Laufwerken ist der Zeitaufwand höher, da beim Starten und Herunterfahren größere Massen beschleunigt bzw. gebremst werden müssen als bei den kompakten 5¼"-Einheiten. Ist das Laufwerk bei der Anforderung einer neuen Platte bereits frei, entfallen die Zeiten für die Schritte A) bis C).

Einige Systeme besitzen auch einen Doppelgreifer (siehe Abb. 5-6), so dass beim Wechsel die neue Platte zuerst geholt werden kann, der zweite Greifer die alte Platte erfasst, die neue Platte eingelegt wird und nun erst die alte Platte abgelegt wird, während das Laufwerk bereits wieder hochfährt. In die Wechselzeit fließt in einem gewissen Umfang auch ein, wie weit der Weg zwischen Ablagefach und Laufwerk ist. Der Zeitunterschied ist jedoch, gemessen an den anderen Faktoren, gering (10 bis 20% der Transportzeit).

14"-System werden seit 1998 nicht mehr hergestellt und auch 12"-Systeme verlieren an Bedeutung.

Bei den genannten Zeiten müssen sehr schnelle Mechaniken (Roboter) eingesetzt werden. Dies setzt insbesondere bei 12"-Einheiten sehr stabile und damit sehr schwere Systeme voraus.

Neuere 5¼"-Wechseleinheiten erlauben den Einsatz von multifunktionalen Laufwerken, so dass in der gleichen Box sowohl WORM-Platten als auch MO-Platten betrieben werden können.

Die Ansteuerung der Jukeboxen bzw. deren Robotik erfolgt entweder über eine separate SCSI-Schnittstelle oder über eine serielle Leitung (RS232). Die Laufwerke selbst werden bisher fast ausschließlich über SCSI-Schnittstellen angeschlossen. Dort, wo mehrere Jukeboxen anzuschließen sind, sollte statt des konventionellen *Single-Ended*-SCSI-*Anschlusses* ein *Differential- Ended*-SCSI-*Anschluss* gewählt werden, was bei der Wahl des SCSI-Controllers zu berücksichtigen ist. Differential-SCSI-Systeme gestatten deutlich längere SCSI-Kabel, ohne dass es zu Problemen kommt. Eine Alternative sind Glasfaserkoppler.

Zunehmend werden Jukeboxen auch als NAS (*Network-Attached Storage*) angeschlossen und sind dann mit eigener Logik als Network-Filesystem ausgelegt. Alternativ ist ein Anschluss durch SCSI-*over*-IP denkbar, wird bisher jedoch noch nicht angeboten. Erfolgt die Datenübertragung hierzu vorwiegend von Archiv-Servern aus, so legt man sie dazu vorzugsweise in eigene Netzsegmente.

Eine weitere Anschlussvariante ist die SAN-Technik. auch hier wird dem Server ein SCSI-Interface vorgespielt, wobei hierbei SCSI über die SAN-Technik (in der Regel Fibre-Channel-Verkabelung) getunnelt wird.

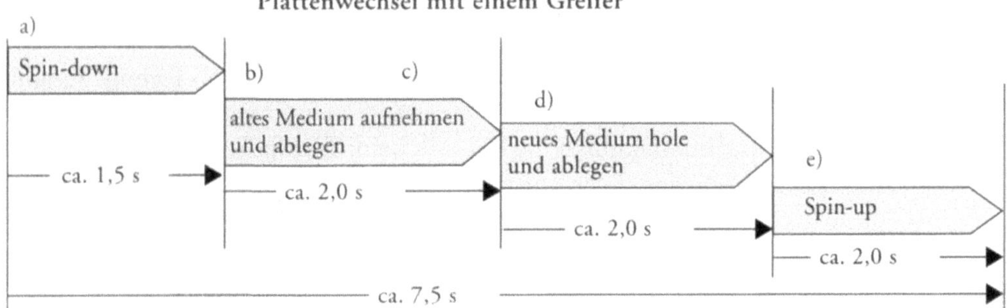

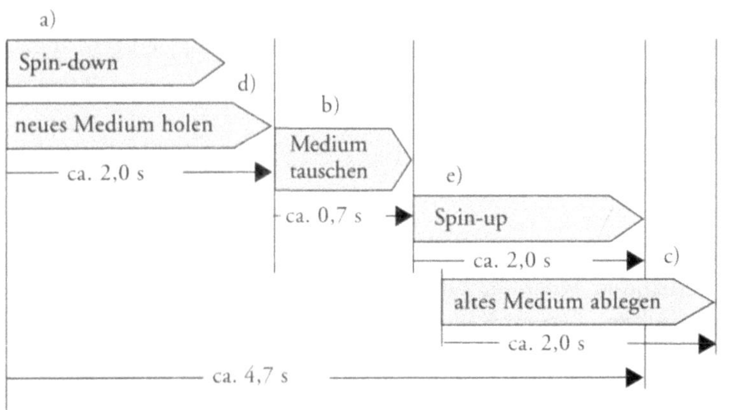

Abb. 5-7 Plattenwechselzeiten in Abhängigkeit von der Anzahl der Greifer: Die angegebenen Zeiten sind typisch für die 5 1/4"-Technologie.

Jukeboxen besitzen viele mechanische Elemente. Diese unterliegen einem Verschleiß und müssen regelmäßig gewartet werden. Sie sind darüber hinaus in großen Archiven zentrale Komponenten, deren Ausfall dann den Dokumentenzugriff verhindert. Man sollte also bei der Beschaffung von Jukeboxen darauf achten, dass ein Wartungsvertrag abgeschlossen wird, der die notwendigen Reaktions- und Reparaturzeiten (nicht Antwortzeiten) garantiert! Im Rahmen des Wartungsvertrags sollte dabei auch eine vorbeugende Wartung stattfinden, bei denen z.B. die Zahnriemen und ähnliche Verschleißteile ausgetauscht werden.

Für Jukeboxen sollten immer Wartungsverträge abgeschlossen werden!

Der *Tod* optischer Laufwerke bzw. Datenträger ist Staub. Dies gilt verstärkt für 12"-Systeme. Leider haben die Jukebox-Hersteller dieses Problem erst recht spät erkannt, und die wenigsten Jukeboxen besitzen heute staubdichte Konstruktionen und Staubfilter. Entsprechend sollten solche Systeme in staubarmen Räumen aufgestellt werden und dort sollte man das Rauchen verbieten! Das Gesagte gilt natürlich auch für die Räume, in denen Offline-Datenträger und die Sicherungsdatenträger gelagert werden.

Staub gefährdet Ihre optischen Datenträger. Das Rauchen muss in den Räumen mit Jukeboxen verboten werden!

Die Lagertemperatur von optischen Datenträgern ist zu beachten. Hohe Temperaturen (über 35 °C) reduzieren deutlich die Persistenz der Daten!

Da größere Jukeboxen für die 14"- und 12"-Technik zusammen mit den eingelegten Datenträgern ein ansehnliches Gewicht erreichen und durch die Robotik beim Transport von Platten erhebliche Schwingungen auftreten können, gilt es bei solchen Systemen, die Statik bzw. Tragfähigkeit der Böden zu überprüfen!

CD-Jukeboxen werden seit dem Jahr 2001 durchgehend mit DVD-Laufwerken ausgerüstet, so dass sowohl CDs (in den verschiedenen Formaten) als auch DVDs benutzt werden können – auch gemischt. Um die bei DVD-Laufwerken übliche lange Medienerkennungsphase deutlich zu verkürzen (von typisch 8 Sekunden auf etwa 2 Sekunden), sollte die Jukebox-Logik das Überspringen der Erkennungsphase unterstützen.

5.7 Optische Bänder

Optische Bänder bieten sehr viel größere Speicherkapazitäten als Magnetbänder, Streamer oder Kassettensysteme. Zugleich ähneln sie optischen Datenträgern hinsichtlich Datensicherheit und Datendauer. Sie bieten sich als Sicherungsmedium für sehr große Datenmengen an, wie sie beispielsweise bei Erdölexplorationen und Satellitenauswertungen anfallen. Bisher werden optische Bänder nur von sehr wenigen Firmen angeboten (z. B. ICI/CREO). Deren optisches Band befindet sich auf einer 12"-Spule und weist eine Kapazität von 1 TB auf.

Die Datenlebensdauer wird von CREO mit mindestens 15 Jahren angegeben. Der Bandverschleiß ist extrem gering, da das Band den Lese-/Schreibkopf nicht berührt. Es wird in ca. 60 Sekunden komplett umgespult, was eine mittlere Suchzeit von etwa 30 Sekunden bedeutet.* Da das Band eine separate Indexspur besitzt, ist ein schneller Zugriff auch innerhalb des Bandes möglich. Als Übertragungsleistung werden 3 MB/s angegeben. Das Beschreiben von 1 TB dauert damit immerhin noch 95 Stunden bzw. etwa 4 Tage!

* sofern die Spule bereits aufgelegt ist

Bisher konnte sich das optische Band nur in Sonderanwendungen (z.B. im militärischen Bereich) durchsetzen. Die Verfügbarkeit durch wenige Anbieter und die geringe Verbreitung machen es teuer und stempeln es noch als Exoten unter den optischen Speichermedien ab.

5.8 Hierarchical-Storage-Management-Systeme

HSM-System steht für *Hierarchical Storage Management System*. Es bezeichnet Speichersysteme, in denen mehrere Speicherkomponenten wie Magnetplatten, optische Speicher und eventuell Bandroboter zusammengefasst sind. Sie stellen sich als einen großen Speicherpool dar, der eine Speicherhierarchie* realisiert. Anwender oder Anwendung müssen sich hier nicht um die Migration der Daten innerhalb der Hierarchie oder die Datensicherung kümmern; dies übernimmt das HSM selbstständig.

Siehe hierzu auch Abb. 5-1 auf Seite 181.

Daten werden hier zunächst auf dem schnellsten Medium gespeichert und nach einiger Zeit – wenn nicht mehr darauf zugegriffen oder wenn der freie Platz im schnellen Speicherbereich zu gering wird – auf die langsameren Speichermedien verlagert. Die Dateien auf dem schnelleren Medium werden danach gelöscht, um dort freien Raum zu schaffen und durch eine Referenz auf das ausgelagerte Objekt ersetzt. Wird eine Datei wieder benötigt, so bringt das HSM-System die Daten (z.B. vom Band) wieder zurück auf schnellere Medien.

Die Migrationsstrategie des Systems lässt sich über die Administrationsschnittstelle steuern. So lässt sich (bei vielen HSM-Systemen) z.B. angeben, dass neu angelegte Daten täglich zu einem vorgegebenen Zeitpunkt auf Band oder optische Platten gesichert werden. Hier lässt sich auch festlegen, nach welchem Zeitraum inaktive Daten präventiv auf ein langsameres Medium ausgelagert werden. Dies verhindert eine Verdrängung in den Lastzeiten.

HSM-Systeme verwenden in der Regel große Plattensysteme, wobei die Sicherheit der Daten über RAID-Technologie nochmals zusätzlich erhöht werden kann. Dabei sind HSM-Systeme häufig (außerhalb der Mainframe-Welt) eigenständige Systeme im Netz – mit einem eigenen Rechner und teilweise einem speziellen für HSM optimierten Betriebssystem. Inzwischen sind HSM-Lösungen auch für UNIX-Server sowie für Windows NT verfügbar. Microsoft hat in Windows-2K und Windows-XP (Pro) Ankerpunkte eingebaut, die es erlauben, ein lokales Dateisystem mit einem HSM-Server zu koppeln, so dass dieser längere Zeit nicht genutzte Datein auslagern und bei Bedarf wieder zurückladen kann.

Viele dieser Systeme verfügen zusätzlich über weitgehend automatisierte Backup- bzw. Sicherungsverfahren.

Mit dem Preisverfall großer Plattensysteme und damit auch von HSM-Systemen wird deren Einsatz für größere Dokumenten-Management-Systeme attraktiv.

5.9 Bussysteme

Mit *Bussystemen* seien hier die Busse verstanden, die bei Rechnern benutzt werden, um Peripherie wie Platten, Scanner oder Tapes anzuschließen. Das Bussystem bestimmt nicht nur die maximale Übertragungsrate pro Gerät bzw. aller quasi-parall-arbeitenden Geräte, sondern ebenso die maximal adressierbare Anzahl von Geräten an dem Bus, die maximal Bus- bzw Kabellänge, das Verkabelungssystem, die maximale Buslast ohne spezielle Verstärker als auch die Art der Geräte, die man anschließen kann, Diese Angaben gelten jeweils pro Controller, wobei zumeist mehrere Controller in einem Rechner vorhanden sein können.

Wie Rechner haben sich (Peripherie-) Bussysteme in den vergangenen Jahren rasch weiterentwickelt und neue, schnellere Busse lösen ältere Busarchitekturen ab. So wie der PCI-Bus als Interface-Bus im Rechner weitgehend proprietäre Busse abgelöst hat, so lösen schnellere SCSI-Busse die alten Versionen ab und USB positioniert sich als Billigbus für langsamere und mittelschnelle externe Peripherie wie Tastatur, Maus, Drucker und Scanner. Neue Busse wie etwa Firewire und USB sind nicht nur schneller (als etwa die Parallelschnittstelle), sondern von der Verkabelung her billiger und technisch unproblematischer. Hier hat eine schnelle serielle Technik die Technik mit vielen parallelen Leitungen abgelöst.

Bei der Wahl des Busses sind die Eignung für die anzuschließenden Geräte und die Kosten gegeneinander abzuwägen. Zusätzlich ist auf Trends zu achten. So hat im unteren Preis- und Leistungssegment bei Scannern der USB-Bus den SCSI-Bus (oder den Parallelport) abgelöst und es sind kaum noch Lowcost-Scanner ohne USB-Interface zu haben. Mit der Einführung von USB-2* wird sich dieser Trend auch auf schnellere Scanner ausweiten. Für den Anschluss von Videosystemen wurde zwischen 1999 und 2002 primär der Firewire-Bus (IEEE 1394) eingesetzt – zumindest für schnellere Systeme. Während sich für schnelle Magnetplatten an Server-Systemen der SCSI-Bus (in neuen, schnellen Varianten wie SCSI-160, SCSI-320) weiterhin behauptet, bietet der E-IDE-100- und E-IDE-130-Bus für Arbeitsplatzsysteme eine deutlich billigere (hinsichtlich Interface und Platte) und in aller Regel ausreichend schnelle Lösung.

** USB-2 gestattet eine maximale Übertragungsrate von ca. 480 MBit/s bzw. 60 MByte/s.*

Zum Anschluss großer Speichersysteme (Magnetplatten, Bänder, Bandroboter, Jukeboxen) bietet sich neben dem Direktanschluss über einen Speicherbus sowohl NAS (*Network Attached Storage*) an als auch SAN (*Storage Area Network*). SAN wird in der Regel unter Verwendung des Fibre-Channel-Busses eingesetzt. Es hat gegenüber der NAS-Technik Vorteile hinsichtlich Kabellängen, Robustheit und Protokoll-Overhead (im Vergleich zu IP) und kann weitgehend transparent SCSI-Protokolle übertragen. Mit SCSI-over-IP (iSCSI) und Gigabit-Ethernet holt hier jedoch auch die LAN/NAS-Technik auf.

Tabelle 5-8 Bus-Systeme für Speichermedien

Bus-System	max. Datenrate in MByte/s	max. Anzahl Geräte je Bus / je Interface	max. Buslänge	Anmerkung
IDE-33 (ATA-33)	33	2/4	0,5 m	überholt
IDE-66 (ATA-66)	66	2/4	0,5 m	überholt
E-IDE-100 (ATA-100)	100	2/4	0,5 m	seit 2001
E-IDE-133 (ATA-133)	133	2/4	0,5 m	seit 2002
Serial ATA (SATA)	150	1/5	1,0 m	ab 2003; später bis 600 MByte/s
USB 1.1	1,5	127	5 m	(pro Segment)
USB 2.0	60	127	5 m	ab 2002
SCSI-1	5	7	7 m	überholt
SCSI-II (Fast SCSI)	10	7	3,5 m	noch f. Scanner
Wide SCSI	20	15	3,5 m	überholt
Ultra-SCSI	20	7	1,5 m	12 m bei LVD
Ultra-Wide-SCSI	40	15	1,5 m	12 m bei LVD
Ultra2-SCSI	40	15	1,5 m	12 m bei LVD
Wide-Ultra2-SCSI (U2W)	80	15	1,5 m	12 m bei LVD
Ultra3-SCSI (SCSI-160)	160	15	1,5 m	12 m bei LVD
Ultra-SCSI-320 (U3WF)	320	15	1,5 m	seit 2002
Serial attached SCSI	noch keine Angaben			ab 2004
Firewire (IEEE 1394a)	50	15/63	4,5 m	ab 2004/5
Firewire-2 (IEEE 1394b)	400	15/63	100 m	ab 2003
SSA	80	128	20 m	verliert an Bedeutung
ESCON	100	127		nur IBM-Mainframes
FICON	200	127	10 km	nur IBM-Mainframes
Fibre Channel	100/200	16 Mio.	10 km	kaskadierbar
Fibre Channel Arbitrated Loop	100/200	127		

5.10 DAS, NAS, SAN und iSCSI

Speicherkomponenten wie Magnetplatten, optische Laufwerke, Bandlaufwerke oder Jukeboxen können auf unterschiedliche Arten angeschlossen werden. Dabei werden vier typische Arten unterschieden:

A) über einen Systembus oder E/A-Kanal **direkt angeschlossene Geräte** (DAS = *Direct Attached Storage* oder CAS = *Channel Attached Storage*)

B) über ein schnelles **Netz angeschlossene Peripherie** (NAS = *Network Attached Storage*)

C) Speicherkomponenten, welche über ein **dediziertes Speichenetz angeschlossen** sind (SAN = *Storage Area Network*)

ISCSI dürfte ab 2003 auf dem Markt sein.

D) **iSCSI** – Internet-SCSI, hierbei hat der Speicher ein IP-Netz-Interface und ist an einem IP-Netz angeschlossen. Angesprochen wird er jedoch wie ein SCSI-Gerät, wobei das SCSI-Protokoll über IP getunnelt wird.

Viele Anbieter von Speichersystemen bieten ihre Komponenten entweder in allen drei Anschlusstechnologien (A bis C) oder – bei großen Systemen – sowohl als NAS- als auch als SAN-Speicher an.

Ein wesentlicher Aspekt bei der Wahl des Anschlusses ist die Art des Zugriffs auf die Information – entweder auf Dateiebene oder auf Blockebene – sowie ob der Anschluss direkt oder über Netz erfolgen soll.

Tabelle 5-9 Anschlussvarianten für Speichermedien

	Blockzugriff	Dateizugriff
Direkter Anschluss	DAS/CAS (SCSI, Kanal, FC), SAN	
Netzanschluss	iSCSI, DAFS (für Datenbanken)	NAS (Emulation verschiedener Dateisysteme)

Die Begriffe DAFS (*Direct Access File System*) und VI (*Virtual Interface*) werden in den nachfolgenden Abschnitten erläutert. Weitere Informationen zu DAFS sind unter [[DAFS-I]] zu finden, zu VI unter [[VI-I]].*

* *Siehe Seite 702 und 704.*

5.10.1 DAS – Direct-Attached-Storage

Direct-Attached-Storage (kurz DAS) ist die konventionelle Art, Speicherkomponenten an einen Server anzuschließen. Als Speicherinterface dient im Serverbereich entweder der SCSI-Bus oder ein Host-Kanal (IPI, ESCON, FICON). Alternativ sind auch Firewire-Anschlüsse möglich und im unteren Bereich ATA. Bei älteren und langsameren Bussen ist darauf zu achten, dass die Summe der an einem Bus angeschlossenen Geräte nicht die Bandbreite des Busses überschreitet – sofern ein paralleler Zugriff zu erwarten ist.

Bei DAS erfolgt der Speicherzugriff zunächst auf Block-Ebene. Datei-Sharing muss hier durch eine höhere Schicht geregelt werden.

Der Vorteil liegt in den geringen Kosten – benötigt wird hier lediglich ein entsprechendes Bus-oder Kanalinterface –, die bei fast allen Systemen gute Treiberunterstützung und die einfache schnelle Installation. Primäre Administrationskomponenten sind hier die des lokalen Servers bzw. dessen Betriebssystems.

Der Nachteil liegt darin, dass dieser Speicher nicht oder nur unter erheblicher Belastung des Servers von anderen Systemen genutzt werden kann. Schnelle Umkonfigurationen sind aufwändig und bedingen oft eine Unterbrechung des Serverbetriebs. Gleiches gilt für Erweiterungen.

Möchte man an einen Server einen Bandroboter (Tape-Library) direkt per SCSI anschließen, so sollte man dafür eine SCSI-Variante wählen, welche eine ausreichende Kabellänge zulässt (also LVD-Interfaces).

LVD = ›Low Voltage Differential‹, besonders geeignet für lange SCSI-Leitungen.

Der Zugriff erfolgt auf Blockebene (z.B. über die entsprechenden SCSI-Kommandos), bei Magnetplatten durch das lokale Dateisystem hindurch.

5.10.2 NAS – Network-Attached-Storage

Möchte man den Speicher gleichzeitig mehreren Systemen (Servern) zugänglich machen und steht ein ausreichend schnelles Netz zur Verfügung, so bietet sich hierfür die NAS-Technik an. Der Speicher hängt hier an einer Art File-Server, also einem lokalen, dem Speicher zugeordneten Server, der die Zugriffe koordiniert, die Zugriffsrechte überprüft und den angeschlossenen Speicher als eine Art *virtuellen Speicher* im Netz anbietet. Darin können z.B. mehrere einzelne Magnetplatten als ein großes Volume oder ein großer Plattenbereich als mehrere kleine Volumes dargestellt werden.

Bei NAS erfolgt der Zugriff auf Dateisystemebene. Damit ist auch ein Sharing von Dateien und Speicherobjekten möglich.

Um eine heterogene IT-Landschaft bedienen zu können, emuliert der NAS-File-Server unterschiedliche File-Systeme wie NFS (*Network File System*) für den Zugriff von UNIX-Systemen, CIFS

VI (Virtual Interface) ist ein Protokoll zum effizienten und geschützten Memory-to-Memory-Transfer (networked blocks of shared memory) über schnelle Kopplungen (z. B. SAN oder InfiniBand). Weitere Techniken (z.B. DAFS) setzen darauf auf. Siehe hierzu [[VI-I]] (s. S. 704).

(*Common Internet File System*) für Windows-Systeme und DAFS für den sehr effizienten Direktzugriff z.B. für Datenbanken, welches auf VI (*Virtual Interface*) aufsetzt.

Ein NAS-System kann sogar ein ganzes HSM-System anbieten, wobei das zugreifende System lediglich Platten-Partitionen ohne die nachgeschaltete Speicherhierarchie sieht. Für Magnetplatten oder Bandspeicher mit mehreren parallel laufenden Bandlaufwerken über NAS sollte zumindest ein Gigabit-Ethernet benutzt werden, während für die deutlich langsameren Jukeboxen mit optischen Speichern in aller Regel ein 100-MBit-Ethernet reicht.

Die Performance von NAS-Speicher lässt sich steigern, wenn man dafür eigene Netzsegmente oder ein SAN benutzt. Insbesondere nimmt dies Netzlastspitzen aus dem übrigen LAN-Betrieb.

Als Netzkomponenten können die preisgünstigen IP-Netzkomponenten (Router, Hubs, Switches) eingesetzt werden und auch Verbindungen über ein WAN sind mit Performance-Einschränkungen weitgehend transparent möglich.

Die Latenzzeit durch die Übertragung über Netz ist bei NAS-Speicher deutlich höher als bei DAS oder SAN, insbesondere dann, wenn das Netz noch für weitere Netzzugriffe genutzt wird. Nutzt man hingegen dedizierte Netzsegmente, so erreicht man bei Einsatz von 1-Gigabyte-Netzen einen Durchsatz von bis zu 70 MByte/s.

5.10.3 SAN – Storage-Area-Network

Gute White-Papers zum Thema SAN und ›Fibre Channel‹ sind bei McDATA zu finden unter: www.macdata.com.

Sollen Speicherkomponenten mehreren Servern für einen schnellen Direktzugriff zur Verfügung stehen – jedoch immer nur ein Server pro Zeitpunkt zu einem Speicher –, so liegt der Einsatzfall für SAN vor. Der Vorteil liegt hier in einem dedizierten, sehr schnellen Speichernetz – in aller Regel auf der Basis von Fibre Channel (FC entsprechend ANSI X3.230-1994) über Glasfaser mit bis zu 2 GBit/s bzw. ca, 200 MByte/s im Vollduplex. Neue Versionen sehen sogar 4 GBit und entsprechend 400 MByte/s vor.

Der *Fibre-Channel* (FC) über Glasfaser erlaubt, Distanzen bis zu 10 km zu überbrücken* – per Repeater sogar bis zu 30 km. Für kürzere Entfernungen (bis zu ca. 30 m) können Kupferkabel verwendet werden.

** Zuweilen wird FC deshalb auch für reine Punkt-zu-Punkt-Verbindungen benutzt.*

Das im FC verwendete Protokoll ist für den Zugriff auf Speicher optimiert (z.B. SCSI-over-FC) und hat dabei einen sehr viel geringeren Overhead als das mit NAS-Technik verwendete IP-Protokoll. Daneben kann das FC-Protokoll effizient auch TCP/IP, Videodatenströme und andere nackte Datenströme transportieren. Es erlaubt besser als IP-Netze, die Gewährleistung von Bandbreiten und Realzeitverhalten. Komplexe und flexible Netztopologien sind über FC-Switches, -Hubs, -Routern und -Gateways möglich.

Zusätzlich gestattet SAN ein direktes Kopieren von Gerät-zu-Gerät – z. B. von Magnetplatte zu Band – ohne dass dazu ein Server involviert und belastet sein muss. Man nennt dies auch *Raw-Iron-*Transfer. Auch bereits aus einer DAS-Konfiguration vorhandene Speicher (z. B. Bandroboter) lassen sich über FC-zu-SCSI-Bridges in einem SAN wiederverwenden. So kann z. B. eine Jukebox für mehrere im *Hot-Standby* befindliche DMS-Server verfügbar gemacht werden – zu einem Zeitpunkt hat immer nur ein Server Zugriff – und dies auch noch dann, wenn die Distanz durch getrennte Brandschutzsegmente größer ist.

Speicherkomponenten können in einem SAN über verschiedene Verfahren angeschlossen sein:

A) **Per direktem Fibre-Channel-Interface**
Dies trifft man zumeist für RAID-Plattensysteme oder für (weniger intelligente und redundante) JBOD-Plattensysteme* an – seltener Jukeboxen mit optischen Medien.
Diese Geräte haben teilweise einen internen FC-Arbitration-Loop-Bus, so dass die Geräte einzeln angesprochen und zugeordnet werden können.

JBOD = ›Just a Bunch of Disks‹, d. h. eine Einheit von einfachen Plattenlaufwerken, die über ein einziges Interface angesprochen werden können.

B) **Über eine FC-to-SCSI-Bridge**
Hiermit lassen sich bereits vorhandene SCSI-Speicherkomponenten in ein SAN integrieren.

C) Über eine **FC-IP-Bridge**
lassen sich NAS-Speicher in das SAN integrieren.

D) Die Speicher selbst können (per DAS oder FC) wiederum an Servern angeschlossen sein, die mehrere FC-Verbindungen zur Verfügung stellen und ähnlich einem NAS-Server fungieren. Dies gestattet das File-Sharing mit mehreren gleichzeitig zugreifenden Systemen.

Zusätzlich kann eine FC-SAN-Strecke benutzt werden, um zwei weit auseinander liegende SANs (oder LANs) zu verbinden. Unter Verwendung von FC-Extendern lassen sich so bis zu 30 km überbrücken; unter Verwendung von FC-IP-Bridges auch Verbindungen über ein MAN aufbauen.

MAN = ›Metropolitan Area Network‹

FC-Switches erlauben das Routing der logischen Verknüpfungen bzw. das dynamische Umkonfigurieren von Zuordnungen. Der erzielbare Durchsatz liegt bei ca. 80 MByte/s.

Das Routing kann entweder statisch (für einen Zeitraum) oder pro Nachricht (gesteuert durch den Nachrichtenkopf) erfolgen.

Sollen SAN-Netze über größere Distanzen verbunden werden – mit speziellen Repeatern sind bereits direkt 100 km möglich –, so erlaubt FC-IP (*Fibre-Channel-over*-IP) das Verpacken der FC-Kommandos und Daten in IP-Pakete und deren Transport über TCP/IP-Netze oder ATM-Strecken.

Das Problem schlechter Interoperabilität wurde in den Jahren 2000/2001 zwar deutlich reduziert, ist aber 2002 immer noch existent.

Problematisch erweisen sich die teuren Netzkomponenten und eine oft unbefriedigende Interoperabilität zwischen den Komponenten verschiedener Anbieter. Auch der benötigten Verwaltungssoftware fehlen – so der Stand Anfang 2002 – einige Funktionen und die wünschenswerte Interoperabilität bei heterogenen Systemen. Man sollte deshalb vor einer Beschaffung unbedingt Interoperabilitätstests zwischen den zu nutzenden Komponenten durchführen und auf weiterführende Interoperabilitätsgarantien achten!

5.10.4 iSCSI – SCSI-over-IP

Der wirkliche Markteintritt von iSCSI dürfte nicht vor Ende 2003 erfolgen.

Bei iSCSI werden SCSI-Kommandos und -Daten in IP-Pakete verpackt und über ein TCP/IP-Netz zum Speichergerät geschickt bzw. von dort entsprechend zurückgeliefert. Während bei NAS der Zugriff auf Dateisystemebene erfolgt, greift der Server (oder eine andere SAN-Komponente) bei iSCSI auf SCSI-Protokollebene bzw. auf Blockebene auf das Gerät zu. iSCSI-Speicher werden auch als *IP-Storage* bezeichnet.

Der Nachteil von SCSI-over-IP liegt in dem hohen Protokoll-Overhead, der bei normalen Netzadaptern einen ernsten Engpass darstellt. Deshalb werden hier spezielle Netzadapter benutzt, welche die Server-CPU-Last deutlich reduzieren. iSCSI macht erst ab Gigabit-IP-Netzen Sinn und erreicht im LAN erst mit 10-GBit-IP-Netzen die Performance von SAN-Speichern.

Nimmt man Performance-Beschränkungen in Kauf, so sind mit iSCSI jedoch auch Gerätezugriffe über langsameres LAN, MAN und WAN möglich. Für den Transport über öffentliche (potentiell abhörgefährdete) Netze sieht iSCSI auch eine Verschlüsselung der Daten vor. iSCSI kann über entsprechende FC-to-IP-Bridges auch in FC-SAN-Netze verwendet werden, um auf entfernte Speichersysteme über TCP/IP-Netze zuzugreifen.

Bei Einsatz von DAFS (*Direct Access File System*) kann der Overhead durch eine teilweise Umgehung des IP-Stacks reduziert werden.

5.11 SRM – Storage-Management

Glaubt man Prognosen, so verschiebt sich durch den stark wachsenden Speicherbedarf der Kostenanteil des Speichers an den IT-Plattformausgaben von ca. 25 % im Jahr 1996 auf eta 75 % im Jahr 2005.* Damit wird unter dem Kostenaspekt ein effizientes Speicher-Management zu einer der wichtigsten Aufgaben im Unternehmen, zumal die Administration das 4- bis 20fache der Anschaffungskosten ausmacht – so das Ergebnis einer Studie der Gartner Group.

* *Quelle: Gartner*

5.11.1 Aufgaben des Speicher-Managements

Anzahl und Vielfalt von Speicherkomponenten typischer IT-Landschaften nehmen schnell zu: Magnetplatten, File-Server, Bandlaufwerke und Bandroboter, Jukeboxen, Speichernetze – oft von unterschiedlichen Herstellern, an unterschiedlichen Systemen und in unterschiedlichen Anschlusstechnologien (z.B. DAS, NAS, SAN). Zugleich steigt die Anzahl an Servern und der Bedarf nach hoher Verfügbarkeit bei immer enger werdenden Wartungs- und Backup-Fenstern. Damit steigt der Aufwand für die Verwaltung der Speicher, die Planung, Handhabung und Durchführung der Sicherungen und für die Kontrolle und Übersicht über die Speicher und Medien. Zahlreiche komplexe Aufgaben fallen hier an, welche von der reinen Speicherzuordnung über die Überwachung und Speichersicherung bis hin zur Datenspiegelung, -replikation, -migration und zur Ausbauplanung reicht. Auch die Be- oder Abrechnung von belegtem Speicher gehören dazu. Einige Middleware-Applikationssysteme stellen dabei sehr spezielle Anforderungen – man denke hier an das intelligente Sichern von Daten aus MS-Exchange, aus einer laufenden Datenbank oder von Anwendungen wie etwa SAP R/3. Reine System-Management-Systeme können diese Aufgabe kaum noch adäquat übernehmen.

Hier setzen *Speicher-Management-Systeme* an. Gängig ist auch die Bezeichnung ›*Storage Resource Management*‹ bzw. ›SRM‹. Sie erlauben die Speicher in einem Unternehmen zu erfassen, zu profilieren, zu virtualisieren und zu verwalten. Sie unterstützen die Erstellung von Nutzungsprofilen und damit die Planung von Zuteilungen und Erweiterungen. Die Erfassung und Erstellung der Speicherprofile ist bei der Neuorganisation oder Neueinführung immer die erste Aufgabe: Welche Speichersysteme und -kapazitäten sind vorhanden, was ist ihr Füllgrad, was ihr Nutzungsgrad und wer (an Benutzer und Anwendung) belegt und nutzt diesen Speicher?

Diese Profile lassen sich von modernen SM-Systemen übersichtlich sowohl als Tabelle als auch als Grafik darstellen und ausgeben.

Speichervirtualisierung ist die Zusammenfassung mehrerer Laufwerke zu einem größeren virtuellen *Volume*, so dass man bei Bedarf (auch zur Laufzeit) einen Speicherbereich durch Hinzufügen von Laufwerken oder freien Partitionen vergrößern kann. Ebenso lässt sich ein größerer Speicherbereich in mehrere kleinere virtuelle Bereiche aufteilen und unterschiedlichen Systemen oder Anwendungen zuordnen (für diese freigeben). Ein logischer Speicherbereich ist damit nicht mehr an ein Gerät gebunden. Die Daten darauf können bei Bedarf auf andere (schnellere, größere, näher liegende) verschoben oder bei wenig benutzen Daten auf langsamere oder Nearline-Speicher migriert werden (HSM-Technik).

Zu HSM siehe Abschnitt 5.8.

Bedenkt man, dass man bei RAID-Technik in der Regel zumindest ein Reservelaufwerk für ausfallende Laufwerke halten sollte, um einen schnellen oder sogar *fliegenden* Wechsel zu ermöglichen, sowie weitere Laufwerke für notwendige Erweiterungen, so wird klar, dass ein zentralisiertes System hier Vorteile bringt, da man mit weniger Reserven als bei zahlreichen verteilten Systemen auskommt, eine bessere Ausnutzung und Auslastung erreicht und auch die Planung und der Austausch einfacher wird.

5.11.2 Backup-Systeme

Ein gutes Papier zu Backup-Strategien liefert [Troppens] (s. S. 704).

Wesentlicher Bestandteil von SRM-Systemen sind die Verwaltung der Sicherungen, d.h. die Planung, Ausführung, Protokollierung von Sicherungsläufen sowie die Medienverwaltung: z.B. das Labeling der Bänder, das Führen ihrer Inhaltsverzeichnisse, die Nutzungsverfolgung* und die Inventarisierung.

** so dass Bänder z.B. rechtzeitig ausgesondert werden können.*

Bei der Sicherung bzw. beim Zurückspielen (Restore) von Speicherobjekten sind drei Fallvarianten zu unterscheiden, die unterschiedlichen Problemsituationen entsprechen und teilweise unterschiedliche Sicherungsverfahren erfordern:

- Das Zurückspielen einer einzelnen Datei, zumeist wenn ein Benutzer eine Datei versehentlich gelöscht hat.
  Hierfür steht zumeist etwas mehr Zeit zur Verfügung. Das Restaurieren kann entweder schnell aus einem Snapshot erfolgen oder langsamer aus einem Sicherungs-Fileset von Band.
- Das Restaurieren eines ganzes Datei- bzw. Sicherungsbaums: Dies wird z.B. notwendig, wenn mehrere Dateien des Baums durch einen Fehler (oder Virus) korrumpiert wurden oder aus

einem anderen Grund (z. B. nach einem Test) ein älterer (logischer) Datenbestand wiederhergestellt werden soll.

- Das Restaurieren eines ganzen Dateisystems (Volumes):
  Dies kann bei gravierenden Fehlern im Dateisystem oder bei einem Totalausfall der Speichermedien (Disaster-Recovery) notwendig sein.
  Das Sichern (und Zurückspielen) ganzer Volumes kann sehr effizient erfolgen, da hier keine einzelnen Dateien verwaltet werden müssen. Dabei werden nur die Blöcke des Volumes gespeichert, die wirklich belegt sind. Ein selektives Rücksichern einzelner Dateien ist hierbei jedoch nicht oder nur mit größerem Aufwand möglich. In der einfachen Variante dieses Konzepts muss der Speicherbereich, auf den zurückgespielt wird, auch genauso groß sein wie der Bereich, von dem gesichert wurde. Fortgeschrittene Versionen lösen sich von dieser Restriktion.

Die *geeignete* Größe eines *Volumes* ergibt sich nicht nur durch den Speicherbedarf eines logisch zusammenhängenden Speichersets, sondern ebenso aus der maximal akzeptablen Zeit für die Restaurierung des Volumes. Geht man von einem mittleren Datendurchsatz für das Rückspielen von ca. 10 GB/s (komprimierter Daten) für das Rückspielen von Band/Kassette aus,* so lässt sich z. B. innerhalb von sechs Stunden maximal ein Volume von ca. 200 GB durchführen (hierbei sind auch Medienwechsel des Sicherungsmediums zu berücksichtigen). Muss das Volume größer sein oder steht weniger Zeit zur Verfügung, so muss entweder von Magnetplatte restauriert werden, oder die Daten sind auf mehrere Volumes zu verteilen, die parallel (und von mehreren Bandlaufwerken gleichzeitig) restauriert werden können. Dabei ist zu prüfen, ob sich dann nicht das Netz als Engpass herausstellt, falls der Datentransport über Netz erfolgt.

Siehe Tabelle 5-3 auf Seite 189.

Man sieht daran, dass die Sicherungstechnik nicht allein durch den Sicherungsbedarf und das für die Sicherung zur Verfügung stehende Zeitfenster bestimmt wird, sondern wesentlich gravierender durch die vertretbare (Ausfall-) Zeit für die Restaurierung oder die anzunehmende Art der Restaurierung (Datei, Fileset oder ganzer Volume).

SRM-Systeme arbeiten in Client-Server-Technik. Clients laufen auf den überwachten Systemen. Sie schicken ihre Meldungen dem Server oder werden von diesem abgefragt und parametrisiert. Diese Clients sind – wie HSM-Clients – (Client-)Betriebssystem-spezifisch und greifen als Treiber in das Betriebsystem ein.

Auf dem Server erfolgt die zentrale Haltung der Verwaltungsdaten und die Auswertung der Client-Meldungen. Bei Grenzwertüberschreitungen und Alarmen meldet der Server dies dem Administrator oder dem System-Management-System. Der Server steuert oft auch die Backup-Prozesse – delegiert aber zumeist die eigentliche Ausführung an die Clients und den Backup-Server.

Ein guter Ausgangspunkt für White-Papers zu ›Storage Networks‹ und ›Storage Management‹ bietet www.snwonline.com sowie internet.obout.com.

SRM-Systeme sollten plattformübergreifend arbeiten und unterstützen zunehmend auch alle zuvor angesprochenen Arten von Speichernetzen. Diese Systeme werden deshalb nicht nur von Systemanbietern wie HP, IBM oder SUN vertrieben, sondern auch von unabhängigen Anbietern wie z. B. CA (Computer Associates) IBM/Tivoli oder dem Speicherspezialisten Veritas. DMS-Anbieter liefern hier lediglich Monitor-*Agents*. Eine gute Integration von SRM und System-Management ist wünschenswert.

SRM-Systeme für heterogene Systeme stehen im Jahr 2002 erst am Anfang ihrer Entwicklung – sieht man einmal von den reinen Backup-Systemen ab. Die meisten Systeme bieten bisher nur Teillösungen, etwa zum Handling von Backups, in Form von Volume-Managern, als HSM-Lösung, SAN-Administrationswerkzeuge und Quota-Systeme. Jedes dieser Tools ist nützlich und funktional, allein das Zusammenspiel lässt noch – Stand 2002 – viel Spielraum für Verbesserungen. Hemmschuh ist neben der schnellen Technikentwicklung die Vielzahl der offenen und proprietären Schnittstellen, seien es Betriebs- und Dateisysteme, Netzprotokolle, Medien- und Anschlusstechniken oder Administrationsprotokolle und -schnittstellen.

Die SNIA (*Storage Network Industry Association*), ein Gremium zur Vereinheitlichung zahlreicher Schnittstellen zu Speichersystemen, dem zahlreiche Komponentenanbieter angehören, hat das ›*SNIA Shared Storage Model*‹ geschaffen.* Mit ihm lassen sich Speicherarchitekturen grafisch darstellen sowie die Dienste, welche die einzelnen Speicherkomponenten anbieten – SNIA selbst ist aber keine Architektur.

** Siehe hierzu [[SNIA-M]] (S. 703).*

Als *Lingua franka* des SRM hat sich für die Sicherung und Restaurierung das *Network Data Management Protocol* (kurz NDMP) etabliert.** Das Konzept sieht drei Dienste vor: *Data-Services* (Lesen und Schreiben vom Dateisystem), *Tape-Services* (Steuerung und Transfer zu den Bandgeräten) und die *Data-Management-Application* (zentrale Steuerung und Verwaltung). Diese können jeweils auf unterschiedlichen Systemen laufen (siehe Abb. 5-8). NDMP wird inzwischen von fast allen namhaften Backup-Systemen sowie von den entsprechenden File-Servern und Band-Bibliotheken systemübergreifend unterstützt. Das Konzept geht von einer zentralen Administration und Kontrolle aus und von einem dezentralen Sichern, entweder lokal an einem (Datei-) Server mit lokal

*** Siehe hierzu www.ndmp.org.*

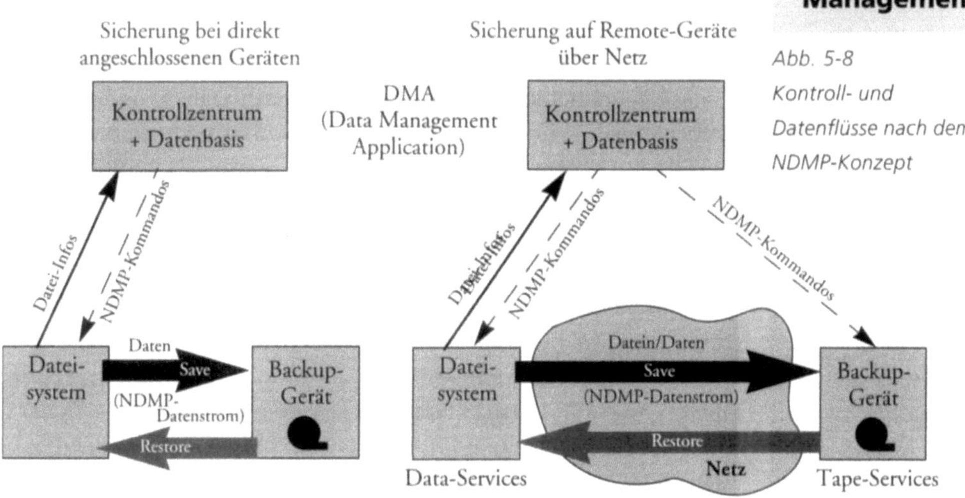

Abb. 5-8 Kontroll- und Datenflüsse nach dem NDMP-Konzept

(oder per SAN) angeschlossenen Sicherungemedien oder davon, dass die Daten vom Server über Netz zum Sicherungsmedien (und zurück) transportiert werden, ohne dabei über die zentrale Kontrollinstanz laufen zu müssen (siehe Abb. 5-8). Das Backup-System kann in aller Regel mehrere parallele Sicherungsprozesse (-ströme) gleichzeitig bedienen. Limits ergeben sich durch die Anzahl der verfügbaren Sicherungslaufwerke, eventuell durch die verfügbare Netzbandbreite (bei Sicherung über Netz) sowie durch die CPU-Last. Beim Sichern von Volumes kann auch sinnvollerweise nur ein Sicherungsprozess auf dem Volume arbeiten. Es kann deshalb sinnvoll sein, statt eines Volume-Backups mehrere separate Sicherungsbäume (Dateibäume) auf dem Volume zu sichern und damit eine höhere Parallelität zu erlauben.

Ein gutes Einführungspapier zu NDMP ist unter [[NTP-1]] (s. S. 703) sowie bei [Erkens] (s. S. 703) zu finden.

Weil das Sichern zahlreicher kleiner Dateien wesentlich aufwändiger ist als das Sichern weniger großer Dateien, kann auch die Dateigröße die Zuordnung zu einem Speicher-Volume bestimmen, indem man Datenbestände mit typischen kleinen Dateien auf einem eigenen Volume (mit eher kleiner Gesamtgröße) speichert und diese Dateien nicht einzeln, sondern den gesamten Volume als Image sichert. Das Restaurieren einer einzelnen Datei aus diesem Image ist dann aber gar nicht oder nur mit größerem Aufwand möglich.

Soll auf Band gesichert werden, das verfügbare Sicherungsfenster ist aber zu klein für das langsamere Band, so lässt sich zweistufig sichern, indem man zunächst vom Volume auf einen Pufferbereich auf Magnetplatte sichert und danach von diesem Pufferbereich auf Band, während der gesicherte Bereich bereits wieder im operativen Betrieb ist. Eine Variante davon ist die Erstellung eines Snapshots und die anschließende Sicherung vom Snapshot auf Band.

5.11.3 Snapshot-Technik

Eines der schnellsten Sicherungsverfahren ist die so genannte *Snapshot*-Technik. Hierbei wird eine Art Schnappschuss des aktuellen Stands eines Dateisystems gemacht. Das Dateisystem wird dabei für einen kurzen Augenblick eingefroren, die Dateisystemstruktur gesichert, eventuell auch die Datenblöcke gesichert und dann wieder in den normalen Systemmodus versetzt. Im Detail gibt es sehr unterschiedliche Snapshot-Techniken die sich sowohl hinsichtlich des für den Snapshot benötigten Speicherplatzes als auch der Einfrierzeit deutlich unterscheiden können. Eine der effizientesten Verfahren bietet hier die Firma Network Appliance an, bei welcher die Snapshot-Einfrierzeit auch bei großen Volumes bei wenigen Sekunden liegt.

Wesentlich bei sinnvollen Snapshots ist, dass sich zum Zeitpunkt des Snapshots die auf den betroffenen Dateien arbeitenden Anwendungen in einem konsistenten Zustand befinden (zusammen mit den Daten einen *Checkpoint*-Zustand haben) oder nicht aktiv sind. Aus diesem Grund gibt es z.B. für die wichtigsten Datenbanken spezielle Snapshot-Plug-Ins, welche diese für die betreffende Datenbank sicherstellen.

Bestehen besonders hohe Sicherheitsanforderungen (z.B. an ein schnelles Desaster-Recovery), so können die Snapshots asynchron auf ein entferntes Speichermedium (zumeist Magnetplattenspeicher für ein schnelles Recovery) gespiegelt werden.

Das Halten mehrerer Snapshots vom gleichen Dateisystem erlaubt mehrere Versionen einer Datei zurückzugehen. Es gestattet zusätzlich auch dann noch ein sinnvolles Recovery, wenn durch Fehler im Dateisystem der letzte Snapshot bereits inkonsistent war.

5.11.4 Journaling File-Systeme

Kommt es zu einem Systemabsturz (z.B. durch einen Stromausfall bei nicht per USV gesicherten Systemen), so befindet sich das Dateisystem potentiell in einem inkonsistenten Zustand.Vor einer weiteren Nutzung ist deshalb ein Filesystem-Check und die Behebung von Inkonsistenzen notwendig. Bei den konventionellen Dateisystemen kann dies bei größeren Datenmengen erheblich Zeit in Anspruch nehmen. Journaling-File-Systeme bringen hier wesentliche Verbesserungen. Sie arbeiten ähnlich wie Datenbanken, bei denen eine Transaktion vollständig oder (per Rollback) gar nicht ausgeführt ist. Journaling-File-Systeme protokollieren Veränderungen ständig mit und sind so in der Lage, nach einem Systemabsturz die Konsistenz eines Dateisystems in sehr kurzer Zeit wieder herzustellen. Damit kann die Wiederanlaufzeit eines Systems deutlich reduziert werden. Stellt das Betriebssystem des Servers selbst kein Journaling-File-System zur Verfügung, so kann auch auf entsprechende Software von Drittanbietern zurückgegriffen werden. Die Firma Veritas bietet z. B. für die wichtigsten Betriebssysteme ein solches Dateisystem an.*

* Z. B. für NT, XP, IBM-AIX, SUN Solaris und HP-UX.

5.11.5 Storage Policy – Speicherstrategie

Die *Storage-Policy* ist die eigentliche Basis für ein qualifiziertes Speicher-Management. Sie legt folgende Punkte fest:

Papiere zur Storage-Policy sind unter [[NTP-2]] (s. S. 703) zu finden. Ein einfaches Beispiel für eine Storage-Policy zeigt [[ARSC]] (s. S. 702).

- Erstellung eines Daten-Profils (Klassifizierung der Daten) mit
  - Wert der Daten,
  - Änderungshäufigkeit der Daten,
  - akzeptable Zeit für das Restaurieren der Daten,
- Welche Daten werden gespeichert und gesichert und wie lange?
- Welche Applikationen werden unterstützt – oft mit spezifischen Speicheranforderungen (z. B. SAP R/3, Datenbank- und DMS-Lösungen)?
- Welche Daten sind von der Speicherung ausgeschlossen (z. B. die MP3-Musikdateien von einzelnen Benutzern) und welche sind von der zentralen Sicherung ausgeschlossen?
- Wo (zentral/dezentral, auf welchen Systemen) werden die Daten gespeichert und mit welchem Sicherheitsfaktor (normal, RAID, doppelt gespiegelt, repliziert, ...)?
- Wie, wann, wohin und wie oft werden sie gesichert?
- Wie viel Speicher erhalten Benutzer für Dateien und eMail?
- Ob und welche Kosten werden erfasst und verrechnet?
- Wer ist für die Planung des Speicherausbaus zuständig?
- Wer ist für die Vergabe von Speicher zuständig?
- Wer ist für das Löschen von Speicherobjekten zuständig?
- Welche Speicher-Managementwerkzeuge (Monitoring, Replikation, Backup und Restote, HSM usw.) werden eingesetzt?
- Wie ist die Strategie zur (weitgehend) einheitlichen Speicher- und Komponententechnik?

Die Storage Policy sollte bereichs- oder unternehmensweit gelten. Sie sollte entsprechend schriftlich verfasst und den Mitarbeitern kommuniziert werden. Danach sollte man sie in etwa jährlichem Rhythmus überprüfen und aktualisieren.

5.12 Die richtigen Speichermedien

Bedingt durch ihre unterschiedlichen Charakteristika haben die diskutierten Datenträger unterschiedliche Einsatzgebiete. Diese sollen hier nochmals zusammengefasst werden. Tabelle 5-10 gibt die Datenpersistenz der verschiedenen Medien an – d.h. die Haltbarkeit von Daten, ohne dass sie neu kopiert werden müssen.

Tabelle 5-10 Datenpersistenz der verschiedenen Medien (ohne Umkopieren)

Medium	Speicherdauer
Magnetband	1–2 Jahre
Streamer-Kassetten	2–4 Jahre
optisches Band	15–25 Jahre
12"-, 14"-WORM-Platten	50–100 Jahre
5¼" optische WORM-Platten	25–30 Jahre
5¼" optische MO-Platten	20–25 Jahre
3½" optische MO-Platten	15–25 Jahre
CD, DVD (Prägeverfahren)	50–100 Jahre
CD-RW, DVD-RAM, DVD-RW, DVD+RW	10–15 Jahre
CD-R, DVD-R, DVD+R	25–50 Jahre

Magnetplatten

Magnetplatten sind schnelle Speicher; sie eignen sich deshalb für einen häufigen Datenzugriff. Sie lassen sich auch als Pufferspeicher für langsamere Aus- und Eingabe benutzen. So wird die Druckausgabe häufig auf einer Magnetplatte zwischengespeichert. Auch als Cache zu langsameren Speichermedien der Speicherhierarchie (Bänder und optische Platten) finden sie ihren Einsatz. Bei größeren Archiven sollte man deshalb 100 bis 500 GB Platten-Cache für die langsameren optischen Platten einsetzen – sofern das Archiv dies problemlos unterstützt. Damit lassen sich die Zugriffe auf neu erfasste Daten wesentlich beschleunigen, ebenso lassen sich Plattenwechsel und damit auch Warteschlangen vor den optischen Speichern abbauen. Gerade auf diese *jungen Dokumente* wird in der Regel häufig zugegriffen, insbesondere dann, wenn Dokumente früh eingescannt und elektronisch verteilt werden.

Große Magnetplattenkapazitäten in DM-Systemen werden daneben für die DM-Datenbanken benötigt. Diese sollten bei gesteigerten Anforderungen an die Ausfallsicherheit in RAID-Technologie ausgelegt sein.

Wiederbeschreibbare optische Platten

Sie sind zwar um den Faktor 2 bis 3 langsamer als Magnetplatten, besitzen aber den Vorteil höherer Datensicherheit. Sie waren – da es sich um Wechselmedien handelt – je Megabyte Speichervolumen billiger als Magnetplatten, haben dieser Vorteil jedoch durch den schnellen Preisverfall der Magnetplatten inzwischen verloren. Das Haupteinsatzgebiet wird in der Datensicherung liegen: bei der Auslagerung von Daten überall dort, wo die Lebensdauer der Daten nicht allzu groß ist (3 Monate bis 3 Jahre). Sie bieten im 5¼"-Bereich die gleichen Kapazitäten wie WORM-Platten, sind heute teilweise jedoch schneller als diese. Sie lassen sich wie WORMs in Jukeboxen zu sehr großen Archivkapazitäten aufbauen.

Da der Preis von CD-RW, DVD-RW und DVD+RW-Medien 2–3fach höher als der von CR-R bzw. DVD-RW ist, lohnen sich diese im Archiv erst bei mehr als 3facher Wiederverwendung!

Für Daten mit Aufbewahrungspflicht lassen sich wiederbeschreibbare optische Datenträger nur bedingt einsetzen, da Daten auf ihnen einfacher zu manipulieren sind als auf WORM-Platten, und die Revision deshalb hier lieber WORMS bzw. CD-R oder DVR-Rs sieht.

WORM-Platten

Die Stärke der WORM-Platten ist ihr Speichervolumen und die Datensicherheit. Ihre Datenpersistenz und Datensicherheit ist nochmals um den Faktor 2 bis 3 höher als die von wiederbeschreibbaren optischen Medien. Zwar sind sie bisher juristisch nicht generell als Aufbewahrungsmedium zugelassen, jedoch technisch in der Lage, Papier und Mikrofilm als Archivierungsmedium zu verdrängen. Teilweise werden sie auch explizit gefordert. Für die Speicherung von aufbewahrungspflichtigen Dokumenten sind sie deshalb am besten geeignet.

** Es gibt jedoch auch keine gegenteiligen Vorschriften!*

Ein Handicap ist jedoch ihre gegenüber Magnetplatten deutlich langsamere Zugriffszeit und geringere Transferleistung. Dies verhindert vielfach ihren Einsatz z.B. bei der Datenbank eines Volltext-Retrieval-Systems.

In den bisherigen Technologien liegt die Schreibleistung der WORM (in KB/s) bei der Hälfte der Leseleistung. Seit der 2,6-GB-Technologie (5¼") macht die Schreib- und Leseleistung einen deutlichen Sprung vorwärts.

3,5"-, 5,25"- oder 12"/14"-Technologie?

Bisher spielt die 3½"-Technologie für größere Archive noch keine tragende Rolle, da die damit angebotenen Kapazitäten mit 2,3 GB pro Platte noch zu klein sind und da hierfür noch kaum Jukeboxen angeboten werden. Sie ist heute eher als Austauschmedium oder Ersatz für Floppies zu betrachten.

Die 5¼"-Technik bietet gegenüber der 14"- oder 12"-Technik den Vorteil, dass die Jukeboxen und Laufwerke deutlich billiger sind und diese Technologie wesentlich weniger Platz benötigt. Die technologische Weiterentwicklung und der Preisverfall sowohl der Jukeboxen als auch der Laufwerke und Datenträger erfolgt hier rascher als in der 12"- und 14"-Technologie. Allerdings beträgt die ohne einen Plattenwechsel verfügbare Kapazität nur ein Viertel jener der 12"-Platten. Da einige neuere 12"-Laufwerke inzwischen mit Dual-Head-Systemen ausgerüstet sind (einem Schreib-/Lesekopf pro Plattenseite), verdoppelt sich bei diesen Laufwerken die direkt ohne Plattenwechsel oder Plattendrehen zugreifbare Datenmenge nochmals. Hier sind also bis zu 30 GB direkt zugreifbar und die nächste Generation (ca. ab 2003) wird nochmals die doppelte Kapazität bieten!

Dieser Nachteil der 5¼"-Platten entfällt, wenn die Datenzugriffe stochastisch über viele Medien hinweg erfolgen.

Jedoch bieten große 12"-Jukeboxen bisher noch deutlich größere Gesamtkapazitäten als entsprechende in der 5¼"-Technik. Man findet sie deshalb zumeist in sehr großen Archiven. Ab einer Kapazität von etwa 2–4 TB (für 2–3 Jahre) wird man deshalb die 12"-Technologie einsetzen. 14"-Technik ist bereits nicht mehr verfügbar.

Bei der Konzeption ist zu bedenken, dass mehrere einzelne Jukeboxen eine höhere Ausfallsicherheit als eine einzige Jukebox bieten. Zugleich stehen damit mehrere Robotereinheiten zur Verfügung, so dass die mittlere Zugriffszeit bei parallelen Anforderungen kürzer ist.

➪ Beim Einsatz von großen 12"-Jukeboxen ist die Statik des Fußbodens zu prüfen!

Beim Einsatz von Jukeboxen in der 12"- Technologie ist zu prüfen, ob die Fußböden der Aufstellungsräume den Belastungen durch das Gewicht der Jukeboxen (mit geladenen Datenträgern) und den durch sie verursachten Schwingungen gewachsen sind!

Wie bei den Magnetplatten schreitet die Entwicklung der Kapazitäten optischer Platten fort (siehe Abb. 5-9). Dabei scheint aber die CD- bzw. DVD-Entwicklung die der 5¼"-Technologie zu überholen. Dies betrifft nicht nur die Kapazitäten je Datenträger, sondern auch die Preise für Laufwerke und Jukeboxen entwickeln sich zugunsten der DVD-Technik (12-cm-Scheiben).

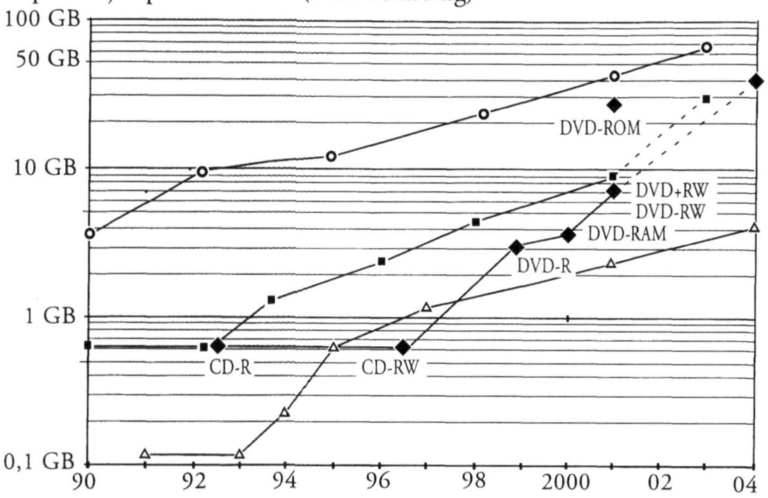

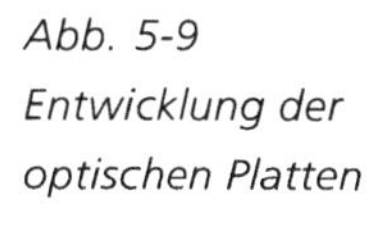
Abb. 5-9 Entwicklung der optischen Platten

—o— 12"/14"-Technik
—■— 5,25"-Technik
—△— 3,5"-Technik
—◆— CD-/DVD-Technik

CDs und DVDs

Die CD und ihr Nachfolger die DVD ist für größere Informationsmengen wie Betriebssysteme, große Applikationen, Kataloge, Ersatzteillisten, Manuale und umfangreiche Datenbestände (Bilddaten, Datenbanken, Lexika) das meist eingesetzte Distributionsmedium. Dies gilt bisher allerdings nur bei größeren Stückzahlen.

Mit billigen CD-Writern ist dies selbst für kleinere Stückzahlen möglich. Die CD ist hier kompakter und der Datenträger mit ca. 0,5 bis 1,0 Euro pro CD-R-Rohling billiger als CD-RW, WORM, MO, Band und Streamer! CD-Laufwerke mit einer bis zu 40fachen Lesegeschwindigkeit gegenüber der Audio-CD bieten inzwischen eine akzeptable Übertragungsleistung.

Insbesondere mit der Verfügbarkeit von DVD-R-Systemen gewinnt die DVD als Archivierungsmedium an Attraktivität!

Die CD-R-Technologie, anfangs noch problematisch, hat mittlerweile eine hohe Zuverlässigkeit erreicht. Sie hat sich in zahlreichen Einsatzfällen bewährt und wird z.B. vom Europäischen Patentamt seit mehreren Jahren für die Speicherung und Distribution von Patentdaten verwendet.

Mit den preiswerten und schnellen CD-Jukeboxen wurde die CD in den vergangenen Jahren zu einem favorisierten Archivmedium – nochmals verstärkt durch die Verfügbarkeit der CD-DVD-Technik mit größerer Speicherkapazität und schnelleren Zugriffen. Seit dem Jahr 2001 stehen auch zuverlässige DVD-Writer (in den Formaten DVD-R, DVD-RW, DVD+RW und DVD-RAM) zur Verfügung. Eine Kapazität von 4,7 GB pro Seite hat sich nach

Iterationen hier zur Standardgröße entwickelt. Für Archive erscheint die DVD-RAM weniger geeignet – sie ist langsam und hat bisher wenig Anbieter. Die höchste Sicherheit bietet die DVD-R und ist damit das präferierte Archivmedium.

Bänder und Streamer

Berechnen und testen Sie die Datensicherungszeit (z. B. der DMS-Datenbank) auf die Sicherungsmedien und ob dies in den Niederlastzeiten (z. B. nachts) erfolgen kann. Reicht die Nacht oder das Wochenende für eine vollständige Sicherung? Der Ausweg sind schnellere und mehrere parallele Laufwerke.

Bänder und Streamer sind bisher die klassischen Sicherungsmedien. Das ½"-Band hat sich überlebt. Das ¼"-Band verliert seine frühere Vorrangstellung (im UNIX-Bereich) als Distributionsmedium an die CD und DVD. Das Datenvolumen der DAT- und Exabyte-Bänder ist jedoch mit 12 bis 24 GB (ohne Komprimierung) noch deutlich größer als das von wiederbeschreibbaren Platten und CDs. Die DLT-Kassette mit bis zu 70 GB sowie die LTO-Technik mit bis zu 100 GB je Kassette (Stand 2002) eignet sich auch zur Sicherung sehr großer Datenbanken, mehrerer Server im Netz und als temporäre Sicherung von optischen Archiven. Bei größeren zu sichernden Datenmengen sind hier Bandwechsler und die Möglichkeit sinnvoll, die Daten auf mehreren Band-/Kassettenlaufwerken parallel zu sichern, um die Sicherungs- und Wiedereinspielzeit zu reduzieren. Diese Bandroboter werden zunehmend statt direkt an einen Server als NAS oder über SAN angeschlossen.

Optische Bänder

Der Einsatz optischer Bänder ist bisher noch speziellen Einsatzfällen vorbehalten. Der Nachteil dieser Bänder besteht darin, dass es bisher nur einen Lieferanten (die Firma Creo) gibt. Wegen der hohen Investitionskosten des Grundgerätes lohnt sich ein optisches Laufwerk nur dort, wo extrem große Datenmengen anfallen. Ein optisches Band ist gegenüber einer entsprechend (kopierten) Anzahl von optischen Platten sehr viel billiger und nochmals wesentlich kompakter.

Inzwischen erweist sich, dass das DLT- und LTO-Band (mit bis zu 140 GB* bzw. 400 GB komprimiert pro Kassette) schnell weiterentwickelt wird. Es ist in der Anschaffung billiger als das optische Band und kann mit Bandrobotern eingesetzt werden – z. B. jenen der Firma Grau, in denen bis zu 1 000 dieser DLT- oder LTO-Kassetten Platz finden. Diese Lösung ist zwar nicht ganz so sicher wie das optische Band und weist nicht die gleiche Datenpersistenz auf, erlaubt jedoch die automatisierte Handhabung großer Kapazitäten.

** bei einem Komprimierungsfaktor von 2 zu 1*

5.13 Entwicklung der Speicher

Die Entwicklung der Speichertechnologie verläuft seit vielen Jahren enorm rasch und weitgehend kontinuierlich. Die Diagramme auf Seite 232 zeigen dies für verschiedene Speichertypen. Bei allen Speichern wird diese Entwicklung zumindest in den nächsten Jahren fortschreiten, auch wenn die Kurve etwas flacher werden mag, da die Investitionen für die Entwicklung der nächsten Speichergenerationen gigantisch sind – insbesondere bei Speicherchips. Die Speicherkapazitäten werden, in Fortsetzung der bisherigen Entwicklung, größer und schneller, die Formate der Speicher zugleich kleiner. Ihr Energiebedarf wird weiter sinken.

Im Hauptspeicherbereich kamen nach der 1995 beginnenden Einführung der 64-MBit-Chips 1998 die 256-MBit-Chips auf den Markt. Es ist davon auszugehen, dass man bei den 64-Bit-CPU-Architekturen der zukünftigen High-End-Workstation-Systeme auch die Hauptspeicherarchitektur 128 oder sogar 256 Bit breit auslegt, so dass schneller auf den Hauptspeicher zugegriffen werden kann.

Bei Plattenspeichern haben die 5¼"- und 3½"-Platten die Laufwerke mit größeren Formaten vollständig verdrängt und es ist abzusehen, dass die 2½"-Technik die 3½"-Technik ablöst. Auch die entsprechenden Bussysteme wurden ständig schneller. Beim SCSI wird 2002 SCSI-320 eingeführt, bei IDE-Bus IDE-130 (mit jeweils maximal 320 und 130 MByte/s theoretischer Durchsatzrate). Die nächste Bus-Generation wird serielle Busse realisieren (Serial-ATA, Firewire-2 (1394.2) mit bis zu 400 MByte/s und USB-2 mit bis zu 60 MByte/s.) Der Vorteil der seriellen Busse ist eine einfachere Verdrahtung – theoretisch auch eine billigere – und die Möglichkeit des Hot-Plugins (d.h. das Hinzufügen und Wegnehmen von Bus-Komponenten im laufenden Betrieb).

Zum Thema ›Busse‹ siehe auch Abschnitt 5.9.

Selbst für einfache Server ist RAID heute vertretbar. RAID gestattet sowohl höhere Sicherheit (durch Redundanz) als auch höhere Performance (durch parallen Zugriff auf mehrere Platten). *Firewire-* und Fibre-Channel-Technologie (FC)* verbessert die Übertragungsraten der Platten nochmals spürbar.

** Bei beiden Technologien handelt es sich um sehr schnelle serielle Bussysteme zum Anschluss von Peripheriegeräten.*

Die Weiterentwicklung der optischen Platte stagnierte in den Jahren 89 bis 98. Mit Ausnahme der CD-/DVD-Technik geht die Weiterentwicklung von WORMs und MOs gebremst weiter. Der Fokus liegt im Consumer-Markt mit potentiell hohen Stückzahlen und dieser liegt in der DVD-Technik. So kann man davon ausgehen, dass bis zum Jahr 2004 optische Platten (WORM und MO) mit 40 GB pro Datenträger bei 5¼" und ca. 60 GB bei 12" verfügbar sein werden. Der kommende Sprung wird mit der Rückwärtskompatibilität brechen müssen. Die mittleren Zugriffszeiten dürften sich denen der heutigen Magnetplatten nähern – die 3 ½" optische Platte führt diesen Trend sichtbar an.

Einen Speichersprung in der kompakten Version bringt die neue DVD-Technologie, die bis zum Jahr 2004 etwa 40 GB pro DVD-Medium (dann auf zwei Seiten und jeweils mehreren Aufzeichnungsebenen) bieten wird und dies (noch) rückwärtskompatibel bis hinunter zur CD.

Abb. 5-10 Entwicklung der Speichermedien

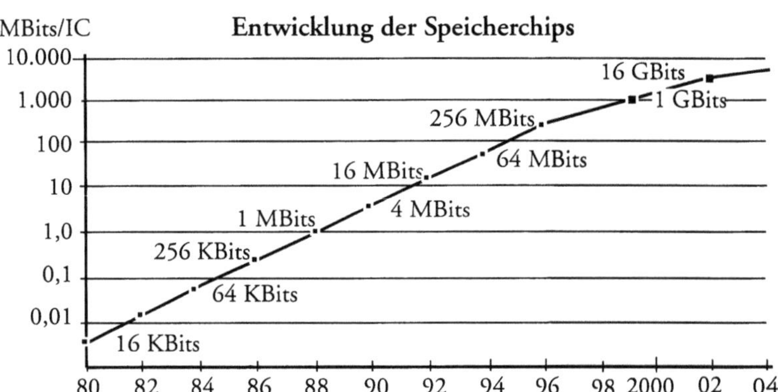

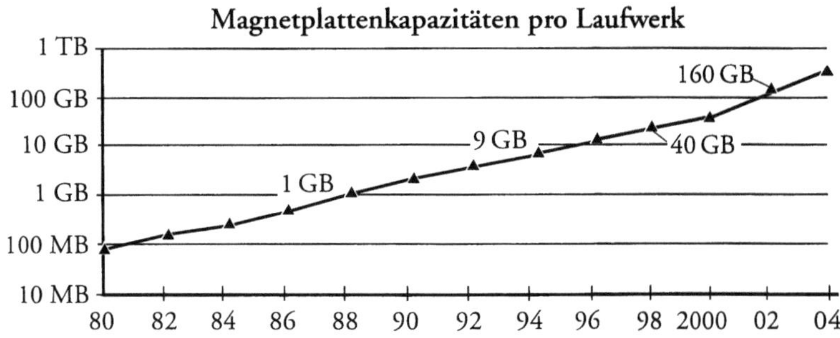

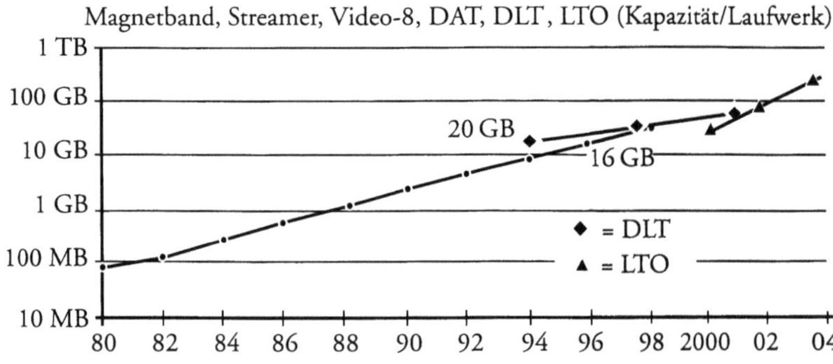

Preisentwicklung bei optischen Medien

Die Preise der Datenträger für ein großes Archiv sollten bei der Budgetierung von DM-Systemen nicht übersehen werden. Es ergibt sich, abhängig vom eingesetzten Datenträger und der Stückzahl, ein Medienpreis zwischen 10 Euro und 12 Euro (für WORMs und MO) je GB (Stand 2002). Einen Preissprung nach unten brachte die CD-R und DVD-R. Der Preis der CD-R liegt bei ca. 1 Euro pro GB, der von DVD-Rs bei 0,9 Euro mit fallender Tendenz bei DVDs.

Der Preis der Datenträger kann sich für CD- und DVD-Medien potentiell durch Urheberrechtsabgaben spürbar erhöhen. Hier stehen Verhandlungsergebnisse noch aus.

Zu den aktiv benötigten Datenträgern sollte das Budget auch die Sicherungsdatenträger berücksichtigen.

Das Diagramm in Abbildung 5-11 zeigt dabei, dass die Preise der Datenträger in den vergangenen Jahren steil gefallen sind. Beim Markteintritt einer neuen Generation – in der Regel jeweils mit der doppelten Kapazität – sinkt der Preis der bisherigen Datenträger, während der neue Datenträger mit der höheren Kapazität zum Preis des alten Datenträgers angeboten wird.

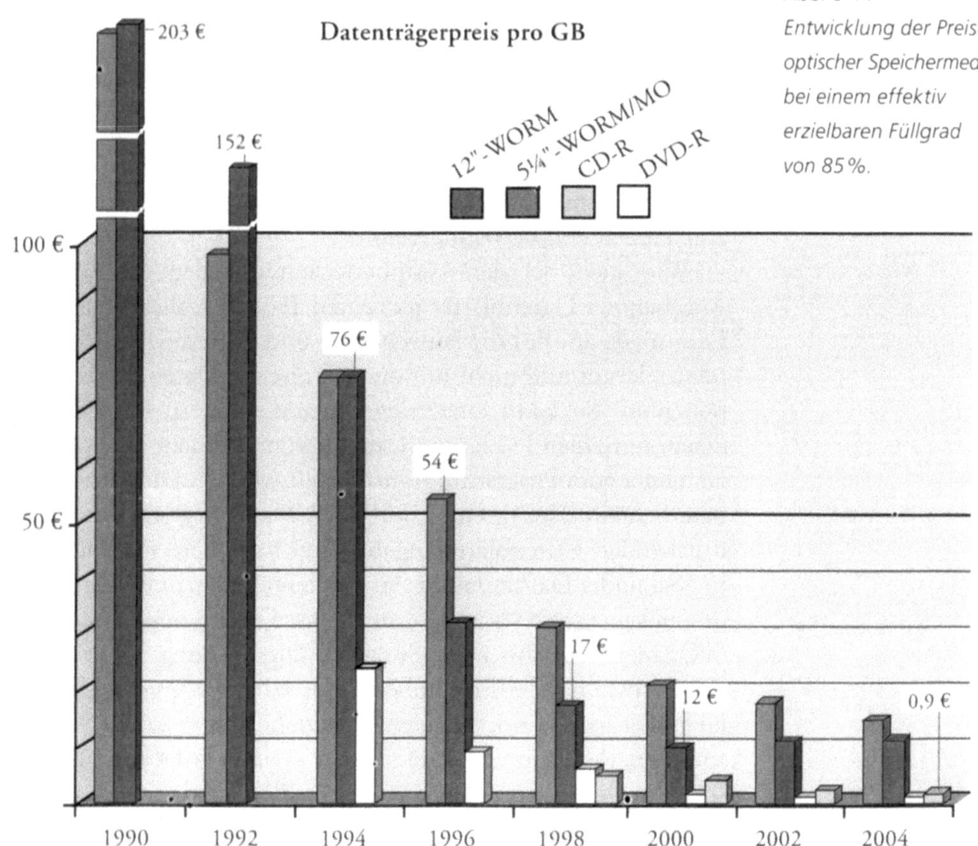

Abb. 5-11 Entwicklung der Preise optischer Speichermedien bei einem effektiv erzielbaren Füllgrad von 85 %.

5.14 Kommentar zu den Speichermedien

Die heute verfügbaren Speichermedien erlauben aufgrund ihrer Technik, Zuverlässigkeit und Kapazität den sinnvollen Aufbau und Einsatz von Archiv- und Dokumenten-Management-Systemen. Insbesondere große und schnelle Speicher sind aber noch teuer, wobei hier weniger der eigentliche Speicher, sondern ergänzende Kosten wie Backup, Linzenzen für Management-Software sowie das Operating und Management die Kosten ausmachen.

Die Praxis zeigt, dass der tägliche Betrieb schnell die vorhandenen Speichermedien voll belegt. Man sollte deshalb diese Kapazitäten nicht zu klein planen – dies gilt insbesondere für Magnetplatten. Erreicht der belegte Speicher bei Magnetplatten einmal mehr als 85 % der vorhandenen Kapazität, so werden die meisten Systeme deutlich langsamer.* Man sollte deshalb so planen, dass die beschaffte Kapazität etwa 20% größer als der wirklich benötigte Platzbedarf ist und bei Jukeboxen etwa für die nächsten 2,5 Jahre ausreicht. Dann sind bereits neue Geräte mit schnellerer Technologie, größerem Speicher und geringeren Preisen auf dem Markt. Größere Magnetplattenspeicher in Server und File-Servern lassen sich schneller austauschen und können kurzfristiger geplant werden.

* *Der Grund liegt in der starken Fragmentierung (Zerstückelung) der Dateien in kleine, verstreute Teile.*

Daneben sollten bereits bei der Planung Mechanismen und Abläufe vorgesehen werden, die beim Betrieb das Aufräumen auf den magnetischen und optischen Platten einfach und effizient gestalten – nur dann wird das Löschen nicht mehr benötigter Daten auch wirklich durchgeführt.

Wie auch bei den Peripheriegeräten geben die technischen Angaben der Datenblätter nur einen Teil der realistisch erzielbaren Leistungen an. Für die Anwendung sind eben die integrierten Systeme relevant und nicht nur die technischen Daten der Einzelkomponenten. So kann eine Magnetplatte noch so schnell sein, an einem normalen PC können trotzdem nicht mehr als 25 MB/s real zum oder vom Programm transportiert werden. Die wirklich erzielbare Schreibleistung einer optischen Platte liegt trotz aller beeindruckenden Datenblätterangaben nur zwischen 300 und 600 KB pro Sekunde. Damit dauert das Kopieren eines 1-GB-Datenbestandes etwa 0,5–1,0 Stunden und das Duplizieren einer 9,1-GB-WORM ca. vier bis neun Stunden! Die Leistung von 12"-Platten liegen etwas höher. Ihrer höheren Kapazität wegen sind die Kopierläufe hier jedoch noch länger. Neuere CD- und DVD-Writer sind mit ihrer 30fachen CD- oder bei DVD mit 2–3-fachen Nominalgeschwindigkeit hier schneller, unter anderem, da sie in aller Regel *en-bloc* geschrieben werden.

Leider entwickelt sich die Schreibgeschwindigkeit bei magnetischen und optischen Platten nur langsam weiter. Große Fortschritte sind ohne einen Technologiesprung nicht zu erwarten.

Bei der Auswahl von Komponenten – soweit diese nicht bereits weitgehend durch den Anbieter vorgegeben sind – sollte man bei der hier diskutierten Art von Systemen immer der Zuverlässigkeit und Robustheit den Vorrang vor attraktiven technischen Daten geben. Der reibungslose und störungsfreie Betrieb eines Dokumenten-Management-Systems ist wesentlich wichtiger, effizienter und wirtschaftlicher als der störanfällige Betrieb mit geringfügig schnelleren oder billigeren Komponenten!

Die schnelle Weiterentwicklung der Speichermedien ist für existierende oder neu beschaffte Systeme nicht ganz unproblematisch: Vorhandene Technologie veraltet schnell, wird nicht mehr produziert und die Wartung damit problematisch.*

* *Auf dieses Thema geht Kapitel 9.9 ausführlicher ein.*

Bei der Beschaffung des Archivspeichers empfiehlt sich zunächst, den Bedarf von etwa 2,5 Jahren zu decken und erst dann weitere Speicher zu kaufen. Innerhalb dieser Zeit werden sich die Kapazitäten der dann erhältlichen Laufwerke verdoppelt haben und die Preise weiter gesunken sein. Die neue Technik sollte in der Lage sein, das ältere Format zu lesen und zu schreiben. Da praktisch alle Ablagesysteme auch mehrere unterschiedliche Laufwerke, Jukeboxen und Techniken unterstützen, ist es durchaus praktikabel, in einem System verschiedene Technologien (Laufwerke, Jukeboxen) einzusetzen.

Dort, wo längere Betriebsunterbrechungen nicht akzeptabel sind, sollte man für die Datenbanken RAID-Magnetplatten einsetzen und bei gesteigerten Anforderungen per Snap-Shot-Technik nochmals auf ein entfernt stehendes System duplizieren, da auch RAID keine Sicherheit gehen Brand-/Wasserschäden oder Daten-Inkonsistenzen bietet. Gerade die Ereignisse des 11. September 2001 in New York haben gezeigt, wie relevant Remote-Kopien bei kritischen Daten für das Überlegen eines Unternehmens sein können.

Jukebox-Daten sollte man spiegeln (nochmals duplizieren). Mehrere Jukeboxen erhöhen nicht nur die Speicherkapazität, sondern liefern – bei entsprechendem Dokumentenzugriffsprofil – auch eine bessere Zugriffsgeschwindigkeit und beim Ausfall eine höhere Redundanz.

Auch große Caches gehören per RAID gespiegelt, denn der Wiederaufbau eines großen Caches von optischen Speichern im Roboter oder sogar von Band (z. B. in HSM-Systemen) dauert lang und ist bei großen Installationen ein unakzeptabler Bremsfaktor.

Bei größeren Installationen sollten stets Reserve-Laufwerke vorhanden sein, so dass bei Ausfall (z. B. eine RAID-Platte) der Betrieb ohne größere Unterbrechung weitergeführt werden kann. Ebenso sollte bei optischen Platten und Bändern eine Reserve vorhanden sein. Hier kommt es bei der Beschaffung immer wieder vorübergehend zu Lieferschwierigkeiten.

Der Trend geht zu RAID-Systemen für die Datenbanken und sehr großen Caches für die optischen Speicher oder zu HSM-Systemen.

Inzwischen setzen einige DMS-Lösungen optische Speicher mit Jukeboxen nur noch als Sicherungsmedium ein und verwenden sehr große Magnetplattenpools (in RAID-Technologie oder in Form von HSM-Systemen) als DM-Speicher. Damit ergeben sich sehr gute Dokumentzugriffszeiten von maximal 1 bis 2 Sekunden. Die Betreiber begründen dieses Betriebskonzept mit den optimalen Zugriffszeiten und der damit gewonnenen Arbeitseffizienz der Nutzer. In einigen Fällen (mit sehr vielen Zugriffen auf die Dokumente) können sich solche Lösungen durchaus rechnen. Am Gesamtkonzept des DM-Systems ändert sich dadurch wenig. Es ist zusätzlich mit der Revision abzuklären, ob eine solche Lösung akzeptiert wird.

Umkopieren optischer Medien einplanen

Selbst wenn die Datenpersistenz der Datenträger 30 bis 100 Jahre betragen mag – Sie werden in bestimmten Intervallen aufgrund der beschränkten Lebensdauer der Laufwerke Ihre Langzeitdaten auf neue Medien umkopieren müssen! Dies gilt sowohl für die Betriebsdauer der Laufwerke als auch für den Support durch den Laufwerkhersteller und Produzenten der Datenträger. Ebensowenig wird das Laufwerk von ihren Rechnersystemen unbegrenzt unterstützt. Realistisch wird hier ein Umkopieren auf neue Datenträger alle fünf bis sechs Jahre notwendig sein – dann auf größere, schnellere und billigere Medien.

Ihr DM- bzw. Archiv-System sollte dies vorsehen und geeignete Werkzeuge zur Verfügung stellen. Beachten Sie, dass beim Umkopieren eventuell Bereinigungen sinnvoll sind und dass unter Umständen aus gesetzlichen Anforderungen herrührend Protokolle zu erstellen und aufzubewahren sind, die über die dabei verwendeten Werkzeuge und die ausführenden und kontrollierenden Personen Auskunft geben.

Speicher zentralisieren und konsolidieren

Der Trend bei Speichern geht mit gutem Grund zur Zentralisierung und Konsolidierung – hinsichtlich Anzahl von Systemen und der Geräte-, Medien- und Softwarevielfalt. Nur so lässt sich bei dem rasant wachsenden Speicherbedarf ein Überblick behalten und die

Betriebskosten reduzieren. SAN-Netze und SAN-Speicher liegen hier im Trend. 1-Gigabit- und 10-Gigbit-Netze können aber in den nächsten zwei bis drei Jahren hier den NAS-Speichern bei gleicher oder besserer Performance gegenüber SAN wieder einen Kostenvorteil ergeben und die Administration vereinfachen. Dieser Zentralisierungstrend wird durch die Verfügbarkeit schneller, bezahlbarer Netze und Netzkomponenten unterstützt bzw. erst möglich.

Die Kostenreduktion ergibt sich bei der Zentralisierung durch eine vereinfachte Verwaltung, ein zentrales Monitoring, die Möglichkeit von *Storage-Sharing* und der Möglichkeit, freien Speicher kurzfristig anderen Bereichen und Anwendung zuzuordnen und bei Bedarf zu verlagern oder zentral zu erweitern. Auch die Linzenzkosten können bei einer Zentralisierung gesenkt werden und Ersatzteile können besser vorgehalten werden. Das Gesamt-Operating ist hier mit weniger Personal möglich und dieses kann für die Aufgabe besser geschult und eingesetzt werden.

Die Entwicklung geht weiter

Die Entwicklung der Speicher hat eine hohe Dynamik, wie zahlreiche in diesem Kapitel angesprochenen neuen Standards dokumentieren. Beispiele hierfür sind die Peripheriebusse wie Serial-ATA, Serial-SCSI und im übertragenen Sinne iSCSI, ebenso NDMP, VI oder DAFS. Hier sei auch ein Blick auf das ›*Shared-Storage Model*‹ der SNIA empfohlen.*

* *Siehe hierzu [[SNIA]] (s. S.710) und [[SNIA-M]] (s. S. 703).*

Insbesondere im Bereich des Speicher-Managements (SRM) sind wesentliche Weiterentwicklungen zu erwarten – stimuliert durch das enorme Speicherwachstum und den Kostendruck, welcher durch die Administration dabei entsteht. Für unterschiedliche Bedürfnisse und unterschiedliche Situationen ausgelegte Sicherungsverfahren spielen dabei eine deutlich zunehmend wichtige Rolle.

Ein Rat aus Erfahrung

Verhalten Sie sich konservativ beim Einsatz von Speichermedien, die neu auf den Markt kommen – insbesondere wenn sie zur Speicherung wertvoller oder kritischer Daten eingesetzt werden! Warten Sie ab, bis sich die Speicher als stabil erweisen. Dies sollte ein bis anderthalb Jahre nach ihrer Markteinführung der Fall sein. Lassen Sie sich vom Anbieter Referenzen nennen. Manche Technologien brauchen lange, bis sie stabil sind. Dies galt z.B. früher für CD-R und CD-RW.

Die Speichermedien sollen sorgfältig behandelt und entsprechend den Herstellerempfehlungen gelagert werden. Insbesondere hohe Temperaturen reduzieren deutlich die Persistenz gespeicherter Daten. Eine Lagertemperatur von über 40 °C reduziert die Lebensdauer etwa auf die Hälfte, ab 60 °C besteht die Gefahr, dass die Datenträger nicht mehr lesbar sind! Magnetische Datenträger sind natürlich empfindlich gegenüber Magnetfeldern. Auch die Empfehlungen hinsichtlich der Luftfeuchtigkeit sind zu beachten. Staub und Zigarettenrauch ist für alle Arten von Wechselmedien ausgesprochen gefährlich!

Kapitel 6

Erfassungs- und Ausgabe-Peripherie

Dieses Kapitel beschäftigt sich mit den Peripheriegeräten eines DM-Systems zur Erfassung externer Daten und zur Ausgabe von Dokumenten auf Sichtgeräte, Film und Papier. Sie bestimmen mit ihren Kenndaten und ihrer Qualität wesentlich die Leistungsfähigkeit. Die technischen Einzelheiten dieser Peripherie sind in vielen Fällen für Anwender und Beschaffer nicht relevant, ein Verständnis der Grundmechanismen und der technischen Möglichkeiten erleichtert jedoch die Planung von DM-Systemen.

In Image- und fast allen größeren DM-Systemen spielen die Ein- und Ausgabegeräte für Dokumente eine noch stärkere Rolle als bei vielen anderen IT-Systemen. Während die Erfassung von Daten zumeist auf spezielle Erfassungsarbeitsplätze beschränkt ist, sollte zumindest die Ausgabe auf ein Sichtgerät an allen Arbeitsplätzen möglich sein – eventuell in unterschiedlicher Qualität. Die Massenausgabe von Dokumenten auf Papier oder anderen Materialien wie Film wird man aus Kostengründen auf ein oder wenige Systeme bzw. Ausgabegeräte beschränken. DM-Systeme weisen dabei einige Peripheriegeräte auf, die in der herkömmlichen IT-Welt weniger verbreitet sind oder zusätzliche Anforderungen stellen. Diese Komponenten dienen

- der Erfassung extern vorliegender Dokumente,
- der Qualitätskontrolle,
- der Komprimierung,
- der Darstellung und
- der Ausgabe.

Sie werden nachfolgend ausführlicher dargestellt und die Anforderungen vonseiten der Archivsysteme besprochen.

6.1 Geräte zur Datenerfassung

Externe Informationen – zumeist Papierdokumente – sollen oder müssen in vielen Fällen in den Rechner eingegeben werden, um sie verwalten und verarbeiten zu können und einen Medienbruch zu vermeiden. Dies ist auf folgende Arten möglich:

- **manuelle Erfassung**
  - Abtippen
  - Formularerfassung in Masken
- **Scanner**
  - für Rasterinformation
  - eventuell mit integrierter Texterkennung
  - eventuell mit integrierter Formularerkennung
- **Kamera**
  - Stillkamera + kompakte, portable Einzelbildkamera
  - Videokamera
  - Online-Kamera (Einzelbild oder Video)
- **Audioeingang** über Soundkarte

- ❑ **Video-Boards**
  (Erfassung bzw. Umwandlung von Videosequenzen)
- ❑ **Digitalisierer**
  - für Karten, Pläne (manuell/halbautomatisch)
  - eventuell technische Zeichnungen

Für Textinformation ist das einfachste, bei größeren Mengen jedoch zumeist auch teuerste Verfahren, diese abtippen zu lassen. Alternativ wird auch diese Information eingescannt und danach mittels Texterkennungssoftware (so genannter OCR-Software) in Text konvertiert. Bei schlechten Vorlagen und guten Erfassungskräften kann die manuelle Erfassung jedoch durchaus gleichwertig oder sogar kostengünstiger sein als eine Texterkennung per Rechner.

Enthalten die Vorlagen neben Texten auch Grafiken oder Unterschriften oder ist ein manuelles Erfassen von großen Mengen nicht vertretbar, so kann mittels Scanner oder Stillkamera erfasst werden; man spricht dann vom *Einscannen.*

Besteht die zu erfassende Information aus Kartenmaterial oder Plänen und soll eine Weiterverarbeitung auf dem Rechner erfolgen, so werden die Daten nicht eingescannt, sondern *digitalisiert.* Dies kann entweder von Hand oder maschinell erfolgen. Hierbei ist jedoch auch bei der maschinellen Digitalisierung viel Handarbeit erforderlich, da der Bediener beispielsweise die Abtasteinheit auf die zu erfassende Straßen- oder Höhenlinie setzen muss.

Dort, wo bereits konventionelle Mikrofilmarchive existieren, deren Dokumente in das elektronische Archiv übernommen werden sollen, setzt man Mikrofilmscanner ein. Eine solche Umwandlung ist deutlich schneller und billiger als die nochmalige Erfassung über Scanner von der Originalvorlage – vorausgesetzt, dass Qualität und Auflösung der Filme ausreichen.

Die Erfassung von Altbeständen (von Dokumenten auf Papier oder Mikrofilm) kann häufig schneller und preiswerter von entsprechenden Dienstleistungsunternehmen vorgenommen werden.

Bei fast allen Erfassungsgeräten wird inzwischen ein extrem breites Spektrum angeboten, welches z. B. bei Scannern von Desktop-Scannern für ca. 100 Euro beginnt und bis zu Repro- oder Massenscanner im Bereich von 100.000 Euro reicht. Beide können in einem DMS-Umfeld Sinn machen; die Anforderungen sind deshalb möglichst früh und genau zu definieren.

Die Geräte zur Erfassung externer Dokumente bzw. Informationen müssen unabhängig von ihrer speziellen Erfassungsart für größere Archivsysteme folgende allgemeine Kriterien erfüllen:

- Erfassung der Information mit **ausreichender Qualität**
  Diese muss beim Erfassungsvorgang selbst mindestens den Qualitätsansprüchen der späteren Ausgabe entsprechen. In einigen Fällen ist es sinnvoll, diese höher anzusetzen (um beispielsweise Rundungsfehler zu reduzieren).
- **ausreichende Erfassungsgeschwindigkeit**
  für die anfallenden Daten, eventuell durch mehrere Erfassungsgeräte oder Erfassungsarbeitsplätze
- **hohe Standzeit** (Zuverlässigkeit) der stark beanspruchten Geräte an kritischen Stellen
- möglichst **schonende Erfassung**,
  falls die erfasste Vorlage noch weiter benötigt wird

Das Ausmaß der einzelnen oben genannten Anforderungen ist in hohem Maße vom anfallenden Datenvolumen abhängig, sowie von deren Vorlagequalität und den Anforderungen an die Qualität der später im Rechner vorhandenen Daten.

So lässt sich eine DIN-A4-Seite bei einer Auflösung von 200 dpi deutlich schneller einscannen als bei 400 dpi, da sie nur ein Viertel an Bildpunkten liefert. Ist beim Scannen die Qualität und der Kontrast der Vorlagen weitgehend einheitlich, so ermöglicht dies eine weit höhere Erfassungsgeschwindigkeit, als wenn der Kontrast der Vorlagen stark variiert, was ständige Neueinstellungen des Scanners bedingt.

Bei großen Vorlagemengen werden dem Erfassen nicht nur Grenzen durch die Scannertechnik und durch die Rechnerschnittstelle des abnehmenden Rechners gesetzt. Auch die mögliche Transportgeschwindigkeit der Vorlageseiten sowie deren Vorbereitung begrenzen den Erfassungsvorgang. Gefaltete, geheftete oder geknickte Seiten unterschiedlicher Beschaffenheit, wie sie im täglichen Geschäftsverkehr auftreten, können weitere Probleme bereiten und den Erfassungsaufwand vergrößern.

Schließlich ist beim Einscannen von Papiervorlagen eine nachträgliche Qualitätskontrolle der eingescannten Dokumente unabdingbar. Auch dies (bzw. das dafür notwendige Personal) ist Teil der Erfassung per Scanner und kann ein einschränkender Faktor sein.

Erfassungsgeräte mit mechanischen Komponenten müssen regelmäßig (vorbeugend) gereinigt, gewartet und neu justiert werden. Bei Scannern zählt dazu, dass man etwa alle 1,5 Jahre die Lampen und Transportrollen austauscht.

Erforderliche Auflösungen

Die Qualitätsanforderungen an die erfassten Vorlagen im Rechner werden von der Art der Information und deren Verwendungszweck bestimmt. Korrespondenz, Rechnungen und Belege ergeben in vielen Fällen bei Ablage als Rasterbild mit 200 dpi* Schwarzweiß (d.h. 1 Bit Pixeltiefe) eine ausreichende Qualität bzw. Reproduktion, die alle notwendigen Informationen erkennen lässt. Dagegen benötigen technische Zeichnungen zumindest 300 dpi, besser noch eine Auflösung von 400 dpi.** Sollen sie später vergrößert werden, können noch höhere Auflösungen notwendig sein. Dies gilt auch, wenn Dias oder Mikrofilme als Vorlage verwendet werden. Hier sind dann Auflösungen von bis zu 4 800 dpi erforderlich.

Eine weitergehende Diskussion zum Thema *Qualitätsanforderungen* ist in Kapitel 9.3.2 zu finden.

** dpi steht für ›**d**ots **p**er **i**nch‹ bzw. ›Punkte pro Zoll‹ und gibt die Auflösung des Geräts bzw. eines Bildes an.*

*** Siehe die Beispiele im Anhang A.3.*

Auflösung	Einsatz
200 dpi S/W	Korrespondenz, Rechnungen, Belege
300 dpi S/W	Schriftgut, Laserausdrucke, Zeitungsausschnitte
400 dpi S/W	technische Zeichnungen
600 dpi S/W	Strichbilder mit feinen Details
800 dpi S/W	Strichbilder in Repro-Qualität
150 dpi 8-Bit GS	Halbtonbilder, zur Information
300 dpi 8-Bit GS	Halbtonbilder mit feinen Details
800 dpi 8-Bit GS	Halbtonbilder zur Reproduktion
150 dpi 24-Bit Farbe	Farbbilder zur Information
400 dpi 24-Bit Farbe	Farbbilder zur Reproduktion
2 400–4 800 dpi	Dia, Mikrofilm für Vergrößerungen

Tabelle 6-1 Notwendige Auflösungen für unterschiedliche Aufgaben

S/W = Schwarzweiß bitonal
GS = Gray Scale, d. h. Schwarzweiß-Halbtonbilder

Die Anforderungen an die Robustheit und Standfestigkeit der Erfassungsperipherie ergibt sich von selbst. Viele durchaus brauchbare Geräte der unteren Preisklasse erfüllen diese Anforderungen jedoch nicht. Da beim Erfassen mittels Scanner neben der Elektronik auch verschleißträchtige Mechanik involviert ist (Deckel, Einzugsmechanik, Abtasteinheit), sollte man für diese Geräte separate Wartungsverträge abschließen.

Werden die erfassten Originalvorlagen noch benötigt, so ist auf eine besonders schonende Abtastung zu achten. Die Vorlage sollte dabei nicht durch den Scanner gezogen werden, sondern von oben oder unten abgetastet bzw. über eine Kamera aufgenommen werden.

6.1.1 Scanner

Scanner sind für Dokumente auf Papier oder Film* die verbreitetsten Erfassungsgeräte. Das Funktionsprinzip ist bei allen Scannern ähnlich. Eine Lichtquelle beleuchtet das zu erfassende Dokument bzw. einen Streifen davon. Das reflektierte Licht wird über einen Spiegel und eine Optik auf eine fotosensitive Elektronik geleitet. Im Standardfall ist dies eine Zeile aus CCD-Elementen. Die einzelne CCD-Zelle wandelt das Licht in analoge Spannung um. Eine Elektronik tastet die CCD-Zeile ab und konvertiert das Analogsignal der einzelnen Zelle in einen digitalen Wert. Die Auflösung des Wandlers bestimmt die Anzahl der erzielbaren Halbtöne, die Linearität der CCD-Zelle und des Wandlers die Genauigkeit der Konvertierung. Hinter dem Analog-/Digitalwandler befindet sich weitere Elektronik, welche die Scannerdaten puffert, eventuell filtert** und auf Anforderung gleich komprimiert an das Rechner-Interface weiterleitet.

Mit ›Film‹ sind hier Einzelbilder wie Dias oder Mikrofilm gemeint.

CCD = ›Charged Coupled Device‹

*** bei Erfassung von Strichzeichnungen beispielsweise die Schwarzweiß-Trennung, durchführt*

Statt einer CCD-Zeile kann auch ein Foto-Multiplier eingesetzt werden – typisch bei Repro-Scannern im High-End-Bereich. Dieser erlaubt höhere Genauigkeit (Pixeltiefe und Linearität), erfordert jedoch, da es sich um ein einzelnes Element handelt, einen zweiten Mechanismus, der den Lichtstrahl über die Breite der Vorlage führt. Diese Geräte werden heute nur im Druck-Repro-Bereich eingesetzt.

Durch ein Vorbeiführen der Vorlage an der Aufnahmeoptik oder ein Führen der Aufnahmeoptik entlang der Vorlage wird zeilenweise die gesamte Vorlage abgetastet.

Für Farbvorlagen gibt es Scannersysteme, welche die Grundfarben Rot, Grün und Blau in getrennten Durchgängen erfassen. Hierbei wird jeweils ein entsprechender Filter vor die Aufnahmeelektronik gesetzt. Diese Geräte sind entsprechend langsamer und unter Umständen auch etwas ungenauer in der Deckung der Farbauszüge. Bei anderen Geräten wird das reflektierte oder durchleuchtende Licht über ein Prisma oder entsprechende Filter in die drei Grundfarben*** zerlegt und von drei separaten Erfassungseinheiten (CCD-Zeilen) zugleich aufgenommen. Dies ist nicht nur schneller, sondern ergibt in den meisten Fällen auch eine höhere Genauigkeit der Farbdeckungen.

**** und eventuell eine Schärfe- oder Schwarzkomponente*

Als Scannerschnittstelle setzte sich die SCSI-2-Schnittstelle gegen die zuvor vielfach eingesetzten Video-Boards durch. Für Arbeitsplatzscanner wurde SCSI inzwischen vollständig durch USB, teilweise auch durch Firewire (IEEE 1394) ersetzt. Mit der Einführung von USB-2 dürfte USB die anderen Interfaces vollständig ablösen.

USB-Interfaces sind billig bzw. standardmäßig schon im PC vorhanden und die Verkabelung ist unproblematisch, flexibel und preiswert. Die Ablösung dürfte bei den High-End-Scanner erst langsam erfolgen, da hier die Entwicklungszyklen deutlich langsamer als im Consumer-Markt sind.

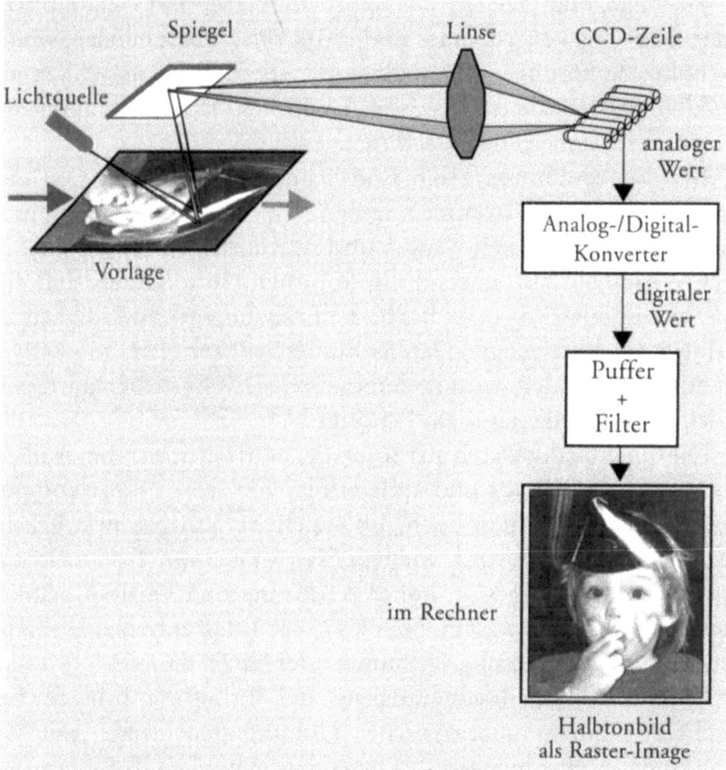

Abb. 6-1 Funktionsschema eines CCD-Scanners

Das Scannerspektrum

Der Markt bietet ein extrem breites Spektrum an Scannern, angefangen von sehr kompakten Tischsannern, wie sie fast nur im Bereich einfacher PC-Systeme benutzt werden, bis hin zu hochauflösenden Scannern für sehr unterschiedliche Vorlagengrößen.

Insbesondere die preiswerten A4- und A3-Scanner im DTP-Bereich sind technisch recht ausgereift. Die Erfassungsqualität geht hier von 600 dpi bis zu 3 600 dpi und Farbe (8 bis 16 Bit pro Rot, Grün und Gelb, d.h. 24–48 Bit pro Bildpunkt).

Für die Erfassung einzelner Seiten, wie sie typisch im Büro in Form von eingehenden Briefen vorkommen, lassen sich durchaus auch sehr billige und kompakte Tischscanner im Preisbereich um 100 Euro einsetzen. Mit automatischem Papiereinzug beginnen die Preise hier bei ca. 250 Euro. Für größere Dokumentenmengen sind diese Systeme jedoch zu langsam und nicht ausreichend robust. Ein weiterer Preisverfall ist bei dieser Klasse von Geräten nicht mehr zu erwarten.

Bei High-End-Geräten der Repro-Industrie sind Geräte bis zu einer Auflösung von 4 800 dpi und 16 Bit pro Farbe zu finden, wobei die hohen Auflösungen (oberhalb von 2 400 dpi) fast ausschließlich auf kleinere Formate (bis etwa A4) beschränkt sind. Dies beruht auf den enormen anfallenden Datenmengen.*

** Siehe hierzu Tabelle A-1 im Anhang A.1.*

Bei den erwähnten High-End-Scannern handelt es sich fast ausschließlich um Trommelscanner, die in Satz- und Repro-Unternehmen eingesetzt werden und nur in sehr seltenen Fällen in Archivsystemen zur Anwendung kommen. Ihre Kosten sind für eine Massenerfassung recht hoch, die Erfassungsgeschwindigkeit zu gering und das erzeugte Datenvolumen enorm (z.B. 160 MByte für ein Bild). Zudem wird in den meisten DM-Systemen die damit erzielte Repro-Qualität nicht benötigt.

Die Qualität der Daten aus Scannern wird einerseits vom Aufbau des Scanners bestimmt und andererseits von seinen Einzelkomponenten. Beides definiert auch die erzielbare Scangeschwindigkeit. Die höchste Qualität wird, wie bereits erwähnt, von Trommelscannern erreicht. Sie sind bei hoher Auflösung und Präzision jedoch auch entsprechend langsam. Hier kann die Erfassung eines A4-Farbbildes bei hoher Auflösung 5 Minuten oder länger dauern.

Eine deutliche Beschleunigung der Erfassung bringen bei Flachbettscannern automatische Dokumenteneinzüge mit so genannten ADF-Einheiten.** Diese automatischen Papiereinzüge haben bei schwierigen Papieren die gleichen Probleme wie die Einzüge von Kopierern, d.h. bei sehr dünnen, besonders glatten oder sehr dicken Papieren besteht die Gefahr, dass mehrere Blätter gleichzeitig eingezogen werden oder es zu einem Papierstau kommt. Diese Probleme sind bei Scannern deshalb häufiger, da man hier oft Vorlagen wie Lieferscheine oder Rechnungsdurchschläge maschinell erfassen möchte, die man auf Kopierern im Normalfall nur im Einzelblattmodus kopiert.

*** ADF steht für ›**A**utomatic **D**ocument **F**eeder‹.*

Bei der Berechnung der Erfassungsgeschwindigkeit ist neben der reinen Abtastzeit für eine Seite auch die Zeit für das Zuführen der Vorlage zu berücksichtigen. In den meisten Fällen sind die von den Scannerdatenblättern genannten Erfassungszeiten theoretische Werte – für typische DM-Scanner werden etwa 0,5–8 Sekunden pro A4-Seite bei einer Auflösung von 200 dpi oder 300 dpi

(Schwarzweiß, 1 Bit Pixeltiefe) genannt. Diese Werte werden durch Begrenzungen der Datenpfade, die Datenübertragung, eventuelle Komprimierungen, Korrekturen und Zwischenpufferungen zumeist deutlich reduziert. Zudem müssen die erfassten Daten im Rechner vor der Weiterverarbeitung zumeist auf Magnetplatte zwischengespeichert werden – oft ein Engpass bei der Erfassung, insbesondere wenn dafür preiswerte PC-Systeme eingesetzt werden.

Beim automatischen Einzug sind – ähnlich wie beim Kopierer – oft Geschwindigkeitsgrenzen durch die Papierqualität und Papierunterschiede der Vorlagen gegeben. Hier kann es notwendig sein (z. B. bei geknickten oder beschädigten Vorlagen), einzelne Blätter von Hand einzulegen.

Für Dokumente mit Informationen auf der Vorder- und Rückseite setzt man vorzugsweise Duplex-Scanner ein, welche beide Seiten in einem Durchgang erfassen. Diese Scanner sind deutlich teurer.

Zu den wichtigsten Kenndaten eines Scannern gehören:

➪ Für Scanner in geschäftskritischen Anwendungen sollte man auf jeden Fall einen Wartungsvertrag mit garantierten Reparaturzeiten (nicht Antwortzeiten) abschließen! Vorteilhafterweise hat eine Installation dann auch mehrere Scanner.

- **Auflösung**
  - 200 bis 4800 dpi
- **Erfassungsformate**
  - Dias
  - Mikrofilm
  - A4 (und kleiner) bis A0 und Übergrößen
- **Pixeltiefe**
  - für Schwarzweiß (1 Bit = bitonal)
  - Halbton (8–16 Bit pro Bildpunkt)
  - Farbe (RGB, 3 * 8 Bit bis 4 * 16 Bit)
- **Lichtverlauf**
  - Auflicht (Standard)
  - Durchlicht (für die Erfassung von Dias oder Filmen)
- **ein- oder zweiseitige Erfassung**
- **Bauart**
  - Flachbettscanner
  - Trommelscanner (hochwertige Erfassung)
  - Filmscanner
  - Papierführung
- **Interface zum Rechner** (Video, SCSI, USB, Firewire)

- **Einzug**
  - manuell (schonend)
  - Einzelblatteinzug (großformatige Scanner)
  - automatischer Einzug
    (ADF = *Automatic Document Feeder*)
    mit unterschiedlichen Einzugsverfahren
- **Abtastgeschwindigkeit**
  (von ca. 10 bis 200 Seiten pro Minute für die Massenerfassung)
- **Bilderfassung**
  - CCD-Zeilen (preiswert, breite Zeilen)
  - Foto-Multiplier (z. B. beim Trommelscanner)
    (sehr genau, größere Farbtiefe, teurer)
  - Kamera mit CCD-Arrays

Eine wesentliche Scannereigenschaft bei der Massenerfassung ist das Spektrum hinsichtlich der Papierstärke, mit der ein Scanner (ohne Veränderung der Justierung) fertig wird. Scanner mit einer großen Toleranz hinsichtlich der unproblematischen Papierstärke beim automatischen Einzug* sind deutlich teurer als Geräte, die von den Leistungsdaten her ähnlich sind, aber eine geringere Toleranz besitzen. Bei großen Dokumentenmengen lohnt sich hier schnell die höhere Investition. Zu den führenden Scannern gehören z. B. jene der ImageLink-Serie der Firma Kodak.

** Die meisten Einzugsscanner lassen sich auf eine bestimmte Papierstärke justieren.*

Ist eine besonders schonende Erfassung notwendig wie bei alten Zeichnungen oder Büchern, deren Papier oft brüchig ist, kommen Einzugsscanner nicht in Frage. Hier muss die Vorlage aufgelegt und auf einem Glas über die Scanneroptik geführt werden. Alternativ ist die Erfassung über eine Kamera möglich – soweit deren Auflösung reicht.

Als Standard-Softwareinterface hat sich im unteren Leistungsbereich die TWAIN-Schnittstelle etabliert. Im oberen Leistungsbereich ist daneben auch vielfach die ISIS-Schnittstelle anzutreffen – proprietäre Schnittstellen verschwinden zunehmend. Mit der Verfügbarkeit dieser Schnittstellen – häufig vom Scanneranbieter geliefert – und ihrer Unterstützung durch den Anbieter des Scannsoftware – in der Regel Teil des Archivanbieters, ergibt sich für den Kunden ein begrüßenswerter Freiheitsgrad bei der Wahl der Scanner. Man sollte sich vom Anbieter der Erfassungssoftware aber zu einem Scanner (im Middle- und High-End-Bereich) schriftlich die Unterstützung zusagen lassen.

6.1.2 Kameras zur Vorlagenerfassung

Auf Stativ montierte Kameras werden in Satz- und Repro-Studios zur Erfassung von großformatigen Vorlagen benutzt. Sie sind auch (durch die Tiefenschärfe begrenzt) in der Lage, Gegenstände aufzunehmen. Die Kamera erlaubt die Verwendung unterschiedlicher Objektive, wie man sie von der Fotokamera her kennt. Die Rückwand der Kamera ist durch eine digitale Erfassungseinheit ersetzt. Diese wandelt das Bild über eine CCD-Matrix in ein digitales Image um und schickt dieses entweder direkt an ein Rechner-Interface oder speichert die Bildinformation auf einem lokal vorhandenen Datenträger – zumeist kleinformatige Magnetplatten oder Flash-RAMs. Kameraeinheiten werden auch in großformatigen Scannern zur Bildaufnahme eingesetzt. Die Auflösung der Kamera wird durch die Größe der heute verfügbaren CCD-Arrays begrenzt.

Nach einem ähnlichen Verfahren arbeiten digitale Standbildkameras. Diese erfassen das Bild elektronisch und speichern es analog oder digital auf einen Magnetspeicher. Von diesem kann später die Information (als digitales Bild) auf einen Rechner überspielt werden.

Das von KODAK 1992 vorgestellte Foto-CD-System ist ein weiteres Verfahren zur Erfassung von Vorlagen und Szenen in kleiner Stückzahl mittels normaler Kleinbildkameras. Hier werden Kleinbildfilme über spezielle Scanner erfasst, das digitale Bild nachbearbeitet und komprimiert auf eine digitale CD geschrieben. Damit passen etwa 100 Farbbilder auf eine CD. Diese Daten können danach mit einem dafür ausgerüsteten CD-Laufwerk auf den Rechner überspielt werden.*

** Entsprechend ausgerüstete CD-Spieler erlauben auch, die Bilder auf einem konventionellen Fernseher zu zeigen.*

Die Kameratechnik lässt sich somit wie folgt zusammenfassen:

- als **Scannerersatz fest montiert**
  - gestattet großes Formatspektrum
  - erlaubt einfache Maßstabsveränderungen
  - erlaubt Aufnahme von nichtebenen Vorlagen
  - schonende Erfassung
  - Auflösung etwa: 5000 × 7200 Bildpunkte
    8 Bit Farbtiefe (diese liefern ca. 600 dpi bei A4)
- arbeitet zumeist mit CCD-Arrays
- als **Standbildkamera** zur digitalen Fotografie
  - transportabel
  - fast beliebige Objektgröße
  - schnelles Verfahren (keine Entwicklungszeit)
  - vermeidet Chemikalien (Entwickler, ...)

- sehr breites Leistungs- und Preisspektrum
- auch mittelfristig noch weiterer Preisverfall zu erwarten

❑ **Kodak-Foto-CD-System**
- Kleinbildaufnahmen werden über Scanner erfasst, bearbeitet, komprimiert und auf CD geschrieben.
- ca. 100 Farbbilder pro CD

❑ als **Videokamera** für Videoclips
- Rechnererfassung über Video-Karten oder per USB- oder Firewire-Interface

Bildsequenzen – Videoclips

Videoclips (d. h. Bildszenen) können mit den üblichen Videokameras erstellt werden. Von diesen lässt sich der Film über ein Video-Interface (Video-Board) in den Rechner überspielen und dort digital bearbeiten und speichern. Als bessere Lösung etabliert sich die Firewire-Schnittstelle für die Videoübertragung. Mit der Einführung von USB-2 ergibt sich eine preiswerte Alternative (sofern die Kamera dies unterstützt).

Zur Speicherung sind wegen der großen Datenmengen speziell auf Bildfolgen ausgelegte Komprimierungsverfahren notwendig. Die hohen Datenmengen entstehen weniger durch die Auflösung, als vielmehr durch die große Bilderanzahl, die für eine kontinuierlich erscheinende Bewegung in Videoclips erforderlich ist.* Für die Komprimierung von Bewegtbildern etabliert sich der MPEG-Standard (MPEG-2 oder MPEG-4), als Dateiformat das *AVI-Format* und das *Quicktime-Format*. In diesem Bereich sind noch einige Weiterentwicklungen zu erwarten. Für die Komprimierung und Dekomprimierung waren bis etwa 2001 noch Hardwarebausteine sinnvoll bzw. unabdingbar. Mit PC-Systemen in der Leistungsklasse von Pentium-4 ist bei kleineren Auflösungen eine Softwarekomprimierung und -dekomprimierung möglich.

** Für einen Filmeindruck sind ca. 20 bis 35 Bilder pro Sekunde erforderlich.*

Die Wiedergabe von Videoclips stellt spezielle Anforderungen an das Betriebssystem des Rechners. Hier sind minimale Realtime-Eigenschaften notwendig, und die Wiedergabefunktion sollte als Betriebssystemfunktion realisiert sein. Die Wiedergabe erfordert ebenso eine ausreichende Performance der Magnetplatten und Rechenleistung des Systems, die zur Dekomprimierung der Videosequenzen benötigt wird und bei älteren Systemen durch spezielle Chips oder Boards unterstützt werden kann.

6.1.3 Digitalisierer

Großflächige *Tableaus* bezeichnet man vielfach als *Digitalisierer.* Sie werden dort zur Datenerfassung eingesetzt, wo grafische Objekte wie einzelne Linien, Kreise oder Linienzüge aufgenommen werden sollen, da das reine Pixel-Image zu ungenau ist oder sich nicht ausreichend gut maschinell weiterverarbeiten lässt. Dies ist beispielsweise bei der Erfassung von Karten oder beim Übertragen (oder der Neueingabe) von technischen Zeichnungen der Fall, wenn die Zeichnung nicht als *Bild,* sondern *CAD-Konstruktion* gespeichert werden soll.

Ein Digitalisierungstableau (auch *Tablett* genannt) besteht, wie in Abbildung 6-2 skizziert, aus einer Digitalisierungsfläche und einem Zeigegerät, welches die Übergabe einer Position (auf dem Tableau) erlaubt. Dies kann entweder ein Stift oder eine Lupe sein. Durch Aufsetzen der Stiftspitze oder Drücken einer der Tasten der Lupe wird die aktuelle Position der Stiftspitze oder des Fadenkreuzes der Lupe berechnet und an den Rechner gemeldet.

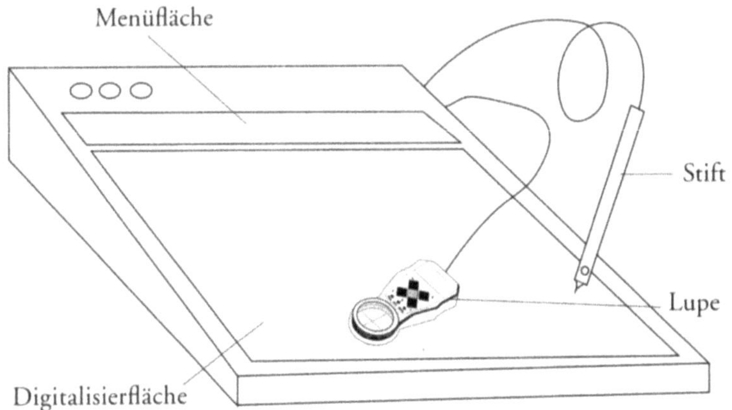

Abb. 6-2 Skizze eines Tableaus mit Stift und Lupe

Beim manuellen Digitalisieren wird die Karte oder Konstruktion auf das Tablett gelegt und die zu erfassenden Punkte angefahren und erfaßt. Auch die Aufnahme von Kurven ist durch die Aufnahme von Punktfolgen möglich.

Technisch kommen für die Berechnung der Position zahlreiche unterschiedliche Verfahren in Frage, wie etwa durch die Laufzeitberechnung von Ultraschall oder Infrarotwellen. Bei einem weiteren Verfahren liegt im Tableau ein Raster von Drähten, durch die unterschiedliche Pulsfolgen geschickt werden. Der Stift oder die Spule der Lupe nimmt dabei vom Draht den Puls am stärksten auf, welcher der aktuellen Position am nächsten liegt. Erfolgt eine solche Aufnahme nacheinander horizontal und vertikal, so lässt sich aus den beiden Einzelwerten die Position ermitteln. Beim Einsatz des Ultraschallverfahrens lässt sich sogar eine dreidimensionale Koordinate ermitteln (also auch die Höhe des Stifts über dem Tableau), eine jedoch recht selten eingesetzte Möglichkeit.

Die Auflösung der Tableaus liegt zwischen 0,1 und 0,5 mm, die erzielbare Genauigkeit bei 0,2–1,0 mm. Die Größen der angebotenen Tableaus variieren meist zwischen A6 und A0. Auch größere Tableaus sind verfügbar.

Häufig besitzt der Stift noch eine weitere Taste (ähnlich mehrerer Tasten an einer Maus). Die Lupen besitzen zumeist drei oder vier Tasten, oft auch noch einen Zehnerblock, um Zahleneingaben zu ermöglichen, ohne dass dazu die Lupe aus der Hand gelegt werden muss.

An CAD-Arbeitsplätzen werden sowohl Stift als auch Lupe heute statt einer Maus bevorzugt als Eingabegeräte eingesetzt.

Bei der Erfassung von Kartenmaterial können Maßstabsverzerrungen, die sich durch die unterschiedliche Ausdehnung der Papiere in horizontaler und vertikaler Richtung ergeben, sowie Punktverschiebungen, die aus einer nicht ganz parallelen Montage der Karte auf dem Tableau resultieren, entweder bereits im Tableau oder später im Rechner kompensiert werden. Dazu werden vor der eigentlichen Datenaufnahme drei Punkte, deren Positionen bekannt sind, vom Tableau aufgenommen und zur Korrekturberechnung verwendet.

Der Anschluss an den Rechner erfolgt entweder über eine serielle Schnittstelle oder über die Tastatur (die Daten werden dann über die Tastatur durchgeschleift). Künftig dürfte sich auch hier die USB-Schnittstelle durchsetzen.

6.2 Geräte zur Datenausgabe

Das Erfassen, Indizieren und Ablegen in einem Archivsystem sind die mühseligen und eher lästigen Aufgaben. Die eigentliche Nutzung einer DM-Lösung besteht in der Darstellung und Ausgabe der Dokumente – in vielen Fällen auch in einer Weiterverarbeitung oder Neubearbeitung, der wiederum die Ausgabe folgt. Die Ausgabe geschieht in fast allen Fällen, zumindest zur Kontrolle, in visueller Form. Hierin unterscheiden sich DM-Systeme kaum von anderen IT-Systemen bzw. Anwendungen.

Bei der Ausgabe unterscheidet man die temporäre Ausgabe über Sicht- und Projektionsgeräte (die hier nicht weiter betrachtet werden), sowie die permanente Ausgabe – die so genannte *Hardcopy-Ausgabe*.

Für die Hardcopy-Ausgabe kommen hauptsächlich Drucker in Frage, vereinzelt auch Faxgeräte, seltener Mikrofilm (so genannte COM-Systeme für ›*Computer Output on Microfilm*‹), Diabelichter oder Filmbelichter.

Unter einem *Film-* oder *Satzbelichter* sollen hier Belichter verstanden werden, die Filme als Vorstufe zur Herstellung von Druckplatten produzieren.

Im Zeitungs- und Zeitschriftenwesen und bei Büchern kommen CTP-Systeme (für ›*Computer To Plate*‹) auf den Markt. Sie erlauben, im Druckprozess den Zwischenschritt des Films und dessen Übertragung auf die Druckplatte zu eliminieren, und übertragen das Seitenbild sofort auf die Druckplatte. Ihre Anwendung liegt etwas außerhalb typischer Archivsysteme, kann jedoch im Zuge von *Printing-on-Demand-Systemen* (kurz PoD) Teil eines Gesamtsystems sein, in dem auch DM-Komponenten zur Ablage und Verwaltung umfangreicher Dokumente, Kataloge und Anleitungen zum Einsatz kommen.

POD-Systeme arbeiten heute noch überwiegend mit schnellen Laserdruckern. Ihre Konzeption geht dahin, Dokumente nicht auf Vorrat zu drucken, sondern kurzfristig erst dann, wenn der Bedarf (z.B. in Form von konkreten Bestellungen) entsteht. Hier kommen bei etwas höheren Auflagen oder Qualitätsansprüchen auch digitale Druckmaschinen in Frage. COM-, PoD- und Belichter-Systeme sollen nachfolgend nicht weiter betrachtet werden.

Handelt es sich bei der auszugebenden Information um Bild- oder Pixelinformation, so muss das Sichtgerät eine ausreichend hohe Auflösung und eine zumutbare Ergonomie aufweisen.

Bei der Erstellung von Hardcopy-Ausgaben, d.h. Ausgabe auf Papier oder Film, ergeben sich neben der Ausgabequalität weitere allgemeine Aspekte. Hierzu zählen insbesondere:

- die Ausgabegeschwindigkeit
- die Umweltverträglichkeit des Ausgabeprozesses: Lärmbelastung, Wärmeerzeugung, Ozonemission von Laserdruckern und elektrostatischen Plottern, gesundheitsgefährdende Substanzen wie Toner, Lösungsmittel und Selen-Trommeln
- der Verbrauch an Trommeln, Toner und anderen Chemikalien: Diese Unterhaltungskosten können insbesondere bei Farbausgaben eine wesentliche Rolle spielen, wo die einzelne Seite zwischen 0,3 und 3 Euro kosten kann!

Die Forderung nach einer hohen Standfestigkeit (lange Lebensdauer, große Reparaturintervalle, kurze Reparaturzeiten) gilt natürlich für beide Arten von Ausgabegeräten. Zusätzlich sollten die Geräte automatisch in einen Stromsparmodus übergehen, wenn sie längere Zeit inaktiv sind.

6.2.1 Bildschirme

Bildschirme sind nicht nur bei DM-Systemen eine der wichtigsten und meistbenutzten IT-Komponenten. Die Anforderungen an ein DM-System gehen jedoch teilweise über die der weiteren IT-Verarbeitung hinaus. Dies gilt insbesondere dann, wenn Rasterbilder dargestellt werden sollen.

Wünschenswerte Auflösungen

Für eine A4-Seite ist bei einer Auflösung von 100 dpi ein Bildschirm mit einer Gesamtauflösung von (horizontal × vertikal) etwa 830 × 1 170 Bildpunkten erforderlich. Zur Darstellung des eigentlichen Bildes kommen bei den üblichen grafischen Oberflächen bzw. Fenstersystemen weitere Informationen wie Fensterrahmen und Menüleisten hinzu, die zusätzlich auf dem Bildschirm untergebracht werden müssen. Dies liegt deutlich über den bereits als *hochauflösend* bezeichneten Super-VGA-Bildschirmen, die eine Darstellung von 1024 × 768 Bildpunkten aufweisen. Selbst Monitore mit 1 280 × 1 024 Bildpunkten, wie sie bei guten Arbeitsplatzsystemen anzutreffen sind, reichen für die Darstellung einer A4-Seite mit 100 dpi nicht mehr aus. Erst die teureren Monitore mit einer Auflösung von 1 600 × 1 280 und einer Bildschirmdiagonalen von 53 cm (21 Zoll) sind dazu in der Lage.

Da Dokumente jedoch zumindest mit 200, bei höheren Ansprüchen eher mit 300 oder 400 dpi erfasst werden, wären bereits für A4-Dokumente deutlich höhere Auflösungen wünschenswert. Für die Darstellung eines A4-Dokuments mit 300 dpi müsste der Bildschirm bereits eine Auflösung von etwa 2 490 × 3 510 Punkten (zuzüglich Fensterrand) zur Verfügung stellen.

A4-Seite	50 dpi	ca. 414 × 585	Bildpunkte
	75 dpi	ca. 620 × 878	
	100 dpi	ca. 827 × 1 170	
	150 dpi	ca. 1 240 × 1 755	
	200 dpi	ca. 1 654 × 2 340	
	300 dpi	ca. 2482 × 3 510	
A3-Seite	50 dpi	ca. 585 × 827	Bildpunkte
	75 dpi	ca. 877 × 1 240	
	100 dpi	ca. 1 170 × 1 654	
	150 dpi	ca. 1754 × 2 480	
	200 dpi	ca. 2339 × 3 308	
	300 dpi	ca. 3508 × 4 960	

Tabelle 6-2 Notwendige Bildschirmpixelzahl für verschiedene Auflösungen zur Bilddarstellung. Den Angaben sind, abhängig von der Auflösung, jeweils etwa 100 Punkte horizontal und 150 Punkte vertikal für Fensterränder und Menüleisten hinzuzurechnen.

Es gibt inzwischen zwar Bildschirme mit dieser Auflösung, die Auswahl ist jedoch gering, insbesondere dann, wenn sie mit ergonomischen Bildwiederholratenvon mehr als 82 Herz betrieben werden sollen. Die Standardschirme von UNIX-Workstations liegen heute bei 1 280 × 1 024, gute Schirme bei 1 600 × 1 280 Punkten (bei 21"). Einige Spezialschirme liegen bei 3 300 × 4 096 Bildpunkten.

VGA-Auflösung	640 × 480	Bildpunkte
Super-VGA-Auflösung (SVGA)	800 × 600	
Extended-VGA-Auflösung (XGA)	1 024 × 768	
Workstation-Auflösung (SXGA)	1 280 × 1 024	
Hochauflösende Schirme (UXGA)*	1 600 × 1 280	
Neue Fernsehnorm (HDTV)*	1 920 × 1 080	
Spezialschirme (QXGA)	2 048 × 1 536	

Tabelle 6-3 Bildgrößen in Pixel der verfügbaren Bildschirme

** erlauben Darstellung von A4-Seite mit 100 dpi*

Bildschirmgrößen

Auch wenn eine absolute Maßstabstreue bei der Bildschirmdarstellung nur eine untergeordnete Rolle spielt, sollten die Bildschirme für DM-Systeme nicht zu klein sein.* Größen ab 19 Zoll sollten der Standard sein – zumindest dort, wo viel mit A4-Images gearbeitet wird. **Für die Erfassungs- und Attributierarbeitsplätze sind sie unabdingbar!**

* *Als Bildschirmgröße wird zumeist die Bildschirmdiagonale angegeben. Dabei sollte der spezifizierte Wert die Diagonale der Darstellungsfläche und nicht die der Glasfläche messen.*

17"-Schirme mit einer Auflösung von 1 024 × 768 Punkten sind dort vertretbar, wo nur gelegentlich auf solche Dokumente zugegriffen wird. Die bei PC-Systemen früher üblichen 15"-Schirme sind für die Darstellung von Pixeldokumenten ungeeignet – unabhängig von ihrer Auflösung; selbst 15"-TFT-Schirme sind kritisch.

Anhang A.3 zeigt die ungefähre Darstellungsqualität eines Dokuments bei unterschiedlichen Auflösungen (an einem Bildausschnitt).

Die oben gemachten Angaben gelten für Röhrenmonitore (CRT-Monitor). Beim Einsatz von TFT-Monitoren (Flachbildschirmen) kommt man der anderen Technik wegen mit geringeren Bildschirmdiagonalen aus. Die nachfolgende Tabelle zeigt die entsprechenden Werte.

Tabelle 6-4 Bildschirmgrößen von CRT versus TFT bei etwa gleicher Darstellungsqualität

CRT-Monitor	TFT-Monitor	Auflösung
15"	–	1024 × 768
17"	15"	1024 × 768
19"	17"	1280 × 1024
21"	19"	1600 × 1280
23"	21"	1800 × 1400

Grauwert- und Farbbildschirme

Der Farbbildschirm hat den früher billigeren Graustufenbildschirm vollständig abgelöst. Bei Grauwertdarstellungen – auch auf Farbbildschirmen – können bei den Standardgeräten zumeist 256 unterschiedliche Graustufen angezeigt werden. Dies entspricht einer Pixeltiefe von 8 Bit (als ›Pixeltiefe‹ wird die Informationsmenge pro Bildpunkt bezeichnet).

Für den überwiegenden Teil der Anwendungen reicht dies vollständig aus, da das menschliche Auge unter Normalbedingungen nur etwa 160 bis 200 Grauwerte unterscheidet. Für Spezialbereiche, wie etwa die Darstellung von Röntgenbildern, greift man teilweise auf sehr teure Spezialschirme mit einem Grauwertspektrum von 10 oder 12 Bit zurück. Eine Alternative ist, Graustufen nicht nur in grauen Bildpunkten auf dem Bildschirm, sondern zusätzlich in Farben darzustellen.

Standard-Farbbildschirme wiesen lange Zeit eine Farbauflösung von 8 Bit für alle Farben und damit 256 verschiedene gleichzeitig darstellbare Farben auf. Das eigentlich darstellbare Farbspektrum dieser Schirme ist sehr viel größer – typischerweise 16 Millionen Farben – die Farben können jedoch nicht alle gleichzeitig auf dem Bildschirm vorkommen. Die Umsetzung eines 8-Bit-Farbwerts in die dargestellte Farbe geschieht über Farbumsetztabellen. 256 unterschiedliche Farben sind für die meisten Anwendungen wie Textsysteme, CAD-Systeme und einfache Farbbilddarstellungen ausreichend.

Wird eine hochwertige Farbdarstellung benötigt – man spricht dann auch von einer *Echtfarb-* oder einer *Realfarbdarstellung* – so sind 16 Bit pro Pixel, besser noch 24 Bit erforderlich. Dies ist beispielsweise für die Darstellung von Farbfotos notwendig. Bei den 24-Bit-Geräten ist jeder der drei RGB-Grundfarben 8 Bit und damit 256 Intensitätsstufen zugeordnet. Ein Bildschirm mit der Auflösung von 1 200 × 1024 Punkten und einer Tiefe von 24 Bit benötigt jedoch bereits 4 MB Videospeicher. Dies ist eine erhebliche Datenmenge, die beim Bildaufbau oder Bildwechsel zu bewältigen ist!

Bei Neubeschaffungen sind seit dem Jahr 2001 fast nur noch Grafikkarten mit 8–64 MB Hauptspeicher anzutreffen. Die obige Diskussion erübrigt sich hier also.

Einige Bildschirme bieten zusätzlich zu den 24 Bit pro Pixel zur Darstellung von Realfarbbildern noch weitere Bildinformationen (oft weitere 8 Bit), die dann als Tiefeninformation bei 3D-Bildern benutzt werden und eine Optimierung von Verdeckungsalgorithmen und Flächenmuster erlauben.* In anderen Fällen werden sie für eine eigene Textebene eingesetzt, die es erlaubt, ein Bild mit Text zu überlagern und den Text auszutauschen, ohne dass die Bildinformation darunter erneut ausgegeben werden muss. Diese Schirme sind zumeist bei Spezialanwendungen zu finden, wie fotorealistische 3D-Darstellungen oder Animationssoftware.

* *z. B. für Ray-Tracing-Verfahren*

Da bei den genannten Auflösungen bereits erhebliche Datenmengen zwischen Speicher und Bildschirm-Interface transportiert werden müssen, spielen schnelle Schnittstellen und Datenpfade eine besondere Rolle bei der Darstellung von Rasterbildern. Die inzwischen etablierten PCI-Bus-Systeme mit einem (nochmals schnelleren) AGP-Steckplatz für die Grafikkarte (und entsprechende Bildschirmkarten) bieten hierfür eine ausreichende Bandbreite.

Bildschirmtechniken

Bei den Sichtgeräten sind eine ganze Reihe unterschiedlicher Techniken möglich, wobei meist noch CRT-Systeme genutzt werden, die nach dem gleichen Prinzip wie unsere Fernseher arbeiten. Da das Bild hier ständig neu aufgebaut werden muss, sollte eine ausreichende Bildwiederholfrequenz sichergestellt sein, um ein sichtbares Bildflackern zu vermeiden. Hier haben sich Frequenzen um 85 Hz und höher als Standard etabliert; sehr gute Geräte gehen bis zu 100 Hz. Nachteil der CRT-Technik ist bei großen Schirmen das erhebliche Gewicht, deren große physikalische Tiefe, die Wärme und die elektromagnetische Abstrahlung.

➪ Bei TFT-Bildschirmen sind durch die andere Leuchttechnik kleinere Bildwiederholraten ausreichend (ab 60 Herz)!

Als Alternative zum CRT-Sichtgerät kommen zunehmend TFT und ähnliche Techniken zum Einsatz. Sie haben einen sehr flachen Bildschirmaufbau und ein geringes Gewicht und kommen deshalb vor allem in Portables zum Einsatz. Sie haben einen hohen Kontrast und eine schnelle Bildaktualisierung. Sie erobern aber auch als separate Bildschirme am Arbeitsplatz den Markt mit Bildschirmdiagonalen von 15 Zoll (26,4 cm) und Auflösungen von bis zu 1 024 × 768 Punkten bis hin zu 23 Zoll und Auflösungen bis zu 2 048 × 1 600. Durch die höhere Punktgenauigkeit dieser Monitore und die damit verbundene Bildschärfe, sind kleinere Diagonalen als bei CRT akzeptabel.* Die Preise dieser Geräte liegt etwa um den Faktor 3 über denen vergleichbarer CRT-Geräte – mit fallender Tendenz. Diese Technik wird durch ihre Vorteile in den kommenden Jahren den Markt von Arbeitsplatzsystemen in Firmen besetzen.

** Siehe hierzu Tabelle 6-4 auf Seite 256.*

Es darf erwartet werden, dass noch weitere Bildschirmtechniken auf den Markt kommen werden – etwa auf der Basis von leuchtenden Polymeren. Diese Techniken werden die Preise weiter senken. Die Einführung des digitalen Fernsehens wird die Entwicklung großer, flacher und hochauflösender Farbbildschirme unterstützen und die Preise dieser Systeme weiter senken.

Bei Flachbildschirmen setzt sich DVI (***Digital Visual Interface***) gegen die bisherigen analogen Monitorschnittstellen durch. DVI erlaubt eine verlustfreie Übertragung des Videosignals auch bei längerem Bildschirmkabel und die Übertragung ergänzender Informationen, etwa für einen eingebauten Lautsprecher oder zur Kalibrierung des Monitors. Es ist zu erwarten, dass mittelfristig auch CRT-Bildschirme damit ausgerüstet werden (etwa ab 2004).

Bildschirmergonomie

Für den Anwender spielt die Ergonomie von Sichtgeräten, vor denen er oft stundenlang arbeitet, eine besondere Rolle. Die wichtigsten Faktoren hierbei sind:

- eine ausreichende Darstellungsqualität
  in Form von Auflösung, Darstellungsfläche und Kontrast
- ein ausreichend großer Bildschirm (ab 19" CRT bzw. 17" TFT)
- eine hohe Refresh-Rate
  (ab 85 Hz Bildwiederholfrequenz bei CRT-Sichtgeräten nach TCO 99)
- Verstellbarkeit des Sichtgeräts in Höhe und Blickwinkel (Neigung)
- entspiegelte Röhren
- eine geringe EMF-Abstrahlung*
  Die Geräte sollten minimal das TCO-95-Prüfzeichen, besser TCO 99 besitzen. Die TCO-Norm spezifiziert neben den Maximalwerten für elektromagnetische Abstrahlungen auch, dass der Monitor (mit entsprechender Softwareunterstützung) nach einer vorgebbaren Zeit der Inaktivität in einen Stromsparmodus übergeht. Er produziert darin wesentlich geringere Abstrahlungen (die Röhre ist praktisch abgeschaltet) und weniger Wärme.

** EMF steht für ›Electromagnetic Frequency‹ und gibt die Abstrahlung niederfrequenter elektromagnetischer Wellen an.*

Da solche Geräte teuer und leider noch nicht der Standard sind, wird hier zu oft gespart. Bildschirme minderer Qualität führen zu einer schnellen Ermüdung des Anwenders und können bestimmte Krankheitsbilder auslösen. Auch die Darstellungsgeschwindigkeit (Bildaufbau) wirkt sich spürbar auf die Arbeit des Anwenders aus.

➪ Es sei hier deshalb ausdrücklich darauf hingewiesen, dass Einsparungen bei den Sichtgeräten Geiz an der falschen Stelle sind!

Darüber hinaus ist zu beachten, dass seit 1996 die Einhaltung der EG-Richtlinien für Bildschirmarbeitsplätze bei der Einrichtung solcher Systeme gesetzlich vorgeschrieben ist (siehe Kapitel 8.7).

6.2.2 Drucker

Aus dem reichhaltigen Repertoire an Druckertechniken sollen nur diejenigen diskutiert werden, die für typische DM-Lösungen relevant sind. Einfache Rechnertexte, Texte aus Schreibsystemen und kommerziellen Maskensystemen können auf fast allen gängigen Druckern problemlos ausgegeben werden. Die Ausgabe von *Non Coded Information*, also Rasterbildern, stellt etwas höhere Anforderungen an den Drucker, insbesondere, wenn eine gute Ausgabegeschwindigkeit gefordert wird. Die in Office-Systemen üblichen Tintenspritzer sind für die Ausgabe langsam und bei der Ausgabe größerer Dokumentenmengen unwirtschaftlich (teuer).

Wesentlich beim Netzbetrieb von Druckern ist, dass Rasterbilder komprimiert übertragen werden.

Zur effizienten Ausgabe von Schwarzweiß-Rasterbildern setzt man für die Formaten A4 und A3 Laserdrucker ein. Da diese auch alle anderen Arten von Dokumenten ausgeben können, sind sie zumindest für von Schwarzweiß- und Halbtondokumente in Archivsystemen fast überall anzutreffen.

Bei größeren Formaten (bis zu A0) – dann handelt es sich zumeist um die Ausgabe von technischen Zeichnungen – werden auch elektrostatische Printer-Plotter benutzt und langsam durch Tintenstrahldrucker abgelöst. Diese erlauben die Ausgabe einer A0-Zeichnung in etwa ein bis zwei Minuten. Bei A0-Rasterbildern wird man der großen zu übertragenden Datenmengen wegen mit Zeiten zwischen drei und zehn Minuten rechnen müssen. Auch farbfähige elektrostatische Plotter sind auf dem Markt. Ihre Farbqualität ist jedoch nur für CAD-Zeichnungen und einfache Karten ausgelegt. Darüber hinaus sind großformatige Laserdrucker (bis zu A0) verfügbar. Sie sind jedoch sowohl in der Anschaffung als auch im laufenden Betrieb teuer.

Vereinfacht lassen sich die Drucker wie folgt einteilen:

Tintendrucker:
- geringe Anschaffungskosten
- hohe Qualität (Auflösung bis 2400 dpi)
- langsam (1 bis 5 Min. je Seite)*
- Farbe ist Standard und preiswert in der Beschaffung, jedoch teuer im Verbrauch

** bei ganzseitigen Rasterbildern*

Laserdrucker:
- mittlere Preislage
- leise, schnell
- gute bis sehr gute Qualität
- geringe Seitenkosten
- Anschaffungspreis deutlich höher bei Farbe

Elektrostatische Printer/Plotter:

- für große Formate geeignet (bis A0)
- Einsatz als schneller Plotter bei CAD-Systemen
- mehrere Farben möglich (keine Farbbildqualität!)

Laserdrucker

Laserdrucker sind für DM-Systeme das typische Druckausgabemedium. Ihre Auflösung liegt in der Regel zwischen 600 und 1200 dpi. Letztere erlauben auch die Ausgabe von Halbtonbildern in akzeptabler Qualität, kommen jedoch noch nicht an die von konventionellen Fotos oder an gute Tintenstrahldrucker heran.

Waren früher für die effiziente Ausgabe von Raster-Images der hohen Informationsmenge wegen spezielle Videoschnittstellen erforderlich, so sind die Drucker inzwischen so leistungsfähig, dass sie ohne diese auskommen, sofern die Images komprimiert übertragen werden.

DM-Systeme bzw. deren Viewer gestatten die Druckausgabe sowohl auf lokal am PC angeschlossene Drucker als auch auf Netzdrucker oder spezielle Druck-Server.

Standardformate für Laserdrucker sind A4 und A3; es werden jedoch auch Drucker für A2-Formate und vereinzelt auch Modelle für A0 angeboten.*

Die Druckgeschwindigkeit von Laserdruckern liegt zwischen 12 und 36 Seiten pro Minute (im Kopiermodus) für eine A4-Seite. High-End-Geräte erreichen bis zu 100 Seiten. Die wirklich erzielbare Druckgeschwindigkeit liegt insbesondere bei komplexen Seiten oder bei der Ausgabe von Rasterinformationen deutlich unter diesen Angaben. Sie beträgt bei guter Anschlusstechnik 2 bis 8 Seiten pro Minute für eine A4-Seite bei den heute üblichen Netzdruckern (16 bis 24 Seiten Nominalleistung) und erreicht 8–12 Seiten pro Minute beim Einsatz schneller Drucker.

** Die Firma XEROX bietet unter der Modellbezeichnung 8836 einen A0-Drucker mit einer Auflösung von 400 dpi an. Dieser schafft unter idealen Bedingungen die Ausgabe von ca. 32 A0-Seiten pro Stunde.*

Farbausgabe

Bei der Farbausgabe kommen neben Tintenstrahldruckern eine Reihe anderer Drucktechniken zur Anwendung. Zu ihnen gehören elektrostatische Printer/Plotter, Thermotransferdrucker, Farbsublimationsdrucker sowie Laserdrucker. Sie lassen sich in einer Übersicht wie folgt klassifizieren:

Thermotransferdrucker:
- Low-Cost (Auflösung bis zu 300 dpi)
- Betrieb teuer durch Spezialpapier
- Farbe durch Wachsfolien
- hoher Materialverbrauch
- Systeme verschwinden vom Markt.

Tintendrucker:
- Low-Cost
- mittlere bis gute Qualität (Auflösung 600 bis 2400 dpi)
- langsam (8 bis 24 Seiten/Min. Text)
- Farbe in guter Qualität ist Standard.

Farblaserdrucker:
- Technik des Laserdrucks mit vier Farbtrommeln
- gute Farbqualität
- arbeitet mit Normalpapier
- niedrigster Seitenpreis

Farbsublimationsdrucker:
- sehr gute Farbqualität
- Betrieb teuer durch Spezialpapier

Tintenstrahldrucker gibt es in sehr unterschiedlichen Formaten (bis hinauf zu DIN A0) und mit sehr unterschiedlicher Auflösung und Qualität. Die Auflösung von 300 dpi am unteren Ende reicht kaum für die Wiedergabe von Farbfotografien. Mit Auflösungen von 1200 oder 2400 dpi und höher werden hingegen sehr gute Ergebnisse erzielt.

Die Farbqualität der bereits erwähnten elektrostatischen Drucker reicht zwar für CAD-Ausgaben* und einfache Karten, genügt aber für die Darstellung eines Farbbildes (Farbfotos, Realfarbdarstellungen) nicht.

* *Die Farben kennzeichnen hier zumeist unterschiedliche Zeichnungsebenen.*

Beim Farb-Thermotransferverfahren (bzw. bei den entsprechenden Druckern) werden nacheinander Vierfarb-Wachsfolien (Cyan, Magenta, Gelb und Schwarz) über das zu bedruckende Papier geführt und durch Wärme einzelne Punkte des Wachses von der Folie auf das Papier (oder die Transparentfolie) übertragen. Nachteil dieses Verfahrens ist neben den bisher geringen Auflösungen (300 dpi) der hohe Materialverbrauch, da unabhängig von der benötigten Punktzahl pro Farbseite jeweils alle vier Farbfolien verbraucht werden. Da Mischfarben durch ein Punktraster aus den Grundfarben zusammengesetzt werden müssen, sinkt die reale Auflösung eines Farbbildes deutlich.

Der Farblaserdrucker arbeitet zumeist mit vier Durchläufen – jeweils für die Farben Cyan, Magenta, Gelb und Schwarz. Neuere Technik erledigt dies in einem Papierlauf und erzielt damit deutlich kürzere Druckzeiten. Die Auflösung liegt bei 600–2400 dpi (Stand 2002). Bei der Auflösung von 1 200 dpi wird bedingt die Qualität von Farbfotos erzielt. Der Farblaserdrucker bietet von allen aufgeführten Techniken den niedrigsten Preis pro Druckseite, da er auch auf normalem Kopierpapier gute Ergebnisse liefert.

Beim Farbsublimationsdrucker wird Wachs erhitzt und aus feinen Farbdüsen verdampft. Der Wachsdampf der einzelnen Grundfarben vermischt sich dabei im gasförmigen Zustand, bevor er auf das Papier trifft und dort abkühlt und trocknet. Dies erlaubt sehr feine Farbnuancen, ohne dass dabei wie beim Wachstransferverfahren die Auflösung sinkt. Diese heute noch sehr teuren Drucker liefern sehr hochwertige Farbbilder.

Halbtonbilder – Punktraster

Strichbild

Unter einem Halbtonbild versteht man eine Abbildung, die neben Schwarz und Weiß auch Grautöne enthält. Fotografien, bzw. eingescannte Fotos, sind Beispiele für solche Halbtonbilder.

Die beim Erfassen benutzte Technik, bzw. die eingestellten Parameter, legen die *Pixeltiefe* fest, d.h. die Anzahl von Informationsbits pro Pixel und damit die Anzahl der möglichen Grauwerte. Übliche Werte sind hier 6, 7 oder 8 Bit und damit 64, 128 oder 256 mögliche *Grauwerte*.

Halbtonbild

Da sowohl der Laserdrucker auf dem Papier als auch der Laserbelichter auf dem Film Bilder nur aus einzelnen Punkten zusammensetzt und die Punkte entweder nur schwarz oder nur weiß sind, müssen Grauwerte als *Raster* simuliert werden. Der *Bildpunkt* (das einzelne Pixel) wird dazu in ein *Raster* umgewandelt. Für Raster gibt es eine ganze Reihe unterschiedlicher Verfahren. Betrachten wir das Punktraster. Es funktioniert nach folgendem Prinzip:

Nimmt man eine Fläche und setzt unterschiedlich große Punkte hinein, so erscheint die Fläche umso dunkler, je größer die Punkte sind. Ist kein Punkt vorhanden, so erscheint sie weiß; ist der Punkt so groß, dass die Fläche fast vollständig bedeckt ist, so erscheint sie schwarz. Das Gesamtbild wird bei diesem Verfahren aus einer Vielzahl unterschiedlich großer (Makro-) Punkte zusammengesetzt.

Die Anzahl solcher Punktflächen pro Maßeinheit bestimmt den Detaillierungsgrad bzw. die optische Auflösung eines Bildes. Da die

Punkte nebeneinander bzw. versetzt eine Art Linie ergeben, spricht man von *Rasterlinien*. Die *Auflösung* eines solchen Rasters wird deshalb nicht wie bei der Auflösung eines Druckers oder Scanners in ›Punkten pro Maßeinheit‹, sondern in ›*Linien pro Maßeinheit*‹ angegeben. Üblich sind hier die Angabe von *Lines per Inch* (d.h. *Linien pro Zoll* oder kurz ›lpi‹) oder im metrischen Maßsystem in *Linien pro Zentimeter* (kurz ›L/cm‹).

1 L/cm = 2,54 lpi

Laserdrucker und Belichter können keine unterschiedlich großen Punkte erzeugen.* Sie müssen deshalb die unterschiedlichen Punktgrößen durch eine Menge kleiner Punkte simulieren. Ein größerer Punkt wird dabei aus einer Anzahl kleiner Punkte zusammengesetzt. Möchte man beispielsweise 256 Graustufen in der Ausgabe zulassen, wird dafür ein Raster von 16 × 16 Kleinpunktflächen benötigt. Dies reduziert die auf einem Ausgabegerät realisierbare Auflösung von Halbtonbildern deutlich. Bei 256 Graustufen hat man nun nicht mehr eine Auflösung von 600 dpi, sonden nur noch von $\frac{600}{16}$, d.h. von ca. 37 Grauraster-Linien pro Zoll. Durch einen Korrekturfaktor verringert sich dieser Wert realistisch um den Faktor $\sqrt{2}$ und ergibt damit einen Wert von 26 lpi. Da auch 36 (bzw. korrekter 37) Graustufen einen halbwegs akzeptablen Tonwertumfang für eine Bilderkennung ergeben, kommt man beim 600 dpi Laserdrucker realistisch auf ca. 100 Grauwert-Bildpunkte pro Zoll, d.h. auf 87 lpi bzw. etwa 34 L/cm.

** Einige Systeme versuchen dies durch eine Intensitätssteuerung des Laserstrahls.*

Das *Rastern*, sprich die Umwandlung des Pixelgrauwerts in ein Raster, kann entweder von der Bildbearbeitungssoftware bzw. dem DTP-Paket vorgenommen werden – der Vorgang wird *Dithering* genannt – oder es wird vom Ausgabegerät durchgeführt. Letzteres ist in all den Fällen vorzuziehen, in denen auf PostScript-Geräte ausgegeben wird. Dabei kann (bzw. sollte sogar) die Software dem Ausgabegerät mitteilen, welche Art von Raster, welche Rasterweite und welcher Rasterwinkel zu verwenden ist. Diese Vorgaben müssen natürlich innerhalb der Möglichkeiten des Ausgabegerätes liegen. Laserdrucker mit einer Auflösung von 1200 dpi erlauben z.B. bei einem Tonwertumfang von 128 Stufen eine effektive Auflösung von 103 lpi (bzw. 42 L/cm). Ein Belichter mit einer Auflösung von 2400 dpi gestattet bereits eine Auflösung von bis zu 150 lpi (entsprechend 60 L/cm) bei 256 Graustufen.

Hochwertige Bildbände werden mit 150 lpi erstellt, normale Bücher mit 120 bis 133 lpi. Zeitungen werden zumeist mit 70 bis 90 lpi produziert.

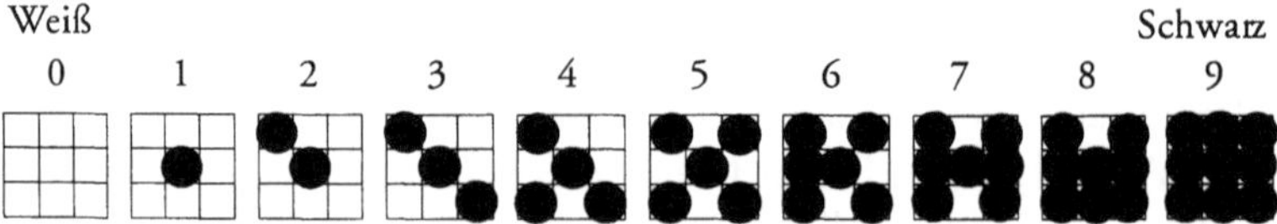

Abb. 6-3 Schema der Grauwertbildung durch Rasterpunkte

6.2.3 Fax-Ein-/Ausgabe

Ein konventionelles Faxgerät besteht intern aus einem Scanner zum Erfassen der zu sendenden Vorlage und einem Image-Drucker zur Ausgabe ankommender Faxnachrichten. Gesteuert wird beides von einem kleinen Rechnermodul. Die Auflösung der heute üblichen Geräte (Fax-Gruppe 3) ist moderat und liegt im Standardmodus bei etwa 100 dpi horizontal und 100 dpi vertikal. Die meisten Geräte erlauben zusätzlich die Übertragung von 16 Graustufen. Im ›hochauflösenden Modus‹ wird die Vorlage mit 100 dpi horizontal und 200 dpi vertikal abgetastet. Graustufen werden über ein Dithering-Verfahren erzeugt.

Geräte, die der Fax-Gruppe-4-Definition* (ISDN-Fax-Geräte) entsprechen, können auch mit 400 dpi und 64 Graustufen arbeiten. Wegen anfänglich fehlender Kompatibilität zu den älteren Fax-Geräten (Gruppe 3) haben sich jedoch Geräte der Gruppe 4 nicht am Markt durchgesetzt – und werden es wohl auch nicht mehr tun. eMail ist der Ersatz!

** Man sollte nicht Geräte der Gruppe 3 oder 4 mit dem Fax-Komprimierungsverfahren der Gruppe 3 oder 4 verwechseln!*

Auflösungen, Gruppe-3-Geräte:

horizontal:	38,5 P/cm ≈	100 dpi
vertikal:	38,5 P/cm ≈	100 dpi (Standard)
	77,0 P/cm ≈	200 dpi (fein)

1 Bit bitonal
16 Graustufen (Dithering)

Die Qualität der Faxdrucker ist selbst bei billigen Geräten zufriedenstellend bis gut. Schlechte Faxqualität wird hauptsächlich durch die schlechten Faxscanner hervorgerufen.

Faxen mittels Faxmodem

Das Versenden und Empfangen von Faxnachrichten kann natürlich nicht nur per Faxgerät, sondern ebenso vom Rechner aus erfolgen. Dazu wird im einfachsten Fall ein auf Fax eingerichtetes externes Modem über eine serielle Schnittstelle mit den zu übertragenden Daten beschickt. Das Modem wandelt dann die Daten in das vorgeschriebene Faxformat um und führt das Wählen, den Verbindungsaufbau und die Übertragung bzw. den Empfang durch. Die CCITT-Norm Übertragungsraten von 9 600 Baud bei Geräten der Gruppe 3 und 64 kBaud bei den Gruppe-4-ISDN-Geräten, letztere inzwischen aber ohne Marktbedeutung.

Neben externen Modems sind auch Faxkarten verfügbar, die als Interface in den Rechner integriert werden können.

Fax-Ein-/Ausgabe in DM-Systemen

In Image-Systemen können Faxgeräte der Gruppe 3 der heute üblichen geringen Auflösung wegen nur eingeschränkt als Ausgabegeräte eingesetzt werden. Sie sind dort akzeptabel, wo Schwarzweißdokumente niedriger Komplexität und in entsprechend kleinem Format (A4, maximal A3) geschickt werden sollen. Zuweilen genügt dem Empfänger auch die Grobdarstellung einer Zeichnung oder eines Dokuments zur Information. Man wird deshalb Faxgeräte bei Archivsystemen primär benutzen, wenn für die geplante Nutzung die Faxqualität reicht.

Zur Erfassung von Dokumenten wird man bei der heute üblichen Technik Fax nur dort einsetzen, wo Faxnachrichten als solche gesichert bzw. archiviert werden sollen. Dies kann auch dort sinnvoll sein, wo aus geschäftlichen Gründen empfangene Faxnachrichten längere Zeit aufbewahrt werden sollen. Die früher in Low-Cost-Faxgeräten üblichen Thermopapiere verloren schnell ihre Lesbarkeit – nach etwa einem Jahr, unter starkem Lichteinfall deutlich schneller. Noch eventuell vorhandene alte Faxgeräte dieser Art sollten durch Geräte ersetzt werden, die auf Normalpapier drucken – oder man archiviert Faxdokument vollständig elektronisch.

6.2.4 Ausgabe auf Film

Die Ausgabe auf Film ist fast immer bei einem Dienstleister günstiger als im eigenen Haus.

Die Ausgabe auf Film wird bei den meisten DM-Systemen recht selten sein; die Ausgabegeräte dazu sind teuer.

Sollen Mikrofilme erstellt werden, kann die Ausgabe auf so genannte COM-Stationen erfolgen. Dies sind von einem Rechner angesteuerte Mikrofilmbelichter.

In Einzelfällen kann auch die Ausgabe eines archivierten Bildes auf einen Diabelichter notwendig werden.

Die dritte verbreitete Art der Ausgabe auf Film ist die Ausgabe auf (Satz-) Belichter, wobei der Film als Druckvorstufe verwendet wird. Wie beim Belichten von Dias ist es in den meisten Fällen vorteilhaft, auf ein entsprechendes Belichtungsstudio zurückzugreifen, da solche Geräte sehr teuer sind, in kontrollierten Umgebungen gefahren werden sollten und für gute Ergebnisse spezielle Kenntnisse voraussetzen. Hier gilt die Ansteuerung per PostScript als Marktstandard.

6.3 Kommentar zur Peripherie

Die Datenblätter der Peripherieanbieter nennen zwar korrekte Werte, diese beziehen sich jedoch auf Idealbedingungen und können Faktoren, die in einem realistischen Betrieb eine wesentliche Rolle spielen, nicht berücksichtigen.

Wird beispielsweise für einen Drucker eine Druckleistung von ›12 Seiten pro Minute‹ genannt, so gelten diese zwölf Seiten im Kopiermodus, d.h. wenn der Drucker 12 gleiche Seiten nacheinander ausgeben soll. In der Praxis kann die reale Druckleistung, abhängig von der Art der Information, drastisch absinken. Zahlreiche Schriftwechsel oder komplexe Grafiken machen den Seitenaufbau im Druck sehr viel langsamer. Bei Rasterbildern kann bereits die Übertragung der Daten zum Drucker und deren Dekomprimierung erheblich Zeit in Anspruch nehmen.

Bei Laserdruckern haben sich im A4- und A3-Bereich PostScript und PCL als Quasi-Standard durchgesetzt. Beide Ausgabeformate werden von fast allen Anbietern und DM-Systemen unterstützt.

Ähnlich verhält es sich bei Scannern. Hier kann ein Gerät der Mittelklasse zwar eventuell ein A4-Blatt mit 200 dpi in zwei Sekunden abtasten, im praktischen Betrieb dauert das Einziehen des Papiers, das Komprimieren der Daten, die Übertragung zum Rechner und das Abspeichern in einem Puffer sehr viel länger. Hinzu kommt, wenn nicht gerade im Stapelbetrieb gearbeitet wird, dass jede erfasste Seite vom Operator einer visuellen Kontrolle unterzogen werden muss, was dieser im Mittel sicher nicht in zwei Sekunden schafft! Selbst im Stapelbetrieb ist nach 50 bis 150 Seiten ein Wechsel des Papierstapels erforderlich!

Relevant sind nicht (nur) die Einzeldaten der Komponenten, sondern die Leistungsdaten eines Gesamtsystems. Diese lassen sich sehr viel schwieriger aus den Datenblättern und Angaben der Anbieter herauslesen und können in vielen Fällen nur in einem Probebetrieb zuverlässig ermittelt werden. Zuweilen helfen auch die Angaben von Benutzern ähnlicher Konfigurationen.

Vergessen Sie bei der Beschaffung von Peripheriekomponenten nicht die Wartungskosten. Bei Geräten mit viel Mechanik (etwa Scannern und Jukeboxen) betragen sie 20%–30% des Neupreises jährlich!

Berücksichtigen Sie auch das *Kettenprinzip* bei der Konfigurationsplanung, nachdem eine Kette nur so stark sein kann, wie ihr schwächstes Glied. So ist beispielsweise ein teurer schneller Drucker schlecht investiertes Geld, wenn das Netz, an dem er hängt, die Daten nicht schnell genug anliefert.

Wie bei den Speichermedien unterliegen auch die hier beschriebenen Peripheriekomponenten einer extrem raschen Weiterentwicklung. Nicht nur die technischen Daten wie etwa Scanner- und Bildschirmauflösungen werden verbessert, sondern auch die Preise fallen. Dies geht teilweise auf Kosten der Qualitätskontrolle, sicher aber auf Kosten des im Standardfall geleisteten Beratungsaufwands und Supports. Dieser muss in einer Art Kompensation separat bestellt und bezahlt werden. Auch Umfang und Qualität der Produkt-Dokumentation leidet teilweise deutlich unter dem Preisdruck.

Erfreulich für den Anwender ist ebenso der Verfall der Softwarepreise – wobei auch hier Installation, Support und Pflege zu bezahlen sind – realistisch in erhöhtem Umfang, da die nackten Gerätepreise dem Anbieter kaum noch Spielraum für einen adäquaten (kostenlosen) Support lassen. Die Supportkosten fallen natürlich nicht – es sei denn Qualität oder Umfang nehmen ab.

Die enorme Zunahme der Rechnerleistung von Arbeitsplatzsystemen sowie die Erweiterung des CPU-Instruktionssätze um Funktionen zur Bild- und Audio-Verarbeitung macht Softwarelösungen möglich, wo bisher Hardware eingesetzt werden musste. Das Komprimieren und Dekomprimieren von Multimedia-Daten ist dafür ein Beispiel. Auch dies reduziert die Systemkosten und vereinfacht die Architektur.

Bei den Bussystemen wird der USB die Standardschnittstelle zum Anschluss von Maus, Tastatur, Kartenleser, CD-Laufwerk, Lautsprecher, Kameras, Drucker und Scanner im unteren Leistungsbereich. Mit einer Übertragungsrate von bis zu 12 MBit/s und preiswerter Kabeltechnologie wies bereits die Version 1.x von USB viele Vorteile auf. Mit der Einführung der abwärtskompatiblen Version 2.0 mit maximalen Übertragungsraten von theoretisch bis zu 480 MBit/s, lassen sich hier auch z. B. schnelle Scanner, Videogeräte, externe Magnetplatten CD- und DVD-Brenner anschließen.

Flachbildschirme beginnen bereits seit 1999, die klobigen und CRT-Geräte ablösen.* Sie schaffen nicht nur mehr Platz auf dem Schreibtisch, sondern sind kontrastreicher, produzieren wesentlich weniger Wärme und sind strahlungsärmer; lediglich bei der Farbtreue stehen sie den Röhrenmonitoren noch nach.

* *Hier ist mit einem jährlichen Preisverfall von ca. 30 % zu rechnen.*

Kapitel 7

Datenformate

Datenformate sind bei der Langzeitspeicherung und beim Austausch von Daten zwischen verschiedenen Applikationen und Plattformen, wie es bei Dokumenten-Management-Systemen vielfach der Fall ist, ein zentrales und kritisches Thema. Dieses Kapitel versucht, einen Überblick über die Vielfalt der verschiedenen Formate und damit verwandter Themen zu geben.

7.1 Das Problem der Datenformate

Die Anforderungen an die Datenformate in Archiv- und DM-Systemen sind teilweise widersprüchlich. Zum einen müssen die gewählten Formate erlauben, die Information vollständig abzuspeichern, und zum anderen ist dabei auf Speichereffizienz zu achten. Letzteres gilt insbesondere für Rasterbilder, Audio- und Videoinformationen. Die dritte Forderung lautet, dass das gewählte Ablageformat möglichst wenigen Änderungen unterliegen sollte, so dass archivierte Dokumente über den gesamten Aufbewahrungszeitraum gelesen und reproduziert werden können. Teilweise besteht auch die Notwendigkeit, die Dokumente für eine spätere Bearbeitung zu verwenden.

Wenn hier von *Formaten* die Rede ist, so müssen fünf Arten unterschieden werden:

A) Hardwareformate, die zur Aufzeichnung der Daten verwendet werden, also *Aufzeichnungsformate*
(z. B. Magnet- und optische Platten, Bänder, in Bus- und physikalischen Netzprotokollen)

B) Aufbau und Struktur der Band- oder Dateisysteme, die zur Speicherung auf bestimmten Datenträgern genutzt werden, also *Dateisystemformate*
(z. B. NTFS für Windows NT, ISO 9660 für CDs oder ISO 13346 bzw. UDF für CD-DVD)

C) Datenformate, die zur Strukturierung der Information innerhalb einer Datei eingesetzt werden, also *Dateiformate*
(z. B. die Dateistruktur)

D) Kodierungsverfahren – die Art der Kodierung (z. B. von Texten, Audio-Daten) und Komprimierung der Informationen

E) Komprimierungs- und Verschlüsselungsverfahren, welche sich sowohl im Dateiformat (z. B. bei TIFF, S/MIME) als auch eine Stufe darunter auswirken können.

Alle fünf Formate unterliegen entwicklungsbedingten Veränderungen, die insbesondere für die Formate aus den Bereichen A und B nicht aufwärtskompatibel sein müssen.* Gerade bei den Aufzeichnungsformaten ergeben sich technische Vorteile wie höhere Datendichte und höhere Schreib-/Lesegeschwindigkeit erst durch neue Techniken.

Dieses Kapitel wird sich weitgehend auf die Punkte C bis D konzentrieren – also die Datei- und Komprimierungsformate.

* *D. h., dass neuere Formate eine vollständige Obermenge älterer Formate sind und neuere Software die älteren Formate problemlos lesen kann.*

7.1.1 Aufzeichnungsformate

Unter dem *Aufzeichnungsformat* soll das Format verstanden werden, mit dem ein Datenträger beschrieben wird. Es handelt sich also um ein Hardwareformat. Im DMS-Umfeld sind hierbei insbesondere die Aufzeichnungsformate von Wechselmedien wie etwa Bändern, Streamern und optischen Platten zu betrachten.

Während es bei Bändern, Streamern und Kassetten zwar eine größere Zahl von Technologien gibt, ist doch innerhalb einer Technik eine große Kompatibilität zwischen den Geräten verschiedener Anbieter vorhanden. So kann bisher praktisch jedes Daten-DAT-Laufwerk zumindest alle DAT-Bänder auf dem Markt bis zu seiner eigenen maximalen Aufzeichnungsdichte lesen und in der Regel auch beschreiben.

Diese positive Situation gilt leider nicht für die optischen Platten. So bot z.B. nur Kodak 14"-WORM-Platten an. Auch im 12"-Bereich benutzt praktisch jeder Anbieter ein anderes Aufzeichnungsverfahren – was sich u.a. in den unterschiedlichen Speicherkapazitäten widerspiegelt. Zwar benutzen die meisten Anbieter standardisierte Formate – aber die Vielzahl der definierten Standards macht diese nutzlos. So verwenden z.B. die Firmen Sony, Plasmon, Filenet und ATG verschiedene Techniken und Standards.

Besser sieht die Kompatibilität bei den 5¼-WORM- und MO-Systemen aus. Zwar gibt es auch hier mehrere unterschiedliche Techniken – etwa vier mit Marktrelevanz –, doch ist die Zahl kleiner und die Anzahl der Anbieter kompatibler Laufwerke und Datenträger wesentlich höher. So setzen z.B. die DMS-Anbieter Filenet, HP, IBM, IXOS, SER und zahlreiche weitere Firmen kompatible Laufwerktypen im 5¼-WORM-Bereich ein.*

* Diese Kompatibilität bezieht sich leider nicht auf die verwendeten Dateisystemformate!

Eine sehr hohe Kompatibilität ist für 3½"-Laufwerke vorhanden. Hier gibt es praktisch nur ein einziges Format. Dies gilt ebenso für die heutigen CDs und DVD-ROM. Bei ihnen kann sogar von einer Dateiformatkompatibilität ausgegangen werden. Bereits für die zahlreichen weiteren DVD-Formate gibt es jedoch erhebliche Inkompatibilitäten.

Laufwerke einer neuen Generation (der gleichen Technologie) beherrschen in der Regel die Formate der zwei vorhergehenden Generationen – zumindest was das Lesen betrifft. So können die neueren optischen 9,1-GB-Laufwerke die 1,3- und 2,6-und 5,2-GB-Formate lesen und beschreiben, während sie das 650-MB-Format nur noch lesen, jedoch nicht mehr schreiben können (in einer Technologielinie). Auch die DVD-Laufwerke können noch die älteren CD-Formate lesen – was bei der Verabschiedung des Standards eine wesentliche Kompatibilitätsforderung der IT-Industrie war. Diese Abwärtskompatibilität neuer Techniken ist bei der Langzeitarchivierung als wesentlicher Faktor zu betrachten!

7.1.2 Dateisystemformate

Selbst bei kompatiblen Datenträgern bzw. Aufzeichnungsformaten ist die Austauschbarkeit der Datenträger zwischen zwei unterschiedlichen Archivsystemen noch nicht sichergestellt. Ursache dieses Missstands sind unter anderem die unterschiedlichen Dateisystemformate, die zur Ablage von Dokumenten verwendet werden.

WORM-Platten erfordern eine besondere Art von Dateisystem. Dies liegt daran, dass Blöcke auf ihnen nur einmal beschrieben und auch nicht mehr überschrieben werden können. Da bei der Markteinführung der WORM-Platten keine Standards für solche Dateisysteme existierten, waren die Archivsystemanbieter gezwungen, eigene Lösungen zu erarbeiten. Hieraus entstand eine große Anzahl inkompatibler Formate.

Lediglich für die CD stand mit ISO 9660 und für die DVD mit UDF (ISO 13346) bereits mit der Markteinführung ein standardisiertes, von allen Anbietern unterstütztes Dateisystemformat zur Verfügung.

UDF bzw. ISO 13346 ist ein Dateisystem für optische Platten, welches zunehmend auch in optischen Archiven Verbreitung findet.

Seit 1996 liegt mit UDF (*Universal Disk Format*) als ISO 13346 ein Dateisystemformat für optische Datenträger vor und wird von allen neueren Betriebssystemen unterstützt. Er wird bisher außerhalb der DVD (und im Consumer-Markt für CD-RW) wenig eingesetzt, da die Anbieter aus Kompatibilitätsgründen gezwungen sind, ihre alten Formate weiterhin zu pflegen.

Die Dateisysteme auf Magnetplatten werden bisher vom eingesetzten Betriebssystem bestimmt (z.B. FAT, FAT-32, NTFS, EXT-2, JFS, ...) und befinden sich in einer ständigen Fortentwicklung. Eine Vereinheitlichung über mehrere Systeme hinweg ist auch mittelfristig nicht zu erwarten. Teilweise optionale Zusatzmodule gestatten hier oft das Dateisystem (-format) eines fremden Betriebssystems zu verarbeiten – oft jedoch nur mit gewissen Einschränkungen – ein potentielles Problem bei File-Servern, die häufig Dateisysteme mehrerer unterschiedlichere Rechner hosten.

7.2 Dateiformate

Das Dateiformat eines Dokuments (oder einer Information) ergibt sich aus

- ❑ den Formatmöglichkeiten, welche die informationserzeugende Applikation unterstützt,
- ❑ Art und Inhalt der Information sowie
- ❑ Aspekten der weiteren Nutzung und Archivierung.

Mit der Wahl des Dateiformats zur Abspeicherung muss sichergestellt werden, dass die Daten bzw. deren Formate auch nach längerer Zeit noch gelesen bzw. interpretiert werden können. Daneben müssen sie von allen verwendeten Applikationen, die darauf zugreifen sollen, beherrscht werden.

Denkt man beispielsweise an Textverarbeitungssysteme wie MS-Word, so ändern sich zumindest die Binärformate, die zur schnellen Abspeicherung benutzt werden, von Version zu Version. Dies geschieht zwar zumeist aufwärtskompatibel, aber über mehrere Versionen hinweg* kann es passieren, dass weiter zurückliegende Formate nicht mehr direkt oder nicht mehr vollständig interpretiert werden können.

** Neue Versionen von Applikationen folgen einander etwa alle ein bis zwei Jahre.*

Selbst ein Standard wie etwa XML wird ständig weiterentwickelt, wobei eine theoretische Aufwärtskompatibilität sichergestellt sein sollte. Dies verhindert jedoch nicht, dass eventuell eine neuere Softwareversion (einer Applikation) das ältere Format nicht mehr beherrscht. Es ist sogar damit zu rechnen, dass während der geplanten Nutzungsdauer von Daten das Anwendungsprogramm ausgetauscht wird, da z. B. eine andere, neuere Applikation Vorteile mit sich bringt oder die Unterstützung einer Anwendung eingestellt wurde.

Selbst wenn man zur Abspeicherung moderne standardisierte Dateiformate einsetzt, die sowohl von der alten als auch von der neuen Anwendung beherrscht werden sollten, kann es zu Problemen kommen. Einige Standards sind nämlich derart komplex, dass viele Produkte nur eine Untermenge des Standards implementieren; der von zwei Applikationen wirklich verstandene Teil braucht also nicht identisch zu sein. Auch unterscheiden sich zuweilen die Interpretationen einzelner Details von Anbieter zu Anbieter.

In anderen Fällen lassen Standards gewisse Freiheiten, die je nach Hersteller unterschiedlich genutzt werden. Beispielsweise müssen die TIFF-Dateien, die Programm A erzeugte, nicht vollständig vom Programm B übernommen werden, da z. B. TIFF-Version 6 etwa 32 unterschiedliche Bitmap-Formate definiert, die kaum ein Produkt alle vollständig unterstützt.

Mit diesen Aussagen sollen die Standards nicht als unbrauchbar hingestellt werden. Man muss sich jedoch der eventuell vorhandenen Komplikationen bewusst sein, statt einer Kompatibilitätsaussage blind Glauben zu schenken.

Datenformate sind häufig geschachtelt. So bietet z. B. TIFF eine Art Container für die darin abgelegten Informationen. Es können in einer TIFF-Datei unterschiedliche Komponenten mit unterschiedlichen Einzelformaten vorkommen.

Die Basisformate werden weitgehend durch die Art der Information bestimmt. Einfacher Text wird vielfach als eine Byte-Folge in einem Textkode wie ASCII, EBCDC, dem PC-Zeichenkode oder im Unicode abgelegt. Wird der Text mit einem Textverarbeitungssystem erstellt, packt dieses eine ganze Reihe weiterer Information hinzu, wie etwa Font-Definitionen, Schriftgrößen, spezielle Absatzformate und Ähnliches. Zumeist bieten solche Pakete auch vier Speicherformate:

Die binären Applikationsformate unterstützen alle Möglichkeiten der Applikation.

A) **Interne Applikationsformate**
Diese Formate sind meist binär, unterstützen eine schnelle Weiterbearbeitung der Daten für die Applikation und sind von anderen Applikationen oder dem Anwender oft nicht direkt lesbar. Sie sollen alle Möglichkeiten der Informationen unterstützen, welche die Applikationen abspeichern möchten. Die Binärformate von MS-Word, FrameMaker, Lotus 123 oder eines CAD-Pakets sind Beispiele hierfür.

Die Austauschformate können häufig Fußnoten, spezielle Formatierungen und Grafiken nicht verlustfrei übernehmen.

B) **Externe Repräsentationsformate**
Diese Formate benötigen mehr Platz – oft das Vielfache der Binärformate – enthalten aber die Daten in einem dokumentierten Format (z. B. RTF-, DCA- oder XML), so dass sie auch von anderen Applikationen weiterbearbeitet werden können. Die Weiterentwicklung dieser Formate geschieht deutlich langsamer als beim Typ A. Bei diesen Formaten kann man nochmals zwischen Quasi-Standards wie etwa RTF oder DCA und echten Standards wie etwa SGML, IGES, STEP, HTML oder XML unterscheiden.

C) **Druck- oder Distributionsformate**
Zum Beispiel die Druckformate PostScript, HP-PCL oder das AFP-Format der IBM oder Distributionsformate wie etwa das Microsoft-Win-Help-Format oder PDF (bzw. Acrobat).

D) **Reiner Text**
zum Beispiel in ASCII-, EBCDIC-, IBM-PC- oder einer Unicode-Kodierung. Hier wurden die Formatierungsinformatio-

nen entfernt oder bestehen lediglich aus Tabulatoren sowie aus Zeilen- und Seitenfortschaltungen.

Diese Formate haben ihre spezifischen Vor- und Nachteile und benötigen unterschiedlich viel Speicher. Am Beispiel des vorhergehenden, 30-seitigen Kapitel 6 dieses Buchs, welches mit dem DTP-Paket FrameMaker erstellt wurde, sind dies etwa:

- 224 KB für die interne FrameMaker-Version zuzüglich der Grafiken von etwa 207 KB (d.h. zusammen ca. 15 KB/Seite).
- 968 KB für die externe Darstellungsform in MIF* und 1 142 KB in RTF inkl. Grafiken (d.h. MIF ergibt 29 KB/Seite und RFT ergibt 153 KB je Seite, wobei das MIF-Format die Rasterbilder nicht enthält).
- 4,9 MB für das Kapitel in PostScript oder 528 KB als PDF. (d.h. ca. 153 KB/Seite für PostScript und 16 KB/Seite bei PDF).
- 397 KB für die Speicherung in XML (mit ergänzendem Stylesheet und GIF-Grafiken; d.h. ca. 11,8 KB/Seite).**
  Mit ZIP komprimiert ergeben sich ca. 9,3 KB/Seite.
- 61 KB für die reine ASCII-Form (d.h. etwa 1,9 KB /Seite), wobei alle Formatierungen und Grafiken fehlen.

** MIF ist ein XML-ähnliches Format in ASCII-Kodierung.*

*** Die XML-Auszeichnung hier ist sehr schlicht und als Vergleich nur bedingt tauglich!*

Man sieht, es ergeben sich hier beträchtliche Unterschiede im Speicherbedarf (die CI-Formate sind jeweils unkomprimiert).

Applikationsinterne Formate sind auf eine schnelle Bearbeitung ausgelegt. Hierbei sind häufig zusätzliche Daten wie etwa eine Tastaturbelegung, Änderungsvermerke, interne Verweise und Ähnliches enthalten. Ein Teil dieser Daten ist beim Datenaustausch oder bei einer Langzeitarchivierung überflüssig bzw. unerwünscht.

Neben den bereits genannten gibt es eine Vielzahl weiterer Datenformate. Auf einige von ihnen wird später noch eingegangen.

Zusätzlich bieten einige Applikationen und fast alle Archivsysteme an, die Daten beim Abspeichern zu komprimieren. Dies benötigt etwas längere Zeiten zum Ablegen und Wiederabrufen, spart jedoch im Mittel bei Texten etwa 40 % bis 70 % des Speicherbedarfs, bei Rasterbildern bis zu 95 %. Die nachfolgenden Abschnitte gehen noch genauer auf das Thema Datenkomprimierung ein.

TIFF-G4-SW mit

200 dpi:	*38 KB/Seite*
300 dpi:	*58 KB/Seite*
Frame:	*5,1 KB/Seite*
Word 6:	*10 KB/Seite*
MIF:	*23 KB/Seite*
PS:	*63 KB/Seite*
PDF:	*16 KB/Seite*
RTF:	*15 KB/Seite*
HTML:	*5,3 KB/Seite*
*XML:***	*5,4 KB/Seite*
ASCII:	*1,9 KB/Seite*

jeweils ohne Rasterbilder

Das DM-System sollte das Format eines Dokuments speichern (sowie eventuell die Format-Version), so dass es später wieder korrekt angezeigt werden kann – entweder durch den Viewer des DM-Systems oder über die Verknüpfung mit einer entsprechenden anderen Anwendung.

➪ Das DMS sollte das Format eines Dokuments speichern!

Compound-Dokumente

Ein *Compound-Dokument* ist ein Dokument, das neben reinem oder strukturiertem und mit Auszeichnungen versehenem Text noch weitere Informationselemente enthält. Dazu gehören auch Tabellen, Formeln und Grafiken. Bei Grafiken wiederum unterscheidet man Objektgrafiken und Rastergrafiken. Auch Business-Grafiken oder Rechenblätter kommen als weitere Informationskomponenten in Frage. Dies alles sind Komponenten, wie sie für anspruchsvollere Bürodokumente, Kataloge und technische Dokumentationen notwendig sind. Die meisten neueren Pakete für Textverarbeitung, Dokumentation oder DTP unterstützen zumindest eine beschränkte Form solcher *Compound*-Dokumente, die auch als *Mixed-Mode-Dokumente* bezeichnet werden.

Neuere Ansätze sehen zusätzlich Audio- und Video-Informationen vor. Dabei entsteht das Problem der Synchronisation der Ausgabe – etwa von Ton und Bild.

Von den De-jure- und De-facto-Standards erlauben sowohl SGML (als Struktursprache), ODA (heute weitgehend ohne Bedeutung) als auch CALS solche Compound-Dokumente. Neuere Standardformate sind HTML und XML. Sie legen den Inhalt eines Dokuments in mehrere getrennte Dateien ab (HTML, Stylesheets (CCS), Rastergrafiken).

Ein weiteres verbreitetes Compound-Format stellt PDF dar, dessen Spezifikation zwar offengelegt ist, dessen Kontrolle und Weiterentwicklung jedoch in der Hand von Adobe liegt. Auch das von Microsoft kontrollierte RTF und das von IBM stammende DCA zählen zu den Compound-Formaten.

Die Einbettung von Dokumentkomponenten über den OLE- bzw. DCOM-Mechanismus von Microsoft oder dem gescheiterten OpenDoc-Konzept von Apple/IBM ist elegant, für eine Langzeitspeicherung jedoch problematisch, da die notwendigen Objektverknüpfungen später für die Darstellung wieder korrekt hergestellt werden müssen.*

** Auch ist die Kompatibilität solcher Dokumente über unterschiedliche Betriebssysteme und BS-Versionen hinweg sehr problematisch!*

Auch elektronische Signaturen sind als Dokumenten-Komponente zu betrachten. Sie können sowohl als Teil des Dokumentenformats vorhanden sein (wie z. B. bei PDF) oder als separates Element verknüpft sein.

7.2.1 Datenkodierung

Innerhalb eines der nachfolgenden Dateiformate (Datenstrukturierungen) können Daten immer noch unterschiedlich kodiert werden. Am offensichtlichsten ist dies bei der Kodierung von Texten. Während sich hier in der UNIX-Welt für einfache Texte zunächst das ASCII-Format etabliert hat, wird in Europa vielfach der erweiterte ASCII- bzw. der ISO-8859/1-Zeichensatz (bzw. dessen Kodierung) verwendet. Er enthält über den ASCII-Zeichensatz hinaus, welcher z.B. die deutschen Umlaute und das ›ß‹ nicht kennt, zusätzlich die meisten westeuropäischen Zeichen. Auf den unterschiedlichen PC-Betriebssystemen haben sich weitere Zeichensätze etabliert.

Mit Windows NT sowie MAC/OS wird dort, wo erweiterte oder andere Zeichensätze benötigt werden – z. B. für Osteuropa und den asiatischen Raum – zunehmend *Unicode* eingesetzt. Er verwendet eine 16-Bit-Kodierung pro Zeichen (in der UTF-16-Variante) und kann, wo dies nicht ausreicht, auch in einer 32-Bit-Einstellung eingesetzt werden. Der Unicode-Standard gestattet die Kodierung jedoch nicht nur mit einer festen Anzahl von Byte je Zeichen, sondern auch variable Kodelänge, welche vielfach kompakter ist, jedoch aufwändiger zu verarbeiten.

Für die Kodierung von Text setzt sich Unicode (ISO 10646) als Standard durch. Die einzelnen Zeichen werden dabei in 8–64 Bit kodiert. Unicode 2.0 hat einen Zeichenumfang von 65 536 Zeichen und deckt damit nicht nur praktisch alle Alphabete, sondern auch zahlreiche Symbole ab. Unicode 3.x hat diesen Zeichenumfang nochmals erweitert.

In der Mainframe-Welt herrscht hingegen noch der EBCDIC-Kode vor, zu dem – ähnlich wie auf den älteren PC-Systemen – noch die verwendete *Codepage* anzugeben ist.

Insbesondere bei reinem Text, der in CI-Form gespeichert wird, sollte der verwendete Zeichensatz (oder die Codepage) mit abgespeichert werden. Erst dies gestattet später oder in einer anderen Arbeitsumgebung, den Text korrekt zu interpretieren und darzustellen. Speichert das Dateiformat nicht explizit die verwendete Kodierung, so müssen die notwendigen Angaben als Teil der Dokumentenattribute gespeichert werden. Diese Forderung wird leider oft ignoriert.

Gespeicherte Binärwerten (z. B. Messreihen, CAD-Daten) weisen eine ähnliche Kodiervielfalt wie Texte auf. Auch hier ergibt sich durch unterschiedliche Systeme, Plattformen, Darstellungsgenauigkeiten (etwa 32-, 64- oder 80-Bit-Gleitkommazahlen, unterschiedliche Bytereihenfolgen, Abkürzungen und Ähnliches) eine große Varianz, die insbesondere beim Transport zwischen Systemen zu beachten bzw. in einer Beschreibung festzuhalten ist.

Eine weitere Kodierungsvielfalt entsteht durch unterschiedliche Komprimierungsverfahren.*

** Siehe hierzu Abschnitt 7.6.*

7.3 Vergleich von CI und NCI

Bei rechnerintern gespeicherten Daten werden zwei Klassen von Informationen unterschieden:

A) **Information, die so kodiert ist, dass sie vom Rechner einfach interpretiert und weiterverarbeitet werden kann.**
Zu dieser Klasse gehören typischerweise in einem Standardkode wie ASCII, EBCDIC oder ISO-8859/1 gespeicherte Texte oder numerische Werte mit bekannter Kodierung. Auch die Texte eines Textverarbeitungssystems, das eigene Kodierungen bzw. Formate verwendet, Rechenblätter aus einem Tabellenkalkulationsprogramm oder einem programmspezifischen Format oder Zeichnungen in einem CAD- oder Vektorformat gehören dieser Klasse an.
Solche Information wird als ›*kodierte Information*‹ bezeichnet. Der englischen Begriff hierfür ist ›*Coded Information*‹ oder kurz **CI**.

B) **Information, die unkodiert bzw. unstrukturiert gespeichert ist.**
Dies bedeutet nicht, dass zur Speicherung kein Format oder Kode verwendet wurde, sondern, dass die Information erst durch eine Interpretation durch den Anwender (in der Darstellung, bei akustischer Information beim Abspielen bzw. Anhören) Sinn erhält oder erst durch spezielle Umwandlungen wie eine Texterkennung oder einer Raster-Vektorkonvertierung informationsbezogen weiterverarbeitet werden kann. Eingescannte Dokumente, die als Rasterbild abgelegt sind und digitale Audio-Aufzeichnungen gehören zu dieser Klasse von Informationen.
Diese Informationsklasse wird *unkodierte Information* oder englisch *Non Coded Information* genannt oder kürzer **NCI**.

Die Darstellung in Abbildung 7-1 zeigt vereinfacht die Unterschiede der beiden Darstellungsformen, wobei in der CI-Darstellung nochmals zwischen einer kompakten Binärform und der einfacher interpretierbaren oder speicheraufwändigeren ASCII-Kodierung unterschieden wurde.

Vor- und Nachteile von CI und NCI

Beide Arten von Informationen haben ihre spezifischen Vor- und Nachteile, die sich jedoch überwiegend aus der Art der Erfassung oder Erzeugung ergeben. So liefert ein Scanner zunächst nur Raster-

Der Wert ›123‹ als

Binärwert: 01111011 (1 Byte)

ASCII-Folge: 00000001 00000010 00000011 (3 Byte)

Raster-Image: (90 Byte)

Abb. 7-1
Beispiel für unterschiedliche Formen der Darstellung der Zahl ›123‹. Bei der Repräsentation als Rasterbild wurde immer noch ein sehr grobes Raster gewählt!

daten – also eine NCI-Form. Wird hingegen ein Text am Rechner erstellt oder sogar maschinell als Bericht erzeugt, so liegt er automatisch als kodierte Information in einem durch die erzeugende Anwendung vorgegebenen CI-Format vor. Im Einzelfall ist dabei zu entscheiden, ob eine Wandlung von NCI nach CI für eine weitere Bearbeitung (z. B. für eine Indizierung im Rahmen einer Volltextrecherche) oder von CI nach NCI (z. B. für die Langzeitspeicherung im Archiv) sinnvoll ist.

Vor- und Nachteile von ›Non Coded Information‹

Zumeist wird Information dann unkodiert gespeichert, wenn Daten aus externen Quellen erfasst und ohne weitere Bearbeitung zunächst im Rechner abgelegt werden oder wenn die Information als Bewegtbildfolge oder als akustische Information dargeboten werden soll (die Komprimierung soll nicht als Weiterverarbeitung betrachtet werden). In dieser Form lässt sich die Information leicht reduzieren, beispielsweise indem man bei einem Rasterbild die Auflösung herabsetzt oder bei Audio-Daten die Abtastfrequenz verkleinert.

NCI-Formate wie TIFF oder Fax-G4 unterliegen weniger Änderungen als die meisten CI-Formate.

Dieser Datentyp ist in vielen Fällen einfach für die Ausgabe aufzubereiten. Für den Anwender ist sie bei der Ausgabe bzw. der Darstellung ohne Probleme interpretierbar. Ihr Nachteil ist der zumeist große Speicherbedarf. Auch kann ihre Struktur fast immer nur nach einer vorhergehenden Umwandlung in eine CI-Form maschinell bearbeitet werden.

In Einzelfällen gestattet das NCI-Format eine verdichtete, kompaktere Informationsdarstellung als das CI-Format. Als Beispiel sei das Rasterbild einer CAD-Zeichnung aufgeführt, bei der im CAD-Format zahlreiche Zusatzinformation stecken können: Angaben zur Maßtolleranzen, Verweise auf Stücklisten usw., welche das Dateivolumen unnötig aufblähen.

Durch ihre, zumindest im unkomprimierten Format, einfachere Struktur unterliegen die Formate für NCI-Informationen deutlich langsameren Modifikationen als die in CI-Formaten.

Vor- und Nachteile von ›Coded Information‹

Für die maschinelle Bearbeitung ist ein CI-Format ideal. Es lässt sich – eine entsprechende Applikation vorausgesetzt – editieren und erweitern; Teile lassen sich herausgreifen; es kann verlustfrei transformiert werden.* Die CI-Formate sind zumeist weit kompakter als ein entsprechendes NCI-Format – zumindest in deren unkomprimierter Form. Diese Vorteile machen in einigen Situationen die Konvertierung von NCI- in CI-Formate sinnvoll. Dies geschieht z. B. bei zunächst als Image erfassten Texten mittels einer OCR-Umwandlung.

** Dies wäre beispielsweise der Austausch der Schriftart oder der Schriftgröße bei einem Textdokument.*

Für die Interpretation durch den Anwender muss die Information in der Regel zur Darstellung auf dem Bildschirm oder zur Ausgabe auf einen Drucker in ein NCI-Format (z. B. als Bild auf einem Rasterbildschirm) konvertiert werden.

7.3.1 Speicherbedarf bei CI und NCI

Der Speicherbedarf von CI- und NCI-Informationen wird von der Art der Information, deren Struktur und den verwendeten Dateiformaten bestimmt. Auch eventuell benutzte Komprimierungsverfahren beeinflussen in starkem Maße die notwendige Speichergröße.

Bei der Planung eines DM-Systems benötigt man jedoch Anhaltswerte, mit denen sich der Bedarf zumindest grob abschätzen lässt, wie folgende Darstellung aufzeigt. Im Einzelfall ist es jedoch immer besser, diese Eckdaten aus den eigenen, bereits vorhandenen Daten zu ermitteln. Insbesondere bei NCI-Daten sollten Tests mit realistischen Vorlagen durchgeführt werden, da hier leicht Abweichungen um den Faktor 2 bis 4 möglich sind.

Der Speicherbedarf für eine größere Anzahl von Objekten bzw. Dokumenten oder Dateien lässt sich wie folgt berechnen:

Speicherbedarf:

eigentliche Daten
\+ Dateistruktur (ca. 2–5 %)
\+ Verschnitt durch Blockung (im Mittel: ½ Block)
\+ Dateikopf (ca. 512 Byte pro Datei)
\+ Overhead des Dateisystems (ca. 2 bis 5 %)

Die Rechnung lässt sich etwas vereinfachen:

Faustformel:

Nettodaten + 6 % bei Dateien ab 35 KB
oder
Nettodaten + 2 KB bei kleinen Dateien

Hierbei ist bei kleineren Dokumenten bzw. Dateien und bei Nutzung von WORM-Archiven die Blockgröße der WORMs zu beachten. Sie liegt bei 12" oder 14"-WORM teilweise bei 4 KB oder sogar 8 KB. Selbst eine kleine Textdatei mit etwa 500 Bytes belegt hierauf also etwa 8 KB (4 KB für die Datei und 4 KB für den Dateieintrag).

Zusätzlicher Speicher für Dateistruktur und Blockung

Zu den eigentlichen Kerndaten (z.B. bei binär gespeicherten Zahlenwerten) kommt zusätzlicher Speicheraufwand, der von der Dateistruktur und vom Dateisystem in Anspruch genommen wird. Dieser Anteil ist bei kleinen Dateien prozentual größer als bei großen. Wird beispielsweise, wie auf Platten üblich, eine Blockgröße von 1 KB benutzt, so ist die Dateigröße immer ein Vielfaches von 1 KB. Eine Datei, deren Inhalt also nur 25 Byte lang ist, belegt trotzdem 1 KB Speicher.* Bei größeren Dateien (ab 35 KB) kann man hier von einem zusätzlichen Speicherbedarf von ca. 6 % ausgehen. Bei zahlreichen sehr kleinen Dateien kann dieser Overhead im Mittel bis zu 200 % ausmachen!

** zuzüglich des Dateikopfs*

Textdateien

Bei Textdokumenten wird das Datenvolumen von der Seitengröße, der mittleren Textmenge pro Seite und vom verwendeten Format bestimmt. Geht man von einer mittleren Zeichenzahl von etwa 2000 bis 3000 Zeichen pro A4-Seite aus, so ergibt sich grob der in Tabelle 7-1 aufgeführte Bedarf.

Binärdaten, Messwerte, Zahlenkolonnen

Reine Zahlenberge lassen sich recht kompakt speichern, entweder als Ziffernfolge oder als Folge von Binärwerten. In beiden Fällen bestimmt die notwendige Zahlenlänge bzw. die erforderliche Genauigkeit die Speicherlänge. Werden zu den reinen Daten spezielle Kennungen abgelegt, so kann man im Mittel mit einem um etwa 25 % größeren Speichervolumen rechnen. Hier können die Angaben in Tabelle 7-1 einer ersten Hochrechnung dienen.

CAD-Daten

Der Platzbedarf für CAD-Daten kann extrem schwanken. Er wird bestimmt vom Speicherformat und der Art und Komplexität der Konstruktion. Handelt es sich beispielsweise um eine Variantenkonstruktion, so ist bei ihr die eigentliche Konstruktion zumeist in einer Basiskonstruktion oder dem CAD-Programm selbst hinterlegt, und es müssen nur wenige Daten zur Parametrisierung abgelegt werden.* Werden in einer Konstruktion viele Normteile verwendet, so ist die Normteildatei ebenfalls nur einmal zu speichern. Die Konstruktion enthält dann nur Verweise auf die Normteile. Bei dieser Art von Beziehungen über Dateien hinweg sind jedoch besondere Überlegungen bzw. Ablagemechanismen beim Archivieren vorzusehen.

** Die Basiskonstruktion ist nur einmal pro Variantengruppe zu speichern.*

Einen ersten Anhaltspunkt ergibt die Anzahl der Elemente (Linien, Kreise, Normteile). Multipliziert man diese Zahl mit etwa 20 bis 40 Byte, so ergibt sich eine ungefähre Größenordnung der CAD-Datei. Eine A0-Zeichnung mittlerer Komplexität hat damit einen typischen Speicherbedarf von etwa 3 bis 6 MB. Dies kann von System zu System schwanken.

Unkomprimierte NCI-Dokumente

Bei NCI-Dokumenten bestimmt die Auflösung und die Informationstiefe pro Einheit das Volumen. Für unkomprimierte Rasterbilder ergeben sich für die unterschiedlichen DIN-Seitenformate etwa die Werte von Tabelle 7-2.**

*** Eine erweiterte Tabelle ist im Anhang A zu finden.*

Bei Rasterdaten steigt der Speicherbedarf mit dem Quadrat der Auflösung. Bei den Farbbildern wurde ein RGB-Farbformat mit 8 Bit pro Grundfarbe (Rot, Grün und Blau) angenommen.

Die in Tabelle 7-2 genannten Werte gelten nur für unkomprimierte Rasterbilder. Diese treten in dieser Form höchstens bei der Verarbeitung in der Applikation auf – wobei selbst hier intelligente

Tabelle 7-1
Speicherbedarf unterschiedlicher Datenarten

Art der Daten	Speicherplatzbedarf
Text	
reiner Text	ca. 2,5 KB/A4-Seite*
im Textsystem	ca. 3,5 KB/A4-Seite*
im DTP-System	ca. 6,8 KB/A4-Seite*
im DTP-Austausch-Format	ca. 10–30 KB/A4-Seite*
erzielbare Komprimierung	auf ca. 40%–60%
Binärdaten, Messwerte, Zahlenkolonnen	
binäre Ganzzahlwerte	2 oder 4 Byte pro Wert
binäre Gleitkommawerte	4 oder 8 Byte pro Wert
Ganzzahlwerte als Ziffern	4–10 Byte pro Wert
Gleitkommazahlen	6–14 Byte pro Wert
erzielbare Komprimierung	auf ca. 40%–70%
CAD-Daten	
Basiselemente	ca. 16–32 Byte pro Element
einfache Zeichnung	ca. 2–4 MB (A4-Zeichnung)
komplexe Zeichnung	ca. 3–8 MB (A4-Zeichnung)
erzielbare Komprimierung	auf ca. 40%–60%

* DIN-A4-Seite mit Text bei einer 8-Bit-Zeichenkodierung

Applikationen auf teilkomprimierten Formaten oder nur auf Ausschnitten operieren. Für die Bestimmung der Kapazitäten zur Ablage und zum Transport im Netz ist der Speicherbedarf der komprimierten Dokumente wesentlicher. Diese sind im Anhang A.1 in Tabelle A-2 zu finden.

Komprimierte NCI-Dokumente

NCI-Dokumente werden, zumindest wenn es sich nicht um sehr kleine Formate handelt, fast nur komprimiert abgelegt und transportiert. Abschnitt 7.6 geht ausführlicher darauf ein.

Die erzielbare Komprimierung hängt von verschiedenen Faktoren ab. Tabelle A-2 im Anhang** gibt deshalb jeweils einen Bereich an, der für typische NCI-Dokumente in komprimierter Form. In extremen Fällen kann der Speicherbedarf jedoch nach oben oder unten beträchtlich abweichen. Man sollte deshalb bei großen Doku-

** Siehe hierzu Anhang A.1, Seite 671.

mentenmengen Versuche mit den eigenen typischen Dokumenten durchführen, um deren mittleren Speicherbedarf zu ermitteln.

Tabelle 7-2 Datenvolumina von unkomprimierten Image-Seiten bei unterschiedlichen Auflösungen: Angaben zu komprimierten Dokumenten sind in Tabelle A-2 im Anhang A-1 zu finden.

	Speicherbedarf unkomprimierter Daten in MB beim Vorlagenformat				
Auflösung	**A4**	**A3**	**A2**	**A1**	**A0**
200 dpi, S/W	0,5	0,9	1,9	3,7	7,4
300 dpi, S/W	1,1	2,1	4,2	8,3	16,7
400 dpi, S/W	1,9	3,7	7,4	14,8	29,6
150 dpi, 256 Graustufen	2,1	41,5	8,3	16,7	33,3
200 dpi, 256 Graustufen	3,7	7,4	14,6	29,6	59,2
300 dpi, 256 Graustufen	8,3	16,6	33,2	66,5	133,0
150 dpi, 24-Bit-Farbbild	6,3	12,6	24,9	49,9	99,8
200 dpi, 24-Bit-Farbbild	11,1	22,2	44,3	88,6	177,4
300 dpi, 24-Bit-Farbbild	24,9	49,8	99,6	199,2	398,4

Die Entwicklung der Komprimierungsverfahren ist keinesfalls abgeschlossen. Insbesondere bei den verlustbehafteten Formaten geht die Entwicklung ständig weiter (siehe hierzu Abschnitt 7.6.3.2). Ziel dieser Entwicklungen ist es, neben einer besseren Komprimierung die sichtbaren Verluste (bei Bildern und Video) oder die hörbaren Verluste (bei Audio) zu verringern und so zu gestalten, dass sie Schwächen der menschlichen Systeme (Auge und Ohr) nutzen.

In der Regel lohnt es sich in einem DM-System jedoch nicht, einmal komprimierte Daten erneut zu komprimieren. Gerade bei verlustbehafteten Verfahren sollte möglichst vom Original bei der Komprimierung ausgegangen werden, da sich sonst die Informations- bzw. Qualitätsverluste addieren können.

7.4 De-jure- und De-facto-Standards

Legt man das Augenmerk auf die Speicherung und die Bearbeitungsmöglichkeiten über einen langen Zeitraum hinweg und unter Umständen auf heterogenen Systemen, so liegt es nahe, zumindest zur Speicherung, zum Datenaustausch und eventuell auch in den Verarbeitungsphasen standardisierte Formate zu benutzen.

Da diese Formate jedoch selten ideal zu verarbeiten sind – weil sie nicht kompakt genug, nicht geeignet kodiert sind oder weil sich die komprimierte Form des Formats nicht zur direkten Bearbeitung eignet –, entfallen bereits viele Standardformate zur eigentlichen Bearbeitung, und ihr Einsatz beschränkt sich auf den Datenaustausch.

Ein Problem vieler standardisierter Datenformate liegt zusätzlich darin, dass sie entweder zu einfach sind, um die Information mit allen Einzelheiten aufzunehmen oder die Standardisierung noch nicht abgeschlossen oder realisiert ist. Andere neuere Standards sind dabei so komplex, dass sie heute häufig nicht vollständig und von verschiedenen Anbietern unterschiedlich interpretiert bzw. implementiert sind – hierzu zählen z.B. IGES, STEP, SGML, ODA und CALS. IGES und STEP sind Austauschformate für CAD-Daten, ODA ist ein Austauschformat für Bürodokumente und CALS ist ein Format für den Austausch von Angeboten und technischen Beschreibungen.

Zu ODA siehe Seite 304, zu CALS Seite 307.

Standardformate haben, insbesondere wenn es sich um Austauschformate handelt, vielfach den Nachteil, viel Speicher in Anspruch zu nehmen. Dies kann nur durch Komprimierung aufgefangen werden. Dann müssen diese Austauschformate zu einer Bearbeitung (zum Editieren) in das interne Format der Bearbeitungssoftware konvertiert werden – ein Vorgang, der teilweise erheblich Zeit in Anspruch nimmt. Diese Aussage soll nicht die Funktion solcher Standards abwerten, jedoch auf potentielle Probleme hinweisen.

Neben den national oder international verabschiedeten Formaten für den Austausch von Textdokumenten und NCI-Daten gibt es eine Vielzahl von Formaten zum Austausch aufgabenbezogener Daten, wie etwa im Elektrotechnikbereich oder für den Geschäftsverkehr und den Produktionsbereich (z.B. EDIFACT). Die Vorreiterrolle bei der Entwicklung der meisten Formate übernimmt die USA mit ihren verschiedenen Normungsgremien. Amerikanische Standards sind im Vergleich mit den europäischen oft pragmatischer und weniger perfektionistisch. Als Beispiel mag das in Europa entstandene ODA-Format gelten, an dem so lange gefeilt wurde, bis es schließlich in der Bedeutungslosigkeit versank, da es von Formaten wie HTML und XML ersetzt wurde. Diese bieten zwar bei weitem nicht alles, was ODA abdeckte, es gab jedoch sehr schnell Produkte und Anwendungen, die diese Formate in nützlicher Art einsetzen.

Viele Standards für den Themenbereich *DM-Systeme* stammen daher aus den Aktivitäten von IEEE, ANSI, IETF und AIIM.*

* *Diese Abkürzungen sind im Glossar beschrieben.*

Die genauere Diskussion dieser Daten- und Dateiformate würde den Rahmen dieses Buchs sprengen. Aus diesem Grunde sollen nur einige Text- und Rasterformate pauschal angesprochen werden.

De-facto-Standards (Quasi-Standards)

Neben den echten, d. h. von einem Normungsgremium verabschiedeten Standards (auf die etwas später eingegangen wird), gibt es eine Reihe von firmenspezifischen Formaten, die den Status eines De-facto-Standards erreicht haben. Ihre Verbreitung ist zuweilen weiter als die von echten Standards, haben sie doch ihre Tauglichkeit bereits im praktischen Einsatz bewiesen.

Solche Quasi-Standards, die in Archivierungs- und DM-Systemen eine Rolle spielen, sind beispielsweise das bereits mehrfach erwähnte TIFF-Format, HPGL als Plot-Ausgabeformat, welches von fast allen CAD-Paketen unterstützt wird, HP-PDL zur Druckausgabe auf preiswerten Laserdruckern (ohne PostScript-Fähigkeiten), die bereits diskutierte Faxkomprimierung, das Lotus-123-Format zum Austausch von Daten aus Tabellenkalkulationen oder RTF (von Microsoft) und DCA (von IBM) zum Austausch zwischen Textverarbeitungs- und DTP-Systemen oder PDF zum Austausch formatierter Dokumente.

Beispiele für Formate, die beim Dokumenten-Management eine Rolle spielen können, sind:

ASCII	Textkodierung (7/8 Bit), insbesondere unter UNIX sehr verbreitet
HTML	*Hypertext Markup Language* – das Standardformat von WWW-Dokumenten im Internet. Das Format unterstützt Text, Grafiken und Tabellen.
XML	*Extensible Markup Language* (siehe Seite 296) – ein Format mit einem extrem breiten Einsatzspektrum
DCA	IBM-spezifisches Compound-Format für Bürodokumente (verliert an Bedeutung)

PDF	*Portable Document Format* (auch als Acrobat-Format bezeichnet) – ein von Adobe entwickeltes Compound-Format zur Dokumentendistribution
AFP	*Advanced Function Presentation Format* – im IBM-Umfeld ein druckerneutrales Darstellungsformat
HP-PCL	*Printer Control Language* – unter Windows und UNIX neben PostScript weit verbreitetes Druckerformat von Hewlett-Packard* Als Speicherformat hat es keine Bedeutung.
TIFF	*Tagged Image File Format*, insbesondere im DTP- und Archivierungsbereich verbreitet
GIF	*Graphic Image File Format* aus dem CompuServe und Internet-Umfeld
PNG	*Portable Network Graphics Format*, als Ablösung für GIF im Internet vorgesehen
PCX	Grafikformat aus der PC-Welt
PICT	Pixelgrafiken aus der MAC-Welt
JPEG	*Joint Photographics Experts Group Format*
JPEG 2000	Eine moderne Version von JPEG mit höherer Komprimierung und mehr Einstellungsmöglichkeiten
MPEG	*Motion Photographics Experts Group Format*, ein Format für Video- und Audio-Daten (eigentlich ein Komprimierungsverfahren, in speziellen Dateiformaten wie QuickTime oder AVI eingesetzt). Bisher MPEG 1, 2 und 4.
AVI	von Microsoft entwickeltes Multimediaformat für Video- und Audio-Daten
QuickTime	von Apple entwickeltes Multimediaformat für Video- und Audio-Daten
CGM	Grafik-Metafile-Format für Raster- und Liniengrafiken (verabschiedeter Standard)
HPGL	Plot-Ausgabe für HP-Plotter, ein verbreitetes Plotterformat, welches von fast allen CAD-Programmen erzeugt wird
DCX	CAD-Grafikformat der Firma Autocad
IGES	Austauschformat für CAD-Daten
STEP	modernes Austauschformat für CAD-Daten
EDIFACT	(UN/EDI) Austauschformat von Geschäfts- und Produktionsdaten
...	Zahlreiche weitere spezialisierte Formate zum Datenaustausch in speziellen Bereichen.

* *Fast alle Laserdrucker können dieses Format emulieren.*

Eine sehr detaillierte Beschreibung zahlreicher Grafikformate ist in [Murray] zu finden.

7.4.1 Das Faxformat

Da die Faxkomprimierung von Schwarzweiß-Rasterbildern gute Komprimierungswerte ergibt, hat sich die Faxkomprimierung als eine Art De-facto-Standard zur Ablage solcher Dokumente durchgesetzt, und zwar in den beiden Varianten Gruppe 3 und Gruppe 4. Letztere ist komplexer, aber oft kompakter. Da das Faxformat jedoch ein Transportdatenstrom- und kein Dateiformat darstellt, muss im konkreten Fall zusätzlich das Dateiformat bei Dokumenten im Fax-Format definiert werden.

Die Faxbeschreibung geht bisher von Dokumenten bis zur maximalen Breite von A3 und einer Auflösung von 400 dpi aus. Wird ein größeres Format oder eine höhere Auflösung verwendet, muss festgelegt werden, wie lange Zeilen bzw. lange Bitfolgen zu behandeln sind. Eine Möglichkeit besteht darin, das Gesamtbild in kleinere Einzelbilder zu zerlegen – so genannte *Kacheln* oder *Tiles*. Diese werden dann einzeln komprimiert. Man spricht hier auch von einem ›*Tiled Raster File Format*‹. Einen echten Standard hierfür gibt es nicht, in der CALS-Spezifikation ist jedoch ein Vorschlag zu finden.

Es gibt also bisher kein wirkliches Faxdateiformat. Verarbeiten also zwei Produkte ›Faxformat‹, so ist unbedingt ihre Verträglichkeit, d.h. die Verarbeitung eines von beiden beherrschten Dateiformats zu überprüfen.

Eine mögliche Dateiformathülle für Dokumente in einer Faxkomprimierung bietet TIFF an, mit einfachen Komprimierungsverfahren sowie Fax-Gruppe-3 und -4.

7.4.2 TIFF

TIFF steht als Abkürzung für ›*Tag Image File Format*‹. Dies ist ursprünglich eine gemeinsame Entwicklung der Firmen Microsoft und Aldus zur Speicherung von Rasterbildern und Grafiken. Das Format ist sehr vielseitig und kann unterschiedliche Rastergrößen, Rastertiefen, Farbraster und Zusatzinformationen aufnehmen. Das Format unterstützt sowohl reine Schwarzweißbilder, Grafiken mit Grauwerten (z.B. Fotografien) als auch Farbgrafiken im Rasterformat.

Das Format sieht proprietäre Erweiterungen vor. Diese sollten eigentlich bei Aldus registriert und in zukünftigen Beschreibungen berücksichtigt werden. Dies erfolgt jedoch nicht ganz konsequent: Liest eine Applikation eine TIFF-Datei und kommen darin Komponenten vor, die sie nicht verarbeiten kann, so sollte sie diese überlesen und nicht die Bearbeitung abbrechen. Dies kann jedoch dazu führen, dass just die für den Anwender wesentliche Information nicht verarbeitet wird.

Die TIFF-Definition unterstützt ab Version 6 auch Fax-komprimierte Rasterbilder. Es hat sich inzwischen für Schwarzweiß- und Halbtonraster als eine Art Formatstandard entwickelt, der sowohl in der IBM-PC-, der Apple-Macintosh- als auch in der UNIX-Welt von den meisten DTP- und Bildbearbeitungsprogrammen unterstützt wird. Die aktuell gültige TIFF-Beschreibung ist von der Firma Adobe erhältlich. Mit der Übernahme von Aldus ist Adobe nun der *Besitzer* von TIFF. Der Entwurf für TIFF-Version 7 ist – Stand 2002 – im Markt bisher ohne Bedeutung.

Eine TIFF-Datei besteht dabei aus einem Kopfblock, der die Art der Byte-Reihenfolge und die Version der Implementierung angibt und einer Folge von Informationskopfblöcken, in denen neben der Art der Information (den *Tags*) auch die Länge und ein Zeiger auf den Anfang der eigentlichen Informationseinheit (innerhalb der Datei) enthalten ist. Eine TIFF-Datei kann damit mehrere Images auch mit unterschiedlichen Typen enthalten.*

* *Fast alle Laserdrucker können dieses Format emulieren.*

Ein Problem der TIFF-Unterstützung liegt in der sehr großen Anzahl zulässiger Inhaltsformate. So werden zunächst unterschiedliche Farbformate (von bitonal bis zu 24-Bit-Farbtiefe) angeboten. Zu den verschiedenen Formaten kommen unterschiedliche Farbdarstellungen bzw. Farbräume, mehrere Komprimierungsverfahren pro Bildformat und schließlich noch unterschiedliche Byte-Reihenfolgen (Motorola- und Intel-Folge). So ergibt sich eine extrem große Formatvielfalt, die kaum ein Programm in Gänze unterstützt! Ist die Kompatibilität zwischen verschiedenen Anwendungen wichtig, so sollte sie explizit getestet werden.

Schließlich ist es auch möglich, in einer TIFF-Datei mehrere Dokumentenseiten zu speichern – man spricht dann auch von einem *Multi-Page-TIFF*. Dieses Format setzt sich bei Archiven zunehmend für Dokumente mit einer kleineren Seitenzahl durch, da es ökonomischer als eine TIFF-Datei pro Dokumentenseite ist – was bisher bei Archiven noch den Standard darstellt.

TIFF in der Variante TIFF-G4 (d.h. Fax-Gruppe-4-Komprimierung) hat sich inzwischen als Standardformat für bitonale Rasterdokumente in DM-Systemen durchgesetzt. Neben der Fax-Komprimierung für bitonale Images ist das verlustfreie LZW-Komprimierungsverfahren für Halbton- und Farbbilder sehr verbreitet. Der Komprimierungsfaktor ist hier jedoch deutlich kleiner als bei JPEG. Einen verabschiedeten Standard für JPEG-Images in TIFF eingebettet gibt es bisher leider nicht.

7.4.3 GIF und PNG

GIF (*Graphic Image Format*) verdankt seine große Verbreitung dem Einsatz für Grafiken im Online-Dienst CompuServe. Durch die zahlreichen dort vorhandenen kostenlosen Grafiken fand es schnell Einzug in die PC-Welt. Eine noch stärkere Verbreitung erlebte es durch den Internet-Boom, da es zunächst das erste in Web-Browsern unterstützte Rasterformat war und gerade die GIF-Grafiken mit zur Popularität des Internet bzw. des Webs beitrugen.

GIF unterstützt sowohl Schwarzweiß-Halbton-Rasterbilder als auch Farbraster-Images – diese jedoch nur mit einer Farbtiefe von 8 Bit bzw. 256 möglichen Farben aus einer Farbpalette. Feine Farbverläufe lassen sich damit nur schwer darstellen.

Als Handicap von GIF stellte sich ein Patent auf das darin verwendete Lempel-Ziv-Komprimierungsverfahren heraus, für welches die Firma Unisys 1994 Lizenzgebühren geltend machte.

Einige Internet-Entwickler entschlossen sich deshalb, ein Format zu entwickeln, welches von Patenten (und damit von möglichen Lizenzgebühren) frei ist. Dies führte zu PNG – dem *Portable Network Graphik Format*.

PNG ist wie GIF ein Dateiformat für Raster-Images. Es verwendet ein modifiziertes, lizenzfreies Komprimierungsverfahren, welches sogar etwas höhere Komprimierungsfaktoren als GIF erreicht. Neben Schwarzweiß-Halbtonbildern unterstützt es auch Farb-Images und zwar in einer Pixeltiefe bis zu 48 Bit bzw. bis zu 16 Bit je Farbkomponente. PNG wird heute von den meisten Web-Browsern direkt unterstützt, jedoch noch wenig eingesetzt.

Sowohl GIF als auch PNG erlauben, ein Image *interlaced* aufzubauen, was bei einer Übertragung über langsame Netze vorteilhaft sein kann. Dabei wird das Bild aus sich ergänzenden Schichten aufgebaut. Bei der Netzübertragung erscheint erst ein grobes Abbild, welches zumeist bereits die Information erkennen lässt. Die nachfolgenden Schichten ergänzen die Darstellung dann zur vollen Bildqualität.

Beide Formate dürften längerfristig außerhalb des Webs für Halbton- und Farb-Images durch die Einführung von JPEG 2000 an Bedeutung verlieren, da JPEG 2000 flexibler ist und höhere (auch verlustfreie) Komprimierung gestattet.

7.5 CI-Formate

In DM-Lösungen – insbesondere bei Langzeitarchiven – entsteht zunehmend der Bedarf nach einem mächtigen CI-Format, welches die applikationsneutrale Distribution und Archivierung komplexer Dokumente gestattet. Verstärkt tritt dieser Bedarf im technischen Bereich auf, wo umfangreiche und komplexe technische Dokumentationen, CAD-Zeichnungen und Manuale zu verteilen und archivieren sind. Der Bedarf besteht jedoch ebenso für ausgehende Schreiben und Verträge im kommerziellen Umfeld. Zunehmend möchte man bei diesen Dokumenten nicht mehr nur den Inhalt, sondern das gesamte Dokument mit einer sehr weitgehenden bildlichen Treue zum versendeten oder elektronisch empfangenen Dokument archivieren. Insbesondere beim Vorhandensein von Halbtonbildern, technischen Rastern oder gar Farben reicht eine einfache Wandlung nach TIFF nicht mehr aus – zumal damit zumeist das Speichervolumen stark ansteigt.

Ein solches Format wäre auch zur Archivierung von Dokumenten erforderlich, die auf dem PC mit unterschiedlichen PC-Anwendungen (Textverarbeitung, Spreadsheets, Grafikprogramme, Statistiken, ...) erstellt werden. **Bisher fehlt hier in der allgemeinen Form eine breit anerkannte, standardisierte Lösung!**

Lösungsansätze für CI-Dokumente

Der Markt bietet eine Reihe von Dokumentformaten, die diesen Anspruch erfüllen möchten. Ihr Fokus liegt in der Regel in der Dokumentenverteilung. Leider hat kaum eines der Formate die Langzeitarchivierung zum Ziel – die Langzeitstabilität hat deshalb eine geringere Priorität. Zu diesen Formaten gehören:

- HTML und XML
- PDF
- RTF und Win-Help
- AFP bzw. MO:DCA
- standardisierte Austauschformate wie SGML/XML oder CALS

Der sehr vereinfachende Ansatz, CI-Dokumente in stabilen Rasterformaten wie etwa TIFF zu speichern, ist problematisch, da sich so das Dokumentenvolumen vervielfacht (etwa Faktor 10 bei Schwarzweiß) und Möglichkeiten wie z. B. Farbe und Volltextsuche entfallen oder nochmals mehr Speicher kosten.

7.5.1 Kodierung reiner Texte ohne Formatierung

Obwohl Dokumente zunehmend mit Textsystemen, DTP-Werkzeugen erstellt oder direkt aus Anwendungen (z.B. ERP) erzeugt werden, stellt reiner Text ohne weitere Formatierungen immer noch einen großen Teil der heute im Rechner erzeugten und vorliegenden Information dar.* De-facto- und De-jure-Standards gibt es deshalb hierfür schon lange. Am verbreitetsten sind ASCII und EBCDIC, sowie die Varianten der verschiedenen PC-Systeme, wie etwa der Windows-ISO-Kode oder der Textkode für die Macintosh-Systeme. Die genannten Kodes verwenden ein Byte zur Speicherung eines einzelnen Zeichens – ASCII verwendet darin nur die unteren 7 Bits und belegt sie mit den meistverwendeten amerikanischen Zeichen.

* *Lediglich der Zeilen- und Seitenvorschub wird darin zur Formatierung eingesetzt.*

Die 128 Zeichen des ASCII-Zeichensatzes wie auch die 256 Kodepositionen der anderen genannten Zeichensätze reichen aber bei weitem nicht aus, um alle benötigten Zeichen (Buchstaben, Ziffern, Sonderzeichen, nationale Sonderzeichen) unterzubringen – insbesondere da heute der internationale Markt zunehmend mehrsprachige Texte oder zumindest Sonderzeichen aus verschiedenen Bereichen erfordert.

Unterschiedliche Organisationen haben sich deshalb mit diesem Thema auseinander gesetzt. Ein universell einsetzbares Ergebnis ist der Ende 1992 verabschiedete *Unicode*. Unicode unterstützt nicht nur die üblichen Sonder- und Währungszeichen, sondern auch alle europäischen Sonderzeichen. Es kodiert die Zeichen der asiatischen Sprachen und zwar getrennt nach Zeichenarten und Sprachräumen. Man benutzte dafür eine 16-Bit-Kodierung. Die ersten Unicode-Implementierungen kamen 1993 mit Windows NT und MAC/OS-Version 7 auf den Markt. Die Durchsetzung geriet zunächst langsam.

Da aber auch ein zunächst vorgesehener 16-Bit-Kode mit seinen 65 536 möglichen Positionen für die Kodierung aller möglichen Zeichen der Welt nicht ausreicht, entstand mit ISO 10 646 die Unicode-Version 2.** Sie enthält den oben beschriebenen 16-Bit-Unicode als vollständige Untermenge und zwar just am Anfang des Kodebereichs (d.h. die beiden höherwertigen Bytes sind 0). Unicode trägt dort die Bezeichnung ›*Basic Multilingual Plane*‹ oder kurz BMP.

** *Seit 1999 gibt es die Unicode-Spezifikation Version 3.*

Da ISO 10 646 den Kodebereich in Unterbereiche (*Gruppen* und *Plateaus*) untergliedert, wird man diesen in den Ländern, die mit einer 16-Bit-Kodierung auskommen, weiterhin verwenden. Nur für asiatische Sprachen mit ihren sehr umfangreichen Zeichensätzen wird man die 3- oder 4-Byte-Variante nutzen – oder andere Varianten, bei denen über Umschaltzeichen die Zeichen mit variablen langen Zeichenfolgen kodiert werden (1–5 Bytes pro Zeichen). In seiner 2002 gültigen Version Unicode 3.1 sind 94 140 Zeichen definiert.

Inzwischen hat Unicode große Verbreitung gefunden und einige modernere Technologien benutzen ausschließlich Unicode als Kodierungsbasis (in der Regel auf der Basis von *Unicode-16* bzw. UTF-16, einer festen 2-Byte-Kodierung pro Zeichen). Zu ihnen zählen z. B. Java, JavaScript, XML, LDAP, CORBA 3.0 und WML.

Bei Dokumentformaten, welche den Kode nicht explizit definieren und vermerken, ist es wesentlich, die Kodierung zu dokumentieren – entweder über eine entsprechende Namenserweiterung (*Extention*, wie unter DOS und Windows üblich) oder explizit als Dokumentenattribut. Es ist bei einer Speicherung über längere Zeit abzusehen, dass diese Information später benötigt wird. Die Viewer-Software muss dann die gespeicherte Kodeinformation auswerten und bei der Anzeige berücksichtigen!

Für die Speicherung einfacher Texte aus dem europäischen und englischsprachigen Raum bietet sich (neben Unicode in der Variante UTF-8) die Benutzung des Kodes ISO 8859/1 an. Dieser Kode wird bereits heute von den meisten Viewer-Applikationen unterstützt. Texte im EBCDIC-Kode, welche vom Mainframe kommen und (außerhalb des Mainframes) archiviert werden, sollte man unter Berücksichtigung der ursprüngliche *Codepage* entsprechend konvertieren.

Textkodierung in Applikationen

Der zuvor diskutierten Schwächen der üblichen 1-Byte-Kodes wegen, benutzen noch viele Applikationen für die interne Bearbeitung und die Ablage im proprietären Binärformat eigene Formate für Textzeichen. Da dieser Zeichenkode zusätzlich vielfach noch plattformabhängig ist, ergeben sich damit zusätzliche Probleme.

Mit der breiteren Einführung des Unicodes dürfte hier eine Standardisierung stattfinden – auch wenn sich diese für viele Applikationen noch bis zum Jahre 2004/5 hinzieht. Damit würde zumindest die lästige Fehlwandlung einzelner Zeichen beim Datenaustausch zwischen verschiedenen Applikationen entfallen.

Die Kodierung von Zeichen und Texten spielt natürlich ebenso in den Dokumentenstandards wie etwa SGML, EDIFACT, XML oder PDF eine wesentliche Rolle. Die neuen Standards (z. B. XML, auch bei PDF möglich) setzen hier bereits auf Unicode.

7.5.2 HTML – Hypertext Markup Language

HTML ist ein ›Compound-Format‹, welches Texte, Grafiken und Tabellen zulässt.

HTML hat durch den enormen Erfolg des WWW im Internet eine sehr schnelle und recht weitgehende Verbreitung gefunden. Sein Ziel ist die Darstellung von Informationen in einem Format, welches Verweise auf Texte und Grafiken im gleichen Dokument, auf Dokumente auf dem gleichen Rechner, im lokalen Netz oder auf Dokumente im Internet zulässt. Die letzte Eigenschaft gestattet Verweise auf weltweit verteilte Dokumente. Klickt man auf einen solchen Verweis, so greift das Darstellungsprogramm automatisch auf das referenzierte Dokument zu und zeigt dieses an. Diese als *Hyperlink* bezeichnete Technik ist ein sehr mächtiger Mechanismus, der sich in DM-Systemen sinnvoll einsetzen lässt, um verkettete Dokumente und solche mit Querverweisen aufzubauen.*

** Siehe hierzu auch in Kapitel 2.14 die Abbildung 2-26 auf Seite 108.*

Das HTML-Dokument darf neben einfach formatierten Texten auch Tabellen, Grafiken und Objekte mit weiteren Formaten beinhalten. Hierzu gehören sowohl verschiedene Video- als auch Audio-Formate und ebenso aktive Elemente wie z.B. Java-Applets, JavaScript, Flash, oder ActiveX-Scripts. Ein HTML-Dokument kann nicht nur auf andere HTML-Dokumente verweisen, sondern ebenso auf Dokumente bzw. Dateien anderer Formate. HTML kann somit als eigenständiges Dokumentenformat und als Container von Dokumentverweisen für unterschiedliche Formate und an verteilten Lokationen angesehen werden.

Das Spektrum der direkt anzeigbaren Formate steigt mit jeder Browser-Version an.

Ist der WWW-Viewer nicht in der Lage, das Format selbst anzuzeigen oder abzuspielen, so ermittelt der Viewer über eine Tabelle eine Hilfsapplikation, die er für die Anzeige des Formats aktiviert. Auf diese Weise lässt sich das Formatspektrum vergrößern.

Das Formatspektrum eines Viewers lässt sich zusätzlich und transparenter noch über so genannte *Plugins* erweitern. Dies sind Module, welche die Anzeige eines speziellen (vom Viewer nicht

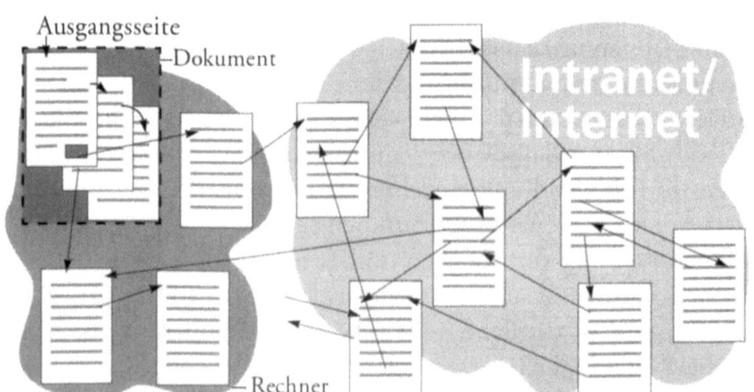

Abb. 7-2 Beispiel für Dokumentenverknüpfungen in einem HTML-Dokument

direkt beherrschten) Formats übernehmen – und zwar im Fenster des Viewers. Da die meisten Web-Browser z. B. TIFF-Formate nicht direkt anzeigen können, muss die TIFF-Anzeige in DMS-Lösungen zumeist über ein entsprechendes Browser-Plugin gelöst werden. Ein wichtiges Plugin ist hier der (kostenfreie) Adobe Acrobat Reader.

HTML besitzt in den bisherigen Versionen den Vorteil, sehr einfach strukturiert zu sein.

HTML-Viewer sind inzwischen Standardbestandteil aller Betriebssysteme mit grafischer Oberfläche. Selbst in Kompaktgeräten wie PDA, Handy oder im Informationsdisplay des Autos sind sie zu finden.

Bei HTML handelt es sich um eine SGML-DTD. Die HTML-Auszeichnung strukturiert also das Dokument – zumeist zum Zwecke der Formatierung und weniger in logischer Art.

HTML entwickelt sich ständig weiter – bisher unter weitgehendem Erhalt einer Abwärtskompatibilität. Die Lebensdauer von Version 1 und 2 war sehr kurz. Ende 1996 wurde Version 3.2, Ende 1997 Version 4.0 verabschiedet. Seither gibt es zahlreiche Weiterentwicklungen, z. B. im Form von XHTML. Bis sich ein definierter Standard jedoch auch in den Browsern (weitgehend) vollständig implementiert ist, vergehen in der Regel 1–2 Jahre.

Die Darstellung eines HTML-Dokuments wird nicht nur durch den Autor und dessen Formatierung bestimmt, sondern auch durch den Viewer, Voreinstellungen am Viewer und der Größe des aktuellen Darstellungsfensters. Dies hat den Nachteil, dass es komplex formatierte Dokumente nicht ausreichend gut darstellen kann – der Umbruch kann sich ändern, komplexe Formatierungen müssen über Tabellen oder speicherintensive Bitmaps realisiert werden. Die Formatierungsmöglichkeiten reichen nicht an diejenigen moderner DTP-Systeme heran.

Daneben findet man eine ganze Reihe von Filtern/Konvertern, die ein bestimmtes Text- oder DTP-Format (mehr oder weniger vollständig) in HTML umsetzen. Solche Filter existieren z. B. für MS-Office (Word, Excel, PowerPoint), WordPerfect, QuarkXpress, PageMaker, FrameMaker oder RTF. Man kann bei den gängigen PC-Anwendungen davon ausgehen, dass sie in der Lage sind, ihre Ausgabe direkt in HTML durchzuführen – wenn auch in unterschiedlicher Qualität.

Ein Nachteil von HTML-Dokumenten liegt darin, dass sie aus einzelnen Teilen (Dateien) bestehen. So ist z. B. jede Rastergrafik ein eigenes Dateiobjekt. Seitengrenzen kennt HTML nicht; sie können nur über eine Verkettung (Verlinkung) einzelner HTML-Dateien erzielt werden. Ein hochwertige Formatierung (im Sinne einer transportablen, Druckseiten-ähnlichen Gestaltung wie in PDF) ist nur sehr aufwändig und dann auch wieder Speicher-ineffizient zu erzielen. Die Font-Einbettung ist in HTML nicht ausreichend standardisiert.

7.5.3 XML – Extensible Markup Language

Ein 1998 verabschiedeter Standard zur Strukturierung von Dokumenten stellt XML (*Extensible Markup Language*) dar. XML war zunächst auf das Internet ausgerichtet, hat diesen Bereich jedoch sehr schnell überschritten und erhält ein zunehmend breites Einsatzspektrum. Gliedert HTML den Inhalt, und formatiert es ihn in einem gewissen Umfang, so strukturiert XML den Inhalt eines Dokuments. Mit XML lassen sich Dokumente (es handelt sich um eine SGML-Struktur) logisch strukturieren und (zunächst logisch) auszeichnen – etwa in einem Kaufauftrag *Empfänger*, *Preis* und *Anzahl* der gekauften Waren.

XML kann in einer Reihe von Aspekten als Ergänzung zu HTML betrachtet werden – sein Potential geht aber weit darüber hinaus. Während HTML einen festen Sprach- und Formatierungsumfang hat, ist XML erweiterbar (*extensible*).

Da man Dokumente nicht nur strukturieren, sondern auch formatiert darstellen möchte, lässt sich in XSL (*Extensible Stylesheet Language*) die Darstellungsformatierung einzelner XML-Komponenten festlegen und mitgeben. Dabei werden im XSL wieder die von HTML-Dokumenten her bekannten *Cascading-Style-Sheets* (CCS) verwendet.*

* *CCS sind in diesem Buch nicht weiter behandelt.*

Die Festlegung zum Aufbau und zur Syntax eines einzelnen XML-Dokuments oder einer ganzen Klasse gleichartiger Dokumente wird – analog zu SGML – in einer *Document-Type-Definition* (DTD) festgehalten. Anhand einer solchen DTD lässt sich die syntaktische Vollständigkeit und Korrektheit eines XML-Dokuments überprüfen.

Inzwischen gibt es ein breites Spektrum an XML-basierten Beschreibungssprachen für Informationskomponenten – im Prinzip handelt es sich hier um *Document-Type-Definitions*. Hierzu zählen z. B.:

Einige der hier aufgeführten Sprachen sind (Stand 2002) noch nicht endgültig verabschiedet (im Draft-Status).

- SVG (*Scalable Vector Graphics*) zur Beschreibung von Vektor- und anderer Objektgrafiken. Damit können Objektgrafiken skalierbar im Web übertragen und dargestellt werden. Das Format ist in der Regel wesentlich kompakter als die bisher in HTML üblichen Rastergrafiken.
- MathML (*Mathematical Markup Language*), eine Sprache zur Beschreibung (Auszeichnung) von mathematischen Formeln
- CML (*Chemical Markup Language*), eine Sprache zur Beschreibung von chemischen Formeln

- GML (*Geography Markup Language*) zur Auszeichnung von geographischen Daten
- BSML (*Bioinformatic Sequence Markup Language*) für Daten aus der Bio-Informatik
- SMIL (*Synchronized Multimedia Integration Language*) beschreibt die Komponenten eines Multimediadokuments und wie diese abzuspielen und zu synchronisieren sind.
- ebXML (*electronic business XML*) für den Datenaustausch von Geschäftsdokumenten und -aufträgen, Auftragsbestätigungen und Empfangsbescheinigungen
- PrintML (*Printing Industrie Markup Language*), eine Art EDI für die Druckindustrie, mit Anforderungen für den Druck (z.B. zum Papier, zur Auflage, ...); es ist damit ein ebXML für die Druckindustrie.
- Wf-XML, eine Kommunikationsschnittstelle zwischen Workflow-Systemen

Man sieht, dass hier nicht nur Dokumente im klassischen Sinne und Dokument-Objekte beschrieben werden, sondern ebenso Dienste (z.B. bei PrintML oder ebXML). Hier werden in Inhalte auf der Basis von XML strukturiert und Kodiert.

XML als Austauschformat zwischen Anwendungen

Ausgehend von der Strukturierung von Informationen dient XML zunehmend als Basis für die Strukturierung des übertragenen Inhalts. So setzt z.B. SOAP (*Simple Object Access Protocol*) auf XML auf. SOAP gestattet eine Intertask-Kommunikation über Rechner- und Unternehmensgrenzen hinweg und verwendet als Transportprotokoll das Web-Protokoll HTTP (der Übergang von Format und Protokoll wird hier fließend).

Zu ebXML siehe auch www.ebxml.org.

ebXML (*electronic business XML*) ist der Versuch, den Datenaustausch zwischen Unternehmen zu standardisieren und eine Ablösung von EDI/EDIFACT auf der Basis von XML und anderen Internet-Technologien zu erreichen. Wie bei EDIFACT ist jedoch abzusehen, dass dieser Prozess sehr lange dauern wird – bedingt durch die sehr unterschiedlichen Anforderungen unterschiedlicher Branchen, Anwendungsszenarien und Anwendungen.

Inzwischen ist mit *XML-Signature* ein Standard-Vorschlag für elektronische Signaturen in XML-Dateien verabschiedet.

XML beschreibt Syntax – noch keine Semantik

Bei aller Euphorie um XML und XML-basierte Sprachen/Formate sollte man nicht vergessen, dass XML zunächst nur die Syntax, nicht die Semantik (Bedeutung) beschreibt. In fast allen Anwendungen ist jedoch die Bedeutung gespeicherter oder ausgetauschter Information relevant. Man braucht also einerseits eine gemeinsames Verständnis über die Bedeutung und bei automatischer Verarbeitung auch die entsprechenden Anwendungen, welche die XML-basierte Information richtig interpretiert und in Handlungen umsetzt (z. B. die Anweisung zur Überweisung des angeforderten Rechnungsbetrags). Für viele Anwendungen gibt es deshalb drei Phasen, die alle ihre Zeit benötigen:

A) Einigung, welche Informationen man für einen bestimmten Zweck benötigt und wie diese zu strukturieren sind.

B) Festlegung der Bedeutung der einzelnen Informationen in bestimmten Szenarien bzw. Zusammenhängen

C) Implementierung der erzeugenden und verarbeitenden Anwendungen

Danach folgt die Phase, in denen einerseits die so genannten *Verification Suites* erstellt werden, welche die Einhaltung der Spezifikation überprüfbar machen, und andererseits die Inkompatibilitäten zwischen verschiedenen Implementierungen – bedingt durch unterschiedliche Auslegungen – allmählich aufgehoben werden. Frei verfügbare Musterimplementierungen können diese letzte Phase deutlich verkürzen.

Betrachtet man den langen Zeitraum, den EDI/EDIFACT für seine Definition und Implementierung benötigt hat, so sind Zeitabschätzungen eher konservativ als optimistisch anzusetzen, auch wenn es dieses Mal etwas schneller gehen mag.

Parallel zu den obigen Phasen und Definitionen für unterschiedliche Branchen (als Teil von ebXML) laufen weitere XML-Entwicklungen, etwa die elektronische Signatur von XML-Nachrichten, um die Authentizität nachweisen zu können, und effiziente und standardisierte Verfahren zur Komprimierung von XML, was sowohl bei der Übertragung (z. B. in XML-basierten Protokollen) als auch bei der Speicherung relevant sein dürfte.

Daneben entstehen Datenbank-Implementierungen zur effizienten Speicherung und Recherche von XML-Daten.

XML als universelles Format zur Archivierung?

XML hat seine Brauchbarkeit zum Austausch zwischen Applikationen bewiesen. Es wird hierfür zur *lingua franka* werden. Gleiches gilt für elektronisch publizierte Kataloge, Dienste und ähnliche, über Unternehmensgrenzen hinweg angebotene Services.

Ist XML damit auch das ideale und universelle DMS- und Archivformat?

Die Antwort ist kaum generell zu beantworten, sondern muss im Einzelfall betrachtet werden, wobei folgende Aspekte wesentlich sein düften:

- ❑ Spielt die (druckähnliche) Formatierung eine wesentliche Rolle?
- ❑ Spielt der Speicherplatzbedarf eine wesentliche Rolle?
- ❑ Wie oft muss die Information bei der Verarbeitung von einem binären Format in XML konvertiert und von dort zurück in ein binäres Format oder Darstellungs- oder Druckformat konvertiert werden?

Der Einsatz von XML als Austauschformat zwischen Anwendungen wird sich durchsetzen. Als Format zur (Langzeit-) Speicherung großer oder zahlreicher Dokumente ist es ausgesprochen ineffizient – selbst nach einer Komprimierung. Für die Speicherung der Meta-Daten ist es speicherintensiv aber oft akzeptabel.

Noch fehlt XML die Möglichkeit einer wirklich hochwertigen Formatierung. Hier hat z.B. PDF wesentliche Vorteile.

Daneben ist die Speicherineffizienz von XML ein wesentliches Handicap. Hier liegt teilweise ein Faktor von 8–15 zwischen einer kompakten Binärkodierung und einer Darstellung in XML. Dieser kann zwar durch die Komprimierung von XML deutlich reduziert werden, es bleibt zumeist jedoch ein Faktor von 3–5.

Während diese temporären Daten, wie sie beim Austausch zwischen zwei Anwendungen auftreten, keine dominante Rolle spielen, kann dieser Faktor bei einer großen Anzahl von Dokumenten und einer längerfristigen Speicherung fatal sein.

Auch für die wiederholte Verarbeitung ist XML ineffizient, da hier jedesmal eine Syntaxanalyse und eine Interpretation (von CI in eine Rechner-interne binäre Form und umgekehrt) erforderlich sind. Für den Austausch – und in einigen Situationen auch für die Speicherung – von Meta-Daten ist es jedoch gut geeignet und kann zunehmend eingesetzt werden.

7.5.4 PDF – Adobe Acrobat

Bei Adobe *Acrobat* handelt es sich faktisch um eine Art PostScript-Variante, mit einer Reihe von Erweiterungen und einigen Einschränkungen gegenüber PostScript. Das Acrobat-Format wird auch als PDF (*Portable Document Format*) bezeichnet. Sein Fokus ist die Portabilität formatierter Dokumente über unterschiedliche Systemplattformen und Ausgabegeräte hinweg. Neben den Konvertierungswerkzeugen gehört zum Acrobat-Werkzeugkasten ein gut gestalteter PDF-Viewer, der sowohl in einer einfachen und kostenlosen Version angeboten wird als auch in einer erweiterten lizenzpflichtigen Form, (hier als *Vollversion* bezeichnet). PDF ist ein Quasi-Standard, dessen Spezifikation zwar offen zugänglich ist, dessen Definition und Weiterentwicklung jedoch von Adobe kontrolliert wird.

Der Acrobat-Viewer ist für MAC/OS, OS/2, Windows 9x, NT, Windows 2000, XP und NT sowie für verschiedene UNIX-Plattformen verfügbar.

PDF-Dokumente können auf vier Arten erzeugt werden:

- Über einen **speziellen Druckertreiber**
  Hierbei wird (z. B. unter Windows, OS/2 oder MAC/OS) bei der Druckausgabe statt eines Druckers der Acrobat-Treiber selektiert. Er erzeugt aus dem Druckausgabestrom das PDF-Dokument.
  Dieses Verfahren gestattet aber z. B. nicht, Hyperlinks zu übergeben oder erzeugt Grafiken in einer voreingestellten Auflösung. Der Vorteil liegt darin, dass damit praktisch alle (PC-, MAC- oder OS/2-) Applikationen Acrobat-Ausgabe produzieren können, ohne PDF selbst zu kennen.

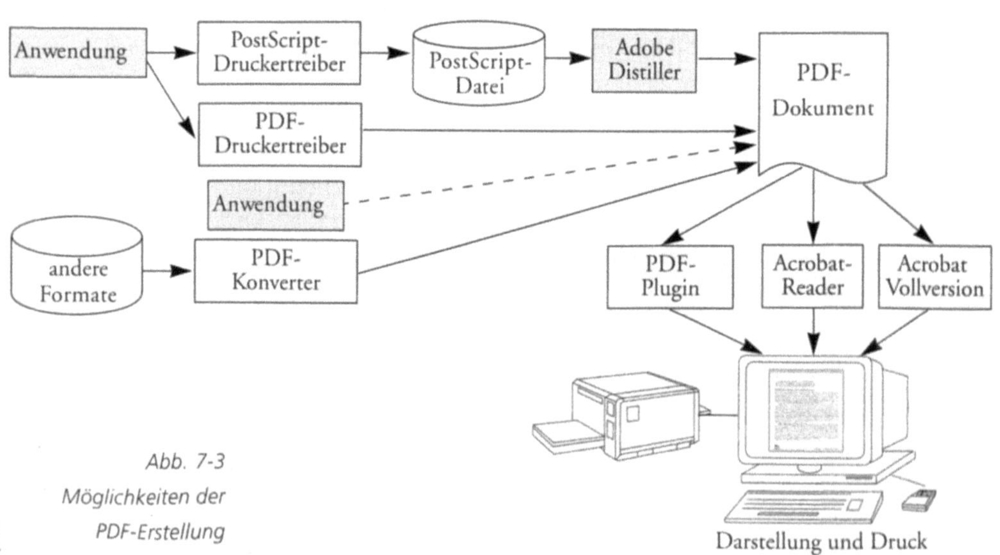

Abb. 7-3 Möglichkeiten der PDF-Erstellung

- **Über eine PostScript-Datei mit einer Konvertierung**
  Die Applikation erzeugt hierbei eine PostScript-Datei, die anschließend mit einem PostScript-nach-Acrobat-Konverter (z. B. *Adobe Acrobat Distiller*) in PDF umgewandelt wird. Das so erzeugte Format ist qualitativ besser als das zuvor beschriebene Verfahren. Über spezielle Erweiterungen können hier auch Zusatzinformationen an den Distiller weitergereicht werden – z. B. Hyperlinks. Moderne DTP-Programme sind dafür ausgerüstet. Diese Art hat sich insbesondere im Bereich der Druckvorstufe (Prepress-Bereich) etabliert.

Das Distiller-Programm ist neben MAC/OS, OS/2, Windows 9x und Windows NT auch für verschiedene UNIX-Plattformen verfügbar.

- **Direkt aus der Applikation heraus**
  Adobe und andere Anbieter stellen hierzu spezielle APIs und Bibliotheken zur Verfügung. Diese Möglichkeit wird zunehmend genutzt und viele DTP-Anwendungen können inzwischen PDF direkt erzeugen.
- Über **spezielle Konverter,**
  die unterschiedliche Eingangsformate in PDF umwandeln und von verschiedenen Firmen angeboten werden.

Der Acrobat-Viewer gestattet die Anzeige eines PDF-Dokuments und das Drucken. Wurde das Dokument mit so genannten *Thumbnails* versehen,* zeigt der Viewer eine aktivierbare Übersicht der Dokumentenseiten in Form von kleinen, symbolartigen Darstellungen neben der eigentlichen Darstellung. Der Viewer gestattet die Darstellung der Seiten in wählbaren Darstellungsmaßstäben (Zoom) und natürlich ein Blättern im Dokument. Daneben ist eine textuelle Suche möglich, was gegenüber Rasterbilddokumenten ein wesentlicher Vorteil ist. Über Zusatzprodukte kann eine Volltextdatenbank über alle PDF-Dokumente eines Netzes aufgebaut werden.

** Dies ist z. B. mit Hilfe der Acrobat Vollversion möglich.*

Mit PDF/X-3 wurde ein offizieller ISO-Standard geschaffen: ISO 159303-3. Er kommt aus der Prepress-Industrie und hat geringe, die Verarbeitung vereinfachende Einschränkungen gegenüber der vollen PDF-Spezifikation 1.3 von Adobe.

Bei Dokumenten mit Hypertext-Links ist durch Anklicken eines Links ein Springen auf das Linkziel möglich. Dies kann auch in einem anderen Dokument liegen oder sich auf ein Objekt im Internet/Intranet beziehen. So ist es z. B. bei einem entsprechend aufbereiteten Dokument möglich, aus dem Inhaltsverzeichnis heraus auf die einzelnen Kapitel zu springen oder aus dem Stichwortverzeichnis heraus auf die Quellseiten.

Die Vollversion des Readers erlaubt daneben die Annotation von PDF-Dokumenten sowie das elektronische Signieren und die Signaturprüfung sowie eine Volltext-Indexierung. Zusätzlich sind Copy&Paste aus dem Inhalt sowie das Beschneiden, Löschen und Einfügen von Seiten möglich.

Den Viewer bietet Adobe in drei Varianten:

- **Acrobat Reader**
  Dies ist der Standard-Viewer. Er ist für alle unterstützten Plattformen kostenfrei verfügbar (www.adobe.de).

- **Acrobat Vollversion**
  Dies ist ein erweiterter Acrobat Reader. Als Zusatzfunktion bietet er Annotationsmöglichkeiten, das Anlegen von Lesezeichen (*Bookmarks*), das Signieren von Dokumenten und Kommentaren, die Prüfung von Signaturen und einiges mehr. Zusätzlich lässt sich damit ein Dokument verschlüsseln, so dass es erst nach Eingabe des Passwortes dargestellt werden kann. Die Vollversion ist auch notwendig, um bestimmte Informationen wie etwa Urheberrechte im PDF-Dokument einzutragen. Das Programm gestattet das Kopieren von Texten und Grafiken in die Zwischenablage des jeweiligen Betriebssystems – sofern das Dokument dafür nicht gesperrt ist. Zusätzlich lassen sich mit Exchange neue Hyperlinks eintragen – auch auf andere Dokumente und über URLs auf Intranet- oder Internet-Objekte.

Adobe bietet über einen Entwicklungs-Kit Viewer-Entwicklern die Möglichkeit, eine PDF-Darstellung in ihre Viewer zu integrieren.

- **PDF-Plugin**
  für WWW-Browser (z.B. Microsoft als auch von Netscape). Dieses kostenlose Plugin als Teil des Acrobat-Readers aktiviert und steuert den Reader als Inline-Viewer im Browser-Fenster.

Kompakte Dokumente

Die Komprimierung eines PDF-Dokuments mit bereits komprimierten Inhalten reduziert nur selten die Speichergröße.

PDF ist sehr kompakt, wobei sich in dem PostScript-PDF-Konvertierer (Distiller) die Komprimierungsverfahren für die verschiedenen Grafikelemente angeben lassen. Im Standardfall sind im PDF-Dokument sowohl der Text komprimiert als auch bitonale Rastergrafiken (im CCITT-Fax-4-Format) sowie Halbton- und Farbraster-Bilder im JPEG-Format. Objektgrafiken werden kompakt als PostScript-Kode angelegt.

Am Beispiel eines ca. 700-seitigen Buchs des Autors ergab dies eine Größe von 53,7 MB für PostScript (im PostScript-2-Format), 18,6 MB für die mit PKZIP komprimierte PostScript-Datei und 4,2 MB für die PDF-Datei bzw. 7 KB pro Seite. Diese Werte gelten inklusive der darin enthaltenen Objekt- und Rasterbilder.

Typisch für PDF-Dokumente mit Text ist ca. 10 KB Grundgröße plus 3 bis 6 KB je A4-Seite (ohne eingebettete Fonts); Rastergrafiken erhöhen natürlich das Volumen.

7.5.5 Weitere Distributionsformate

Neben HTML – bei dem ein Dokument in aller Regel aus mehreren einzelnen Dateien besteht (welche z. B.: die Grafiken enthalten) – und Adobe Acrobat bzw. PDF gab es eine Reihe weiterer Distributionsformate (z. B. *Envoy* von Corel, Common-Ground, Replica von Fallon's oder WinHelp von Microsoft). Keines dieser Formate konnte sich am Markt überzeugend durchsetzen und die meisten sind inzwischen eingestellt.

Lediglich Microsoft-Word wird noch breiter als Distributionsformat für Informationen genutzt, wobei darauf zu achten ist, dass Word-Dokumente vor der Distribution *gereinigt* werden müssen. Ein *normales* Word-Dokument enthält im Standardfall (mit der Einstellung ›Hintergrundspeicherung‹) noch zahlreiche Informationen, die man nicht – zuweilen keinesfalls – mit dem Dokument distributieren möchte. Hierzu gehören z. B. die verschiedenen Autoren, die das Dokument bearbeitet haben, ältere Versionen sowie Kommentare und Angaben zu den Systemen, aus denen das Dokument erstellt wurde.

Als weiteres Distributionsformat könnte sich mittelfristig XML durchsetzen – sobald es neben der Strukturierung von Dokumenten besser als bisher auch die Formatierung umfassen kann.

7.5.6 Die Fontproblematik

Möchte man unter Verwendung von CI-Formaten eine hohe Formattreue des angezeigten oder ausgedruckten Dokuments mit dem Ursprungsdokument erzielen, so ergibt sich die Notwendigkeit, die gleichen oder angenäherte Schriften und Schriftgrößen zu verwenden. Formatierte Dokumente, insbesondere aus dem DTP- und dem Print-Bereich, verwenden oft spezielle *Fonts*,* die bei der Wiedergabe entweder auf dem Betrachtersystem vorhanden sein oder emuliert werden müssen. Die zuvor beschriebenen CI-Formate bieten hierzu unterschiedliche Ansätze, die vom Einsatz von Rasterfonts (etwa bei AFP) bis hin zu intelligenten Fontsubstitutionen und -simulationen reichen, wie es etwa bei Adobe Acrobat erfolgt.

* *Siehe hierzu ›Fonts‹ auf Seite 725.*

Bei AFP können die Schriften als *Ressource* eingebettet werden, oder aber es werden Verweise auf die AFP-Ressourcenverwaltung gehalten. Dabei gestattete AFP bisher lediglich Rasterfonts. Erst neuere Versionen erlauben auch die Verwendung von Outline-Fonts; dies wird jedoch wenig verwendet.

Acrobat gestattet, die verwendeten Fonts (oder nur die von den Standard-Fonts abweichenden) in das Dokument einzubetten – was das Dokument jedoch aufbläht (etwa 5 bis 50 KB je Fontschnitt). Acrobat (PDF) ist darüber hinaus in der Lage, *normale* Fonts zu simulieren. Es stützt sich dabei auf den *Adobe Type Manager*. Dieser kennt ein sehr großes Repertoire an Fonts und simuliert deren Aussehen und Zeichenbreite. Während dies bei normalen Schriften erstaunlich gut funktioniert, ergeben sich bei Symbol- und ausgefallenen Schriften Probleme in der Wiedergabetreue. Neuere Apple und Microsoft-Betriebsysteme und UNIX-X11-Versionen benötigen den Type-Manager nicht mehr.

Die von Adobe und Microsoft betriebene Entwicklung der OpenFont-Technologie (verfügbar seit 2001) könnte zu einer Harmonisierung der Fonttechnologien führen.

Eine weitere Komplexität hinsichtlich der Fonts ergibt sich durch die unterschiedlichen am Markt vorhandenen Fonttechnologien und Formate. Die größte Verbreitung haben dabei die *True-Type-Technologie* (von Apple und Microsoft entwickelt) sowie die *Postscript-Type-1-Fonts* (von Adobe entwickelt) erlangt. Inzwischen unterstützen die meisten Betriebssysteme und Anwendungen beide Technologien.

7.5.7 ODA/ODIF

Die *Open Document Architecture* (ODA) ist eine Norm für den elektronischen Austausch von Dokumenten. Mit ISO 8613 wurde ODA zur internationalen Norm.

ODA beschreibt die Struktur und den Inhalt eines Dokuments. Solch ein Dokument kann Texte und Grafiken enthalten. Als Grafiken können sowohl Objekt- als auch Rastergrafiken vorkommen. Entsprechend definiert ODA drei Inhaltsarchitekturen:

A) ›*Character Content Architectures*‹ (ISO 8613, Part 6)
B) ›*Raster Graphics Content Architectures*‹ (ISO 8613, Part 7)
C) ›*Geometric Graphics Content Architectures*‹ (ISO 8613, Part 8)

Das Format erlaubt damit die Handhabung von Compound-Dokumenten. Für die Speicherung von Rasterbildern wird ein eigenes Format benutzt. Auch Sprachinformation, Videokomponenten und Tabellen aus Rechenblättern (*Spreadsheets*) sind möglich.

ODIF (*Office Document Interchange Format*) definiert die Kodierung von ODA-Dokumenten zum Austausch zwischen Rechnern und Applikationen. ODIF ist also Teil der ODA-Spezifikation.

Obwohl die ODA-Spezifikation bereits lange Zeit verfügbar und verabschiedet ist, gibt es kaum Produkte auf dem Markt, die das Format verwenden. Viele Produkte und Formate waren zwar *an ODA angelehnt*, implementierten es jedoch nicht vollständig oder mit proprietären Zusätzen oder Abweichungen. Dies mag teilweise an der Komplexität der Definition liegen, zeigt jedoch auch, wie lange die Markteinführung eines neuen umfassenden Standards dauert.

Insgesamt muss ODA als *tot* und damit der ODA-Standard als gescheitert beurteilt werden.

7.5.8 SGML, DDL und DTD

Die Definition der *Standard Generalized Markup Language* oder kurz SGML ist eine Syntax zur Beschreibung von Dokumentstrukturen – nicht deren Inhalt. So lässt sich in SGML beispielsweise beschreiben, dass ein Objekt vom Typ ›Kapitel‹ immer mit einer Überschrift (einer bestimmten Stufe) und einer Unterüberschrift beginnen muss, der sich einzelne ›Abschnitte‹, Abbildungen usw. anschließen. SGML ist damit eine Art Programmiersprache für die Struktur eines Dokuments, bzw. der syntaktische Rahmen für den Dokumenteninhalt. Sie ist – um dies nochmals zu betonen – **keine** Formatauszeichnungssprache wie etwa TEX, troff, GML oder RTF – auch wenn der Name dies nahelegt!*

* *Für die Formatierung von SGML-strukturierten Dokumenten wird DSSSL (Document Style Semantics and Specification Language = ISO 10179) eingesetzt.*

Weil es in abstrakter Form nur die Struktur festlegt und noch nichts über den textuellen oder bildlichen Inhalt eines Dokuments besagt, ist es auch in der Lage, die Struktur von Compound-Dokumenten zu beschreiben.

SGML wird heute primär als Vorgabesprache für solche Strukturen verwendet, kann aber auch den konkreten Aufbau eines Dokuments beschreiben. SGML selbst legt nicht fest, wie der Inhalt, also der Text einer Überschrift kodiert werden soll. Dafür ist eine zweite Definition von einer DDL notwendig, der ›*Data Description Language*‹, die angibt, wie der Kode zu interpretieren ist.

Die konkrete Vorschrift über den Aufbau eines Dokuments – in SGML formuliert – wird als *Document Type Definition* oder kurz DTD bezeichnet. Für verschiedene Bereiche gibt es bereits solche Definitionen, die dann einheitlich für eine ganze Industriesparte oder für spezielle Anwendungen eingesetzt werden sollen. So hat beispielsweise der DIN-Ausschuss den strukturell formalen Aufbau von DIN-Normen in einer solchen DTD festgelegt. Das amerikanische Gesundheitsministerium verlangt, dass zur Neuanmeldung von Medikamenten eine bestimmte DTD-Form zu benutzen ist. In der Flugzeugindustrie steht die Einführung einer für diesen Bereich definierten DTD an, in der die gesamte Dokumentation zu Flugzeugen zu erstellen ist. Daneben gibt es zahlreiche weitere DTDs für spezielle, firmenübergreifende Dokumententypen. Auch HTML und XML sind DTDs.

Die CALS-Definition* benutzt SGML zur Beschreibung der Struktur und damit des Aufbaus von CALS-Dokumenten. Seit etwa 1998 sind auch Text- und DTP-Werkzeuge auf den Markt, die es erlauben, Dokumente entsprechend einer SGML-Dokument-Type-Definition zu erstellen.**

Zu CALS siehe *Seite 307.*

*** Beispiele hierfür sind Produkte wie Interleaf-Publisher, FrameMaker+SGML (Adobe) oder WordPerfect (Corel).*

Der Vorteil eines durch SGML strukturierten Dokuments liegt darin, dass damit ein vorgegebener und einheitlicher Aufbau sichergestellt werden kann. Zugleich gestattet die Strukturierung, das Dokument oder Teile davon geordnet und in sinnvolle Einheiten zerlegt in einer Datenbank abzulegen oder Einzelkomponenten beim Aufbau des fertigen Dokuments aus einer Datenbank abzurufen. So könnten beispielsweise jeweils vor dem Formatieren die aktuellen Preise für Artikel oder die momentan gültigen Bauteilnummern und CAD-Grafiken für Einzelteile aus einer entsprechenden Datenbank eingesetzt werden. Dies ist jedoch nur dann möglich, wenn das Dokument entsprechend strukturiert und die Komponenten als solche ausgezeichnet sind.

Die Strukturierung gestattet auch eine schnelle Suche nach bestimmten (ausgezeichneten) Dokumentenkomponenten oder die Darstellung des Dokuments in unterschiedlichen Sichten – etwa einer Sicht, in dem nur die Kapiteltitel, die Tabellen oder bestimmte Elementtypen sichtbar sind. Bei umfangreichen Dokumenten – etwa den Handbüchern eines Flugzeugs – ist dies eine wertvolle Funktionalität und fast unabdingbar. Dies ist auch der Grund, warum im Bereich des Flugzeug-, Schiffs- und Großanlagenbaus sowie im militärischen Bereich SGML-basierte Dokumentation seit einigen Jahren Vorschrift ist.

SGML wurde mit der Verabschiedung von ISO-8879 zu einem internationalen Standard, an dessen Erweiterung ständig gearbeitet wird. Aus diesem Grunde ist es bei einem Produkt, das SGML unterstützt, wichtig zu wissen, welche Version des Standards unterstützt wird.

Die 1998 gültige Version trägt z. B. die Bezeichnung ISO-8879/1986 oder ISO-8879a.

Eine breite Anerkennung hat SGML indirekt durch die Verbreitung der WWW-Sprache HTML und mit dem XML-Boom erfahren – stellen HTML und XML doch nichts anderes als eine SGML-Document Type Definition dar. Wesentliche Weiterentwicklungen finden heute nicht mehr bei SGML, sondern um XML herum statt, seien es die Erweiterungen zur Formatierung, als auch die Ablösung von *Document-Type-Definitions* (DTDs) durch das flexiblere Prinzip von Dokumenten-Schematas. Mit XML – einer vereinfachten SGML-Version – tritt deshalb SGML etwas in den Hintergrund.

7.5.9 CALS

Bei CALS (*Continuous Acquisition and Life-Cycle Support*) handelt es sich um eine im Auftrag des amerikanischen Verteidigungsministeriums (DOD) erarbeitete Definition von Datenformaten zum *Dokumentenaustausch auf elektronischem Weg*. Fokus dieser Definition ist die Schaffung eines Austauschformats im Bereich des Angebots- und Bestellwesens sowie von Dokumenten im militärischen und behördlichen Umfeld.

CALS = MIL-STD-1840B *(Automated Interchange of Technical Information)*

Die CALS-Definition – auch als MIL-STD-1840 (Militär-Standard) bekannt – umfasst die Struktur und den Aufbau von Informationen, die Texte, Grafiken, Rasterbilder, CAD-Daten und Daten aus einer Tabellenkalkulation enthalten können. CALS stützt sich auf bereits verabschiedete Standards oder De-facto-Standards. So benutzt es für die Beschreibung des strukturellen Aufbaus von Dokumenten SGML, IGES oder STEP für die Kodierung von aus CAD-Systemen stammenden technischen Zeichnungen, CGM für Objektgrafiken und ›Tiled Fax‹ (auch *CALS Type 1* genannt)* sowie JPEG für Rasterbilder und MPEG für Video-Daten. Die neueren Versionen kennen zusätzlich elektronische Signaturen.

Aktuelle Informationen zu CALS und SGML sowie weiterführende Links sind unter [[CALS]] (s. S. Seite 704) zu finden.

* *CALS Type 1 wird im Anlagenbau vielfach für großformatige bitonale Rasterdokumente verwendet.*

CALS wird bisher primär im militärischen Bereich sowie im Flugzeug-, Schiffs- und Großanlagenbau eingesetzt, wobei die Anzahl der Produkte, die CALS als Austauschformat unterstützt, überschaubar ist. Dies liegt unter anderem an der Komplexität des Formats. Die darin verwendeten Einzelformate für Dokumententeile wie Rasterbilder, CAD-Komponenten und Objektgrafiken sind als pragmatische Empfehlung für entsprechende Einzeldokumente zu betrachten, und SGML wird sich mit der Verfügbarkeit besserer Werkzeuge zur Erstellung und Handhabung der Dokumente voraussichtlich für umfangreichere und komplexe Dokumente weiter durchsetzen.

Da es sich um ein Datenaustauschformat handelt, besitzt es den Nachteil, viel Speicherplatz in Anspruch zu nehmen, und muss für eine Verarbeitung in den meisten Fällen in andere Formate konvertiert werden. Die Eignung als Speicherformat für eine Langzeitarchivierung ist deshalb sehr sorgfältig zu prüfen und gegen den Vorteil der Standardisierung abzuwägen.

7.5.10 DCA/DIA, MO:DCA und AFP

DCA bzw. ›*Document Content Architecture*‹ ist ein von der Firma IBM konzipiertes Format zum Speichern von Dokumenten für den Bürobereich. Diese Definition ist bei IBM Teil des SNA-Konzepts (*Systeme Network Architecture*). Ein DCA-Dokument kann dabei in einer der beiden Formen abgelegt sein:

- Revisable-Form-Text-DCA (RFT-DCA) oder
- Final-Form-Text-DCA (FFT-DCA)

Die RFT-DCA-Form erlaubt, weitere Änderungen am Dokument vorzunehmen, ist also ein Format zum Datenaustausch zwischen Bürosystemen, Textsystemen und im eingeschränkten Umfang auch zwischen DTP-Systemen. Einschränkungen gelten hier insofern, als DCA nicht alle Möglichkeiten unterstützt, die gute DTP- bzw. Dokumentationssysteme bieten.

Das Format FFT-DCA sieht keine Editiermöglichkeiten mehr vor, sondern ist als eine Art druckerunabhängiges Druckformat zu betrachten. Die Überführung von der RFT-Form in die FFT-Form geschieht durch einen Formatierungslauf. FFT lässt sich nicht mehr nach RFT zurück konvertieren.

MO:DCA (*Mixed Object Document Content Architecture*) ist eine Weiterentwicklung von DCA, die Compound-Dokumente mit Grafiken und Rasterbildern zulässt. Die IBM-Datenaustauschschnittstelle dazu ist IOCA.

Während DCA das Format für Bürodokumente definiert, beschreibt DIA (Kurzform für ›*Document Interchange Architecture*‹) Schnittstellen zum Austausch und zur Verwaltung von Dokumenten in einem Rechnernetz. DIA stellt damit Dienste zur Verfügung, wie etwa die Verteilung eines Dokuments an eine Verteilerliste oder die Ablage eines Dokuments in einem Archiv.

Viele Büro-, Text- und DTP-Systeme erlauben, DCA-Dokumente zu exportieren und auch zu importieren – zumeist unter Verwendung eines speziellen Konverters.

DCA hatte sich, da es lange Zeit an entsprechenden herstellerneutralen Definitionen fehlte, auch außerhalb der IBM-Welt in Teilbereichen als De-facto-Standard für ein Austauschformat für solche Dokumente entwickelt. Seine Bedeutung nimmt jedoch außerhalb der IBM-Welt ab.

IBM entwickelt die ursprüngliche Form entsprechend den gewachsenen Anforderungen weiter. Eine solche Fortschreibung ist MO:DCA. Auch dieses Format ist außerhalb der IBM-Maninframe-Welt kaum anzutreffen.

AFP

AFP stand ursprünglich für ›*Advanced Function Printing*‹ und wird inzwischen als ›*Advanced Function Presentation*‹ interpretiert. Es nimmt bei IBM für die Ausgabe von Dokumenten eine strategische Rolle ein und wird über die verschiedenen IBM-Plattformen hinweg durch eine ganze Reihe kooperierender Werkzeuge und Applikationen unterstützt.

AFPDS (*AFP Data Stream*) ist ein geräteunabhängiger Datenstrom, in dem Text, Images, Grafiken, Barcode-Daten sowie Audio und Video enthalten sein können. Dies ist für komplexere oder anspruchvollere Ausgaben das Standard-Textformat der Host-Applikationen. Dabei können so genannte *Ressourcen** entweder dem Druckerstrom mitgegeben werden oder nur eine Referenz auf die Ressource. In diesem Fall muss der Druckertreiber (PSF = *Print Services Facility*) zur Ausgabe oder der AFP-Viewer zur Anzeige diese Ressourcen abrufen und in die Ausgabe einbauen. Typische Ressourcen sind Fonts, Formulare in Form von Hintergrundrasterbildern oder Objektgrafiken, Logos (z. B. Firmenlogos), Rasterobjekte (z. B. eingescannte Unterschriften und ähnliche Elemente) und andere, wiederholt vorkommende Elemente. Der Umfang der Ressourcen kann erheblich sein (typisch z. B. gerasterte Fonts oder Formulare im Rasterformat). Deshalb wird bei großen Druckaufträgen, die häufig aus mehreren tausend Dokumenten bestehen, die Ressource nur einmal mit in den Ausgabejob gegeben – zumeist am Anfang der Druckdatei. Alternativ wird die Ressource in der Ressourcenverwaltung gehalten, im Druckdatenstrom nur referenziert und erst im eigentlichen Druckvorgang substituiert.

** Hierzu zählen z. B. gerasterte Fonts, Signets, Formulare usw., die in den Dokumenten verwendet werden.*

Damit entsteht bei der Archivierung eines AFP-Dokuments (oder eines ganzen Print-Jobs) ein Problem: Speichert man die verwendeten Ressourcen zu jedem Einzeldokument ab, so kann sich der Speicherbedarf vervielfachen. Speichert man jedoch nur die Verweise auf die Ressourcen, so wird eine eventuell aufwändige Ressourcenverwaltung erforderlich, die sicherstellt, dass bei der Ausgabe auch die Ressource mitgegeben wird, welche zum Druck- bzw. Archivierungszeitpunkt gültig war. Ein guter Kompromiss besteht darin, beim Archivieren die Ressourcen pro Drucklauf nur einmal zu speichern und in den Einzeldokumenten Verweise darauf anzulegen. Führt man zusätzlich einen Ressourcenvergleich zu vorhergehenden Ablageläufen durch und speichert nur geänderte Ressourcen erneut ab, so lässt sich der Archivspeicherbedarf weiter reduzieren.

Der AFP-Datenstrom wird vom Druckertreiber in druckerspezifische Daten umgewandelt – entsprechend dem IBM-Konzept vorzugsweise in einen IPDS-Strom. IPDS setzt einen IPDS-fähigen Drucker voraus, bei dem die Kommunikation zwischen dem Treiber und dem Drucker bidirektional abläuft, wobei Tonerstand, Papiervorrat usw. abgefragt wird. Dies erlaubt bei Störungen seitengenau fortzusetzen. Dies ist bei den alternativen Ausgabeformaten (PCL/5 oder PCL/6) oder PPDS* noch nicht der Fall – dürfte aber auch dort bald unterstützt werden.

** PPDS ist ein älteres, proprietäres IBM-Format für Low-Cost-Drucker.*

Der AFP-Datenstrom kann NOOP-Zeilen (***No-Operation***-Anweisungen) enthalten, in denen für nachfolgende Werkzeuge Anweisungen mitgegeben werden. Hier lassen sich durch die Applikation, welche die AFP-Formatierung veranlasst, z.B. Indexinformationen weiterreichen für eine spätere COLD-Verarbeitung zum Zwecke einer automatischen Indizierung. Daneben besitzt AFP auch spezielle Anweisungen zur Übergabe von Indexwerten an nachfolgende Verarbeitungsschritte. Die meisten COLD-Lösungen nutzen jedoch die NOOP-Anweisungen.

Auf dem Markt sind Konverter verfügbar, die AFP in ein Rasterformat (z.B. TIFF) umwandeln und solche, welche PDF und andere CI-Formate erzeugen können.

Bisher nutzen AFP-Dokumente zumeist Rasterfonts, wobei aufwändig die Fonts mitgegeben werden müssen. Solche Rasterfonts lassen sich heute (neben bereits im Standard von IBM mitgelieferten Fonts) mit IBM-Werkzeugen aus PostScript-Type-1-Fonts

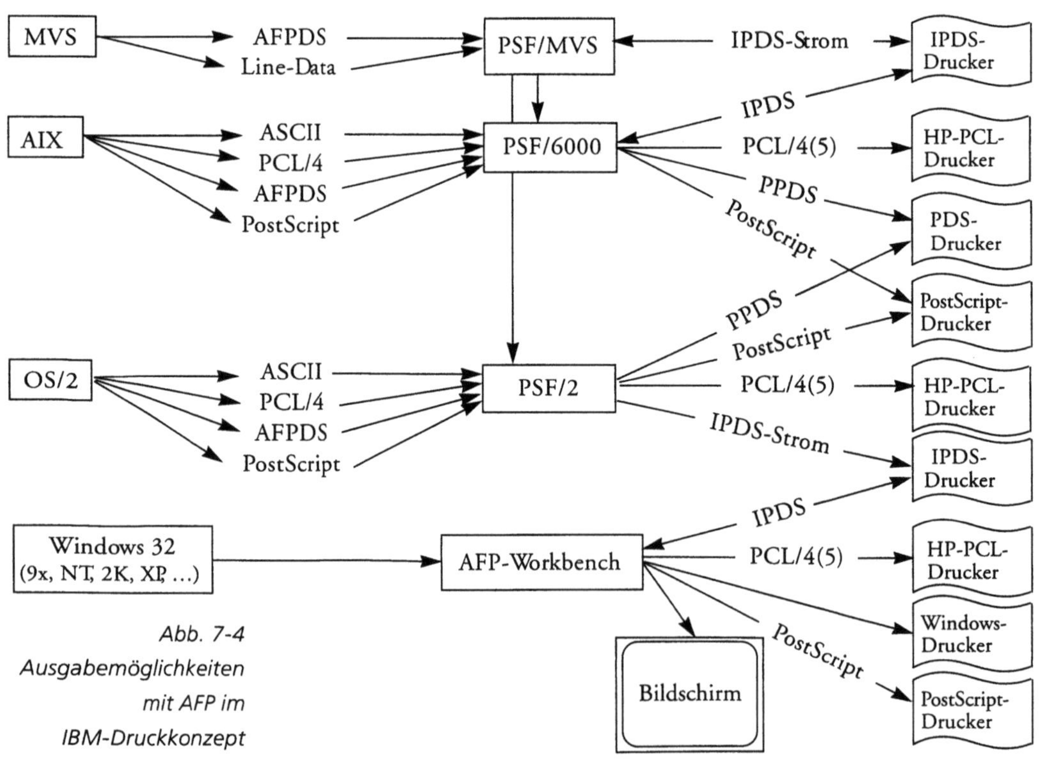

Abb. 7-4 Ausgabemöglichkeiten mit AFP im IBM-Druckkonzept

erzeugen. Der Trend geht jedoch zu Outline-Fonts (PostScript Type-1-Fonts), wobei entweder die kompakteren Vektorfonts als Ressource mitgegeben werden oder bei der Ausgabe anderweitig zur Verfügung stehen müssen.

Für eine Darstellung auf dem Bildschirm kann bei einigen AFP-Viewern (als Option) auf die Ausgabe der zusätzlichen Ressourcen (Formulare, Logos, usw.) verzichtet und die Schriften eventuell durch Systemschriften angenähert werden. Die AFP-Viewer geben dann statt einer gerasterten Unterschrift z.B. nur den Textnamen des Images aus. Oft reicht zur Anzeige sogar der reine Text ohne Reproduktion des ursprünglichen Umbruchs. Auf diese Weise lässt sich der textuelle Inhalt auch auf 3270-Terminals ausgeben.

Ein AFP-Viewer ist Bestandteil der ›*AFP Workbench*‹ der IBM. Sie ist unter 32-Bit-Windows-Systemen und OS/2 verfügbar und erlaubt die Druckausgabe sowie die Bildschirmdarstellung von AFP-Dateien auf einem grafischen Bildschirm.

Neben dem AFP-Viewer von IBM gibt es z. B. Viewer-Lösungen von Filenet und der Firma ISIS.

AFP und DCF

Die Vorstufe eines AFP-Dokuments ist in der IBM-Mainframe-Welt vielfach ein DCF-Dokument (DCF = *Document Composition Facility*). Dieses ist ein EBCDIC-Datenstrom, der auf dem Mainframe z.B. durch SCRIPT/VS in AFPDS übersetzt wird. SCRIPT ist dabei ein Formatierungswerkzeug, welches aus den DCF-Daten und den darin enthaltenen Formatanweisungen (unter Auflösung von ›Include‹-ähnlichen Anweisungen und anderen Referenzen) ein formatiertes Dokument (in AFP) erzeugt. AFP hat viele Ähnlichkeiten mit PostScript.

AFP als Archiv-Format?

Im Druckbereich hat AFP in der IBM-Welt sicher seine Bedeutung. Als Speicherformat – insbesondere für eine Langzeitspeicherung – ist AFP wesentlich kritischer zu sehen. Als Problem ergibt sich die Viewer-Problematik. AFP-Viewer sind heute nur auf wenigen Plattformen verfügbar, teuer und unseren Wissens gibt es keine Plugin-Lösungen für die Anzeige in einem Web-Browser (für Web-basierte Clients).

Ist die Anzahl der zu archivierenden Dokumente nicht zu groß, so bietet die Umwandlung des AFP-Dokuments in ein TIFF-Rasterformat eine akzeptable Lösung. Dabei entfallen die Probleme des Viewers und der Ressourcen-Verwaltung. Eine Alternative ist die Umwandlung in (oder direkte Erzeugung von) PDF.

7.6 Komprimierung

Zum Transport, beispielsweise in Netzen, und zur Speicherung müssen aus Kosten-, Zeit- und Performance-Gründen Daten oft komprimiert werden. Dies gilt zunächst für kodierte Information ebenso wie für unkodierte. Der Vorteil der Komprimierung liegt also

- in einer reduzierten Übertragungszeit,
- in reduzierten Speicherkosten und
- macht eine Übertragung oder Speicherung teilweise überhaupt erst sinnvoll möglich.

Die Komprimierungsfaktoren, die sich dabei erzielen lassen, sind abhängig von

- der Art der Information (z.B. CI- oder NCI-Informationen),
- der Struktur der Information,
- der Qualität der Struktur,
- dem Aufwand, den man für die Komprimierung und Dekomprimierung betreiben möchte, und
- der Bereitschaft, bei der Komprimierung Informationsverluste in Kauf zu nehmen.

Während die ersten drei Faktoren sich nur wenig beeinflussen lassen, bietet der Komprimierungsaufwand Spielräume, bei denen man sich zwischen einer rechenintensiveren Komprimierung mit einer damit erzielbaren kompakteren Darstellung auf der einen Seite und geringerem Aufwand mit einem geringeren Komprimierungsfaktor auf der anderen Seite entscheiden kann.

Diese Aussage gilt für die Informationskomprimierung allgemein. Sie gewinnt aber bei NCI an Bedeutung, weil diese im Vergleich zu CI oft umfangreich und zumeist redundant aufgebaut ist, dass sich hier wesentlich höhere Komprimierungsfaktoren als bei CI erreichen lassen. Bei Archivsystemen, in denen die Speicherkosten wesentlicher Teil der Gesamtkosten sind, gewinnen Komprimierungsverfahren zusätzliche Relevanz.

Bei der Komprimierung beider Klassen von Informationen muss man unterscheiden zwischen verlustfreier und verlustbehafteter Komprimierung, bei welcher der Originalzustand nicht mehr vollständig hergestellt werden kann. Bei Textdokumenten beispielsweise lässt sich der Speicherbedarf durch das Entfernen der Formatinformation sowie durch das Ersetzen mehrerer aufeinander folgender Leerzeichen durch ein Leerzeichen oder einen Tabulator* reduzieren. Bei Rasterbildern ist dies möglich, indem man die Rasterauflösung verringert oder auf einen Teil der Farbinformation

* *Dies spart insbesondere in Reports wesentlich Platz.*

verzichtet, vereinfacht oder kompakter kodiert. Eine Kombination hiervon wird z. B. bei der JPEG-Komprimierung angewendet.

Die verlustfreien Komprimierungsverfahren entfernen redundante Informationen und/oder setzen effizientere Kodierungsverfahren ein.

Kommen in einer Information beispielsweise mehrere gleiche aufeinander folgende Daten vor, wird die Darstellung kompakter, wenn man diese Daten nur einmal abspeichert, zusammen mit einem Zähler, der die Anzahl von Wiederholungen angibt. Ein Block von Nullen, der in Binärdaten häufig anzutreffen ist, lässt sich damit mit zwei oder drei Speicherworten ablegen. Bei Rasterbildern, in denen häufig viele aufeinander folgende Bildpunkte den gleichen Wert haben, wird dieses Verfahren auch als *Lauflängenkodierung* oder englisch als ***Run Length Code*** (kurz RLC) bezeichnet.

In einem deutschen Text wiederum lassen sich häufig vorkommende Wörter oder Silben durch eine spezielle Kodierung kompakter speichern als wenn die Folge der einzelnen Zeichen abgelegt wird. Mit diesem Prinzip arbeitet die *Huffman-Kodierung*, die sich nicht nur auf Texte, sondern auf beliebige Daten anwenden lässt. Dabei kann die Kodierung einzelner Sequenzen entweder statisch sein* oder dynamisch erfolgen. In diesem Fall durchsucht der Algorithmus zunächst einen Informationsblock nach den am häufigsten vorkommenden Sequenzen. Diese erhalten die kürzeren Kodes. Ein solches dynamisches Vorgehen wird auch als *modifizierte Huffman-Kodierung* bezeichnet.

* *Dies ist z. B. bei der Faxkomprimierung der Fall.*

Normale Texte in einem applikationsspezifischen oder im ASCII- oder Unicode-Format lassen sich auf diese Weise auf etwa 40 bis 60 % ihres ursprünglichen Volumens komprimieren, DV-Reports mit zahlreichen Tabulatoren, Leerzeichen und Leerzeilen oft auf 10 bis 20 %.

Die meisten Betriebssysteme und auch viele Ablagesysteme bieten eine solche Komprimierung an. Wichtig ist, dass zur Information das Komprimierungsverfahren abgespeichert wird (entweder als Teil des Dateiformats oder explizit in der DMS-Datenbank) und entweder fest etablierte Standardverfahren verwendet werden oder der Algorithmus und das Format bekannt sind, so dass sich bei einem Systemwechsel die bereits abgelegten Daten in das Speicher-/Komprimierungsformat eines neuen Systems übertragen lassen.

7.6.1 Faxkomprimierung

Unter der *Faxkomprimierung* versteht man Komprimierungsverfahren, wie sie von der CCITT* zur Komprimierung und Übertragung von Faxdaten definiert werden. In dieser CCITT-Norm sind insbesondere die T.4- und T.6-Empfehlungen für die Komprimierung von Schwarzweiß-Rasterbildern (Pixeltiefe 1) interessant, da sie eine recht speichereffiziente Datenform erlauben. Man spricht hier vereinfacht auch von einer Komprimierung entsprechend der Fax-Gruppe 3 bzw. Gruppe 4. Bei der Faxkomprimierung wird eine Lauflängenkodierung verwendet, bei der das Rasterbild zeilenweise von links oben nach rechts unten abgetastet wird. Vereinfacht wird eine Zeile nach dem folgenden Schema kodiert:

* *CCITT steht für ›Consultative Commitee for International Telegraphy and Telephony‹. Siehe hierzu CCITT im Glossar. Neben der Schreibweise ›Fax-Gruppe-4‹ sind auch ›Fax-Gruppe IV‹ und beim TIFF-Format auch ›TIFF-G4‹ üblich.*

<*n* Punkte Schwarz> <*m* Punkte Weiß> <*x* Punkte Schwarz>, …

Die Kodierung der einzelnen Lauflängen erfolgt nach einem statischen Huffman-Code, in dem häufiger vorkommende Lauflängen kürzere Kodes besitzen als die statistisch seltener vorkommenden Folgen.

Von einer eindimensionalen Komprimierung spricht man, wenn jede Zeile einzeln komprimiert wird. Mit ihr lassen sich Komprimierungen auf ca. 15–7 % des ursprünglichen Volumens erzielen (dies entspricht Komprimierungsfaktoren von 6–14).

Bei der zweidimensionalen Faxkomprimierung (diese wird oft mit ›Fax-Gruppe 4‹ gleichgesetzt), wird zunächst die 1. Zeile komprimiert. Bei der nächsten Zeile werden nur die Unterschiede zur vorhergehenden Zeile abgespeichert – sofern die Unterschiede nicht zu groß sind. Da in vielen Vorlagen über mehrere Rasterzeilen hinweg die Unterschiede nur sehr gering sind, erlaubt dieses Verfahren in vielen Fällen eine deutlich bessere Komprimierung als das eindimensionale Verfahren. Sind die Unterschiede zwischen zwei Zeilen zu groß, kann auf das eindimensionale Verfahren zurückgegriffen werden. Hier sind Komprimierungen auf 4 bis 10 % des ursprünglichen Datenvolumens bzw. die Faktoren 10 bis 25 erreichbar.

In ungünstigen Fällen (viele Bitwechsel und Zeilenunterschiede) kann die Faxkodierung mehr Platz benötigen als das unkomprimierte Rasterbild. In diesem Fall sollte das Komprimierungsverfahren auf einen unkomprimierten Modus zurückgehen.

Die Faxkomprimierung ist nicht vollkommen eindeutig, d. h. unterschiedliche Algorithmen können unterschiedliche und damit auch verschieden kompakte Daten ergeben. Dies gilt insbesondere für das Format der Gruppe-4-Kodierung. Nach der Dekomprimierung ergibt sich jedoch immer wieder das gleiche Bild!

Bei ausreichend schnellen Rechnern – dazu zählen die heute üblichen Workstations und PCs – wird für eine Komprimierung nach dem Faxverfahren keine spezielle Hardware mehr benötigt. Ein 800-MHz-Pentium-System benötigt für eine A4-Seite bei 300 dpi (Schwarzweiß, bitonal) etwa 0,05 bis 0,1 Sekunden – also praktisch nicht mehr wahrnehmbar.

Komprimierungsfaktoren

Der erzielbare Komprimierungsfaktor ist, wie bereits erwähnt, stark von der Bildstruktur der Vorlage abhängig. Nimmt man beispielsweise die fünf Abbildungen im Anhang A auf den Seiten 683 bis 692, so ergeben sich etwa folgende Komprimierungsfaktoren bei jeweils 300 dpi und der gleichen TIFF-G-3-Komprimierung:

1:16,6 Abb. A-15 (falsch erfasste Bauzeichnung)*
1:5,2 Abb. A-17 (korrekt erfasste, bereinigte Zeichnung)
1:7,1 Abb. A-22 (technische Zeichnung)
1:10 Abb. A-23 (Text, mittlere Informationsdichte)
1:5 Abb. A-24 (Text, hohe Informationsdichte)

** Die Beispiele finden Sie auf den Seiten 683 bis 692.*

Vergleicht man die mögliche Komprimierung in Abhängigkeit von der verwendeten Auflösung, so zeigt sich, dass bei größeren Auflösungen bessere Faktoren erzielt werden können. Dies hängt damit zusammen, dass sich bei einer größeren Auflösung längere Bitfolgen der gleichen Farbe ergeben. Abbildung 7-5 zeigt dies für die fünf oben genannten Abbildungen.

Man kann auch davon ausgehen, dass größere Vorlagen im Allgemeinen bessere Komprimierungsfaktoren ergeben, da die Infor-

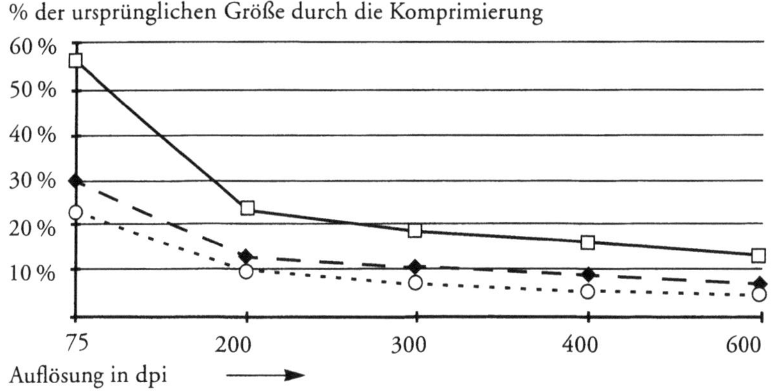

Abb. 7-5 Komprimierungsfaktor als Funktion der Auflösung

mationsdichte (bzw. die Anzahl der Farbwechsel) nicht linear mit dem Format steigt. Diese Aussagen besagen natürlich nicht, dass ein komprimiertes Bild aus einer 400-dpi-Vorlage kleiner wird als die gleiche mit 300 dpi erfasste Vorlage, oder dass im Mittel eine komprimierte A0-Zeichnung kleiner ist als eine solche in A1 – lediglich der Zuwachs wird etwas geringer!

Die hier für die Faxkomprimierung gemachte Aussage gilt tendenziell auch für die anderen Komprimierungsverfahren.

Komprimierung von Halbtonbildern

Die CCITT-Empfehlung für Faxdokumente ist nur für Schwarzweiß-Rasterbilder ausgelegt. Sollen Halbtonbilder komprimiert werden, so lassen sich entweder die vorhandenen Bit-Ebenen einzeln nach dem Faxstandard komprimieren, oder man verwendet eine Lauflängenkodierung, bei der die Lauflänge nicht für 1-Bit-Pixel, sondern für jeweils die volle Pixeltiefe verwendet wird. Hierfür gibt es eine ganze Reihe unterschiedlicher Formate, von denen bisher kein einziges dominiert, da die erzielten Komprimierungsfaktoren bei Bildern mit vielen Abstufungen durchweg gering sind (typischerweise auf 40 bis 70 % des unkomprimierten Bildes).

Gute Komprimierungen sind mit dem LZW (*Lempel-Ziv-Welsch*) in TIFF sowie mit GIF (*Graphic Image Format*) zu erzielen. GIF, welches auch für die Kodierung und Komprimierung von Farbbildern geeignet ist – jedoch beschränkt auf maximal 256 Farben bzw. 8 Bit pro Farbpunkt – fand seine Verbreitung insbesondere durch den CompuServe-Online-Dienst sowie als Image-Format im Internet bzw. in HTML-Dokumenten. Das GIF-Format dürfte mittelfristig durch das flexiblere PNG-Format abgelöst werden. Hohe Komprimierungsfaktoren – insbesondere bei Farbbildern mit größerer Bittiefe (typischerweise 3 × 8 = 24 Bit pro Farbpunkt) – lassen sich mit dem JPEG-Verfahren erreichen. Weitere, neue Verfahren kommen ständig hinzu, konnten sich bisher jedoch nicht durchsetzen.

7.6.2 Die JPEG-Komprimierung

Die bisher beschriebenen Komprimierungsverfahren eignen sich nicht für komplexe Farbbilder, wie bereits an der Komprimierung von Halbtonbildern ersichtlich ist. Andererseits nimmt der Einsatz von Farbe in Dokumenten und die Verarbeitung von Farbbildern allgemein zu. Farbbilder besitzen die fatale Eigenschaft, in unkomprimierter Form sehr viel Speicher zu benötigen.* Hier müssen deutlich komplexere Verfahren eingesetzt werden. Als ein Standard hat sich dabei das JPEG-Verfahren* durchgesetzt.

* Siehe Tabelle 7-2 auf Seite 284.

JPEG steht für ›Joint Photographic Experts Group‹.

Das JPEG-Verfahren ist nicht verlustfrei – d.h. beim Komprimieren geht Information verloren, so dass nach der Dekomprimierung das Original nicht mehr in voller Qualität existiert. Der Anwender hat die Wahl zwischen einem hohen Komprimierungsfaktor und damit verbunden einem Qualitätsverlust oder geringen Qualitätsverlusten und geringerer Komprimierung. Die erzielbaren Faktoren sind auch hier von Bilddetails und Farbabstufungen in der Vorlage abhängig. Die meisten Farbbilder lassen sich jedoch mit JPEG ohne sichtbare Qualitätsverluste um den Faktor 5 bis 20 reduzieren – dies insbesondere dann, wenn größere Flächen mit einheitlicher Farbe vorhanden sind. Faktoren bis zu etwa 30 bis 50 ergeben in vielen Fällen immer noch eine ausreichende Bildqualität.

Es gibt zwar auch eine verlustfreie Variante des JPEG-Verfahrens, jedoch sind die damit erzielbaren Komprimierungsfaktoren deutlich geringer (typischerweise ca. Faktor 2 bis 4).

Die JPEG-Komprimierung kann sowohl per Software als auch per Hardwarechip durchgeführt werden. Das Verfahren ist durch seine Komplexität sowohl in Software als auch in Hardware deutlich langsamer als beispielsweise eine Faxkomprimierung. Wurden bei großformatigen Bildern (etwa ab A3) mit hoher Auflösung (ab 200 dpi) früher teilweise spezielle Hardware-basierte Komprimierungskomponenten eingesetzt, ist dies inzwischen durch die gestiegene Rechnerleistung nicht mehr notwendig. Hinzu kommt, dass die neueren CPU-Typen spezielle, für diese Aufgabe abgestimmte Instruktionen besitzen, welche eine schnelle Komprimierung und Dekomprimierung unterstützen.

Das von der *Joint Photographic Experts Group* entwickelte Verfahren für bitonale Bilder wird als BPEG bezeichnet, hat jedoch trotz guter Komprimierung kaum Verbreitung gefunden.

JPEG 2000

Mit der Zunahme des Einsatzes von Rasterbildern und der Verfügbarkeit neuerer Komprimierungsverfahren wie Wavelet- und Fraktale-Komprimierung wuchs der Bedarf nach einem moderneren Standard mit folgenden Eigenschaften: höhere Kompressionsfaktoren bei besserer Steuerungsmöglichkeit des Qualitätsverlustes bei verlustbehafteter Komprimierung und die Möglichkeit ein breites Spektrum von Vorlagen adäquat zu komprimieren. Mit diesen Vorgaben startete die Arbeitsgruppe der *Joint Photographic Experts*

Group. Es entstand daraus JPEG 2000, welches im Jahr 2001 in der ersten Version verabschiedet wurde. Weitere Versionen werden sich zusätzlich mit Verfahren für spezielle Anwendungen befassen.

JPEG 2000 bietet neben einer verlustfreien Komprimierung – in der Regel mit geringeren Komprimierungsfaktoren – zahlreiche Möglichkeiten der Kontrolle, die deutlich über die von JPEG hinausgehen. So werden Wavelet-Verfahren* für die Komprimierung eingesetzt, welche bei gleicher Qualität in der Regel höhere Komprimierung als das in JPEG eingesetzte DCT-Verfahren ergeben. Bereiche innerhalb eines Bildes können auch mit unterschiedlicher Genauigkeit kodiert werden – etwa die Landschaft mit hoher Komprimierung und damit höheren Detailverlusten und eine Person im Vordergrund mit besserer Qualität und weniger Komprimierung.

** Siehe hierzu Abschnitt 7.6.3.2.*

JPEG-2000-Implementierungen sind seit dem Jahr 2002 auf dem Markt. Sie werden JPEG allmählich vollständig ablösen – auch als Verfahren für Grafiken in Web-Dokumenten (HTML, XML, PDF, ...).

7.6.3 Weitere Komprimierungsverfahren

Zusätzlich zu den bereits erwähnten Komprimierungsverfahren gibt es eine ganze Reihe weiterer Verfahren, die nur noch historische Bedeutung haben oder auf die Komprimierung spezieller Datentypen ausgelegt sind. So sind die zuvor diskutierten Verfahren weder optimal für Audio- noch für Videokomprimierung geeignet. Hierfür sind spezielle Verfahren erforderlich.

7.6.3.1 MPEG – komprimierte Kodierung von Video

MPEG = ›Motion Photographics Expert Group Format‹

Ein Beispiel ist das MPEG-Verfahren, welches auf die Komprimierung von Videodaten (auch kombiniert mit Audio-Information) ausgelegt ist. Das Konzept der aktuellen MPEG-Komprimierung gleicht der von JPEG für das Einzelbild. Statt eine Bildsequenz jedoch aus einer einfachen Folge von JPEG-Bildern aufzubauen, nutzt MPEG den Umstand, dass sich bei Videosequenzen der Bildinhalt von Bild zu Bild zumeist nur geringfügig ändert. Entsprechend kodiert MPEG nach dem Startbild zunächst nur die Bildveränderungen. Erst wenn ein größerer Bildsprung erfolgt, wird das neue Bild wieder vollständig neu kodiert.

Um die Filmqualität bei Übertragungs- oder Speicherfehlern nicht zwischen zwei solchen Vollkodierungen ausfallen zu lassen, erfolgt zusätzlich eine Neukodierung nach einer vorgebbaren maximalen Bildzahl. Der mit MPEG-2 erzielbare Komprimierungsfaktor liegt zumeist zwischen 5 und 20.

MPEG ist ein Komprimierungsverfahren, jedoch kein Dateiformat! So kann MPEG in unterschiedlichen Dateiformaten eingesetzt werden – etwa in Quicktime- oder AVI-Dateien.*

Eine Variante von MPEG ist M-JPEG (***Motion JPEG***). Dieses Format wird dort verwendet, wo MPEG-Dateien editiert werden sollen – z.B. für eine digitale Filmbearbeitung. Bei M-JPEG werden alle Bilder einzeln (im JPEG-Verfahren) gespeichert, so dass man die Darstellung und Bearbeitung bei jedem einzelnen Bild starten kann.

Auch MPEG unterliegt einer Weiterentwicklung. So hat sich nach MPEG-1 inzwischen MPEG-2 etabliert, eine aufwärtskompatible Weiterentwicklung des Verfahrens. MPEG-2 ist die Basis für Videofilme auf DVDs (DVD-Video). Inzwischen ist sowohl MPEG-3 normiert. Es war ursprünglich als Komprimierungsverfahren für HDTV (*High Definition TV*) vorgesehen. 2001 wurde MPEG-4 verabschiedet. Implementierungen befinden sich bereits in zahlreichen Produkten. Diese Implementierungen sind teilweise unter dem Namen ›DivX 4‹ bekannt. Inzwischen wurden Arbeiten an MPEG-7 gestartet.**

Eine Komponente der neuen Konzepte von MPEG-4 besteht darin, in einem Image einzelne Objekte zu identifizieren und Bildänderungen weitgehend als Bewegungsvektoren der Objekte zu kodieren. Damit sind bei geeigneter Bildstrukturierung sehr hohe Komprimierungsfaktoren erzielbar. Die hohe Kunst besteht hier in einer geeigneten Objekterkennung und -kodierung. Hier bleibt also Spielraum für individuelle Verfahren – mit entsprechenden Produktvorteilen – bei der Komprimierung.

** Diese werden auch ›Video-for-Windows‹-Dateien genannt.*

*** Zum Entwicklungsstand von MPEG siehe auch www.mpeg.org.*

7.6.3.2 Neue Verfahren

Zu den historisch entwickelten, etablierten und verbreiteten Komprimierungsverfahren kommen durch Weiter- und Neuentwicklungen ständig neue Formate hinzu. Diese erzielen für spezielle Datenarten erstaunlich hohe Komprimierungsraten, die teilweise den Faktor 50 bis 200 erreichen!

Insbesondere sind hier für die Komprimierung von Images die *fraktale Komprimierung* und die *Wavelet-Komprimierung* zu nennen – beides noch neue Verfahren mit wenigen Anbietern.

Die fraktale Komprimierung geht davon aus, dass sich ein Bild aus einer Grundform und einer sich wiederholenden Transformation der Grundform erzeugen lässt, womit eine extrem kompakte Kodierung des Images möglich wird. Man erhält im Idealfall eine rasterfreie Form des Images, in die (fast) beliebig gezoomt werden kann, ohne dass dabei die Treppenstufen eines Rasters sichtbar werden. Das Problem besteht darin, die geeignete Grundform und die Transformationen für ein vorliegendes Image zu finden. Da dies bei größeren Images sehr schwierig ist, wird das Image in kleinere Bereiche aufgeteilt und für diese die Grundform und die Transformationen ermittelt. Die Kunst der dabei angewendeten Verfahren liegt in einer an das Image adaptierten Aufteilung und dem Testen mit geeigneten Grundformen und Transformationen. Hierin unterscheiden sich auch die unterschiedlichen Produkte und Implementierungen zu diesem Verfahren. Neben Rasterbildern wird die fraktale Komprimierung zunehmend auch für Videosequenzen eingesetzt.

Weder bei den Wavelet- noch bei den fraktalen Komprimierungsverfahren ist die Entwicklung abgeschlossen. Hier sind weitere Verbesserungen zu erwarten – sowohl was die Komprimierungsgeschwindigkeit als auch was die erzielten Komprimierungsfaktoren betrifft.

Die *Wavelet-Image-Komprimierung* weist eine Reihe von Ähnlichkeiten mit der fraktalen Komprimierung auf. Bei ihr wird das Image als dreidimensionales Objekt betrachtet; die Grau- oder Farbwerte ergeben die dritte Dimension. Das Wavelet-Verfahren versucht, dieses Objekt als mathematische Funktion zu beschreiben. Wie beim *fraktalen Verfahren* wird das Image in kleinere Bereiche zerlegt, um schneller eine geeignete Funktion zu finden. Auch hier sind sehr hohe Komprimierungsfaktoren erzielbar, und es entstehen weitgehend pixelfreie Images beim Zoomen in das Image. Wavelet-Verfahren werden auch im JPEG-2000-Standard eingesetzt.

Sowohl die fraktale als auch die Wavelet-Komprimierung ist sehr rechen- und damit auch zeitintensiv, während die Dekomprimierung sehr schnell erfolgen kann.

MPEG-2 erzielt bei Audio-Daten etwa eine Komprimierung um den Faktor 5 bis 10. Die MP3-Komprimierung erreicht teilweise noch höhere Raten bei sehr geringen akustischen Verlusten für das menschliche Ohr.

Obwohl es bereits zahlreiche Verfahren zur Komprimierung von Audio-Daten gibt – etwa in der Form von MPEG – ist diese Entwicklung noch lange nicht abgeschlossen. Hier entstehen noch schnellere und bessere Verfahren mit unterschiedlichen Basismechanismen. Eine der Standardkomponenten besteht hier im Subsampling – d.h. man tastet das Audio-Signal in größeren Intervallen ab und interpoliert mit unterschiedlichen Verfahren in der Wiedergabe die Zwischenpunkte.

Mit der Zunahme der verfügbaren Rechenleistung können die Verfahren aufwändiger werden – sowohl bei der Komprimierung als auch bei der Dekomprimierung. Bei den verlustbehafteten Verfahren nutzt man dabei zunehmend spezifische Eigenschaften der menschlichen Sinnesorgane – etwa die Trägheit des Auges gegenüber Farb- und anderen Bildveränderungen oder die Hör-Charakteristik des Ohres, um durch Weglassen nicht wahrgenommener Information eine bessere Komprimierung zu erreichen.

7.6.4 Welche Komprimierung für welches Dokument?

Offensichtlich ist die optimale Komprimierung für ein Dokument abhängig vom Dokumenteninhalt, Art und Struktur der Informationen sowie vom Verwendungszweck. Moderne, komplexe Datei- bzw. Dokumentenformate (wie etwa das MS-Word-Format oder PDF) kodieren deshalb die unterschiedlichen Inhaltskomponenten (Compound-Komponenten) abhängig von deren Aufbau und Inhalt mit unterschiedlichen Verfahren. So setzt PDF z. B. für bitonale Rasterbild Fax-4 ein, für Schwarzweiß-Halbtonbilder PNG oder LZW und für Farbbilder JPEG. Der Text selbst wird mit einem Lempel-Ziv-Verfahren komprimiert.

Eine gute Übersicht zu Komprimierungsverfahren ist in [Baran] und [Seiter] zu finden; eine detaillierte Beschreibung der Multimedia-Formate liefert [Steinmetz].

LZW = Lempel-Ziv-Welsch, eine Erweiterung der Lempel-Ziv-Verfahrens

Bei einer Langzeitarchivierung wird jedoch das geeignete Komprimierungsverfahren ebenso bestimmt durch die Formate und Verfahren, welche in den späteren Anzeige- oder Verarbeitungskomponenten unterstützt werden. Was nützt eine optimale Komprimierung, wenn das damit erzeugte Dokument später nicht mehr angezeigt oder verarbeitet werden kann?

Das Verfahren wird teilweise auch durch Restriktionen der Übertragungs- oder Speichermedien vorgegeben. So lässt sich mit den heute üblichen CD-Speichern kaum ein Videofilm mit ausreichender Wiedergabequalität abspielen. Wenn er nicht komprimiert ist, kann die Auslesegeschwindigkeit eines CD-Laufwerks und des typischen PCs nicht die Bandbreite von etwa 20 bis 30 MB pro Sekunde liefern, die ein unkomprimierter Farbvideofilm in PAL-Qualität für eine ruckelfreie Darstellung mit 25 bis 30 Bildern pro Sekunde erfordert. Ebensowenig ist ohne spezielle Komprimierungsverfahren eine Videokonferenz über eine ISDN-Leitung oder gar eine 28,8-KBaud-Modemleitung möglich.

Das optimale Komprimierungsverfahren wird bestimmt durch:

- den Inhalt und dessen Struktur
- das verwendete Dokumentenformat
- akzeptable Qualitätsverluste
- die verfügbare Übertragungsbandbreite
- verfügbare Anzeige- und Verarbeitungsprogramme
- den vertretbaren Aufwand für die Komprimierung und Dekomprimierung der Dokumente
- den Verwendungszweck und die verfügbaren Viewer

Die nachfolgende Tabelle versucht, eine vereinfachte Übersicht über die Daten- und Dokumentenarten und die dafür geeigneten Komprimierungsverfahren zu geben. Anhang A.4 zeigt Beispiele mit unterschiedlichen Verfahren und den erzielten Komprimierungsfaktoren.

Tabelle 7-3 Komprimierung verschiedener Daten- und Dokumententypen

Inhalte/Formate	Komprierungs-verfahren	Kompr.-faktor	Anmerkung
Text			
Reiner Text (z. B. ASCII)	Huffman	1,5–3	
Compound-Dokumente	Huffman	2–4	oft auch programmspezifische Verfahren mit unterschiedlichen objektangepassten Methoden
PDF (bei kom. Komponenten)	keines		Komprimierung lohnt nicht.
Binärdaten			
z.B. CAD-Daten	Huffman	2–4	vereinzelt auch deutlich höhere Komprimierungsfaktoren
Images			
Schwarzweiß, bitonal	Fax-G-4	5–20	TIFF-G4 für Formate ≤ A2 CALS Type 1 für Formate > A2
Schwarzweiß, Halbton	Lempel-Ziv	1,5–3	verlustfrei, Format: TIFF
	JPEG	2–20	
	JPEG 2000	2–100	feinstufig kontrollierbar
	BPEG	4–25	kaum verbreitet
	PNG	2–20	
Farbe, Halbton, 8 Bit	Lempel-Ziv	1,5–3	verlustfrei, Format: TIFF
	PNG	1,5–4	
Farbe, Halbton, 24 Bit	Lempel-Ziv	1,2–2	verlustfrei, Format: TIFF
	PNG	3–10	
	JPEG	2–30	bei geringen Qualitätsverlusten
	JPEG 2000	2–100	feinstufig kontrollierbar
	fraktale Kompr. Wavelet-Kompr.	2–200	bisher nur wenige Produkte, keine Standards
Sonstige Daten			**zahlreiche weitere Verfahren**
Audio-Daten	MPEG 2	5–10	
	MP3/MP3-Pro	5–80	ohne hörbare Verluste
Video-Daten	MPEG 2	5–50	Standard für DVD-Video
	MPEG 4/DivX	20–100	seit 2002 breiter verfügbar
	fraktale Kompr.	5–100	noch in der Entwicklung
Spezialformate	fraktale Kompr.	5–100	spezielle adaptierte Verfahren

7.7 Konvertierung zwischen NCI und CI

In DM-Lösungen ist es in verschiedenen Situationen erforderlich, unkodierte Information in kodierte umzuwandeln und umgekehrt.

Die Wandlung von unkodierter Information in eine bestimmte kodierte Form, wie etwa die Konvertierung eines Raster-Images in Textform, ist dann sinnvoll, wenn die Struktur der Information bearbeitet werden soll. Ein Text besitzt beispielsweise eine Struktur, bei der sich aus einzelnen Zeichen Worte, aus mehreren Worten Sätze und Zeilen und daraus wiederum Absätze, Seiten, Artikel oder Bücher ergeben. Für kodierte Information gelten die bereits im Abschnitt 7.5 aufgeführten Vorteile bei der Bearbeitung – z. B. die Möglichkeit einer (Voll-)Textsuche in einem Dokument.

Es gibt jedoch auch Situationen, in denen die Wandlung von kodierter Information in unkodierte sinnvoll oder technisch notwendig ist, beispielsweise bei der Ausgabe auf Sichtgeräte und Drucker oder beim Versenden von Faxnachrichten.* Zuweilen wandelt man auch komplexe kodierte Information (z. B. aus einem DTP-Textformat) in ein NCI-Rasterformat um, um damit ein stabiles, statisches Format für die Speicherung zu erhalten. Dies ist jedoch nur dort sinnvoll, wo keine inhaltlichen Änderungen mehr stattfinden sollen.

** Auch die Erstellung von Thumbnails (Seiten-Ikonen, z. B. in PDF) erfolgt durch eine solche CI→NCI-Wandlung.*

Natürlich können auch Umwandlungen innerhalb einer Informationsklasse erforderlich sein. Man denke an die Konvertierung von einem Rasterformat in ein anderes oder an die Konvertierung eines Farbbildes in ein Schwarzweiß-Halbtonbild oder ein bitonales Schwarzweißbild.

Auch Wandlungen von einem CI-Format (beispielsweise ASCII) in ein anderes CI-Format (beispielsweise EBCDIC) oder von MS-Word nach RTF, PDF oder XML sind zur Speicherung im Archiv, zur Aufbereitung, zur Verarbeitung oder zum Versand an andere Rechner häufig notwendig. Auf all diese Konvertierungen einzugehen, würde ein eigenes umfangreiches Buch erfordern.

Es sollen deshalb nachfolgend nur die beiden meistbenutzten Formen der NCI-zu-CI-Wandlung diskutiert werden. Diese sind:

A) die Texterkennung (Wandlung eines Raster-Images in Text)
B) die Raster-zu-Vektor-Konvertierung

Für Konvertierungen innerhalb einer Klasse bieten oft die Bearbeitungsprogramme (etwa Word, Photoshop) Möglichkeiten.

7.7.1 OCR-Erkennung

OCR ist die Abkürzung für ›Optical Character Recognition‹.

OCR steht für ›*Optical Character Recognition*‹, das Kürzel ICR für ›*Intelligent Character Recognition*‹ oder ›*Image Character Recognition*‹. Es sind Methoden zur Umwandlung von Texten, die im Rasterformat vorliegen, in eine Zeichenfolge bzw. einen editierbaren Text. Für den Rechner ist die Interpretation eines Schriftbildes als Text eine aufwändige Angelegenheit. Sie macht aber in einigen Fällen die sinnvolle Weiterverarbeitung von eingescannten Dokumenten erst möglich. Dies ist immer dann der Fall, wenn der Text weiter bearbeitet werden soll oder eine rechnerbasierte Auswertung des Textinhaltes (etwa von Zahlen) erforderlich ist. Auch wenn die Information an zahlreiche Adressaten über Netz verteilt werden soll, macht eine vorhergehende OCR-Wandlung von einem als Papier bzw. Image vorliegenden Textdokument Sinn, da die damit gewonnene CI-Information kompakter und besser handhabbar ist. Ebenso ist ein schnelles, rechnergestütztes Suchen im einzelnen Dokument oder über eine Volltext-Datenbank nur auf CI-Formaten möglich.

Die Umwandlung einer Image-Vorlage in einen Text, hat typischerweise zwei Einsatzvarianten:

- ❏ automatische Erkennung einzelner Dokumentenattribute
- ❏ Umwandlung des gesamten Image-Dokuments in ein CI-Dokument

Erkennung von Dokumentenattributen

Bei der Formularerfassung über OCR-Techniken versucht man, nur den Formulartyp sowie einzelne Felder des Formulars zu erkennen – nicht den gesamten Inhalt des Formulars.

Lassen sich über ein OCR-Verfahren alle oder zumindest einige der Attribute als Suchmerkmale eines eingehenden Dokuments erfassen, so kann dies die Kosten wesentlich reduzieren und die Erfassung beschleunigen. Beispiele sind die Rechnungs- oder Kundennummer bei der Erfassung eingehender Rechnungen, die Erkennung einer Vorgangsnummer bei zurückkommenden Formularen oder die Erkennung eines Formulartyps über den aufgedruckten Barcode.

Eine solche Erkennung ist zumeist dann mit ausreichender Erkennungsrate machbar, wenn wenige, im voraus bekannte Merkmale zu erkennen und an festen Positionen im Dokument zu finden sind. Dies ist typischerweise bei gleichartigen Formularen und anderen Dokumenten mit festem Aufbau der Fall.

Die Erkennungsrate erhöht sich zusätzlich, wenn der Wertebereich oder der zu erfassende Zeichensatz eingeschränkt werden kann (z.B. auf Ziffern oder Großbuchstaben) und eine zusätzliche Prüfung möglich ist. Das Erkennungsverfahren ist dann gut auf die Erkennung abstimmbar. Hier sind Erkennungsraten bis zu 99,5 % erzielbar. Nicht oder nicht ausreichend sicher identifizierte Elemente müssen von der Software ausgewiesen und danach manuell erfasst bzw. korrigiert werden.

In den meisten Fällen ist es vorteilhaft, Formulare für eine OCR-Erkennung neu zu gestaltet.

In solchen Fällen lassen sich heute auch mit einer wirtschaftlichen Rate kurze handschriftliche Texte erfassen. Der zu erfassende Text sollte dabei möglichst frei stehen – d.h. ohne unterlegte Farbe oder Raster. Bei bereits existierenden Formularen muss dafür der Hintergrund ganz entfernt oder in einer Blindfarbe des Scanners angelegt werden.

Bei der Erfassung ist insbesondere darauf zu achten, dass die Vorlagen nicht schräg eingezogen werden, da dies die Erkennung erschwert.

Module für eine Formularerfassung in der skizzierten Art sind auf dem Markt verfügbar, jedoch genau wie die hochwertigen OCR-Verfahren für eine vollständige Umwandlung teuer. Der Markt wird hier von wenigen Anbietern abgedeckt.*

** Der Preis liegt typischerweise zwischen 2.500 und 20.000 Euro.*

Bei größeren Erfassungsmengen fällt fast immer neben der Installation auch eine Projektkomponente an, in der die Machbarkeit und Rentabilität für die Dokumentenart geprüft und bei der Realisierung Erkennungsschablonen, Prüfroutinen, Training (der Software) und zum Teil eine Adaption der Erkennungssoftware durchgeführt wird.

Von der NCI-Seite zur Textseite

Sollen eingescannte textorientierte Dokumente nachträglich mit einem Textsystem weiterbearbeitet oder die Dokumente in eine Volltextdatenbank eingebracht werden, so ist im Gegensatz zur zuvor skizzierten Attributerkennung eine vollständige oder zumindest weitgehende Texterkennung durchzuführen. Um hierbei ausreichend hohe Erkennungsraten zu erzielen, sind deutlich höhere Anforderungen an die Vorlagen zu stellen. Es sollte sich um sauber gedruckte Vorlagen mit hohem Kontrast und ausreichender Schriftgröße handeln.

Erfasst man eingehende Belege und Briefe heute üblicherweise mit einer Auflösung von 200 dpi, ist bei einer nachgeschalteten OCR-Umwandlung besser 300 oder sogar 400 dpi einzusetzen, da so höhere Erkennungsraten erzielt werden. Neuere OCR-Produkte akzeptieren sogar eine Eingabe mit Farbe oder Graustufen und verbessern damit die Erkennungsrate weiter; der Scannerdurchsatz reduziert sich dabei jedoch deutlich.

Hat man früher für umfangreichere OCR-Erkennungen spezielle OCR-Hardware eingesetzt, geht mit der Verfügbarkeit sehr leistungsfähiger PCs der Trend zu einer reinen Softwareerkennung. Hierfür verwendet man eigene Rechner – so genannte *OCR-Server*. Für spezielle Anwendungen werden noch immer dedizierte, sehr schnelle Systeme eingesetzt – etwa für die Schriften- und Scheckleser bei Banken.

Gute OCR-Pakete erkennen in der Vorlage die Spalten mehrspaltiger Texte. Ist die Spaltenreihenfolge der Texte nicht konstant, so ist nach der Spaltenzerlegung die Reihenfolge der Textverkettungen explizit anzugeben. Dies ist typisch für die Erfassung von Zeitschriften mit mehrspaltigem Layout. Grafiken können automatisch erkannt und separat als Rasterbilder zurückgegeben werden. Auch andere Formatattribute wie etwa Schriftart (mit oder ohne Serifen), Schriftgrad, -stärke und -neigung (normal, fett, kursiv, ...) werden erkannt und optional in die Ausgabe übernommen.

Da selbst bei guten Vorlagen die OCR-Erkennung nicht vollkommen fehlerfrei erfolgen kann, sind in der Regel spezielle Korrekturarbeitsplätze und eine entsprechende Software notwendig. Dort werden die umgewandelten Dokumente angezeigt, und die Software führt den Bearbeiter zu den Problemfällen. Sie zeigt sowohl die fraglichen oder nicht erkannten Stellen im Dokument als auch den dazugehörigen Image-Ausschnitt. Man kann den Erkennungsvorschlag akzeptieren oder den Text explizit eingeben.

Nutzten OCR-Systeme früher für die Raster-Text-Umwandlung reine Mustererkennungsverfahren, bei denen sie auf das zu untersuchende Rasterfeld verschiedene bekannte Muster legten und danach das Muster mit der größten Ähnlichkeit als Treffer werteten, so sind die Verfahren heute wesentlich komplexer unter Verwendung von Heuristiken, Fuzzy-Logic und dynamisch aufgebaute Musterkataloge aus bereits erkannten Passagen.

Vor der eigentlichen Texterkennung müssen zunächst gewisse Vorarbeiten von den Paketen geleistet werden. Hierzu gehört es, einzelne Textspalten aus einer Seitenvorlage zu isolieren, daraus einzelne Zeilen zu erkennen und den Text darin auszurichten, d. h. kleine Schräglagen zu korrigieren. Danach wird die Zeile in der Größe normiert, so dass auch Text unterschiedlicher Größe erkannt werden kann. Erst jetzt beginnt die Zeichenerkennung. Für den Erkennungsvorgang verbleiben eine Vielzahl von Problemen. Wie kann beispielsweise eine aus zwei oder gar drei Zeichen zusammengesetzte Ligatur (z. B. ›fl‹, ›fi‹ oder ›ffl‹) erkannt werden?

Problemfälle stellen auch Zeichenkombinationen dar – wie ›rn‹ (ist es ein ›r‹, gefolgt von ›n‹ oder *m*?), das große ›I‹ und das kleine ›l‹ bei serifenlosen Zeichensätzen,* die Erkennung fremdsprachiger Sonderzeichen, optisch beschädigte Zeichen und vieles mehr.

Trotz all dieser Probleme erreichen die heute verfügbaren Texterkennungspakete erstaunlich gute Trefferraten. Diese liegen bei bis zu 99,8 % aller Zeichen. Bei OCR-Schriften liegt die Erkennungsrate bei fast 100 %. Die Erkennungsrate ist in von der Qualität der Vorlage, der Art des Textes, den verwendeten Schriften und deren Schriftgröße abhängig. Die meisten OCR-Pakete erlauben beispielsweise eine Schriftgröße zwischen 6 und 32 Punkt.** Die Erkennungsrate sinkt bei kleinen Schriften unterhalb von 8 bis 9 Punkt deutlich.

Bei der Schriftart muss in der Regel zwischen einer solchen mit festen Zeichenbreiten, wie es bei der Schreibmaschinenschrift üblich ist, und einer Proportionalschrift unterschieden werden. Letztere ist deutlich schwieriger zu erkennen, überwiegt jedoch bei gedruckten Dokumenten.

Einige OCR/ICR-Pakete haben Spezialmodule zur besseren Erkennung von Texten, die mit einem Matrixdrucker erstellt wurden.

** Serifenlose Zeichensätze sind solche, bei denen Endstriche an den Zeichen fehlen. Die Schriften* **Futura** *und* **Helvetica** *sind z. B. solche Schriften.*

*** Dies sind Größen zwischen ca. 1,4 mm und 7,5 mm für Großbuchstaben.*

Wichtige Faktoren für die Erkennung bei OCR-Paketen sind:

- ❑ Vorlagenqualität (verschmutzt, farbig, ...)
- ❑ Schriftart wie etwa
  - Proportional, Schreibmaschine, ...
  - Serifenschriften, Groteskschriften, ...
  - Vektorschrift, Matrixdruckerschrift, ...
- ❑ Schriftgröße
- ❑ Anzahl und Art der Sonderzeichen (Ω, ×, ↑, %, ...)
  - fremdsprachige Zeichen (Å, Ç, Œ, ...)
  - Ligaturen (fl, fi, ffl, ...)
- ❑ Zeichenabstand, Wortabstand, Zeilenabstand

Die Erkennung eines Textes kann durch Zusatzwerkzeuge deutlich verbessert werden. So verwenden die Texterkennungspakete Lexika, in denen in Zweifelsfällen mögliche Wörter herausgesucht werden – dies ist praktisch eine Art Rechtschreibprüfung für erkannte oder noch in der Analyse befindliche Worte.

Auch Zusatzangaben zu den analysierten Texten können die Erkennung verbessern und beschleunigen. Werden beispielsweise auf einem Rechnungsformular nur die Kundennummer oder die Auftragsnummer analysiert, so lässt sich das zu erkennende Zeichenrepertoire auf Ziffern und Großbuchstaben einschränken. Eventuell sind sogar gewisse Konsistenzprüfungen wie Prüfsummen oder die Begrenzung auf gewisse Zahlenbereiche möglich.

Acrobat Capture (Adobe) wandelt NCI-Dokumente in PDF-Dokumente um und erhält dabei die Formatierung und den Umbruch.

Einige Erkennungssysteme übergeben nicht nur den einfachen Text, sondern auch Textauszeichnungen wie fette und kursive Schriften. Dies ist immer dann vorteilhaft, wenn der Text weiterbearbeitet und erneut formatiert werden soll. Die Ausgabe in unterschiedlichen Formaten, darunter reiner Text, MS-Word oder PDF, zählt inzwischen selbst bei den Paketen am unteren Preisende zum Standard.

Aus den Aufzählungen wird ersichtlich, dass in manchen Fällen Spezialversionen zur Texterkennung notwendig oder vorteilhaft sind bzw. eine Erkennung erst möglich machen oder die Erkennungsrate und Geschwindigkeit deutlich verbessern können.

Vorlagen, die später für eine OCR-Konvertierung benutzt werden, sollten zumindest mit 300 dpi erfasst werden, 400 dpi bringt in vielen Fällen eine bessere Erkennungsrate. Noch höhere Auflösungen bringen keine weiteren Vorteile, erfordern jedoch längere Abtastzeiten, mehr Speicheraufwand und verlangsamen den OCR-Erkennungsvorgang, da eine größere Bitmenge analysiert werden muss!

Qualität der Zeichenerkennung

Wurde zuvor eine Erkennungsrate von bis zu 99,8 % genannt, so erscheint dies enorm, hinterlässt jedoch auf einer Textseite mit durchschnittlich 2 000 bis 4 000 Zeichen immer noch 4 bis 8 Fehler pro Seite. Zusätzlich muss man bei OCR zwischen nicht erkannten Zeichen unterscheiden, die das OCR-Paket entweder zur Prüfung vorlegen oder entsprechend markieren kann, und solchen Zeichen, die falsch erkannt werden. Letztere sind deutlich störender, da sie im konvertierten Text mühsam gesucht werden müssen.

Die mit OCR-Paketen erzielbaren Erkennungsraten sind nicht nur abhängig von der Vorlagenqualität und der Auflösung bei der Erfassung, sondern auch von der Qualität der OCR-Software. Preiswertere Systeme bringen niedrigere Erkennungsraten als High-End-Pakete, die jedoch teuer sein können (ab ca. 15 000 Euro). Ihre Preise sinken zwar, jedoch bleibt immer noch die Auswahl zwischen billigeren Paketen mit geringeren Erkennungsraten und den teureren Paketen. Diese sind vor allem bei sehr großen Vorlagenmengen sinnvoll. Tabelle 7-4 zeigt die 2001 mit den verschiedenen Verfahren etwa erzielbaren Erkennungsraten. Bei der manuellen Eingabe wird eine schnelle Erfassungskraft eingesetzt, welche die Texte von der Vorlage abtippt.

Verfahren	Genauigkeit	Fehler/Seite
Low-Cost-OCR	99,00 %	ca. 25
manuelle Eingabe	99,50 %	ca. 12
gutes OCR-System	99,80 %	ca. 8
Low-Cost-OCR + Lexikon	99,85 %	ca. 4
gutes OCR + Lexikon	99,94 %	ca. 3
OCR bei OCR-Schrift	99,96 %	ca. 1
2 × Eingabe + Vergleich	99,98 %	ca. 0,5

Tabelle 7-4 Fehlerraten bei der Image-Text-Wandlung bezogen auf eine A4-Textseite mit 4000 Zeichen.

Die Erfassungskosten haben sich von einem Kostenvorteil der manuellen Erfassung im Jahr 1990 zu einem Kostenvorteil bei einer OCR-Erfassung verschoben (siehe Abb. 7-6). Die Kosten beider Varianten richten sich sowohl nach der Menge der zu erfassenden Daten wie auch nach der geforderten Qualität. Die Kosten verschieben sich weiter zugunsten der OCR-Erkennung, da diese Systeme besser, billiger und schneller werden, während die Lohnkosten steigen. Die dort angegebenen Daten gelten für die Erfassung sehr großer Textmengen. Bei OCR ist zumeist die Ablauforganisation einfacher zu gestalten als beim Einsatz zahlreicher (manueller) Erfassungskräfte.

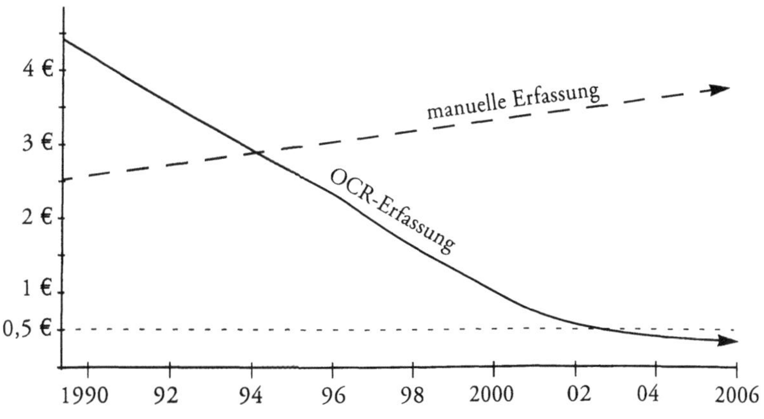

Abb. 7-6 Kostenentwicklung für eine Image-Text-Wandlung (technische Texte, 99,8 % gewünschte Genauigkeit, Erfassung größerer Datenmengen)

Im eigenen Haus oder Outsourcen?

Wie bei einer Reihe anderer Erfassungsdienste ist für OCR zu prüfen, ob dies im eigenen Haus oder bei einem Dienstleister durchgeführt werden soll. Insbesondere wenn durch die OCR primär ein Altbestand einmal erfasst werden soll und danach wenig Bedarf vorhanden ist, erweist sich das Outsourcing oft als bessere Lösung. Dabei ist natürlich zu prüfen, ob die Vertraulichkeit (und die Aktualität) der Dokumente ein Outsourcing zulassen.

Einige dieser Outsourcer bieten einen Transportdienst, der die zu erfassenden Dokumente täglich abholt und bei Bedarf nach der Erfassung vernichtet oder zurückbringt.

Beispiele für eine OCR-Umwandlung

Die Seiten 331–333 zeigen zwei unterschiedliche Ausschnitte aus Textvorlagen und deren Umwandlung durch ein OCR-Paket,* das etwa dem Stand der heutigen Zeichenerkennung für ein OCR-Paket der unteren Preislage entspricht. Die nicht erkannten Zeichen wurden durch ein Tilde-Zeichen ›~‹ markiert.

** das OmniPage-Paket der Firma Caere Corp.*

Das erste Beispiel auf Seite 331, bei dem der Text aus einer Zeitschrift mit 300 dpi (Schwarzweiß) erfasst wurde, weist lediglich zwei Fehler auf, was als akzeptables Ergebnis betrachtet werden kann.** Bei der Erfassung mit 400 dpi konnte die OCR-Wandlung für den Text fehlerfrei erfolgen, während das Resultat mit 200 dpi mit 30 Fehlern vollkommen unbrauchbar war.

*** Der gleiche Test im Jahr 2002 ergab eine fehlerfreie Erkennung und ist eine Indikator der Fortschritte, welche im OCR-Bereich gemacht werden.*

Die OCR-Erkennung erkannte sogar korrekt die Trennungen an den Zeilenenden – der erzeugte Text enthält diese Trennungen nicht mehr, sondern wurde zu Fließtext mit korrekter Absatztrennung.

Hingegen zeigt die zweite OCR-Wandlung auf Seite 333 trotz sauberer Vorlagen (Laserdruckerausgabe), die mit 400 dpi erfasst wurden, insgesamt neun (mit Kreisen) markierte Fehler. So wurden beispielsweise in der zweiten Zeile, obwohl der Text als ›deutsch‹ angegeben wurde, das ß-Zeichen zumeist als ›B‹ interpretiert.

Dieser Test wurde mit der 1998 gültigen Version der OCR-Software Omnipage 9 durchgeführt. Die gleiche Vorlage ergab mit der im Jahr 2002 aktuellen Version (11.0) nur noch vier Fehler; die ß-Zeichen wurden hier alle korrekt erkannt, dafür hatte das Programm nun Probleme mit ll-Folgen.

Der gleiche Text, statt von einem Laserausdruck, aus dem Buch mit wesentlich höherer Vorlagenqualität mit 400 dpi erfasst, wurde fehlerfrei gewandelt. Selbst das mit 300 dpi aus dem Buch eingescannte Image ergab nach der Wandlung nur vier Fehler (statt den zuvor von der Laserdruckervorlage erzielten acht). Man sieht daran deutlich den Einfluss der Vorlagenqualität und der Auflösung bei der Erfassung.

Raster-Image-Vorlage aus einem Artikel der Zeitschrift Byte, mit 300 dpi erfasst.

PC World Issues
Many of our concerns in the PC environment revolve around memory issues—specifically, the memory limitations of the Windows/DOS world—and the nongraphical nature of DOS. For instance, we use Arts & Letters as our primary drawing and clip-art package for the PC. We like it, but it's painfully slow when working with a complex drawing, and it takes forever to print. In comparison, we use several drawing packages on the Mac, including Adobe Illustrator 88. For the most part, the functionality of A&L and Illustrator is comparable. But since the Mac's operating system was designed to be graphically based, Illustrator on the Mac prints much faster than A&L under Windows, and the Mac maintains a consistent interface between packages.

We've seen Windows 3.0, and we're pleased with the performance increase and the improved memory support. But now we must wait and be prepared to pay: Which software packages will be compatible with Windows 3.0, and at what cost?

The lack of graphics standards in the PC world poses other concerns, too; it's easy to be confused by all the different file formats. If you are not sure which package you will ultimately be placing a graphic into, or if you want to bring it into another graphics package first to change something—good luck! No two software packages seem to read or interpret these formats the same way.

OCR-Ausgabe mit einem nicht erkannten Zeichen (durch ›~‹ gekennzeichnet) und einem falsch erkannten Zeichen.

PC World Issues
Many of our concerns in the PC environment revolve around memory issues—specifically, the memory limitations of the Windows/DOS world—and the nongraphical nature of DOS. For instance, we use Arts ~ Letters as our primary drawing and clip-art package for the PC. We like it, but it's painfully slow when working with a complex drawing, and it takes forever to print. In comparison, we use several drawing packages on the Mac, including Adobe Illustrator 88. For the most part, the functionality of A&L and Illustrator is comparable. But since the Mac's operating system was designed to be graphically based, Illustrator on the Mac prints much faster than A&L under Windows, and the Mac maintains a consistent interface between packages.
We've seen Windows 3.0, and we're pleased with the performance increase and the improved memory support. But now we must wait and be prepared to pay: Which software packages will be compatible with Windows 3.0, and at what cost?
The lack of graphics standards in the PC world poses other concerns, too; it's easy to be confused by all the different file formats. If you are not sure which package you will ultimately be placing a graphic into, or if you want to bring it into another graphics package first to change something—good luck! No twa software packages seem to read or interpret these formats the same way.

Abb. 7-7 Imagevorlage (links) und Konvertierungsergebnis (rechts) einer OCR-Wandlung

Abbildung 7-8 zeigt die von einem Laserausdruck mit 400 dpi erfasst Textseite. Das Ergebnis der OCR-Konvertierung ist auf Seite 333 zu sehen. Der Text dort weist an den markierten Stellen insgesamt zwei nicht erkannte und sechs falsch erkannte Zeichen auf.

Ein weiterentwickeltes Verfahren verwendet Adobe Acrobat Capture (und einige andere Produkte). Sie speichern nicht nur den

Abb. 7-8
Textvorlage zu einer OCR-Konvertierung (mit 300 dpi erfasst)

Da Tabellen verdichtete Information enthalten und dazu häufig in einem kleinen Schriftgrad, muß eine gut lesbare Schrift verwendet werden. Die Times oder die serifenlose Helvetica sind hier gute Beispiele und erlauben, viel Text auf wenig Raum unterzubringen. Hier können natürlich auch schmallaufende Schriften wie etwa Futura Condensed, Helvetica Narrow oder Helvetica Condensed eingesetzt werden. Der Schriftgrad im Tabellenfuß und in der Legende sollte dem der Werkschrift entsprechen, während die Schrift im Kopf ein bis zwei Grade kleiner sein darf. Dies ist insbesondere bei großen Tabellen nicht immer möglich. Erfordert die Textmenge der Tabelle das Reduzieren des Schriftgrads, so empfiehlt es sich, dies konsistent für alle Tabellen eines Dokuments zu tun. Der Schriftgrad sollte jedoch 7 bis 8 Punkt in keinem Fall unterschreiten.

Ältere typographische Größenbezeichnungen

Bezeichnung	Unterteilung	mm	Didot Pt. alt	Didot-Pt. neu	DTP-Point	Pica Points
Didot-Pt. alt	1,0 m/2660	0,376	1,000	1,003	1,066	1,070
Didot-Pt. neu	1,0 m/2660 gerundet	0,375	0,997	1,000	1,063	1,067
Cicero alt	12 Didot-Pt.	4,513	12,000	12,034	12,792	12,843
Cicero neu	12 Didot-Pt.	4,500	11,964	12,000	12,755	12,806
Konkordanz alt	4 Cicero	18,052	48,000	48,134	51,167	51,372
Konkordanz neu	4 Cicero	18,000	47,856	48,000	51,020	51,224
amerik. Point	35 cm/996	0,351	0,934	0,937	0,995	1,000
Pica	6 Points	2,108	5,605	5,621	5,980	6,000
DTP-Point	1/72 Inch	0,353	0,938	0,941	1,000	1,004
DTP-Pica	1/6 Inch	4,230	11,248	11,280	12,000	12,038
Millimeter	1/1000 m	1,000	2,659	2,667	2,834	2,846
Quart	1/4 mm	0,250	0,665	0,667	0,708	0,711
Inch	2,54 cm	25,400	67,542	67,733	72,000	72,282

umgewandelten Text, sondern auch das Image, so dass der Benutzer selbst dort, wo Texte falsch oder nicht erkannt wurden, die Information im Image noch nachlesen kann. Acrobat Capture speichert dabei nur die Textstücke als Image-Fragment, welche nicht erkannt wurden oder bei denen die Erkennung unterhalb einer vorgegebenen Erkennungssicherheit liegen. Hierzu gehören auch die Grafiken. Der Vorteil dieses Konzepts ist der geringere Speicherplatz, der für das Dokument benötigt wird.

Da Tabellen verdichtete Information entbalten und dazu häufig in einem kleinen Schriftgrad, muB eine gut lesbare Schrift verwendet werden. Die T-MES oder die serifenlose HELVETICA sind hier gute Beispiele und erlauben, viel Text auf wenig Raum unterzubringen. Hier können natürlich auch schmallaufende Schriften wie etwa FUTURA CONDENSED, HELVETICA NARROW oder HELVET1CA CONDENSED eingesetzt werden. Der Schriftgrad im TabellenEuß und in der Legende sollte dem der Werkschrift entsprechen, während die Schrift im Kopf ein bis zwei Grade kleiner sein darf. Dies ist insbesondere bei großen Tabellen nicht immer mö-lich. Erfordert die Textmenge der Tabelle das Reduzieren des Schriftgrads, so empfiehlt es sich, dies konsistent für alle Tabellen eines Dokuments zu tun. Der Schriftgrad sollte jedoch 7 bis 8 Punkt in keinem Fall unterschreiten.

Rltere typographische Großenbezeichnungen

Bezeichnung	Unterteilung	mm	Didot Pt. alt	Didot-Pt. neu	DTP-Point	Pica Points
Didot-Pt. alt	1,0 m/2660	0,376	1,000	1,003	1,066	1,070
Didot-Pt. neu	1,0 m/2660 gerundet	0,375	0,997	1,000	1,063	1,067
Cicero alt	12 Didot-Pt.	4,513	12,000	12,034	12,792	12,843
Cicero neu	12 Didot-Pt.	4,500	11,964	12,000	12,755	12,806
Konkordanz alt	4 Cicero	18,052	48,000	48,134	51,167	51,372
Konkordanz neu	4 Cicero	18,000	47,856	48,000	51,020	51,224
amerik. Point	35 cm/996	0,351	0,934	0,937	0,995	1,000
Pica	6 Points	2,108	5,605	5,621	5,980	6,000
DTP-Point	1/72 Inch	0,353	0,938	0,941	1,000	1,004
DIP-Pica	1/6 Inch	4,230	11,248	11,280	12,000	12,038
Millimeter	1/1000 m	1,000	2,659	2,667	2,834	2,846
Quart	1/4 mm	0,250	0,665	0,667	0,708	0,711
Inch	2,54 cm	25,400	67,542	67,733	72,000	72,282

Abb. 7-9 Ergebnis der OCR-Wandlung der Vorlage von Seite 332. Probleme bereiteten hier die Versalwörter sowie die in einem kleineren Schriftgrad (8 Punkt) gesetzte Tabelle. Die Zahlen in der Tabelle wurden hingegen ohne Fehler erkannt und in der Ausgabe jeweils durch ein Tabulatorzeichen getrennt.

7.7.2 Formularverarbeitung

Bei der Formularverarbeitung sind prinzipiell zwei Arten von Systemen zu unterscheiden:

- Systeme, welche eine Auswertung eingescannter Formulare vornehmen, und
- Systeme, welche rein elektronische Formulare handhaben

Eingescannte Formulare

Der Wechsel vom papierbasierten Formular hin zum elektronischen Formular wird durch das Internet stimuliert. Juristischer und technischer offener Fragen wegen wird sich ein spürbarer Wechsel jedoch erst in den Jahren 2004 bis 2010 vollziehen.

Bisher liegen die meisten Formulare zunächst in Papierform vor. Dies wird in vielen Bereichen auch noch längere Zeit so bleiben – insbesondere dort, wo Formulare verschickt werden und ausgefüllt zurückkommen. Bereits die Umstellung vorhandener Papierformulare für eine optimale Erfassung und Bearbeitung erweist sich in vielen Unternehmen als sehr zeitaufwändig und schwierig – möchten doch oft mehrere Unternehmensbereiche mitgestalten und Einfluss nehmen.

Die Fortschritte bei der automatisierten Erfassung und Bearbeitung solcher Formularsysteme sind beachtlich. Die Ergebnisse sind umso besser, je mehr Aufwand und Vorbereitung in die IT-gerechte Gestaltung der Formulare gesteckt wird. Zur sinnvollen Vorbereitung gehören z. B.:

- Aufbringen von Formularkennzeichnungen,
  so dass der Formulartyp automatisch erkannt werden kann. Dies kann sowohl über einen speziellen Barcode als auch über eine Formularnummer an einer bei allen Formularen gleichen Position geschehen. Die Nummer wird dann per OCR ausgewertet.
- Vermeidung von Farben oder Rastern in per OCR zu erkennenden Feldern. Wird Farbe verwendet, so sollte es sich um eine Blindfarbe handeln.*
- Verwendung von Blindfarben für Feldrahmen und Formulartexte. Dies erleichtert die OCR-Erkennung eingetragener Daten und reduziert zugleich den Speicherbedarf für das Rasterbild des Formulars.
- Klare, übersichtliche Gestaltung der Formulare mit ausreichendem Abstand zwischen den Feldern. Hiermit werden Überlappungen der Einträge in Feldern vermieden.

** Blindfarben sind Farben, welche der Scanner nicht aufnimmt. Typisch sind bestimmte Blau-, Rot- oder Grüntöne, die am Scanner mittels Filter oder spezieller Lampen eingerichtet werden.*

- ❏ Kontroll-/Justierlinien, welche das elektronische Ausrichten von eingescannten Seiten gestatten. Texte auf ausgerichteten Seiten erzielen eine deutlich höhere Erkennungsrate.
- ❏ Auslegung des Formulars in einfach zu trennende Seitenelemente – in Deutschland typisch in A4-Seiten.*

So gestaltete Formulare lassen sich mit modernen Formularsystemen mit guten Erkennungsraten erfassen. Die automatisch erkannten Werte sind als Dokumentenattribute zu verstehen und reduzieren deutlich den Erfassungs- bzw. Attributierungsaufwand. Die Daten einzelner in der Formulardefinition festgelegter Felder lassen sich bei ausreichender Vorlagenqualität mit solchen Formularsystemen mit guter Erkennungsrate erfassen. Sie erlauben ebenso eine inhaltsbezogene Verarbeitung und Überprüfung – etwa hinsichtlich

- ❏ Vollständigkeit,
- ❏ zulässigem Wertebereich,
- ❏ Bearbeitung/Erfassung bestimmter Felder in Abhängigkeit der Werte anderer Felder und
- ❏ automatischem Eliminieren bekannter Linien zur Verbesserung der Erkennungsrate (falls Texte und Linien überlappen).

So lässt sich die Erkennungsrate bzw. -sicherheit deutlich steigern, wenn bekannt ist, dass in einem Feld nur Ziffern einer bestimmten Länge vorkommen dürfen oder ein eingetragenes Wort aus einem eingeschränkten Wortschatz stammt.

Die Formularerkennung kann die erkannten Inhalte und Markierungen in speziellen Attributsätzen zum Dokument ablegen, so dass sie später von eigener Software weiter verarbeitet werden können. Alternativ lassen sich Attribute direkt in eine vorgegebene Datenbank eintragen. Die dafür notwendigen (pro Formulartyp einmalig zu erbringenden) Vorarbeiten sollten jedoch nicht zu gering eingeschätzt werden. Je höher das Dokumentenaufkommen ist, umso schneller rentieren sich diese Aufwendungen – selbst dann, wenn nur ein Teil der Formulare vollständig erkannt werden kann. Typisch sind hier 70% bis 80%, abhängig von Attributanzahl, Informationsdichte und Formularqualität. Natürlich ergeben von Hand ausgefüllte Formulare eine wesentlich geringere Erkennungsrate als maschinell oder in Blockschrift ausgefüllte. Jedoch liegen selbst hier – bei ausreichender Schriftgröße und -qualität – die Erkennungsraten in einer Größenordnung, welche die Erkennung wirtschaftlich machen.

** Mehrfach gefaltete 6- oder 8-seitige Formulare benötigen einen deutlich höheren Vorbereitungsaufwand beim Scannen. Sie müssen zuvor in einzelne Seiten getrennt werden.*

Bei Formularen, die gezielt an einen bekannten Adressaten verschickt werden, lassen sich einige Attribute bereits individualisiert auf das ausgehende Formular aufdrucken – entweder als Barcode oder in einer gut per OCR erkennbaren Schrift an einer vordefinierten Stelle. Dies können z.B. die Kunden- und die Bearbeitungsnummer sein. Diese Attribute gestatten dann nach dem Rücklauf eine automatische Erkennung und Zuordnung des Dokuments zu einem Bearbeitungsvorgang.

Beim Erfassen von Formularen ist es notwendig, dass vor dem Scannen die Dokumente sortiert werden, so dass in einem zu scannenden Papierstapel nur entsprechende Formulare vorhanden und bei mehrblättrigen Formularen die einzelnen Blätter bereits getrennt sind.

Elektronische Formulare

Werden Formulare unternehmensintern, von Außendienstmitarbeitern oder von Kunden oder Partnern im Web bearbeitet, so bietet es sich an, die Formulare bereits elektronisch zu erstellen, zu verschicken und auf einem Rechner auszufüllen. Die Auswertung kann dann ebenso elektronisch erfolgen. Hiermit werden nicht nur Druck- und Papierkosten eingespart, sondern ebenso Transportzeiten und -kosten, sowie Übertragungsfehler vermieden. Insbesondere Auswertung und – sofern notwendig – Speicherung werden durch den Einsatz von CI-Formaten wesentlich kostengünstiger. Bei geeigneter Formularsoftware kann dem Benutzer sofort bei der Eingabe Hilfestellung geleistet werden, und Eingaben lassen sich teilweise sofort auf Konsistenz und Plausibilität überprüfen.

Formularsysteme mit der hier skizzierten Funktionalität gestatten nicht nur das Ausfüllen des Formulars und dessen Auswertung, sondern ebenso dessen Entwurf und Gestaltung – schließlich sollte dies integraler Bestandteil des Systems sein.

Vom Prinzip her lassen sich mehrere Arten von Formularsystemen unterscheiden:

- Systeme, welche die Daten beim Ausfüllen des Formulars direkt in eine Datenbank stellen. Dazu ist eine Online-Verbindung zur Datenbank notwendig.
  Hierbei sind beim Ausfüllen oder Abschließen bereits komplexe Überprüfungen und Ergänzungen möglich – etwa im Abgleich gegen eine Kundenadressliste oder eine Lagerliste.
  Eine vereinfachte Variante solcher Formulare können HTML-

Dokumente sein, die, sobald sie ausgefüllt sind, Kontakt mit einem Server-System aufnehmen, um dort die eingegebenen Daten abzuliefern und eventuell weitere Anweisungen (z. B. eventuelle Fehlermeldungen) zurückzuerhalten.
Eine Alternative zu HTML-Formularen sind PDF-Formulare. Sie bieten Vorteile, wenn es auf komplexe Formatierung und ein druckähnliches Bild ankommt. Hier benötigt der Web-Server, der die Formulare bereitstellt, jedoch eine spezielle Erweiterung, so dass die Formulare unter Verwendung des kostenfreien Acrobat-Viewers auf der Client-Seite eingesetzt werden können – sonst ist dort eine kostenpflichtige Vollversion von Acrobat erforderlich.

- Systeme, welche die Daten in einem Datensatz oder einer Datei ablegen und sie erst bei der Auswertung in die Datenbank übertragen.
  Sie haben den Vorteil, dass *offline* gearbeitet werden kann, ohne direkten Datenbankzugriff. Dies ist insbesondere im Außendienst oder bei Formularen, die vom Kunden ausgefüllt werden, wünschenswert.

- Autarke Formulare in Form von kleinen Programmen oder Javascripts oder -applets.
  In ihnen sind auch komplexere Verarbeitungen der Benutzereingabe möglich – etwa aufwändigere Konsistenzprüfungen oder sogar Berechnungen mit direkter Ergebnisdarstellung. Ein solches Programmformular kann die Daten entweder zu einem vorgegebenen Server schicken (und eventuell zuvor chiffrieren) – oder wenn dies nicht möglich ist, lokal in einer Datei oder einem eMail-System speichern, so dass sie automatisch bei der nächsten Online-Verbindung übertragen werden.

Die ursprüngliche Erwartung, dass insbesondere letzterer Formulartyp zunehmend eingesetzt wird – ausgehend von der Plattformunabhängigkeit von Java und das hohe Rationalisierungspotential –, hat sich nicht erfüllt. Statt dessen bieten einige Unternehmen in ähnlicher Form, kleine, kostenlos über Internet ladbare Formularsysteme an, welche die Darstellung, das Ausfüllen und Rücksenden unterstützen – allerdings in fast allen Fällen beschränkt auf Windows-Plattformen.

7.7.3 Barcodes (Strichcodes)

Barcodes – auch als *Strichcodes* bezeichnet – gestatten im DMS-Umfeld die Identifikation eines Dokuments über gewisse Zeiträume hinweg. Typisch ist dies bei dem zuvor dargestellten Szenario ›Spätes Archivieren‹ für die Zeit zwischen der Registrierung des Dokuments und dessen Einscannen und Ablegen.

Der Einsatz von Barcodes erweist sich als praktisch für Dokumente, welche man selbst erstellt und die dann ausgefüllt vom Kunden oder Vertragspartner zurückkommen. Typischerweise sind dies Formulare, Anträge, Bescheinigungen. Über den Barcode ist beim Scannen dieser Dokumente dann z. B. der Formulartyp und damit die Art der anschließenden Bearbeitung automatisch erkennbar. Wird eine Vorgangssteuerung eingesetzt, so lässt sich in den Barcode des ausgehenden Dokuments eine Vorgangsnummer kodieren, so dass sich das Dokument mit dem Scannen ohne weitere Klassifizierung und Attributierung wieder in die Vorgangskette einschleusen lässt. Der personal- und damit kostenintensive Vorgang der Attributierung lässt sich damit einsparen oder deutlich reduzieren.

Barcodes weisen gegenüber einer OCR-Erkennung eine deutlich höhere Erkennungsrate auf.

Auch bei dem Szenario ›Spätes Archivieren‹* erweist sich der Einsatz von Barcodes als hilfreich für die Identifikation eines Dokuments zwischen der Registrierung und dem Erfassen.

** Siehe hierzu Kapitel 2.4.4.3 und Kapitel 11.3.1.8.*

Barcode-Arten

Die klassische Anwendung von Barcodes stammt aus der Kennzeichnung von Waren. Entsprechend gibt es ein breites Spektrum von Barcode-Arten, welche auf unterschiedliche Bedürfnisse ausgerichtet sind. Die wesentlichen Merkmale sind:

- typischer Einsatzbereich (Handel, Industrie, ...)
- Zeichensatz (numerisch, alphanumerisch, ...)
- Textlänge der kodierten Information (fest, variabel)
- selbstprüfend, eventuell mit Prüfsumme
- Informationsdichte (Zeichen pro cm)
- Lesetoleranz (bei vorgegebener Größe und Qualität)

Seit 1990 sind Barcodes auf dem Markt, die besser geeignet sind, größere Textmengen robust zu kodieren (bis zu ca. 2000 Zeichen). Diese werden auch als *›2D Barcodes‹* (zweidimensional) und als *Matrix-Barcodes* bezeichnet. Zu ihnen zählt z. B. ›PDF 417‹.

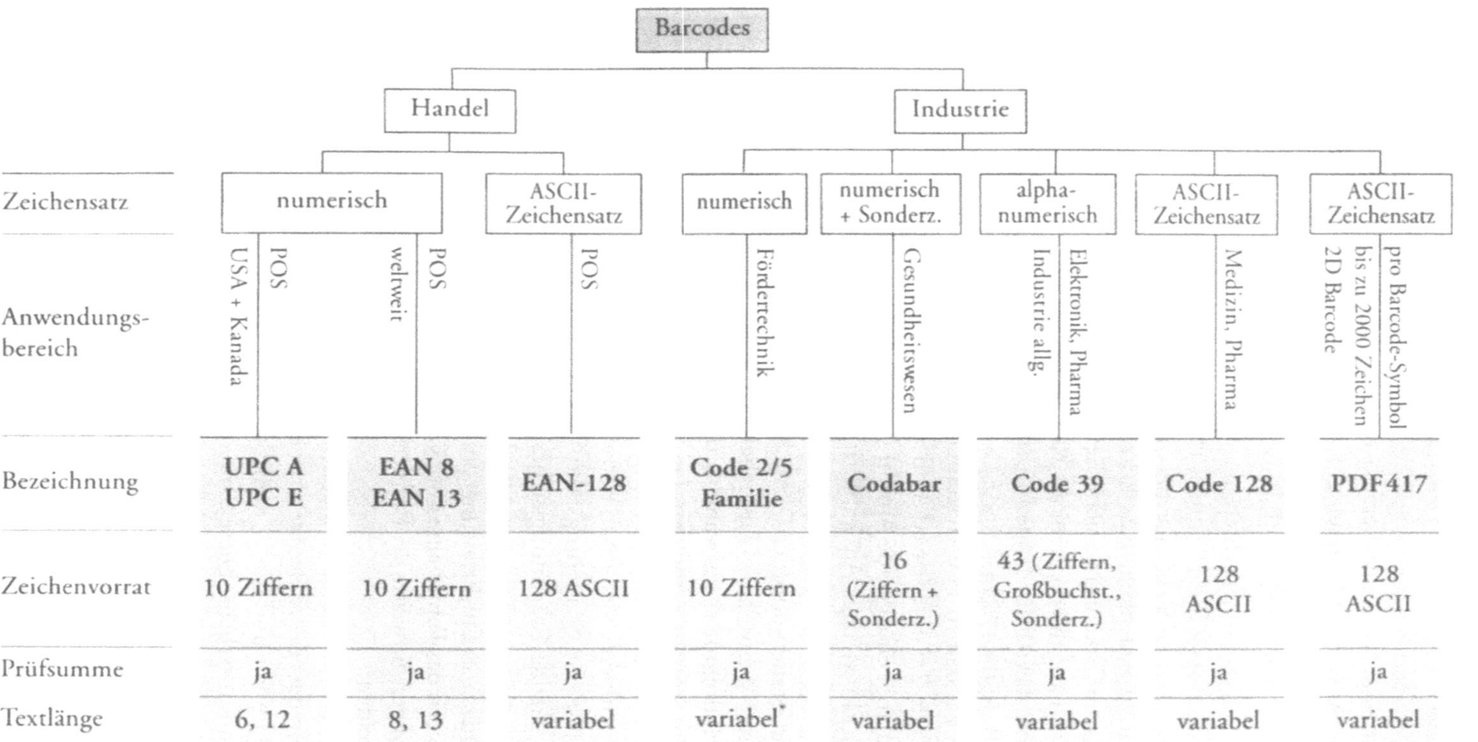

	Handel			Industrie				
Zeichensatz	numerisch	numerisch	ASCII-Zeichensatz	numerisch	numerisch + Sonderz.	alpha-numerisch	ASCII-Zeichensatz	ASCII-Zeichensatz
Anwendungsbereich	POS USA + Kanada	POS weltweit	POS	Fördertechnik	Gesundheitswesen	Elektronik, Pharma Industrie allg.	Medizin, Pharma	pro Barcode-Symbol bis zu 2000 Zeichen 2D Barcode
Bezeichnung	**UPC A UPC E**	**EAN 8 EAN 13**	**EAN-128**	**Code 2/5 Familie**	**Codabar**	**Code 39**	**Code 128**	**PDF417**
Zeichenvorrat	10 Ziffern	10 Ziffern	128 ASCII	10 Ziffern	16 (Ziffern + Sonderz.)	43 (Ziffern, Großbuchst., Sonderz.)	128 ASCII	128 ASCII
Prüfsumme	ja	ja	ja	ja	ja	ja	ja	ja
Textlänge	6, 12	8, 13	variabel	variabel*	variabel	variabel	variabel	variabel

* Erweiterte Versionen erlauben den vollen ASCII-Zeichensatz.

Abb. 7-10: Übersicht über die häufigsten Barcodes nach [Datalogic]

Barcode-Erstellung

Eine recht gute Behandlung des Themas Barcodes ist in der Strichcode-Fibel von [DATLOGIC] sowie in [Pötter] zu finden.

Art und Nummernbereich der eingesetzten Barcodes können für die Anwendung in einem DMS frei nach den eigenen Anforderungen gewählt werden. Eine Rücksichtnahme auf das typische Einsatzfeld in einem Industriezweig ist nicht notwendig. Es ist lediglich darauf zu achten, dass die Barcode-Art vom Scanner oder der Erfassungssoftware unterstützt wird. Barcodes mit Prüfziffern geben eine erhöhte Sicherheit bei der Fehlerkennung. Dabei ist grundsätzlich zu bedenken, dass kürzere Barcode-Längen (Textlängen) eine höhere Erkennungssicherheit ergeben. Aus diesem Grund sollte man Längen von mehr als 20 Zeichen vermeiden – es sei denn, man setzt speziell für lange Informationen ausgelegte 2D-Barcodes. wie z.B. PDF417 ein.

Eine gute Übersicht zu 2-D-Barcodes ist bei [[BCode1]] zu finden.

Zu den in DM-Systemen meist eingesetzten Barcodes gehören ›Code 2/5-Interleaved‹ und ›Code 39‹. Der ›Code 2/5-Interleaved‹ verlangt eine gerade Anzahl von Zeichen und besitzt eine Prüfziffer.

Ein weiteres Auswahlkriterium ist der für den Barcode zur Verfügung stehende Platz, da die Barcodes teilweise recht unterschiedliche Breiten erfordern.* Auch hier weist der ›Code 2/5-Interleaved‹ gute Werte auf. Zusätzlich ist eine geeignete Barcode-Größe (Modulgröße) zu wählen, da Barcodes – auch abhängig von der Druckqualität und dem Leseabstand – in unterschiedlichen Vergrößerungsfaktoren gedruckt werden können. Da typische Office-Dokumente vielfach mit 200 dpi gescannt werden, darf man Modulgröße und Skalierungsfaktor nicht zu klein wählen, wenn eine ausreichende Erkennungssicherheit gewährleistet sein soll. Modulgrößen von 0,01 (ca. 5 cpi) und ein Skalierungsfaktor von 1 ergeben bei einer 200-dpi-Erfassung zumeist ausreichende Erkennungsraten – sofern das Papier eine gute Qualität und keine größeren Verschmutzungen aufweist. Bei Problemen sollten die Seiten mit 300 dpi erfasst werden.

** Siehe hierzu auch Abb. 7-11.*

cpi = Zeichen pro Zoll

Bei der Barcode-Platzierung und -gestaltung ist darauf zu achten, dass die *Ruhezone* ausreichend groß ist. Dies ist ein freier Weißraum vor und hinter dem Barcode – und eingeschränkt auch ober- und unterhalb. Diese Zonen sind für eine gute Erkennbarkeit relevant. Sie sollten mindestens 5 mm betragen.

Die Ruhezone des Barcodes (der Weißraum um den Barcode) sollte mindestens 5 mm betragen!

Vielfach ist es üblich, unterhalb des Barcodes den Klartext des Codes zu setzen – per Konvention in einer OCR-Schrift. Dies gestattet bei einem Erkennungsfehler – so er bemerkt wird – den Code abzulesen und manuell einzugeben.

Je größer der Barcode gedruckt wird, umso höher ist die Erkennungsrate. Auch ist darauf zu achten, dass der Barcode gut ausgerichtet aufgebracht wird – entweder senkrecht oder waagrecht. Schräg liegende Barcodes reduzieren deutlich die Erkennungsrate – einige Systeme erkennen sie gar nicht. Auch ist darauf zu achten, dass der Barcode eine ausreichende Schwärze bzw. genügend Kontrast aufweist und nicht zu lang ist. Mehr als 12 bis 15 Zeichen reduzieren die Wahrscheinlichkeit einer fehlerfreien Erkennung.

Beim Szenario ›Spätes Erfassen‹ kann man den Barcode-Aufkleber entweder vorkonfektioniert kaufen oder man produziert ihn selbst mittels dafür angebotener Standardsoftware. Bei ausgehenden Dokumenten wird man den Barcode bei der Ausgabe auf das Dokument aufbringen – dazu ist eventuell die Gestaltung des Anschreibens oder Formulars zu überarbeiten.*

* Die Überarbeitung von Formularen ist organisatorisch oft ein langer Prozess, der in DM-Projekten früh gestartet werden sollte.

2/5-Interleaved

Codabar

Code 39

Code 128

PDF 417

Abb. 7-11 Beispiele für unterschiedliche Barcodes

7.7.4 Raster-Vektor-Konvertierung

Ist erst einmal eine Zeichnung, wie beispielsweise eine technische Konstruktion oder eine Karte, als Rasterbild erfasst, liegt es nahe, das Rasterbild in ein Linienbild zu konvertieren, da sich dieses

- zumeist kompakter speichern,
- ohne Verluste an Darstellungsqualität skalieren und rotieren,
- gezielter und einfacher editieren sowie
- zumeist schneller darstellen und ausgeben lässt.

Die Umwandlung von einem Rasterbild in eine Folge von Vektoren (auch *Vektorisierung* genannt) ist jedoch bei Weitem nicht so unproblematisch, wie dies zunächst erscheint. Zunächst einmal ist die Konvertierung rechenaufwändig, und die Umwandlung großer, komplexer Rasterbilder kann erhebliche Zeit in Anspruch nehmen. Zusätzlich ergeben sich zahlreiche weitere Probleme, von denen nur einige aufgezählt werden sollen:

- Wie genau soll einzelnen Pixeln gefolgt werden?
- Ist eine dicke Linie eine Linie mit einer bestimmten Strichstärke (und welche Schwankungen sind hier noch zulässig) oder sind dies mehrere dicht nebeneinander liegende Linien?
- Soll eine Linie am Schnittpunkt mit einer anderen Linie fortgesetzt oder beendet werden?
  Wenn fortgesetzt werden soll, mit welcher Teillinie?
- Wie ist eine Schraffur oder Halbtonfläche zu behandeln?
- Ist eine krumme kurze Linienfolge eine Linienfolge oder ein Text?

All diese und noch einige hier nicht aufgeführte Probleme haben zur Folge, dass es heute zwar ein ganze Reihe von Paketen zur Umwandlung von Rasterbildern in Vektorbilder gibt, diese jedoch die auftretenden Probleme keineswegs vollständig beheben können.

Von den genannten Problemen abgesehen, stecken in einer CAD-Konstruktion deutlich mehr Informationen, als sich hinterher vom Rechner bei einer Raster-Vektor-Konvertierung ermitteln lassen. Verlaufen z.B. zwei Linien weitgehend in die gleiche Richtung oder sind sie etwa Parallelen? Ist die gestrichelte kreisförmige Linie eine verdeckte Kante oder das Symbol für eine Schraube?

Dies führt dazu, dass nach solchen automatischen Konvertierungen ausnahmslos Nacharbeiten notwendig sind. Diese können den Aufwand für ein Neuzeichnen übersteigen. In manchen Fällen ist es effizienter, das Rasterbild als Vorlage zu unterlegen und mit

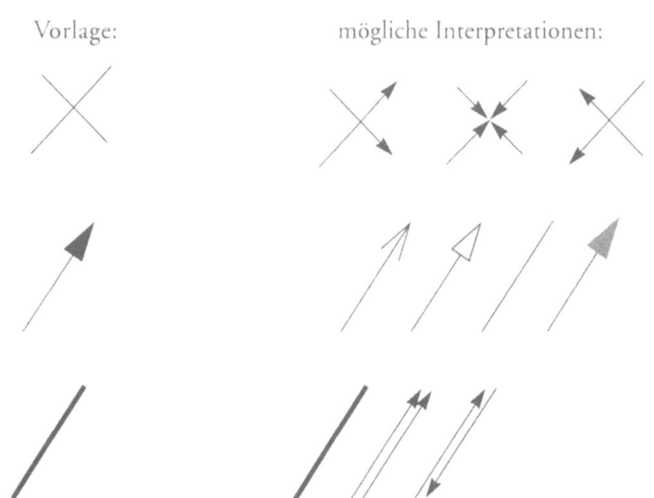

Abb. 7-12 Beispiele für Interpretationsprobleme bei der Raster-Vektor-Konvertierung

einem geeigneten CAD-Werkzeug das Bild oder die Konstruktion neu anzufertigen.

Diese negativen Aussagen sollen hier zunächst jedoch nicht verallgemeinert werden. Die Konvertierung kann in einigen Fällen durchaus Vorteile mit sich bringen, insbesondere dann, wenn sie nur auf die Dokumente oder Dokumententeile angewendet wird, die wirklich in einem Vektor- oder CAD-Format aktuell benötigt werden. Die Güte der Umwandlung ist daneben abhängig von der Art der Information und der Qualität der Vorlage.

In den meisten Fällen ist es jedoch besser, das Raster-Image in einen CAD-Editor als Konstruktionshilfe in den Hintergrund zu laden und mit dem CAD-Werkzeug die Zeichnung neu anzulegen.

Abb. 7-13 auf Seite 344 zeigt (verkleinert) die Vorlage, die als 400-dpi-A4-Rasterbild für eine Raster-Vektor-Wandlung verwendet wurde. In Abb. 7-14 auf Seite 345 ist das Ergebnis der Raster-Vektor-Konvertierung ohne weitere Nachbearbeitung zu sehen.*

** Als Vektorisierungsprogramm wurde hier ›Streamline‹ von Adobe benutzt.*

Zwar ließe sich das Ergebnis durch eine sehr sorgfältige Parametrisierung der Konvertierung noch etwas verbessern, es zeigt sich jedoch, dass bereits bei diesem einfachen Bild deutliche Informationsverluste durch die zweifache Transformation (*Original* → *Rasterbild* und *Rasterbild* → *Vektor*) stattfinden. Die vergrößerten Ausschnitte in Abbildung 7-15 veranschaulichen dies recht anschaulich.

Der Test stammt aus dem Jahr 1993. Ein Test neun Jahre später ergab zwar eine inzwischen beeindruckende Konvertierungsgeschwindigkeit bedingt durch die dramatisch schnelleren Rechner, jedoch kein wesentlich besseres Ergebnis.

Abb. 7-13: Raster-Image (verkleinert) als Basis für die Vektorisierung

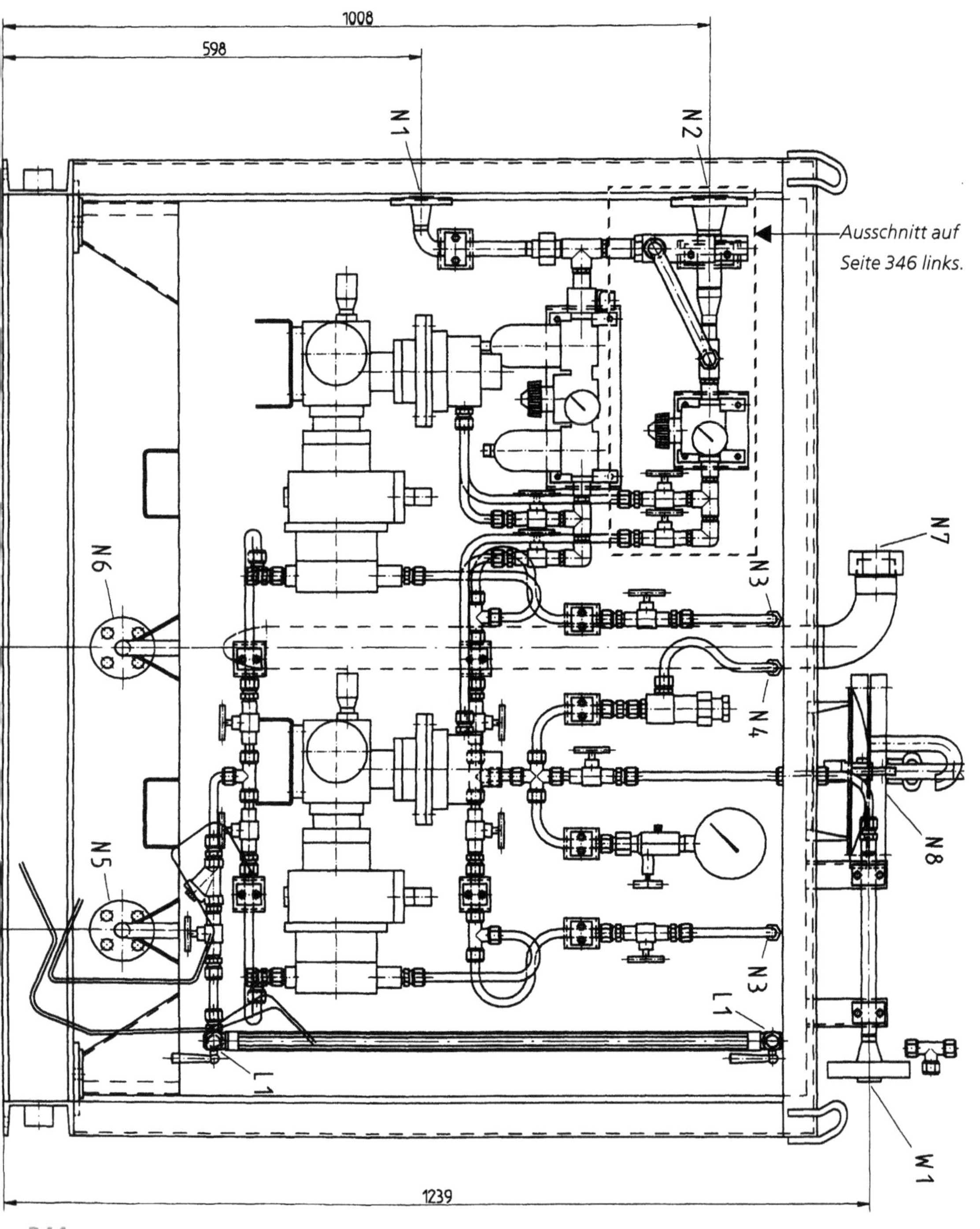

Abb. 7-14: Vektorbild (verkleinert) nach der Raster-Vektor-Umwandlung

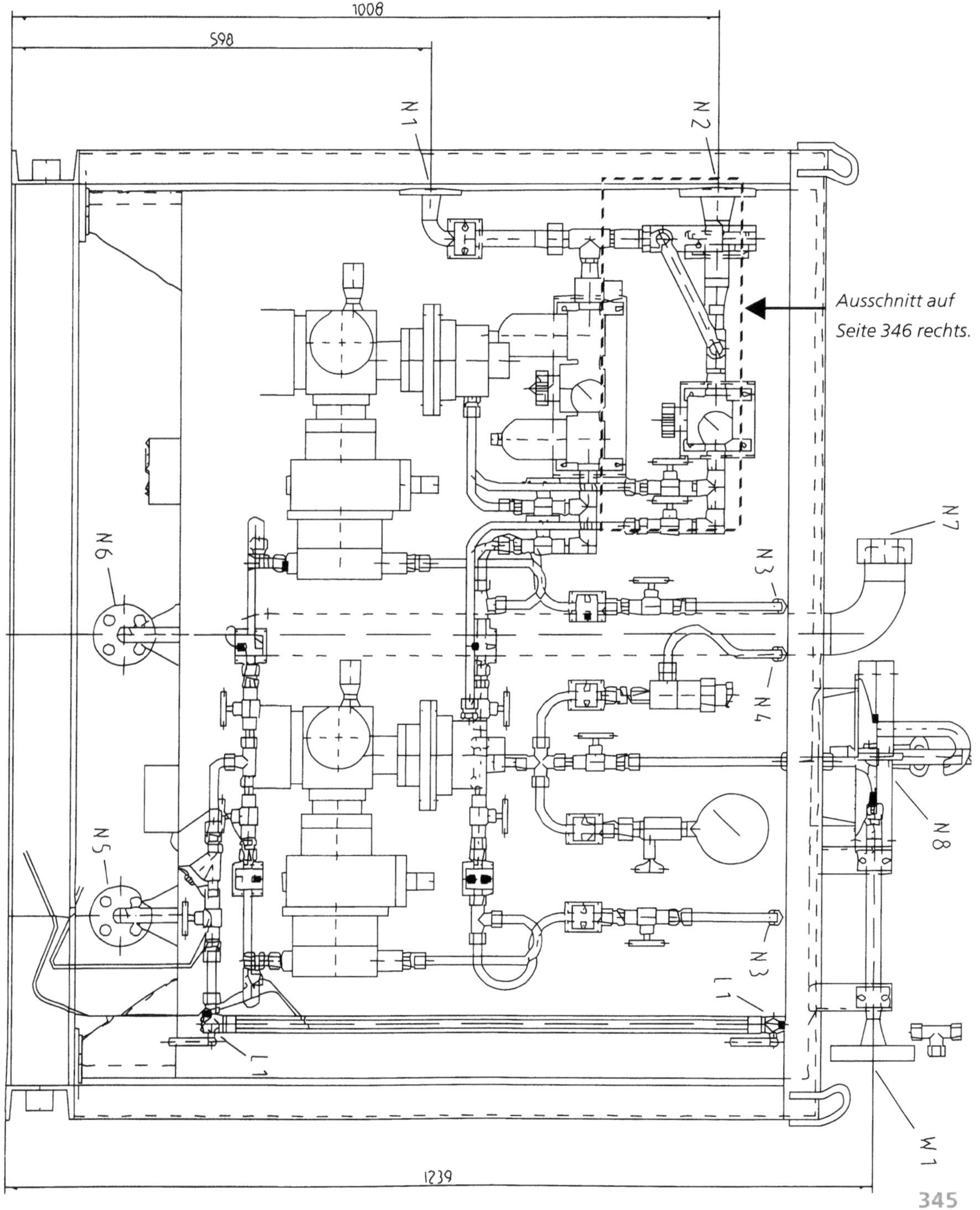

Ausschnitt auf Seite 346 rechts.

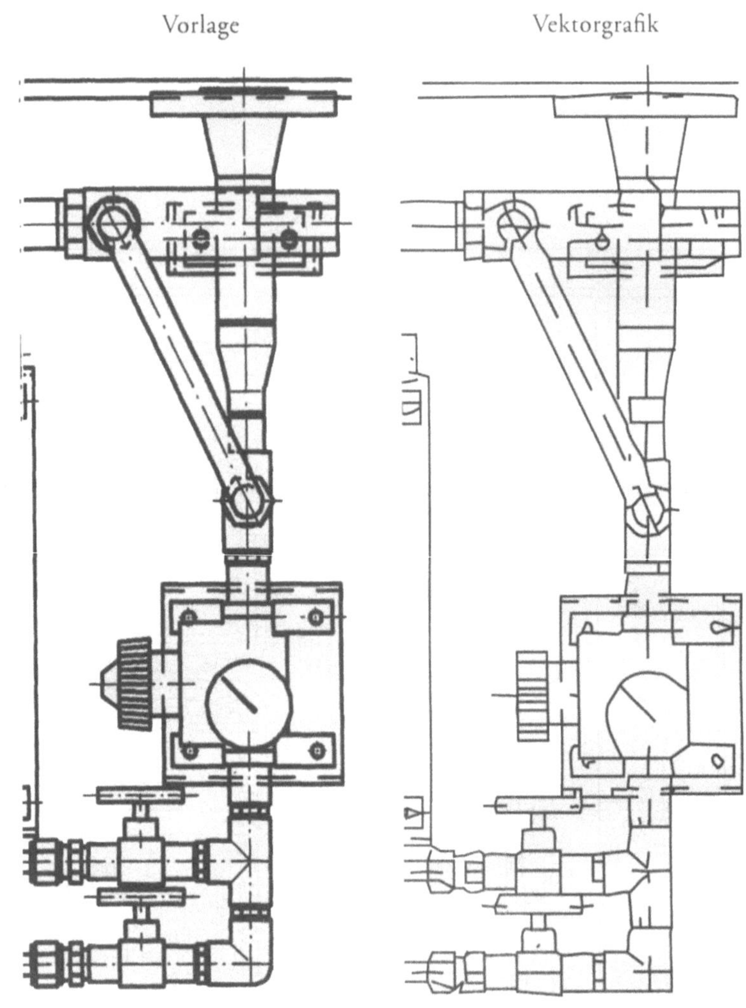

Abb. 7-15
Vergrößerte Ausschnitte aus dem Original (links) und dem eingescannten und vektorisierten Bild von Seite 345

7.8 Die Wandlung von CI zu NCI

Während die Wandlung von NCI-Daten in eine CI-Form naheliegend ist, wird in einer Reihe von Fällen auch die umgekehrte Konvertierung erforderlich. Man denke nur an das Versenden einer Fax-Nachricht über den Rechner. Hier muss der Inhalt der Nachricht in ein Rasterbild konvertiert werden, bevor es als Fax über das Postnetz laufen kann. Auch bei der Ausgabe von Texten auf einen Laser- oder Matrixdrucker erfolgt eine solche Wandlung. Sie wird jedoch zumeist vom Drucker durchgeführt. Eine ähnliche Wandlung muss zur Darstellung von CI-Informationen auf den heute üblichen Bitmap-Sichtgeräten geschehen. Hier wird die Wandlung von der entsprechenden Applikation selbst oder vom verwendeten Fenstersystem bewerkstelligt.

In Archiven für technische Konstruktionen lässt sich z.B. eine komplexe CAD-Zeichnung als Rasterbild wesentlich schneller aus dem Archiv abrufen und darstellen, da die Wandlung der CAD-Information in eine Bildschirmdarstellung bei solchen Konstruktionen sehr viel Zeit in Anspruch nehmen kann. Sucht ein Konstrukteur nach einer bestimmten Zeichnung, ohne diese genau angeben zu können, ist es oft günstiger, die eventuell verkleinerten Rasterbilder der in Frage kommenden Konstruktionen durchzublättern als die Zeichnungen nacheinander aufzubauen. Erst wenn die gewünschte Konstruktion gefunden ist, wird auf die eigentlichen CAD-Daten zurückgegriffen.

In einigen DM-Lösungen wird Information, die zunächst in CI-Form etwa im Format des Textsystems vorliegt, mit der sie erstellt oder generiert wurde, in eine NCI-Form (sprich Raster-Image) umgewandelt. Dies geschieht, um einerseits dem Problem der ständigen Formatwechsel des Textsystems von Version zu Version aus dem Wege zu gehen und andererseits, um das Dokument vor Manipulationen zu schützen (z.B. bei Versicherungspolicen). Die Abspeicherung erfolgt dann häufig auf WORM-Systemen.

Ist die Applikation, mit der das CI-Dokument erstellt wurde, nicht selbst in der Lage, eine NCI (zumeist ein Raster-Image) zu erzeugen, so kann sie doch in vielen Fällen ein Druckformat wie HP-PCL, PostScript- oder ein Plot-Format wie HPGL erzeugen. Dieses wiederum lässt sich mit Hilfe eines Konverters bzw. Interpreters in ein Raster-Image konvertieren. Dabei sollte man berücksichtigen, dass die Qualität und die Fähigkeiten der angebotenen Interpreter sehr unterschiedlich sein können, bei der Auswahl also Sorgfalt und vorherige Tests zu empfehlen sind.

Durch die Konvertierung ›Druckformat→NCI‹ können sehr viele CI-Textformate umgewandelt bzw. unterstützt werden, da es nur wenige Druckformate gibt und die meisten davon einfach interpretierbar sind. Diese Umwandlung wird zuweilen als *Vertiffen* bezeichnet – die Umwandlung von CI-Informationen in TIFF als Langzeitspeicherformat.

Eine solche Umwandlung macht jedoch häufig nur dann Sinn, wenn das Ursprungsdokument keine Farbe enthält oder der Wegfall der Farbe im NCI-Dokument akzeptabel ist. Farb-NCI-Dokumente besitzen hinsichtlich des Speicherplatzes praktisch keine Vorteile mehr gegenüber den CI-Versionen. Eine bessere Lösung stellen in diesen Fällen die im Abschnitt 7.5 beschriebenen Metaformate wie PostScript, PDF oder HTML dar.

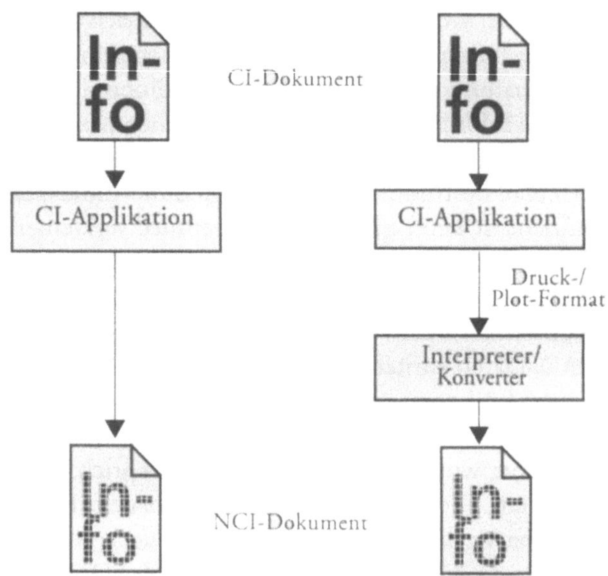

Abb. 7-16 Möglichkeiten der CI–NCI-Wandlung: Links: Direkt aus der Applikation heraus. Rechts: Durch die Wandlung der Druck- oder Plot-Ausgabe mittels eines zusätzlichen Konverters.

7.9 Sehr kleine und große Dokumente

Elektronischen Archiven oder Ablagesystemen bereitet die effiziente Speicherung sowohl von sehr kleinen als auch von sehr großen Dokumenten Probleme. Dies gilt abgeschwächt auch für HSM-Systeme und die Speicherung auf Magnetplatten in den konventionellen Dateisystemen.

Die Speicherung kleiner Dokumente als separate Dateiobjekte wird durch die Blockgröße des Speichermediums und den Speicherbedarf des Dateikopfes recht ineffizient. Betrachtet man z. B. Kontoauszüge oder kurze Briefe, deren Inhalt (ohne Formular) oft nur aus 200 bis 800 Byte besteht, so ergibt sich bei einer Blockgröße des Speichermediums von 1 KB bereits ein Verschnitt von ca. 100 %, bei einer Blockgröße von 8 KB bereits 1600 %. Hier ist es oft wesentlich effizienter, mehrere Dokumente gemeinsam in einer Datei (als Mega-Dokument) zu speichern und in der Indexdatenbank mit einem Verweis auf die Datei und einer Anfangsdistanz zu arbeiten. Der Bedarf in der Datenbank steigt damit geringfügig; der Zugriff wird etwas komplexer. Die Alternative, diese Daten direkt in der/einer Datenbank zu speichern, liefert wesentlich bessere Ergebnisse – sowohl was die Speicher- als auch was die Zugriffseffizienz betrifft, wiederspricht jedoch der häufig existierenden Forderung, die Objekte unveränderbar und sicher auf optischen Datenträgern zu lagern.

Möchten Sie sehr große Objekte speichern, sollten Sie Ihren Anbieter nach der maximalen Größe eines Dokuments im Archiv fragen!

Die meisten Archivsysteme begrenzen das größte ablegbare Objekt auf maximal eine Plattengröße. Da die üblichen optischen Platten zwei Oberflächen besitzen, liegt das obere Limit für Archivobjekte etwas unter der Größe einer Oberfläche – etwa 4,5 GB beim Einsatz von 9,1 GB optischen Platten der 5¼"-Technologie oder DVD-R. Teilweise liegt das Limit sogar deutlich darunter.

Die effektive Leserate eines Archivs von optischen Platten geschieht heute etwa mit 300–400 KB/s. Die Übertragung einer 100-MB-Datei dauert damit ca. 5 Minuten!

Es kann also notwendig werden, große Dokumente in mehrere kleine Objekte zu zerlegen. Hierfür spricht auch die Effizienz beim Zugriff auf das Dokument. Häufig wird nämlich nicht das gesamte Dokument benötigt, sondern nur ein Ausschnitt. Dann ist es ausgesprochen ineffizient, das gesamte umfangreiche Dokument aus der Ablage zu lesen und zum Anwender zu übertragen. Dort, wo das Format dies zulässt – also z. B. bei Textdokumenten –, sollte ein neues Hyperdokument dann eine Art Inhaltsverzeichnis auf die Teildokumente darstellen, so dass aus dieser Übersicht heraus über Hyperlinks (und damit für den Anwender sehr bequem) auf die Teildokumente zugegriffen werden kann. Als maximale Dokumentengröße empfehlen sich dann 20 bis 100 MB.

7.10 Farbe in Dokumenten

Der Einsatz und die Bedeutung von Farbe in Dokumenten hat sichtbar zugenommen. Die Verfügbarkeit preiswerter Farbscanner und -drucker und der Umstand, dass praktisch jeder PC über einen Farbbildschirm verfügt, ergaben diesen Trend. Die Farbe hat dabei sowohl schmückende Funktion (z. B. in Firmen-Logos), ist jedoch vielfach inzwischen auch Träger zusätzlicher Information, insbesondere in Grafiken und Farbbildern. Wie die Farbfotografie praktisch das Schwarzweißbild verdrängt hat, so werden auch Dokumente mit Farbkomponenten die Schwarzweißdokumente mengenmäßig bald dominieren – unterstützt durch das Internet, in dem die Publikation von Farbe praktisch keine zusätzlichen Kosten erzeugt.

Während in CI-Dokumenten Farbe relativ wenig zusätzlichen Speicher benötigt – typischerweise kommen hier 1% bis 5% hinzu, beträgt der Platzbedarf bei NCI-Dokumenten das 6 bis 20fache des Speicherbedarfs bitonaler Dokumente. Es gilt dort also zu überlegen, ob die Farbe wesentlicher Informationsträger ist und auch im archivierten Dokument erhalten bleiben soll.

Farbe in CI-Dokumenten

In CI-Textdokumenten wird Farbe vielfach noch als *schmückendes Element* benutzt. Bei technischen Dokumenten trägt die Farbe meist zur Differenzierung von Grafikelementen bei und besitzt damit einen wesentlichen Informationsgehalt. Da die zusätzliche Kodierung der Farbinformation hinsichtlich des Speicherplatzes wenig kostet – Ausnahmen sind hier Farbrasterbilder –, macht es wenig Sinn, bei der Wandlung zur Langzeitarchivierung die Farbe in Graustufen oder Schwarzweiß zu reduzieren, solange als Speicherformat wiederum ein CI-Format verwendet wird (etwa HTML, PDF, RTF oder AFP). Allerdings ist bei eventuell stattfindenden Formatkonvertierungen darauf zu achten, dass keine unzulässigen Farbtransformationen stattfinden, was bei einigen Konvertern leider nicht sichergestellt ist. Findet eine Konvertierung in ein bitonales Format statt, so sollte die Farbe bei Rasterbildern über ein Dithering-Verfahren umgesetzt werden, da die Bilder sonst fast vollkommen ihre Informationen verlieren.

Die Überlegungen gelten natürlich nur dann, wenn große Dokumentenmengen und deren Übertragung und Speicherung betrachtet werden.

Farbräume und Transformationen

Ein Problem beim Einsatz von Farbe besteht generell darin, dass zahlreiche recht unterschiedliche Farbsysteme, Farbräume und Farbmanagementsysteme vorhanden sind. So baut der Bildschirm Farbe heute prinzipiell nach dem RGB-Verfahren auf. Hierbei wird ein Farbpunkt aus den drei Grundkomponenten Rot, Grün und Blau zusammengesetzt; alle drei Komponenten zusammen ergeben Weiß. Auch die meisten DTP-Scanner erfassen Farbe nach dem RGB-Verfahren.

Die Erfassung und Korrektur von Farbbildern ist bei gesteigerten Qualitätsansprüchen aufwändig und erfordert einiges an Know-how und Erfahrung.

Für den Farbdruck setzt man in der Regel das CMYK-Verfahren ein, ein Vierfarbdruckverfahren mit den Komponenten Cyan, Magenta, Gelb (*Yellow*) und Schwarz (*Key-Colour*). Bereits die Umwandlung zwischen diesen beiden Farbräumen ist nicht für alle Farben verlustfrei möglich. Einige Farben lassen sich z. B. gar nicht in einem bestimmten Farbraum darstellen. So ist z. B. Silber und Gold weder im RGB- noch im CMYK-Farbraum darstellbar bzw. nur vom Eindruck angenähert.

Das darstellbare Farbspektrum ist im RGB-Farbraum deutlich größer als das Farbspektrum eines Vierfarbdrucks!

Ein weiteres Problem liegt in den Farbveränderungen, welche sich beim Scannen, bei der Bildschirmdarstellung und beim Drucken ergeben. Jedes der dabei verwendeten Geräte verfälscht die Farbe in einem gewissen Umfang. Diese Verfälschungen lassen sich durch entsprechende gerätespezifische *Korrekturprofile** berücksichtigen und kompensieren. Dies setzt jedoch voraus, dass die Korrekturkurven ermittelt werden.

** Als Standardformat für dieses Profile hat sich das ICC-Format durchgesetzt. Das ICC (International Color Consortium) ist eine Vereinigung von Herstellern und Anwendern aus dem Prepress-Bereich mit dem Ziel, offene Farbstandards zu erarbeiten.*

Jedes Gerät in der Farbkette hat sein eigenes Geräteprofil, und es ist Aufgabe des so genannten *Farbmanagementsystems*, die darin enthaltenen Korrekturfaktoren in der Verarbeitungs- und Darstellungskette zu berücksichtigen. Dazu müssen die verwendeten Applikationen und die Gerätetreiber mit dem Farbmanagementsystem zusammenarbeiten.

ColorSync von Apple, *FotoTune* von Agfa oder das Microsoft *Image Color Matching System* (ICM) ab Windows 98 (welches auf dem KODAK Color Management System aufbaut) sind solche Farbmanagementsysteme. Sie transformieren die Farbinformation in einen geräteneutralen Farbraum (etwa den CIE-Lab- oder CIE-XYZ-Farbraum), welcher eine universelle Farbdarstellung gestattet und praktisch alle möglichen Farben repräsentieren kann. Erfasste Farbbilder werden aus dem Erfassungsfarbsystem in diesen Farbraum umgerechnet, und aus diesem Metafarbraum wird für die Darstellung oder die Ausgabe die Farbe in den Farbraum des Ausgabegerätes transformiert. Dies geschieht unter Berücksichtigung des Geräteprofils.

Für die Bearbeitung von Farbrasterbildern mit höherer Auflösung wird ein großer Hauptspeicher benötigt. Typisch sind hier 80 bis 160 MB für die Bearbeitung von A4-Vorlagen mit 24 Bit Farbtiefe und 300 dpi Auflösung.

Zusätzlich ist die Veränderung der Farbdarstellung der Geräte, z. B. durch Erwärmung oder Alterung, zu berücksichtigen – es gilt also, die Geräte regelmäßig zu kalibrieren.

Zur hochwertigen Farbdarstellung und -verarbeitung gehören ebenso hochwertige Bildschirme, Grafikkarten und Grafikspeicher, mit einer Farbtiefe von mindestens 16 Bit (mit etwa 64000 möglichen Farben), besser noch 24 Bit (mit ca. 16,7 Millionen möglichen Farben) pro Bildpunkt. Erlaubten billigere Grafikkarten in der Vergangenheit maximal 8 Bit pro Pixel darzustellen, so sind inzwischen alle PC-Bildschirmkarten zu einer 16- oder sogar 24-Bitdarstellung in der Lage. Für eine Realfarbdarstellung (mit 24 Bit) benötigt man bei einer Bildschirmauflösung von 1248 × 1024 Bit etwa 4 MB Bildschirmspeicher, bei höheren Auflösungen entsprechend mehr. Aktuelle Grafikkarten haben deshalb zwischen 32 und 128 MB Bildspeicher. Diese Entwicklung wird dabei weniger durch die *normalen* Arbeitsplatzanforderungen, sondern primär durch PC-Spiele vorangetrieben.

Der Bildschirm sollte bei höheren Ansprüchen zusätzlich kalibriert sein. Im normalen DMS-Einsatz kann man darauf verzichten. Ist hohe Farbtreue ein Kriterium, so sind LCD/TFT-Flachbildschirme, trotz ihrer Farbbrillanz und anderen Vorteile, bisher kaum einsetzbar, da sie gegenüber CRT-Bildschirmen nur ein eingeschränktes Farbspektrum abdecken können.

Die genannten Aufwände sind jedoch nur dann notwendig, wenn ein hohes Maß an Farbtreue gefordert wird. Dies ist typischerweise im Repro-Bereich (Druckvorstufe) der Fall. In den meisten anderen Fällen der normalen Farberfassung und -verarbeitung kommt man mit wesentlich weniger Aufwand und einem Kalibrieren der Geräte bei der Installation und danach nur in größeren Abständen aus. Die Diskussion zeigt aber deutlich, dass man sich beim Einsatz von Farbe sehr wohl über deren Funktion Gedanken zu machen hat.

Farbe in NCI-Dokumenten

Bei der Anwendung von Farbe in NCI-Dokumenten ist die Aufgabe der Farbe sehr sorgfältig zu planen und danach das geeignete Dateiformat und die Farbtiefe auszuwählen. Beides schlägt sich deutlich im benötigten Speichervolumen nieder, was insbesondere bei der Langzeitspeicherung eine Rolle spielen kann.

Die hier gemachten Aussagen gelten natürlich auch für Farbrasterbilder in CI-Dokumenten.

Dient die Farbe lediglich zur Differenzierung, wie es etwa bei Schaltplänen, komplexeren CAD-Zeichnungen und ähnlichen

Dokumenten der Fall ist, so reicht in aller Regel eine Farbtiefe von 8 Bit. In einer Reihe von Fällen kommt man sogar mit einer Farbtiefe von 6 Bit (respektive 64 möglichen Farben) oder sogar 4 Bit (bzw. 16 möglichen Farben) aus. Als NCI-Format bieten sich dann z. B. LZW-TIFF, GIF oder PNG an. Hiermit lassen sich zwar keine *Echtfarbdarstellungen* erzielen, da sich z. B. mit 8 Bit maximal 256 unterschiedliche Farben in dem Bild kodieren lassen, jedoch ist selbst für zahlreiche Farbfotografien dieses Format ausreichend, wenn die Wiedergabeanforderungen nicht sehr hoch sind.* Bei Farbbildern reduziert eine *gute Konvertierungssoftware* das durch den Scanner erfasste Farbspektrum auf 256 Farben und wählt dabei eine für die vorhandenen Farben optimierte Farbtafel. Die *Farbtafel* (oder Farbtabelle) ordnet dabei den 256 Positionen der Tabelle Farben aus einem größeren Spektrum zu.

Dient die Farbe lediglich zur Differenzierung, so reichen fast immer 6–8 Bit pro Pixel.

* *Man spricht hier auch von ›indizierten Farben‹, da pro Bildpunkt der Index der Farbe in der Farbtafel festgehalten wird und der eigentliche Farbwert in der Farbtafel gespeichert ist.*

Ist ein großes Farbspektrum mit zahlreichen Nuancen für die Darstellung (Wiedergabe) notwendig und soll möglichst die volle Farbqualität des Originals erhalten bleiben, so wird man ein Format wählen, welches 24 Bit pro Pixel bzw. 8 Bit pro Farbkanal speichern kann. Man erhöht den Speicherbedarf (unkomprimiert) dabei jedoch um den Faktor 3! Als geeignetes Format hierbei hat sich JPEG etabliert (ab 2003 JPEG-2000). Auch das PNG-Format kommt in Frage. Sind die Darstellungsanforderungen nicht sehr hoch, so lässt sich bei JPEG durchaus ein hoher Komprimierungsfaktor wählen, auch wenn die Qualität dabei etwas sinkt.

Es ist hierbei zusätzlich zu bedenken, dass das Ausgabegerät und eventuell der Drucker ebenfalls in der Lage sein sollten, das Farbspektrum wiederzugeben.

Da Farbe ebenso wie Graustufen in einem Rasterbild Informationsträger ist, kann man – sofern es sich um reine Fotografien handelt – in der Regel mit einer kleineren Auflösung arbeiten als bei Schwarzweiß- oder Halbton-Rasterbildern, um den gleichen Erkennungswert zu erzielen. Für viele Zwecke sind hier 75 bis 150 dpi vollkommen ausreichend. Kommt in dem Bild Schrift in kleineren Graden vor, so ist eine Auflösung von 200 dpi zu wählen. Handelt es sich um farbige Strichzeichnungen, so sollte man minimal 200 dpi verwenden.

Die zuvor empfohlenen geringen Erfassungsauflösungen gelten natürlich nicht, wenn das Bild einer Vorlage später in der Wiedergabe vergrößert werden soll. In diesem Fall ist – wie etwa beim Scannen von Dias – der spätere Vergrößerungsfaktor bei der Abtastauflösung zu berücksichtigen.

7.11 Selbsttragende Dokumente und Archive

Selbsttragende (selbstbeschreibende) Dokumente

In einigen Situationen sollen einzelne Dokumente aus einem DM-System exportiert und in eine andere Umgebung oder ein anderes DM-System importiert werden. Dazu möchte man das Dokument zusammen mit all seinen Komponenten und Attributen für den Transport *verpacken*. Das Dokument muss dazu in eine Art *autarkes Format* umgesetzt werden. Man spricht dann auch von *selbsttragenden Dokumenten** oder *Selfcontained Documents*. Leider konnte sich hierfür noch kein Format am Markt etablieren; in einigen Gremien (z. B. der AIIM) werden jedoch solche Formate konzipiert. Mit ISO 10166 liegt ein solcher, wenn auch noch nicht etablierter Standard vor.

* *Ein synonymer Begriff ist ›Selbstbeschreibende Dokumente‹*

Eine weitere Möglichkeit besteht darin, das Dokument zusammen mit seinen Attributen in einem Verzeichnis (Directory) zu speichern und dieses Verzeichnis in einem Archivformat in eine einzelne Datei umzuwandeln. Die Attribute extrahiert man dazu aus der Datenbank und legt sie in einem einfachen Textformat (typischerweise ISO 8896 oder Unicode) ab, jeweils ein Attribut-/Werte-Paar pro Zeile in der Form:

Attributname = Attributwert

Dieses Format lässt sich sehr einfach in fast alle Datenbanken importieren. Mit der Verbreitung von XML ist dieses Strukturformat die bessere Lösung und sollte mittelfristig für diesen Zweck von allen DMS-Anbietern unterstützt werden.

Ein DM-System sollte in der Lage sein, Dokumente in der skizzierten Art zu exportieren und fremde Dokumente auf die gleiche Art zu importieren. Dabei sind unter Umständen die Attributnamen vor dem Import in das neue DMS zu konvertieren oder zu adaptieren. Auch hier können XML-Werkzeuge auf der Basis von XSLT (*Extensible Stylesheet Langaue Transformations*) helfen.

Beim Import sollte das DMS natürlich nicht nur einzelne Dokumente, sondern auf die skizzierte Art einen ganzen Dokumentenbaum verarbeiten können. Hierzu sind häufig speziell zu erstellende Dienstprogramme erforderlich.

Als Archiv- bzw. Transportformat bieten sich im Windows-Bereich etwa das PKZIP- oder im UNIX-Umfeld ein Tar-Format an. Beide Formate können auch in anderen Umgebungen verarbeitet werden.

Selbsttragende Datenträger

Bei Archiven mit Dokumenten mit langen Aufbewahrungsfristen möchte man häufig ganze Datenträger mit allen darauf befindlichen Dokumenten vollständig auslagern und zwar so, dass die Dokumente und all ihre Attribute aus der Datenbank gelöscht und erst bei Bedarf wieder in das DMS aufgenommen werden können.

Werden die Attribute erst beim Export auf die Datenträger geschrieben, muss dafür zuvor ausreichend Speicherplatz reserviert werden!

Dies setzt voraus, dass das DMS bzw. Archiv die Attribute in einer geeigneten Form zusammen mit den Dokumenten auf den Datenträger schreibt und damit einen *selbsttragenden Datenträger* anlegt. Einige DM-Systeme bieten dies in der Standardfassung oder als Option an. Wird das DMS standardmäßig in diesem Modus betrieben, so bietet das Konzept den Vorteil, dass die DM-Datenbank auch bei einer Beschädigung wieder aus den Informationen auf den Archivdatenträgern in einem Import-Lauf rekonstruiert werden kann. Dies nimmt bei zahlreichen und großen Datenträgern jedoch mehrere Stunden, unter Umständen sogar Tage in Anspruch!

Der Import kann durch eine Bulk-Import-Funktion wesentlich beschleunigt werden.* Bei ihr wird nicht jedes Dokument einzeln importiert, sondern das Archiv organisiert beim Import die Datenbank-Updates in größeren Blöcken.

** Ein Faktor 10 ist hier realistisch!*

Selbsttragende Archive

Analog zum Ex- und Import einzelner Dokumente möchte man in Anwendungen ganze Archivbereiche exportieren, – eventuell in einem anderen DMS – erneut importieren oder ein Teilarchiv auf einem einzelnen Datenträger speichern und danach das Archiv auf dem Datenträger selbstständig und ohne eine Anbindung an ein großes DMS lokal nutzen können – etwa auf einem Laptop.

So ist es z. B. denkbar, dass man Kundendokumente exportieren und dem Außendienst zur Verfügung stellen oder dem Wartungstechniker Serviceunterlagen für einen mobilen Einsatz aufbereiten möchte. Dabei wird man praktischerweise nicht nur die Dokumente selbst, sondern auch deren Attribute zum Zwecke einer Suche auf den Datenträger packen. Es muss damit ein selbsttragendes, autarkes Archiv auf dem Datenträger angelegt werden. Im Idealfall umfasst es sogar die Applikationen für den Archivzugriff, die Suchfunktionen und die Anzeige- und Druckfunktionen, so dass es auch ohne Probleme auf Systemen genutzt werden kann, welche noch nicht über die Komponenten verfügen – oder veraltet sind. Auch hierfür fehlen bisher Standards.

7.12 Verschlüsselung von Dokumenten

In den meisten DM-Systemen werden auch vertrauliche Informationen und Dokumente abgelegt. Praktisch alle DM-Anbieter stellen deshalb zumindest einen einfachen Zugriffsschutz zur Verfügung. Er erfordert allerdings ein entsprechendes Aufsetzen des DM-Systems sowie das Einrichten und Pflegen der Benutzer und ihrer Zugriffsrechte. In der Regel können hierbei für einzelne Benutzer und Benutzergruppen unterschiedliche Zugriffsrechte auf die definierten Dokumentenklassen vergeben werden. Typische Rechte sind *Recherchieren, Anzeigen, Drucken* und *Löschen* des Dokuments sowie *Attribute ändern*. Störend ist, dass dazu die Benutzer und ihre Zugriffsrechte nochmals separat neben deren Berechtigungen für die anderen Applikationen und Daten zu pflegen sind.

Dort, wo das DMS vollständig in andere Anwendungen integriert ist, kann die Zugriffsberechtigung über die Rechte des Benutzers auf und in der Standardanwendung erfolgen.

Genügt die Differenzierung der Zugriffsrechte wie oben beschrieben nicht den Anforderungen in einem Unternehmen oder sind höhere Sicherheitsanforderungen notwendig, so sollten sensitive Dokumente chiffriert abgelegt werden. Zur Anzeige oder zum Ausdrucken muss der Anwender dann einen passenden Schlüssel zur Dechiffrierung besitzen. Bei einem DM-System wird man in der Regel die Schlüssel nicht den Benutzer selbst eingeben lassen, sondern diese gesichert (d.h. wiederum chiffriert) im System halten und nur für den Chiffrier- und Dechiffriervorgang dem Softwaremodul zur Verfügung stellen. Hierdurch wird ein Ausspähen des Schlüssels aufwändiger, als wenn der Anwender sich die Schlüssel selbst merken und explizit eingeben muss.

Eine Verschlüsselung von Daten oder Dokumenten kann in einem DMS an drei Stellen von Interesse sein:

- Bei der Übertragung der Daten über ein Netz – insbesondere, wenn ein öffentliches Netz oder sogar das Internet benutzt wird.
- Bei der lokalen Speicherung (z.B. in einem lokalen Platten-Cache), wenn andere Benutzer Zugriff auf den Pufferbereich bekommen können.
- Für die Speicherung auf dem Datenträger des Archivs. Schließlich ist oft nicht auszuschließen, dass Personen unberechtigt Zugriff darauf bekommen oder sogar den ganzen Datenträger entwenden und sich dann an einem anderen System Zugriff

auf die vertraulichen Daten verschaffen. Man bedenke, dass der überwiegende Teil von *Angriffen* im Unternehmen selbst ausgeführt wird.
Inzwischen werden zahlreiche vertrauliche Informationen bei mobilen Benutzern auf Laptops gespeichert. Der Diebstahl von Laptops ist deshalb in Sicherheitsüberlegungen einzubeziehen und die Information dort entsprechend zu sichern.

Symmetrische und asymmetrische Verschlüsselung

Eine gute Einführung zu Verschlüsselungsverfahren ist in [Schneier] zu finden.

Zur Verschlüsselung von Daten lassen sich symmetrische oder asymmetrische Verfahren einsetzen. Bei den symmetrischen Verfahren wird der gleiche Schlüssel für die Chiffrierung und die Dechiffrierung verwendet. Eines der verbreitetsten Verfahren hierfür ist das DES-Verfahren, welches mit einer Schlüssellänge von 56 Bit arbeitet. Eine höhere Sicherheit bietet Triple-DES mit einer Schlüssellänge von 112 Bit. Daneben haben sich auch IDEA, RC4 (mit variabler Schlüssellänge) und der sehr schnelle *Blowfish*-Algorithmus sowie AES als Ablösung von DES etabliert. Für sensible Daten sollten bei symmetrischen Verfahren minimal 56 Bit Schlüssellänge, besser noch 112 oder 128 Bit verwendet werden.

AES = ›Advanced Encryption Standard‹, beruht auf dem Rijndael-Algorithmus, wird als sehr sicher betrachtet und erlaubt variable Schlüssellängen.

Eines der Probleme symmetrischer Schlüsselverfahren bei einem großen Adressatenkreis von Nachrichten ist die Schlüsselverteilung, die auf einem gesicherten Weg erfolgen muss. Da hierbei alle potentiellen Empfänger einer Nachricht bzw. eines versendeten Dokuments den (ansonsten geheimzuhaltenden) Schlüssel zur Dechiffrierung benötigen, ist die Wahrscheinlichkeit groß, dass der Schlüssel kompromittiert wird und damit der Datenschutz nicht mehr gewährleistet ist.

Abb. 7-17 Chiffrieren und Dechiffrieren bei einem symmetrischen Verfahren

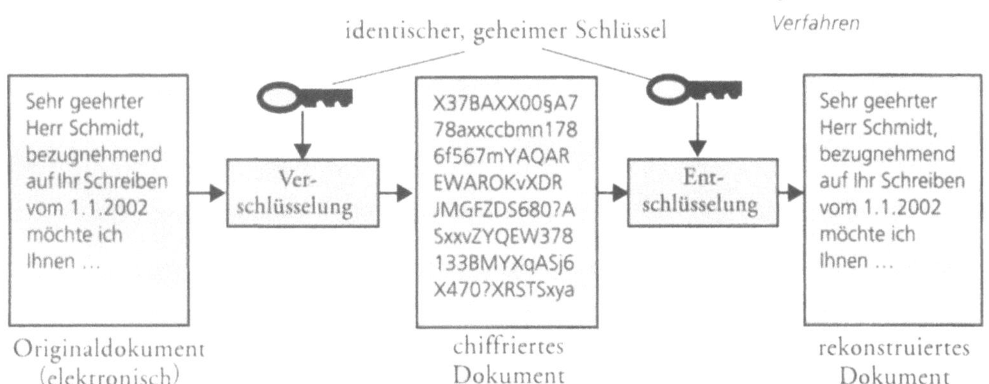

Asymmetrische Verschlüsselung

Bei einem asymmetrischen Verschlüsselungsverfahren wird statt eines einzelnen Schlüssels ein Schlüsselpaar verwendet – ein Schlüssel zur Verschlüsselung und der zweite Schlüssel für die Entschlüsselung.

In einer Arbeitssituation, in der man Nachrichten (oder Dokumente) chiffriert an einen Partner verschicken möchte, benötigt man den Chiffrierschlüssel des Adressaten. Dieser wird auch als *öffentlicher Schlüssel* oder *Public Key* bezeichnet, da er nicht geheim, sondern allen potentiellen Partnern bekannt sein darf und sein Bekanntwerden auch außerhalb des Adressatenkreises keine Gefahr darstellt. Zur Entschlüsselung verwendet der Empfänger dann seinen zweiten Schlüssel – den vertraulichen *privaten Schlüssel* (oder *Private Key*) des Schlüsselpaars.

Bei den asymmetrischen Chiffrierverfahren ist die Schlüsselverteilung (des öffentlichen Schlüssels) unproblematischer. Der Partner muss hier beim Einsatz eines öffentliches Schlüssels seines Adressaten nur sicher sein, dass es sich wirklich um den öffentlichen Schlüssel des Besitzers handelt, da ansonsten ein unberechtigter Dritter die chiffrierte Nachricht dechiffrieren kann, wenn er seinen eigenen öffentlichen Schlüssel statt den des Empfängers untergeschoben hat.

Asymmetrische Verschlüsselungsverfahren benötigen für eine vorgegebene Sicherheit deutlich längere Schlüssel als symmetrische Verfahren, womit auch der Rechenaufwand größer ist. So sollte man bei erhöhten Sicherheitsanforderungen beim RSA-Verfahren nur Schlüssel mit einer Länge von mindestens 768 Bit einsetzen. Inzwischen etablieren sich hier Schlüssellängen von 1024 oder 2048 Bit.

Da das Chiffrieren mit asymmetrischen Verfahren wesentlich rechenintensiver (ca. Faktor 1000) als mit symmetrischen Verfahren ist, benutzt man zum Austausch von verschlüsselten Dokumenten

Abb. 7-18 Chiffrieren und Dechiffrieren bei einem asymmetrischen Verfahren

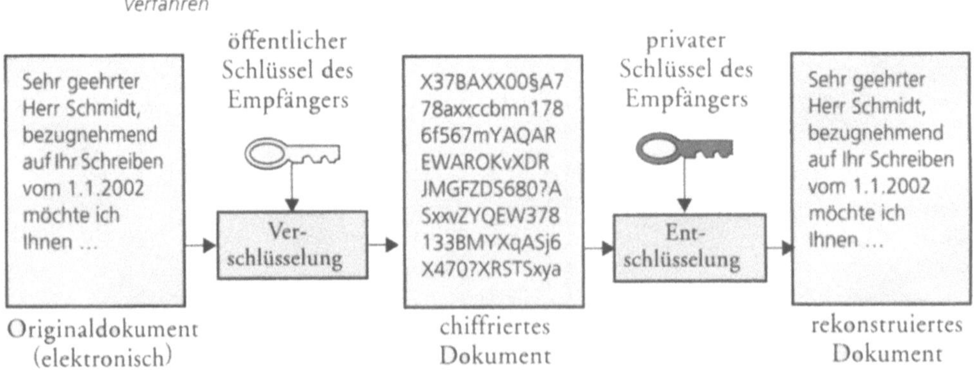

zumeist ein modifiziertes Verfahren – ein Hybridverfahren. Hierzu wird vom Absender (bzw. von seiner Software) ein (symmetrischer) Zufallsschlüssel generiert. Mit diesem wird die Nachricht chiffriert. Dies geht im symmetrischen Verfahren effizient. Nun verschlüsselt man den Zufallsschlüssel seinerseits mit einem asymmetrischen Verfahren unter Verwendung des öffentlichen Schlüssels des Empfängers. Der so gesicherte Schlüssel wird nun zusammen mit der Nachricht an den Empfänger geschickt.

Der Empfänger dechiffriert im ersten Schritt mit seinem privaten Schlüssel den Transportschlüssel. Mit dem so erhaltenen Transportschlüssel wird dann die eigentliche Nachricht dechiffriert.

Dies alles klingt komplizierter als es in der Praxis ist, da entsprechende Softwaremodule den Ablauf automatisieren. Voraussetzung ist aber auch hier, dass der Absender den öffentlichen Schlüssel des Empfängers/Adressaten besitzt. Er bzw. seine Software erhält ihn in der Regel in Form eines *digitalen Zertifikats*, die der Empfänger als *elektronischen Ausweis* benutzt. Diese digitalen Zertifikate werden auf speziellen Servern (zumeist X.500- oder LDAP-Servern) publiziert, so dass die Zertifikate bei Bedarf dort elektronisch abgerufen werden können.

Die Standard-Schlüssellänge vieler Produkte und die in der Vergangenheit bei SSL eingesetzte Schlüssellänge von 40 oder 56 Bit, muss für sensible Information als unzureichend betrachtet werden, da sie mit geeigneten Systemen in Sekunden gebrochen werden kann! Schlüssellängen von 128 Bit und mehr sind hier empfohlen.

Abb. 7-19 Einsatz von symmetrischen Transportschlüsseln, die ihrerseits mit asymmetrischen Schlüsseln chiffriert werden

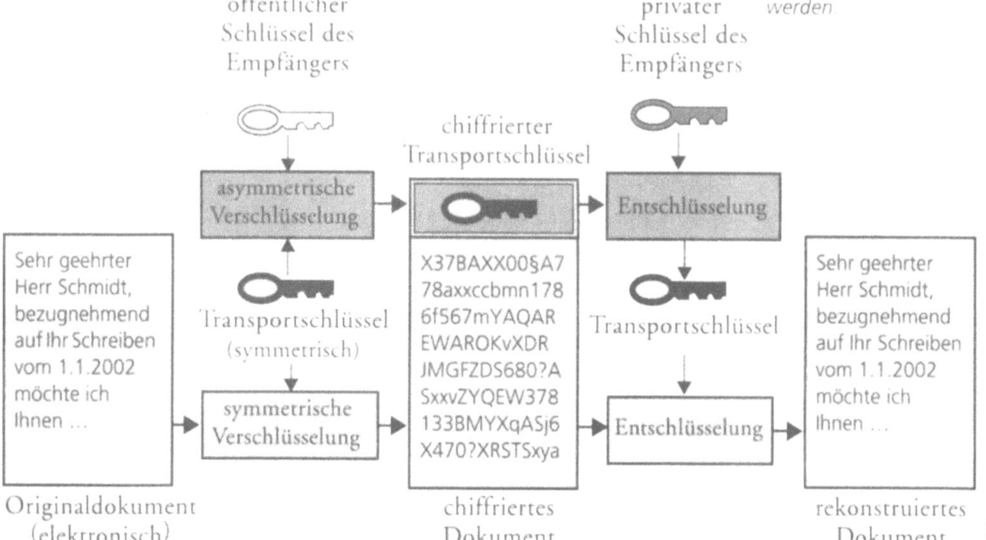

7.13 Dokumentenechtheit – elektronische Signaturen

In bestimmten Fällen möchte man die Echtheit eines Dokuments sicherstellen – d.h. man möchte prüfen und nachweisen können, dass das Dokument unverändert ist und von der angegebenen Quelle stammt. Wesentlich kann dies sowohl bei Nachrichten, Verträgen als auch bei Urkunden sein. Auch steuerrelevante elektronische Belege müssen seit 2002 einen solchen Nachweis bieten.

Auch zum Quellennachweis von Software werden zunehmend elektronische Signaturen und Zertifikate eingesetzt.

Die Forderungen nach Unverfälschtheit und authentischem Ursprung (bzw. deren Überprüfbarkeit) lassen sich mit so genannten *elektronischen Signaturen* erfüllen (identisch mit *digitalen Signaturen*).

Für eine Signatur wird mittels einer *Hashfunktion* eine komplexe Quersumme des Dokuments bzw. seiner elektronischen Form berechnet. Diese wird auch als *Komprimat*, *Message Digest* oder als *digitaler Fingerabdruck* des Dokuments bezeichnet. Das Hash-Verfahren muss so beschaffen sein, dass sich jede Änderung des Dokuments in einem veränderten Komprimatwert niederschlägt.* Für die Hashfunktion gibt es mehrere Verfahren (z.B. MD5, SHA-1 oder RIPMD-160). Das Komprimat hat unabhängig von der Dokumentengröße eine feste Länge. Typisch sind hier 128 oder 160 Bit – abhängig vom verwendeten Hash-Verfahren. Das Komprimat wird schließlich noch verschlüsselt. Das Ergebnis ist die *Signatur des Dokuments*. Die Signatur wird entweder zusammen mit dem Dokument oder separat als eine Art Prüfzeugnis gespeichert. Die Verschlüsselung des Komprimats ist notwendig, um zu verhindern, dass das Dokument verändert und mit neuer Prüfsumme versehen untergeschoben wird.

** Zumindest darf der veränderte Text mit dem identischen Hashwert keinen natürlichsprachigen Sinn mehr ergeben!*

Abb. 7-20 Schema des Signierens eines Dokuments

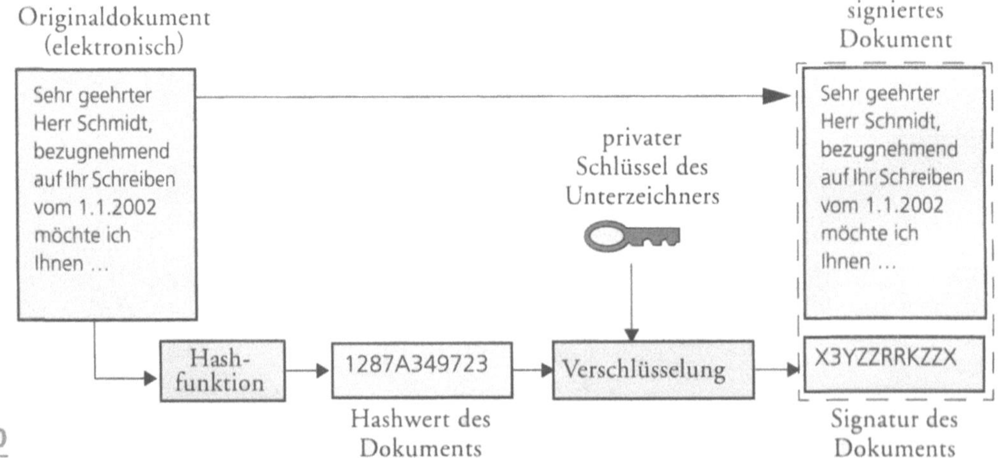

Für die Verschlüsselung wird ein asymmetrisches Verfahren verwendet, wobei die Verschlüsselung mit dem *privaten Schlüssel* (*Private Key*) des Unterzeichners erfolgt und die Entschlüsselung zur Überprüfung der Unverfälschtheit mit dem öffentlichen Schlüssel (*Public Key*). Als eine Art De-facto-Standard hat sich hier für Chiffrierverfahren der Signatur das RSA-Verfahren etabliert; es sind jedoch auch andere Verfahren möglich und in Verwendung.

Die zur Signatur verwendeten Hash- und Chiffrierverfahren werden zusammen mit dem Namen des Unterzeichners in die Signatur aufgenommen – sie werden bei die späteren Prüfung benötigt.

Prüfen der Dokumentenauthentizität

Der Empfänger (oder der Prüfer) einer Nachricht bzw. eines elektronischen Dokuments errechnet erneut das Komprimat des zu prüfenden Dokuments – unter Verwendung des in der Signatur angegebenen Hash-Verfahrens. Er dechiffriert die Signatur mit dem öffentlichen Schlüssel des Absenders und vergleicht seine selbst ermittelte mit der übertragenen Prüfsumme.* Hierzu muss das beim Signieren verwendete Chiffrierverfahren bekannt sein. Die Gleichheit der Komprimate zeigt an, dass die Nachricht

* der elektronischen Signatur des Dokuments

- auf dem Transport nicht verändert und
- von der Person unterzeichnet wurde, deren öffentlichen Schlüssel er zur Dechiffrierung der Signatur benutzte.

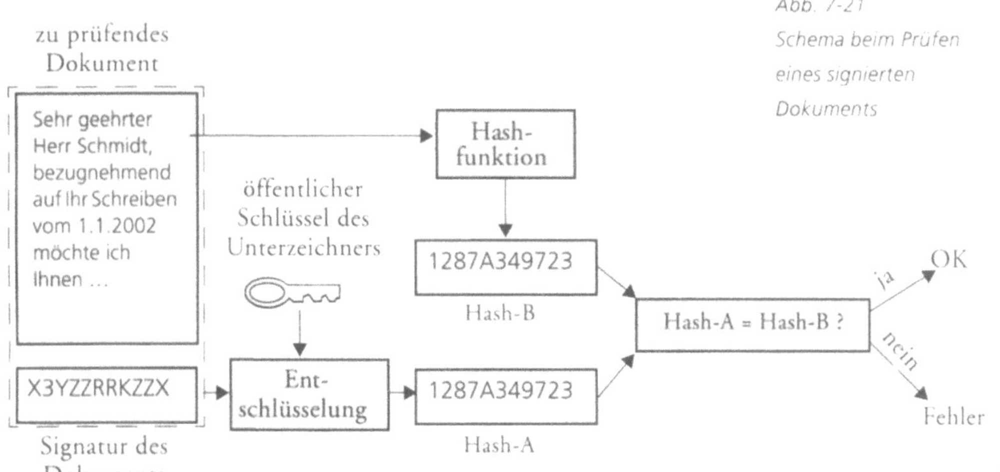

Abb. 7-21 Schema beim Prüfen eines signierten Dokuments

Sind die Komprimate nicht identisch, so wurde die Nachricht entweder von einer anderen Person (bzw. mit einem anderen Schlüssel) signiert oder willentlich oder durch Übertragungsfehler beim Transport verändert.

Dokumente können auch mehrfach signiert sein. Dies wird man z. B. bei Verträgen einsetzen, bei denen alle beteiligten Parteien das Dokument (jeweils mit ihren Schlüsseln) signieren. Dabei ist die Reihenfolge in der Signatur festzuhalten. Häufig wird man zusätzlich noch einen elektronischen Zeitstempel mit in den zu signierenden Teil bzw. die Signatur einbeziehen.

Eine gute Einführung in das Thema ›elektronische Signatur‹ geben [Glade] und [Horst_2].

Wie oben skizziert, ist zur Prüfung der öffentliche Schlüssel des Unterzeichners erforderlich. Diesen kann der Empfänger zuvor auf einem gesicherten Weg erhalten haben, was sich bei einer Vielzahl möglicher Empfänger und in einer heterogenen Umgebung schnell als sehr aufwändig und mit Risiken behaftet erweist. Alternativ lässt er sich von einer *Certification Authority* (CA) in Form eines *digitalen Zertifikats* abrufen. Der Empfänger muss aber sicher sein, dass es sich um den richtigen Schlüssel handelt und nicht um den eines Fälschers, der eine falsche Nachricht unterschieben möchte. Hieraus ergibt sich die *Vertrauensfunktion* der Certification Authority.

Auf die Beweiskraft von elektronisch signierten Dokumenten und das deutsche Signaturgesetz geht Kapitel 8.4 ein.

Das digitale Zertifikat des Absenders (oder Autors) könnte jedoch ebenso zusammen mit der Nachricht mitgeschickt werden. Es gilt dann zu prüfen, ob sie authentisch und der Schlüssel noch gültig ist. Besitzt der Prüfende den öffentlichen Schlüssel der Stelle, die das mitgeschickte Zertifikat unterschrieb, und vertraut er dieser Stelle, so kann er die Authentizität des Zertifikats überprüfen, daraus den öffentlichen Schlüssel des Absenders entnehmen und damit die Unverfälschtheit der Nachricht verifizieren. Der öffentliche Schlüssel des ausstellenden CA (der Certification Authority zum digitalen Zertifikats des Absenders) sollte jederzeit öffentlich abrufbar und in die eigenen Schlüsselverzeichnisse einfügbar sein.

Ein kritischer Punkt im Konzept elektronischer Signaturen ist für den Prüfenden (Empfänger) die Verfügbarkeit oder der Zugriff auf den *öffentlichen Schlüssel* des Unterzeichners. Certification Authorities können ihn als Teil einer *Public-Key-Infrastruktur* zur Verfügung stellen.

Elektronische Signaturen schützen nicht vor Veränderungen des Dokuments, sie machen solche aber nachweisbar!

Ein zweiter kritischer Punkt ist, wie bei asymmetrischen Verschüsselungsverfahren auch, die Geheimhaltung des privaten Schlüssels. Wird er kompromittiert, so kann die elektronische Signatur von jedem gefälscht werden, der diesen Schlüssel kennt. Wird der Schlüssel im Rechner des Absenders gespeichert, so besteht die Gefahr, dass er durch Viren in Form trojanischer Pferde ausgespäht oder über das Abhören der Terminaleingabe ausspioniert wird. Eine deutlich höhere Sicherheit ergibt sich deshalb, wenn der geheime Schlüssel in einer speziellen Chipkarte (SmartCard)* gehalten wird und diese Chipkarte nie verlässt.

* *Diese Karten werden als SmartCards bezeichnet, da sie über einen eigenen Mikroprozessor und eventuell einen Kryptoprozessor auf der Karte verfügen.*

Die SmartCard selbst kann nur genutzt werden, nachdem man sie durch Eingabe eines PINs entsperrt (analog zur Bankkarte beim Bankautomaten). Man hat hier also ein zweigeteiltes Geheimnis:

A) den Schlüssel auf der Karte, die man für den Zugriff besitzen muss (also *Besitz*) und

B) die PIN, die man zur Nutzung kennen muss (also *Wissen*).

Statt der PINs kommen auch andere, z. B. biometrische Identifikationen (z. B. Fingerabdruck oder Augenhintergrund) in Frage, sind aber technisch aufwändiger.

Möchte man den Zeitpunkt der Dokumentenerstellung bzw. -aufbereitung nachweisen, so ist zusätzlich ein Datumsstempel (*digital Timestamp*) zum Dokument hinzuzufügen, wobei dieser aus einem vertrauenswürdigen Datumsstempel-Dienst stammen und seinerseits wieder dessen Signatur besitzen muss. Dazu kann die Dokumentensignatur um den Zeitstempel erweitert wiederum vom Zeitstempeldienst signiert werden.

Der Zeitstempel ist hier der Hashwert (oder die Signatur) des Dokuments, ergänzt um die normierte Zeitangabe, und dies Ergebnis nun (erneut) signiert.

7.14 Digitale Identifikationen und digitale Zertifikate

Den öffentlichen Schlüssel einer Person, Firma oder Institution speichert man zumeist in so genannten *digitalen Zertifikaten*. Sie sind eine Art *elektronischer Ausweis*. Darin sind in standardisierter Form folgende Angaben enthalten:

- der Name der Inhaberin oder des Inhabers des Zertifikats, dieser muss im Namensraum der CA eindeutig sein
- die zugeordneten öffentlichen Schlüssel
- die Angabe des für die Erstellung des Zertifikats eingesetzten Signaturverfahrens (Bezeichnung des Signaturalgorithmus) und des verwendeten Hash-Verfahrens
- die laufende (CA-spezifische) Nummer des Zertifikats
- Beginn und Ende der Gültigkeit des Zertifikats
- der Name der ausstellenden Certification Authority
- Angaben zur Nutzung des Schlüssels

Wie ein konventioneller Ausweis von der Einwohnermeldebehörde unterzeichnet wird, so muss ein digitales Zertifikat von einer glaubwürdigen Instanz mit ihrer elektronischen Signatur beglaubigt bzw.

bestätigt werden. Durch diese elektronische Unterschrift wird der Datensatz zum *digitalen Zertifikat*. Dieses enthält dabei die zusätzlichen Angaben, welche Instanz die Bestätigung durchgeführt hat und mit welchen Verfahren die elektronische Unterschrift erfolgte.* Was nicht mit dem Zertifikat publiziert wird, ist natürlich der private Schlüssel der digitalen ID. Die Zertifikate werden publiziert – d.h. den anderen Kommunikationsteilnehmern zur Verfügung gestellt.

* *Zum Thema ›elektronische Signatur‹ siehe Abschnitt 7.13.*

Digitale IDs und Zertifikate dienen häufig mehreren Funktionen:

- Authentisierung des Inhabers
(dessen gesicherte Identifikation in einer elektronischen Kommunikation)
- Autorisierung des Inhabers für bestimmte Funktionen. Dies erfolgt über seine Identifikation und die Prüfung seiner Zugriffsrechte gegen eine an die Objekte oder Operationen angehängte Zugriffsliste (*Access Control List*).
- gesicherter Nachrichten- oder Schlüsselaustausch
- elektronische Signaturen (siehe hierzu Abschnitt 7.13)

Als Format für digitale Zertifikate hat sich X.509v3 durchgesetzt und dürfte praktisch von allen neueren Produkten unterstützt werden. Wird ein Zertifikat einmal ungültig – etwa weil der private Schlüssel kompromittiert wurde, so muss es widerrufen werden. Es wird dann in eine entsprechende Sperrliste des X.509-Verzeichnisses eingetragen.

Da Schlüssel in aller Regel mit einer festen Gültigkeitsdauer – zumeist 1–2 Jahre – versehen werden, verlieren sie (automatisch) auch nach Ablauf dieser Zeit ihre Gültigkeit. Mit diesem Mechanismus soll verhindert werden, dass ein Schlüssel *gebrochen* (ermittelt) werden kann, da inzwischen mathematische Methoden besser und die Rechenleistung zum Brechen schneller geworden ist.

Diese digitalen Zertifikate werden von einer *Certification Authority* (CA) ausgegeben – einer vertrauenswürdigen Instanz.

Sie lassen sich auch lokal auf dem Rechner des Anwenders mit spezieller Software erstellen (etwa mit PGP) – müssen dann jedoch auf einem sicheren Kanal wieder den potentiellen Kommunikationspartnern zugestellt werden. Solche *Klein-Lösungen* sind deshalb nur in einer eingeschränkten, kontrollierten Umgebung sinnvoll.

Möchte man den privaten Schlüssel einer digitalen ID sicher speichern – und das deutsche Signaturgesetz fordert dies z.B. für entsprechende elektronische Signaturen, so setzt man dazu Chipkarten ein – so genannte *SmartCards*. Zumeist wird auf ihnen auch zugleich das zugehörige Zertifikat gespeichert. Damit der private Schlüssel die SmartCard nie verlassen muss (und dann eventuell ausspioniert werden könnte), erfolgt die Signatur eines elektronisch zu unterschreibenden Dokuments auf der SmartCard. Dazu wird der Dokumenten-Hashwert zur SmartCard geschickt, dort signiert und das Ergebnis zurückgeschickt.

Hierzu muss jedoch der Arbeitsplatz mit einem entsprechenden Kartenleser ausgestattet sein.

Certification Authority (CA) und PKI

Für die Ausstellung und Publikation des öffentlichen Schlüssels des Inhabers setzt man eine vertrauenswürdige Instanz ein – die CA bzw. *Certification Authority*; sie wird auch als *Trusted Third Party* (kurz TTP) oder als *Trust-Center* bezeichnet. Für öffentliche CAs findet man auch die Bezeichnung *Public Certification Authority* (PCA). Aufgabe dieser Instanzen ist die Beglaubigung der Zuordnung des publizierten öffentlichen Schlüssels zu dem angegebenen Inhaber. Diese Bestätigung erfolgt mit dem *digitalen Zertifikat*. Insbesondere dort, wo rechtsverbindliche elektronische Signaturen geleistet werden sollen, ist die Bedeutung der CA oder PCA und die in sie gesetzte Vertrauenswürdigkeit sehr hoch. Damit steigen auch die Anforderungen an die dazu eingesetzten Komponenten und Verfahren.*

Im deutschen Signaturgesetz wird statt ›Certification Authority‹ der Begriff ›Zertifizierungsdiesteanbieter‹ benutzt.

* *Siehe hierzu auch Kapitel 8.4.*

Neben der Zertifikatausgabe gehört auch das Publizieren der Zertifikate sowie das Sperren von ungültigen Zertifikaten zu den Aufgaben einer CA. Zusätzlich findet man hier die Ausstellung von digitalen Zeitstempeln.

Öffentlich zugängliche PCAs stehen seit Mitte 1996 als Teil einer globalen *Public-Key-Infrastruktur* weltweit zur Verfügung – darunter auch mehrere in Deutschland. Hierzu hat unter anderem das deutsche *Signaturgesetz* beitragen.

In den meisten Fällen wird eine öffentliche CA die Identifizierung des Teilnehmers und seines Schlüssels nicht selbst bzw. zentral vornehmen, sondern örtlich verteilt Registrierungsstellen aufbauen – so genannte *Registration Authorities* (RAs).

Alternativ bzw. ergänzend zu einer öffentlichen Certification Authority lassen sich zum firmeninternen Gebrauch (und um die Zugriffszeiten zu reduzieren) solche CA-Funktionen mittels eigener, firmeninterner *Certificate Server* aufbauen. Sie werden von mehreren Firmen in unterschiedlichen Größen und sehr unterschiedlichem Funktionsumfang angeboten – etwa von Netscape oder Microsoft. Diese sind jedoch nicht SigG-konform.**

** *Siehe hierzu Kapitel 8.4.*

DMS-Unterstützung von elektronischen Signaturen

Bei den Signatur- und Verschlüsselungsverfahren ergibt sich der Aufwand einer geeigneten Schlüsselverwaltung, die bei Dokumenten mit Langzeitspeicherung auch über einen langen Zeitraum korrekt arbeiten muss und die Vertraulichkeit der Schlüssel sicherstellt. Bei der Entscheidung für eine Verschlüsselung ist zu bedenken, dass die Ver- und Entschlüsselung ein rechenintensiver Vorgang ist!

Die Verschlüsselung auf Wechselmedien abgelegter vertraulicher Dokumente bietet erhöhten Schutz gegen den Diebstahl der Daten.

Für eine generelle Verschlüsselung archivierter sensitiver Daten spricht, dass bei den heute verfügbaren Datenträgern sehr leicht eine extrem große Informationsmenge auf einem Archivmedium aus dem Unternehmen entwendet werden und damit ein erheblicher Schaden entstehen kann.

Erstaunlicherweise bieten bisher nur wenige der am Markt verfügbaren Archiv- und DM-Systeme eine Chiffrierung vertraulicher Daten. Sie muss dort aufwändig über eine Projektkomponente realisiert werden. Es ist jedoch davon auszugehen, dass mit der Einführung von signierten Dokumenten (siehe nächster Abschnitt) auch die Verschlüsselung etwa ab 2003 eine Standardkomponente von DM-Systemen sein wird.

Eine bereits heute verfügbare qualitativ hochwertige und für den Privatnutzer kostenlos verfügbare Chiffrier- und Signatursoftware stellt das PGP-Paket dar, welches für zahlreiche Plattformen verfügbar, jedoch nicht Signaturgesetz-konform ist.

Nur wenige DM-Systeme besitzen bislang integrierte Signaturfunktionen. Die Dokumente müssen deshalb außerhalb des DMS signiert und geprüft werden. Es ist jedoch davon auszugehen, dass etwa ab dem Jahr 2003 Signier- und Chiffrierfunktionen sowohl in Standardanwendungen (wie z.B. Bürosoftware) als auch in DM-Systeme integriert werden. Die neueren Microsoft-Betriebssysteme (Windows 2000 und XP) unterstützen bereits die chiffrierte Ablage einzelner Dateien und ganzer Platten.*

** Diese Systeme besitzen auch Komponenten zur Signatur von Dateien; sie sind im Standardfall jedoch nicht installiert und werden bisher wenig eingesetzt.*

Voraussetzung für eine solche Nutzung ist der Aufbau einer *Public-Key-Infrastruktur*, was sowohl mit lokalen Komponenten (z.B. Firmen-Certificate-Servern) möglich ist als auch mit öffentlich zugänglichen *Public Certificate Authorities* (PCAs).

Dieser Aufbau ist in der Regel jedoch so aufwändig, dass eine Einführung allein für DMS-Zwecke nur selten zu rechtfertigen ist. Er sollte deshalb als Teil der IT- und Sicherheitsinfraktur eines Unternehmens betrachtet und eingeführt werden.

Auf die rechtliche Situation von digitalen Identifikationen und die Anerkennung von elektronisch signierten elektronischen Dokumenten geht Kapitel 8.4 detaillierter ein.

7.15 Digitale Wasserzeichen

Unter einem *digitalen Wasserzeichen* (*Digital Watermark*) versteht man eine Art von *digitalem Urhebervermerk* in elektronischen Dokumenten* – typischerweise in einem digitalen Foto, Ton- oder Videodokument. Der Eintrag über den Urheber und die eventuellen Nutzungsrechte des Dokuments sind jedoch nicht als Klartext in der Datei vorhanden, sondern als komplexes Muster in den Bild- oder Audio-Daten, so dass sie nicht einfach entfernt werden können. Dies geschieht so, dass der Vermerk visuell (oder akustisch) nicht erkennbar ist und nur über spezielle Software eingebracht und angezeigt werden kann. Hierzu werden über spezielle Frequenzverfahren die Farbtöne einzelner Bildpunkte oder das Frequenzspektrum der Audio-Information verändert, was sich wie eine Art Rauschen darstellt, jedoch so geringfügig ist, dass es – im Gegensatz zu einem Wasserzeichen auf Papier – in der Darstellungs- oder Audioqualität nicht auffällt.

* *ähnlich einem Wasserzeichen auf Papier*

Die Information des Wasserzeichens muss dabei in einem Bild oder in der Audio-Information wiederholt vorhanden sein, so dass sie auch noch in Ausschnitten und in veränderten Dokumenten nachweisbar bleibt. Das Wasserzeichen soll möglichst resistent gegen Umkopieren, Formatkonvertierungen und Ausschnittsbildung sein. Es übersteht im Idealfall sogar bei Bildern die Farbseparation, das Ausdrucken und ein anschließendes Wiedereinscannen oder bei Audio-Daten die Analogwandlung und eine anschließende erneute Digitalisierung.

Weitgehend ausgeschlossen von diesen Verfahren sind Textdokumente sowie bitonale Bilder, da bei ihnen das digitale Wasserzeichen deutlich sichtbare Veränderungen hinterlassen würde und damit auch einfach manipulierbar wäre.

Im *digitalen Wasserzeichen* wird in der Regel nur eine kurze Information hinterlegt, etwa in Form eines Namens oder einer Registrierungsnummer. Bei einigen Verfahren registriert der Urheber sein Dokument zusammen mit der Nummer bei einer zentralen Stelle. Bei ihr kann ein Nutzer dann nachfragen, an wen er sich wegen der Nutzungsrechte zu wenden hat.** Vorzugsweise archiviert der Urheber zusätzlich sein komplettes so gezeichnetes Dokument für einen späteren Urhebernachweis.

** *Alternativ kann er neben seinem Copyright-Vermerk auch eine URL einbrennen, wo weitere Informationen zu finden sind.*

Einige Verfahren verwenden in der Copyright-Notiz zusätzlich eine elektronische Signatur (siehe Abschnitt 7.13).

Noch gibt es kein standardisiertes Verfahren und Format für digitale Wasserzeichen für Dokumente und keine anerkannte zentrale Registrierungsstelle für die markierten Dokumente. Die am

Markt befindlichen Lösungen – etwa von den Firmen *Digimarc Corporation*, ›The DICE Company‹ oder Signum Technologies – sind alle noch relativ jung und proprietärer Natur. Die Hersteller übernehmen dort die Registratur der Dokumente.

Firmen wie NEC, IBM, Digimarc, Dice, Signum Technologies und InterTrust arbeiten an solchen Verfahren und haben ihre Methoden patentieren lassen. Siehe hierzu Seite 704.

Ein Problem besteht auch darin, dass bisher nur wenige Viewer und Anwendungen das digitale Wasserzeichen erkennen und den Copyright-Vorbehalt anzeigen. Bereits die Erkennung und Extraktion des Vermerks kostet einiges an Rechenzeit – typischerweise 2–5 Sekunden bei einem A4-Bild – was zu einem unerwünschten Verzögerungseffekt bei der normalen Anzeige führt.

Es besteht ein wachsender Bedarf nach *robusten Urhebervermerken*. Der Grund liegt im zunehmenden Einsatz von Online-Publishing sowie der schnellen und weitgehend unkontrollierbaren Verteilung und Verbreitung von Dokumenten über weltweite Netze (z. B. dem Internet). Ungeschützte elektronische Dokumente können heute ohne Verluste und parktisch unkontrolliert vervielfältigt werden – man denke hier nur an das Kopieren von CDs.

Forciert durch Interessen aus dem Verlagswesen, der Musik- sowie der Filmindustrie laufen hier die Entwicklungen. Dazu wird man voraussichtlich entsprechend anerkannte nationale und internationale Registrierungsstellen aufbauen bzw. diese Aufgabe an die vorhandenen Verwertungsgesellschaften und Institute übertragen, welche bereits heute die Urheberrechte registrieren.

Die Technologie der Wasserzeichen wendet sich an den Kreis, der die so geschützten Rechte erkennen und beachten möchte oder erlaubt bei Missachtung einer Verstoß nachzuweisen. Die Medienindustrie sucht daneben (verzweifelt) nach Verfahren, um ein unerlaubtes Kopieren und Nutzen vollständig zu unterbinden. Die dabei eingesetzten Verfahren wurden jedoch bisher nach kurzer Zeit immer wieder gebrochen und die Verfahren publiziert. Das Publizieren solcher Verfahren ist allerdings in den USA seit 2001 unter Strafe gestellt!

Steganographie

Das Einbringen von speziellen Informationen in Bild- und Audio-Dokumente kann auch dazu genutzt werden, um vertrauliche oder geheime Nachrichten für Fremde unerkennbar zu übermitteln. Diese Technik wird als *Steganographie* bezeichnet. Dabei ist zwar die Informationsmenge pro Bild (oder Audio-Sequenz) begrenzt,* es wird daran aber offensichtlich, dass ein Kryptoverbot, wie es in einigen Ländern erlassen ist oder diskutiert wird, unsinnig ist, da es sich einfach umgehen lässt.

** Es kann mehr Information eingebracht werden, wenn ein höheres Rauschen akzeptiert wird.*

7.16 Die Viewer-Thematik

Bei einer Vielzahl zu verarbeitender Dokumentenformate entstehen Probleme bezüglich des Viewers:

- Die Verfügbarkeit eines Programms (*Viewers*), das die verschiedenen Formate anzeigen und drucken kann – und dies über alle eingesetzten Plattformen hinweg. Zusätzlich sollte es Annotations- und Lesezeichenfunktionen bieten.
- Die Lizenzkosten des oder der Viewer für die benötigten Client-Arbeitsplätze
- Die Distribution der Viewer auf die Client-Systeme

Im Idealfall kann ein einziger Viewer alle zu archivierenden Formate darstellen. Dies hat den Vorteil, dass für den Anwender nur eine Viewer-Oberfläche vorhanden ist, die Darstellung immer in gleicher Art erfolgt und die Bedienung nur für einen Viewer gelernt werden muss. Auch für die DM-Realisierung ergeben sich Vorteile, da nur ein Anzeigemodul einzubinden ist. Vorzugsweise kann der Viewer auch den Abruf eines Dokuments aus dem Ablagesystem selbst erledigen – alternativ muss ein anderer Baustein das Dokument abrufen, lokal ablegen und den Viewer mit dessen Pfadnamen aufrufen.

Die Viewer der meisten DMS-Anbieter unterstützen nur ein schmales Spektrum an Dokumentenformaten – einige nur ein eingeschränktes TIFF-Spektrum. Müssen großformatige CAD-Zeichnungen, Farbbilder oder gar verschiedene CI-Formate angezeigt werden, so sind weitere Viewer auf dem Markt zu suchen – mit dem Nachteil, dass ein höherer Integrationsaufwand entsteht und dem Nutzer für unterschiedliche Formate unterschiedliche Viewer präsentiert werden. Auch der konsistente Anschluss der Möglichkeiten zum Drucken, Faxen oder zum Versenden per eMail erhöht sich damit deutlich. Bei der Integration von Fremd-Viewern entfällt fast immer die Möglichkeit, Annotationen an ein Dokument anzufügen.

Ein Lösungsansatz besteht natürlich darin, möglichst wenige Formate für die Archivierung von Dokumenten zu benutzen und Dokumente vor ihrer Ablage in diese Formate zu transformieren. Hat man nur Schwarzweißdokumente, so könnte TIFF mit einer Fax-G4-Komprimierung ein solches universelles Format sein. Allerdings steigt bei der Umwandlung von CI-Dokumenten nach TIFF der Speicherbedarf um den Faktor 10 bis 20. Dies ist bei einer kleineren Anzahl von CI-Dokumenten (etwa bis ca. 100 000) oft akzeptabel. Sollen mehr CI-Dokumente gespeichert werden, wird dies schnell unwirtschaftlich. Darüber hinaus ist in so gewandelten CI-Dokumenten weder eine textuelle Suche möglich, noch eine Volltextrecherche. HTML stellt hier eine Alternative dar. Die Standard-Browser erlauben jedoch kein Zoomen zur genaueren Betrachtung von Bildern. Hierfür ist PDF besser geeignet, in das sich auch einfach TIFF-und andere Rasterbilder einbetten lassen.

Daneben können bei größeren Installationen die Lizenzkosten der benötigten Viewer eine schmerzhafte Rolle spielen. So sind selbst bei größeren Stückzahlen Viewer-Lizenzkosten von 250 bis 750 Euro je Arbeitsplatz üblich. Bei der Kostenbetrachtung ist zu beachten, dass die DMS-Anbieter zunehmend von Viewer-Lizenzen weg zu Client- bzw. Arbeitsplatzlizenzen gehen, um bei wegfallenden Viewer-Lizenzen trotzdem ihre Entwicklungs- und Vermarktungskosten zurück zu bekommen.

WWW-Browser als Lösungsansatz

WWW-Browser beherrschen über Plugins ein sehr breites Spektrum an Dokumentenformaten. Viele Plugins stehen kostenfrei zur Verfügung.

Einen Lösungsansatz zeigen hier die Internet- bzw. *WWW-Browser.* Sie unterstützen (zumeist lizenzkostenfrei) ein sehr breites Spektrum an Dokumentenformaten. So beherrschen z. B. die gängigen WWW-Browser in der Version 4 bereits folgende Formate:

- HTML und XML
- GIF, JPEG und PNG
- PDF (über den kostenfreien Adobe Acrobat-Viewer)
- VRML (zur Darstellung von 3D-Räumen)
- Java und Java-Script (für dynamische HTML-Komponenten)
- Realtime Audio- und Videoformate über Plugins

Über so genannte *Plugins* lässt sich das Formatspektrum erweitern. Diese sind Softwarekomponenten, welche weitere Formate im Fenster des WWW-Browsers und mit dessen Oberfläche transparent anzeigen. Anfang 1998 standen z. B. für den Netscape Navigator* 60 verschiedene Plugins zur Verfügung, welche vom MS-Word- und Excel-Format über verschiedene Audio- und Video-Formaten bis hin zu CAD-Formaten reichen. Es wird bei den Applikationsanbietern üblich, kostenlose Plugins für die eigenen Formate zur Verfügung zu stellen. Hier findet eine Konsolidierung statt.

** Solche Plugins sind auch für andere WWW-Browser (z. B. Microsoft Internet Explorer) verfügbar.*

Die neueren Versionen der WWW-Browser verfügen über eine API-Schnittstelle, die es erlaubt, die Browser aus anderen Applikationen heraus aufzurufen und zu steuern. Sie sind damit für eine leichtere Integration in DM-Systeme geeignet.

7.17 Kommentar zu den Formaten

Neben den bisher erwähnten Dokumentenformaten und Zeichenkodes gibt es eine ganze Reihe weiterer Formate und Protokolle, die teilweise nur innerhalb einer bestimmten Rechner- oder Anwendungsumgebung oder Branchen größere Verbreitung gefunden haben. So wird beispielsweise das von Microsoft stammende RTF innerhalb der PC-Welt vielfach zum Datenaustausch zwischen Textsystemen eingesetzt. IBM hat mit MO:DCA und DIA eine andere eigene Architektur.

Benötigt wird eine globale, nicht-proprietäre und systemübergreifende Dokumentenarchitektur. Eine solche allgemein anerkannte und auch wirklich einsetzbare Dokumentenarchitektur ist heute nicht in Sicht. Weder das (inzwischen eingestellte) OpenDoc noch die OLE-/DCOM-Architektur bieten mittelfristig für die Langzeitspeicherung eine akzeptable Lösung – die darin verwendeten Anwendungsobjekte verändern sich durch Versionsfolgen zu stark und zu schnell.

Für XML fehlen bisher die ausgereiften Formatierungsmöglichkeiten – soweit Formatierung eine Rolle spielt – und die ergänzenden einsetzbaren Werkzeuge zur manuellen und automatisierten Erstellung der (formatierten) Dokumente. Die hier entstehenden Standards* an Auszeichnungssprachen entwickeln sich noch weiter und die Vielfalt macht den Einsatz nicht einfacher.

* *siehe Kapitel 7.5.3*

Oft wäre dem Anwender mit einer pragmatischen, wenn auch nicht perfekten, Lösung weit mehr gedient als mit zu komplexen Ansätzen, welche einen langen Standardisierungs- und einen noch längeren Implementierungsweg durchlaufen.

Das Thema Datei- und Ablageformate ist kompliziert und durch viele konkurrierende Formate verwirrend. Dies gilt nicht nur für Archiv- und DM-Systeme, sondern auch für die übrigen IT-Bereiche, spielt jedoch bei der Archivierung eine wichtige Rolle, da Dokumente auch nach längerer Zeit noch reproduziert werden sollen.

Das DMS sollte in seiner Datenbank das Format von Dokumenten vermerken – und zwar bis herunter zur Formatversion. Eine Formaterkennung über die Endung des Dateinamens, wie unter Windows üblich, ist eine sehr unvollständige und unsichere Lösung!

Realistisch wird man heute noch zur Ablage auf nicht standardisierte, proprietäre Formate zurückgreifen müssen. Vom Standpunkt der Kompatibilität nutzt es dabei wenig, dass diese oft an Standards angelehnt sind. Diese Formate können oft deutlich kompakter und effizienter als ein standardisiertes Format sein, das ja alle möglichen

Fälle abdecken soll. Dieser Zustand wird sich auch in den nächsten drei bis vier Jahren kaum ändern.

Der Käufer sollte in diesem Fall jedoch auf einer detaillierten schriftlichen Dokumentation der Ablageformate (Dateisystemformate, Ablagestrukturen, Datenbankstrukturen, Struktur der Verwaltungsinformationen) bestehen und sich nicht mit dem Hinweis auf *Standards* abspeisen lassen!

Fordern Sie die Dokumentation insbesondere Anbieter-spezifischer Formate!

Formatvielfalt reduzieren

Prinzipiell gilt es, in DM-Systemen (wie auch bei CM-Systemen) die Vielfalt der Formate zu reduzieren, in denen Dokumente abgelegt werden. Diese Forderung gilt umso intensiver, je länger die Dokumente zu speichern sind, und lässt sich dort, wo Dokumente nicht mehr weiter bearbeitet werden müssen (also bei statischen Dokumenten), fast immer über eine geeignete Formattransformation erzielen. Dabei wird man in der Regel nicht mit einem einzigen Speicherformat auskommen, insbesondere dann, wenn auch CI-Dokumente in unterschiedlichen Formaten anfallen.

Für eingescannte bitonale Vorlagen lässt sich uneingeschränkt TIFF mit einer Fax-G4-Komprimierung empfehlen, für großformatige Vorlagen CALS Type 1. Beide Formate sind sehr kompakt und stabil (d.h. sie werden auch in 20 Jahren noch lesbar sein) und werden von praktisch allen DMS-Viewern angezeigt.

Handelt es sich um Schwarzweiß-Halbtonbilder, so kann TIFF mit einer LZW-Komprimierung eingesetzt werden. Eine etwas neuere Alternative ist PNG. Bei Pixeltiefen über 8 Bit, bei größeren Formaten oder höheren Auflösungen wird man vorerst JPEG oder künftig JPEG 2000 verwenden.

Benötigt man bei Farbvorlagen nicht das volle Farbspektrum, so sollte man die Bilder mit 8 Bit pro Pixel bzw. 256 möglichen Farben speichern. Sowohl GIF als auch PNG unterstützen diesen Modus. Bei Farbvorlagen mit mehr als 8 Bit Farbtiefe erweist sich JPEG (und JPEG-2000) in der Regel als beste und kompakteste Lösung. Nach anfänglich unterschiedlichen Implementierungen hat sich hier inzwischen ein sehr brauchbarer Standard und eine gute Verbreitung des Formats entwickelt. Textlastige und feinstrukturierte Dokumente verlieren darin jedoch durch die Quantisierung deutlich an Qualität.

Für Audio-Dokumente ist MP3 (und das abwärtskompatible MP3Pro) heute das Format der Wahl; für Videosequenzen sind es MPEG-2 und MPEG-4, wobei sich hier teilweise die nachträgliche

Umwandlung von MP2 nach MP4 des deutlich geringeren Speichervolumens wegen lohnt.

Zur Speicherung von CI-Dokumenten zeichnet sich für einfach strukturierte Dokumente mit geringen Anforderungen an die Formattreue HTML ab. Es ist kompakt, bereits in der Version 4.0 recht vielseitig und erlebt durch die Internet-Technologie eine extrem große Verbreitung. Insbesondere gestattet HTML die Verwendung von Hyperlinks und damit Verweise auf andere Stellen des gleichen Dokuments sowie auf andere Dokumente. Wo die Strukturierung des Dokuments wesentlicher als die Formatierung ist, dürfte XML bald verstärkt zum Einsatz kommen. Dabei ist zu erwarten, dass die Fähigkeiten von XML und HTML in einen gemeinsamen Standard fließen; XHTML ist dabei wohl nur der erste Schritt.

Dort, wo HTML nicht ausreicht, da eine komplexere Darstellung und eine höhere Formattreue zwischen dem Original und der Wiedergabe verlangt wird, hat sich das PDF-Format als De-facto-Standard durchgesetzt.* Interessant daran ist die hohe Reproduktionsqualität auch beim Drucken sowie der kostenlose (oder in der erweiterten Version immer noch preiswerte) Viewer. Im Gegensatz zu HTML, welches Komponenten eines anderen Formats per Referenz auf die Komponentendatei einbettet, gestattet PDF, diese Komponenten direkt in die PDF-Datei zu legen, so dass eine besser transportierbare Einheit entsteht. PDF sieht neben einer Volltextindizierung auch das Sperren von Dokumenten gegen ein Ausdrucken sowie die Verschlüsselung von Dokumenten vor.

** Mit PDF/X-3 wurde Anfang 2002 ein offizieller ISO-Standard verabschiedet: ISO 159303-3.*

In der IBM-Mainframe-Welt wird daneben AFP noch längere Zeit eine zentrale Rolle spielen.

Für die Speicherung großer strukturierter Dokumente bietet sich das SGML- oder ein XML-Format an. Im industriellen (insbesondere Flugzeug-, Schiffs-, Auto- und Anlagenbau und militärischen) Umfeld hat CALS eine feste Position, welches sich seinerseits auf SGML stützt.

Für die Komprimierung von Videosequenzen etabliert sich das MPEG-Format in Form von MPEG-4. Als Dateiformat für Multimedia-Informationen gibt es noch eine große Vielfalt – etwa AVI und QuickTime. Ein eindeutiger Sieger ist noch nicht erkennbar.**

*** Auch die neuen Multimedia-Formate (ASF und AAF) von Microsoft können hier ein Rolle spielen.*

Das Argument mit ›Standards‹

Standards sind in den meisten Fällen sinnvoll und auf Sicht dringend notwendig. Die Argumentation fast aller Anbieter, dass sie ihre Dokumenten-Management-Systeme auf Standards wie TIFF, Fax, SQL, ODBC, HTML und HTTP, XML, ODMA, ISO-konforme optische Platten und Ähnlichem aufgebaut haben und dass es sich um *offene Systeme* handelt, ist jedoch mit erheblicher Vorsicht zu betrachten.

Wie bereits angesprochen, handelt es sich dabei vielfach um sich weiterentwickelnde De-facto-Standards oder Standards mit vielen Freiheiten und Variationen. Selbst wenn Standards eingesetzt wurden, benötigen Sie als Käufer eines Systems die Beschreibung der vom Anbieter benutzten Funktionen und Formate, da häufig doch nur eine Untermenge realisiert ist oder spezielle Randbedingungen einzuhalten sind. Lassen Sie sich nicht mit dem Hinweis auf einen Standard abfertigen, es sei denn, der Hersteller sichert zu, dass der Standard vollständig implementiert wurde und eine verfügbare Beschreibung des Standards alle notwendigen Angaben zu einem Format enthält.

Beim Einsatz des SGML- oder XML-Standards gehört beispielsweise die DTD zur Dokumentation. Zumindest diese muss vom Hersteller angegeben sein.

Sie werden damit die meisten Anbieter zunächst in eine böse Verlegenheit bringen. Bestehen Sie trotzdem darauf. Nur dies gestattet Ihnen, die vorhandenen Schnittstellen zu nutzen, die Daten nötigenfalls zu konvertieren und mit anderen Applikationen weiter zu bearbeiten. Nur eine möglichst detaillierte Formatbeschreibung gestattet Ihnen, auch vor der Beschaffung weiterer Applikationen eine Kompatibilität sinnvoll zu überprüfen.

Rechtliche Aspekte der Archivierung

Eine ganze Reihe von Gesetzen, Verordnungen und Vorschriften fordert direkt oder indirekt die Aufbewahrung von Dokumenten zum Nachweis erbrachter Leistungen, erhaltener Aufträge oder Bescheide, von geleisteten Ausgaben, Abgaben und vielem mehr. Dieses Kapitel versucht, in einer auch für Nicht-Juristen verständlichen Sprache, einige dieser gesetzlichen Anforderungen zu erläutern und einen ersten Überblick über die wichtigsten Aspekte zu geben.

⇨ Beachten Sie bitte, dass sich Gesetze und Verordnungen ändern können. Zusätzlich können neue Auslegungen und Urteile die Interpretation verschieben.

Die Autoren haben sich mit dem Thema intensiv auseinander gesetzt, sind aber weder Juristen noch Steuerfachleute. Sie können deshalb **keine Gewährleistung** für die Korrektheit, Vollständigkeit und Aktualität der Aussagen übernehmen!

Buchungs- und andere betriebswirtschaftliche Belege unterliegen bestimmten steuer- und handelsrechtlichen Nachweis- und Aufbewahrungsfristen. Teilweise sind sogar bestimmte Aufbewahrungsformen gefordert. Besondere Aspekte gelten für Urkunden oder urkundenähnliche Dokumente. Die Archivierung wird u.a. durch folgende Gesetze geregelt:

AO = *Abgabenordnung*
HGB = *Handelsgesetzbuch*
ZPO = *Zivilprozessordnung*
StPO = *Strafprozessordnung*
BGB = *Bürgerliches Gesetzbuch*
StGB = *Strafgesetzbuch*
BetrVG = *Betriebsverfassungsgesetz*
IuKDG = *Informations- und Kommunikationsgesetz*

- **Handels- und Steuerrecht** (HGB, AO)
- **Zivil- und Strafrecht** (ZPO, BGB, StGB, StPO)
- **Signaturgesetz**
- **Datenschutz** (BDSG d.h. Bundesdatenschutzgesetz)
- **Urheberrecht** (UrhG d.h. Urheberrechtsgesetz)
- **Betriebsverfassungsgesetz** (bei der Arbeitsplatzgestaltung)

Weitere Nachweis- und Aufbewahrungspflichten können sich implizit aus dem Produkthaftungsgesetz ergeben. Auch branchenspezifische Gesetze und Verordnungen sind zu beachten, so z.B. Vorschriften aus dem Bank- und Versicherungsrecht oder aus dem öffentlichen Haushalts- und Kassenrecht. Basierend auf dem Europarecht kommen Arbeitsschutzgesetze hinzu, in Deutschland etwa in Form der *Bildschirmarbeits-Verordnung* oder Anforderungen aus dem *Betriebsverfassungsgesetz*.

Diese Rechtsgrundlagen sind bisher noch landes- bzw. staatenspezifisch geregelt, auch wenn auf europäischer Ebene eine Harmonisierung angestrebt wird. Die rechtliche Situation in Deutschland weicht in wesentlichen Punkten beispielsweise von jener der Schweiz, Großbritanniens oder der USA ab. Daneben kommen Gesetze und Vorschriften hinzu, welche spezifisch für ein Bundesland sind oder nur für Behörden intern gelten. So kennt Baden-Württemberg z.B. für den öffentlichen Dienst eine verschärfte Arbeitsplatzverordnung, und das Bundesdatenschutzgesetz formuliert für öffentliche Stellen verschärfte Kontrollen und Auflagen.

Die nachfolgende Betrachtung bezieht sich auf die in Deutschland geltenden Verordnungen –, es gibt noch keine international verbindlichen Regelungen – und beschränkt sich weitgehend auf solche Belege, die aus Gründen des Steuerrechts und des Wirtschaftsrechts aufzubewahren sind. Es wird versucht, die rechtlichen Grundlagen möglichst verständlich darzulegen. Hierbei wird weitgehend auf die im Anhang B aufgeführte Literatur zurückgegriffen.*

* *Siehe Seite 698 ff.*

Prinzipiell ist bei allen Arten von Belegen festzuhalten, dass die für sie geltenden Aufbewahrungspflichten nicht durch die Art der Archivierung bestimmt werden. Ist die Schriftform nicht explizit vorgeschrieben, so gelten für die elektronische Archivierung die gleichen Voraussetzungen wie für die in Papierform.

8.1 Handels- und Steuerrecht

Die Aufbewahrungsfrist und -art von Dokumenten und Belegen ist in folgenden Paragraphen des Handelsgesetzbuchs geregelt:

§ 238 HGB (Buchführungspflicht)
§ 239 HGB (Führung der Handelsbücher)
§ 257 HGB (Aufbewahrungsfristen und -anforderungen)
§ 261 HGB (Unterlagen auf Bild-/Datenträgern)

Im Steuerrecht sind u. a. folgende Paragraphen relevant:

§ 140 AO (Buchführungspflicht)
§ 146 AO (Buchführung und Aufzeichnungen)
§ 147 AO (Aufbewahrung von Unterlagen)

§ 14 IV UStG (Prüfbarkeit digitaler Unterlagen, z. B. Rechnungen)
GDPdU (Datenzugriff und Prüfbarkeit digitaler Unterlagen)

UStG = *Umsatzsteuergesetz*

Die Vorschriften im Handels- und Steuerrecht sagen für den überwiegenden Teil der Dokumente wenig aus über das konkrete Speicherungsverfahren oder den dabei zu verwendenden Datenträger. Sie schreiben weder ein bestimmtes Buchführungssystem vor, noch legen sie das Aufzeichnungsverfahren fest. Ausnahmen gelten für *Eröffnungsbilanzen*, *Jahresabschlüsse* und *Konzernabschlüsse*, die zumindest auch als Originale in Papierform aufzubewahren sind.

Eröffnungsbilanzen, Jahresabschlüsse und Konzernabschlüsse müssen immer (auch) in Papierform aufbewahrt werden.

Handels- und Steuerrecht stellen lediglich eine Reihe von Anforderungen an das Verfahren, z. B. die Abrufbarkeit, Reproduzierbarkeit und Wiedergabetreue gespeicherter Informationen und Belege. Es wird eine *ordnungsgemäße, qualifizierte Ablage und Aufbewahrung der Nachweise* verlangt.

Die wesentlichen Anforderungen von HGB und GoB sind

GoB = *Grundsätze ordnungsgemäßer Buchführung*

- ❑ eine richtige und vollständige Erfassung buchführungspflichtiger Geschäftsvorfälle,
- ❑ eine zeitgerechte Erfassung,
- ❑ eine geordnete Darstellung,
- ❑ die Sicherheit der Aufbewahrung über den gesamten vorgeschriebenen Zeitraum.

Hierbei betreffen die ersten beiden Punkte stärker den Bereich der Organisation und des Buchführungssystems und weniger die elektronische Archivierung.

Seit einer Neufassung dieser Vorschriften im Jahre 1977 wird explizit die Speicherung der Belege auf *Datenträgern* für zulässig erklärt* und die Führung von Handelsbüchern auf solchen gestattet

* *§ 257 Abs. 3 HGB, 147 Abs. 2 AO*

(§ 239 Abs. 4 HGB und § 146 Abs. 2 AO). Die AWV *(Arbeitsgemeinschaft für wirtschaftliche Verwaltung e. V.)* erarbeitete inzwischen die GoBS – die ***Grundsätze ordnungsgemäßer DV-gestützter Buchführungssysteme***. Diese Definition wird in einer Reihe von Vorschriften wieder aufgegriffen.

In den gesetzlichen Vorschriften ist der Begriff *Datenträger* weitgehend unbestimmt gelassen. 1991 äußerte sich das Bundesfinanzministerium dahingehend, dass eine spezielle Genehmigung für eine Speicherung auf Mikrofilm oder optischen Platten **nicht** notwendig ist. Diese Aussage ist mit den entsprechenden Ministerien der Länder abgestimmt.

Eine DMS-Anbieter-Zertifizierung, wie vom VOI vorgeschlagen, ist nicht notwendig und entlastet den Steuerpflichtigen nicht von der Verantwortung für das von ihm (oder für ihn) betriebene System. Eine (Einzel-) Zertifizierung für das konkret aufgesetzte und betriebene Archiv (z.B. durch einen Wirtschaftsprüfer) hingegen kann nützlich sein.

Es obliegt damit dem Steuerprüfer – oder im Fall des Handelsrechts dem Wirtschaftsprüfer –, im Einzelfall zu beurteilen, ob eine *ordnungsgemäße* Ablage mit Hilfe des Archivierungssystems erfolgt.

Eine solche Ablage bzw. das System setzt voraus, dass die notwendigen Unterlagen vorgeführt werden können und zwar:

- ❑ *problemlos* (d.h. mit angemessenem Aufwand)
- ❑ *zeitnah* (d.h. in angemessener Zeit)
- ❑ *in der erforderlichen Reihenfolge* und
- ❑ *jederzeit* über den gesamten Zeitraum der Nachweispflicht

Vergleicht man hier die Möglichkeiten eines DM-Systems mit der konventionellen Papierablage, so wird offensichtlich, dass eine elektronische Ablage zumindest die ersten drei Forderungen besser erfüllt, als dies Papier- oder Mikrofilmablagen zulassen.

Die Forderung nach der jederzeit möglichen Reproduktion im Aufbewahrungszeitraum impliziert, dass bei einem Systemwechsel entweder das alte System betriebsbereit gehalten werden muss – was in der Regel wirtschaftlich unsinnig ist –, oder die Daten für das neue System konvertiert werden und dort wieder zugänglich sein müssen.

Bei der Speicherung auf maschinenlesbaren Datenträgern wird zusätzlich die Möglichkeit gefordert, die Dokumente problemlos ohne technische Hilfsmittel für den Prüfer lesbar zu machen – z. B. durch Ausdrucken (für den Prüfer kostenlos).

Das Verfahren muss zusätzlich eine *bildliche Übereinstimmung* von produzierter Abbildung und ursprünglicher Vorlage bei Buchungsbelegen und empfangenen Handels- oder Geschäftsbriefen sicherstellen (nach § 147 Abs. 2 Nr. 1 der AO). Bei allen anderen Unterlagen (z. B. auch bei ausgehenden Handelsbriefen) reicht eine *inhaltliche Wiedergabe* – wozu aber auch die Reproduktion der eventuell vorgedruckten Geschäftsbedingungen gehört.

Dort, wo eine bildliche Übereinstimmung zwischen Original und Reproduktion verlangt wird, ist die Übereinstimmung* nicht für

** entsprechend § 257 Abs. 3 Nr. 1 HGB, § 147 Abs. 2 Nr. 1 AO*

die Speicherung, sondern erst für die Reproduktion notwendig. Es ist daher z. B. möglich, in Formularen mit Blindfarben zu arbeiten, die beim Scannen ignoriert werden, wenn eindeutig ist, um welche Art von Formular es sich handelt. Zur Reproduktion muss das korrekte Formular dann wieder eingeblendet werden können.

8.1.1 Explizite Forderung nach Originalen

Neben den bereits aufgeführten *Eröffnungsbilanzen, Jahresabschlüssen* und *Konzernabschlüssen*, welche zumindest auch im Papieroriginal aufzubewahren sind, müssen nach dem aktuellen deutschen Umsatzsteuergesetz (§ 14 Abs. 4 UStG) auch vorsteuerrelevante Rechnungen (typisch: Kreditorbelege, bei denen ein Vorsteuerabzug erfolgt) als Original vorgelegt werden. Das elektronische Original muss eine *qualifizierte* Signatur mit Anbieter-Akkreditierung besitzen.*

Eine Befreiung vom Original ist bei eingescannten Rechnungsbelegen möglich (ohne gesetzliche Verankerung), muss aber im (Kunden-) Einzelfall mit der zuständigen Finanzbehörde abgeklärt werden.** Wir haben von mehreren Archiv-Kunden erfahren, welche dies beantragten und die Genehmigung erhielten.

Nach den GDPdU sind (ab 1. 1. 2002) zusätzlich die *elektronischen Originale* (Original-Dateien) von elektronisch eingehenden steuerrelevanten Belegen aufzubewahren – also insbesondere elektronische Rechnungen. Sind aus technischen Gründen Konvertierungen (z. B. in andere Formate) notwendig, so sind neben den so erzeugten (konvertierten) Dokumenten auch die Originale weiterhin aufzubewahren.

** Siehe hierzu Abschnitt 8.1.5.*

*** Siehe BMF vom 24.9.1998.*

Zur GDPdU siehe Abschnitt 8.1.4.

Zusätzlich aufzubewahrende Dokumente

Die *Grundsätze ordnungsgemäßer DV-gestützter* ***Buchführungssysteme*** (kurz: **GoBS**) fordern auch eine **Verfahrensdokumentation**. Sie sollte im deutschsprachigen Raum vorzugsweise auch in Deutsch vorliegen. Für sie gilt der erweiterte Aufbewahrungszeitraum von 10 Jahren. Sie darf sowohl als Papier als auch in elektronischer (jederzeit reproduzierbarer) Form aufbewahrt werden. Hiermit gewinnt auch die Aufbewahrung von Handbüchern eine eigenständige Bedeutung.

Zum Thema ›Verfahrensdokumentation‹ siehe Kapitel 9.8. Eine Art Checkliste zur Verfahrensdokumentation ist in [Zöller-1] zu finden.

Ist ein Umkopieren von Dokumenten auf neue Datenträger erforderlich – und dies ist bei längeren Aufbewahrungszeiten elektronisch gespeicherter Dokumente und größeren Systemwechseln kaum zu vermeiden –, so ist darüber in geeigneter Form ein **Protokoll zu führen und dieses aufzubewahren**. Dies setzt eine strukturierte Arbeitsplanung und festgelegte, dokumentierte Arbeitsabläufe voraus.

Ebenso ist die Bedienungsanleitung der bei der Buchführung und der Archivierung eingesetzten Programme über diese Zeit – zusammen mit den Programmdatenträgern – aufzubewahren. Wie weit und wozu dies sinnvoll ist, sei dahingestellt.

8.1.2 Aufbewahrungsfristen

Die Aufbewahrungsfristen sind in § 257 HGB und § 147 AO geregelt. Handelsbücher, Inventare, Eröffnungsbilanzen, Jahresabschlüsse, Lageberichte, Konzernabschlüsse, Konzernlageberichte sowie die zu ihrem Verständnis erforderlichen Arbeitsanweisungen und sonstigen Organisationsunterlagen müssen 10 Jahre lang aufbewahrt werden. Dies gilt auch für die System- und Verfahrensdokumentation der für die Buchung und Archivierung eingesetzten Systeme! Die Frist von 10 Jahren* gilt ebenso für empfangene und abgesandte Handelsbriefe sowie für Buchungsbelege (vollständiger: Belege für Buchungen in den nach § 238 Abs. 1 HBG zu führenden Büchern). Für steuerliche Zwecke gelten grundsätzlich die gleichen Fristen, wobei einzelne Steuergesetze eine kürzere Frist vorsehen.**

* Bis Dezember 1998 galt hier eine Frist von 6 Jahren.

** Für die kürzeren Fristen ist jedoch die ›Allgemeine Festsetzungsfrist‹ aus Anlage 231 AO, § 169/2 AO zu beachten.

Von den oben genannten Unterlagen müssen Eröffnungsbilanzen sowie Jahres- und Konzernabschlüsse (zumindest auch) in Originalform auf Papier aufbewahrt werden – für sie ist also die Aufbewahrungsart explizit vorgegeben. Eine Archivierung kann (zusätzlich) trotzdem sinnvoll sein, um schnell und ortsunabhängig darauf zugreifen zu können.

Die Aufbewahrungsfrist beginnt mit dem Ende des Kalenderjahres, in dem die **letzte** Eintragung in das Handelsbuch vorgenommen, das Inventar aufgestellt, die Eröffnungsbilanz oder der Jahresabschluss festgestellt, der Konzernabschluss aufgestellt, der Handelsbrief empfangen oder abgesandt wurde oder der Buchungsbeleg entstanden ist. Damit ergeben sich oft Aufbewahrungsfristen von 7 bzw. 11 Jahren, gemessen ab dem Eingangsdatum.

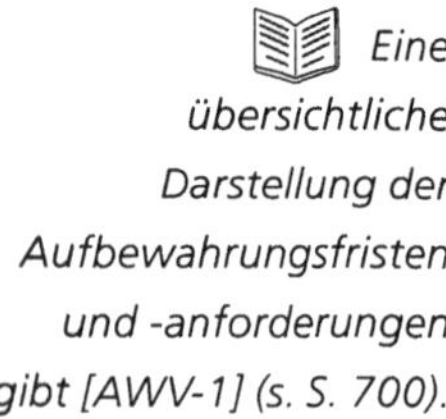
Eine übersichtliche Darstellung der Aufbewahrungsfristen und -anforderungen gibt [AWV-1] (s. S. 700).

Für eine vereinfachte Handhabung in den Archiv-Systemen bedeutet dies, dass der Beleg, gerechnet vom Erstellungs- oder Archivierungsdatum an, ein oder sogar zwei Jahre über die oben genannten Fristen hinaus zu archivieren ist. Das deutsche Steuerrecht verlängert die Aufbewahrungspflicht automatisch (für die davon betroffenen Belege), sobald eine Prüfung angemeldet oder ein Verfahren gegen den Steuerpflichtigen eingeleitet ist. Gleiches gilt für noch offene Verfahren.

Die Speicherung darf natürlich auch *offline* (ausgelagert) erfolgen, sofern die Daten für eine Prüfung wieder verfügbar gemacht werden können.

8.1.3 Aufbewahrungsort

Nach § 146 AO müssen Bücher und Aufzeichnungen im *Geltungsbereich des Gesetzes* geführt und aufbewahrt werden. Handelt es sich also um zu archivierende Belege für ein Unternehmen in Deutschland, das dem deutschen Steuerrecht unterliegt, so muss der Ablageort auch Deutschland sein – nicht jedoch notwendigerweise der Ort des Unternehmens.*

** Eine zentrale Archivierung für mehrere deutsche Töchter oder Standorte ist also ohne Genehmigung zulässig.*

§ 148 AO gestattet jedoch – auf Antrag an die zuständige Finanzbehörde – Erleichterungen für die Aufbewahrung. Die Finanzbehörde ist gehalten, die Genehmigung zur Archivierung auch außerhalb von Deutschland zu erteilen (d.h. sie **muss**, wenn keine triftigen Gründe dagegen sprechen), sofern sichergestellt ist, dass ein Finanzprüfer (oder Wirtschaftsprüfer) jederzeit von Deutschland aus auf die Belege zugreifen und sie lokal ausdrucken kann und soweit bei der Speicherung im Ausland die in Deutschland geltenden GoB- bzw. GoBS-Richtlinien eingehalten werden.

Es ist davon auszugehen, dass im Zuge des EU-Rechts eine Aufbewahrung in einem anderen EU-Land auch ohne vorherige Genehmigung zulässig sein wird.

8.1.4 GDPdU – Prüfbarkeit und Datenzugriff

Das Bundesfinanzministerium (der BRD) detaillierte 2001 in den GDPdU* (*Grundsätze zum Datenzugriff und zur Prüfbarkeit digitaler Unterlagen*) seine Vorstellungen bzw. Forderungen hinsichtlich der Prüfbarkeit von und insbesondere für den Datenzugriff auf digitale Unterlagen – dies gilt für Außenprüfungen (also eine Prüfung vor Ort beim Steuerpflichtigen oder dessen Steuerberater). Während sich am sachlichen Umfang der (Außen-) Prüfung damit nichts ändert, ist darin explizit die Möglichkeit für den Prüfer vorgesehen, auf die digital (elektronisch) gespeicherten Daten (Belege) zuzugreifen und eine (elektronische) Kopie der Daten zu erhalten – z.B. für eine eigene elektronische Weiterverarbeitung wie Summierung, Saldenbildung usw.

** Schreiben vom 16.07.2001 (Az. IV D 2-S 0316-0136/0) (siehe [[GDPdU]], auf S. 701).*

Damit besteht die (auch für andere Zwecke) sinnvolle Forderung, steuerrelevante Daten aus einem Archiv, DMS oder elektronischen Buchhaltungssystem (Finanz-, Anlagen- und Lohnbuchhaltung) wieder in elektronischer Form exportieren und elektronisch auswerten zu können. Der Prüfer hat dabei die Wahl zwischen drei Zugriffsverfahren:

A) Einen ›Nur-Lesen‹-Zugriff des Prüfers direkt im Datenverarbeitungssystem *(unmittelbarer Zugriff)*: Hierzu muss ihn der Geprüfte soweit notwendig einweisen.
Um eine eventuelle versehentliche Veränderung der Daten durch den Prüfer auszuschließen, muss das System einen Nur-Lesen-Modus unterstützen.*

** oder man macht zuvor eine vollständige Sicherung*

B) Der Steuerpflichtige (oder ein beauftragter Dritter) erstellt die Auswertung nach den Vorgaben des Prüfers im ›Nur-Lesen‹-Zugriff *(mittelbarer Zugriff)*. Für die Auswertung müssen dem Prüfer dabei die im Buchhaltungssystem vorhandenen Auswertungsmöglichkeiten genügen.

Bei den hier aufgeführten Rechten und Maßnahmen gilt nach der GDPdU explizit der ›Grundsatz der Verhältnismäßigkeit‹.

C) Der Prüfer kann verlangen, dass ihm die Daten auf einem maschinenlesbaren Datenträger zur Verfügung gestellt werden *(Datenträgerüberlassung)*. In diesem Fall sind die Daten vom Finanzamt nach dem ergangenen Bescheid zurückzugeben oder zu löschen.

Die Programme zur Weiterverarbeitung hingegen sind Angelegenheit des Prüfers und nicht des Geprüften. Ebenso ist dies kein Freibrief des Prüfers für einen Datenzugriff auf alle möglichen in den Systemen gespeicherten Daten, sondern beschränkt sich auf ›*steuerrelevante Daten*‹, wobei der Begriff natürlich Interpretationsspielräume zulässt.

Daten, welche vor dem 1. 1. 2002 auf nicht maschinell auswertbaren Datenträgern (oder ungeeigneten Formaten) erfasst wurden, sind von dieser Regelung ausgenommen.

8.1.5 Elektronische Abrechnung nach § 14 Abs. 4 UStG

Im Zuge der Steueränderungsgesetze vom Jahr 2001 und in Umsetzung der EU-Richtlinie (77/388/EWG) wurde § 14 Abs. 4 Satz 2 des UStG von 1999 so geändert, dass elektronische (und elektronisch verschickte) Rechnungen eine *qualifizierte elektronische Signatur* mit Anbieter-Akkreditierung (nach SigG 2001)* benötigen.

** Siehe hierzu Abschnitt 8.4.2.*

Diese Forderung geht dabei für den 2002 (und wohl auch noch 2003) geltenden (wirtschaftlich machbaren) Stand der Technik (bzw. der dafür verfügbaren Produkte) **unrealistisch** weit, indem dort gefordert wird, dass

A) *vor einer weiteren Verarbeitung der elektronischen Abrechnung die qualifizierte elektronische Signatur im Hinblick auf die Integrität der Daten und die Signaturberechtigung geprüft wird und das Ergebnis dokumentiert wird;*

B) *die Speicherung der elektronischen Abrechnung auf einem Datenträger erfolgt, der Änderungen nicht mehr zulässt.* * *Bei einer temporären Speicherung auf einem änderbaren Datenträger muss das DV-System sicherstellen, dass Änderungen nicht möglich sind;*

* *Eigentlich sollte die Signatur den Nachweis der Authentizität erlauben.*

C) *bei Umwandlung (Konvertierung) der elektronischen Abrechnung in ein unternehmenseigenes Format (sog. Inhouse-Format) beide Versionen archiviert und nach den GoBS mit demselben Index verwaltet werden sowie die konvertierte Version als solche gekennzeichnet wird;*

D) *der Signaturprüfschlüssel aufbewahrt wird;***

** *Diese Aufgabe übernimmt nach SigG für qualifizierte Zertifikate mit Anbieter-Akkreditierung der Zertifizierungsdiensteanbieter. Er muss deshalb nicht beim Unternehmen erfolgen.*

E) *bei Einsatz von Kryptographietechniken die verschlüsselte und die entschlüsselte Abrechnung sowie der Schlüssel zur Entschlüsselung der elektronischen Abrechnung aufbewahrt wird;*

F) *der Eingang der elektronischen Abrechnung, ihre Archivierung und ggf. Konvertierung sowie die weitere Verarbeitung protokolliert werden;*

G) *die Übertragungs-, Archivierungs- und Konvertierungssysteme den Anforderungen der GoBS, insbesondere an die Dokumentation, an das interne Kontrollsystem, an das Sicherungskonzept sowie an die Aufbewahrung entsprechen;*

Während die Punkte B, C, F und G sicher sinnvoll und erfüllbar sind, ist Punkt D erfüllbar oder überflüssig.** Bei Punkt E kann argumentiert werden, dass erst das dechiffrierte Objekt als verarbeitbarer Eingang angesehen werden kann und eine (zusätzliche) Archivierung des Dokuments (der Nachricht, des Datenobjektes), welches nur zur Transportsicherung verschlüsselt wurde, überflüssig ist. Bei Punkt B sollte bereits die zuvor geforderte Signatur den Nachweis der Authentizität erlauben, so dass die Speicherung auf einem ›*Datenträger, der Änderungen nicht zulässt*‹ eigentlich nicht unbedingt notwendig ist.

Zur maschinellen Erstellung von ›qualifizierten Signaturen‹, siehe Seite 393 unten.

Dieser Teil des Schreibens ist mithin in mancherlei Hinsicht unausgegoren und dürfte im Laufe der Jahre 2002/03 korrigiert und detailliert werden.

8.1.6 Archivierung digitaler Unterlagen

Die bereits aufgeführten GDPdU verlangen (seit dem 1. 1. 2002):

Man beachte hier die Forderung nach ›maschinell auswertbaren Formaten‹. Diese Forderung kann (logisch und wirtschaftlich begründbar) nur für die Kernbuchhaltungsdaten (z. B. Kontendaten) und nicht für alle Belege gelten (z. B. nicht für die Belege ausgedruckt verschickter Rechnungen und Bestätigungen).

1. *Originär digitale Unterlagen nach § 146 Abs. 5 AO sind auf maschinell verwertbaren Datenträgern zu archivieren. Originär digitale Unterlagen sind die in das Datenverarbeitungssystem in elektronischer Form eingehenden und die im Datenverarbeitungssystem erzeugten Daten; ein maschinell verwertbarer Datenträger ist ein maschinell lesbarer und auswertbarer Datenträger. Die originär digitalen Unterlagen dürfen nicht ausschließlich in ausgedruckter Form oder auf Mikrofilm aufbewahrt werden. Somit reicht die Aufzeichnung im COM-Verfahren (Computer-Output-Microfilm) nicht mehr aus. Diese Einschränkung gilt nicht, wenn die vor der Übertragung auf Mikrofilm vorhandenen Daten vorgehalten werden, die eine maschinelle Auswertbarkeit durch das Datenverarbeitungssystem gewährleisten. Nicht ausreichend ist auch die ausschließliche Archivierung in maschinell nicht auswertbaren Formaten (z.B. pdf-Datei).*
   Eine Pflicht zur Archivierung einer Unterlage i. S. des § 147 Abs. 1 AO in maschinell auswertbarer Form (§ 147 Abs. 2 Nr. 2 AO) besteht nicht, wenn diese Unterlage zwar DV-gestützt erstellt wurde, sie aber nicht zur Weiterverarbeitung in einem DV-gestützten Buchführungssystem geeignet ist (z.B. Textdokumente).
2. *Originär in Papierform angefallene Unterlagen, z.B. Eingangsrechnungen, können weiterhin mikroverfilmt werden.**
3. *Kann im Falle eines abweichenden Wirtschaftsjahrs die Archivierung ab 1. Januar 2002 nachweisbar aus technischen Gründen nicht auf einem maschinell auswertbaren Datenträger (§ 147 Abs. 2 Nr. 2 AO) erfolgen, wird dies nicht beanstandet, wenn der Steuerpflichtige bis spätestens zu Beginn des anschließenden abweichenden Wirtschaftsjahrs den Archivierungspflichten gemäß § 147 Abs. 2 Nr. 2 AO nachkommt.*

** Anmerkung des Autors: Dies müsste sinngemäß für eine Archivierung als eingescanntes Image auf optischen Platten gelten.*

8.1.7 Nachweis der Datensicherheit (nach Gob/GoBS)

Beim Einsatz solcher Systeme ist nachzuweisen, dass alles mögliche (besser: *sinnvolle und wirtschaftlich vertretbare*) getan wurde, um die Vollständigkeit und Korrektheit zu gewährleisten und die Daten vor unzulässigen Veränderungen zu schützen. Dies fordert unter anderem der so genannte *Radierparagraph* (§ 239 Abs. 3 HGB). Der Manipulationsschutz impliziert auch, dass zur Archivierung aufbewahrungspflichtiger Dokumente WORM- oder CD-/DVD-Technologie (d.h. *nur einmalbeschreibbare Medien*) eingesetzt wird, da sie eine (wirtschaftlich vertretbare) höhere Sicherheit vor Löschungen und Verfälschungen bietet. Bei Einsatz von elektronischen Signaturen und Verwendung zuverlässiger Zeitstempel ist faktisch der Nachweis auch auf anderen (elektronischen) Datenträgern möglich und sollte als ausreichend anerkannt werden.

Die Aspekte der Langzeitarchivierung elektronisch signierter Dokumente diskutieren Roßnagel et al. in [Roßnagel-3] (s. S. 701) ausführlich und verständlich, eine vollständige Lösung liefern aber auch sie nicht

Um der obigen Forderung nachzukommen, darf das Archivierungsverfahren keine Möglichkeit bieten, erfasste Belege zu manipulieren – beispielsweise mittels eines Image-Editors. In Unternehmen, in denen z. B. zur Archivierung technischer Dokumente solche Werkzeuge benötigt werden, müssen deshalb die Belegerfassungs- und Buchungsarbeitsplätze (bzw. die dazu verwendeten Softwaresysteme) getrennt von jenen betrieben werden, die eine Dokumentenveränderung erlauben. Es empfiehlt sich auch eine Speicherung auf getrennten Datenträgern!

Da eine absolute technische Sicherheit gegen Manipulationen mit akzeptablem wirtschaftlichen Aufwand nicht gewährleistet werden kann, ist das Restrisiko durch explizite Anweisungen an das Bedienungspersonal zu minimieren. Hierzu dient die **Verfahrensdokumentation*** sowie **schriftliche und mündliche Arbeitsanweisungen.** Diese sind eventuell durch entsprechende **Organisationsanweisungen** zu ergänzen.

* *Siehe hierzu Kapitel 9.8.*

8.1.8 Weitere Sicherheitsmaßnahmen

Darüber hinaus muss (mit wirtschaftlich zu vertretendem Aufwand) sichergestellt sein, dass kein Unbefugter Zugang zum System bzw. zu dessen Daten hat. Dies ist in der Regel eher eine organisatorische Frage als eine Frage der verwendeten Hard- und Softwaresysteme – hier müssen zumindest die inzwischen auch auf PC-Systemen üblichen Zugangskontrollen über Login-Name und Passwort einsetzt werden. Bei SAP-R/2- oder R/3-Systemen wird dies z. B. zusätzlich durch die Anwendungssoftware erzwungen. Die meisten DM-Systeme (als eigenständige Anwendungen) erfordern ebenso eine explizite Benutzeranmeldung.

Ein Duplizieren der archivierten Daten ist für Belege aus der normalen Buchführung gesetzlich nicht erforderlich und bei einem Papierarchiv auch nicht üblich. **Trotzdem sollte dies erfolgen**, weil das Unternehmen die Belegdaten als gesetzlich geforderten Nachweis und zur Klärung interner und externer Rückfragen benötigt.

Der Ausfall der Rechnertechnik bzw. einzelner Datenträger ist auch deutlich wahrscheinlicher als ein Brand im Papierarchiv! Wird dupliziert, so sollte die Kopie sicher und nicht im gleichen Gebäude lagern. Bis dies geschehen ist, sollte das Papieroriginal aufbewahrt werden. Bei einigen anderen Dokumenten/Daten wird eine zusätzliche Datensicherung – oder, wie es in dem Entwurf des Registerverfahren-Beschleunigungsgesetzes von 1993 lautet: *Vorkehrungen gegen einen Datenverlust* – explizit gefordert. Dies gilt z.B. für öffentliche Register, Grundbücher, Handelsregister oder Vereinsregister. Für diese Daten gelten somit erhöhte Sicherungsanforderungen.

8.2 Unterrichtung und Mitsprache des Betriebsrats

Die Einführung von DM-Systemen ändert in aller Regel Arbeitsabläufe und Arbeitsbedingungen. Daher hat nach dem deutschen Arbeitsrecht* der Arbeitgeber den Betriebsrat über die Einführung zu informieren – und zwar rechtzeitig und umfassend. Der Betriebsrat sollte hier bereits in die Planungsphase mit einbezogen und über alle voraussichtlichen Auswirkungen auf die Arbeitnehmer informiert werden.

** nach § 90 Abs. 1 Nr. 2 bis Nr. 4 Betriebsverfassungsgesetz*

Nach Geis gilt hier:**

*** Siehe [Geis-2], Seite 701.*

> *»Die Beratungen zwischen Arbeitgeber und Betriebsrat müssen so rechtzeitig erfolgen, dass berechtigte Vorstellungen des Betriebsrats bei der Planung berücksichtigt werden können. Aus dem Beratungscharakter dieser Gespräche ergibt sich, dass Vorschläge des Betriebsrats mit dem ernsten Willen zur Verständigung zu erörtern sind.«*

Bei der Planung ist zu berücksichtigen, dass sich durch die Einführung solcher Systeme Änderungen in den Arbeits-, Leistungs- und Qualitätsanforderungen ergeben können, die eine veränderte betriebliche Lohn- und Gehaltsstruktur erfordern. Auch hierbei hat der Betriebsrat ein Mitspracherecht.

Bei der prinzipiellen Entscheidung über die Einführung eines DM-Systems besteht kein Mitbestimmungsrecht des Betriebsrats, da die menschengerechte Gestaltung der Arbeit damit nicht in Frage gestellt wird.

Bei allen Bildschirmarbeitsplätzen ist die seit 1996 gültige Bildschirmarbeits-Verordnung zu beachten. Sie wird im Abschnitt 8.7 genauer beschrieben.

8.3 Zivilprozessrecht

Wesentlich problematischer als nach dem Steuer- und Handelsrecht war bis 2001 die elektronische Archivierung von Dokumenten für einen Rechtsstreit nach der *Zivilprozessordnung* (ZPO). Hier galt bisher **nur** die Original-Urkunde als stichhaltiges Beweismittel. Alle anderen Verfahren – seien es Abschriften, Kopien, Mikrofilme und Images auf WORMs – hatten einen deutlich geringeren Beweiswert und unterlagen der *freien richterlichen Beweiswürdigung*, da sie als *Augenscheinobjekte* gemäß § 371 Zivilprozessordnung betrachtet werden. D.h. es blieb dem jeweiligen Richter in jedem einzelnen Fall überlassen, die Glaubwürdigkeit dieser Kopie zu bewerten. In diesem Sinne waren (nach deutschem Recht bis 2001) weder Mikrofilm noch WORM dazu geeignet, wichtige Verträge und andere Urkunden als (einzigen) Nachweis in zivilrechtlichem Sinne zu speichern. Trotzdem konnte eine solche Speicherung sinnvoll sein, wenn die Vorteile der elektronischen Ablage bei der Bearbeitung (Suche, Darstellung, Interpretation, Vergleich usw.) genutzt werden konnten – solange zusätzlich die Originale aufbewahrt, diese zu keiner gerichtlichen Auseinandersetzung mehr benötigt oder das Prozessrisiko als gering angesehen werden konnte.

Eine Urkunde nach § § 415 – 444 der ZPO ist ›eine vom Aussteller unterzeichnete Gedankenäußerung, die schriftlich verkörpert ist‹ – also ein Gegenstand mit einer Originalunterschrift.

Zusätzlich kann zwischen Vertragspartnern die Gültigkeit elektronischer Dokumente durch spezielle Vereinbarungen festgelegt werden. Der Einsatz von EDI-Nachrichten im Geschäftsverkehr ist ein Beispiel dafür. Diese Vereinbarungen gelten aber nur zwischen den Parteien.

SigG 2001 liefert neue Bewertung

Mit dem Signaturgesetz (SigG 2001), ergänzt durch das Formanpassungsgesetz von 2001, ergab sich hier für elektronisch signierte Dokumente eine wesentliche Änderung. Nun kann das elektronisch signierte Dokument (entsprechend dem damit eingeführten § 126a des BGB) ebenfalls wie ein händisch signiertes Dokument die Schriftform bei Vorliegen bestimmter Voraussetzungen erfüllen (wo nicht explizit ausgeschlossen). Dies setzt voraus, dass eine angemessene Sicherheitsstufe nach dem SigG für die elektronische Signatur verwendet wird. Hier ist die *qualifizierte* (oder sogar *qualifizierte akkreditierte) Signatur* nach SigG 2001 einzusetzen, da alle niedrigeren Stufen für einen Nachweis im Rechtsstreit schwächer oder sogar vollständig ungeeignet sind. Dies gilt deshalb, weil der Gesetzgeber bei Vorlage einer mindestens qualifizierten Signatur eine Beweiserleichterung in § 292a ZPO formuliert hat. Liegen die Voraussetzun-

Das Prinzip der elektronischen Signatur ist im Kapitel 7.13 erläutert, das deutsche Signaturgesetz im Abschnitt 8.4.

gen einer solchen Signatur vor, so gilt der Anschein, dass das Dokument auch echt, d.h. vom Signaturersteller erstellt und auch nicht verändert worden ist. Dort wo die *gesetzliche Schriftform* gefordert wird, kann **nur** die *qualifizierte Signatur* eingesetzt werden.*

* und natürlich die mit Anbieter-Akkreditierung (siehe hierzu Punkt 3 und 4 auf Seite 392).

Eine solche *elektronische Signatur* kann sicherstellen, dass das Dokument wirklich vom angegebenen Urheber (bzw. Signierenden) stammt und seither nicht verändert wurde. Das Verfahren berechnet vom elektronischen Dokument eine komplexe Quersumme (Hashwert) und legt diese chiffriert im bzw. zum Dokument ab. Der mit dem privaten Schlüssel des Signierenden chiffrierte Hashwert bildet zusammen mit Angaben zum Verfahren die elektronische Signatur. Jede Manipulation am Dokument lässt sich hierbei durch einen Vergleich mit dem Hashwert erkennen.

Zur Technik von elektronischen Signaturen siehe Kapitel 7.13. Der früher häufig verwendete Begriff ›digitale Signatur‹ ist inzwischen (so auch im Signaturgesetz) durch ›elektronische Signatur‹ abgelöst.

Enthält die Unterschrift auch einen Zeitstempel, so lässt sich damit zudem nachweisen, wann das Dokument erstellt bzw. *eingepackt* wurde. Wesentlich bei einem solchen Verfahren ist, dass der elektronische Unterschriftsschlüssel bei einer *vertrauenswürdigen Stelle* (CA = *Certification Authorities*) hinterlegt wird, so dass er für eine spätere Überprüfung abgerufen werden kann. Solche CAs und die benötigte PKI existieren seit 1999.

Bei einem Vertrag im klassischen Sinn müssen dabei beide Parteien ein gleichlautendes Dokument unter Hinzufügung ihres Namens elektronisch unterzeichnen.

Der rechtlich zulässige Einsatzbereich elektronisch signierter Dokumente wächst seit dem Jahr 1997 langsam und seit 2001 deutlich. Ein starker Impuls geht von den verschiedenen nationalen Programmen zum Thema *eGovernment* aus. Hierfür muss jedoch eine nennenswerte Ausstattung des Marktes (der Einwohner) mit digitalen Zertifikaten und anderen PKI-Komponenten ausreichender Qualität erreicht werden. Da der Staat dies aus organisatorischen und Kostengründen kaum erbringen wird, müssen hier voraussichtlich andere Institutionen einspringen. Die großen deutschen Banken und Kreditkartengesellschaften planen dies für 2002/03. Sie haben dabei gewisse eigene Vorteile – man denke hier an sicheres Internet-Banking und eine sichere Bezahlung über Internet.

Seit 2001 bieten einige DM-Systeme – der hohen Kosten wegen zumeist optional – PKI-Komponenten für Signaturen und Zeitstempel. Sollen diese den hohen Anforderungen des deutschen Signaturgesetzes (in den Klassen ›*qualifizierte Signatur*‹ oder ›*akkreditierte, qualifizierte Signatur*‹) entsprechen – wie es z.B. die GDPdU für signierte elektronische Rechnungen fordert –, so werden in aller Regel zusätzliche zertifizierte Komponenten von speziellen Anbietern benötigt.

8.4 SigG – das Signaturgesetz

Bis 1998 hatten auf Mikrofilm oder optischen Datenträgern gespeicherte Dokumente im Fall eines Rechtsstreits einen wesentlich geringeren Beweiswert als handschriftlich unterzeichnete Papierdokumente.

Wir gehen hier sehr ausführlich auf das deutsche Signaturgesetz ein, da es große Bedeutung für elektronische Dokumente hat und in allen EU-Ländern sehr ähnliche Gesetze in Kraft sind.

Das deutsche Recht kannte zwei Arten von Schriftform: Die *gesetzliche Schriftform* und die *gewillkürte Schriftform*. Die *gesetzliche Schriftform* wird dort eingesetzt, wo der Gesetzgeber eine (Papier-) *Urkunde* als Dokumentation eines Vorgangs vorschreibt. Eine Urkunde ist nach der Rechtsvorstellung eine gegenständliche Darstellung, welche mit einer *eigenhändigen Namensunterschrift* (oder einem notariell beglaubigten Handzeichen) versehen ist. Dabei wird angenommen, dass der Unterschreibende den Inhalt des Dokuments zuvor sorgfältig und vollständig gelesen hat und sich über die rechtlichen und wirtschaftlichen Konsequenzen der Unterschrift im klaren ist. Das deutsche Recht forderte bis 2001 an etwa 3 200 Stellen explizit die *gesetzliche Schriftform* (§ 126 BGB). Für Bereiche, bei denen die gesetzliche Schriftform gefordert ist, dürfen nun dort elektronisch signierte Dokumente (mit *qualifizierter Signatur*) eingesetzt werden, wo dies nicht explizit ausgeschlossen wird.

Die *gewillkürte Schriftform* (§ 127 BGB) liegt dann vor, wenn die Schriftform von den Vertragsparteien vereinbart wurde und nicht gesetzlich vorgeschrieben ist. Dies gilt z. B. für den überwiegenden Teil der geschäftlichen Kommunikation wie etwa Bestellung, Auftragsbestätigung, Reklamation, Rechnungsstellung und Ähnliches. Hier bleibt es den beteiligten Parteien überlassen, die akzeptierte Kommunikationsform festzulegen. Jedoch auch hier war bis zur Wirksamkeit des (2001) novellierten Signaturgesetzes das elektronische Dokument gegenüber dem unterschriebenen Papierdokument als Beweis vor Gericht benachteiligt.

Diese Rechtslage erwies sich zunehmend als Hemmnis im Geschäfts- und Rechtsverkehr und schränkte die Funktion elektronischer Dokumente in Situationen ein, wo diese als Nachweis von Vorgängen wirtschaftlich eingesetzt werden könnten. Erst das novelliert deutsche Signaturgesetz und das Formanpassungsgesetz, beide von 2001 brachten Besserung – stimuliert durch eine EU-Richtlinie (1999/93/EG).

Mit dem *Formanpassungsgesetz* von 2001* wurde die Beschränkung der gesetzlichen Schriftform auf die Papierform für die meisten der bis dahin geltenden 3 200 Stellen aufgehoben** und § 126 b BGB neu eingeführt. Zusätzlich wird nun der Begriff der *elektronischen Form* mit aufgenommen – einerseits um sie als eine

* *Siehe [[Forman]], S. 702.*

** *sofern hierfür eine qualifizierte elektronische Signatur eingesetzt wird (siehe Punkt 3 auf S. 392).*

Variante der *Schriftform* zuzulassen (für *gesetzliche Schriftform* ist eine *qualifizierte elektronische Signatur* zu verwenden) und um sie andererseits für bestimmte Anwendungen explizit auszuschließen. Zu den Ausschlüssen zählen z.B. Kündigungen von Arbeitsverträgen, Zeugnisse, Bürgschaftserklärungen, Schuldversprechend und Schuldanerkennungen.

Das Signaturgesetz als Teil des IuKDG

* Siehe [[SigG]], S. 702.

Das IuKDG ist auch als ›Multimediagesetz‹ bekannt (siehe [Kampff-3], S. 701).

Die erste Version des so genannten *Signaturgesetzes* (kurz **SigG**)* war Teil (d.h. Artikel 3) des IuKDG – des ›*Gesetz des Bundes zur Regelung der Rahmenbedingungen für Informations- und Kommunikationsdienste*‹.* Das Gesetz trat zwar bereits im August 1997 in Kraft, Auswirkungen konnte es jedoch erst mit der Schaffung der darin geforderten *Public-Key-Infrastruktur* (PKI) und dem konkreten Angebot der dafür notwendigen Komponenten und Dienstleistungen haben. Da die erste Version des Gesetzes jedoch in sehr wenigen Bereichen anwendbar war, brachte erste die Novellierung von 2001 eine brauchbare Ausgangsbasis. Die nachfolgende Betrachtung bezieht sich deshalb auf das neue (selbstständige) Signaturgesetz (SigG 2001).

Das SigG und die ergänzende Signaturverordnung (SigV) definieren den Anwendungsbereich, die technischen und organisatorischen Anforderungen an die elektronische Signatur sowie die für sie notwendige PK-Infrastruktur (PKI). Die *Certification Authority* (CA), – im SigG als *Zertifizierungsdiensteanbieter* bezeichnet – ist in dieser PKI eine wesentliche Komponente. Sie gibt die für die elektronischen Signaturen erforderlichen Signaturzertifikate aus. Dabei wird die Realisierung der CA-Funktion im privatwirtschaftlichen Bereich gesehen. Die Funktion staatlicher Stellen beschränkt sich auf die Lizenzierung und Kontrolle solcher CAs (nach § 66 des Telekommunikationsgesetzes (TKG)** durch die *Regulierungsbehörde der Telekommunikation und Post,* kurz RegTP) sowie auf die Schaffung gesetzlicher und wirtschaftlicher Rahmenbedingungen.

** Siehe [[TKG]] (s. S. 702).

Die RegTP ist die Anfang 1998 geschaffene Nachfolgerin des Bundespostministeriums.

Der Anwendungsbereich des neuen Signaturgesetzes

Das Signaturgesetz hat das Ziel, technisch-organisatorische Rahmenbedingungen für elektronische Signaturen zu schaffen. Regelungsadressat sind in erster Linie die *Zertifizierungsdiensteanbieter* (Trust-Center). Erfüllt ein Zertifizierungsdiensteanbieter die im Gesetz genannten Anforderungen, so kann er *qualifizierte Signaturen* anbieten. Lässt er die Erfüllung dieser Anforderungen prüfen und werden sie bestätigt, so erhält er ein Prüfsiegel und gilt als *akkreditierter*

Zertifizierungsdiensteanbieter. Dies ist deshalb interessant, da er somit *qualifizierte* bzw. *akkreditierte Signaturen* herausgeben kann und der Inhaber einer solchen Signatur, wie oben schon beschrieben, nicht nur mit dieser Signatur die Schriftform – soweit nicht ausgeschlossen – erfüllen, sondern auch bei der Verwendung dieser Signatur die Beweiserleichterung des Anscheinsbeweises nach § 292a ZPO geltend machen kann.

8.4.1 Wesentliche Punkte des SigG

Der Anwendungsbereich des SigG sowie die Anforderungen an eine SigG-konforme Signatur sowie die dazu notwendige PKI beruhen auf

- dem Signaturgesetz (siehe [[SigG]]) in der Fassung vom 16. Mai 2001 (BGBl. 2001, Teil I Nr. 22 Seite 876 ff),
- der Signaturverordnung (kurz **SigV**, siehe [[SigG]]) in der Fassung vom 16. November 2001.*

BGBl = Bundesgesetzblatt

* Siehe [[SigG]] (s. S. 702).

Das Signaturgesetz regelt ausschließlich die elektronische (digitale) Signatur von elektronischen Dokumenten und schränkt seinen Anwendungsbereich auf *Zertifikate für natürliche Personen* ein.** Die *elektronische Signatur* wird dabei als Ersatz der eigenhändigen Unterschrift auf Papierdokumenten (in Anwendung auf elektronischen Dokumenten) gewertet. Dabei muss die Signaturkomponente des Anwenders einige wesentliche Funktionen der eigenhändigen Unterschrift nachempfinden. So muss sie z. B. eine Warnfunktion vor die Signatur setzen und darf nicht automatisch signieren (zumindest nicht in einer offenen Umgebung, wie sie z. B. an einem Arbeitsplatz-PC gegeben ist). Sie muss einen expliziten Hinweis auf die Signatur geben und die explizite Anzeige des zu signierenden Inhalts vor der Signatur gewährleisten (bei automatisierten Signaturen, welche in einem ausreichend gesicherten System erfolgen, kann dies entfallen).

** Die sichere Identifikation eines Teilnehmers bei einer elektronischen Kommunikation wird außerhalb des signierten Dokuments ebensowenig behandelt wie der Austausch verschlüsselter Informationen.

Statt des realen Namens des Zertifikatinhabers darf im Zertifikat (und in der Signatur) auch ein Pseudonym verwendet werden. Der wirkliche Name muss der ausstellenden CA jedoch bekannt sein und muss auch Ermittlungsbehörden offengelegt werden – nicht jedoch einem eventuell durch Missbrauch geschädigten Teilnehmer einer elektronischen Kommunikation. Entsprechend sollte man prüfen, in welchen Fällen man digital signierte Dokumente akzeptiert, bei denen statt des Namens des Unterzeichners nur ein Pseudonym vorhanden ist.

Automatisierte Signaturen (z. B. bei ausgehenden Rechnungen) sind prinzipiell möglich. Hier muss jedoch durch technische und organisatorische Maßnahmen sichergestellt werden, dass dem Signaturprozess keine Dokumente unberechtigt untergeschoben werden können.

8.4.2 Signaturstufen

Im § 2 des SigG sind vier Signaturstufen bzw. -qualifikationen definiert, die sich hinsichtlich der dafür notwendigen organisatorischen und technischen Prozesse und Komponenten unterscheiden:

Die ›einfache elektronische Signatur‹ bietet technisch (als Signatur) praktisch keinen Beweiswert und ist deshalb kaum einsetzbar.

1. **Einfache elektronische Signatur**
   Diese unterste Stufe verzichtet vollständig auf eine Public-Key-Infrastruktur und damit auf einen nachprüfbaren öffentlichen Schlüssel des Unterzeichners. Diese Stufe hat nichts mit elektronischen Signaturen im kryptografischen Sinn zu tun, sondern dient nur zur sprachlichen Trennung von den folgenden Kategorien. Das Einbinden einer eingescannten manuellen Unterschrift als Bild, wie bei Fax vielfach üblich, stellt z. B. schon eine *einfache elektronische Signatur* dar.

Die ›fortgeschrittene elektronische Signatur‹ ist die unterste Stufe mit einem Beweiswert. Auch hier sollten Zertifikate mit entsprechender Inhaberprüfung einer Public-CA eingesetzt werden!

2. **Fortgeschrittene elektronische Signatur**
   Diese Variante ermöglicht die Identifizierung des Inhabers eines öffentlichen Schlüssels und erfordert daher ein Trust-Center (eine CA) zur Ausgabe und Überprüfung eingesetzten Zertifikate. Die Schlüssel dürfen hier z. B. per Software direkt im Rechner generiert werden; auch die Signatur darf hier im Rechner (statt in einer SmartCard) berechnet werden. Diese Stufe lässt sich durch Programme wie z. B. PGP oder die mit Windows 2000 oder XP (Server) mitgelieferten PKI-Werkzeugen erreichen.

Die ›qualifizierte elektronische Signatur‹ ist die richtige Wahl für Verträge, für B2B- und B2C-Transaktionen und für einen hohen Beweiswert.

3. **Qualifizierte elektronische Signatur**
   Diese Stufe baut auf der fortgeschrittenen Signatur auf, erfordert aber zusätzlich eine sichere Signaturerstellungseinheit. Nach dem heutigen Stand der Technik bedeutet dies, dass der private Schlüssel auf einer Smartcard (Chipkarte) erstellt und gespeichert und der Zugriff darauf durch eine PIN oder biometrische Merkmale geschützt sein muss. Der Signaturvorgang muss ebenfalls auf der SmartCard erfolgen und nicht durch die wesentlich anfälligere Software auf dem PC. Die SmartCard und der zugehörige Kartenleser benötigen eine spezielle Zulassung (Zertifizierung). Diese Eigenschaften müssen von den technischen Komponenten auch gewährleistet werden, das heißt, der Schlüssel darf die Karte nie verlassen. Die CA muss

vor der Ausgabe eines Zertifikats die Identität des Antragstellers etwa anhand des Personalausweises überprüfen und ausgestellte Zertifikate öffentlich anbieten, damit jedermann die damit erstellten Signaturen überprüfen kann. Qualifizierte elektronische Signaturen erfordern also den Einsatz einer vollständigen Public-Key-Infrastruktur (PKI).
Diensteanbieter, die eine CA für diese Stufe betreiben wollen, müssen diese bei der RegTP anmelden, unterliegen jedoch keiner weitergehenden obligatorischen Prüfung durch staatliche Stellen. Insofern handelt es sich hier sozusagen um ›*behauptete Sicherheit*‹, die allerdings durch die Haftung des Anbieters bei Mängeln im Zertifizierungsablauf gestärkt wird. Fälscht jemand zum Beispiel eine elektronische Signatur, indem er sich ein Zertifikat unter falschem Namen erschwindelt, so kann der Geschädigte die CA haftbar machen, falls diese das Zertifikat ohne Überprüfung der Identität ausgestellt hat. Der Betreiber der CA muss daher laut Gesetz Deckungsvorsorge treffen.

Eine detaillierte rechtliche Würdigung der Signaturstufen ist in [Roßnagel-2] (s. S. 701) zu finden, eine ausführlich und verständliche Ausführung zur Langzeitarchivierung von elektronischen Signaturen erfolgt in [Roßnagel-3] (s. S. 701).

4. **Qualifizierte elektronische Signatur mit Anbieter-Akkreditierung**
   Die höchste Stufe der Signatur behält das hohe Sicherheitsniveau des alten SigG von 1997 bei, ohne jedoch wie dieses mit einer Genehmigungspflicht für die CA zu arbeiten. Diese Stufe basiert auf der qualifizierten Signatur, enthält aber zusätzlich eine freiwillige Akkreditierung des Diensteanbieters. Der Betreiber der CA muss für die Akkreditierung in einer aufwändigen Prüfung nachweisen, dass er die nötigen Sicherheitsstandards in technischer und organisatorischer Hinsicht einhält. Bei den *qualifizierten Signaturen mit Akkreditierung* handelt es sich also gewissermaßen um nachgewiesene Sicherheit (Sicherheit mit Prüfsiegel). Für die Akkreditierung ist die RegTP zuständig, deren Prüfung als Qualitätsmerkmal fungiert.

Die ›qualifizierte, Signatur mit Anbieter Akkreditierung‹ wird für wichtige Verträge empfohlen und in der GDPdU auch für elektronische Rechnungen verlangt.

Auf der Web-Seite der RegTP finden Sie neben weiteren Informationen auch Listen mit bereits akkreditierten Anbietern: www.regtp.de.

In gesicherten Umgebungen – z. B. einem Rechenzentrum mit Zugangskontrolle – können auch *qualifizierte* elektronische Signaturen automatisiert erstellt werden,* wie es z. B. für die Signatur von ausgehenden Rechnungen und anderen Belegen bei einer automatisierten IT-Verarbeitung notwendig ist. Es ist dann aber technisch und organisatorisch sicherzustellen, dass kein Unbefugter Zugang und Zugriff zu dem System erhält und somit keine falschen Dokumente signiert werden. Dies ist **nicht** im SigG oder in der SigV verankert, aber nach der Meinung mehrerer Experten zulässig und für eine automatisierte Verarbeitung unabdingbar.

** D. h., ohne dass eine Person jeder einzelnen Signatur explizit zustimmt und ohne vorherige Anzeige.*

Die Kosten für eine solche Einheit dürfte (inkl. Projekt) bei etwa 150.000 Euro liegen.

Das Angebot von Systemen (Komponenten) für die automatisierte Erstellung von qualifizierten Signaturen ist bisher ausgesprochen gering (Stand: Anfang 2002) und die Komponenten sind teuer. Hinzu kommt in der Regel ein deutlicher Projekt- und eventuell zusätzlich ein Zertifizierungsaufwand.

8.4.3 Technik-Komponenten des SigG

Signaturverfahren

Als Basistechnik für elektronische Signaturen ist der Einsatz eines asymmetrischen Schlüsselpaars (bestehend aus einem *privaten* und einem *öffentlichen* Schlüssel) für Public-Key-Verfahren vorgesehen. Das Gesetz selbst macht keine Aussagen über die dabei einzusetzenden mathematischen Algorithmen. Erst die Signaturverordnung konkretisiert dies und überlässt die endgültige Festlegung der zulässigen Verfahren und deren Parameter der Detaillierung des BSI, welche im Maßnahmenkatalog erfolgt (für die *qualifizierte* und *qualifizierte, akkreditierte Signatur*). Dies ermöglicht, der fortschreitenden Entwicklung Rechnung zu tragen, ohne das Gesetz ändern zu müssen. Die Signaturverordnung ist schneller änderbar. Es ist deshalb davon auszugehen, dass ein Spektrum von Verfahren möglich sein wird und sich auch weiterentwickelt.

Es ist davon auszugehen, dass der Markt selbst für eine gewisse Bereinigung der Verfahrensvielfalt sorgen wird.

Der Inhalt eines Zertifikats

Das Signaturgesetz sieht mindestens folgende Angaben in einem Zertifikat vor (nach § 7 SigG):

- Den Namen des Inhabers des Signaturschlüssels.
  Dieser muss im Namensraum der CA eindeutig sein.* Statt des Namens darf auch ein Pseudonym verwendet werden.**
- Den zugeordneten öffentlichen Signaturschlüssel
- Die Angabe des für die Erstellung des Zertifikats eingesetzten Signaturverfahrens (Bezeichnung des Signaturalgorithmus) und des verwendeten Hash-Verfahrens
- Die laufende (CA-spezifische) Nummer des Zertifikats
- Beginn und Ende der Gültigkeit des Zertifikats
- Den Namen der ausstellenden CA
- Angaben, ob die Nutzung des Signaturschlüssels auf bestimmte Anwendungen nach Art und Umfang beschränkt ist

** D. h. er darf nur einmal vorkommen*

*** Daneben kann ein Stellvertreter des Inhabers angegeben werden. Dieser ist (sofern bei der Antragstellung benannt) berechtigt, an Stelle des Inhabers das Zertifikat sperren zu lassen.*

- Angaben, ob es sich um ein qualifiziertes Zertifikat handelt
- (optional) Attribute des Signaturschlüsselinhabers (diese können auch in einem separaten Attribut-Zertifikat aufgenommen werden)

Weitere Angaben sind zulässig, setzen aber das Einverständnis des Inhabers voraus.

Die Zertifizierungsstelle (CA)

Eine SigG-konforme Signatur der Stufe *qualifiziert* und höher setzt eine Public-Key-Infrastruktur voraus. Für deren Aufbau und Betrieb ist ein *Zertifizierungsdiensteanbieter* verantwortlich. Er wird hier als CA oder PCA (*Public (öffentliche)* CA) bezeichnet, um Verwechselungen mit den Stellen zu vermeiden, die ihrerseits diese Instanzen auf Einhalten der gesetzlichen Vorgaben überprüfen und von der RegTP dazu ermächtigt sind. Nach dem SigG sind die PCA-Aufgaben:

Einige der aufgeführten Angaben sind nicht im Signaturgesetz selbst zu finden, sondern ergeben sich aus der Signaturverordnung.

- **Personen, die ein Signaturzertifikat beantragen, zuverlässig zu identifizieren**
  Der Antragsteller muss zur Erstbeantragung persönlich erscheinen und sich mit einem Ausweisdokument (Personalausweis oder Reisepass) ausweisen. Verlängerungen und nachfolgende Anträge können elektronisch erfolgen – unter Verwendung einer gültigen elektronischen Signatur.
  In vielen Fällen wird die CA diesen Registrierungsvorgang nicht selbst durchführen, sondern einer *Registration Authority* (RA) übertragen. Die Übergabe der PSE* muss an den Inhaber persönlich erfolgen. Er bestätigt dies durch seine Unterschrift.

Das SigG benutzt statt ›CA‹ oder ›PCA‹ bzw. ›Certification Authority‹ den Begriff ›Zertifizierungsdiensteanbieter‹.

Die CA ermöglicht mit über den Einzugsbereich verteilten RAs, solche Registrierungen vorzunehmen, ohne dass der Antragsteller dazu zur PCA reist.

- **Sie muss den Antragsteller eines Zertifikats über die notwendigen Maßnahmen zur fälschungssicheren Erstellung einer Signatur informieren,** (§ 6 SigG)
  ebenso über seine Pflichten und Rechte beim Einsatz der digitalen ID und des Zertifikats. Zu den Pflichten des Inhabers gehört z. B. die sofortige Sperrung des Zertifikats, sobald er von der Kompromittierung des Zertifikats Kenntnis erhält oder die ernsthafte Gefahr dafür besteht.

** PSE = ›Personal Security Environment‹, d.h. die SmartCard mit dem Schlüsselpaar*

- **Sie hat dafür zu sorgen, dass der Sicherheitstoken der digitalen ID den privaten Schlüssel sicher speichert.**
  Dies impliziert in der Praxis, dass für die Speicherung Krypto-SmartCards eingesetzt werden, bei denen der private Schlüssel die SmartCard nie verlässt und die Signatur des Hashwertes des

Dokuments auf der SmartCard durchgeführt wird. Die Karte muss zusätzlich (nach der SigV) durch eine PIN (oder ein biometrisches Merkmal) gesichert sein.

- **Publikation des Zertifikats (soweit vom Inhaber gewünscht)***
- **Sie hat ein Zertifikat auf Antrag des Inhabers oder seines Stellvertreters zu sperren**, indem sie es in eine Sperrliste (die *Certificate Revocation List*) aufnimmt. Stellt sich heraus, dass Angaben im Zertifikat falsch sind, so ist es ebenso zu sperren. Sperrungen dürfen nicht rückwirkend ausgeführt werden und sind nicht mehr umkehrbar.
- **Ausgabe von Zeitstempeln****
  Diese gestatten den fälschungssicheren Nachweis, dass ein elektronisches Dokument zu dem im Zeitstempel angegebenen Zeitpunkt vorgelegen hat.

* *so dass dieses für die Überprüfung elektronischer Signaturen abrufbar ist. Dieser Service ist optional.*

** *Auch hier gibt es ›qualifizierte Zeitstempel‹, die mit einer speziell zertifizierten Einheit erstellt werden können.*

Eine PCA, welche *qualifizierte Zertifikate* nach dem SigG ausgeben möchte, muss eine Reihe von Anforderungen hinsichtlich fachlicher Kompetenz, Sicherheitsmaßnahmen und Haftungsdeckungen erfüllen und bei der zuständigen Behörde (die *Regulierungsbehörde der Telekommunikation und Post*) registriert und akkreditiert sein. Erst mit einer zusätzlichen – aufwändigen Zertifizierung durch einen von der RegTP zugelassenen Zertifizierer erhält sie zusätzlich eine (freiwillige) *Akkreditierung* und kann erst damit *qualifizierte, akkreditierte Zertifikate* ausgeben.

Zweck der Zertifizierung ist die Prüfung folgender Punkte:

- Sicherheitskonzept der PCA
- Prüfung der Vertrauenswürdigkeit der Geschäftsleitung und des eingesetztes Personals sowie dessen Know-how
- Prüfung der Finanzkraft der PCA, um eine Betriebsgarantie zu gewährleisten
- Überprüfung, dass dort, wo vom SigG oder der SigV gefordert, zertifizierte oder anderweitig zugelassene Komponenten eingesetzt werden
- Sicherheitsanforderungen an die Betriebsräume und deren Zugangskontrollen

Die PCA muss darüber hinaus bestimmte Zugriffszeiten auf die Zertifikate sowie eine ausreichend hohe Verfügbarkeit sicherstellen. Sie kann auch qualifizierte Zeitstempel ausstellen. Die Zertifikatsverzeichnisse müssen gegen Manipulationen gesichert sein. Die

PCA muss über ausreichende finanzielle Ressourcen verfügen, um auch bei Aufgabe des Geschäftsbereichs die weitere Pflege (Publikation und Archivierung) der ausgestellten Zertifikate durch eine andere PCA sicherstellen zu können. Die PCA muss alle wesentlichen Transaktionen protokollieren. Die ausgestellten Zertifikate müssen 35 Jahre* über ihre Gültigkeit hinaus archiviert werden und abrufbar sein.

** Dies gilt nur für akkreditierte CAs.*

Die CA-Hierarchie

Die akkreditierte (P)CA erhält ihre eigenen Signaturschlüssel (die sie für die Ausstellung der Zertifikate und Zeitstempel einsetzt) von der kontrollierenden Behörde – die RegTP. Diese Behörde stellt damit die *Wurzelinstanz* (*Root-CA*) dar. Das SigG sieht dabei in der gesamten PKI nur eine zweistufige Hierarchie vor: die Wurzelinstanz und die PCA. Unter der PCA dürfen nach dem SigG keine weiteren CAs (PCAs) angeordnet sein.

Das SigG erlaubt für qualifizierte Signaturen nur eine 2-stufige CA-Hierarchie:

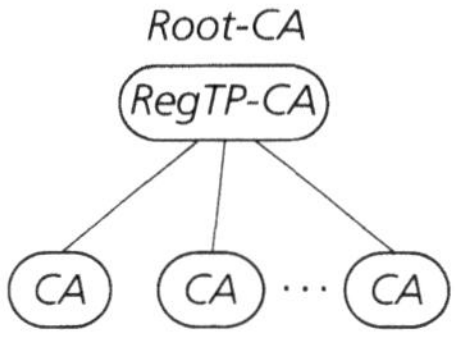

Geltungsdauer von Signaturen

Eine elektronische Signatur gilt zunächst nur solange wie das für die Erstellung verwendete Zertifikat.** Die SigV sieht eine maximale Zertifikatsgültigkeit von 5 Jahren vor. Die meisten PCAs stellen jedoch nur Zertifikate mit einer kürzeren Laufzeit aus (1–2 Jahre). Die vom SigV zugelassene maximale Lebensdauer hängt auch von der eingesetzten Technik ab. So definierte der Maßnahmenkatalog (von 1998) beispielsweise, dass beim Einsatz von 768 Bit langen RSA-Schlüsseln das Zertifikat maximal eine Lebensdauer von 3 Jahren haben darf, während bei 1 024 Bit langen Schlüsseln 5 Jahre Lebenszeit möglich sind. Diese Parameter-basierte Beschränkung soll sicherstellen, dass die Signatur nicht innerhalb ihrer Gültigkeitsdauer gefälscht werden kann. Die Lebensdauerbeschränkungen sind deshalb sehr konservativ.

*** Korrekter: Sie ist solange gültig, wie das dabei eingesetzte Verfahren (in Kombination mit den Schlüssellängen) gültig bzw. sicher ist. Angaben hierzu sind auf der Home-Page der RegTP (www.regtp.de) zu finden.*

Die Gültigkeit bzw. Beweiskraft eines digital signierten Dokuments kann verlängert werden, indem innerhalb der Gültigkeit der Signatur das Dokument erneut mit einer länger gültigen Signatur signiert wird – wobei die Originalsignatur nun Teil des Dokuments wird und mitsigniert wird. Diese *Verlängerungssignatur* muss dabei nicht vom Aussteller der Originalsignatur erfolgen, sondern darf auch von einer anderen Person durchgeführt werden. Hierfür ist zusätzlich ein Zeitstempel erforderlich. Die nachsignierende Person bescheinigt mit ihrer Signatur lediglich, dass das Dokument bei der Nachsignatur noch gültig (im Sinne der Erstsignatur) war. Technisch verlängert sie den Zeitraum, in dem eine unbemerkte Dokumentenfälschung praktisch unmöglich ist. Dieser Vorgang ist wiederholbar.

Signaturkomponenten

Das Signaturgesetz definiert in § 17 die Anforderungen an die technischen Komponenten für elektronische qualifizierte Signaturen. Diese Forderungen sind jedoch bewusst allgemein gehalten, um keine einzelne technische Realisierung zu bevorzugen, sondern Entwicklungsspielraum zu geben. So wird z. B. in § 17 Abs. 1 SigG 2001 gefordert:

(1) Für die Speicherung von Signaturschlüsseln sowie für die Erzeugung qualifizierter elektronischer Signaturen sind sichere Signaturerstellungseinheiten einzusetzen, die Fälschungen der Signaturen und Verfälschungen signierter Daten zuverlässig erkennbar machen und gegen unberechtigte Nutzung der Signaturschlüssel schützen. Werden die Signaturschlüssel auf einer sicheren Signaturerstellungseinheit selbst erzeugt, so gilt Absatz 3 Nr. 1 entsprechend.

Absatz 2 fordert, dass der signierte Inhalt vollständig und eindeutig angezeigt werden muss:

Betrachtet man z. B. MS-Word-Dokumente, so können diese ausgeblendete Textstücke enthalten. Hier wäre unklar, was signiert wird. Um diese Problematik zu vermeiden, wandelt die Signatursoftware der Firma Utimaco das Word-Dokument in ein Rasterdokument um. Die Signatur erfolgt dann auf den Daten des Raster-Images.

(2) Für die Darstellung zu signierender Daten sind Signaturanwendungskomponenten erforderlich, die die Erzeugung einer qualifizierten elektronischen Signatur vorher eindeutig anzeigen und feststellen lassen, auf welche Daten sich die Signatur bezieht.
Für die Überprüfung signierter Daten sind Signaturanwendungskomponenten erforderlich, die feststellen lassen,

1. *auf welche Daten sich die Signatur bezieht,*
2. *ob die signierten Daten unverändert sind,*
3. *welchem Signaturschlüssel-Inhaber die Signatur zuzuordnen ist,*
4. *welche Inhalte das qualifizierte Zertifikat, auf dem die Signatur beruht, und zugehörige qualifizierte Attribut-Zertifikate aufweisen und*
5. *zu welchem Ergebnis die Nachprüfung von Zertifikaten nach § 5 Abs. 1 Satz 2 geführt hat.*

Die Forderung, dass die Prüfkomponente auch automatisch prüft, ob das zur Signatur verwendete Zertifikat zum Zeitpunkt der Signatur (*so die Interpretation des Autors*) auch gültig und nicht gesperrt war (definiert in § 5), setzt bereits einen komplexen Zugriff auf das Zertifikatsverzeichnis und die Sperrliste der ausstellenden CA voraus.

§ 17 Abs. 3 SigG 2001 detailliert die Anforderungen weiter und Absatz 4 fordert den Einsatz von entsprechend zertifizierten Komponenten, z. B. eine SmartCard als Träger des Sicherheitstokens (mit dem verwendeten Schlüsselpaar) mit einer Zertifizierung (nach SigV § 15) – wiederum detailliert im Maßnahmenkatalog des BSI – nach ITSEC ›*E 4 hoch*‹. Dies setzt z. B. bereits eine semiformale Beschreibung der Komponenten und den Nachweis ihrer Sicherheit voraus – eine sehr zeitaufwändige und teure Evaluation. Auch hier muss das BSI wiederum die Eignung der benutzten Algorithmen und ihre Gültigkeitsdauer festlegen.

Die Signaturverordnung

Die Signaturverordnung (SigV) detailliert und konkretisiert die Vorgaben des Signaturgesetzes. Sie legt z. B. fest, welche Voraussetzungen für die Erteilung einer PCA nach SigG für die Ausstellung von qualifizierten Zertifikaten erfüllt sein müssen. Sie beschreibt, welche Dokumentation die PCA zu erstellen hat und wie lange diese Dokumentation aufzubewahren ist. Ebenso ist das Vorgehen beim Einstellen der Tätigkeit einer PCA definiert. Zusätzlich sind eine Reihe von technischen und organisatorischen Details festgelegt, so z. B. Anforderungen an die PSE (SmartCard).

Zur Signaturverordnung siehe [[SigG]] (s. S. 702).

8.4.4 Signaturgesetze anderer Ländern

Nach Deutschland haben alle EU-Staaten Signaturgesetze verabschiedet – teilweise erst stimuliert durch eine entsprechende EU-Richtlinie aus dem Jahr 1997 – und wie Deutschland bereits wieder novelliert. Finnland sieht die Ausgabe einer Personalausweiskarte mit digitaler Identifikation vor, die dann auch für elektronische Signaturen genutzt werden kann.

Eine aktuelle Übersicht zum Stand der verabschiedeten nationalen Signaturgesetze ist in [[Hof_1]] (s. S. 706) zu finden.

In den USA haben die meisten Bundesstaaten ein Gesetz zur elektronischen Signatur verabschiedet – teilweise mit sehr unterschiedlichen Anforderungen.

Das deutsche SigG sieht vor, dass *elektronische Signaturen* aus EU-Staaten gleichrangig behandelt werden können,* wenn das Urheberland ein dem deutschen SigG ähnliches Gesetz verabschiedet hat und bei der Erstellung der Signatur dessen technische und gesetzliche Vorgaben eingehalten wurden.

* *§ 23 SigG 2001*

8.4.5 Offene Punkte zur elektronischen Signatur

Bisher liegen weder gründliche Erfahrungen mit großen (z.B. nationalen) PK-Infrastrukturen vor, noch nennenswerte Erfahrungen hinsichtlich der Bewertung von elektronisch signierten Dokumenten vor deutschen Gerichten. Beides werden die Jahre 2002–2006 bringen.

Der Aufbau eine kompletten (nennenswert großen) PKI in einem Unternehmen ist aufwändig und für die Nachweispflicht allein oft wirtschaftlich nicht zu rechtfertigen. Hier können teilweise jedoch Synergien mit anderen Maßnahmen genutzt werden – etwa bei der Einführung digitaler Firmenausweise, der Einführung von SSO-Systemen (*Single-Sign-On*) und der damit verbundenen Erhöhung des IT-Sicherheitsniveaus. Die hohen Kosten der PKI-Komponenten verhindern – zusammen mit den nachfolgend angesprochenen Interoperabilitätsproblemen – dass die Systemanbieter PKI-Komponenten kurzfristig vollständig in ihre Lösungen integrieren.

Die Interoperabilität von PKI-Komponenten und selbst zwischen deutschen CAs lässt bisher noch sehr zu wünschen übrig. Es ist damit noch nicht selbstverständlich, dass Sie die Gültigkeit eines eingehenden elektronisch signierten Dokuments problemlos automatisiert überprüfen können. Hier versucht man in Deutschland mit der Interoperabilitätsspezifikation ISIS-MTT Abhilfe zu schaffen.* Bis diese implementiert ist und greift, dürfte es jedoch 2005 werden. Selbst dann ist erst eine nationale (deutsche) Lösung und noch keine EU-weite oder gar weltweite Interoperabilität geschaffen – just diese ist aber für das Fortkommen des eCommerce förderlich.

* *Siehe [[ISIS-MTT]] (s. S. 707).*

Für viele Szenarien bleibt neben den Details der elektronischen Signaturen die Formatfrage ein Handicap für den praktischen Einsatz. Wie z.B. will ein Finanzbeamter ein ihm vorgelegtes Dokument auf Authentizität prüfen, wenn er nicht einmal mit seinen Arbeitsmitteln dessen Inhalt anzeigen kann? Schließlich ist der logische Inhalt immer die erste Stufe einer Prüfung und die Gültigkeit der Signatur dabei nachrangig. Die bisher vorliegenden Vorschriften lassen dass Thema des geeigneten Formats aber vollständig aus!

Eine verständliche und sehr qualifizierte Betrachtung zur Langzeitarchivierung elektronisch signierter Dokumente liefert [Roßnagel-3] (s. S. 701).

Es gibt zahlreiche weitere solcher offenen Fragen. Man wird in PKI-Projekten deshalb noch eine ganze Weile in aller Regel auf externe Fachkräfte und Berater zurückgreifen und mit längeren Projektzeiträumen rechnen müssen.

Falsche wäre es jedoch, dieses Thema zu ignorieren und auf die *goldenen Lösungen* zu warten – es könnte zu lange dauern.

8.5 Datenschutz personenbezogener Daten – BDSG

Wesentliche rechtliche Aspekte bei der Speicherung personenbezogener Daten liefert das Bundesdatenschutzgesetz (§ 28 BDSG). Nach § 35 Abs. 1 BDSG kann ein Betroffener verlangen, dass falsche Daten, die seine Person betreffen, gelöscht bzw. korrigiert werden. Ist die Rechtsgrundlage der Speicherung nicht oder nicht mehr gegeben (z. B. nach Auflösung eines Vertragsverhältnisses oder wenn das *berechtige Interesse der speichernden Stelle* nicht mehr gilt), so sind die Daten ebenso zu löschen (§ 35 Abs. 2 Nr. 3 BDSG).

BDSG = *Bundesdatenschutzgesetz*

Bei Mikrofilm und WORM, bei denen neben dem einzelnen Personeneintrag auf dem Datenträger noch zahlreiche weitere Daten stehen, die weiterhin benötigt werden, ist dies technisch nicht ohne weiteres möglich. Hier muss das System die Möglichkeit bieten, ein Datum oder Dokument als gelöscht bzw. ungültig zu markieren. Dies muss nicht unbedingt auf dem Datenträger selbst geschehen, sondern kann auch in der Datenbank erfolgen. Das als *gelöscht* markierte Datum darf dann jedoch nicht mehr im normalen Betriebsmodus bzw. der darauf aufsetzenden Anwendung sichtbar sein.

In diesem Buch nicht weiter betrachtet ist die Frage, welche personenbezogenen Daten überhaupt erfasst, wie lange sie gespeichert und unter welchen Bedingungen sie weitergegeben werden dürfen. Zu beachten sind hier neben dem BDSG auch das TKDSG (bei Telekommunikation), das TDDSG (bei Telediensten) sowie weitere spezifische Datenschutzgesetze, etwa bei Versicherungen, Ärzten und Krankenhäusern.

Bei Datenübertragungen auf neue Datenträger (z. B. bedingt bei einem System- oder Datenträgerwechsel) sollte das Übertragungsprogramm sicherstellen, dass das gelöschte Datum/Dokument nicht mitübertragen wird. Dies ist eine systemtechnische Anforderung an die Lösung. Zusätzlich sollte automatisch ein Protokoll erstellt werden. Eine gesetzliche Verankerung der letzten beiden Punkte gibt es jedoch nicht.

Liegt es bei normalen Belegdaten aus dem Bereich der Finanzbuchhaltung in der Regel im Eigeninteresse eines Unternehmens, die Daten vertraulich zu behandeln, so gelten für personenbezogene Daten zusätzlich die gesetzlichen Bestimmungen aus dem BDSG. Diese weichen bei DM-Systemen nicht von jenen eines normalen IT-Betriebs ab, erstrecken sich aber natürlich über den gesamten, eventuell längeren Aufbewahrungszeitraum der Daten. Zusätzlich ist hier bei der Vernichtung der Papiervorlagen darauf zu achten, dass die Vorschriften des Datenschutzes eingehalten werden. Wird die Vernichtung (z. B. als Teil einer externen Erfassung oder Entsorgung) per Outsourcing erledigt, so ist der Auftragnehmer entsprechend (in jedem Fall schriftlich) zu verpflichten.

Die erhöhten Sicherheitsanforderungen gelten natürlich auch für eventuell ausgelagerte Sicherungen. Wird ein gesamter Datenträger ausgesondert, ist er physikalisch unlesbar zu machen.

Bei der Speicherung personenbezogener Daten in elektronischen Archiven, die fast immer in ein Rechnernetz eingebunden sind, ist organisatorisch und systemtechnisch dafür zu sorgen, dass nur berechtigte Personen Zugang zu den personenbezogenen Daten erhalten.

Erfolgt die Archivierung personenbezogenen Daten im Outsourcing-Verfahren, so sind hier spezielle rechtliche Aspekte zu beachten (siehe [[dms-asp]] (s. S. 700).

Ein besonderes Augenmerk ist auf die Übertragung der Daten in Netzen zu legen. Dies gilt für lokale (LANs) und verstärkt für öffentliche Netze. Zu einfach lassen sich diese Daten durch ein Netzmonitorprogramm abhören. **Es ist davon auszugehen, dass dies auch wirklich passiert** – wenn auch oft ungezielt! Diese Daten müssen deshalb chiffriert übertragen werden und sollten, soweit möglich, auch chiffriert gespeichert werden.

Es ist zu überprüfen, ob die Verarbeitung personenbezogener Daten nicht die Benennung eines Datenschutzbeauftragten erforderlich macht – z.B. dann, wenn mehr als 5 Personen im Unternehmen mit der Verarbeitung personenbezogener Daten zu tun haben.* Ist ein solcher vorhanden, sollte er bei DMS-Projekten mit einbezogen werden.

Die Novellierung des BDSG im Mai 2001* hat eine Reihe von Anforderungen verschärft und insbesondere Verletzungen des Datenschutzes zum Straftatbestand gemacht!

** Siehe [[BDSG]] (s. S. 700).*

8.6 Urheberrecht – Copyright

Schließlich spielt das *Urheberrecht* bei der Erfassung und Speicherung eine Rolle und zwar dort, wo Dokumente erfasst oder genutzt werden, die durch das Urheberrechtsgesetz (UrhG) geschützt sind. Ein gesonderter Copyright-Vermerk zum Schutz der Urheberschaft ist hierbei im Dokument nicht erforderlich.

UrhG = *Urheberrechtsgesetz*

Geschützte Werke im Sinne des Urheberrechts sind gemäß § 1 UrhG *Werke der Literatur, Wissenschaft und Kunst*. Hierzu zählen (§ 2 UrhG):

- *Sprachwerke wie Reden, Schriftwerke und Computerprogramme*
- *Werke der Musik*
- *pantomimische Werke* und *Tanzkunst*
- *Werke der bildenden Künste einschließlich der Werke der Baukunst und der angewandten Kunst und Entwürfe solcher Werke*
- *Lichtbildwerke* und *Filmwerke* (und ähnlich geschaffene Werke)
- *Darstellungen wissenschaftlicher oder technischer Art, wie Zeichnungen, Pläne, Karten, Skizzen, Tabellen und plastische Darstellungen***

*** Hierzu gehören auch Datensammlungen und -zusammenstellungen in Datenbanken.*

Erfolgt die Speicherung nur für *eigene Zwecke*, so ist dies nach deutschem Recht bisher ohne eine Genehmigung des Urhebers und ohne eine Vergütung an diesen zulässig (§ 53 UrhG) – selbst dann, wenn, wie in Büchern und Zeitschriften üblich, dieses explizit im Dokument untersagt wird.

Mitte 2002 wird die BRD voraussichtlich das UrhG novellieren und damit an die Urheberschutz-Richtlinien der EU vom Februar 2001 anpassen. Das private Kopierprivileg wird dabei wesentlich eingeschränkt werden.

Als *eigene Zwecke* wird dabei der private Gebrauch betrachtet, bei dem sich kein direkter finanzieller Vorteil aus der Speicherung ergibt und bei dem die Daten nicht in Umlauf außerhalb des Bereichs gebracht werden. Die einschlägige Passage aus § 53 UrhG lautet:

»*(2) Zulässig ist, einzelne Vervielfältigungsstücke eines Werkes herzustellen oder herstellen zu lassen*

1. *zum eigenen wissenschaftlichen Gebrauch, wenn und soweit die Vervielfältigung zu diesem Zweck geboten ist,*
2. *zur Aufnahme in ein eigenes Archiv, wenn und soweit die Vervielfältigung zu diesem Zwecke geboten ist und als Vorlage für die Vervielfältigung ein eigenes Werkstück benutzt wird,*
3. *zur eigenen Unterrichtung über Tagesfragen, wenn es sich um ein durch Funk gesendetes Werk handelt,*
4. *zum sonstigen eigenen Gebrauch,*
   - *a) wenn es sich um kleine Teile eines erschienenen Werkes oder um einzelne Beiträge handelt, die in Zeitungen oder Zeitschriften erschienen sind,*
   - *b) wenn es sich um ein seit mindestens 2 Jahren vergriffenes Werk handelt.*

...

(5) Die Vervielfältigungen dürfen weder verbreitet noch zu öffentlichen Wiedergaben genutzt werden. ...«

Dieses freie Kopierrecht (für private oder interne Zwecke) **besteht nicht für Computerprogramme!**

! Das private Kopierprivileg besteht nicht für Computerprogramme!

Es gibt weitere Bereiche, für die legal und kostenfrei kopiert werden darf (z. B. für eine Verwendung vor Gericht, in Sammlungen für Kirchen, den Schul- oder Unterrichtsgebrauch), wobei jedoch auch dort Einschränkungen zu beachten sind. Es ist gestattet, z. B. **eigene, private** Pressearchive anzulegen, sofern deren Inhalt nicht Externen zugänglich gemacht wird.

Bei Firmen-internen Pressearchiven wird dieses Kopierprivileg sehr viel kritischer bewertet. So entschied der I. Zivilsenat des Bundesgerichtshofs, dass urheberrechtlich geschützte Beiträge aus Zeitungen und Zeitschriften – dies ist weitgehend der gesamte Zeitungsinhalt – auch in unternehmensinternen elektronischen Pressearchiven **nur** mit Zustimmung des Rechtsinhabers genutzt werden dürfen.*

* *Urteil vom 10.12.1998 (I ZR 100/96)*

Geschützte Texte, Bilder und andere Vorlagen dürfen frei kopiert, archiviert und auch wirtschaftlich vermarktet werden, wenn die Schutzfrist des Urheberrechts abgelaufen ist. Das Urheberrecht erlischt nach deutschem Recht 70 Jahre nach Tod des Urhebers (§ 64 UrhG). Sie dürfen also einen 100 Jahre alter Roman erfassen und kommerziell auswerten. Wird ein nachgelassenes Werk nach Ablauf von 60, aber vor Ablauf von 70 Jahren nach dem Tod des Urhebers veröffentlicht, so erlischt das Urheberrecht erst zehn Jahre nach der Veröffentlichung (§ 64 Abs. 2 UrhG).

Komplizierter wird das Urheberrecht, wenn ein Bild oder ein anderes geschütztes *Werk* erfasst, verändert und danach ohne Zustimmung des Urhebers verteilt/vermarktet wird. Das Ausmaß und die Art der Änderung bestimmen hierbei, ob es sich um ein unzulässiges Kopieren oder um eine neue künstlerische Arbeit handelt. In solchen Fällen sollte man versuchen, die Zustimmung des Rechteinhabers einzuholen.** Hier wird die Sache so kompliziert, dass wir sie in diesem Rahmen nicht ausreichend detailliert und verständlich darstellen können.

** *Bei vielen Werken liegt das Verwertungsrecht nicht mehr beim Urheber, sondern bei einem Verlag oder einer Verwertungsgesellschaft.*

Auf die Rechte, Pflichten und Anforderungen, die sich aus der Veröffentlichung noch geschützter Werke ergeben (oder einer Bereitstellung in einem öffentlichen oder halböffentlichen Archiv), soll hier nicht weiter eingegangen werden.

Kompliziert kann das Urheberrecht bei Multimedia-Werken hinsichtlich der Autorenvergütung werden, wenn Komponenten mehrerer Quellen eingesetzt werden. Hierfür sind handhabbare Konzepte erst in der Entstehung und bedürfen einer internationalen Anerkennung.

Wie in anderen Bereichen auch, unterscheiden sich die nationalen Urheberrechte. Stärker als in vielen anderen Rechtsbereichen gibt es hier aber internationale Abkommen, denen sich praktisch alle westlichen und der größte Teil der übrigen Länder angeschlossen haben.*** Diese Gesetze und Abkommen befinden sich zudem im Fluss. So wird in den USA aktuell von der Medienindustrie versucht, das Copyright in extremem Umfang auszudehnen und so zu gestalten, dass das private Kopierprivileg praktisch nicht mehr existiert. Es ist zu befürchten, dass dies in den internationalen Abkommen integriert werden wird. Der Anfang 2002 vorliegende Endwurf zur Novellierung des deutschen UrhG zeigt dies deutlich.

*** *Siehe hierzu [[WIPO]]* *(s. S. 710).*

8.7 Bildschirmarbeits-Verordnung

Die seit 1989 verabschiedete EU-Richtlinie 89/391/EWG ist seit Dezember 1996 auch in nationales Recht in Form der *Bildschirmarbeits-Verordnung* umgesetzt.* Ziel der Verordnung ist der Gesundheitsschutz der Beschäftigten. In ihr werden teils konkrete und teils schwammig formulierte Anforderungen an Gestaltung und Überwachung der Bildschirmarbeitsplätze gestellt. Die Verordnung gilt nicht für Notebooks, Registrierkassen, Schreibmaschinen oder für Bildschirme an Maschinen oder nur gelegentlich benutzten Arbeitsplätzen.

* *Diese als ›Bildschirmarb. VO‹ bezeichnete Verordnung ist z. B. bei Berufsverbänden erhältlich.*

Nach dem Arbeitsschutzgesetz ist bei Betrieben mit mehr als 10 Mitarbeitern zunächst ein Gutachten für die Bildschirmarbeitsplätze zu erstellen. Die Analyse ist zu dokumentieren.**

** *Die Grundsätze gelten auch für Unternehmen mit weniger als 10 Mitarbeitern; diese müssen jedoch keine Gutachten erstellen und keine Dokumentation anfertigen.*

Alle elektronischen Installationen und Geräte müssen den geltenden VDE-Bestimmungen entsprechen. Sie unterliegen im Bereich der gesetzlichen Unfallversicherung der Prüfverpflichtung nach der UVV ›*Elektrische Anlagen und Betriebsmittel*‹. Hierzu zählen auch betrieblich genutzte Privatgeräte.

Der folgende Text enthält eine Zusammenstellung der sicherheitstechnischen und ergonomischen Anforderungen und Fakten als Gestaltungshinweis für alle betroffenen Personen und Organisationseinheiten.

Ergonomische Anforderungen

Die Arbeitsmittel müssen in ihren Abmessungen so gestaltet sein, dass eine gesunde Arbeitshaltungen möglich ist. Zum gesunden Sitzen gehören (siehe Abb. 8-1):

⇨ Übergangsfristen: *Geräte, die nicht Leben oder Gesundheit gefährden, aber den ergonomischen Anforderungen nicht entsprechen, müssen ersetzt werden. Die Übergangsfrist dazu lief Ende 1999 ab!*

- ❑ Die richtige Einstellung der Rückenlehne, so dass die Wirbelsäule in allen Sitzpositionen gut abgestützt wird.
- ❑ Das Ausnutzen der gesamten Sitzfläche bis zur Rückenlehne.
- ❑ Das vollflächige Aufsetzen der Füße (ggf. mit Fußstütze) bei einem Winkel von mehr als 90° zwischen Unter- und Oberschenkel.
- ❑ Das Einnehmen einer abwechselnd vorgeneigten, aufrechten und zurückgelehnten Sitzhaltung.
- ❑ Ein zwanglos aufgerichteter Oberkörper und entspannt herabhängende Oberarme.
- ❑ Ein Winkel von mehr als 90° zwischen Ober- und Unterarm.
- ❑ Die Einstellung der richtigen Sitzhöhe unter Berücksichtigung der Arbeitshöhe.

Um z.B. am Bildschirmarbeitsplatz so sitzen zu können, müssen die Werte für Sitzhöhe, Sitztiefe, Tischhöhe, Beinraumgröße, Greifraum, Arbeitsflächengröße, Sehabstand, Konzeptplatzierung, Tastaturhöhe, Bildschirmhöhe usw. aufeinander abgestimmt werden. Das erfordert ergonomische Sachkenntnis und die Möglichkeit der Höhen- und Tiefenanpassung. Die Schreibtische müssen ausreichend groß sein.

Die für Scanner-Arbeitsplätze benötigten 19"- oder 21"-Monitore nehmen viel Platz ein! Man sollte sich hier überlegen, statt dessen 18"- oder 19"-Flachbildschirme einzusetzen, zumal diese kontrastreicher und augenschonender sind. Die Bildschirme sollen in jedem Fall entspiegelt und die Lichtquelle so aufgestellt sein, dass sie weder blenden noch sich im Monitor oder auf der Arbeitsfläche spiegeln.

Die ergonomischen Anforderungen an Bildschirmarbeitsplätze gelten auch für alle weiteren Arbeitsmittel und Arbeitsgegenstände. Bildschirm, Tastatur, Arbeitsvorlagen und weitere Geräte (z.B. Scanner) müssen so angeordnet werden, dass entsprechend der jeweiligen Arbeitsaufgabe für die Beschäftigten eine möglichst geringe Belastung entsteht.

Abb. 8-1 Ergonomische Gestaltung des Bildschirmarbeitsplatzes

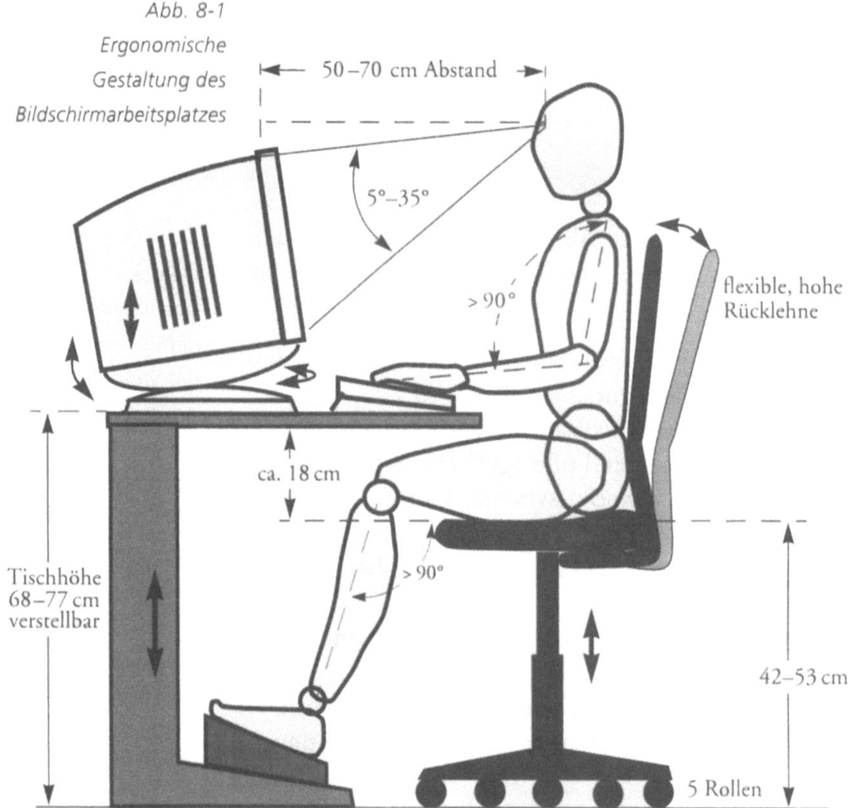

Sichtbare Flächen dürfen nicht glänzen, und insbesondere die Arbeitsflächen dürfen nicht zu hell oder zu dunkel sein. Da diese Gestaltungskriterien auch für Bildschirme gelten, sind bevorzugt Bildschirme mit dunkler Schrift auf hellem Grund (Positivdarstellung) einzusetzen.

Um belastende Entfernungsanpassungen für das Auge weitgehend zu vermeiden, sind alle im zentralen Sehraum aufgestellten Arbeitsmittel in einem möglichst einheitlichen, individuell als angenehm empfundenen Sehabstand anzuordnen. Als Richtwert kann ein Sehabstand von 50 cm bis 70 cm gelten, der jedoch nicht als fester Wert zu verstehen ist. § 6 der Bildschirmarbeits-Verordnung fordert nach G37* eine Untersuchung der Augen und des Sehvermögens der Arbeitnehmer** (auf Kosten des Arbeitgebers) und zwar:

- vor Beginn einer Bildschirmarbeit und
- danach in regelmäßigen Abständen (d.h. etwa alle 3–5 Jahre)***
- beim Auftreten von Sehbeschwerden, die eventuell auf die Bildschirmarbeit zurückzuführen sind

Siehe [G37], auf Seite 701.

*** Diese darf auch von Augenoptikern durchgeführt werden.*

**** 3 Jahre etwa bei Mitarbeitern ab 45 Jahren.*

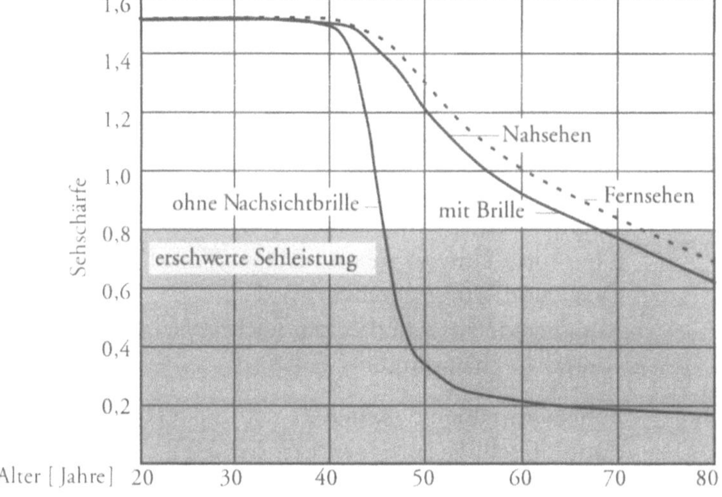

Abb. 8-2 Entwicklung des menschlichen Sehvermögens über das Lebensalter. Die stärksten Veränderungen treten zwischen 40 und 55 Jahren auf. Quelle: [[Dudek]], (s. S. 700)

Die Darstellung auf dem Bildschirm muss auch im seitlichen Gesichtsfeld eine flimmerfreie Wahrnehmung gewährleisten. Reflexionen und Spiegelungen auf der Bildschirmoberfläche sollten unbedingt vermieden werden.

Desweiteren werden Anforderungen an die Gestaltung des Bildschirms im Hinblick auf die Zeichengestaltung, die Zeichenleuchtdichte und die Formatierung der Information auf dem Bildschirm gestellt. Ebenso wird eine bestimmte Gestaltung der Tastatur gefordert, wobei dabei die Eigenschaften und die Anordnung der Tasten wichtig sind.

Die Auswahl und Gestaltung der Büromöbel muss nach technisch-ergonomischen Gesichtspunkten erfolgen. Bei der Einrichtung von Bildschirmarbeitsplätzen sind störende, unnötig belastende Umgebungseinflüsse zu vermeiden. Dieses Problem tritt häufig dann auf, wenn in Arbeitsräumen nachträglich Bildschirmarbeitsplätze eingerichtet werden. Die geltenden Richtwerte für Beleuchtung, Raumklima und Lärm müssen eingehalten werden.*

* Siehe Seite 409.

Neben der ergonomischen Gestaltung der Bildschirmarbeitsplätze sollte auch der ergonomische Aspekt der Tätigkeit berücksichtigt werden. Diese Empfehlung geht von der Erkenntnis aus, dass unterschiedliche Tätigkeiten (*Mischarbeit*) in vielen Fällen eine individuelle Gestaltung der Arbeit ermöglichen und Arbeitsvorgänge zusammenhängend abgewickelt werden können.

Aus arbeitswissenschaftlicher Sicht ist der Erholungswert mehrerer kurzer Unterbrechungen der Tätigkeit, die überwiegend Blickkontakt zum Bildschirm erfordern, ungleich größer als der von wenigen langen Pausen. Deshalb sollten kurze Unterbrechungen dieser Tätigkeiten nicht aufgespart werden dürfen, um dafür den Arbeitsplatz früher verlassen zu können.**

** Quelle: [BAGUV]; (s. S. 700).

Die wesentlichen Parameter lassen sich damit wie folgt zusammenfassen:

Einige der hier aufgeführten Werte sind Empfehlungen und keine gesetzlichen Forderungen.

Sitzhaltung des Menschen
- möglichst aufrechter Oberkörper
- Schultern entspannt
- Ober- und Unterarme im rechten Winkel
- Ober- und Unterschenkel > 90 °
- Kopf gerade ausgerichtet mit leichter Neigung von 15–20° nach unten

Tisch
- höhenverstellbar zwischen 68 cm und 77 cm
- dünne Tischplatte für viel Beinfreiheit
- Minimalgröße des Tisches: 80 cm × 160 cm (für IT-Tätigkeiten)

Stuhl
- 5 Rollen
- hohe Rückenlehne, beweglich, höhenverstellbar
- Stütze der Rückenlehne in Gürtelhöhe
- feste Sitzfläche
- Sitzhöhe verstellbar zwischen 42–53 cm

Monitor
höhenverstellbarer Drehfuß, neigbar
Bildfrequenz minimal 73 Hz, empfohlen ≥ 85 Hz
(bei TFT genügen 60–70 Hz)
Augenabstand mindestens 50 cm
schwarzer Text auf hellem Hintergrund
reflexions- und blendfrei
strahlungsarm (TCO 99)
oberste Informationszeile etwas unter Augenhöhe
mittlere Leuchtdichte ≥ 100 cd/m^2
möglichst ≥ 17" bei Windows-Anwendungen
Aufstellung möglichst im rechten Winkel zum Fenster

Tastatur
separat vom Monitor frei beweglich
Tastaturhöhe maximal 30 mm (möglichst flach)
deutliche Beschriftung, leichter Anschlag
Tastaturneigung verstellbar, 6–18°
Belegung möglichst DIN 2137
Ablage für Handballen vor oder auf der Tastatur

Beleuchtung
blendfrei, Tageslichtfarben
minimal 500 Lux
gleichmäßige Lichtverteilung
allgemeine Beleuchtung durch Einzelplatzbeleuchtung ergänzen

Arbeitsumgebung
Lautstärke am Arbeitsplatz max. 55 dB
relative Luftfeuchtigkeit: 40–65 % (50 % optimal)
Raumtemperatur 21–22 °C (maximal 26 °C)*
Luftgeschwindigkeit 0,1–0,15 m/s am Arbeitsplatz
Reflexionsgrad der Decke: 0,7–0,85
Reflexionsgrad der Wände: 0,5–0,65
Reflexionsgrad des Bodens: 0,2–0,40
Reflexionsgrad der Arbeitsfläche: 0,2–0,50
jede direkte und indirekte Blendung vermeiden

* *und nur bei hohen Außentemperaturen*

8.8 Weitere Gesetze und Verordnungen

Verantwortlich für die korrekte Gestaltung eines Systems und seines Betriebs ist nicht der DMS-Anbieter, sondern der Betreiber!

Neben den bereits aufgeführten Gesetzen gibt es eine ganze Reihe weiterer Gesetze und Verordnungen, die im Einzelfall eventuell berücksichtigt werden müssen. Es liegt in der Regel in der Verantwortung des DMS-Projektleiters sich zu informieren, da die DM-Lösungsanbieter nicht alle betreffenden Vorschriften kennen können und vielfach die Anwendung eines DM-Systems auch nach der Erstabnahme noch auf andere Unternehmensbereiche ausgeweitet wird. Die wesentlichen zu ermittelnden Punkte sind die in den Gesetzen und Vorschriften festgelegten *Aufbewahrungsformen und -fristen* sowie eventuell zusätzlich bestehende Sicherheits- bzw. Vetraulichkeitsanforderungen.

So gelten z.B. für Krankenhäuser sehr lange Aufbewahrungsfristen, die sich aus Rechtsansprüchen von Patienten im Rahmen von Kunstfehlerprozessen ergeben können. Hier gilt eine Verjährungsfrist von 30 Jahren. Wissenschaftliche Zwecke und die Dokumentation der Krankengeschichte erfordern teilweise wesentlich längere Aufbewahrungsfristen. Auch gilt für Patientendaten natürlich eine sehr hohes Maß an Datenschutz.

Auch versandte Daten (z. B. CDs und eMails) müssen ***mehrfach (2-fach)*** *auf Viren geprüft werden, da Sie sonst für den entstehenden Schaden beim Empfänger haften!*

Weitere Anforderungen ergeben sich indirekt aus dem Produkthaftungsgesetz. Sie können es erforderlich machen, dass Konstruktionspläne, Rezepturen, Produktionsdaten, Prüfberichte, Verfahrensanleitungen, Reparaturanleitungen und Handbücher, Betriebs- und Gebrauchsanleitungen und ähnliche produktbezogene Informationen über den vollständigen Lebenszyklus eines Produktes hinweg aufbewahrt werden. Dies kann bei langlaufenden Produkten zu sehr langen Aufbewahrungsfristen führen, die insbesondere zum Zeitpunkt der Archivierung noch gar nicht festzuliegen brauchen.

Einige Anforderungen ergeben sich nicht durch den Gesetzgeber, sondern auch aus Vorschriften und Gepflogenheit von Branchen, Organisationen und Unternehmen selbst.

In der Pharmaindustrie gelten spezielle Regeln für Dokumente aus den Bereichen Forschung, Produktion und Antragsdokumentation, die sich weitgehend an den Vorgaben der *Federal Drug Administration* (FDA, USA) orientieren.

Man sollte sich bei DMS-Projekten sowohl mit der Rechtsabteilung im Hause als auch mit der Innenrevision abstimmen. Die Rechtslage ist oft weder schwarz noch weiß und eine gute (dokumentierte) Argumentation, Prozessorganisation und -dokumentation kann bei kritischen Anwendungen oft helfen.

8.9 Zusammenfassung rechtlicher Aspekte

Sieht man einmal von personenbezogenen Daten ab, so beziehen sich die rechtlichen Anforderungen an die Archivierung von Belegdaten im kommerziellen Umfeld weniger auf die Vertraulichkeit der Daten, sondern stärker auf das Unterbinden von Manipulationen und eine *ordnungsgemäße Ablage* sowie bei eingehenden Rechnungen auf den *Nachweis der Authentizität.* Die Anforderungen an eine *ordnungsgemäße* Ablage lassen sich vereinfacht wie folgt zusammenfassen:

Beachten Sie jedoch zusätzlich die speziellen Anforderungen an vorsteuerrelevante Belege (siehe Kapitel 8.1.1) und die Beweisproblematik elektronischer Dokumente im Zivilrecht bei Verträgen und Urkunden.

- Unzulässige Änderungen der Unterlagen müssen verhindert werden. Dies geschieht durch
  - Systemeigenschaften,
  - Verfahren (z.B. fehlende Änderungsfunktionen),
  - die Art der Speicherung (d.h. auf 1-mal-beschreibbaren Medien),
  - schriftliche Arbeitsanweisungen an das Betreiberpersonal und
  - weitere Erläuterungen in der Verfahrensbeschreibung.
- Kein Zugang Unbefugter – insbesondere zu vertraulichen Daten und zu kritischen DM-Operationen.
- Abruf der Daten muss möglich sein
  - problemlos,
  - zeitnah,
  - in korrekter Reihenfolge,
  - über den gesamten geforderten Aufbewahrungszeitraum hinweg.
- Eine bildliche Übereinstimmung zwischen Original und Kopie ist bei Buchungsbelegen und eingehenden Handelsbriefen zu gewährleisten. Für ausgehende Handelsbriefe reicht eine inhaltliche Übereinstimmung.
- Protokollierung von Korrekturen und Umkopieren (und eventuellen Konvertierungen) von Daten/Dokumenten.
- Die Einhaltung der gesetzlichen Vorschriften muss (organisatorisch) kontrolliert werden.
- Dem Prüfer muss eine Verfahrensdokumentation vorgelegt werden können, aus der er den Ablauf des Verfahrens erkennen kann. Zusätzlich muss für ihn eine Prüfung ohne spezielle Hilfsmittel möglich sein. Dies impliziert, dass Belege und andere Informationen auf Verlangen ausgedruckt werden können.

Besonderes Augenmerk muss der Dokumentensicherheit gelten:

- Bei aufbewahrungspflichtigen und juristisch relevanten Dokumenten ist sicherzustellen, dass die Dokumente vollständig erfasst und korrekt attributiert werden. Nur so können sie später korrekt abgerufen werden. Zusätzlich ist dafür zu sorgen, dass nur vertrauenswürdiges, entsprechend geschultes Personal eventuell notwendige kritische Operationen* ausführt. Dazu reicht in der Regel der bloße Passwortschutz für den Rechnerzugang nicht. Hier sollte ein zusätzliches Anmelden des Anwenders zur DM-Anwendung erforderlich sein. Das DM-Rechteprofil normaler DM-Anwender darf solche Operationen nicht zulassen.
- Vertrauliche Daten – etwa Personaldaten – müssen zusätzlich geschützt werden.** Diese Daten sollten nur chiffriert übertragen werden!

Hierzu zählen z. B. das Löschen, Umkopieren oder Um-Attributieren von Dokumenten.

Hier ist zusätzlich zu prüfen, ob die Daten überhaupt erfasst und wie lange sie gespeichert werden dürfen. (**)

Da viele dieser Vorschriften recht ungenau und vielseitig interpretierbar sind, bleibt es letztendlich dem Steuer- und dem Wirtschaftsprüfer überlassen, ob ein System als ›*ordnungsgemäß*‹ akzeptiert wird. Diese sollten deshalb bei Einführung optischer Belegarchivierung informiert und eventuell konsultiert werden. Bei Systemen, welche die zuvor beschriebenen Anforderungen erfüllen, ist jedoch nicht mit Problemen zu rechnen, da sie inzwischen bereits verbreitet sind.

Ermitteln Sie selbst, welche speziellen Aufbewahrungsfristen und -formen für Ihre Dokumente gefordert werden. Berücksichtigen Sie dabei auch eventuelle indirekte Forderungen, welche sich z. B. aus Produkthaftung und spezifisch Ihr Unternehmen betreffenden Vorschriften ergeben können und dokumentieren Sie diese (z. B. als Teil der *Verfahrensdokumentation*).***

*** *Siehe Kapitel 9.8.*

Vergessen Sie nicht, den Betriebsrat und den betroffenen Fachbereich rechtzeitig in die Planung einzubeziehen.

Der Einsatz von elektronischen Signaturen und Zeitstempel, sowohl zum Urhebernachweis (bei eingehenden Dokumenten) als auch zum Nachweis, dass keine Veränderungen stattgefunden haben, wird kontinuierlich zunehmen. Denn seit den Jahren 2000/2001 haben sowohl die öffentlichen Stellen als auch die Industrie diese Thematik aufgegriffen (z. B. unter den Themenbereichen eGovernment, B2B-Procurement, B2C-Security). Auch Banken und Kreditkartengesellschaften forcieren den Einsatz der Technik beim eShopping/ePayment, um die Sicherheit zu erhöhen und Betrug im Internet zu reduzieren.

8.10 Code of Practice – die 10 Archivregeln der VOI

Der VOI (*Verband Organisations- und Informationssysteme e.V.*)* ist eine Vereinigung deutscher Anbieter von DM-Systemen und DMS-Komponenten. Er erarbeitete u.a. Richtlinien für eine *ordnungsgemäße Archivierung* im Sinne des Steuer- und Handelsrechts. Darin wurden 10 Maxime für eine GoBS-konforme Handhabung solcher Dokumente aufgestellt. Sie werden bei der VOI *Code of Practice* genannt:**

* Siehe [[VOI]] (s. S. 710).

** Diese Regeln sind an den in England gültigen ›Code of Practice‹ angelehnt (siehe Seite 414 und Seite 700).

1. Jedes Dokument muss unveränderbar archiviert werden.
2. Kein Dokument darf auf dem Weg ins Archiv oder im Archiv selbst verlorengehen.
3. Jedes Dokument muss mit geeigneten Retrieval-Techniken wiederauffindbar sein.
4. Es muss genau das Dokument wiedergefunden werden, dasgesucht worden ist.
5. Kein Dokument darf während seiner vorgesehenen Lebenszeit zerstört werden können.
6. Jedes Dokument muss in genau der gleichen Form, in der es erfasst wurde, wieder angezeigt und gedruckt werden können.
7. Jedes Dokument muss *zeitnah* wiedergefunden werden können.
8. Alle Aktionen im Archiv, die Veränderungen in der Organisation und Struktur (des Archivs) bewirken, sind so zu protokollieren, dass die Wiederherstellung des ursprünglichen Zustandes möglich ist.
9. Elektronische Archive sind so auszulegen, dass eine Migration auf neue Plattformen, Medien, Softwareversionen und Komponenten ohne Informationsverlust möglich ist.
10. Das System muss dem Anwender die Möglichkeit bieten, die gesetzlichen Bestimmungen (BDSG, HG, AO) sowie die betrieblichen Bestimmungen des Anwenders hinsichtlich Datensicherheit und Datenschutz über die Lebensdauer des Archivs sicherzustellen.

Neu sind inzwischen die Anforderungen aus dem GDPdU und § 14 IV UStG hinzugekommen.

Siehe dazu die Abschnitte 8.1.4–8.1.5.

8.11 Juristische Positionen anderer Staaten

Information zu einigen DMS-spezifischen Rechtsthemen ist für verschiedene Länder auf den Internet-Seiten von PROJECT-Consult zu finden unter: www.project-consult.de.

Wie bereits erwähnt, sind die Vorschriften bezüglich der Archivierung von Dokumenten landesspezifisch. Eine schnelle internationale Vereinheitlichung ist hier nicht abzusehen, wobei innerhalb der EU allmählich einige Vereinheitlichungen stattfinden – so z.B. bei den Signatur-, Datenschutz- und Steuergesetzen. Die EU betätigt sich, was das Thema *eCommerce* betrifft, durchaus als Treiber für neue, moderne Gesetze. Im Regelfall ist dabei eine einmal verabschiedete EU-Richtlinie innerhalb von 18 Monaten in nationales Recht umzusetzen.

Jedoch ist auch hier genau hinzuschauen, da zuweilen auch kleine Unterschiede nationaler Umsetzungen relevant sein können. So sieht z.B. die EU-Richtlinie (77/388/EWG) zur »*Vereinfachung, Modernisierung und Harmonisierung der mehrwertsteuerlichen Anforderungen an die Rechnungsstellung*« im Prinzip die *fortgeschrittene Signatur* für elektronische Rechnungen als ausreichend an, lässt den EU-Staaten jedoch gewisse Freiräume, innerhalb derer Deutschland z.B. nicht nur die qualifizierte, sondern gleich die *qualifizierte und akkreditierte Signatur* verlangt.

Zu [Skupsky] siehe Seite 702.

Eine recht ausführliche Diskussion der rechtlichen Aspekte für den amerikanischen Markt ist in [Skupsky] zu finden.

Die Beweiskraft eines elektronischen Dokuments wird in anderen Ländern teilweise weit stärker akzeptiert, als bisher in Deutschland. So sind in den USA elektronische Dokumente als Nachweise in Zivilprozessen weitgehend uneingeschränkt anerkannt, sofern für sie das benutzte Speicherverfahren und Dokumentenformat eine hohe Dokumentenechtheit sicherstellt.*

* Basis hierfür ist in den USA nach [Geis-3] die ›Rule 1001 Abs. 2‹ der ›Uniform Rule of Evidence‹.

In England gestattet der *Cicil Evidence Act* (CEA, von 1995) ein elektronisches Dokument als Beweismittel. Von Interesse ist hier insbesondere Section 8 und Section 9 der CEA.

Zum ›Code of Practice‹ siehe [CodeP] (s. S. 700).

In England wurde von einer Reihe von Foren und Normungsgremien der ›*Code of Practice for Legal Admissibility of Information Stored on Electronic Document Management Systems*‹ erarbeitet. Er soll als Grundlage für eine *rechtssichere elektronische Archivierung* im europäischen Rahmen dienen. In einer erweiterten allgemeinen Form sollen dabei die verschiedenen rechtlichen Rahmenbedingungen der EU in Form von Anhängen aufgenommen werden.

Auch in der Schweiz erkennen Gerichte solche Dokumente als Beweismittel an. Basis ist hier nach [Geis-3] Artikel 962 Abs. 4 des Schweizer Obligationsrechts (OR).** Eine gute Übersicht zu den verschiedenen Signaturgesetzen pflegt S. van der Hof (siehe hierzu [[Hof_1]]).

** Zu [Geis-3] siehe Seite 701.

Kritische Punkte in DM-Systemen

Nachdem bisher überwiegend die prinzipielle Architektur und die Technik wesentlicher DM-Komponenten diskutiert wurden, setzt sich dieses Kapitel mit einzelnen kritischen Punkten und gewissen Problembereichen von Archiv- und DM-Systemen auseinander.

Der Begriff *Problembereiche* soll dabei nicht so verstanden werden, als würden die angesprochenen Komponenten in heutigen DM-Systemen nur unbefriedigend funktionieren, sondern er will Ihre Aufmerksamkeit auf Bereiche lenken, die bei der Planung von DM-Lösungen besonderes Augenmerk verdienen.

Viele der genannten Bereiche bedürfen lediglich einer sorgfältigen Planung, einer genauen Definition der Anforderungen oder besonderer Sorgfalt in der Arbeitsvorbereitung und eines an die Aufgabe angepassten Arbeitsablaufs.

Die zu betrachtenden Bereiche orientieren sich wie die Architektur an den Schritten, die die Daten in einem DM-System durchlaufen:

- Erfassung, Attributierung und Dokumentenaufbereitung
- die Nutzungsphase, d. h.
  - Ablage,
  - Distribution,
  - Retrieval
- Darstellung und Bearbeitung

Zusätzlich werden Aspekte angeschnitten, die das Gesamtsystem und dessen Einsatz betreffen.

9.1 Informationsverteilung im Unternehmen

Der Anteil der Information, der in einem durchschnittlichen Unternehmen ausschließlich auf Papier vorliegt, ist immer noch erheblich. Etwa bis im Jahr 2001 war der papierbasierte Anteil die überwiegende Informationsmenge – man berücksichtige hier die durchaus noch wichtigen Teile der Firmenarchive (insbesondere bei Banken und Versicherungen), Pläne, sowie den immer noch großen Anteil an Rechnungen, Kontenlisten, Lieferscheinen, Briefen, Reports, technische Dokumentationen und Ähnliches. Zum Papieranteil gehören auch die zahlreichen Bücher und Bibliotheken in den Unternehmen, Zeichnungsarchive (insbesondere in der produzierenden Industrie).

Es wird geschätzt, dass 1998 etwa 80 % des Wissens eines Unternehmens in Form von Papierdokumenten verfügbar war. Durch den extremen Zuwachs an elektronischen Dokumenten geht dieser Anteil jedoch schnell zurück.* Abbildung 9-1 zeigt die ungefähre Verteilung der Informationen und deren Entwicklung, wobei unter ›Offline‹ Informationen zu verstehen sind, die sich auf Mikrofilm, Bändern und nicht direkt zugreifbaren optischen Datenträgern befinden, während Daten in Nearline-Speichern (also in Bandrobotern und Jukeboxen mit optischen Medien) mit zu den Online-Daten gezählt werden.

* *Man wird nach [IDG-1] (s. S. 703) allein in den Jahren 2002 bis 2004 etwa soviel Daten generieren, wie in den letzten 40 000 Jahren zusammen!*

Der zweiter wesentliche Faktor ist die Summe der Informationen, welche in einem Unternehmen existieren – Informationen, ins Unternehmen kommen oder selbst erzeugt und die gespeichert werden – sei es in elektronischer Form oder auf Papier oder Film.

Die Informationsmenge im Unternehmen wächst rapide – die Summe aus Papier, Film und Daten in elektronischer Form. Ein Ende ist nicht abzusehen. Während das Wachstum bei Papier lediglich bei etwa 7 % jährlich liegt,* ist es der elektronische Anteil, der das starke Wachstum aufweist – etwa 60% bis 100% (siehe Abschnitt 9.2). Der Anteil, der auf Papier (neu) erstellten Dokumente, geht dabei von 90% im Jahr 1995 auf etwa 10% im Jahr 2007 zurück.* Ein Teil der Information wird im Unternehmen weiterhin redundant sowohl in Papier als auch in elektronischer Form vorhanden sein.

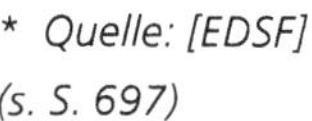

* Quelle: [EDSF] (s. S. 697)

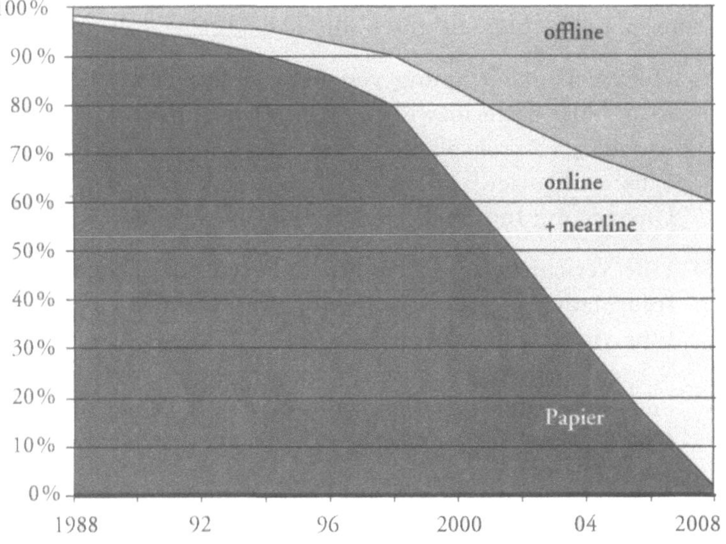

Abb. 9-1 Verteilung der Information (verschiedene Quellen)

Für eine integrierte Verarbeitung und Speicherung müssen deshalb in absehbarer Zeit immer noch Informationen von Papier und in deutlich geringerem Umfang auch von Mikrofilm, Film oder Röntgenbildern erfasst werden. Mit der Verbreitung der Multimediatechnologie kommen hierzu auch Audio- und Video-Daten.

Aber auch für die unterschiedlichen hereinkommenden Informationen in elektronischer Form müssen Konventionen, Werkzeuge und sinnvolle Konvertierungen für deren Speicherung und Verarbeitung geschaffen werden – unter Berücksichtigung der geforderten Aufbewahrungsformen und -fristen.

9.2 Datenwachstum

Das Wachstum der elektronischen Datenbestände ist enorm. Für die Jahre 1998–2004 geht man von einem durchschnittlichen Wachstum in den Unternehmen zwischen 60% und 90% jährlich aus, d.h. der Bedarf an Speicher verzehnfacht sich alle 3,5–4,5 Jahre!

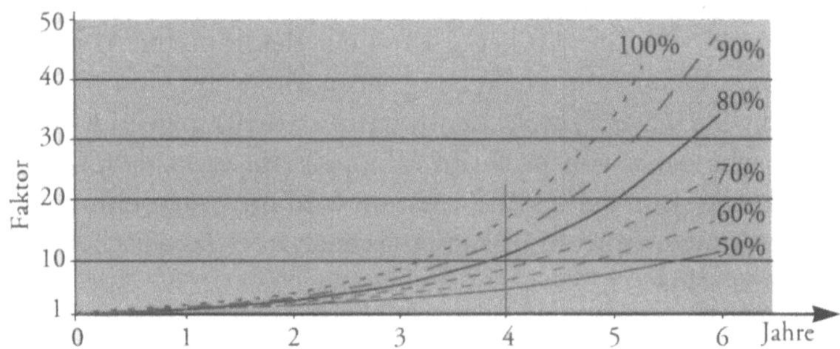

Abb. 9-2 Wachstumskurve des elektronischen Speicherbedarfs bei jährlichen Zuwächsen zwischen 50 % und 100 %.

Dafür gibt es mehrere Faktoren, die sich addieren bzw. überlagern:

A) **Höhere Durchdringung von Arbeitsplatz-PCs** im Unternehmen – hier flacht inzwischen die Wachstumskurve ab. Mit der Anzahl der Arbeitsplatz-PCs und der Server steigt die Redundanz an Dateien/Dokumenten und sinkt die Disziplin beim Umgang mit Informationen und Speicher.

B) Eine **Verschiebung** in Unternehmen **von der Produktion zur Information – Information wird zur wesentlichen Ressource.** Eine Ausprägung davon sind CRM-Systeme, bei denen das Wissen über einen Kunden A) akkumuliert und B) von Papier und dem Kopf einzelner Mitarbeiter in Datenbanken und Dokumente verlagert wird.

C) Steigende **rechtliche Anforderungen hinsichtlich Nachweispflicht und Aufbewahrungsdauer.***

D) **Internet und Intranet** bieten eine Menge nützlicher **Informationen,** welche man (der typischen Schreibtischarbeiter) für eine spätere Nutzung speichert.

E) **Anstieg des Datenvolumens je Information** oder Dokument durch den vermehrten Einsatz von komplexer Formatierung, Farbe, Grafiken sowie allmählich auch Audio- und Videodaten.

F) **Verändertes Kommunikationsverhalten,** z.B. weg vom Brief, Aushängen, Rundschreiben und Telefon hin zu eMail und Inter- und Intranet und dies mit mehr Daten.

** So wurde z.B. 1998 die Aufbewahrungsfrist steuerrelevanter Belege von 6 auf 10 Jahre verlängert.*

Immer mehr Informationen kommen in elektronischer Form in das Unternehmen oder verlasssen es in elektronischer Form. In beiden Fällen muss ein Großteil dieser Information auch mittel- und langfristig gespeichert werden und abrufbar sein.

Während die Speichertechnik, wie im Kapitel 5.13 dargestellt, bei diesem Wachstum durchaus mithalten konnte, wurden die Methoden und Werkzeuge zur Handhabung großer Informationsmengen nicht in gleichem Maße weiterentwickelt. So haben nur wenige Bürokräfte gelernt, eine sinnvolle Strukturierung ihrer zahlreichen Dateien auf dem PC durchzuführen oder ihre empfangenen eMails effizient zu organisieren. Man analysiere hier einmal die großen Verteilerlisten verschickter eMails mit dicken Anhängen (etwa in Form von elektronischen Präsentationen) – ein ausgesprochen Ressourcen-ineffizientes Verfahren. Komprimierung wird wenig eingesetzt, obwohl automatisierbar, z. B. bei der Dateiablage unter den neueren Microsoft-Windows-Systemen.

Bei der Informationsflut und den sich ständig ändernden Aufgaben und Gegebenheiten im Unternehmen fällt es schwer zu entscheiden, welche Information aufbewahrungswürdig ist. Eine entsprechende Klassifikation erfolgt heute in den meisten Fällen weder durch den Absender noch durch den Empfänger und nur in wenigen Fällen durch die verarbeitende Anwendung.

Studien zeigen, dass ca. 40–50 % der elektronischen Information eines durchschnittlichen Unternehmens in Datenbanken liegt.* Man denke hier an die Datenbanken von ERP- und CRM-Systemen, bei denen der Anteil deutlich über 50 % liegt. Diese haben vielfach bei größeren Unternehmen die Terabyte-Grenze deutlich überschritten.

* *Siehe z. B. die Aussagen in [IDG-1] (s. S. 703).*

Selbst in klassischen DM-Systemen macht die Datenbank einen wesentlichen Anteil des gesamten Speicherbedarfs aus – typisch zwischen 10 % und 30 % mit steigender Tendenz, bedingt durch mehr Attribute und komplexere Verknüpfungen bzw. Relationen. Volltext-Datenbanken liegen bei etwa 40–90 % der indexierten Daten (und damit bei ca. 30–45 % des Gesamtvolumens).

Eine Ursache des fast unkontrollierten Wachstums des Speicherbedarfs ist das Fehlen einer *Storage Policy* in vielen Unternehmen – der Strategie hinsichtlich der elektronischen Speicherung. Sie aber ist eine wesentliche Voraussetzung für ein effektives Speicher-Management (*Storage-Resource-Management*). Erst mit ihr machen Speicher-Management-Systeme Sinn.

Zum Thema ›Storage Policy‹ siehe Kapitel 5.11.5.

Zum Thema SRM bzw. ›Storage Resource Management‹ siehe Kapitel 5.11.

9.3 Datenerfassung

Obwohl nicht nur Papier- oder Mikrofilmdokumente für DM-Lösungen erfasst werden können, sondern auch andere Arten rechnerexterner Information wie Audio- und Video-Information, soll nachfolgend primär auf die Erfassung von Papierdokumenten eingegangen werden. Auch innerhalb solcher Dokumente werden wir uns weitgehend auf die Aufnahme von Schwarzweiß-Vorlagen beschränken, da diese die typischen Probleme der Erfassung aufzeigen und zumindest kurzfristig den überwiegenden Teil bei der Erfassung ausmachen werden.

Die Planung und Konzeption der Erfassung sollte folgende Punkte umfassen:

A) Auswahl der zu erfassenden Daten
B) Erfassungsverfahren
C) notwendige Dokumentenaufbereitung für die Erfassung
D) Vorlagenqualität, Qualität der Archivdokumente
E) Prüfung der erfassten Daten
F) eventuell notwendige Nachbearbeitung erfasster Dokumente
G) Erfassungsleistung
H) Organisation der Erfassung

Erfassungsaufwand

Die Erfassung externer Daten ist aufwändig, teuer und kostet erheblich Zeit. Sie stellt damit einen wesentlichen Kostenfaktor beim Betrieb eines elektronischen Archivs dar. Der Aufwand und damit auch die Kosten der Erfassung werden weitgehend von folgenden Faktoren bestimmt:

- **Art der Information**
  Handelt es sich um Schwarzweiß-Vorlagen mit Texten, um technische Zeichnungen, um Halbtonvorlagen oder um Farbbilder?
- **(Notwendige) Vorlagenaufbereitung**
  wie etwa das Entfernen von Heftklammern und Eselsohren, das Glätten und Sortieren der Vorlagen: In extremen Fällen kann auch ein vorhergehendes Kopieren notwendig sein.
- **Qualität der Vorlagen**
  Hierzu gehören beispielsweise Verschmutzungen, der Kontrast der Vorlagen, Formatunterschiede und Ähnliches.

- **Qualitätsanforderungen an die gespeicherte Information** hinsichtlich Auflösung, Farbtiefe und Wiedergabetreue
- **Eventuell notwendige Nachbearbeitungen,** wie Filtern, manuelle Bereinigung oder notwendige Transformationen wie Rotation, Spiegeln, Farbkorrektur usw.
- **Qualitätsprüfungen**
- **Menge der zu erfassenden Daten** insgesamt und pro Zeiteinheit
- **Organisation der Erfassung**

9.3.1 Welche Dokumente sind zu erfassen?

Bei der Erfassung sind zwei Phasen zu unterscheiden:

A) Erfassung alter Informationsbestände
B) Erfassung neu anfallender Informationen

Einige DM-Lösungen erhalten ihre Funktion erst nach einer Erfassung von Altbeständen. Hierzu gehören beispielsweise Archive von Zeitungen, technische Zeichnungen sowie von Karten und Kataster-Unterlagen. Dies sind langlebige Daten, die über viele Jahre hinweg aufbewahrt werden. Bei solchen Archiven ist zu prüfen, ob alle Altbestände erfasst werden müssen oder ob man sich auf den aktuelleren Teil beschränken kann.

Ein oft praktikables Verfahren besteht darin, alte Dokumente erst dann zu erfassen, wenn sie zu einer Neubearbeitung benötigt werden. Damit beschränkt man den Archivbestand hinsichtlich der Altdokumente auf jene, auf die mit einiger Wahrscheinlichkeit wiederholt zugegriffen wird.

Die Auswahl der Dokumente, die zu erfassen sind – unabhängig davon, ob sie aus Altbeständen oder neu anfallenden Daten stammen –, sollte unter ökonomischen Gesichtspunkten getroffen werden.

Wesentliche Punkte sind hierbei:

- Sind alle oder nur ein Teil der Dokumente zu erfassen?
- Wie oft wird wahrscheinlich auf die Information zugegriffen? Wie teuer ist ein Zugriff auf die Information im konventionellen Verfahren wirklich?

- ❑ Was kostet der Verlust bzw. die Wiederbeschaffung der Information?
- ❑ Ist die Information nochmals in anderer Form vorhanden, aus der sie wiedergewonnen werden kann?
- ❑ Wie hoch sind die Erfassungs- und Speicherkosten?
  Hier sollten die Kosten für eine digitale Speicherung im Rechner, eine Speicherung auf Mikrofilm und eine konventionelle Speicherung auf Papier (mit allen Nebenkosten) verglichen werden.
- ❑ Gibt es nicht-monetäre (qualitative) Faktoren, die für die Speicherung der Information im Archiv sprechen? Hierzu gehört z. B. die schnelle Verfügbarkeit von Informationen von mehreren Arbeitsplätzen aus. Bringt dies Wettbewerbsvorteile?

9.3.2 Qualitätsanforderungen

Sowohl die Qualität der Papiervorlagen als auch die Anforderungen an die Qualität der erfassten Dokumente (bzw. deren Darstellungsqualität) bestimmen die Aufwände zur Vorbereitung, Erfassung, Nachbearbeitung und Speicherung. Während die Qualität der Papiervorlagen selten direkt beeinflusst werden kann, sind die Anforderungen an die gespeicherte Information sorgfältig abzuwägen.

Zu hohe Anforderungen steigern die Kosten und könnten sogar die Archivarbeit behindern, da die Zeiten für Speicherung, Abruf und Darstellung durch das höhere Datenvolumen steigen.

Setzt man die Anforderungen zu tief, können wesentliche Informationen (z. B. durch zu geringe Auflösung) verloren gehen und den Wert der gespeicherten Dokumente mindern. Auch sollte daran gedacht werden, dass die Qualitätsanforderungen durch die technische Weiterentwicklung wachsen werden.

Tabelle 9-1 zählt einige Faktoren auf, welche die Qualität des gespeicherten Dokuments hinsichtlich seiner späteren Darstellung beeinflussen. Bei der Qualitätsanforderung ist es sinnvoll, diese nach den unterschiedlichen Verwendungszwecken zu differenzieren. Eine ausreichende Lesbarkeit muss dabei für alle Arten gelten. Je höher die Zugriffs- bzw. Nutzungsrate der erfassten Information ist, desto höher sollte die Qualität sein, wobei auch hier ein Gleichgewicht zwischen der Qualität, den Erfassungs- und den Speicherkosten zu treffen ist.

Tabelle 9-1
Bestimmende Faktoren für die spätere Darstellungsqualität eines Dokuments

Faktoren für die Qualität der späteren Ausgabe	
bei der Vorlage	
	Vorlagenqualität (Farbe, Verschmutzung, Rückseite durchscheinend)
	Oberflächenbeschaffenheit (Spiegelung, sehr rau, sehr glatt)
	Bildqualität (Druckqualität)
	Vorlagenkontrast (konstant oder wechselnd)
beim Scannen	
	Auflösung
	Farbtiefe bei Halbton und Farbe
	Blindfarbe des Scanners
	Blindfarbe (zum Ausblenden) bei farbigen Formularhintergründen
	Qualität des Scanners
durch Nachbearbeitung	
	Filter (-funktionen) (weiße oder schwarze Pixel entfernen)
	manuelle Bereinigung
	Kontrastanpassung (bei Halbton und Farbe)
	Farbkorrektur
	Mehrfach-Scannen mit Zusammenkleben
	Auflösungsumrechnung, Bildrotation im Nicht-90°-Winkel
	Geradestellen schräg eingezogener Seiten
	NCI → CI-Wandlung?
beim Abspeichern	
	Auflösung
	Komprimierung: – verlustfrei oder – welche Verluste sind akzeptabel?

Die Vorlagenqualität

Die Vorlagenqualität ist bei der Erfassung externer Daten einer der zentralen Faktoren, welche die Aufwendungen für die Erfassung und die Qualität der später abgelegten Dokumente bestimmt. So verbessert eine hohe, gleichmäßige Qualität sowohl das Ergebnis als auch den Erfassungsaufwand und die Erfassungsgeschwindigkeit. Wesentliche Merkmale sind hier:

- **Die Papierqualität**
  Ähnlich wie beim Kopierer können zu dünne, zu starke, extrem glatte oder rauhe Papiere den automatischen Einzug erschweren. Auch eine glänzende Oberfläche bereitet Probleme bei der Erfassung. In einzelnen Fällen kann es notwendig sein, zunächst über Kopierer Zwischenkopien zu erstellen.
- **Die Vorlagenbeschaffenheit**
  Hierunter wird der Aufbau der Vorlage verstanden. Müssen beispielsweise Heftklammern entfernt werden, ist die Vorlage einseitig oder doppelseitig bedruckt oder liegt sie gar als Heft oder Buch vor? Wie können zusammengehörige Einheiten erkannt werden?
- **Die Bildqualität**
  der Vorlage wird durch den Kontrast, die Farben und durch eventuelle Verschmutzungen bestimmt. Bei farbigen Vorlagen ist darauf zu achten, dass wesentliche Informationen nicht in den Blindfarbbereich (zumeist die Farbe Grün-Gelb) des Scanners fallen.
- **Die Homogenität**
  des zu erfassenden Materials hinsichtlich des Vorlagenformats, der Papierqualität, des auftretenden Kontrastes und der Art der Information bestimmt wesentlich den Arbeitsablauf und das Erfassungstempo. Ist ein Sortieren vor dem Erfassen oder ein ständiges Ändern der Erfassungsparameter notwendig, so reduziert dies die Erfassungsleistung teilweise wesentlich.

Welche Qualität für welchen Zweck?

Bei der Erfassung von externen Dokumenten wird die spätere Qualität des Dokuments im Rechner weitgehend von der Auflösung bei der Erfassung und der Informationstiefe pro erfasstem Bildpunkt bestimmt. Die sinnvollen bzw. minimalen Anforderungen hängen dabei von der Informationsart und dem geplanten Verwendungszweck der gespeicherten Dokumente ab. Sie können auch je nach Einsatzfall unterschiedlich sein. Die Angaben in Tabelle 9-2 bieten einige Anhaltspunkte. Im Zweifelsfall sollte man mit typischen Vorlagen Tests durchführen.

Tabelle 9-2 Anforderungen an die Auflösung von Dokumenten bei der Erfassung für unterschiedliche Vorlagen

Erforderliche Auflösungen für verschiedene Vorlagen	
Textdokumente	
mittlere Schriftgröße	200 dpi Schwarzweiß
viele Details	300 dpi Schwarzweiß
sehr kleine Schrift	400 dpi Schwarzweiß
OCR-Verarbeitung	300–400 dpi Schwarzweiß
OCR-Verarbeitung	300 dpi Farbe bei Farbvorlagen
Zeitschriften, Bücher	
wenige Bilder	300 dpi Schwarzweiß
viele Bilder	150 dpi 8 Bit Halbton
Strichzeichnungen	600 dpi bitonal
Technische Zeichnungen	
normale Komplexität	300 dpi Schwarzweiß
hohe Komplexität	400–600 dpi Schwarzweiß
sehr feine Linien	400–600 dpi Schwarzweiß
Schwarzweiß-Fotos	
normale Qualität	150 dpi, 8 Bit Graustufen
höhere Qualität/Prepress	300 dpi, 8 Bit Graustufen
Röntgenbilder	300–400 dpi, 12 Bit Graustufen
Farbbilder	
Erkennungsqualität	75 dpi, 8 Bit Farbe
normale Qualität	150 dpi, 3×8 Bit Farbe
Repro-Qualität	200–400 dpi, 3×12 Bit Farbe
Audio	
Telefon-Qualität	8 KHz, 8 Bit
UKW-Qualität	20 KHz, 8 Bit
CD-Qualität	44,1 KHz, 16 Bit
Video	
Internet-Qualität	320 × 240 Pixel, 10–25 Bilder/s
TV-Qualität (PAL)	768 × 576 Pixel, 25 Halbbilder/s
HDTV-Qualität	1 920 × 1 035 Pixel, 25 Halbbilder/s

Bei Verwendung von Graustufen oder Farbe steigen die Kosten für den Scanner oberhalb von A4 oder gar von A3 deutlich. Ähnliches gilt für die Auflösung. Während Scanner bis 600 oder 1200 dpi noch preiswert sind, entsteht für größere Formate für höhere Auflösungen ein Preissprung. Zumeist ist dort die hohe Auflösung auch überflüssig. Beim Wunsch nach höherer Qualität ist zu bedenken, dass Speicherplatzbedarf, Erfassungsaufwand und -zeit im Quadrat der Auflösung ansteigen. Auch der Aufwand für den Abruf (Transport, Dekomprimierung, Darstellung) wächst.

Die Qualitätskontrolle

Eine Kontrolle der eingescannten Seiten ist in jedem Fall notwendig. Es muss sichergestellt werden, dass

- keine wesentlichen Informationen beim Scannen verlorengegangen sind,
- die Qualität (Kontrast, optische Verschmutzung, Auflösung, Detaildarstellung) der Seite oder des gesamten Dokuments ausreicht,
- alle Seiten eines Dokuments im Rechner vorhanden und in der richtigen Reihenfolge angeordnet sind.
- die Seiten nicht schief, gedreht oder spiegelverkehrt eingescannt wurden. In diesen Fällen kann entweder die Korrektur durch das Erfassungsprogramm im Rechner durchgeführt werden oder die Vorlage muss erneut erfasst werden.

Diese Qualitätskontrolle muss unter Umständen doppelt und von zwei Personen durchgeführt werden. Die erste Prüfung erfolgt beim Scannen. Hier kann z. B. bei einer Vorlage der Kontrast bzw. der Schwarzweiß-Schwellwert sogleich korrigiert und die Vorlage nochmals erfasst werden. Diese erste Prüfung erfolgt in den meisten Fällen nur auf dem Bildschirm, und erst in kritischen Fällen wird man die Vorlage zum Vergleich heranziehen. Bei einer doppelten Kontrolle sollte in der zweiten Stufe immer die originäre Vorlage mit herangezogen werden. Dies ist fast stets dann notwendig, wenn das Original nach dem korrekten Erfassen vernichtet werden soll.

Organisatorisch gehen die Originalvorlagen natürlich erst nach der (zweiten) Kontrolle in eine Papierablage, zur Mikroverfilmung (soweit notwendig) oder zur Vernichtung.

Nachbearbeitungsschritte

Eine Reihe von Seiten und Dokumententypen macht eine Nachbearbeitung erforderlich. So kann das Dokument beim Scannen leicht schräg eingezogen worden sein. Dies stört beispielsweise eine spätere OCR-Erkennung, irritiert aber auch den Betrachter und sollte deshalb möglichst vor der Ablage korrigiert werden. Einige Scanner oder spezielle Softwaremodule können solche Schräglagen erkennen und im Abbild korrigieren.* Fast alle Erfassungssysteme erlauben das Rotieren des Abbilds um 90°, 180° und 270°.

* *Eine solche Korrektur bewirkt jedoch eine geringfügige Qualitätsreduzierung.*

Bei sehr schlechten Vorlagen kann es notwendig werden, unterschiedliche Bereiche der Vorlage mit verschiedenen Kontrasteinstellungen zu erfassen und danach die einzelnen Teile korrekt zusammenzusetzen. Diese Situation tritt zuweilen bei alten technischen Zeichnungen ein. Werden Urkunden bzw. Verträge erfasst, ist diese Vorgehensweise (bzw. die Möglichkeit dazu) bereits unter rechtlichen Gesichtspunkten sehr kritisch zu beurteilen, da hiermit eine Manipulationsmöglichkeit besteht.

Kleinere Verschmutzungen lassen sich häufig mit einfachen Filtern bereinigen. Sie erlauben, einzelne oder mehrere Punkte automatisch zu entfernen. Dies erbringt nicht nur eine bessere Lesbarkeit des Images, sondern auch verringerte Speicheranforderungen bei einer Komprimierung.

Bei der Erfassung von Halbton- und Farbbildern sind bei höheren Ansprüchen zumeist weitere Korrekturen hinsichtlich Kontrast und Farben notwendig. Diese setzen spezielles Wissen und Erfahrung voraus; intelligente Software wird hier jedoch immer besser.

Weitere Nachbearbeitungsschritte können eine Reduktion der Abbildung auf den wirklich notwendigen Teil der Darstellung sein. So ist es bei Presse-Archiven üblich, nur die Teile einer Seite abzuspeichern, die Informationen zu dem erfassten Artikel enthalten, und den Rest zu löschen. Auch eine Zeichenerkennung bzw. Vektorisierung zählt zu den Nachbearbeitungsschritten, wurde jedoch weitgehend im Abschnitt 7.7.1 und 7.7.4 behandelt.

Im Folgenden werden noch einmal die möglichen und eventuell notwendigen Nachbearbeitungsschritte zusammengefasst:

- **Kontrasteinstellung**
- **Bild aus Einzelteilen zusammensetzen**
- **Drehen** (90°, 180°, 270°)
- **Kantenerkennung** für automatisches Ausrichten oder Drehen
- **Reduktion auf gewünschten Ausschnitt**
  (z.B. Löschen von Leerseiten)

- **Filterfunktionen**
  - einzelne schwarze Pixel löschen
  - einzelne weiße Pixel auf Schwarz setzen
  - automatische Kontrastverstärkung z. B. bei Halbton- und Farbbildern
- **Bildbearbeitung** bei Halbton- und Farbbildern
- **Barcode-Erkennung**
- **OCR** (partiell oder vollständig)
- **Vektorisierung**

9.3.3 Mengen- und Zeitbedarf

Die Mengenanforderungen bei der Erfassung sowie die dafür zur Verfügung stehende Zeit bestimmt das Erfassungsverfahren, die dabei eingesetzten Geräte und die Anzahl der Arbeitsplätze. Je mehr erfasst werden muss, umso robuster müssen die Scanner gebaut sein. Je schneller zu erfassen ist, umso aufwändiger müssen die Mechanik und die Elektronik ausgelegt sein. Damit steigt deutlich deren Preis.

Die Erfassungsgeschwindigkeit von preiswerten Scannern (mit automatischem Einzug) liegt bei ca. 4 bis 10 bitonalen DIN-A4-Seiten pro Minute (bei 300 dpi einseitig). Mittlere Scanner schaffen bereits ca. 15 bis 50 Seiten, schnelle Scanner 100 bis 500 Seiten pro Minute – letztere selbst dann noch, wenn Vor- und Rückseiten erfasst werden müssen (die hohen Durchsätze jedoch nur in Auflösungen von 200 dpi). Spezielle Scanner zur Massenerfassung erlauben, bis zu 50 000 kleine Vorlagen (z. B. Schecks) pro Stunde zu erfassen.

Ist der Scanner eine wesentliche Komponente im operativen Betrieb, so muss ein Backup-Scanner vorhanden sein!

Die schnellen Formularscanner arbeiten meist mit einer Auflösung von 200 dpi, wobei jedoch auch hier der Trend zu höheren Auflösungen geht. Die genannten hohen Erfassungsraten sind nur dann möglich, wenn die Vorlagen eine ausreichende Papierqualität aufweisen. Solche schnellen Erfassungsmethoden erlauben kaum eine Nachbearbeitung – von der OCR-Erkennung bei Schecks mit OCR-Schrift einmal abgesehen.

Betrachtet man die Erfassung von größeren Formaten, so sinkt natürlich die Erfassungsrate deutlich. So lassen sich A0-Zeichnungen beispielsweise in 30 bis 60 Sekunden erfassen, die Vorbereitung, das Einlegen der Vorlagen, das Scannen, die Begutachtung und das anschließende Komprimieren und Ablegen machen diese Zeiten aber zur reinen Theorie. Hier liegen die wirklichen Erfassungsleistungen eher bei 15 Zeichnungen pro Stunde bzw. 70 bis

100 Zeichnungen pro Tag und Arbeitsplatz und ergeben damit Erfassungskosten von ca. 10 bis 13 Euro pro A0-Vorlage (300 oder 400 dpi schwarzweiß).

Für Scanner, die für den operativen Betrieb wichtig sind, müssen Wartungsverträge abgeschlossen werden.

Art	Seiten /Std.	Kosten in Tausend Euro	Anmerkung
Kleinere Formate (A5–A3)			
Low-Cost	50–250	0,1–2,5	Desktop
mittlere Leistung	200–600	10–35	auch zweiseitig
hohe Leistung	500–3000	30–120	auch zweiseitig*
sehr schnell	5000–50000	> 500	kleine Formate* mit OCR
Größere Formate bis A0 (real erzielbarer Durchsatz)			
Low-Cost	5–10	3–8	ca. 40–60 s/A0
mittlere Leistung	10–20	10–60	ca. 25–40 s/A0

Tabelle 9-3
Leistungen und Preise verschiedener Scanner mit realistisch erzielbaren Werten pro Stunde Stand: 2001
** nur noch im A4-Format oder kleiner (z. B. Schecks) und mit dedizierten Systemen*

9.3.4 Arbeitsablauf bei der Erfassung

Neben der Technik ist die Organisation der Erfassung ein zentraler Punkt bei der Planung und später beim Betrieb eines Dokumentenverwaltungssystems. Sie muss sowohl auf das Erfassungsverfahren, das Prüfverfahren als auch auf allgemeine organisatorische Abläufe im Unternehmen abgestimmt sein.
Die wichtigsten Überlegungen hierzu sind:

- **Wo wird erfasst?**
  - von einem externen Dienstleister:
    - alles oder nur der Altbestand
    - nur bestimmte Formate/Dokumente
  - intern
- **Wann wird erfasst und von wem?**
  - im Posteingang (wie erfolgt die Verteilung?)
  - in der Abteilung
    - vor der Bearbeitung
    - zur Ablage
    - erst zur Langzeitablage

- ❑ **Wird das Original vernichtet und wann?**
  - nach der Erfassung
  - nach der Sicherung/Mikroverfilmung
  - nach einem bestimmten Zeitraum
- ❑ **Erfassungsvorbereitung**
  - Dokumente bereitlegen (z. B. Post öffnen)
  - Sortieren, Entheften, Glätten, Trennblätter
  - Vorindizierung (Barcode, ...)
- ❑ **Scannen und erste Indizierung**
  - Einzelerfassung (Formate ab A3)
  - Erfassung im Stapelbetrieb
  - Seiten zu Dokument gruppieren
  - erste Indizierung
- ❑ **Nachbearbeitung und Qualitätssicherung**
- ❑ **Verteilung und Ablage**
  - der Originale
  - der Dokumente im Rechner

Erfassung durch eigenes Personal oder Outsourcing?

Eine Entscheidung bei der Organisation der Erfassung ist die Frage, ob intern oder von externen Dienstleistern erfasst werden soll, was auch für einzelne Dokumentenarten oder Formate unterschiedlich geregelt sein kann. Eine externe Erfassung ist nur dann möglich, wenn die erfassten Daten nicht zeitkritisch sind und ohne Sicherheitsprobleme außer Haus gegeben werden können. So lassen sich häufig Altbestände günstiger extern erfassen, während neu anfallende Daten – insbesondere, wenn es sich um Geschäftsvorgänge, den Briefverkehr und Ähnliches handelt – zumeist im Unternehmen selbst erfasst werden müssen, wobei dies jedoch von einem speziellen Arbeitsbereich durchgeführt werden kann.

Wann, wo und von wem wird erfasst?

Siehe hierzu die Betrachtungen in den Kapiteln 2.4.4 und 11.3.1.7.

Erfolgt die Erfassung im Haus, so ist der Zeitpunkt festzulegen. So kann beispielsweise in einem Versicherungsunternehmen die eingehende Post (mit den Versichungsanträgen) bereits im Posteingang (d. h. **vor** der Verarbeitung) erfasst werden oder aber dem Bearbeiter zugeschickt, von diesem zunächst bearbeitet und erst dann zur Ablage erfasst werden (d. h. eine Erfassung **nach** der Bearbeitung bzw. *spät*). Auch eine Erfassung **bei** der Bearbeitung ist möglich.

Erfassungsvorbereitung

Für die Erfassung selbst sollte der Arbeitsablauf möglichst genau definiert sein. Hierzu gilt es, die Erfassungsvorbereitungen zu durchdenken (z. B. Post öffnen, glätten, sortieren, entklammern, Trennblätter einfügen, mit Barcode indizieren, nach Formatgrößen sortieren usw.). Dokumente, die für eine Erfassung mit einem automatischen Einzug problematisch sind, müssen entweder einer Einzelblattverarbeitung zugeführt werden oder sie werden zunächst kopiert. Sehr dünne oder sehr dicke Papiere, solche mit Eselsohren oder mit Aufklebern gehören hierzu. Auch Papiere, bei denen die Rückseite durchscheint, bereiten bei der Erfassung Probleme.

Nicht erfassbare Dokumente

Er wird immer wieder Dokumente geben, die auf Grund des Formats, der Farbe, des zu geringen Kontrastes oder aus anderen Gründen nicht erfassbar sind. Solche Dokumente lassen sich z. B. nummeriert in einem eigenen Ordner oder Schrank ablegen. Statt des Originals wird ein Blatt Papier erfasst, welches einen Hinweis auf den Ablageort und den Inhalt des Dokuments enthält.

Einige schlechte Vorlagen lassen sich nach einem Umkopieren auf einem Fotokopierer oft besser scannen. Es erweist sich deshalb als praktisch, einen Kopierer im Scannerraum zu haben.

Was passiert mit den Originalen?

Eine weitere Entscheidung von grundsätzlicher Art ist, ob die Originale nach der Erfassung vernichtet werden, ob sie zur Sicherheit auf Mikrofilm erfasst werden (häufig extern) und wo und wie die Aufbewahrung erfolgen soll.

Soll das erfasste Papier vernichten werden, so sollten die geprüften Papierstapel mit einem Erfassungsdatum versehen solange aufbewahrt werden, bis sichergestellt ist, dass alle erfassten Dokumente tatsächlich das Ablagesystem erreicht haben und dort eine zusätzliche Sicherung erfolgte.* Beim Einsatz von optischen Datenträgern also z. B. so lange, bis der nächste Datenträger gefüllt und kopiert wurde. Bei einer DMS-Einführung sind dies meist mehrere Wochen. In eingespieltem Zustand und bei großen Datenmengen wird oft eine Woche *Sicherheitsaufbewahrung* ausreichen.

** Versehen Sie die Scan-Stapel mit einer Bearbeitungsnummer und dem Scan-Datum.*

Die Erfassung

Bei den Standardformaten (bis zu A3) und größeren Erfassungsmengen wird man das Scannen im Stapelbetrieb durchführen, d. h. das Erfassungsprogramm liest die Vorlagen im Einzug ein und legt sie nummeriert ab (es vergibt dabei selbstständig einen fortlaufenden Index). Alternativ dazu erfolgt integriert oder separat eine Barcode-Erkennung eines zuvor aufgebrachten Barcode-Indexes.

Größere Formate wird man zumeist einzeln einscannen, sogleich auf Korrektheit überprüfen und danach mit einem ersten Index versehen und abspeichern.

Die Qualitätsprüfung und Nachbearbeitung

Die erfassten Daten sind nun einer Prüfung zu unterziehen, wobei die bereits im Abschnitt 9.3.2 beschriebenen Kriterien gelten. In der Ablaufplanung ist festzuhalten, wann und von wem diese Prüfungen durchgeführt werden. Auf mögliche Nachbearbeitungsschritte mittels Filterfunktionen sowie Raster-Text- oder Raster-Vektor-Wandlungen wurde bereits eingegangen.

Die Indizierung (Attributierung)

Schließlich muss festgelegt werden, wer die weitere Indizierung der Dokumente durchführt und wie die erfassten Originale weiter behandelt werden. Auf die Indizierung geht Abschnitt 9.4.1 genauer ein.

Erfassungsorganisation

Der Arbeitsablauf beim Scannen großer Dokumentenmengen sollte für die Einführung des DM-Systems detailliert beschrieben und grafisch dargestellt werden. Trotz sorgfältiger Planung ergeben sich hier nach dem ersten richtigen Betrieb eines DMS häufig Änderungen, die wiederum schriftlich festgehalten und an die Beteiligten verteilt werden sollten. Abbildung 9-3 zeigt ein Beispiel für die Konzeption bei einer großen Menge von Eingangsdokumenten. Darin wird die Qualitätssicherung zusammen mit dem Indexieren erledigt, und die Verteilung der Dokumente auf die Bearbeiter erfolgt noch durch Gruppenleiter der bearbeitenden Abteilung.

Bei sehr großen Dokumentenmengen wird man in der Regel Scannen, Qualitätsprüfung und Indexieren an getrennten Arbeitsplätzen durchführen und die Verteilung der Dokumente auf die Sachbearbeiter über einen Workflow realisieren.

Hier ist in der Regel der Einsatz schneller Scanner vorzuziehen. Dann sind einem Scanner mehrere Qualitätssicherungsarbeitsplätze nachzuordnen, da das Scannen schneller als das Prüfen erfolgt.

Das Personal am Scanner, bei der Qualitätssicherung und an den Attributierarbeitsplätzen sollte regelmäßig kurze Pausen einlegen (etwa 10 Minuten pro Stunde), um die Konzentration bei der Arbeit zu erhalten.

Die Scanner-Kapazität sollte so ausgelegt sein, dass der durchschnittliche Papieranfall innerhalb von drei bis vier Stunden abgearbeitet werden kann und damit reichlich Reserven für eine Spitzenbelastung vorhanden sind.

Ist die Papiererfassung für den operativen Betrieb relevant, so sollten in jedem Fall mindestens zwei Scanner vorhanden sein, so dass beim Ausfall eines Scanners der operative Betrieb gesichert ist.

Es erweist sich hierbei als praktisch, wenn man einem Scan-Stapel ein Deckblatt mit einer Stapelnummer mitgibt. Zusammen mit diesem Deckblatt geht dann der eingescannte Papierstapel zum entsprechenden Prüfarbeitsplatz. Die prüfende Person vergleicht nun Seite für Seite des Originalsdokuments mit der Bildschirmversion. Bei Problemen ist es oft besser, das gesamte Dokument oder sogar den ganzen Scan-Stapel zu verwerfen und erneut zu erfassen.

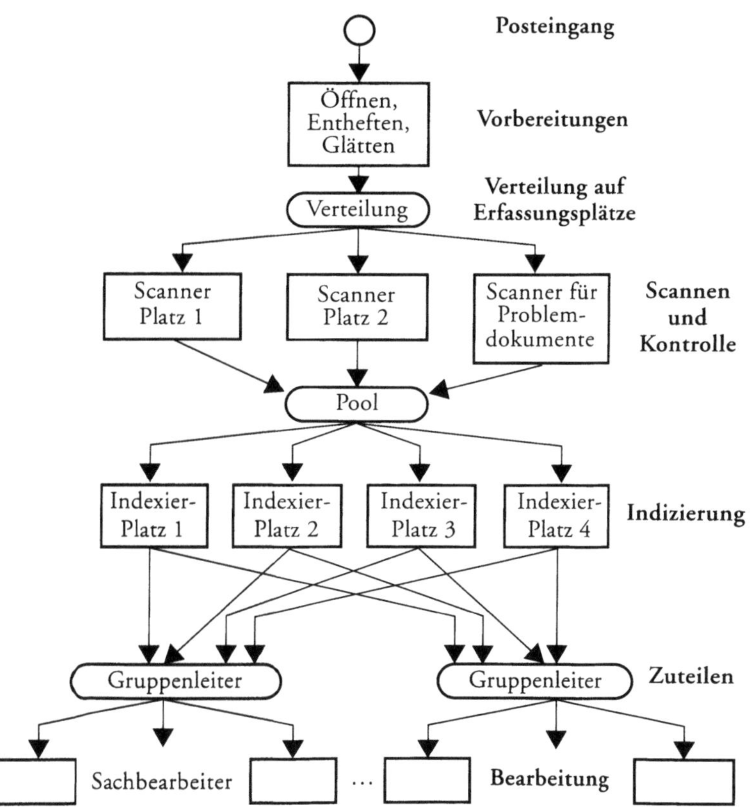

Abb. 9-3 Beispiel eines Ablaufplans für die Erfassung über Scanner

Werden eingehende Dokumente bereits inhaltlich vorsortiert, so können durch die Erfassung in unterschiedliche *elektronische Fächer* bereits einige Dokumentenattribute automatisch vergeben werden.

9.3.5 Formularerfassung

Bei der Erfassung von Formularen lässt sich eine erhebliche Platzeinsparung erzielen, wenn das Formular selbst in einer Blindfarbe des Scanners gedruckt ist, so dass nur die Eintragungen abgespeichert werden. Das Formular selbst braucht in diesen Fällen nur einmal gescannt und abgelegt zu werden. Bei der Darstellung lässt es sich dann automatisch hinzufügen. Ein solches Verfahren erfordert natürlich in den meisten Fällen eine Neugestaltung der Formulare.*

Starten Sie Projekte zur Formularänderung frühzeitig. Es dauert in der Regel sehr lange, bis die geänderten Formulare in der Benutzung sind!

Bei Standardformularen, die nicht mit Blindfarben arbeiten, sollten Farben und Raster vermieden werden, da diese den Speicherbedarf der komprimierten Daten stark erhöhen und eine vorgesehene OCR-Verarbeitung unmöglich machen. In vielen Fällen sind jedoch die Formulare festgeschrieben und sinnvolle Änderung nicht möglich. In diesem Fall gibt es die Möglichkeit, dass das Formular von der Erfassungssoftware erkannt und elektronisch aus der Vorlage entfernt wird. Dies ist jedoch deutlich aufwändiger und kann Teile der Eintragungen löschen.

Abb. 9-4 Schema der Separation von Formular und Eintragungen

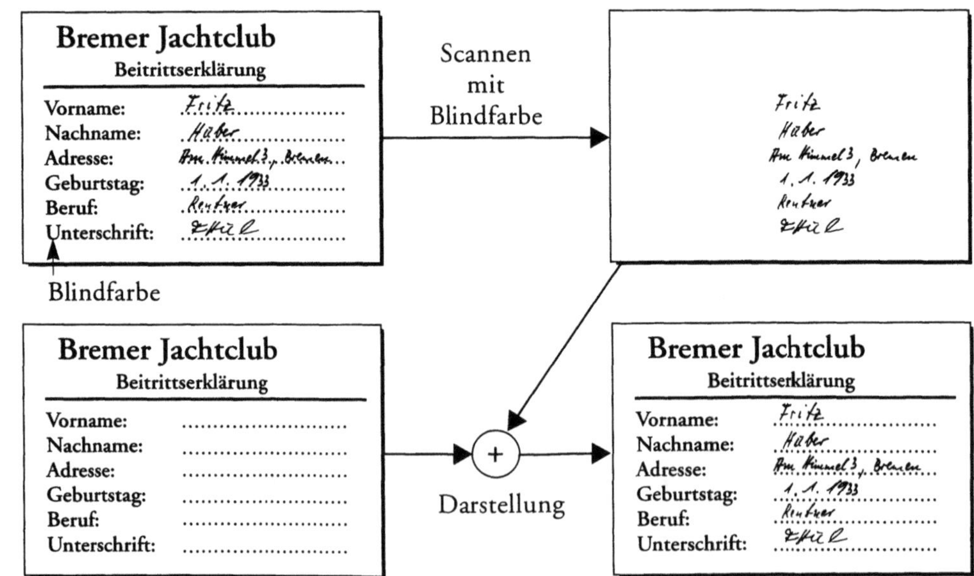

9.3.6 COLD

COLD-Daten fallen in der Regel in größeren Stapelverarbeitungen an und entstehen zumeist aus speziellen Auswertungs- oder Druckläufen auf einem anderen System als dem DM-Server. Es gilt sie deshalb auf das System zu transportieren, welches die Zerlegung des COLD-Datenstroms in einzelne Dokumente durchführt. Die Ursprungsdaten dürfen erst dann gelöscht werden, wenn diese Zerlegung und die Ablage der so entstandenen Dokumente erfolgreich abgeschlossen ist. Der Transport und das Löschen ist somit sicher und robust zu gestalten – und zu synchronisieren. Zusätzlich sollte über den Transport und die Zerlegung ein Protokoll erstellt werden, so dass im Fehlerfall eine Analyse möglich ist.

Bereits Kapitel 2.11 ging auf das Thema COLD ein. Deshalb sollen hier nur einige ergänzende Hinweise gegeben werden.

Eine einfache Art des Transfers erfolgt entweder direkt über Remote-File-Access, falls die beteiligten Systeme dies zulassen. Eine Alternative dazu ist das für fast alle Systeme verfügbare FTP-Programm, welches über Batch-Prozeduren gestartet und gesteuert wird. In beiden Fällen müssen über Namenskonventionen und weitere Batch-Prozesse die Namensgenerierung der Zieldatei und deren Löschen nach der erfolgreichen Verarbeitung bewerkstelligt werden. Dabei ist zu vermeiden, dass der Speicherplatz des Zielsystems überläuft. Die bessere Alternative ist eine RPC-Kopplung eines Sender- und Empfangsprozesses jeweils auf dem Host- und dem COLD-System. Eine moderne Lösung hierzu bietet BizTalk.

RPC = Remote Procedur Call

Der Zerlegungsprozess darf natürlich erst gestartet werden, wenn eine COLD-Datei vollständig übertragen ist – es sei denn, er arbeitet auf dem eingehenden Datenstrom direkt und wirkt als Empfangsprozess.

Der Prozess, welcher die Zerlegung und die Index-Extraktion durchführt, muss über Steueranweisungen erfahren, wie die Zerlegung erfolgen soll und wo er die entstandenen Dokumente und Attribute speichern soll. Die Zerlegung muss also abhängig vom Typ und der Struktur des Eingangsdatenstroms erfolgen. Die Steuerung erfolgt entweder über spezielle Skripte, die beim Start der COLD-Zerlegung eingelesen werden oder über spezielle Programme, die den Datenstrom bearbeiten.

Einige Systeme gestatten auch die Eingabe der Strukturbeschreibung und die Definition der zu extrahierenden Attribute über eine komfortable grafische Oberfläche, die ihrerseits die Parser-Anweisungen über Skripte oder eine Codegenerierung aufbaut.

Da die Zerlegung der COLD-Eingangsdatei erst erfolgen kann, wenn die COLD-Datei vollständig übertragen ist und diese Zerlegung recht lange dauern kann, macht es bei großen Datenmengen

Sinn, die COLD-Daten bereits auf dem Host-System in mehrere kleinere Chargen zu zerlegen, so dass eine Parallelverarbeitung zwischen der Zerlegung und der Übertragung weiterer Daten möglich wird. Bei Problemen – etwa dem Überlauf von Pufferbereichen oder des Ablagesystems sind zumeist auch nur kleinere Neuverarbeitungen erforderlich. Die COLD-Verarbeitung hat vier potenzielle zeitliche und CPU-technische Engpässe:

- die Übertragung der Daten
- die Zerlegung der COLD-Daten
- die Ablage in einem Archiv oder einem Ablagesystem
- die Eintragung der Indexdaten in die DM-Datenbank

Bei großen COLD-Datenmengen gilt es durchzurechnen, ob die Nacht auch in Spitzensituationen für die Einlagerung der Daten ausreicht.

Da das Einbringen einer großen Anzahl von Dokumenten in ein DM-System dessen Reaktionszeit für andere Aufgaben spürbar beeinträchtigt, wird man die COLD-Verarbeitung in Zeiten legen, in denen sonst kaum auf das DMS zugegriffen wird – typischerweise nachts. Bei großen COLD-Mengen gilt es dort, wo durch spezielle Termine wie etwa Monats-, Quartals- oder Jahresaktivitäten extreme Spitzen anfallen, sorgfältig durchzurechnen, ob der freie Zeitraum (d.h. die Nacht oder das Wochenende) für die vollständige Verarbeitung der anfallenden Datenmengen ausreicht. Dabei ist zu berücksichtigen, dass in dieser Zeit häufig zusätzlich Datensicherungen zu fahren sind. Die wahrscheinlichsten Kandidaten für Engpässe sind die DMS-Datenbank sowie die Ablage auf optischen Platten. Der Engpass der Ablage auf optische Datenträger lässt sich in der Regel durch entsprechend große Schreib-Caches umgehen oder die parallele Nutzung mehrerer Laufwerke. Die Datenbank-Performance lässt sich durch mehr CPU-Leistung abdecken.

Hier kann es unter Umständen notwendig werden, die Verarbeitung großer, zu Spitzenzeiten anfallender Datenmengen über mehrere Tage zu verteilen und dabei in Kauf zu nehmen, dass die Daten nicht bereits am nächsten Tag im DMS abrufbar sind – was für die meisten COLD-Anwendungen akzeptabel ist.

Zur GDPdU siehe Kapitel 8.1.4 auf S. 381.

CSV = ›Comma Separated Values‹

Werden Buchungslisten bzw. Buchungsdatensätze aus der Finanz-, Personal- oder Anlagenbuchhaltung per COLD archiviert, so sind die Anforderungen aus der GDPdU zu berücksichtigen. Das heißt, die Daten müssen dann in einem *auswertbaren Format* archiviert (z.B. in einem CSV- oder geeigneten XML-Format) und entweder per elektronischer Signatur oder durch Ablage auf WORM-Systemen gegen Veränderungen gesichert werden.

Für andere Daten erweist sich auch PDF als geeignetes COLD-Format, welches im einfachsten Fall bereits auf dem Host erzeugt wird und in welches die Metadaten eingebetten werden können.

9.4 Ablage und Retrieval

Die Erfassung und Konvertierung von Dokumenten ist eigentlich die notwendige, aber lästige Aufgabe eines DM-Systems. Die Funktionalität erhält das System erst durch die attributierte Ablage und die Möglichkeit, in dieser Ablage effizient zu suchen und auf Dokumente zuzugreifen. Auch wenn der Rechner hierbei weit mehr Funktionen erlaubt und diese schneller ausführt als eine entsprechende Papier- oder Mikrofilmablage, sollten das Ablage- und Recherchekonzept sorgfältig geplant werden. Hierbei sollten sowohl die Organisation des Unternehmens, seine Richtlinien, Arbeitsabläufe und Kompetenzverteilungen* als auch die physikalischen und softwaretechnischen Aspekte sowie die typischen Such- und Zugriffsbedürfnisse berücksichtigt werden. Zusätzlich müssen insbesondere bei Daten aus Buchhaltungssystemen rechtliche Anforderungen erfüllt werden.

** Diese haben z. B. Einfluss auf die notwendigen Sichtbarkeiten und Schutzmechanismen.*

Die *logische Ablage* wird bei solchen DM-Systemen entweder direkt über das Retrievalsystem durchgeführt oder über eine Erfassungs- oder Bearbeitungsapplikation, die wiederum die Daten dem Retrievalsystem direkt zur Ablage übergibt oder aber die Datenbank zur Ablage nutzt, auf die später das Retrievalsystem zugreift. Die Organisation einer großen Anzahl von Dokumenten bedarf immer einer Datenbank.** Deren Leistungsdaten und Größe hängen wiederum weitgehend von der Anzahl der Dokumente und der Attribute pro Dokument ab.

*** Hier werden heute ausschließlich Standardlösungen wie Oracle, SQL-Server oder DB2 eingesetzt. Wählen Sie die DB, für die bei Ihnen das beste Know-how vorhanden ist.*

Daneben bestimmt die Art der Recherche die Datenbank und die durch sie möglichen Sichten auf den Dokumentenbestand. So muss für eine Volltextsuche eine gänzlich andere Datenbank verwendet werden als bei einer Suche mit Schlagworten, Akten- oder Zeichnungsnummern.

Die *physikalische Ablage* erfolgt durch das Ablagesystem – etwa in Form eines HSM-Systems – oder über ein optisches Dateisystem.

Eingangsattributierung und Ablageorganisation sollten dem Benutzer in den meisten Fällen weitgehend verborgen bleiben, so dass er nur mit seiner Applikation und ihren spezifischen Suchfunktionen arbeitet. In einem Büroautomatisierungssystem mit integriertem Archiv beispielsweise werden alle Ablagen, Abrufe, Sicherungen, Ausgaben und Bearbeitungsschritte aus den Benutzermasken des Bürosystems heraus aktiviert, ohne dass sich der Benutzer darum kümmern muss, wo abgelegt wird,** um welchen Dokumententyp es sich handelt und mit welchem Programm es bearbeitet werden muss.

*** Er kann dort nur eine Akten-/Ordner- oder Schrank-Zuordnung angeben.*

9.4.1 Indizieren – Attributvergabe

Um auf Dokumente zugreifen zu können, müssen sie identifiziert werden. Dies geschieht bei DM-Systemen nicht (nur) über den Namen eines Dokuments, sondern sehr viel häufiger durch die Suche in einer Datenbank.

Hierzu müssen Suchmerkmale zu einem Dokument vorhanden sein. Diese *Merkmale* werden auch *Attribute* oder *Indizes* genannt. Entsprechend bezeichnet man die Zuordnung von Attributen als *Indizierung* oder als *Attributvergabe*. Die Summe der Attribute eines Dokuments ergeben die *Merkmalsleiste,* die *Metadaten* bzw. das *Dokumentenprofil*.

Art und Anzahl der Merkmale eines Dokuments hängen in starkem Maße vom Dokumententyp und seiner geplanten Nutzung sowie der Art der Recherche ab. Notwendige Schutzrechte können weitere Merkmale erfordern. Während man bei einer Rechnung beispielsweise häufig nur Datum, Rechnungsnummer und Kundennummer als Suchmerkmale benutzt, werden bei der Erfassung technischer Zeichnungen oft bis zu vierzig Merkmale gefordert.

Bei der Festlegung der zu einem Dokumententyp erforderlichen Merkmale gilt es, einen vernünftigen Mittelweg zu finden. Werden zu viele Merkmale angelegt, so steigt der Erfassungsaufwand und der benötigte Speicherplatz in der Datenbank sowie der Ablage. Es führt nach einiger Zeit sogar oft dazu, dass die Attribute nicht mehr vollständig erfasst werden. Vergibt man zu wenige oder falsche Merkmale, so lässt sich das Dokument nicht mehr oder nicht mit der gewünschten Effizienz auffinden.

Seltener erweist es sich als notwendig, die Merkmalsleiste im Laufe des Betriebs zu erweitern oder umzustellen. Dies bereitet beim Einsatz von WORM-Systemen dort Probleme, wo die Attribute nicht nur in der Datenbank des Retrievalsystems, sondern auch zusammen mit dem Dokument auf den optischen Datenträgern abgelegt werden sollen.* Das Speichern der Attribute auf der optischen Platte erlaubt bei einer Zerstörung der Retrieval-Datenbank, diese in einem Rekonfigurationslauf erneut aufzubauen – was allerdings sehr lang dauern kann. Wichtiger noch ist der Aspekt, dass damit einmal ausgelagerte oder von einem anderen (gleich organisierten) Archiv-Server (des gleichen Anbieters) kommende Datenträger einfacher importiert werden können.

** Siehe hierzu auch ›Selbsttragende Archive‹ in Kapitel 7.11.*

In DMS-Lösungen findet man zusätzlich häufig komplexe Verknüpfungen zwischen Dokumenten – etwa die Verkettung der verschiedenen Versionen eines Dokuments, Verweise zu logisch *benachbarten* Dokumenten und Ähnliches.

Bei der Indizierung unterscheidet man fünf Arten von Indizes bzw. Metadaten:

1. **Index, der das Dokument eindeutig identifiziert**
Dieser Index sollte möglichst nicht nur innerhalb eines Systems, sondern auch systemübergreifend eindeutig sein. Man kann ihn als *eindeutigen Namen** betrachten. Vorteilhafterweise wird dieser Index automatisch vergeben. Wird die Vorlage zusätzlich verfilmt oder als Papier gespeichert, muss er auch dort zu finden sein.
Der Index sollte möglichst früh, eventuell sogar vor der Scanner-Erfassung mittels eines Barcodes vergeben werden, so dass Verwechslungen weitgehend ausgeschlossen werden können.

** Dies wird auch als ›Doc-ID‹ bzw. ›Document Identification‹ bezeichnet.*

2. **Dokumententyp**
Da in einem Archiv zumeist nicht nur Dokumente eines Typs gespeichert werden, ist ein wesentliches Merkmal der Typ des Dokuments. Aus diesem Typ leitet sich das Format und die Formatversion ab. Dies ist insbesondere bei Applikationsformaten wesentlich. Das DM-System benötigt ihn beim Retrieval, um zu wissen, wie das Dokument dargestellt, gedruckt und bearbeitet werden kann.
Dieses Merkmal sollte entweder automatisch von der Applikation vergeben werden, die das Dokument erzeugt oder erfasst, oder es ist beim Einscannen sofort manuell zu erfassen.

3. **Suchmerkmale**
Dies sind die Merkmale, die zur Recherche benutzt werden. Art und Anzahl sind, wie bereits diskutiert, vom Typ des Dokuments und seiner geplanten Nutzung abhängig.
Im einfachsten Fall werden hier Stichworte als Suchmerkmale vergeben. Problematisch dabei ist, dass verschiedene Personen mit großer Wahrscheinlichkeit unterschiedliche Stichworte vergeben bzw. mittels unterschiedlicher Begriffe suchen. Dies ist möglichst durch eine Schulung des Personals oder eine fest vorgegebene Begriffsliste zu minimieren. Andere Suchmerkmale könnten Rechnungs-, Kunden-, Produktnummern und Produktnamen, Aktenzeichen, Vorgangskennzeichen, Datum, Adressen oder Zeichnungsnummern sein.

Es kann durchaus sinnvoll sein, mehrere Datenbanksichten auf einen Dokumentenbestand zu haben, so dass unterschiedliche Recherchetypen möglich sind.

4. **Verweise auf logisch verknüpfte Dokumente oder Daten**
Sie erlauben den schnellen Zugriff z. B. auf eine vorhergehende Version.

5. **Zugriffsrechte** (z. B. in Form einer ›Access Control List‹)

Wann und von wem wird attributiert?

Neben der möglichst automatischen Vergabe von Attributen vom Typ 1. und 2. muss festgelegt werden, wann und von wem die weitere Attributierung erfolgt. Hierbei ist in vielen Fällen auch eine Aufteilung auf verschiedene Zeitpunkte und Personen sinnvoll. Die prinzipiellen Möglichkeiten sind:

A) **Attributierung bei der Erfassung**
Dies hat den Vorteil, dass das Original noch vorliegt, aus dem eventuell weitere Informationen bezogen werden können, und eine weitgehend sichere Attributierung erfolgt, die überprüft werden kann. Auch ist damit eine frühe volle Nutzung der erfassten Dokumente gegeben.
Der Nachteil des Verfahrens besteht darin, dass zum Erfassen oft weniger qualifiziertes Personal eingesetzt wird, das nicht in der Lage ist, das Dokument einzuordnen bzw. die erforderlichen Attribute korrekt zu vergeben.

B) **Attributierung nach der Erfassung durch speziell geschultes Personal**
Dies ist eine teurere, aber unproblematischere Lösung als A), erfordert jedoch ein zweites *Anfassen* des Dokuments. Auch hier können sich Unterschiede in der Bewertung und Beurteilung zwischen dem Attributierer und dem späteren Benutzer ergeben.

C) **Attributierung bei der ersten Bearbeitung**
Dies vermeidet die oben beschriebenen Probleme, bedingt jedoch, dass hier zumeist mehr Personen Attribute vergeben als im Fall A) oder B) und damit die Kontrolle schwieriger wird. Auch muss die Attributierung vor der Aktenbearbeitung erfolgen. Dies ist ein Arbeitsschritt, der die Konzentration und Produktivität mindern kann.

D) **Automatische Attributerfassung aus dem Dokument**
Dies ist oft dann möglich, wenn das Dokument in CI-Form vorliegt und das Format bzw. die Positionen der wesentlichen Angaben bekannt sind. Dieses Verfahren wird fast immer eingesetzt, wenn maschinelle Belege wie etwa ausgehende Briefe oder Bescheide archiviert werden.
Bei NCI-Dokumenten ist dieses Verfahren einsetzbar, wenn die Positionen der Indexinformationen bekannt sind* und die Vorlagequalität ausreichend gut für eine OCR-Erkennung ist.
Versendet das Unternehmen selbst Dokumente, etwa Anträge,

* *z. B. die der Kunden- und Rechnungsnummern*

so können diese auch mit einem Barcode versehen und bei Wiedereingang über eine Barcodeerkennung mit bereits bekannten Attributen verknüpft werden.

Die Volltext-Recherche

Eine Volltextdatenbank bietet die flexibelste und weitreichendste Art der Dokumentensuche – vorausgesetzt, dass die gesuchte Information im Dokument als Text vorliegt, was beispielsweise bei technischen Zeichnungen nicht der Fall ist. Als wesentliches Handicap muss die Information als CI-Text in einem Format vorliegen, das von dem Volltextrecherchesystem beherrscht wird.

Wesentlich bei einem Volltextrecherche-system ist, dass ein möglichst breites Spektrum an CI-Formaten unterstützt wird, da CI-Daten in sehr vielfältiger Art anfallen. Unter Umständen ist eine Formatkonvertierung für die Archivierung und Indexierung notwendig.

Bei Papierdokumenten ist hierzu eine OCR-Umwandlung erforderlich. Ob der Aufwand dafür gerechtfertigt ist, kann nur im Einzelfall entschieden werden.

Bei der Volltextrecherche wird zunächst nicht in den Dokumenten selbst gesucht, sondern in der Textdatenbank. Spezielle Indizierungswerkzeuge durchlaufen ein neu eingebrachtes Dokument und bauen daraus die Indizes auf, die anschließend in die vorhandene Volltextdatenbank eingebracht werden.

Wesentliches Handicap für sehr große Datenbestände ist, dass die Volltextdatenbank-Indizes in der Vergangenheit oft größer als das Dokument waren. Man hat es also mit sehr großen Datenbanken zu tun, die bei sehr großen Textmengen leicht den Rahmen der Wirtschaftlichkeit sprengen. Hier ist dann zu überlegen, ob nur ein Teil (z. B. die Zusammenfassung eines Artikels) umgewandelt und indiziert wird. Andererseits gibt es Dokumente, die ihre Funktion erst durch eine solche Indizierung erhalten.

Siehe auch Kapitel 2.7.2.

Neue Systeme reduzieren den Indexbestand auf ca. 50 % bis 70 % des ursprünglichen Dokumentenvolumens. Jedoch auch dies kann noch sehr groß sein.

Wünschenswert ist oft eine gemischte Suche, bei der eine Volltextrecherche zusätzlich durch die Angabe von Attributen eingeschränkt werden kann. Jedoch bieten nicht alle Volltextsysteme diese Möglichkeit.

Ein besonderes Augenmerk sollte bei Volltextdatenbanken dem Zugriffsschutz gelten, denn bei der Indexierung vertraulicher Daten sind bereits im Volltextindex vertrauliche Informationen enthalten. Andererseits benötigt das Indexierungssystem vollen Zugriff auf die zu indexierenden Daten.

9.4.2 Dokumentensicht und Ablageorganisation

Bei der Konzeption einer DM-Lösung ist die Gestaltung der Anwendersicht auf den Dokumentenvorrat und die Ablage festzulegen.

Schränke, Ordner und Mappen

Eine intuitive Form der Sicht auf die Dokumentenablage ist die Ablage in elektronischen Schränken, Schubladen, Ordnern und Mappen. Diese Struktur repräsentiert eine Art Dokumentenbaum. Sie ist den meisten Benutzern leicht verständlich, stößt jedoch bei großen Dokumentenmengen schnell an Grenzen. Sie ist nur dort geeignet, wo sich eine klare hierarchische Gliederung anbietet. Dies ist zum Teil bei technischen Zeichnungen der Fall, wo eine Zeichnung zu einer Maschine gehört, die Maschine in Baugruppen und die Gruppen wiederum in Komponenten untergliedert sind. Auch Office-Dokumente eines elektronischen Schreibtischs lassen sich gut hierarchisch abbilden, ebenso typische Aktenstrukturen.

Wählt man diese Struktur, so sollten statt der oben beschriebenen Speicherobjekte jedoch Mappen gewählt werden, die ihrerseits rekursiv wiederum Mappen enthalten können und so keine zu kurze Hierarchie aufzwingen. Öffnet man eine Mappe, so sollte das DMS den Inhalt sortiert und strukturiert anzeigen. Dabei sollte im Anzeigefenster die Sortierreihenfolge frei gewählt werden können – etwa nach Alter, Bearbeitungsstand, Dokumentenart oder Autor. In jedem Fall wird bei großen Dokumentenmengen eine zweite Recherchesicht auf die Dokumente benötigt, so dass diese auch über eine Suche (nach Erstellungsdatum, Autor, Stichwort und Dokumentenart) recherchiert werden können und nicht nur über ein Navigieren im Dokumentenbaum.

Auch sollte es möglich sein, ein Dokument in mehreren Mappen abzulegen, wobei ein Verweis statt einer Kopie benutzt wird. Ein Löschmechanismus muss dann beim Löschen des Dokuments konsistent das Objekt aus allen betroffenen Akten entfernen.

Datenpools

Eine zweite Variante der Ablagesicht sind virtuelle, unbeschränkt große Datenpools, in welche die Dokumente abgelegt werden. Der verwendete Pool ergibt sich dabei oft aus dem Aufgabenbereich oder der Dokumentenart. Bei einer Versicherung wird man eventuell getrennte Pools für Lebens- und Sachversicherungen anlegen.

Bei einem kommerziellen Unternehmen wird man z. B. über unterschiedliche Pools die Dokumente der Buchhaltung von jenen der Produktion trennen. Bei einer Pool-Sicht lässt sich kaum in einem Ablagebaum navigieren. Hier erfolgt der Zugriff rein über Applikationsrecherchen oder spezielle DM-Recherchen.

Ablageorganisation

Die Dokumentensicht legt noch nicht die eigentliche Ablageorganisation fest. Da es unbeschränkt große Ablageeinheiten nicht gibt, muss sich die Ablageorganisation darum kümmern, wie die Dokumente auf vorhandenen Datenträgern oder Ablage-Clustern abgelegt werden. Hierbei sind Performace-Aspekte, Sicherheitsaspekte (Personaldaten gehören z. B. in ein separates System) und rechtliche Aspekte zu berücksichtigen (z. B.: Welche Daten müssen auf WORM-Systemen liegen, welche können auf veränderlichen Speichern abgelegt werden?).

Bei einem ASP-Ansatz ist die Trennung unterschiedlicher Mandanten dringend zu empfehlen – zumindest was die Ablage auf Datenträgern betrifft.

Sequentielle Ablage

Die einfachste und meistbenutzte Form ist die zeitlich sequentielle Ablage. Hierbei werden innerhalb eines Ablagebereichs die Daten nacheinander auf einem Datenträger oder Ablage-Cluster abgelegt, bis dieser Bereich gefüllt ist. Danach benutzt das Ablagesystem den nächsten freien Bereich bzw. Datenträger. Zumeist legt man gleichartige Dokumente (etwa alle Lebensversicherungsdokumente oder Buchungsbelege) in einem solchen Cluster ab. Dabei ist sehr wahrscheinlich, dass logisch zusammengehörige, aber zeitlich versetzt erfasste Dokumente auf unterschiedlichen Datenträgern landen. Möchte man z. B. auf alle Dokumente einer Versicherungsakte oder eines länger laufenden Buchungsvorgangs zugreifen, so muss dazu oft auf mehrere Datenträger zugegriffen werden, was bei Verwendung von optischen Platten mit einer Jukebox erhebliche Zeit in Anspruch nehmen kann. Die Erfahrung zeigt jedoch, dass dieser Fall selten auftritt und die Dokumente in der Regel nur selektiv und vereinzelt abgerufen werden. Eine Vorgangssteuerung, welche die Dokumente für die Bearbeitung bereits per *Prefetch anzieht*, bevor sie dem Sachbearbeiter zur Bearbeitung vorgelegt werden, kann diese Zugriffsproblematik entschärfen. Eine weitere Verbesserung –

insbesondere für die erste, häufig intensive Bearbeitungsphase – ergeben hier großzügige Caches.

Aktenorganisation in der Ablage

Auch der Einsatz eines HSM-Systems verhindert nicht, dass zum Abruf mehrerer älterer Dokumente, zahlreiche Platten- oder Bandwechsel erforderlich sind – solange nicht alle Daten auf Online-Magnetplatten gehalten werden.

Möchte man das zuvor beschriebene Problem vermeiden, so werden beim Einsatz von Wechseldatenträgern jeweils virtuelle Aktenpools auf den Datenträgern angelegt. Man reserviert dabei für eine Akte einen bestimmten, zuvor festgelegten Platz. Das Ablagesystem ermittelt bei der Ablage eines neuen Dokuments den betreffenden Datenträger und speichert dorthin das neue Dokument. Da der benötigte Speicherplatz im Voraus nicht sicher bestimmt werden kann, arbeitet man hier mit Erfahrungswerten. Es kann deshalb trotzdem vorkommen, dass eine Akte nicht mehr vollständig auf einen Datenträger passt und sich über mehrere Datenträger erstreckt. In der Regel wird der Zugriff auf die Gesamtheit der Aktenkomponenten jedoch deutlich weniger Medienwechsel benötigen.

Der Nachteil dieses Verfahrens liegt in dem deutlich höheren Aufwand bei der Ablage sowie einem höheren Speicherverschnitt, da man viele Datenträger nicht voll ausnutzen kann (man reserviert Platz für weitere Dokumente einer Akte). Zugleich sind bei diesem Verfahren mehr Datenträger lange Zeit *offen.** Bei WORM-Systemen kennzeichnet man zumeist Datenträger, die gefüllt sind als *abgeschlossen* und setzt sie auf schreibgeschützt. Für sie brauchen keine Schreib-Cache-Bereiche mehr gehalten werden und beim Neustart des Ablagesystems müssen sie nicht auf Vollständigkeit und Konsistenz geprüft werden. Dies ist ein Vorgang, der bei zahlreichen *offenen* Datenträgern erheblich Zeit in Anspruch nehmen kann. Auch die Sicherung ist bei vielen parallel zu füllenden Speicherbereichen aufwändiger, als wenn Datenträger sequentiell gefüllt werden. Im letzteren Fall sichert man den Datenträger durch Duplizieren erst, wenn er voll und abgeschlossen ist.

** Das heißt, auf ihnen ist noch freier Platz vorhanden und sie können noch weitere Daten erhalten. Ihre File-Table ist damit noch aktiv und nicht endgültig abgeschlossen.*

Bei Speichermedien, die nur einmal und in einem Stück beschrieben werden – typisch bei CD-R und DVD-R –, ist dieses Verfahren nicht einsetzbar, da hier nachträglich keine weiteren Daten auf das Medium geschrieben werden können.

9.4.3 Archivkapazitäten

Die Bestimmung der notwendigen Speicherkapazität einer DM-Lösung sollte bereits zu einem frühen Zeitpunkt stattfinden, da sie wesentlich den Ausbau und damit die Kosten eines Archivs beeinflusst. Dabei sind vier Arten von Kapazitäten zu berechnen:

A) **Die Anzahl der zu speichernden Dokumente**
Dies ist ein wesentlicher Faktor bei der Berechnung der Datenbankgröße und der Leistungsanforderungen an die Datenbank und den Rechner.
In diesen Bedarf sind auch die Dokumente mit einzubeziehen, die nicht online gehalten werden müssen, aber im Retrievalsystem vorhanden sein sollen.

B) **Der Speicherbedarf der Dokumente,**
auf die online zugegriffen werden soll. Er bestimmt die Größe der aktiven Magnetplattenkapazität bei einem Magnetplattenablagesystem oder einem HSM oder der Jukeboxkapazitäten.

C) **Speicherbedarf der Caches bei optischen Archiven und HSM**
Dies sollte minimal das Volumen sein, welches pro Woche anfällt. Bei CD-R und DVD-R kommen die Puffer für die zu beschreibenden Medien hinzu.

D) **Speicherbedarf der Datenbanken**
Hierbei sind die Ablage- und die Recherchedatenbank zu unterscheiden. Diese können auf unterschiedlichen Systemen liegen.

Ist einmal festgelegt, welche Altbestände zu erfassen sind und wie viele Dokumente täglich neu anfallen, so ist die erste Zahl einfach zu ermitteln. Wie bei den Kapazitäten vom Punkt B) sollte die Planung hier sowohl den kürzeren Zeitraum von etwa zwei bis drei Jahren betrachten, wie auch den längerfristigen Bedarf. Für die Berechnung des Speicherbedarfs zur Ablage der eigentlichen Dokumente können die Tabellen 9-4 und im Anhang A.1 ein erster Anhaltspunkt sein. Da bei komprimierten Daten jedoch, abhängig von Art und Qualität der Vorlagen, sehr große Unterschiede auftreten können, sollte man hierzu Messungen mit realen, typischen Dokumenten des Anwenders durchführen.

Die Daten für die Retrieval-Datenbank sind aus Performance-Gründen auf Magnetplatte zu halten. Bei einer Vielzahl von Attributen je Dokument können diese erhebliche Mengen ergeben. Für die Ablagedatenbank, welche eine Doc-ID in eine Jukebox oder Plattenpartition sowie die Dokumentenposition übersetzt, kann man ca. 150 Byte pro Dokument annehmen. Die Werte für die

Tabelle 9-4
Das ungefähre Fassungsvermögen eines Datenträgers bei einem realistischen Füllungsgrad von 85 %

* bei 200 dpi und einer mittleren Informationsdichte

** bei 400 dpi (wie bei technischen Zeichnungen üblich) und einer mittleren Informationsdichte

CD (650 MB) speichert:		
253 000	A4-Seiten ASCII-Text,	unkomprimiert
133 000	A4-Textsystem-Seiten,	unkomprimiert
22 000	A5-Seiten NCI-Daten, bitonal	komprimiert*
15 000	A4-Seiten NCI-Daten, bitonal	komprimiert*
8 700	A3-Seiten NCI-Daten, bitonal	komprimiert*
480	A0-Seiten NCI-Daten, bitonal	komprimiert**
DVD (4,7 GB) speichert:		
1 790 000	A4-Seiten ASCII-Text,	unkomprimiert
940 000	A4-Textsystem-Seiten,	unkomprimiert
156 000	A5-Seiten NCI-Daten, bitonal	komprimiert*
110 000	A4-Seiten NCI-Daten, bitonal	komprimiert*
61 700	A3-Seiten NCI-Daten, bitonal	komprimiert*
3 400	A0-Seiten NCI-Daten, bitonal	komprimiert**
WORM-Platte 5¼" (9,1 GB) speichert:		
37510 000	A4-Seiten ASCII-Text,	unkomprimiert
1 843 000	A4-Textsystem-Seiten,	unkomprimiert
307 000	A5-Seiten NCI-Daten, bitonal	komprimiert*
216 000	A4-Seiten NCI-Daten, bitonal	komprimiert*
120 000	A3-Seiten NCI-Daten, bitonal	komprimiert*
6 700	A0-Seiten NCI-Daten, bitonal	komprimiert**
WORM-Platte 12" (30 GB) speichert:		
11 702 000	A4-Seiten ASCII-Text,	unkomprimiert
6 144 000	A4-Textsystem-Seiten,	unkomprimiert
1 024 000	A5-Seiten NCI-Daten, bitonal	komprimiert*
722 000	A4-Seiten NCI-Daten, bitonal	komprimiert*
402 000	A3-Seiten NCI-Daten, bitonal	komprimiert*
22 000	A0-Seiten NCI-Daten, bitonal	komprimiert**

Recherchedatenbank liegen etwa zwischen 300 und 500 Byte je Dokument – abhängig von der Anzahl und Art der Attribute sowie der Anzahl der Primärindizes. Bei DMS-Lösungen mit komplexen Verknüpfungen können sie aber auch mehr als 1 KByte betragen. Werden Signaturen in der Datenbank gehalten, kommen noch etwa 1 KByte je Dokument hinzu; werden auch die Annotationen hier gehalten, sind auch diese zu berücksichtigen.

Bei der Planung sind die wirklichen Speicherkapazitäten etwa 20 % bis 30 % größer als der berechnete Bedarf (für eine Zeitperiode) auszulegen. Dies ist ein Erfahrungswert, der gewisse Puffer bietet und Engpässe vermeidet. Die hier ermittelten Größen legen zumeist auch die zur Speicherung verwendete Technik (CD, DVD, 5¼"- oder 12"-WORM oder -MO) fest und bestimmen auch, ob und wie viele Jukeboxen oder RAID-Systeme benötigt werden und wie groß diese ausgelegt sein müssen. Werden optische Platten für die Speicherung eingesetzt, so hat die kompaktere 5¼"-Technik den Vorteil, hierfür auch MO-Laufwerke und multifunktionale Laufwerke zur Verfügung zu stellen und deutlich kürzere Platten- und Jukebox-Zugriffszeiten zu bieten. *

* Siehe hierzu Tabelle 5-4, Seite 193.

Wird eine Jukebox eingesetzt, so ist zu überlegen, mit wie viel Laufwerken sie ausgerüstet werden soll. Ein Mehr an Laufwerken reduziert nicht nur die mittlere Zugriffs- bzw. Wartezeit, sondern führt durch weniger Plattenwechsel auch zu einer längeren Lebensdauer der Jukebox und der Laufwerke. Sie bieten zusätzlich eine höhere Ausfallsicherheit.

WORM-, CD-/DVD- oder MO-Systeme?

Als optische Datenträger im Direktzugriff stehen WORM-Platten (5¼" oder 12"-Technik) und wiederbeschreibbare optische Platten sowie CDs und DVDs in der R- und der RW-Technik zur Verfügung. WORM- und CD-/DVD-R-Systeme bieten den Vorteil erhöhter Datensicherheit, da hier einmal abgelegte Daten auch versehentlich nicht mehr überschrieben oder gelöscht werden können.** Sie sind damit weitgehend manipulationssicher und sollten überall dort eingesetzt werden, wo eine Aufbewahrungs- oder Nachweispflicht besteht, also beispielsweise zur Aufbewahrung von Daten aus der Buchhaltung.

** Sie können nur im Dateiverzeichnis als gelöscht markiert werden.

WORM- und CD-Systeme sind jedoch von den mittleren Zugriffszeiten sowie den Schreib- und Lesezeiten her langsamer als die wiederbeschreibbaren Systeme in MO-Technik. Insbesondere die 12"-Technik weist hier relativ bescheidene Daten auf. Auch DVR-RAM-Systeme sind bisher langsam.

Wiederbeschreibbare optische Platten bieten hinsichtlich der Datenpersistenz ähnliche Werte wie WORM-Systeme. Bei ihnen können die Daten gelöscht werden, sobald sie nicht mehr benötigt werden. Diese Möglichkeit ist teilweise bei personenbezogenen Daten aus Gründen des Datenschutzes sogar sinnvoll (siehe Kapitel 8.5).

Datenpersistenz ist die Zeitspanne, nach der die Daten noch fehlerfrei gelesen werden können.

Bei den wiederbeschreibbaren CD- und DVD-Systemen wird empfohlen, die Medien im WORM-Modus zu betreiben und erst beim Recycling separat zu löschen – die meisten Archivsysteme unterstützen dies. Der Grund liegt in der ausgesprochen schlechten Performance des UDF-Dateisystems und der hohen Instabilität der bisherigen Implementierungen.

Geht es nur darum, ein versehentliches Überschreiben zu vermeiden, können MO-Medien (wenn sie einmal beschrieben sind) durch eine Schreibschutzmarkierung an der Plattenhülle geschützt werden. Dies ist bei den kassettenlosen wiederbeschreibbaren DVD-Medien nicht möglich. Neben den Performance-Vorteilen gegenüber den WORM-Systemen bringen sie damit bereits nach einer ersten Wiederverwendung finanzielle Vorteile.

CD-/DVD-Systeme bieten den Vorteil geringerer Datenträgerkosten* sowie kompakter und billigerer Jukeboxen als bei der 5¼"- oder 12"-Technologie.

* Siehe hierzu Abb. 5-11, Seite 233.

Seit der Verfügbarkeit von DVD-R- und DVD-RW-Laufwerken und deren Unterstützung in den Archivlösungen (etwa seit Ende 2001) ist die DVD die bessere (d.h. billigere und schnellere) Lösung, zumal seit Mitte 2001 die meisten CD-Jukeboxen bereits standardmäßig mit DVD-(Lese-) Laufwerken ausgerüstet werden.

CD-R- und DVD-R-Systeme setzen jedoch voraus, dass die Daten auf einer Magnetplatte zwischengespeichert werden, um dann in möglichst einem Schreibvorgang auf die CD-R bzw. DVD-R geschrieben zu werden. Die Laufwerke gestatten zwar auch ein Beschreiben in kleineren Einheiten, jedoch muss auch dann das Inhaltsverzeichnis assembliert und als Abschluss auf die CD/DVD geschrieben werden. Viele Archive unterstützen dies nicht.

Bei CD und DVD ist darauf zu achten, dass *Burn-Proof-Technik*** vorhanden ist und unterstützt wird. Sie verhindert, dass bei Abbruch des kontinuierlichen Schreibstroms das Schreiben mit einem Fehler abgebrochen wird und der Datenträger damit defekt ist.

** Dies trägt bei unterschiedlichen Anbietern verschiedene Namen.

Die Erfahrung zeigt, dass nach der ersten Einführung einer neuen Technologie etwa 1–2 Jahre vergehen, bis die Technik in einer robusten Version von den Archiven unterstützt wird. Dies liegt einerseits an den langen Release-Zyklen der Archivsysteme und andererseits daran, dass auch die Jukeboxanbieter lange Produktzyklen haben. Man wird deshalb z.B. bis zur wirklichen Nutzung der bereist 2002 vorgestellten 30-GB-DVD-Generation bis voraussichtlich 2005 warten müssen.

9.5 Sicherheit in Archiv- und DM-Systemen

Sicherheit ist nicht erst seit dem 11. September 2001 ein wichtiges IT-Thema. Die Ereignisse haben die Diskussion darüber aber neu entfacht und verstärkt ins öffentliche Bewusstsein gerückt. Archiv- und DM-Systeme sind oft wesentliche Teile der Unternehmens-IT. In ihnen lagern Business-relevante Daten, deren Sicherheit entsprechende Aufmerksamkeit verdient.

Über einige sicherheitsrelevante Eigenschaften sollte man sich im Klaren sein:

- Sicherheit verursacht Kosten
  - finanzieller Art (z. B. durch Lizenzen, Sicherheitskomponenten und Ressourcen, Datenträger, ...),
  - an personellen Ressourcen (z. B. für die Datensicherung und die Überwachung der Firewalls),
  - an Effizienz und Performance (z. B. bei verschlüsselter Übertragung).
- Sicherheit kostet Zeit und oft auch Komfort.
- Sicherheit ist nie absolut, sondern stets relativ.
- Sicherheit entsteht nicht allein aus einem Produkt, sondern erst durch begleitende organisatorische Maßnahmen und Prozesse.

Der größte Teil der nachfolgenden Sicherheitsaspekte gilt nicht spezifisch für Archiv- und DMS-Lösungen, sondern weitgehend für alle Client-Server-Systeme. Es lohnt sich jedoch, die Punkte nochmals auf die eigene DMS-Lösung angewendet zu betrachten.

Was umfasst Sicherheit?

Unter *Sicherheit* sollen hier folgende Funktionen verstanden werden:

A) Vertraulichkeit der Daten
B) Authentizität und Integrität – Schutz der Daten gegen Veränderungen
C) Schutz der Daten gegen Verlust
D) Verfügbarkeit der Systeme und Daten
E) Katastrophenfall-Planung
F) rechtliche Sicherheit (wie in Kapitel 8 behandelt)

Praktisch alle DM-Systeme bieten über Logon-On-Mechanismen und selektive Zugriffsrechte eine Basisabdeckung des Punktes A. Bei Verwendung von WORMs, CD-R oder DVD-R als Speichermedien ist auch für den Punkt B eine gewisse Sicherheit erreicht –

zumindest sobald die Daten diese Ablage erreicht haben. Prüfsummen, Signaturen und Zeitstempel sind hier sinnvolle Ergänzungen. Für den Punkt C muss nicht nur das DM-System Vorkehrungen treffen und Sicherungsverfahren anbieten, sondern verstärkt der Betreiber, z.B. durch adäquate Datensicherung und -lagerung. Die Verfügbarkeit (Punkt D) wird durch Redundanz bei der Datenspeicherung, -sicherung und in IT-Komponenten sowie durch ein entsprechendes Betriebskonzept und Systemüberwachung erreicht. Die Katastrophenfallplanung wiederum liegt im Verantwortungsbereich des Betreibers und sollte Teil eines (schriftlichen) Betriebskonzepts sein.

9.5.1 Sicherheitsbedarf und Sicherheitskonzept

Der Sicherheitsbedarf für eine DMS-Lösung lässt sich kaum allgemeingültig definieren, sondern muss vom Betreiber bzw. Nutzer individuell festgelegt werden. Dazu muss der eigene Sicherheitsbedarf für die gespeicherten Daten und Systeme definiert werden. Die wesentlichen Parameter hierzu sind:

- der Wert der Daten (differenziert nach Dokumentenklassen)
- der Schaden durch einen Datenverlust oder
- eine Kompromittierung der Daten
- die maximal vertretbare Nichtverfügbarkeit der Daten

Bereits diese Fragen sind nicht einfach zu beantworten und setzen eine sorgfältige Analyse voraus, auf deren Grundlage sich erst ein adäquates Sicherheitskonzept erstellen lässt.

Das Sicherheitskonzept des DMS-Systems sollte in die Sicherheitskonzeption Ihres Unternehmens eingebettet sein. Haben Sie eine schriftlich fixierte und allen Mitarbeitern bekannte Security-Policy? Sind z.B. Zuständigkeiten und Dinge wie minimale Kennwortqualitäten festgelegt? Werden Ihre Mitarbeiter entsprechend geschult und wird die Policy kontrolliert und durchgesetzt?

Besitzt Ihr Unternehmen noch keine Security-Policy, sollte die Inbetriebnahme einer business-critical DMS-Lösung zum Anlass genommen werden, eine solche zumindest für den betreffenden Bereich zu erstellen. Die Policy sollte dabei knapp sein (nicht mehr als 15–20 Seiten) und nur die grundlegenden Regeln definieren. Details für das DM-System werden dann in den Ausführungsbestimmungen und im DMS-Betriebskonzept festgelegt. Der Prototyp einer Security-Policy ist auf der Home-Page des BSI (***Bundesamt für Sicherheit in der Informationstechnik***) zu finden.*

* *Siehe [[SecPolicy]] (s.S. 707).*

9.5.2 Vertraulichkeit der Daten

DM-Systeme, in denen vertrauliche Daten geführt werden – und dies sind praktisch alle –, müssen einen Zugriffsschutz anbieten. Für personenbezogene Daten wird dies vom BDSG explizit gefordert. Dieser Schutz sollte zunächst den Zugang zum Arbeitsplatz (Rechner-Log-On) sowie zusätzlich zur entsprechenden Anwendung entweder über einen Account-Namen und ein Kennwort oder über einen Zugangs-Token (z. B. SmartCard) erfolgen. Diese Punkte sind jedoch nicht spezifisch für Archiv- oder DM-Systeme, sondern ebenso in anderen IT-Systemen zu finden. Aufgabe des Systemverwalters ist es hier, eine ausreichende Kennwort-Policy einzustellen und die Zugriffsrechte sinnvoll aufzusetzen – unter dem Sicherheitsaspekt nach dem Prinzip ›*Minimale Rechte*‹. Ein besonderer Schutzbedarf liegt bei den Kennwörtern für die Netzwerkadministration.

BDSG = ›Bundesdatenschutzgesetz‹

Parallel dazu ist der physikalische Zugang zu den gespeicherten Daten zu schützen, indem man die kritischen Komponenten in entsprechend gesicherten Räumen hält. Jukeboxen haben optional Schlösser. Einige Modelle können zusätzlich beim Öffnen eine Warnung auslösen. Zu den kritischen Systemen gehören auch Netzkomponenten wie Switches, Router, Distributions-Panels sowie natürlich Firewalls.

Die nächste Sicherheitsstufe besteht im Verschlüsseln der abgelegten Daten. Dies schützt beim Diebstahl der Daten oder Datenträger und bietet auch Sicherheit, falls es einem Angreifer gelingt, über Netz in das System einzudringen. Besonderes Augenmerk verdient bei verschlüsselten Daten der Schutz der Schlüssel. Bei hohen Ansprüchen sollten diese in einer Hardware-Einheit in geschützter Umgebung gehalten werden. Ihr System muss jedoch solche Einheiten unterstützen.

Der Preis der Verschlüsselung ist ein gewisser Performance-Verlust des Servers bei der Ablage und beim Zugriff.

Eine solche chiffrierte Ablage ist in Einzelfällen rechtlich explizit gefordert, etwa wenn es sich um Patientendaten handelt (z. B. in einem per Outsourcing betriebenen Archiv eines Krankenhauses (siehe hierzu [[dms-asp]]*).

* *Siehe hier im Anhang auf S. 700.*

Wesentlich bei der Verschlüsselung archivierter Daten ist das Backup der Schlüssel – bei Verlust sind die Daten nicht mehr lesbar. Auch dieses Backup ist sicher zu lagern. Wird ein Masterschlüssel verwendet, so kann man davon eine Kopie im Tresor aufbewahren.

9.5.3 Dokumentensichtbarkeit

Archive und DM-Systeme erlauben differenzierte Sichtbarkeiten von Dokumenten. Bei Dokumenten, welche nicht für alle Anwender sichtbar sein dürfen, ergibt sich (bei Integration einer eigenen Applikation) die Frage, welche Komponente den Zugriffsschutz realisieren soll – ist es das Archiv- bzw. Ablagesystem, der Viewer mit Hilfe von Dokumentenattributen oder die DMS- oder Geschäftsanwendung (z. B. die Versicherungsanwendung)?

Übersehen Sie bei Ihren Schutzmechanismen nicht die Low-Level-Zugänge, etwa die des Systemverwalters zu Dateien oder zu Datenbankeinträgen! Ein wesentlicher Teil der Angriffe kommt von Insidern.

Jeder dieser Ansätze hat Vor- und Nachteile. In jedem Fall ist eine sorgfältige Benutzerverwaltung mit entsprechend gepflegten Benutzerprofilen erforderlich. Zusätzlich müssen Anwendungskomponenten auf Zugriffsverletzungen vorbereitet sein und dem Anwender sinnvolle Fehlermeldungen weiterreichen – die vom System oder von den Standard-APIs erzeugten Fehlertexte sind hier oft wenig aussagekräftig. Den stärksten Zugriffsschutz erzielt man, wenn aufeinander abgestimmte Schutzmechanismen des Archivsystems, der DM-Anwendung und des Viewers zusammen genutzt werden.

Bei Turn-Key-Systemen bestehen hier geringe Einflussmöglichkeiten.

** Zu SAP ArchiveLink siehe die Beschreibung in Kapitel 11.3.1.*

Bei der Archiv-R/3-Kopplung über ArchiveLink* wird die Rechteprüfung z. B. zunächst von R/3 vorgenommen. R/3 hat hier zumeist die beste Information, welche Operationen ein Benutzer ausführen und welche Dokumente er sehen darf. Die Dokumentenanforderung gibt R/3 dann signiert und mit einem Zeitstempel versehen an den Client oder an das Archiv. Diese überprüfen die Signatur und liefern erst danach das Dokument an R/3 oder den Viewer zur Anzeige. Hier spielen also alle Komponenten für die Sicherheit zusammen.

*** Elegant ist, wenn das DMS-System beide Möglichkeiten bietet (siehe z. B. die Beschreibung in Kapitel 11.6.1 auf S. 657).*

Für die Recherche stellt sich die Frage, ob vorhandene, aber für den aktuellen Nutzer nicht zugreifbare Dokumente in der Trefferliste anzuzeigen sind.** Die Prüfung der Zugriffsrechte muss dann erst beim Abruf eines Dokuments erfolgen und damit in der Regel auf eine wesentlich kleinere Trefferzahl. Alternativ können nicht zugreifbare Dokumente bereits in der Trefferliste ausgeblendet werden. Es lassen sich für beide Alternativen Argumente und Situationen finden. So kann es bei einem Versicherungsvertrag z. B. sinnvoll sein, dem Sachbearbeiter anzuzeigen, dass zu einer Person Daten einer Gesundheitsuntersuchung vorhanden sind, auch wenn er sie selbst nicht sehen darf. Andererseits kann es vorkommen, dass diese Anzeige bereits zu viel anzeigt. Während bei Archiven die Entscheidung für die Anzeige zumeist statisch ist, kann dies in DM-Systemen oft individuell für einzelne Dokumentengruppen oder sogar für das einzelne Dokument festgelegt werden – mit entsprechendem Pflegeaufwand.

Caches: Ein Sicherheitsproblem stellen potentiell Caches dar. So liegen im Client-Cache vom Benutzer abgerufene Dokumente zumeist unverschlüsselt. Bei nicht ausreichend geschützten Arbeitsplatzsystemen sind deshalb hier Angriffe möglich. Diese Caches sollten deshalb so angelegt werden, dass der Zugriff für andere Benutzer, die sich später am Arbeitsplatz anmelden, nicht möglich ist. Dies schützt leider nur unzureichend gegen Benutzer, welche Administratorrechte auf dem System haben. Für einen ausreichenden Zugriffsschutz sollte man auf den Windows-Clients deshalb nicht Windows-95, -98 oder -ME, sondern NT, W2K oder XP-Pro einsetzen und NTFS als Dateisystem wählen.

Lokales Caching sollte abschaltbar sein bzw. der Cache sollte bei Sitzungs- oder Programmbeendigung automatisch gelöscht werden.

Sichere Benutzer-Authentifizierung: Der Zugriffsschutz in den Systemen kann nur dann wirksam sein, wenn auch eine sichere Identifizierung/Authentifizierung des Benutzers erfolgt. Einfache Account- plus Kennwort-Verfahren müssen hier unter Sicherheitsaspekten als kritisch betrachtet werden – es sei denn, es werden 1-Mal-Passwörter verwendet, wie sie Hardware-basierte Kennwortgeneratoren (Chipkarten) liefern. Diese Systeme sind jedoch relativ teuer und deshalb oft nur für ein Remote-Login zu rechtfertigen. Eine Alternative stellen zertifikatbasierte Identifikationen dar. Ihre Kosten sind in der Regel jedoch noch höher als die zuvor angesprochene Lösung, sofern nicht bereits eine Firmen-PKI (***Public Key Infrastructure***) existiert. Das meist verwendete System ist deshalb heute immer noch ›Account-Name und Kennwort‹. Hier liegt es dann an der Systemverwaltung (und der begleitenden Security-Policy), ausreichend sichere Vorgaben und Einstellungen zu machen.*

* *Eine qualifizierte Betrachtung hierzu liefert [Mertens] (s.S. 707).*

Die DMS-Administration bietet Werkzeuge, um neue Benutzer anzulegen, Zugriffsrechte zu ändern und Benutzer zu löschen. Wichtig ist hierbei, dass der Administrator vom notwendigen Entzug von Rechten erfährt. Bei großen Installationen sollte diese Administration deshalb auch verteilt und dezentral mit entsprechend differenzierten Administrationsrechten möglich sein, so dass ein Bereichsleiter bei Änderungen in seinem Bereich unter Umständen selbst die Rechte entziehen kann.

Single-Sign-On-Systeme bieten hier sowohl beim Anlegen als auch beim Sperren von Benutzern Vorteile. Mittelfristig sind solche Directory-basierte Dienste zu erwarten; heute sind sie eher die Ausnahme. Eine Brücke kann in Koppelungsmodulen bestehen, welche Änderungen zentral entgegennehmen und dann konsistent an alle unterstützten Systeme weitergeben. Hierzu lohnt sich ein Blick auf die Möglichkeiten der neuen Samba-Version mit LDAP-Unterstützung. Hierzu gibt es bereits einige Konnektoren, welche die zentral durchgeführten Änderungen in spezifische Systeme wie etwa NT, W2K oder R/3 replizieren.

Die Erfahrung zeigt, dass zu Beginn eines DM-Projektes die Anforderungen an den Zugriffsschutz und die Differenzierung von Sichtbarkeiten oft zu hoch angesetzt werden. Die Realisierung der Rechteprüfung wird dann aber häufig hinausgezögert – mit dem Effekt, dass lange Zeit nur ein geringer Zugriffsschutz besteht. Es erscheint hier sinnvoll, sich frühzeitig Gedanken über einen realisierbaren Schutz zu machen und zu berücksichtigen, dass die Rechteprüfung für einen Zugriff auch ausreichend effizient erfolgen kann. Lange Prüfzeiten reduzieren die Akzeptanz.

9.5.4 Sicherer Datentransport

Der Zugriff des Anwenders auf die Daten erfolgt über Netze – private oder öffentliche. Vertrauliche Daten müssen beim Transport durch eine Verschlüsselung angemessen geschützt werden. Während in kleinen lokalen Netzen durch den Einsatz von Switches statt Hubs und Virtual LANs (VLANs) ein gewisser Abhörschutz geschaffen werden kann, hilft dies in großen und öffentlichen Netzen wenig. Hier ist Verschlüsselung unabdingbar.

Der Schutzbedarf ist in den vergangenen Jahren deutlich gestiegen. Dies liegt sowohl an der Ausweitung der Netze und den damit verbundenen zusätzlichen Zugangspunkten, aber auch an der freien Verfügbarkeit von Angriffswerkzeugen im Internet. Sie erlauben das Abhören des Netzverkehrs und unterstützen Angriffe auf Anwendungssysteme und Netzkomponenten. Diese Werkzeuge sind inzwischen so einfach zu bedienen, dass auch jemand ohne spezielle Netzkenntnisse solche Angriffe fahren kann.

Insbesondere im Internet werden Angriffe inzwischen nicht mehr nur gezielt, sondern oft wahllos aus Spaß und aus Neugierde betrieben. Bei einem DMS-Zugang über Internet liegt deshalb die Angriffswahrscheinlichkeit auf Ihr System bei 100 %. Firewalls sind hier die minimale Schutzvoraussetzung. Sie müssen aber sorgfältig aufgesetzt, ihre Software aktualisiert und ihre Protokolle fortlaufend ausgewertet werden. Bei Internet-Zugängen zu einer Webbasierten Lösung mit sensiblen Daten ist in der Regel ein zweistufiges Firewall-Konzept angebracht – die erste Firewall zwischen dem Internet und dem Web-Server und die zweite Firewall zwischen Web-Server und DMS- oder Anwendungsserver.

Besteht ein hoher Sicherheitsbedarf, ist ein Internet-Zugang vorhanden und ein 7 × 24-Stunden-Betrieb vorgesehen, so ist zu überlegen, ob die Überwachung der Firewalls nicht per Outsourcing erfolgen soll. Hierfür gibt es inzwischen zahlreiche Anbieter.

Bei Nutzung des HTTP-Protokolls hat sich SSL/TSL zur Verschlüsselung des Datenstroms durchgesetzt (per HTTPS). Hier sollte man für sensible Daten eine 128-Bit-Verschlüsselung benutzen, was spezielle Server-Zertifikate voraussetzt. Diese gestatten selbst bei älteren Browsern den Einsatz von 128-Bit-SSL-Schlüsseln.* Beim Einsatz von Zertifikaten von Trust-Centern (*Certification Authorities* bzw. Zertifizierungsdiensteanbietern), deren Daten bereits in den Standard-Browsern vorinstalliert sind, kann das Einpflegen des CA-Zertifikats auf den Clients entfallen.

* *Solche Zertifikate werden z. B. in Deutschland von der Firma D-Trust ausgegeben und in USA von der Firma Verisign.*

Die SSL-Verschlüsselung kann bei einer größeren Anzahl von gleichzeitig aktiven Benutzersitzungen zum Performance-Engpass auf dem Server werden. Abhilfe schaffen hier spezielle SSL-Beschleuniger. Stellen Sie jedoch sicher, dass diese sich in Ihre Web-/DMS-Anwendung einklinken lassen – eine explizite Evaluation ist zu empfehlen.

Liegt ein hohes Sicherheitsbedürfnis vor, muss sich nicht nur der Server gegenüber dem Client durch ein digitales Zertifikat authentifizieren, sondern auch der Client gegenüber dem Server. Dies schließt dann einen *Man-in-the-Middle*-Angriff weitgehend aus. Das Client- bzw. Benutzer-Zertifikat und der private Schlüssel können dann entweder als Datei im Rechner oder in einem Hardware-Token liegen. Der Hardware-Token ist die sicherere Lösung, setzt jedoch einen entsprechenden Token-Adapter (z. B. Smart-Card-Leser) voraus und ist in größeren Stückzahlen deutlich teurer als die Software-basierte Lösung. Der Web-Server muss hier für die erzwungene beidseitige Authentifizierung über digitale Zertifikate entsprechend konfiguriert werden.

Auch die Kommunikation zwischen Servern ist in die Sicherheitsbetrachtung einzubeziehen. In einer lokalen Umgebung lässt sich über Switch-Technik (statt Hubs) oder VLANs ein Abhören der Kommunikationsdaten einschränken. Bei größeren Distanzen sollte man VPN-Technik (Virtual Private Network) einsetzen oder durch das eingesetzte Protokoll eine verschlüsselte Kommunikation sicherstellen.

9.5.5 Schutz gegen Datenveränderung

Hier ist die gesamte Verarbeitungskette zu betrachten. Bei der Erfassung von Papier beginnt sie beim Scannen, der Qualitätskontrolle, den manuellen oder automatischen Nachbearbeitungsschritten, über den Transport zum Ablageserver bis zur Ablage sowie zur späteren Wiedergabe. Analog gilt dies auch bei anderen Erfassungsverfahren.

Bei der Betrachtung gilt es zu überlegen, wo eine Manipulation am einfachsten sowie wo und aus welchem Grund sie am wahrscheinlichsten ist.

Eine Datenveränderung muss nicht immer mutwillig sein, sondern hat oft technische Gründe oder wird durch Bearbeitungs- oder Konvertierungsfehler verursacht. Hier helfen gründliche Einführungstests und spätere Stichproben.

Prüfsummen und (rechnerisch aufwändigere) Signaturen erlauben Veränderungen zu erkennen – jedoch nicht sie zu unterbinden. Eine frühe Erkennung erlaubt jedoch Folgefehler zu vermeiden und die Fehlerquelle frühzeitig auszuschalten.

ECC = ›Error Correction Code‹, d. h. Hauptspeicher, der einzelne Bitfehler selbstständig korrigieren kann.

Redundante Codes (z. B. im ECC-Speicher) gestatten zumeist technisch bedingte Veränderungen zu erkennen und bei 1-Bit-Fehlern diese automatisch zu korrigieren.

Prüfsummen und Signaturen machen natürlich nur dann Sinn, wenn sie auch zur Validierung benutzt werden, z. B. bei der Übertragung vom Scanner-Arbeitsplatz in das Ablagesystem, auf einen Spiegel-Server oder beim Kopieren auf ein Backup-Medium.

Während Prüfsummen (z. B. in Form einer 32-Bit-CRC) ausreichend sicher eine technisch bedingte Veränderung erkennen, helfen sie nicht gegen eine mutwillige Veränderung, da der Angreifer hier die Prüfsumme mit verändern kann. Es sei denn, sie ist separat gespeichert, z. B. in der Datenbank mit entsprechendem Zugriffsschutz und nicht im oder beim Dokument.

Die Validierung einer elektronischen Signatur ist aufwändiger als eine Prüfsumme, insbesondere wenn zugleich die Gültigkeit des zugehörigen Zertifikats bis zur Wurzel überprüft werden soll. Man wird diese Prüfung deshalb oft nur bei der ersten Entgegennahme und danach erst bei konkretem Bedarf durchführen. Auch beim Umkopieren auf neue Datenträger erscheint dies sinnvoll.

Es kann wegen des Aufwands durchaus sinnvoll sein, relevante Dokumente sowohl mit einer Prüfsumme für eine häufigere Überprüfung als auch mit einer Signatur zu versehen (z. B. für einen rechtlich relevanten Nachweis).

Der Archiv-Anbieter IXOS z. B. bietet in seinem Archiv seit längerer Zeit den automatischen Zeitstempel (inkl. elektronischer Signatur) in mehreren Sicherheitsstufen an. Das Anfügen des elektronischen Zeitstempels kann dabei für verschiedene Archive separat aktiviert werden. Die reine Software-Lösung ist sicher die billigste. Hier muss die Sicherheit durch Prozesse (zuverlässige Zeiteinstellung, Schutz der SW-Zertifikate auf dem Server, ...) geschaffen werden. Die nächste Stufe ist der Einsatz einer Hardware-Einheit – z. B. von der Firma TimeProof.* Sie bietet sowohl eine zuverlässige, geschützte Zeitbasis als auch SmartCards zum Signieren und weitere Hardware-basierte Sicherheitsmechanismen. Hier können sogar Signaturkarten eingesetzt werden, z. B. um Signaturen und Zeitstempel mit qualifizierten Signaturen mit Anbieter-Akkreditierung nach dem deutschen Signaturgesetz zu erstellen. Die höchste (und teuerste) Stufe stellen hier zertifizierte Zeitstempeleinheiten dar. Sie sind jedoch im Normalfall nicht erforderlich. Alle drei Varianten lassen sich in der IXOS-Lösung relativ transparent einsetzen. Alternativ lassen sich Zeitstempel auch über Internet von einem Trust-Center abrufen – gegen entsprechende Gebühren.

** Siehe www.timeproof.de.*

Viren-Check bei eMail: Bei eMail sollte in jedem Fall eine Virenprüfung sowohl vor der Ablage in einem Archiv als auch vor dem Versenden erfolgen – jeweils automatisiert. Neuere Urteile legen aus Haftungsgründen eine doppelte Prüfung mit aktuellen Virendefinitionen vor einem Versenden nahe.

Prüfung elektronisch signierter Dokumente: Eingehende elektronisch signierte Dokumente (z. B. eMails oder eMail-Anhänge) sollte man im Dokumenteneingang auf Authentizität und Gültigkeit der Signatur prüfen und erst danach verarbeiten oder archivieren. Die GDPdU verlangt dies z. B. explizit für eingehende elektronische Rechnungen, wobei hier nicht nur die Signatur als solche, sondern ebenso die Qualität der Signatur zu prüfen ist. Elektronische Rechnungen, für welche man einen Vorsteuerabzug geltend machen möchte, müssen mit einer qualifizierten Signatur mit Anbieter-Akkreditierung versehen sein. Das Signaturzertifikat – zumeist mit dem Dokument mitgeliefert – sollte man aus rechtlichen Gründen mit archivieren.

Zum GDPdU sieheKapitel 8.1.1 und 8.1.4.

9.5.6 ›Hardening‹ der Server-Systeme

Auf Grund von Sicherheitsaspekten verdient das Aufsetzen und Aktualisieren von Server-Systemen besondere Sorgfalt. Zunächst empfiehlt sich ein so genanntes Hardening des Betriebs- bzw. Basissystems. So sind nach der Installation alle nicht benötigten Dienste zu deaktivieren – besser sogar ganz zu löschen. Dies gilt insbesondere bei Web-basierten Systemen für die Web-Server und die dort zumeist vorhandenen Demo-Skript-Dateien und -verzeichnisse. Da Angriffspunkte für fast alle Dienste bekannt sind – insbesondere, wenn sie nicht sicherheitstechnisch auf dem neuesten Patch-Stand sind – werden damit zahlreiche Schwachstellen eliminiert. Ein nicht vorhandener eMail- oder Druck-Service kann eben nicht angegriffen oder überschwemmt werden.

* *Siehe hierzu www.nmap.org.*

Mit Hilfe des freien (OpenSource) Port-Scanners nmap* lassen sich z. B. einfach laufende Dienste finden, um sie dann soweit möglich zu deaktivieren.

Deaktivieren oder löschen Sie auf den Systemen ebenso alle nicht benötigten Accounts und ändern Sie bei den verbleibenden alle Standard-Passwörter auf einen für Sie individuellen Wert (angemessener Qualität). Insbesondere Administrator-Accounts (z. B. für Datenbanken, DM- und Betriebssystem) sind kritisch. Gleiches gilt jedoch auch für Netzwerkkomponenten wie Firewalls, Switches und Router. Dadurch wird zwar unter Umständen ein späteres Versions-Update etwas aufwändiger; zugleich ist aber eine empfindliche Schwachstelle geschlossen. Merken Sie sich vor der Änderung die (alten) Passwörter; Sie benötigen sie unter Umständen bei späteren Updates.

Ein weiterer Schritt ist die Überprüfung der Zugriffsrechte auf Directories, Anwendungen und administrative Dateien. Oft muss man durch Ausprobieren herausfinden, wo die minimalen Rechte liegen können.

Bei Sicherheits-Patches sollten Sie bei Ihrem Applikations- oder DMS-Lieferanten nachfragen, ob sie ohne Probleme eingesetzt werden können.

Selbstverständlich ist nach solchen Änderungen ein gründlicher Regressionstest erforderlich, denn nur selten beschreibt die Installationsdokumentation der Systeme vollständig die Abhängigkeit von solchen Accounts und Standarddiensten.

Um die Installation zur vereinfachen und den Benutzerkomfort zu erhöhen, sind Schutzmechanismen in den Standardinstallationen teilweise deaktiviert und müssen deshalb explizit aktiv gesetzt werden. Dies dürfte sich mit der neuen Sicherheitsfokussierung ändern – selbst Microsoft ist zu dieser Erkenntnis gekommen. Nach dem Setup des Basissystems sollte man deshalb alle benötigten Sicherheitseinstellungen aktivieren und auf ein passendes Niveau setzen. Hierzu gehören auch entsprechende Log-Files und Log-Levels.

Vorteilhaft – wenn auch beim ersten Aufsetzen aufwändig – ist es, die Änderungen nicht manuell, sondern per Skripten durchzuführen. Sie können dann bei der nächsten Installation oder beim nächsten Update – und dies erfolgt unter Umständen unter Zeitdruck – automatisiert ablaufen.

Dass Wartungsanschlüsse (Modems oder Internet-Verbindungen) im Standard deaktiviert sein müssen, ist aus Sicherheitsgründen selbstverständlich. Ob man sie in Problemfällen für eine remote Diagnose temporär öffnen möchte, ist im Einzelfall zu entscheiden.

Es gibt eine ganze Reihe von Programme um die Sicherheit ihres Servers nach außen hin zu überprüfen – als kommerziell vertriebene Programme und Freeware. Diese Tools prüfen auf bekannte Schwachstellen. Regelmäßige Tests der Server-Systeme mit einer aktuellen Version gestatten, Schwachstellen im Sicherheits-Setup frühzeitig zu erkennen.

Eines der kostenlosen Werkzeuge ist Nessus. Man findet den Freeware Security-Scanner unter www.nessus.org.

Aufwändig im Aufsetzen und der nachfolgend notwendigen Pflege und teuer in der Lizenz sind hier ergänzende *Intrusion Detection Systeme* (IDS). Sie helfen Netz- und Systemeinbrüche und andere Anomalien frühzeitig zu erkennen und teilweise automatisiert Gegenmaßnahmen zu treffen. Auch hier findet man im Internet kostenlose oder kostengünstige Lösungen, insbesondere für UNIX und LINUX.*

Bei größeren Web-basierten Lösungen mit Zugang zu kritischen Daten und bei einem Zugang über Internet, sollten Sie Ihre Installation zumindest nach dem ersten Setup von Sicherheits- und Netzspezialisten überprüfen lassen. Diese Prüfung sollte danach, eventuell mit geringerer Prüftiefe, zumindest jährlich wiederholt werden. Auch selbst durchgeführte Netz-Schwachstellentests mit automatisierten (Angriffs-) Werkzeugen schaffen hier zusätzliche Sicherheit. Solche Tools werden von verschiedenen Firmen angeboten und die Angriffssignaturen (Angriffsmuster) ähnlich den Virendefinitionen ständig aktualisiert.** Auch hierzu sind im Internet kostenfreie Werkzeuge zu finden – jedoch mit weniger aktuellen Wartungs-Updates.

Übersehen Sie bei Ihren Schutzmechanismen nicht die Low-Level-Zugänge, etwa die des Systemverwalters zu Dateien oder zu Datenbankeinträgen – oder temporär offene Administrationsplätze. Hier sind zumindest Bildschirmschoner *(Screensaver)* mit kurzen Wartezeiten und Kennwortschutz obligatorisch.

Client-Setup: Serversysteme sind aus Sicherheitssicht besonders sensibel, Sorgfalt bedürfen aber ebenso die Clients. Insbesondere bei Web-basierten Clients müssen leider die Web-Browser immer wieder wegen neu entdeckter Sicherheitslücken über Patches auf einen aktuellen Sicherheitsstand gebracht werden.

** Als Beispiel mögen das OpenSource IDS ›snort‹ (unter www.snort.org) und ›Tripwire‹ unter www.tripwire.org gelten.*

*** z. B. der Firma Internet Security Systeme (www.iss.net).*

Für die Professional Versionen der Microsoft Systeme sollte man den seit Anfang 2002 verfügbaren ›*Microsoft Baseline Security Analyzer*‹ zur Überprüfung der Aktualität der Microsoft-Sicherheits-Patches einsetzen.* Er ist zwar nicht perfekt, aber durchaus hilfreich und gestattet, die Systeme in einem ganzen Netz zu überprüfen.

* *Siehe [[MSBSA]] (s. S. 707).*

Dass aktuelle und permanent aktivierte Virenscanner (mit erzwungenen, automatisierten Updates der Virendefinitionen) auf den Windows-Arbeitsplätzen selbstverständlich sind, bedarf kaum noch der Erwähnung.

Zusätzlichen Schutz bieten so genannte Personal Firewalls auf den Clients. Sie sind insbesondere bei mobilen Systemen und Heimarbeitsplätzen anzuraten. Auch hier gibt es eine Reihe durchaus brauchbarer kostenloser oder sehr kostengünstiger Angebote.**

Kostenlose oder preiswerte ›Personal Firewalls‹ sind z. B. der ›Tiny Personal Firewall‹ der Firma TinySoftware oder ›ZoneAlarm‹ der Firma ZoneLabs.

Anleitung zum Setup: Die DMS-spezifische Setup-Anleitung liefert ihnen Ihr DMS-Anbieter.

Eine mehr allgemeine aber nützliche Beschreibung zum System-Setup und Hardening gibt das ›*IT-Grundschutzhandbuch*‹ des BSI.** Dieses ist zwar sehr umfangreich, man findet jedoch rasch brauchbare Anweisungen für die eigenen Systeme – Server, Netze und Clients (Arbeitsplatz-PCs).

** *Siehe [[SecPolicy]] (s. S. 707).*

9.5.7 Systemverfügbarkeit

DM-Systeme sind oft business-critical für das Unternehmen. Ein Ausfall kann fatale operative Konsequenzen haben u. a. mit erheblichem Arbeitsausfall und Imageverlust. Bei solchen Systemen gilt es deshalb, eine hohe Verfügbarkeit sicherzustellen. Abbildung 9-5 zeigt in etwa, welche Verfügbarkeiten durch welche Maßnahmen und Konfigurationen erreichbar sind. Dass man dabei für kritische Serversysteme nicht auf Billig-PCs setzen kann, braucht nicht betont zu werden.

Die Maßnahmen, um die Verfügbarkeit einer DMS-Lösung sicherzustellen, entsprechen weitgehend denen für kritische Client-Server-Systeme. So sollten z. B. die Server mit ECC-Speicher sowie einer eigenen USV ausgestattet sein. Redundante Netzteile und SMP-Systeme erhöhen die Ausfallsicherheit weiter.

USV = ›Unterbrechungsfreie Stromversorgung‹

Datenbanken und Caches sollten auf RAID-Systemen liegen (im RAID-Modus 1 oder 3); entsprechende Reservelaufwerke sind vorzuhalten. Jukeboxen sollten möglichst mit mehreren Laufwerken ausgestattet und mehrfach vorhanden sein. Ein guter Ansatz ist die Auslegung des Systems mit (mindestens) zwei Jukeboxen – eine für den operativen Betrieb und eine zweite für die Spiegelung oder

SMP = ›Symmetric Multiprocessor‹, d.h. System mit mehreren gleichrangig arbeitenden CPUs

Datensicherung sowie für Tests. Vorzugsweise befinden sich die Geräte dann in unterschiedlichen Brandsegmenten.

Möchte man die Verfügbarkeit weiter steigern, so werden gespiegelte Server eingesetzt, so dass bei Ausfall eines Servers der Betrieb auf den zweiten Server umgeschaltet werden kann. In diesem Fall ist es sinnvoll, auch die Jukeboxen und RAID-Systeme an beiden Systemen anzuschließen und umschalten zu können. Fibre-Optic- oder Fibre-Channel-Schnittstellen haben hier gegenüber SCSI-Schnittstellen Vorteile, da sie längere Kabellängen und mehr Geräte an einem Strang zulassen. Bei einer vollen Spiegelung der Server hängen die doppelt vorhandenen Datenbankspeicher und die Jukeboxen nur an jeweils einem der über LAN verbundenen Server.

Statt direkt am Ablage-Server angeschlossener RAID-Systeme lassen sich natürlich auch SAN-Speicher oder NAS-Fileserver einsetzen. Diese sollten minimal die gleiche Sicherheit wie oben beschrieben haben und gestatten größere Distanzen zwischen dem Server und den Speichern. Zusätzlich sind hiermit Backups möglich, die den Server nicht belasten. Idealerweise sind diese vom jeweiligen DMS-Anbieter zertifiziert.

Journaling File-Systeme, wie inzwischen unter allen UNIX-Systemen verfügbar, erhöhen die Verfügbarkeit. Sie sind nicht nur robuster als konventionelle UNIX-Dateisysteme, sondern sie verkürzen beim Wiederanlauf nach einem Systemabsturz wesentlich die Zeit für den Dateisystem-Check. Auch für Windows-Server stehen solche Journaling-File-Systeme zur Verfügung (z.B. von der Firma Veritas).

Monitoring: Binden Sie die Überwachung der DMS-Lösung in das System-Management Ihrer IT ein. Dies erfolgt zumeist über entsprechende SNMP-Nachrichten und -Agenten. Die meisten

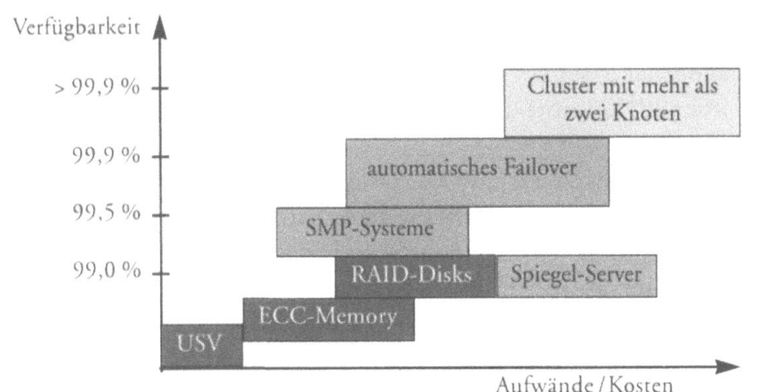

Abb. 9-5 Techniken, um die Verfügbarkeit von Servern zu steigern

SM = ›System Management‹

DMS-Anbieter bieten solche Agenten für die häufig eingesetzen SM-Systeme wie von Tivoli, Unicenter (von CA) oder von BMC an. Die Integration erfolgt zumeist mit moderaten Anpassungen.

Sicherungen: Sicherungen – sowohl der Dokumente als auch der Datenbanken – sollten täglich und automatisiert erfolgen. Vergessen Sie nicht, ergänzende Administrationsdateien mit wesentlichen Customizing-Daten nach Änderungen zu sichern. Sicherungsdatenträger sollten prinzipiell in angemessenen Intervallen aus den Geräten wie Jukeboxen oder Bandrobotern herausgenommen und in separaten Räumen in einem abgeschlossenen Schrank oder Tresor gelagert werden. Dies impliziert unter Umständen drei Datenträgersätze: operatives System, Spiegelsystem/Duplikat und Offline-Kopie.

Die Anschläge auf das World-Trade-Center haben sehr deutlich gezeigt, wie wichtig außerhalb gelagerte Sicherungskopien sind!

Datenbanken sollten nicht nur inkrementell (über Redo-Logs) gesichert werden, sondern in angemessenen Intervallen auch als Vollsicherung. Dies reduziert bei einer Datenbankbeschädigung wesentlich die Restaurationszeit. Alternativ werden sie über eine Snapshot-Technik gesichert. Hierbei wird das Dateisystem (der Volume) kurzfristig eingefroren und anschließend werden alle danach geänderten Blöcke des Dateisystems in einen speziellen Snapshot-Bereich geschrieben. Nun können im Hintergrund alle eingefrorenen Blöcke des Volumes auf Band oder einen anderen Plattenbereich gesichert werden, während der Volume wieder normal weiter genutzt werden kann. Die Anbieter von Snapshot-Technik bieten für die verbreiteten Datenbanken wie Oracle, MS-SQL-Server und DB/2 sowie für MS-Exchange spezielle Plug-Ins zur Snapshot-Sicherung an.

Auch die Write-Caches optischer Archive sind zu sichern. Selbst bei großen Read-Caches kann eine aktuelle Sicherung die Performance eines Systems nach einem Ausfall des Cache-Bereichs erheblich erhöhen und damit die Systemverfügbarkeit verbessern.

Bandlaufwerke und Bandroboter für die Dateisicherung sind zumeist zentral vorhanden und sichern die Daten mehrerer, oft heterogener Systeme. Als Sicherungsstandard setzt sich das NDMP-Protokoll (Konzept) durch, welches plattformübergreifend arbeiten kann.*

* *Siehe hierzu NDMP auf Seite 222.*

Beim Einsatz von WORMs als Ablagemedium lässt sich die Wiederanlaufzeit eines DM-Systems dadurch verbessern, dass man regelmäßig (z. B. einmal täglich) so genannte Write-Checks auf die Datenträger ausführt. Hierbei werden alle Daten, die noch im Write-Cache der Platte liegen, auf die Platte geschrieben und die File-Tables der Platte aktualisiert. Volle Datenträger sollte man als abgeschlossen markieren und *read-only* setzen. Das Importieren und Aktualisieren von unsauber abgeschlossenen Platten kann beim Wiederanlauf nach einem Systemausfall sehr lange dauern!

Bei Einsatz von CD-R oder DVR-R stellt die Zeit zwischen dem Einstellen der Daten in das Archiv und dem endgültigen Herausschreiben auf das Medium ein gewisses Sicherheitsrisiko dar – sowohl hinsichtlich eines Datenverlusts als auch hinsichtlich der Veränderbarkeit der Daten. Man sollte deshalb diese Spanne nicht zu lang werden lassen und die Cache-Bereiche zwischenzeitlich anderweitig sichern.

Berücksichtigen Sie, dass die Sicherungstechnik nicht nur durch die Zeit bestimmt wird, welche für die Sicherungen zur Verfügung steht, sondern weit stärker durch die maximal vertretbare Nichtverfügbarkeit bzw. die für die Rücksicherung und den Wiederanlauf benötigte Zeitspanne!

Die Verfügbarkeit eines DM-Systems wird durch vorbeugende Wartung aller mechanischen Teile sowie durch die regelmäßige und sorgfältige Auswertung der verschiedenen Protokolle erhöht. So muss rechtzeitig erkannt werden, wann Speicherbereiche voll werden oder eine Reorganisation der Datenbank fällig wird. Dafür sind die Operateure zu schulen.

Besorgen Sie sich rechtzeitig die benötigten Datenträger, da es immer wieder zu Lieferengpässen kommen kann! Ebenso wichtig ist die sorgfältige Beschriftung der Datenträger und deren Backup-Kopien. Es erweist sich als hilfreich, über die verwendeten Datenträger sowie ihrem Lagerort Buch zu führen.

Katastrophenfallplanung

Die Planung für Katastrophenfälle, wie etwa die Zerstörung der Daten oder Systeme durch Wasser, Feuer oder andere externe Einflüsse ist bei business-critical Systemen ein wesentlicher Aspekt. Eine weitgehend automatisierte Sicherung der Daten und die ausgelagerte Speicherung der gesicherten Daten gehören dazu.

Klären Sie mit Ihrem Hardwarelieferanten die Wiederbeschaffungszeiten kritischer Komponenten. Für Jukeboxen und Scanner können diese Zeiten bei Totalausfall erheblich sein.

Legen Sie als Teil des Notfallplans fest, was in welchen Fällen zu tun ist, wo Backup-Daten liegen, wo benötigte Passwörter (sicher) hinterlegt sind und wer im Notfall zu informieren ist. Stellen Sie eine Liste der Ansprechpartner und deren Vertreter und ihre Erreichbarkeit zur Verfügung. Machen Sie den Notfallplan allen Beteiligten zugänglich.

Notfall-Übungen: Ein Notfallplan ohne Übungen ist nutzlos. Die Erfahrung zeigt, dass ein Notfallplan bei der ersten Übung – oder beim ersten Ernstfall – immer fatale Lücken und Unzulänglichkeiten zeigt.

9.5.8 Sicherheit ist eine Kombination von Maßnahmen

Ein hohes Maß an Sicherheit ist nur zu erreichen durch eine Kombination von Maßnahmen und deren ständige Anpassung an neue Gegebenheiten. Seien es bekannt gewordene Schwachstellen, IT-Änderungen, neue Zugänge (z.B. per Remote-Log-On), Organisationsänderungen oder wechselndes Personal. Das Spektrum der Schutzmaßnahmen besteht aus:

- **Planung, Klassifikation und Segmentierung**
  nach kritischen und weniger kritischen Bereichen und Daten. Auf welche Daten und Systeme können Sie im Notfall vorübergehend verzichten? In welcher Reihenfolge müssen die System wieder anlaufen?
- **Organisatorischen Verfahren**
  - wohldefinierte, robuste Ablauforganisation
  - Einsatz von vertrauenswürdigem, geschultem Personal
  - eine klare, kommunizierte Security-Policy mit Audits
- **Arbeitsanweisungen**
  - Beschreibung des Ablaufs
  - Was ist erlaubt, was verboten?
  - Wie werden Problemfälle behandelt?
  - Wer ist bei Problemen verantwortlich?
  - Wie sind an Wochenenden und nachts die Personen zu erreichen?
- **Technischen Maßnahmen**
  - Systeme mit ausreichenden Sicherheitsmechanismen
  - geschützte Aufstellung kritischer Komponenten
  - Zugangskontrolle
  - systematische Datensicherungsverfahren
  - Verschlüsselung, Firewalls und IDS
- **Sorgfalt beim Aufsetzen und Aktualisieren der Systeme**
  - Deaktivieren nicht benötigter Dienste
  - Ändern der Standard-Passwörter
  - Einspielen (und Testen) relevanter Patches
  - aktuelle Virenlisten, Firewall-Regeln, ...

- **Pflege der Systeme**
  - aktuelle Datensicherung
  - aktueller System- und Applikationsstand
  - Account ausscheidender Mitarbeiter sofort sperren und später löschen
- **Monitoring und Kontrollen**
  - Monitoring der Systeme auf Fehler, Engpässe, Performance, Füllgrade, Warnungen, Alerts, Protokolle, ...
  - Auswertung der Log-Files
  - Einsatz von IDS-Systemen
  - Stichproben zur Einhaltung von Anweisungen und Policies
- **Schaffung eines Problembewusstseins bei den Mitarbeitern**
  - über Schulungen und Informationen und
  - Einzelgesprächen bei Mitarbeitern mit laxem Umgang mit der Sicherheit

Komplexität: Komplexität ist eine Gefahr für ein sicheres System, da hier Schwachstellen leichter zu übersehen und Abhängigkeiten schwerer zu erkennen sind. Jede neue Zugangsschnittstelle, jede neue Netzkomponente schafft neue Angriffspunkte oder Punkte, an der Information entweichen kann. Eine Vereinfachung von Strukturen, Systemen, Konzepten und Anweisungen dient der Sicherheit.

Es sei noch erwähnt, dass eine sicherheitstechnische Risikoanalyse der DMS-Lösung – in aller Regel als Teil der IT-Infrastruktur – auf Grund des KonTraG* (*Gesetz zur **Kontrolle** und **Transparenz** im Unternehmensbereich*) für AGs erforderlich sein kann, und zwar dann, wenn die DMS-Lösung eine business-critical-Komponente des Unternehmens darstellt.

** Zum KonTraG vom Mai 1998, gültig für AGs, siehe [[KonTrAG]]* *(s. S. 701).*

9.5.9 Sicherheit ist ein ständiger Prozess

Wir haben gesehen, dass Sicherheit ein fortlaufender Prozess ist – um nicht zu sagen ein ständiger Kampf. Er besteht aus sich wiederholenden Tätigkeiten wie Datensicherung und Systemüberwachung. Er erfordert permanente Anpassungen, sei es, weil neue Daten und Anwendungen aufgenommen werden oder weil sich die Konfigurationen und andere technische Rahmenbedingungen ändern. Schließlich bedingen auch neu bekannt gewordene Schwachstellen das Einspielen neuer Patches oder die Implementierung zusätzlicher Sicherheitsmaßnahmen. Es gilt entsprechend die Web-

Seiten der Hersteller regelmäßig zu beobachten und Newsletters (per eMail) zu Sicherheitslücken zu abonnieren.* Diese sind zwar Internet- und Netz-lastig, warnen aber auch vor Schwachstellen in anderen IT-Komponenten. Einer der Informationsbriefe, die ein MUSS sind, ist BUGTRAQ von Securityfocus.

Siehe z. B. www.cert.org oder www.cert.dfn.de.

BUGTRAQ ist im Internet zu finden unter: www.securityfocus.com/popups/forums/bugtraq/intro.shtml

Das Ausscheiden von Mitarbeitern erfordert nicht nur ein Löschen des Accounts, sondern bei Systemverwaltern auch das Ändern der entsprechenden Passwörter.

Sich ändernde gesetzliche Rahmenbedingen sind zu berücksichtigen, sei es die Haftung für verschickte Dokumente (z. B. wenn diese durch Viren Schaden anrichten), sich verschärfende Datenschutzrichtlinien oder die Forderung nach qualifizierten elektronischen Signaturen auf bestimmten elektronischen Belegen wie z. B. gefordert durch das 2001 erlassene GDPdU und die Änderung des UstG (Umsatzsteuergesetz).

Zum GDPdU siehe Kapitel 8.1.1 und 8.1.4.

9.5.10 Angemessener Aufwand und Kosten

Bei aller Sicherheitsorientierung müssen sich die einzelnen Sicherheitsmaßnahmen doch an ihrem Nutzen und ihren Kosten messen lassen. Bruce Schneier – einer der ausgesprochen renommierten Sicherheitsexperten – legt dies in seinem sehr lesenswerten CRYPTO-GRAM vom April 2002 dar.** Er nennt dort fünf Kriterien:

*** Siehe [[C-Gram]] (s. S. 706).*

1. Welches Sicherheitsproblem wird dadurch gelöst?
2. Wie gut wird das Sicherheitsproblem damit gelöst?
3. Welche anderen Probleme entstehen durch die Lösung?
4. Was sind die Kosten der Lösung?
5. Sind die Kosten dafür angemessen?

Dass die Sicherheitsanforderungen auch aus Sicht der Benutzer und Administratoren angemessen sein müssen und nicht übertrieben wirken dürfen, zeigt Mertens in seinem Artikel ›*Qual der Wahl – Passwörter im Unternehmenseinsatz*‹. Setzt man z. B. die Anforderungen an Passwörter zu hoch an, so führt dies dazu, dass diese schriftlich festgehalten werden und dann am Bildschirm oder unter der Tastatur zu finden sind. Die faktische Sicherheit sinkt damit wieder deutlich. Möchte man die Sicherheit hier erhöhen, so muss man zunächst das Problembewusstsein dafür schaffen und die Notwendigkeit der Sicherheitsmaßnahmen den Mitarbeitern ausreichend darlegen.

Zum Papier von Mertens siehe [Mertens] (s. S. 707).

9.6 Aspekte des Gesamtsystems

Eine Reihe von Aspekten zu DM-Systemen betreffen das Gesamtsystem und lassen sich nicht mit den einzelnen Komponenten abhandeln. Hierzu gehören natürlich prinzipielle Überlegungen, ob es sich um ein offenes, geschlossenes, zentrales oder dezentral organisiertes System handeln soll.

Während in den Anfangsjahren der Archivsysteme die Lösungen weitgehend geschlossen waren, sind heute fast nur offene DM-Systeme zu finden. Sie haben den wesentlichen Vorteil, dass neue Anwendungen integriert werden können, so dass diese zumindest das Ablagesystem, unter Umständen auch das Retrievalsystem, verwenden können. Ein ernsthaftes Argument für geschlossene Systeme kann sich nur noch aus speziellen Sicherheitsanforderungen ergeben.

Für zentrale Systeme kommen Mainframes und große UNIX-/LINUX-Server sowie Windows-Server-Systeme (NT, W2K, XP) in Frage. Jedoch auch bei ihnen sind die Bildschirme an Arbeitsplatzrechnern in Form von PCs oder Workstations ausgebildet, da heute kein System eine größere Anzahl von Bitmap-Bildschirmen ausreichend effizient betreiben kann. Zentral erfolgen bei diesen Systemen Ablage-, Administrations- und Retrieval-Funktionen. Die Erfassung, die Darstellung und in vielen Fällen auch die Bearbeitung der Dokumente erfolgt auf den Arbeitsplatzrechnern. Lösungen, welche auf reinen Net-Computern als Arbeitsplatzsystemen beruhen, sind bisher noch wenig anzutreffen. Sie setzen voraus, dass alle wesentlichen Client-Funktionen als Internet-Lösung (etwa in Form von WWW-Schnittstellen und Java-Applets) zur Verfügung stehen.

Hingegen unterstützen fast alle DMS-Lösungen die Standard-Web-Browser als Front-End-Client. Jedoch sollte man auch hier prüfen, welche Browser die wenigsten Probleme machen. Als Referenz gelten hier (Stand: 2002) die neueren Microsoft-Browser.

9.6.1 Einbindung der weiteren IT

Auch wenn viele Archiv- und DM-Lösungen zunächst für dedizierte Aufgaben konzipiert sind – was immer seltener der Fall ist –, wird man sie früher oder später in die Gesamt-IT-Struktur einbinden, sei es, um ihre Speicherkapazität zu nutzen oder Daten aus anderen IT-Bereichen zu übernehmen und in die Archive zu integrieren. Liegt das DM-System nicht bereits auf einem Mainframe, ist dazu häufig eine Mainframe- oder Applikationsserver-Anbindung erforderlich. So kann beispielsweise das Ablagesystem eines Zeichnungsarchivs auch für die Ablage bzw. Sicherung von Daten aus dem Bestell- und Buchhaltungswesen genützt werden.

PPS = ›Produkt-Planungs-System‹

Auch PPS-Systeme, die versuchen, eine weitgehende Integration aller IT-Vorgänge im Unternehmen zu vollziehen, erfordern häufig solche Host-Anbindungen.

Host-Anbindung

Siehe zu diesem Thema auch Kapitel 2.13.

Die Host-Anbindung, in vielen Fällen an eine IBM Mainframe- oder AS-400-Anlage, kann auf mehrere Arten erfolgen.

Eine einfache Anbindung ergibt sich unter Verwendung einer Standarddrucker- oder Kartenleser-Emulation, womit Auftragsdateien vom oder zum Host geschickt werden. Man nutzt dabei vielfach die RJE-Schnittstelle des Systems. Auch FTP-Transfers sind oft anzutreffen.

Effizienter und sicherer ist echte Programm-zu-Programm-Kommunikation, wie sie z.B. von LU 6.2 mittels APPC oder alternativ über RPC-Aufrufe mittels TCP/IP-Sockets möglich ist. Zunehmend werden auch die moderneren Schnittstellen von MQI/MQ-Systemen benutzt. Modern wäre auch eine Anbindung über BizTalk oder SOAP, sofern entsprechende Bibliotheken auf dem Host verfügbar sind.

MQI (Message Queueing Interface) bzw. MQS (Message Queueing System) ist eine ursprünglich von IBM entwickelte und inzwischen als Quasi-Standard etablierte Schnittstelle zur synchronen und asynchronen Interprozess-kommunikation auch zwischen heterogenen Systemen.

BS2000-Hosts lassen sich entweder über eine NFS-Kopplung anbinden, oder man verwendet spezielle RDAC/IPC-Schnittstellen. Außerdem sind TCP/IP-Socket-Kopplungen möglich. Auch hier sind MQI-Implementierungen vorhanden.

Solche Einbindungen fallen umso leichter, je mehr Standards eingesetzt werden. In vielen Fällen rentieren sich jedoch auch aufwändige Adaptionen und Filter, wenn hierdurch die mehrfache Haltung von Daten und die damit verknüpfte Gefahr von Dateninkonsistenzen vermindert werden.

Das Problem, welches bei der Planung von DM-Lösungen entsteht, liegt darin, die Konzeption durch solche möglichen Integrationen nicht zu komplizieren und dennoch die möglichen Synergieeffekte nutzen zu können.

Als kritischer Punkt sollte das Augenmerk auf die Zugangskontrolle vertraulicher Daten gelegt werden. Auch kann die Verwaltung der Daten aus verschiedenen Bereichen zusätzliche Probleme bereiten, wenn die Ablage nicht auf unterschiedlichen Datenträgern und in unterschiedlichen Retrievalsystemen stattfindet.

9.6.2 Die Administration und Betriebsführung

DM-Systeme müssen wie andere IT-Systeme verwaltet und gepflegt werden. Dazu gehören die nachfolgend aufgeführten allgemeinen Aufgaben:

- Installation
- Konfiguration der unterschiedlichen Server
- Software-Updates
- Benutzerverwaltung und Hotline
- Vergabe und Verwaltung von Zugangs- und Zugriffsrechten
- Datensicherung von Benutzerdaten und Benutzerprofilen
- Fehlerdiagnosen
- Planung für den Katastrophenfall

Weitere Administrationsaufgaben sind eher spezifisch für große DM-Systeme:

- DM-spezifische Benutzerzugänge und Zugriffsrechte
- Organisation der Erfassung
- Starten und Stoppen der DM-Server-Prozesse
- Organisation der Ablage (Zugriffsoptimierung)
- Verwaltung der Retrievaldatenbank
- Datenträger-Initialisierung der Wechseldatenträger
- Einrichtung und Verwaltung der Platten-Pools/Cluster
- Datensicherung
  - Archiv-Daten
  - Daten der Retrievaldatenbank
- Datenbank-Reorganisation der DMS-DBs
- Importieren und Exportieren von Datenträgern
- Löschen nicht mehr benötigter Daten
  - im Archiv
  - m Retrievalsystem
  - alter Logging-Dateien
- Zusammenfassen von Datenträgern mit gelöschten Daten
- Migration auf neue Datenträger/Medien

Die Bedeutung und Kosten solcher Systeme machen bei großen Systemen eine sorgfältige Planung und Ausführung notwendig.

Das Betriebsführungskonzept

Für größere DM-Lösungen ist ein eigenes DM-Betriebsführungskonzept zu erarbeiten, welches in die bereits vorhandene IT-Betriebsführung des Unternehmens einzubetten ist.

Das schriftliche Betriebsführungskonzept ist zugleich Basis Ihrer ISO-900x-Dokumentation und natürlich bei Änderungen und Erweiterungen zu aktualisieren!

Das Betriebsführungskonzept hat zahlreiche individuelle Elemente und lässt sich kaum in allgemeiner Form aufstellen. Zu stark gehen Systemgröße, Anwendungs- und Organisationsspezifika, eingesetzte Technik, vorhandene personelle und IT-Infrastruktur sowie unternehmensspezifische Gepflogenheiten und Vorschriften mit ein. Trotzdem sollte Ihr Lösungsanbieter Ihnen helfen können, dieses Konzept zu erarbeiten. Wir möchten hier deshalb nur die wichtigsten Punkte als eine Art Merkliste aufzählen.

Sie sollten das Betriebsführungskonzept schriftlich anfertigen und den beteiligten Personen zugänglich machen. Für die DM-Komponenten (Software und beteiligte Systeme) sind z. B. folgende Punkte zu klären:

❑ **System-Management**
- Wie soll das Gesamtsystem administriert werden?
- Wer ist dafür zuständig?
- Wie erfolgt das System-Monitoring?
- Wer erstellt und pflegt die SNMP-Agenten* (und welche werden vom Archivanbieter bereits mitgeliefert)?
- Wer führt das Betriebs-Monitoring durch?
- Welche Betriebszeiten sind notwendig?
- Welche Server und Prozesse sind Teil des Systems und wie müssen diese gestartet und heruntergefahren werden? Gibt es dabei Abhängigkeiten?
- Welche Ressourcen benötigen diese Systeme?
- Wer führt das eigentliche Operating durch? Wie viele Personen werden dazu benötigt?
- Wer behandelt System- und wer Anwendungsprobleme?
- Welche Arbeitsanweisungen und Logbücher sind erforderlich und wer erstellt und pflegt diese?
- Wie erfolgt das Reporting (über die Auslastung, Nutzung, für eine mittel- und langfristige Planung)?
- Wie werden Speicherkosten erfasst und verrechnet?

** Zur Einbindung der DMS-Überwachung in ein unternehmensweites System-Management, etwa auf der Basis von Tivoli-, BMC- oder CA-Systemen.*

❑ **Sicherheitsmanagement**
- Wer darf was im System?
- Wer erteilt (genehmigt) Zugangsberechtigungen?
- Wer pflegt neue Benutzer in das System?
- Welche Daten sollen wie oft und wodurch gesichert werden?
- Wo werden die gesicherten Daten aufbewahrt?
- Welche spezifischen Sicherheitsanforderungen gibt es?
- Wie werden diese realisiert?
- Wird ein Intrusion-Detection-System (IDS) eingesetzt?
- Wer führt Audits durch?

- ❑ **Netz-Management**
  - Welche Netzbandbreite wird benötigt?
  - Wie sieht die Netztopologie aus?
  - Wie wird das Netz administriert und wer tut dies?
  - Wer ist bei Hardware- und Kabelproblemen zuständig?
  - Welche speziellen Sicherheitsmechanismen sind nötig?
  - Wer setzt die Firewalls auf und wer überwacht sie?
- ❑ **Facility-Management**
  - Wie werden Hardwarekomponenten administriert?
  - Welche Wartungsverträge sind nötig?
  - Welche Anwortzeiten werden benötigt?
  - Wer hält für einen raschen Austausch Ersatzteile vorrätig?
  - Wie lange dauert die Beschaffung kritischer Komponenten?
  - Wer ist für die Ersatz- und Ausbauplanung zuständig?
- ❑ **Applikationsmanagement**
  - Welche Anwendungen werden eingesetzt?
  - Wie viele Lizenzen sind erforderlich und wer beschafft sie?
  - Welche spezifischen Ressourcen und Voraussetzungen (z. B. Datenbankversionen) benötigen die Anwendungen?
  - Welche spezifischen Benutzerprofile sind erforderlich?
  - Wie erfolgt die Verteilung der Anwendungen auf Servern und Client-Systemen? Wie erfolgen Updates?
  - Wie sieht das Freigabeverfahren dafür aus?
  - Wer schaltet Anwendungen für Benutzer frei?
  - Welche Hilfen und Online-Manuals stehen zur Verfügung?

Wer führt die Benutzerschulung, Benutzerberatung und die Hotline durch?

- ❑ **Erfassungsmanagement** (siehe hierzu Abschnitt 9.3.)
- ❑ **Problemmanagement**
  - Definition der Zuständigkeiten und Ansprechpartner?
  - Wie sind die Ansprechpartner verfügbar und erreichbar?
  - Wie werden Benutzer- und Systemprobleme eskaliert?

Definieren Sie Eskalationsverfahren!

- ❑ **Fallback-Management**
  - Wie soll beim Ausfall einzelner Komponenten die Verfügbarkeit des Systems wiederhergestellt werden?
  - Welche maximalen Ausfallzeiten sind tolerierbar?
  - Wie lange dauert ein Kaltstart und ein Wiedereinspielen von Sicherungen unter verschiedenen Bedingungen?
  - In welcher Reihenfolge müssen die Systeme in Betrieb genommen werden?
  - Auf welche Systeme kann vorübergehend verzichtet werden?
  - Wo können vorübergehend Systeme zusammengelegt werden?

Recovery und Fallback-Situationen müssen geübt und die dafür notwendigen Zeiten ermittelt werden!

9.7 Notwendige Infrastruktur

Projekterfahrungen zeigen, dass der Auf- oder Ausbau der notwendigen Infrastruktur personell und zeitlich oft unterschätzt wird.

DM-Systeme benötigen eine technische, organisatorische, personelle und räumliche Infrastruktur, die teilweise neu und entsprechend frühzeitig zu planen und aufzubauen ist. Unternehmen, die bereits Erfahrungen mit Client-Server-Systemen auf Basis von UNIX oder Windows-Server-Systemen besitzen, können die hier notwendigen Erweiterungen in der Regel mit geringerem Aufwand durchführen. LINUX-Systeme werden (als Server) bisher wenig unterstützt. Dies wird sich aber voraussichtlich in den Jahren 2002–2004 ändern.

9.7.1 PC-Infrastruktur

Praktisch alle modernen DM-Lösungen nutzen grafische Arbeitsplatzsysteme – selbst dann, wenn der Zugriff über Web-Browser erfolgt. Praktisch alle DMS-Anbieter unterstützen dabei Windows-98 sowie Windows-NT, W2K und XP-Systeme. Der Support für die älteren Windows-Systeme (etwa Win-95 und älter) lässt schnell nach. Das Spektrum der Anbieter für OS/2 und MAC/OS ist gering – es sei denn, der Zugriff erfolgt über einen Web-Browser. Eine Unterstützung von UNIX-/LINUX-Workstations als Client existiert praktisch nicht mehr – es sei denn Web-Browser-basiert. Selbst bei Web-basierten Front-Ends sind Nicht-Windows-Systeme teilweise problematisch, da auch bei Browser-basierten Lösungen häufig ActiveX-Mechanismen verwendet werden und diese nur unter Windows zur Verfügung stehen.

Möchten Sie Native-Clients statt Web-Front-Ends verwenden und möchten Sie dabei auf die Windows-Terminal-Server-Technik setzen, so sollten Sie sich von Ihrem DMS-Anbieter zusichern lassen, dass seine Clients im Terminal-Servermodus laufen. Dies ist nicht immer gewährleistet. Scanner-Arbeitsplätze sind für den Terminal-Server nicht geeignet.

Bei der Wahl zwischen verschiedenen MS-Windows-Systemen spricht die höhere Robustheit der Betriebssysteme, die besseren Sicherheitsmechanismen und die einfachere Administrierbarkeit für NT-, W2K- oder XP-Systeme. Die höheren PC-Anforderungen und etwas höheren Lizenzkosten sind gemessen an den Betriebskosten (*Total Cost of Ownership*) vernachlässigbar.

Der Betrieb und die Wartung der Arbeitsplatzsysteme muss geplant und organisiert sein. Dazu gehört sowohl eine PC-Hotline, welche die Kunden bei Problemen berät, als auch ein Wartungsteam, welches defekte Geräte kurzfristig repariert oder austauscht. Das Personal dafür ist natürlich einzuplanen, auszubilden und mit den notwendigen Arbeitsmitteln auszustatten. Mainframe-orientierte Unternehmen unterschätzen den dafür notwendigen Aufwand in aller Regel.

9.7.2 Software-Distribution und -Updates

Eine große Anzahl von Arbeitsplatzsystemen stellt sehr spezielle Anforderungen an die Installation und koordinierte Aktualisierung der Software. Die von den Betriebssystem- und DMS-Anbietern ausgelieferten Standardkomponenten bieten hierfür zumeist nur aufwändige und unkomfortable Lösungen. Man sollte sich deshalb zusätzliche Werkzeuge zulegen. Die höheren Kosten werden sehr schnell durch den geringeren Personalbedarf aufgewogen.

Die Erfahrung zeigt, dass eine restriktive Politik hinsichtlich individueller Softwaregestaltung der einzelnen Arbeitsplätze zwar zunächst gewisse Probleme mit den Nutzern bereitet, jedoch langfristig die richtige Lösung darstellt. Das Einspielen von eigener Software am Arbeitsplatz sollte vollkommen unterbunden werden.* Die Arbeitsplätze benötigen deshalb in der Regel weder Floppy- noch CD-Laufwerke. Daten von solchen Datenträgern sollten über einen zentralen Server verfügbar gemacht werden. Auf diesem lassen sich dabei automatisch alle neu eingelegten Datenträger auf Viren überprüfen. Nur so lassen sich Lizenzprobleme und das Einschleppen von Viren unterbinden.

** Dies gilt nicht für Entwicklungsarbeitsplätze.*

Definieren Sie das Softwarerepertoire für die Arbeitsplatzsysteme sorgfältig. Dabei wird man in der Regel mehrere Klassen von Systemen benötigen. Halten Sie den Softwareumfang auf dem einzelnen System möglichst klein. Dies reduziert die Ressourcenanforderungen, die Lizenzkosten und Interoperabilitätsprobleme. Halten Sie soweit möglich den Softwarestand auf allen Systemen identisch (mit Ausnahme der Testsysteme).

Berücksichtigen Sie, dass auch bei Browser-basierten Frontends diese Browser sowie zusätzlich PlugIns aktualisiert werden müssen.

Konzipieren Sie detaillierte Freigabeverfahren für neue Softwareversionen und führen Sie Buch über neu eingeführte Versionen, die Sie stets nur nach einem ausreichenden Test freigeben. Größere Umstellungen sollten am Wochenende erfolgen und für potentiell auftretende Probleme sollte ein Fallback-Plan existieren und genügend Zeit bleiben, um ein Rollback durchzuführen.

9.7.3 Netzinfrastruktur

In größeren Client-Server-Systemen und bei einer Vielzahl von Arbeitsplatzsystemen stellt das Netz eine durchaus kritische Komponente dar – ein Netzausfall impliziert praktisch den Ausfall des Gesamtsystems. Jedoch auch kleinere Netzstörungen wirken sich oft sehr störend auf den Betrieb aus. Darüber hinaus sind Netzprobleme teilweise schwer lokalisierbar, sofern man nicht über entsprechende Monitorwerkzeuge verfügt. Diese Monitore und Administrationswerkzeuge sind aber bisher noch nicht Standardbestandteil der Systeme, sondern zusätzlich zu beschaffen. Für die Handhabung der Standardkomponenten und für erweiterte System-Management-Tools wie etwa OpenView, BMC-Patrol oder Tivoli ist entsprechend geschultes und in der Betriebszeit verfügbares Personal erforderlich.

Falls die notwendige Netzverkabelung der Arbeitsplatzsysteme noch nicht existiert, ist hierfür eine entsprechende Planung zu erstellen und der Aufbau rechtzeitig zu starten. *

* *Gleiches gilt für die Akquisition und Schulung des Personals.*

Mit der Zunahme von Image-Transfers im Netz und dem vermehrten Einsatz von Multimedia-Komponenten steigt der Bedarf an Netzbandbreite. Neue Netze sollten deshalb in 100-MBit/s-Technik angelegt werden. Selbst dort, wo man noch langsamere Techniken einsetzen möchte, sollte zumindest die neue Verkabelung für die höheren Bandbreiten ausgelegt sein. Für das Netzprotokoll ist TCP/IP die sinnvolle Wahl, da sie sich als breiter Standard über praktisch alle Systeme hinweg etabliert hat.

Server und NAS-Speicher sollten bei einem Neuaufbau heute möglichst mit Gigabit-Ethernet vernetzt werden, sofern man hier nicht sogar auf SAN-Technik setzt.

9.7.4 Datenerfassung

Werden größere Dokumentenmengen erfasst, ist dafür ein eigener Scanner-Bereich sinnvoll. Er sollte mit großen Tischen für die Papiervorbereitung, sowie die Scanner- und Qualitätssicherungsarbeitsplätze ausgestattet sein. Zusätzlich werden Regale benötigt, in welchen die eingescannten Dokumentenstapel bis zur Vernichtung gelagert werden können. Zumeist ist es vorteilhaft, im Scannerraum auch einen Kopierer zu haben, um problematische Vorlagen vor dem Scannen zu kopieren. Die Scanner-, QS- und Attributierarbeitsplätze (sofern das Attributieren zentral erfolgt) sollten bei größeren Dokumentenmengen ein eigenes Netzsegment zum Ablagesystem erhalten.

9.7.5 Server-Betrieb

Größere DM-Lösungen haben zumeist eigene DM-spezifische Server, die installiert, überwacht und gepflegt werden müssen. Während man es bei Mainframes für selbverständlich erachtet, dass für den Betrieb eine eigene, geschulte Mannschaft zur Verfügung steht – oft im 24-Stunden-Betrieb –, wird die Betriebsaufgabe für die oft *business critical* DM-Systeme oft unterschätzt. Dies ist jedoch just die Phase, in der die meisten Probleme sowohl im System als auch bei den Anwendern auftreten. Bei großen DM-Lösungen ist es nicht damit getan, einem weitgehend mit anderen Aufgaben ausgelasteten Mitarbeiter die Server-Betreuung zusätzlich aufzubürden.

Einerseits muss bereits vor dem operativen Betrieb das Betriebsführungskonzept ausgearbeitet werden, und andererseits sind insbesondere zu Beginn eines DM-Betriebs zahlreiche Zusatzaufgaben durchzuführen.*

** Auf Seite 469 sind die wesentlichen Aufgaben aufgeführt.*

Zusätzlich sind eine ganze Reihe von speziellen Sicherungsprozeduren zu erstellen bzw. an die spezifischen Bedürfnisse anzupassen. Lassen Sie sich hierbei von Ihrem Lösungsanbieter helfen. Auch sollten Überwachungsroutinen (*Agents*) den Status der wichtigsten Server und Prozesse kontrollieren und bei Problemfällen per SNMP das System-Management-System oder per Nachricht den Administrator automatisch informieren. Die Protokolle der verschiedenen Server-Prozesse sind regelmäßig auszuwerten und danach entweder zu archivieren oder zu löschen. Planen Sie entsprechende personelle Ressourcen ein!

Eine permanente Aufgabe ist die Überwachung des freien verfügbaren Speichers der Datenbank sowie der Ablagesysteme – vorzugsweise durch Software-Agenten. Datenbank-Reorganisationen müssen rechtzeitig geplant werden, Datensicherungen und die Auslagerung der Sicherungsdatenträger durchgeführt und neuer Plattenspeicher und optische Datenträger frühzeitig bestellt und initialisiert werden.**

*** Wechselmedien sind sorgfältig zu beschriften! Führen Sie über den Aufbewahrungsort und Inhalt der Datenträger Buch – elektronisch oder manuell.*

Die Erfahrung zeigt, dass zumindest zwei Personen für den Server-Betrieb zuständig sein sollten – hiermit kann auch eine Urlaubsvertretung realisiert werden. Bis zu welchem Grad sie mit der Aufgabe ausgelastet sind, hängt von der Größe des Systems und von Art und Umfang der verwendeten Werkzeuge ab. In der Regel kommt man auch bei größeren Systemen rein rechnerisch mit einer Arbeitskraft (2 × 50 % einer Arbeitskraft) aus.

9.8 Die Verfahrensdokumentation

* kurz GoBS. Diese wurde von der AWV (siehe Seite 707) erarbeitet und dabei von der GOB abgeleitet und um Aspekte ergänzt, welche für IT-gestützte Systeme erforderlich sind.

Die *Grundsätze ordnungsgemäßer IT-gestützter Buchführungs-Systeme** verlangen die Erstellung und Fortschreibung einer Verfahrensdokumentation, sofern z.B. Dokumente archiviert werden, die den Aufbewahrungspflichten nach dem Handelsgesetzbuch (HGB) oder der Abgabenordnung (AO) unterliegen. **Hierfür ist der Systembetreiber verantwortlich!** Zwar gibt es in den GoBS keine spezifischen Hinweise für die Dokumentation zu einem DM-System, diese Anforderungen lassen sich jedoch von jenen an die Dokumentation der Buchführungssysteme ableiten – wobei jedoch im Gegensatz zu Buchführungssystemen keine explizite Abnahme der Systeme und der Dokumentation gefordert ist. Diese Anforderungen lassen sich ebenso auf andere Bereiche übertragen, in denen Aufbewahrungspflichten bestehen – etwa auf die Archivierung von Versicherungs- oder Krankenakten.

Eine Checkliste zur Verfahrensdokumentation ist in [Zöller-1] zu finden.

Die GoBS definieren die Anforderungen an die Dokumentation nicht bis ins letzte Detail, sondern fordern pauschal eine *vollständige, nachvollziehbare und prüfbare Dokumentation* und zwar so ausführlich, wie sie *für das Verständnis des Systems notwendig ist* – und zwar für einen sachkundigen Dritten. Die wesentlichen Passagen der GoBS dabei lauten:

Tz. 6.1: *Aus der zugrunde zu legenden Verfahrensdokumentation müssen Inhalt, Aufbau und Ablauf des (Abrechnungs-) Verfahrens vollständig ersichtlich sein.*
Wie die erforderliche Verfahrensdokumentation formal gestaltet und technisch geführt wird, kann der Buchführungspflichtige individuell entscheiden.
Der Umfang der erforderlichen Verfahrensdokumentation richtet sich nach der Komplexität der IT-Buchführung (bzw. des DMS-Systems). Die Anforderungen an die Verfahrensdokumentation sind unabhängig von der Größe/Kapazität der genutzten IT-Anlagen zu stellen, d. h., sowohl bei Großrechnersystemen als auch bei PC-Systemen ist für eine entsprechende Verfahrensdokumentation zu sorgen.

Tz. 6.2: *Die Verfahrensdokumentation muss insbesondere beinhalten:*
- *eine Beschreibung der sachlogischen Lösung,*
- *die Beschreibung der programmtechnischen Lösung,*
- *eine Beschreibung wie die Programmidentität gewährt wird,*
- *Beschreibung wie die Integrität von Daten gewahrt wird,*
- *Arbeitsanweisungen für den Anwender.*

Die Beschreibung eines jeden der vorgenannten Punkte muss den Umfang und die Wirkungsweise des IKS erkennbar machen.

IKS = Internes Kontroll-System

Tz. 6.2.1: *Die sachlogische Beschreibung enthält die Darstellung der fachlichen Aufgabe aus Sicht des Anwenders.*

Weitere Forderungen ergeben sich aus den im Kapitel 8.1 aufgeführten Richtlinien hinsichtlich der Reproduktion der archivierten Belege.

Die Verfahrensdokumentation sollte als Prototyp vom Lieferanten des DM-Systems zur Verfügung gestellt oder mit ihm zusammen erstellt werden. In jedem Fall werden individuelle Anpassungen nötig sein.

Eine ausführliche Anleitung für eine Verfahrensdokumentation ist in [VOI-ES] (siehe Seite 702) zu finden, eine etwas knappere Darstellung in [VOI_K3] (siehe Seite 699).

In ihr muss der Verfahrensablauf dargelegt werden, der die Softwaresystem-technische Seite betrifft und die dafür eventuell notwendigen organisatorischen Voraussetzungen. Hierzu zählen auch die Regeln und Abläufe bei der Dokumentenerfassung sowie die Verarbeitungsvorschriften.

Die Beschreibung muss das Ordnungsprinzip der Aufzeichnungen aufzeigen und darüber Auskunft geben, welche Kontroll- und Abstimmverfahren die Vollständigkeit und Richtigkeit der erfassten Belege sicherstellen. Hierzu zählen auch die Verfahren und Vorkehrungen gegen eine unzulässige Veränderung oder Löschung der Daten. Nachträgliche, notwendige Korrekturen erfasster Dokumente und Dokumentenmerkmale sind zu protokollieren. In der Regel sollten solche Änderungen auf einen speziell dafür ausgebildeten und befugten Personenkreis beschränkt werden.

Teil der Dokumentation müssen mögliche Fehlersituationen und deren Behandlung und Behebung sein.

Die Beschreibung muss darlegen, wie die Daten und Programme gesichert und bei Bedarf auf neue Datenträger übertragen werden, ohne dass dabei inhaltliche Veränderungen erfolgen.

Prinzipiell müssen solche Übertragungs-/Kopiervorgänge protokolliert und das Protokoll über die Aufbewahrungspflicht aufgehoben werden. Dies kann bei Rechtsstreitigkeiten die Beweiskraft elektronischer Dokumente erhöhen.

Die Verfahrensbeschreibung muss auf potentielle Gefahren hinweisen und aufzeigen, wie diese durch Zusatzverfahren reduziert oder eliminiert werden können. Diese Beschreibung ist in der Regel durch unternehmensspezifische Angaben und Ablaufbeschreibungen zu ergänzen. Darin ist z. B. festzulegen, welche Personen in der Aufbauorganisation welche Funktionen durchzuführen haben und welche Berechtigungen dafür notwendig sind.

Sicherheitslücken, welche weder durch systemtechnische noch durch organisatorische Verfahren/Maßnahmen abgedeckt werden, sollten über **schriftliche Arbeitsanweisungen** mit entsprechenden Hinweisen und Richtlinien abgedeckt werden.*

** Stellen Sie sicher, dass alle beteiligten Personen die Arbeitsanweisungen kennen. Bei Verarbeitung ›personenbezogener Daten‹ sollten sie eine Vertraulichkeitserklärung unterschreiben lassen.*

Änderungen des Verfahrens sind in der Dokumentation so zu vermerken, dass die zeitliche Abgrenzung einzelner Verfahrensversionen ersichtlich ist.

Geben Sie zu Anfang der Verfahrensdokumentation einen Überblick über das Gesamtsystem – eventuell getrennt für Anwender und Administrator. Grafiken und Ablaufdiagramme können die Verständlichkeit und Übersichtlichkeit erhöhen.

Der VOI schlägt in [VOI_K3]** für die Verfahrensdokumentation folgende Strukturierung vor:

*** Siehe hierzu Seite 699.*

Verfahrensdokumentation
- organisatorische Teile des Betreibers
- Technik einschließlich Subsysteme Dritter
- Software-Grundmodule des Herstellers
- individuelle Anpassungen des Systemintegrators
- Betriebsvoraussetzungen für den Anwender
- Sicherheit, Wiederherstellung und Migration
- Qualitätssicherung

Abnahme und Testdokumentation
- Testmaterial und Testszenarien
- Abnahmedokumentation

Bescheinigungen und Prüfberichte

Sie schlägt darüber hinaus die Prüfung der Verfahrensdokumentation durch einen neutralen Dritten (der weder der Betreiber noch der Lösungsanbieter ist) vor. Dies ist jedoch keine harte juristische Forderung. Für große Lösungen, insbesondere im Umfeld von Buchhaltungssystemen, können viele größere Wirtschaftsprüfungsunternehmen solche Prüfungen durchführen und entsprechende Testate ausstellen. Diese Prüfungen beschränken sich dabei nicht nur auf die Verfahrensdokumentation, stützen sich jedoch weitgehend darauf ab. Solche Testate sind nicht unbedingt erforderlich, bieten jedoch eine gute Ergänzung für Fragen bei der Wirtschafts- und Finanzprüfung und dokumentieren den Aufwand und den Willen zur Erfüllung der GoBS.

9.9 Die schnelle IT-Entwicklung

Die schnelle Weiterentwicklung im Bereich der Informationstechnik bringt Probleme mit sich, die bei der Planung eines Archivsystems bedacht werden sollten. Die Entwicklung betrifft dabei sowohl die Hardware, die Software und die Kommunikationstechnologie.

Kürzere Rechner-Nutzungszeiten

Die Weiterentwicklung der Hardware erfolgt so rasch, dass die Lebenszeit eines Rechnersystems von typischen 4 bis 7 Jahren in den 80er-Jahren auf heute realistische 3 bis 4 Jahre zurückgegangen ist – auch wenn dies aus verständlichen Gründen von den Herstellern nicht in den Vordergrund gerückt wird. Nach dieser Zeit sprechen Gründe wie Wartungskosten, die Ersatzteilproblematik, gestiegene Funktionalität neuerer Systeme und geänderte Anforderungen für den Austausch eines Rechnersystems (Clients und Server).

Einige Komponenten eines Archivsystems wie Scanner, Drucker oder Jukeboxen mögen längere Nutzungsphasen haben, jedoch gilt die Aussage tendenziell auch für sie.

Datenpersistenz größer als Techniklebensdauer

Betrachtet man die schnelle Weiterentwicklung in der Speichertechnologie, so erscheint beispielsweise die Haltbarkeit von Daten auf optischen Platten von mehr als 20 Jahren als weitgehend irrelevant, da in 20 Jahren ein Laufwerk, das die Platten noch lesen kann, kaum verfügbar sein wird. Die Hersteller versichern zwar häufig, dass die nächsten (optische) Plattengenerationen auch alte Datenträger lesen können, realistisch ist eine solche Kompatibilität jedoch zumeist nur über zwei, maximal über drei Generationen hinweg.

Die Realität wird eher darin bestehen, Informationen in Intervallen von etwa 5 bis 6 Jahren auf neue Datenträger zu überspielen. Diese werden schneller, billiger und großvolumiger sein.

Dieser Trend gilt ebenso für die Software, wobei hier die Intervalle nur etwa 1,5–2 Jahre sind. Auch wenn die Unterschiede zwischen Versionen nicht so gravierend sein mögen, können Daten- bzw. Formatkonvertierungen früher notwendig werden als durch einen Wechsel der Hardware. Zwar lassen sich solche Konvertierungen automatisieren, jedoch verursachen sie aufgrund der großer Datenmengen der meisten Archive und der langsamen Zugriffszeit einen erheblichen zeitlichen Aufwand. Kritisch sind insbesondere die Umstellungen durch Release-Wechsel bei den Datenbanken.

Die zu erwartenden Entwicklungen lassen sich wie folgt zusammenfassen:

- ❑ **Weiterentwicklung der Hardware**
  (Rechner, Speicher, Peripherie)
  - • realistische Lebensdauer der PCs 3 bis 4 Jahre
  - • Magnetplatten: Kapazitätsverdoppelung alle 1,5 Jahre
  - • optische Platten: schneller, größer, billiger
    ➡ Austausch nach 5 bis 7 Jahren
  - • Scanner: schneller, höhere Auflösung, billiger
    (Lebensdauer 6–8 Jahre bei guten Geräten)
    ➡ gesteigerte Qualitäts- und Performance-Anforderungen
  - • Drucker: schneller, höhere Auflösung, billiger
    ➡ gesteigerte Qualitätsanforderungen
    ➡ Kostenfaktor Toner!
  - – Wegfall der Treiberunterstützung für ältere Komponenten
  - – Wegfall der Hardware-Wartung für ältere Komponenten

- ❑ **Weiterentwicklung der Software**
  (Upgrades alle 1,5–2 Jahre, Patches ca. alle 6 Monate)
  mit folgenden Auswirkungen:
  - \+ verbesserte Funktionalität
  - \+ Integration von Standards
  - \+ offenere Systeme
  - – eventuelle Formatänderungen
  - – Schulungsaufwand
  - – Synchronisation der Updates
  - – zunehmender Ressourcenbedarf der Software
  - – Anpassungsaufwand für eigene, individualisierte Module

- ❑ **Weiterentwicklung der Kommunikationstechnik**
  mit folgenden Auswirkungen:
  - \+ Netze werden schneller und globaler
  - \+ höhere Funktionalität, vereinfachte Installationstechnik
  - \+ einfachere Verwaltung
  - \+ Das Netz wird zum Rechnersystem.
  - \+ Verfügbarkeit höherer Netzsicherheit (z. B. VPNs)*
  - – höhere Sicherheitsanforderungen durch große Netze
  - – höhere Komplexität der Netze und damit höherer Administrationsaufwand
  - – häufigere Updates wegen aufgedeckter Sicherheitslücken

** VPN = Virtual Private Network, eine Art virtuelles LAN über öffentliche Netze hinweg, bei der die Kommunikation zwischen den Firmen-LANs verschlüsselt wird.*

9.10 Data-Ownership – Verantwortlichkeit für Daten

Es erweist sich in DM-Projekten als vorteilhaft, klar festzulegen, wem die Daten bzw. Dokumente eines Systems gehören und damit die *Data-Ownership* zu definieren. Zumeist ist dies nicht eine Person, sondern ein Unternehmensbereich. Der *Owner* muss einerseits die Daten-/Dokumentenspezifikation festlegen (z.B. bestimmen, welche Attribute zu einem Dokument zu speichern sind) und sollte ebenso bestimmen dürfen, wer auf die Dokumente zugreifen darf und in welcher Weise. Er muss auch Sicherungs- und Sicherheitsanforderungen definieren. Der *Data-Owner* ist ebenso für die Konsistenz der Daten zuständig und muss deren Lebensdauer festlegen. Hierbei kann es vorkommen, dass nach einiger Zeit die Daten ihren Besitzer wechseln, etwa wenn Aufgaben und Zuständigkeiten neu verteilt werden oder Daten nach ihrer aktiven Nutzungszeit in einen Archivarbereich übergehen – in der Regel offline.

Änderungen an den Datenbeständen dürfen nur nach Rücksprache und mit Zustimmung des Owners erfolgen. Er sollte die potentiellen Risiken einer Änderung am besten abschätzen können.

Die *Data-Ownership* kann durchaus auch rechtliche Aspekte besitzen und sollte deshalb auch unter diesem Gesichtspunkt sorgfältig gewählt werden. Welches Recht hat z.B. bei einer Versicherung der (eventuell externe) Versicherungsagent an der Akte eines von ihm akquirierten Versicherungsnehmers? Welche Teile einer solchen Akte darf er sehen? Oft lassen sich hier Probleme durch unterschiedliche (Datenbank-) Sichten auf den Dokumentenbestand lösen.

Schließlich verursachen große DM-Systeme erhebliche Kosten. Über die *Data-Ownership* lassen sich diese besser einem Unternehmensbereich zuordnen. Der *Owner* sollte regelmäßig einen Bericht über das Volumen und den Nutzungsgrad der Daten erhalten. Auch bei der Auflösung eines Dokumentenpools kann die Data-Ownership eine Rolle spielen.

Die Forderung nach einer klar definierten *Data-Ownership* mag zunächst sehr formalistisch anmuten. Es ist auch offensichtlich, dass sich der Data-Owner oft mit anderen Nutzern der Daten abzustimmen hat. Die Erfahrung zeigt jedoch, dass gerade bei vielfach verwendeten Dokumenten bereits im Vorfeld geklärte Besitz- und Zuständigkeitsverhältnisse Probleme in größeren DM-Projekten vermeiden helfen.

9.11 Datenlebensdauer

Archiv- und DM-Systeme haben ihre Stärke bei der Erfassung, Speicherung und beim Abruf von Dokumenten; ein ausgefeiltes Life-Cycle-Management fehlt in vielen Lösungen bisher* – zumindest was die kontrollierte Löschung von Dokumenten betrifft. In Content-Management-Systemen hingegen zählt dieser Punkt zu den Standardfunktionalitäten.

In modernen CM-Systemen sind sie zumeist vorhanden.

9.11.1 Alte Dokumente löschen

Auch wenn Speicherplatz ständig billiger wird, sollte man sich sehr wohl Gedanken zur Lebensdauer von Dokumenten machen und dies bei der Definition von Dokumentenklassen und beim Erzeugen oder Ablegen von Dokumenten festlegen, da zu diesem Zeitpunkt in aller Regel ausreichendes Know-how vorhanden ist. Neben den reinen Ablagekosten kommen nämlich zahlreiche weitere Kostenkomponenten hinzu: die Kosten für die Sicherungen, die Kosten für die Administration, das spätere eventuell notwendige Umkopieren auf neue Datenträger, der Speicheranteil in der Retrieval-Datenbank, die ständig erneut gesichert werden muss. Zusätzlich belasten die Einträge nicht mehr benötigter Dokumente die Performance der Datenbank. Auch verlängern veraltete Daten bei Recherchen unter Umständen die Trefferliste und reduzieren damit die Übersichtlichkeit.

BDSG = ›Bundesdatenschutzgesetz‹

Zusätzlich sprechen teilweise rechtliche Aspekte für das Löschen bestimmter Daten – etwa das BDSG bei Daten ausgeschiedener Mitarbeiter im Personalwesen oder Abrechnungsdaten von Kunden, für deren Speicherung keine rechtliche Grundlage mehr existiert.

In aller Regel wird man eine Lebensdauer nicht individuell vergeben, sondern einem Dokumententyp, einer Dokumentenklasse oder einer Anwendungsklasse zuordnen. Überlässt man die Bewertung dem Anwender, so wird man ihm auch hier Aufbewahrungsklassen anbieten.

Während bei einigen Dokumentenarten eine feste Lebensdauer festgelegt werden kann – etwa bei den üblichen Belegen aus der Finanzbuchhaltung entsprechend den geltenden Aufbewahrungsfristen –, haben andere Dokumente eine Lebensdauer, welche von außen bestimmt wird – etwa die Personalakte eines Mitarbeiters durch das Ereignis ›*Mitarbeiter scheidet aus*‹ oder bei einer Lebensversicherung ›*Versicherungsfall tritt ein*‹. In vielen Fällen schließt sich einem solchen Ereignis eine weitere Periode an, in welcher die

Daten noch zu halten sind. Hier müssen entsprechende Algorithmen implementiert und hinterlegt werden.

Das Löschen erfolgt in aller Regel über Batch-Läufe, welche in vorgegebenen Intervallen über den Dokumentenbestand (in der Datenbank) gehen und zu löschende Dokumente heraussuchen. Bei kritischen Dokumenten wird man die Liste nochmals einem Prüfer zur Bestätigung vorlegen. Dieser Anteil muss jedoch realistisch klein gehalten werden. Es setzt auch voraus, dass der Prüfer ausreichend Know-how für die Bewertung hat.

Das System sollte eine Möglichkeit bieten, einzelne Dokumente explizit zu löschen sowie die Parameter für eine automatische Löschung zu korrigieren bzw. eine automatische Lösung im Einzelfall auszusetzen. Dabei ist natürlich zu prüfen, ob der jeweilige Anwender dazu die Berechtigung besitzt.

Bei Dokumenten auf WORM-Systemen wird zunächst lediglich eine Löschmarke in der Retrieval-Datenbank gesetzt. Die Software, welche das Umkopieren auf neue Datenträger vornimmt, muss dann das so gekennzeichnete Dokument beim Kopieren überspringen und im Kopierprotokoll vermerken. Nun sollte das Dokument auch vollständig aus der Recherche-DB getilgt werden.

Sind auf einem als WORM-behandelten Datenträger zahlreiche Dokumente gelöscht, so kann es sinnvoll sein, mehrere solcher Datenträger so umzukopieren, dass ein einziger neuer Datenträger entsteht, der die verbleibenden Dokumente zusammenfasst. Datenbank- und Medienbestand werden so optimiert.

Stellen Sie sicher, dass ihr DMS-Anbieter Werkzeuge für die angesprochenen Verfahren hat – zumindest als Grundwerkzeuge, welche dann an Ihre Anforderungen angepasst werden können.

Das Umkopieren ist natürlich auch der geeignete Zeitpunkt, Dokumente mit Prüfsummen oder Signaturen zu versehen, sofern diese nicht bereits vorhanden sind. Existieren sie bereits, so sollte ihre Überprüfung beim Umkopieren obligatorisch sein. Bei Signaturen kann auch eine Verlängerung (durch eine weitere automatische Signatur) sinnträchtig sein.

9.11.2 Dokumente komprimieren und migrieren

Neben dem Löschen kann die Komprimierung selten benötigter Dokumente sowie die Migration auf langsamere Datenträger oder die Auslagerung von einem Nearline-Speicher (Jukebox) in einen Offline-Status sinnvoll sein. Bei beiden Verfahren wird jedoch lediglich Ablagespeicher eingespart, die Datenbank jedoch nicht entlastet.

Mit der Leistungsfähigkeit heutiger CPUs ist zu prüfen, ob die Komprimierung nicht bereits bei der Ablage erfolgen soll – bei großen CI-Dokumenten asynchron und vor der Ablage auf WORM-Medien. Hier ist zu berücksichtigen, dass die Komprimierung auf verschlüsselten Daten keinen Speicherplatzgewinn bringt, sie also vor der Verschlüsselung erfolgen muss. Die Komprimierung sollte intelligent genug sein, um Dokumente, deren Komprimierung keinen Speichergewinn bringt, nicht mehr zu komprimieren. Hierzu gehören z. B. bereits komprimierte Image-Formate wie JPEG. Sehr große Dokumente sollten in kleinere Segmente zerlegt und diese einzeln komprimiert werden, da sonst unter Umständen das gesamte Dokument beim Zugriff erst eingelesen und dekomprimiert werden muss, bevor auf einzelne Teile – etwa am Ende – zugegriffen werden kann. Bei Drucklisten mit Größen von mehreren 100 MByte kann dies unakzeptabel lang dauern.

9.11.3 Zusammenfassen zu Makro-Dokumenten

Ein weiteres sinnvolles Reduktionsverfahren kann die Zusammenfassung mehrerer Einzeldokumente zu einem Makro-Dokument sein. Dies ist insbesondere bei kleinen Dokumenten effizient – z. B. kleinen Kontoauszügen. So kann es z. B. Sinn machen, die (Text-) eMails eines Jahres nach einer angemessenen Zeit zu einem einzigen Makro-Dokument zusammenzufassen. Solche Aggregierungen reduzieren den Speicherplatzverschnitt und entlasten die Datenbank. Auch beim Sichern und Umkopieren lassen sich wenige große Dokumente effizienter verarbeiten als viele kleine.

Der Abruf der Makro-eMail mag etwas länger dauern und die Suche darin nur noch textuell und nicht mehr differenziert nach den Attributen *Absender* und *Betreff* möglich sein, in vielen Fällen ist dies jedoch akzeptabel.

Als Beispiel mag auch die Zusammenfassung einer Versicherungsakte dienen. Nach der aktiven Versicherungszeit lassen sich alle Datenbankeinträge eines Versicherungsvertrags zu einem neu erzeugten Vertragsdokument zusammenfasssen, in dem immer noch die Verweise (Hyperlinks) zu den einzelnen Belegen vorhanden sind. In der Recherche-Datenbank verbleiben jedoch statt zahlreicher Einträge nur noch ein Eintrag auf den Vertrag; die Datenbank wird damit entlastet. Ein Einblick in die Vertragshistorie erfolgt dann nicht über die Datenbank, sondern indem man auf das neu erzeugte Dokument zugreift und dieses textuell durchsucht.

9.12 Die menschliche Psyche

Probleme bei der Einführung und Ausweitung von DM-Systemen ergeben sich nicht selten aus der Psyche der Anwender. Da diese Probleme nicht selten komplizierter sind als technische Aspekte, sollte man sie in der Planung berücksichtigen. Die wichtigsten sind:

- Angst vor dem Neuem
- das Fehlen von Papier (Schwarz auf Weiß)
- neue Aufgaben und Kompetenzen
- neue Kommunikationswege
- Warten ohne Aktivität
- Angst vor Technikabhängigkeit

Angst vor dem Neuen

Viele, insbesondere ältere Mitarbeiter, die bisher primär Papier-basiert arbeiteten, werden das neue Medium nur schwer oder gar nicht annehmen wollen. Hier gilt es, die Beteiligten möglichst frühzeitig in die Planung, Auswahl und vor allem in die Gestaltung der Arbeitsabläufe einzubeziehen. Da es sich um Bildschirmarbeitsplätze handelt, hat der Betriebsrat ein prinzipielles Mitspracherecht.

Die Angst sollte auch durch entsprechende Informationen und Schulungen abgebaut werden – möglichst noch vor der Einführung der neuen Systeme.

Erwarten Sie nach der Umstellung nicht zu schnell die volle Produktivität der Mitarbeiter. Diese benötigen Zeit, um sich mit der neuen Arbeitsumgebung vertraut zu machen und effizient mit ihr umzugehen. Dafür ist auch Raum für eigene Versuche notwendig. Nehmen Sie Verbesserungsvorschläge ernst und gehen Sie darauf ein.

Das Fehlen von Papierdokumenten

Ein Bestreben von Dokumenten-Management-Systemen ist das Reduzieren von Papier, im Idealfall sogar das *papierlose Büro* – realistisch ist hier wohl eher ein *papierärmeres Büro*. Dies ist zunächst für alle ungewohnt. Auch entfällt damit die Möglichkeit, Akten zu Hause oder ohne Bildschirm zu bearbeiten. Es wird deshalb am Anfang dazu kommen, dass mehr ausgedruckt wird, als notwendig ist, um es *Schwarz auf Weiß* zu haben. Hier gilt es steuernd einzugreifen – nicht zu locker und nicht zu rigoros. Geben Sie den Nutzern die Sicherheit, dass elektronische Dokumente problemlos auf

Papier zur Verfügung stehen können. Gute, hochauflösende Bildschirme und ergonomisch eingerichtete Arbeitsplätze helfen, dieses Problem schneller zu überwinden. Eine hohe Systemverfügbarkeit ist als weiterer wichtiger Akzeptanzfaktor zu betrachten. Tolerieren Sie für eine kurze Zeit das vermehrte Ausdrucken elektronischer Dokumente, da sonst die Gefahr besteht, dass der Arbeitsstil nicht angemessen geändert wird, bereits erfasste Dokumente erneut erfasst werden und Sie damit einen wesentlichen Nutzeffekt des Systems verlieren.

Auswirkungen auf den Aufgabenbereich

Größere DM-Projekte haben fast immer einen Rationalisierungseffekt zum Ziel. Überlegen Sie frühzeitig, was mit den freiwerdenden Kapazitäten geschehen soll und informieren Sie Ihre Mitarbeiter darüber.

Die neue Arbeitsplatzgestaltung und die Möglichkeiten eines DM-Systems werden in einigen Fällen gravierende Auswirkungen auf den Aufgabenbereich und die Arbeitsabläufe der Mitarbeiter haben. So kann beispielsweise die Einführung eines DM-Systems in einer Versicherung oder einer Behörde dazu führen, dass wesentlich mehr Anfragen telefonisch und kurzfristig erledigt werden können. Auch wird damit unter Umständen bereits die Telefonannahme Aufgaben übernehmen bzw. Auskünfte erteilen, die zuvor von einem Sachbearbeiter erledigt wurden.

Zeiten, die bisher eventuell durch die Anforderung bzw. Informationssuche entstanden sind, entfallen nun weitgehend. Da in solchen Systemen ein großer Teil der Informationen zentral zugänglich ist, fallen unter Umständen organisatorische Zwischenebenen und Querbezüge weg, die zuvor vorhanden waren.

Die Einführung eines solchen Systems führt damit oft zu neuen Aufgaben- und Kompetenzverteilungen, teilweise sogar zu gravierenden Umstrukturierungen des Personals – zumindest in Teilbereichen. All dies ist bei der Planung eines DM-Systems sowohl hinsichtlich der Organisationsplanung als auch der psychologischen Auswirkungen auf die Mitarbeiter zu berücksichtigen.

Neue Kommunikationswege

DM-Systeme sind in vielen Fällen der erste große Schritt in Richtung eines stärker automatisierten und rationalisierten Büros. Damit verändert sich zumeist auch ein wesentlicher Teil der Kommunikationswege – z.B. weg von der persönlichen mündlichen Nachricht hin zur elektronischen Post. Der fehlende menschliche Kontakt, der Wegfall von kleinen Plauderpausen, der Gang ins Archiv oder ins Nachbarbüro sind Beispiele für Veränderungen, die sich psychologisch auswirken können.

Neue Kommunikationswege werden sich aus organisatorisch bedingten Veränderungen ergeben. Dies kann bei einzelnen Mitarbeiten die Angst hervorrufen, nicht mehr ausreichend informiert zu sein und so zu erheblichen Widerständen bei der Einführung einer DM-Lösung führen.

Zusätzliche Informationen, die in Abteilungsbesprechungen oder über ein Intranet verfügbar sind, sowie zusätzliche Gespräche können mithelfen, solche Defizite abzubauen.

Warten vor dem Bildschirm

Ein anderes Problem ergibt sich aus dem Zeitverhalten von DM-Systemen. Die Suche, das Auslesen, der Transport, das Auspacken, das Dekomprimieren und die Darstellung eines Dokuments kosten in ungünstigen Fällen mehrere Sekunden an Zeit.* Dies ist zwar drastisch kürzer als beim Abruf aus einem Mikrofilm- oder gar Papierarchiv, jedoch sitzt der Anwender in dieser Zeit wartend vor dem Bildschirm und geht nicht wie früher zum Aktenschrank oder ins Papierarchiv. Diese Sekunden können ihm deshalb subjektiv als *sehr lang* erscheinen.

* *im Einzelfall auch einmal Minuten*

Bei großformatigen Dokumenten (z. B. bei A0-Zeichnungen oder Videodateien), deren Dekomprimierung schon mehrere Sekunden in Anspruch nimmt, ist es deshalb günstig, wenn das System dem Anwender Aktivität anzeigt – beispielsweise indem es das Bild bereits in Streifen ausgibt, während der Rest noch gelesen und entpackt wird.

Insbesondere Vorgänge, die dem Anwender als trivial erscheinen, wie z. B. das Blättern innerhalb eines Dokuments, müssen möglichst *sofort* erfolgen. Deshalb wird bei moderneren Systemen bei einer Anforderung bereits das ganze Dokument zum Arbeitsplatz übertragen und teilweise schon zur Darstellung vorbereitet, während der Anwender noch die erste Seite betrachtet. Die Verwendung von großen Cache-Bereichen und bei Workflow-Systemen ein Prefetch von benötigten Dokumenten sind weitere Maßnahmen, die diese Effekte reduzieren können.

9.13 Typische Fehler in DM-Projekten

DM-Projekte können oft schnell und problemlos realisiert werden. So haben wir im SAP-Umfeld zahlreiche Projekte durchgeführt, bei denen nach einer kurzen Vorstudie die Installation, Einweisung, Schulung und der Probebtrieb innerhalb von vier bis sechs Wochen abgeschlossen war.

DM-Projekte können jedoch auch einen erheblichen Umfang annehmen – bei großen Datenbeständen, bei größeren Umstellungen, einer umfangreicheren Projektprogrammierung und bei einer Vielzahl von Mitarbeitern und betroffenen Bereichen. Sie erfordern entsprechende Aufmerksamkeit bei der Planung und Durchführung. Dabei können zahlreiche Probleme und Fehler auftreten. Wir möchten in diesem Abschnitt statt über Projektfehler lieber über Fehlervermeidungsstrategien sprechen. Das Gesagte gilt hauptsächlich für größere DM-Projekte.

Hat ein Unternehmen noch keine Erfahrung mit einem DM-System, so wird man häufig zunächst einen Pilotbereich auswählen und in diesem einen etwa halb- bis einjährigen Pilotbebtrieb fahren. Erst danach wird man das System auf weitere Bereiche ausdehnen. Die Gesamtprojektlaufzeit kann dann in Einzelfällen länger als ein bis zwei Jahre dauern.

Arbeiten im Vorfeld: Im Vorfeld eines DM-Projektes muss stets die Betrachtung des zu verbessernden Prozesses stehen und dessen Optimierung gegenüber dem aktuellen Ist-Zustands. Dies ist primär eine organisatorische Arbeit. Die Technik hat sich dann an dem optimierten Prozess und der darin festgelegten Organisation auszurichten und nicht umgekehrt – es sei denn, ein Konzept ist technisch nicht umsetzbar. Eine DMS-Einführung ohne diese (Geschäfts-) Prozessoptimierung nutzt zumeist nur einen geringen Teil des Potentials und ist oft Geldverschwendung. Halten Sie den neuen Prozessablauf möglichst genau fest.

Zwei Monate sollte man für die Bearbeitung Ihrer Ausschreibung durch die Anbieter sowie die Präsentation der Ergebnisse und die endgültige Auswahl einkalkulieren.

Ausschreibung: Planen Sie für die Ausschreibung ausreichend Zeit ein. Geben Sie dabei auch den Anbietern genügend Zeit, eine komplexe Ausschreibung adäquat zu bearbeiten (etwa 2–4 Wochen). Auch die Präsentation der Ergebnisse zieht sich bei mehreren Anbietern schnell über 14 Tage hin.

Liefern Sie in der Ausschreibung eine kurze Charakterisierung ihrer geplanten Einsatzfelder und die wichtigsten Nutzungsdaten wie etwa Art und Anzahl der anfallenden Dokumente, Besonderheiten sowie Ihre bevorzugte Systemumgebung. Stellen Sie jemanden ab, der während der Ausschreibungsbearbeitung für Rückfragen zur Verfügung steht. Lassen Sie sich von den Anbietern Referenzen nennen, die möglichst nahe an Ihrem Anwendungsfall liegen und möglichst aktuell hinsichtlich der verwendeten Techniken und Systeme sind. Erstellen Sie ein Pflichtenheft und detaillieren Sie dieses spätestens zu Projektbeginn zusammen mit dem Anbieter.

Kapitel 10 sollte Ihnen helfen, die wesentlichen Punkte für eine Ausschreibung zusammenzustellen.

Führen Sie ein *Projekttagebuch*, in dem wichtige Termine, Entscheidungen, Zusagen sowie auftretende Probleme und Lösungen festgehalten werden.

Projektleitung: Benennen Sie möglich früh eine Projektleiterin oder einen Projektleiter. Die Person muss sowohl ausreichende IT- und (Anwendungs-) Fachkompetenz besitzen als auch selbstsicher und belastbar sein und sollte sich in der eigenen Organisation und deren Beschaffungs- und Abwicklungsverfahren auskennen. Statten Sie sie mit ausreichenden Vollmachten für ein schnelles Agieren aus, und vereinbaren Sie mit ihr Eskalationsmechanismen beim Auftreten von Problemen. Benennen Sie Ansprechpartner aus dem Management, dem regelmäßig berichtet wird. Bei größeren Projekten ist der Projektleiter zu 100 % für diese Aufgabe freizustellen.

Projektteam: Stellen Sie frühzeitig das Team zusammen, welches das DM-Projekt durchführen soll. Das Team sollte sich anfangs zumindest wöchentlich, später zumindest in 14-tägigen Sitzungen treffen, um sowohl den Projektfortschritt als auch die auftretenden Probleme zu besprechen. Dem Team sollten Mitarbeiter aus dem IT-Bereich, dem Fachbereich, welcher das DM-System nutzen wird, sowie ein Gruppenleiter angehören, der für die eventuell notwendigen Programmierarbeiten zuständig ist. Auch ein Mitarbeiter der Arbeitsorganisation – soweit vorhanden – gehört in das Projektteam.

Bei größeren Projekten erweist es sich als vorteilhaft, eine Art Paten aus dem oberen Management für das Projekt zu haben.

In der fortgeschrittenen Projektphase sollten auch Mitarbeiter einbezogen werden, die später das System betreiben werden. An diesen Besprechungen sollte zugleich der Projektleiter des Anbieters teilnehmen.

Dort, wo revisionskritische Daten erfasst und in einem DMS archiviert werden, sollte auch ein Mitarbeiter der Innenrevision zum Projektteam gehören.

Lassen Sie ein knappes Besprechungsprotokoll erstellen, in welchem festgehalten wird, bis wann diskutierte Aufgaben zu erledigen sind und wer dafür zuständig ist. Planen Sie bei längerlaufenden Projekten frühzeitig Urlaube und Urlaubsvertretungen.

Es hat sich als sehr nützlich erwiesen, zu Beginn eines DM-Projektes einen internen eintägigen Workshop unter Beteiligung des ausgewählten Lösungsanbieters durchzuführen, bei dem alle Projektmitarbeiter auf einen einheitlichen Wissensstand gebracht werden und ein einheitliches Verständnis des Projektziels erarbeitet wird.

DM-Infrastruktur: Planen und schaffen Sie rechtzeitig die für ein DMS notwendige Infrastruktur. Deren Aufbau benötigt, falls noch nicht vorhanden, meist deutlich mehr Zeit als anfänglich geplant – z.B. wenn bauliche Maßnahmen notwendig sind. Einige Archivkomponenten – hierzu gehören z.B. Jukeboxen und High-End-Scanner – haben erhebliche Lieferfristen. Ihr Personal benötigt dann auch Zeit, sich mit dem Umgang vertraut zu machen. Der operative Betrieb eines größeren DM-Systems setzt dessen *eingeschwungenen Zustand* voraus! Berücksichtigen Sie dabei rechtzeitig die dafür notwendigen finanziellen und personellen Ressourcen.

Siehe hierzu Abschnitt 9.7.

Planen Sie eine Person ein, die bei größeren DM-Lösungen auch längerfristig dafür zuständig ist und den Ausbau vorantreibt.

Betriebsführungskonzept: Große DM-Systeme benötigen, wie andere große Client-Server-Anwendungen auch, ein ausgearbeitetes, detailliertes Betriebsführungskonzept sowie die Einübung der darin enthaltenen Tätigkeiten. Die meisten anfänglichen Probleme bei DM-Lösungen lassen sich auf das Fehlen oder die mangelnde Ausarbeitung sowie fehlende personelle Ressourcen zurückführen. Wir können deshalb seine Wichtigkeit nicht genug betonen. Lassen Sie sich bei der Erstellung von Ihrem Lösungsanbieter beraten und helfen und dokumentieren Sie es ausreichend. Es ist selbstverständlich, dass die Dokumentation bei Änderungen und Erweiterungen zu aktualisieren ist.

Abschnitt 9.6.2 geht detaillierter auf das Betriebsführungskonzept ein.

Die Überwachung der DM-Lösung gehört selbstverständlich in die Systeme-Management-Lösung des Rechenzentrums integriert. Klären Sie rechtzeitig die verfügbaren Möglichkeiten und Schnittstellen und wer die Integration und spätere Pflege durchführen soll. Die Anforderungen dazu sollten Teil der Ausschreibung sein.

Aufklärung und Schulung: Informieren Sie die Bereiche Ihres Unternehmens, die Anwender des DM-Systems werden sollen, möglichst frühzeitig. Beziehen Sie einen oder mehrere Vertreter dieser Bereiche in die Planung und Auswahl mit ein. Diese Vertreter sollten zugleich das Konzept in den eigenen Abteilungen vertreten, organisatorische Änderungen mitplanen sowie die Schulungen für die Benutzer konzipieren und vorbereiten.

Informieren Sie den Betriebsrat früh und ausreichend und besprechen Sie mit ihm die organisatorischen Änderungen und eventuell zu überarbeitende Betriebsvereinbarungen. Wir haben wiederholt erlebt, dass die Inbetriebnahme eines DM-Systems sich wegen zu spät erfolgter Abstimmungen mit dem Betriebsrat über Monate verzögert hat!

Zum Mitspracherecht des Betriebsrats siehe Kapitel 8.2.

Führen Sie eine möglichst offene Informationspolitik im Haus. Planen Sie zusammen mit dem Anbieter frühzeitig die Schulung für

- Programmierer (sofern Sie selbst die Anwendungsintegration betreiben oder daran mitwirken),
- Operateure (z.B. für die Überwachung im System-Management),
- Systemadministratoren (Second-Level-Support) und der Hotline sowie
- Anwender in der Bedienung des Systems.

Dokumentation: Im Laufe eines längeren Projektes kommt es immer wieder zu unterschiedlichen Aussagen und Bewertungen von Absprachen. Dokumentieren Sie deshalb alle relevanten Absprachen, alle wichtigen Termine (Wann wurde was geliefert? Was fehlte? Wann installiert? Wann und von wem in Betrieb genommen? Wann welche Fehler gemeldet?). Dokumentieren Sie auch eigene Überlegungen und Entscheidungen; ihr Nachfolger im Projekt (oder im nachfolgenden Ausbau) ist Ihnen dafür dankbar!

Minimale Individualentwicklungen: Größere Lösungen haben immer einen individuellen Anteil, der über eine Projektkomponente gelöst wird – für die Sie als Kunde extra zahlen. Je höher dieser Anteil ist, umso größer ist auch der jeweilige Anpassungsaufwand beim nächsten Versionswechsel, ja er macht ihn unter Umständen nur schwer möglich. Es spricht deshalb sehr viel dafür, sich möglichst dicht an der Standardproduktlinie des Anbieters zu halten – oder den Anbieter dazu zu bringen (korrekter: zu verpflichten), die für Sie und weitgehend auf Ihre Kosten entwickelte Produktfunktionalität in sein Standardprodukt aufzunehmen. Zwar haben Sie dann die erste Entwicklung bezahlt, profitieren aber bei weiteren Versionen von der Weiterentwicklung des Standardproduktes.

Nutzen Sie die Abnahmefrist: Nach der Übergabe beginnt die Abnahmefrist zu laufen. Sie beträgt zumeist sechs Monate. Danach gilt das gelieferte System als abgenommen und muss vollständig bezahlt werden – es sei denn, man hat Mängel zuvor rechtzeitig reklamiert und priorisiert. Machen Sie dabei klar, welche Mängel für sie kritisch und damit Abnahme-verhindernd sind und bei welchen Mängeln sie auf einen neuen Versionsstand warten können. Seien Sie fair bei der Bewertung von Problemen und unterscheiden Sie deutlich zwischen (für ihren Einsatz) gravierenden Mängeln und Punkten, die nützlich wären, aber nicht unabdingbar sind.

Angemessenheit: Maßnahmen sollten *angemessen* sein. Dies betrifft die Anforderungen in der Ausschreibung, die Kosten, den erzielten Nutzen, die Aufwände und Maßnahmen für Sicherheit, das Reagieren auf Fehler und Probleme. Selbst die AO und GoBS kennen das ›*Prinzip der Angemessenheit*‹ und erwartet keine unzumutbaren Aufwände.

Machen Sie Beteiligten klar, was Sie für angemessen halten und definieren Sie dabei die Faktoren und Ziele möglichst klar – auch wenn zuweilen Korrekturen im Dialog notwendig sein werden.

Kapitel 10

Die Planung von DM-Systemen

Dieses Kapitel hilft Ihnen bei der Planung von DM-Systemen. Es ist weniger als Lesestoff gedacht, sondern als kommentierte Checkliste für die Planung und Ausschreibung einer DM-Lösung. Denn ein gut vorbereiteter Kunde ist ein kompetenter Gesprächspartner für den Anbieter.

Betrachten Sie dieses Kapitel als Gedankenstütze für Ihre DMS-Planung. Die rechten Seiten stellen die wichtigsten Punkte in einer Art Checkliste dar, während die linken Seiten die Punkte kommentieren. Das Kapitel fasst damit stichpunktartig den bisherigen Inhalt des Buchs zusammen.

Die mit ❍ markierten Punkte sind zum Ankreuzen gedacht (☒). Einige der Fragen werden Sie voraussichtlich erst zusammen mit einem erfahrenen Berater oder Ihrem Anbieter festlegen können – es ist trotzdem vorteilhaft, dazu bereits eigene Überlegungen angestellt zu haben.

Für Ihre interne Planung ist es gestattet, die rechten Seiten dieses Kapitels zu kopieren. Benutzt man einen Vergrößerungsmaßstab von ca. 81%, so erhält man annährend eine A4-Seite. Alternativ sind sie von der Home-Page des Autors abrufbar unter: ›http://www.gulbins.de/DMS/Checkliste.pdf‹.

10.1 Das Projekt ›DMS-Lösung‹

Größere DM-Lösungen erreichen – wie fast alle Client-Server-Systeme – schnell eine gewisse Komplexität. Ihre Einführung und ihr Einsatz führen in den meisten Fällen zur Neuorganisation von Teilbereichen des Unternehmens. Wir haben es damit, wie bei ähnlichen größeren Beschaffungsmaßnahmen auch, mit einem ausgewachsenen Projekt zu tun. Ein entsprechend sorgfältiges und geplantes Vorgehen ist notwendig.

Die ersten Schritte sollten zunächst vom zukünftigen Nutzer und Betreiber des Systems vorgenommen werden. Erst wenn er klare Vorstellung besitzt, was mit dem DM-System erzielt werden soll, ist es sinnvoll, an Ausschreibungen, Gespräche mit Herstellern oder ASP-Anbietern und Evaluationen heranzugehen.

Siehe [Berndt] auf Seite 697.

Das Buch von Berndt und Leger* enthält für die frühen Phasen eines DM-Projektes einen gut strukturierten und ausführlich kommentierten Projektablaufplan (PAP). Abbildung 10-1 zeigt die Kurzversion. Er legt für die einzelnen Projektphasen bis zum Realisierungsplan die notwendigen Aktivitäten und die daraus entstehenden Festlegungen und Papiere dar.

Abb. 10-1 DMS-Projektablaufplan nach Berndt und Leger [Berndt]

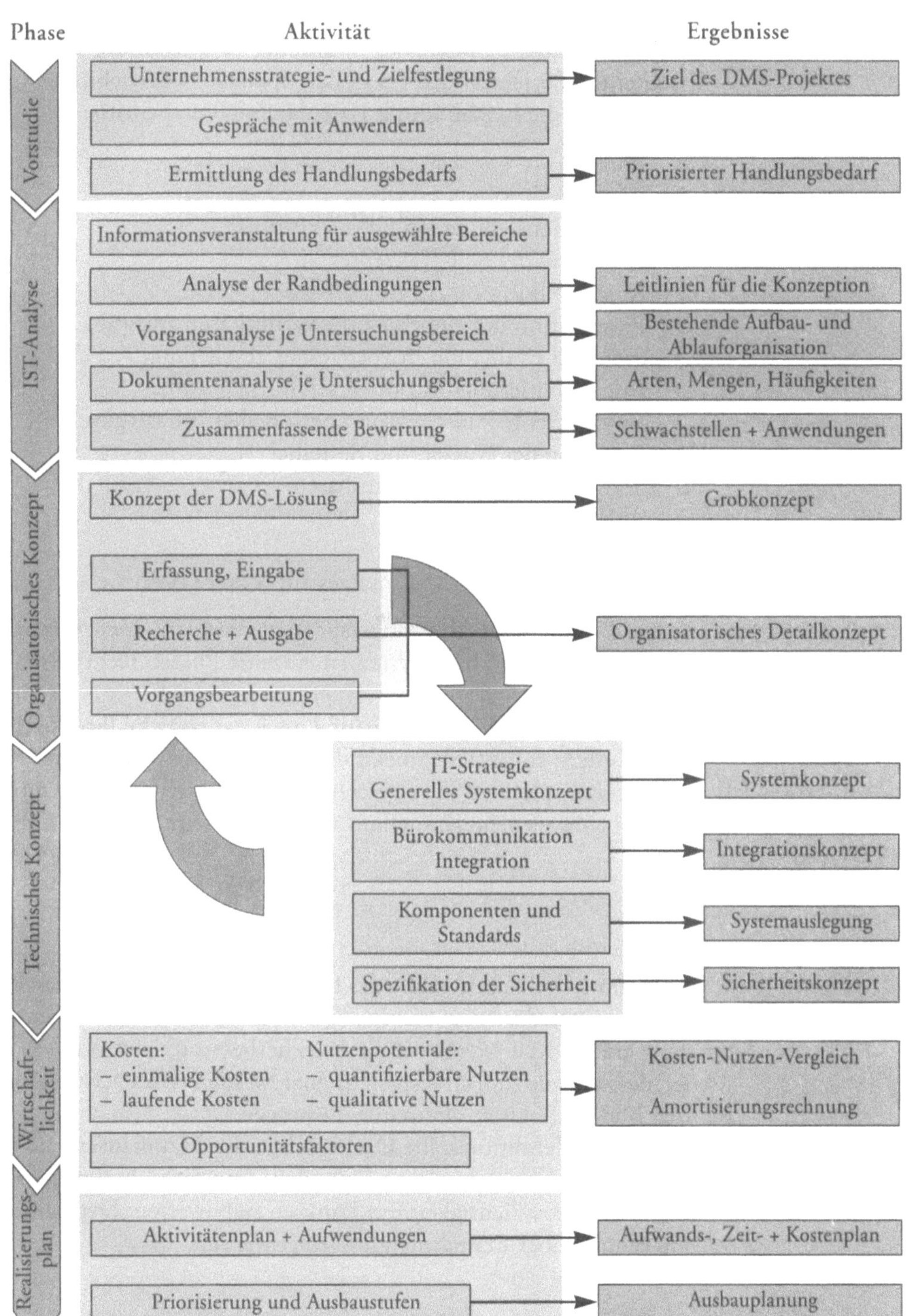

Von der Planung bis zum operativen Einsatz

Fasst man einzelne Phasen aus Abbildung 10-1 zusammen und betrachtet die Projektphasen bis in den operativen Betrieb hinein, so ergeben sich die in Abbildung 10-2 dargestellten Schritte:

Einige der hier aufgeführten Punkte können bzw. müssen parallel ablaufen.

- Vorstudie
- Projektdefinition
- Zusammenstellung eines Projektteams
- Erstellung des Soll-Konzeptes
- Ausschreibung
- Präsentation der Angebote, Bewertung und Auswahl
- eventuell Evaluation in Form einer Teststellung
- Implementierung und Integration
- Aufbau der technischen und personellen Infrastruktur
- Schulung der Nutzer und Betreiber
- Test-Inbetriebnahme, Testphase
- Abnahme
- operativer Betrieb
- Ausweitung des DM-Einsatzes auf weitere Bereiche

Keine dieser Phasen sollte übersprungen werden, auch wenn bei kleineren Projekten bzw. Systemen einzelne Phasen recht kurz sein dürfen.

Da die DMS-Einführung häufig noch wesentliche Projektarbeiten erfordert, sollte der Projektrahmen nicht zu klein und der Projektzeitraum nicht zu kurz gesetzt werden. Statten Sie das Projektteam mit ausreichend Know-how und Kompetenz aus!

Vorstudie und Projektdefinition

In einem ersten Schritt sollte das Unternehmen seine aktuellen Probleme und Bedürfnisse formulieren und die Ziele für die Einführung eines DM-Systems definieren. Hierbei unterläuft oft der Fehler, dass Details zu früh festgeschrieben werden. Dies verstellt leicht den Blick auf bessere alternative Lösungen.

Die Zieldefinition sollte klar zwischen den Hauptzielen und den erhofften Nebeneffekten unterscheiden. Die Ziele sind in der Reihenfolge ihrer Wichtigkeit mit Punkten zu bewerten. Danach kann ein erster grober Zeitrahmen festgelegt werden.

Abb. 10-2: Der DMS-Projektzyklus

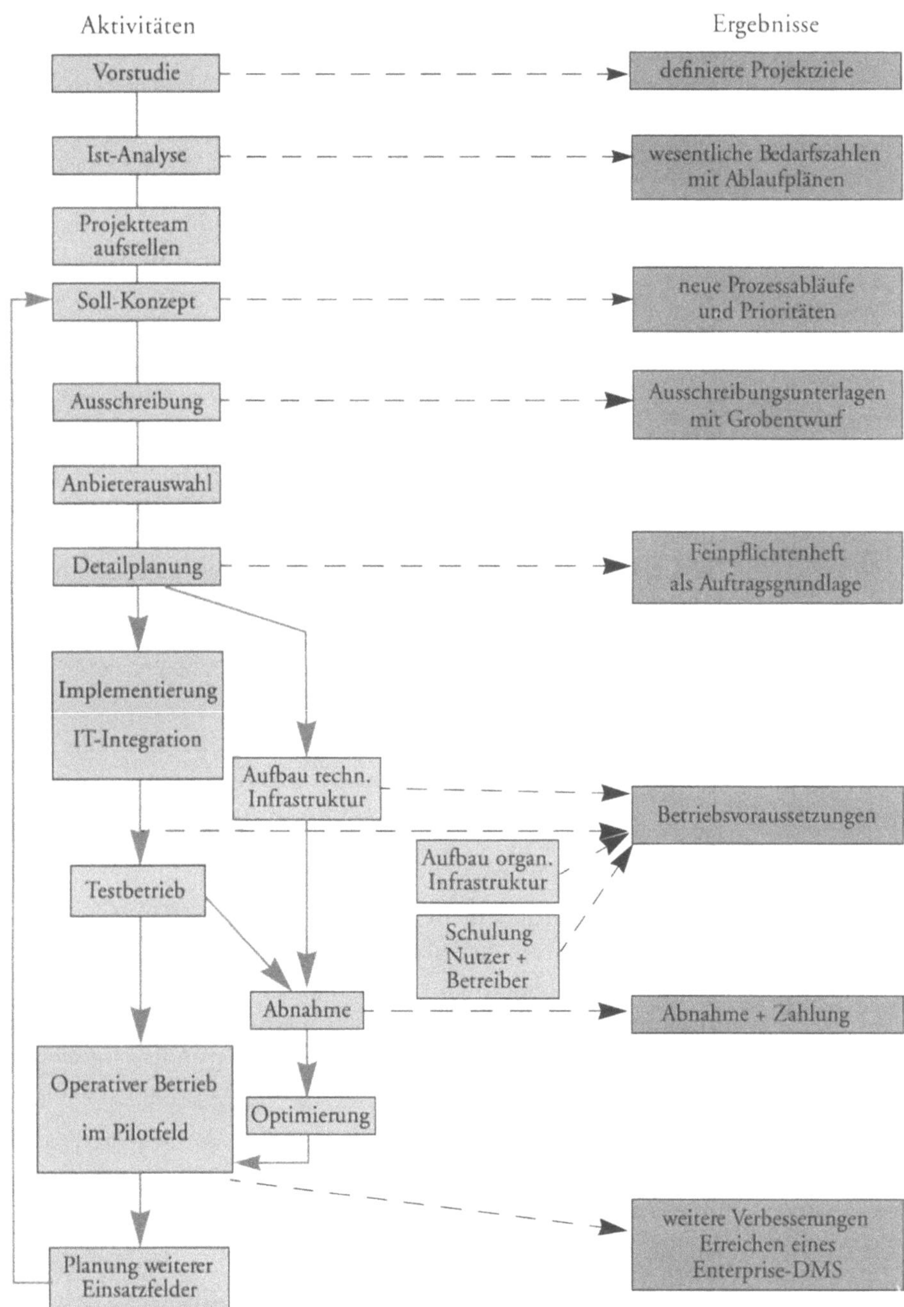

Zusammenstellen des Projektteams

Da die Einführung größerer Systeme zahlreiche Bereiche beeinflusst, sollte sich das Projektteam aus Vertretern aller betroffenen Bereiche zusammensetzen. Die Einbeziehung von Mitarbeitern aus dem höheren Management erspart viele Diskussionen und Rechtfertigungen zum späteren Zeitpunkt der Entscheidung.

Da bei größeren DM-Lösungen der Server-Betrieb fast immer von Mitarbeitern des IT-Bereichs durchgeführt wird – häufig sind diese selbst dann stark involviert, wenn ein ASP-Modell gewählt wird –, sollte aus diesem Bereich in jedem Fall ein Vertreter abgesandt sein, falls das Projekt nicht bereits von Anbeginn aus diesem Bereich initiiert wurde. Insbesondere für die Themenpunkte Host-Anbindung und Integration anderer IT-Aufgaben ist hier das größte Know-how zu finden.

Der spätere Anwender bzw. ein Vertreter dieses Bereichs sollte deshalb nicht nur möglichst frühzeitig miteinbezogen werden, weil dieser am stärksten betroffen ist, sondern auch weil er am kompetentesten über Arbeitsabläufe und Informationsflüsse innerhalb eines Unternehmens Bescheid weiß. Oft bestehen hier nämlich deutliche Unterschiede zwischen Planung, Richtlinien und praktizierter Ausführung.

Da bei der Einführung von Bildschirmarbeitsplätzen der Betriebsrat grundsätzlich ein Mitspracherecht besitzt, sollte ein Mitglied des Betriebsrats dem Projektteam angehören.

Sind rechtliche Fragen zu klären, so ist ein (Haus-) Jurist oder ein entsprechend geschulter Mitarbeiter der Revision hinzu zuziehen – solche Klärung kostet teilweise erheblich Zeit.

Schließlich darf nicht versäumt werden, einen Projektleiter zu ernennen, der für den Ablauf verantwortlich zeichnet.

Dort, wo Dokumente archiviert werden, welche die Revision interessieren, sollte ein Mitarbeiter der Revision bei den wichtigsten Besprechungen einbezogen werden – insbesondere für Fragen der Verfahrensabläufe und bei der Festlegung der Sicherheitskonzepte.

Infrastruktur

Berücksichtigen Sie die für das Projekt notwendige Infrastruktur – Projekträume, Programmier- und Testarbeitsplätze, Telefon und Netzanbindung. Vereinbaren Sie frühzeitig die Projektkonventionen. Klären Sie die Budgetfragen für die Vorstudie, die Planung und das eigentliche Projekt!

Die DMS-Beschaffung

Projektdefinition

- ❑ Festlegung der Projektziele
- ❑ Bis wann soll das Ziel spätestens erreicht werden?
- ❑ Welche Bereiche werden abgedeckt?

Aufstellen des Projektteams

aus Vertretern folgender Bereiche:

- ❑ oberes Management
  (große Kosten, Eingriff in Organisation, ...)
- ❑ IT-Bereich
  (Dieser Bereich betreibt später das System.)
- ❑ Software-Entwicklung
  (soweit eigene Entwicklungen notwendig)
- ❑ Anwender
  (Sie kennen den realen Arbeitsablauf am besten!)
- ❑ Vertreter des Betriebsrats
- ❑ Revision
- ❑ (eventuell) Jurist zur Abklärung rechtlicher Fragen

Weitere Punkte in der Projektplanung

- ❑ Projektleiter festlegen
- ❑ Besprechungsintervalle festlegen
- ❑ Werden Projekträume benötigt?
- ❑ erster Entwurf eines Projekt- und Zeitplans
- ❑ Aufstellung einer Liste der potentiellen Anbieter

Erstellung eines Kriterienkatalogs

Vor der Erarbeitung eines Kriterienkatalogs ist zunächst eine Analyse der Ist-Situation und danach eine Soll-Analyse zu erstellen.

Die Ist-Analyse

Ein sehr gute Dokumentation der aktuellen und neuen Prozessabläufe gestatten Diagramme in der Art, wie sie Abb. 10-3 auf Seite 545 zeigt.

Wesentlicher Bestandteil der Ist-Analyse ist die Ermittlung der aktuellen Informations- und Dokumentenflüsse. Dabei können die praktizierten Informationsflüsse von den konzipierten abweichen. Befragen Sie dazu die Beteiligten!

- ❏ Wo treten bei der heutigen Bearbeitung Engpässe oder Ineffizienzen auf und wo verweilen Dokumente oder Akten zu lang?
- ❏ Wo dauert der (häufige) Zugriff auf Dokumente zu lang?
- ❏ Was sind die zeitlichen und personellen Kosten für diese Zugriffe?

Stellen Sie die fachlichen Kompetenzen und die Befugnisse zur Bearbeitung der Dokumente fest sowie die tatsächliche Handhabung.

Schließlich muss die Art der Dokumente, ihre Beschaffenheit und ihre Menge ermittelt und analysiert werden, mit welchen Verfahren und IT-Anbindungen sie bisher bearbeitet wurden. Wie häufig wird auf die Dokumente zugegriffen?

Mit welchen Anwendungen werden die Dokumente bisher erstellt und mit welchen weiterverarbeitet?

Das Soll-Konzept

Das Soll-Konzept sollte sich zunächst auf die angestrebten Ziele und die Festlegung ihrer Prioritäten konzentrieren; Sie sollten sich nicht zu früh auf das ›Wie‹ versteifen. Es sollte auch festgehalten werden, welche Steigerungsraten an Dokumenten in den nächsten Jahren zu erwarten sind. Bei großen Projekten steht am Ende der Soll-Analyse ein Stufenplan, der festlegt, in welchen Zeiträumen und Ausbaustufen das neue System einzuführen ist. Dabei sind auch Test- und Einführungsphasen, die Schulung der Mitarbeiter und eventuell notwendige räumliche Umgestaltungen oder Umbauten vorzusehen.

Die Ist- und Soll-Analyse

Ist-Analyse:

- Feststellung der Informationsflüsse
- Wo treten Probleme/Engpässe auf?
- Wo verweilen Dokumente zu lang?
- Wie sind die Kompetenzen verteilt?
(Wer darf welche Dokumente bearbeiten?)
- Erfassung der Dokumentenarten und Mengen
- Erfassung der Zugriffshäufigkeiten
- Welche Anwendungen erzeugen Dokumente?
- Welche Anwendungen verarbeiten Dokumente?
- Kosten des aktuellen Ablage-/Archivverfahrens

Soll-Konzept:

- Definition des Projektziels
- Was sind ›Hauptziele‹?
- Was sind ›Nebenziele‹?
- Wer definiert die neuen Abläufe?
- Definition der neuen Abläufe
- Welche Verbesserungen werden damit erreicht?
- Welche zukünftigen Steigerungen werden erwartet?
- Welche Dokumente sind archivierungswürdig?
- Festlegung der Aufbewahrungsfristen und -regeln
- Stufenplan für die Einführung
- Welche Verbesserungen sind erzielbar
  - an Kosten?
  - an qualitativen Verbesserungen?

Pflichtenheft, Ausschreibung und Evaluation

Die abgeschlossene Soll-Analyse ist die Grundlage für die Erstellung eines Pflichtenheftes, auf dessen Basis eine Ausschreibung und Evaluation der angebotenen Systeme erfolgen kann.

Das Pflichtenheft

Das Pflichtenheft sollte die Anforderungen möglichst genau definieren, jedoch nicht zu früh implizite Vorentscheidungen treffen. Legen Sie deshalb Wert auf die Definition der Anforderungen an die zu verarbeitenden Dokumente hinsichtlich Art, Umfang, Menge und Bearbeitung. Dokumentieren Sie spezielle Randbedingungen oder speziell vorgesehene Arbeitsabläufe. Vermeiden Sie unrealistische Forderungen; sie können später nicht eingehalten werden.

Zeitplan des Projektes

Planen Sie einen ausreichenden Realisierungszeitraum. Denken Sie daran, dass Sie unter Umständen erheblich Zeit benötigen, um die Beschaffungsentscheidungen wirklich zu treffen, neu aufkommende Fragen zu klären und die Einführung organisatorisch, IT-technisch, personell und eventuell auch baulich vorzubereiten. Dem Anbieter muss ausreichend Zeit bleiben, Ihr individuelles System zusammenzustellen, zu liefern, zu installieren und zu testen. Einige Komponenten – z. B. Jukeboxen oder High-End-Scanner – haben erhebliche Lieferzeiten. Sie selbst werden Zeit für die Projektdurchführung, die Schulungen und die Einführung benötigen. Stellen Sie sicher, dass die personellen Projektressourcen zur Verfügung stehen.

Evaluation

Anhand des zunächst neutralen Pflichtenhefts kann eine Ausschreibung und die Evaluation der in Frage kommenden Systeme erfolgen. Dies kann bei größeren Projekten auch eine Teststellung der in Frage kommenden Systeme sein. Sinn der Teststellung ist noch nicht der Probebetrieb, sondern die Möglichkeit eines objektiven Vergleichs der in Frage kommenden Systeme und die Ermittlung von Daten, die für die endgültige Beschaffung erforderlich sind.

Pflichtenheft und Evaluation

Pflichtenheft

- möglichst genaue Anforderungen
- Art, Umfang, Anzahl der Dokumente
- notwendige Verarbeitungsschritte
- Zeitvorstellungen
- vorhandene und geplante IT-Umgebung
- spezielle Randbedingungen
- grobes Abnahmeprozedere

Evaluation

- Teststellung?
- Bereitstellung von Testfällen
- Teststellungskosten
- Sicherheiten des Anbieters und Referenzen

Weitere Planungen

- Kostenplanung
  - Einmalige Kosten
    - Hardware
    - Softwarelizenzen
    - Projektkosten
    - Schulungskosten
    - bauliche Maßnahmen
    - Büroausstattung
  - Laufende Kosten
    - Personalkosten
    - Wartungskosten Hard- und Software
    - Betriebskosten
      (Räume, Versicherung, Datenträger, Material)

Die Entscheidungsfindung

Bei der Auswahl eines Systems sollten nicht nur die Beschaffungs- oder Leasingkosten berücksichtigt werden, sondern ebenso die laufenden Kosten für die Soft- und Hardwarewartung, die Medienkosten, die Schulung, den Betrieb und den späteren Ausbau des Systems. Haben Sie Vertrauen in die Langlebigkeit des Produktes und des Anbieters? Gibt es dazu Referenzen?

Die Pilotphase

Bei größeren Systemen sollte dem vollen Einsatz eine Pilotphase vorausgehen, um die Arbeitsabläufe zu überprüfen und die Eckdaten des späteren Betriebs nochmals zu kontrollieren. Der Probebetrieb ist unter möglichst realistischen Arbeitsbedingungen und mit einem aussagekräftigen Umfang an Dokumenten durchzuführen. Er bietet auch Gelegenheit, die späteren Benutzer des Systems einzuweisen und zu schulen.

Für die Pilotphase setzt man Mitarbeiter ein, die gerne neue Aufgaben annehmen und in der Lage sind, Schwachstellen in der Konzeption zu erkennen und bei auftretenden Problemen eine gewisse Frust-Toleranz haben. Während der Pilotphase sollten diese Mitarbeiter weitgehend von anderen Aufgaben freigestellt sein. Sie können auch helfen, die Arbeitsanweisungen für den späteren regulären Betrieb zu erstellen.

Legen Sie spätestens jetzt das genaue Abnahmeprozedere fest und sorgen Sie für ausreichend umfangreiche und aussagekräftige Testdaten und Testszenarien. Berücksichtigen Sie, dass es teilweise aufwändig ist, die Testdaten ausreichend zu anonymisieren, falls sonst vertrauliche Daten (z.B. Personaldaten) zum Test benötigt werden.

Wählen Sie die Pilotphase nicht zu kurz. Auch die Pilotanwender benötigen zunächst Zeit, um sich in den neuen Systemen zurechtzufinden und können sich erst danach auf die eigentliche Aufgabe der Pilotphase konzentrieren.*

** Diese Aussage gilt natürlich nur für größere, komplexere Systeme.*

Mit dem Ende der Pilotphase kann das Gesamtkonzept verabschiedet werden, oder es sind Korrekturen notwendig, die möglichst unter Einbeziehung des Anbieters diskutiert werden sollten. Korrekturen sind jetzt anzubringen und nicht bei der späteren Abnahme des Gesamtsystems, was für Kunde und Anbieter aufwändig und teuer werden kann!

Die Pilotphase und Abnahme

Pilotphase

- Schaffung der notwendigen Infrastruktur
  - Technik (Systeme, Netze, Datenträger)
  - Räumlichkeiten
  - Personal
  - Betriebs-Know-how
  - Erstellung von Testdaten
  - Festlegung von Testfällen
- Klärung der Zuständigkeiten für den Betrieb
  - Systembetrieb (Erfassung, Server, DB-Sicherung)
  - Hotline
  - Schulung und Weiterentwicklung
- Betrieb mit *echten* (realitätsnahen) Dokumenten
- Test mit einer relevanten Dokumentenzahl
- Betrieb unter realen Arbeitsbedingungen
- Überprüfung der Arbeitsabläufe
- Schulung der späteren Anwender
- Hochrechnungen für späteren Betrieb
- Ermittlung von realistischen Betriebsdaten für
  - Erfassung
  - Attributierung
  - Dokumentenzugriffe
  - Datensicherung
  - Supportanfragen beim Anbieter
- Ansprechpartner des DM-Lieferanten
  - Vertriebsbeauftragter
  - Projektleiter
  - Hotline und Problembearbeiter
  - Installation und Wartung
  - Wartung für Komponenten anderer Zulieferer

Vorbereitung für den Betrieb

Der Inbetriebnahme des Systems geht die Schulung der Benutzer voraus. Eine gründliche Schulung erspart später viele Rückfragen und eine Verunsicherung der Anwender. Hier zu sparen ist falsch, auch wenn solche Schulungen Kosten und organisatorische Probleme verursachen!

Es sind ergänzende Kurzbeschreibungen, Betriebskonzepte, Zuständigkeitspläne usw. zu erstellen.

Achten Sie auf die Erfüllung der Forderungen aus der Bildschirmarbeits-Verordnung (siehe Kapitel 8.7).

Berücksichtigen Sie rechtzeitig, dass die Inbetriebnahme eventuell bauliche Maßnahmen, zumindest jedoch eine Reihe von organisatorischen Maßnahmen voraussetzt. Hierzu kann die Verkabelung der Arbeitsplätze für die Netzanbindungen gehören wie auch die Bereitstellung von Platz oder Räumen für die Erfassungs- und Ausgabeperipherie. Achten Sie darauf, dass ausreichend große Arbeitstische vorhanden sind.

Die Systemabnahme

Nach Ende der Abnahme beginnt die Gewährleistungspflicht des Anbieters.

Nach einer gründlichen Pilotphase kann der Abnahmebetrieb eigentlich nur noch kleinere Fehler aufdecken oder echte Defekte von Geräten oder Software aufzeigen. Man sollte die Abnahme nicht dazu benutzen, Nachbesserungen am System vorzunehmen, die man zuvor vergessen hatte.

Planen Sie die Abnahme und besprechen Sie dies mit dem Lieferanten. Zur Planung gehört die Definition des Abnahmeverfahrens, die Bereitstellung von Testfällen, die Einplanung von personellen Ressourcen im Anwendungs- und im IT-Bereich. Klären Sie früh, welche Dokumentation Sie vom Anbieter für die Abnahme erwarten.

Erstellen Sie in jedem Fall ein Abnahmeprotokoll, indem Sie eingesetzte Testfälle, auftretende Probleme und die Verfügbarkeit des Systems festhalten. Klären Sie, welche Beanstandungen vor der Abnahme behoben werden müssen und wie und in welchem Zeitraum andere Nachbesserungen erfolgen sollen.

Die Einführungsphase

Vorbereitung für den Betrieb

- ❑ Technische Voraussetzungen schaffen:
  - (Netz-) Verkabelung der Arbeitsplätze
  - Bildschirmarbeitstische
  - Aufstellen der Arbeitsplatzsysteme
  - Software-Installation
  - Installation der Drucker
- ❑ Organisatorische Voraussetzungen schaffen:
  - Schulung der Benutzer
  - Personal
  - Arbeitsfluss
  - Kompetenzverteilung

Systemabnahme

- ❑ Definition des Abnahmeverfahrens zusammen mit dem Anbieter
- ❑ Bereitstellung der Testdaten für die Abnahme
- ❑ Planung der personellen Ressourcen für die Abnahme
  - IT-Bereich (Systembetreiber)
  - Anwendungsbereich
  - Lösungsanbieter
- ❑ Abnahmeprotokoll:
  - Aufstellung einer vollständigen Mängelliste
  - Welche Korrekturen sind noch notwendig?
  - Welche Erweiterungen sind noch notwendig?
  - Was kosten diese Arbeiten?
  - Bis wann sollen sie abgeschlossen sein?
- ❑ Liegt die notwendige Dokumentation vor?
- ❑ Klärung der Service-Zuständigkeiten
  - Software- und Applikationshotline
  - Hardwareservice
  - Welche Service- und Update-Vereinbarungen gibt es?

10.2 Analyse des Archivguts

Für eine qualifizierte Bedarfsanalyse ist zu klären, was archiviert werden soll und in welcher Form. Das Archivgut kann aus Papier, Mikrofilmen, Bildern, Audio- ud Videodaten oder Daten aus einem Textsystem oder einer anderen IT-Applikation bestehen.

Bei Daten aus speziellen Applikationen muss das Datenformat geklärt und festgelegt werden, ob eine eventuelle Umwandlung (z. B. in ein einfacheres, stabileres Format) erforderlich ist.

Bei der NCI-Verarbeitung wird heute vorwiegend von Schwarzweißdaten ausgegangen. Dokumente mit Halbton- und Farbbildern werden jedoch wahrscheinlich schnell hinzukommen. Bei Audio- und Videodokumenten ist zu klären, welche Qualität notwendig ist und welche Voraussetzungen für die Aufnahme, Übernahme und für Wiedergabe erforderlich sind. Ist hier eine Formatkonvertierung notwendig oder vorteilhaft? Wer soll diese durchführen und mit welchen Werkzeugen? Wie erfolgt die Qualitätssicherung der Konvertierungen?

Überprüfen Sie, von welchen Systemen Daten übernommen werden sollen, in welcher Form diese Daten vorliegen und wie der Transport erfolgen soll (über Netz, mittels Datenträgeraustausch usw.).

Eine genauere Analyse des Schriftguts und der Dokumente erfolgt anschließend. Dabei sollten auch Überlegungen angestellt werden, welche Dokumente überhaupt archivierungswürdig sind – unter den Aspekten *Zugriffshäufigkeit, Zugriffsverfahren, Aufbewahrungsdauer, Aufbewahrungsvorschriften und Archivierungskosten.*

Kostenanalyse des eigenen Archivs

Sie sollten für eine spätere Kosten-Nutzen-Analyse ebenso die Kosten Ihrer aktuellen Papier- oder Mikrofilmablage ermitteln. Einen ersten Anhaltspunkt finden sie in [Berndt].* Sie sollten die dort aufgestellten Rechnungen jedoch mit Ihren eigenen Gegebenheiten und Kosten abgleichen.

* *Siehe Seite 697.*

Berücksichtigen Sie, dass die Personalkosten ständig steigen, während Soft- und Hardwarekosten sinken.

Was soll archiviert werden?

Altbestände:
- ❍ Papierdokumente
- ❍ Mikrofilm-Dokumente
- ❍ CI-Dokumente
- ❍ andere Informationen

Neubestände:
- ❍ Papierdokumente
- ❍ Mikrofilm-Dokumente
- ❍ CI-Dokumente
- ❍ andere Informationen

COLD-Daten:
- ❍ Von welchen Systemen?
- ❍ Formate
- ❍ vorhandene Indexinformationen

Welche Art von CI-Dokumenten?

....

....

....

....

Von welchen Systemen?	Wie transportiert?
....	....
....	....
....	....

Kosten des aktuellen Archivierungsverfahrens

- ❑ Personalkosten
  (Archivpersonal, Sachbearbeiteranteil an der Ablage)
- ❑ Raumkosten
- ❑ Regale, Schränke, Ordner, Mappen, Reprogeräte, …
- ❑ andere Dienstleistungen (z. B. Verfilmung)

10.2.1 Gesamtübersicht der Dokumente

Erstellen Sie zunächst eine Gesamtübersicht der Dokumente, die in den betrachteten Bereichen anfallen. Vergeben Sie dazu Namen für die Dokumentenarten, die Sie danach konsistent weiterbenutzen.

Versuchen Sie, die Dokumente nach Archivierungswürdigkeit zu klassifizieren. Ziehen Sie als Maßstab die Bedeutung der Dokumente für Ihr Unternehmen, die Häufigkeit der Zugriffe sowie die Notwendigkeit eines Remote-Zugriffs heran.

Kategorie A: Wichtige Dokumente mit hoher Zugriffshäufigkeit

Kategorie B: Wichtige Dokumente mit geringer Zugriffshäufigkeit

Kategorie G: Dokumente mit gesetzlicher Aufbewahrungsfrist

Kategorie R: Dokumente, bei denen ein Remote-Zugriff deutliche Vorteile bringt

Kategorie S: Dokumente, bei denen spezielle Aufbewahrungsformen zu berücksichtigen sind (z. B. bei denen aus juristischen Gründen Papieroriginale benötigt werden oder die elektronisch signiert werden müssen).

Betrachten Sie die Kosten der Archivierung und der dafür eventuell notwendigen Aufbereitung. Auch existierende Nachweis- und Aufbewahrungsfristen sind zu beachten. Gibt es Vorschriften zu den Aufbewahrungsformen? In der Tabelle auf Seite 511 können Sie in der Rubrik *Archivierungswürdigkeit* für eine Dokumentenart mehrere Kategorien aufnehmen.

Überlegen Sie auch, welche Dokumente zur Abwicklung eines Prozesses bzw. Vorgangs benötigt werden und deshalb zusammen für eine elektronische Vorgangsbearbeitung zur Verfügung stehen sollten.

Dokumentieren Sie auch, wo und in welcher Form die Dokumente bisher gelagert werden und wie der Zugriff auf sie erfolgt.

Gesamtübersicht der betrachteten Dokumente

Neubestand

Bezeich.	Art/Funktion	Dokum.-kategorie	Dokumente insgesamt	Seiten pro Dokument	Formate	Aufbewahr.-frist	Zugriffs-häufigkeit	Zuwachs jährlich

Altbestand

Bezeich.	Art/Funktion	Dokum.-kategorie	Dokumente insgesamt	Seiten pro Dokument	Formate	Aufbewahr.-frist	Zugriffs-häufigkeit

10.2.2 Papier als Ausgangsbasis (NCI-Daten)

Externe Information liegt zum überwiegenden Teil auf Papier oder Mikrofilm vor. In diesem Fall wird das Archivierungsgut über Scanner erfasst und dann als NCI-Information weiterverarbeitet.

Papierformate

Hier gilt es zu ermitteln, welche Formate in welcher Stückzahl verarbeitet werden sollen. Dies geschieht sowohl für zu erfassende Altbestände als auch für die neu anfallenden Daten.

Eine Aufstellung wie auf Seite 513 kann helfen, einen ersten Überblick zu erhalten. Die Stückzahl ist in Tausend einzutragen. Die Rubrik *Art* soll angeben, was erfasst wird, also etwa ›Briefe‹, ›Belege‹, ›technische Zeichnungen‹ oder Ähnliches. Die wichtigsten unterschiedlichen Dokumentenarten sollten unten nochmals aufgeführt werden. Sie erlauben später eine bessere Abschätzung des Speicherbedarfs und der Anforderungen an die Auflösung und die Pixeltiefe. Vermerken Sie, falls Farbe oder Graustufen vorhanden sind, und wie diese im elektronischen Dokument aussehen sollen.

Formate bis DIN A4: Formate bis DIN A4 können problemlos verarbeitet werden. Dabei entspricht eine DIN-A4-Seite, die mit 300 dpi bitonal gescannt wurde, etwa 1 MB Daten. Komprimiert nach CCITT Gruppe 4 erhält man zwischen 35 KB und 90 KB.

Formate bis DIN A3: Bei Verfügbarkeit eines DIN-A3-Scanners ist dies problemlos – wenn auch deutlich teurer (bei schnellen Scannern) als A4. Auch die Erfassung erfolgt mit geringerer Geschwindigkeit. Ist die Anzahl ausreichend klein, kann hier auch ein etwas langsamerer und damit billigerer Scanner eingesetzt werden. Oft ist hier kein Duplex notwendig.

Formate DIN A2 bis A0: Bei diesen Papierformaten steigen die Kosten für die Scanner erheblich, die Erfassungszeiten nehmen zu. Auch das Speichervolumen steigt deutlich an (eine Seite DIN A2, mit 300 dpi gescannt, entspricht unkomprimiert 4 MB). Das nächstgrößere A-Format vergrößert die komprimierten Daten jeweils um den Faktor 1,8.

Ist hierfür eine externe Erfassung denkbar? Sie reduziert Hardwarekosten und ist bei moderaten Stückzahlen oft wirtschaftlicher, insbesondere dann, wenn wenig neu zu erfassende Papierdokumente dieser Formate anfallen.

Papier als Archivgut – Formate

Formate	Seiten alt	Seiten neu pro Jahr	Art
❑ <A5:	....	....	....
❑ A5:	....	....	....
❑ A4, 1-seitig:	....	....	....
❑ A4, 2-seitig:	....	....	....
❑ A3:	....	....	....
❑ A2:	....	....	....
❑ A1:	....	....	....
❑ A0:	....	....	....
❑ Andere:	....	....	....

Arten	Anwendung/Funktion
....	....
....	....
....	....
....	....

Papierqualität

Die Papierqualität der Vorlagen ist unbedingt an Originalen zu untersuchen, da sich die Qualität durch Kopieren wesentlich verändert.

Einwandfreie Qualität: Ein Scanner mit automatischem Blatteinzug kann zur schnellen Erfassung eingesetzt werden.

Dünne Seiten: Die Papiereinzüge der Scanner arbeiten erst ab einem bestimmten Papiergewicht weitgehend problemlos, so dass bei dünnem Papier (z. B. Durchschreibeseiten) eine ADF-Einheit* oft nicht verwendet werden kann.

* ADF = *Automatic Document Feeder bzw. ›automatischer Papiereinzug‹*

Eselsohren: Geknickte oder gefaltete Seiten müssen vor der Erfassung geglättet werden. Für Vorlagen mit sehr vielen Eselsohren oder aufgeklebten Teilen ist ein schneller Scanner mit ADF nicht einsetzbar.

Heftklammern: Bei gehefteten Seiten muss die Heftklammer entfernt werden, was arbeitsintensiv ist.

Schriftgutbeschaffenheit

Zweiseitige Dokumente: Haben zweiseitige Dokumente einen großen Anteil, ist ein Duplexscanner einzusetzen.
Müssen Dokumente aufgetrennt werden?

Durchscheinen der Rückseite: Solche Dokumente müssen entweder mit anderer Kontrasteinstellung separat gescannt oder zuvor kopiert werden.** In Einzelfällen können sie auch in einem Flachbettscanner mit einem dunklen Blatt hinterlegt erfasst werden.

** *Beim Kopieren hilft das Unterlegen mit einer schwarzen Seite.*

Farbmarkierungen auf den Originalen: Die Verwendung von farbigen Eingangsstempeln oder Markierungen von Textstellen mit Leuchtstiften kann dazu führen, dass diese später am Bildschirm nicht mehr erkennbar sind, da der Scanner typischerweise Blindfarben hat (die Blindfarbe ist oft grün/gelb). Weitere Merkmale sind Farben und Kontrast der Vorlagen.

Legen Sie dem Anbieter in der Evaluationsphase typische Dokumente vor, möglichst in guter, in durchschnittlicher und in schlechter Vorlagenqualität.

Vorlagen-Beschaffenheit

Dokumententyp ....

Typische Dokumente weisen auf

- ❑ gute Qualität: ca. .... %
- ❑ problematische Dokumente: ca. .... %
  - ❍ dünne Seiten
  - ❍ Falten, Eselsohren
  - ❍ vergilbte Vorlagen
  - ❍ verschmutzte Vorlagen
  - ❍ Heftklammern
  - ❍ Rückseite scheint durch
  - ❍ Stempel
  - ❍ Blindfarbe
  - ❍ Farbe
  - ❍ Farbmarkierungen
- ❑ doppelseitig: ca. .... %
- ❑ Formulare: ca. .... %

Dokumente, für die eine OCR-Erkennung vorgesehen ist

- ❑ Art der Dokumente: ....
- ❑ Was soll erkannt werden?
- ❑ Wird eine Volltextrecherche benötigt?

Dokumente mit Barcodes

- ❑ Funktion des Barcodes
- ❑ Barcodetyp: ....
- ❑ Barcodelänge (typische Länge des Textes)
- ❑ Barcode-Orientierung

Zusammenstellung von typischen Dokumenten

- ❑ Aus welchen Bereichen?
- ❑ Wer und bis wann?
- ❑ Anonymisierung notwendig?

Formularverarbeitung

Bei der Verarbeitung von Formularen ist darauf zu achten, dass sich das Speichervolumen vervielfachen kann, wenn im Formular Rasterungen oder farbliche Unterlegungen enthalten sind, die nicht durch eine Blindfarbe eliminiert werden können. Ungünstige Vorlagen sind zum Beispiel Schecks oder Formulare mit Schwarzweißrasterung, um graue Felder zu erzeugen.

Noch eleganter wird die Formularbearbeitung, wenn das Formular in einer Blindfarbe für den Scanner angelegt werden kann. In diesem Fall sieht der Scanner das eigentliche Formular bzw. dessen Texte und Linien nicht, sondern erkennt nur die Einträge. Dies erlaubt eine deutliche Verringerung des Speicheraufwands.

Bei Formularen ist zu überprüfen, ob Änderungen in den Formularen möglich sind, bei denen die oben beschriebenen Probleme vermieden werden. Welche Abteilungen müssen hierzu involviert werden? In welchen Zeiträumen kann dies geschehen? Wo sind noch Formulare in Außenstellen oder beim Kunden und wie viele sind dies?

Bei Formularen kann auch eine teilweise oder vollständige Formularerkennung in Betracht gezogen werden. So kann bereits mit einfachen Erkennungsmechanismen festgestellt werden, ob ein Feld angekreuzt wurde. Sind die Formulare mit Schreibmaschine oder gar mit OCR-Schrift ausgefüllt, ist eine weitgehend automatische Textumwandlung möglich.

Selbst wenn damit nur 20 % bis 30 % aller anfallenden Formulare vollständig automatisch abgearbeitet werden können, ergibt dies bei entsprechender Anzahl bereits deutliche Kosteneinsparungen.

Formularbearbeitung

Bearbeitungsmöglichkeiten

- ❑ Änderungen im Formular möglich?
  - große Texte auf Rückseite verlegen
  - Verwendung von Blindfarben
  - Vermeidung von Rastern in Eingabefeldern
- ❑ Wie sind die Formulare ausgefüllt?
  - viele Auswahlboxen
  - Schreibmaschinen-/OCR-Schriften zu .... %
- ❑ Was passiert mit alten Formularen?

Papierqualität

❍ gut ❍ mittel ❍ schlecht

- ❍ Blindfarben: ....
- ❍ Farben und Raster im Formular?
- ❑ Formularformate: ....
- ❑ Anzahl von Seiten im Formular: ....
- ❍ Können Seiten problemlos getrennt werden?
- ❑ ICR/OCR-Möglichkeiten:
  - ❍ Formulartyp
  - ❍ Ankreuzfelder
  - ❍ Eingabefelder
  - ❍ Handschrifterkennung
  - ❍ Komplettumwandlung in folgendes Format: ....
- ❍ Barcodes vorgesehen
  - Welche Barcodes?
  - Wie viele Zeichen typisch?
  - Wo auf dem Formular?
  - Welche Orientierung?
  - Wo werden die Barcodes registriert?

10.2.3 CI-Daten aus Text- und anderen Systemen

CI-Daten haben den Vorteil, dass sie kompakter gespeichert und zumeist deutlich einfacher weiterverarbeitet werden können. Bei ihnen muss jedoch das Format **vollständig** bekannt und möglichst stabil sein. Vor allem bei Textverarbeitungs-, DTP- und CAD-Systemen, jedoch auch bei Spreadsheets (Rechenblättern) und ähnlichen Applikationen, die sich ständig weiterentwickeln, ist das Format-Problem ernstzunehmen. Hier ist sicherzustellen, dass das Dokument im Format selbst bereits eine Versionsnummer speichert oder die Versionsnummer des Formats zusätzlich abgespeichert wird.

Stellen Sie sicher, dass Formatbeschreibungen der zu archivierenden Daten auch wirklich verfügbar sind oder dass es sich um einfach zu verarbeitende Standardformate handelt. Die Beschaffung der Beschreibung oder die Abklärung, um welches Format es sich konkret handelt, kann unter Umständen erheblich Zeit in Anspruch nehmen!

Zur Darstellung der Daten muss entweder auf allen verwendeten Systemen ein Programm vorhanden sein, welches das Format versteht oder zumindest darstellen kann, oder es müssen entsprechende Konvertierungen vorgenommen werden. Unter Umständen ist auch ein PlugIn (bei Web-Browsern als Frontend oder eine Konvertierung *On-the-Fly* bei der Darstellung die Lösung.

Unter Umständen ist es sinnvoll, zusammen mit den CI-Daten auch eine NCI-Version abzulegen, so dass auf praktisch allen Systemen eine Darstellung möglich wird und die CI-Daten auch noch problemlos ausgegeben werden können, wenn sich das Applikationsformat geändert hat. Dies ist in der Regel immer dann ohne großen Nachteil möglich, wenn die gespeicherten Daten nicht mehr geändert oder weiterverarbeitet werden sollen.

Werden die CI-Daten in einem applikationsspezifischen Format angeliefert, so ist zu überprüfen, wie lange dieses Format stabil sein wird und ob eventuell eine Konvertierung in ein einfacheres Format sinnvoll ist (z. B. ein einfaches ASCII-Format).

Klären Sie, ob aus einer Nachweispflicht heraus elektronische Signaturen notwendig sind (und in welcher Qualität) oder ob schon Signaturen vorhanden sind. Soll dann eine Prüfung der Signatur möglich sein? Dann automatisch oder nur bei Bedarf?

Berücksichtigen Sie den entstehenden Archivierungsbedarf von eMail, Fax und Office-Dokumenten aus PC-Anwendungen.

CI-Daten

- ❑ **Quellen der CI-Daten**
  1. ....
  2. ....
  3. ....
  4. ....

- ❑ **Sätze bzw. Dokumente pro Monat**
  1. .... 2. ....
  3. .... 4. ....

- ❑ **Umfang (Größe) pro Satz / Dokument beim Typ**
  1. .... 2. ....
  3. .... 4. ....

- ❑ **Stabilität der Formate für die Typen**
  1. .... 2. ....
  3. .... 4. ....

- ❑ **Formatbeschreibung für Daten vorhanden**
  für Typ 1: ....
  für Typ 2: ....

- ❑ **Darstellungsmodul für alle Plattformen?** ....

- ❑ **CI → NCI-Umwandlung sinnvoll?** ❍ ja ❍ nein

- ❑ **Welche spätere Verarbeitung ist vorgesehen?**
  - ❍ Anzeigen + Drucken
  - ❍ spezielle Distribution
  - ❍ Publikation
  - ❍ Weiterverarbeitung/Änderungen
  - ❍ Textsuche im Dokument selbst
  - ❍ Volltextrecherche
  - ❍ Sind Wasserzeichen notwendig?
  - ❍ Sind Signaturen notwendig?
    (Welcher Signaturstufe?)

10.2.4 Erfassung von Mikrofilmen (NCI Daten)

Daten auf Mikrofilm und Mikrofiche sind ebenfalls als NCI-Daten zu behandeln, die über einen speziellen Scanner zu erfassen sind. Der Vorteil besteht darin, dass sie schnell und preiswert erfasst werden können. Dabei ist zu prüfen, ob dies mit dem eigenen System oder durch ein externes Dienstleistungsunternehmen geschehen soll.

Bei großformatigen verfilmten Vorlagen ist zu prüfen, ob die erzielte Auflösung noch ausreichend gut ist. Einfluss darauf hat die Qualität der Verfilmung, das dabei verwendete Format und schließlich die Auflösung des Mikrofilmscanners. Bei sorgfältiger, hochwertiger Verfilmung von A0-Zeichnungen auf die Mikrofilmlochkarte* erhält man bei heutigen Scannern eine Auflösung von 200 dpi und eine entsprechend höhere Auflösung bei kleineren Vorlageformaten. Der Vorteil solcher Lochkarten besteht zusätzlich darin, dass die darauf eingestanzten Kenndaten problemlos mit in die Attributierung übernommen werden können – Verwechslungen sind damit ausgeschlossen.

** Diese wird auch ›Aperature-Card‹ genannt und enthält ein Mikrofilmbild im 36-mm-Format.*

10.2.5 Ausgabe/Kopie auf Mikrofilm

Ist eine parallele Speicherung der Daten auf Mikrofilm vorgesehen, so sind dafür ebenso die Anforderungen zu erfassen. Welche Daten sollen zur Sicherheit auf Mikrofilm gespeichert werden? Wann und von wem soll dies durchgeführt werden?

Erfassung von Mikrofilm und Mikrofiche

❑ **Art des Mikrofilms/Mikrofiches**
 ❍ 16-mm-Rollfilm
 ❍ 36-mm-Rollfilm
 ❍ 36-mm-Mikrofilmlochkarte
 ❍ Makrofiche A6
 ❍ Mikrofiche, Größe: .... × ....

❑ **Vorlagenformate für die Verfilmung**
 1. .... 2. ....
 3. .... 4. ....

❑ **Erfassung**
 ❍ unternehmensintern
 ❍ extern von einem Dienstleister

❑ **Nummernübernahme**
 – Wie werden die Nummern zugeordnet?
 ....
 ....

Ausgabe auf Mikrofilm und Mikrofiche

❑ **Art des Mikrofilms/Mikrofiches**
 ❍ 16-mm-Rollfilm
 ❍ 36-mm-Rollfilm
 ❍ 36-mm-Mikrofilmlochkarte
 ❍ Makrofiche A6
 ❍ Mikrofiche, Größe: .... × ....

❑ **Wann erfolgt die Verfilmung?** ....

❑ **Durch wen erfolgt die Verfilmung?** ....

❑ **Wo werden die Filme aufbewahrt?** ....
 ....

10.3 Auflösung von der Erfassung bis zur Ausgabe

Auflösung beim Erfassen

Beim Erfassen ist das Scannen bis zu 300 dpi bitonal unproblematisch, ab 400 dpi werden die Datenmengen beträchtlich größer und die Erfassung wird langsamer, was die gesamte Verarbeitung der NCI Dokumente aufwändiger gestaltet. Im Regelfall gilt 300 dpi als völlig ausreichend, in vielen Fällen genügen sogar 200 dpi. Sollen die Daten jedoch später einer Umwandlung in ein CI-Format unterworfen werden (OCR-Erkennung oder Vektorisierung), sind in jedem Fall 300 dpi, bei Texten für OCR besser noch 400 dpi einzusetzen.

Für eine weitergehende Diskussion zu den Qualitätsanforderungen beim Erfassen sei hier auf Kapitel 9.3.2 (Seite 424) verwiesen.

Auflösung beim Anzeigen

Die Anzeige am Bildschirm wird so gesteuert, dass eine Seite komplett am Bildschirm angezeigt wird. Dabei kommt es darauf an, dass die wichtigsten Informationen am Bildschirm gelesen werden können, ohne die Seite zu vergrößern. Das heißt, dass bei sehr kleiner Schrift auf der A4-Seite die Standardauflösung des Bildschirms von ungefähr 90 dpi nicht mehr ausreicht. Hier muss die Applikation die Vergrößerung von Ausschnitten erlauben.

Bildschirmauflösungen von 150 dpi oder gar 300 dpi sind machbar, erfordern aber zusätzlichen Aufwand (siehe hierzu auch Kapitel 6.2.1).

Auflösung beim Drucken

Die Auswahl eines Druckers ist etwas problematisch, da die meisten Drucker bisher keine geeignete Schnittstelle haben, um große Mengen von Imagedokumenten ausreichend schnell auszugeben (siehe hierzu Kapitel 6.2.2 und Seite 263).

Notwendige Auflösung bei NCI-Daten

- ❑ **Auflösung bei der Erfassung**
  - ❍ 200 dpi S/W
  - ❍ 300 dpi S/W } für OCR-Erkennung
  - ❍ 400 dpi S/W } für OCR-Erkennung
  - ❍ höher: .... dpi S/W
  - ❍ OCR-Erkennung vorgesehen?
  - ❍ Vektorisierung vorgesehen?
  - ❍ Halbton: Format: ...... Auflösung: ...... dpi
  - ❍ Farbvorlagen: Format: ...... Auflösung: ...... dpi
  - ❍ andere Auflösung: .... dpi × ... Pixeltiefe

- ❑ **Multimedia-Daten**
  - ❍ Audiodaten folgender Art: ....
  - ❍ Videodaten folgender Art: ....

- ❑ **Auflösung bei der Darstellung**
  - ❍ 72/75 dpi S/W
  - ❍ 100 dpi S/W
  - ❍ 150 dpi S/W
  - ❍ höher: .... dpi
  - ❍ andere Auflösung: .... dpi × ....
  - ❍ Echtfarbdarstellung mit: ... Bit/Bildpunkt

- ❑ **Auflösung bei der Hardcopy-Ausgabe**
  - ❍ 300 dpi S/W
  - ❍ 400 dpi S/W
  - ❍ höher: .... dpi
  - ❍ Halbton mit Anforderungen:
    ....
  - ❍ Farbe mit Anforderungen:
    ....

Ausgabe am Bildschirm

Am Bildschirm wird bei NCI-Vorlagen das Rasterbild angezeigt; ein Ausschnitt kann vergrößert (zoomen) und schnell verschoben werden. Zusätzlich ist es möglich, innerhalb des Dokuments vorwärts und rückwärts zu blättern.

Für die Darstellung und Ausgabe von CI-Daten sind jeweils spezielle Formatierer oder die Applikationen erforderlich, mit denen diese Daten erzeugt wurden.

Ausgabe auf Drucker

Bei der Ausgabe auf den Drucker sollte es optional möglich sein, eine Fußzeile in das Dokument einzublenden, welche die Benutzerattribute und die Seitennummer enthält.

Ausgabe auf Mikrofilm

*COM = Computer **O**utput to **M**icrofilm, d. h. Verfilmungsstationen von Druckausgabeströmen*

Dort, wo aus Sicherheitsgründen oder anderen Überlegungen heraus eine zusätzliche Ausgabe auf Mikrofilm oder Mikrofiche gefordert wird, kann dies vor oder nach dem Erfassen der Vorlagen auf konventionellem Wege oder nach der Erfassung aus dem Rechner heraus auf COM-Stationen erfolgen. Einige Erfassungsgeräte erlauben auch eine gleichzeitige Verfilmung.

Versenden über Fax und eMail

Beim Versenden über Fax sollten Dokumente über einen Fax-Server laufen. Das Faxgerät kann als billiger Drucker oder zur schnellen Übertragung an eine entfernte Stelle verwendet werden.

Der Anwender sollte über ein Faxnummernverzeichnis den Empfänger auswählen können und eventuell zusätzlich die Ausgabequalität. Für zu empfangende Faxdokumente sollte eine eigene Faxnummer vorhanden sein, unter der die Faxkarte im Rechner angeschlossen ist.

Analoge Überlegungen sind anzustellen, falls Dokumente über eMail empfangen und versendet werden sollen. Da die Vertraulichkeit des Fax-Versands besser als jener von eMail ist, kann bei eMail eine Verschlüsselung notwendig werden. Gibt es dazu die PK-Infrastruktur?

Anforderungen an die Ausgabe

- ❑ **Bildschirmdarstellung von NCI-Dokumenten**
  - ❍ Darstellen
  - ❍ Panning
  - ❍ Zoomen Stufen
  - ❍ Zoomen, beliebig
  - ❍ Blättern
  - ❍ Springen
  - ❍ Zoomen + Panning mit Übersicht
  - ❍ Rotieren, in ...... Stufen

- ❑ **Ausgabe von NCI-Dokumenten auf dem Drucker**
  - ❍ Skalieren
  - ❍ automatisch Skalieren
  - ❍ Segmentieren
  - ❍ automatisch Rotieren
  - ❍ Einblenden von Seitennummern und Attributen
  - ❍ Heftrand
  - ❍ nicht bedruckbarer Seitenrand

- ❑ **Versenden per Fax**
  - ❍ von jedem Arbeitsplatz aus
  - ❍ mit unterschiedlicher Qualität

- ❑ **Empfangen von Faxnachrichten**
  - ❍ Verteilung an jedem Arbeitsplatz
  - ❍ mit unterschiedlicher Qualität

- ❑ **Versenden per eMail**
  - ❍ verwendetes Mail-System
  - ❍ verwendete Mail-Formate
  - ❍ Muss versendete eMail verschlüsselt werden?

- ❑ **Empfangen von eMail-Nachrichten**
  - ❍ verwendetes Mail-System
  - ❍ verwendete Mail-Formate
  - ❍ Umwandlung der Formate für die Archivierung?
  - ❍ Umwandlung der Formate für die Weiterleitung?
  - ❍ Ist (empfangene) eMail verschlüsselt?
  - ❍ Muss versendete eMail verschlüsselt werden?

  - ❍ Ist bei Verschlüsselung eine PKI vorhanden?

10.4 Arbeitsabläufe bei der Archivierung

Für den Ablauf der Archivierung muss geklärt werden, wann die Dokumente erfasst werden sollen. Dieser Punkt wurde bereits in den Kapiteln 2.4.4 und 9.3.4 diskutiert. Im Folgenden werden deshalb nur die wichtigsten Punkte und Argumente angeführt.

Archivierung beim Posteingang

Eine Möglichkeit besteht darin, die Dokumente beim Posteingang zu scannen. Dies ist sinnvoll, wenn ein großer Prozentsatz der dort eingehenden Dokumente auch tatsächlich archiviert werden muss. Die Argumente hierfür sind:

- Verzicht auf den Papiertransport zum Sachbearbeiter
- Durch eine Vorgangssteuerung wird die Post elektronisch an den Sachbearbeiter weitergeleitet.

Falls nur ein Teil der Eingangspost archiviert werden soll, ist abzuklären, ob eine vollständige elektronische Erfassung an der Poststelle sinnvoll ist.

Archivierung nach der Bearbeitung

Die Vor-und Nachteile hierbei sind:

- Der Sachbearbeiter kann entscheiden, ob das Dokument zu archivieren ist.
- der Papiertransport erfolgt zum Sachbearbeiter und vom Sachbearbeiter an die Archivabteilung.

Bei CI-Dokumenten, die auf dem Rechner erstellt oder generiert werden, erfolgt die Archivierung nach der Bearbeitung. Hier ist zu überlegen, ob die Archivierung automatisch oder nur auf explizite Anforderung des Anwenders erfolgen soll. Zusätzlich ist festzulegen, ob Dokumente im CI-Format gespeichert oder erst in ein NCI-Format konvertiert werden. Im zweiten Fall ist zu klären, ob nur das NCI- oder beide Formate zu speichern sind.

Archivierung am Arbeitsplatz

Dies ist nur bei kleinen Dokumentenmengen sinnvoll und nur dann, wenn es dem Mitarbeiter zumutbar ist und seinen Arbeitsablauf nicht allzusehr stört. Hierzu genügen kleine, billige Scanner.

Arbeitsablauf bei der Erfassung

- ❑ **Wo erfolgt die Archivierung von NCI-Dokumenten?**
  - ❍ in der Poststelle
    - – wie wird weitergeleitet? ....
  - ❍ nach der Bearbeitung
    - – von wem?

      ....
    - – wann?

      ....
  - ❍ bei der Ablage
    - – von wem?

      ....
    - – wann?

      ....
  - ❍ am Arbeitsplatz des Mitarbeiters

    ....

- ❑ **Wo erfolgt die Archivierung von CI-Dokumenten?**
  - ❍ automatisch nach der Erzeugung
  - ❍ auf Anforderung
    - – von wem?

      ....
    - – wann?

      ....

- ❑ **Diagramm des Arbeitsablaufs**

  (Abteilungswechsel sollten sichtbar sein)

10.5 Attributierung der Dokumente

Für die Attributierung ist zu überlegen, welche Attribute wesentlich und von welchem Datentyp sie sind. Bei Attributen, die aus einer Anzahl fest vorgegebener Werte ausgewählt werden, ist es praktisch, wenn die Attributierungsmaske dies anzeigt und über Kürzel oder Menüs die Attributwerte anbietet.

Wann werden die Attribute vergeben?

Der Zeitpunkt der Attributierung bestimmt die Organisation und die Qualität der Attributierung. Eine Diskussion hierzu fand bereits in Kapitel 9.4.1 statt. Als Möglichkeiten bieten sich an:

- ❑ Vergabe bei der Erfassung in der Poststelle
- ❑ Vergabe bei der Sachbearbeitung
- ❑ Vergabe in der Archivabteilung
- ❑ automatische Attributierung aus den Daten selbst (bei CI-Daten teilweise möglich oder durch eine OCR-Umwandlung)

Wer vergibt die Attribute?

Bei der Erfassung in der Poststelle stellt sich die Frage, wer die vollständigen Attribute vergibt.

- ❑ Vergabe von einigen Attributen durch die Poststelle und weiteren Attributen durch den Sachbearbeiter
- ❑ vollständige Vergabe durch die Poststelle bzw. Archivabteilung

Attributierung der Dokumente

Dokumententyp: ....

- ❑ **Wann und wo wird attributiert?**
  - ❍ bei der Erfassung in der Poststelle
  - ❍ bei der Registrierung für eine Vorgangsbearbeitung
  - ❍ bei der Sachbearbeitung
  - ❍ in der Archivabteilung

- ❑ **Wie werden die Attribute erfasst?**
  - ❍ manuell
  - ❍ durch Vorsortieren vor dem Scannen
  - ❍ Barcode
  - ❍ OCR
  - ❍ andere Quellen ....

- ❑ **Welche Attribute werden benötigt?**
  1. ....
  2. ....
  3. ....
  4. ....

- ❑ **Wer vergibt die Attribute?**
  - ❍ ein Teil bei der Erfassung:
    welche? ....
  - ❍ ein Teil bei der Bearbeitung:
    welche? ....
  - ❍ vollständige Vergabe durch die Poststelle oder Archivabteilung

- ❑ **Attribute aus anderen IT-Verfahren?**
  1. ....
  2. ....
  3. ....

Beschreibung der Attribute

Für die einzelnen Attribute sind Name, Feldart, Feldlänge und die möglichen Werte festzulegen. Hier muss bei den einzelnen Eingabefeldern auch festgelegt werden, ob und wie eine Konsistenzprüfung stattzufinden hat. Bei Feldern mit möglichen Standardbelegungen sind diese zu beschreiben. Für Felder mit einer kleinen Anzahl möglicher Werte ist zu definieren, ob diese Werte über Menüs oder mit fest belegten Funktionstasten ausgewählt werden können.

Bei der Definition der Attributierung ist zu bedenken, dass mit dem Umfang der Attributierung der Erfassungsaufwand für die Attribute steigt und die Datenbank größer und komplexer wird.

Anbindung an bestehende Verfahren

Die Attribute können mit einem kundenspezifischen Verfahren vergeben und beim Archivieren den Dokumenten zugeordnet werden. Das Verfahren muss die Schnittstellen des Archivsystems berücksichtigen. So können beispielsweise beim Erfassen von Mikrofilmlochkarten die Informationen auf der Lochkarte automatisch miterfasst und als Attribute genutzt werden. Dies erspart zumeist einen Teil der Attributierung.

Beim Archivieren von CI-Dokumenten lassen sich häufig einige oder sogar alle Attribute mit speziell erstellten Filtern aus den CI-Daten extrahieren. Hier ist festzulegen, wie das Format der CI-Daten aussieht und welche Daten herausgefiltert werden sollen. Dazu ist die Position oder das Merkmal dieser Attribute zu beschreiben, so dass eine Aufwandsabschätzung für die Erstellung der Filter durchgeführt werden kann.

Beschreibung der einzelnen Attribute

❑ **Attributsbezeichnung** ....

❑ **Aufbau des Feldes**
....
....

❑ **Welche Werte kann das Feld haben?**
....

❑ **Standardbelegung?**
....

❑ **Konsistenzprüfung möglich/sinnvoll?**
....
....

❑ **Auswahl bei der Erfassung über**
❍ Menü
❍ Funktionstasten
❍ Tastaturkürzel

❍ **Als Primärindex in der Datenbank?**
(Ein Attribut als Primärindex beschleunigt die Datenbanksuche nach diesem Attribut.)

10.6 Die Struktur der Ablage

Zumeist kann man zwischen einer klaren hierarchischen Ablage, einer freien Dokumentenstruktur (zeitsequentielle Ablage) sowie einer Aktenstruktur unterscheiden. Flexible Suchmöglichkeiten lassen diese Unterschiede in der Ablagestruktur vor dem Benutzer transparent werden.

- **Dokumentenstruktur mit zeitsequentieller Ablage**
  Dabei werden bei der Recherche Dokumente aufgrund von gemeinsamen Attributen zu einer Akte oder Trefferliste zusammengefasst (z.B. alle Dokumente einer Versicherungsnummer in der Zeit vom 1. 1. 90 bis 1. 4. 90).
- **Aktenstruktur mit aktenorientierter Ablage**
  Dabei werden die Dokumente zu einer Akte zusammengefasst. Die Recherche ist nur auf Aktenebene möglich. Anschließend kann innerhalb der Akte eine Liste aller Dokumente angezeigt werden. Eine Akte sollte physikalisch auf einer optischen Platte liegen. Das System muss dann dafür sorgen, dass auf jeder Platte genügend Platz für Dokumente freigehalten wird, die erst später zur Akte dazukommen.
- **Schlagwortorientierte Ablage**
  Hier ist das Archiv zunächst eine Kollektion von einzelnen, unzusammenhängenden Dokumenten. Auf das einzelne Dokument wird über einen Namen oder eine Schlagwortsuche zugegriffen. Zeichnungsarchive werden oft auf diese Weise strukturiert, wobei die Zeichnungsnummer als ein Schlagwort betrachtet werden kann. Hinzu kommen dort noch Baugruppenbezeichnungen und Ähnliches.
- **Freie Ablage mit Recherche über Volltextdatenbank**
  Hier erfolgt die Ablage zeitsequentiell, nach Quellen sortiert oder weitgehend frei (z. B. als Teil eines Intranets) und die Recherche erfolgt über eine Volltextdatenbank oder ein Knowledge-Management-System

Die Wahl der Struktur ist nach der Art der Information und der Nutzung zu richten. So hat sich bei einigen Archiven gezeigt, dass für Versicherungen die zeitsequentielle Ablage wesentlich flexibler ist und die Anforderungen von Versicherungsarchiven besser erfüllt als eine Ablage nach der Aktenstruktur.

Die Struktur der Dokumentenablage

- ❑ **Ablagestruktur**
  - ❍ zeitsequentielle Ablage
    Ablagebereiche nach Dokumentenart oder Aufbewahrungszeitraum:
    ....
    ....
    ....
    ....
  - ❍ Aktenstruktur (Akte = Oberdokument)
  - ❍ Schlagwortorientierte Ablage/Recherche
    z. B. nach Zeichnungsnummern, Stichwörtern, Firmennamen, ...:
    ....
    ....
    ....
    ....
  - ❍ Hierarchische (Baum-) Struktur mit folgenden Hierarchieebenen:
    ....
    ....
    ....
    ....

- ❑ **Recherche von Dokumenten**
  (aufgeteilt nach Dokumentenarten/-klassen):
  - ❍ Attributsuche ....
  - ❍ Navigieren im Ablagebaum
  - ❍ Recherche nach Schlagworten
  - ❍ Thesaurus erforderlich
  - ❍ Volltextrecherche/KM-System
  - ❍ Zugang/Recherche über mehrere Sichten?

10.7 Kapazitätsanforderungen

Hier ist zu klären, welche Kapazitätsanforderungen Sie als Kunde an die verschiedenen Komponenten des Systems stellen.

Kapazitätsanforderungen beim Dokumentenbestand

Das erforderliche Speichervolumen legt fest, welche Art von Speicher wirtschaftlich einsetzbar ist. Bei sehr großen Volumina (etwa oberhalb von 2 TB) kommen eigentlich nur noch 12"-WORM-Systeme in Frage, da nur diese ausreichend hohe Kapazitäten bieten. Ist der Bedarf kleiner, kann man sich zwischen WORM- und wiederbeschreibbaren Systemen und zumeist auch zwischen der 5¼"- oder der 12"-Technik entscheiden. Eine Diskussion hierzu war bereits in Kapitel 9.4.3 zu finden.

Die Tabelle auf Seite 535 erlaubt eine erste Bedarfsermittlung. Die dort für die verschiedenen Formate angegebenen Speichervolumina gelten für NCI-Daten, die im Schwarzweiß-Modus mit 300 dpi erfasst und nach dem Verfahren von Fax-4 komprimiert werden.* Diese Angaben können nur einen Mittelwert darstellen. Hier sind möglichst Messungen mit typischen Benutzerdokumenten durchzuführen.

** Speicherabschätzung für andere Dokumentenarten sind in Kapitel 7.3.1 und im Anhang A.1 zu finden.*

Eine Abschätzung, wie viele Dokumente Sie jeweils auf einer optischen Platte unterbringen können, ist in Kapitel 9.4.3 auf Seite 446 anzutreffen.

Volumina der Dokumente, die online gehalten werden sollen

❑ **NCI-Dokumente**

A5:	.... Seiten (× 38 KB)*	= .... MB
A4:	.... Seiten (× 60 KB)*	= .... MB
A3:	.... Seiten (× 115 KB)*	= .... MB
A2:	.... Seiten (× 220 KB)*	= .... MB
A1:	.... Seiten (× 0,44 MB)*	= .... MB
A0:	.... Seiten (× 0,80 MB)*	= .... MB

Andere Formate

.... Seiten (× ...... KB) = ... MB

❑ **CI-Dokumente**

Typ 1:	.... Seiten (× ...... KB)	= .... MB
Typ 2:	.... Seiten (× ...... KB)	= .... MB
Typ 3:	.... Seiten (× ...... KB)	= .... MB
Typ 4:	.... Seiten (× ...... KB)	= .... MB

Summe: .... **GB**

❑ **Voraussichtlicher jährlicher Zuwachs**

NCI-Daten: ......%

COLD-Daten: ......%

CI-Daten: ......%

** Es wurde eine Schwarzweiß-Vorlage (bitonal) mit 300 dpi und einer mittleren Informationsdichte angenommen. Als Komprimierung ist hierbei Fax-G-4 vorausgesetzt.*

Kapazitäten im Online- und Offline-Archiv

Beim Dokumentenbestand, der am Archiv-Server zur Verfügung steht, ist zu klären, wie viele Dokumente aus welchem Zeitraum im direkten Zugriff sein müssen. WORM-Platten, deren Dokumente selten gebraucht werden, können in ein Offline-Archiv wandern.

Ein Offline-Archiv bedeutet, dass die optische Platte aus der Jukebox entfernt wird. Der Sachbearbeiter hat noch die Möglichkeit, eine Recherche durchzuführen, kann das Dokument aber nicht mehr anzeigen oder drucken. In diesem Fall muss er den Administrator verständigen, der die Platte aus dem Offline-Archiv holt und online verfügbar macht. Später kann diese Platte dann wieder in das Offline-Archiv zurückkehren.

Bei der Planung sind auch die Kriterien festzulegen, nach denen Daten vom Online- in das Offline-Archiv wandern oder gelöscht werden. Dabei ist zu berücksichtigen, dass zunächst einmal nur ganze Datenträger ausgelagert bzw. außer Betrieb gestellt werden können. Sind individuelle Strategien notwendig, so ist ein Umkopieren erforderlich.

Bei besonderen Anforderungen hinsichtlich schneller Zugriffe auf die Dokumente kann auch eine dreistufige Speicherhierarchie notwendig sein, die etwa wie folgt aussieht:

A) **Magnetplattenspeicher oder Cache**
Hier liegen die am häufigsten oder jeweils zuletzt benutzten Dokumente. Eine Kopie ist aus Sicherheitgründen in der Hierarchiestufe B vorhanden.

B) **Optische Platten in der Jukebox**
Hier liegen üblicherweise alle Dokumente. Es ist auch eine Kopie der Dokumente der Hierarchiestufe a) vorhanden. Dokumente der Stufe A, auf die längere Zeit nicht zugegriffen wurde, können somit dort gelöscht werden. Wird auf ein Dokument der Stufe B zugegriffen, so wird eine Kopie in der Stufe A angelegt. Zukünftige Zugriffe erfolgen dann direkt auf die Kopie in A.

C) **Optische Platten oder Bänder außerhalb einer Jukebox, d.h. offline**

Bei **verteilten Archiven** – als Beispiele siehe die Bescheibungen in Kapitel 11.1.2 und Kapitel 11.3.2 – sollten Angaben zur vorgesehenen Verteilung und der jeweiligen Kapazitäten gemacht werden.

Kapazitäten im Online- und Offline-Archiv

❑ **Gesamtaufbewahrungsdauer der Daten**

Typ	Aufbewahrungsfrist
Typ 1:	.... Monate/Jahre
Typ 2:	.... Monate/Jahre
Typ 3:	.... Monate/Jahre
Typ 4:	.... Monate/Jahre
Typ 5:	.... Monate/Jahre

Ermitteln Sie hier auch Zugriffshäufigkeiten.

❑ **Davon im Online-Archiv**
.... Monate/Jahre

❑ **Kapazität des Online-Archivs** .... GB

❑ **Kapazität des Caches** .... GB
Faustformel: ca. ein Monatsbedarf an Recherchen*

* *Siehe hierzu Seite 541.*

Verteilte Archive

○ **Verteilte Archive sind vorgesehen**
- ❑ Standort A: .... ca. Kapazität: .... GB
- ❑ Standort B: .... ca. Kapazität: .... GB
- ❑ Standort C: .... ca. Kapazität: .... GB
- ❑ ....

○ **Datenabgleich/Replikation vorgesehen?**
- ❑ Intervalle: ....
- ❑ Art des Abgleichs: ....

Kapazitätsanforderung beim Erfassen

Hinsichtlich der Auslegung der Erfassungsstation sind folgende Fragen zu klären:

- Wie viele Seiten müssen durchschnittlich und wie viele maximal pro Tag eingescannt werden?
- Wie viele können davon mit einem schnellen Scanner verarbeitet werden?
- Wie sind die Seiten auf verschiedene Formate verteilt?

Bei sehr unterschiedlichen Formaten ist diese Aufstellung für die unterschiedlichen Scannergrößen oder Formatdurchläufe einzeln auszufüllen. Dabei ist zu prüfen, ob der oder die Scanner unterschiedliche Formatgrößen ohne Neueinstellungen erlauben. In diesem Fall sollte der Scanner idealerweise eine Kantenerkennung durchführen,* so dass von dem eingescannten Dokument nur das notwendige Format erfasst bzw. abgespeichert wird.

** Dies kann auch bei ausreichendem Kontrast von der Erfassungssoftware durchgeführt werden.*

Müssen verschiedene Dokumente mit unterschiedlichen Auflösungen oder unterschiedlichen Bit- oder Farbtiefen erfasst werden, so sollte man dies in entsprechend getrennten Formularen aufführen. Dabei ist zu überlegen, ob eine solche Unterscheidung wirklich sinnvoll ist, da dies den Erfassungsaufwand in die Höhe treibt. Hier wäre zu überlegen, ob nicht mit einem einheitlichen Verfahren erfasst und die Auflösung später automatisiert für die Dokumentenseiten herabgesetzt wird, für die eine niedrigere Qualität ausreichend erscheint.

Überlegen Sie, welche Erfassungsplätze kritisch sind und welche Redundanz sie beim Ausfall einzelner Scanner bzw. Arbeitsplätze haben sollten.

Kapazitätsanforderungen beim Erfassen

- ❑ **Wie viel Seiten pro Tag durchschnittlich?** ....
- ❑ **Wie viel Seiten pro Tag maximal?** ....
- ❑ **Anteil für schnelle Scanner** .... %
- ❑ **Verteilung auf verschiedene Formate:**
  A4 und kleiner: .... Seiten
  A3: .... Seiten
  A2: .... Seiten
  A1: .... Seiten
  A0: .... Seiten
  andere: .... Seiten
  .... Seiten
  .... Seiten
- ❑ **Anteil doppelseitiger Seiten** ca. ...... %
- ❑ **Anteil farbiger Seiten** ca. ...... %
- ❑ **OCR-Erkennung** .... Seiten
- ❑ **Barcode-Erkennung** .... Seiten

Kapazitätsanforderung bei der Recherche

Hier ist festzulegen, wie viel Personen auf das Archivsystem wie oft zugreifen. Zusätzlich muss das Benutzerprofil festgelegt werden.

- ❑ Wie viele Recherchen führt der Benutzer durch?
- ❑ Wie viele Dokumente werden davon angezeigt?
- ❑ Wie viele Seiten werden pro Dokument angezeigt?
- ❑ In welcher Zeit muss ein ausgewähltes Dokument am Bildschirm angezeigt werden?
- ❑ Ist ein Dokumenten-Prefetch erforderlich und wie wird er initiiert?
- ❑ Gibt es unterschiedliche Recherche-Arbeitsplätze? (z. B. Standardarbeitsplatz + solche mit großen Bildschirmen)

Zusätzlich ist zu klären, ob und in welchem Umfang die angeforderten Dokumente in einem Pufferspeicher zu halten sind. Soll es die Möglichkeit geben, dass ein Benutzer sich die Dokumente in einen privaten Bereich kopiert? Sind diese Bereiche bei zukünftigen Zugriffen zu berücksichtigen? Werden spezielle Zugriffsstrategien benötigt? Beispielsweise könnten beim Öffnen einer Akte (im Hintergrund) gleich alle Dokumente der Akte zum Arbeitsplatz transportiert werden. Dann ist zu klären, wie lange diese Dokumente gespeichert und wie sie gelöscht werden.

Kapazitätsanforderungen bei den Recherchen

- ❑ **Anzahl der Recherche-Arbeitsplätze** ....
- ❑ **Recherchen pro Benutzer im Mittel** ....
- ❑ **Anzahl der angezeigten Dokumente/Tag** ....
- ❑ **Anzahl der Seiten je Dokument** ....
- ❑ **Anzahl der gleichzeitig aktiven Benutzer** ....
- ❑ **In welcher Zeit sollte ein ausgewähltes Dokument am Bildschirm angezeigt werden?**
  nach .... Sekunden
  nächste Seite nach .... Sekunden
- ❑ **Sollen angezeigte Dokumente gepuffert werden?**
  ....
  wie lange? ....
  wo? ....
- ❑ **Spezielle Anforderungen an die Dokumentenbereitstellung**
  ....

Kapazitätsanforderung beim Drucken

Für die Druckausgabe ist zu errechnen, wie viele Seiten pro Tag gedruckt werden müssen und auf wie viele Drucker diese Ausgabe verteilt werden kann. Auch die Wartezeit auf eine Seite bzw. ein durchschnittliches Dokument sind zu definieren. Soll es möglich sein, mehrere Kopien eines Dokuments auszugeben?

Zusätzlich ist es erforderlich, die Anforderungen an die eingesetzten Drucker hinsichtlich der Fähigkeit, auch zweiseitig zu drucken, und hinsichtlich der unterstützten Formate festzulegen. Müssen Halbtonbilder oder Farbseiten ausgegeben werden, so sind dafür die Qualitätsanforderungen zu beschreiben. Da solche Ausgaben langsam sind und bei Verwendung von Farbe höhere Druckkosten hervorrufen, ist zu überlegen, ob unterschiedliche Qualität beim Ausdruck angeboten werden kann, wobei dann für eine geringere Qualität preiswerte Drucker oder Druckverfahren einsetzbar sind. Dies macht jedoch nur bei hohem Druckvolumen Sinn.

Ist das täglich Druckvolumen nicht sehr hoch und sind bereits schnelle Netzdrucker vorhanden, so können in aller Regel diese zur Ausgabe eingesetzt werden.

Kapazitäten für das Drucken

❑ **Druckseiten pro Tag (Durchschnitt)** ....
A4-Seiten pro Tag: ....
A3-Seiten pro Tag: ....
andere Formate: ....
....
....

❑ **Druckart**
❍ einseitig
❍ zweiseitig
❍ nur Schwarzweiß
❍ auch Halbtonvorlagen; Qualität: ....
❍ auch Farbvorlagen; Qualität: ....

❑ **Kopien pro Dokument**
❍ nur eine Kopie
❍ mehrere Kopien: ....

❑ **Druck verteilt auf** .... Drucker

❑ **Akzeptable Druckzeit pro Seite:** .... Sekunden

❑ **Ausgabe per Fax:** .... Seiten/Tag

❑ **Andere Ausgaben** ....

10.8 Vorgangsbearbeitung

Dokumente durchlaufen in vielen Fällen eine Folge von verschiedenen Bearbeitungsschritten, die von unterschiedlichen Stellen und Personen ausgeführt werden. Man spricht hier von einer *Vorgangsbearbeitung* (*Workflow-Management*).

Dokumenten-Management-Systeme können solche Abläufe unter Verwendung spezieller Softwaresysteme unterstützen, indem die Abläufe definiert und danach kontrolliert werden.

Ist in einer solchen Umgebung ein Bearbeitungsschritt beendet, so kann das Vorgangsbearbeitungssystem das Dokument bzw. die Akte automatisch zum nächsten Bearbeiter weiterleiten. Bearbeitungsschritte lassen sich hinsichtlich ihrer Zeitdauer kontrollieren und bei Zeitüberschreitung eine Warnung ausgeben. Die Beendigung eines Schrittes kann auch automatische Aktionen auslösen, wie beispielsweise das Versenden einer Rechnung oder eine Mitteilung* an zu informierende Stellen.

* *per eMail*

Liegt bei den Dokumenten eine solche typische Vorgangsbearbeitung vor, sollten Sie ein entsprechendes Diagramm erstellen, etwa in der Art wie auf Seite 545. Ein solches Diagramm ist für jede Vorgangsart getrennt erforderlich.

Ein Gesamtsystem gestattet bzw. benötigt häufig eine Reihe unterschiedlicher Vorgangsbearbeitungen für verschiedene Dokumententypen. Hierzu sollten die Grafiken der Abläufe aufgestellt werden.

Bei Vorgangsbearbeitungssystemen wird natürlich nicht das Dokument oder die Akte selbst verschickt, sondern nur Verweise darauf, so dass der Transport von Dokumenten minimiert wird.

Definieren Sie zu den einzelnen Arbeitsschritten, von welchen Rollen (-trägern) diese Schritte ausgeführt werden dürfen.

Erstellen Sie ein Diagramm in der nebenstehenden Art sowohl für den aktuellen Ablauf (IST-Analyse) und erst danach für den neuen, geplanten Ablauf. Ein häufiger Wechsel der Vorgangsschritte zwischen den Abteilungen ist oft ein Hinweis darauf, dass Vereinfachungen sinnvoll sein könnten. Diese setzen dann aber in aller Regel Änderungen in der Organisation, von Rechten und Zuständigkeiten voraus, was in der Abklärung zuweilen länger dauert als die eigentliche Implementierung.

Gibt es potentielle Synergieeffekte, da Workflow auch in anderen Bereichen eingesetzt werden kann?

Typischer Ablauf einer technischen Änderung

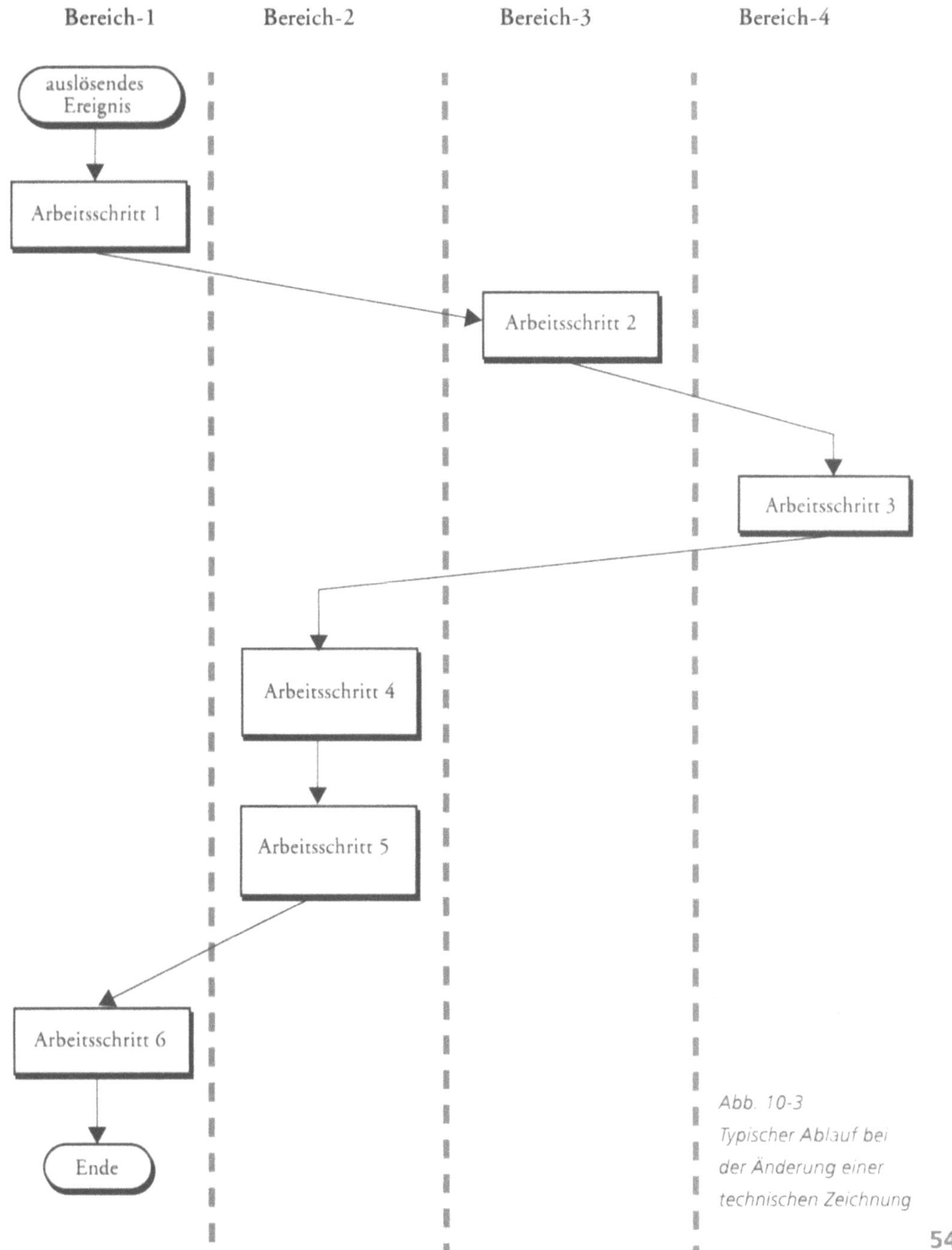

Abb. 10-3
Typischer Ablauf bei der Änderung einer technischen Zeichnung

10.9 IT-Infrastruktur

Stellen Sie für die Ausschreibung einen kurzen Überblick über Ihre aktuelle und zukünftige IT-Infrastruktur zusammen, sowie zu den wesentlichen Anwendungen, von denen Daten oder Dokumente in Ihre DMS-Lösung übernommen werden sollen und aus denen heraus Sie das DM-System ansprechen möchten.

Steht eine IT-Migration auf andere Systeme an? Welche Systeme sollen vorzugweise als Server- und welche als Client-Systeme eingesetzt werden? Welche weiteren wesentlichen Anwendungen sollen auf den Anwendungs-Servern und welche auf den Arbeitsplatzsystemen eingesetzt werden?

Wie sieht die Netzinfrastruktur aus? Ist eine zentrale oder eine verteilte Erfassung vorgesehen? Soll bei verteilten Systemen die Ablage zentral oder verteilt erfolgen? Mit welchen Netzbandbreiten sind dann die verteilten Systeme untereinander gekoppelt?

Wie sieht ihr System-Management-System aus (z.B. Tivoli oder BMC Patrol)? Welche Integrationen daran ist notwendig?

Haben Sie bereits File-Server, die für die DMS-Lösung genutzt werden sollen? Haben Sie Backup-(Tape-)Server? Unter welchen Backup-Systemen laufen diese?

Gibt es zentrale Directory-Server und welche Funktionen sollen davon genutzt werden? Gibt es Single-Point-Logon-Systeme und wies sehen die Schnittstellen dazu aus?

Werden Web-basierte Lösungen eingesetzt, ist auch die Web-Server ud Firewall-Infrastruktur darzustellen. Soll mit SSL (HTTP-Verschlüsselung per SSL) gearbeitet werden? Welche SSL-Leistung ist vorhanden? Müssen Proxy-Server eingesetzt werden? Haben diese eine ausreichende Leistung? Welche Proxy-Dienste bieten sie an? Werden im Proxy-SSL-Verbindungen terminiert? Ziehen Sie zu diesen Fragen Ihren Netzspezialisten zu Rate.

IT-Infrastruktur

- ❑ **Welche zentralen Rechnersysteme betreiben Sie?**
  - ❍ Großrechner: ....
  - ❍ Abteilungsrechner: ....
  - ❍ Server: ....
  - ❍ Datenbanken: ....
  - ❍ Systeme für Sicherungen: ....

- ❑ **Wie sieht Ihre Netzinfrastruktur aus?**
  Backbone: ....
  Arbeitsplätze: ....
  Netzverwaltung: ....
  - ❍ Intranet: ....
  - ❍ WAN: ....
  - ❍ Remote Access: ....

- ❑ **Welche Arbeitsplatzsysteme setzen Sie ein?**
  - ❍ Mainframe-Terminals Typ: ....
  - ❍ MS-Windows: ....
  - ❍ UNIX/LINUX: ....
  - ❍ andere Systeme: ....

- ❑ **Auf welchen Systemen soll das DMS laufen?**
  DMS-Server: ....
  Client-Systeme: ....
  DM-Anwendungen: ....
  Scanner-Arbeitsplätze. ....

- ❑ **System-Management-System:** ....

- ❑ **Web-Server-Infrastruktur:** ....
  ....

- ❑ **Welches sind Ihre wichtigsten Anwendungen im Nutzungsbereich des DMS?**
  A) ....
  B) ....
  C) ....

10.10 Anbindung zum Anwendungssystem

Hier sollten Sie die Schnittstellen definieren, die den Austausch von Daten mit einer Applikation auf dem Host (oder einem anderen Anwendungs-Server) ermöglichen.

Zur Host-Anbindung ist zu definieren, welche Netztechnik vorgesehen ist, welche Netz- und Kommunikationssoftware benötigt wird und wie der Datenaustausch stattzufinden hat. Bei Anbindungen von Host-/Anwendungs-Datenbanken müssen entsprechende Programmschnittstellen zur Verfügung stehen.

Als Netz-Protokoll hat sich inzwischen TCP/IP etabliert und steht auch für die Hosts zur Verfügung. Eine Vereinheitlichung mit der Technik der DMS-Server und Clients hat wesentliche Vorteile. Als Übergang sind auch FTP-Lösungen (zwischen Host und DMS-Server z. B. zur Übergabe von COLD-Daten) nutzbar.

Natürlich lassen sich Daten auch über Bänder oder Streamer austauschen. Dies ist dann akzeptabel, wenn der Austausch nur gelegentlich erfolgt. Hier ist dafür zu sorgen, dass das Ursprungssystem (z. B. das Host-System) und das Archivsystem über kompatible Datenträger verfügen. Die Kompatibilität muss sich auch auf das Bandformat beziehen.

Anbindung zum Anwendungssystem

❑ **Host-Anbindung**
Host-Rechner: ....
Betriebssystem: ....
Netz (Physik): ....
Netz-Software: ....
Kommunikationsschnittstelle: ....

❑ **Datenschnittstelle**
An welches/von welchem Programm?
1. ....
2. ....
3. ....
4. ....

❑ **Welche Programmanpassungen sind notwendig?**
1. ....
2. ....
3. ....
4. ....

❑ **Wer soll die Anpassungen durchführen?**
❍ Anbieter ❍ Betreiber

❑ **Notwendige Filterfunktionen**
1. ....
2. ....
3. ....

10.11 Sicherheitsaspekte

Die Planungspunkte zum Begriff Sicherheit sollten drei Bereiche umfassen:

A) die Sicherung der Daten gegen Verlust oder Zerstörung
B) den Datenschutz (Vertraulichkeit der Daten)
C) die Ausfallsicherheit bzw. Verfügbarkeit des Systems und seiner zentralen Komponenten.

Für das Archiv bzw. dessen Dokumente sind die Sicherheitsanforderungen festzulegen, d.h. es ist einerseits zu definieren, wie die regelmäßige Sicherung der Daten organisiert und wo die gesicherten Daten gelagert werden sollen. Insbesondere bei Daten, die lange Zeit benötigt werden, ist ähnlich wie beim Mikrofilm auf korrekte Lagerbedingungen zu achten, auch wenn bei optischen Platten die Umweltanforderungen geringer als bei Mikrofilmen sind.

Bei vertraulichen Daten – und dies ist der größte Teil der Personen- und Geschäftsdaten – muss definiert werden, wer Zugang zu den Daten haben darf und wie die Zugangskontrolle erfolgen soll. Praktisch alle Systeme bieten einen Zugangsschutz zum Rechner und zu einzelnen Applikationen über ein Passwort. Bei wirklich vertraulichen Daten ist auf den sinnvollen und sorgfältigen Umgang mit Passwörtern zu achten. Häufig werden abgestufte Zugangsrechte benötigt. Man unterscheidet dann zumeist die Rechte ›Dokumente erfassen bzw. Scannen‹, ›Dokumente attributieren/zuordnen‹, ›Recherchieren und Anzeigen‹, ›Dokumentenzuordnung ändern‹, ›Attribute ändern‹, ›Dokumente löschen‹. Auch eine Unterteilung der Daten, die allen Benutzern oder nur einem eingeschränkten Benutzerkreis zugänglich sind, kann erforderlich sein, bis hinab zu Zugriffslisten, die jedem einzelnen Dokument mitgegeben werden.

Sind die Sicherheitsanforderungen besonders hoch, kann es erforderlich werden, die einzelnen Datenzugriffe für eine spätere Kontrolle zu protokollieren und eventuell auch eine zusätzliche räumliche Zugangskontrolle zu installieren. Letzteres macht natürlich nur dort Sinn, wo die Zugriffs-Dialogstationen und die Rechnersysteme selbst innerhalb der Schutzzone liegen, wo nur über diese Dialogstationen auf die Daten zugegriffen werden kann und wo keine Netzverbindungen nach außen bestehen.

Jedoch auch Daten, die im eigentlichen Sinne nicht vertraulich sind, müssen häufig gegen fremden (zumeist externen) Zugriff geschützt werden. Dies gilt insbesondere dann, wenn das Dokumenten-Management-System an ein öffentliches Netz angeschlos-

Sicherheitsaspekte

❑ **Sicherung der Daten**
Sicherungsintervall

	Datenbank	Ablageobjekte	Benutzerprofile
täglich:	❍	❍	❍
wöchentlich:	❍	❍	❍

anderes Intervall: ....
Datenbankvollsicherung: ❍ täglich ❍ wöchentlich
Wo werden Sicherungskopien gelagert?
1. Kopie: ....
2. Kopie: ....

❑ **Daten-Zugangskontrolle**
- ❍ räumliche Zugangskontrolle zu Arbeitsplätzen
- ❍ räumliche Zugangskontrolle zu Servern
- ❍ Kontrolle über Benutzergruppen
- ❍ individuelle Zugangskontrolle
- ❍ abgestufte Bearbeitungsrechte (Lesen, Anmerkungen, Bearbeiten, Attributieren, ...)
- ❍ Zugangsliste (ACL) pro Dokument oder Dokumentengruppe?
- ❍ Zugriffsprotokoll erforderlich?
- ❍ Chiffrierte Ablage erforderlich?
- ❍ Chiffrierte Übertragung erforderlich?
- ❍ spezielles Rechteprüfsystem: ....

❑ **Ausfallsicherheit**
- ❍ USV der zentralen Komponenten?
- ❍ Plattenspiegelung (RAID) erforderlich:
  ❍ für Datenbank ❍ für Cache
- ❍ Plattenspiegelung der Ablage erforderlich?
- ❍ Standby-System erforderlich?

❑ **Wartungsgarantie**
an ...... Tagen in der Woche, ... Stunden
innerhalb von .... Stunden.
- ❍ Standby-System erforderlich?

sen ist – stellen die Daten doch schon durch ihre Auswahl und Vollständigkeit einen Wert dar.

Legen Sie im Falle einer Trennung von Anwendung und DMS fest, wer die Zugriffsrechte überprüfen soll.

Bei diesen Sicherheitsüberlegungen ist zu bedenken, dass überhöhte Sicherheitsanforderungen die Kosten für den Betrieb und eventuell die Software in die Höhe treiben. Dies gilt insbesondere, wenn dokumentenindividuelle Zugriffsrechte vergeben werden müssen. Eine Chiffrierung der Daten aus Gründen der Datensicherheit erhöht beispielsweise die Zugriffszeiten spürbar. Die Verschlüsselung per SSL bei Web-Zugriffen setzt bei größeren Benutzerzahlen in aller Regel SSL-Beschleuniger voraus.

Für den Themenbereich der Ausfallsicherheit ist festzulegen, welche Komponenten eventuell doppelt ausgelegt werden müssen und welche Wartungs- und Reparaturgarantien erforderlich sind. Eine hohe bzw. kurze Reparaturgarantie setzt beim Wartungsunternehmen praktisch ein Backup-System voraus, dessen Kosten in den Wartungspreis eingehen. Hier ist zu überlegen, ob man dieses System nicht selbst beschafft und als Standby-System nutzt.

Werden Server und Speicher redundant ausgelegt, so ist zu überlegen, ob sie in getrennten Brandabschnitten stehen sollen und wie dann die Speicheranbindung über die Distanz erfolgen soll (SAN, NAS oder Direktkopplung mit Glasfaserstrecken).

Kapitel 11

DM-Systeme im praktischen Einsatz

Dieses Kapitel möchte näher auf einige DMS-Realisierungen eingehen. Dazu werden die Anforderungen an DM-Lösungen in unterschiedlichen Bereichen diskutiert, ebenso die Vorteile, die sich durch die Anwendung ergeben. Aus vier typischen Einsatzgebieten – Banken und Versicherungen, Behörden, Archivierung im betriebswirtschaftlichen und im technischen Bereich – werden jeweils ein oder zwei Beispiele detaillierter vorgestellt.

Wie bei vorhergehenden Kapiteln kann auch hier nur eine sehr kleine Auswahl aus dem Spektrum der eingesetzten Systeme getroffen werden. Die Auswahl ist willkürlich und sagt nichts über die Güte der Systeme und deren Anbieter aus.

Wenn wir hier zahlreiche Systeme vorstellen, die entweder von der Firma IXOS stammen oder bei denen IXOS als Unterauftragnehmer auftrat oder beratend tätig war, so soll dies weder besagen, dass diese Systeme repräsentativ für den Markt, noch dass sie besser als jene anderer Anbieter sind – obwohl die Autoren natürlich von der Qualität und Funktion der von ihnen angebotenen Systeme überzeugt sind. Die Auswahl erfolgt primär deshalb, weil die Autoren über die hier beschriebenen Systeme detaillierte Informationen besitzen und deshalb eine qualifiziertere Darstellung geben können.

Bei einigen Beispielen wurde das nutzende Unternehmen auf eigenen Wunsch hin anonymisiert. In einem Fall wurde aus dem gleichen Grund der Anbieter anonymisiert.

Wir haben nach einigen Diskussionen bewusst darauf verzichtet, Preise zu nennen. Damit soll einerseits gegenüber den verschiedenen Anbietern eine größere Neutralität geboten werden. Darüber hinaus sind System- und Projektpreise sehr variable Positionen, die von zahlreichen Faktoren abhängig sind. Zu ihnen gehören z. B.

- der Projektrahmen und das Projektvolumen,
- die Leistungen, wie sie in unterschiedlichen Situationen entweder vom Auftraggeber oder vom Auftragnehmer erbracht werden,
- die bereits vorhandenen technischen Voraussetzungen sowie das IT- und DM-Know-how des Auftraggebers,
- der Zeitpunkt des DM-Projektes,*
- der aktuelle Produktstand des Anbieters zum Zeitpunkt des Projektstarts
- die Anzahl der Nutzerarbeitsplätze,
- Installation, Schulungen und Nebenleistungen.

** Die Preise der DMS-Komponenten fallen ständig.*

Der Startzeitpunkt einiger der beschriebenen Projekte liegt bereits eine gewisse Zeit zurück. Hier ist insbesondere die Erfahrung mit den Systemen über die Jahre hinweg von Interesse und die Art wie sie sich weiterentwickelt haben.

11.1 DMS in Banken und Versicherungen

Bei Versicherungen, in Teilen des Bankbereichs sowie bei ähnlichen Unternehmen des Finanzwesens ist eine ausgesprochen intensive Aktenbearbeitung üblich. Bei diesen Unternehmen kommt es auf eine zügige Bearbeitung der Vorgänge an. Der Kunde erwartet vom Unternehmen einen schnellen Durchlauf von Versicherungs- und Kreditanträgen oder Schadensregulierungen. Darüber hinaus fließen z.B. beim Antrag auf eine Versicherung umso eher Beiträge dem Versicherungsunternehmen zu, je schneller solche Anträge bearbeitet werden. Kurzfristige Auskünfte werden als Dienst am Kunden verstanden und von ihm erwartet. Die Lagerung der Akten und deren Organisation verursachen erhebliche Kosten an Personal, Zeit und Raum.

Dieser Bereich ist damit prädestiniert für ein Dokumenten-Management-System. Die Revisionssicherheit verlangt zusätzlich zumeist optische WORM-Datenträger als Referenzspeichermedium. Die Anzahl der Dokumente, die hier täglich anfallen, ist erheblich. Die Dokumente müssen bis zum Ende der Vertragsdauer und darüber hinaus mindestens 6 (oder 10) Jahre aufbewahrt werden.* Die Abläufe bei der Vertragsbearbeitung sind weitgehend standardisiert und damit für eine Vorgangssteuerung geeignet.

** Reale Archivierungszeiträume von 20 bis 30 Jahren sind entsprechend häufig.*

Die Situation lässt sich wie folgt zusammenfassen:

- ❑ aktenorientierte Verarbeitung
- ❑ höhere Zugriffshäufigkeit am Anfang und Ende der Vertragsdauer
- ❑ lange Aufbewahrungspflicht (Vertragsdauer plus 10 Jahre)
- ❑ große Dokumentenmengen
  (4000 bis 40 000 Seiten an täglicher Neuerfassung)
  (2 bis 10 Millionen Verträge mit jeweils 10 bis 100 Seiten)
  - ➥ hohe Lagerkosten, hohe Organisationskosten bei Papier
  - ➥ lange Zugriffszeiten bei Papier- oder Mikrofilmarchiven
- ❑ überwiegend standardisierte Abläufe
  - ➥ hohe Eignung für Workflow-Einsatz
- ❑ zumeist mehrere Außendienststellen mit Bedarf für Zugriff auf zentrale Dokumente
- ❑ Kunde erwartet zügige Bearbeitung.
- ❑ Kunde erwartet telefonische Auskünfte.

Mit der Schließung zahlreicher Vertretungen vor Ort und der Reduzierung von Personal, steigt der Druck nach einer effizienten, zügigen Bearbeitung.

Dokumentenmaterial

Die Organisation solcher Archive ist in der Regel recht einfach – es handelt sich um eine Aktenorganisation. Die Anzahl der Attribute pro Dokument oder Akte ist zumeist klein (etwa 6 bis 10). Als Dokumentenformat kommen fast nur A4-Seiten und kleinere Formate (z. B. Schecks) vor. Ein kleiner Anteil sind A3-Dokumente oder mehrseitige Formularbögen, die getrennt werden müssen. Aufwändiger hinsichtlich der Erfassung sind bei Versicherungen Teile der Gesundheitsunterlagen (z. B. EKG-Streifen). Auch Bau- und Lagepläne bei der Beleihung oder Versicherung von Immobilien haben häufig Formate (und Dokumentenqualitäten), die eine kostengünstige Erfassung und Archivierung teilweise nicht rechtfertigen. Sie werden dann zumeist konventionell aufbewahrt, während in der DMS-Akte ein Verweis auf das Papier und dessen Archivort angelegt wird.

Bei KFZ- und Industrieversicherungen fallen Objekt- und Schadensfotos sowie zunehmend auch Videoaufnahmen an. Hier ist zu prüfen, ob die Erfassungs- und Speicherkosten deren elektronische Ablage rechtfertigen.

Ein erheblicher Dokumentenumfang ergibt sich aus ausgehenden Bescheiden und Informationen (etwa Kontostände). Diese Dokumente entstehen in großen Batch-Läufen am Monats-, Quartals- und Jahresende und werden bei den meisten Unternehmen dieser Branche auf Mainframe-Systemen (oft IBM MVS) erstellt. Hier liegt eine typische Anwendung von COLD vor. Bei IBM-Mainframes fallen die COLD-Daten standardmäßig als AFP-Datenstrom an.*

* *Zum Thema AFP siehe Kapitel 7.5.10, Seite 309.*

Basiskonzeption

Das DM-System sollte in der Lage sein, nicht nur eingehende Post (Briefe, Anträge, Gutachten), sondern auch automatisiert (z. B. über COLD) ausgehende Korrespondenz und Bescheide (Anschreiben, Bestätigungen, Policen, Kontoauszüge) sowie im Rechner erstellte Berechnungsunterlagen zu übernehmen.

Die Erfassung von eingehenden Papierdokumenten sollte in der Poststelle und die Weiterleitung elektronisch erfolgen. Für die Weiterleitung kommen – abhängig von der internen Organisation – mehrere Verfahren in Frage (direkt an den Sachbearbeiter, zentral über Gruppen- oder Bereichsleiter usw.). Die Anforderungen an ein Workflow-System sind in solchen Fällen nicht sehr komplex –

solange nicht Legacy-Anwendungen automatisiert Bearbeitungsschritte übernehmen sollen.

Das Problem der häufig älteren Anwendungen besteht darin, dass sie oft sehr monolithisch sind und keine geeigneten Schnittstellen für ein WF- und DM-System bieten. Dieses benötigt insbesondere einen geeigneten Mechanismus zur Parameterübergabe sowie für Statusabfragen. So muss ein Programm als WF-Baustein dem WF-System mitteilen, wann und mit welchem Erfolg es seine Verarbeitung abgeschlossen hat. Wartezustände, Schwebedateien* und ähnliche Verfahren lassen sich nur sehr schwer in einen Workflow integrieren. Ist eine vollständige Workflow-Integration nicht möglich, so sollte die Vorgangssteuerung zumindest die zur Bearbeitung benötigten Dokumente *anziehen*,** anzeigen und die entsprechende Anwendung oder Transaktion aktivieren, um dem Sachbearbeiter dann die Kontrolle zu übergeben.

* Dies sind Dateien mit Daten, die wegen Inkonsistenzen noch nicht verarbeitet werden können.

** d. h. aus dem Archiv abrufen (z. B. über einen Prefetch)

Die IT-Struktur von Versicherungen und Banken basiert überwiegend auf Mainframes – häufig mit einer erheblichen Anzahl von Dialogstationen. Soll die Verarbeitung weiterhin auf dem Großrechner erfolgen und in Host-Dialogen ablaufen, so bietet es sich an, die betreffenden Arbeitsplätze mit PC-Systemen auszurüsten, an denen in einem Host-Fenster (z. B. einer 3270- oder 9750-Emulation) die Host-Applikationen ablaufen, während zugleich NCI-Dokumente dargestellt werden können. Die Kommunikation zwischen DMS und Anwendung kann entweder über DDE zum Host-Fenster oder über modernere Message-APIs wie MQ-Series erfolgen. Bei einer Neugestaltung der Anwendung wird man mit einem Client-Server-Verfahren das Dialog-Frontend in einen PC-basierten Client legen, der seinerseits das DMS über die DMS-APIs (z. B. ODMA) anspricht.

Für die Diskussion zur Anwendungsintegration siehe Kapitel 2.13.

Die insbesondere bei deutschen Banken immer noch vorhandenen OS/2-Systeme sind im DMS-Umfeld weder als Server noch als Client geeignet, da einerseits ihre Weiterentwicklung (faktisch) eingestellt ist und andererseits diese Systeme von DMS-Anbietern entweder gar nicht oder sehr halbherzig unterstützt werden.

Bei den im Finanzbereich typischen Anwendungen befinden sich die wesentlichen Daten (außerhalb der Dokumente) zumeist bereits in großen zentralen Anwendungsdatenbanken – oft sogar über mehrere getrennte Datenbanken verteilt. So führen Versicherungen zumeist eine eigene Datenbank mit den Kundenstammdaten wie Name, Adresse, Alter, Beruf usw. Die einzelnen Daten zu einem Versicherungsvertrag verweisen dabei auf diese DB. Auch die Daten zu einem einzelnen Versicherungsvertrag wird man kaum in der DMS-Datenbank halten, sondern in einer Versicherungsdatenbank

(VS-DB). Für eine DMS-Lösung ist diese VS-DB so zu erweitern, dass sie zu den einzelnen VS-Vorgängen (wie Antragstellung, Risikobewertung, Policenausstellung, Erhöhung, usw.) zusätzliche Verweise auf die dazugehörigen Dokumente aufnehmen kann. Das Archiv dient hier lediglich als reine Dokumentenablage. Die Dokumententenrecherche wird weitgehend über die Versicherungs- oder Bankanwendung und der von ihr geführten DB erfolgen. Die Verknüpfung zum Dokument erfolgt über die in der Anwendungs-DB gespeicherten Dokumenten- und Archiv-Identifikation (Doc-ID, Archiv-ID).

Beim Scannen eingehender Post sollte die Attributerfassung möglichst weit automatisiert werden. Dies ist etwa durch ein Vorsortieren der Post möglich und eine Erfassung in unterschiedlichen Scannermasken. Damit können Formulartypen bei eingehenden Formularen und der daraus abgeleiteten Zuordnung des Dokuments zu einem zugehörigen Vorgangstyp automatisiert ermittelt werden.

Diese Attribute wird man zumeist nicht in der DMS-DB speichern, sondern über einen geeigneten Mechanismus dem Dokument mitgeben (etwa als einen Parametersatz im Workflow) und an die Verarbeitungstransaktion weiterreichen. Die Transaktion wird sie an die Anwendungs-DB übertragen.

In einer Anwendung erzeugte Dokumente (z.B. ausgehende Belege) kann man auf drei Arten erfassen:

- Die Anwendung erzeugt das Dokument, schickt es zum Drucken und stößt zusätzlich über ein DMS-API dessen Ablage/Archivierung an. Sie speichert die dabei zurück erhaltene Doc-ID in ihrer Anwendungs-DB. Dies macht nur dort Sinn, wo einzelne Dokumente erstellt werden – z.B. aus Office-Anwendungen heraus.
- Die Anwendung baut in das Dokument eine Kennung ein (z.B. eine Doc-ID), welche bei einem späteren COLD-Lauf extrahiert werden kann und eine Zuordnung zum Vorgang bzw. zur Akte erlaubt. Beim eigentlichen Drucklauf werden zwei Datenströme erzeugt: einer für den Drucker und einer für den COLD-Lauf. Beim COLD-Lauf wird eine Liste mit den Attributen und den Doc-IDs der archivierten Dokumente erstellt. In einem anschließenden Batch-Lauf werden über diese Liste die Dokumente bzw. ihre Doc-IDs in die Anwendungsdatenbank übertragen. Dieses Verfahren eignet sich für Massendruckläufe.

- Die Anwendung generiert bei der Erzeugung eines Dokuments selbst eine Doc-ID und gibt diese mit in das COLD-Dokument. Diese Anwendungs-Doc-ID wird sofort in der Anwendungs-DB abgelegt – mit der Kennung, dass dieses Dokument noch zur Archivierung anliegt. Der COLD-Lauf extrahiert diese Anwendungs-Doc-ID und legt sie zusammen mit einer zweiten DMS-Doc-ID in der DMS-Datenbank ab. Der Zugriff auf das Dokument erfolgt über die Anwendungs-Doc-ID. Sie muss dabei vom DMS in eine DMS-Doc-ID übersetzt werden. Auch hier sollte eine COLD-Liste erstellt werden, um diese später in einem separaten Lauf mit den noch ausstehenden Archivdokumenten abzugleichen. Nur so kann sichergestellt werden, dass alle zum Archivieren markierten Dokumente auch wirklich vollständig abgelegt wurden.

Lösungen in der skizzierten Art bedingen fast immer DMS-Projekte, da in dem betrachteten Bereich bisher kaum Standardsoftware mit integrierten DMS-Anschlüssen im Kerngeschäft eingesetzt wird. Die typischen Projektlaufzeiten liegen bei einer höheren Anwendungsintegration für das erste Einsatzfeld bei sechs Monaten bis zu einem Jahr. Der größte Aufwand liegt dabei in der Regel auf der Seite der Anwendung, die neue Schnittstellen, DB-Erweiterungen und ähnliche Modifikationen benötigt. Mit einem durchdachten Konzept und den Erfahrungen eines Pilotfeldes lassen sich weitere Anwendungen in kürzerer Zeit um DMS-Funktionen erweitern.

In der Regel wird man zunächst auch DMS-Lösungen für einen einzelnen Standort in Angriff nehmen. Der nächste Schritt liegt dann darin, dass Bearbeiter von anderen Standorten aus ebenso auf die zentralen Dokumente zugreifen können. Handelt es sich lediglich um vereinzelte Zugriffe, bieten sich Schnittstellen über Internet-Technik an – etwa über ein WWW-Interface oder einen Java-Client. Der Zugang selbst sollte dabei über geeignete Mechanismen geschützt (z. B. unter Verwendung von digitalen Zertifikaten) und für die Kommunikation sollte *Secure Socket Layer* (SSL) eingesetzt werden können.

Mit vorhandener Erfahrung, sinkenden Preisen für WANs und VPNs* sowie moderner Netztechnik, sind danach auch Lösungen mit verteilten DMS-Komponenten realisierbar.** Auch ASP-Lösungen werden auf dieser Web-Client-Basis erst realistisch (siehe hierzu als Beispiel Abschnitt 11.6 und 11.6.1).

** VPN = Virtual Private Network*

*** Siehe hierzu Kapitel 2.17.*

11.1.1 Anwendung am Beispiel einer Versicherung

* nachfolgend als ALV abgekürzt

Der *Alte Leipziger Unternehmensverbund** gehört zu den mittelgroßen Finanzdienstleistungsgruppen in Deutschland. Die Stärke des Verbundes liegt im breiten Angebot von Versicherungsprodukten und Dienstleistungen für Privatkunden und Unternehmen aller Größenordnungen.

Kundenorientierte und individualisierte Versicherungsverträge setzen eine starke, leistungsfähige IT sowie moderne, parametrisierbare Kernanwendungen voraus, die sich schnell an neue Tarifmodelle anpassen lassen. Im Rahmen der Anwendungsmodernisierung wurde deshalb 1996/97 für den Bereich *Lebensversicherung* die Anwendung von Grund auf neu konzipiert und realisiert. Zugleich erfolgte damit ein Plattformwechsel von BS2000 auf IBM MVS und eine Client/Server-Architektur.

Randbedingungen

Wesentliche Basiskomponenten der neuen Architektur sind neue Anwendungen, zentrale, relationale Datenbanken (DB/2 unter MVS und NT) und eine moderne Client-Server-Architektur, der Einsatz eines Workflow-Systems sowie die Integration eines DM-Systems. Der IBM-Mainframe übernimmt dabei im Wesentlichen die Funktion eines Transaktions- und Datenbank-Servers, während PC-basierte Client-Systeme eine moderne grafische Oberfläche bieten und UNIX- und NT-Server als Anwendungs-Server dienen.** Als Client-Plattform dient Windows NT.

** Auf ihnen laufen z. B die Risiko-Bewertung und die eigentlichen Versicherungs-anwendungen und das optische Archiv.

Die Konzeption und Neuerstellung der Anwendungen erfolgte durch die ALV selbst. Externe Unternehmen wurden beratend sowie für die Erstellung von Einzelkomponenten einbezogen – darunter auch für die Konzeption der DMS-Lösungen und die Programmierung der Komponenten auf der Archivseite. Die Programmierung auf dem Host erfolgte weitgehend in COBOL. Für die Host-, Anwendungs-Server- und für die Client-Programmierung wurde eine objektorientierte Komponentenarchitektur verwendet und mehrere Klassenbibliotheken (in C++) erstellt.*** Diese bieten auch Kommunikationsmechanismen an. Die eigentlichen Clients schrieb man in Visual Basic unter Verwendung der TAA-Objektmethoden.

*** Sie wird bei der ALV als TAA (Technische Anwendungs-Architektur) bezeichnet (siehe [Schütt]).

Erzeugte Dokumente entstehen (in kleinerem Umfang) mit Office-Anwendungen auf dem Windows-NT-Client sowie (der überwiegende Teil), auf den Anwendungs-Servern (in RTF) und auf dem Host als CTV-AFP-Druckjobs.

Die DMS-Einbindung

Man entschied sich für eine stark integrierte DM-Lösung, bei der die Versicherungsanwendungen als *führende Systeme* fungieren und das Archivsystem zur Erfassung und Ablage der Dokumente nutzen. Entsprechend liegen die DM-Recherchedaten auf dem Host in einer DB2-Datenbank. Die Versicherungsanwendungen laufen verteilt auf speziellen Servern (UNIX und NT) sowie in Teilen auf den Clients. Damit sind einfache Verknüpfungen zu den Versicherungsdaten (ebenfalls in DB2) möglich. Im Standardfall erfolgt die Dokumentenrecherche aus der Versicherungsanwendung heraus.

Als Archiv wurde eine Lösung mit einem UNIX-Archiv-Server gewählt, da zum Zeitpunkt der Ausschreibung nur wenige Anbieter ausreichend stabile Windows-NT-Server-Lösungen anboten und diese bis zum Zeitpunkt der operativen Betriebsaufnahme noch keine ausreichenden High-Availability-Lösungen besaßen.

Die Archiv-Client-Module laufen auf den Windows-NT-Arbeitsplatzsystemen der Sachbearbeiter. Die Kopplung zum DM-/Archiv-System erfolgt über den Versicherungs-Client (VS-Client unter NT) über die DMS-APIs – zumeist über OLE und RPCs. Die DMS-APIs wurden mit einer C++-Hülle als TAA-Methode dem Client zur Verfügung angelegt. Der VS-Client ruft zur Anzeige von Dokumenten den DMS-Viewer auf und übergibt ihm die Doc-ID der anzuzeigenden Dokumente. Die VS-Anwendung übernimmt auch die Prüfung der Zugriffsrechte auf Dokumente. Dies erfolgt erst für die Anzeige eines Dokuments. Die Trefferliste einer Recherche kann so auch für den Anwender nicht anzeigbare Dokumente enthalten.

Um einen schnellen Zugriff zu erreichen, wurde das Ablagesystem mit einem 5 GB Cache ausgestattet, in dem alle eingehenden Dokumente landen. Er nimmt das Dokumentenvolumen von etwa 14 Tagen auf. Darüber hinaus ist ein mit 30 GB großzügig ausgelegter *Read-Diskbuffer* vorhanden. Über ihn stehen die archivierten Dokumente etwa 40 Tage im schnellen Plattenzugriff zur Verfügung, bevor sie dort verdrängt (gelöscht) werden. Danach muss das Dokument von der WORM gelesen werden und wird dabei wieder automatisch im Cache zur Verfügung gestellt.

Das verwendete Workflow-System erlaubt eine schnelle, objektorientierte Modellierung von Vorgängen und läuft auf einem eigenen NT-Server. Sie wird hier als *GeVeS* (*Geschäftsvorfall-Verwaltungs-System*) bezeichnet.* Sie ist als eigentliches führendes bzw. kontrollierendes System zu betrachten und steuert sowohl die Versicherungsanwendungen als auch das DM-System (in den meisten Fällen).

* *Siehe hierzu die Screenshots in Abb. 11-4 und Abb. 11-6.*

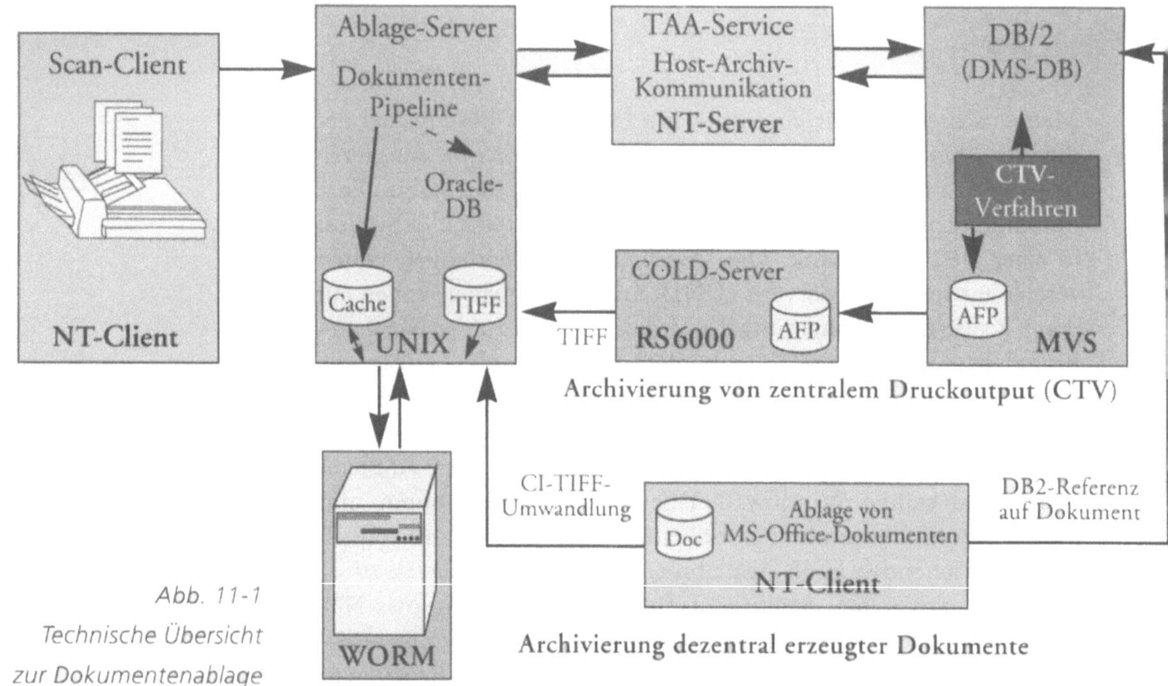

Abb. 11-1 Technische Übersicht zur Dokumentenablage

Da die DMS-Lösung in einem *Business-Critical*-Bereich eingesetzt wird, wurde hoher Wert auf die Ausfallsicherheit der Server gelegt. Deshalb wurden wichtige Daten (Archivdatenbank und Cache) auf dem Archiv-Server auf RAID-Systeme* gelegt und nochmals gespiegelt. Diese Lösung ersetzte man später durch zwei SAN-Speichereinheiten der Firma EMC. Diese Speicher werden im SRDF-Modus betrieben, was einer RAID-1-Spiegelung entspricht, so dass alle Daten zeitsynchron auf beiden Systemen zur Verfügung stehen. Archiv-Server und Standby-Server stehen in separaten Gebäuden, so dass sich ein hoher Schutz auch bei Brand ergibt.

** Diese wurden im RAID-5-Modus betrieben.*

Der Archiv-Server ist redundant, d.h. doppelt vorhanden – ein Primär-Server und ein Hot-Standby-Server. Der Standby-Server wird dabei ständig synchronisiert und hat damit leicht zeitversetzt die Daten des Primär-Servers. Fällt der erste Archiv-Server aus – was der Backup-Server durch den Ausfall des *Heartbeat* des Primär-Servers erkennt –, übernimmt automatisch der Standby-Server dessen Aufgaben. Die Anwender müssen sich dazu erneut anmelden und verlieren maximal die bereits eingegebenen Daten ihrer letzten Transaktion. Die Ausfallzeit wird damit auf einige Minuten beschränkt – im aktuellen Betrieb auf maximal 5 Minuten.

Die Jukebox mit vier WORM-Laufwerken ist ebenso doppelt ausgelegt.** Fällt die primäre Jukebox aus, so schaltet das System auf den Backup-Server um. Danach ist die volle Funktionalität für die Anwender wieder gegeben. Neu erfasste Dokumente werden dann

*** Zum Einsatz kommen 5,25"-Jukeboxen mit je 4 Laufwerken und einer Kapazität von je ca. 600 GB.*

vorübergehend auf der Festplatte im *Diskbuffer* abgelegt, bis die Jukebox des Primärservers wieder zur Verfügung steht.

Der Standby-Server wird im Standardfall (Haupt-Server agiert als Archiv-Server) auch für andere Anwendungen benutzt.

Die Sicherung der Archiv-Datenbank erfolgt über das ATM-Netz unter Verwendung des Tivoli-Storage-Managers auf zentrale Bandbibliotheken.

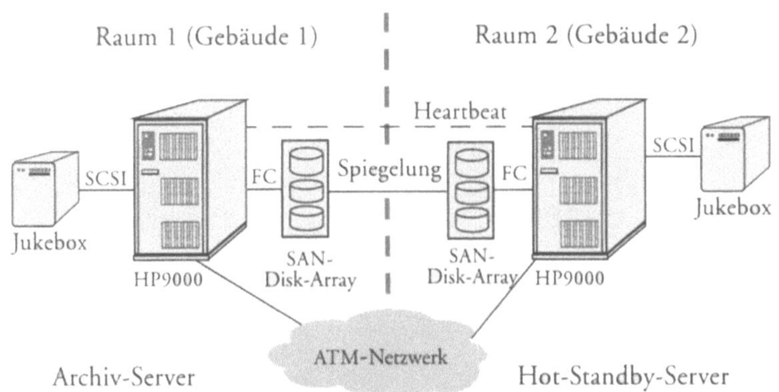

Abb. 11-2 Redundanzkonzept für Archiv-Server (Stand 1999)

Funktionsumfang der DMS-Lösung

Abbildung 11-3 zeigt schematisch den wesentlichen Funktionsumfang der DMS-Lösung bei der ALV. Eingehende Dokumente werden darin im Posteingang gescannt, klassifiziert und elektronisch archiviert. Über die Registrierung als Geschäftsvorfall gelangen sie per Vorgangsteuerung in den elektronischen Postkorb des Sachbearbeiters.

Die GeVeS-Steuerung und die Versicherungsanwendung sorgen dafür, dass der Sachbearbeiter einen Geschäftsvorfall häufig mit einer einzigen Verarbeitung erledigen kann. Schickt er Formulare an eine externe Stelle,* so erhalten diese beim Ausdrucken automatisch einen GeVo-Barcode, so dass sie beim Wiedereingang automatisch über eine Barcode-Erkennung dem betreffenden Vorgang zugeordnet und einem Sachbearbeiter zur Weiterbearbeitung zugeleitet werden können.

** z. B. an den Kunden*

Ausgehende Dokumente werden ebenso archiviert und den entsprechenden Geschäftsvorfällen und Kundenakten zugeordnet. Die Archivierung erfolgt bei auf dem Host über CTV** erzeugten Dokumenten über eine COLD-Schnittstelle. Der AFP-Datenstrom wird dazu in einzelne Dokumente zerlegt und das einzelne Dokument wird in ein TIFF-Dokument konvertiert und archiviert. Mittels

*** CTV = Computer-Text-Verarbeitung, eine ALV-eigene Anwendung*

einer Office-Anwendung auf dem Sachbearbeiter-Client erstellte Dokumente werden ebenso in TIFF umgewandelt und als TIFF-Dokument in das Archiv gestellt.

Die Dokumentenrecherche erfolgt zumeist aus dem elektronischen Postkorb des Sachbearbeiters heraus. Im Standardfall wird ihm das für einen Vorgangsschritt notwendige Dokument beim Aktivieren des Vorgangs aus dem Postkorb automatisch angezeigt.

Abb. 11-3 Funktionsumfang der ALV-DMS-Lösung

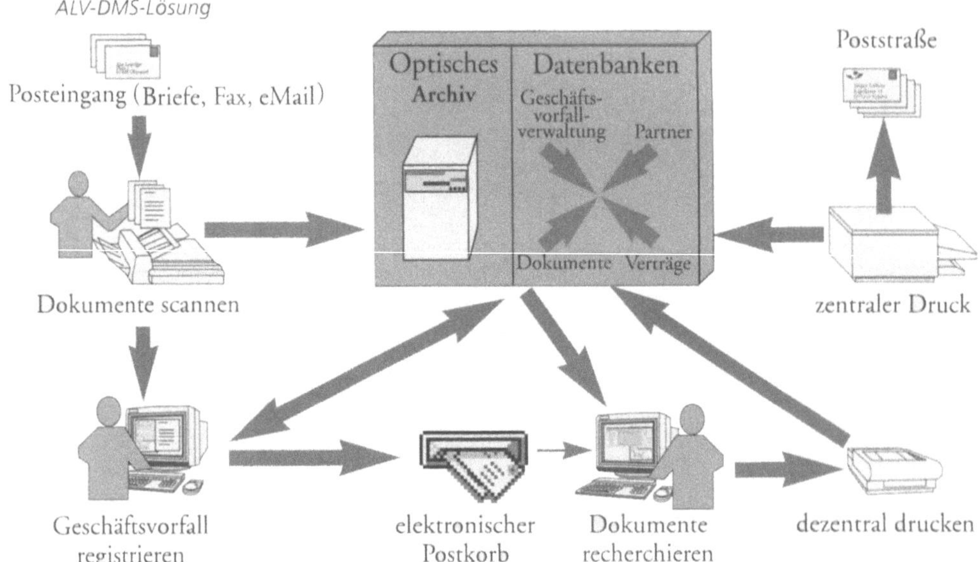

Dokumentenerfassung (Scannen und Registrieren)

Das Scannen von Dokumenten erfolgt auf Windows-NT-Scan-Clients. Als Scanner wird zunächst ein einzelner Duplexscanner sowie ein langsamerer A3-Flachbettscanner (als Backup) eingesetzt. Mit wachsender Ausweitung auf andere Versicherungsbereiche werden weitere Scanner hinzukommen.

Die Dokumente werden nach Typ (z.B. Versicherungsantrag, Kundenanschreiben usw.) vorsortiert eingescannt. Für die Erfassung wurden mehrere *Scan-Fächer* definiert – eines für jeden Dokumententyp. Mit der Wahl eines Scan-Faches werden zugleich typ- bzw. fachabhängige Attribute definiert und automatisch mitvergeben. Neben dem Erfassungsdatum und dem Namen des Erfassers gehören hierzu der Dokumententyp – etwa *Antrag, Vertragsänderung, Adressänderung* usw. Für einige Typen (rücklaufende, an Kunden verschickte Formulare) ist damit auch eine Barcode-Erkennung verbunden.

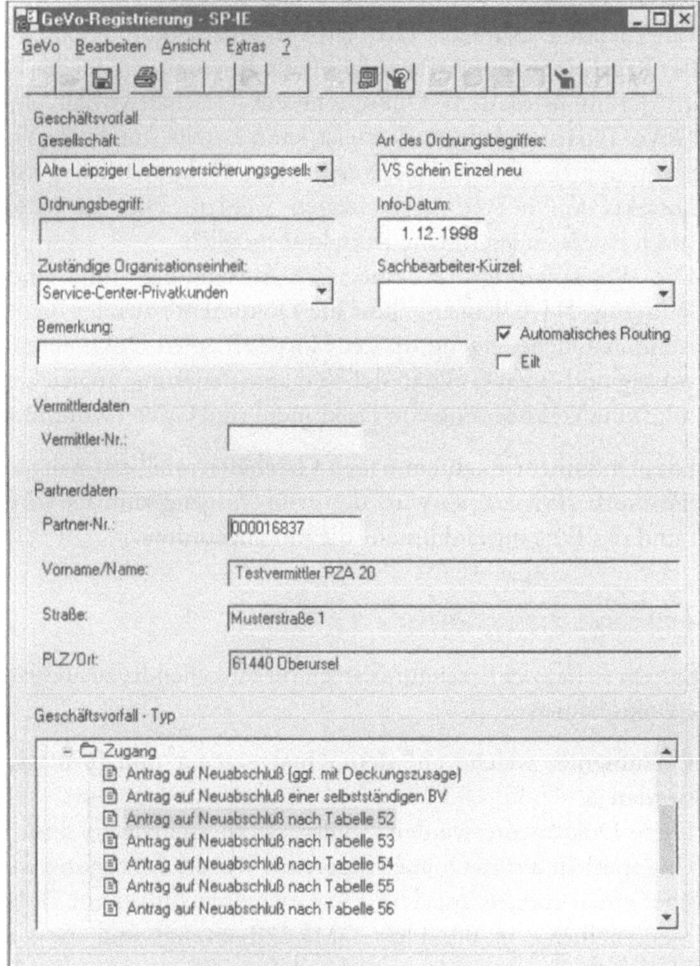

Abb. 11-4
Fenster zum Registrieren eines Dokuments (hier nicht sichtbar) beim Workflow-System (Gevo)

Die Erfassung erfolgt dreistufig:

- ❑ **Scannen in vorgewählte Fächer**
- ❑ **Qualitätssicherung**
  Hierzu wählt man ein Eingangsfach und erhält nun den eingescannten Dokumentenstapel zusammen mit einer Maske der zum betreffenden Dokument automatisch erfassten Attribute. Diese können hier nochmals geändert werden. Dazu muss das Dokument angelesen werden. Die Papierdokumente werden mit den eingescannten Dokumenten verglichen. Wird das Dokument als korrekt akzeptiert, so wird es automatisch archiviert und in den Cache gestellt. Zugleich wandert es damit in eine Registrierungswarteschlange.

- **Registrierung**
  Eingehende Dokumente (z.B. ein Versicherungsantrag) lösen in der Regel einen Geschäftsvorfall* (eine Instanz) aus. Bei der Registrierung wird dem Dokument ein Geschäftsvorfall eines GeVo-Typs zugeordnet. Zumeist kann bereits durch die Vorsortierung (bzw. den dabei vergebenen Dokumententyp) der korrekte GeVo-Typ vorgeschlagen werden. Hier ist jedoch (nach einem Anlesen) eine Korrektur möglich.
  Die Registrierung ist eine C/S-Anwendung mit einem Windows-NT-Client. Sie liest die Dokumente aus der Registrierungs-Queue, erzeugt in der Host-DB einen Dokumenteneintrag und einen GeVo in der Vorgangssteuerung; zugleich erfolgt eine Verknüpfung von Dokument und GeVo (Workflow).

** als ›GeVo‹ abgekürzt*

Wird das Dokument zu einem neuen Geschäftsvorfall erstmalig aus dem Postkorb aktiviert, so wird der erste Vorgang zum GeVo erzeugt und das Eingangsdokument diesem zugeordnet.**

*** Ausgangsdokumente sind ebenso GeVos zugeordnet.*

Ausgehende Dokumente

Das System sieht zwei Erzeugungsarten für ausgehende, zu archivierende Dokumente vor:

- **Dokumente, welche auf dem Host erzeugt und formatiert werden**
  Diese Dokumente werden, sofern sie zu archivieren sind, in eine spezielle Print-Queue eingereiht. Bei der Erzeugung wird über einen speziell auf dem Host erstellten Aufruf ein Dokumenteneintrag in der Host-DMS-DB erzeugt und die vom Host erzeugte Doc-ID zurückgeliefert. Diese trägt die Anwendung in den Druckdatenstrom für den später folgenden Archivierungslauf ein.
  Das Dokument wird im Formatierungslauf als AFP-Dokument erstellt und gelangt in die Drucker-Queue und zusätzlich in eine Archiv-Queue. Die Archivierung erfolgt nachts. Dazu wird der AFP-Druckjob auf ein UNIX-System übertragen. Dort wird der aus zahlreichen Dokumenten bestehende Druckjob mit dem AFP-Parser in Einzeldokumente zerlegt, als TIFF-Datei gerastert und anschließend auf den UNIX-Archiv-Server zur Ablage übertragen. Als AFP-Parser und TIFF-Renderer wird der Papyrus-Server der Firma ISIS eingesetzt. Der Parser extrahiert zugleich die im AFP-Dokument eingebetteten Attribute – hier primär die Doc-ID sowie den ebenso mitgegebenen Dokumentenbereich für die

Ablage (eine Art virtuelle Archiv-ID). Einzeldokument und Attribute werden an das Ablagesystem übergeben, welches die Dokumente nun auf optischen Platten speichert.

- ❑ **Dokumente, welche mit MS-Office oder anderen PC-Anwendungen auf dem PC erstellt werden**
  Die Erzeugung dieser Dokumente wird in der Regel von der Versicherungsanwendung über ihren VS-Client aktiviert und kontrolliert. Gibt der Anwender an, dass ein solches Dokument zu archivieren ist, so erzeugt die Anwendung auf dem Host einen Dokumenteneintrag mit den notwendigen Attributen und erhält dabei die Host-Doc-ID zurück. Sie initiiert nun das Ausdrucken des Dokuments als PostScript-Datei auf dem lokalen System und schickt diese Datei mit den Attributen zum Archiv-Server. Dort wird das PostScript-Dokument in TIFF konvertiert und archiviert.

Das Datenmodell der Dokumente

Erhebliche Arbeit wurde in die Modellierung der DM-Datenbank in DB/2 investiert.** Mit ihr sollen nicht nur die neu erstellten Anwendungen von *Leben-Neu* (Lebensversicherung) integriert werden, sondern praktisch alle neu zu erstellenden Versicherungsanwendungen. Die Modellierung erfolgt dabei mit einem speziellen Werkzeug (namens Rochade), aus dem heraus die benötigten Tabellen nach einer Normalisierung (weitgehend) automatisch erzeugt werden können.

* Siehe Abb. 11-5.

Die DM-Lösung arbeitet mit zwei unterschiedlichen Doc-IDs: einer VS-DB-Doc-ID sowie der Doc-ID des Ablagesystems / Archivs. Die Umsetzung der VS-Doc-ID in die Archiv-Doc-ID erfolgt durch das Archiv. Diesem wird für die Ablage neuer Dokumente und für den Prefetch und die Anzeige von Dokumenten die Host-Doc-ID übergeben.

Doc-ID = Dokumenten-Identifikation

Ein Dokument kann in mehreren *Ausprägungen* existieren – etwa als eingescanntes Image-Dokument und als CI-Ausprägung nach einer OCR-Wandlung oder nochmals als Papierdokument (mit einem angegebenen Ablageort). So lassen sich z. B. Originale einfach integrieren und administrieren, die aus rechtlichen Gründen als Papier aufzubewahren sind.

Neben der Host-Doc-ID wird zu jeder Dokumenten-Ausprägung eine Archiv-Identifikation gespeichert. Dies gestattet in einem DMS, mehrere Ablagesysteme zu verwalten.

Abb. 11-5
Vereinfachtes Dokumenten-Datenmodell

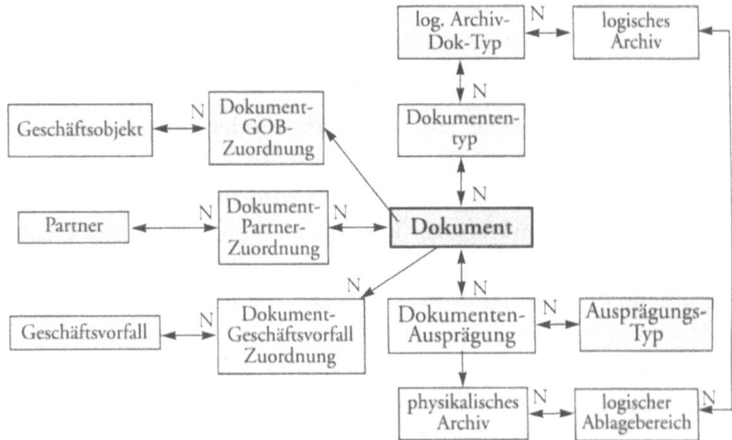

Das System aus Anwendersicht

Der Sachbearbeiter arbeitet primär mit seinem Postkorb – einer von der ALV selbst erstellten Anwendung, die Teil des Workflow-Systems ist. Die Oberfläche des Postkorbs ist an jene von MS-Outlook angelehnt und bietet eine Baumdarstellung des Postkorbs. Der Anwender kann den Postkorb nach unterschiedlichen Kriterien sortieren (etwa nach *Eingangsdatum, GeVo-Typ, Priorität*). Öffnet er einen Eintrag, so wird das für den Vorgangsschritt notwendige Transaktionsfenster* aktiviert und zugleich das zu bearbeitende Dokument angezeigt (die Vorgangssteuerung kennt die dazu notwendige Anwendung). Er kann nun den Vorgang ausführen oder den Eintrag unbearbeitet schließen.

Abb. 11-6
Postkorb des Sachbearbeiters mit anstehenden Gevos

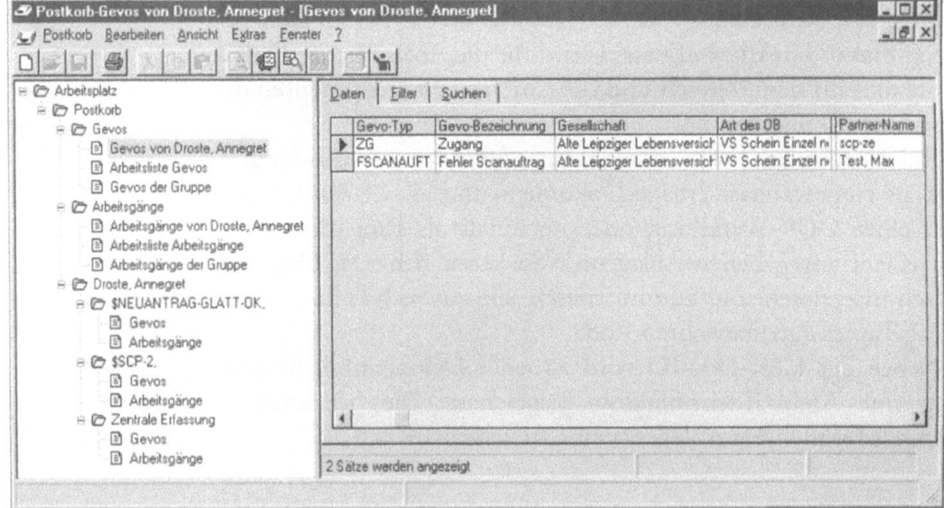

Benötigt er zur Bearbeitung den Zugriff auf weitere Informationen, so aktiviert er entsprechende Recherchen – etwa über alle Dokumente des bearbeiteten Vertrags, zu den Verträgen (und zugehörigen Dokumenten) des Kunden, zum Ablauf des Vorgangs und zu zahlreichen anderen Sichten. Dazu können weitere Fenster geöffnet werden. Die am häufigsten vorkommenden Recherchen werden ihm bereits in der Funktionsleiste des Postkorbs angeboten.

Zu einem Vorgang kann der Anwender über einen Texteditor Notizen anlegen, die automatisch als Dokumente archiviert werden.

Projektverlauf

Das Projekt begann nach einer Vorplanung und Datenerhebung im Dezember 1995 mit der Ausschreibung. Im Mai 1996 erfolgte nach einer Anbietervorauswahl eine Testinstallation. Im August 1996 begannen die eigentlichen Realisierungsarbeiten sowohl auf dem Hostsystem als auch die DMS-Integration für die Clients sowie die Anpassungsarbeiten am Archiv-Server. Im April 1997 begann der Pilotbetrieb und im Juli 1997 der Wirkbetrieb. Anfang 1998 wurde das Redundanz-System (doppelte Server- und RAID-System-Auslegung) aufgebaut und in Betrieb genommen. Das System ist seit Ende 1998 mit ca. 100 Anwendern in Betrieb. Der Dokumentenbestand lag nach 1,5 Jahren bei ca. 450 000 Dokumenten.

Nach Funktionserweiterungen* Ende 1997 wurde Anfang 1998 eine Performance-Optimierungsphase durchgeführt.

** z. B. die Möglichkeit, MS-Office-Dokumente zu archivieren*

Die Länge des Projektes ergab sich nicht primär durch die DMS-Realisierung, sondern überwiegend durch die Neuentwicklung der Versicherungsanwendung.

Die Integration des DM-Systems erfolgte bisher nur in die Anwendung *Leben-Neu*. In den nächsten Schritten ist geplant, weitere Anwendungen (etwa *Sachversicherungen*) neu zu erstellen und mit der DM-Integration auszustatten.

Ab dem Jahr 2000 – so die Planung Anfang 1999 – wurde mit einem jährlichen Zuwachs von ca. 1 Million Dokumenten und mit etwa 1 000 Anwendern gerechnet.**

*** Real ergaben sich folgende Zuwächse:*
1999: 50 GB
2000: 130 GB
2001: 260 GB
und hochgerechnet für
2002: 450 GB
2003: 700 GB

Mit steigender Anzahl ausgehender Dokumente, die in das DMS-integriert werden, wird es sinnvoll, statt TIFF ein CI-Format für die Ablage einzusetzen. Hier wird geprüft, ob für Host-Dokumente künftig die Ablage im AFP- oder im PDF-Format erfolgen soll. Auch Office-Dokumente könnten speicheroptimaler als PDF abgelegt werden; insbesondere wäre dann innerhalb der Dokumente auch eine textuelle Suche möglich.

Das System drei Jahre später (Anfang 2002)

Anfang 2002 – das System hat nun etwa 1700 Benutzer – hat das System einige typische und einige untypische Entwicklungen durchlaufen. Untypisch war der Wechsel des DMS-Anbieters, bedingt durch eine strategisch neue Ausrichtung des ursprünglichen Anbieters und die Abkündigung des Supports der zunächst gewählten und damals durchaus aktuellen Server-Plattform. Der Umstieg auf den neuen Lösungsanbieter (die Firma IXOS) produzierte zwar in der ursprüngliche Planung nicht vorgesehene Kosten, ähnliche Basisarchitekturen in den Lösungen und vor allem die saubere Kapselung der Archiv- und Viewer-Funktionen durch die beschriebene TAA-Architektur, erlaubten jedoch einen recht schnellen und weitgehend problemlosen Umstieg. Basiskomponenten wie Scanner und Scanner-Arbeitsplätze, Jukeboxen, RAID-Systeme und natürlich die Arbeitsplatzsysteme konnten unverändert übernommen werden. Die eigentlichen Ablage-Server wurden durch UNIX-Systeme der Firma HP ersetzt und die alten Server für andere Entwicklungsaufgaben wiederverwendet. Die bereits beschriebenen Medien wurden in einem dafür konzipierten Konvertierungslauf auf das Medienformat des neuen Lösungsanbieters (IXOS) konvertiert und die Dokumenten-Referenzen in den Versicherungsanwendungen auf das neue Archiv umgesetzt. Mit ausführlichen vorausgehenden Tests gelang die Umschaltung von der alten auf die neue Lösung mit dieser Vorbereitung an einem langen Wochenende. Da die Client-Software selbst erstellt war und weitgehend unverändert blieb, war auch der Umstellungsaufwand für die Benutzer gering.

Die saubere Trennung zwischen Dokumenten-Server und Anwendung und die Kapselung der Schnittstellen hat sich bei dem Umstieg bewährt. Der Zugriff auf den Dokumenten-Server wurde wie ursprünglich geplant inzwischen in weitere, zumeist selbst erstellte Anwendungen (z. B. Lebensversicherung für Firmenpolicen, Sachversicherung) übernommen. Die DMS-Anwendungslandschaft sieht hier inzwischen wie in Abbildung 11-7 dargestellt aus. Während der Archiv-Anschluss an SAP R/3 (FI, CO) weitgehend ohne Projektaufwand über die in R/3 vorhandene ArchiveLink-Schnittstelle erfolgte,* waren das Web-Portal für Vermittler sowie die Web-Applikation für firmeninterne Mitarbeiter wiederum etwas größere Projekte. Von Legacy-Anwendungen (z. B. Lebensversicherung-Alt) hat man (wie bereits 1999 geplant) ausgehende Post integriert, so dass auch dort von den Sachbearbeitern auf diese Dokumente direkt zugegriffen werden kann und keine Anforderung an das Papier-Archiv notwendig ist.

** Bisher wurden nur Listen archiviert. Die R/3-Datenarchivierung ist für 2002 und die Dokumentenarchivierung für 2003 vorgesehen.*

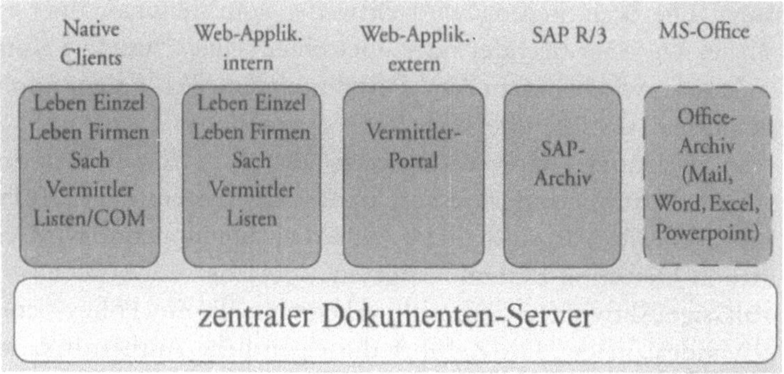

Native Clients
Web-Applik. intern
Web-Applik.. extern
SAP R/3
MS-Office
Leben Einzel Leben Firmen Sach Vermittler Listen/COM
Leben Einzel Leben Firmen Sach Vermittler Listen
Vermittler-Portal
SAP-Archiv
Office-Archiv (Mail, Word, Excel, Powerpoint)
zentraler Dokumenten-Server

Abb. 11-7 Anwendungen mit DMS-Komponenten und Zugriff auf den zentralen Dokumenten-Server

Die Web-Front-Ends für die Versicherungsanwendungen wurden für den Benutzerkreis geschaffen, der primär informationsorientiert und nicht vorgangsorientiert arbeitet. Dies sind auf der einen Seite die Mitarbeiter in den regionalen Niederlassungen und andererseits die externen Vermittler. Während die internen Mitarbeiter über das firmeninterne Netz (LAN und VPNs zu den Servicecentern und Vertriebsdirektionen) auf die Informationen zugreifen, erfolgt der Zugriff der Makler über Internet und das Vermittler-Portal.

Mit dem Vermittler-Portal hat man eine klassische Business-to-Business-Lösung (B2B) geschaffen. Sie bieten den freien Maklern und Generalagenten der ALV die Möglichkeit, sich über ALV-Verträge ihrer Kunden aktuell zu informieren. Dies ist in der Anfang 2002 freigegebenen Version zunächst nur informativ möglich. Man geht davon aus, dass bis Ende 2002 etwa 1 000 Makler und Generalagenten registriert sind. Der Vermittler erhält nach der Registrierung sein Passwort per Brief zugeschickt.

In einer späteren Version des Portals – vorgesehen für 2003 – wird der Vermittler elektronisch erstellte Anträge direkt über die Portal-Plattform an das Versicherungs-Backoffice übermitteln können. Auch Kundendatenstammpflege (z. B. Änderungen der Adressen, Kontodaten usw.) sind für ihn vorgesehen.

Die Web-Middleware-Server-Lösungen, die sowohl auf die Versicherungsanwendungen und Daten-Banken als auch auf den zentralen Dokumenten-Server zugreifen, wurden ebenfalls von der ALV selbst erstellt. Etwa die Hälfte des Aufwands nahm dabei das Sicherheitskonzept und dessen Umsetzung in Anspruch. Damit wird sichergestellt, dass der Teilnehmer nur die Verträge und Dokumente sieht und nur die Operation ausführen kann, für welche er die Berechtigung besitzt. Erfolgt die Authentifikation über das Web-Front-End bisher noch per Account-Name und Passwort, so evaluiert man auch die Möglichkeiten einer Zertifikat-basierten

Lösung. Die Web-Sitzung wird entweder vom Benutzer über ein explizites Log-Out beendet oder über einen Time-Out. Die Kommunikation zwischen dem ALV-Portal und dem Web-Client erfolgt verschlüsselt (128-Bit) über SSL/STL (siehe Abb. 11-8).

Ein zweistufiges Firewall-Konzept (Internet-Firewall-Web-Server-Firewall-Anwendungs-Server) sichert das System gegen Internet-Angriffe ab. Als zusätzliche Sicherheitskomponente wird ein Intrusion-Detection-System eingesetzt, welches Einbrüche und unzulässige Aktivitäten frühzeitig erkennen soll. Ein Policy-Server (SiteMinder) in der DMZ führt die eigentliche Authentifikation des Client-Benutzers durch. Er greift über ODBC sowohl auf die Portal-Benutzer-DB als auch auf die Datenbank der Host-Anwendung zu. Er vergibt nach erfolgreicher Authentifizierung dem Client ein Session-Ticket, welches dieser in chiffrierten Cookies speichert und in der weiteren Sitzung als Identifikation benutzt (auch in an den Server übertragenen Daten).

DMZ = ›Demilitarisierte Zone‹

Der Web-Application-Server setzt auf ASP.NET und die bereits beschriebenen TAA- und Workflow-Komponenten auf.

ASP = ›Active Server Pages‹

TIFF-Images werden *On-the-Fly* bei der Ausgabe in PDF-Dokumenten verpackt, so dass am Client-Browser neben dem üblichen Acrobat-PDF-Plugin kein weiteres Plugin für die Betrachtung der Images und das Zoomen notwendig ist. An den Web-Client wird reines HTML ohne Java-Applets oder JavaScript geschickt.

Abb. 11-8 Grobstruktur des ALV-Portals

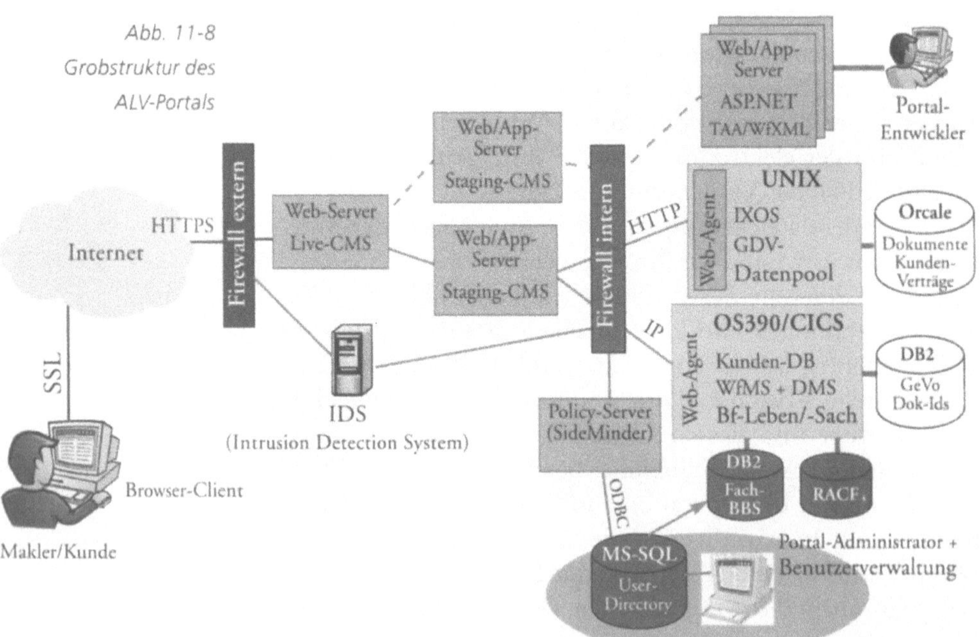

Auch die Architektur des zentralen Dokumenten-Servers wurde verbessert. Statt der ursprünglichen RAID-Systeme mit Doppelanschluss* werden im Zuge einer Speicherkonsolidierung nun SAN-NAS-Fileserver von EMC eingesetzt und auch von anderen Anwendungen genutzt. Die Jukeboxen sind ebenso über Fibre-Channel und FC-to-SCSI-Bridges an beide Dokumenten-Server angebunden. Der Hot-Standby-Dokumenten-Server ist nun zu einem symmetrischen Server umkonfiguriert, mit weiteren CPUs hochgerüstet und im Hauptspeicher ausgebaut, um die zunehmende Last performant abzuarbeiten. In den Jukeboxen brachten weitere Laufwerke eine Verkürzung der Zugriffszeiten bei steigender Last.

* Siehe Abb. 11-2 auf Seite 563.

Weitere, inzwischen neu entstandene Anwendungen besitzen nun ebenfalls Zugriff auf die DMS-Schnittstelle. Hierzu gehört z. B. die Vertragsbearbeitung *Sach-Privat*. Die Erfassung der Dokumente hierzu erfolgt zentral in der Direktion.

Während eine volle Workflow-Integration der Legacy-Anwendung *Leben-Alt* nicht als wirtschaftlich betrachtet wird, übernimmt man – da mit wenig Aufwand realisierbar – deren ausgehenden Dokumente in das Archiv und legt sie im ASCII-Format ab. Bis Ende 2002 werden hier auch die eingehenden Dokumente erfasst, so dass dann auch hier eine elektronische Vertragsakte vorhanden ist.

Weitere Planung (Stand: Anfang 2002)

Was das Web-Portal betrifft, gibt es noch einige Ausbaustufen, insbesondere hinsichtlich des Portal-Umfangs (z. B. redaktionelle Inhalte) sowohl im B2B-Bereich für die Vermittler als auch im B2C-Bereich für den Privat- und Firmenkunden (hier z. B. Produktinformationen und Vertragsauskünfte). Im B2B-Bereich soll der Partner in die Lage versetzt werden, Anträge vollständig zu erfassen und Kundendatenpflege zu betreiben.

Was die DMS-Integration betrifft, so werden sowohl neue Anwendungen hoch-integriert als auch weitere Legacy-Anwendungen lose gekoppelt angebunden (z. B. was ausgehende Post betrifft).

Zahlreiche Drucklisten (z. B. dem Rechnungswesen/Personal), die bisher auf Microfilm und Microfiche oder Papier archiviert wurden, werden inzwischen elektronisch archiviert vorgehalten. In ihnen ist eine indexierte und eine Volltextsuche möglich. Hier möchte man nach und nach weitere Listen übernehmen und damit weitgehend andere Archivierungsverfahren ersetzen.

Der bereits früher vorgesehene Anschluss der Dokumentenarchivierung über SAP R/3 sowie der Standard-MS-Office-Anwendungen stehen ebenso noch aus und sind nun für 2003 vorgesehen.

11.1.2 Eine große, verteilte Lösung bei einer Bank

Die UBS AG, die im Sommer 1998 aus dem Zusammenschluss der ehemaligen Schweizerischen Bankgesellschaft (SBG) und des Schweizerischen Bankvereins (SBV) entstand, ist heute mit einer Bilanzsumme von mehr als 1000 Milliarden sfr. und 48000 Mitarbeitern eine der größten Banken weltweit.

Die Restrukturierung des Bankgeschäfts beim SBV Mitte der 90er Jahre hatte zur Konsequenz, dass nicht mehr der einzelne Kundenberater in der Filiale dem Bankkunden alle Produkte und Dienstleistungen der Bank verkauft, sondern spezielle Produkte nur durch Spezialisten in zentralen Stellen betreut werden. Eine Voraussetzung für die Umsetzung dieser Strategie war der verteilte, parallele Zugang zu den Kundenakten. Diese wurden bis dahin nur in der jeweiligen, den Kunden allumfassend betreuenden Filiale in Papierform in speziell gesicherten Aktentresoren aufbewahrt.

Ende 1993 entschloss sich der SBV daher zur landesweiten Einführung eines elektronischen Archivsystems für seine Kundenakten (in der Schweiz). Aus diesem System erwuchs in den Jahren 1993 bis 1998 unter dem Namen ELA (*Elektronisches Archiv*) eines der größten, verteilten elektronischen Archive in der Schweiz mit einem Bestand von ca. 20 Millionen Dokumenten an drei Standorten (Ende 1998).

Besondere Herausforderungen in diesem Projekt lagen in der Organisation der Altdatenerfassung für mehr als 10 Millionen Dokumente, der Einhaltung von Sicherheitsauflagen der Bank, der Durchführung des Rollouts der Archivinfrastruktur auf dezentrale Clients mit etwa 30 000 Arbeitsplätzen sowie der Integration des Archivs mit den Host-Datenbanken der beiden Banken.

11.1.2.1 Das System

Der SBV entschied sich 1993 nach einer Ausschreibung für eine Lösung durch die Firma IXOS Software AG. Als Server-Plattform für das Archiv wurden Rechner der Firma SUN Microsystems gewählt. Entsprechend der Verteilung der Host-Systeme wurden drei Archiv-Server in Basel, Zürich und Genf vorgesehen. Als Speichermedium wurde WORM gewählt, die Jukeboxen kamen von Hewlett-Packard. Als relationale Datenbank kam 1993 Sybase zum Einsatz; mittlerweile wurde das System komplett auf Oracle umgestellt.

Das verteilte Server-System sollte für die Clients vollkommen transparent sein, d.h. ein Nutzer des Archivs sollte sich nicht darum kümmern müssen, auf welchem der verteilten Server das benötigte Dokument elektronisch gehalten wird.

Zusätzlich sollten alle am Gesamtsystem beteiligten Komponenten, also sowohl die Archiv-Server als auch die Indexdatenbank für die Recherche jeweils doppelt vorhanden sein. Für die Archiv-Server wurde zusätzlich eine räumliche Trennung von Original- und Backup-Server von mindestens 100 Kilometern angestrebt, um den Daten auch bei Großkatastrophen wie Erdbeben, Bränden oder Flugzeugabstürzen Sicherheit zu verleihen.

An jedem Original-Archiv-Server sind bis zu fünf Jukeboxen mit jeweils 76 Ablagefächern und vier Laufwerken über SCSI angeschlossen. Man entschied sich bewusst für kleinere Modelle, um die bei den stark verteilt auftretenden Zugriffen häufig notwendigen Plattenwechsel in den Jukeboxen performanter durchführen zu können. Zugleich werden damit die Kosten für die permanente Bereithaltung einer Ersatz-Jukebox an allen Standorten minimiert.

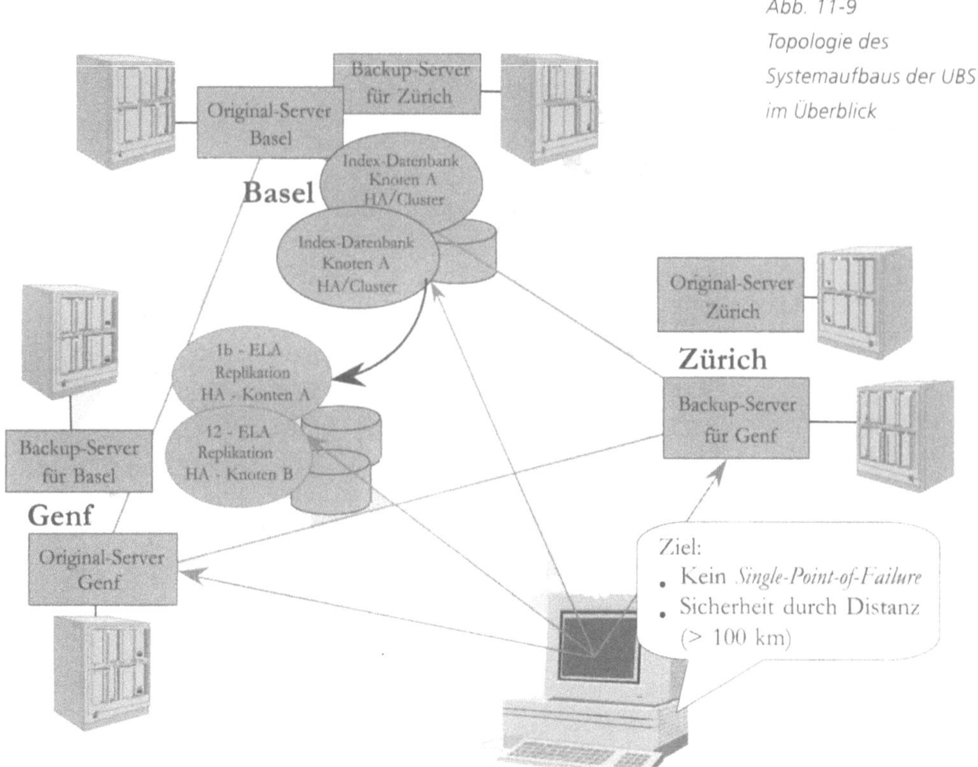

Abb. 11-9 Topologie des Systemaufbaus der UBS im Überblick

Als Client-Plattform wurden 1993 noch UNIX-Workstations eingesetzt. Die ersten Clients zum Scannen, zur Attributierung und zur Recherche waren im Pilotbetrieb ab Mai 1994 MOTIF-Applikationen auf SUN-Workstations.

Für die Ausweitung des Verfahrens im Herbst 1995 für die gesamte Schweiz erfolgte jedoch die Umstellung der Recherche-Clients auf Windows und Windows NT.*

* Teilweise liefen die Clients auch unter OS/2 in der Windows-Box.

11.1.2.2 Anwendung

Das System ELA verwaltet inzwischen sämtliche vertragsrelevanten Dokumente, die zu einer Kundenbeziehung gehören. Hierzu gehören z.B. Kontoeröffnung, EC-Kartenantrag, Vollmachten und Kreditverträge. Ein durchschnittliches Kundendossier aus dem Retail-Bereich hat etwa fünf bis zehn Dokumente – bei Geschäftskunden auch deutlich mehr.

Die Dokumente werden erst nach der Bearbeitung ins Archiv aufgenommen,** d.h. es findet nur ein minimaler Workflow statt.

** Es wird also das Konzept des ›späten Archivierens‹ eingesetzt (d. h. Scannen nach der Bearbeitung).

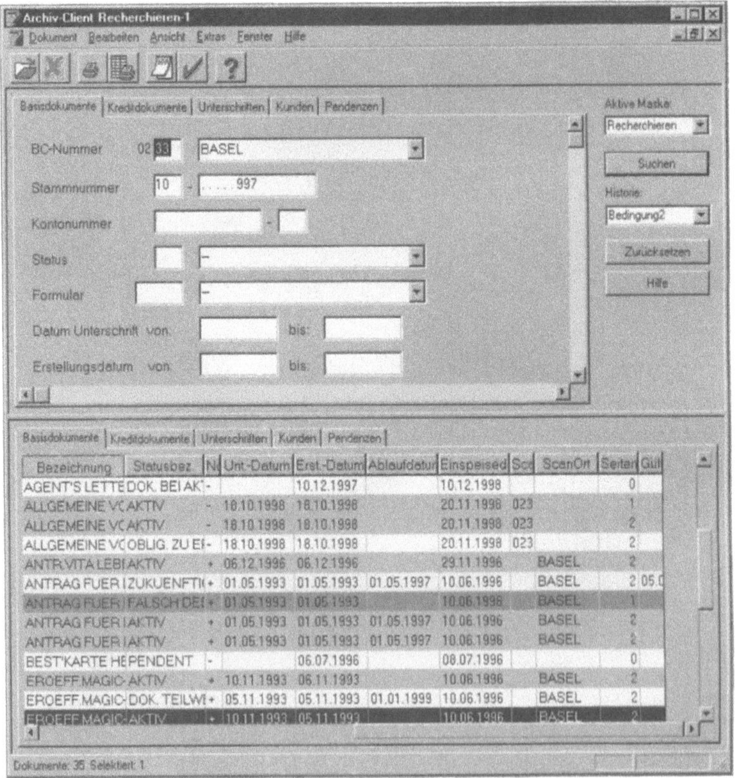

Abb. 11-10 Oberfläche des Recherche-Clients – hier natürlich mit Testdaten

Im Archiv sind die Dokumente primär mit der BC-Nummer (vergleichbar einer Bankleitzahl) und der Stammnummer indexiert. Hierüber ergibt sich die Verbindung zum Kunden. Daneben werden der Dokumententyp (z. B. *Basisdokument*, *Kreditdokument*, *Unterschriftenprobe*), der Status (z. B. *aktiv*, *annulliert*, *zu ersetzen*), eine Dokumentenkennung (die sich aus dem Aktenplan der Bank ergibt, der jedem Formular eine eindeutige Kennung zuteilt) und verschiedene Datumsfelder (z. B. *Datum der Unterschrift*, *Ablaufdatum*) geführt.

Neben den eingescannten Dokumenten im Archiv lassen sich auch nur in Papierform vorliegende Dokumente (z. B. der Geschäftsbericht einer Firma) mit einer Standortangabe sowie Pendenzen erfassen.* Für die eingescannten Dokumente ist daneben der Barcode der *Archivschachtel* erfasst, in der sich das Originaldokument befindet. So kann z. B. für einen Zivilprozess das Dokument im Papierarchiv schnell gefunden werden.

** ›Pendenzen‹ sind Dokumente oder Notizen mit Wiedervorlageterminen.*

Die Zugriffsberechtigung der Benutzer wird aus einer regionalen Zuordnung, einer Unterscheidung nach Dokumententyp und der Kategorie der Benutzer oder des Kunden gebildet. Speziell die Dokumente der eigenen Mitarbeiter dürfen nur von besonders berechtigten Nutzern des Archivs eingesehen werden.

Als Bearbeitungsfunktionen stehen den Nutzern das Ändern bestimmter Attributwerte (je nach Berechtigung) und die Erfassung von Notizen zur Verfügung.

Daneben wird das System auch zur Überwachung von Pendenzen (Informationen, die zu einer neuen Kontobeziehung oder einem neuen Geschäftsfall angelegt werden müssen) eingesetzt. Dazu werden über die Host-Anbindung bei bestimmten Geschäftsfällen automatisch bestimmte Datenbankeinträge für Dokumente angelegt, die dem Bearbeiter in einer Pendenzenliste zur Einforderung vorgelegt werden.

Von den 15 Millionen Dokumenten zu Bestandskunden werden ca. 3 Millionen Dokumente, die laut Aktenplan eine vertragsrelevante Unterschrift tragen, neben der Archivierung auf WORM auch in einem großen Festplatten-Cache vorgehalten, um die sekundenschnelle Unterschriftenprüfung an der Kasse oder in automatischen Verfahren zu unterstützen.

11.1.2.3 Altdatenerfassung

Eine wesentliche organisatorische Herausforderung des Projektes ELA lag und liegt in der Altdatenerfassung von mehr als 25 Millionen Papierdokumenten.

Dabei sind zwei Phasen zu unterscheiden. In der ersten Projektphase (1994 bis 1996) wurden für den aktuellen Aktenbestand des SBV an den drei Server-Standorten Basel, Zürich und Genf so genannte Scanning-Zentren eingerichtet und der Bestand der aktuellen Kundenakten erfasst. In der zweiten Phase wurden weitere Informationen erfasst, insbesondere die durch den Zusammenschluss der SBV und der SBG neu anfallenden Kundenakten der SBG.

Die erste Phase: SBV-Scanning-Zentren

Ein Scanning-Zentrum bestand aus jeweils ein bis drei Arbeitsplätzen mit Hochleistungsscannern,* aus der doppelten Anzahl von Kontroll- und der achtfachen Anzahl von Indexierarbeitsplätzen. Die Tagesleistung eines solchen Scanning-Zentrums pro Pool (ein Scan-, zwei Kontroll-, und acht Indexierarbeitsplätze) betrug bis zu 20 000 Dokumente pro 8-Stunden-Arbeitstag.

* *Zum Einsatz kamen Scanner der Typen Bell & Howell 6338 und Kodak 990.*

Der eigentlichen Erfassung vorgeschaltet arbeitete ein speziell geschultes AVOR-Team** an der Aufbereitung der Akten in der Filiale. Dazu wurden aus dem Host-System des SBV für jeden Kunden ein OCR-lesbares Deckblatt mit seiner Kontonummer und dem Namen des Kontoinhabers gedruckt.

** *Arbeitsvorbereitungsteam*

Das AVOR-Team ordnete diese Deckblätter zusammen mit den Kundendokumenten in so genannte *Archivschachteln* und sorgte für den Transport dieser Schachteln in das jeweils zuständige Scanning-Zentrum. Dieser Prozess musste für die über 200 SBV-Filialen in der Schweiz so geplant und koordiniert werden, dass zwischen Abtransport aus der Filiale und elektronischer Verfügbarkeit in ELA maximal fünf Arbeitstage lagen.

Im Scanning-Zentrum wurden weitere vorbereitende Schritte vorgenommen, um den eigentlichen Scan-Prozess möglichst optimal ablaufen zu lassen. Hierzu gehören z. B das Entklammern und Kopieren schlechter Vorlagen. Das Schriftgut bestand überwiegend aus DIN-A4-Vorlagen, aber auch Zeitungsausschnitte, Werbeaktionen oder Postkarten waren zu erfassen.

Die gescannten Dokumente wurden entsprechend dem Inhalt einer Archivschachtel in elektronische Stapel eingeteilt und an die

Qualitätskontrolle weitergeleitet. Diese überprüfte die Vollständigkeit, korrekte Ausrichtung und Trennung der Dokumente und nahm bei Bedarf die entsprechenden Korrekturen vor. Danach wanderte der elektronische Stapel in den Indexierpool, und wurde an einem Indexierarbeitsplatz weiterbearbeitet.

Das mit der OCR-lesbaren Kontonummer versehene Deckblatt wurde automatisch aussortiert und die Kontonummer allen Dokumenten bis zum nächsten Deckblatt zugeordnet.

Der Indexierprozess wurde, um Fehlzuordnungen zu vermeiden, dadurch unterstützt, dass dem Bearbeiter neben der Kontonummer auch der Name des Kontoinhabers zur Kontrolle aus der Datenbank angezeigt wurde.

Dieser Prozess der ersten Erfassungsphase wurde 1994 bis 1998 durchgeführt. In ihm wurden ca. 15 Millionen Dokumente verarbeitet. Dabei wurden während und nach der Altdatenerfassung auch die Dokumente des Tagesgeschäfts erfasst.

Phase 2: 15 Millionen Dokumente in 6 Monaten

In der zweiten Phase entschied sich der SBV im Frühjahr 1998, neben dem Archiv für die Bestandskunden auch ein Archiv für weitere Akten der Bank aufzubauen – insbesondere jener, die sich durch den Zusammenschluss ergaben. Dieser Prozess sollte für weitere 15 Millionen Dokumente innerhalb eines halben Jahres durchgeführt werden. Diese Daten lagen auf Papier und Rollfilm vor.

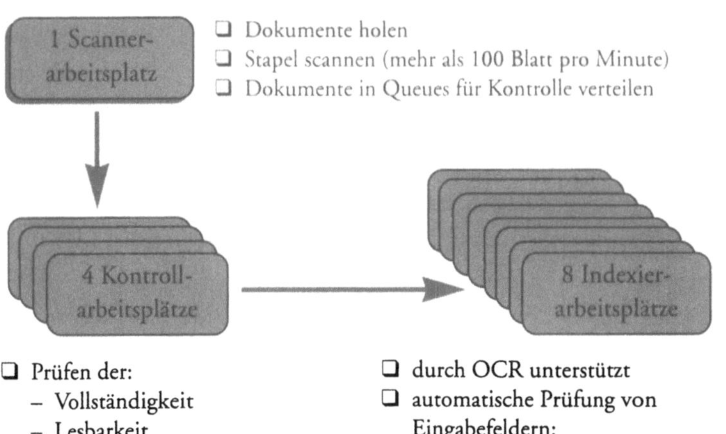

Abb. 11-11 Schema für Scanner-, Kontroll- und Indexierarbeitsplätze

Dazu wurde am Standort Basel eine komplett neue Erfassungsinfrastruktur geschaffen. Ein Scanning-Zentrum mit drei Hochleistungs-Farbscannern für bis zu 100 000 Dokumente pro Tag erfasste dort das entsprechende Schriftgutmaterial.

Die Dokumente wurden über eine Dateisystemschnittstelle an die Eingangsverarbeitung des Archivsystems übergeben und dort zunächst auf großen RAID-Systemen archiviert. Die jeweiligen *Scan-Units,* mit bis zu 1000 Dokumenten pro Behälter, wurden dann durch 400 Mitarbeiter in sechs Indexierzentren in der gesamten Schweiz indexiert.* Die verteilte Bearbeitung ist notwendig, da die Dokumente die Räume der Bank nicht verlassen dürfen und es unmöglich war, innerhalb kurzer Zeit 400 Arbeitsplätze nur für diesen Zweck in einer Lokation einzurichten. Darüber hinaus berücksichtigte die Verteilung Sprachgrenzen. Die Erfassung wurde termingerecht Ende 1998 abgeschlossen.

** Die mittlere Erfassungsleistung liegt hier bei etwa 100 000 Seiten pro Tag.*

Die Investition in diese Infrastruktur erwies sich als vorausschauend. Mit dem Abschluss der Erfassung der Akten des SBV kann diese nun nach dem Zusammenschluss von SBV und SBG auch für die Erfassung der Dokumente der UBS genutzt werden, die bislang nur in Papierform vorliegen.

So wurden 1999 über diese Infrastruktur die 15 Millionen Dokumente der ehemaligen SBG erfasst.

11.1.2.4 Integration mit den Host-Systemen

Während das Archivsystem als Applikation mit den Bankapplikationen des SBV nur an wenigen Stellen lose gekoppelt war, sollte die Stammdatenverwaltung von Anfang an in einer engen Anbindung an das Host-System erfolgen.

Damit wurde sichergestellt, dass die Kundendaten und die Benutzerberechtigungen für das elektronische Archiv nur einmal mit den bei der Einführung des Archivs bereits vorhandenen Host-Verfahren gepflegt werden müssen.

Dazu wurde ein einmaliger Abzug der entsprechenden Daten in die Datenbank von ELA vorgenommen, und eine automatische, nächtliche Aktualisierung durch den Einsatz eines Message-Queue Produkts sichergestellt.

Auf diese Weise werden jedoch nicht nur die Kundenstämme im Archiv immer aktuell gehalten, es wird darüber hinaus eine Folgeverarbeitung für den Dokumentenbestand eines Kunden im Archiv durchgeführt. Kündigt beispielsweise ein Kunde seine Kontobeziehung, so erhalten die Dokumente automatisch im Archiv einen neuen Status, der sie für die automatische Unterschriftenprüfung sperrt und nur noch bestimmten Anwendern sichtbar macht.

Diese Integration wurde im Rahmen des Zusammenschlusses von SBV und SBG auch für das Host-System der neuen UBS sichergestellt, so dass während der Migrationsphase, in der Kunden noch in beiden Systemen geführt werden, das Archiv von zwei Seiten mit solchem Input versorgt wird.

11.1.2.5 Die Rollout-Problematik

Bei Softwareänderungen auf den Clients müssen an einem Wochenende bis zu 35 000 Client-Systeme aktualisiert werden!

Sowohl der SBV als auch die ehemalige SBG haben für ihre PC-basierte Client-Plattform (wie auch für andere dezentrale Systeme) ausgeklügelte Verfahren, durch die die Koexistenz verschiedener Applikationen auf einem PC sichergestellt und die *gleichzeitige* Verteilung neuer Applikationen und Releases auf die vielen tausend Arbeitsplätze in der Bank durchgeführt werden.

Die Unterstützung dieser Verfahren bzw. die Flexibilität im Produkt, um sich solchen De-facto-Standards in großen Unternehmen anpassen zu können, wird von vielen kleineren Herstellern von DMS-Lösungen heute unterschätzt bzw. überhaupt nicht wahrgenommen. Aber auch auf Anwenderseite wird dieser Punkt bei vielen Archivsystem-Einführungen oft zu spät bedacht und führt dann bei einer großen Anzahl von Arbeitsplätzen zu Schwierigkeiten beim Rollout. Für die nahtlose Integration des Archivs in die Umgebung der Bank waren damals folgende Punkte besonders wichtig:

- volle Konfigurierbarkeit der Pfadnamen für die Installation und Konfigurierbarkeit und automatische Belegung aller DMS-spezifischen Parameter in verteilten Systemen
- vollständige, automatische Deinstallation (einschließlich Logging-Dateien, Registry-Einträgen usw.)
- möglichst lokale Installation benötigter DLLs (wie z. B. der Datenbank-DLL, OLE, ODMA), um eine Koexistenz verschiedener Versionen zu ermöglichen
- Koexistenz mehrerer Produktversionen des DMS auf einem Client; in einer großen, verteilten Installation können eventuell nicht alle Server-Systeme in einem Zug umgestellt werden!
- Unterstützung verschiedener Client-Plattformen

11.1.2.6 Der Nutzen

Der Nutzen des Systems liegt vornehmlich in der Unterstützung neuer, verteilter Prozesse bei der Bearbeitung der Geschäftsvorfälle zu einem Kunden. Die Dokumente können nun von mehreren Personen parallel und ortsunabhängig eingesehen werden. Zusätzlich entfällt das zeit- und kostenaufwändige Anlegen privater Arbeitskopien.

Daneben wurde die Auskunftsbereitschaft der Mitarbeiter gegenüber den Kunden deutlich verbessert. Der Kunde kann jetzt auch an einem anderen Standort als seiner primären Filiale und im Telebanking mit derselben Qualität bedient werden. Damit wurde der Kundenservice verbessert und neue Dienstleistungsangebote erst ermöglicht.

Zusätzlich entfällt für die Mitarbeiter im Backoffice-Bereich die tägliche Ablage ihrer Dokumente sowie der Gang in den Dokumententresor bei Ad-hoc-Anfragen des Kunden.

Erfahrungswerte: Die Kosten pro Dokument liegen bei etwa einem Euro. Diese Kosten umfassen die Vorbereitung, das Scannen und die Indexierung. Nicht darin enthalten sind die Kosten für die Speicherung und den Betrieb des Archivs.

Messbare Einsparungen wurden daneben durch den Verzicht auf den Ausbau oder Neubau der Dokumententresore in den Filialen erzielt. Gerade die Zusammenlegung der SBV- und SBG-Filialen an vielen Standorten der Schweiz wäre andernfalls erschwert gewesen, da der vorhandene Platz für die Dokumente nicht ausgereichte.

Ein weiterer Aspekt ist der Zugewinn an Sicherheit gegen Datenverlust durch die doppelte Datenhaltung an getrennten Standorten. Statt eines einzigen Papieroriginals existieren nun zwei elektronische Kopien sowie das Original an einem sicheren, zentralen Aufbewahrungsort.

Als Erfolgsfaktor in dem Projekt erwies sich, auf eine bekannte und stabile Infrastruktur aufzusetzen* und neue Soft- und Hardwarekomponenten erst nach einer ausreichenden Pilotphase einzusetzen. Positiv war das Zusammenspiel der Kompetenzen der Projektpartner: dem Projekt-Know-how und der IT-Kompetenz im eigenen Haus, der Erfahrung und Flexibilität des Archivanbieters (IXOS) und seiner Projektmannschaft sowie die Beratung bei der Erfassung großer Datenmengen.

** z. B. SUN UNIX-Server, Oracle Datenbank, HP WORM-Jukeboxen, stabiles Archivsystem*

Ausblick (Stand: 1999)

Mit der akkumulierten Erfahrung werden neue Archiv-/DMS-Projekte spürbar einfacher und schneller realisierbar sein. So sollen in den kommenden 18 Monaten weitere 15 bis 20 Millionen Dokumente erfasst werden (Beginn: Anfang 1999).

Zusätzlich möchte man die elektronischen Kundendossiers (bisher vertragsrelevante Daten) durch weitere Informationen des Tagesgeschäfts ergänzen (z. B. Kundenkorrespondenz), um den Kunden noch umfassender und aktueller bedienen können.

Eine 1999 begonnene Erweiterung ist die Nutzung des Archivs in SAP R/3.

Waren die bisherigen Aktivitäten Großprojekte, so sieht man nun die Möglichkeit, auch mit kleineren Archiv- und DMS-Projekten in kurzer Zeit in mehreren weiteren Einzelbereichen schnellen Nutzen erzielen zu können.

Stand Anfang 2002

Die Erwartungen wurden weitgehend eingehalten und die Ausbaupläne durchgeführt, wenn teilweise auch langsamer als ursprünglich geplant. Dafür gab es keine technischen Gründe, sondern die Verschmelzung der beiden IT-Infrastrukturen von vormals SBG und SBV dauerte länger als zunächst vorgesehen. Das zentrale System läuft inzwischen mit etwa 2 000 gleichzeitig aktiven Benutzern bei einer Gesamtnutzerzahl von ca. 30 000 installierten Clients, verteilt über die ganze Schweiz. Weiterer Archiv-Server kamen inzwischen für unterschiedliche Archive hinzu.

Zahlreiche weitere interne Anwendungen greifen nun auf das Ablagesystem zu und zahlreiche weitere Dokumenten-Typen wurden dazu im Archiv eingeführt. Für einen Teil der Arbeitsplätze wurde das Archiv-Login durch eine SmartCard-basierte Single-Point-Logon-Lösung über ein spezielles Plugin erweitert, so dass sich der Benutzer nun nur einmal bei diesem System authentifiziert und damit automatisch und ohne weitere Logons Zugriff auf die Anwendungen erhält, für die er die Nutzungsrechte besitzt.

Einige kleinere Änderungen ergaben sich durch potentielle Schwachstellen, welche durch gezielte Sicherheitsaudits gefunden wurden.

Weitere Rollouts mit teilweise anderen Anwendungen erfolgten in weiteren UBS-Töchtern – so z. B. in Luxemburg.

Das Rollout-Problem von Patches und Updates besteht weiterhin oder hat sich sogar vergrößert, bedingt einerseits durch die große Anzahl von Arbeitsplätzen und andererseits durch die inzwischen erhebliche Anzahl unterschiedlicher Anwendungen, deren Verträglichkeit in den unterschiedlichen Kombinationen recht aufwändig getestet werden muss. Auf der Server-Seite sind Versions-Updates dann besonders kritisch, wenn damit ein Datenbank-

Update bzw. eine damit häufig verbundene Datenbank-Restrukturierung notwendig ist. Hier stellt die enorme Datenbankgröße das Problem dar. Die Erfahrung zeigt, dass pro Server ein volles Wochenende benötigt wird: für das Sichern der Daten, den Upgrade, den Verifikationstest und die Freigabe – oder bei auftretenden Problemen das Roll-Back.

Ein Projekt mit viel notwendiger Vorarbeit war die Migration der inzwischen sehr umfangreichen Datenbestände auf die nächste Generation von Jukeboxen und optischen Platten. Hatte man 1995 mit 1,3-GB-WORM-Laufwerken begonnen, so werden inzwischen durchgängig 5,2-GB-Laufwerke eingesetzt. Die Daten wurden durchgängig auf die neuen Jukeboxen und die 5,2-GB-Datenträger migriert.

Im Zuge des Umstiegs – vorbereitet durch eine Vorstudie – wurde auch überlegt, alle Dokumente nun mit elektronischen Zeitstempeln zu versehen. Man verzichtete jedoch zunächst darauf, da das neue WORM-File-System der IXOS inzwischen explizit 32-Bit-Prüfsummen zu den Ablage-Objekten führt und diese Werte vor und nach dem Kopiervorgang vergleicht.

Im Zug dieser Migration wurden drei (geclusterte) Server mit je fünf bis sechs Jukeboxen und etwa 12,3 Millionen Dokumenten umgestellt. Dies geschah parallel zum laufenden Betrieb innerhalb von sieben Monaten (November 2001 bis Mai 2002).

Feste, längerfristige Zuständigkeiten

Bei großen Systemen – wie hier beschrieben – erweist sich immer wieder als ausgesprochen wesentlich, dass die zugeordneten Ansprechpartner auf beiden Seiten nicht nur kompetent sind, sondern auch über längere Zeiträume bei der Aufgabe bleiben und so ein gemeinsames Verständnis aufgebaut wird. Damit entsteht auf beiden Seiten ein hohes Vertrauen und eine notwendige Effizienz, da man so Aussagen besser einschätzen und sich auf Zusagen verlassen kann.

Behörden und Verwaltungen wälzen teilweise sehr große Papiermengen durch ihre Organisation. Während ein Teil der eingehenden und erzeugten ausgehenden Papiere (z.B. Briefe, Bescheide) in Papierform notwendig sind, werden andere Papiere nur für den internen Gebrauch produziert, könnten also in einem elektronischen DM-System entfallen.

Da Behörden und Verwaltungen zunehmend mit neueren Bürosystemen – auf der Basis von PC-Systemen – ausgerüstet werden, drängt sich hier der Einsatz von DM-Systemen auf. Die Menge der involvierten Dokumente und die Notwendigkeit, einen großen Teil davon über längere Zeitspannen aufzubewahren, erfordert für diese Systeme ein integriertes Langzeitarchiv.

Viele der üblichen Verwaltungsvorgänge erfordern das Zusammentragen bzw. Inspizieren von Informationen in Form von Akten, die Erstellung von Bescheiden und Auskünften – Vorgänge also, für die sich eine rechnergestützte Verarbeitung anbietet. Der Einsatz integrierter DM-Systeme kann hierbei deutliche Kostenvorteile bringen, da Archivraum für Akten eingespart wird, der Zugriff auf Akten schneller erfolgt und Bearbeitungszeiten sich so verkürzen lassen. Auch ein Zugriff von räumlich entfernt liegenden Büros und sogar anderen Behörden wird möglich – sofern die Rechtslage dies zulässt und ein entsprechender Zugang eingerichtet wird.

Dies gestattet entweder die Einsparung von Personal oder höhere Arbeitsleistungen bei gleichem Personalstand. Durch die Verwendung von elektronischen Akten und Workflow-Systemen lässt sich der Verbleib und Bearbeitungsstand verfolgen, und der Versand über eMail – so vorgesehen für einen wesentlichen Teil der Behördenkommunikation zwischen Bonn und Berlin – gestattet zusätzliche Kosten- und Zeiteinsparungen.

Die Problematik solcher Systeme besteht oft darin, dass zu einer vollen Nutzung der möglichen Vorteile eine weitreichende Büroautomatisierung erforderlich ist, mit all ihren organisatorischen und personellen Umstellungen. Die Vorteile werden oft auch erst dann ausgeschöpft, wenn alle an einem Verwaltungsvorgang beteiligten Mitarbeiter an ein solches System angeschlossen sind. Auch die dafür benötigte IT-Ausstattung ist bei Ämtern und Behörden bisher nicht immer gegeben.

Ein einfaches Beispiel für den Einsatz von Dokumenten-Management-Systemen erfolgt in der Oberfinanzdirektion Karlsruhe. Sie druckt und versendet zentral für die ihr angeschlossenen Finanzämter die Kraftfahrzeugsteuerbescheide. In der Vergangenheit gingen den entsprechenden Finanzämtern Papierkopien dieser Bescheide zu und wurden dort in Akten hinterlegt. Heute werden diese Kopien über eine COLD-Schnittstelle am Mainframe in CI-Form archiviert. Die Bearbeiter der Finanzämter können über ihre Bildschirmarbeitsplätze (Mainframe-DFÜ-Terminals) darauf zugreifen, ohne dass auf Papier gedruckt oder Papier bewegt werden muss.

Die Anforderungen an DM-Systeme in Behörden und Verwaltung lassen sich kurz so zusammenfassen:

- integriertes Büro- und Dokumenten-Management-System
- Einbindung von elektronischer Post
- Bedarf für Workflow-Management-Systeme
- Formular-Verarbeitung
- Unterstützung von teilweise recht komplexen Mitzeichnungsverfahren
- Einsatz von digitalen Signaturen zum Nachweis der Authentizität von Dokumenten
- Einsatz von sicheren Chiffrierverfahren für den Austausch von Dokumenten über öffentliche Netze

Sicherlich lassen sich nicht alle diese Anforderungen mit den heutigen Systemen problemlos erfüllen.

Ab 2002/03 zeichnet sich auch der Einsatz elektronischer Formulare für Anträge ab, die der Bürger elektronisch abrufen und mit einer digitalen Signatur versehen und ausgefüllt einreichen kann. Behörden-interne Versuche erfolgten hier in den Jahren 1998 bis 2001 (mit dem Schwerpunkt ›Sicherer eMail-Verkehr‹).

Ähnliche Feldversuche mit elektronischen Formularen für Steuerdaten erfolgten mit dem Proramm ELSTER etwa im gleichen Zeitraum, wobei hier jedoch die Übernahme zentral erfolgte und die konvertierten und teilweise aufbereiteten Daten von dort den lokalen Finanzämtern zur Verfügung gestellt wurden.

Die verschiedenen 2002 verkündeten Programme unter dem Schlagwort *eGovernment* werden dazu beitragen. Da diese Dokumente in elektronischer Form hereinkommen, müssen sie auch elektronisch aufbewahrt werden, da nun das elektronische Dokument das *Original* darstellt.

Einige wesentlichen Register – darunter *Grundbücher* und *Schiffsregister* – werden nach der Änderung der entsprechenden Gesetze – inzwischen (zumindest in manchen Ämtern) elektronisch gehalten. Auch wesentliche Teile des Schriftverkehrs zwischen Anwälten und mit dem Bundesgerichtshof darf seit 2002 per (signierter) eMail erfolgen.

11.2.1 Ein Archivsystem in einer Verwaltung

Die Aufgabe

Eine große Verwaltungsbehörde in Deutschland – sie möchte nicht genannt werden – befasste sich bereits 1988 mit der Beschaffung eines DM-Systems, das in den verschiedenen Dienststellen die Einziehung und Verfolgung von Rückzahlungen aus zu Unrecht bezahlten Leistungen verfolgen sollte.* Für die Rückforderung von Überzahlungen muss auf den dazugehörigen Briefverkehr zurückgegriffen werden (dies erfolgt in den Kasse-Dienststellen der Behörde). Das Projekt sollte zugleich eine auf längere Zeit angelegte Erprobungsphase für den weiterreichenden Einsatz von DM-Systemen sein. Ziel des Einsatzes war es, schnellere Bearbeitungsabläufe zu erreichen, eine bessere Kontrolle über Außenstände und deren Bearbeitungsstatus zu erhalten und eine allgemeine Rationalisierung zu erzielen, um mit dem vorhandenen Personalbestand die zunehmenden Aufgaben bewältigen zu können.

** dort, wo die Voraussetzungen für die Erstattung der Maßnahmen nicht mehr gegeben sind*

Die Systeme sollten den damals gültigen Ansprüchen an Behördenbeschaffungen genügen, bei denen Wert auf offene Systeme – bevorzugt UNIX – gelegt wurde.

Die Firma SNI erstellte in Zusammenarbeit mit der Behörde für diese Anforderungen einen Prototypen.

Die Lösung

Bei der Lösung handelt es sich um ein projektspezifisches Archivsystem von SNI (Bezeichnung OFR.X). Das Systemkonzept basiert vollständig auf UNIX-Systemen, sowohl für die Server-Einheiten als auch für die einzelnen Arbeitsplatzrechner. Für die Speicherung werden 5¼"-WORM-Platten mit entsprechenden Jukeboxen benutzt. Für die Erfassungs- und Attributierarbeitsplätze sowie als Druck-Server werden die gleichen Systeme eingesetzt, die auch als Sachbearbeiterplätze Anwendung finden. Die Vernetzung der Systeme erfolgt über ein Ethernet-LAN.

Für die Bausteine wird, soweit verfügbar, auf Standardmodule zurückgegriffen. Die Oberfläche ist unter OSF-Motif realisiert. Dem Benutzer werden über Menüs die ihm aktuell zur Verfügung stehenden Funktionen angeboten. Mit ihnen wird er auch durch die verschiedenen Arbeitsschritte geführt (siehe Schemabild in Abbildung 11-13).

Abb. 11-12
Typische Konfiguration der Systeme

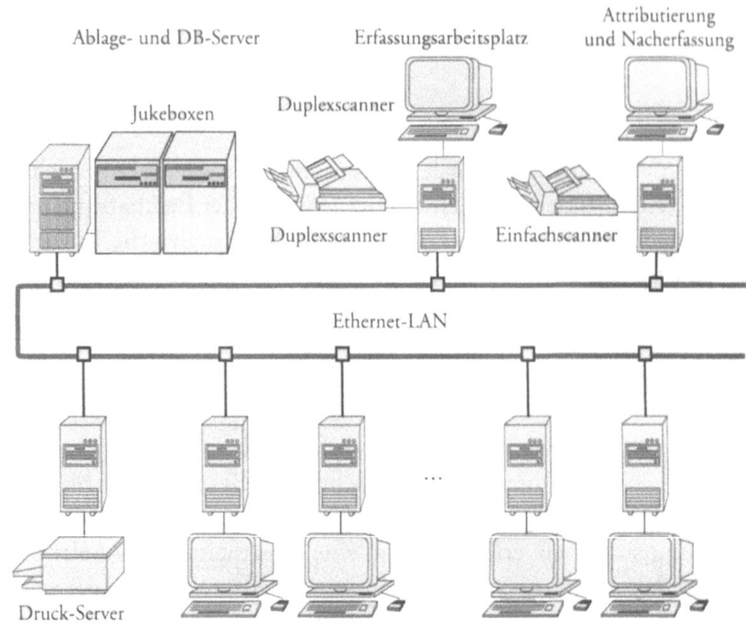

Der Datenfluss

Die Erfassung eingehender Post in der Poststelle erfolgt nach der Vorbereitung der Dokumente. Am Bildschirm erfolgt dabei die Kontrolle der Schriftgutqualität. Dieser Vorgang wird von angelerntem Personal durchgeführt und ist auf eine hohe Erfassungsrate ausgelegt. Versuche zeigten, dass eine Auflösung von 200 dpi für die Aufgabe ausreichend ist. Als Scanner stehen sowohl normale als auch schnelle Duplexscanner zur Verfügung (Duplexscanner können die Vorder- und Rückseite eines Papiers in einem Arbeitsgang erfassen). Die hier eingesetzten Typen erfassen im realen Betrieb bis zu 800 Blätter (beidseitig) pro Stunde und Arbeitsplatz inklusive der Erstindizierung.

Die Attributierung erfolgt an getrennten Arbeitsplätzen von anderen Personen. Bei Problemfällen wird ein Dokument oder eine einzelne Seite am gleichen Arbeitsplatz erneut eingescannt. Zum Attributieren erhält der Anwender die Seiten des Dokuments verkleinert in einem Fenster angezeigt. Mit Zoom-Funktionen kann er sich dabei einzelne Seiten oder Ausschnitte vergrößert anzeigen lassen. Mit der Fertigstellung der Attributierung wird das Dokument vorläufig in das Archiv übernommen. Danach wird es in Papierform an die Sachbearbeiter als Arbeitsantrag weitergeleitet.

Der Sachbearbeiter sucht ein Dokument bzw. eine Akte über die Retrievalfunktion. Für diese Aufgabe kommt man mit einer kleinen Anzahl von Merkmalen aus. Als eindeutiger Ordnungsbegriff wird das Kassenzeichen verwendet.

Einer Akte oder einem Dokument innerhalb der Akte können über eine Notizfunktion Anmerkungen (z.B. zu Telefongesprächen) angefügt werden. Briefe oder größere Zusatztexte zu Akten

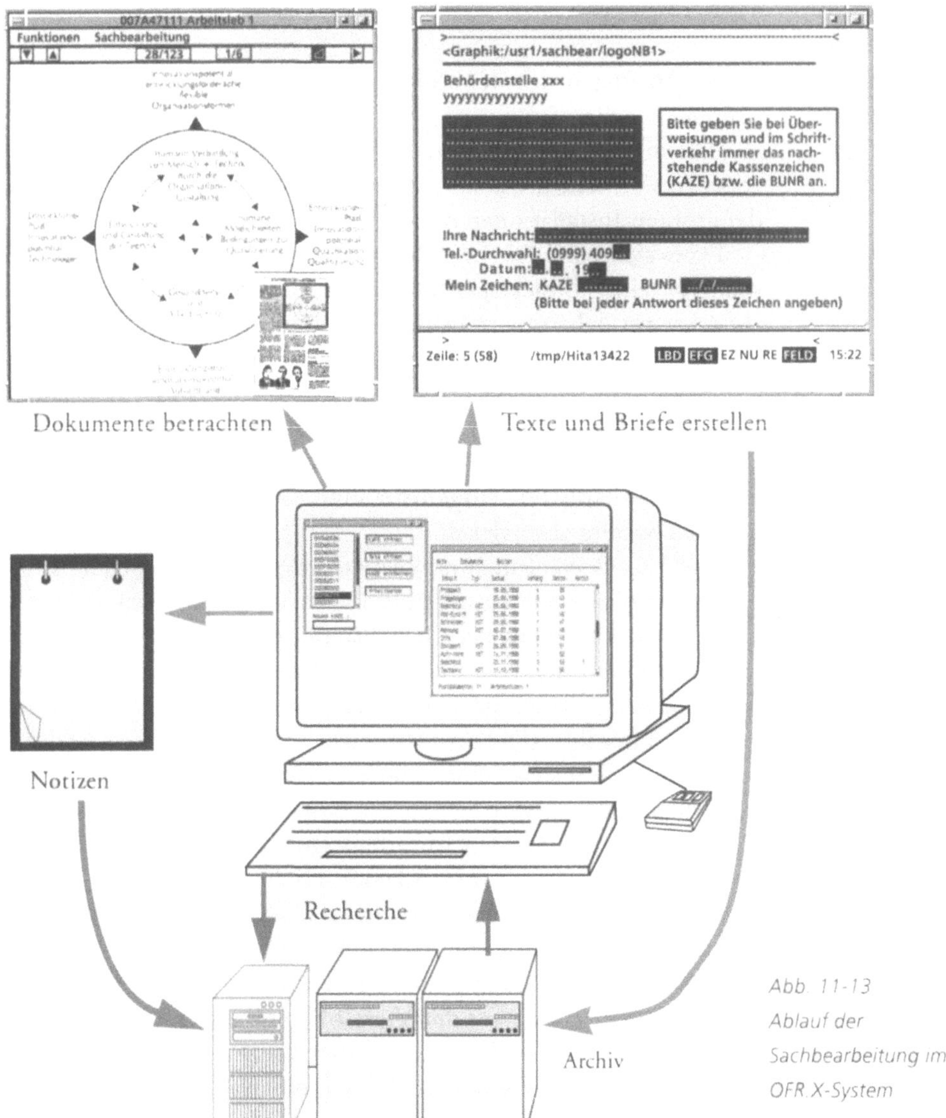

Abb. 11-13 Ablauf der Sachbearbeitung im OFR.X-System

werden mit einem Textsystem erstellt. Dabei wird automatisch ein neues Dokument angelegt und der Akte angefügt. Diese Texte werden wie die Notizen in CI-Form gespeichert. Um dem Problem der Formatfortschreibung zu begegnen, ist geplant, zu dieser programm- und versionsspezifischen CI-Form zukünftig eine neutrale Form (etwa PostScript oder NCI) beizufügen.*

Auf ein ausgefeiltes Workflow-Management-System kann des einfachen Ablaufs wegen verzichtet werden.

** Ein Dokument besteht hier aus einer Folge von Seiten, wobei alle Seiten in CI- oder NCI-Form vorliegen müssen. Eine Akte ist eine logisch zusammengehörende Menge von Einzeldokumenten. Querverweise zwischen Akten sind bisher nicht erforderlich.*

Die Erfahrungen

Die Erfahrungen mit dem System sind nach einem sorgfältig geplanten Einstieg insgesamt positiv. In zwölf regionalen Ämtern werden die (separaten) Systeme inzwischen von etwa insgesamt 1000 Anwendern genutzt – zum Zeitpunkt der Einführung eine der größten Installationen dieser Art in Deutschland.

Da es sich beim OFR.X-System nicht um ein Standardprodukt, sondern eine projektspezifische Realisierung handelte, wurde zunächst ein Arbeitsplatz als Prototyp ausgestattet, an dem die einzelnen Abläufe erprobt und noch notwendige Korrekturen am System ermittelt wurden. Danach erfolgte eine anderthalbjährige Pilotphase des Systems in einer einzelnen Dienststelle. Darin wurden alle mit dem Forderungseinzug beauftragten Mitarbeiter mit Rechnerarbeitsplätzen ausgerüstet und diese Aufgabe vollständig über das System abgewickelt.

Nach der Bewährung und kleineren Systemanpassungen rüstete man schrittweise alle betroffenen Dienststellen mit den Systemen aus. Dort nutzte man (bis zur Umstellung 1998) ein *Multi-Server-System*, bei dem sich das Archiv auf mehrere Server abstützt. Beim Ausfall eines Servers sind dabei zwar die an ihm angeschlossenen Jukeboxen mit ihren Dokumenten nicht mehr verfügbar (es sei denn, man konfiguriert sie an einen anderen Server), die restlichen Daten auf den anderen Servern stehen jedoch weiterhin zur Verfügung.

Die Resonanz bei den Mitarbeitern war positiv, insbesondere da es gelungen war, die bestehenden Dialogverfahren zur Kontoführung mit dem Archivsystem und der Textverarbeitung in einem benutzerfreundlichen Gesamtverfahren zu integrieren.

Eine gewisse produktunabhängige Problematik ergab sich für die Ämter schon früh aus der Vielzahl eingesetzter Workstations** bei Software-Updates. Das konsistente Einspielen neuer Software-Versionen für eine Vielzahl von Rechnern war lange Zeit ein nur unbefriedigend gelöstes Problem.

*** Es handelt sich hier um weitgehend gleichartige Arbeitsplatzrechner!*

Eine Archivlösung kommt in die Jahre

Auch DMS-Lösungen durchlaufen Lebenszyklen. Nachdem die zuvor skizzierte Installation bereits 1987 geplant und 1990 produktiv in Betrieb ging, kamen sowohl zahlreiche neue Betriebssystemversionen als auch neue Rechner- und Speichergenerationen auf den Markt. Obwohl man hier weitgehend mit dedizierten Systemen und Anwendungen arbeitet, lassen sich Korrekturen, Modernisierungen und Hardwareaustausch in mehr als 10 Jahren und über den Rollout für insgesamt 12 Niederlassungen hinweg nicht vermeiden.

Man startete zunächst mit SCO-UNIX-Systemen – sowohl bei den Servern als auch den Desktops. 1991 wurden die Systeme (Server und Clients) durch modernere SNI-UNIX-Systeme aus der MX-Reihe ersetzt. 1996 wurden die Server von solchen der RM-Reihe abgelöst und 1998 auf Mehrprozessorsysteme umgestellt. Auch die zunächst eingesetzten Ricoh-Jukeboxen mit 0,65-MB-WORM-Laufwerken hatten 1996 das Ende ihrer Wirtschaftlichkeit erreicht. Man wechselte deshalb 1996 im Zuge von Erweiterungen auf 1,3-GB-Laufwerke und einen neuen Jukeboxtyp und über ein Migrationsprojekt 1997/98 auf Jukeboxen mit 2,6-GB-WORM-Laufwerken.*

Da der Support für das ursprünglich eingesetzte proprietäre WORM-Ablagesystem nicht mehr ausreichend gegeben war,** entschloss man sich auf das Standard-WORM-Ablagesystem der Firma IXOS zu migrieren und dabei gleichzeitig auf neuere Server-Systeme und neue WORM-Technologie umzusteigen.

In einem nächsten Schritt wurden 2001 die UNIX/SINIX-Desktop-Systeme durch Windows-NT-Systeme ersetzt und dabei neue, auf Windows basierende Anwendungen eingeführt. Dort, wo weiterhin auf UNIX-Anwendungen zugegriffen werden muss, geschieht dies bis zur Ablösung durch reine Windows-Clients in einem X11-Emulationsfenster unter Windows. Um weniger Formatprobleme bei der anstehenden Ablösung der auslaufenden HIT-Textverarbeitung zu haben, werden zu archivierende HIT-Dokumente nun in TIFF konvertiert und als TIFF archiviert. Ablösung des *alten* Textsystems durch (voraussichtlich) MS-Office bzw. MS-Word ist dann der nächste Schritt.

Um dazu nicht den gesamten Datenbestand zum selben Zeitpunkt konvertieren zu müssen, wurde der IXOS-Ablage-Server so erweitert, dass er sowohl die ältere SNI-Ablagesysteme (nicht direkt die WORMs) als auch die neuen IXOS-Systeme unterstützt – das ältere System jedoch nur für einen lesenden Zugriff. Zusätzlich wurden Konvertierungswerkzeuge geschaffen, welche den Altbestand

* *Der Hardware-Support der ersten Jukebox-Generation endete Ende 1999.*

** *Es handelte sich um eine projektspezifische Entwicklung, die zum Zeitpunkt des Ersteinsatzes durchaus noch üblich war.*

(WORM-Ablage und Retrievaldatenbank) in das neuere System übertragen konnten. Noch *aktive Akten* wurden über einen Zeitraum von ca. 12 Monaten (innerhalb jedem der 12 regionalen Ämter) nach und nach konvertiert. Die Gesamtzeit für die Konvertierung erstreckte sich über etwa 18 Monate – neben dem laufenden Betrieb her. Der Migrationsaufwand lag bei ca. 2,5 Personenjahren. Der Gesamtarchivbestand der 12 Standorte betrug Ende 2001 ca. 2 TByte.

Während man im Ursprungssystem Akten jeweils vollständig auf einer WORM ablegte – dafür musste auf aktiven WORMs jeweils ausreichend freier Speicher für eine potentielle Erweiterung einer Akte reserviert werden – gab man dieses Prinzip im neuen System auf. Zu häufig waren Plattenwechsel bei der Neuablage von Dokumenten zu einer Akte notwendig und die dabei auftretenden Zugriffszeiten zu lang. Nun wird zeitsequentiell auf den WORMs abgelegt. Es besteht jedoch die Möglichkeit, bei Abschluss einer Akte alle Komponenten der Akte auf eine (neue) WORM zusammenzuspielen und damit für zukünftige (lesende) Zugriffe wieder optimale Voraussetzungen zu schaffen.

Zur Performance-Verbesserung werden sehr große Caches eingesetzt, die den überwiegenden Teil des aktiven Aktenbestands auf Magnetplatte (RAID-5-System) halten.

Die Scanner hatten eine lange Einsatzdauer, erreichen aber inzwischen auch das Ende ihrer ökonomischen Lebenszeit. Es steht hier deshalb der Austausch gegen neue, deutlich schnellere Modelle an, deren Auswahl in 2002 erfolgen wird. Mit dem Austausch werden auch die UNIX-Scannerarbeitsplätze gegen Windows-basierte Systeme mit neuer Standard-Scan-Software erfolgen.

Da als nächstes der Support der Server-Hardware-Systeme ausläuft, steht 2003 die Migration auf eine neue Server-Hardware-Plattform an. Vorgesehen sind sehr große zentrale UNIX-Multi-Prozessor-Server unter Solaris und der Wechsel auf den dann neuesten IXOS-Ablage-Server (eCONcert 5.x). Neue Jukeboxen werden dann in der 9,1-GB-WORM-Technik beschafft. Zugleich wird man die DMS-Datenbank von Informix, dessen Unterstützung auslaufen wird, auf Oracle umstellen.

Damit ist dann das Gesamtsystem von einer speziell erstellten Lösung – zum Projektstart durchaus sinnvoll und notwendig – weitgehend zu Standardprodukten migriert. Der Vorteil wird dabei nicht nur in höherer Leistung bestehen, sondern auch darin, dass man sich auf einer Standard-Plattform des Anbieters befindet und damit der Support und die Weiterentwicklung flüssiger und zu geringeren Kosten gewährleistet ist.

11.3 DM im kommerziellen Umfeld

In den Bereichen Buchhaltung, Controlling, Personalwesen und Verwaltung fallen erhebliche Papiermengen an und zunehmend auch elektronische Dokumente. Bei diesen Unternehmen kommt es auf eine zügige und konsistente Bearbeitung von Belegen an. Typischerweise setzt eine Bearbeitung unterschiedliche Belege aus diversen Bereichen voraus.

Die zu bearbeitenden Belege bestehen dabei entweder aus Papier, das über Post bzw. Fax von außen in das Unternehmen kommt, oder aus Dokumenten, die im Unternehmen entstehen und nach außen geschickt werden. Diese Dokumente fallen z. B. in den Bereichen Finanzbuchhaltung, Vertrieb, Bestellwesen, Lagerverwaltung oder Warenwirtschaft an.

Die Unternehmen setzen für die Verwaltung typischerweise Programme ein, die auf Großrechnern, auf zentralen UNIX- und zunehmend auch auf NT-Systemen laufen. Die Systeme verwalten die Daten in Form von Belegsätzen, die bei eingehenden Dokumenten bisher durch die manuelle Erfassung der Daten von Papier entstehen. Die ausgehenden CI-Dokumente werden aus Belegsätzen zusammen mit Textbausteinen generiert. Die Belegsätze spiegeln also immer nur einen Teil der tatsächlichen Information des Originalbelegs wieder. Es fallen zusätzlich mehr und mehr CI-Dokumente an – etwa in Form ausgehender Briefe, Drucklisten, Berichten, eingehender eMails oder EDIFACT-Nachrichten oder aus dem Internet stammender HTML-Dokumente.

Um innerhalb der Geschäftsanwendung zusätzlich zu den Belegdaten die Originalbelege anzeigen zu können, bietet sich der Anschluss eines Archiv- oder DM-Systems an die Anwendung an, so dass aus der Anwendung heraus bei Bedarf auf den Originalbeleg zugegriffen werden kann.

Ein DMS bietet hier wesentliche Vorteile, da viele Vorgänge durch die zentrale Verfügbarkeit erheblich vereinfacht werden. Bei der Rechnungsprüfung ist es z. B. erforderlich, auf die Bestellung und den Lieferschein zugreifen zu können – häufig von unterschiedlichen Standorten aus. Kann die Prüfung direkt am Bildschirm aus der Anwendung heraus erfolgen, werden die Bearbeitungs- und Durchlaufzeiten dadurch erheblich verkürzt. Außerdem können Standardabläufe über einen Workflow abgewickelt werden, ohne dass Papier zwischen den einzelnen Abteilungen transportiert werden muss.

Das DMS besteht im Idealfall primär aus einer Archivkomponente für die Dokumentenablage und die -anzeige. Das eigentliche

Retrieval und die Auswahl der relevanten Dokumente findet bei integrierten Systemen in der Geschäftsanwendung statt – das Archivsystem wird also durch Anwendungen – z. B. die Finanzbuchhaltung – gesteuert. Die Attribute zu einem Dokument – das Dokumenten-Repository – sind in diesem Fall typischerweise unter der Kontrolle der Anwendung. Das Archivsystem und die Anwendung teilen sich nur einen Dokumentenschlüssel, der das Dokument eindeutig identifiziert.

Bei der Anzeige ausgehender CI-Dokumente – die zumeist auf ein Formular oder einen Briefbogen gedruckt und verschickt werden – archiviert man in der Regel nur den Inhalt ohne das Formular. Beim Retrieval ist es dann wünschenswert, das Dokument zusammen mit dem primären Formular anzuzeigen, so dass bei einer Anfrage dem Bearbeiter das gleiche Dokument wie dem Kunden vorliegt. Dies ist insbesondere dann von Bedeutung, wenn auf dem Formular Geschäftsbedingungen abgedruckt sind. Man sollte z. B. bei einem Rechtsstreit das Dokument in der Form reproduzieren können, wie es dem Kunden zugegangen ist.

Da in diesen Applikationen eine sehr große Dokumentenmenge zu verwalten ist, müssen nach einiger Zeit Daten ausgelagert werden. Diese Auslagerungen werden je nach Größe des Unternehmens ein bis zwei Jahre nach Ende des Geschäftsjahres oder jeweils beim Abschluss eines Quartals durchgeführt. Die Belegsätze sind dann nicht mehr direkt aus der Applikation zugreifbar. Das Archivsystem bietet die Speicherung der Altbestände an, so dass sich diese bei Bedarf wieder in das System zurückholen lassen.* Zusätzlich lässt sich bei geeigneter Organisation und Ablageform auch direkt in den Altbeständen nach Belegen suchen. Da dies statt in der Datenbank sequentiell im Archivsystem abläuft, erfolgt die Suche dann allerdings langsamer und zumeist mit weniger Recherche-Attributen als in der nichtausgelagerten Phase.

* *Diese Funktion muss jedoch explizit vom Anwendungssystem unterstützt werden!*

ERP = ›Enterprise Resource Planning‹

Einige der eingesetzten ERP-Systeme besitzen bereits eigene Workflow-Komponenten, die zumindest innerhalb des Systems stark integriert sind. Sollen deshalb ERP-Workflows realisiert werden, setzt man vorzugsweise auf die integrierte Lösung, da diese die Business-Objekte und die ERP-Transaktionen am besten unterstützen.**

** *Ein Beispiel dafür ist im Abschnitt 11.3.2 beschrieben.*

Bei Workflows über verschiedene Systeme hinweg stoßen die integrierten WF-Systeme jedoch schnell an ihre Grenzen. Bei offenen WF-Schnittstellen, wie im *Interface 4* des WfMC-Referenzmodell beschrieben, lassen sich hier die Workflows zwischen unterschiedlichen WF-Systemen übergeben. Hierfür wird zunehmend die Wf-XML-Schnittstelle eingesetzt.

Zum WfMC-Referenz-Modell siehe Kapitel 3.4.

11.3.1 Dokumenten-Management in SAP-R/3

Sowohl im kommerziellen R/3-Umfeld als auch dort, wo R/3-Systeme Schnittstellen zu technischen Anwendungen wie PPS, CAD und ähnlichen Bereichen besitzen, fällt eine immer größere Anzahl von Belegen und Dokumenten an. Sie liegen noch überwiegend als Papier vor und müssen vielfach aus betriebswirtschaftlichen oder steuerrechtlichen Gründen, für Qualitätsnachweise oder aus anderen Gründen über längere Zeit aufbewahrt werden.

Die Ablage, die Organisation sowie der Zugriff auf solche Papierdokumente wird bei großer Anzahl aufwändig hinsichtlich

- der Raum- und Lagerkosten
- des Transports (Transport- und Liegezeiten, sowie der Aufwand für die Verteilung),
- der Such- und Zugriffszeiten,
- des Verlegens oder des Verlorengehens solcher Papierdokumente,
- des gleichzeitigen Zugriffs, auch von entfernten Lokationen.

Hier ergibt sich die Notwendigkeit, diese Papierdokumente zu erfassen und als elektronische Dokumente zu speichern. Ein solcher Ansatz vermeidet den Medienbruch zwischen Papier- und elektronischen Dokumenten, gestattet eine wesentlich raumsparendere Aufbewahrung, eine automatisierte Ablage, die effiziente, rechnerbasierte Suche nach solchen Dokumenten, sowie den schnellen und gleichzeitigen Zugriff auch mehrerer Personen auf diese elektronischen Dokumente. Die Zugriffsmöglichkeit von entfernten Lokationen ist als weiterer Vorteil zu nennen. Die Liegezeiten solcher elektronischen Dokumente sind kürzer, und der Transport und Versand per eMail oder Fax ist schneller und billiger als der von Papier.

Auch in der SAP-Web-Lösung, welche es gestattet, Waren und Dienstleistungen aus R/3 heraus über das Internet anzubieten, fallen vielfach Daten an,* die man nicht in der Datenbank von R/3 speichern, sondern in einem externen Archiv halten möchte, die aber in den HTML-Seiten der Angebote referenziert werden können.

* *z. B. Images, Audio- oder Video-Clips, Produktprospekte usw.*

11.3.1.1 Das SAP ArchiveLink-Konzept

Obwohl das globale ArchiveLink-Konzept bereits in Kapitel 2.13.3 vorgestellt wurde, soll es hier nochmals im Zusammenhang erläutert werden.

Als sich zunehmend der Bedarf nach der Unterstützung optischer Archive durch R/3 abzeichnete, initiierte die SAP die Konzeption einer allgemeingültigen Schnittstelle zwischen R/3-Modulen und optischen Archiven. Die Konzeption wurde 1993 konkretisiert und in Zusammenarbeit mit der Firma IXOS realisiert. Dazu wurde auf der einen Seite eine Programmschnittstelle (ein API) für R/3-Applikationen geschaffen, welche die R/3-Anwendung zum Ansprechen von Archiven nutzen können, ohne dass sie dabei die Unterschiede verschiedener angeschlossener Archive berücksichtigen müssen. Die zweite Schnittstelle definiert ein Interface, an dem sich optische Archive an R/3 ankoppeln können, ohne dass der Anbieter allzu tief in die Interna von R/3 einsteigen muss. Sie isoliert den Archivanschluss weitgehend von R/3-Erweiterungen und neuen R/3-Versionen.

Zu diesem als *SAP ArchiveLink* bezeichneten System gehören auch die Viewer zur Anzeige archivierter Dokumente. Die hier von der SAP mitgelieferten Anzeigemodule sind speziell auf die SAP-Dokumente (siehe weiter unten) ausgelegt. Sie sind im Standardfall deshalb bei allen angeschlossenen Archiven identisch – zumindest für die SAP-Dokumente.

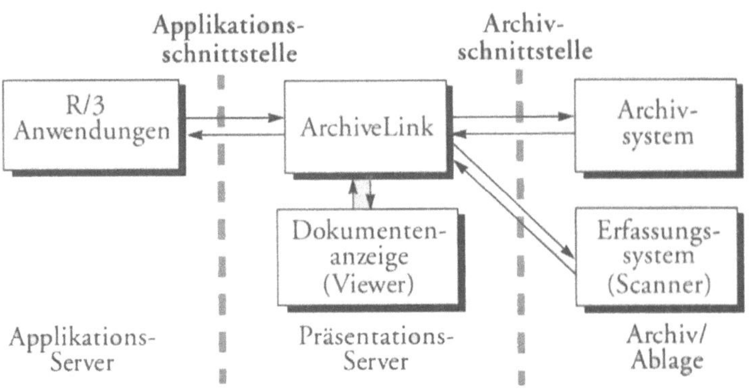

Abb. 11-14 Schema von SAP-ArchiveLink und seinen Schnittstellen

Mit dem ArchiveLink-API wurde von der SAP die Archivierung von Dokumenten in eine Reihe wesentlicher R/3-Module integriert. Dies wird von Release zu Release ausgebaut. Mit R/3 Release 4.0 ist die Unterstützung z. B. in Modulen wie FI, CO, SD, SAPoffice, HR, MM/PPS und PP gegeben. Daneben besitzt ArchiveLink eine hohe Integration mit dem R/3-Dokumenten-Verwaltungs-System – dem Modul DVS.

Die erstmals mit R/3 V 2.1 freigegebene ArchiveLink-Schnittstelle kann auch vom Kunden in eigenen mit ABAP/4 erstellten Anwendungen oder entsprechenden kundenspezifischen Erweiterungen von R/3-Modulen eingesetzt werden.

Seit R/3 V 3.0 bietet die SAP ein objektorientiertes Workflow-System an, welches Konformität zu den WfMC-Schnittstellen bietet.* Hiermit lassen sich Dokumente in elektronischer Form aufgaben- bzw. geschäftsprozessorientiert durch das Unternehmen leiten. Damit steht ein wesentlicher Baustein zum so genannten *Business Re-Engineering* zur Verfügung. Das mit R/3 Release 3 nochmals deutlich erweiterte Workflow-System gestattet dann eine sehr feine Steuerung dokumentorientierter Betriebsabläufe und ebenso eine terminliche Kontrolle von Vorgängen. Die Bedeutung des SAP *Business Workflow Systems* wird deutlich wachsen mit der für Release 4.0 von R/3 vorgesehenen stärkeren Untergliederung des Gesamtsystems in mehrere selbstständig laufende Anwendungsbereiche. Dann dürfte das WF-System stärker als bisher als *Klebstoff* und Transportmittel zwischen den Anwendungen fungieren.

* *Siehe hierzu Kapitel 3.3.*

Standardschnittstelle schafft viele Anbieter

Auswahl zwischen mehreren Anbietern

Die von der SAP konzipierte Schnittstelle zwischen einem Archiv- oder DM-System und R/3 bewirkte, dass inzwischen zahlreiche DMS-Anbieter den Anschluss ihrer optischen Ablagesysteme sowie ihrer Scanner-Erfassungssysteme an ArchiveLink realisiert haben. Hierzu zählen z.B. Easy-Archive, FileNet, IBM, IXOS oder SER. Insgesamt gibt es etwa 35 SAP-zertifizierte Anbieter.** ArchiveLink gibt es inzwischen für alle R/3-Plattformen. Viele Anbieter stellen DM-Lösungen sowohl unter Verwendung von UNIX-Servern als auch unter Windows NT zur Verfügung. Damit steht dem R/3-Anwender eine an seine Systemumgebung und seine Anwendungsbedürfnisse angepasste Auswahl von Archivlösungen zur Verfügung.

** *Stand: Ende 1998*

zertifizierte Anschlüsse

Seit 1994 zertifiziert die SAP nach entsprechenden Tests die Realisierung solcher Anschlüsse und gibt dem Kunden damit für die zertifizierten Produkte eine erhöhte Funktions- und Investitionssicherheit.

11.3.1.2 R/3-Dokumente im Archiv

R/3 kennt eine Vielzahl unterschiedlicher R/3-Dokumente. Für die Archivierung wurden weitere Dokumententypen eingeführt – darunter ein Faksimile-Dokumententyp für Dokumente, die von Papier eingescannt oder per Faxsystem empfangen wurden. In der bisherigen ArchiveLink-Realisierung können folgende Dokumente archiviert werden:

- **Eingehende Originalbelege** (Papierdokumente)
  z.B. Rechnungen, Lieferscheine, Bestellungen, Briefe, Reklamationen.* Diese werden als Faksimiledokumente im TIFF-Format abgelegt. Hierzu sind auch im Unternehmen entstandene Papierdokumente zu zählen, wie etwa interne Bestellanforderungen, Prüfdokumente, Zeichnungen.

** Hierzu zählen auch eingehende Faxe.*

- **Ausgehende Belege** (aus R/3-Sicht)
  z.B. in R/3 erzeugte Rechnungen, Bestellungen, Angebote, Auftragsbestätigungen, Briefe, Materiallisten, Warenbegleitscheine, usw. Diese werden als CI-Daten im SAP-OTF-Format bzw. ab Version 4 als PDF abgelegt. Hier können beliebige SAPOffice-Dokumente archiviert werden.

OTF ist das SAP-Ausgabeformat für formatierte Texte. Hierfür wird seit R/3 V4.0 auch das PDF-Format unterstützt.

- **Drucklisten**
  z.B. Einzelpostenjournal, kumulierte Kontenschreibung, klassische Kontenschreibung, Belegjournale, Auftragsübersichten, Lifo-Bewertungen, PPS-Stücklisten, Lohnkonten, usw. Sie werden im SAP-ALF-Format gespeichert.

ALF ist ein SAP-spezifisches erweitertes ASCII-Format.

- **Reorg-Daten**
  Hierbei handelt es sich um logische Datenbanksätze,** die ausgelagert werden, um den Datenbankumfang des R/3-Systems zu reduzieren. Diese Reorg-Dateien sind in der Regel sehr umfangreich und sequentiell aufgebaut.
  Seit Release 3 bietet R/3 auch hierfür die Möglichkeit der Archivierung über ArchiveLink und eine neue einfache Verwaltung solcher Reorg-Dateien. Alternativ zu ArchiveLink ist eine Speicherung auf Band, CD oder HSM möglich.

*** z.B. von abgeschlossenen Buchungsvorgängen*

- **Beliebige weitere Dateien**
  können über DVS, SAPoffice oder die Fax-Erfassungsszenarien erfasst, attributiert und verwaltet werden.

11.3.1.3 Dokumentenübernahme

Die Erfassung von Dokumenten über Scanner ist – verglichen mit der Übernahme elektronischer Dokumente – arbeits- und speicherintensiv. Da eine elektronische Texterkennung/Textumwandlung der typischen hier betrachteten Dokumente in der Regel nicht wirtschaftlich ist, werden so erfasste Dokumente als so genannte NCI-Dokumente gespeichert.

Dokumente und zu archivierende Informationen, die in R/3 erzeugt werden – hierzu gehören z. B. ausgehende Briefe, Bestellungen, Anschreiben, Auftragsbestätigungen, Lieferscheine – können über entsprechende Menüfunktionen direkt im CI-Format archiviert werden. Für ausgehende Briefe und Ähnliches wird bis R/3 3.x das SAP-OTF-Format* verwendet; ab Version 4 wird das Adobe-PDF-Format eingesetzt. Für Drucklisten kommt das SAP-ALF-Format zum Einsatz. Diese CI-Formate erlauben eine wesentlich kompaktere Speicherung (etwa um den Faktor 10 bis 20) als das NCI-Format von Images. Bei den CI-Formen (OTF, PDF und ALF) entfällt natürlich auch das – verglichen mit der Direktübernahme – arbeits- und zeitintensive Scannen mit anschließender Qualitätsprüfung der erfassten Dokumente. R/3-Applikationen, welche die Archivierung solcher von R/3 erzeugten Dokumente unterstützen, bieten die Archivierungsfunktion in der Regel in erweiterten Druck- oder Report-Dialogen bzw. dafür vorgesehene Customizing-Einstellungen an.

** OTF ist konzeptionell an PostScript angelehnt. Es wird ab R/3 Release 4 durch PDF abgelöst, von der SAP und den DMS-Anbietern jedoch weiterhin unterstützt.*

11.3.1.4 R/3-fremde Dokumente

In einem Unternehmen fallen neben den R/3-Belegen auch solche Dokumente an, die keine oder nur eine schwache Verknüpfung zu R/3-Objekten besitzen, jedoch ebenfalls archiviert und administriert werden sollen. Hierzu zählen z. B. PC-Dokumente aus Word oder Excel und andere auf einem PC oder einer UNIX-Workstation laufenden Applikationsdateien, technische Zeichnungen, externe Stücklisten oder Ähnliches. Für solche Dokumente bieten sich drei Lösungen an:

Die spezielle Archivlösung

- Man setzt eine vom Archiv-Anbieter geschaffene dokumentenspezifische Lösung ein. Diese lässt sich auf Art und Organisation der Dokumente abstimmen und nutzt lediglich die gleichen Erfassungs- und Ablagesysteme wie das R/3-Archiv. Der Vorteil liegt hier in einer potentiell optimalen Anpassung der Lösung an die speziellen Anforderungen. Der Nachteil besteht in der Regel in deutlich höheren Kosten für die zusätzlichen Module und Anpassungen und in dem Umstand, dass eine weitere Bedienung und Oberfläche erlernt werden muss.

Stehen die Dokumente in Beziehungen zu R/3-Objekten, so fehlt häufig die Gesamtsicht – z.B. in Form einer Akte mit allen logisch zusammengehörigen Dokumenten –, in denen sowohl die R/3- als auch die externen Objekte sichtbar sind. Hier ist ein Export der R/3-Attribute denkbar, die dann zusammen mit den Verweisen auf die archivierten R/3-Dokumente in der externen Sicht gespeichert werden. Als Nachteil erweist sich hier die Redundanz und die dabei möglichen Inkonsistenzen zwischen der R/3- und der externen Sicht.

Der SAPoffice-Ansatz

- Der R/3-Modul SAPOffice gestattet nicht nur, in R/3 erstellte Dokumente abzulegen, sondern erlaubt dies mit allen Arten von Dateien – auch R/3-fremden. Bei der Ablage kann eine hierarchische Struktur (Folder, Subfolder, ..., Dokument) angelegt werden. Die Attributierung erfolgt neben dem Dokumententyp über Schlagworte; weitere Attribute sind nicht möglich. Bei der Dokumentenrecherche kann neben einem Schlagwort auch der Folder-Bereich vorgegeben werden. Zur Anzeige der so abgelegten Dokumente lassen sich über spezielle Pflegedialoge spezielle Viewer vorgeben, welche über OLE, DDE oder einen exec-Aufruf eingebunden werden können. Die Wahl des Viewers erfolgt über den Dokumententyp.*

  Die so abgelegten Dokumente werden in der R/3-Datenbank abgelegt. Eine explizite Archivierungsfunktion überträgt die Datei in das über ArchiveLink angebundene Archiv und ersetzt das Dokument in der Office-Ablage durch die Referenz auf das archivierte Objekt.

** Diese Art der Einbindung fremder Viewer ist bei allen Arten der ArchiveLink-Anbindung möglich.*

Der DVS-Ansatz

- Man setzt hierzu den R/3-Modul DVS ein. Dessen Fokus ist zwar zunächst auf technische Dokumente ausgerichtet; DVS lässt sich jedoch in weiten Grenzen auch an andere Dokumente anpassen.

11.3.1.5 DVS – R/3 Dokumenten-Verwaltungssystem

Die R/3-Anwendung DVS stellt ein mächtiges, eigenständiges DMS dar. Hierin lassen sich sowohl aus R/3 übernommene Objekte – etwa Stücklisten – handhaben als auch R/3-fremde Dateien wie etwa CAD-Zeichnungen, eingescannte Dokumente oder PC-Dateien. Mehrere logisch zusammengehörende Objekte lassen sich strukturiert zusammenfassen – etwa in Form einer Akte oder einer Gruppe, welche z. B. alle zu einer Konstruktion gehörigen Dokumente enthält wie Zeichnungen, Stückliste, Einbauanleitung und Verweise auf Lieferanten.

Zu jedem Dokumententyp werden (in R/3-Tabellen) Informationen hinterlegt, die definieren, welches Programm zur Anzeige und Bearbeitung aktiviert werden soll. Auf diese Weise unterstützt DVS z. B. die Archivierung von Word-, AmiPro- oder beliebigen anderen PC-Applikationsdateien. Soll ein solches Dokument wieder angezeigt werden, so aktiviert DVS automatisch z. B. das entsprechende Text- oder CAD-Programm. Dabei unterscheidet DVS zwischen einer Anzeige und einer Bearbeitung, um sie etwa separat zu verschicken oder isoliert zu bearbeiten.

Zur Bearbeitung aktivierte (*ausgecheckte*) Dokumente werden von DVS automatisch als *neue Dokumente* betrachtet und entweder als ein komplett neues Dokument angelegt oder als neuere Version des zuvor abgerufenen Dokuments registriert.

Die in DVS angebotene Versionsverwaltung ist insbesondere bei technischen Zeichnungen, Stücklisten und technischen Handbüchern sinnvoll.

DVS bietet neben einer Versionsverwaltung von Dokumenten auch ein Statusmodell mit definierbaren Statusnetzen, mit denen angegeben werden kann, welcher Mitarbeiter welchen Status verändern darf und was nach einer Statusänderung erfolgen soll. Eine solche Statusverwaltung von Dokumenten ist z. B. für spezielle Freigabeverfahren von Dokumenten erforderlich und stellt eine einfache Workflow-Komponente dar. Sie erlaubt z. B. bei definierten Statusübergängen die Benachrichtigung von definierten Personen per eMail – etwa den für Freigaben zuständigen Sachbearbeiter, wenn eine Zeichnung überarbeitet wurde.

Ergänzt wird DVS durch das R/3-Klassifikationssystem, mit dem das Dokument mit weiteren Attributen versehen und strukturiert nach Klassen recherchiert werden kann.

11.3.1.6 Archivierungsstufen

Siehe hierzu Abb. 2-25 auf Seite 105.

Die Zugriffshäufigkeit entwickelt sich bei den meisten Dokumenten nicht linear, sondern ist typischerweise in den ersten Wochen nach dem Erfassen groß und nimmt danach ab.* So wird die Zugriffshäufigkeit zur Bearbeitung, zur Klärung von Unstimmigkeiten und Rückfragen zunächst relativ hoch sein, bei kommerziellen Dokumenten eventuell nochmals eine gewisse Spitze beim Monats- oder Jahresabschluss erleben und danach schnell abnehmen.

Das ArchiveLink-Konzept berücksichtigt dort, wo Massenbelege auftreten (z. B. bei FI, CO, SD, MM, PPS), diese Zugriffshäufigkeit durch ein zweistufiges Archivierungs-/Retrievalkonzept und löst damit das Problem der stark anwachsenden Datenbanken bei großen Belegmengen:

Die Aktivphase

- Die erste Stufe deckt die Phase ab, in der mit hoher Wahrscheinlichkeit auf das Dokument zugegriffen wird. In ihr sind die Dokumente (z. B. Rechnungsbelege in FI) schnell und komfortabel über die normalen Suchmechanismen der entsprechenden Applikation (in unserem Beispiel FI) zu finden. Dem Anwender ist dies bereits als Teil seiner Standardarbeit mit der Applikation geläufig. Die Recherchemöglichkeiten werden hier von der R/3-Applikation und nicht vom Archivsystem gestellt.

Die Langzeitphase

- Die zweite Stufe tritt ein, wenn die Zugriffshäufigkeit sinkt und der normale Bearbeitungszeitraum eines Dokuments abgeschlossen ist – das Dokument jedoch, wie z. B. im Buchhaltungsbereich üblich, aus Gründen des Steuer- und Wirtschaftsrechts noch weiter aufbewahrt werden muss. Hier erfolgt in R/3 im Standardfall die Auslagerung der Datenbankbestände abgeschlossener Vorgänge in Reorg-Dateien, die man auf Band oder CD legt. Damit fehlen die Daten, welche zur bisher benutzten Recherche erforderlich sind. Man kann jedoch die Indexdaten – eventuell reduziert – auch im R/3 halten und damit später weiter recherchieren.
  Vor der Auslagerung (dem Reorg-Lauf) wird bei ArchiveLink deshalb eine (applikationsspezifische) Archivdruckliste erzeugt, die weitgehend analog zu den bereits bekannten Papierdrucklisten ist. In ihr sind in komprimierten Form (z. B. in Form einer kumulierten Kontenschreibung) die Buchungsdaten eines Zeitraums enthalten. Im Gegensatz zur Papierdruckliste enthält die Archivform (verdeckt und zunächst in der Anzeige nicht sichtbar) jedoch Verweise auf die archivierten Belege zu

einem Vorgang sowie zusätzliche Indexinformationen.
Die Listen selbst werden in einer einfachen Drucklistenverwaltung gehalten und können dort gesucht und zur Anzeige gebracht werden. Nun lassen sich – entsprechend aufbereitete Drucklisten vorausgesetzt – in der Druckliste Vorgänge suchen und aus dem angezeigten Vorgang heraus die dazugehörigen Belege anzeigen. In dieser Phase fungiert also die archivierte Druckliste neben ihrer Funktion als elektronische Druckliste zusätzlich als Recherche-Instrument für die Belege ausgelagerter (reorganisierter) Datenbestände.
Dadurch, dass diese elektronischen Drucklisten zusammen mit Suchindizes abgespeichert werden, lässt sich dort natürlich sehr viel gezielter und schneller nach einzelnen Vorgängen (z. B. Buchungen) suchen als in umfangreichen und unübersichtlichen Papierlisten. Möchte man zu einem Buchungsvorgang die dazugehörigen Originalbelege einsehen, so aktiviert man durch einen Doppelklick auf das Buchungsobjekt deren Anzeige. Aus der Anzeige heraus wiederum ist auch ein Ausdrucken oder Versenden per Fax möglich.

Daneben bieten spezielle Datenbankauslagerungen eine dritte Variante:

Datenbank-reorganisation

- Datenbankauslagerung mittels eines Reorg-Laufs
  Eine dritte Möglichkeit ist die Auslagerung von Datenbanksätzen mittels eines *Reorganisationslaufs*. Hierbei werden, statt eine spezielle Druckliste zu erzeugen, so genannte *Reorg-Daten* ausgelagert – d. h. einzelne Datenbanksätze bzw. DB-Bereiche. In diesen Reorg-Daten lässt sich später wieder – über entsprechende R/3-Interpreter – nach einzelnen Datensätzen suchen und diese anzeigen. Reorg-Daten lassen sich im Gegensatz zu Drucklisten auch in die R/3-Datenbank zurückladen. Dies setzt jedoch spezifische Rücklade-Module voraus.

Abschnitt 11.3.1.13 geht nochmals ausführlicher auf die Archivierung von Reorg-Daten ein.

11.3.1.7 Archivierungszenarien

Eine der wesentlichen und kostenintensiven Schritte bei papierbasierten Dokumenten ist die Erfassung – d.h. das Scannen, Klassifizieren und die Eingabe von Merkmalen, die später zur Suche herangezogen werden – soweit diese nicht bereits in R/3 verfügbar sind. Wie und zu welchem Zeitpunkt dies zu geschehen hat, ist ein wesentlicher Planungspunkt bei der DMS-Einführung.

Da Arbeitsabläufe, Personalstruktur, IT-Struktur und andere betriebliche Gegebenheiten unternehmensspezifisch sind, passt ein einziges Organisationsverfahren hier nicht auf alle Betriebssituationen. SAP-ArchiveLink trägt dem Rechnung, indem es unterschiedliche Erfassungsszenarien unterstützt, die sich im wesentlichen in drei Verfahren untergliedern lassen. Der organisatorische Umstellungsaufwand bei der Einführung eines solchen Systems nimmt in der Reihenfolge der beschriebenen Verfahren zu:

- **Spätes Archivieren**
  Hier wandert das Papier zur Sachbearbeitung. Dort erfolgt die Buchung vom Papier. Danach gelangt das Papier zum Scannen.

- **Archivieren bei der Bearbeitung**
  Hier erhält der Bearbeiter wie zuvor das Papier auf konventionellem Weg, scannt es zunächst ein, begutachtet es danach (z.B. in einer elektronischen Akte) und führt die Bearbeitung durch – sofern die einfache Ablage nicht genügt. Alternativ kann er zunächst das Papier bearbeiten, um es anschließend einzuscannen. Erfassung und Bearbeitung erfolgen hier also zusammenhängend.

- **Frühes Archivieren**
  Hierbei werden eingehende Originalbelege möglichst früh eingescannt – in der Regel bereits in der Poststelle. Auf elektronischem Weg bzw. per R/3-Vorgangsbearbeitung gelangen sie dann zur Sachbearbeitung, wo sie im elektronischen Eingangskorb des Sachbearbeiters erscheinen. Aktiviert der Bearbeiter den Eintrag, so wird einerseits das Dokument auf dem Bildschirm angezeigt und zugleich die dazugehörige Verarbeitungstransaktion aufgerufen. Hierbei geschieht die Bearbeitung vollständig am Bildschirm. Nach der erfolgreichen Verarbeitung löscht R/3 das Dokument aus dem Eingangskorb.

Jedes dieser Verfahren hat seine spezifischen Vor- und Nachteile und typischen Einsatzgebiete. Die Verfahren sollen deshalb nachfolgend ausführlicher betrachtet werden.

11.3.1.8 Szenario ›Spätes Archivieren‹

Beim Szenario ›Spätes Archivieren‹ erfolgt das Scannen nach der Bearbeitung eines Dokuments. Am Beispiel einer eingehenden Rechnung wäre dies, nachdem die Rechnung konventionell vom Papier herunter gebucht wurde. Das Papier wandert nach der Bearbeitung zu einer zentralen Erfassungsstelle und wird dort eingescannt und danach den SAP-Belegen zugeordnet. Hierzu unterstützt ArchiveLink zwei unterschiedliche Versionen:

- unter Verwendung eines Barcodes zur Dokumentenidentifikation oder
- unter Verwendung der SAP-Belegnummer, die man manuell auf das gebuchte Dokument überträgt.

Ablauf beim späten Archivieren

Die Eingangspost wird in beiden Fällen in Papierform zum Sachbearbeiter verteilt. Dieser führt die Bearbeitung (z. B. Buchung) vom Papier durch.

ohne Barcode

Beim Buchen wird die SAP-Belegnummer von R/3 angezeigt und manuell auf dem Originalbeleg (auf Papier) vermerkt.

mit Barcode

Der Beleg hat zuvor (entweder im Posteingang oder beim Sachbearbeiter) einen Barcode erhalten (nur jeweils die erste Seite eines mehrseitigen Dokuments).

In der SAP-Applikation erscheint (durch entsprechende Voreinstellung) bei jedem Buchen ein spezielles Popup-Fenster. Hier wird die Barcode-Nummer über einen an der Tastatur angeschlossenen Barcode-Stift oder eine Barcode-Lesepistole übertragen oder einfach manuell eingegeben. Die Applikation trägt sie zusammen mit der SAP-Belegnummer und der Art der Applikation (Objekt-ID und Objekttyp) in eine Barcode-Tabelle ein. Die Barcode-Nummer ermöglicht später die automatisierte Zuordnung des archivierten Dokuments zur Buchung bzw. zum SAP-Beleg.

Die Originalbelege wandern danach zum (in der Regel zentralen) Scannen. Der Beleg wird eingescannt, auf ausreichende Wiedergabequalität geprüft und die Dokumententrennung durchgeführt (d. h. soweit notwendig, die einzelnen Seiten eines mehrseitigen Dokuments zu einem Dokument gruppiert).

beide Verfahren

Der Erfasser stellt in R/3 eine anwendungsspezifische Erfassungsmaske (Erfassungstransaktion) ein. Dies ist nur einmal pro Anwendungsbereich bzw. Dokumentenstapel notwendig, setzt jedoch voraus, dass die Belege bereits nach Belegart (Rechnung,

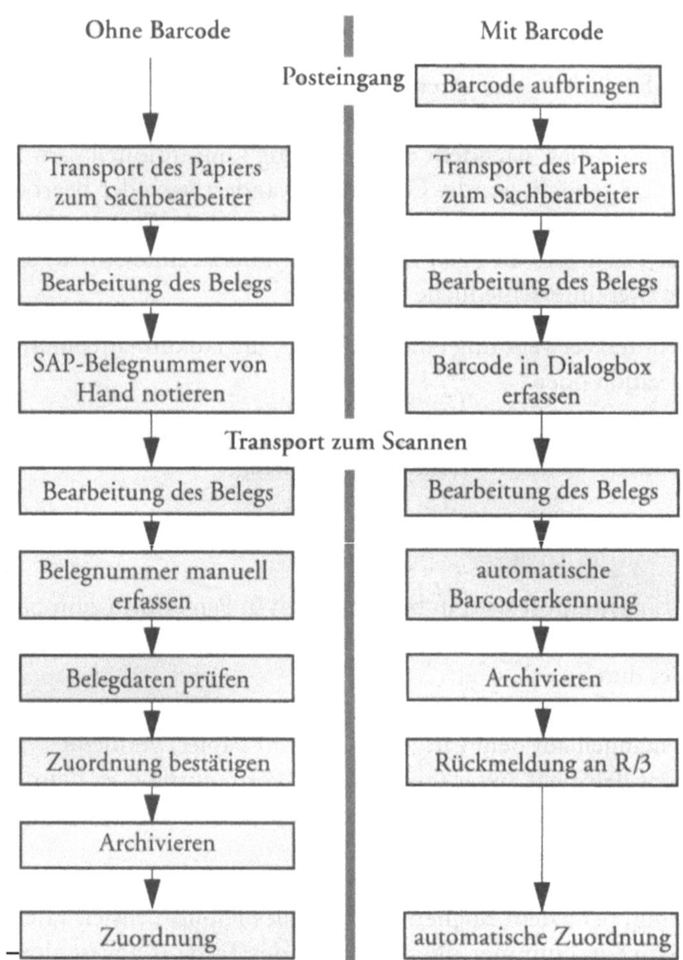

Abb. 11-15 Ablaufschema beim späten Archivieren

Bestellung, Lieferschein usw.) vorsortiert sind. Eine solche Sortierung ergibt sich fast automatisch, da die Dokumente gesammelt aus den verschiedenen Bearbeitungsbereichen angeliefert werden. Ist diese Vorsortierung nicht gegeben, so ist eventuell ein Erfassungsmaskenwechsel von Beleg zu Beleg erforderlich.

In die Erfassungsmaske gibt man die Belegnummer ein. Die Erfassungstransaktion aktiviert damit ein Prüffenster, welches (applikationsspezifisch) die wesentlichen Daten des SAP-Belegs anzeigt. Dies ermöglicht eine nochmalige Prüfung. Durch die Bestätigung wird

- das Dokument archiviert,
- die Zuordnung (Buchung zur Dokumenten-Identifikation) in den zentralen Verknüpfungstabellen durchgeführt,

- das Dokument (vom Archivsystem) aus der Erfassungswarteschlange entfernt und
- das nächste Dokument vom Erfassungssystem angezeigt.

Danach wird die Bearbeitung mit dem nächsten Beleg fortgesetzt, bis alle Dokumente verarbeitet sind oder man die Bearbeitung beendet.

Erfassung mit Barcode

Durch eine spezielle Funktion im Erfassungssystem wird die automatische Barcode-Erkennung aktiviert. Bei erkanntem Barcode archiviert die Erfassungsapplikation das Dokument und schickt seine Identifikation zusammen mit der Barcodenummer in eine Batch-Queue zur automatischen Zuordnung.

Ein Batch-Prozess arbeitet danach die Vorgangsobjekte aus dem Auftragsstapel ab und ordnet die Dokumente den entsprechenden SAP-Belegen zu. Tritt bei der Zuordnung ein Fehler auf, z. B. weil die Barcode-Nummer nicht in der R/3-internen Barcode-Liste vorhanden ist oder die SAP-Belegnummer nicht mehr existiert, so wird automatisch ein neuer Vorgang erzeugt, der das Dokument an einen für den Fehlerfall festgelegten Adressaten schickt. Dieser kann das Dokument dann begutachten und entweder direkt bearbeiten, indem er die entsprechende R/3-Transaktion aufruft oder an einen zuständigen Bearbeiter weiterleiten.

Vor- und Nachteile des späten Archivierens

Der Vorteil dieses Verfahrens besteht darin, dass der Arbeits- und Papierfluss weitgehend wie bisher in den Unternehmen üblich ablaufen kann. Organisatorische Umstellungen mit ihren zeitlichen und psychologischen Problemen sind hierbei geringer als in den beiden anderen Erfassungsszenarien.

Ein anderer Vorteil liegt darin, dass Papiere (z. B. eine Rechnung) vor ihrer Erfassung noch Prüfungen unterzogen und abgezeichnet werden können. Diese Abzeichnungen* werden mit erfasst. Hierzu benötigt das Szenario des ›frühen Archivierens‹ die Möglichkeit elektronischer Stempel (Abzeichnungen, Unterschriften und Annotationen).

** z. B. Stempel, Unterschriften, Korrekturen*

Die Arbeitsplätze der Sachbearbeiter – und dies ist beim Einsatz von R/3 die größte Anzahl – erfordern keine spezielle Ausstattung (z. B. keine großen, hochauflösenden Bildschirme). Solche Arbeitsplätze sind jedoch später beim Abruf der Dokumente erforderlich – können aber zumeist auf spezielle, dafür ausgelegte Kontrollarbeitsplätze beschränkt werden.

Das Verfahren nutzt nicht das volle Potential von Image-Systemen, das z. B. in einer elektronischen Verteilung von Dokumenten bestehen kann. Die Wahrscheinlichkeit für ein Verlorengehen und eine Beschädigung der Papiere auf dem Transport zwischen Posteingang und Bearbeiter und von diesem zur nachgeschalteten Erfassung ist hier deutlich höher als im Szenario ›Frühes Archivieren‹. Die Zugriffsmöglichkeiten auf das elektronische Abbild eines Dokuments erfolgen später als in den beiden nachfolgend diskutierten Szenarien.

11.3.1.9 Szenario ›Gleichzeitiges Archivieren‹

Bei diesem Szenario erfolgt die Erfassung der Dokumente am Bearbeitungsplatz, d. h. hierbei erfasst der Bearbeiter selbst, begutachtet die Bildqualität, führt eventuell notwendige Bildbearbeitungsschritte aus (soweit die entsprechende Applikation dies sinnvoll erscheinen lässt und gestattet) und archiviert schließlich das Dokument.

Ablauf bei der Erfassung zum Bearbeitungszeitpunkt

1. Einscannen

Das Dokument wird über den Scanner erfasst und im Scan-Fenster dargestellt. Hier muss es, wie in den anderen Szenarien auch, auf Vollständigkeit und Erfassungsqualität kontrolliert werden.

2. Vorlagenbearbeitung

Danach finden eventuell notwendige Vorlagenbearbeitungen statt. Dies ist bei der Erfassung technischer Dokumente (z. B. Werkstattzeichnungen) häufig erforderlich. Die Bearbeitungsfunktionen sind erfassungs- und dokumentenspezifisch. Diese werden nicht von ArchiveLink selbst zur Verfügung gestellt, sondern kommen vom Archivanbieter und sind somit anbieterspezifisch.

3. R/3-Dokument anlegen

Daneben hat der Anwender seine R/3-Applikation aktiviert. Im Applikationsfenster wird ein neues Dokument mit seinen Grundmerkmalen (z. B. dem Dokumententyp) angelegt.

4. Attributieren

Danach sind die Attribute zum Dokument (z. B. bei technischen Dokumenten im DVS oder bei Einzeldokumenten z. B. in SAPoffice) zu erfassen. Dies ist applikationsspezifisch und kann mehrere Einzelschritte umfassen.

5. Archivieren

Durch die applikationsspezifische Funktion *Ablegen* oder *Archivieren* wird das Dokument im Archiv abgelegt und seine Dokumentenidentifikation an die Applikation übergeben. Hiermit wird auch das aktuelle Dokument aus dem Erfassungsstapel entfernt und das nächste Dokument angezeigt.

Argumente zum gleichzeitigen Archivieren

Dieses Verfahren ist in der Regel nicht für eine Massenbearbeitung geeignet, wird aber für die Erfassung und sofortige Attributierung von technischen Zeichnungen, Verträgen oder anderen Dokumenten eingesetzt. Es macht dort Sinn, wo die Erfassung, Nachbearbeitung oder Attributierung von Dokumenten aufwändig und, wie z. B. bei technischen Zeichnungen oder bei der Übernahme von einzelnen Dokumenten bzw. Dateien, praktisch keine eigentliche R/3-Bearbeitung stattfindet.

Bei einigen Dokumenten (z. B. Verträgen, Werkstattlisten usw.) kann die Attributierung aufwändig sein und wird spezielle Sachkenntnis eines Sachbearbeiter voraussetzen. Das Verfahren ist daneben zuweilen vorteilhaft, um fehlgeleitete oder nachträglich entstehende Belege in das System zu bringen oder nur eine kleine Anzahl von Dokumenten zu erfassen, wie es z. B. im SAPoffice-Modul zur Übernahme einiger eingehender Briefe oder Offerten sein könnte.

Als nachteilig erweist sich, dass der Bearbeitungsplatz einen eigenen Scanner benötigt und dieser durch die nachfolgenden Arbeiten häufig nicht optimal ausgenutzt wird. Bei kleineren Dokumentenmengen – etwa der eingehenden Post in einem Sekretariat – lässt sich unter Umständen ein recht billiger Tastaturscanner einsetzen.

Bei der Verarbeitung großer Dokumentenmengen ist der ständige Wechsel zwischen Dokumentenerfassung und Dokumentenverarbeitung (scannen, prüfen, Vorlageneinzug des Scanners füllen, buchen oder attributieren) für den Arbeitsfluss und damit für die Effizienz störend.

Deshalb wird dieses Verfahren nur von R/3-Applikationen unterstützt, bei denen in der Regel nach dem Scannen und vor dem Ablegen im Archiv weitere Dokumentenbearbeitungen erforderlich sind oder bei denen zu einem Zeitpunkt jeweils nur eine kleine Anzahl von Seiten und Dokumenten erfasst wird (z. B. im Personalwesen die Erfassung von Bewerberunterlagen).

11.3.1.10 Szenario ›Frühes Archivieren‹

Beim ›Frühen Archivieren‹ werden auf Papier vorliegende Informationen zu einem möglichst frühen Zeitpunkt eingescannt und auf elektronischem Weg zur Bearbeitung weitergeleitet. Die Erfassung erfolgt dabei praktischerweise in einer zentralen Poststelle, in der z.B. die Post vorsortiert, eingescannt und klassifiziert wird, und wo unter Umständen bereits einige Attribute (Suchmerkmale) aufgenommen werden.

Da beim ›Frühen Archivieren‹ typischerweise große Dokumentenmengen zu verarbeiten sind, ist ein effizientes Klassifizierungs- und Verteilverfahren erforderlich. Dies wurde durch den SAP-Business-Workflow geschaffen. Mit R/3 Release 3 ist dieser mit neuen, wesentlich mächtigeren Werkzeugen versehen, in weiten Bereichen programmierbar und mit ArchiveLink integriert.

Schematischer Ablauff

Abbildung 11-17 zeigt den typischen Arbeits- und Informationsfluss beim ›Frühen Archivieren‹. Da sich beim Einsatz von Workflow-Verfahren viele unterschiedliche Abläufe ergeben können, ist das Schema wiederum als nur eine – wenn auch typische – Variante zu betrachten.

1. Einscannen

Die zu erfassenden Seiten werden eingescannt, auf Qualität und Vollständigkeit geprüft und in Dokumente gruppiert.

2. Belegart wählen

Nun wird das Erfassungsverfahren gewählt. Dies ist bei vorsortierten Belegen nur einmal pro Belegstapel bzw. Belegart erforderlich. Mit dem Verfahren wird die Belegart ausgewählt (z.B. eingehende Rechnungen, Reklamationen, Bestellungen oder Ähnliches) und damit zugleich eine Vorgangsart – d.h. welcher Workflow für die Bearbeitung des Belegs aktiviert wird.

3. Beleg klassifizieren

Nun werden die einzelnen eingescannten Dokumente klassifiziert – im Idealfall nur durch die Bestätigung voreingestellter Werte. Bei vorsortierten Belegen ist auch ein Stapellauf möglich.

Hiermit wird ein Workflow-Objekt bzw. ein Vorgang erzeugt, welcher von der SAP-Vorgangssteuerung per eMail in den Ein-

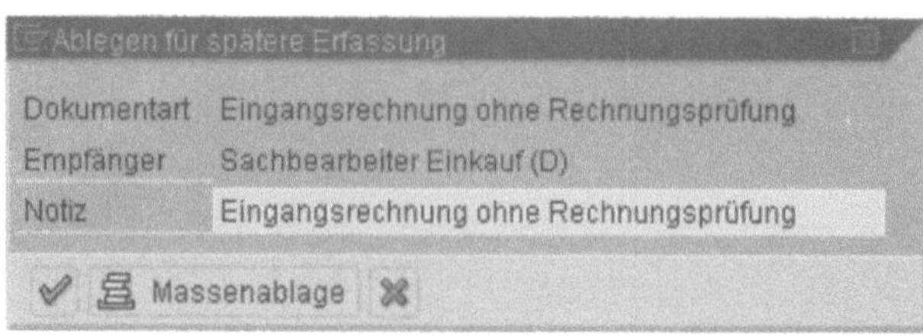

Abb. 11-16 Erfassungsmaske beim frühen Scannen oder bei der Dokumentenübernahme

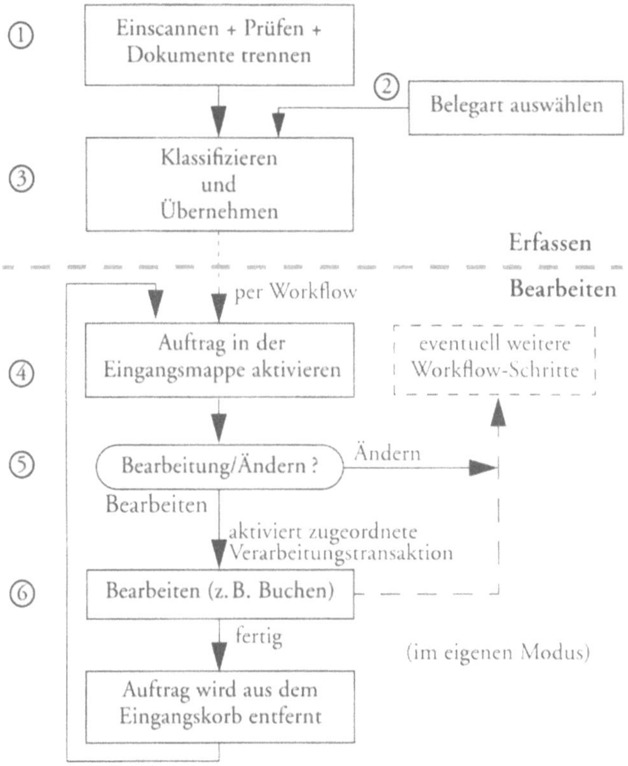

Abb. 11-17 Schematischer Ablauf beim frühen Archivieren

gangskorb des zuständigen Sachbearbeiters gelangt. Der elektronische Beleg wird damit zugleich im Archiv abgelegt.

4. Entnahme aus dem Eingangskorb

Der Sachbearbeiter findet den Vorgang in seinem Eingangskorb. Nimmt er ihn zur Bearbeitung heraus, so wird automatisch der Beleg zu dem Vorgang angezeigt.

5. Bearbeiten oder weiterleiten?

In einer Dialogbox entscheidet er nun, ob er den Vorgang wirklich bearbeiten, weiterleiten oder erneut klassifizieren möchte.

6. Bearbeiten

Wählt er die Bearbeitung, so wird automatisch die für den Beleg in der Vorgangssteuerung vorgesehene Bearbeitungstransaktion aktiviert. In dieser erfolgt nun die Bearbeitung (z. B. die Buchung) des Belegs.

Mit der erfolgreichen Bearbeitung wird der erfasste Originalbeleg über eine interne Verknüpfungstabelle dem SAP-Beleg zugeordnet und aus dem Eingangskorb entfernt. Abhängig vom verwendeten Workflow kann er nun weitere automatisierte Bearbeitungsschritte durchlaufen oder für eine weitere manuelle Bearbeitung in den Eingangskorb eines nächsten Bearbeiters (oder desselben Bearbeiters mit einer anderen Bearbeitungsfunktion) transportiert werden.

Vor- und Nachteile des ›Frühen Archivierens‹

Wesentlicher Vorteil des ›Frühen Archivierens‹ ist die Möglichkeit, die Dokumente zentral und damit effizient und kostengünstig zu scannen und elektronisch zu verteilen. Darüber hinaus ist dies der konsequente Weg in eine elektronisch gesteuerte Vorgangsbearbeitung, da das elektronische Dokument vom Rechner gesteuert wird und kontrolliert mehrere Bearbeitungsschritte durchlaufen kann.

Als Nachteil erweist sich, dass die Sachbearbeiter große, hochauflösende Bildschirme sowie entsprechend ausgerüstete Rechner mit schnellen Grafikkarten benötigen. Dies bedingt bei einer größeren Anzahl von Arbeitsplätzen entsprechend hohe Investitionen.

Abb. 11-18 Das Aktivieren des Eintrags im Eingangskorb initiiert die Anzeige des Belegs. Danach kann festgelegt werden, was damit geschehen soll.

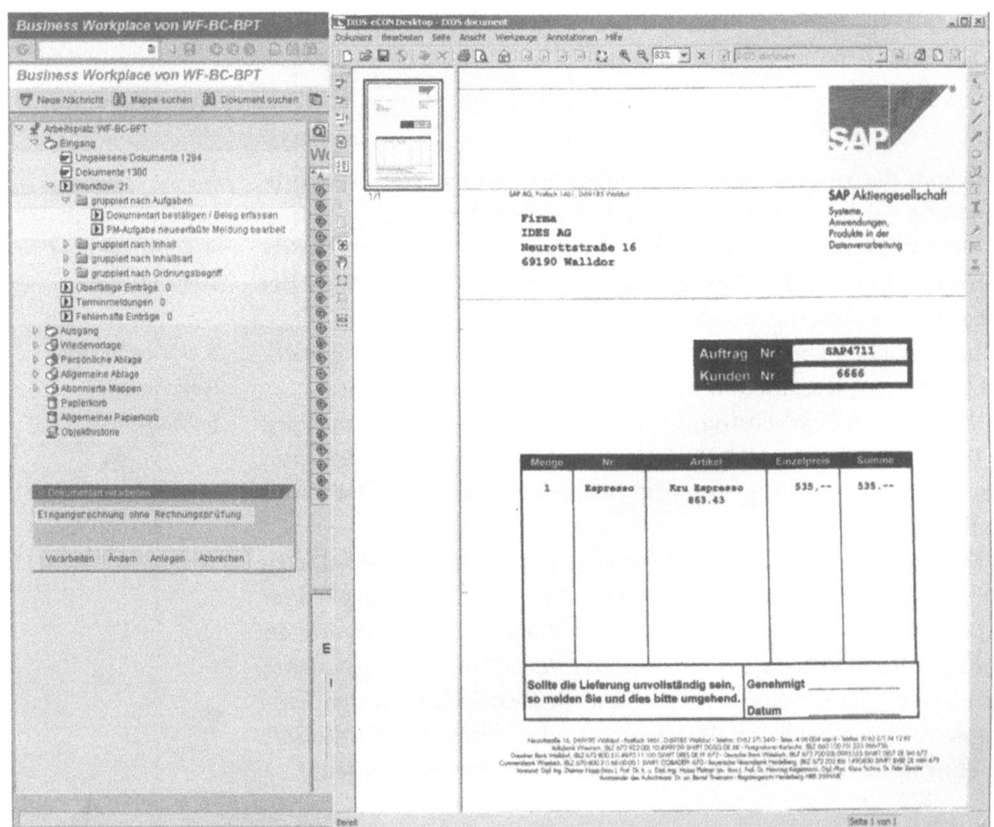

11.3.1.11 Mehrfachzuweisungen

Insbesondere im kommerziellen Umfeld kommt es häufig vor, dass ein eingescanntes Dokument Beziehungen zu mehreren Buchungsobjekten besitzt und zu einem Buchungsvorgang mehrere Belege gehören. Man denke im ersten Fall z. B. an die Situation, dass auf einer eingehenden Rechnung die Forderungen mehrerer Bestellungen stehen. Der zweite Fall liegt z. B. vor, wenn zu einer Bestellung das eigentliche Bestellpapier, Bestätigungen, mehrere Rechnungen, Lieferscheine oder ähnliche Papiere vorhanden sind. ArchiveLink unterstützt solche Mehrfachzuordnungen. Ein bereits archiviertes und zugeordnetes Dokument lässt sich auch nachträglich noch an weitere R/3-Objekte knüpfen.

Fehlzuordnungen können von einem entsprechend privilegierten Verwalter über das ArchiveLink-Verwaltungssystem korrigiert werden.

11.3.1.12 Drucklisten

Das Ergebnis eines Reports sind in R/3 vielfach so genannte *Drucklisten.* Sie stellen einen nach bestimmten Kriterien zusammengefassten Auszug aus einer R/3-Datenbank dar. Viele R/3-Applikationen bieten einen oder mehrere solcher Reports. Der Anwender kann sich ebenso eigene weitere Reports erstellen. Beispiele für solche Drucklisten sind:

- kumulierte Kontenschreibungen
- kumulierte Lagerbestände
- Chargenverwendungsnachweise
- Bilanzbewertungen
- Kostenstellenberichte

Diese Drucklisten können in R/3 auf Papier ausgegeben, über eine COM-Ausgabe auf Mikrofilm verfilmt oder mittels ArchiveLink auf optischen Platten archiviert werden. Der Vorteil der Archivierung liegt

- in einer sehr viel kompakteren Speicherung gegenüber der voluminösen Papierausgabe,
- in einer schnelleren Verfügbarkeit gegenüber der Papierausgabe oder Mikroverfilmung (der Druck- bzw. der Verfilmungsprozess entfällt),

- in einem schnelleren Zugriff von mehreren Stellen aus,
- in der Möglichkeit zur elektronischen Suche in der Liste (in Form von indizierter oder Freitextsuche),
- in einer einfachen, konsistenten und komfortablen Verwaltung der Drucklisten mittels R/3.

Die Erzeugung und das Archivieren der verschiedenen Drucklisten erfolgt applikationsspezifisch. Für eine Suche mit Attributen in der Druckliste muss bei Listenerstellung die Applikation auch die Indexinformation mit ausgegeben.

Bei entsprechend aufbereiteten Drucklisten können (ab R/3-Release 3.0) direkt aus der Druckliste heraus durch einen Doppelklick auf einen Belegeintrag die gehörigen Eingangs- und Ausgangsbelege angezeigt werden.

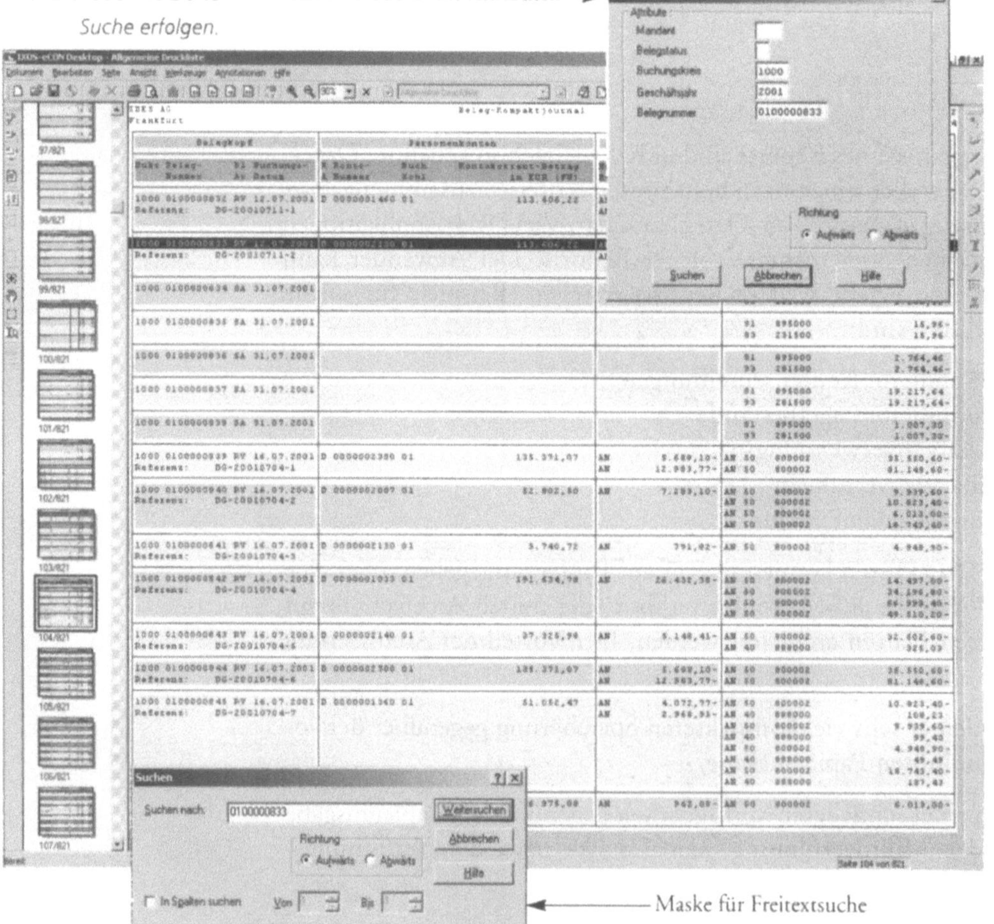

Abb. 11-19 Drucklistenanzeige. In ihr kann geblättert werden und eine Freitext- oder indizierte Suche erfolgen.

11.3.1.13 Reorganisationsdaten

Mit zunehmender Nutzerzahl, mit dem Umfang der eingesetzten Anwendungen und insbesondere mit zunehmender Nutzungsdauer wächst auch das Volumen der R/3-Datenbank an und erreicht oft ein Ausmaß, das spürbar auf die Performance des Gesamtsystems drückt und bei dem der benötigte Plattenspeicher teuer wird. Es macht deshalb Sinn, R/3-Datensätze mit abgeschlossenen Vorgängen (etwa Buchungen) aus der Datenbank auszulagern, um die Zahl der dort vorhandenen Objekte zu reduzieren.

Dies geschieht unter R/3 mit so genannten *Reorg-Läufen*. Dabei werden zumeist die abgeschlossenen Vorgänge eines vorgebbaren Zeitintervalls ausgelagert. Die Auslagerung erfolgt jeweils anwendungsspezifisch, ist aber in fast allen R/3-Anwendungen möglich (ab R/3 Version 3).

Beim Auslagern wird ein Verwaltungssatz zur Reorg-Datei angelegt. Mit seiner Hilfe lässt sich später nach der Auslagerung recherchieren. Nach dem erfolgreichen Auslagern können die ausgelagerten Sätze in der R/3-Datenbank gelöscht werden.

Die Auslagerung kann auf Band, auf einen freien Plattenbereich oder in ein Archiv erfolgen. Über ein Customizing lassen sich Parameter wie die maximale Objektzahl pro Auslagerungsdatei oder die maximale Dateigröße definieren. Dies ist sinnvoll, da Reorg-Dateien sehr umfangreich werden können und die meisten Ablagesysteme oder Archive eine obere Objektgrößengrenze besitzen (zumeist maximal die Kapazität einer Plattenseite des optischen Datenträgers).

So ausgelagerte Objekte können später wieder eingelagert werden – allerdings mit gewissen Restriktionen. Daneben ist für einige R/3-Anwendungen eine Auswertung der Daten auch im Archiv bzw. in der Auslagerungsdatei möglich, ohne dass dazu die Daten wieder in die Datenbank übernommen werden müssen. Diese externe Suche und Auswertung ist sehr viel effizienter als das Zurückladen der Daten und ermöglicht dies auch dann noch, wenn sich die Datenbankstruktur von R/3 durch eine neue Version in inkompatibler Weise geändert hat. Es ist damit als wesentliche Komponente zur Erfüllung der Aufbewahrungsfristen für steuerrelevante Unterlagen zu betrachten.

Eine kleine Anzahl von R/3-Anwendungen gestattet auch die Anzeige von Einzelbelegen aus den Reorg-Daten im Archiv heraus; hierzu zählt z. B. R/3 FI (Finanzbuchhaltung). Weitere Anwendungen werden voraussichtlich folgen.

11.3.1.14 Archivkonfigurationen

Das SAP-R/3-Konzept geht von einem dreistufigen Client-Server-Konzept aus:

- ❑ R/3-Datenbank-Server
- ❑ R/3-Applikations-Server (auch mehrere möglich)
- ❑ R/3-Präsentations-Server (PC-Clients)

Applikations-Server

Die Systemarchitektur von R/3 sieht einen zentralen R/3-Server-Cluster vor, in dem ein Rechner die Datenbankverwaltung übernimmt. Die weiteren Rechner dienen als Applikations-Server, auf denen die Anwendungen wie z.B. die Finanzbuchhaltung, Materialwirtschaft und Personalwesen ablaufen. In kleinen Konfigurationen kann das Gesamtsystem auch nur aus einem Rechner bestehen. Bei den Applikationsservern handelt es sich um UNIX- oder leistungsfähige NT-Systeme – einem AS400 System oder einem IBM Mainframe.

Präsentations-Server

An diese Applikationsserver sind in einer nächsten logischen Ebene die R/3-Client-Arbeitsplätze angeschlossen, auf denen die grafische R/3-Benutzeroberfläche abläuft. Diese eigentlichen R/3-Benutzerarbeitsplätze werden auch als *Präsentations-Server* bezeichnet. Waren hier in den ersten R/3-Jahren noch vielfach UNIX-Arbeitsplätze zu finden, so dominieren inzwischen Windows- und Windows-NT-Arbeitsplätze. ArchiveLink unterstützt das volle Spektrum an Clients.

Das Programm zur Darstellung und Verwaltung der Benutzeroberfläche, welches das für den Benutzer sichtbare Interface zum R/3-System darstellt, wird als SAPGUI bezeichnet. An diesen Modul ist der ArchiveLink-Viewer angebunden. Seine Aufgabe ist

Abb. 11-20 Schema einer Archivkonfiguration mit R/3

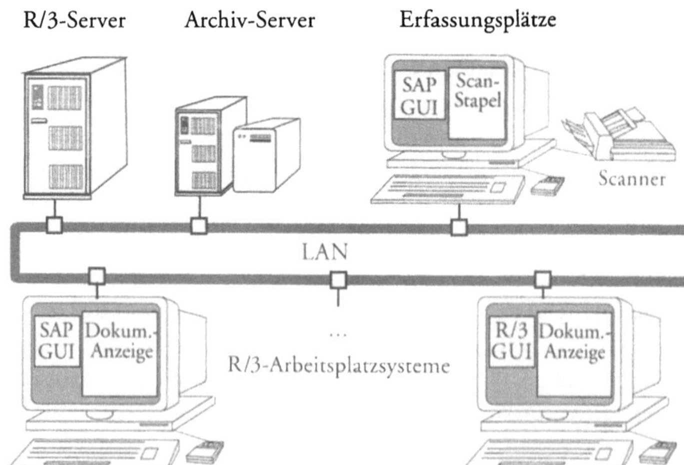

der Abruf der Dokumente aus dem Archiv und deren Anzeige. Die Aufträge für die Anzeige werden z.B. aus der Finanzbuchhaltung über eine interne Kommunikation an den SAPGUI gegeben. Dieser leitet den Auftrag über Standardkommunikationspfade an den Viewer weiter.

Viewer = Anzeigemodule

Die Anzeige erfolgt dokumentenorientiert. So lassen sich bei eingescannten Dokumenten Ausschnitte in unterschiedlichen Vergrößerungsstufen anzeigen und das Anzeigedokument kann gedreht werden. Für Drucklisten steht wie erwähnt eine Freitextsuche sowie eine indizierte Suche über den Viewer zur Verfügung. Bei allen mehrseitigen Dokumenten kann natürlich geblättert werden. Auch das Drucken sowie das Versenden eines Dokuments über einen Faxanschluss wird zumeist aus Viewern der Archivanbieter heraus angestoßen.

Notizen

Der ArchiveLink-Viewer bietet die Möglichkeit, an ein archiviertes Dokument Kommentare (Notizen) anzuhängen. Dabei werden automatisch sowohl Uhrzeit und Datum als auch der Benutzer vermerkt. Notizen lassen sich nachträglich nur neu hinzufügen, vorhandene jedoch nicht löschen oder verändern. Auch das R/3-System kann Annotationen zu einem Dokument erzeugen.

Archiv-Server

Als weitere wesentliche Komponente der Konfiguration existiert ein Archiv-Server, der die Dokumente auf optischen Platten verwaltet und in der Archivdatenbank die Verwaltung der Dokumentenschlüssel zu archivspezifischen Attributen vornimmt. ArchiveLink lässt ebenso mehrere Archiv-Server zu.

Erfassungsplätze

Zusätzlich gibt es archivspezifische Erfassungs- bzw. Scanner-Arbeitsplätze für die Erfassung der NCI-Dokumente. Die Art, die Ausprägung und das Leistungsspektrum dieser Systeme kann in weiten Bereichen variieren und ist wie der Archiv-Server anbieterabhängig und nicht Teil von ArchiveLink. Lediglich die Schnittstellen sind im ArchiveLink-Konzept festgelegt.

Bei diesen Scannerarbeitsplätzen ist im Standardfall ebenfalls eine Kopplung zu SAPGUI vorhanden, so dass die Verbindung zwischen SAP-spezifischen Attributen und dem Archiv vorgenommen werden kann. Man wird hier in Zukunft jedoch auch batchorientierte Übergabeschnittstellen erwarten dürfen. Sie sollten es erlauben, dass die Erfassung (nach einer Vorsortierung der Belege) mit sehr schnellen Scannern erfolgt, die Qualitätskontrolle der Images in losgelösten separaten Arbeitsschritten geschieht und bereits über Barcodes oder OCR-Verfahren einige oder alle benötigten Attribute aus der Vorlage ermittelt werden. Die so vorbereiteten elektronischen Dokumente können dann per Workflow automatisiert in die Sachbearbeitung gelangen.

11.3.1.15 Verteilte Archive und Remote-Zugriffe

Das ArchiveLink-Konzept sieht vor, dass mehrere logisch oder physikalisch getrennte Archive eingesetzt werden. So liegt es nahe, Dokumente mit unterschiedlichen Aufbewahrungszeiten auch auf unterschiedlichen optischen Platten abzulegen. Ebenso möchte man häufig die Daten unterschiedlicher Mandanten oder kommerzielle und technische Daten auf unterschiedliche Platten verteilen. Moderne Archive erlauben hierzu eine Art Pool-Bildung, bei der die optischen Platten beim Einbringen in das Archiv bestimmten Pools zugeordnet werden können und ein Plattenpool eine Art logisches Archiv darstellt.

ArchiveLink gestattet, applikations- und dokumententypspezifisch Zielarchive anzugeben, so dass beim Ablegen automatisch das korrekte Archiv angesprochen wird. Zu jedem Dokument speichert ArchiveLink sowohl die Archiv-ID als auch die Dokumentenidentifikation innerhalb des Archivs.

Die Archive dürfen in dem Konzept auch örtlich verteilt aufgestellt sein. So ist z.B. denkbar, dass in einem Konzern zwar mehrere getrennte R/3-Installationen existieren, das Archivsystem jedoch zentral aufgestellt wird oder bei der Ablage nach Dokumenten(typen) unterschieden wird, die auf einem lokalen oder auf einem zentralen Archiv liegen sollen. In der bisherigen ArchiveLink-Realisierung gilt jedoch noch die Einschränkung, dass für Dokumente, die aus der R/3-Applikation heraus erzeugt werden (also ausgehende Belege und Drucklisten) ein NFS-Zugriff (und damit faktisch eine LAN-Verbindung) zwischen dem Applikations-Server und dem Archivsystem bestehen muss.

Remote Zugriffe

Bei R/3-Systemen trifft man häufig die Situation an, dass von Arbeitsplatzsystemen aus *remote*, d.h. über DFÜ-Leitungen auf ein zentrales R/3-System zugegriffen wird. Werden ausreichend schnelle Netzverbindungen verwendet, so lässt sich bei eingescannten Dokumenten in Formaten von A3 oder kleiner sowie auf ausgehende Belege ausreichend effizient zugreifen. Setzt man z.B. eine 64-KBaud-ISDN-Leitung voraus, so erhält man bei den etwa 50 bis 60 KByte großen Dokumentenseiten eines eingescannten Belegs eine Verzögerung von etwa 8 bis 10 Sekunden (gegenüber einem LAN-Anschluss) für die erste Seite.

Siehe auch Tabelle 2-3 auf Seite 117 für die typische Verzögerung von Zugriffen über Wide-Area-Netze.

Da die weiteren Seiten bereits im Hintergrund übertragen werden, während man die erste Seite begutachtet, wirkt sich bei den nachfolgenden Seiten die Verzögerung noch wesentlich geringer aus. Da die Viewer – eine lokale Platte am Arbeitsplatzsystem vorausgesetzt – einmal übertragene Seiten in einem lokalen Platten-Cache halten, fällt danach beim Rückwärtsblättern die Verzögerung durch das Netz weg und die Seiten werden praktisch sofort angezeigt.

CI-Dokumente (ausgehende Briefe, Drucklisten, ...) mit ihrem deutlich geringeren Datenvolumen pro Seite erfahren eine wesentlich geringere Verzögerung, die etwa bei ein bis zwei Sekunden liegt. Drucklisten – und diese können sehr umfangreich werden und mehrere MB besitzen – überträgt der ArchiveLink-Viewer nur in Ausschnitten. Wird in ihnen gesucht, so erfolgt die Suche nicht nur lokal, sondern im Archivsystem, und nur die Trefferseite wird zur Anzeige über das Netz geschickt.

11.3.1.16 Neue Konzepte in R/4 Version 4.5

ArchiveLink stellt – obwohl inzwischen am Markt etabliert und von zahlreichen Anbietern unterstützt – nur einen Quasistandard dar. Um mittelfristig zu stärker standardisierten Schnittstellen überzugehen, wurde von der SAP für die R/3 Version 4.5 eine weitere Dokumentenschnittstelle auf Basis des HTTP-Protokolls konzipiert. Sie wird auch als *ArchiveLink Plus* bezeichnet. Insbesondere soll damit der Einsatz eines Internet-Browsers für den Zugriff auf das Archiv- oder Ablagesystem sowie für die Anzeige der abgerufenen Dokumente unterstützt werden. Das Konzept entspricht weitgehend dem bisherigen Verfahren, wobei jedoch das bisher proprietäre Kommunikationsprotokoll (RPC-Technik)* durch HTTP ersetzt wird. Zum Abruf und zur Anzeige von Dokumenten wendet sich SAP-GUI hier an einen Web-Browser, der seinerseits die Dokumentenanforderungen (in Form von speziellen URLs) an einen Web-Server oder einen HTTP-fähigen Archive-Server weiterleitet.

** basierend auf dem Aufruf von Funktionsbausteinen (RFC)*

Um eine höhere Sicherheit zu erzielen, signiert R/3 die URL elektronisch, so dass der Web- oder Archivserver verifizieren kann, ob die Zugriffsanforderung wirklich vom R/3-System stammt.** Dieses hat zuvor die Zugriffsberechtigung auf das Objekt geprüft. Ebenso wird zum Abspeichern von Daten in das Archiv das HTTP-Protokoll verwendet. Auch hier wird die Speicheranforderung signiert – nicht jedoch das Speicherobjekt. Mittelfristig wird die neue ArchiveLink-Schnittstelle alle Funktionen anbieten, welche in der bisherigen Schnittstelle vorhanden waren und insbesondere mit der Signatur erhöhte Sicherheit ermöglichen.

*** Welches R/3-System akzeptiert werden soll und welche digitale Identifikation dieses System besitzt, muss zuvor vom Archivverwalter festgelegt werden.*

Es ist zu erwarten, dass etwa ab Mitte 1999 die Anbieter, die zuvor die ArchiveLink-Schnittstelle unterstützten, auch die neue Schnittstelle realisieren werden und zertifizieren lassen. Ein Vorteil des Konzepts besteht darin, dass für viele Einsatzfälle die Installation eines zusätzlichen Viewers entfallen kann – und die bisher übliche DLL oder Shared Library für den Zugriff auf den Archiv-Server. Zusätzlich wird *ArchiveLink Plus* als Schnittstelle für den R/3 *Knowledge Provider* genutzt. Auf dessen Technologie wiederum sollen weitere zukünftige R/3-Module aufsetzen, die ihrerseits dokumentenorientierte Funktionen anbieten werden.

11.3.1.17 Einführungsplanung

Die Einführung von Archivsystemen in einer R/3-Umgebung wirft sowohl eine Reihe organisatorischer als auch eine Reihe technischer Fragen auf. Diese beginnen bei der qualifizierten Erfassung des Mengengerüsts anfallender Dokumente und Speichervolumina, erstrecken sich über die Analyse der Dokumenteneigenschaften sowie notwendiger Aufbereitungsschritte und setzen sich fort bis zur Festlegung geeigneter Erfassungsszenarien und deren Organisation. Auch die Auswahl der geeigneten Scanner-, Bildschirm- und Jukebox-Technik gehört dazu. Es gilt ebenso festzulegen, was Problemdokumente sind (solche die nicht gescannt werden können) und was mit ihnen zu geschehen hat.

Insbesondere beim Einsatz von Szenarien des frühen Erfassens gilt es, alte Verfahren kritisch auf Sinn und Effizienz zu überprüfen, neue Arbeitsabläufe zu konzipieren sowie den entsprechenden Workflow zu erstellen.

All dies kann mit Hilfe eines externen Beraters häufig besser und schneller erfolgen und setzt DMS-spezifisches Know-how voraus. Es empfiehlt sich hier deshalb – wie in vielen anderen R/3-Bereichen auch – eine qualifizierte Einführungsberatung. Das Beratungsspektrum kann – abhängig von den eigenen Erfahrungen – von einer Analyse und Erstberatung bis hin zu einer Einführungsbegleitung und speziellen Adaption der Systeme an die betrieblichen Anforderungen reichen.

11.3.2 Beispiel für Archiv mit Workflow in R/3

Die deutsche Readymix-Gruppe ist eine hundertprozentige Tochter der Ready Mixed Concrete Limited (RMC), ein internationaler Baukonzern mit Sitz in Großbritannien. Die deutsche Readymix-Tochter tätigt mit 12 000 Mitarbeitern einen Gesamtumsatz von 5 Milliarden DM (1997). Die drei maßgeblichen Töchter der deutschen Readymix sind Readymix Zement GmbH, Readymix Beton AG und YTONG Holding AG. Readymix Data GmbH ist der IT-Dienstleister der Gruppe und legt die IT-Strategie der Gruppe fest.

Der Inhalt von Kapitel 11.3.2 stammt aus [[Gulbins]].

Gruppenweit wurde die Entscheidung für SAP R/3 getroffen. Im Januar 1998 gingen die R/3-Systeme für Readymix Zement und Readymix Beton mit zusammen über 1800 SAP-Benutzern in den Produktivbetrieb. Ab dem dritten Quartal 1998 folgte auch YTONG stufenweise – mit einem Endausbau von weiteren 1200 SAP-Benutzern. Dabei setzt die deutsche Readymix sämtliche R/3-Module außer HR ein. Man entschied sich für IXOS Software AG als Anbieter eines elektronischen Archivsystems und Workflow-Consulting für SAP R/3.

*HR = ›**H**uman **R**esources‹ bzw. der R/3-Modul für das Personalwesen.*

11.3.2.1 Rechnungseingangsprüfung und -buchung

Readymix Zement besitzt Standorte in Rüdersdorf, Beckum und Dortmund. Das R/3-System ist seit Anfang 1998 produktiv. Frühzeitig entschied sich Readymix Zement, die Bearbeitung von Eingangsrechnungen durch eine DM-Lösung im Zusammenspiel mit dem SAP *Business Workflow* zu unterstützen. Dazu erwarb Readymix Zement das Archiv IXOS-ARCHIVE für SAP R/3 sowie Dienstleitungen für Beratung und Implementierung der Business-Workflow-Definitionen von der IXOS Software AG. Seit Mai 1998 ist das hier vorgestellte System im Produktivbetrieb am Standort Rüdersdorf. 1999 kommen die Standorte Beckum und Dortmund hinzu.

Zielsetzungen und Anforderungen

Mit der Einführung eines Archivs im Zusammenspiel mit dem SAP Business Workflow und den R/3-Applikationen verfolgte Readymix Zement mehrere Ziele und definierte verschiedene Anforderungen in den gemeinsamen Workshops mit dem Archivanbieter. Die wichtigsten waren:

- maximale Durchlaufzeit von 3 Tagen
- Erlangen transparenter Geschäftsprozesse
- Vermeidung der Überlastung der Rechnungseingangsprüfung
- das leichte Auffinden und die Vermeidung des Verlustes von Eingangsrechnungen (z. B. zur Bearbeitung von Mahnungen)
- die Vermeidung manueller Tätigkeiten wie Kopieren, Verteilen und Ablegen
- Nachvollziehbarkeit und Revisionsfähigkeit sowie die Sicherheit des Systems durch Führung eines elektronischen Rechnungseingangsbuches
- Einhaltung der Ordnungsmäßigkeit über die Sicherung des Vier-Augen-Prinzips via SAP Business Workflow
- Recherchefähigkeit von Dokumenten, die sich innerhalb eines Workflows befinden, aber noch keinem R/3-Objekt zugeordnet wurden

Rechnungseingangsprüfung und -buchung: Aufbauorganisation und Abläufe

Bei Readymix Zement werden die Rechnungseingangsprüfung und -buchung durch die DMS-Lösung unterstützt. In den Ablauf sind als Organisationseinheiten *Poststelle* (als Gruppe), *Rechnungseingangsprüfung* der Buchhaltung (Gruppe), *Einkauf* (Gruppe) und die *Kostenstellenverantwortlichen* als Individuen einbezogen. Innerhalb der Gruppen sind keine Hierarchien vorgesehen und es werden generell keine Rollen eingesetzt. Jeder Mitarbeiter ist explizit einer Organisationseinheit zugeordnet. Jedes Mitglied einer Gruppe sieht alle anstehenden Aufgaben der Organisationseinheit in Form von *Work-Items* im Eingangskorb.

Sobald ein Mitglied einer Gruppe eine Aufgabe zur Bearbeitung auswählt, verschwindet sie aus den Eingangskörben der anderen. Dadurch wird ein Workload-Balancing innerhalb der Gruppen ermöglicht: Mitarbeiter(innen), die z. B. halbtags arbeiten, können eine entsprechend niedrigere Arbeitslast im Verhältnis zu Vollzeitkräften haben.

Für den Workflow-Einsatz kommt das ›Frühe Archivieren‹ zum Tragen: Direkt in der Poststelle wird das Dokument gescannt und ist fortan als elektronisches Image im Bearbeitungsprozess verfügbar. In der Poststelle wird es außerdem in ein elektronisches Rechnungseingangsbuch eingetragen und ist dadurch jederzeit wieder auffindbar – unabhängig vom Zustand des Workflows.

Die Aktionen der Poststelle lösen einen Workflow aus, dessen Workflow-Definition in den Abbildungen von 11-21 bis 11-23

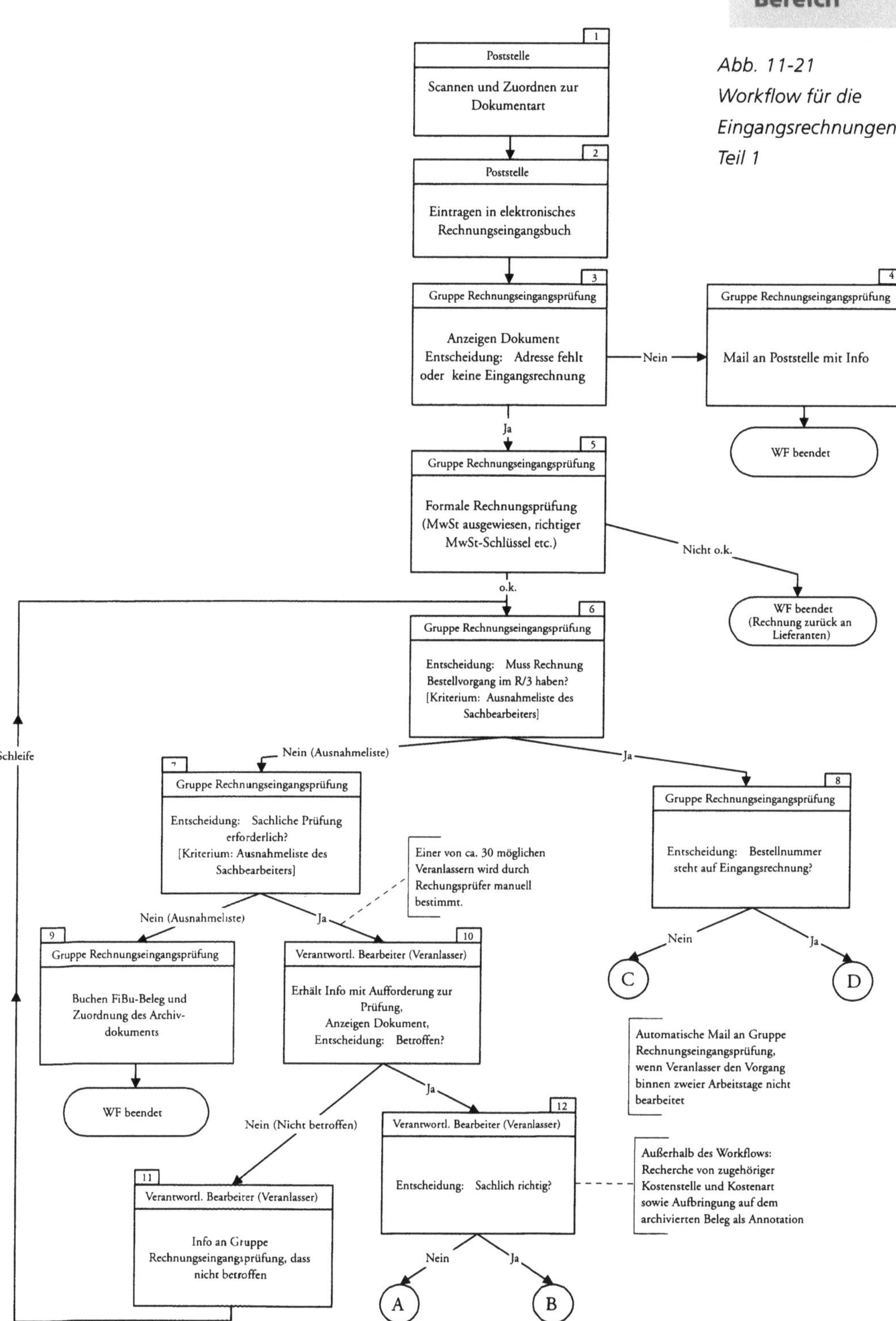

Abb. 11-21 Workflow für die Eingangsrechnungen, Teil 1

Abb. 11-22
Workflow für die Eingangsrechnungen, Teil 2

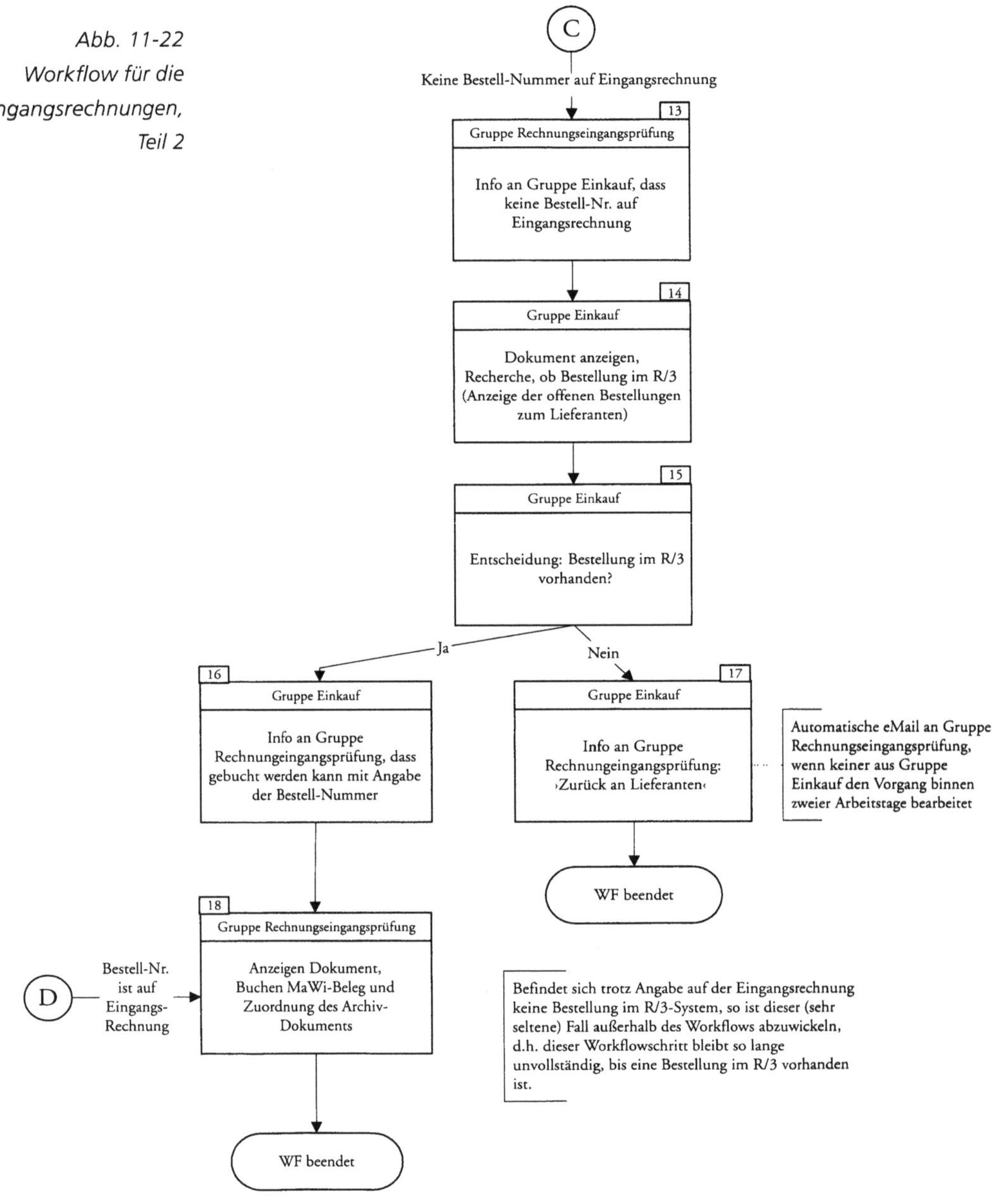

dargestellt ist. Ein *Work-Item* gelangt nun in den Eingangskorb der Gruppe *Rechnungseingangsprüfung*. Der Sachbearbeiter, der die Aufgabe auswählt, bekommt das Dokument am Bildschirm angezeigt und prüft in den beiden nächsten Schritten die Vollständigkeit und formelle Korrektheit der Eingangsrechnung. Ist das Dokument keine Eingangsrechnung oder fehlt die Adresse bzw. wesentliche

Abb. 11-23 Workflow für die Eingangsrechnungen, Teil 3

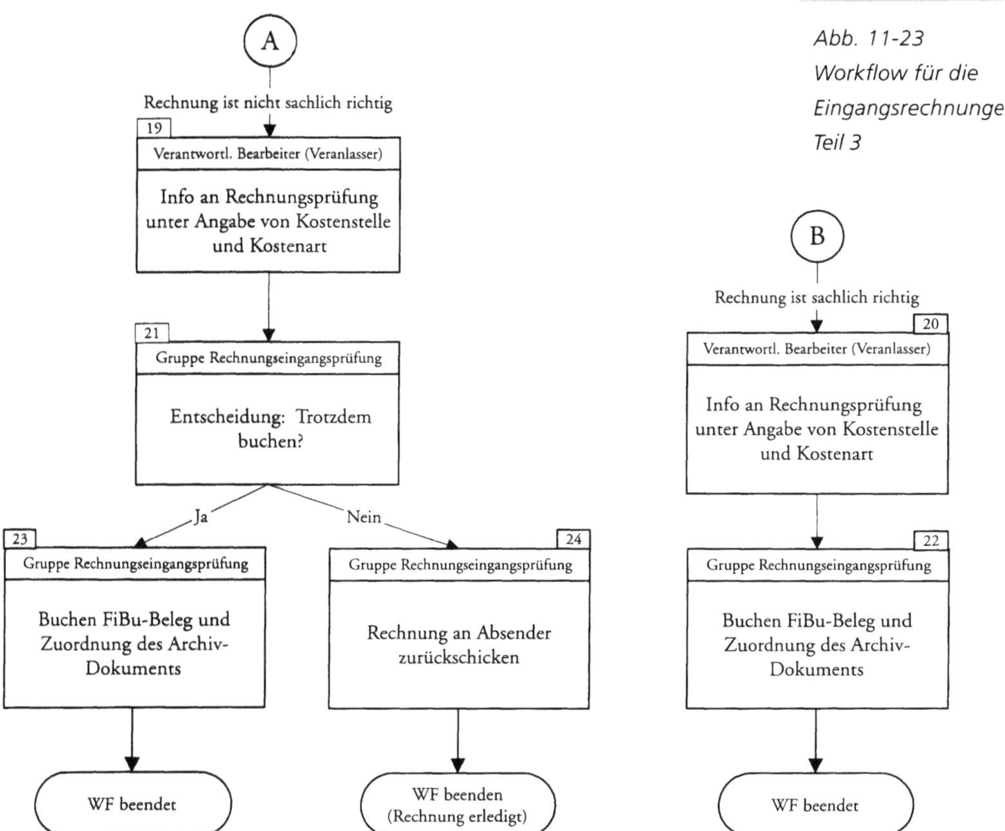

Adressteile, so wird die Poststelle benachrichtigt und der Workflow beendet. Ist z. B. die Mehrwertsteuer nicht ausgewiesen oder wurde der falsche Mehrwertsteuersatz angewandt, so wird die Rechnung zum Absender retourniert und der Workflow damit beendet.

Im nächsten Schritt entscheidet der Bearbeiter an Hand einer Ausnahmeliste, ob zur Eingangsrechnung ein Bestellvorgang im R/3-System vorliegen muss. Diese Entscheidung beeinflusst die spätere Buchung: Bei existierendem Bestellvorgang findet die Buchung im MM-Modul*, das mit dem FI-Modul** verknüpft ist, statt. Ist kein Bestellvorgang im R/3 vorhanden, so wird im FI-Modul gebucht.

** MM bzw. ›Material Master‹ ist im R/3 der Modul für die Materialwirtschaft.*

*** FI bzw. ›Financial Accounting‹ ist im R/3 der Modul für die Buchhaltung.*

Ist ein Bestellvorgang im R/3 notwendig, so wird geprüft, ob die zugehörige Bestellnummer auf der Eingangsrechnung vorhanden ist. Ist dies der Fall, so führt der Sachbearbeiter die Buchung durch; das Dokument wird automatisch dem Buchungssatz zugeordnet und der Workflow beendet. Andernfalls wird der Einkauf entsprechend benachrichtigt; dieser recherchiert den Bestellvorgang. Existiert der Bestellvorgang, so liefert der Einkauf der Buchhaltung die entsprechenden Informationen, damit diese die Buchung vornehmen und den Workflow beenden können. Existiert kein Bestellvorgang, so teilt der Einkauf dies der Buchhaltung mit, die die Rechnung an den Lieferanten retourniert und den Workflow beendet.

Ist kein Bestellvorgang im R/3 notwendig, so prüft der Sachbearbeiter der Buchhaltung anhand einer Entscheidungsliste, ob eine sachliche Prüfung der Bestellung durch den Kostenstellenverantwortlichen bzw. den Veranlasser notwendig ist. Falls nein, so führt der Sachbearbeiter die Buchung durch, das Dokument wird automatisch dem Buchungssatz zugeordnet und der Workflow beendet. Andernfalls wird die Rechnung dem Veranlasser zur Prüfung elektronisch zugestellt. Falls die Rechnung zu einer anderen Kostenstelle gehört, sendet dieser sie mit entsprechender Mitteilung zurück. Der zuständige Kostenstellenverantwortliche prüft nun, ob die Rechnung sachlich richtig ist und teilt dies der Buchhaltung unter Angabe der Kostenstelle und Kostenart mit. Bei sachlicher Richtigkeit führt der Buchhalter die Buchung sofort durch, ordnet damit automatisch das Dokument dem Buchungssatz zu und beendet den Workflow. Andernfalls kann der Buchhalter entscheiden, die Rechnung trotzdem zu buchen und den Workflow damit zu beenden oder die Rechnung an den Absender zu retournieren.

Anzumerken ist, dass einige Mitteilungen wie die Kostenstelle, die Kostenart oder die Bestellnummer über den Annotationsmechanismus des IXOS-ARCHIVE-Viewers realisiert werden. Dieser ermöglicht das Anfügen von Multimedia-Notizen an die Dokumente, ohne das Original zu verändern. Sie werden als Layer mit den Dokumenten gespeichert.

WF steht als Kürzel für ›Workflow‹.

Ferner ist eine WF-Definition innerhalb eines Produktions-WF-Management-Systems vorhanden, die eigentlich erfordert, dass sämtliche Ausnahmesituationen im SAP Business Workflow definiert werden. Hier bietet der Archiv-Viewer eine Hilfe, indem er Mitteilungen per Annotation und ein Versenden des angezeigten Dokuments per eMail an einen beliebigen Anwender gestattet. So können Ausnahmesituationen ohne vorherige Definition im R/3-WF behandelt werden.

Soll der Workflow vor seinem Ende abgebrochen werden, so kann das Work-Item an einen dafür erstellten Pseudo-Anwender weitergeleitet werden. Dort können die Work-Items nochmals überprüft und bei Bedarf wieder aufgesetzt werden. Die Work-Items gänzlich abgebrochener Workflows kann der Administrator später archivieren und löschen.*

** Siehe auch Abschnitt 11.3.2.3.*

Zur Erreichung des Durchlaufzeitminimierungsziels wird der Eskalationsmechanismus des R/3-WFs genutzt. Dazu wurden Maximalzeiten für die Bearbeitung durch den Einkauf bzw. die Kostenstellenverantwortlichen definiert. Wird eine Bearbeitung nicht innerhalb zweier Arbeitstage abgeschlossen, so erhält die Rechnungseingangs-Prüfungsgruppe per eMail eine entsprechende Nachricht und kann anschließend aktiv werden, um den Bearbeitungsprozess voranzutreiben.

Ein weiterer Baustein ist die Vertreterregelung. Ein Mitarbeiter hat die Möglichkeit, im integrierten Eingangskorb eine Vertretung für einen bestimmten Zeitraum zu benennen. Sobald diese aktiv gesetzt wird, erhält der Vertreter alle vorhandenen und zukünftigen Work-Items des Vertretenen zusätzlich zu seinen eigenen. Die Work-Items der Vertretenen sind klar als solche im Eingangskorb gekennzeichnet. Wurde die Vertretung nicht aktiv gesetzt, so kann der Vertreter sich während des Gültigkeitszeitraumes die Worklist der Vertretenen holen. Dabei sieht er nur ihre vorhandenen Work-Items. Falls keine Vertretung definiert wurde,* kann ein Mitarbeiter mit entsprechender Berechtigung (i. d. R. der Vorgesetzte) die Worklist einsehen und bearbeiten. So ist immer gewährleistet, dass sämtliche Aufgaben zeitgerecht bearbeitet werden.

* *z. B. durch plötzliche Erkrankung verursacht*

11.3.2.2 Elektronisches Rechnungseingangsbuch

Das von IXOS als R/3-Zusatz entwickelte *elektronische Rechnungseingangsbuch* bietet eine komplette Übersicht über alle eingegangenen und gescannten Eingangsrechnungen, um die Nachvollziehbarkeit und Revisionsfähigkeit des Gesamtsystems zu unterstützen. Dazu werden alle Eingangsrechnungen beim Scannen in der Poststelle in das elektronische Rechnungseingangsbuch eingetragen. Dies enthält Angaben wie Erfassungsdatum und -uhrzeit, eine laufende Nummer, die vom Absender vergebene Belegnummer, das Datum, die Kostenstelle und den WF-Status, die automatisch eingefügt werden.

Über diese Informationen hinaus lassen sich die Eingangsrechnungen recherchieren, ohne dass eine entsprechende Buchung existieren muss. Ist die Rechnung gefunden, so lässt sie sich im Archive-Viewer anzeigen, bei Bedarf ausdrucken oder per Fax oder eMail versenden. Existiert ein Buchungssatz, so ist dessen eindeutige Nummer im Rechnungseingangsbuch mit der Buchung eingetragen. Der Bearbeiter kann darüber zu dem zugehörigen Buchungssatz verzweigen, um weitere Details des Vorgangs zu erfahren. Das elektronische Rechnungseingangsbuch erlaubt ferner die Korrektur von Fehlern innerhalb des WFs (z. B. bei der falschen Entscheidung eines Bearbeiters). Der Bearbeiter kann ohne WF-Steuerung den

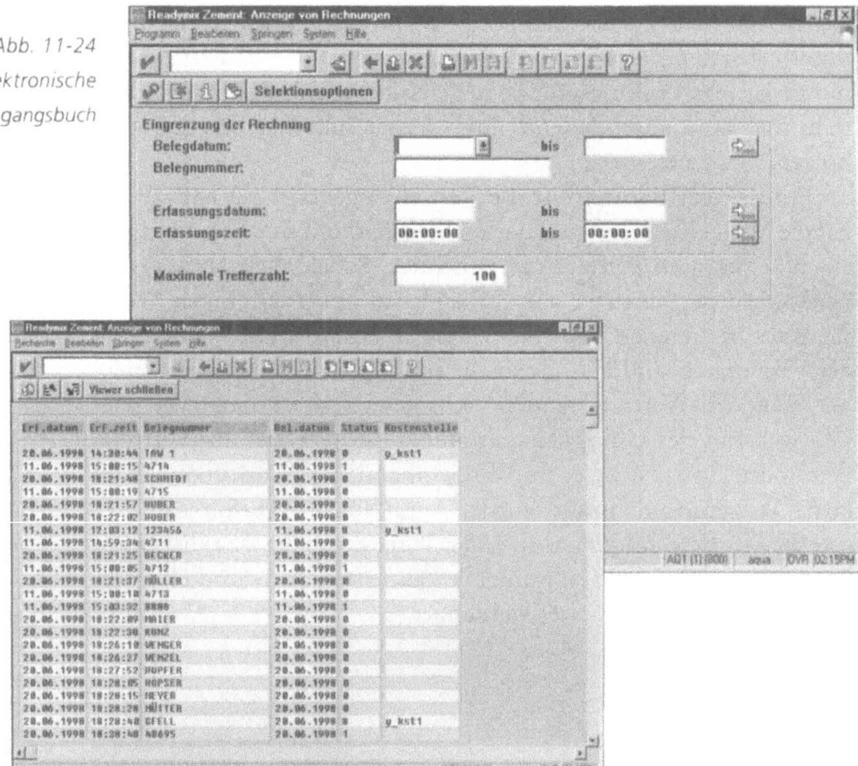

Abb. 11-24
Das elektronische Rechnungseingangsbuch

Arbeitsvorgang erledigen und die Buchung im R/3-System vornehmen. Danach verknüpft er (nachträglich) das Dokument mit den entsprechenden R/3-Objekten (hier: Buchungssätze) der Module FI und MM. Diese Aktionen sind menügesteuert im elektronischen Rechnungseingangsbuch vorhanden.

Ebenso enthält das elektronische Rechnungseingangsbuch den Status des WFs. Dieser wird durch entsprechende Aktionen der Bearbeiter automatisch verändert und im elektronischen Rechnungseingangsbuch aktualisiert. Darüber lässt sich erkennen, in welcher Bearbeitungsphase sich der WF befindet. Ist der WF noch nicht abgeschlossen, so gibt der WF-Status den Hinweis auf den derzeitigen Bearbeiter. So lässt sich eine Prozessverfolgung durchführen. Ist der WF bereits beendet, so liefert dessen Status Informationen über den Grund des Workflow-Endes (z. B. normal beendet, Rechnung retourniert, da keine Bestellung erfolgt).*

* Siehe Tabelle 11-1.

Neben der Unterstützung der Nachvollziehbarkeit und der Revisionsfähigkeit des Gesamtsystems dient das elektronische Rechnungseingangsbuch als aktive Hilfe bei der täglichen Arbeit im Bereich Rechnungseingangsprüfung und -buchung.

Tabelle 11-1 Workflow-Status – mitgeführt im elektronischen Rechnungseingangsbuch

Wert	WF -Status	Beschreibung
0	in Arbeit	Vorgang befindet sich in der Rechnungseingangsprüfung.
1	beendet	Vorgang befindet sich zur Klärung in der Poststelle (Adresse falsch oder keine Eingangsrechnung).
2	in Arbeit	Vorgang befindet sich beim Veranlasser zur Prüfung und Ermittlung von Kostenstelle und Kostenart (Rechnung ohne Bestellvorgang).
3	in Arbeit	Vorgang befindet sich beim Einkauf zur Klärung der fehlenden Angabe der Bestellung auf Originalrechnung (Rechnung mit Bestellvorgang).
4	beendet	Rechnung wurde an den Absender zurückgeschickt, da Lieferung ohne Bestellung erfolgte (Rechnung mit Bestellvorgang).
5	beendet	Rechnung ohne Bestellvorgang, die sachlich nicht richtig ist und daher nicht gebucht wurde.
6	beendet	Vorgang wurde von der Rechnungseingangsprüfung beendet, da er der formalen Prüfung nicht standhielt (z.B. MwSt. falsch).
8	beendet	Rechnung wurde ohne Bestellvorgang im R/3 gebucht.
9	beendet	Rechnung wurde mit Bestellvorgang im R/3 gebucht.

11.3.2.3 Aspekte der WF- und DM-Administration

Der WF-Administrator hat alle Berechtigungen zum Pflegen der Organisationseinheiten, zur Erstellung oder Änderung von WF-Definitionen, zum expliziten Starten von Aufgaben und zur Manipulation von Work-Items – also alle Berechtigungen, um die Ablauf- und Aufbauorganisation zu administrieren.

Der WF-Administrator pflegt den Besetzungsplan der Organisationseinheiten und setzt alle Mitarbeiteränderungen wie Eintritt, Austritt und Versetzung um, um das Funktionieren der Arbeitsgruppen und Abläufe zu sichern. Er stößt im Bedarfsfall Workflows explizit an oder ändert den WF so, dass er einen anderen (korrekten) Verlauf nimmt. Ein speziell geschaffener Report unterstützt ihn dabei, indem dieser nicht gestartete Workflows erkennt, diese erneut aufzusetzen versucht und über den Erfolg der Neustarts berichtet. Auch das elektronische Rechnungseingangsbuch hilft ihm beim Nachvollziehen der WF-Zustände und bei der Fehlerbehebung.*

* Siehe Abschnitt 11.3.2.2.

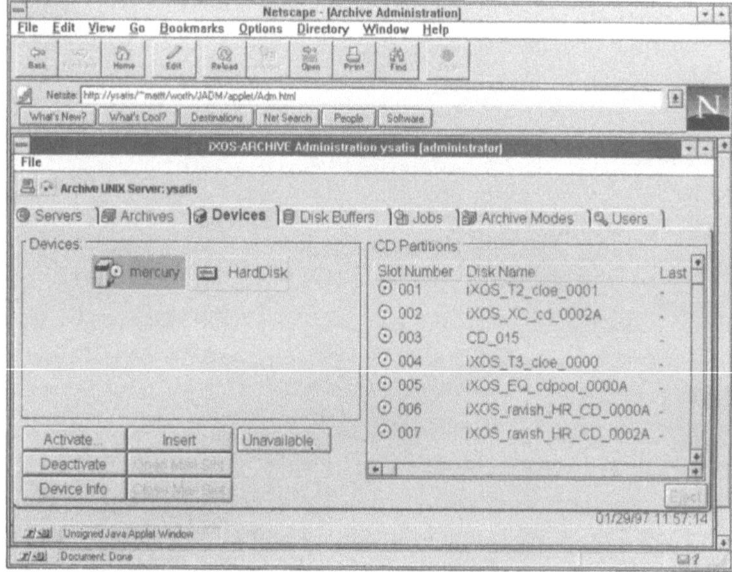

Abb. 11-25 Administration des IXOS-ARCHIVE-Servers

Eine wichtige Aufgabe ist die Analyse der vollzogenen Workflows. Dazu hat der Administrator die Werkzeuge *Work-Item-Analyse* und *Workload-Analyse*. Über die Work-Item-Analyse lassen sich die Durchlauf-, Arbeits- und Liegezeiten (bis auf die einzelne Aufgabe herunter) genau betrachten. Neben statistischen Größen wie Mittel- oder Schwellwert können auch Vergleiche mit der Vorperiode angestellt werden. Wichtig ist auch die Möglichkeit, Terminüberschreitungen bei Aufgaben, die der Terminüberwachung unterliegen, zu betrachten und zu analysieren. Mit der Workload-Analyse ermittelt der WF-Administrator die Arbeitsbelastung einzelner Mitarbeiter, Planstellen, Stellen oder Organisationseinheiten. Dabei können sowohl vergangene als auch anstehende Arbeitsbelastungen betrachtet werden. Zur Darstellung und weiteren Analyse lassen sich einige der Daten als Excel-Dokument exportieren. So werden mächtige Analysemöglichkeiten bereitgestellt, um die WF-Definitionen an die Praxis anpassen zu können.

Die DMS-Administration benötigt relativ wenig Zeitaufwand. Sie umfasst Aufgaben, wie neue leere Platten den Pools zuzuordnen und Backups anzustoßen bzw. über einen Scheduler automatisch angestoßene Backups zu kontrollieren. Dies kann der Administrator an jedem beliebigen Platz innerhalb und außerhalb des Unternehmens über das Internet durchführen (siehe auch Abb. 11-25). Die Kontrolle, ob alle Dokumente mit R/3-Objekten verknüpft wurden, findet im ArchiveLink-Modul über den SAPGUI statt.

11.3.2.4 WF-gesteuerte Dokumentenlokalität

Während bei Readymix Zement das Zusammenspiel der einzelnen Organisationseinheiten unter Einhaltung einer maximalen Durchlaufzeit im Vordergrund steht, liegt hier das Augenmerk auf der dezentralen Struktur von Readymix Beton. Readymix Beton besteht aus mehreren selbstständig fakturierenden Unternehmen. Diese werden durch drei Regionalbuchhaltungen, neun Regionalverwaltungen, verschiedene Marktraumverwaltungen und Verkaufbüros unterstützt (siehe auch Abb. 11-26). Somit ergeben sich über 100 Buchungskreise im zentralen R/3-System in Ratingen, das über ISDN-Stand- und Wählleitungen mit den einzelnen Niederlassungen verbunden ist [Raske].

Um das ehrgeizige Projekt parallel zur R/3-Einführung zu realisieren, wurde es in mehrere Stufen eingeteilt. Im ersten Halbjahr 1997 fand die Anbieterauswahl für die deutsche Readymix statt. Laut [Raske] sah Readymix wesentliche Unterschiede in der Unterstützung des dezentralen Konzepts und dem SAP Business WF-Know-how bei den einzelnen Herstellern.

Mit dem gewählten Anbieter wurde das gesamte Archivkonzept bis zum Oktober 1997 entwickelt. Am 1.1.1998 ging schließlich das parallel eingeführte R/3-System in den Produktivbetrieb. Im Dezember 1997 installierte der DMS-Anbieter das Archivsystem und

Abb. 11-26
Dezentrale Struktur der Readymix Beton AG
[Raske]

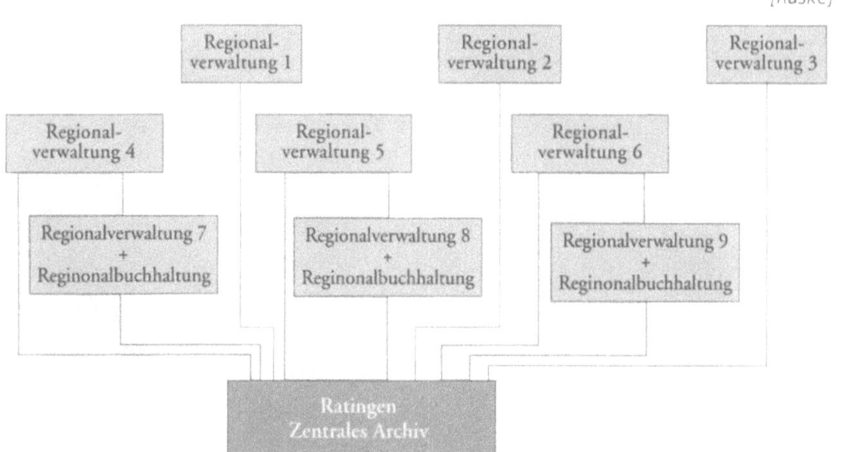

das Customizing für die erste Stufe. Sie umfasst die Archivierung von Drucklisten und ausgehenden Dokumenten wie Ausgangsrechnungen, Angebote und Mahnungen sowie die Datenarchivierung der R/3-Datenbank.

Seit Juni 1998 ist dieses System im Produktivbetrieb. Die zweite Stufe sieht das Archivieren von Eingangsdokumenten und das Erstellen der WF-Definitionen insbesondere mit Unterstützung der dezentralen Struktur vor. Sie ging im dritten Quartal 1998 in den Test- und im vierten Quartal in den Produktivbetrieb. Während die erste Stufe eher in das Standardprogramm einer R/3-Archiveinführung gehört, kommen in der zweiten Stufe die Besonderheiten der dezentralen Struktur zum Tragen. Würden die Abläufe allein durch ein zentrales Archivsystem unterstützt werden, so müsste das jeweilige Dokument über die ISDN-Leitung an den Arbeitsplatz der Bearbeiterin übertragen werden.

Bei einer durchschnittlichen Dateigröße von 60 KB und einem Leitungsdurchsatz von 64 KBit/s dauert die reine Dokumentenübertragung ca. 8 Sekunden. Das würde keine Akzeptanz bei den Anwendern erfahren und die Gesamtakzeptanz in Frage stellen. Bei einer möglichen Erhöhung der Leitungsbandbreite auf 2 MBit/s läge die Zugriffsgeschwindigkeit in einem akzeptablen Rahmen.

Abb. 11-27 Cache-Konzept zur Unterstützung des dezentralen Arbeitens nach [Raske]

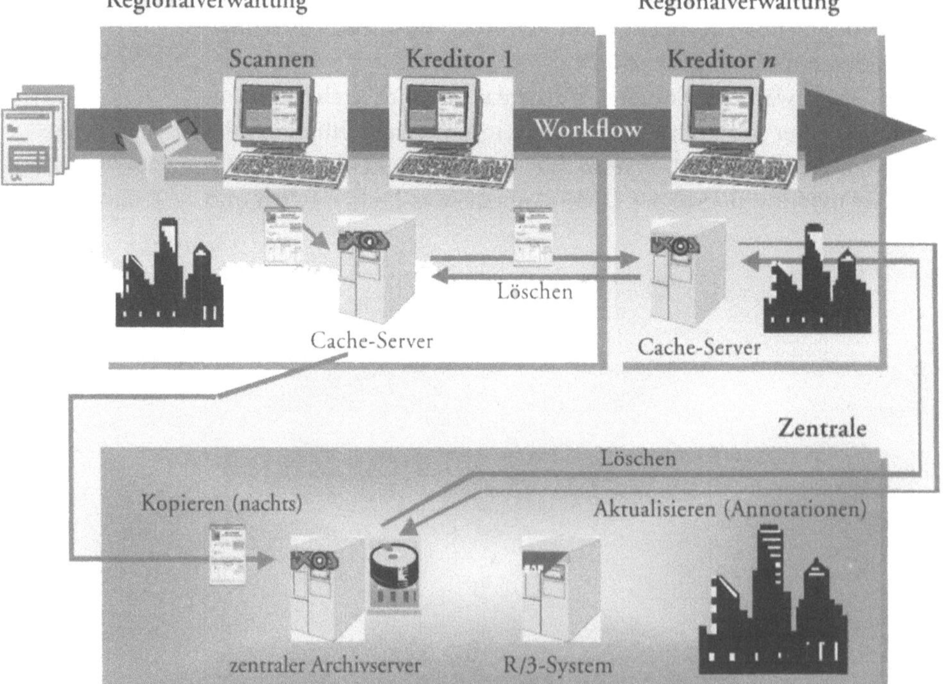

Die monatlichen Leitungskosten würden jedoch um rund den Faktor 7 erhöht, was das gesamte Projekt unwirtschaftlich machen würde. Als Lösung wurde ein WF-gesteuertes Dokumenten-Caching entwickelt (siehe auch Abb. 11-27 und Abb. 11-28).

Der WF-gesteuerte Dokumenten-Prefetch erzeugt eine WF-gesteuerte Dokumentenlokalität. Das heißt, dass zum einen Dokumenten-Cache-Server in den betroffenen Niederlassungen installiert werden und zum anderen der Workflow bestimmt bzw. veranlasst, wo (auf welchem Dokumenten-Server* bzw. in welcher Niederlassung) sich die aktuelle Kopie des Dokuments befindet. Der Workflow veranlasst somit auch den Transport eines Dokuments von (dem Dokumenten-Server) einer Niederlassung zu (dem Dokumenten-Server) einer anderen Niederlassung, wenn der nächste Arbeitsschritt im Workflow von einer Sachbearbeiterin der zweiten Niederlassung bearbeitet werden soll. Dabei erscheint das Work-Item erst dann im Eingangskorb der Sachbearbeiterin, wenn der Transport vollzogen wurde. So wird die Wartezeit für die Mitarbeiterin minimiert – das Dokument kann rasch vom lokalen Dokumenten-Server auf den Arbeitsplatz geladen werden.

** Archiv- oder Cache-Server*

Zur Sicherheit wird eine Kopie des Dokuments auf dem zentralen Archiv-Server gehalten. Alle Aktualisierungen (Notizen in Form von Annotationen) werden ebenso vom Cache-Server an den zentralen Archiv-Server übermittelt. So wird eine hohe Verfügbarkeit und Sicherheit gewährleistet.

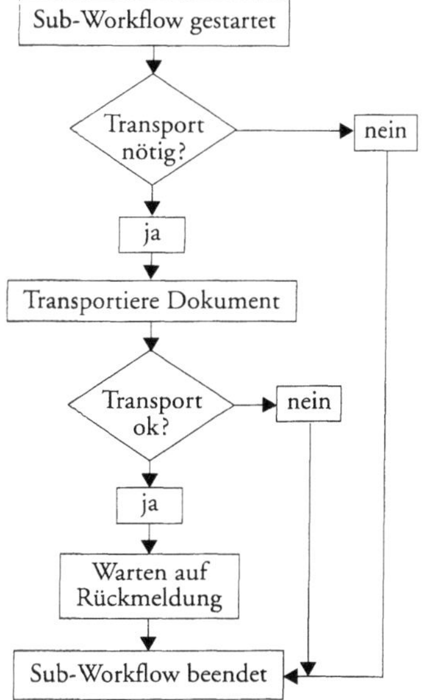

Abb. 11-28 Sub-Workflow-Diagramm für den Dokumententransport

Die Architektur

Die Readymix Data GmbH betreibt als Dienstleister zentral in Ratingen die R/3-Systeme. Es kommen IBM-RS6000-Server mit AIX als Betriebssystem, Oracle als Datenbank und SAP R/3 Release 3.1H zum Einsatz (Stand: 1998). Dabei werden sämtliche R/3-Module außer dem HR-Modul genutzt. Die anderen Standorte sind mit ihren R/3-Arbeitsplätzen über ISDN-Leitungen mit 64 oder 128 KBit/s an die zentralen R/3-Systeme angeschlossen (siehe auch Abb. 11-29). Die Arbeitsplatzrechner bestehen in der Regel aus unter Windows laufenden Pentium-PCs mit lokaler Festplatte und einem 17"-Monitor.

Mit der Einführung der elektronischen Archivierung kamen noch weitere Komponenten hinzu. Auf der Softwareseite ist dies IXOS-ARCHIVE 3.0 mit einer Oracle-Datenbank. Auf der Hardwareseite sind dies als Server die Archiv- und Archiv-Backup-Server in Ratingen und die Cache-Server in den anderen Standorten. Die Cache-Server sind gut ausgebaute PCs mit Windows NT 4.0. Die Archiv- und Archiv-Backup-Server in Ratingen werden entlang der Einführungsphasen der Archivierung ausgebaut. In der Startphase besteht jeder Server aus einem RS6000-Rechner mit einer CPU, 256 MB Hauptspeicher, 15 GB Festplattenplatz, einer 166 GB-WORM-Jukebox von Hewlett Packard und AIX als Betriebssystem. In der Endphase der Einführung sind sie mit zwei CPUs, 512 MB Hauptspeicher, 40 GB Festplattenplatz und zwei Jukeboxen ausgestattet.

Auf der Client-Seite kommen die Scannerarbeitsplätze, die aus einem gut ausgebauten PC mit Windows NT 4.0 und einem 21"-Monitor aus ergonomischen Gründen bestehen, hinzu. Dazu gehört je nach Dokumentenvolumen ein Scanner Fujitsu Scan Partner EO oder Fujitsu M3097 DG. Ebenfalls aus ergonomischen Gründen werden einige R/3-Arbeitsplätze, die häufiger digitalisierte Dokumente verarbeiten, mit 21"-Monitoren nachgerüstet.

Für die Archivierung in Rüdersdorf, Beckum und Dortmund war abzuwägen zwischen der Beschaffung lokaler Archiv-Server oder der Nutzung der zentralen Archivserver in Ratingen mit gleichzeitigem Ausbau der vorhandenen 64-KBit-ISDN-Leitungen. Bei dem in der Archivberatung festgestellten Dokumentenaufkommen kann die zentrale Archivinfrastruktur in Ratingen ohne Erweiterungen genutzt werden. Eine Kostenkalkulation zeigt, dass ein Ausbau der ISDN-Leitungskapazitäten auf 4×64 KBit bzw. 5×64 KBit wirtschaftlicher ist als die Beschaffung lokaler Archiv-Server.

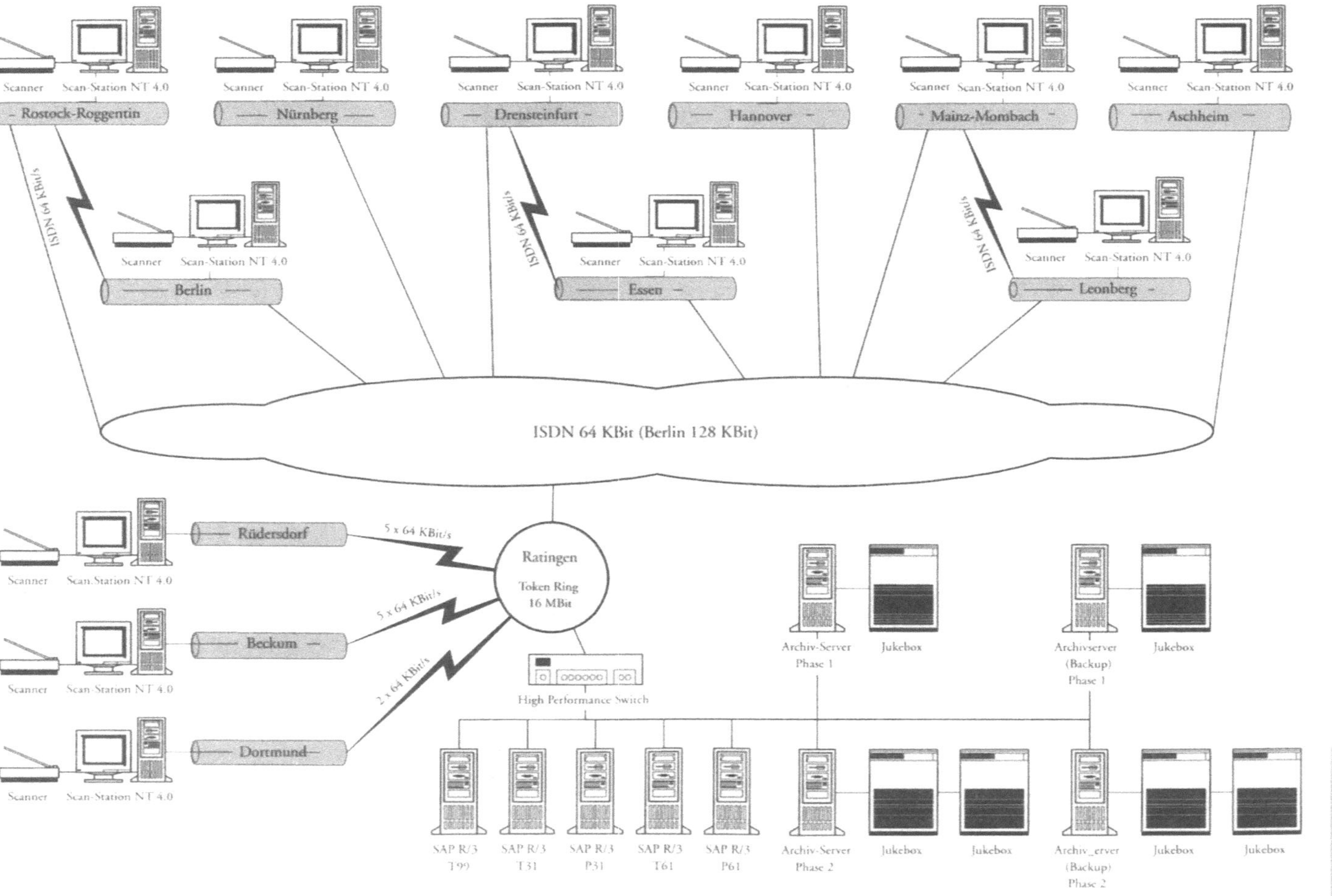

Abb. 11-29: Readymix Netztopologie

Kosten/Nutzen-Betrachtung

* Siehe [Berndt], auf Seite 697.

Für viele Unternehmen sind die folgenden vier Erfolgsfaktoren repräsentativ [Berndt]:*

- Service (Kundenservice)
- Qualität (Produkt-/Dienstleistungsqualität)
- Zeit (Durchlaufzeit)
- Kosten (Verwaltungskosten)

Wird einer oder werden mehrere dieser Erfolgsfaktoren in einem Unternehmen spürbar verbessert, so steigt dessen Wettbewerbsfähigkeit. Eine Amortisation der eingesetzten Mittel ist wahrscheinlicher, und häufig werden detaillierte Kosten-/Nutzenbetrachtungen nicht durchgeführt.

Bei Readymix Zement und Readymix Beton sind auf Grund der Aufgabenstellung und der realisierten Lösung für die elektronische Archivierung und SAP Business Workflow für die elektronische Vorgangsbearbeitung wesentliche Nutzenpotentiale im Bereich Prozessqualität, Auskunftsfähigkeit, Nachvollziehbarkeit, Material- und Arbeitskosten und vor allen Dingen bei den Durchlaufzeiten vorhanden. Daher wurde hier auf eine detaillierte Kosten-/Nutzenbetrachtung verzichtet.

Stand Anfang 2002

Auch nach drei Jahren sind die beschriebenen Systeme mit den drei Workflows noch im Einsatz und haben sich bewährt – insbesondere das Rechnungseingangsbuch.

Es wird nun diskutiert, die Lösung durch einen *Rechnungsleser*-Modul zu ergänzen, der per OCR die wesentlichen Merkmale aus den eingescannten Rechnungen extrahiert und der R/3-Rechnungsbearbeitung übergibt, wo sie automatisch in die Verbuchungstransaktion eingespielt werden. IXOS bietet dafür seinen bei mehreren Kunden eingesetzten *InvoiceReader* an.

Als nicht rentabel erwiesen sich die Aufwände zur Realisierung für den Prefetch-Mechanismus. Die Komplexität sowie die hohen Aufwände zur Administration der verteilten Server sind der Grund dafür. Zudem zeigte sich, dass ca. 90% aller erfassten Rechnungen lokal verarbeitet (geprüft und genehmigt) werden. Hier erscheint es aus heutiger Sicht besser, in eine höhere Netzbandbreite zu investieren – zumal die Kosten dafür stark gesunken sind und weiter fallen werden.

11.4 Systeme im technischen Bereich

Im technischen Bereich von Unternehmen gibt es drei typische Einsatzgebiete für Archiv- und DM-Systeme:

A) Zeichnungsarchive
B) Ersatzteilkataloge, Manuale, Anleitungen
C) Stücklisten

Daneben können Archive sinnvoll für die Speicherung und die Suche von Mess-, Qualitätssicherungs- und anderen Produktionsdaten sein. Viele dieser Daten fallen in großen Mengen an und müssen aus Gründen der Produkthaftung über lange Zeit aufbewahrt werden.

Zeichnungsarchive

Obwohl in praktisch allen Unternehmen technische Zeichnungen heute mit CAD-Systemen erstellt werden, bleibt weiterhin ein gewisser Teil an Reißbrettkonstruktionen übrig. Zusätzlich existiert in den meisten Fällen ein erheblicher Bestand an älteren Zeichnungen, der nur auf Papier oder Mikrofilm vorhanden ist. Die Suche nach solchen Zeichnungen und deren Abruf aus dem Papier- oder Mikrofilm-Archiv ist zeitaufwändig und zum Teil sehr mühsam, wenn nicht gerade die Zeichnungsnummer bekannt ist. Dabei besteht die Gefahr des Verlustes und der Beschädigung beim Entleihen aus dem Archiv.

Für ältere Zeichnungen auf Papier besteht zusätzlich das Problem, dass das Papier durch enthaltene Säure über die Jahre sehr brüchig geworden und teilweise zerfressen ist. Eine Konservierung solcher Vorlagen ist vielfach dringend erforderlich, zumal solche Konstruktionsunterlagen in einigen Fällen über sehr lange Zeiträume benötigt werden.

Selbst bei modernen CAD-Systemen fehlen vielfach Hilfsmittel für die Verwaltung und die gezielte Suche nach Zeichnungen. Ein integriertes Zeichnungsverwaltungssystem, welches sowohl von Papier- oder Mikrofilm erfasste als auch über CAD erstellte Zeichnungen verwaltet und die effiziente Suche darin gestattet, kann wesentliche Vorteile bringen, die in folgenden Punkten bestehen:

- gezieltere Suchmöglichkeiten
- Mehrfachzugriff auf Unterlagen
- Zugriff ohne Beschädigung der Unterlagen
- bessere Versionskontrolle realisierbar

- ❑ höhere Konsistenz der Unterlagen, da keine (oder weniger) Mehrfachkopien entstehen
- ❑ einfaches Duplizieren (Ausdrucken) in unterschiedlichen Größen und Ausschnitten
- ❑ einfache Änderungen im Rasterbild mit Rastereditor durchführbar (schneller und sauberer als Kratztechnik)
- ❑ Korrekturen und Annotationen an Zeichnungen, ohne das Original zu beschmutzen oder zu beschädigen
- ❑ Statuskontrolle von Konstruktionen
- ❑ einfache Verfolgung von Änderungen an Zeichnungen
- ❑ Zugriff auf die Zeichnungen auch für die Personen ohne CAD-Anwendung

Damit dies möglich ist, muss die DM-Lösung in der Lage sein, die verschiedenen im Unternehmen vorhandenen Papierformate zu erfassen. Bei der Erfassung ergibt sich insbesondere bei älteren Zeichnungen die Notwendigkeit der Bereinigung. Bei sehr schlechten Vorlagen kann es notwendig werden, die Zeichnung mehrfach mit unterschiedlichen Kontrasteinstellungen einzuscannen und dann die Gesamtzeichnung aus einzelnen Ausschnitten zusammenzusetzen.*

* *Siehe als Beispiel die Abbildungen A-15 bis A-17 im Anhang auf den Seiten 683 bis 685.*

Das DM-System sollte einen entsprechend leistungsfähigen Rastereditor zur Verfügung stellen. Er muss – in einem akzeptablen Rahmen – Korrekturen und Modifikationen im Rasterbild ermöglichen. Er sollte auch gestatten, Korrekturen und Ergänzungen in einer (oder mehreren) Zusatzebenen an die Zeichnung anzufügen – ein so genanntes *Redlining* oder *Annotieren* der Zeichnung. Es ist dabei vorteilhaft, wenn das System eine Ausgabe unterstützt, bei der das Original und die Änderungen in unterschiedlichen Farben dargestellt werden können.

Da es bei großen Formaten schwierig ist, die Vorlage absolut parallel einzuscannen, muss die Erfassungssoftware ein Ausrichten der Abbildung im Rechner erlauben. Neben den normalen Betrachtungsfunktionen wie Zoomen, Panning und Verkleinern sollte der Editor ein Drehen, Skalieren und Messen von Abständen in der Zeichnung ermöglichen. Ebenso ist das Ausschneiden von Teilen (auch in Polygonform) und das Einsetzen in andere Vorlagen eine häufig benötigte Funktion. Mittels Filterfunktionen zum Bereinigen einzelner Schmutzpunkte vereinfachen gute Systeme die Nachbearbeitung. Der Editor muss in der Lage sein, auch große Zeichnungen (minimal bis A0) sowohl im Ausschnitt als auch in der Übersicht zu bearbeiten. Hierzu sind schnelle Systeme mit einem ausreichenden Speicherausbau erforderlich.

Im Folgenden werden die Anforderungen an Zeichnungsarchive nochmals zusammengefasst:

- Erfassung der vorliegenden Formate:
  Papier, Mikrofilm, Plot-Formate aus CAD-Systemen
- Anschluss entsprechender Ausgabegeräte
  für Großformate wie A0 und größer
- komplexe Attributierung
  (etwa DIN-4000-Sachmerkmalsleiste)
- mächtiger Rastereditor/Redlining-Editor
  - Panning, Zoomen, Ausschnitts-, Übersichtsdarstellung
  - Skalieren und Rotieren
  - Ausrichten (Linie waagerecht/senkrecht stellen)
  - Löschen, Ausschneiden (Rechteck und Polygon)
  - Einfügen (Ersetzen und additives Hinzufügen)
  - Einfügen von Objekten
    (Linien, Kreise, Rechtecke, Pfeile, Schrift, ...)
  - mehrere Ebenen (Redlining, Annotation)
  - Editieren im Ausschnitt und in der Übersicht
  - Formatumsetzungen

Ersatzteilkataloge

Ersatzteilkataloge sind oft recht umfangreich und müssen regelmäßig neu zusammengestellt werden. Man trifft hier also zwei typische Bedingungen für ein DMS mit Archivanschluss an: die große Anzahl von Einzelteilen und ein häufiger Zugriff auf diese Komponenten.

Bei vielen Katalogen liegen Abbildungen, die einen großen Teil des Katalogs ausmachen, entweder als Fotografie oder als Papierzeichnung vor. Für eine effiziente Produktion müssen diese Teile mittels Scanner erfasst und in das DM-System gebracht werden. Filter zur Übernahme von CAD-Zeichnungen sollten ebenso vorhanden sein. Die Verwaltung und Attributierung dieser Komponenten ist zumeist einfach und mit wenigen Merkmalen möglich.

Bei solchen Katalog-Produktionssystemen kommen stärker als bei den bisher diskutierten Imaging-Systemen Textverarbeitungs- bzw. DTP-Elemente hinzu. Das DTP-System sollte wegen des häufig großen Umfangs solcher Kataloge und der größeren damit verbundenen Aufbauzeiten diese auch im Batch-Modus zusammenstellen können.

Bei der Distribution der Kataloge stellt sich schnell die Frage, ob sie auf Papier, Mikrofilm, CD oder online per Internet erfolgen soll. Für alle Varianten sind DM-Systeme und DTP-Systeme geeignet – für die Internet-Distribution kommt der Bedarf nach Content-Management hinzu. Die Entscheidung wird hier stärker durch den Empfängerkreis bestimmt als durch das, was am einfachsten und kostengünstigsten ist. Versandhauskataloge müssen heute eben noch (zumindest auch) in Papierform an den Kunden gehen. Bei technischen Ersatzteilkatalogen hingegen kann eine CD-Produktion bereits bei kleinen Stückzahlen (etwa oberhalb von 500 Stück)* Kostenvorteile bringen. Bei umfangreichen Katalogen entstehen durch das geringere Versandgewicht von CDs zusätzliche Kostenvorteile gegenüber der Papiervariante.

* *Die Herstellungskosten liegen dann bei unter. 0,5 Euro pro CD (bei einer Auflage von ca. 500 Stück).*

Der Einsatz von CD-WORM-Laufwerken macht die Produktion auch bei kleineren Stückzahlen wirtschaftlich, liegen doch damit die Materialkosten etwa bei 0,5 Euro pro CD mit einem Datenvolumen von ca. 640 MB.

Bei vorhandenem Internet- oder Intranet-Portal und unterstützendem Content-Management-System ist die Online-Distribution sicher die billigste und von der Aktualität der Daten potentiell die beste Variante, solange nur eine geringe Vertraulichkeit notwendig ist oder die Infrastruktur die Vertraulichkeit ausreichend gewährleistet.

Manuale (Handbücher)

Was für Kataloge gilt, gilt weitgehend auch für umfangreiche Manuale bzw. Handbücher. So liefern bereits heute viele Rechnerhersteller ihre Dokumentation auf CDs – oder stellen sie via Internet online zur Verfügung. Die gedruckten Handbücher werden dort nur noch zu erheblich höheren Kosten vertrieben. Denkt man einmal an den Umfang und die Anzahl von Handbüchern und Reparaturanleitungen, die für komplexe technische Systeme oder Anlagen benötigt werden – typische Beispiele sind Flugzeuge, Schiffe, Großanlagen usw. –, so lassen sich mit elektronischen optischen Speichermedien und entsprechenden Zugriffssystemen Kosten für Herstellung, Lagerung und Transport einsparen.

Sowohl Kataloge als auch Manuale auf Basis von optischen Platten (CDs) erlauben dem Anwender eine höhere Funktionalität, wenn die Dokumente entsprechend aufbereitet sind. So sind rechnergestützte Schlagwort- und Textsuchen sowie Hypertext-Verknüpfungen einfach machbar und unterstützen insbesondere bei umfangreichen Dokumenten die Arbeit wesentlich.

Die Situation bei Katalogen und Manualen ist entsprechend:

- sehr umfangreiche Dokumente
- aus sehr vielen Einzelteilen, Abbildungen, Beschreibungen, Tabellen oder Preisen zusammengesetzte Dokumente
- häufige Aktualisierung
- in Papierform nur bedingt übersichtlich
- hoher Produktionsaufwand bei herkömmlicher Herstellung

Benötigt werden:

- Erfassungssysteme für Komponenten
- Verwaltungssystem
- DTP-System mit Batch-Unterstützung
- Database-Publishing-Unterstützung (automat. Erstellung)
- schnelle Ausgabemedien (Drucker, Belichter, ...)
- zur Auslieferung kommen in Betracht:
  - Papier oder Mikrofilm
  - CD bzw. DVD bei großen Datenmengen
  - Intranet oder Internet
- Integration mit Systemen für die Zeichnungs- und Stücklistenverwaltung sowie die Produktionsplanung
- Anschlüsse (Connectoren) zu einem Distributionssystem – z. B. ein Content-Management-System für die Publikation über Internet

Die Distribution von PPS- und PDM-Dokumenten erfolgt zunehmend über Intranet-Lösungen.

Zunehmend werden die Dokument-Komponenten einer technischen Dokumentation in unterschiedlichen Zusammenhängen und in verschiedenen Medien benötigt – z. B. als gedrucktes Handbuch, als Montageanleitung auf Mikrofilm, als Online-Handbuch in HTML oder als Online-Hilfe. Hier gilt es dann, ein Format bzw. eine Auszeichnung zu wählen, aus der heraus über dedizierte Style-Vorlagen und Konverter die verschiedenen Formate erzeugt werden können. Hierfür setzt sich SGML durch – zunehmend abgelöst durch XML.

Stücklisten

Ein weiterer Bereich sind Stücklisten, die heute bereits in vielen Fällen in speziellen Systemen erstellt und gepflegt werden. Interessant bei Stücklisten ist sowohl deren Verknüpfung mit den Konstruktions- bzw. CAD-Daten als auch mit den Daten aus der Fertigungsplanung. Integriert man all die technischen Dokumente und Daten in einem System, so wird von *Product-Data-Management* (PDM) gesprochen.

11.4.1 Technisches Archiv im Großanlagenbau

* vormals die ›ABB Turbinen Nürnberg GmbH‹

Die ALSTROM Power Turbinen GmbH* gehört zum sektor Power (Stromerzeugung) der deutschen ASLTROM-Gruppe und diese wiederum ist Teil des multinationalen ALSTROM-Konzerns. Das Geschäftfeld der ›ALSTROM Turbinen‹ ist der Bau von Dampf- und Gasturbinen sowie der Kraftswerksbau.

Das Unternehmen besitzt eine sehr große Anzahl technischer Zeichnungen (ca. 400.000), deren Zahl ständig zunimmt. Die mikrofilmbasierte Handhabung dieser Zeichnungen (in vier verschiedenen Mikrofilmarchiven) erwies sich zunehmend als in mehreren Punkten limitierend. Man begann deshalb Ende 1996 mit der Planung zur Umstellung auf eine elektronische Verwaltung und auf elektronische Dokumente.

** u.a. für die Archivierung von Drucklisten aus R/2

Da man bereits R/3 für unterschiedliche Aufgaben (z.B. FI) einsetzt und dort bereits ein Archiv der Firma IXOS nutzte,** entschloss man sich – nach einer Vorstudie durch die Firma IXOS – die Verwaltung der Dokumente über das SAP-Dokumenten-Verwaltungssystem (DVS) im vorhandenen IXOS-Archiv zu realisieren. Wesentlich dabei war die Übernahme des Mikrofilmbestands in elektronische Form, die Integration des Repro-Systems zur Ausgabe großformatiger Zeichnungen und die Anbindung des PDM-Systems *Metaphase*.

EDM-Lösung

Der auf Mikrofilm vorhandene Altbestand an Zeichnungen und ergänzenden Dokumenten wurde von einem externen Scan-Dienstleister über Mikrofilmscanner erfasst und als TIFF-Rasterdateien zusammen mit den ebenfalls erfassten Metadaten auf Band angeliefert. Die Metadaten werden über ein ABAP-Programm in das R/3 DVS eingespielt.

Neu anfallende CAD-Zeichnungen werden in das PDM-System Metaphase eingestellt und von diesem in TIFF konvertiert. Die Metaphase-verwalteten Zeichnungen werden für die Archivierung zur Verfügung gestellt. Die notwendige Attributdatei (mit den Metadaten) für die Anlage der DVS-Stammsätze wird durch das PDM-System *Metaphase* erzeugt und gelangt per FTP-Filetransfer zusammen mit den Zeichnungsdateien in das Archiv-Austauschverzeichnis.

Noch manuell erstellte Zeichnungen (oder überarbeitete Altzeichnungen) werden per Scanner erfasst und zusammen mit den

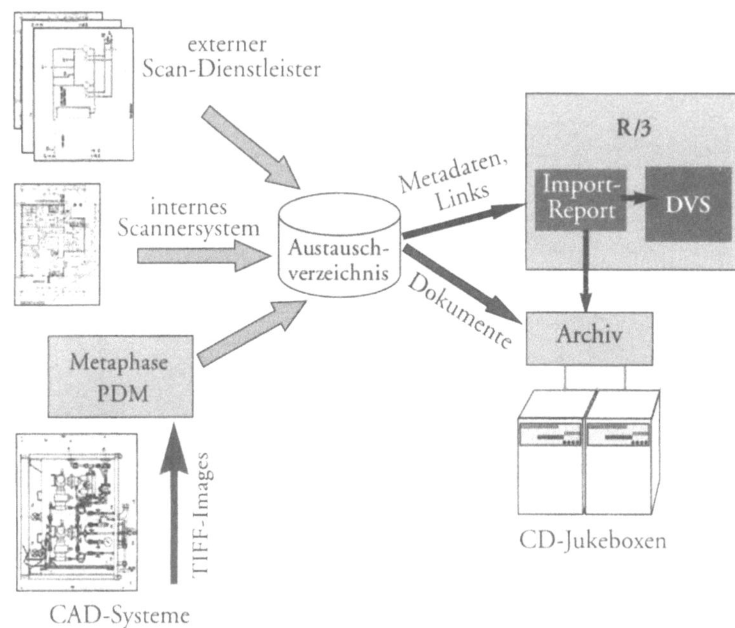

Abb. 11-30
Schema der Dokumentenübernahme bei der ALSTROM-Lösung

Metadaten im Austauschverzeichnis abgelegt. Danach wird ein ABAP-Report automatisch angestoßen, erzeugt die DVS-Infosätze aus der Attributdatei und legt die Dokumente im Archiv ab. Bei erfolgreicher Übernahme werden die Einträge im Austauschverzeichnis gelöscht.

Dokumente können parallel in mehreren Formaten abgelegt werden. So ist es z.B. möglich, sowohl ein Word-Dokument als auch dessen PDF-Version (für einen Langzeitzugriff) oder sowohl die CAD-Version als auch die Plot- und TIFF-Datei einer Zeichnung zu archivieren. Der Anwender kann später die für seine aktuelle Situation geeignete Form für eine Ausgabe oder Bearbeitung wählen. Aktuell wird hiervon jedoch nur TIFF (für die Zeichnungen) und PDF (für die Beschreibungen) genutzt.

Die Ausgabe von Zeichnungen erfolgt über den lose gekoppelten ISO-Repro-Manager. Dieser erstellt zunächst einen Auftrag in ein Austauschverzeichnis ①, wo ein Server-Prozess den Auftrag analysiert ②, sich über DVS von R/3 die Doc-ID geben lässt ③, damit das Dokument (Image) aus dem Archiv abruft ④ und für den Repro-Manager zugreifbar zusammen mit einer Protokolldatei wieder ins Austauschverzeichnis stellt ⑤. Der Repro-Manager holt sich hier das Image ⑥ und die Anweisungen aus der Auftragsdatei und erstellt damit schließlich die Reproduktion ⑦. Die Synchronisation erfolgt über Statusdateien.

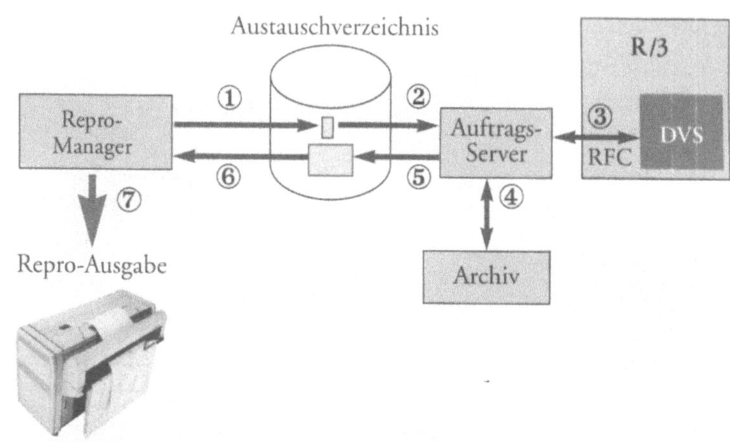

Abb. 11-31
Anbindung des Repro-Systems

Projekttagebuch

Projektstart war im Februar 1997. Zu diesem Zeitpunkt war bereits ein IXOS-Archiv für die Archivierung von Finanzbelegen innerhalb von R/3 im operativen Betrieb.

Im April 1997 erfolgte die Vergabe der Projektaufträge – darunter auch für eine Anbindung des IXOS-Archivs an das bei ALSTROM eingesetzte Repro-System* und die Übernahme der Mikrofilmdaten in R/3 DVS. Parallel dazu erfolgte die Erfassung (das Scannen) der Mikrofilme in ein Rasterformat (TIFF) durch einen externen Scan-Dienstleister.

* *Ein Repro-System der Firma ISO Nürnberg*

Im August 1997 begann dann die reale Ablösung des Mikrofilmarchivs und die Verfügbarkeit der Daten im elektronischen Archiv sowie im DM-System. Insgesamt wurden ca. 400 000 Dokumente (Zeichnungen, Liefervorschriften, Werksnormen, usw.) übernommen.

Im September 1997 wurde das System produktiv gesetzt; es wurde 1998 von ca. 300 Anwendern genutzt. Zur Einführung des Systems wurden Multiplikatoren jeweils einen halben Tag lang geschult. Diese gaben anschließend das Know-how innerhalb ihrer Abteilung weiter. Im Bereich der Repro-Abteilung und der Konstruktion fanden intensivere Schulungen auch zu den Themen Metaphase und ISO-Software statt.

Im März 1998 wurde das PDM-System *Metaphase* über eine FTP-Schnittstelle an DVS und das IXOS-Archiv angebunden. Die Anbindung wurde durch ALSTROM selbst realisiert, basiert jedoch auf dem ABAP-Report zur Übernahme der konvertierten Dokumente.

Zusätzlich wird nun auch die Statusverwaltung im DVS für die Zustandsbeschreibung (*freigegeben*, *überholt* oder *in Bearbeitung*) der verwalteten Dokumente benutzt. Ruft ein Konstrukteur eine Zeichnung zur Bearbeitung ab, so wird der Status der Zeichnung auf *in Bearbeitung* gesetzt. Wird die Zeichnung danach neu freigegeben, so erhält die alte Version den Status *überholt* und die neue Zeichnung den Status *freigegeben.*

Der Transfer von Metaphase nach R/3 DVS erfolgt erst bei Freigabe der Zeichnung in Metaphase, dann jedoch automatisch. Ein manuelles Eingreifen für die Anlage der DVS-Stammsätze ist nicht notwendig, da das DVS ausschließlich zum Retrieval genutzt werden muss.

Anfänglich auftretende kleinere Probleme mit der Datenbank und dem Zugriff auf die CDs (als Archivdatenträger) konnten relativ problemlos und ohne längere zeitliche Ausfälle behoben werden und waren zum Zeitpunkt der Produktivsetzung vollständig eliminiert.

Bisherige Erfahrungen

Bis Ende 1998 waren etwa 430 000 Zeichnungen oder andere Dokumente mit einem Volumen von ca. 90 GB im Archiv. Die Zunahme war danach moderat. So waren bis März 2002 etwa 490 000 Zeichnungen bei einem Volumen von ca. 120 GB archiviert.

Zunächst erfolgte eine prinzipielle Ablaufumstellung: Wurden bisher Zeichnungen im Mikrofilmarchiv angefordert, dort reproduziert und an den Besteller verschickt, so gilt nun das Holen-Prinzip, bei dem sich die Mitarbeiter bei Bedarf die Zeichnungen selbst holen, indem sie über DVS darauf zugreifen.

Mit der Einführung konnte die anvisierte Kostenreduktion erzielt werden. Diese ergibt sich einerseits aus einer deutlichen Reduktion der Plot-Aufträge. Plots werden bei Bedarf durch einen Auftrag von der lokalen Dialogstation aus erstellt, wobei am lokalen Arbeitsdrucker Ausgaben bis zu A3 möglich sind. Größere Formate werden über die Repro-Anlage erzeugt. Durch die Möglichkeit, an jedem Arbeitsplatz schnell auf die Zeichnungen zugreifen zu können, entfallen eine ganze Reihe von Plot-/Druckausgaben vollständig. Zusätzlich entfallen – durch die Möglichkeit des Previewing – Fehldrucke, wie sie zuvor vorkamen. Die Qualität der Ausdrucke konnte mit der neuen Lösung verbessert und die Durchlaufzeiten deutlich reduziert werden.

Die Möglichkeit, schnell und unternehmensweit auf die Dokumente zuzugreifen, ist geschaffen und erweist sich als wesentlicher Vorteil. Mit der Einführung des elektronischen Archivs konnte durch die Ablösung der Mikrofilmarchive zugleich die anstehende Modernisierung der Mikrofilm-Repro-Geräte entfallen.

Inzwischen (das Jahr 2002) ist das Archiv für die Benutzer *Alltag* geworden und die Zufriedenheit sehr hoch.

11.5 Groupware-Archive

Groupeware hat sich zu einer der wesentlichen Kommunikationselemente in Unternehmen entwickelt – mit dem Wachstum des Internets nicht nur innerhalb der einzelnen Unternehmen, sondern ebenso über Unternehmensgrenzen hinweg. eMail als meistbenutzte Komponente hat hier innerhalb der Unternehmen Umläufe und Memos fast vollständig abgelöst, und zwischen Unternehmen läuft eMail zunehmend Fax-Nachrichten den Rang ab.

Wesentliche Informationen werden inzwischen per eMail ausgetauscht – seien es verbindliche Anweisungen an Mitarbeiter, gegenüber Partnern oder Bestellungen, Auftragsbestätigungen, Lieferankündigungen oder Vertragsentwürfe. Die Bearbeitung der Eingangspost hat sich für viele Mitarbeiter weitgehend vom konventionellen Eingangskorb zum eMail-Eingangskorb verschoben.

Ein Großteil der eMails sollte oder muss sogar aus rechtlichen Gründen lange Zeit aufbewahrt werden. Insbesondere in den USA, wo eMail faktisch die volle rechtliche Anerkennung besitzt – auch ohne den Einsatz elektronischer Signaturen –, fordert das Gesetz für zahlreiche eMail-Dokumente die Archivierung über definierte Zeiträume.* Aber auch in Europa wird eMail als Beweismittel anerkannt, insbesondere dann, wenn dafür fortgeschrittene oder qualifizierte elektronische Signaturen eingesetzt werden.**

** Gemeint ist hier DoD 5015.2 STD (siehe Seite 712).*

*** Siehe hierzu Kapitel 7.13 und 8.4.*

Die Anzahl und Volumina von eMails sind vielfach so groß, dass sie wirtschaftlich und technisch weder auf dem lokalen Arbeitsplatzsystem (hier zumeist ohne Datensicherung) noch auf dem zentralen eMail-Server gehalten werden können. Insbesondere umfangreiche *Attachments* tragen zum Volumen bei (Datei-Anlagen wie z.B. Word-Dateien oder Präsentationsgrafiken).

Die Datenbanken der Groupware-Systeme werden mit dem Anwachsen der Zahl der Einträge ständig langsamer – schlimmer noch, durch das Anwachsen der Datenbankgröße durch die eMail-Anhänge (Attachments). Die Sicherung der Groupware-Daten dauert mit zunehmendem Volumen ständig länger. Hier ist neben der reinen Sicherung auch zu bedenken, wie lange das Rückspielen eines beschädigten Bestandes dauern darf. Die einzelnen Groupware-Systeme erreichen in großen Unternehmen die Grenze hinsichtlich Performance, Stabilität und Skalierbarkeit. Insbesondere das vielfach eingesetzte Microsoft Exchange zeigt hier Schwächen.

Das Wachstum der Systeme führt schnell dazu, dass eine größere Anzahl parallel arbeitender Systeme aufgesetzt werden muss, mit entsprechenden Kosten für die Rechner, die Netzinfrastruktur, die Lizenzen und nicht zuletzt für die Administration und Sicherung. Betrachtet man die Anforderungen an Groupware-DMS-Lösungen, so erweisen sich nachfolgend aufgeführte Punkte als wesentlich. Dabei wird davon ausgegangen, dass ein große Anzahl von Client-Arbeitsplätzen vorhanden sind (nicht selten mehr als 10 000).

- möglichst einfache Installation auf den Client-Systemen, vorzugsweise gar keine zusätzliche Softwarekomponente auf den Clients
- weitgehend transparent für den Anwender im automatischen Betrieb
- einfache Bedienung auf dem Client für das explizite Archivieren
- einfache zentrale Administration
- Automatismen für die Archivierung
- mehrere Kriterien für die (automatisierte) Archivierung der eMails wie etwa:
  - Alter der Mail
  - Größe der Mail bzw. des Attachments
  - Art des Objektes
  - Größe des Postfachs
- automatischer, transparenter Zugriff auf archivierte Komponenten
- Möglichkeit des automatischen Renderings (Formatkonvertierung)
- Erhalt der wesentlichen Groupware-Funktionen (z.B. Volltextsuche)
- Offenheit hinsichtlich der Ablage-/Speichersysteme

Bei firmeninternen eMails kommt es häufig vor, dass dicke Anlagen an eine Anzahl von Teilnehmern einer Adressliste verschickt werden. Die heutigen Versionen der meisten Groupware-Systeme legen dabei Kopien dieser Anlagen in jeden einzelnen Postkorb der Liste. Dies ist bei großen Verteilerlisten unökonomisch. Ideal ist es deshalb, wenn die DMS-Lösung diese Situation erkennt, das Objekt nur einmal archiviert und in den eMails lediglich Verweise auf das archivierte Objekt einfügt. Dies kann zu erheblichen Einsparungen führen.

11.5.1 Großes eMail-Archiv im Bereich Automotive

Das hier beschriebene Projekt erfolgte bei einem großen deutschen, international agierenden Unternehmen aus dem Bereich Automotive. Mit seinen zahlreichen nationalen und internationalen Niederlassungen, der stark technischen Ausrichtung und etwa 200 000 Mitarbeitern weltweit im Jahr 2001 besteht ein hoher Bedarf an einer effizienten Kommunikation. Eine zentrale Komponente darin und bereits früh in breitem Umfang eingesetzt, ist eMail. Hier setzt man Microsoft-Exchange als Server und Outlook als eMail-Client ein.

Mit einer Anzahl von etwa 92 000 eMail-Nutzern weltweit und davon ca. 25 000 in einem Data-Center entsteht dabei ein enormes Mail-Aufkommen – Tendenz wachsend. Ein großer Teil der eMails soll oder muss längerfristig aufbewahrt werden und von den Benutzern auch nach längerer Zeit einfach abgerufen werden können.

Mit zahlreichen parallel arbeitender MS-Exchange-Servern stieß man hier trotz Account-Quotas an verschiedene Grenzen. Um die in den Kunden-SLAs vereinbarten Restore-Zeiten bei logischen Datenverlusten sicherzustellen, durfte die Exchange-Datenbankgröße eine bestimmte Größe nicht überschreiten. Da lange Zeit nur eine Datenbank pro Exchange-Server möglich war, hätte dies nur durch Verteilung auf zahlreiche Server erreicht werden können.

SLA = ›Service Level Agreement‹

Produktentwicklung in Zusammenarbeit

Da man bereits eine IXOS-Archiv-Lösung in anderem Zusammenhang besaß, trat man Ende 1997 an IXOS heran mit der Frage nach Möglichkeiten einer Auslagerung und Archivierung von eMail-Objekten. Dort gab es zu dem Zeitpunkt bereits Anfragen zu dem Themenfeld von mehreren großen Kunden und in der Entwicklung erste Konzepte für eine Groupware- bzw. eMail-Archivierung.

Gemeinsam wurden deshalb zunächst die Anforderungen konkretisiert und das Konzept in einem Prototyp realisiert. Eine der wesentlichen Anforderungen bestand in einer intuitiven Handhabung, die sich weitgehend transparent in die eingesetzte Outlook-Anwendung einklinkt und vom Benutzer wenig Lernaufwand erfordert. Bedingt durch die große Benutzerzahl* war ein möglichst einfaches Rollout die zentrale Forderung – d.h. weitgehend ohne eine Client-seitige Installation.

** Ziel ist es hier, etwa 25 000 Benutzer pro Rechenzentrum zu bedienen.*

Die Lösung bestand darin, den Formularmechanismus von Outlook für die Archiverweiterung heranzuziehen, in die neue Funktionen und Operation auf Exchange-Objekten für den Benutzer weitgehend transparent integriert werden können.

Wird eine eMail archiviert (ausgelagert), so wird die eMail zunächst im Archiv abgelegt und der Mail-Eintrag in Exchange durch einen (schlanken) Verweis auf die archivierte eMail ersetzt. In Exchange verbleibt neben dem Verweis lediglich die Information des Mail-Kopfes mit Datum, Absender, Betreffzeile und Ähnliches. Zusammen macht dies etwa 1 KByte je Eintrag aus. Im Postkorb oder im Public- oder Private-eMail-Folder wird dies grafisch durch ein -Symbol anstelle des signalisiert. Ansonsten ist der Auslagerungsvorgang und die Eigenschaft ausgelagert zu sein, transparent für den Benutzer. Mit einem Doppelklick auf das archivierte Objekt wird dieses nun statt aus der Exchange-/Outlook-Datenbank aus dem Archiv abgerufen und wie im Standardfall angezeigt.

Bei vielen eMails macht nicht der eMail-Text selbst das Volumen aus, sondern die enthaltenen Attachments – etwa in Form von elektronischen Präsentationsfolien, Word- oder Excel-Dokumenten oder anderen umfangreicheren Dokumenten. Man kann für die Archivierung deshalb festlegen, ob nur diese Attachments ausgelagert werden sollen oder auch die eigentliche eMail. Innerhalb der Mail wird, wie zuvor beschrieben, nun das Attachment durch eine Referenz (in Form eines Hyperlinks) auf die archivierten Attachments ersetzt. Der Zugriff erfolgt auch hier durch den Doppelklick auf die Referenz.

Automatische Archivierung ist wichtig

Bei der Erprobung mit dem Prototyp wurde schnell klar, dass Automatismen, aktiviert und parametrisiert vom Systemadministrator, erst den vollen Nutzen bringen. So kann der Administrator nun festlegen, wann und wie eMails automatisch archiviert werden – d.h. ohne Anstoß und Zutun des einzelnen Benutzers. Hier können nun verschiedene Kriterien für die Auslagerung angegeben werden. Hierzu gehören (siehe auch Abb. 11-32):

- Alter der eMail
- Größe der eMail und des Attachments
- welche Nachrichtenklassen archiviert werden sollen
- Überschreitung einer definierten Größe des Postfachs oder des Ordners
- welche Folder von der Archivierung ausgeschlossen werden sollen

Die Archivierung erfolgt zu festgelegten Intervallen in speziellen Archivierungsläufen. Der Administrator kann dabei angeben, in welche (logischen) Archive die Daten abzulegen sind. Die Einstellun-

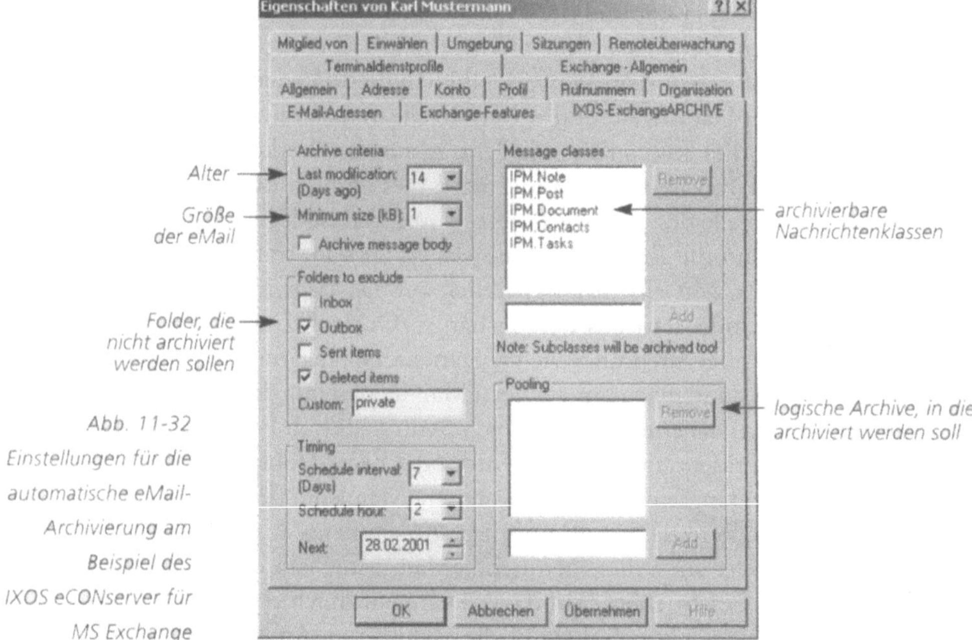

Abb. 11-32
Einstellungen für die automatische eMail-Archivierung am Beispiel des IXOS eCONserver für MS Exchange

gen lassen sich getrennt nach Mail-Boxen und Foldern vornehmen. Die Einstellungen sind benutzer-, gruppen- oder firmenspezifisch möglich.

Neben der automatischen Archivierung kann der Benutzer eine Ablage im Archiv auch explizit anstoßen – ebenso die Wiedereinlagerung einer eMail und der Attachments. Zum Archivieren zieht er per Drag&Drop die gewünschten Mails auf eine Archivierungs-Ikone.

Auf dem Client ist dazu keinerlei Installation erforderlich. Das Archivierungsformular muss lediglich auf dem Exchange-Server bereitgestellt werden.* Die eigentliche Archivierung erfolgt durch ein Plugin zum Exchange-Server.

* Die Archiv-Ikone erscheint dann bei der nächsten Outlook-Client-Aktivierung im Outlook-Fenster.

Inzwischen wurde das System bei IXOS von einem Projekt in ein Produkt überführt, hat mehrere Weiterentwicklungsversionen durchlaufen und wurde u.a. an neuere MS-Exchange-Versionen angepasst. Es kann nun beim Kunden in sehr kurzer Zeit installiert und eingeführt werden. Das System ist bei zahlreichen großen Kunden im Einsatz, darunter bei der SAP mit 22 00 sowie bei der US Airforce mit 20 00 Benutzern. Es wurde von Microsoft als ›*Microsoft Gold Certified*‹ für Exchange 2000 zertifiziert.

Verteilte Installationen, bei denen mehrere Exchange-Server in ein gemeinsames Archiv ablegen, sind möglich; ebenso wird Outlook Web-Access unterstützt. Als Ablagebereiche können neben optischen Archiven ebenso große NAS- und SAN-Speicher sowie HSM-Systeme* verwendet werden.

Die Speicherung von Mehrfach-Attachements in eMails an Verteilerlisten wird optimiert, indem die Archivierungskomponente dies erkennt und die Attachments nur einmal archiviert.

* Bei Band-basierten HSM-Systemen ergeben sich durch lange Ladezeiten gewisse Einschränkungen.

Einführung und Betrieb

Gab es Ende 1997 die ersten Projektgespräche zwischen der IXOS Software AG und dem Unternehmen, so konnte Anfang 1998 eine frühe Produktversion vorgestellt und vom Kunden evaluiert werden – noch beschränkt auf eine explizite Archivierung durch den Benutzer. Ende 1998 standen dann die Anforderungen für das Produkt und für einen Auftrag des Kunden. Die Installation und der Wirkbetrieb erfolgten dann im zweiten *Quartal* 1999. Damals sollten mit der Lösung 15 000 eMail-Benutzer abgedeckt werden, die zuvor auf 20 Exchange-Server verteilt waren. Hauptpriorität war es, durch die Reduktion der Exchange-Datenbanken die Restore-Zeiten von maximal vier Stunden zu gewährleisen oder sogar zu reduzieren; erst danach kam die Senkung der Speicherkosten.

Statt der Ablage auf optische Platten entschloss man sich für die Ablage in einem HSM-System der Firma Grau. Hierbei werden die Daten statt auf CDs oder MOs auf AIT-Kassetten ausgelagert.

Ende 2001 deckte die Lösung 25 000 eMail-Benutzer auf 17 Exchange-Servern in drei großen Rechenzentren in Deutschland ab.

Als Erfahrungswerte ergeben sich bei dem Unternehmen im Schnitt ein Aufkommen von etwa 3000 eMails pro Benutzer und Jahr bei einer gemittelten eMail-Größe von etwa 70 KByte. Durch die Archivierung wird dieses Volumen von 210 MByte auf etwa 3 MByte pro Benutzer und Jahr in der Exchange-DB reduziert, also etwa um den Faktor 70.

Der Return-on-Investment ergab sich schnell und wurde erzielt durch

- den Wegfall von ca. 10 Exchange-Server, die bei der Zunahme der Benutzerzahlen erst gar nicht aufgebaut werden mussten, da die Exchange-DB nun kleiner ist,
- garantierte Sicherungszeiten für die Exchange-Server,
- deutlich verkürzte Wiederanlaufzeiten bei Exchange-DB-Problemen,
- reduzierte Speicherkosten durch die Verlagerung der Daten in das HSM-System bzw. auf Bänder.

Erweiterungswünsche

Nachdem der beschriebene Kunde bereits in der Produktentstehung mitwirkte, entstanden – zusammen mit anderen Kunden – mit dem fortschreitenden Einsatz des Systems weitere Wünsche. In ihnen schlagen sich nicht nur die Betriebserfahrung und das sich akkumulierende Dokumentenvolumen nieder, sondern auch der Rechts- und Kulturwandel im Umgang mit elektronischen Dokumenten. So entsteht insbesondere in den USA das Firmen-interne Prinzip: »*Zunächst ist jede einkommende und ausgehende eMail zu archivieren*«. Dabei fallen in einigen Unternehmen gewaltige eMail-Mengen an. Bei Firmen aus dem Finanzbereich besteht die zusätzliche Forderung einer Journal-Führung über ein- und ausgehende eMails. Dies kann in Streitfällen juristisch relevant sein. Auch dieses Journal ist zu archivieren.

Merily Lynch z. B. beziffert dies für das Jahr 2001 auf ca. 4.5 Millionen eMails je Tag!

Da sowohl das Format der eMail selbst (sei es das Outlook-Text-Format, RTF, Word oder HTML) als auch das der unterschiedlichen Anhänge für eine Langzeitarchivierung nicht ideal ist, besteht der Wunsch nach der Möglichkeit einer *Rendition*, d.h. die Umwandlung des Dokuments in ein einheitliches und Langzeit-stabiles Format. PDF erscheint hier als fast ideale Lösung. Diese Rendition kann entweder zusätzlich zum Originalformat archiviert werden* oder als Ersatz für das Originalformat.

** Für per eMail eingegangene steuerrelevante Belege (z. B. Rechnungen) wird dies in der GDPdU von 2001 (siehe hierzu Kapitel 8.1.1 und 8.1.4) sogar explizit gefordert.*

Zusätzlich besteht der Bedarf, auch über ausgelagerte Komponenten per Volltextrecherche zu suchen.

Mit zunehmender Betriebsdauer wächst die Exchange-Datenbank trotz Auslagerungen allein durch die verbleibenden Verweise erheblich. Hier besteht deshalb der Wunsch, eMails nach vorgegebenen Kriterien – etwa ältere *Jahrgänge* – komplett aus dem Mail-System auszulagern und danach über ein alternatives Verfahren darauf zugreifen zu können. Hier kommt nun wieder die klassische Archiv-/DMS-Lösung zum Tragen – angepasst an die Strukturierung und Recherche von eMails. Dies erlaubt auch den eMail-Bestand ausgeschiedener Mitarbeiter aus dem eMail-System zu löschen, bei Bedarf aber weiterhin darauf Zugriff zu haben, wobei die Teile sogar offline gelagert werden können.

Eine solche vollständige Auslagerung vom eMail-System in das Archiv bietet auch dann Zugriffsmöglichkeiten, wenn das eMail-System wegen eines Defektes oder eines nicht mehr vollständig auszuschließenden Virenbefalls vorübergehend nicht verfügbar ist.

Ein weiterer Wunsch ist die transparente Integration von mobilen Geräten (Notebooks) im Offline-Betrieb, so dass archivierte eMail auch im Betrieb ohne Netz zur Verfügung steht.**

*** Sie wird nach zuvor definierten Kriterien als ›lokales Archiv‹ auf das Notebook geladen.*

Der Ansatz von ASP (*Application Service Providing*), d.h. Applikationen als Service für mehrere Kunden zu betreiben, ist relativ alt. Er setzte aber entweder einen reinen Batch-Betrieb voraus oder teure Standleitungen. Mit der Verbreitung des Internets, der Verfügbarkeit kostengünstiger Internet-Zugänge und einer akzeptabel sicheren Verschlüsselung der übertragenen Daten, erhielt ASP einen deutlichen Impuls.

ASP-Dienste erscheinen insbesondere für kleine und mittelständige Unternehmen interessant. Hierdurch können die Initialkosten für den Aufbau eines Dienstes deutlich reduziert werden. Auch die Betriebskosten werden durch zentralisiertes Know-how und über das Sharing-Konzept auf die Schultern mehrerer Kunden verteilt und damit für den Einzelkunden gesenkt.

Wesentliche Voraussetzung in diesen Internet-basierten ASP-Diensten ist die Unterstützung von Web-Clients durch die Anwendung – vorzugsweise die Unterstützung eines Standard-Web-Browsers. Als Referenz gelten hier der Microsoft-Internet-Explorer und mit deutlich abnehmendem Anteil der Netscape-Browser. Die Browser sollten aktuell sein, sowohl wegen der neueren Funktionen als auch was Sicherheits-Patches betrifft.

Für die Absicherung der Datenübertragung kann eine VPN-Lösung eingesetzt werden. Wesentlich einfacher und flexibler ist jedoch eine SSL-Verschlüsselung, da sie in praktisch allen Browsern verfügbar ist und so auch mobilen Benutzer jederzeit (über einen Internet-Zugang) Zugriff auf die ASP-Anwendung gestattet. Sie gewährleistet auch Vertraulichkeit innerhalb des (lokalen) Firmennetzes.

VPN = Virtual Private Network

Eine ASP-Lösung sollte neben der zentralen Verwaltung auch lokalen Administratoren erlauben, neue Benutzer und deren Berechtigungen einzupflegen und andere zu sperren, ohne dass dazu der Applikation-Server-Provider bemüht werden muss. Der lokale Administrator sollte jedoch keine gravierenden Einstellungen verstellen können – das System muss entsprechend unterschiedliche Administrator-Rollen vergeben können.

Mit der Unterstützung von Web-Clients als Frontend für Archiv- und DMS-Services haben viele DMS-Anbieter eine wesentliche Voraussetzung für eine DMS-ASP-Lösung geschaffen. Ein zweite Anforderung ist die Mandantenfähigkeit solcher Lösungen, d.h. die Dokumenten-Domainen der einzelnen Kunden sauber und sicher trennen zu können.

Die Abrechnungsmodelle für ein DMS-ASP-Konzept sind vielfältig und in weiten Grenzen verhandelbar. In praktisch allen Modellen ist eine einmalige Einrichtungsgebühr (*Setup-Fee*) vorhanden. Dieses sollte eine Beratung und das erste Customizing sowie eine Einführungsschulung enthalten.

Dass bei einem ASP-Verfahren von personenbezogenen Daten auch rechtliche Aspekte zu beachten sind, zeigt [[dms-asp]] (s. S. 700).

Darüber hinaus kann nach Dokumentenvolumen, Anzahl der Benutzer oder Anzahl der Zugriffe abgerechnet werden. Auch Flat-Rates werden angeboten – gestaffelt nach Benutzerzahlen oder Firmengrößen sowie Funktionsumfang.

Werden Daten auf optischen Datenträgern oder Bändern gesichert, so ist aus Kundensicht ausgesprochen wünschenswert, wenn dies auf separaten Datenträgern (je Kunde) erfolgt, so dass bei einer Trennung vom ASP die Daten problemloser zur neuen Lösung übernommen werden können.

Ausgeprägter als bei einer selbst betriebenen Lösung müssen bei ASP-Lösungen *Service-Level-Agreements* (SLA) vereinbart werden. In ihnen werden Systemverfügbarkeit, Wartungsfenster, Sicherungstechniken und Sicherungsintervalle festgeschrieben. Die Werte sollten möglichst eindeutig messbar sein. Eine kritische Frage ist die der Internet-Anbindung – sowohl auf der ASP-Seite als auch auf der Kunden-Seite. Bei langsamem Zugriff ist es teilweise aufwändig zu klären, wo der Engpass lag – er kann auch an einem zwischengeschalteten Internet-Knoten liegen.

Bei größeren Benutzerzahlen – relevant ist hier die Anzahl gleichzeitiger Nutzer – und einer SSL-Verschlüsselung müssen die Web-Server SSL-Beschleuniger besitzen. Dies fehlt bei kleineren ASP-Anbietern zumindest am Anfang häufig.

Klären Sie auch die Frage von Anwendungs-Updates – wie oft sie erfolgen, was sie kosten, wie lange vor der Umstellung sie angekündigt werden und wer für die Daten- und Datenbank-Updates zuständig ist. Auch die Verfügbarkeit der First- und Second-Level-Hotline sollte eindeutig festgelegt sein.

Im freien, offenen Markt ist die Nutzung solcher DMS-ASP-Angebote bisher jedoch noch gering. Eine Barriere scheint darin zu liegen, dass man hierbei vertrauliche Dokumente einem *fremden* Unternehmen anvertrauen muss.

Zunehmend werden DMS-ASP-Modelle jedoch innerhalb großer Unternehmen/Konzerne eingesetzt. Hier betreibt ein zentraler Dienstleister den ASP-Server – im Siemens-Konzern z. B. bietet die Tochter SBS (*Siemens **Business** Solution*) Archive für SAP R/3 im ASP-Konzept an. Auch im nachfolgenden Beispiel wird die ASP-Dienstleistung von einem Konzern-internen Unternehmen erbracht.

11.6.1 Ein Web-DMS bei Vodafone

Vodafone mit weltweit mehr als 100 000 Mitarbeitern und einer Präsenz in 28 Ländern in fünf Kontinenten und einem Bestand von weltweit ca. 95 Millionen Kunden (Stand: Ende 2001) ist weltweit der größte Anbieter von Mobilfunkdiensten. Seine Größe schuf Vodafone nicht allein durch kontinuierliches Wachstum, sondern auch durch zahlreiche Zukäufe von nationalen Mobilfunk-Unternehmen, insbesondere in den Jahren 1995–2001 – darunter auch D2, die Mobilfunktochter des ehemaligen Mannesmann-Konzerns.

Die einzelnen Tochterunternehmen haben jeweils ihre IT-Infrastruktur, ihre spezifische IT-Administration und ihre eigenen Entwicklungs- und Forschungsunternehmen mitgebracht. Während die Vereinheitlichung der IT-Infrastrukturen und internen Netze ein längerfristiger Prozess ist, gilt es, die Produktentwicklungen und die Forschung wesentlich schneller zur Zusammenarbeit zu führen.

Vor diesem Hintergrund bestand im Jahr 2001 die Forderung nach einer bereits kurzfristig verfügbaren Kommunikationsplattform für die weltweit verteilten und nun eng kooperierenden sieben R&D-Abteilungen des Vodafone-Konzerns. Hierüber sollten einfach und trotzdem sicher Dokumente (Forschungsberichte, Diskussionspapiere, Excel-Sheets, Messdaten, ...) ausgetauscht werden können. Das System sollte dabei erlauben, Foren und so genannte *Team-Rooms* neu zu eröffnen, Mitarbeitern selektiv Zugang zu den einzelnen Team-Rooms und Foren zu geben und einen Team-Room bei Bedarf auch einfach wieder schließen zu können.

R&D = ›Research and Development‹

Das Konzept eines DMS-ASP-Dienstes lag hier also nahe. Nach einer kurzen Sondierungsphase entschied man sich für die nachfolgend dargestellte ASP-Lösung.

Web-DMS als Kommunikationsplattform

Ziel war es, relativ schnell eine Austauschplattform für die verschiedenen R&D-Abteilungen von Vodafone zu erhalten. Dazu musste eine neue, zentrale und Client-neutrale Plattform geschaffen werden – also eine Plattform mit einer guten Unterstützung von Web-Browsern als Frontend. Mit diesem Ansatz konnte das Rollout spezifischer Clients vollständig entfallen. Eine Fixierung auf einen bestimmten Web-Browser war unerwünscht. Damit musste der Server in der Lage sein, so genanntes *Plain-HTML* zu erzeugen und spezielle Java-Komponenten weitgehend zu vermeiden.

Der Zugang sollte sowohl über das Firmennetz vorhanden sein, als auch für mobile Mitarbeiter. Eine Internet-Lösung (mit entsprechenden Firewalls) war deshalb ideal. Nach einer kurzen Sondierungs- und anschließenden Evaluationsphase entschied man sich für LiveLink-System von OpenText. Ein Faktor dabei war der Umstand, dass es sich bei LiveLink um ein originäres Web-DMS handelt (bei dem der Web-Zugriff nicht erst nachträglich und halbherzig aufgesetzt ist) und das zum Zeitpunkt der Entscheidung bereits mehrere Jahre am Markt war. Auch die auf Seite 653 angesprochene Forderung nach einer verteilen Administration mit differenzierten Rollen wird erfüllt.

Die Plattform

Die zentrale Kommunikationsplattform sind *Projekte* bzw. *Projekt-Bereiche*. Diese entsprechen zunächst üblichen *Shared* Projektordnern, auf die alle gemeinsam zugreifen können – nun aber über Internet und per Web-Browser in einer Art LiveLink-*Desktop*.

Hier können Dokumente eingestellt, recherchiert und abgerufen werden. In eMail kann auch auf Dokumente in der Ablage per Link verwiesen werden; dies ist deutlich effizienter, als dicke Dokumente per eMail an eine ganze Gruppe von Benutzern zu versenden.

Abb. 11-33
Der Vodafone LiveLink Web-Desktop

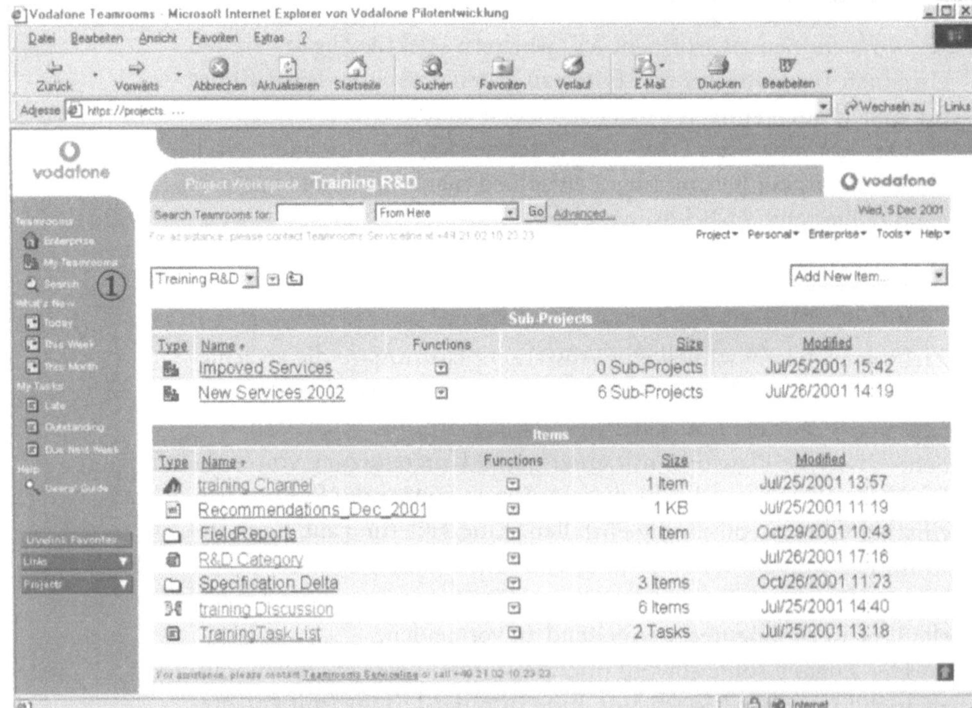

In einem Projektbereich lassen sich für die einzelnen Objekte individuelle Zugriffsrechte vergeben. Gruppenkonzepte vereinfachen dies. Die DMS-Funktion erlaubt jedoch eine sehr viel feinere Rechtedifferenzierung als normale Dateisysteme, wie die nachfolgende Liste aus der von VIS* erstellten Online-Dokumentation nachfolgend zeigt:

VIS = ›Vodafone Information Systems‹, eine IT-Dienstleistungstochter der Vodafone

Permission Types

- See — allows user to see only the object name
- See Contents — allows user to see the object name and content
- Modify — allows user to change object name and content
- Edit Permissions — allows user to change object permissions
- Edit Attributes — allows user to modify objects categories and attributes
- Add Items — allows user to add further items
- Delete Versions — allows user to delete old object versions
- Delete — allows user to delete the object
- Reserve — allows user to reserve the document, check it out and in and to add versions

Vodafone TeleCommerce GmbH

Abb. 11-34 Mögliche Zugriffsrechte auf Objekte im LiveLink-DMS

Ein Projekt lässt sich über *Ordner* (auch geschachtelt) weiter in Themenbereiche strukturieren. Der Dokumentenzugang erfolgt also primär über ein Navigieren in Projekten und Ordnern. Einen schnellen Überblick über neu eingestellte Dokumente erhält der Benutzer über die ›What's New‹-Funktion,** in der neue Dokumente sortiert nach dem aktuellen Tag, der Woche und des Monats (konfigurierbar) aufgelistet sind.

*** Siehe Punkt ① in Abb. 11-33 auf Seite 656.*

Ein Benutzer kann sich über den *Notification-Service* per eMail über das Einstellen neuer Dokumente oder über Statusänderungen informieren lassen. Dazu trägt er sich im jeweiligen Objekt oder Folder in die Notification-Liste ein. Dies ist sowohl eine Hilfe für den Administrator eines Projektes, der damit jeweils im Push-Prinzip über den aktuellen Stand informiert wird, als auch für die anderen Benutzer ein Ansatz für ein Knowledge-Management, in dem man sich aktiv über alle Neuzugänge des eigenen Intressenbereichs informieren lässt.

Jedes Projekt hat einen User-Katalog, in dem die Stammdaten der Mitglieder des Projekts für alle Benutzer sichtbar sind.

Diskussions entsprechen weitgehend dem Mechanismus der Internet-News. Hier können einzelne *Threads* (Diskussionszweige) geführt und in ihnen navigiert werden.

Der Benutzer identifiziert sich bei der Anmeldung (wie üblich) über Account-Name und Passwort. Das System gestattet bestimmte

Passwort-Policies vorzugeben.* Über ein Directory-Plugin sind hier auch andere Login-Verfahren möglich.

* *z. B. die minimale Länge und die maximale Gültigkeitsdauer.*

Für jeden Projektbereich kann der Projekt-Koordinator festlegen, wer in das Projekt hinein darf und in welcher Rolle (Koordinator, Mitglied und Gast). Aus der Rolle leiten sich die Zugriffsrechte ab. Zudem kann er auch für einzelne Objekte, Foren und Teilprojekte die in Abbildung 11-34 aufgeführten Zugriffsrechte vergeben. Benutzer-Accounts hingegen werden nur vom Zentral-Administrator (hier beim ASP-Anbieter) vergeben.

Das System gestattet, DMS-typisch, Workflows zu definieren, z. B. um bei einer Publikation im Team ein Dokument von allen Mitgliedern prüfen und ergänzen zu lassen und danach die Genehmigung für eine Freigabe einzuholen. Für ein kooperatives Editieren von Dokumenten stehen *Check-Out* und *Check-In*-Funktionen mit Upload- und Download-Funktionen sowie eine Versionierung zur Verfügung. Ebenso kann man über das Audit sehen, wer ein Dokument bereits angeschaut oder editiert hat und wann.

Wenig Einschränkungen bei den Dokumenten

Bei Heterogenität der beteiligten Partner wollte man möglichst wenig Vorschriften zu den eingesetzten Werkzeugen bei der Dokumentenerstellung machen. Obwohl auch hier die Microsoft Office-Komponenten dominieren, kommen auch andere Werkzeuge zum Einsatz – z. B. Lotus-Notes oder der Mind-Manager von MindJet. Der INSO-Dokumenten-Viewer als Teil der LiveLink-Lösung erlaubt dies zu überbrücken. Dieser beherrscht ein sehr breites Spektrum an Dokumentenformaten (nur in der Anzeige). Für Dokumente, die andere Teilnehmer weiter bearbeiten sollten, sind Konventionen also zusätzlich notwendig.

Betrieb des Systems

Das System wird von der Vodafone-Tochter VIS (*Vodafone Informations Systems GmbH*) in Rating bei Düsseldorf zentral im dortigen Rechenzentrum betrieben. Das Rechenzentrum weist sowohl räumlich (mehrfache Zugangskontrolle, Lage unter der Erde, großes, abgesichertes Gelände) als auch von der Infrastruktur her (redundante Stromversorgung mit automatisch anlaufenden Generatoren bei Stromausfall, redundanter – doppelter – Internet-Anschluss) mehr auf, als in der aktuellen Situation für diesen Einsatz benötigt wird – bietet also Raum für steigende Anforderungen hinsichtlich Infrastruktur und Sicherheit.

Der erste Betrieb erfolgte mit einer *Out-of-the-Box*-Installation mit sehr wenig Customizing. Spezielle Reports und Schnittstellen zu einigen Anwendungen über die im Produkt angebotenen APIs erfolgen erst nach und nach und auf Bedarf.

Als Server wird für das nachfolgend aufgeführte Teilnehmervolumen ein NT-4-Doppelprozessorsystem (700 MHz Pentium Xeon, 1 GB RAM) eingesetzt. Hierauf läuft sowohl LiveLink als auch der Web-Server. Ein zweiter NT-Server dient als Index-Server. Ein SUN-Server fungiert als Oracle-DV-Server und für die Dokumentenablage. Dem Ganzen ist eine Firewall vorangesetzt. Beim Betrieb rechnet man im Schnitt mit ca. 4–5 MB Daten pro aktivem Benutzer pro Monat bzw. mit ca. 50 MB pro Jahr.

Die Kosten liegen bei ca. 25–30 Euro pro Arbeitsplatz und Monat, was nur bei einer großen Benutzerzahl möglich ist. Optionale LiveLink-Module können den Preis erhöhen. Die Kosten werden (nach einer Einführungsphase, welche von der Konzernmutter finanziert wird) den einzelnen teilnehmenden Bereichen belastet.

Erfahrungen

Insgesamt konnte das System sehr zügig – d. h. innerhalb von sechs Wochen eingeführt werden. Dem ging eine sechswöchige Erprobungsphase mit mehreren Benutzern voraus. Parallel zum Technikaufbau erfolgte eine Konzern-interne Vermarktung des Konzepts. Seit Juli 2001 ist der volle Betrieb im Gange. Anfang 2002 haben etwa 5 000 Teilnehmer Zugriff; ca. 500 Teilnehmer nutzen es intensiv.

Zu Beginn musste zunächst ein Abstimmungsprozess zwischen dem VIS-(ASP)-Administrator und den Administratoren der Team-Rooms etabliert werden. Neben der Out-of-the-Box-Installation war nur ein sehr moderates Customizing erforderlich, jedoch mussten einige zusätzliche erklärende Kurzanleitungen erstellt und verteilt werden.

Die Akzeptanz ist gemischt, aber insgesamt positiv. Sie wird stark von der jeweiligen Internet-Erfahrung und Internet-Nutzung der Teilnehmer bestimmt. Wesentlicher Akzeptanzfaktor ist die Bandbreite der Internet-Anbindung – eine schnelle Verbindung schafft zufriedenere Benutzer.

Relativ mühsam war die erste Phase, bei der es – analog zum Aufbau eines Intranets – unter anderem galt, Content, der für viele nützlich ist, aufzubereiten und einzustellen, um so Attraktivität und Motivation zur Nutzung zu generieren. Es musste ein unternehmensinternes Marketing für Konzeption betrieben werden, was mit den vorhandenen knappen Ressourcen sehr viel Elan kostete. Ein Information-Officer stand dafür nicht zur Verfügung. Es galt zunächst auch einen Weg zu finden, eine Konkurrenz zwischen den lokal vorhandenen Intranets und dieser Plattform zu lösen. Redundanzen lassen sich dabei nicht ganz vermeiden.

Die Nutzung der LiveLink-Funktionen ist in dem vorgestellten Einsatz sehr unterschiedlich. So werden z.B. Task- bzw. ToDo-Listen sowie die Kalenderfunktionen kaum genutzt. Hier ziehen es die meisten Benutzer vor, diese Funktion auf ihrem Windows-Desktop aus Outlook oder ähnlichen Office-Komponenten heraus zu nutzen. Die Reaktionszeit nativer Clients und im LAN vorhandener Server (z.B. von MS-Exchange) ist eben höher und der lokale Abstimmungsbedarf ist noch höher als jener in den globalen Projekten.

Verbesserungswürdig ist nach Meinung einiger Anwender die Integration zwischen dem System und den zumeist verwendeten MS-Office-Komponenten bzw. dem Microsoft-Desktop. Hier tritt der Implementierungskonflikt zu Tage zwischen einer für den Nutzer komfortablen Integration und der Unabhängigkeit von Client-Plattform und -Anwendungen. Wenig genutzt werden deshalb auch die vorhandenen Kalenderfunktionen, da eine einfache Synchronisation mit dem jeweiligen Outlook oder Notes-Kalender fehlt.

Gewünscht wird neben besseren Manuals und Online-Hilfen kürzere Menüstufen und ein Single-Sign-On, bei dem man sich nicht beim Arbeitsplatz und anschließend noch beim LiveLink-Server nochmals anmelden muss. Dies führt dazu, dass man, um ein ständiges Neuanmelden bei LiveLink zu vermeiden, den Browser ständig offen lässt.

Als ASP-typische Thematik ergeben sich (optionale) LiveLink-Module, welche einige Projekte gerne einsetzen möchten, die aber nicht für alle Teilnehmer von Nutzen sind und deren Kosten diese auch nicht tragen möchten. Hier wird ein differenzierteres ASP-Abrechnungsmodell benötigt, welches es noch auszuarbeiten gilt – auch in Zusammenarbeit mit dem Modulanbieter.

Aufbauend auf diesen und anderen Erfahrungen, möchte Vodafone nun das Projekt VISTA angehen – *Vodafone Intranet and Shared Team Applications*. VISTA ist als firmeninterne, globale Plattform für e-Services für Content, Applikationen und Team-Arbeit vorgesehen, indem auch mobile Dienste unterstützt und vorhandene Portale integriert werden. LiveLink wird dabei eine Komponente in VISTA sein. Dafür wird 2002 eine Ausschreibung erfolgen, in der auch ein Systemintegrator und ein Service-Provider gesucht werden.

Beziehungen zwischen Firmen werden durch Verträge und andere Geschäftsdokumente definiert. Da die Beziehungen sich laufend ändern, werden permanent Dokumente zwischen Kunden, Partnern und Lieferanten ausgetauscht und verändert. Dabei sind abhängig vom Geschäftsvorgang sehr unterschiedliche Beteiligte involviert, die zumeist über keine gemeinsame Infrastruktur verfügen. Die Kommunikation und Organisation erfolgt bisher überwiegend manuell über Fax oder eMails mit Anhängen.

So werden zum Beispiel für eine Angebotserstellung zu einer komplexen Dienstleistung oder Einzelfertigung wiederholt Anforderungen mit dem Kunden vereinbart und verfeinert. Mit Zulieferern werden gleichzeitig die entsprechenden Unteraufträge verhandelt. Leistungsumfang und Angebotsentwurf sollen dabei jederzeit in einem konsistenten und abgestimmten Zustand sein. Dazu muss heute typischerweise ein Angebotsmanager aufwändig den Informationsfluss zwischen den Beteiligten organisieren. Dabei entstehen hohe Aufwände, um sicherzustellen, dass alle Beteiligten die aktuellen Informationen erhalten. Zugleich sind Fehler möglich, bei denen vertrauliche Daten in die falschen Hände gelangen.

Um diesen geschäftskritischen Prozess effizient und sicher zu unterstützen, wird eine Lösung für die unternehmensübergreifende Bearbeitung von Geschäftsdokumenten benötigt. Diese Lösung muss verschiedene Anforderungen erfüllen:

- **Dokumentenkollaboration** – eine möglichst nahtlose Integration aller Beteiligten bei der verteilten Erstellung, Veränderung und Verabschiedung von Dokumenten.
- **Vertragsmanagement** – durch Unterstützung der speziellen Anforderungen beim Erarbeiten von Verträgen und anderen geschäftlich verbindlichen Dokumenten.
- **Sicherheit** – mit einem durchgängigen Schutz der vertraulichen Daten und permanenter Nachvollziehbarkeit aller Aktionen.

Für Systeme in der geforderten Art wird der Begriff *elektronische Dokumentenräume* verwendet oder *Secure Datarooms.* Dies lehnt sich an speziell eingerichtete Räume an, wie sie z. B. bei Merger-&-Acquisition-Verhandlungen eingerichtet werden. In ihnen liegen kontrolliert und dokumentiert die vertraulichen Unterlagen, welche die beteiligten Parteien ausgehändigt bekommen oder gemeinsam erarbeiten.

11.7.1 Secure Dataroom – sicherer Datenraum

Die Brainloop AG liefert mit dem *Secure Dataroom* ein Softwaresystem, mit dem die verteilte Bearbeitung von Dokumenten über Unternehmensgrenzen hinweg unterstützt und abgesichert werden kann. Die Beteiligten können so transparent und kontrolliert zusammenarbeiten, als wären sie im gleichen Raum. Die Lösung liefert einen *virtuellen Datenraum*, d. h. eine vollständig Web-basierte, intuitiv zu bedienende Anwendungsplattform zur verteilten Bearbeitung von Geschäftsdokumenten.

Die Dokumente und Nachrichten können hiermit sicher und jederzeit nachvollziehbar ausgetauscht werden. Aufgaben werden von den Teammitgliedern erzeugt und zugeordnet. Zugehörige Meilensteine und deren Erfüllungsgrad werden vom System überwacht. Dabei können die Mitglieder zu jedem Zeitpunkt und von jedem Ort sicher mit verschiedenen Endgeräten (Web-Terminal, PC, Notebook, PDA, Mobiltelefon) auf den Teamarbeitsraum zugreifen und gemeinsam im Projektkontext arbeiten.

Zu den wichtigsten Leistungsmerkmalen der Brainloop Secure Dataroom Lösung zählen dabei:

- **Dokumenten-Management-Funktionen:**
  Zentrale Dokumentablage mit Versionskontrolle, Check-Out und Check-In, automatische Änderungsüberwachung und -benachrichtigung, intelligente Sortier- und Suchmechanismen.

Abb. 11-35 Brainloop Secure Dataroom

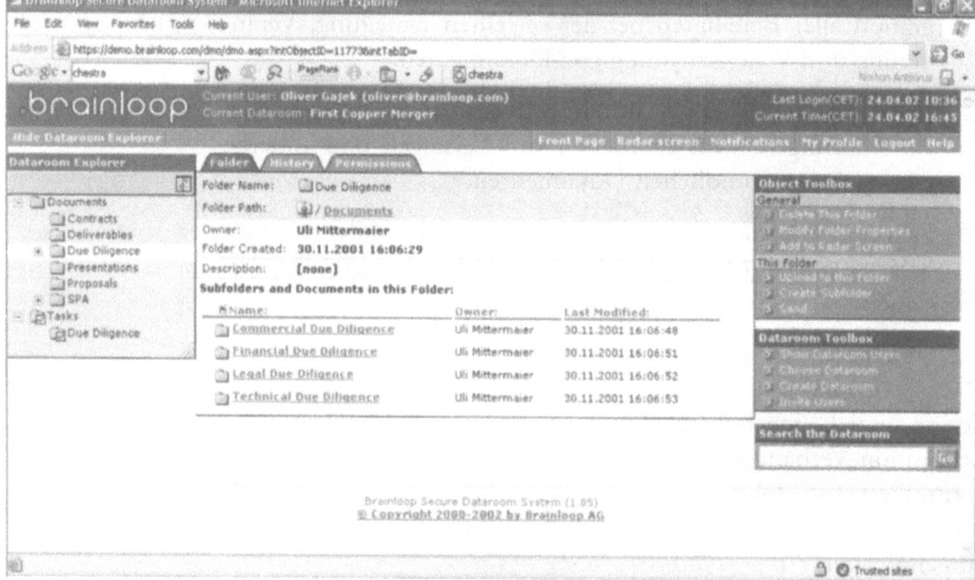

- **Vertragsmanagement:**
  eine einheitliche Verwaltung von Papier- und zugehörigen elektronischen Dokumentversionen, automatische Erzeugung von Read-Only-Dokumenten im PDF-Format, integrierte Prozessketten für Review, Freigabe, Unterschrift von Geschäftsdokumenten.

- **Aufgaben- und Ressourcenverwaltung:**
  über Mechanismen zur Aufgabendefinition und -verteilung, Kontrolle der Aufgabenerfüllung und des Projektstatus. Der so genannte *Radar Screen* gibt einen jeweils aktuellen, kompakten, benutzerspezifischen Überblick über anstehende Aufgaben und wichtige Statusänderungen.

Gleichzeitig ermöglicht der Brainloop Secure Dataroom eine verteilte Bearbeitung von Geschäftsdokumenten unter sehr hohen Sicherheitsbedingungen. Wesentliche Punkte hierfür sind:

- **Strenge Zugangskontrolle**
  Zusätzlich zur Kennwort-gestützten Authentifizierung kann ein Mobiltelefon mit Short-Message-Service (SMS) auf der Basis von nur kurzzeitig verwendbaren Einmal-Tokens genutzt werden.

- **Verschlüsselte Datenübertragung**
  Dokumente werden ausschließlich verschlüsselt zwischen System und Endgerät übertragen.

- **Starke Verschlüsselung der Datenablage**
  Verschlüsselung von Dokumenten- und Nachrichteninhalten mit kaskadierter Schlüsselverwaltung

- **Differenzierte Vergabe von Zugriffsrechten**
  Zugriffsrechte können detailliert mittels Rechteschemata (sog. *Policies*) definiert und auf Nutzer- sowie auf Nutzergruppen-Ebene verwaltet werden.

- **Revisionssichere Änderungsverfolgung**
  Es erfolgt eine Protokollierung aller Vorgänge und Transaktionen im Teamarbeitsraum, einschließlich der Lese-Zugriffe auf Dokumente und Nachrichten. Diese Protokolle werden geschützt (unveränderbar) abgelegt.

Die Brainloop-Lösung kommt insbesondere dort zum Einsatz, wo komplexe Geschäftsdokumente über einen längeren Zeitraum von mehreren Beteiligten bearbeitet, abgestimmt, vereinbart und ggf. periodisch verändert werden. Das soll hier an einem konkreten Einsatzszenario im Bereich des Angebotsmanagements für IT-Großprojekte verdeutlicht werden.

Angebotsmanagement bei Generalunternehmern

Die Angebots- und Vertragsverhandlungsphasen von Großprojekten sind ein ausgesprochen kommunikationsintensiver, aufgabenorientierter Prozess mit zahlreichen Dokumenten: Über die Angebotserstellung und die Vertragsverhandlungen hinweg sind wechselnde Mitarbeiter des Beratungsunternehmens, eventuell einbezogener Unterauftragnehmer und Mitarbeiter des Auftraggebers beteiligt.

Großprojekte überschreiten oft die geplanten Kosten und Termine. Die Qualität des Angebots hinsichtlich Vollständigkeit und Konsistenz der vom Kunden definierten Anforderungen und des Lösungsangebots durch den Generalunternehmer bzw. der durch Unterauftragnehmer zugelieferten Bestandteile ist ein kritischer Erfolgsfaktor im Projektgeschäft. Durch wechselnde Mitarbeiter, verschiedene Beteiligte bei Kunden, Anbietern und Zulieferern sowie den ständigen Zeitdruck bis zur Angebotsabgabe, ist der Prozess inhärent fehleranfällig. Die Qualität des Angebots hat dabei auch Einfluss auf die Auftragserteilung.

Hieraus leiten sich folgende Anforderungen an eine systemtechnische Unterstützung dieser Prozesskette ab:

- **Schnelle Einrichtung der gemeinsamen Infrastruktur,** damit alle Beteiligten einen sofortigen, ortsunabhängigen Zugriff auf das Angebot haben.
- **Umfassender Überblick über den Projektstatus** für alle Beteiligten. Dies hilft Missverständnisse zu verhindern.
- **Unkompliziertes Änderungswesen**, damit Feedback und Änderungswünsche zeitnah und einfach eingebracht werden können und nicht in der Informationskette verloren gehen.
- **Wiederverwendung früherer Projektergebnisse**, um frühere Fehler zu vermeiden, firmeninterne und allgemein akzeptierte bzw. vom Auftraggeber geforderte Projektvorgehensweisen und -standards einzuhalten, neue Projekte mit geringerem Aufwand zu gewinnen und Resultate in zukünftigen Projekten noch schneller und kostengünstiger zu erzielen.

Durch den Einsatz eines sicheren Datenraums zur Organisation der Angebotserstellung bei Großprojekten können wichtige Verbesserungen erzielt werden:

Effizienzsteigerung in der Angebots- und Durchführungsphase, da alle Teilnehmer stets die für sie wichtigen und aktuellen Informationen (inkl. Historie) im Gesamtkontext sehen können.

Ablaufbeschleunigung, da Unklarheiten hinsichtlich Projektstatus und der Erfüllung von zugeordneten Aufgaben vermieden werden. Auch Redundanzen durch separate Ablagen sowie unnötige Durchlauf-, Such- und Liegezeiten werden vermieden.

Reduziertes Risiko – die durch unvollständige oder nicht aktuelle Vertragsversionen entstehende Projektrisiken werden deutlich reduziert.

11.7.2 Secure Dataroom bei Siemens Business Services

Siemens Business Services GmbH & Co. OHG (kurz: SBS) ist einer der weltweit führenden Anbieter für *Electronic* und *Mobile Business*. Im Bereich Systemintegrationsprojekte der Region Deutschland werden komplexe technische Beratungsleistungen angeboten und Großprojekte als Generalunternehmer mit verschiedenen Zulieferern und Unterauftragnehmern durchgeführt. In einer Kooperation zwischen dem Bereich *Systemintegrationsprojekte* der SBS und der Brainloop AG wurden Ende 2001/Anfang 2002 die konkreten Einsatzmöglichkeiten des Datenraums im Angebotsmanagement erarbeitet.

Die Planung zum Einsatz des Datenraums beim Angebotsmanagement geht von folgenden Anforderungen aus:

- **Transparente Interaktion mit dem Kunden**
  Bei Großprojekten soll insbesondere die iterative Spezifikation der Anforderungen und der Leistungsbeschreibung zwischen Kunden und Generalunternehmer transparent unterstützt werden.

- **Integration der Unterauftragnehmer**
  Für die Erstellung des Lösungsangebots, aber teilweise auch schon bei der Erarbeitung der Leistungsbeschreibung, sollen Unterauftragnehmer und Zulieferer in den Angebotserstellungsprozess mit einbezogen werden.

- **Abbildung der Projektmethodik**
  Das bei SBS für Großprojekte verbindliche Methoden-Framework *Chestra* definiert die methodische Vorgehensweise und die zu den jeweiligen Meilensteinen vorzulegenden Doku-

mente. Auf sie können die Experten aus Qualitätsmanagement und Controlling zugreifen. Vorgehensweise und Interaktion mit den internen Experten müssen transparent abgebildet werden.

Auf Basis dieser Anforderungen wurde ein spezifisches Konzept zum Einsatz des Datenraums für das Angebotsmanagement erstellt:

Chestra-Vorlage

Eine auf der Chestra-Methodik basierende Datenraumvorlage bildet insbesondere die in der Chestra-Methodik festgelegte Struktur von Dokumenten, Meilensteinen und Aufgabenorganisationen ab. Hierzu werden die entsprechenden Verzeichnisse, Vorlagen für Ergebnisdokumente, Meilensteine mit den dazugehörigen Checklisten und die im Projekt zu vergebenden Rollen mit den entsprechenden Berechtigungen definiert. Bei der Einrichtung eines neuen Datenraums für ein zu erstellendes Angebot greift der Angebotsmanager auf diese Vorlage zurück. Er kann so in sehr kurzer Zeit eine komplett durchstrukturierte Arbeitsumgebung für alle Beteiligten zur Verfügung stellen.

Abb. 11-36 Datenraum für Angebotsmanagement auf Basis der Chestra-Methodik

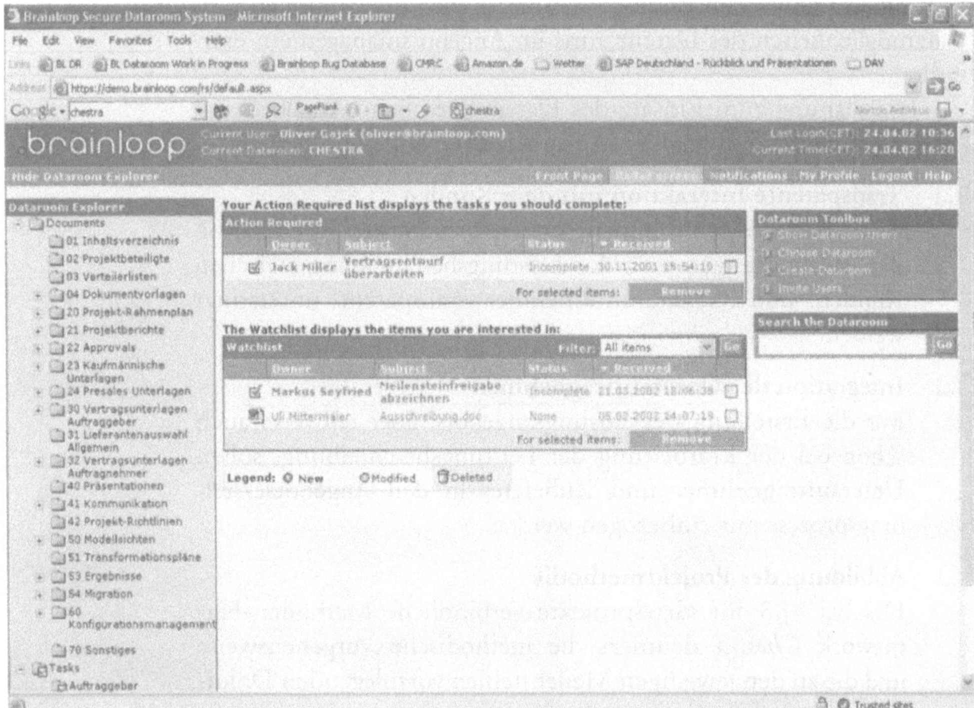

Integration von Qualitätsmanagement und Controlling

Insbesondere ist durch die vorgegebene Struktur die reibungslose Einbindung von Linienmanagement, Qualitätsmanagement und kaufmännischem Controlling sichergestellt. Diese Mitarbeiter überwachen und beraten typischerweise eine größere Anzahl von Angeboten und Vertragsverhandlungen und müssen in der Lage sein, sehr schnell Überblick über den aktuellen Stand und offene Punkte zu bekommen. Der Datenraum unterstützt diese Anforderungen durch differenzierte Zugriffsrechte – angepasst an die jeweiligen Rollen. Hierdurch werden z. B. Meilensteindokumente und Checklisten mit Informationen über den jeweiligen Fertigstellungsgrad sichtbar.

Aktive Benachrichtigungen

Entscheidend ist hier die Möglichkeit, automatisch Benachrichtigungen über relevante Vorgänge im Datenraum zugestellt zu bekommen. Diese Benachrichtigungen verweisen jeweils auf den relevanten Kontext und ermöglichen dem Anwender, mit einem Klick an die entsprechende Stelle im Datenraum zu gelangen und so auf zugewiesene Aufgaben, veränderte Dokumente und weitere Ereignisse im Datenraum sofort zu reagieren. Neben eMail können diese Benachrichtigungen auch über SMS versendet werden.

Read-Only Anwender

Teilnehmer des Datenraums, denen Dokumente nur zum Lesen verfügbar gemacht werden sollen, werden mit individuell markierten PDF-Dokumenten versorgt. Sie werden vom Brainloop-Server automatisch generiert. So kann zum Beispiel ein Mitglied des Angebotsteams einem externer Gutachter oder Anwalt den Lesezugriff auf bestimmte Dokumente ermöglichen. Das PDF-Format gewährleistet ein exaktes Druckbild und Unveränderbarkeit des Dokuments.

Die Installation der Brainloop Software bei SBS erfolgte auf einem Server-Rechner vom Typ Primergy H250 von Fujitsu Siemens Computers (2 × Pentium III Xeon, 1 GHz, 1 GB RAM). Als Betriebssystem kommt Microsoft Windows 2000 Server zum Einsatz, als Datenbank wird Microsoft SQL Server 2000 verwendet.

Auf dem Arbeitsplatz des Anwenders wird Microsoft Internet Explorer ab Version 4.0 vorausgesetzt. Auf dem Arbeitsplatzsystem ist dabei keine zusätzliche Software (Plug-In, OCX oder ähnlich) erforderlich.

Prozessverbesserungen durch Einsatz des Datenraums

Parallel zu Installation und Customizing des Brainloop-Servers für das Angebotsmanagement wurde in einer Vorher-Nachher-Prozessbetrachtung auch das betriebswirtschaftliche Potenzial analysiert. Hierbei zeigten sich folgende Verbesserungen für den erfolgskritischen Geschäftsprozess des Angebotsmanagements und der Vertragsverhandlungen:

- **Effiziente Integration aller Vertragsbeteiligten**
  (Kunden, Partner, das eigene Unternehmen)
- **Hohe Transparenz**
  durch die Bereitstellung aller notwendigen Informationen für eine bestmögliche Vertragsgestaltung
- **Früherkennung und Vermeidung von Risiken**
  und damit eine potentielle Kostenreduktion
- **Neue Qualität der Kundeninteraktion**
  Das System bietet eine Differenzierung durch die optimierte Kundenbeziehung im Vertragsgestaltungsprozess
- **Nachvollziehbarkeit**
  durch eine revisionssichere, vollständige Dokumentation über den gesamten Vertragslebenszyklus hinweg

Erst der sichere Datenraum ermöglichte diese messbaren Verbesserungen, indem dort eine gemeinsame Infrastruktur zur Zusammenarbeit und spezielle Funktionen zur unternehmensübergreifenden Bearbeitung von Geschäftsdokumenten kombiniert werden mit hoher Sicherheit und kompletter Nachvollziehbarkeit aller Aktionen.

Tabellen und Beispiele

Dieser Anhang zeigt eine Zusammenfassung und Ergänzungen der wichtigsten Tabellen dieses Buchs.

Den Tabellen schließt sich eine Reihe von Beispielseiten an, welche die Darstellungsqualität erfasster Vorlagen in unterschiedlichen Auflösungen und Erfassungsqualitäten aufzeigen. Auf diese Beispiele wird teilweise im Buch selbst verwiesen.

A.1 Datenvolumina

Die Angaben in Tabelle A-1 beziehen sich auf unkomprimierte Daten von Pixel-Image-Dokumenten. Die Angabe geht davon aus, dass die gesamte Seitengröße ausgenutzt wird. Bei den Farbbildern wird ein RGB-Pixelbild angenommen, d.h. das Bild liegt als Rot-, Grün- und Blau-Pixelraster vor. Hier sind auch andere Farbdefinitionen möglich (etwa Gelb, Magenta, Cyan und Schwarz, wie es zur Druckausgabe üblich ist). Die Werte decken nur die reine Bildinformation ab, ohne den zusätzlichen Anteil für das Dateiformat.

Tabelle A-1 Datenvolumina unkomprimierter Dokumentenseiten bei unterschiedlichen Auflösungen: Die Angaben beziehen sich auf die reine Bildinformation. Da diese in fast allen Fällen in ein weiteres Format (beispielsweise TIFF) eingepackt wird, kommt ein kleiner zusätzlicher Speicheranteil hinzu, der sich etwa zwischen 0,1 und 1 KB bzw. bei größeren Daten bei etwa 2 bis 5% der Dateigröße bewegt.

	Speicherbedarf je Seite in MB beim Vorlagenformat					
Auflösung	**A5**	**A4**	**A3**	**A2**	**A1**	**A0**
100 dpi, S/W	0,06	0,12	0,23	0,46	0,92	1,85
200 dpi, S/W	0,23	0,46	0,92	1,84	3,69	7,39
300 dpi, S/W	0,52	1,04	2,07	4,15	8,31	16,63
400 dpi, S/W	0,92	1,84	3,69	7,38	14,77	29,56
600 dpi, S/W	2,07	4,15	8,30	16,59	33,23	66,52
800 dpi, S/W	3,68	7,38	14,75	29,50	59,08	118,25
100 dpi, 256 Graustufen	0,46	0,92	1,84	3,69	7,38	14,78
150 dpi, 256 Graustufen	1,03	2,07	41,5	8,31	16,63	33,26
200 dpi, 256 Graustufen	1,84	3,69	7,38	14,75	29,54	59,13
300 dpi, 256 Graustufen	4,13	8,30	16,59	33,19	66,46	133,03
400 dpi, 256 Graustufen	7,35	14,75	29,50	59,00	118,15	236,50
600 dpi, 256 Graustufen	16,54	33,19	66,38	132,76	256,84	532,12
800 dpi, 256 Graustufen	29,40	59,00	118,15	236,02	472,60	946,00
75 dpi, 24-Bit-Farbbild	0,78	1,56	3,11	6,22	12,46	24,94
150 dpi, Farbbild	3,10	6,22	12,45	24,89	49,84	99,77
200 dpi, Farbbild	5,51	11,06	22,13	44,25	88,61	177,38
300 dpi, Farbbild	12,40	24,89	49,79	99,57	199,38	398,74
400 dpi, Farbbild	22,05	44,25	88,51	177,01	354,03	708,06
600 dpi, Farbbild	49,62	99,57	199,14	398,74	797,48	1.595,0
Dia/Film 24-Bit-Farbbild	Kleinbild (24 × 26 mm)		Mittelformat (6 × 5 cm)		Großformat (18 × 24 cm)	
3 600 dpi Auflösung	49,7		172,4		1.448,3	

Bei den Datenvolumina komprimierter Dokumente in Tabelle A-2 wird von sauberen Vorlagen mit einer mittleren Informationsdichte ausgegangen. Diese Werte können nur als Mittelwerte benutzt werden, da die erzielbare Komprimierung von der Verschmutzung der Vorlage, der Farb- oder Schwarz-/Weißwechsel und von der Anzahl der vorkommenden Halb- oder Farbtöne abhängt. Für die Schwarzweißvorlagen wurde eine Komprimierung entsprechend Fax-Gruppe-4 (bzw. TIFF-G4) angenommen, für die Halbton- und Farbbilder entsprechend dem JPEG-Standard ein Komprimierungsfaktor von ca. 20:1.

Tabelle A-2 Datenvolumina komprimierter Dokumentenseiten bei unterschiedlichen Auflösungen (im Raster-Image-Format)

	Speicherbedarf komprimierter Dokumentenseiten in MB beim Vorlagenformat					
Auflösung	**A5**	**A4**	**A3**	**A2**	**A1**	**A0**
200 dpi, S/W	0,02 bis 0,04	0,03 bis 0,07	0,06 bis 0,12	0,12 bis 0,20	0,23 bis 0,35	0,45 bis 0,70
300 dpi, S/W	0,03 bis 0,05	0,05 bis 0,09	0,10 bis 0,16	0,19 bis 0,32	0,36 bis 0,67	0,70 bis 1,30
400 dpi, S/W	0,04 bis 0,11	0,08 bis 0,20	0,14 bis 0,38	0,24 bis 0,70	0,42 bis 1,35	0,80 bis 2,60
150 dpi, 256 Graustufen	0,06 bis 0,12	0,10 bis 0,21	0,18 bis 0,40	0,33 bis 0,75	0,61 bis 1,40	1,20 bis 3,00
200 dpi, 256 Graustufen	0,20 bis 0,50	0,30 bis 0,78	0,56 bis 1,28	1,05 bis 2,40	2,10 bis 5,20	3,30 bis 10,00
300 dpi, 256 Graustufen	0,30 bis 0,85	0,56 bis 1,60	1,00 bis 3,10	1,80 bis 5,90	3,30 bis 10,00	7,20 bis 20,00
75 dpi, 24-Bit-Farbbild	0,04 bis 0,10	0,07 bis 0,19	0,14 bis 0,38	0,27 bis 0,75	0,52 bis 1,40	1,00 bis 2,70
150 dpi, 24-Bit-Farbbild	0,15 bis 0,40	0,25 bis 0,70	0,54 bis 1,50	0,95 bis 2,80	1,70 bis 5,00	3,30 bis 9,00
200 dpi, 24-Bit-Farbbild	0,26 bis 0,71	0,44 bis 1,24	0,96 bis 2,66	1,68 bis 4,90	3,00 bis 8,80	5,85 bis 15,90

Die nachfolgende Tabelle liefert Anhaltspunkte, welche Auflösungen für die verschiedenen Zwecke angemessen sind.

Tabelle A-3
Anforderungen an die Auflösung von Dokumenten bei der Erfassung für unterschiedliche Vorlagen

Art des Dokuments	notwendige Erfassungsauflösung
Textdokumente	
Korrespondenz, Belege, Rechnungen, mittlere Schriftgröße	200 dpi Schwarzweiß
viele Details, für OCR-Erkennung	300 dpi Schwarzweiß
sehr kleine Schrift bei OCR	400 dpi Schwarzweiß
Zeitschriften, Bücher	
wenig Bilder	300 dpi Schwarzweiß
viele Bilder	150 dpi, 8 Bit Halbton
Technische Zeichnungen	
normale Komplexität	300 dpi Schwarzweiß
hohe Komplexität, feine Linien	400 dpi Schwarzweiß
Schwarzweiß-Fotos	
Erkennungsqualität	75 dpi, 8 Bit Graustufen
normale Qualität	150 dpi, 8 Bit Graustufen
höhere Qualität	300 dpi, 8 Bit Graustufen
Farbbilder	
Erkennungsqualität	75 dpi, 8 Bit Farbe
normale Qualität	150 dpi, 3 × 8 Bit Farbe
Repro-Qualität	200–400 dpi, 3 × 12 Bit Farbe
Film-/Dia-Vorlagen	
Mikrofilm für A4–A3	4.800 dpi → 300 dpi-A3-Bild
Mikrofilm für A2–A0	4.800 dpi → 200 dpi-A0-Bild*
Dia als Vorlage für A4	2.400 dpi, 3 × (8–16) Bit Farbe
Dia als Vorlage für > A4	3.600 dpi, 3 × (8–16) Bit Farbe
Röntgenbilder	
Standard Qualität	300–400 dpi, 12 Bit Graustufe
Audio	
Telefonqualität	8 KHz, 8 Bit
UKW-Qualität	20 KHz, 8 Bit
CD-Qualität	44,1 KHz, 16 Bit
Video	
Internet-Qualität	320 × 240 Pixel, 10–25 Bilder/s
TV-Qualität (PAL)	768 × 576 Pixel, 25 Halbbild./s
HDTV-Qualität	1 920 × 1 035 Pixel, 25 Halbbild./s

** Diese Auflösung wird durch Interpolation erreicht.*

Eine Überschlagsrechnung für den Speicherbedarf von unkomprimierten CI-Daten ermöglicht die nachfolgende Tabelle.

Tabelle A-4
Speicherbedarf unterschiedlicher Datenarten

Text	Größe ca.:
reiner Text	ca. 2,5 KB /Seite*
im Textsystem	ca. 3,5 KB /Seite*
im DTP-System	ca. 6,8 KB /Seite*
im DTP-Austausch-Format	ca. 10–30 KB /Seite*
erzielbare Komprimierung	auf ca. 40–60 %
Binärdaten, Messwerte, Zahlenkolonnen	
binäre Ganzzahlwerte	2 oder 4 Byte pro Wert
binäre Gleitkommawerte	4 oder 8 Byte pro Wert
Ganzzahlwerte als Ziffern	4–10 Byte pro Wert
Gleitkommazahlen als Text	6–14 Byte pro Wert
erzielbare Komprimierung	auf ca. 60–70 %
CAD-Daten	
nach Basiselementen	ca. 10–14 Byte pro Element
nach einfachen Zeichnungen	ca. 2–4 MB (A4-Zeichnung)
nach komplexen Zeichnungen	ca. 3–8 MB (A4-Zeichnung)
erzielbare Komprimierung	auf ca. 40–60 %

* DIN-A4-Seite mit überwiegend Text bei einer 8-Bit-Zeichenkodierung

Der erforderliche Speicherplatz lässt sich auch überschlagen, indem man den Platzbedarf für die unkomprimierten Daten ermittelt und von folgenden Komprimierungsfaktoren ausgeht:

Tabelle A-5
Erzielbare Komprimierungsfaktoren für die verschiedenen Datenarten

Informationsart		Faktor
Textdateien		1,6–2,4
CI-Dateien, allgemein		1,4–3,5
NCI-Dateien,	Schwarzweiß, verlustfrei	11–35
" "	Halbton, verlustfrei	2,5–3,5
" "	Halbton, reduzierte Qualität	10–35
" "	Farbe, verlustfrei	3–5
" "	Farbe, reduzierte Qualität	20–50
" "	Farbe, hohe Komprimierung	100–200

A.2 Audio- und Videodaten

Für Audio- und Videodaten haben sich historisch bedingt zahlreiche Formate entwickelt. Sieht man einmal von Spezialformaten ab, so etablieren sich jedoch auch hier zunehmend einige wenige (Standard-) Formate. Bei den Audio-Daten hat sich neben dem unkomprimierten WAV- und AVI-Format (aus der Windows-Welt) das MP3-Format* (sowie die Weiterentwicklung MP3-Pro) durchgesetzen, da es eine sehr gute Komprimierung bei nur geringen Qualitätsverlusten bietet.

** Hierbei handelt es sich um ein MPEG-2 Level-3 Format.*

Für die Übertragung von Audio-Strömen werden zahlreiche unterschiedliche Formate (Codex) eingesetzt, die sich fast alle im H.323-Standard wiederfinden. Hier sind auch Kodierungsverfahren zu finden, welche für den unteren Qualitätsbereich geeignet sind.

Im Videobereich ist MPEG-2 (breit eingeführt mit dem DVD-Video-CDs), sowie seit 2002 MPEG-4 (bzw. DivX) das geeignete Speicher- bzw. Komprimierungsformat werden – eingepackt im Microsoft-AAF-** oder im Apple-Quicktime-Format.

*** AAF = ›Advanced Authoring Format‹*

Tabelle A-6 Speicherbedarf von Audio- und Videodaten

Qualität/Auflösung	Datenvolumen
Audio-Daten	
CD-Qualität, Stereo, 44,1 KHz, 16 Bit, unkompr.	172 KB/s
CD-Qualität, Stereo, MPG-2 komprimiert	ca. 30 KB/s
CD-Qualität, Stereo, MP3 komprimiert	ca. 17 KB/s
CD-Qualität, Stereo, MP3-Pro komprimiert	ca. 8 KB/s
Mono, Telefonqualität, 8 KHz, 8 Bit, unkompr.	8 KB/s
Mono, Sprachqualität, MP3 komprimiert	ca. 1,5 KB/s
Mono, Internet-Telefonie, komprimiert	ca. 1,5 KB/s
Videodaten	
TV-Qualität, Farbe, 833 × 625 Bildpunkte, 50 Halbbilder/s, unkomprimiert	23 MB/s
TV-Qualität, Farbe, MPEG-2 komprimiert	ca. 450 KB/s
TV-Qualität, Farbe, MPEG-4 komprimiert	ca. 200 KB/s
HDTV-Qualität,*** 1 920 × 1 035 Bildpunkte 50 Halbbilder/s, unkomprimiert	ca. 90 MB/s
HDTV-Qualität, MPEG-2 komprimiert	ca. 4–6 MB/s
HDTV-Qualität, MPEG-4 komprimiert	ca. 0,5–2 MB/s

**** Hier sind auch andere Parameter möglich, so dass die Datenvolumina anders ausfallen können.*

A.3 Darstellung bei unterschiedlichen Auflösungen

Auf den nachfolgenden Seiten wird die Bild- bzw. Darstellungsqualität von zwei Dokumentenseiten unterschiedlicher Komplexität dargestellt. Bei den Abbildungen ist zu berücksichtigen, dass durch das Reproduktionsverfahren dieser Unterlagen gewisse Verfälschungen der Darstellung auftreten.

Abbildung A-1 auf Seite 676 zeigt die erste Originalvorlage. Es handelt sich dabei um einen Ausschnitt aus einer DTP-Textseite. Die erste Abbildung zeigt die Qualität der Vorlage in Druck- bzw. Buchqualität, Abbildung A-2 die Qualität des Ausschnitts, der mit 400 dpi über einen Scanner erfasst wurde. Bei den weiteren Darstellungen handelt es sich um Bildschirmabzüge in verschiedenen Auflösungen, wobei die Vorlage jeweils mit 300 dpi erfasst wurde.

Da Bildschirme für die Darstellung zumeist nur beschränkte Auflösungen und keine ausreichende Größe für eine maßstabsgetreue Wiedergabe besitzen, sind Bildschirmdarstellungens auf ca. 75 dpi heruntergerechnet (siehe Abbildung A-7), wenn eine ganze A3-Seite zur Übersicht dargestellt werden soll.

Für das ›Herunterrechnen‹ der Auflösung für die Bildschirmwiedergabe gibt es im wesentlichen zwei Verfahren: Beim ersten werden Pixel entsprechend der niedrigeren Auflösung gelöscht und zwar unabhängig von ihrem Zustand und dem der Nachbarbildpunkte. Dies eliminiert, insbesondere bei niedrigeren Auflösungen, oft wichtige Information (z.B. dünne Linien). Bei einem zweiten Verfahren wird versucht, Information (d.h. schwarze Bildpunkte) zu erhalten. Dies führt zu einem etwas dunkleren Bild bei kleineren Darstellungsauflösungen, erhält aber zumeist die Bildinformation besser. Die Abbildungen A-3 bis A-7 benutzen dieses Verfahren. Eine zusätzliche Darstellungsverbesserung erhält man durch das Scale-to-Gray-Verfahren (siehe Abb. A-7).

Das zweite Beispiel (Abb. A-8 bis A-10 auf Seite 680) zeigt klein gedruckten Text, wie er als *Kleingedrucktes* in Verträgen üblich ist.

Abb. A-1
Originalvorlage in Buchdruckqualität

Bei der Stauchfalzmaschine läuft das Papier in eine verstellbare Tasche, weicht in der Öffnung nach unten aus und wird dort von den Falzwalzen ergriffen und gefalzt.

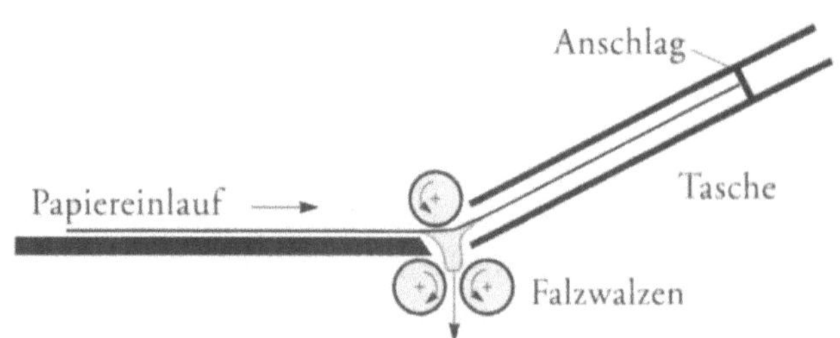

Für Kreuzfalzungen können mehrere solcher Falzwerke hintereinander geschaltet werden, so daß sich fast beliebig komplizierte Faltungen (korrekter *Falzungen*) anfertigen lassen.

Abb. A-2
Mit 400 dpi aus dem Buch (obige Vorlage) erfasste Vorlage und mit 400 dpi ausgegeben

Bei der Stauchfalzmaschine läuft das Papier in eine verstellbare Tasche, weicht in der Öffnung nach unten aus und wird dort von den Falzwalzen ergriffen und gefalzt.

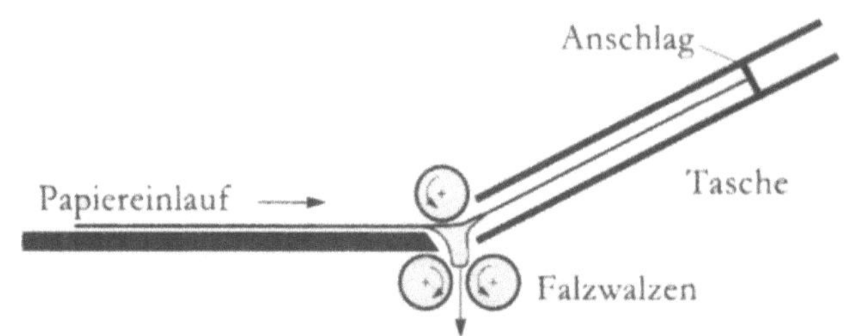

Für Kreuzfalzungen können mehrere solcher Falzwerke hintereinander geschaltet werden, so daß sich fast beliebig komplizierte Faltungen (korrekter *Falzungen*) anfertigen lassen.

Bei der Stauchfalzmaschine läuft das Papier in eine verstellbare Tasche, weicht in der Öffnung nach unten aus und wird dort von den Falzwalzen ergriffen und gefalzt.

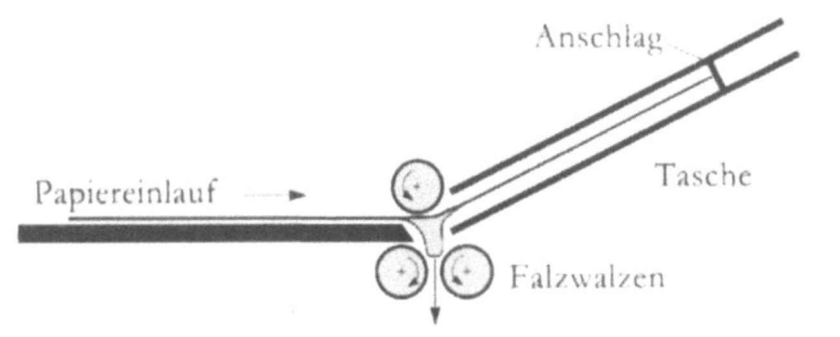

Für Kreuzfalzungen können mehrere solcher Falzwerke hintereinander geschaltet werden, so daß sich fast beliebig komplizierte Faltungen (korrekter *Falzungen*) anfertigen lassen.

Abb. A-3
Mit 300 dpi aus dem Buch (Abb. A-1) erfasste Vorlage und mit 300 dpi ausgegeben

Bei der Stauchfalzmaschine läuft das Papier in eine verstellbare Tasche, weicht in der Öffnung nach unten aus und wird dort von den Falzwalzen ergriffen und gefalzt.

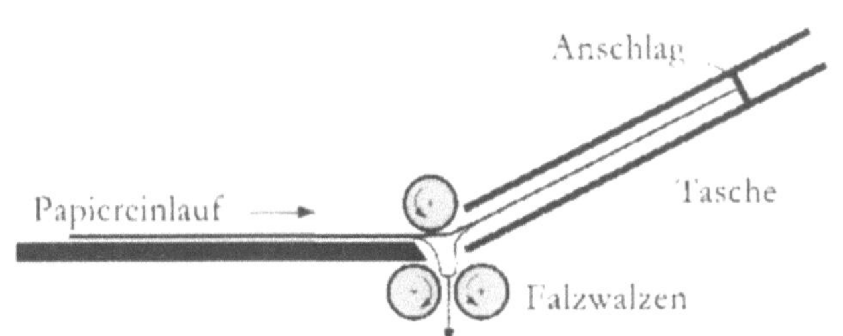

Für Kreuzfalzungen können mehrere solcher Falzwerke hintereinander geschaltet werden, so daß sich fast beliebig komplizierte Faltungen (korrekter *Falzungen*) anfertigen lassen.

Abb. A-4
Mit 300 dpi aus dem Buch (Abb. A-1) erfasste Vorlage und mit 200 dpi dargestellt bzw. ausgegeben

Abb. A-5
Mit 300 dpi aus dem Buch (Abb. A-1) erfasste Vorlage und mit 150 dpi bitonal dargestellt

Bei der Stauchfalzmaschine läuft das Papier in eine verstellbare Tasche, weicht in der Öffnung nach unten aus und wird dort von den Falzwalzen ergriffen und gefalzt.

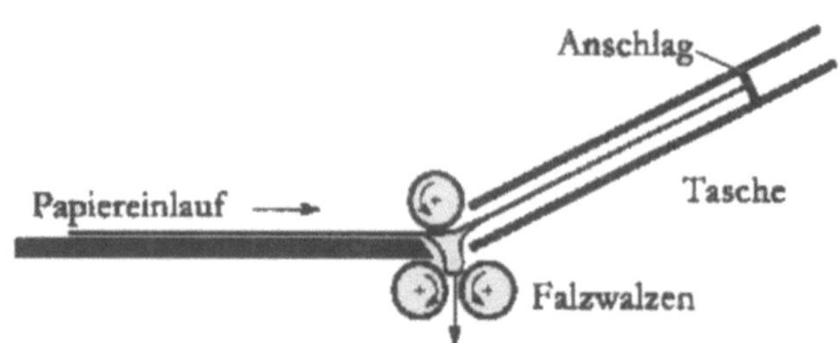

Für Kreuzfalzungen können mehrere solcher Falzwerke hintereinander geschaltet werden, so daß sich fast beliebig komplizierte Faltungen (korrekter *Falzungen*) anfertigen lassen.

Abb. A-6
Mit 300 dpi aus dem Buch (Abb. A-1) erfasste Vorlage und mit 75 dpi bitonal dargestellt (Verfahren: Schwarzerhalt)

Bei der Stauchfalzmaschine läuft das Papier in eine verstellbare Tasche, weicht in der Öffnung nach unten aus und wird dort von den Falzwalzen ergriffen und gefalzt.

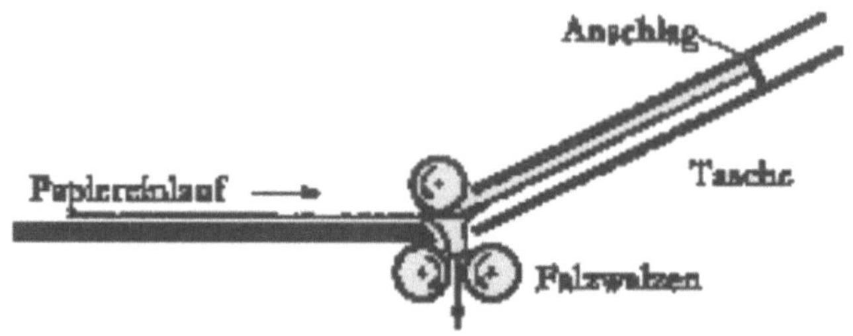

Für Kreuzfalzungen können mehrere solcher Falzwerke hintereinander geschaltet werden, so daß sich fast beliebig komplizierte Faltungen (korrekter *Falzungen*) anfertigen lassen.

Bei der Stauchfalzmaschine läuft das Papier in eine verstellbare Tasche, weicht in der Öffnung nach unten aus und wird dort von den Falzwalzen ergriffen und gefalzt.

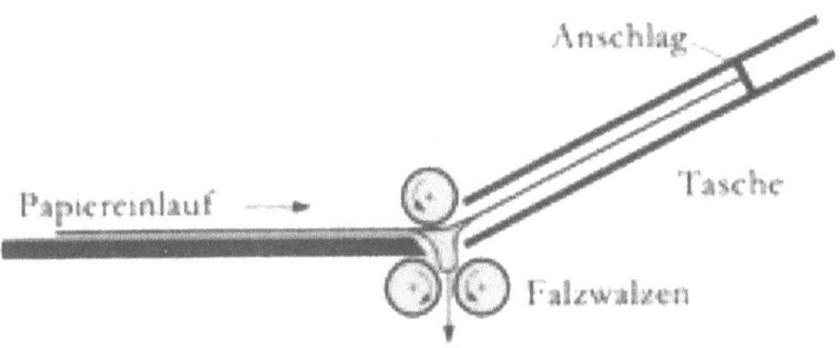

Für Kreuzfalzungen können mehrere solcher Falzwerke hintereinander geschaltet werden, so daß sich fast beliebig komplizierte Faltungen (korrekter *Falzungen*) anfertigen lassen.

Abb. A-7
Mit 300 dpi aus dem Buch (Abb. A-1) erfasste Vorlage mit 75 dpi und einem Scale-to-Gray-Verfahren dargestellt

Kleingedrucktes sollte mit einer höheren Auflösung erfasst werden (300 oder 400 dpi), wie die nachfolgenden Abbildungen zeigen. Dies gilt insbesondere dann, wenn eine OCR-Erfassung vorgesehen ist. Dann kann sogar ein Graustufen-Scan in Betracht gezogen werden.

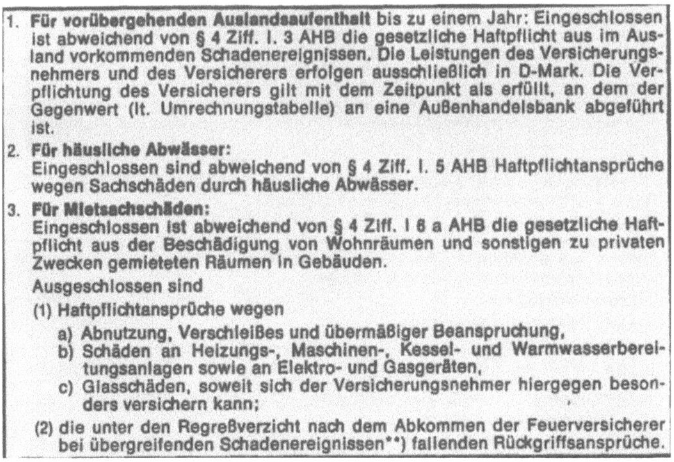

1. **Für vorübergehenden Auslandsaufenthalt** bis zu einem Jahr: Eingeschlossen ist abweichend von § 4 Ziff. I. 3 AHB die gesetzliche Haftpflicht aus im Ausland vorkommenden Schadenereignissen. Die Leistungen des Versicherungsnehmers und des Versicherers erfolgen ausschließlich in D-Mark. Die Verpflichtung des Versicherers gilt mit dem Zeitpunkt als erfüllt, an dem der Gegenwert (lt. Umrechnungstabelle) an eine Außenhandelsbank abgeführt ist.
2. **Für häusliche Abwässer:**
   Eingeschlossen sind abweichend von § 4 Ziff. I. 5 AHB Haftpflichtansprüche wegen Sachschäden durch häusliche Abwässer.
3. **Für Mietsachschäden:**
   Eingeschlossen ist abweichend von § 4 Ziff. I 6 a AHB die gesetzliche Haftpflicht aus der Beschädigung von Wohnräumen und sonstigen zu privaten Zwecken gemieteten Räumen in Gebäuden.
   Ausgeschlossen sind
   (1) Haftpflichtansprüche wegen
      a) Abnutzung, Verschleißes und übermäßiger Beanspruchung,
      b) Schäden an Heizungs-, Maschinen-, Kessel- und Warmwasserbereitungsanlagen sowie an Elektro- und Gasgeräten,
      c) Glasschäden, soweit sich der Versicherungsnehmer hiergegen besonders versichern kann;
   (2) die unter den Regreßverzicht nach dem Abkommen der Feuerversicherer bei übergreifenden Schadenereignissen**) fallenden Rückgriffsansprüche.

Abb. A-8
›Kleindgedrucktes‹ aus einem Versicherungsvertrag der BGV:
Hier mit 400 dpi erfasst und mit 400 dpi ausgegeben. Die Vorlage war schwarze Schrift auf orangefarbenem Papier.

Abb. A-9
Die Vorlage von Abb. A-8, hier mit 300 dpi erfasst und mit 300 dpi ausgegeben

1. **Für vorübergehenden Auslandsaufenthalt** bis zu einem Jahr: Eingeschlossen ist abweichend von § 4 Ziff. I. 3 AHB die gesetzliche Haftpflicht aus im Ausland vorkommenden Schadenereignissen. Die Leistungen des Versicherungsnehmers und des Versicherers erfolgen ausschließlich in D-Mark. Die Verpflichtung des Versicherers gilt mit dem Zeitpunkt als erfüllt, an dem der Gegenwert (lt. Umrechnungstabelle) an eine Außenhandelsbank abgeführt ist.
2. **Für häusliche Abwässer:**
Eingeschlossen sind abweichend von § 4 Ziff. I. 5 AHB Haftpflichtansprüche wegen Sachschäden durch häusliche Abwässer.
3. **Für Mietsachschäden:**
Eingeschlossen ist abweichend von § 4 Ziff. I 6 a AHB die gesetzliche Haftpflicht aus der Beschädigung von Wohnräumen und sonstigen zu privaten Zwecken gemieteten Räumen in Gebäuden.
Ausgeschlossen sind
(1) Haftpflichtansprüche wegen
a) Abnutzung, Verschleißes und übermäßiger Beanspruchung,
b) Schäden an Heizungs-, Maschinen-, Kessel- und Warmwasserbereitungsanlagen sowie an Elektro- und Gasgeräten,
c) Glasschäden, soweit sich der Versicherungsnehmer hiergegen besonders versichern kann;
(2) die unter den Regreßverzicht nach dem Abkommen der Feuerversicherer bei übergreifenden Schadenereignissen**) fallenden Rückgriffsansprüche.

Abb. A-10
Die Vorlage von Abb. A-8, hier mit 200 dpi erfasst und mit 300 dpi ausgegeben

1. **Für vorübergehenden Auslandsaufenthalt** bis zu einem Jahr: Eingeschlossen ist abweichend von § 4 Ziff. I. 3 AHB die gesetzliche Haftpflicht aus im Ausland vorkommenden Schadenereignissen. Die Leistungen des Versicherungsnehmers und des Versicherers erfolgen ausschließlich in D-Mark. Die Verpflichtung des Versicherers gilt mit dem Zeitpunkt als erfüllt, an dem der Gegenwert (lt. Umrechnungstabelle) an eine Außenhandelsbank abgeführt ist.
2. **Für häusliche Abwässer:**
Eingeschlossen sind abweichend von § 4 Ziff. I. 5 AHB Haftpflichtansprüche wegen Sachschäden durch häusliche Abwässer.
3. **Für Mietsachschäden:**
Eingeschlossen ist abweichend von § 4 Ziff. I 6 a AHB die gesetzliche Haftpflicht aus der Beschädigung von Wohnräumen und sonstigen zu privaten Zwecken gemieteten Räumen in Gebäuden.
Ausgeschlossen sind
(1) Haftpflichtansprüche wegen
a) Abnutzung, Verschleißes und übermäßiger Beanspruchung,
b) Schäden an Heizungs-, Maschinen-, Kessel- und Warmwasserbereitungsanlagen sowie an Elektro- und Gasgeräten,
c) Glasschäden, soweit sich der Versicherungsnehmer hiergegen besonders versichern kann;
(2) die unter den Regreßverzicht nach dem Abkommen der Feuerversicherer bei übergreifenden Schadenereignissen**) fallenden Rückgriffsansprüche.

Abb. A-11
Die Vorlage von Abb. A-8, hier mit 300 dpi erfasst und mit 75 dpi und Scale-to-Gray dargestellt

1. **Für vorübergehenden Auslandsaufenthalt** bis zu einem Jahr: Eingeschlossen ist abweichend von § 4 Ziff. I. 3 AHB die gesetzliche Haftpflicht aus im Ausland vorkommenden Schadenereignissen. Die Leistungen des Versicherungsnehmers und des Versicherers erfolgen ausschließlich in D-Mark. Die Verpflichtung des Versicherers gilt mit dem Zeitpunkt als erfüllt, an dem der Gegenwert (lt. Umrechnungstabelle) an eine Außenhandelsbank abgeführt ist.
2. **Für häusliche Abwässer:**
Eingeschlossen sind abweichend von § 4 Ziff. I. 5 AHB Haftpflichtansprüche wegen Sachschäden durch häusliche Abwässer.
3. **Für Mietsachschäden:**
Eingeschlossen ist abweichend von § 4 Ziff. I 6 a AHB die gesetzliche Haftpflicht aus der Beschädigung von Wohnräumen und sonstigen zu privaten Zwecken gemieteten Räumen in Gebäuden.
Ausgeschlossen sind
(1) Haftpflichtansprüche wegen
a) Abnutzung, Verschleißes und übermäßiger Beanspruchung,
b) Schäden an Heizungs-, Maschinen-, Kessel- und Warmwasserbereitungsanlagen sowie an Elektro- und Gasgeräten,
c) Glasschäden, soweit sich der Versicherungsnehmer hiergegen besonders versichern kann;
(2) die unter den Regreßverzicht nach dem Abkommen der Feuerversicherer bei übergreifenden Schadenereignissen**) fallenden Rückgriffsansprüche.

A.4 Einige Dokumentenmuster

Die nachfolgenden Seiten zeigen weitere Dokumentenbeispiele, auf die in diesen Unterlagen Bezug genommen wird. Da die Dokumente teilweise die gesamte Seite ausfüllen, mussten in einigen Fällen die Bildnummern in die Vorlage kopiert werden. Die größeren Seiten (z.B. A4-Vorlagen) mussten des Buchformats wegen verkleinert werden.

Formular: Abbildung A-12 zeigt ein Zahlungsformular, das mit der Standard-Scannereinstellung (bei 300 dpi) erfasst wurde. Da im Formular Farben (Rot) für den Formulartext und die Formularränder benutzt werden, fallen diese in einem Schwarzweiß-Scan fast vollständig weg und sind nicht zu erkennen. Erst durch das Scannen mit sehr niedrigem Schwarz-Schwellenwert werden diese Teile sichtbar (siehe Abb. A-13). Dafür stören nun die Farbflächen als schwarze Bereiche. Für Abb. A-13 wurde mit einem Schwellwert von 25% erfasst. Hier erscheint nur die dunklere Formularschrift; ein Teil der Rasterflächen entfällt.

Abb. A-12
Normal erfasstes Zahlungsformular. Der in rot gesetzte Text ist nicht zu erkennen (80 % der Originalgröße).

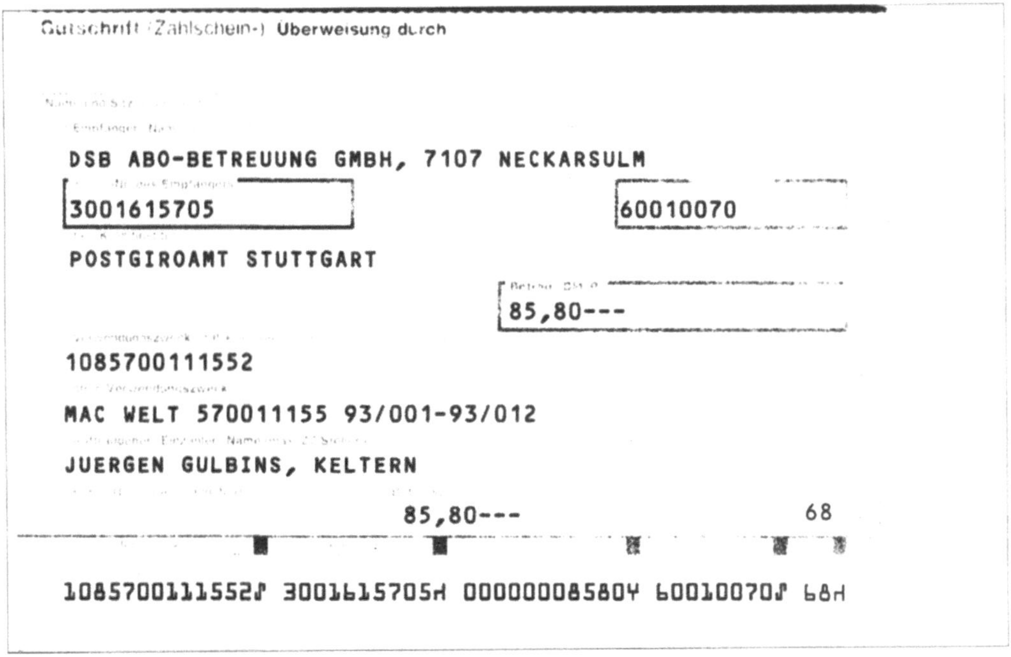

Gutschrift (Zahlschein-) Überweisung durch

DSB ABO-BETREUUNG GMBH, 7107 NECKARSULM

3001615705

60010070

POSTGIROAMT STUTTGART

85,80---

1085700111552

MAC WELT 570011155 93/001-93/012

JUERGEN GULBINS, KELTERN

85,80--- 68

1085700111552⑆ 3001615705⑈ 00000008580⑉ 60010070⑆ 68⑈

Abb. A-13: Zahlungsformular mit sehr kleiner Schwarz-Schwelle erfasst

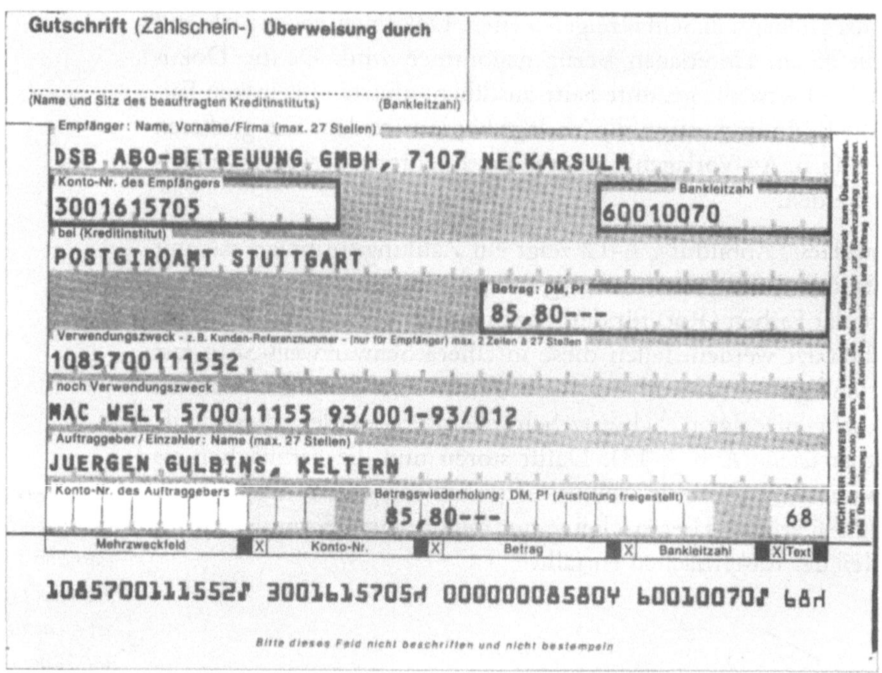

Gutschrift (Zahlschein-) **Überweisung durch**

(Name und Sitz des beauftragten Kreditinstituts) (Bankleitzahl)

Empfänger: Name, Vorname/Firma (max. 27 Stellen)
DSB ABO-BETREUUNG GMBH, 7107 NECKARSULM
Konto-Nr. des Empfängers
3001615705
Bankleitzahl
60010070
bei (Kreditinstitut)
POSTGIROAMT STUTTGART
Betrag: DM, Pf
85,80---
Verwendungszweck - z. B. Kunden-Referenznummer - (nur für Empfänger) max. 2 Zeilen à 27 Stellen
1085700111552
noch Verwendungszweck
MAC WELT 570011155 93/001-93/012
Auftraggeber / Einzahler: Name (max. 27 Stellen)
JUERGEN GULBINS, KELTERN
Konto-Nr. des Auftraggebers
Betragswiederholung: DM, Pf (Ausfüllung freigestellt)
85,80--- 68
Mehrzweckfeld X Konto-Nr. X Betrag X Bankleitzahl X Text

1085700111552 3001615705 00000008580 60010070 68

Bitte dieses Feld nicht beschriften und nicht bestempeln

WICHTIGER HINWEIS! Bitte verwenden Sie diesen Vordruck zum Überweisen. Wenn Sie kein Konto haben, können Sie den Vordruck zur Bareinzahlung benutzen. Bei Überweisung: Bitte Ihre Konto-Nr. einsetzen und Auftrag unterschreiben.

Abb. A-14: Zahlungsformular mit 25% Schwellwert erfasst

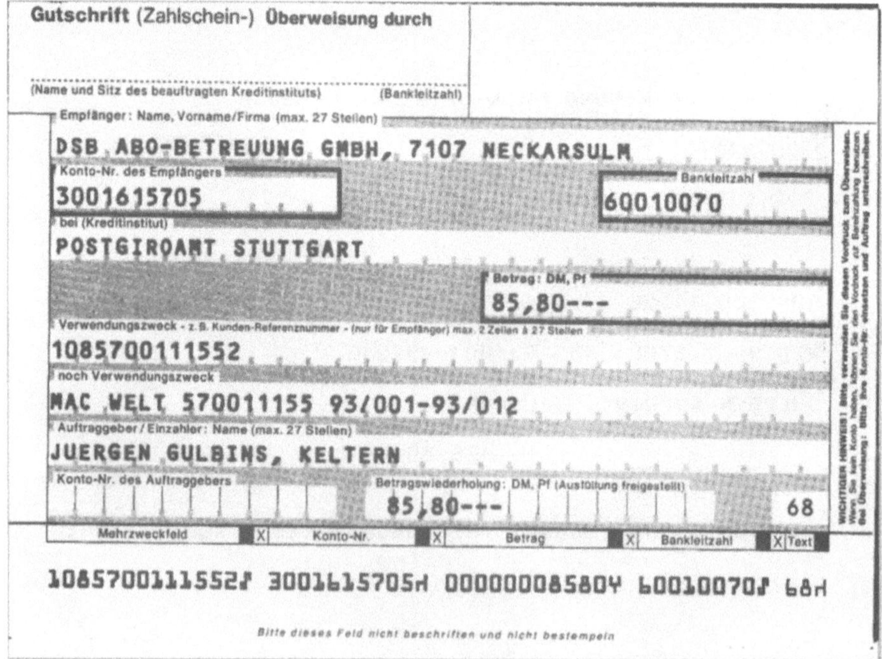

Gutschrift (Zahlschein-) **Überweisung durch**

(Name und Sitz des beauftragten Kreditinstituts) (Bankleitzahl)

Empfänger: Name, Vorname/Firma (max. 27 Stellen)
DSB ABO-BETREUUNG GMBH, 7107 NECKARSULM
Konto-Nr. des Empfängers
3001615705
Bankleitzahl
60010070
bei (Kreditinstitut)
POSTGIROAMT STUTTGART
Betrag: DM, Pf
85,80---
Verwendungszweck - z. B. Kunden-Referenznummer - (nur für Empfänger) max. 2 Zeilen à 27 Stellen
1085700111552
noch Verwendungszweck
MAC WELT 570011155 93/001-93/012
Auftraggeber / Einzahler: Name (max. 27 Stellen)
JUERGEN GULBINS, KELTERN
Konto-Nr. des Auftraggebers
Betragswiederholung: DM, Pf (Ausfüllung freigestellt)
85,80--- 68
Mehrzweckfeld X Konto-Nr. X Betrag X Bankleitzahl X Text

1085700111552 3001615705 00000008580 60010070 68

Bitte dieses Feld nicht beschriften und nicht bestempeln

WICHTIGER HINWEIS! Bitte verwenden Sie diesen Vordruck zum Überweisen. Wenn Sie kein Konto haben, können Sie den Vordruck zur Bareinzahlung benutzen. Bei Überweisung: Bitte Ihre Konto-Nr. einsetzen und Auftrag unterschreiben.

Bauplan: Abbildung A-15 zeigt einen älteren Bauplan, der mit der Standardeinstellung des Scanners erfasst wurde. Er weist deutliche Verschmutzungen und damit auch eine schlechte Lesbarkeit auf. Das Ergebnis der Erfassung mit korrigierten Scannerparametern ist in Abbildung A-16 dargestellt. Hierzu wurde der Schwellwert für Schwarz hochgesetzt. Abbildung A-17 schließlich zeigt die Vorlage nach dem Löschen einzelstehender Rasterpunkte mit einem Filter.

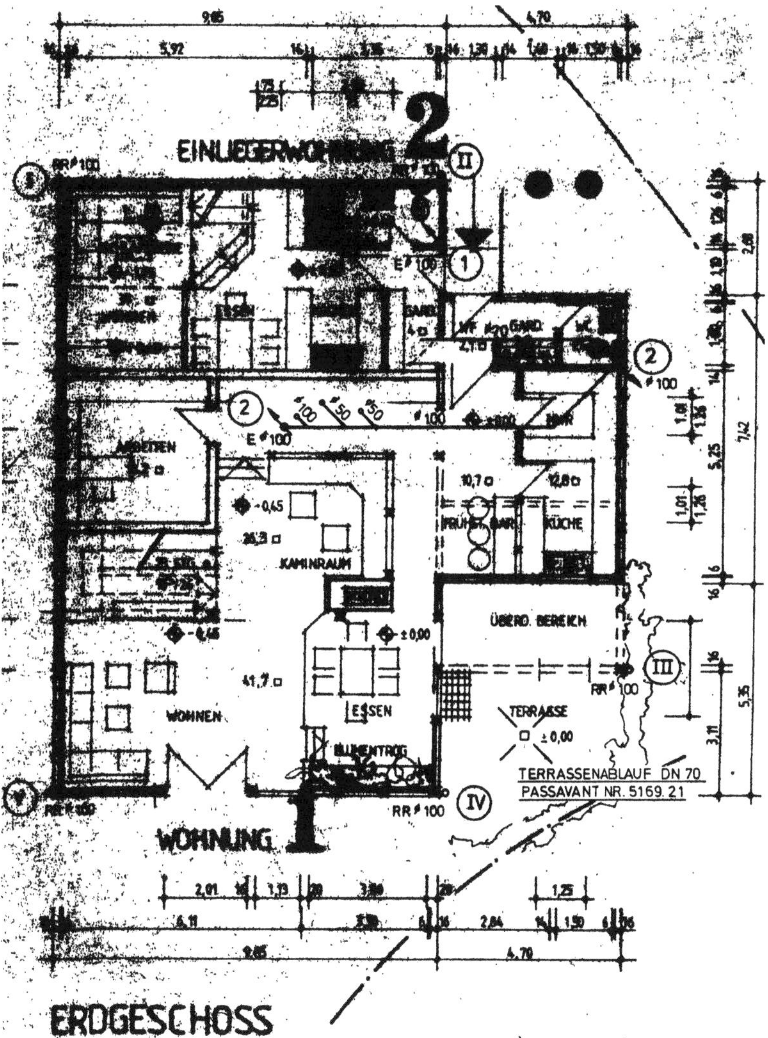

Abb. A-15 Bauzeichnung mit Standard-Scannerparametern erfasst. Vorlagengröße: 19,4 cm x 26,2 cm; Erfassung: 300 dpi, bitonal; Speicherbedarf: 264 KB (TIFF-G3), 216 KB (TIFF-G4) Darstellung: 50 % des Originals

Abb. A-16: Vorlage von Abb. A-15, hier mit höherem Schwarz-Schwellwert erfasst. Die Lesbarkeit des Plans steigt damit deutlich. Größe: 144 KB (TIFF-G3) und 72 KB (TIFF-G4)

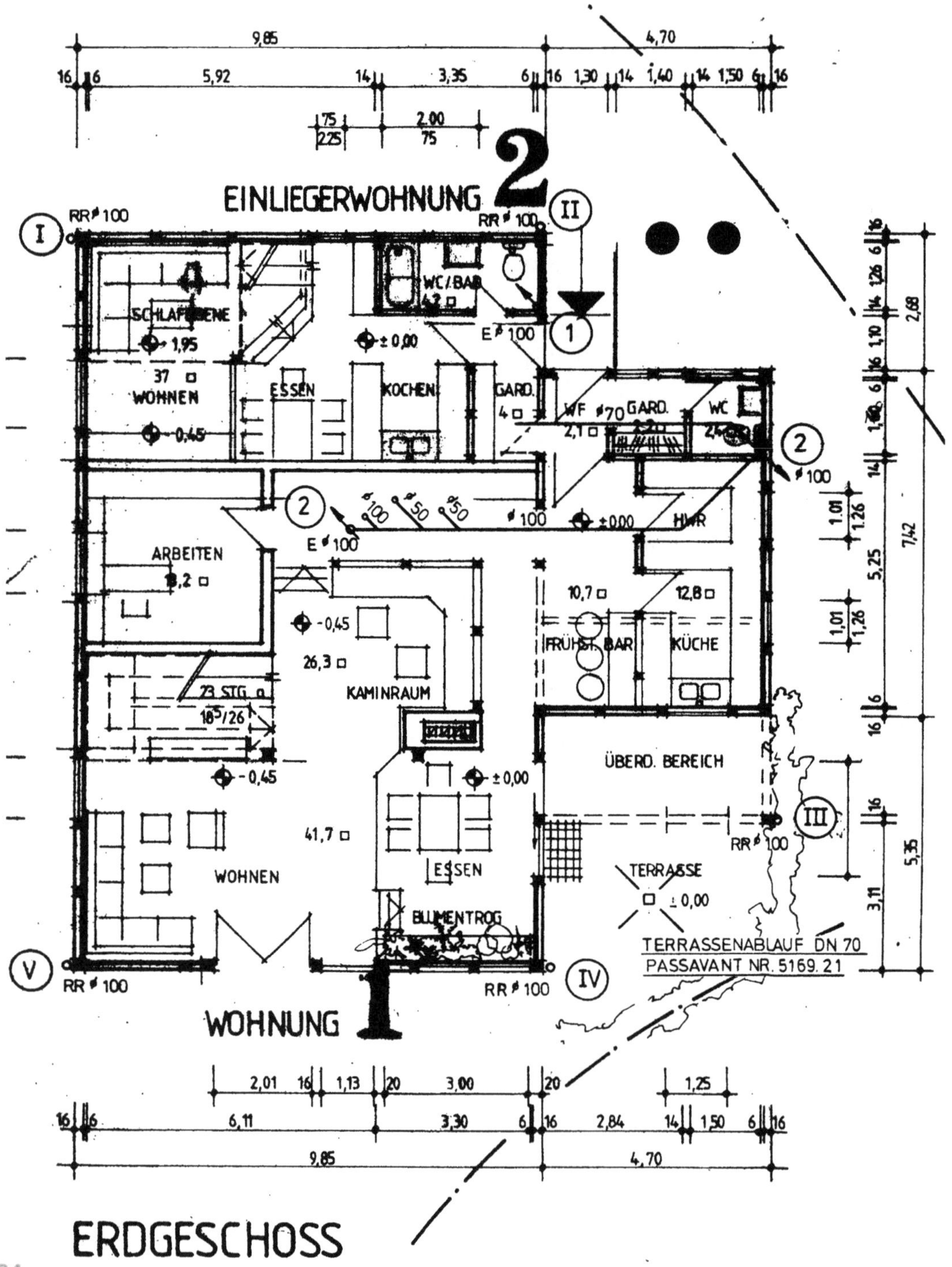

Darstellung: 70 % des Originals

Abb. A-17: *Hier wurde das Rasterbild von Abb. A-16 nochmals einem automatischen Filter unterzogen, der einzelstehende Bildpunkte löscht. Größe: 144 KB (TIFF, G4), 72 KB (TIFF-G4)*

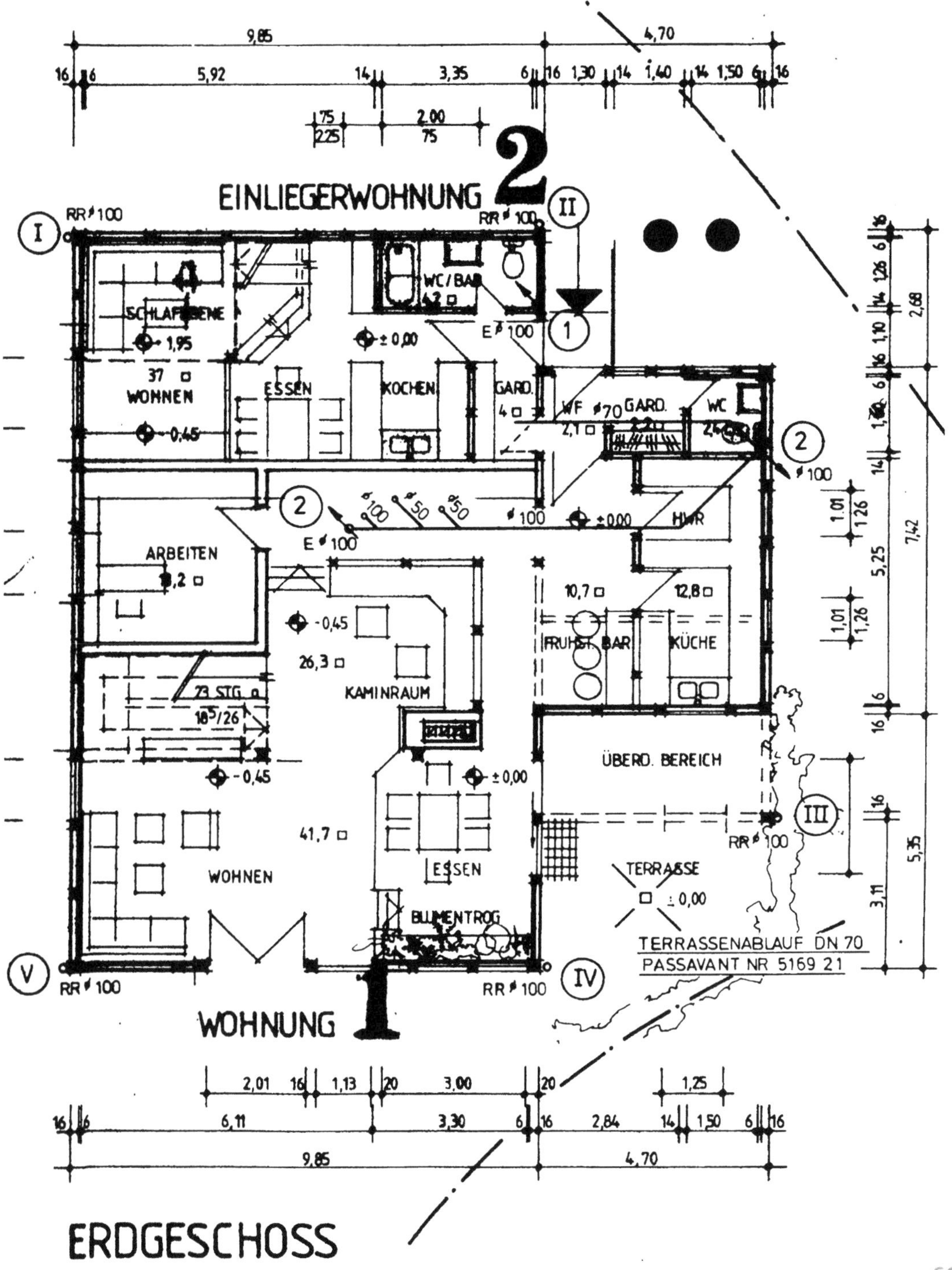

Darstellung: 70% des Originals

Rechnung: Abbildung A-18 zeigt eine mit der Standardeinstellung erfasste Rechnung. Sie ist zu hell; wesentliche Informationen fehlen. Nachdem der Schwarz-Schwellwert des Scanners reduziert wurde, ergab sich Abbildung A-19. Die Darstellung A-20 entstand, indem die Vorlage mehrfach mit unterschiedlichen Schwellwerten erfasst und aus den guten Bereichen der einzelnen Ergebnisse zusammengesetzt wurde. Dies ist ein sehr aufwändiges Verfahren, in Einzelfällen jedoch gerechtfertigt. Das Ergebnis ist besser lesbar als das Original.

Abb. A-18 Rechnungsbeleg mit falscher Einstellung erfasst: Wesentliche Teile der Information fehlen. Die Vorlage hatte A4-Format und wurde mit 300 dpi erfasst. Speicherbedarf: 48 KB (TIFF-G4); Original: A4

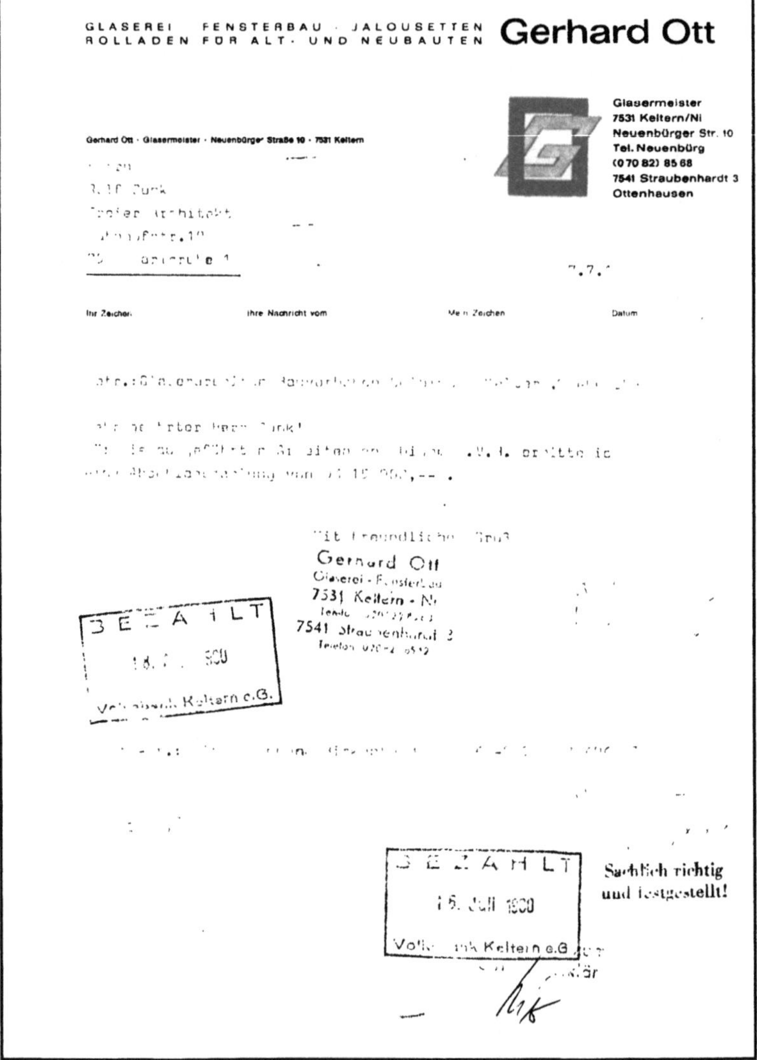

GLASEREI FENSTERBAU · JALOUSETTEN
ROLLADEN FÜR ALT- UND NEUBAUTEN **Gerhard Ott**

Glasermeister
7531 Keltern/Ni
Neuenbürger Str. 10
Tel. Neuenbürg
(0 70 82) 85 68
7541 Straubenhardt 3
Ottenhausen

Gerhard Ott · Glasermeister · Neuenbürger Straße 10 · 7531 Keltern

Ihr Zeichen Ihre Nachricht vom Mein Zeichen Datum

Gerhard Ott
Glaserei - Fensterbau
7531 Keltern - Ni
7541 Straubenhardt 3

BEZAHLT
Volksbank Keltern e.G.

BEZAHLT
15. Juli 1980
Volksbank Keltern e.G.

Sachlich richtig
und festgestellt!

Abb. A-19: Rechnungsbeleg mit korrigierter Einstellung erfasst. Hier sind Stempel und Einträge sichtbar. Speicherbedarf: 192 KB (G4).

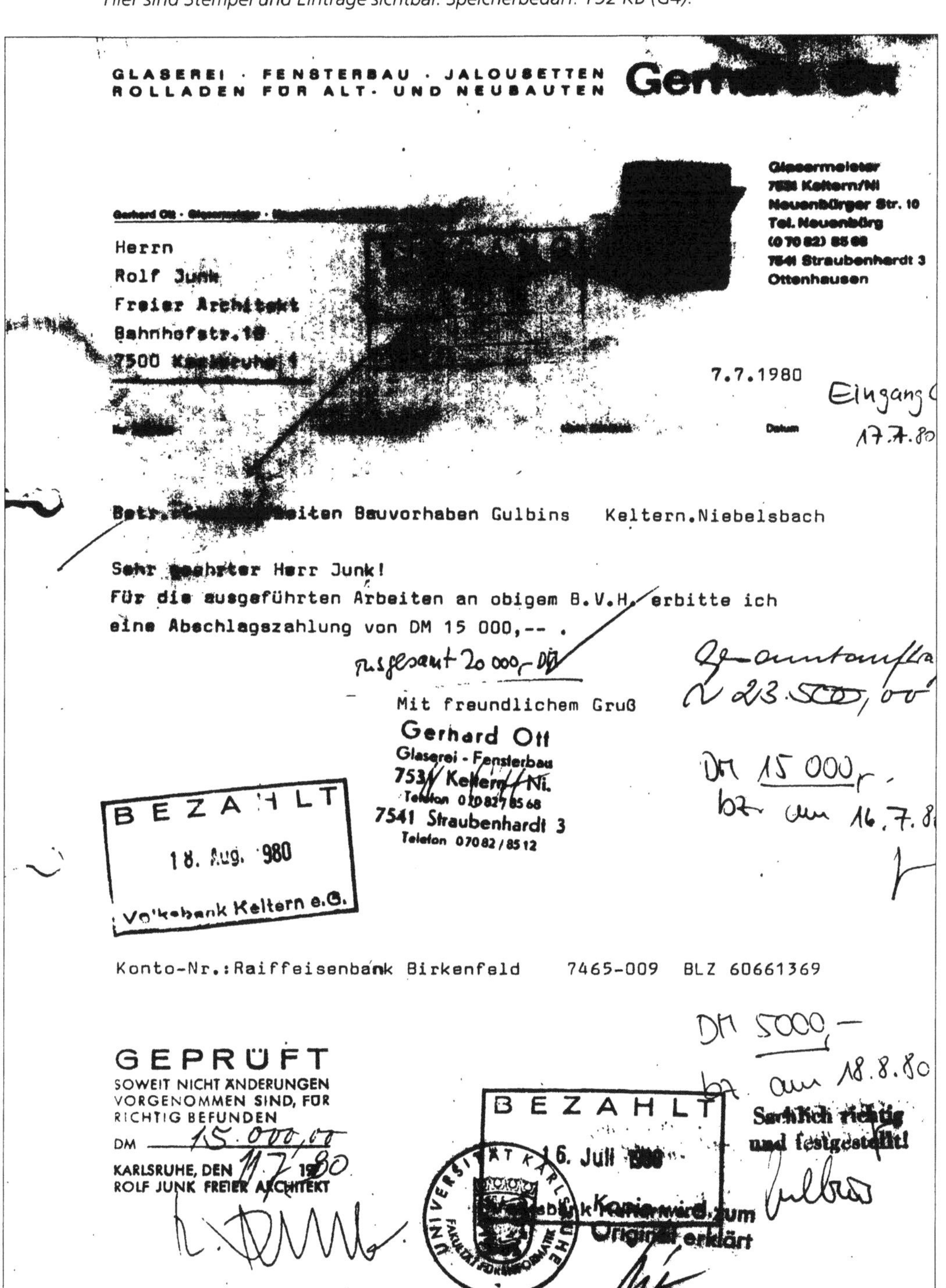

GLASEREI · FENSTERBAU · JALOUSETTEN
ROLLADEN FÜR ALT- UND NEUBAUTEN

Glasermeister
7531 Keltern/Ni
Neuenbürger Str. 10
Tel. Neuenbürg
(0 70 82) 85 68
7541 Straubenhardt 3
Ottenhausen

Herrn
Rolf Junk
Freier Architekt
Bahnhofstr.10
7500 Karlsruhe 1

7.7.1980

Eingang 17.7.80

Betr. [illegible] Bauvorhaben Gulbins Keltern.Niebelsbach

Sehr geehrter Herr Junk!
Für die ausgeführten Arbeiten an obigem B.V.H. erbitte ich eine Abschlagszahlung von DM 15 000,-- .

insgesamt 20 000,- DM

Gesamtauftrag ~ 23.500,00

Mit freundlichem Gruß

Gerhard Ott
Glaserei - Fensterbau
7531 Keltern/Ni.
7541 Straubenhardt 3
Telefon 07082/8512

DM 15 000,- bz. am 16.7.8[illegible]

BEZAHLT
18. Aug. 1980
Volksbank Keltern e.G.

Konto-Nr.:Raiffeisenbank Birkenfeld 7465-009 BLZ 60661369

DM 5000,- bz. am 18.8.80

GEPRÜFT
SOWEIT NICHT ÄNDERUNGEN VORGENOMMEN SIND, FÜR RICHTIG BEFUNDEN
DM 15.000,00
KARLSRUHE, DEN 11.7.1980
ROLF JUNK FREIER ARCHITEKT

BEZAHLT
16. Juli 1980
Volksbank Keltern

Sachlich richtig und festgestellt!

Kopie wird zum Original erklärt

Akadem. Rat

UNIVERSITÄT KARLSRUHE FAKULTÄT FÜR INFORMATIK

Abb. A-20: Rechnungsbeleg bereichsweise mit unterschiedlichen Einstellungen erfasst und zum Gesamtbild zusammengefügt. Speicherbedarf bei A4, 300 dpi: 72 KB (TIFF-G4).

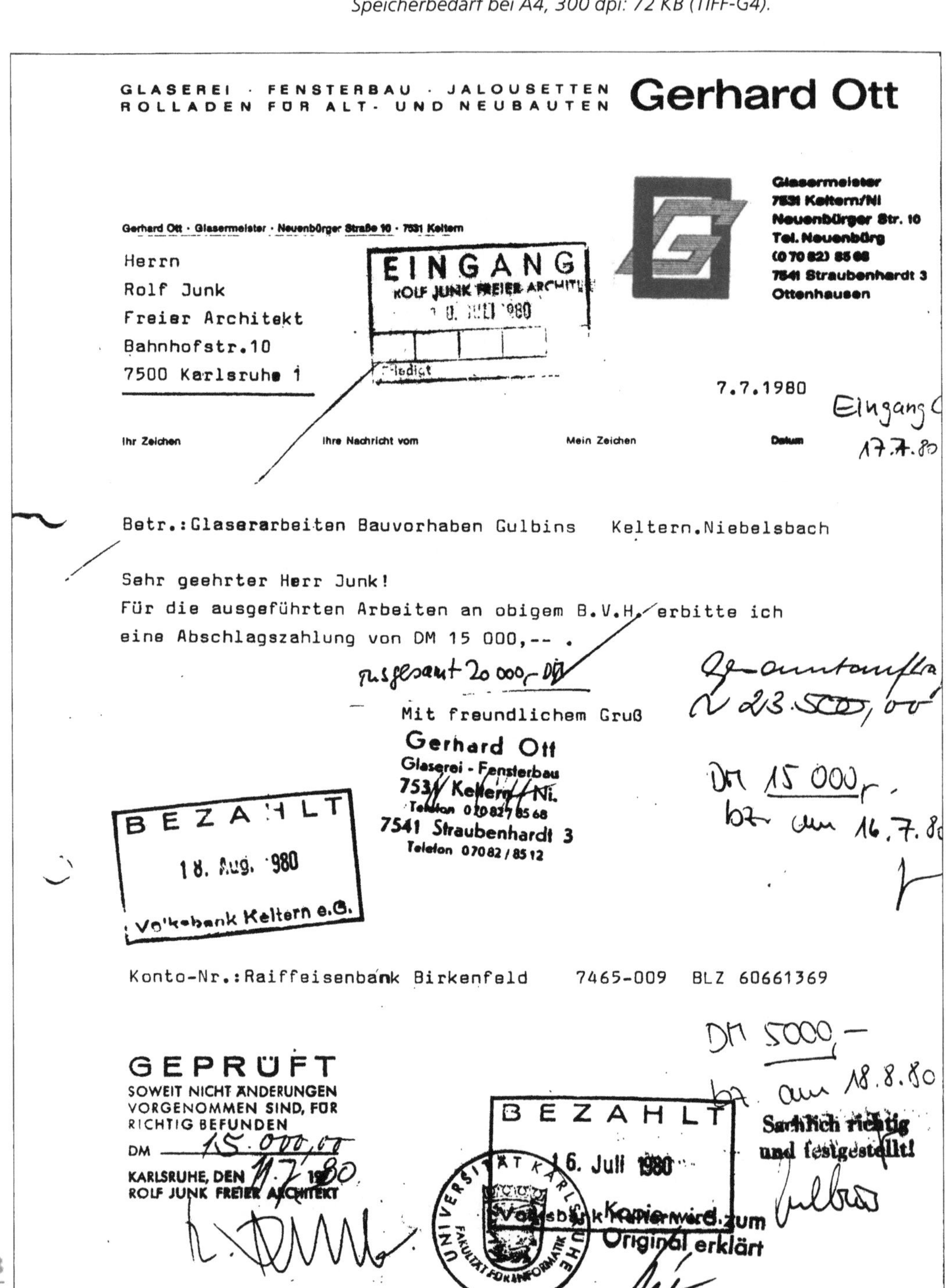

GLASEREI · FENSTERBAU · JALOUSETTEN
ROLLADEN FÜR ALT- UND NEUBAUTEN
Gerhard Ott

Glasermeister
7531 Keltern/Nl
Neuenbürger Str. 10
Tel. Neuenbürg
(0 70 82) 85 68
7541 Straubenhardt 3
Ottenhausen

Gerhard Ott · Glasermeister · Neuenbürger Straße 10 · 7531 Keltern

Herrn
Rolf Junk
Freier Architekt
Bahnhofstr.10
7500 Karlsruhe 1

EINGANG
ROLF JUNK FREIER ARCHITEKT
1 0. JULI 1980
Erledigt

7.7.1980

Eingang
17.7.80

Ihr Zeichen | Ihre Nachricht vom | Mein Zeichen | Datum

Betr.: Glaserarbeiten Bauvorhaben Gulbins Keltern.Niebelsbach

Sehr geehrter Herr Junk!
Für die ausgeführten Arbeiten an obigem B.V.H. erbitte ich eine Abschlagszahlung von DM 15 000,-- .

insgesamt 20 000,- DM

Gesamtauftrag
≈ 23.500,00

Mit freundlichem Gruß

Gerhard Ott
Glaserei - Fensterbau
7531 Keltern-Ni.
Telefon 07082/8568
7541 Straubenhardt 3
Telefon 07082/8512

DM 15 000,-
bz. am 16.7.80

BEZAHLT
18. Aug. 1980
Volksbank Keltern e.G.

Konto-Nr.: Raiffeisenbank Birkenfeld 7465-009 BLZ 60661369

DM 5000,-
bz. am 18.8.80

GEPRÜFT
SOWEIT NICHT ÄNDERUNGEN VORGENOMMEN SIND, FÜR RICHTIG BEFUNDEN
DM 15.000,00
KARLSRUHE, DEN 17.7.1980
ROLF JUNK FREIER ARCHITEKT

BEZAHLT
16. Juli 1980
Volksbank Keltern

UNIVERSITÄT KARLSRUHE
FAKULTÄT FÜR INFORMATIK

Kopie wird zum Original erklärt

Sachlich richtig und festgestellt!

Akadem. Rat

Technische Zeichnungen: Abbildung A-21 zeigt eine einfache Zeichnung geringer Komplexität und dadurch mit geringen Speicheranforderungen (im komprimierten Modus). Die Zeichnung in Abbildung A-22 weist eine deutlich höhere Komplexität auf und benötigt entsprechend mehr Speicher.

Textseiten: Die Unterschiede in der Speicheranforderung von Textseiten bei normaler und hoher Bildkomplexität zeigen die Abbildungen A-23 und A-24.

Abb. A-21
Technische Zeichnung mit geringer Informationsdichte
Vorlagengröße: 21,9 cm × 17,2 cm, Speicherbedarf bei 300 dpi: 24 KB (TIFF-G4).

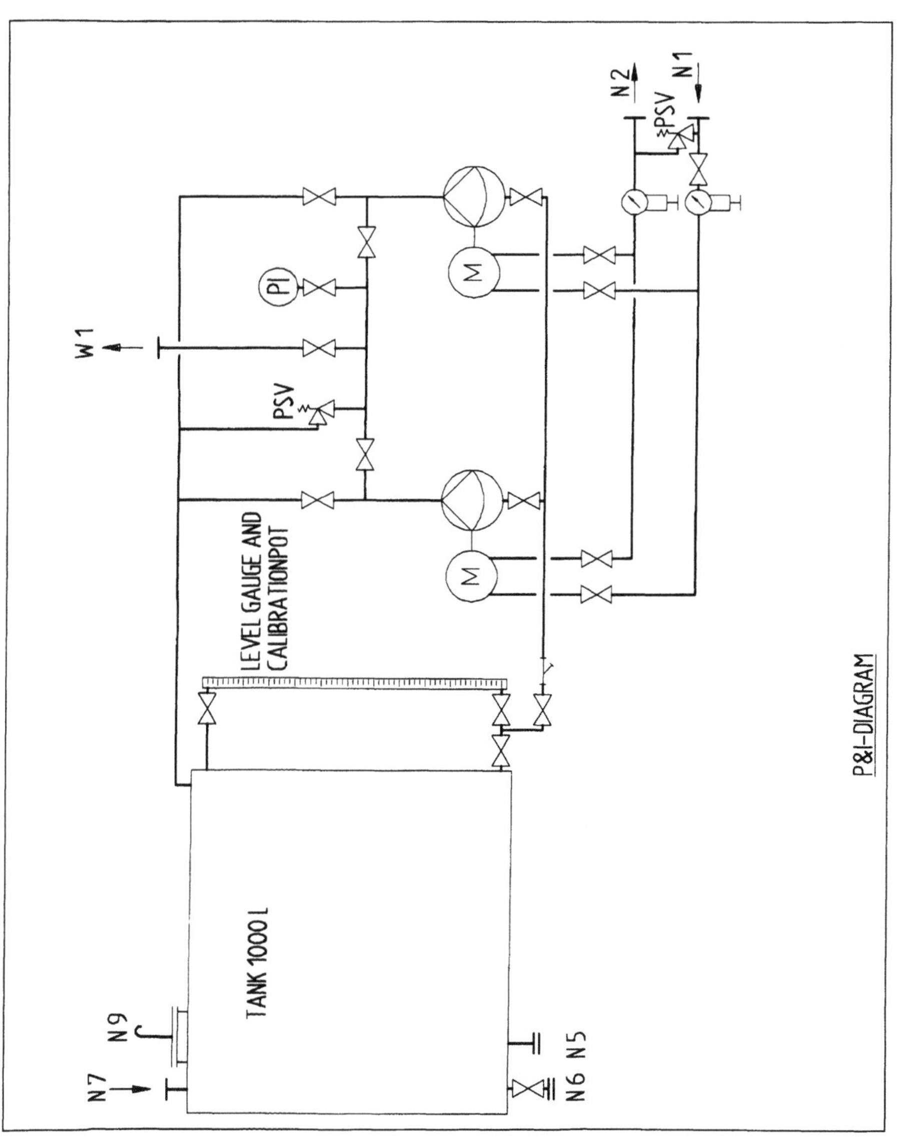

Abb. A-22: Technische Zeichnung, etwas kleiner als A4; mit 300 dpi erfasst (8,0 cm x 22,6 cm); Speicherbedarf bei 400 dpi: 72 KB (TIFF-G4)

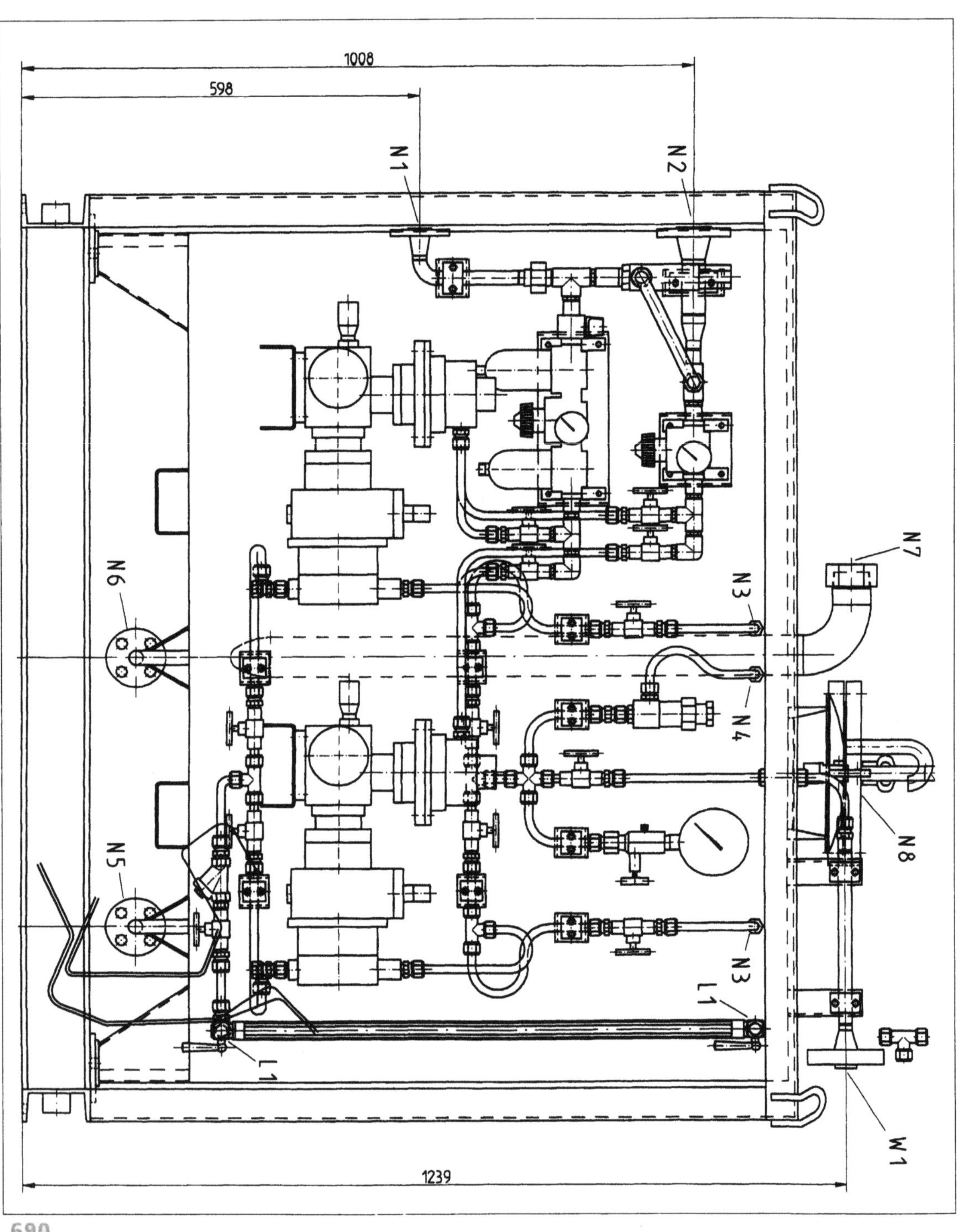

Abb. A-23: A4-Vorlage mit geringer bis normaler Informationsdichte. Speicherbedarf bei 300 dpi: 40 KB; bei 200 dpi: 24 KB (TIFF-G4)

ROBERT BRITSCH
KIPPTORBAU · SÄGEWERK

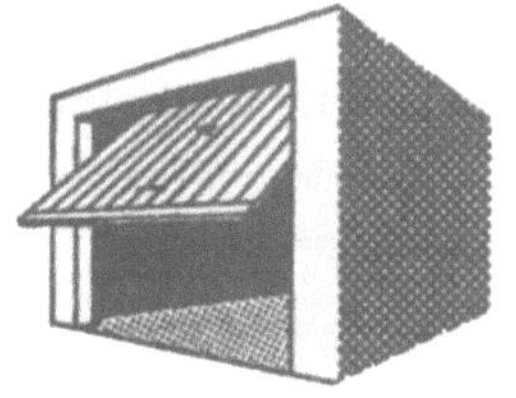

Garagen-Decken-Schwingtore
aus Holz in genormten und gewünschten Größen

Robert Britsch · Kipptorbau/Sägewerk · 7131 Wurmberg

Herrn
Gulbins
Lindenstr. 16

7531 Ellmendingen

7131 Wurmberg/Pforzheim
Telefon (0 70 44) 73 20
Bankkonto:
Volksbank Pforzheim
(BLZ 666 900 00) Konto-Nr. 18 559-9
Postscheckkonto Stuttgart
Konto-Nr. 52 094-708

Ihre Zeichen	Ihre Nachricht vom	Mein Zeichen	Tag
		A/B	10.7.80

Betr.: Auftragsbestätigung

Für den uns erteilten Auftrag danken wir Ihnen und bestätigen denselben wie folgt:

1 Garagen-~~Kipptor,~~ Flügeltor 2.50 x 2.00 m
Blockrahmen aus Fi./Ta.-Holz,
Torrahmen aus Rechteck-Stahlrohr verschweißt.
Alu-Sockelblende, Grundierung und Spezial-Kipptor-Schloß mit Zylinder,
frei Baustelle, fertig montiert.

Schalung: Nord. Fichte DM 1.070.--

Zuzüglich Mehrwertsteuer. 13 %

Mit freundlichen Grüßen
Robert Britsch
Kipptorbau Britsch
7131 Wurmberg

Abb. A-24: A4-Vorlage mit hoher Informationsdichte: (Ausschnitt aus Versicherungsbedingungen der BGV) Speicherbedarf bei 300 dpi: 140 KB (TIFF-G4)

Klauseln für die Hausrat-Versicherung (VHB 84)

Standardklauseln – gelten für alle Verträge

817 (89) Klima-, Wärmepumpen- und Solarheizungsanlagen

Abweichend von § 9 Nr. 4 d VHB 84 erstreckt sich der Versicherungsschutz auch auf Schäden durch wärmetragende Flüssigkeiten, wie Sole, Öle, Kühlmittel, Kältemittel und dergleichen, die aus Klima-, Wärmepumpen- oder Solarheizungsanlagen bestimmungswidrig ausgetreten sind.

835 Aquarien in der Hausratversicherung

Abweichend von § 7 Nr 1 VHB 84 gilt als Leitungswasser auch Wasser, das aus Aquarien bestimmungswidrig ausgetreten ist.

838 Schäden durch Hagel

1 Wenn dies besonders vereinbart ist, erstreckt sich die Sturmversicherung auch auf Schäden durch Hagel. In diesem Fall brauchen bei Schäden durch Hagel die Voraussetzungen von § 8 Nr. 1 VHB 84 (Sturm) nicht gegeben zu sein.

2 § 8 Nr. 3 und § 9 Nr. 5 c VHB 84 gelten sinngemäß auch für Schäden durch Hagel gemäß Nr. 1. Jedoch genügt es in den Fällen von § 9 Nr. 5 c VHB 84 für den Versicherungsschutz, daß die Öffnung durch Hagel entstanden ist.

Spezialklauseln – gelten nur soweit ausdrücklich vereinbart bzw. ein gesonderter Beitrag berechnet wird

811 (84) Gegenstände von besonderem Wert

Abweichend von § 1 VHB 84 sind die im Versicherungsvertrag bezeichneten Gegenstände von besonderem Wert nicht mitversichert.

812 (84) Arbeitsgeräte

Abweichend von § 1 Nr. 2 d VHB 84 sind Arbeitsgeräte und Einrichtungsgegenstände, die dem Beruf oder Gewerbe dienen, nicht mitversichert.

813 (84) In das Gebäude eingefügte Sachen

1. Die im Versicherungsvertrag besonders bezeichneten Sachen, z. B. Einbaumöbel, Bodenbeläge, Innenanstriche und Tapeten, sind auch versichert, soweit sie Gebäudebestandteile sein könnten.

2 Soweit gemäß Nr. 1 sanitäre Anlagen und leitungswasserführende Installationen versichert sind, erstreckt sich die Versicherung auch auf Frostschäden an diesen Sachen sowie auf Frost- und sonstige Bruchschäden an deren Zu- und Ableitungsrohren

3. Pflicht- und Monopolrechte bleiben unberührt.

814 (84) Hausrat außerhalb der ständigen Wohnung

Abweichend von § 1 VHB 84 sind nicht versichert:

1 in Wochenend-, Ferien-, Land-, Jagd-, Garten- und Weinberghäusern sowie in sonstigen nicht ständig bewohnten Gebäuden:

Bargeld, Urkunden einschließlich Sparbücher und sonstige Wertpapiere, Schmucksachen, Edelsteine, Perlen, Briefmarken, Munzen und Medaillen sowie alle Sachen aus Silber, Gold oder Platin, Pelze, handgeknüpfte Teppiche und Gobelins, Ölgemälde, Aquarelle, Zeichnungen, Graphiken und Plastiken, Schußwaffen, Foto- und optische Apparate sowie sonstige Sachen, die über 100 Jahre alt sind (Antiquitäten), jedoch mit Ausnahme von Möbelstücken,

2. in Zweitwohnungen in ständig bewohnten Gebäuden.

Bargeld, Urkunden einschließlich Sparbücher und sonstige Wertpapiere, Schmucksachen, Edelsteine, Perlen, Briefmarken, Münzen und Medaillen sowie alle Sachen aus Gold oder Platin, Pelze, handgeknüpfte Teppiche und Gobelins.

815 (84) Eingelagerte Hausratgegenstände

Von eingelagerten Hausratgegenständen sind nicht versichert:

Bargeld, Urkunden einschließlich Sparbücher und sonstige Wertpapiere, Schmucksachen, Edelsteine, Perlen, Briefmarken, Münzen und Medaillen sowie alle Sachen aus Silber, Gold oder Platin, Pelze, handgeknüpfte Teppiche und Gobelins, Ölgemälde, Aquarelle, Zeichnungen, Graphiken und Plastiken, Schußwaffen, Foto- und optische Apparate sowie sonstige Sachen, die über 100 Jahre alt sind (Antiquitäten), jedoch mit Ausnahme von Möbelstücken.

832 Sachen mit gesondert vereinbarter Versicherungssumme

1. Sachen mit gesondert vereinbarter Versicherungssumme sind als besondere Gruppen (Positionen) versichert. Sie gelten abweichend von § 1 Nr. 1 VHB 84 nicht als Teil des Hausrats.

2. §§ 18 Nr. 3 und 27 VHB 84 sind auf die Versicherungssummen gemäß Nr. 1 anzuwenden. Ein vereinbarter Unterversicherungsverzicht gilt für diese Gruppen (Positionen) nicht, soweit nicht etwas anderes vereinbart wurde.

3. Die Versicherungssummen gemäß Nr. 1 verändern sich entsprechend § 16 Nr. 1 VHB 84; jedoch ist § 16 Nr 1 b VHB 84 nicht anzuwenden.

Liegt die Versicherungssumme danach über der ursprünglich vereinbarten Versicherungssumme, so wird der Mehrbetrag für die Berechnung der Entschädigung verdoppelt.

4 Der Prämiensatz verändert sich gemäß § 16 Nr. 2 VHB 84.

5 Außenversicherungsschutz gemäß § 12 VHB 84 besteht nicht.

833 Fahrraddiebstahl

1 Für Fahrräder erstreckt sich der Versicherungsschutz auch auf Schäden durch Diebstahl, wenn nachweislich

a) das Fahrrad zur Zeit des Diebstahls in verkehrsüblicher Weise durch ein Schloß gesichert war und außerdem

b) der Diebstahl zwischen 6 Uhr und 22 Uhr verübt wurde oder sich das Fahrrad zur Zeit des Diebstahls in Gebrauch oder in einem gemeinschaftlichen Fahrradabstellraum befand.

2 Für die mit dem Fahrrad lose verbundenen und regelmäßig seinem Gebrauch dienenden Sachen besteht Versicherungsschutz nur, wenn sie zusammen mit dem Fahrrad abhanden gekommen sind.

3. Die Entschädigung ist je Versicherungsfall auf 1 Prozent der Versicherungssumme für den Hausrat begrenzt. Eine höhere Entschädigungsgrenze kann vereinbart werden.

4. Der Versicherungsnehmer hat Unterlagen über den Hersteller, die Marke und die Rahmennummer der versicherten Fahrräder zu beschaffen und aufzubewahren.

Verletzt der Versicherungsnehmer diese Bestimmung, so kann er Entschädigung nur verlangen, wenn er die Merkmale anderweitig nachweisen kann.

5. Der Versicherungsnehmer hat den Diebstahl unverzüglich der zuständigen Polizeidienststelle anzuzeigen und dem Versicherer einen Nachweis dafür zu erbringen, daß das Fahrrad nicht innerhalb von drei Wochen seit Anzeige des Diebstahls wieder herbeigeschafft wurde.

Verletzt der Versicherungsnehmer eine dieser Obliegenheiten, so kann der Versicherer gemäß §§ 6 Abs. 3, 62 Abs. 2 VVG zur Kündigung berechtigt oder auch leistungsfrei sein.

6. Versicherungsnehmer und Versicherer können unter Einhaltung einer Frist von drei Monaten zum Ende des laufenden Versicherungsjahres durch schriftliche Erklärung verlangen, daß dieser erweiterte Versicherungsschutz für Fahrräder mit Beginn des nächsten Versicherungsjahres entfällt.

Macht der Versicherer von diesem Recht Gebrauch, so kann der Versicherungsnehmer den Vertrag innerhalb eines Monats nach Zugang der Erklärung des Versicherers zum Ende des laufenden Versicherungsjahres kündigen.

834 Kein Abzug wegen Unterversicherung

1. Der Versicherer nimmt abweichend von §§ 18 Nr. 3 und Nr. 4 VHB 84, 56 VVG keinen Abzug wegen Unterversicherung vor.

2. Nr. 1 gilt nur, solange nicht ein weiterer Hausrat-Versicherungsvertrag desselben Versicherungsnehmers für denselben Versicherungsort ohne Vereinbarung gemäß Nr. 1 besteht

3. Versicherungsnehmer und Versicherer können unter Einhaltung einer Frist von drei Monaten zum Ende des laufenden Versicherungsjahres durch schriftliche Erklärung verlangen, daß diese Bestimmungen mit Beginn des nächsten Versicherungsjahres entfallen.

Macht der Versicherer von diesem Recht Gebrauch, so kann der Versicherungsnehmer den Vertrag innerhalb eines Monats nach Zugang der Erklärung des Versicherers zum Ende des laufenden Versicherungsjahres kündigen.

837 (88) Überspannungsschäden durch Blitz unter Einschluß von Folgeschäden

1 Abweichend von § 9 Nr. 2 c VHB 84 ersetzt der Versicherer auch Überspannungsschäden durch Blitz.

2. Die Entschädigung ist je Versicherungsfall auf 5 Prozent der Versicherungssumme begrenzt. Eine höhere Entschädigungsgrenze kann vereinbart werden.

Einschluß von Nutzwärmeschäden

Abweichend von § 9 Nr. 2 a VHB 84 sind auch die dort bezeichneten Brandschäden versichert.

Hotelkosten

1 In Erweiterung von § 2 Nr 1 a bis f VHB 84 sind auch Kosten für Hotel oder ähnliche Unterbringung mitversichert, wenn die Wohnung infolge eines Versicherungsfalles nach § 3 VHB 84 oder durch Hagel unbewohnbar wurde und dem Versicherungsnehmer auch die Beschränkung auf einen etwa bewohnbar gebliebenen Teil nicht zuzumuten ist.

2 Nicht versichert sind Nebenkosten, z. B. Frühstück, Telefon-, Beförderungs- und Transportkosten.

3. Die Entschädigung ist je Versicherungsfall auf den pro Tag vereinbarten Betrag begrenzt bis zu dem Zeitpunkt, in dem die Wohnung wieder bewohnbar ist, längstens für 100 Tage seit dem Eintritt des Versicherungsfalles.

Hinweis
Die Entschädigung für Hotelkosten ist je Versicherungsfall auf 15 % der Versicherungssumme, max. DM 12.000,–– und DM 150,–– pro Tag, bis zur Wiederherstellung längstens für 100 Tage seit dem Eintritt des Versicherungsfalles begrenzt.

Halbtonbilder benötigen in der Regel eine geringere Auflösung als bitonale Bilder. Sie lassen sich nicht nur mit 8 Bit Pixeltiefe, sondern auch mit weniger speichern.

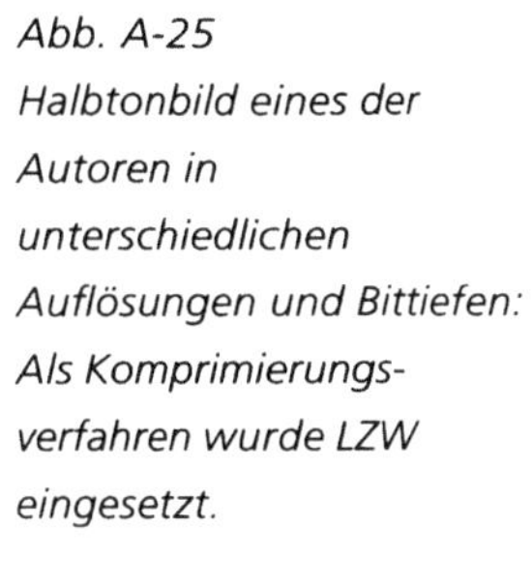

Abb. A-25
Halbtonbild eines der Autoren in unterschiedlichen Auflösungen und Bittiefen: Als Komprimierungsverfahren wurde LZW eingesetzt.

Obere Reihe:
Links: 150 dpi, 8 Bit, 67 KB
Rechts: 150 dpi, 4 Bit, 31 KB
Mittlere Reihe:
Links: 75 dpi, 8 Bit, 21 KB
Rechts: 75 dpi, 4 Bit, 11 KB

Untere Reihe:
Links: 50 dpi, 8 Bit, 14 KB
Rechts: 50 dpi, 4 Bit, 7 KB

Abb. A-26 Farbbild eines Geparden. Das Original ist A4 (29,7 cm x 21,9 cm) und wurde mit 200 dpi und 24 Bit als Farbbild erfasst.

Tabelle A-7 Volumina und Komprimierungsfaktoren der Grafik aus Abb. A-26 bei unterschiedlichen Formaten und Komprimierungsverfahren (jeweils bei einer Bildgröße von 29,7 cm x 21,9 cm und einer Auflösung von 200 dpi)

Format	Größe	Komprim. Faktor	Anmerkung
TIFF, unkomprimiert 24 Bit Farbe	14,5 MB	1,0	21,1 × 29,2 cm unkomprimiert
TIFF, LZW, 24 Bit Farbe	8,7 MB	1,6	verlustfrei
PNG, 24 Bit Farbe	8,8 MB	1,6	verlustfrei
JPEG, hohe Qualität	5,0 MB	2,9	fast verlustfrei
JPEG, geringe Qualität	1,0 MB	14,5	kaum sichtbarer Verl.
JPEG 2000, verlustfrei	7,0 MB	2,1	vollständig verlustfrei
JPEG 2000, hohe Qualität	0,2 MB	72,5	praktisch verlustfrei
JPEG 2000, mittlere Komp.	0,1 MB	130	Q.-Verlust sichtbar
JPEG 2000, sehr hohe Komprimierung	56 KB	250	sichtbare Verluste an Farbe + Details
bei 8 Bit Farbtiefe			
TIFF, 8 Bit Farbe	3,8 MB	1,00	unkomprimiert
TIFF, 8 Bit Farbe, LZW	2,3 MB	1,65	verlustfrei
GIF, 8 Bit Farbe, LZW	2,4 MB	1,58	verlustfrei
PNG, 8 Bit Farbe	2,2 MB	1,73	verlustfreie Qualität
GIF, 8 Bit Grau	2,2 MB	1,73	verlustfrei
JPEG, 8 Bit Grau	0,45 GB	8,44	hohe Qualität
PNG, 8 Bit Grau	2,4 GB	1,58	verlustfreie Qualität
Fraktale Komp., 8 Bit Grau	80 KB	47,50	verlustfreie Qualität

Literatur- und Quellenverzeichnis

Die nachfolgende Literaturliste zeigt einen Teil der für dieses Buch verwendeten Quellen und weiterführende Literatur, die ihnen hilft, sich weiter mit dem behandelten Thema vertraut zu machen.

[[xxx]] zeigt eine Internet-Adresse an. Diese Informationen haben oft nur eine begrenzte Lebensdauer und sind dann nicht mehr verfügbar. Dort, wo eine URL nicht in eine Zeile passt, haben wir das Zeichen ›+‹ als Trennzeichen benutzt. Es besagt, dass der in der nächste Zeile folgende Text direkt, ohne Zwischenraum und ohne Trennnzeichen ›+‹ folgen muss.

Eine aktualisierte Version von diesem Literaturverzeichnis zu DMS-Themen steht unter: www.gulbins.de/DMS/dms.html

Allgemeine Literatur DM-, CM- und KM-Systemen

[AIIM-WP] AIIM International: *White Papers on Records, Document and Enterprise Content Management:*
(1) Capture, Indexing & Auto-Categorizing (SER)
(2) Conversion & Document Formats (HP)
(3) Content management (FileNET)
(4) User Access & Protection (IBM)
(5) Availability & Preservation (Kodak)
(6) Education, Training & Operation (TRW/UCL)
DLM-Forum, Barcelona, 2002. ISBN 3-936534-00-4.
PROJECT CONSULT, Hamburg, 2002.

[AIIM-W1] AIIM International, SER Technology Deutschland GmbH: *Capture, Indexing & Auto-Categorization.* *Intelligent methods for the acquisition and retrieval of information stored in digital archive.* DLM-Forum, Barcelona, 2002. ISBN 3-936534-01-2. PROJECT CONSULT, Hamburg, 2002.

[AIIM-W2] AIIM International, Hewlett-Packard GmbH: *Conversion & Document Formats.* *Backfile conversion and format issues for information stored in digital archives.* DLM-Forum, Barcelona, 2002. ISBN 3-936534-02-0. PROJECT CONSULT, Hamburg, 2002.

[AIIM-W3] AIIM International, FileNET Corporation: *Content Management.* *Managing the Lifecycle of Information.* DLM-Forum, Barcelona, 2002. ISBN 3-936534-03-9. PROJECT CONSULT, Hamburg, 2002.

[AIIM-W4] AIIM International, IBM: *User Access & Information Protection.* *Managing Open Access & Information Protection.* DLM-Forum, Barcelona, 2002. ISBN 3-936534-04-7. PROJECT CONSULT, Hamburg, 2002.

[AIIM-W5] AIIM International, Kodak: *Availability & Preservation.* *Longterm Availability & Preservation of Digital Information* DLM-Forum, Barcelona, 2002. ISBN 3-936534-05-5. PROJECT CONSULT, Hamburg, 2002.

[AIIM-W6] AIIM International, TRWQ Systems, UCL School of Library: *Education, Training & Operation.* *From the Traditional Archivist to the Information Manager* DLM-Forum, Barcelona, 2002. ISBN 3-936534-06-3. PROJECT CONSULT, Hamburg, 2002.

[[Auton-W]] Autonmy: *Technology White Paper.*
Ein Papier der Firma Autonomy, welche einige Konzepte der Volltexterschließung darlegt und vergleicht.
www.autonomy.com/Content/Technology/Background/

[Avedon] D. M. Avedon: *Introduction to Electronic Imaging.*
AIIM Catalog No. C122, Silverspring, MD 20910, USA.

[Berndt] O. Berndt, L. Leger: *Dokumenten-Management-Systeme. Nutzen, Organisation, Technik*
Luchterhand Verlag, Berlin, 1994.

[Black] D. Black: *Document Capture for Document Imaging Systems.*
AIIM Catalog No. R055,
Silverspring, MD 20910, USA

[Boiko] B. Boiko: *Content Management Bible.*
Hungry Minds Inc, USA, 2001.

[Davenport] Th. Davenport, L. Prusak:
Wenn Ihr Unternehmen wüßte, was es alles weiß. Das Praxisbuch zum Wissensmanagement.
Moderne Industrie, Landsberg, 1998.

[DellaSch] M. DellaSchiava, W. Rees: *Was Wissens-Management bringt.*
Signum Verlag, Wien, 1999.

[EDSF] EDSF: *The Future of Reading in a Digital Age.*
The Electronic Document Systems Foundation
Hawthorne Blvd., Torranc, CA, USA, 1997.

[Fischer-A] L. Fischer: *The Workflow Handbook 2002*
Workflow Coalition, Lighthouse Point, FL, USA, 2002.

[Fischer-B] L. Fischer: *Excellence in Practice Volume III: Innovation & Excellence in Workflow Process and Knowledge Management.*
Workflow Coalition, Lighthouse Point, FL, USA, 2001.

[Gadatsch] A. Gadatsch: *Management von Geschäftsprozessen. Methoden und Werkzeuge für die IT- Praxis*
Vieweg Verlagsgesellschaft, Wiesbaden, 2001.

[Götzer] K. Götzer, U. Schneiderath, B. Maier, W. Boehmelt:
Dokumenten-Management Informationen im Unternehmen effizient nutzen.
dpunkt-Verlag, Heidelberg, 2001.

[[Gulbins]] J. Gulbins Home-Page:*
www.gulbins.de/DMS/dms.html

[Hansen] M. T. Hansen:
Wie managen Sie das Wissen in Ihrem Unternehmen?
Harvard Business Manager, 5/1999.

* *Hier sind ein aktualisiertes Literaturverzeichnis mit Links sowie weitere DMS-Artikel zu finden.*

[Haun] M. Haun: *Handbuch Wissensmanagement. Grundlagen und Umsetzung, Systeme und Praxisbeispiele.* Springer-Verlag, Heidelberg, Berlin, 2001.

[Herbst] D. Herbst: *Erfolgsfaktor Wissensmanagement.* Cornelsen Verlag, Berlin, 2000.

[Kampff-1] Dr. U. Kampffmeyer, B. Merkel: *Grundlagen des Dokumenten-Management Einsatzgebiete, Technologien, Trends.* Gabler Verlag, Wiesbaden, 1997.

[Kampff-2] Dr. U. Kampffmeyer, B. Merkel: *Dokumenten-Management Grundlagen und Zukunft.* PROJECT CONSULT GmbH, Hamburg, 1999.

[[KMS-1]] Knowledgemarkt: *Literaturliste zum Thema Knowledge-Management.* www.knowledgemarkt.de/service/informationsquellen/+ literatur/index.htm

[Königer] P. Königer, W.Reithmayer: *Management unstrukturierter Informationen. Wie Unternehmen die Informationsflut beherrschen können.* Campus Verlag, Frankfurt/Main, 1998.

[Nakano] R. Nakano: *Web Content Management. A Collaborative Approach.* Addison-Wesley, New York, 2001.

[Limper] W. Limper: *Dokumenten-Management Wissen, Information und Medien digital verwalten.* dtv, München, 2000.

[[OAIS]] *Reference Model for an Open Archival Information System (OAIS)* Draft for an ISO standard. www.www.nla.gov.au/wgroups/oais/

[Ovum] *Ovum Evaluates: Document Management. Guide to Understanding and Selecting Document Management Systems.* Ovum Ltd, London, 1998.

[Probst] G. Probst, St. Raub, K. Romhardt: *Wissen managen.* Gabler-Verlag, Wiesbaden, 1999.

[[Project]] Home-Page des Beratungsunternehmens* PROJECT CONSULT* www.project-consult.de

* *Hier sind eine Reihe von Artikeln zu den Themen DMS und WF zu finden.*

[**Raske**] K. Raske: *Stolperstein Dezentralisierung – Archivierung und Workflow im SAP-R/3-Umfeld bei der Readymix Beton AG.* In: Computer Woche Focus, März 1998, S. 22–23.

[**Schmelzer**] H. Schmelzer, W. Sesslemann: *Geschäftsprozessmanagement in der Praxis.* Hanser Verlag, München, 2002.

[**Schlichter**] J. Schlichter, Internes Arbeitspapier: *Analyse kommerzieller Knowledge Management-Systeme.* TU München, Lehrstuhl für angewandte Informatik, 1999.

[**Schütt**] P. Schütt: *Wissensmanagement.* Falken-Verlag, Niedernheim, 2000.

[**Senge**] P. M. Senge: Die fünfte Disziplin: *Kunst und Praxis der lernenden Organisation.* Klett-Cotta, Stuttgart, 1998.

[**Sutton**] M. J. D. Sutton: *Document Management for the Enterprise. Principles, Techniques, and Applications.* Wiley Computer Publishing, New York, 1996.

[**VOI_K1**] VOI Verband Optische Informationssysteme e.V: *VOI-Kompendium Band 1.* Darmstadt, 1995.

[**VOI_K2**] VOI Verband Optische Informationssysteme e.V: *VOI-Kompendium Band 2.* Darmstadt, 1995.

[**VOI_K3**] VOI Verband Optische Informationssysteme e.V: *Grundsätze der elektronischen Archivierung.* VOI-Kompendium, Band 3, Darmstadt, 1997.

[[**WfMC-R**]] The Workflow Management Coalition: *The Workflow Reference Model.* (Stand: 19. 1. 1995) www.wfmc.org/standards/docs/tc003v11.pdf

[**Wilke**] H. Willke: *Systematisches Wissensmanagement.* Lucius & Lucius, Stuttgart, 1998.

[[**Zöller**]] Zöller & Partner Home-Page* www.zoeller.de

[**Zschau**] O. Zschau, D. Traub, R. Zahradka: Web *Content Management. Websites professionell betreiben.* Galileo Press, Bonn 2002.

* *Hier sind eine Reihe von Artikeln zu den Themen DMS, CMS und KMS zu finden.*

Literatur zu rechtlichen Aspekten von Archivsystemen

[AWV-1] *Aufbewahrungspflichten und -fristen nach dem Handels- und Steuerrecht, Schriftgut – Mikrofilm – EDV-Dokumentation.* Erich Schmidt Verlag, München, 1999.

[[AWV-G]] AWV – Kommentare zu: *Änderung der Abgabenordnung zum 1.1.2002 - Datenzugriff der Finanzverwaltung.* www.awv-net.de/Inhalte/gdpdu.html

[BAGUV] Bundesverband der Unfallversicherungsträger der öffentlichen Hand e.V. - BAGUV *Bildschirm-Arbeitsplätze.* Best-Nr. GUV 23.3, 10/94, München.

[[BDSG]] *Bundesdatenschutzgesetz (BDSG) 2001.* netlaw.de/gesetze/bdsg.htm

[[Bild-VO]] BildschArbV: *Verordnung über Sicherheit und Gesundheitsschutz bei der Arbeit an Bildschirmgeräten.* (Bildschirmarbeitsverordnung – BildschArbV, 21. 11. 1996) www.allgaeu.org/wirtschaft/arbeitswelt/bildschirm.htm

[Blaha] Blaha F. (Hrsg.): *Der Mensch am Bildschirm-Arbeitsplatz. Ein Handbuch über Recht, Gesundheit und Ergonomie.* Springer-Verlag, Wien 1995.

[CodeP] British Standards Institution: *Code of Practice for Legal Admission of Information Stored on Electronic Document Management Systems.* BSI/DISC, London, 1996.

[[dms-asp]] Der Bayerische Landesbeauftragte für Datenschutz: *Rechtliche Grenzen der externen Archivierung von Behandlungsunterlagen aus Krankenhäusern.* (Stand: 1. 11. 2001) www.datenschutz-bayern.de/verwaltung/outsour2.htm

[[Dudek]] U. Dudek, M. Uhlmann & Dr. W. Risch: *Sehen am Bildschirmarbeitsplatz* sanus.uni-wuppertal.de/sanus/zeitung/z4/sehen.html

[[EGG]] EGG: *Gesetz über rechtliche Rahmenbedingungen für den elektronischen Geschäftsverkehr* www.dud.de/dud/documents/egg-brdrs912-01.pdf

[[Forman]] Formanpassungsgesetz: *Gesetz zur Anpassung der Formvorschriften des Privatrechts und anderer Vorschriften an den modernen Rechtsgeschäftsverkehr.* 13. Juli 2001, im Bundesgesetzblatt 2001 Teil 1 Nr. 35 und www.dud.de/dud/documents/formvorschriften-010713.pdf

[G37] Verwaltungs-Berufsgenossenschaft: *Berufsgenossenschaftlicher Grundsatz für arbeitsmedizinische Vorsorgeuntersuchungen für Bildschirmarbeitsplätze (G37) mit Kommentar.*

[[GDPdU]] Schreiben des Bundesfinanzministeriums vom 16.7.2001 zu *›Grundsätze zum Datenzugriff und zur Prüfbarkeit digitaler Unterlagen‹*
www.dud.de/dud/documents/gdpdu-010716.pdf

[Geis-1] Dr. Ivo Geis: *Rechtsaspekte des Dokumentmanagements mit optischen Speichersystemen und Mikrofilm.*
Im Tagungsband der IMC, 1992.

[Geis-2] Dr. I. Geis: *Rechtliche Grundlagen der Archivierung.*
Referat zum Symposium
Strukturwandel in der Outputverarbeitung.
der Bauer-Software+Informatik GmbH, Frankfurt, 1994.

[Geis-3] Dr. I. Geis: *Gesetz und Technologie im Widerstreit*
Rechtliche Aspekte des elektronischen Dokumentmanagements.
DIALOG Special Imaging und Workflow, Oktober 1994.

[Geis-4] Dr. I. Geis: *Das digitale Dokument*
Rechtliche, organisatorische und technische Aspekte der Archivierung und Nutzung.
AWV-Eigenverlag, Eschborn, 1995.

[Geis-5] Dr. I. Geis: *Die digitale Kommunikation*
Rechtliche Aspekte elektronischer Geschäftsprozesse.
AWV-Eigenverlag, Eschborn, 1997.

[Kampff-3] Dr. U. Kampffmeyer:
Anforderungen an Verfahrensbeschreibungen für Archivsysteme mit digitalen optischen Speichern.
PROJECT CONSULT GmbH, Hamburg, 1996.

[[KonTrAG]] *Gesetz zur Kontrolle und Transparenz im Unternehmensbereich (KonTraG).*
Bundesgesetzbl. 1998, Teil 1, Nr. 24, Seite 786 ff, April 1998
www.dud.de/dud/documents/kontrag980427.zip

[Roßnagel-1] A. Roßnagel: *Das neue Recht elektronischer Signaturen.*
Neue Juristische Wochenschrift, Heft 25, 2001; S. 1817 ff.

[Roßnagel-2] A. Roßnagel: *Rechtliche Unterschiede von Signaturverfahren.*
Zeitschrift *Multimedia und Recht*, Heft 4, 2002.

[Roßnagel-3] A. Roßnagel, R. Brandner, U. Pordesch, J. Schachermayer:
Langzeitsicherung qualifizierter elektronischer Signaturen
DuD, Datenschutz und Datensicherheit. Heft 26, 2002;
S. 97 ff.

[[SigG]] *Deutsches Signaturgesetz* (SigG 2001)
vom 16. 5. 2001 (BGBl. 2001, Teil 1, Nr. 22, Seite 876 ff)
www.dud.de/dud/documents/sigg-010516.pdf

[[SigV]] Signaturverordnung: *Verordnung zur elektronischen Signatur*
vom 16. 11. 2001 (BGBl. 2001, Teil I, Nr. 59, Seite 3074 ff)
www.dud.de/dud/documents/sigv-011116.pdf

[Skupsky] D. S. Skupsky:
Legality of Optical Disk and Other Imaging Systems.
Im Tagungsband der AIIM-Tagung, April 1991.

[[TKG]] *Telekommunikationsgesetz (TKG)*
www.medien-recht.com/rechts_tkg.html

[VOI-ES] *Elektronische Signatur.*
Elektronisch signierte Dokumente erhalten Beweiswert.
VOI, Darmstadt, 2002.

[VOI-K4] *Grundsätze der Verfahrensbeschreibung.*
VOI-Kompendium, Band 4.
Darmstadt, 1997.

[Zöller-1] Zöller & Partner GmbH:
GoBS-Checkliste Verfahrensdokumentation.
Seminarunterlagen zum Kurs
Elektronisches Dokumenten-Management.

Literatur zu Speichermedien und -technologien

[[ARSC]] Arctic Region Supercomputing Center (Alaska):
Storage Management Policies and Procedures.
www.arsc.edu/user/policy/StoragePolicies.shtml

[[Backup-1]] White-Paper der Firma Network Appliance:
Data Protection Strategies for Network Appliance Filers.
www.netapp.com/tech_library/3066.print

Ein gutes White-Paper zu Backup-Verfahren, hier zwar ausgerichtet auf File-Server der Firma Network Appliance, jedoch ausreichend allgemeingültig, dass sich das Lesen lohnt.

[[CW-1]] ComputerWorld White Paper (Januar 2001):
Storage Resource Management. Developing a Road Map to Link Global Businesses and their Partners.
www.computerworld.com/computerworld/÷
records/whitepapers/storagewpjan29.pdf

[[DAFS-I]] www.dafscollaborative.org: *An Introduction to the Direct Access File System (DAFS) Protocol.*
www.dafscollaborative.org/press/dafs_whitepaper.shtml

[Erkens] R. Erkens: *Backup-Esperanto. Network Data Management Protocol.* In: iX, 4/2002, S. 122 ff.

[[FERRA]] E. M. Ferrarini: *Storage Resource Management.* Artikel vom Oktober 2000, im Online-Teil der Zeitschrift *Computerworld*
www.computerworld.com/cwi/story/÷
0,1199,NAV47_STO53021,00.html

[[Hart]] L. Hart, M. Peterson: *Storage Resource Management.* White-Paper vom Januar 2001, im Online-Teil der Zeitschrift *Computerworld*
www.computerworld/computerworld/records/÷
whitepapers/storagewpjan29.pdf

[IDG-1] *Storage Strategien.* Verlagsbeilage der Computer-Woche Verlag GmbH vom Januar 2002

[Köhler] P. Köhler: *Daten mit Sicherung. Speichersubsysteme, RAID und EDAP.* In: iX, 4/2002.

[[McDATA]] Verschiedene White-Papers zum Thema *Fibre Channel* und *SAN* bietet die Firma McDATA auf ihrer Home-Page:
www.mcdata.com/knowcenter/white/

[[NDMP-1]] *Network Data Management Protocol (NDMP) – White Paper.*
www.ndmp.org/wp/wp.shtml

[[NDMP-O]] NDMP.org: *The NDMP Initiative – Overview.*
www.ndmp.org/info/overview.shtml

[[NDMP-Q]] NDMP.org: *NDMP – Frequently Asked Questions.*
www.ndmp.org/info/faq.shtml

[[NTP-1]] NTP Software White Paper: (September 2001) *Key Issues in Storage Resource Management. How to get the best results from your network storage investment.*
www.ntpsoftware.com/WhitePapers/docs/KeyIssuesinSRM.pdf

[[NTP-2]] NTP Software White Paper (August 2001): *Do You Need A Storage Management Policy?*
www.ntpsoftware.com/WhitePapers/docs/÷
DoYouNeedAStoragePolicy.pdf

[[SNIA-M]] Storage Network Industry Association: *SNIA Shared Storage Model.*
www.snia.org/English/Collaterals/Whitepapers/÷
Shared_Storage_Model.pdf

[[SNWO]] Storage Networking World Online Magazin
Die englischsprachige Online-Seite des Magazin bieten zahlreiche White-Papers zu den Themen:
SAN, Storage Networks, Storage-Resource-Management sowie Produktevaluationen unter:
www.snwonline.com

[Troppens] U. Troppens: *Datensicherung. Alles im Kasten. Netzwerk-Backup-Strategien im Vergleich.*
In: iX, 2/2002, S. 85 ff.

[[VI-I]] Berkeley VIA Project: *VIA: The Virtual Interface Architecture.*
www.cs.berkeley.edu/~philipb/via/cs252/index.html

Literatur zu Datenformaten

[Baran] Nick Baran: *Bilderpresse.*
In der Zeitschrift: c't, Heft 2 (1992), S. 44 ff.

[[**BCode1**]] BarCode 1 – 2-Dimensional Bar Code Page
Informationsseite der Firma Adams Communications
www.adams1.com/pub/russadam/stack.html

[Behme] H. Behme, St. Minert: *XML in der Praxis. Professionelles Web-Publishing in der Extensible Markup Language.*
Addison Wesley, Longman, Bonn, 1998.

[Behr] B. Behr: *Welt der Zeichen.*
In der Zeitschrift c't, Heft 9/1992.

[Bradford] R. Bradford, L. Dickey:
Full-Text Database in Document Imaging Systems: How to Build Them
Im Tagungsband der IMC 1992.

[[CALS]] *CALS – Continuous Acquisition and Lifecycle Support. CALS Home-Page*
cals.debbs.ndhq.dnd.ca/cals/english

[DATAL] *Strichcode-Fibel.*
Ein von der Firma DATALOGIC kostenlos herausgegebenes Heftchen.

[DCP-**Blue**] Blue Spike: *Innovations in Digital Copyright Protection.*
www.bluespike.com

[[**Digimarc**]] Digimarc Corporation MarcCentre:
Informationen zum Digimarc System für digitale Wasserzeichen.
www.digimarc.com/about/whitepapers01.htm

[[DICE]] The DICE Company:
Informationen zum Argent-Digitale Watermark-System der Firma DICE. (englisch)
www.digital-watermark.com

[[DOI-1]] doi: *Das System des digitalen Objekt-Identifikators (DOI)*
www.doi.org/overview/Ueberblick_DOI_System.html

[Fisher/1] Y. Fischer: *Fractal Image Compression.*
SIGGRAPH 1992, Course Notes

[Lobin] H. Lobin: *Informationsmodellierung in XML und SGML.*
Springer-Verlag, Berlin, Heidelberg, 2001.

[Merz] Th. Merz: *Die PostScript- & Acrobat-Bibel.*
Thomas Merz Verlag, München, 1996.

[[MoReq]] *Model requirements for the management of electronic records.*
European Communities, 2002.
www.cornwell.co.uk/moreq.html

[Möhr] W, Möhr, I. Schmidt:
SGML und XML. Anwendungen und Perspektiven.
Springer-Verlag, Berlin, Heidelberg, 1999.

[Murray] J. D. Marray, W. Van Ryper:
Encyclopedia of Graphics File Formats.
O'Reilly, New York, 1996.

[[Petter]] *Steve Perre: The TOA of Topic Maps.*
European Communities, 2002.
www.gca.org/papers/xmleurope2000/pdf/s11-01.pdf

[Pötter] M. Pötter, R. Jesse:
Barcode – Einführung und Anwendungen.
Heise-Verlag, Hannover, 1993.

[Seiter] Ch. Seiter: *Image Compression Matures.*
Zeitschrift MacWorld, Heft 3 (1992), S. 146 ff.

[Steinmetz] Dr. R. Steinmetz:
Multimedia-Technologie.
Grundlagen, Komponenten und Systeme.
Springer-Verlag, Heidelberg, 2000.

[Travis] B. E. Travis: *The SGML Implementation Guide.*
Springer, New York, 1995.

[Unicode-3] Unicode Consortium: *The Unicode Standard Version 3.0.*
Addison Wesley, Longman, 2000.

[[Unicode-1]] *What is Unicode?*
und zahlreiche weitere Papiere zum Thema *Unicode.*
www.unicode.org/unicode/standard/WhatIsUnicode.html

[[XML-1]] XML Industry Portal und XML-Coverpages:
Verschiedene Papiere und Informationen zum Thema XML.
http://XML.coverpages.org und http://www.xml.org

Literatur zu Verschlüsselung, Signaturen, Sicherheit

[[C-Gram]] *CRYPTOGRAM Newsletter*
http://www.counterpane.com/crypto-gram.html

[[Cert-DFN]] *BUGTRAQ Security-Newsletter*
Ein sehr aktueller und informativer Info-Dienst zu Sicherheitslöchern in der IT und in Internet-Komponenten.
http://www.cert.dfn.de/

[[BUGTRAG]] *BUGTRAQ Security-Newsletter*
Ein sehr aktueller und informativer Info-Dienst zu Sicherheitslöchern in der IT und in Internet-Komponenten.
http://www.securityfocus.com/popups/forums/bugtraq/÷
intro.shtml

[Feghli] J. Feghli, J. Feghli, P. Williams:
Digital Certificates – Applied Internet Security.
Addison Wesley, Longman, Bonn, 1999.

[Fumy] W. Fumy, H. P. Rieß: *Kryptographie.*
Oldenbourg-Verlag, München, 1994.

[Glade] A. Glade, H. Reimer, B. Struif (Hrsg.):
Digitale Signatur & Sicherheitssensitive Anwendungen.
Vieweg Verlag, Wiesbaden, 1995.

[[Gshb]] BSI: *IT-Grundschutzhandbuch 2001*
Maßnahmenempfehlung für den mittleren Schutzbedarf.
Bundesamt für Sicherheit in der
Informationstechnik, Bonn, 2001.
http://www.dud.de/dud/grundschutz/gshb-2001.pdf

Das BSI gibt das Grundschutzhandbuch jährlich überarbeitet heraus – gedruckt, auf CD und in Teilen Online.

[Hochmann] St. Hochmann: *Elektronische Signatur.*
BoD, Norderstedt, 2001.

[[Hof_1]] Simon van der Hof: *Digital Signature Law Survey.*
http://rechten.kub.nl/simone/ds-lawsu.htm

[Horst_1] P. Horster: *Trust Center.*
DuD Fachbeiträge, Vieweg Verlag, Wiesbaden, 1995.

[Horst_2] P. Horster (Hrsg.): *Digitale Signaturen*
Tagungsband der Arbeitstagung *Digitale Signaturen* 1996 in Darmstadt, DuD Fachbeiträge,
Vieweg Verlag, Wiesbaden, 1996.

[[**ISIS-MTT**]] ISIS-MTT 1.01:
Notes on Version 1.01 of the Standardized ISIS MTT Specifications for Interoperability and Test Systems.
http://www.t7-isis.de/ISIS-MTT/isis-mtt.html

[[**Koops**]] Bert-Jaap Koops: *Crypto Law Survey.*
http: //rechten.kub.nl/koops/cryptolaw/

[Mertens] A. Mertens: *Wahl der Qual.*
Passwörter im Unternehmenseinsatz.
iX, Heft 4, 2002.

[[**MSBSA**]] *Microsoft Baseleine Security Analyzer.*
Ein Werkzeug, welches Microsoft-Systeme in einem Netz auf aktuelle Sicherheits-Patches untersucht.
http://www.microsoft.com/technet/security/tools/Tools/÷
mbsahome.asp

[Schneier] B. Schneier: *Angewandt Kryptographie.*
Addison Wesley, Longman, Bonn, 1996.

[[**SecPolicy**]] BSI: *IT Security Policy.*
Ein einfaches Beispiel für eine *Security-Policy:*
http://www.bsi.de/gshb/deutsch/aktuell/policy.pdf

[Stallings] W. Stallings: *Sicherheit im Internet.*
Anwendungen und Standards.
Addison Wesley, Longman, Bonn, 2000.

Standards und Organisationen

[[AIIM]] *Association for Information and Image Management*,
eine internationale Vereinigung von Herstellern und Anwendern von Informations- und DM-Systemen. Die AIIM arbeitet an verschiedenen Standards im DMS-Umfeld führend mit (z. B. DMA, ODMA, WfMC-Referenzmodell).
Die AIIM gibt daneben die Zeitschrift e-doc heraus.
http: //www.aiim.org

[[AWV]] *Arbeitsgemeinschaft für wirtschaftliche Verwaltung e. V. (AWV)*
http: //www.awv-net.de

[[BPMI]] *Business-Process-Management-Initiative*
Eine Vereinigung von Firmen, mit dem Ziel, Standardisierungen bei der Gestaltung und Beschreibung von Geschäftsprozessen zu erarbeiten.
http://www.bpmi.org

[[BSI]] ***Bundesamt für Sicherheit in der Informationstechnik***
Hier sind neben dem Grundschutzhandbuch zahlreiche Papiere zum Thema *Sicherheit* zu finden.
http://www.bsi.de

[[DAFS]] *Direct Access File System*
Eine Arbeitsgruppe der SNIA zum Thema *DAFS*. Hier sind mehrere White-Papers zu DAFS zu finden.
http://www.dafscollaborative.org

[[DMA-1]] *DMA – The Document Management Alliance*
http://www.infonuovo.com/dma/

[[DMTF]] *DMTF – **Distributed Management Task Force.***
Hier sind eine Reihe neuer Standard zur Verwaltung verteilter Systeme zu finden. Hierzu gehören z.B. ASF *(Alert Standard Format)*, CMI *(Common Information Model)*, DMI *(DesktopManagement Interface)*, DEN *(Directory Enabled Network)* und WBEM *(Web Based Enterprise Management)*.
http://www.dmtf.org/standards/

[[DOI]] *DOI – Digital Object Identifier System*
http://www.doi.org/

[[eBook]] *OpenEBook Forum*
Eine Vereinigung von Hard- und Softwarefirmen, Verlagen und Autoren mit dem Fokus auf elektronischen Büchern und dem damit verbundenen Management von Rechten und Abrechnungsverfahren.
http://www.openebook.org/

[[ebXML]] *Electronic Business using XML – ebXML-Home-Page*
http://www.ebxml.org/

[[IDRM]] *Internet Digital Rights Management (IDRM)*
http://www.idrm.org/

[[IEEE]] *Institute of Electronical and Electronics Engineering*,
ein ursprünglich amerikanisches, nun internationales Standardisierungsgremium im Bereich Elektrotechnik und Netze. Hier sind zahlreiche verabschiedete und noch in Bearbeitung befindliche Standards aus dem genanten Segment zu finden (z.B. IEEE 802.11 für Funk-LANs)
http://www.ieee.org

[[IETF]] *Internet Engineering Task Force,*
eine Standardisierungsorganisation für Internet-orientierte Themen. Hier sind für die Internet-Standards sowie die vorgeschalteten Entwürfe (Drafts) die Dokumentation zu finden – lobenswerter Weise kostenlos.
http://www.ietf.org

[[ISO]] *International Organization for Standardization,*
das internationale Pendant des deutschen DIN. Auf deren Web-Seite kann man die Spezifikationen der ISO-Standards elektronisch einkaufen.
http://www.iso.org

[[MoReq]] *Model Requirements for the Management of Electronic records.*
European Communities, 2002.
www.cornwell.co.uk/moreq.html

[[NDMP]] *Network Data Management Protocol*
Dies ist die Home-Page des Industrie-Konsortiums zur Interoperabilität von Backup-Systemen und -Komponenten. Hier sind eine Reiher guter White-Papiere zu diesem Thema zu finden.
http://www.ndmp.org

[[OASIS]] OASIS: *Organization for the Advancement of Structured Information Standards*
http://www.oasis-open.org

[[ODMA]] *AIIM DMware ODMA Support Page*
http://www.infonuovo.com/odma/

[[OPIMA]] *OPIMA – The Open Platform Initiative for Multimedia Access*
http://www.iec.ch/opima/

[[PRO]] *PRO: Public Record Office Records Management.*
Empfehlungen und Anforderung für Records-Management-Systeme in englischen Behörden.
www.pro.gov.uk/Recordsmanagement/eros/

[[RAB]] *RAID Advisory Board* (Home-Page)
http://www.raid-advisory.com/

[[RegTP]] *Regulierungsbehörde für Telekommunikation und Post*
http://www.regtp.de
Sie registriert und zertifiziert Zertifizierungsdiensteanbieter. Informationen zu registrierten und zertifizierten CAs und zertifizierten Produkten nach SigG sind zu finden unter:
http://www.regtp.de/gesetze/start/fs_04.html

[[SNIA]] *Storage Network Industry Association*, eine Vereinigung von Anbietern von Netz- und Speicherkomponenten. Auf der Home-Page sind eine Reihe guter White-Papers zu den verschiedenen SRM-Themen zu finden.
http://www.snia.org

[[**Unicode**]] *Unicode*-Consortium
http://www.unicode.org

[[VIARCH]] *VI Architecture*
Eine Konsortium von Unternehmen zur Standardisierung der *Virtual Interface Architecture* (VI)
http://www.viarch.org

[[VOI]] *Verband Organisations- und Informationssysteme* e. V.
Eine deutsche Vereinigung von Anbietern und großen Anwendern in den Bereichen DMS, Archivierung und Workflow. Der VOI veranstaltet jährlich die deutsche DMS-Messe und hat eine Reihe von Papieren zum Thema *Dokumentenarchivierung* herausgebracht.
http://www.voi.de

[[W3C]] *World Wide Web Coordination Consortium.*
Hier entstehen zusammen mit der IETF die Spezifikationen für Web-Standards. Sie ist fast vollständig hier abrufbar und man kann den Status des jeweiligen Standards ermitteln.
http://www.w3c.org

[[WebDAV]] Arbeitsgruppe (*Working Group*) um das Thema *WebDAV.* Hier sind auch Open-Source Implementierungen zu Clients und anderen Komponenten zu finden:
http://www.webdav.org

[[WfMC]] Workflow-Management Coalition
Ein internationales Gremium aus mehreren Workflow-Anbietern und großen Anwendern. Die WfMC versucht, ein allgemeines Workflow-Modell zu schaffen und Schnittstellen zwischen den Modulen eines WF-Systems zu definieren.
http://www.wfmc.org
Eine Reihe der Standardisierungspapiere liegen unter:
http://www.wfmc.org/standards/docs.htm
Eine Übersicht zu den Papieren zu Standard liegt unter:
http://www.wfmc.org/standards/docs/Stds_diagram.pdf

[[WIPO]] *The World Intellectual Property Organization* (WIPO)
http://www.wipo.org/
Hier ist auch eine Sammlung von nationalen und internationalen Gesetzen zum Thema Urheberrecht *(Intellectual Property)* zu finden unter:
http://clea.wipo.int/flash/cleaops.html

Glossar

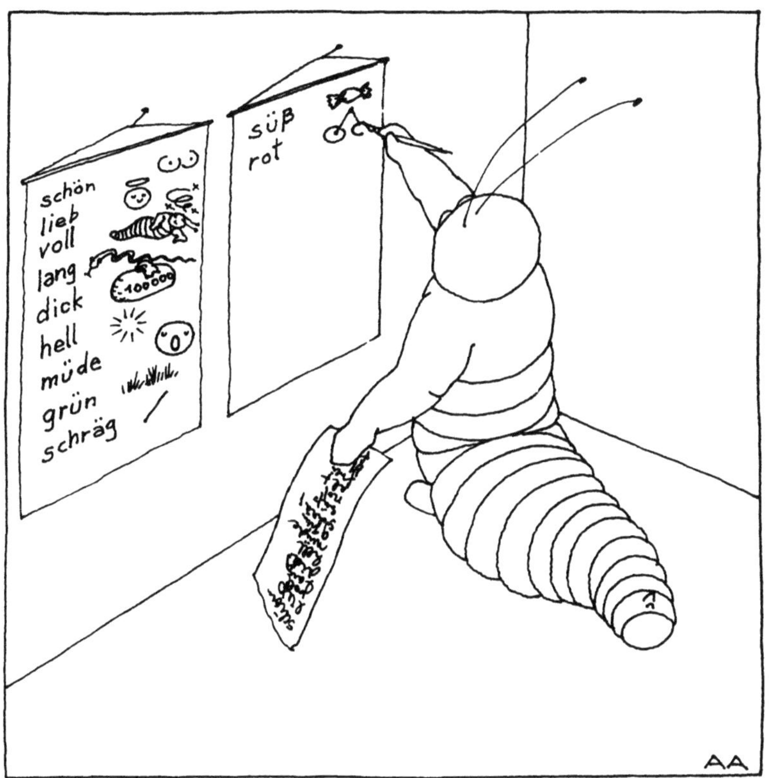

Die technische Terminologie umfasst eine Menge unterschiedlich interpretierter Fachbegriffe, die nicht unbedingt allen Lesern geläufig sind. Das Glossar definiert diese Begriffe und ihre spezielle Bedeutung im Text dieses Buchs.

In technischen Bereichen werden darüber hinaus Bezeichnungen verwendet, die sowohl in der Fachsprache als auch in der Dokumentation häufig abgekürzt erscheinen. Da eine ganze Reihe von Abkürzungen unterschiedliche Bedeutungen haben, enthält das Glossar die wesentlichen Abkürzungen des Themenbereichs DM-Systeme.

Mit einem Pfeil markierte Begriffe in der Art ›↑*dpi*‹ sind als weitere Stichworte zu verstehen und im Glossar nochmals erläutert.

5015.2 STD — Ein vom ↑*DoD* initiierter und seit 1997 verabschiedeter Standard für das Verfahren ↑*ERMS* (*Electronic Records Management*). Die vollständige Bezeichnung lautet: *Design Criteria Standard for Electronic Records Management Software Applications*). Die Einhaltung ist für amerikanische Behörden obligatorisch.

AAF — *Advanced Authoring Format*, ein von Microsoft konzipiertes Multimedia-Format, welches, unter Verwendung von ↑*ASF* Windows AVI ablösen soll.

ACL — *Access Control List*, eine Liste von Benutzern (oder Gruppen), die auf das Objekt zugreifen dürfen. Hier können auch komplexere Zugriffsbedingungen festgelegt sein.

ADF — *Automatic Document Feeder*, ein automatischer Dokumenteneinzug bei Scannern und Kopierern.

AES — *Advanced Encryption Standard*, ein im Jahr 2000 verabschiedeter Standard (in Ablösung von ↑*DES*) zur Chiffrierung (symmetrisches Verfahren). Er erlaubt unterschiedliche Schlüssellängen und benutzt den Rijndael-Algorithmus.

AFP — *Advanced Function Presentation*, ein universelles Druckformat im IBM-Umfeld, welches auf unterschiedlichen AFP-fähigen Druckern ausgegeben werden kann. Ein Dokument in diesem Format lässt sich mit einem *AFP*-Viewer auch auf dem Bildschirm anzeigen.

www.aiim.org

AIIM — *Association for Information and Image Management*, eine international agierende Vereinigung von Herstellern und Anwendern von Informations- und Dokumenten-Management-Systemen. Die Gruppe initiiert Standards und arbeitet bei deren Definition für den Bereich der Image-Verarbeitung mit.

www.ansi.org

ANSI — *American National Standards Institute*, das amerikanische Pendant des deutschen DIN. In der IT-Welt gibt es zahlreiche ANSI-Standards, die auch im europäischen IT-Bereich eine wichtige Rolle spielen.

AO —
1. *Aufbauorganisation*
2. *Abgabenordnung*

API — *Application Programming Interface*, eine Programmierschnittstelle, die zur Erstellung von Anwendungsprogrammen einen Satz von Funktionen zur Verfügung stellt, der die Anwendungsprogrammierung vereinfachen und vereinheitlichen soll.

APPN — *Advanced Peer-to-Peer-Networking*

ASCII — *American Standard Code for Information Interchange*. Weit verbreitetes Kodierungsverfahren für Texte mit Buchstaben, Ziffern, Sonder- und Steuerzeichen. Der Buchstabe A wird darin z. B. als die Bitfolge 0010 0001 abgelegt. Dieser Code dient in der Rechnerwelt, insbesondere unter UNIX, der Abspeicherung von Standardtexten. Der ASCII-Code enthält die europäischen Sonderzeichen nicht. Obwohl der ASCII-Code nur 7 Bit für jedes Zeichen benutzt, werden ASCII-kodierte Zeichen in der Regel in einem Byte (8 Bit) abgelegt, wobei das achte Bit den Wert 0 erhält. Der in der UNIX-Welt am weitesten verbreitete ASCII-Code ist der USA-ASCII-Code.

ASF — *Advanced Streaming Format*, ein von Microsoft konzipiertes Multimedia-Format, welches AVI ablösen soll und *Streaming-Daten* wie etwa Audio- und Videosequenzen sowie weitere Gestaltungs- und Synchronisationselemente enthalten kann.

ASP — *Application Service Provider/Providing*, ein Konzept, bei dem die Anwendung nicht selbst, sondern von einem Diensteanbieter betrieben wird. Der Zugriff erfolgt hier oft über Internet in einem Web-Browser.

ASW — Anwendungssoftware

ATL — *Automatic Tape Library*, eine zur Jukebox analoge Einheit, bei der Bänder (*tapes*) robotergesteuert aus Ablagefächern in das Bandlaufwerk eingelegt und aus dem Bandlaufwerk entnommen und abgelegt werden können. Solche ATL-Einheiten haben bisher fast ausschließlich eine (beschränkte) Verbreitung in der IBM-Großrechnerwelt gefunden.

ATM — *Asynchronous Transfer Mode,* ein schnelles (typischerweise 34 MBit/s oder 1 MBit/s), synchrones Netz-Protokoll.

BDSG — *Bundesdatenschutzgesetz*

Betr. VG — *Betriebsverfassungsgesetz*

BGB — *Bürgerliches Gesetzbuch*

BGBl — *Bundesgesetzblatt*

Bildpunkt — Einzelner Punkt bzw. einzelne Informationseinheit eines Rasterbilds. Die Tiefe des Bildpunktes (auch ↑*Pixel* genannt) kann von 1 Bit (bei Schwarzweiß-Strichzeichnungen) bis zu 24 Bit (3 Grundfarben zu je 8 Bit) reichen. Hochwertige Scanner können bis zu 12 Bit pro Bildpunkt (je Grundfarbe) erfassen.

B-ISDN — *Breitband ISDN*

Bitmap Feld von Pixelwerten bzw. ein in der Regel rechteckiges Rasterbild.

BizTalk *BizTalk* ist eine (Internet-basiertes) Protokoll zum Austausch von (Business-) Informationen (diese sind XML-strukturiert) zwischen zwei Unternehmen (B2B). Zur einfachen Nutzung des Protokolls steht ein offenes BizTalk-Framework auf zahlreichen Plattformen zur Verfügung, welches die Nutzung für den Programmierer vereinfacht.

BK *Bürokommunikation*, d.h. Systeme für die typischen Büroarbeiten wie Textverarbeitung, eMail und Rechenblätter. Moderne BK-Systeme enthalten eine integrierte Ablage und Module für die *Vorgangsverarbeitung* bzw. ein ↑*Workflow-Management.*

Blindfarbe Hierunter versteht man bestimmte Farben, welche der Scanner nicht *sieht* bzw. aufnimmt. Typisch sind dies gewisse Blau-, Rot- oder Grüntöne, die am Scanner mittels Filter oder spezieller Lampen eingerichtet werden können.

BLOB *Binary Large Objects*, d.h. große binäre und damit für die Datenbank nicht weiter strukturierte Objekte bzw. Felddaten. Einige Datenbanken gestatten diesen Feldtyp, um darin große Datenmengen (z.B. Rasterbilder) als Feldinhalt abzuspeichern. Die alternative Methode zur Speicherung von großen Objekten wird als ›*Objekt Pointer Interface*‹ oder kurz ↑*OPI* bezeichnet.

BO *Betriebsorganisation*

BP *Business Process*

BPE *Business Process Engineering*

bpi *Bit per Inch* gibt für Speichermedien (hauptsächlich Bänder) die Speicherdichte an. Bei Magnetbändern sind 800 bpi (veraltet), 1 600 bpi und 6 250 bpi üblich.

BPM *Business Process Management*

BPML *Business Process Modelling Language*, eine High-Level-Sprache zur Definition von Geschäftsprozessen. Sie soll (auch) die Abstimmung von Geschäftsprozessen zwischen unterschiedlichen Unternehmen erleichtern.

BPMS *Business Process Management System*

BPO
1. *Business Process Optimization*
2. *Business Process Outsourcing*

BPR *Business Process Re-Engineering*

BSI *Bundesamt für Sicherheit in der Informationstechnik*

Byte Folge von acht zusammengehörigen Bits. Ein Byte nimmt in vielen IT-Systemen die Information eines Zeichens (Buchstaben, Ziffer oder Sonderzeichen) auf. Die Größe eines Haupt- oder Plattenspeichers wird zumeist in einem Vielfachen von Bytes angegeben. Dabei sind folgende Einheiten üblich:

Kilobyte	1 KB	= 1024 Bytes	= 2^{10} Bytes
Megabyte	1 MB	= 1024 KB	= 2^{20} Bytes
Gigabyte	1 GB	= 1024 MB	= 2^{30} Bytes
Terabyte	1 TB	= 1024 GB	= 2^{40} Bytes
Petabyte	1 PB	= 1024 TB	= 2^{50} Bytes

CA ↑*Certification Authority*

Cache Schneller Pufferspeicher. Dort werden die Informationen gehalten, die zuletzt erzeugt oder geändert oder auf die zuletzt zugegriffen wurde. Dies erhöht den Durchsatz.

CALS *Computer Aided Acquisition and Logistic System.* Die neuere Bezeichnung lautet *Continuous Acquisition and Life-Cycle Support.* Es handelt sich dabei um eine vom amerikanischen Verteidigungsministerium (DoD = *Department of Defense*) erarbeitete Definition für Datenformate zum Austausch von Informationen (Daten) auf elektronischem Weg (Datenträger oder DFÜ). Der entsprechende MIL-Standard lautet MIL-STD-1840.

Siehe Kapitel 7.5.9.

CAP *Computer Aided Publishing*, rechnergestütztes Publizieren.

CAR *Computer Assisted Retrieval*, eine rechnergestützte Informationssuche. Dieser Begriff wird vielfach für Mikrofilmarchive verwendet, bei denen eine Attributierung der Abbildungen auf den Mikrofilmen im Rechner vorliegt. Die Suche liefert als Ergebnis dann die Film- oder Kartennummer. Hier sind auch automatische Mikrofilmgeräte möglich, welche die entsprechende Filmposition anfahren und das Image scannen und zum Arbeitsplatz übertragen können.

CAV *Constant Angular Velocity*: Diese Technik wird beispielsweise bei Magnetplatten benutzt. Hierbei ist unter dem gleichen Drehwinkel jeweils die gleiche Informationsmenge vorhanden. Die zur CAV alternative Methode ist die ↑*CLV*-Technik.

CCD *Charge Coupled Devices*. Dabei handelt es sich um Halbleiterteile, die fotosensitiv sind und zugleich Information speichern können. Einheiten aus solchen Elementen (entweder Zeilen oder Flächen von CCD-Einheiten) werden in Videokameras und Flachbettscannern zur Erfassung von Bildern benutzt. Sie wandeln Licht in elektrische Spannung um.

www.ccitt.org

CCITT — *Consultative Committee for International Telegraphy and Telephony*, eine internationale Vereinigung zur Definition von Standards im Post- und Fernmeldewesen. Unter anderem stammt die Definition der Fax-Gruppe-3- und Gruppe-4-Formate vom CCITT.

CD — *Compact Disc*, eine ursprünglich von Philips und Sony entwickelte 12 cm große optische Platte zur Aufzeichnung von Musik. Als ↑*CD-WORM* ist dieses Medium heute auch als Datenträger verbreitet.

CD-A — *Compact Disc Audio,* eine ↑*CD* für Audio-Aufzeichnungen. Dies ist die übliche Musik-CD.

CD-CVD — ↑*CD-DVD*

CD-DVD — *Digital Versatile Disc, früher auch als Digital Video Disc* interpretiert, in der nicht nur Video-Daten, sondern auch beliebige andere Daten gespeichert werden können; eine alternative Bezeichnung ist ***CVD*** (*Compact Video Disc*).

Es sind bisher folgende DVD-Varianten konzipiert:

DVD-ROM	als gepresste CD
DVD-R	DVD-*Recordable* (↑*WORM*-Technik)
DVD-RW	DVD-*Read-Write,* wiederbeschreibbare Version der DVD
DVD+R	DVD-*Recordable* (↑*WORM*-Technik) mit von DVD-R abweichender Technik
DVD+RW	DVD-Read-Write, wiederbeschreibbare Version der DVD mit einer von DVD-RW abweichenden Technik
DVD-RAM	wie DVD-RW wiederbeschreibbar, jedoch andere Technik. Wird vielfach in geschlossenen Kassetten eingesetzt.

CD-I — *Compact Disc Interactive*, eine von den Firmen Philips und Sony betriebene Weiterentwicklung des CD-Formats. Die Erweiterungen erlauben die Speicherung und interaktive Nutzung von Informationen wie Ton, Texte, Graphiken und Computeranimation (Videoclips) auf einer ↑*CD.*

CD-PROM — *Compact Disc Programmable Read Only Memory*, ↑*CD-WORM*

CD-ROM — *Compact Disc Read Only Memory*. Der Datenträger ist dabei eine 12 cm große Scheibe in einer speziellen Schutzhülle. Man unterscheidet Audio-CDs, wie sie aus dem Musikbereich her bekannt sind, und Daten-CDs, wie sie im IT-Bereich eingesetzt werden. Daten-CDs können bis zu 650 MB an Daten (Text, Bilder, Audio-Signale) aufnehmen. Die frühere ↑*High-Sierra-Format* und das sie ablösende Format ISO-9660 beschreiben den Aufbau des Dateisystems für solche Daten-CDs.

CD-WORM *Compact Disc Write Once Read Many Times*, eine Daten-CD, die einmal beschreibbar ist.

Certification Authority Eine Instanz, welche das Zertifikat für eine digitale ID ausstellt. Sie wird auch als *Trust-Center* oder *Trusted Third Party* (TTP) bezeichnet.

Certificate List Ein Verzeichnis mit digitalen Zertifikaten.

Certificate Revocation List kurz CRL – ein Verzeichnis mit inzwischen ungültigen digitalen Zertifikaten.

CGM *Common Graphic Metafile*, ein Standard für Raster- und Liniengraphiken, der in der MS-Windows-Welt als Metafile-Format verbreitet ist.

CI 1. ›*Coded Information*‹, kodierte und damit in der Regel maschinell einfach weiterzuverarbeitende Information. Die Art der Kodierung ist damit noch nicht festgelegt. Eine der am weitesten verbreiteten Kodierungen für Text ist in der UNIX-Welt das USA-ASCII-Format. Der Begriff *CI* wird in der Regel zur Unterscheidung von ↑*NCI*, d.h. nicht kodierter Information verwendet (z.B. Rasterbilder).
2. ›*Corporate Identity*‹, das Erscheinungsbild und Selbstverständnis eines Unternehmens.

CL ↑*Certificate List.*

CLV *Constant Linear Velocity*. Dieses Verfahren ermöglicht eine konstante Bit-Dichte der Blöcke auf der gesamten Platte. Dies erlaubt, eine höhere Informationsmenge unterzubringen. Die Rotationsgeschwindigkeit einer solchen Platte muss dabei an die Position des Lese-/Schreibkopfes angepasst werden. Je weiter der Kopf sich dem Zentrum der Platte nähert, um so schneller muss sich die Platte drehen. Bei optischen Platten nach der CLV-Technik sind die Informationsblöcke auf einer spiralförmigen Spur angeordnet. Die zur CLV alternative Methode ist die ↑*CAV*-Technik.

CM *Content-Management*

CMS *Content-Management-System*, ein System zur Handhabung von *Inhalten* (Dokumenten, Listen, Datenbanken) – zumeist bezogen auf Intranet- oder Internet-Inhalte.

Siehe Kapitel 4.1.

CMYK *Cyan, Magenta, Yellow, Key* (*Black*). Die vier Farben Cyan, Magenta, Gelb und Schwarz, die beim Vierfarbendruck benutzt werden, um aus diesen Komponenten die Farben eines Farbbildes (oder einer Farbfläche) aufzubauen. Eine alternative Methode für die Farbzusammensetzung ist das bei Sichtgeräten und Scannern eingesetzte ↑*RGB*-Verfahren.

CN — *Corporate Network*

COLD — *Computer Output to Laser Disc*, die Ausgabe von Rechnerdaten auf eine optische Platte, überwiegend als Ersatz für ↑*COM*. In den meisten Fällen handelt es sich dabei um Informationen, die ausgedruckt und zusätzlich archiviert werden sollen, z. B. um den gesetzlichen Aufbewahrungsfristen zu genügen.

COM — *Computer Output on Microfilm*, die Ausgabe von Rechnerdaten auf Mikrofilm.

CRC — *Cyclic Redundancy Check*, eine nach einem einfach zu berechnenden Verfahren bestimmte Prüfsumme bei der Übertragung von Datenblöcken.

CRM — *Customer Relationship Management*

CRMS — *Customer-Relationship-Management System*, die Pflege der Kundenkontakte, weitgehend basiert auf den Informationen zu zurückliegenden Kontakten, Verträgen, Bestellungen u. ä. zu einem Kunden.

CRL — ↑*Certificate Revocation List.*

CS oder C/S — *Client-Server* (-Konzept)

CTP — *Computer To Plate*. Diese Systeme erlauben die Ausgabe direkt aus dem Rechner auf die Druckplatte im Drucksystem. Die Ausgabe erfolgt zumeist über PostScript. Es gibt solche Systeme für den Schwarzweiß- und den Vierfarbdruck. Sie erlauben im Druckprozess, den Zwischenschritt des Films und dessen Übertragung auf die Druckplatte zu eliminieren, und übertragen das Seitenbild sofort auf Druckplatten.

CVD — *Compact Video Disc*. Sie wird auch als ↑*DVD* bezeichnet.

DAFS — *Direct Access File System*, ein API und Protokoll zum (durch Umgehung einiger Betriebssystemen- und Netzschichten) effizienten *Shared-File-Access* für per SAN oder andere sehr schnelle Kopplungen angebunden (Magnetplatten-) Speicher (z. B. in einem Rechner-Cluster). DAFS setzt auf ↑*VI*-Technik auf.

DAS — *Direct Attached Storage*: Speicherperipherie (Platten, Bandlaufwerke- oder -roboter, Jukeboxen), welche direkt über einen schnellen Bus an den Server angeschlossen sind. Alternativ werden solche Speicher per ↑*SAN* oder ↑*NAS* angeschlossen.

DAT *Digital Audio Tape*. Im IT-Bereich wird eine mit anderem Bandmaterial als im Audiobereich bestückte Kassette verwendet. Die heute üblichen DAT-Laufwerke im IT-Bereich haben eine typische Umspulzeit von 20 Sekunden.

DB *Datenbank*

DCA *Document Content Architecture*, eine von der Firma IBM konzipierte Definition zum Speichern von Dokumenten für den Bürobereich. Diese Definition ist bei IBM Teil des SNA-Konzepts (*System Network Architecture*).

Siehe Kapitel 7.5.10.

Ein DCA-Dokument kann dabei in einer der beiden folgenden Formen abgelegt sein:

a) Revisable-Form-Text-DCA (RFT-DCA) oder
b) Final-Form-Text-DCA (FFT-DCA)

Bei RFT können noch Änderungen am Dokument vorgenommen werden. Das zweite Format sieht dies nicht mehr vor. Das DCA-Format hat sich, da es lange Zeit an entsprechenden herstellerneutralen Definitionen fehlte, in Teilbereichen als Quasi-Standard zum Austauschformat für solche Dokumente entwickelt.

Während das DCA das Format für Bürodokumente definiert, beschreibt ↑*DIA* (*Document Interchange Architecture*) Schnittstellen zum Austausch und zur Verwaltung der Dokumente im Netz.

DDE *Dynamic Data Exchange*, ein unter Windows verbreitetes Verfahren zum Austausch von Daten zwischen zwei Programmen, wobei in der Regel eines der Programme spezielle Schnittstellen dafür anbietet. DDE wird in den Microsoft-Betriebssystemen allmählich durch OLE-Automation abgelöst.

DES *Data Encryption Standard*, ein in den USA entwickeltes und standardisiertes symmetrisches Chiffrierungsverfahren.

DFR *Document Filing and Retrieval* (ISO 10166), eine Norm zur Definition selbstbeschreibender (*selbsttragender*) elektronischer Dokumente.

DIA *Document Interchange Architecture*, eine von IBM konzipierte Schnittstelle zur Verwaltung und zum Austausch von Dokumenten für den Bürobereich (↑*DCA*-Dokumente). Diese Schnittstelle ist Teil des SNA-Konzepts (*System Network Architecture*).

Siehe Kapitel 7.5.10.

Digitale Signatur Hierunter versteht man ein Anhängsel (in digitaler Form) an eine digitale Information, die den Absender bzw. Autor der Information identifiziert. Dieser Teil der Nachricht ist fälschungssicher in einem speziellen Format chiffriert abgelegt. Sie kann dann mit dem öffentlichen Schlüssel des Urhebers auf Korrektheit überprüft werden.

Digitale Unterschrift ↑*Digitale Signatur.*

DLL — *Dynamic Link Library*, eine Bibliothek, welche unter Windows 9x oder Windows NT zur Laufzeit zu einem Programm gebunden wird und dem Programm spezielle Funktionen oder Dienste zur Verfügung stellt. Das System kann dabei zur Ladezeit entscheiden, welche Bibliothek zu laden ist, was abhängig vom angesprochenen Gerät oder Dienst erfolgen kann.

DIN 4000 — DIN-Definition für eine Sachmerkmalsleiste für CAD-Konstruktionen.

DIP — *Document Image Processing*, ein Dokumentenverarbeitungssystem. Häufig werden damit Image-orientierte Archivsysteme bezeichnet.

Dithering — Verfahren zur Erfassung oder Ausgabe von Grauwerten. Der Grauwert ergibt sich dabei aus einer Ansammlung von schwarzen und weißen Punkten, die als eine Art Makropunkt betrachtet werden. Je mehr Punkte des Makropunkts schwarz sind, um so dunkler erscheint der Grauwert.

DLM — *Document Lifecyle Management*

DMA — ↑*Document Management Alliance*

DMS — *Document Management System*, ein System zur Handhabung und Verwaltung elektronisch gespeicherter Dokumente. Der Begriff wird oft für elektronische Archivsysteme benutzt, die ein integriertes ↑*Workflow-Management* besitzen.

DNS — *Domain Name Service.* Dieser setzt einen textuellen Rechnernamen in eine IP-Adresse um und umgekehrt.

Doc-ID — *Document Identification*, die (innerhalb eines Archivs) eindeutige Dokumentennummer. Mit ihr kann ein Dokument aus dem Archiv abgerufen werden.

Siehe Kapitel 2.13.4.

Document Management Alliance Eine offene Vereinigung von DMS-Anbietern, die sich um die Normierung wesentlicher Schnittstellen kümmert. Bei ihr entstand die ↑*ODMA*- und DMA-Definition.

DoD — *Department of Defense*, das amerikanische Verteidigungsministerium, welches in den USA zahlreiche Forschungs- und Entwicklungsaufträge vergibt (z. B. die Internet-Entwicklung) und einige wichtige Standards initiiert und etabliert hat (z. B. ↑*SGML* oder ↑*5015.2 STD* bzw. ↑*ERMS*).

DOD *Digital Optical Disc*, eine optische Platte als digitaler Datenspeicher.

DOR *Digital Optical Recording*, bezeichnet eine von der Firma Philips entwickelte 12-Zoll-WORM-Platte.

dpi, DPI *Dot per Inch*. Dies gibt die Anzahl von Bildpunkten pro Zoll (ca. 2,54 cm) eines Gerätes (z. B. Bildschirm, Drucker, Scanner) an. Je höher die Auflösung, um so besser ist in der Regel die Bildqualität. Die meisten preiswerteren Laserdrucker haben heute eine Auflösung von 600 oder 1200 dpi. Graphische Bildschirme haben typischerweise eine Auflösung von 72 bis 150 dpi und Fotosatzmaschinen 1200 bis 2400 dpi. 300 dpi entsprechen etwa 11,8 Bildpunkten pro cm. Das deutsche Maß ist *Punkte pro Zentimeter* (P/cm). 1 P/cm = 2,54 dpi.

DRM *Digital Rights Management*, d. h. Verfahren, mit denen Informationen so geschützt werden, dass sie erst nach der bezahlung genutzt werden können. Hier sind auch Verfahren dabei, welche gewährleisten sollen, dass eine Dokument nicht unerlaubt kopiert oder mehrfach genutzt werden kann und z. B. also *Pay-per-Use* realisieren.

DSA *Digital Signature Algorithm*; siehe *DSS*.

DSS *Digital Signature Standard*, ein von der US-Regierung definierter Standard für digitale Unterschriften bzw. Identifikationen. Die digitale Unterschrift wird chiffriert hinterlegt und kann mit dem öffentlichen Schlüssel des Absenders/Autors überprüft werden. Der hierfür verwendete Algorithmus wird als **DSA** (*Digital Signature Algorithm*) bezeichnet. **DSS** wurde bisher aus unterschiedlichen Gründen von der Industrie kaum angenommen.

DSSSL *Document Style Semantics and Specification Language*, ein ISO-Standard (ISO 10179), bzw. eine Sprache, welche es erlaubt, über darin geschriebenen Style Sheets die Formatierung von strukturierten Dokumenten (oft SGML-Dokumenten) zu beschreiben. DSSL besteht dabei aus zwei Komponenten:
a) der *Style Language* zur Beschreibung der Formatieranweisungen
b) der *Transformation Language*, welche es gestattet, die Umsetzung vom Quelldokument in ein Zieldokumentenformat (z. B. HTML oder PDF) zu beschreiben.

DTD *Document Type Definition* ist eine formale Beschreibung der erlaubten Syntax (des geforderten Aufbaus) eines Dokuments. Eine solche Beschreibung wird benutzt, wenn Dokumente einem vorgeschriebenen formalen Aufbau genügen müssen. Der Begriff wird überwiegend im Zusammenhang mit einer in ↑*SGML* beschriebenen vorgegeben Dokumentenstruktur benutzt.

DTS — *Digital Time Stamp Service* – ein Netzdienst, welcher einen digitalen Zeitstempel zurückliefert. Ein solcher wird zuweilen zur Beurkundung digitaler Dokumente benötigt.

DVD — *Digital Versatile Disc*, in der älteren Interpretation *Digital Video Disc*. Siehe hierzu *CD-DVD*.

DVI — 1. *Digital Video Interactive*, ein von GE/RCA entwickeltes Verfahren zur Speicherung von Video-Information (mit Ton) auf einer ↑*CD-Platte.*
2. *Digital Visual Interface*, eine Interface zum Anschuss von Monitoren (Bildschirmen).

EAI — *Enterprise Application Integration*, die Integration/Kopplung der wesentlichen unterschiedlichen separaten Applikationen im Unternehmen – neuerdings oft durch XML-basierten Datenaustausch bzw. -abgleich.

EBCDIC — *Extended Binary Coded Decimal Interchange Code* bezeichnet eine auf IBM- und Siemens-Mainframes übliche Kodierung von Buchstaben und Zeichen. Es handelt sich dabei um einen 8-Bit-Code, der 256 Zeichen erlaubt; jedoch sind nicht alle 256 Positionen belegt.

ECC — *Error Correction Code*, dabei werden einer Informationseinheit (Wort, Block) weitere Kontrollbits angefügt, die eine Prüfsumme darstellen und beim Auftreten eines Fehlers bis zu einer gewissen Bitzahl erlauben, den Fehler automatisch zu korrigieren.

ECM — *Enterprise Content Management*

http://www.ecma.de

ECMA — *European Computer Manufacture Association*, eine Vereinigung europäischer Rechnerhersteller. Die ECMA hat eine Reihe von Standarddefinitionen für den Datenaustausch zwischen Rechnern verschiedener Hersteller erarbeitet.

EDAC — *Error Detection and Correction*, eine Kodierung, die eine Fehlererkennung und automatische Fehlerkorrektur erlaubt.

EDI — *Electronic Data Interchange*, ein Rahmenkonzept für einen standardisierten Geschäftsdatenaustausch zwischen kommunizierenden Unternehmen (Bestellungen, Auftragsbestätigungen, Warenabrufe, Rechnungen).

EDIFACT — *Electronic Data Interchange For Administration, Commerce and Transport* (ISO 9735); siehe auch ↑*EDI.*

EDMS 1. *Electronic Document Management System*, eine rechnergestützte Verwaltung von Dokumenten. Dieser Begriff wird vielfach für die in diesem Buch behandelten DM-Systeme verwendet.
2. *Engineering Document Management System*, ein DMS zur Verwaltung von technischen Zeichnungen (CAD-Dokumenten) und anderen technischen Dokumenten wie etwa Stücklisten und Handbüchern. Wichtige Komponente ist hierbei eine Versions- und Statusverwaltung der Dokumente.
3. *Enterprise Document Management System*, ein unternehmensweites DM-System.

E-Form Elektronisches Formular

EIM *Electronic Image Management*, rechnergestützte Verwaltung von Rasterdaten.

EIS *Electronic Image System* bezeichnet die rechnergestützte Verarbeitung und Verwaltung von Image-Daten.

EMF *Electromagnetic Frequencies* ist die Abstrahlung niederfrequenter elektromagnetischer Wellen von Elektrogeräten wie z. B. Bildschirmmonitoren. Diese Abstrahlung steht im Verdacht, Gesundheitsschäden hervorzurufen (z. B. die Schwächung des Immunsystems). Es gilt deshalb, sie möglichst gering zu halten. Als akzeptabler Grenzwert gilt heute die schwedische MPR-II-Norm.

EOD *Erasable Optical Disc*, siehe *MO, MOD*.

EOS *Erasable Optical Storage*, eine Speicherung von Daten auf einem wiederbeschreibbaren optischen Speichermedium.

EPM *Enterprise Process Management*

EPSF *Encapsulated PostScript Format* ist eine PostScript-Datei, die gewissen Einschränkungen unterliegt. Sie enthält ein ↑*PostScript*-Programm, welches weitgehend selbstständig ist, d. h. nicht auf bestimmten Umgebungen aufbaut und seine Umgebung nicht verändert. In der Regel enthalten solche EPS-Dateien Graphiken, die in andere, z. B. mit Textverarbeitungssystemen erstellte PostScript-Dateien, eingefügt werden können, so dass bei der Ausgabe der neu entstandenen PostScript-Datei auf einem PostScript-Drucker oder einem entsprechenden Belichter sowohl der umgebende Text als auch die mittels EPS-Dateien eingefügten Graphiken erscheinen.

ERMS 1. *Electronic Records Management (System)*, ein elektroni-
ERMS sches Archiv – zumeist mit statischen Dokumenten (nicht

mehr geändert werden dürfen). In den USA ist hierzu seit Ende 1997 – ausgehend vom ↑*DoD* – der Standard US DoD 5015.2 STD verabschiedet (vollständig: *Design Criteria Standard for Electronic Records Management Software Applications*). Dieses wird dort zunehmend auch von Regierungsstellen eingesetzt. Im Auftrag der EU wurde dazu – abgestimmt auf die öffentliche Verwaltung – die ↑*MoReq*-Spezifikation erstellt.

2. *Enterprise Report Management*, ein System, um die häufig sehr umfangreichen aus einem Reportgenerator oder speziellen Druckausgabeströmen heraus erzeugten Reports zu handhaben. Das ERM sollte die Erstellung, die Formatierung, das Drucken, die Verteilung, die Bildschirmanzeige, das Speichern und das Suchen nach Reports unterstützen. Häufig ist zugleich ein *Formularmanagement* Teil der ERM-Lösung.

ERP
ERP
Enterprise Resource Planning System, ein System zur Verwaltung der wesentlichen Ressourcen (Verwaltung, Einkauf, Vertrieb, Finanzwesen, Personalwesen, Produktion u.a.) eines Unternehmens. Typische Systeme sind hier SAP R/3, Oracle oder PeopleSoft.

ESN *Enterprise Storage Network*, ein Begriff, der für eigenständige große Speichersysteme verwendet wird, die über ein Netz von mehreren Systemen angesprochen werden können.

Faksimile Hierunter versteht man im Image-Bereich Information (Text oder Graphik), die als Rasterinformation vorliegt.

Fax *Telefax* oder ↑*Faksimile*

Fax-Gruppe 3, -Gruppe 4 (Fax-Gruppe III, -Gruppe IV)
Dies ist ein Kodierungsverfahren, um Bilder in Form von Rasterpunkten zu komprimieren bzw. zu dekomprimieren. Dieses Kodierungs- bzw. Komprimierungsverfahren wird z. B. von den Telefaxgeräten benutzt. Die Komprimierung erlaubt in der Regel eine deutliche Reduktion der abzuspeichernden bzw. zu übertragenden Information. Das Verfahren ist auf Schwarzweiß-Information ausgelegt.

FC ↑*Fibre Channel.*

FDDI *Fiber Distributed Data Interface* beschreibt einen Standard für lokale Netze auf der Basis von Glasfasern mit einer Übertragungsrate von 100 MBit/s.

Fibre Channel (FC) Sehr schnelles glasfaserbasiertes Netz. Die im Jahre 1998 verfügbaren Komponenten erlauben z. B. Übertragungsraten bis zu 100 MB/s. Schnellere Varianten bis zu 400 MB/s sind zu erwarten. Durch den Einsatz der Glasfasertechnik sind Entfernung bis zu 10 km möglich. Durch eine Doppelauslegung erzielt man erhöhte Sicherheit. FC-Verbindungen werden sowohl für die schnelle Anbindung von Speichersystemen (Magnetplatten, Bänder, Jukeboxen) über größere Distanzen hinweg verwendet als auch zur Kopplung von Rechnersystemen. In einem solchen Netzsegment können bis zu 126 Geräte angeschlossen werden. Zunehmend findet der FC auch Einsatz in ↑*SANs*.

Firewire Eine schnelle serielle Schnittstelle nach dem IEEE-1394-Standard (bis 50 MByte/s, in der Version IEEE 1394b bis zu 800 MB/s) zum Anschluss von Videorecordern, Magnetplatten, Scannern (siehe auch Tabelle 5-8 auf Seite 213).

Font Bezeichnung für eine Schrift bzw. deren Beschreibung/Definition im Rechner. Zur Angabe eines Fonts gehören Schriftart, Schriftschnitt und unter Umständen auch die Schriftgröße, also z. B.: ›Times Roman, 12 Pt‹.

Gateway Modul (in der Regel eigener Rechner), der die Kommunikation zwischen zwei unterschiedlichen Rechnernetzen erlaubt, indem er eine Protokollumsetzung durchführt. Im übertragenen Sinn wird *Gateway* auch für andere Arten von Umsetzungen benutzt. So spricht man beispielsweise auch von Datenbank-Gateways. Diese setzen die Abfragesprache eines Systems auf die eines anderen Datenbanksystems um.

GB *Gigabyte* bzw. 1024 MB, d. h. 2^{30} Byte.

GDPdU *Grundsätze zum Datenzugriff und zur Prüfbarkeit digitaler Unterlagen* (vom 16.7.2001).

Siehe Kapitel 8.1.6.

GIF *Graphic Interchange Format*, ein von CompuServe entwickeltes Dateiformat zur Speicherung von Rasterbildern (Schwarzweiß oder Farbe). Das Rasterbild wird darin komprimiert gespeichert. Dieses Format hat sich für HTML als Standardformat für Rasterbilder etabliert.

GoB Grundsätze ordnungsgemäßer Buchführung

GoBS Grundsätze ordnungsgemäßer IT-gestützter Buchführungssysteme

GoS Grundsätze ordnungsgemäßer Speicherbuchführung

GoD Grundsätze ordnungsgemäßen Dokumentmanagements

GoDV *Grundsätze ordnungsgemäßer Datenverarbeitung*

Graustufen Bittiefe bei Grauwertbildern (z. B.Schwarzweiß-Fotografien). Das menschliche Auge kann ca. 150 Graustufen unterscheiden. Bei guten Schwarzweißscannern werden 8 Bit Graustufen (d. h. maximal 256 unterschiedliche Grauwerte) erfasst. Bilder mit Graustufen nennt man auch ↑*Halbtonvorlagen*.

Grauwert Wert eines ↑*Pixels* in einem Grauwertbild. Bei einer Pixeltiefe von 8 Bit können 256 unterschiedliche Grauwerte in einem Bild vorkommen.

GS *Gray Scale* (Grauwert): Darstellung von Bildern mit schwarzweißen Halbtönen bzw. Grauwerten.

Halbtonbild ↑*Halbtonvorlagen*

Halbtonvorlagen Vorlagen bzw. Abbildungen, die neben reinem Schwarz und Weiß auch Grautöne oder neben den reinen Grundfarben auch Farbabstufungen enthalten.

HGB Handelsgesetzbuch

High-Sierra-Format Frühe Norm (Formatdefinition) für Daten (Dateien) auf CD-ROMs. Die Weiterentwicklung hiervon mündete in das ↑*ISO 9660*-Format.

HPGL *Hewlett Packard Graphic Language* ist eine von der Firma Hewlett Packard ursprünglich für Plotter entworfene Sprache zur Beschreibung von Strichgraphiken. HPGL hat inzwischen den Status eines Quasi-Standards für die Ansteuerung von kleinen Plottern erreicht und wird von vielen CAD-Paketen auch zur Ausgabe von Graphiken benutzt. Zahlreiche Graphikpakete unterstützen dieses Format als Datenaustauschformat für Strichgraphiken (in ihren Plot-Files).

HP-PCL *Hewlett Packard Page Control Language* ist eine ↑*Seitenbeschreibungssprache* für die Druckserie der Firma Hewlett Packard. Diese Sprache wird auch von Laserdruckern vieler anderer Firmen emuliert und hat sich im Bürobereich neben PostScript als Quasi-Standard etabliert.

Siehe Kapitel 5.8.

HSM *Hierarchical Storage Management System*: Die Realisierung einer für Anwender und n Anwendungen weitgehend transparenten Speicherhierarchie unter Verwendung unterschiedlicher Speichertechnologien wie Magnetplatten, Bändern, optischen Platten und entsprechenden Band- und Plattenbibliotheken (Jukeboxen).

HTML Die *Hypertext Markup Language* beschreibt im Internet-Umfeld die Syntax von WWW-Dokumenten (siehe hierzu Kapitel 7.5.2). HTML ist ein ↑*SGML*-Dokumentenformat, wird aber überwiegend für die Formatierung, statt für die Strukturierung des Dokuments eingesetzt.

HTML+ ist eine erweiterte Form von HTML. Der Begriff wird nicht mehr verwendet und ist durch HTML 3 ersetzt.

www.w3c.org

HTML 4 HTML in der Version 4. HTML-4 wurde Anfang 1998 als Standard verabschiedet.

HTTP Das *Hypertext Transfer Protocol* definiert das Protokoll zwischen Web-Server und dem Web-Client. Eine Variante für sichere (chiffrierte) Übertragungen ist *SHTTP*.

HTTPS HTTP-Protokoll, welches per ↑*SSL*-Verschlüsselung eine gesicherte (vertrauliche) Übertragung erlaubt.

Huffman Code Kodierungs- bzw. Komprimierungsverfahren für Daten. Ein modifizierter Huffman-Code wird zur Kodierung von Faxdaten beim CCITT bzw. Fax-Gruppe-3-Standard verwendet.

Hyperlink Querverweis in einem Hypertext-Dokument. Klickt man auf einen solchen Verweis, so springt die Anzeige automatisch an die Quelle (oder in das Quelledokument, auf das verwiesen wurde). Diese Technik wird in HTML-Dokumenten eingesetzt.

Hypertext Dokumente, in denen ↑*Hyperlinks* vorhanden sind. Klickt man auf einen solchen Link, so wird eine Aktion ausgelöst, die von der Art des Links abhängig ist. HTML-Dokumente sind Hypertext-Dokumente.

ICR *Intelligent Character Recognition* bzw. *Image Character Recognition*. Siehe hierzu *OCR*.

ICT *Information and Communication Technology*, entspricht dem deutschen Begriff *IuK-Technik*.

IDEA Ein symmetrisches Verschlüsselungsverfahren mit einem Schweizer Patent. Der Algorithmus darf aber ohne Lizenzgebühren verwendet werden.

IDMS *Integrated Document Management System*, ein DM-System, welches in eine andere (führende) Anwendung (z.B. in SAP R/3) integriert ist.

IDS *Intrusion Detection System*, ein System, welches über eine Reihe unterschiedlicher Techniken versucht, das Eindringen eines Angreifers (in aller Regel über ein Netz) zu erkennen. Es ergänzt damit Firewall-Systeme.

IEEE *Institute of Electronical and Electronics Engineers*, eine Vereinigung von überwiegend amerikanischen Fachleuten aus dem Bereich elektronischer Systeme. Inzwischen ist diese Vereinigung international tätig und entspricht in gewisser Weise dem deutschen VDI. Neben zahlreichen Fachzeit-

www.ieee.org

schriften, die das IEEE herausgibt, veranstaltet es Seminare, Kongresse und ist im Normungsbereich aktiv. Die POSIX-Aktivitäten sind auf das IEEE zurückzuführen.

www.ietf.org

IETF *Internet **Engineering** Task **Force***, eine Organisation zur Entwicklung von Internet-Standards. Auf deren Web-Seiten sind die Spezifikationen abrufbar.

IGES *Initial Graphics Exchange Specification* ist ein Datenformat zur ›*Digital Representation for Communication of Product Definition Data*‹. Es dient dem Austausch von CAD-Daten zwischen verschiedenen Systemen. Da IGES im Wesentlichen nur reine Graphikdaten (so genannte Geometriedaten) erlaubt, dies jedoch für den vollständigen Austausch komplexer CAD-Daten nicht ausreichend ist, wird heute an einer neuen Definition mit der Bezeichnung *STEP* gearbeitet, welche es erlauben soll, weitergehende Information zwischen unterschiedlichen CAD-Paketen auszutauschen.

Image Englischer Begriff für *Abbild*, wird zumeist im Zusammenhang mit Abbildungen in der Form von Rasterbildern benutzt. Man spricht deshalb auch von *Raster-Images*.

IMS *Image Management System*. Dies umfasst in der Regel sowohl die Erfassungs-/Scannerkomponenten als auch das Ablagesystem.

Index Merkmale (Name, Art, Länge, Position einer Informationseinheit oder eines Dokuments), die den Zugriff oder das Wiederauffinden des Dokuments gestatten. Auch die Adresse einer Information wird als *Index* bezeichnet. Alternative Begriffe zu *Index* sind *Merkmal*, *Attribut* oder *Metadatum*.

IP *Image Processing*, d. h. die Verarbeitung von Dokumenten in Form von Rasterbildern.

IPI *Intelligent **Peripheral** Interface*. Dies beschreibt eine Peripherieschnittstelle für schnelle Geräte wie z. B. Magnetplatten. Abweichend von den ↑*SCSI*-, *ATA-/IDE*- und *SASI*-Schnittstellen wird dieses Interface bisher nur bei Hochleistungs-Servern eingesetzt. Die theoretische Transferleistung zwischen Platte und Rechner beträgt bei IPI bis zu 24 MB/s.

IRS *Information **Retrieval** System*, bezeichnet ein System zur Informationssuche.

www.iso.org

ISO *International Standards **Organisation***, ein internationales Pendant zur DIN.

ISO 15489 *ISO-Standard for Managing Business Records Management* (aus dem Jahr 2002).

ISO 8613 Siehe *ODA*.

ISO 8859/1 Beschreibt die Kodierung von Textzeichen mittels eines 8-Bit-Codes. Diese Kodierung wird auch als ›*Latin Alphabet No. 1*‹ oder kurz ›*Latin-1*‹ bezeichnet. Die unteren 128 Positionen des Codes entsprechen dem USA-ASCII-Code; die oberen 128 Positionen (welche nicht vollständig besetzt sind) enthalten Sonderzeichen und die meisten westeuropäischen Sonderzeichen.

ISO 8879 Definiert eine Strukturierungssprache für Dokumente. Diese Art von Beschreibung ist besser unter dem Namen ↑*SGML* bekannt.

ISO 9075 Siehe *SQL*.

ISO 9660 Formatdefinition für Daten bzw. Dateien auf CD-ROMs. Das Format definiert nicht das Dateiformat, sondern die Strukturierung des Dateisystems auf einer ↑*CD-ROM*.

ISO 9735 Siehe *EDIFACT*.

ISO 10090 Standard für 3½"-MO-Kassetten (128 MB).

ISO 10179 Siehe *DSSSL*.

ISO 13346 Formatdefinition für ein WORM-Dateisystem auf CD-ROMs. Das Format definiert nicht das Dateiformat, sondern die Strukturierung des Dateisystems auf einer WORM-Platte. Das Format konnte sich bisher nicht durchsetzen und wird von praktisch keinem Archivsystemanbieter unterstützt.

ISO 13963 Standard für 3½"-MO-Kassetten (230 MB)

ISO 15041 Standard für 3½"-MO-Kassetten (540/640 MB)

ISO 15489 Standard für den Aufbau und Betrieb eines elektronischen Archivs *(Electronic Records Management Systems)*.

IT Informationstechnologie

ITU *International Telecommunications Union*. Diese Organisation definiert u.a. Standards im Bereich der Post und Telekommunikation. www.itu.org

ITU-T *ITU Technical Standards Group*, die Nachfolgeorganisation der ↑*CCITT*.

IuK Informations- und Kommunikationstechnik

IuKDG *Gesetz des Bundes zur Regelung der Rahmenbedingungen für Informations- und Kommunikationsdienste.*

JBOD *Just a Bunch of Disks*, eine Einheit aus mehreren Magnetplatten, welche jedoch keine RAID-Funktionalität bieten.

JBIG *Joint Bitonal Image Group*, ein verlustfreies Komprimierungsverfahren für bitonale Images.

JPEG Abkürzung für die Komprimierung von Bilddaten nach der Empfehlung der ›*Joint Photographic Experts Group*‹. Das Verfahren ist auf die Speicherung von *Halbtonbildern* und Farbbildern ausgelegt und erlaubt die Reduzierung des Datenvolumens um den Faktor 2 bis etwa 50. Mit Ausnahme einer Spezialversion ist dieses Verfahren nicht verlustfrei, d.h. ein nach dem JPEG-Verfahren komprimiertes Bild lässt sich nicht mehr vollständig in das ursprüngliche Bild mit dessen Qualität zurückverwandeln. Ein ähnlich arbeitendes, jedoch komplexeres Komprimierungsverfahren für Bildsequenzen (Bewegtbilder) ist das ↑*MPEG*-Verfahren.

JPEG 2000 Im Jahr 2001 verabschiedete modernere Version von JPEG, mit höheren Komprimierungsfaktoren (bis zum Faktor 1000), besserer Parametrisierbarkeit und Wavelet-basierter Komprimierung.

Jukebox Einheit, bestehend aus Plattenlaufwerken, Ablagefächern und einem Robotermechanismus zum automatischen Wechseln von Platten, ohne dass dazu ein Operator eingreifen muss.

KB *Kilobyte* bzw. 1024 *Byte*, d.h. 2^{10} Byte.

KM
KMS *Knowledge Management (System)*, Verfahren und Systeme, um das Know-how im Unternehmen für mehr Mitarbeiter zugreifbar zu machen (siehe Kapitel 4.2).

LAN *Local Area Network*. Schnelles lokales Netz, wozu heute zumeist *Ethernet* oder *Tokenring*, zukünftig auch ↑*FDDI* eingesetzt wird.

LDAP *Light Weight Directory Access Protocol*, ein Internet-Protokoll für den Zugriff auf Benutzerdaten – oft auf einem ↑*X.500*-Server.

LTO *Linear Tape Open*, eine standardisierte, von mehreren Firmen unterstütze Band-Technologie mit hoher Datendichte, die sich in mehreren Versionen von 50 GByte/Band auf über 1 TByte/Band entwickeln wird (Stand: 2002: 100 GB je Tape unkomprimiert).

MAPI Eine Microsoft Middleware-Komponente für Messages (z.B.: den Zugriff auf den Exchange-Server).

MAPI-WF Microsoft-Framework (APIs), um Office-Komponenten Workflow-Möglichkeiten zu bieten. Es entspricht dem ›Interface 4‹ des Referenz-Modells der WfMC.

MB *Megabyte*, 1024 KB bzw. 2^{20} Byte.

MD *Message Digest* – das Komprimat (fester Länge) einer Nachricht oder eines Dokuments. Dies wird auch als *digitaler Fingerabdruck* der Information bezeichnet. Als typische Länge werden 120 oder 160 Bit verwendet. Zur Ermittlung wird eine Hashfunktion benutzt, die so beschaffen sein sollte, dass der Text nicht geändert werden kann (ohne Sinn zu verlieren), so dass ein identischer MD entsteht. Typische Hash-Verfahren sind MD5, SHA oder RIPEMD.

Micrographics Siehe *Mikrographie.*

Mikrographie Bezeichnet den ganzen Bereich der Image-Verarbeitung auf den verschiedenen Arten von Mikrofilmen. Hierzu gehören die Ausgabe, die Handhabung und Lagerung, die maschinelle Suche, die Darstellung, Ausgabe und das Kopieren von Mikrofilmdaten. Auch das Einscannen von Image-Vorlagen vom Mikrofilm zu einem Image im Rechner wird zu diesem Bereich gezählt.

MIME *Multipurpose Internet Mail Extensions*. Damit wird es möglich, formatierte, multimediale Mail-Nachrichten zu versenden und an die eMail weitere Dateien anzuhängen. Die MIME-Nachricht kann aus verschiedenen Einzelkomponenten bestehen, welche ihrerseits unterschiedliche Formate haben dürfen. Bei Texten spezifiziert MIME auch, welche Kodierung verwendet wird. S/MIME (*Secure MIME*) ist eine Variante von MIME, die von einer Gruppe von Mail-Anbietern (u. a. Microsoft, RSA und Lotus) entwickelt wurde. Hier werden die Nachrichten verschlüsselt übertragen und stellen damit eine hohe Vertraulichkeit der eMail sicher.

MIPS *Million Instructions per Second*. Dies gibt die Anzahl von Maschinenbefehlen pro Sekunde an und spezifiziert damit ein Leistungsmerkmal eines Rechnersystems bzw. dessen CPU.

MO, MOD *Magneto Optical Disc* sind magneto-optische Platten, die im Gegensatz zu WORM-Platten und ähnlich wie Magnetplatten mehrfach beschrieben und wieder gelöscht werden können. Da ein Plattensektor vor einem erneuten Beschreiben dieser gelöscht werden muss, sind diese Platten in der Regel zumindest beim Schreiben deutlich langsamer als normale Magnetplatten. Sie sind dafür unempfindlich gegenüber Magnetfeldern. Die aufgezeichnete Information hat bei sachgemäßer Lagerung eine Haltbarkeit von mehr als 10 Jahren, ohne dass sie wie bei Magnetplatten und Magnetbändern aufgefrischt werden muss.

MoReq *Model Requirements for the Management of Electronic Records*, eine im Auftrag der EU erarbeitete Spezifikation für elektronische Archive im Verwaltungsbereich.

MPEG Abkürzung für die Kodierung bzw. Komprimierung von Bildsequenzen (Bewegtbildern) nach der Empfehlung der ›*Motion Photographic Experts Group*‹. Das Verfahren erlaubt die Reduzierung des Datenvolumens etwa um den Faktor 4 bis 50.

MPEG-1: etwas älteres Verfahren zur Kompression von Video-Filmen. Wird im CD-Is verwendet. Qualität lässt zu wünschen übrig.

Ein Film in MPEG-2 kostet ca. 75 MB/Minute.

MPEG-2: Video-Kompressionsverfahren, welches bei DVD-Filmen eingesetzt wird. Gute bis sehr gute Qualität, jedoch verglichen mit neueren Verfahren geringerer Kompression.

Ein Film in MPGE-4 kostet ca. 6 MB/Minute.

MPEG-4: Qualität liegt über VHS und etwas unterhalb von MPEG-2 bei deutlich höherer Kompression. Dazu werden die Filmdaten in einzelne Objekte (2D-Bilder, Klänge) und separat mit optimalen Verfahren komprimiert. Die Kompression ist etwa um den Faktor 10–15 besser (bei etwas niedrigerer Wiedergabequalität) als MPEG-2. Die Entwicklung stammt ursprünglich von Microsoft.

DivX ist eine Weiterentwicklung von MPEG-4.

MTBF *Mean Time Between Failures*. Damit wird die durchschnittliche Zeit angegeben, die zwischen den Ausfällen eines Gerätes liegt. Für hochwertige Magnetplatten sind heute z. B. Werte zwischen 10 000 und 50 000 Stunden MTBF bzw. entsprechend zwischen 1,1 und 5,7 Jahren üblich.

MTR *Mean Time to Repair*, die durchschnittliche Reparaturdauer.

Multi-Level-Storage Realisierung einer weitgehend transparenten Speicherhierarchie unter Verwendung unterschiedlicher Speicher wie Magnetplatten, Bändern, optischen Platten und entsprechenden Band- und Plattenbibliotheken (Jukeboxen). Daten werden dabei zunächst auf den schnellsten Speichern abgelegt und, abhängig von Alter und Zugriffshäufigkeit, allmählich auf langsamere Speicher verdrängt. Wird eine Datei danach erneut benötigt, wird sie automatisch wieder in eine schnelle Hierarchiestufe gebracht. Diese Systeme bieten zumeist zusätzlich automatisierte Sicherungsverfahren (Sicherungskopien).

NAS *Network Attached Device*, ein Gerät, welches statt über ein spezielles Interface an einem Rechner direkt am Netz hängt (zumeist einem LAN oder einem ↑*SAN*) und von allen Systemen des Netzes direkt angesprochen werden kann. Diese

Technik wird bisher für Drucker und Scanner und seit 1998 auch für Speichersysteme (Platte, Band, Jukebox) eingesetzt.

NCI — *Non Coded Information*, d.h. in einem Rasterbild abgelegte Information.

NDMP — *Network Data Management Protocol*, ein von vielen Anbietern von NAS, SAN- und Backup-Speichern sowie von Backup-Software unterstütztes Protokoll, welches den Datenaustausch von Backup-Datenströmen in heterogenen Systemen unterstützt und strukturiert.

Siehe Kapitel 7.5.7.

NFS — *Network File System* ist ein von der Firma SUN entwickeltes System für ein lokales Rechnernetz. Es erlaubt die Vernetzung sehr unterschiedlicher UNIX- und Nicht-UNIX-Rechner zu einem weitgehend transparenten Rechnernetz. NFS ermöglicht den Zugriff auf Dateien eines fremden Rechners sowie die Kommunikation zwischen Programmen auf unterschiedlichen Rechnern.

OCR — *Optical Character Recognition*: Umwandlung von Text aus einem Rasterbild in eine Standard-Textkodierung (z.B. das ASCII-Format oder einen ISO-8859-Code). Dies gelingt mit den heutigen Verfahren in der Regel nicht vollständig bzw. nicht fehlerfrei.

OD — *Optical Disc*, optische Platte

ODA — *Office Document Architecture*, die neuere Bezeichnung lautet ›*Open Document Architecture*‹. ODA beschreibt die Struktur und den Inhalt eines Dokuments – ursprünglich für den Bürobereich. Solche Dokumente können Texte und Graphiken enthalten. An Erweiterungen für Sprachinformation, Videoclips, Tabellen aus Rechenblättern (*Spreadsheets*) wird gearbeitet. Mit ISO 8613 wurde ODA zur internationalen Norm.

Siehe Kapitel 7.5.7.

ODBC — *Open Database Connectivity*: Middleware für den Datenbankzugriff

ODD — *Optical Data Disc*, eine optische Platte zur Speicherung von (digitalen) Daten

ODMA — *Open Document Management API*, eine High-Level-Schnittstelle zu DM-Systemen, welche als Standardentwurf von der ↑*DMA* konzipiert wurde.

Siehe Kapitel 2.13.4.

OLAP — *Online Analytical Processing*

OLE — *Object Linking and Embedding*, Microsoft-Standard für verbundene Dokumente und Anwendungskomponenten.

OLTP *Online Transaction Processing*

OM
OMS *Output Management (System)*, ein System zur Handhabung großer Druckmengen, Reports und Drucklisten. Hierzu gehören Druckformatierung, Druckformulare, Formular-Ressourcen-Verwaltung, die Verteilung auf vorhandene Drucker, Speicherung, die Distribution und Zugriffsrechte auf diese zunächst elektronisch abgelegten Dokumente.

OO *Objektorientiert*

OpenDoc Standard für verbundene Dokumente und Anwendungskomponenten von CIL (*Computer Integrated Labs*). CIL war ein nicht-kommerzielles Unternehmen, an dem u.a. IBM, Apple und Novell beteiligt waren. Opendoc konnte sich am Markt – seiner verzögerten Fertigstellung wegen – nicht durchsetzen.

OPI *Object Pointer Interface*: Bei großen Objekten in Datenbanken werden nicht die Objektdaten selbst in der DB gespeichert (siehe ↑*BLOB*), sondern nur ein Zeiger auf das Objekt bzw. dessen Name im Dateisystem.

OSA *Optical Storage Architecture*: spezielles Dateisystem auf optischen Platten und dessen Verwaltung in Jukeboxen

OSI *Open System Interconnect*, die Definition eines in Schichten aufgeteilten Interfaces zum Austausch von Daten in Rechnernetzen. Man spricht hier auch vom ISO-Referenzmodell. Die Definition ist rechner- und herstellerunabhängig, recht umfangreich und komplex. ISO/OSI-basierte Kommunikation ist in der vollständigen Implementierung noch ausgesprochen selten.

Panning Verschieben des dargestellten Bereichs auf dem Bildschirm, so dass im Fenster aus Platzgründen verdeckte Bereiche sichtbar werden und dafür andere Teile in den nicht sichtbaren Bereich verschwinden.

PCL Siehe *HP-PCL*.

Siehe Kapitel 7.5.4.

PDF *Portable Document Format*, ein von Adobe stammendes (und von Adobe kontrolliertes) auf PostScript aufbauendes Format zur Speicherung und Verteilung von Dokumenten in einem plattform- und applikationsunabhängigen Format mit hoher WYSIWYG-Treue. Das Format ist ein CI-Format.

PDF417 Ein 2D-Barcode, ausgelegt auf größere Textmengen (bis zu 1850 Zeichen).

PGP *Pretty Good Privacy* ist ein *Public-Key*-Chiffrierungs- und Authentifizierungsverfahren, welches *Vertraulichkeit* gewährleisten soll. Es handelt sich um Software, die in den Public-Domain-Bereich gegeben wurde und damit kostenlos zur Verfügung steht. PGP wurde auf zahlreiche unterschiedliche Systeme portiert.

PIN *Persönliche Identifikationsnummer*, wird für SmartCard und Scheckkarten häufig statt eines Passwortes zum Entsperren verwendet.

Pixel *Picture Element*, einzelner Bildpunkt. Ein Rasterbild setzt sich aus einer Folge von Pixeln zusammen. Die *Pixeltiefe* gibt die Anzahl der Bits pro Bildpunkt an. Schwarzweiß-Strichzeichnungen haben eine Pixeltiefe von 1. Grauwertbilder trifft man mit Pixeltiefen von 4 Bit (16 Grauwerte), 8 Bit (256 Grauwerte) und seltener (z. B. Röntgenbilder) mit 12 Bit pro Pixel (d. h. 4 096 Grauwerte).

Pixeleditor Spezieller Editor zum Erstellen bzw. Modifizieren von Pixelbildern. Man unterscheidet dabei zwischen Editoren zum Bearbeiten von Bildelementen mit der Bittiefe 1 (diese werden z. B. zum Bearbeiten von eingescannten Zeichnungen benutzt) und solchen, die ↑*Halbtonbilder* oder Farbbilder editieren können. Bei einem Pixeleditor für Bilder mit 1 Bit Pixeltiefe spricht man auch von einem *Rastereditor*.

Pixeltiefe Gibt die Informationsmenge in *Bits* pro ↑*Pixel* (Bildpunkt) an.

Prefetch Der Abruf von Dokumenten aus einem (zumeist optischen) Archiv vor der Bearbeitung. Das Dokument wird dabei in einen Cache transferiert, so dass bei der Bearbeitung schnell darauf zugegriffen werden kann.

PKCS *Public-Key Cryptography Standards*, eine Gruppe von Standards zur Realisierung einer Public-Key-Infrastruktur, welche zunächst von der Firma RSA zusammengestellt wurde, inzwischen aber von einem Firmenkonsortium wie Apple, Microsoft, DEC, Lotus und Sun aufgegriffen wurde. Die PKCS-Spezifikation ist kompatibel zur PEM-Definition und zum CCITT X.509-Standard.

PKI *Public Key Infrastructure* oder *Public Key Interface*

PKS *Public Key System*

Plot-File Damit werden Dateien bezeichnet, welche Graphikanweisungen für einen Plotter enthalten. Da unterschiedliche Plotter unterschiedliche Steuersprachen benutzen, gibt es hier eine Vielzahl von Formaten. Als verbreitete Plot-File-

Formate haben sich ↑*HPGL* und die Steuersprachen für Calcomp-Plotter etabliert. Viele elektrostatische Drucker unterstützen daneben das Versatec-Rasterformat.

PNG *Portable Network Graphics*, ein Rasterbildformat, welches das GIF-Format ablösen soll und im Gegensatz zum GIF lizenz- bzw. patentfrei ist. Zusätzlich gestattet PNG eine Farbtiefe bis zu 48 Bit pro Bildpunkt (12 Bit pro Farbkomponente) und bis zu 16 Bit bei Graustufen-Bildern. Das bei PNG eingesetzte Komprimierungsverfahren ist verlustfrei.

PoD ↑*Printing on Demand*

Popup-Menü Menü bei graphischen Oberflächen, das beim Drücken einer Maustaste oder Tastenkombination an der Stelle des Mauszeigers erscheint. Es erspart dem Anwender, mit der Maus in die Menüleiste zu fahren, um dort ein Pulldown-Menü zu öffnen.

Portlet Eigenständige Informationseinheit (Mini-Fenster) in einem Portal, welches als Einheit adressiert und platziert werden kann.

PoS *Point of Sales*, eine zumeist über einen Automaten betriebene Vertriebsstelle. Diese wird inzwischen z. B. in Bahnhöfen und Flughäfen zum Verkauf von Reiseversicherungen eingesetzt.

Postprozessor Ein Programm oder Programmpaket, welches Ergebnisse eines anderen Programmpakets für spezielle Zwecke aufbereitet. So lassen sich z. B. mit einem CAD-Paket erstellte Bauteile mit einem Postprozessor so aufbereiten, dass daraus ein dreidimensionales Bild, eventuell mit Schattierungen und Lichtreflexionen, aufgebaut wird.

PostScript Dies ist eine von der Firma Adobe entwickelte und veröffentlichte ↑*Seitenbeschreibungssprache*. Sie wird heute primär zur Ausgabe von komplexen Texten und Bildern auf Druckern, Belichtern und Bildschirmen eingesetzt. PostScript hat sich inzwischen als De-facto-Standard für die Ansteuerung von Druckern und Laserbelichtern im DTP-Bereich etabliert.

Präprozessor Ein Programm oder Programmpaket, welches Daten für ein nachfolgendes Programm aufbereitet. So gibt es für viele FEM-Programme Präprozessoren, die CAD-Daten so aufbereiten, dass sie als Eingabe für die Berechnung der Finite-Element-Berechnungsmethode (Programm) verwendet werden können.

Printing on Demand Ein Verfahren, bei dem Dokumentation (z.B. Handbücher) nicht in größerer Stückzahl auf Vorrat erstellt wird. Bei Bedarf wird lediglich die benötigte Stückzahl angefertigt. Dies setzt voraus, dass die Dokumentation vorbereitet in einem Rechner vorliegt und leistungsfähige Drucker (und eventuell angeschlossene Bindemaschinen) vorhanden sind. Das Verfahren hilft, Lagerkosten zu reduzieren, und vermeidet veraltete Versionen im Lager.

QoS — *Quality of Service*, die Gewährleistung einer Service- oder Performance; es wird z.B. in Netzen verwendet, um eine reservierte Bandbreite oder Reaktionszeit anzugeben – oft in Prozent, wobei gute QoS-Werte bei 98 % und darüber liegen.

PROM — *Programmable Read Only Memory*, ein Speicher, der nur gelesen, jedoch nicht ohne Weiteres verändert werden kann. Zur Veränderung muss der Baustein zunächst mit speziellen Techniken (z.B. mit UV-Licht) gelöscht und danach neu gesetzt werden (man nennt dies *Programmieren*). PROM wird in vielen Systemen wie ↑*ROM* eingesetzt, kann aber unter Umständen gelöscht und neu programmiert werden.

RAM — *Random Access Memory*, wahlfrei zugreifbarer Speicher. Damit ist in den meisten Fällen der Hauptspeicher eines Gerätes bzw. Rechners gemeint.

Raster 1. In der Reprotechnik wird darunter eine Folie oder Glasplatte verstanden, auf der ein Linien- oder Kreuzraster (Muster) vorhanden ist. Diese wird auf ein ↑*Halbtonbild* gelegt und damit das Bild aufgenommen. Das Bild erscheint *gerastert* auf dem Film, d.h. in reine Schwarzweißpunkte aufgelöst. Die Feinheit bzw. Dichte der Rasterlinien bestimmt dabei die Auflösung des Bildes. Die Auflösung wiederum muss an die Möglichkeiten des Druckverfahrens angepasst sein.

2. Im DTP-Bereich versteht man unter dem *Raster eines Bildes* die Art, wie Halbtonwerte in Punkte oder Linien aufgelöst sind. Zum Charakteristikum gehören Rasterweite (in *lpi* oder *L/cm*), Rasterwinkel (in Grad) und die Rasterart (Punkte, Linien, Ellipsen usw.).

Rasterdaten Daten, die nicht in kodierter Form (z.B. als ASCII-Text), sondern als eine Folge von Bildpunkten (↑*Pixeln*) vorliegen. Wesentliche Kenndaten von Rasterdaten sind neben ihrem Inhalt die Pixeltiefe (d.h. die Anzahl von Bits pro Bildpunkt), die Anzahl der Bildpunkte in X-Richtung (d.h. in einer Rasterzeile) und in Y-Richtung (d.h. die Anzahl von Rasterzeilen). Zur Speicherung von Rasterdaten finden heute zahlreiche unterschiedliche Formate Anwendung, wobei die Daten unkomprimiert oder komprimiert abgespeichert werden können. Für Rasterdaten der Pixeltiefe 1 hat sich das Fax-Gruppe-3- oder -Gruppe-4-Format für die komprimierte Abspeicherung durchgesetzt. Ein anderes sehr verbreitetes Format ist ↑*TIFF*.

Rastertonwert Gibt das optische Bild von Rasterelementen an. Ein Rastertonwert von 0 % ist eine Fläche ohne Rasterpunkte, ein solcher von 100 % ist der Vollton, d. h. bei Schwarzweiß-Rastern die Farbe Schwarz. Bei 50 % sollte das Rasterfeld zu 50 % mit Punkten (oder Linien) bedeckt sein.

Rasterweite Gibt an, wie fein ein ↑*Raster* angelegt wird. Die Rasterweite wird in *lines per inch* (lpi) oder *Linien pro Zentimeter* (L/cm) angegeben. Je größer dieser Wert ist, um so feiner können Details von Rasterbildern sein bzw. desto weniger sichtbar werden die einzelnen Punkte von Rasterflächen. Der Zeitungsdruck verwendet etwa 65 bis 80 lpi (bzw. 25 bis 30 L/cm), guter Buchdruck etwa 80 bis 130 lpi (entsprechend 25 bis 30 L/cm) und gute Bildwerke etwa 130 bis 150 lpi (bzw. entsprechend 25 bis 3 L/cm). Eine hohe Rasterweite ist nur bei entsprechend hoher Auflösung des Ausgabegerätes möglich.

Redlining Hierunter versteht man Korrekturen an einer Zeichnung oder an einem Dokument, wobei nicht die eigentliche Zeichnung (zumeist als Raster-Image) verändert wird, sondern die Korrekturen in einer weiteren Schicht darüber gelegt werden. Diese weitere Schicht (oder die Schichten) können danach getrennt angezeigt oder bei der Ausgabe oder Darstellung in einer anderen Farbe (z. B. Rot) dargestellt werden.

Rendition *Ausprägung*: Ein Dokument kann in einer Ablage in mehreren Ausprägungen vorliegen (z. B. als Word-Dokument und zusätzlich als PDF- oder TIFF-Dokument oder als deutsche und englische Version).

Replikation Automatischer Abgleich von mehreren Dokumentenspeichern oder -datenbanken über mehrere Orte bzw. Rechner hinweg.

Repository Dokumentendatenbestand bzw. die entsprechende Datenbank. Die Recherchedatenbank ist also das *Repository* der im DMS gespeicherten Dokumente.

Retrieval Suchen bzw. Wiederauffinden von Informationen, in der Regel mittels eines Rechners und eines entsprechend organisierten systematischen Verfahrens.

RGB — *Rot, Grün und Blau*. Aus diesen drei Grundfarben lassen sich (fast) alle anderen Farben durch Mischen (mit unterschiedlichen Intensitäten) zusammensetzen. Die Farben der Farbsichtgeräte werden auf diese Weise erzeugt. Beim Druck hingegen wird zumeist das ↑*CMYK*-Verfahren eingesetzt.

RIFF — *Raster Image File Format* stellt ein auf dem PC und Macintosh viel benutztes Format zum Speichern von Rasterbildern dar.

RLC — *Run Length Coding*, eine Lauflängenkodierung. Die Kodierung eines Rasterbildes erfolgt bei diesem Verfahren dadurch, dass das Raster-Image zeilenweise abgetastet wird und nacheinander jeweils die Anzahl aufeinander folgender weißer und schwarzer Punkte angegeben wird. Die Faxkomprimierung erfolgt nach einem erweiterten RLC-Verfahren.

RMA, RMS — *Records Management Application*, *Records Management System*, eine Anwendung zur Speicherung von elektronischen Records. Dabei wird (in einer stärker behördlichen Sichtweise) unter einem *Record* auch eine Datei (z.B. die elektronische Version eines Bescheids, ein- und ausgehende eMails usw.) verstanden. Während bei DMS die Suche primär über spezifische Dokumentenattribute oder über einen Volltextindex erfolgt, steht bei RMS die Klassifikation des Inhalts im Vordergrund – zumeist explizit durch den Anwender. Siehe auch *ERMS*.

ROD — *Rewritable Optical Disc*, wiederbeschreibbare optische Platte. Siehe auch ↑*MO, MOD*.

ROI — *Return on Investment*, die Zeit, in der sich eine Investition durch erzielte Kosteneinsparungen amortisiert hat.

ROM — *Read Only Memory*, ein Speicher, der nur gelesen, jedoch nicht verändert werden kann. In solchen Speichern werden zumeist kleine, statische Programmteile in einem Rechner gehalten. Hierzu gehört oft das Programmstück, das den Rechner startet und das eigentliche Betriebssystem von einem externen Datenträger wie einer Magnetplatte oder einer Floppy liest. Dieser Speicherbereich wird auch als *Boot-ROM* bezeichnet.

RS-232C — Definiert eine Schnittstelle für serielle Geräte wie ASCII-Terminals, Drucker und Plotter, im Standardfall mit einem 25-poligen D-25-Stecker.

RSA — Ein von den Mathematikern R. Rivest, A. Shamir und L. Adleman entwickeltes asymmetrisches Chiffrierverfahren

(*Public-Key-Verfahren*). Dieses hat sich inzwischen vielfach zur Verschlüsselung vertraulicher Daten als Standard etabliert. Die Vermarktungsrechte des RSA-Algorithmus liegen bei der Firma RSA Data Security Inc.

RTF *Ritch Text File Format*, ein von der Firma Microsoft entwickeltes Format zum Datenaustausch von formatierten Textdokumenten zwischen unterschiedlichen Anwendungen und Systemen. Dieses Format kann von zahlreichen Textsystemen sowohl importiert als auch exportiert werden. Leider gestattet es nur sehr beschränkt die Übergabe von Graphiken.

Runtime-Lizenz Hierunter versteht man eine Softwarelizenz, die lediglich die Benutzung eines Softwarepakets erlaubt, nicht jedoch die Erstellung (Entwicklung) eines Programms mit dieser Software. Runtime-Lizenzen sind in der Regel deutlich billiger als die entsprechenden Entwicklungslizenzen.

SAA *Serial Storage Architecture*, ein 1995 verabschiedeter Standard zum Anschluss von Speichergeräten (z. B. Magnetplatten) an einen Rechner. Der Bus erlaubt Übertragungsraten bis zu 80 MB/s pro Sekunde (Wide-SCSI nur bis zu 40 MB/s).

SAN *Storage Area Network*, ein sehr schnelles, zumeist auf ↑*Fibre Channel* basierendes Netz mit Speichersystemen (Magnetplatten, Bändern, optischen Speichersystemen sowie Jukeboxen und anderen Robotersystemen). Die Speicher des SANs kann von mehreren Serversystemen (auch mit unterschiedlichen Betriebsystemen) genutzt werden. Die Server sind dabei auf der einen Seite mit einem LAN oder WAN verbunden und auf der anderen Seite mit dem SAN (Doppelnetz-Konfiguration).

Scanner Gerät zur elektronischen Erfassung von Text- und Bildinformation von Papier oder Film. Der Scanner liefert ein Rasterbild der eingescannten Information, d. h. das in einzelne Punkte (Pixel) aufgelöste Abbild der Vorlage.

SCM *Supply Chain Management*, die Handhabung einer effizienten Lieferkette per IT-Technik, oft über mehrere Unternehmen hinweg.

SCSI *Small Computer Systems Interface*. Dies beschreibt eine Peripherieschnittstelle für Peripheriegeräte wie Magnetplatten, Scanner oder Jukeboxen.

Seitenbeschreibungssprache Eine formale Sprache, ähnlich einer Programmiersprache, die eine Seite mit Schrift und Graphik beschreiben kann. Die heute am weitesten verbreiteten Seitenbeschreibungssprachen sind *HPPCL* von Hewlett Packard, *PostScript* von Adobe und *Quickdraw* von Apple.

SGML — *Standard Generalized Markup Language*, eine im ISO-8879-Entwurf standardisierte Syntax zur Beschreibung von Dokumentenstrukturen (nicht des Dokumenteninhalts). SGML gewinnt seine Bedeutung dadurch, dass so strukturierte Dokumente besser logisch durchsucht, umgeordnet und strikter verarbeitet werden können als Dokumente, die lediglich Formatauszeichnungen besitzen. ↑*CALS* sieht beispielsweise SGML als Strukturbeschreibungssprache vor. *Siehe Kapitel 7.5.8.*

SigG — (deutsches) ***Signaturgesetz*** *Siehe Kapitel 8.4.*

SLA — *Service-Level-Agreement*, eine Vereinbarung über die Qualität (z. B. Verfügbarkeit) eines Dienstes.

SMTP — *Simple Mail Transfer Protocol*, der Internet-Standard zum Austausch von eMail.

SNMP — *Simple Network Management Protocol*, ein Protokoll, mit dem Geräte (Firewalls, Router, Computer) in einem IP-Netz angesprochen und gesteuert werden können und mit dem sie Informationen zu einer SNMP-Verwaltungs-Server schicken können.

SOAP — *Simple Object Access Protocol*, eine Art Remote-Procedure-Call-Verfahren auf der Basis von HTML als Transportprotokoll und XML für die Datenstrukturen. Hierüber können Web-Services aber auch andere Dienste über Internet angeboten und angesprochen werden. *www.soap.org*

SOHO — *Small Office, Home-Office*, Marktbezeichnung für kleine Unternehmen und semi-professionelle Kunden

SQL — *Standard Query Language* (ISO 9075), eine standardisierte Abfragesprache für relationale Datenbanken.

SRM — *Storage Resource Management*, ein System zur Verwaltung und Handhabung von Speicherkomponenten in einem Speichernetz (Storage Network)

SSL — *Secure Socket Layer*, eine verschlüsselte Übertragung im HTTP-Protokoll

SSO — *Single Sign On*, ein System, bei dem man sich nur einmal anmeldet und damit Zugang zu mehreren Systemen und Anwendungen erhält.

STEP — *Standard for the Exchange of Produkt Model Data* , ein Datenaustauschformat für CAD-Zeichnungen und Produktionsdaten. Es wurde zunächst als europäische Spezifikation entwickelt und liegt seit Ende 1994 als internationaler Standard vor. Es gewinnt insbesondere in der Automobilindustrie zunehmend an Bedeutung und löst weitgehend das ältere ↑*IGES* ab.

StGB *Strafgesetzbuch*

StPO *Strafprozessordnung*

S/W *Schwarz/Weiß*, Darstellungen ohne Grau- und Farbtöne mit einer Pixeltiefe von 1 Bit.

SWAP *Simple Workflow Access Protocol*, ein Protokoll zum Austausch von Workflow-Anweisungen über ↑*HTTP*.

Taskflow-Management Synonym für ↑*Workflow-Management.*

TB *Terabyte*, 1024 GB bzw. 2^{40} Byte

TCO *Total Cost of Ownership*, die Summe aller Kosten (zumeist bezogen auf IT-Komponenten), welche durch die Anschaffung/Abschreibung, Wartung, Unterstützung usw. entstehen.

TCO-95
TCO-99 Eine Spezifikation aus dem Jahr 1995 bzw. 1999, welche die Ergonomie und eine Reihe von elektronischen Merkmalen sowie Abstrahlungswerte für Bildschirmmonitore festlegt. Hierzu gehört auch, dass ein Monitor nach einer bestimmten inaktiven Zeit in einen Ruhemodus übergeht, in dem er weniger Strom benötigt und damit weniger Wärme produziert. Die 1998 erstellte überarbeitete Version dieser Spezifikation, welche z.B. höher Refresh-Raten vorsieht (≥ 85 Hz), trägt die Bezeichnung TCO-99.

TCP/IP Ein Protokoll zur Vernetzung von Rechnern.

Thesaurus Eine Art Synonymwörterbuch, welches verwandte Begriffe zu einem Wort aufführt. Volltext- und Stichwort-Recherchesysteme suchen oft nicht nur nach dem eingegebenen Stichwort, sondern auf Wunsch auch nach allen im Thesaurus vorhandenen verwandten Begriffen.

TFM *Taskflow Management*. Ein synonymer Begriff ist ↑*Workflow-Management.*

Thumbnail Kleine Voransicht eines Dokuments bzw. dessen erster Seite.

Threshhold Unit Eine elektronische Einheit von Scannern, welche selbstständig und dynamisch versucht, eine optimale Kontrasteinstellung vorzunehmen.

TIFF *Tag Image File Format*. Dies ist ein von der Firma Microsoft und Aldus entwickeltes Format zur Speicherung von Rasterbildern. Das Format ist sehr vielseitig, erweiterbar und kann unterschiedliche Rastergrößen, Rastertiefen, Farbraster und Zusatzinformationen aufnehmen.

TPI — *Tracks per Inch*, Datenspuren pro Zoll

TTP — *Trusted Third Party*, eine vertrauenswürdige dritte Instanz zwischen zwei Kommunikationspartnern. Weitgehend identisch mit einem Trust-Center.

TWAIN — Software-Interface-Standard für Scanner und digitalen Kameras, welches von zahlreichen Anwendungen für den Import von Images unterstützt wird.

UDF — *Universal Disk Format*, ein neues (ursprünglich von HP konzipiertes) Dateiformat für optische Platten, welches das bisherige CD-Dateiformat (ISO 9960) auf den DVD-CDs ablösen wird. UDF wurde von der OSTA (*Optical Storage Technology Association*) als Austauschformat zwischen optischen Platten unterschiedlicher Hersteller akzeptiert, ist als Dateiformat für DVD-Systeme vorgesehen und entspricht ISO 13346. Das Format kann auch für andere WORM-Systeme eingesetzt werden.

Unicode — Eine Kodierung für Texte bzw. Textzeichen wie ASCII oder EBCDIC, wobei jedoch pro Zeichen ein 16-Bit-Code verwendet wird. Unicode erlaubt, sowohl alle Zeichen der amerikanischen und europäischen Länder im Code unterzubringen als auch das große japanische und chinesische Alphabet. Die breite Einführung von Unicode zur Kodierung von Texten ist beginnend mit Windows NT und MAC/OS in den kommenden Jahren zu erwarten.

www.unicode.org

UrhG — *Urhebergesetz*

USB — *Universal Serial Bus*, ein serieller Bus, der Teil der PC-97-Spezifikation (und späterer Versionen) ist und als schneller universeller Anschluss von Peripheriekomponenten wie Tastatur, Maus, Scanner, Tableau, Modem, Videokamera oder Lautsprecher dient. USB setzt sich neben PCs zunehmend auch bei Macintosh und UNIX-Systemen durch. An den bis zu 12 MBit/s schnellen Bus (2 Busadern und 2 Adern für die Stromversorgung) können bis zu 16 Geräte in einer Kette direkt angeschlossen sein. Durch die Verwendung von USB-Hubs lässt sich die Zahl bis auf 127 Geräte vergrößern. Geräte dürfen dabei zur Laufzeit abgezogen oder hinzugefügt werden. Das USB-Protokoll gestattet sowohl synchrone als auch asynchrone Übertragungen.

UStG — *UmsatzSteuerGesetz*

USV — *Unterbrechungsfreie Stromversorgung*

Vektorisierung Die automatische Umwandlung von Graphiken im Rasterformat in Strichgraphiken. Der Vorteil einer solcher Umwandlung liegt darin, dass Strichgraphiken schneller und besser skaliert und auch (mit einigen Einschränkungen) in Objekt-Graphikeditoren oder CAD-Paketen weiterverarbeitet werden können.

Verfahrensdokumentation Systembeschreibung eines Systems.*

*Siehe hierzu Kapitel 9.8.

Versionsmanagement Verwaltung und Speicherung von Dokumenten, Programmen oder Quellecode in mehreren Versionen.

VGA *Video Graphic Adapter.* Dies ist ein in der PC-Welt verbreitetes Hardware-Graphikkarten-Format. Die Auflösung bei VGA beträgt 640 × 480 Punkte bei 4 Bit Farbe pro Bildpunkt (Pixel), d.h. 16 unterschiedlichen Farben oder Grauwerten. Neuere Graphikkarten bieten wesentlich höhere Auflösungen und Pixeltiefen von 8–24 Bit.

VGA	640 × 480	Bildpunkte
SVGA	800 × 600	Bildpunkte
XVGA	1 024 × 768	Bildpunkte
SXVGA	1 280 × 1 024	Bildpunkte
UXVGA	1 600 × 1 280	Bildpunkte
QXVGA	2 048 × 1 536	Bildpunkte

VI *Virtual Interface*, eine API-Schnittstelle zum effizienten ›*networked shared memory access*‹. Die Effizienz wird durch Umgehung einiger Betriebssystem- und Netzschichten erreicht. VI wird z. B. zum *Inter-Application-Transfer* in Rechner-Clustern oder sehr schnellen Netzen (z. B. ↑*SAN*) eingsetzt. Weitere APIs wie z. B. ↑*DAFS* setzen darauf auf.

Vorgangsbearbeitung Siehe ↑*Workflow-Management.*

VPN *Virtual Private Network*, eine Netztopologie, welche über öffentlich zugängliche Netze hinweg wie ein virtuelles privates Netz aussieht, indem es alle Nachrichten über das öffentliche Netz (z. B. das Internet) chiffriert (*tunnelt*).

www.w3c.org

W3C *World Wide Web Consortium.* Hier werden zusammen mit dem ↑*IETF* die Internet-Standards erarbeitet, publiziert, darüber abgestimmt und schließlich standardisiert.

www.wapforum.org

WAP *Wireless Application Protocol*, ein Protokoll, um von Handys und ähnlichen Geräten per Funk *(wireless)* auf Informationen und Server-Dienste zuzugreifen.

WAPI *Workflow Application Programming Interface.* Von der ↑*WfMC* definierte, standardisierte ↑*APIs* zu einem Workflow-System.

WAV(E) WAVE PCM – Dateiformat für Audiodaten von Microsoft.

WCM *Web-Content-Management*, siehe ↑*CMS*.

WebDAV Eine Erweiterung des HTTP-Protokolls und der Dienste des Web-Servers, bei denen der Web-Server eine Art Internet-File-System mit DMS-Funktionen (wie z.B. *Check-In* und *Check-Out*) sowie Versionierung der Dateien anbietet.

Zu WebDAV siehe auch Kapitel 2.13.5 und www.webdav.org.

WF *Workflow*

WFM ↑*Workflow-Management*

WfMC *Workflow Management Coalition.* Ein Gremium aus mehreren Workflow-System-Anbietern. Die WfMC versucht, ein allgemeines Workflow-Modell zu schaffen und Schnittstellen zwischen den Modulen eines WF-Systems zu definieren.

www.wfmc.org

Siehe auch Kapitel 3.4.

WFMS *Workflow-Management-System*, Vorgangssteuerungssystem

WFS *Workflow System*

WML *WAP Wireless Markup Language,* eine HTML-ähnliche Auszeichnungssprache für WAP-Dienste zur Ausgabe von Informationen auf Handys und PDAs.

Workflow-Management Verfahren und Mechanismen, die es erlauben, Arbeitsabläufe zu definieren und im Rechner zu steuern. Diese Systeme werden auch als *Vorgangsbearbeitungssysteme* bezeichnet.

Workflow Reference Model das von der ↑*WfMC* vorgeschlagene Modell für Workflow-Systeme.

Siehe Kapitel 3.4.

WORM *Write Once Read Many Times*: Optische Platten, die nur einmal beschrieben, danach jedoch beliebig oft wieder gelesen werden können.
Bei 5¼"-Platten ist die Information bei sachgemäßer Lagerung länger als 10 Jahre (etwa 30 Jahre), bei 12"-WORM-Platten länger als 30 Jahre (ca. 100 Jahre) ohne eine Auffrischung haltbar. Die typische Kapazität moderner WORM-Platten liegt 2001 bei 5¼"-Platten bei ca. 5,2 MB bis 9,1 GB (jeweils die Hälfte auf jeder Seite) je Datenträger.

WSDL *Web-Services Definition Language*, eine formale Beschreibung der Dienste/Funktionen (im XML-Format), welche eine Service-Instanz (im Web) anbietet.

WWW *World Wide Web* – ein Dienst des Internet, mit dem Informationen einfach und graphisch attraktiv präsentiert und übertragen werden können, ohne dass vom Benutzer spezielle Kenntnisse verlangt werden.

WYSIWYG *What You See Is What You Get*, eine weitgehend druckgetreue Darstellung eines Dokuments auf dem Bildschirm.

X11 Graphisch orientiertes Fenstersystem. Es ist pixelorientiert und stellt im UNIX-Bereich für graphische Bildschirme den De-facto-Standard dar.

X.400 Eine Kommunikationsschnittstelle nach der ISO/OSI-Definition zum Austausch von eMail.

X.500 *Directory*-Dienst entsprechend der ISO-Norm, z.B. zur Aufnahme von über ↑*LDAP* zugreifbarer Benutzerdaten.

X.509 Ein Standard für eine spezielle Verzeichnisform (Directory). X.509 wird zur Darstellung von digitalen Zertifikaten eingesetzt. Die neueste Version (Stand: 2002) ist V3.

XHTML Wird als Nachfolger von ↑*HTML 4* betrachtet. Hierbei handelt es sich um vom ↑*W3C* verabschiedetes ↑*HTML* in einer Art ↑*XML*-konformen Syntax (z.B. schließende Tags sind obligatorisch). Damit lassen sich kompaktere Browser und Werkzeuge erstellen als für das etwas chaotische ↑*HTML*.

XML *Extensible Markup Language*, eine vom ↑*W3C*-Konsortium definierter Standard zur Strukturierung von Dokumenten. XML ist eine Untermenge von ↑*SGML* und einfacher zu implementieren und zu erlernen. Siehe hierzu auch ↑*HTML*.

XSL *Extensible Stylesheet Language*, eine vom ↑W3C-Konsortium definierter Standard, der es erlaubt, die Formatierung eines ↑*XML*-Dokuments (analog zu den *Cascading Style-sheets* bei ↑*HTML*) vorzugeben.

XSLT *XSL Transformations*, eine Sprache zur Beschreibung von Transformationen von ↑*XML*-Dokumenten in andere XML-Dokumente (z.B. ↑*HTML*).

ZPO *Zivilprozessordnung*

Stichwortverzeichnis

Die Tilde (~) steht hier für die Wiederholung des Oberbegriffs.

C

D

E

N

O

P

Q

R

S

T

Last – not least

An diesem Buch arbeiteten natürlich nicht nur die drei aufgeführten Autoren mit, sondern zahlreiche weitere Personen, angefangen von den Korrektorinnen Angelika Obermayr und Katja Karsunke über den Lektor des Springer-Verlags Hermann Engesser bis hin zu den zahlreichen Firmen, welche durch Datenblätter, Zusatzinformationen, Testversionen und persönliche Gespräche uns erlaubten, die Informationen zu diesem Buch zusammenzutragen. Die Wurm-Grafiken stammen von Angela Amon. All ihnen gilt unser herzlicher Dank.

Er gilt auch jenen Kollogen und Kolleginnen von IXOS, die uns halfen, die Bildschirmabzüge zu erstellen und teilweise ganze Abschnitte zum Inhalt beitrugen oder uns Informationen zu ihren Projekten lieferten. Unser besonderer Dank gilt hier Claudia Traving und insbesondere Stefanie Fischer-Diskau, die uns beim Kapitel zu rechtlichen Aspekten wesentlich behilflich war.

Wir möchten uns auch bedanken bei den zahlreichen Projektpartnern bzw. Projektauftraggebern, mit denen wir zusammen zahlreiche Erfahrungen sammelten, die in dieses Buch eingeflossen sind.

MIX
Papier aus verantwortungsvollen Quellen
Paper from responsible sources
FSC® C105338

If you have any concerns about our products,
you can contact us on
ProductSafety@springernature.com

In case Publisher is established outside the EU,
the EU authorized representative is:
Springer Nature Customer Service Center GmbH
Europaplatz 3, 69115 Heidelberg, Germany

Printed by Libri Plureos GmbH
in Hamburg, Germany